Die Schmetterlinge Baden-Württembergs
Band 6: Nachtfalter IV

Die Schmetterlinge Baden-Württembergs
Herausgegeben von Günter Ebert
Staatliches Museum für Naturkunde Karlsruhe

Band 1: Tagfalter I
Allgemeiner Teil: Systematik, Taxonomie und Nomenklatur, Faunistik und Ökologie,
Gefährdung und Schutz, Datenverarbeitung
Spezieller Teil: Papilionidae, Pieridae, Nymphalidae

Band 2: Tagfalter II
Spezieller Teil: Satyridae, Libytheidae, Lycaenidae, Hesperiidae

Band 3: Nachtfalter I
Allgemeiner Teil: Benutzerhinweise, Beobachtungsmethoden bei Nachtfaltern,
Aspekte zur Nahrungskonkurrenz unter Nachtfaltern, Ergebnisse
Spezieller Teil: Hepialidae, Cossidae, Zygaenidae, Limacodidae,
Psychidae, Thyrididae

Band 4: Nachtfalter II
Spezieller Teil: Bombycidae, Endromidae, Lemoniidae, Saturniidae,
Sphingidae, Drepanidae, Notodontidae, Dilobidae, Lymantriidae,
Ctenuchidae, Nolidae

Band 5: Nachtfalter III
Allgemeiner Teil: Benutzerhinweise, Ergebnisse
Spezieller Teil: Sesiidae, Arctiidae, Noctuidae

Band 6: Nachtfalter IV
Spezieller Teil: Noctuidae (Fortsetzung)

Weitere Nachtfalter-Bände sind in Vorbereitung

Die Schmetterlinge Baden-Württembergs

Band 6: Nachtfalter IV

Autor von Band 6:
Axel Steiner

512 Farbfotos
433 Diagramme und Zeichnungen
187 Verbreitungskarten

Im Rahmen des Artenschutzprogrammes Baden-Württembergs
Die Herausgabe erfolgte in Zusammenarbeit mit der Landesanstalt für Umweltschutz
Baden-Württemberg und dem Staatlichen Museum für Naturkunde Karlsruhe

Mit Unterstützung
der Stiftung
Naturschutzfonds

Die Deutsche Bibliothek – CIP-Einheitsaufnahme

Die Schmetterlinge Baden-Württembergs : [im Rahmen des
Artenschutzprogrammes Baden-Württemberg] / hrsg. von
Günter Ebert. [Die Hrsg. erfolgte in Zusammenarbeit mit der
Landesanstalt für Umweltschutz Baden-Württemberg und dem
Staatlichen Museum für Naturkunde Karlsruhe]. – Stuttgart
(Hohenheim) : Ulmer.
NE: Ebert, Günter [Hrsg.]

Bd. 6. Nachtfalter 4 / Autor von Bd. 6: Axel Steiner. – 1997
   ISBN 3-8001-3482-9
NE: Steiner, Axel

Das Werk einschließlich aller seiner Teile ist urheberrechtlich
geschützt. Jede Verwertung außerhalb der engen Grenzen des
Urheberrechtsgesetzes ist ohne Zustimmung des Verlages und
des Autors unzulässig und strafbar. Das gilt insbesondere
für Vervielfältigungen, Übersetzungen, Mikroverfilmungen
und die Einspeicherung und Verarbeitung in elektronischen
Systemen. Jede Übernahme von Rasterpunkten und Karten
in andere Rasterkarten bedarf der Zustimmung der Verfasser.

© 1997 Eugen Ulmer GmbH & Co.
Wollgrasweg 41, 70599 Stuttgart (Hohenheim)
Printed in Germany
Einbandgestaltung: A. Krugmann, Freiberg am Neckar
Satz: Typomedia Satztechnik GmbH, Ostfildern-Scharnhausen
Druck: Karl Grammlich, Pliezhausen
Bindung: Ernst Riethmüller, Stuttgart

Inhalt

SPEZIELLER TEIL

Noctuidae (Fortsetzung)

Acronictinae	8
Moma alpium	8
Die Gattung Acronicta	10
Acronicta alni	11
Die Arten der Acronicta psi-Gruppe	14
Acronicta cuspis	15
Acronicta tridens	18
Acronicta psi	21
Acronicta aceris	24
Acronicta leporina	28
Acronicta megacephala	31
Acronicta strigosa	35
Acronicta menyanthidis	38
Acronicta auricoma	42
Acronicta euphorbiae	47
Acronicta cinerea	50
Acronicta rumicis	50
Craniophora ligustri	54
Simyra nervosa	58
Simyra albovenosa	58
Die Gattung Cryphia	62
Cryphia receptricula	62
Cryphia fraudatricula	63
Cryphia algae	66
Cryphia ravula	69
Cryphia ereptricula	73
Cryphia raptricula	74
Cryphia domestica	77
Cryphia muralis	80
Plusiinae	
Euchalcia variabilis	86
Euchalcia modestoides	90
Polychrysia moneta	95
Lamprotes c-aureum	99
Der Diachrysia chrysitis-Komplex	104
Diachrysia (chrysitis) chrysitis	105
Diachrysia (chrysitis) tutti	105
Diachrysia chryson	109
Macdunnoughia confusa	112
Plusia festucae	116
Plusia putnami	120
Autographa gamma	123
Autographa pulchrina	130
Autographa jota	133
Autographa bractea	137
Autographa aemula	140
Syngrapha hochenwarthi	140
Syngrapha interrogationis	140
Thysanoplusia orichalcea	143
Trichoplusia ni	144
Chrysodeixis chalcites	145
Die Gattung Abrostola	146
Abrostola tripartita	147
Abrostola asclepiadis	150
Abrostola triplasia	153
Cuculliinae	
Die Gattung Cucullia	156
Cucullia fraudatrix	157
Cucullia absinthii	158
Cucullia argentea	162
Cucullia artemisiae	163
Cucullia praecana	166
Cucullia xeranthemi	167
Cucullia lactucae	170
Cucullia lucifuga	174
Cucullia umbratica	178
Cucullia campanulae	181
Cucullia chamomillae	184
Cucullia santonici	188
Cucullia gnaphalii	188
Cucullia tanaceti	191
Cucullia dracunculi	194
Cucullia asteris	196
Cucullia caninae	200
Cucullia scrophulariae	203
Cucullia thapsiphaga	208
Cucullia lychnitis	210
Cucullia verbasci	214
Cucullia prenanthis	219
Calophasia lunula	223
Calliergis ramosa	226
Lamprosticta culta	230
Pyrois cinnamomea	232
Das Artenpaar Amphipyra pyramidea und A. berbera	235
Amphipyra pyramidea	236

Amphipyra berbera	241
Amphipyra perflua	245
Amphipyra livida	248
Amphipyra tragopoginis	249
Amphipyra tetra	252

Heliothinae

Schinia cardui	253
Heliothis viriplaca	253
Heliothis maritima	258
Heliothis ononis	259
Heliothis peltigera	262
Heliothis nubigera	263
Helicoverpa armigera	264
Protoschinia scutosa	265
Pyrrhia umbra	266
Periphanes delphinii	271

Stiriinae

Panemeria tenebrata	274

Ipimorphinae

Elaphria venustula	278
Acosmetia caliginosa	281
Stilbia anomala	283
Caradrina morpheus	287
Platyperigea kadenii	289
Paradrina selini	290
Paradrina clavipalpis	293
Paradrina noctivaga	296
Eremodrina gilva	296
Hoplodrina octogenaria	299
Hoplodrina blanda	301
Hoplodrina superstes	304
Hoplodrina respersa	307
Hoplodrina ambigua	310
Atypha pulmonaris	313
Spodoptera exigua	316
Spodoptera littoralis	318
Sesamia cretica	318
Chilodes maritimus	319
Athetis gluteosa	322
Athetis pallustris	325
Dypterygia scabriuscula	328
Rusina ferruginea	331
Mormo maura	334
Polyphaenis sericata	336
Thalpophila matura	340
Trachea atriplicis	343
Euplexia lucipara	346
Phlogophora meticulosa	348
Phlogophora scita	355
Hyppa rectilinea	358
Auchmis detersa	361
Actinotia polyodon	364
Actinotia radiosa	367
Chloantha hyperici	369
Callopistria juventina	373
Eucarta amethystina	376
Ipimorpha retusa	378
Ipimorpha subtusa	380
Enargia paleacea	382
Parastichtis suspecta	385
Parastichtis ypsillon	388
Mesogona acetosellae	390
Mesogona oxalina	394
Dicycla oo	396
Cosmia diffinis	399
Cosmia affinis	401
Cosmia pyralina	403
Cosmia trapezina	405
Atethmia centrago	409
Atethmia ambusta	411
Xanthia togata	415
Xanthia aurago	418
Xanthia sulphurago	420
Xanthia icteritia	422
Xanthia gilvago	424
Xanthia ocellaris	427
Xanthia citrago	430
Agrochola lychnidis	432
Agrochola circellaris	435
Agrochola lota	438
Agrochola macilenta	441
Agrochola nitida	443
Agrochola helvola	445
Agrochola humilis	447
Agrochola litura	449
Agrochola laevis	451
Omphaloscelis lunosa	454
Spudaea ruticilla	457
Die Wintereulen der Gattungen Eupsilia, Jodia, Conistra, Lithophane und Xylena	457
Eupsilia transversa	459
Jodia croceago	462
Conistra vaccinii	464
Conistra ligula	467
Conistra rubiginosa	469
Conistra veronicae	472
Conistra rubiginea	474
Conistra erythrocephala	477
Conistra fragariae	480
Episema glaucina	484
Brachionycha nubeculosa	489
Brachionycha sphinx	492
Dasypolia templi	495
Brachylomia viminalis	495
Aporophyla lutulenta	498
Aporophyla nigra	501

Lithomoia solidaginis	504	Mniotype adusta	562
Lithophane semibrunnea	507	Mniotype solieri	565
Lithophane hepatica	509	Apamea monoglypha	565
Lithophane ornitopus	512	Apamea lithoxylaea	568
Lithophane furcifera	514	Apamea sublustris	569
Lithophane lamda	517	Apamea crenata	571
Lithophane consocia	517	Apamea characterea	574
Xylena vetusta	520	Apamea aquila	576
Xylena exsoleta	522	Apamea lateritia	580
Xylocampa areola	526	Apamea furva	582
Meganephria bimaculosa	528	Apamea zeta	586
Allophyes oxyacanthae	530	Apamea rubrirena	586
Valeria oleagina	533	Apamea platinea	591
Dichonia aprilina	536	Apamea oblonga	594
Dichonia convergens	539	Apamea remissa	594
Dryobotodes eremita	543	Apamea unanimis	597
Dryobotodes monochroma	545	Apamea illyria	599
Antitype chi	545	Apamea anceps	603
Ammoconia caecimacula	548	Apamea sordens	604
Polymixis polymita	551	Apamea scolopacina	607
Polymixis xanthomista	551	Apamea ophiogramma	610
Polymixis flavicincta	554	Papulatrix pabulatricula	613
Polymixis rufocincta	557		
Polymixis gemmea	557		
Blepharita satura	560	Register	616

Noctuidae (Eulen)
(Fortsetzung)

Acronictinae

Die Zusammensetzung der Unterfamilie Acronictinae hat sich in der Beurteilung der Systematiker in den letzten Jahrhunderten vergleichsweise wenig geändert. Schon immer machte die Gattung *Acronicta* den wesentlichen Bestandteil der Gruppe aus, dazu kommt die ebenfalls große Gattung *Cryphia*, die – obwohl gelegentlich als eigene Unterfamilie aufgefaßt – heute meist als Tribus Cryphiini in die Acronictinae eingereiht wird. Daneben sind in der einheimischen Fauna noch die *Acronicta* nahestehenden Genera *Moma* und *Craniophora* sowie *Simyra* vertreten. Die wegen ihrer teils behaarten Raupen früher oft zu den Acronictinae gestellten Gattungen *Panthea*, *Trichosea*, *Colocasia*, *Raphia* und *Diloba* werden gegenwärtig in zwei eigenen Unterfamilien Pantheinae und Dilobinae untergebracht, doch sind die Untersuchungen über die Phylogenie dieser Gruppen keineswegs abgeschlossen.

In Baden-Württemberg kommen 21 Arten vor. Vier weitere Arten müssen als Falschmeldungen betrachtet werden.

Moma alpium
(Osbeck, 1778)

Seladoneule

Moma orion Esp. (REUTTI 1898)
Diphtera alpium OSB. (LAMPERT 1907, REBEL 1910, ECKSTEIN 1913–1923, HERING 1932)
Diphthera alpium OSB. (SPULER 1908–1910, WARREN in SEITZ 1909–1914, DRAUDT in SEITZ 1931–1938, SCHNEIDER 1936–1939, BERGMANN 1951–1955, KOCH 1954–1961, 1984)
Daseochaeta alpium OSB. (FORSTER 1954–1981, PRETSCHER et al. 1984)
Diphtherocome alpium OSB. (HARTIG & HEINICKE 1973)

Gesamtverbreitung: In fast ganz Europa von Südspanien, Mittelitalien und Bulgarien im Süden bis Südengland, Südschweden, Mittelfinnland und zum Ural im Norden verbreitet, weiter östlich quer durch Mittelasien bis nach Sachalin, den Kurilen, Korea und Japan, südlich bis zur nördlichen Türkei, zum Kaukasus, zum Tien-mu-shan und Tai-pei-shan (DRAUDT 1950).

Verbreitung

Regional: *Moma alpium* kommt in allen Hauptnaturräumen Baden-Württembergs vor, wird aber im allgemeinen nur vereinzelt angetroffen. Das Verbreitungsbild weist Lücken vor allem in von Nadelholz dominierten Waldgebieten des Schwarzwalds und des Alpenvorlands sowie in den waldarmen, intensiv agrarwirtschaftlich genutzten Gebieten auf. Doch ist die Art sicherlich weiter verbreitet, als das Kartenbild zeigt.

Vertikal: Der Schwerpunkt der Höhenverbreitung reicht von der Ebene bis in die untersten

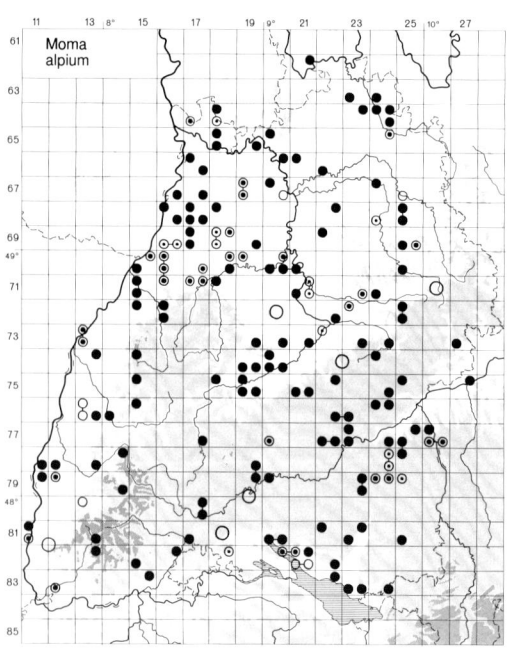

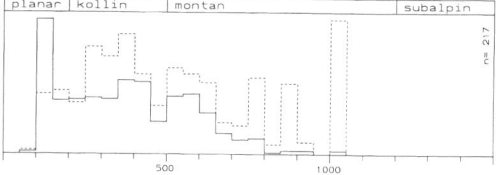

Moma alpium ist in Laubwäldern weit verbreitet. Die Falter tragen eine hellgrün-weiß-schwarze Tarnfärbung ähnlich wie *Dichonia aprilina*. Zuweilen zeigt die weiße Grundfarbe einen rosa Anflug. – Grünsfeld, Besselberg 7.6.91 A. BECHER. LF.

Lagen des Berglands, etwa zwischen 100 und 700 m. Darüber nimmt die Zahl der Fundorte rasch ab und erreicht bei 1010 m die obere Grenze der Vertikalverbreitung.

Phänologie

Imagines: Die Flugzeit beginnt in den meisten Gebieten in der zweiten Maihälfte, in den kühleren Lagen von Schwäbischer Alb und Schwarzwald in der Regel erst um die Monatswende Mai/Juni. In der Rheinebene endet die Flugzeit bereits Anfang Juli, in den übrigen Gebieten reicht sie (in ungünstigen Jahren) bis Ende Juli, auf der Alb auch bis Mitte August. Frühe Extremdaten sind im Neckar-Tauberland der 4.5. (1903, Pforzheim, K. STROBEL nach M. WALLNER, vielleicht Zuchtfalter?) und im Bodenseebecken der 7.5. (1953, Überlingen, E. COMMERELL). Die spätesten Meldungen stammen von der Schwäbischen Alb (2.8.1980, Indelhausen) und vom Oberrhein (5.8.1969, Karlsruhe, Rappenwört, J. PARTENSCHKI), G. BAISCH.

Präimaginalstadien: Nach einer Eintragung in der Kartei von A. GREMMINGER hat O. SCHRÖDER am 12.7.1924 Eier und Raupen zahlreich gefunden. GREMMINGER selbst fand die Raupen bei Graben-Neudorf schon »von Ende Juni ab« (GREMMINGER 1925–1928). SCHNEIDER (1937) gab als Raupenzeit August und September an. Ein neuerer Fund von R. BANTLE stammt vom 7.8.1970 (Bad Mergentheim). Das Überwinterungsstadium ist die Puppe.

Ökologie

Lebensraum: Eichenreiche Laub- und Mischwälder der Ebene und des Hügellandes. Die Falter werden (meist am Licht) sowohl innerhalb der Wälder auf Lichtungen, Schneisen und Waldwegen wie auch an den Waldrändern mit Eichenjungwuchs, manchmal sogar in einiger Entfernung davon festgestellt. Sie gelangen auch in den Randbereich von Siedlungen, aber es ist unklar, ob die Weibchen auch auf einzelnen, außerhalb des Waldes stehenden Bäumen, etwa in Parks und Gärten, ablegen.

Nahrung der Raupe:
Fagus sylvatica – Rotbuche
    L (BAI, GRE, LÖF)
Quercus x pubescens – Flaum-Eichen-Hybrid
    L (LOS)
Quercus spec. – Eiche
    4 L (BRM, GRE, LIE, LOS, REI, SCC, SCR, WEI)
Aesculus hippocastanum – Roßkastanie
    L (MRT)

Der größte Teil der gemeldeten Raupenfunde stammt von Eiche, wobei in den meisten Fällen die Eichenart nicht angegeben wurde. Vermutlich kommen sowohl Stiel- als auch Traubeneiche in Frage. E. LOSER fand bei Bad Urach eine Raupe an Flaumeiche (bzw. einem Flaumeichenhybrid). GREMMINGER (1925–1928), C. LÖFFLER (nach SCHNEIDER 1937) und G. BAISCH wiesen die Raupe an Rotbuche und E. MARTIN (nach SCHNEIDER 1937) an Roßkastanie nach.

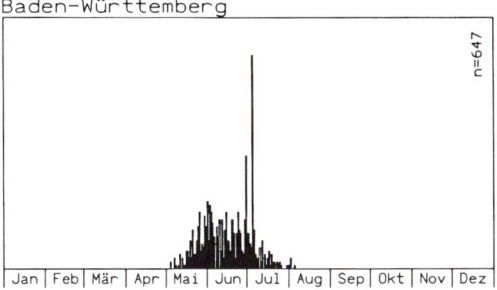

Die Raupe ist im Untersuchungsgebiet trotz ihrer auffälligen Färbung nur wenig gefunden worden. Ein Larvalhabitat ist unter *Zygaena angelicae* abgebildet (Eiche am linken Bildrand). – Lorch (ex ovo-Zucht) 7.95
K. FREYTAG. S.

Nach der Literatur spielt die Eiche[1] wohl die wichtigste Rolle für *M. alpium*. Daneben gibt es aber auch einige Angaben von Birke (besonders im kontinentalen Moor- und Heidebereich) sowie mehrere von Roßkastanie. Vereinzelt wurden Schwarzpappel, Hainbuche, Eberesche, Apfel und Kirsche erwähnt (BERGMANN 1954, FREYER 1827–1828, KOCH 1856, RÖSSLER 1881, SEPPÄNEN 1970, SPEYER 1867, URBAHN & URBAHN 1939, VORBRODT 1911).

Nahrung des Falters: Keine Angaben aus dem Untersuchungsgebiet. Die Falter besuchen gelegentlich künstlichen Köder.

Habitat: Die Falter werden vor allem in Eichen-Hainbuchenwäldern (Carpinion betuli), in warmen Eichenmischwäldern (Quercion robori-petraeae) und in Eichen-Ulmen-Hartholzauwäldern (Alno-Ulmion) bzw. in deren Randbereichen beobachtet. Auch der bei uns seltene Flaumeichenwald (Quercion pubescenti-petraeae) spielte eine Rolle, wie der Raupenfund im »Steppenheidewald« am Standort von *Zygaena angelicae* beweist (E. LOSER). Neuere, gut dokumentierte Larvalnachweise sind auf jeden Fall sehr erwünscht.

Verhalten: Die Eier werden in kleinen Gelegen abgesetzt und die Jungraupen leben, zumindest bis zur ersten Häutung, gesellig, wie sowohl A. GREMMINGER als auch O. SCHRÖDER beobachteten (GREMMINGER 1925–1928). Später zerstreuen sich die Tiere offenbar, weil sie mit fortschreitendem Alter nur noch einzeln gefunden werden. Die Falter sind nachtaktiv und kommen, meist nur vereinzelt, ans Licht. Tagsüber werden sie gelegentlich an Baumstämmen ruhend gefunden.

---

[1] Meist nur als *Quercus* erwähnt. Lediglich TREITSCHKE (1825a), ALLAN (1949) und SEPPÄNEN (1970) nennen ausdrücklich *Quercus robur*.

Gefährdung und Schutz

Rote Liste Bundesrepublik: V
Rote Liste Baden-Württemberg: V

Oberrheinebene: Art der Vorwarnliste.
Schwarzwald: Art der Vorwarnliste.
Neckar-Tauberland: Art der Vorwarnliste.
Schwäbische Alb: Art der Vorwarnliste.
Oberschwaben: Art der Vorwarnliste.

• In Baden-Württemberg eine Art der Vorwarnliste!

An einigen Stellen ist die Seladoneule in neuerer Zeit nicht mehr nachgewiesen worden. Ihr vielerorts lokales Auftreten und die relativ wenigen Daten zur Ökologie erfordern weitere Untersuchungen. Ob das »Schwinden alter, mit Flechten überzogener Waldbäume« (= Ruheplätze der Imagines) zum Rückgang führen kann, wie BERGMANN (1954) vermutete, bleibt zu bestätigen. Sicherlich wird sie durch Bekämpfungsmaßnahmen mit unspezifischen Wirkstoffen, wie sie gegen den Schwammspinner angewendet wurden (Dimilin), stark in Mitleidenschaft gezogen. Eine so hohe Einstufung wie in der Roten Liste der Bundesrepublik (»gefährdet«) ist jedoch in Südwestdeutschland nicht gegeben (auch HEINICKE 1993 stufte die Art für Deutschland nicht mehr als gefährdet ein).

Die Gattung Acronicta

Die große, gelegentlich auf Gattungs- oder Untergattungsebene weiter aufgespaltene, aber insgesamt recht einheitliche Gattung *Acronicta* umfaßt in Europa 14 und in Baden-Württemberg 12 Arten. Ihre größte Diversität erreicht sie in Nordamerika mit über 280 Arten. Die Imagines sind im Habitus recht einheitlich und stellen sich meist in unauffälligen Grau-, Weißgrau- und Braungrau-Tönen mit rindenartiger Zeichnung dar, was ihnen den deutschen Namen »Rindeneulen« eingebracht hat (BERGMANN 1954). Einige Arten lassen sich als Falter äußerlich nur schwer oder auch gar nicht unterscheiden und können deshalb nur durch Genitaluntersuchung sicher bestimmt werden, während ihre Raupen in der Regel gut auseinanderzuhalten sind. Dies betrifft besonders *Acronicta psi*, *A. tridens* und *A. cuspis*. Auch *A. menyanthidis* und *A. auricoma* sind oft nicht leicht zu trennen. Gleiches gilt für *A. euphorbiae* und *A. cinerea*, wobei hier noch keine

Einigkeit herrscht, ob es sich überhaupt um zwei verschiedene Arten handelt.

Die Raupen leben teils polyphag an krautigen Pflanzen, teils an Sträuchern und Bäumen. Sie leben frei und haben verschiedene Strategien zur Abwehr von Prädatoren entwickelt: Einige sind mehr oder weniger stark behaart oder beborstet (und dabei oft mit bunter Warntracht versehen) und dadurch für die meisten Vögel ungenießbar, einige sind zusätzlich mit fleischigen Körperfortsätzen ausgestattet, einige betreiben in den ersten Larvalstadien Vogelkotmimese. Die Verpuppung erfolgt in einem ziemlich festen Kokon, in dem meist Holz- und Rindenstückchen mitverarbeitet werden und in dem die Puppe überwintert.

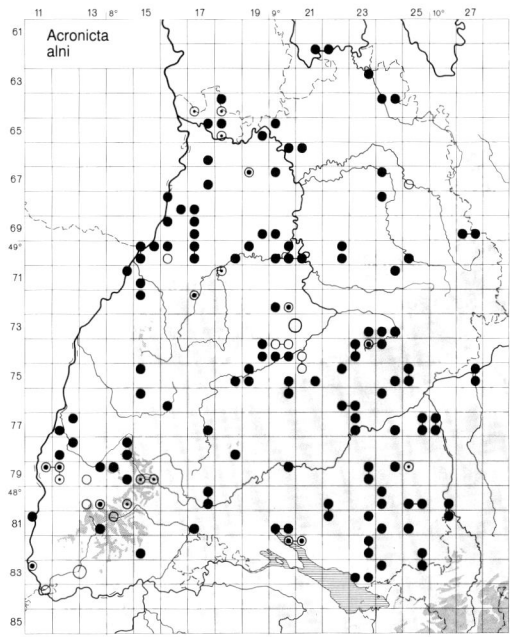

Acronicta alni
(Linnaeus, 1767)

Erlen-Rindeneule

Acronycta alni L. (REUTTI 1898, SPULER 1908–1910, REBEL 1910, ECKSTEIN 1913–1923, HERING 1932, DRAUDT in SEITZ 1931–1938, SCHNEIDER 1936–1939, BERGMANN 1951–1955, KOCH 1954–1961, 1984, BRAUNS 1970)
Apatele alni L. (BOURSIN 1964, HANNEMANN & URBAHN in STRESEMANN 1969, FORSTER 1954–1981, HARTIG & HEINICKE 1973)

Gesamtverbreitung: Europa zwischen Nordspanien, Mittelitalien, Albanien und Bulgarien im Süden und Nordengland, Südnorwegen, Mittelschweden, -finnland und dem Ural im Norden. Von Kleinasien und dem Kaukasus durch das klimatisch gemäßigte Asien bis Sibirien, Nordchina, Sachalin und Japan.

Verbreitung

Regional: Das Verbreitungsbild von *Acronicta alni* erinnert an das von *A. megacephala*. Sie ist aus allen Regionen gemeldet worden, die Funde häufen sich aber besonders im Alpenvorland, auf der mittleren Schwäbischen Alb, im mittleren Neckarland und in der nördlichen Oberrheinebene mit den angrenzenden Gebieten des Kraichgaus. Der Südschwarzwald ist – bedingt durch den aktuellen Bearbeitungsstand – vor allem durch ältere Funde vertreten. Aus den übrigen Naturräumen liegen nur vereinzelte Nachweise vor, doch ist in den weniger gut durchforschten Landesteilen (z. B. in der mittleren und südlichen Oberrheinebene) noch mit einer dichteren Verbreitung zu rechnen.

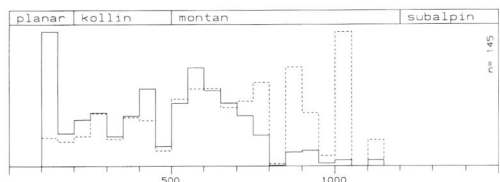

Vertikal: *Acronicta alni* ist von der Rheinebene um 100 m bis in die montane Stufe verbreitet, wo sogar der Schwerpunkt ihrer Höhenverbreitung liegt. Schon Mitte des 19.Jahrhunderts hatte REUTTI (1853) die Art »beim Feldsee noch über 3400' [= badische Fuß = 1150 m]« festgestellt.

Phänologie

Imagines: In allen Gebieten Baden-Württembergs tritt mindestens eine Generation im Jahr auf, die im Neckar-Tauberland, auf der Schwäbischen Alb und im Alpenvorland um Mitte Mai beginnt und gegen Anfang Juni ihr Maximum erreicht. In der Rheinebene liegt der Flugzeitbeginn bereits Anfang Mai und endet schon vor Mitte Juni, während im Schwarzwald nur in wenigen Ausnahmefällen (in günstigen Jahren wie 1976) Flugzeitdaten vor Ende Mai bekanntgeworden sind. Ein Maximum liegt hier in der ersten Julihälfte. Nach dem Ende der Hauptflugzeit treten in den mittleren Höhenlagen (Neckarland, Alb, Alpenvorland) vereinzelte Falter bis in den September hinein auf, die als Angehörige einer partiellen

2.Gen. interpretiert werden müssen. Am Oberrhein, wo diese 2.Gen. am deutlichsten ausgeprägt ist, umfaßt sie quantitativ etwa ein Drittel aller Individuen, dauert von Mitte Juli bis Anfang August und ist durch eine einmonatige Lücke von der 1.Gen. getrennt. Dagegen ist die Situation im Schwarzwald weniger eindeutig. Die als frisch bzw. wenig abgeflogen bezeichneten Augustfalter gehören wahrscheinlich einer 2.Gen. an (3. und 4.8.1954, Feldberggebiet, A. FRITZ, L. SETTELE; Todtnau-Schlechtnau, 7.8.1974, J. ASAL); inwieweit in günstigen Jahren vielleicht schon Julitiere hierher gehören, bleibt offen.

Präimaginalstadien: Ein sehr früher Raupenfund von Mitte Mai (13.5.1940, Scheibenhardter Wald bei Karlsruhe, A. GREMMINGER) kennzeichnet die Nachkommen der frühesten Tiere der 1.Gen. der Rheinebene (der Falter schlüpfte Mitte Juli pünktlich zur Flugzeit der 2.Gen.). Mit bedeutendem Abstand folgen die übrigen Raupenbeobachtungen zwischen Ende Juni und Ende August (26.6.1970, P. SCHOTT; 29.8.1991 [zur Verpuppung eingegraben 2.9.], Allmersbach im Tal, F. BIHLMAIER). Das Überwinterungsstadium ist die Puppe.

Ökologie

Lebensraum: Mäßig trockene bis feuchte Laub- und Mischwälder und deren Randbereiche (Waldränder, Vorwaldgesellschaften), von den Auwäldern der Flußniederungen und den Bruchwäldern der Moorgebiete bis zu den Laubmischwäldern des Hügel- und Berglands. Auch einzeln stehende, junge wie ältere Bäume auf Lichtungen und an Waldwegen sowie außerhalb von Wäldern (Streuobstwiesen) werden besiedelt, ferner Gebüsche und Hecken, Schlehen- und Weißdornsträucher, bis hin zu Parks und Gärten.

Nahrung der Raupe:

Populus tremula – Zitter-Pappel
   L (BIH)
Salix caprea – Sal-Weide
   L (BAR)
Salix spec. – Weide
   L (KEL)
Corylus avellana – Hasel
   L (SCC)
Betula pendula – Hänge-Birke
   L (LUS)
Betula spec. – Birke
   L (NAN, SCC)
Quercus spec. – Eiche
   L (GAU, SCB)
Alnus spec. – Erle
   4 L (BRM, FRY, GAU, KES, KIE, SCC, SCÄ, SCO)
Acer pseudoplatanus – Berg-Ahorn
   L (DEZ)
Ribes spec. – Johannisbeere
   L (REI)
Sorbaria sorbifolia – Fiederspiere
   L (LOS)
Prunus domestica - Zwetschge
   L (REI)
Prunus padus – Traubenkirsche
   L (BRM)
Prunus spinosa – Schlehe
   L (GRE, KES)
Crataegus monogyna – Eingriffliger Weißdorn
   L (BAR)
Tilia spec. – Linde
   L (GAU)
Rosa spec. – Rose
   L (GAU)

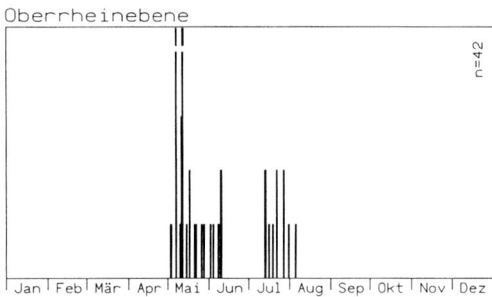

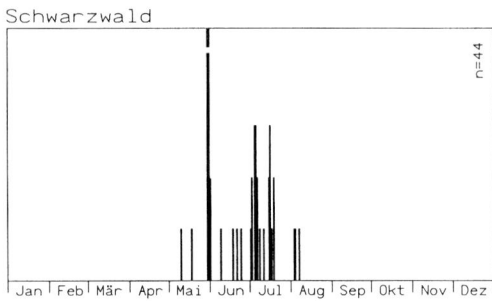

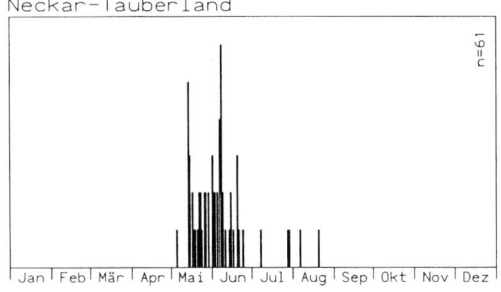

Die kräftige schwarze Flügelzeichnung charakterisiert *Acronicta alni*. – Bärental (ex larva-Zucht) 19.5.88 F. EBSER. S.

Die Grundfarbe variiert von hellgrau bis zu dunkel braungrau. Solche dunklen Formen treten in den letzten Jahrzehnten immer häufiger auf. – Karlsruhe-Dammerstock (ex ovo-Zucht) 4.88 H. LUSSI. S.

Acronicta alni besitzt wie ihre nächsten Verwandten ein recht breites Nahrungspflanzenspektrum. Daß auch in Baden-Württemberg die meistgenannte Nahrungspflanze die Erle[1] ist, mag vielleicht ebenso die Suchstrategien (bzw. die Erwartungshaltung) der Entomologen wie die Präferenzen der Raupe widerspiegeln. Fest steht jedenfalls, daß die Art auch an Stellen bodenständig (und zum Teil häufig) ist, wo keine Erlen wachsen. »Man fand sie auch schon auf Weiden, aber sehr selten« bemerkte bereits A. KELLER (in KELLER & HOFFMANN 1861). In neuerer Zeit meldete D. BARTSCH einen Raupenfund an Salweide. Weitere Einzelangaben in der Literatur betreffen Hasel und Birke (SCHNEIDER 1937), Traubenkirsche (BROMBACHER 1933–1935), Linde und Rose (GAUCKLER 1909), Johannisbeere und Zwetschge (Aufzeichnungen G. REICH) und Schlehe (A. GREMMINGER, H. KESENHEIMER). F. BIHLMAIER fand eine Raupe auf Zitterpappel, H. LUSSI auf Hängebirke, A. SCHABEL auf einer jungen Eiche (auch schon von GAUCKLER erwähnt), E. LOSER auf Fiederspire (Zierstrauch im Garten), D. BARTSCH auf Weißdorn und H. DEZULIAN auf Bergahorn.

Damit ist das Nahrungsspektrum aber noch keineswegs erschöpft, denn die Literatur verzeichnet neben weiteren Arten der schon genannten Gattungen außerdem noch Pappel, Walnuß, Rotbuche, Ulme, Apfel, Eberesche, *Rubus*-Arten, Heidelbeere, Rhododendron, Schneeball und Hartriegel (ALLAN 1949, BERGMANN 1951–1955, BOIE 1835, HEUSER, JÖST & ROESLER 1960, KOCH 1856, RÖSSLER 1881, SEPPÄNEN 1970, SPEYER 1867, TREITSCHKE 1825a, URBAHN & URBAHN 1939, VIGELIUS 1856). Laut KRAUSE (nach BERGMANN 1954) ist in Thüringen Linde die Hauptnahrung. Es darf also mit regionalen Präferenzen gerechnet werden.

Nahrung des Falters: Keine Angaben aus Baden-Württemberg. Die Falter kommen an den Köder.

Habitat: Das Larvalhabitat bilden vor allem Laubwaldgesellschaften der Querco-Fagetea wie die erlenreichen Hartholzauen (Alno-Ulmion), die Eichen-Hainbuchenwälder (Carpinion betuli), die Rotbuchenwälder (Fagion sylvaticae) und angrenzende Gebüschgesellschaften (Prunetalia spinosae). Weniger genutzt werden warme Eichen-Birkenwälder (Quercetalia robori-petraeae), gern dagegen die Erlen-Bruchwälder (Alnion glutinosae), ferner Streuobstwiesen und gelegentlich Gärten.

---

[1] Die meisten Angaben von »Erle« beziehen sich vermutlich auf die häufige Schwarzerle.

Die Raupen behalten vom Schlupf bis zum vorletzten Stadium ihre Vogelkotmimese bei und sitzen dabei stets mit zurückgebogenem Vorderkörper wie ein zufällig aufs Blatt gefallenes Stück Vogeldreck. In der Natur leben sie einzeln; dieses Foto entstand unter Zuchtbedingungen. Das mittlere Tier macht Anstalten, sich zu häuten. Es hat sich ein Gespinstpolster gesponnen und hinter der alten Kopfkapsel ist bereits die neue, größere zu erkennen. – Karlsruhe-Dammerstock (ex ovo-Zucht) 9.87 H. LUSSI. S.

Verhalten: Die junge Raupe bietet ein charakteristisches Beispiel für Vogelkotmimese: Frei auf den Blättern der Nahrungspflanze sitzend, krümmt sie den Vorderkörper zur Seite, bis der Kopf neben dem fünften Abdominalsegment liegt. Diese Tarntracht bleibt bis zum 4. Larvalstadium erhalten. Gänzlich verändert ist das Aussehen im letzten Stadium. Die dann gelbschwarze Färbung mit den langen »Ruderhaaren« legt eher eine Warntracht nahe, doch wird angegeben, daß die Raupe von Vögeln dennoch gern gefressen wird (BERGMANN 1954). Vor dem Kokonbau bzw. vor der Häutung werden anscheinend oft längere Strecken zurückgelegt, bis die Raupe einen geeigneten Verpuppungsplatz gefunden hat. So fand J.-U. MEINEKE im Pfrunger Ried im sekundären Kiefern-Birken-Erlen-Bruch eine Larvenhaut (ohne Puppe) unter der Rinde einer toten Spirke, an der sich die Raupe nicht entwickelt haben kann. Die eigentliche Verpuppung erfolgt in einem Kokon, der bis zu 5 cm tief in Rinde oder morschem Holz angelegt wird. Die Raupe frißt sich dabei mit bohrenden Bewegungen in das Substrat ein und verschließt den Eingang zum Kokontunnel mit einem Deckel aus zusammengesponnenen Holzteilchen. Die Falter sind nachtaktiv und kommen gern ans Licht.

Gefährdung und Schutz

Rote Liste Bundesrepublik: –
Rote Liste Baden-Württemberg: –

Oberrheinebene: Nicht gefährdet.
Schwarzwald: Nicht gefährdet.
Neckar-Tauberland: Nicht gefährdet.
Schwäbische Alb: Nicht gefährdet.
Oberschwaben: Nicht gefährdet.

• In Baden-Württemberg nicht gefährdet!

Die Arten der Acronicta psi-Gruppe

Die folgenden drei Arten bieten im Imaginalstadium habituell bedeutende Determinationsschwierigkeiten, während sich die Raupen ziemlich leicht unterscheiden lassen.

Entgegen allen anderslautenden Behauptungen in der Literatur (z. B. BERGMANN 1954, KOCH 1958, 1984, FORSTER 1971) sind bei den Faltern Unterschiede im Grauton der Vorderflügel und in der Art der Beschuppung **keine** zuverlässigen Unterscheidungsmerkmale. Allein die Genitalmorphologie bietet verläßliche Trennmerkmale (HEINICKE 1987)[1], und selbst hier bleiben bei den Weibchen von *A. tridens* und *A. psi* zuweilen Zweifelsfälle übrig. Das bedeutet, daß sämtliche Literaturangaben und Meldungen von Mitarbeitern, die Imagines habituell »bestimmt« haben, leider unbrauchbar sind.

Im letzten Stadium zeigt sich die Raupe in abschreckender Wespenfärbung mit spatelförmigen, schwarzen Haaren. Zur Verpuppung frißt sie sich tief in Holz oder Rinde hinein. Hier überwintert die Puppe in einer mit Gespinstfäden ausgekleideten Höhlung, deren spätere Ausschlupföffnung mit Holzteilchen zugesponnen wird. – Karlsruhe-Daxlanden 6.72 J. PARTENSKY.

Bestimmungshilfe

Acronicta cuspis
Seltene Art, in erlenreichen Feuchtbiotopen.
Falter: In frischem (!) Zustand sind die Innenränder der beiden Patagia schwarz gezeichnet, so daß der Halskragen durch einen zentralen schwarzen Strich geteilt erscheint.
Männliche Genitalien: Valve mit 3 sehr kräftigen distalen Fortsätzen am Sacculus (die in ihrer Form variieren), deren äußere einen Winkel von bis zu 180° bilden können. Fultura inferior in der oberen Hälfte mit Dornenfeld, das am Innenrand bis zur Hälfte der Länge der Furturaäste reicht.
Weibliche Genitalien: Caudad gerichteter Teil des Corpus bursae (bis auf den Fortsatz) kräftig sklerotisiert mit so stark basad gebogenem Fortsatz, daß dieser beinahe wieder die Bursawand berührt.
Raupe: Kurzer Fortsatz mit langem, aufwärts gerichtetem Haarbüschel auf dem Rücken von Segment 4; nur an Erle.

Acronicta tridens
Seltene Art, meist in warmen Habitaten.
Falter: Innenränder der Patagia nicht schwarz gesäumt (Unterschied zu *A. cuspis*). Von *A. psi* äußerlich nicht zu unterscheiden.
Männliche Genitalien: Valve mit 3 schlanken distalen Fortsätzen am Sacculus (die in ihrer Form variieren), deren äußere einen Winkel von ca. 90° bilden. Fultura inferior in der oberen Hälfte mit Dornenfeld, das am Außenrand bis zur Hälfte der Länge der Furturaäste reicht.
Weibliche Genitalien: Caudad gerichteter Teil des Corpus bursae (bis auf den Fortsatz) meist nahezu vollständig sklerotisiert. Der Fortsatz ist weniger stark als bei *A. cuspis*, aber stärker als bei *A. psi* basad gebogen. Eine sichere Unterscheidung von *A. psi* ist nicht bei allen Individuen möglich.
Raupe: Schwach viereckiger, leicht behaarter Fortsatz auf dem Rücken von Segment 4; polyphag an Laubsträuchern und -bäumen.

Acronicta psi
Häufigste Art der Gruppe.
Falter: Innenränder der Patagia nicht schwarz gesäumt (Unterschied zu *A. cuspis*). Von *A. tridens* äußerlich nicht zu unterscheiden.
Männliche Genitalien: Valve mit nur 2 distalen Fortsätzen am Sacculus (die in ihrer Form variieren). Fultura inferior im oberen Drittel mit Dornenfeld, das am Außenrand bis zu einem Drittel der Länge der Furturaäste reicht.
Weibliche Genitalien: Caudad gerichteter Teil des Corpus bursae nur auf der linken Seite deutlich sklerotisiert. Der Fortsatz ist nur wenig basad gebogen, oft zeigt er nur zur Seite statt nach vorn. Eine sichere Unterscheidung von *A. tridens* ist nicht bei allen Individuen möglich.
Raupe: Langer, zylindrischer, leicht behaarter Fortsatz auf dem Rücken von Segment 4; polyphag an Laubsträuchern und -bäumen.

Genitalapparat (Männchen) von *Acronicta*-Arten (linke Valve, Fultura inferior und superior).

Acronicta cuspis, Rust, Taubergießen,
12.7.1994 A. STEINER,
Präp.-Nr. N-926.

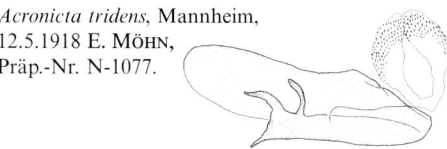

Acronicta tridens, Mannheim,
12.5.1918 E. MÖHN,
Präp.-Nr. N-1077.

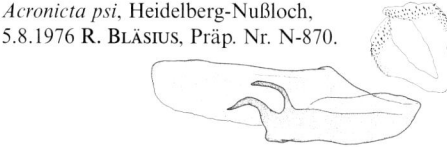

Acronicta psi, Heidelberg-Nußloch,
5.8.1976 R. BLÄSIUS, Präp. Nr. N-870.

Acronicta cuspis
(Hübner, [1813])
Erlen-Pfeileule

Acronycta cuspis HBN. (REUTTI 1898, SPULER 1908–1910, REBEL 1910, ECKSTEIN 1913–1923, DRAUDT in SEITZ 1931–1938, HERING 1932, SCHNEIDER 1936–1939, BERGMANN 1951–1955, KOCH 1954–1961, 1984)
Apatele cuspis HBN. (BOURSIN 1964, FORSTER 1954–1981, HARTIG & HEINICKE 1973)

Gesamtverbreitung: Europa von Nordspanien, Nordportugal, Norditalien und Bulgarien im Süden bis zur Nordseeküste, Dänemark, Mittelschweden und Südfinnland (ein alter Einzelfund in Südnorwegen) im Norden. Angaben aus Marokko (RUNGS 1979), Sizilien und

---

[1] Selbst hier ist bei einigen Literaturstellen Vorsicht geboten. DE LATTIN (1937) bildete eine Valve von *A. psi* als *A. cuspis* ab (BOURSIN 1937, HOFFMEYER 1937); die Zeichnungen in BRETHERTON, GOATER & LORIMER (1983) sind (mit Ausnahme der Valven) zur Bestimmung ungeeignet, da sie nicht artspezifische, sondern individuelle, teils erst durch die Quetschpräparation hervorgerufene Merkmalsausprägungen zeigen.

Sardinien (MARIANI 1941) und Griechenland (THURNER 1967) sind überprüfungsbedürftig. In Asien ist die Art von Kleinasien und dem Kaukasus durch Mittelasien bis zum Amur-Ussuri-Gebiet, Nordchina, den Kurilen, Korea und Japan gemeldet worden, doch bedürfen viele dieser Angaben der Bestätigung.

Verbreitung

Regional: Die Verbreitung beschränkt sich auf Auwälder in feuchten Flußtälern, insbesondere in der Oberrheinebene. Hier erstrecken sich die vereinzelten Nachweise von Neuenburg in der Markgräfler Rheinebene nach Norden bis in den Mannheimer Raum. Ein zweites Teilareal liegt im Alpenvorland, wo *A. cuspis* vor allem im Oberschwäbischen und Westallgäuer Hügelland, weniger dagegen im nördlichen Oberschwaben verbreitet ist. Aus dem Bodenseebecken liegen nur alte Nachweise aus dem Raum Konstanz vor (LEINER 1829, REUTTI 1853).

Im Neckar-Tauberland ist nur ein einziger sicherer Fundort bekannt: Mühlhausen/Enz, 1916 (K. STROBEL, coll. LNK). Für alle übrigen aus dem Neckarland gemeldeten Funde existieren keine Belegstücke, so daß die Determination fraglich bleibt. Dies betrifft verschiedene ältere Literaturangaben (Stuttgart, Reutlingen, KELLER & HOFFMANN 1861; Tauberbischofsheim, REUTTI 1898; Illingen, Ellwangen, Stuttgart-Steinbach-

Acronicta cuspis ist die seltenste der drei Arten aus der *Acronicta psi*-Gruppe. Sie besiedelt Erlenwälder in der Oberrheinebene und im Alpenvorland. Der schwarze Strich zwischen den beiden Patagia-Hälften, der das wichtigste äußere Bestimmungsmerkmal bildet, ist bei diesem Falter nicht mehr zu erkennen, da er bereits Teile der Thoraxbehaarung verloren hat. – Stollhofen 26.7.93 A. STEINER. LF.

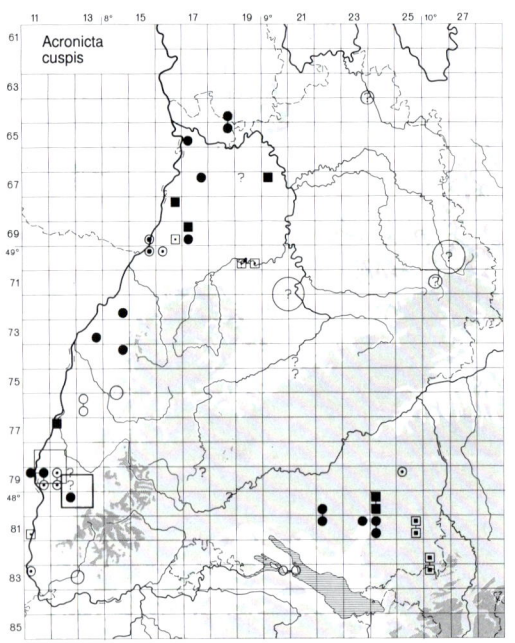

see, Aalen, Trossingen, SCHNEIDER 1937), die durch neuere Nachweise bestätigt werden müßten, ferner einige unveröffentlichte Meldungen von Mitarbeitern.

Vermutlich ist die Art in der Rheinebene an weiteren geeigneten Standorten noch nachzuweisen, wahrscheinlich wird sie in abgeflogenem Zustand auch gelegentlich mit der häufigeren *A. psi* verwechselt.

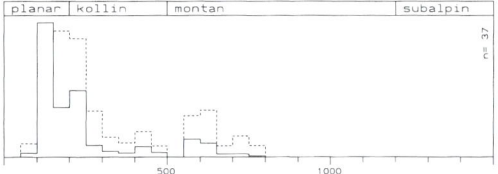

Vertikal: Die Höhenverbreitung reicht vom Tiefland (Rheinebene um 100 m) durch die kollinen Lagen bis in die untere montane Stufe (Alpenvorland, mehrere Fundorte zwischen 600 und 750 m) und zeigt einen Schwerpunkt im planarkollinen Bereich.

Phänologie

Imagines: Der Literatur zufolge fliegt *Acronicta cuspis* in Mitteleuropa von Ende Mai bis Anfang August (FORSTER 1971) oder von Anfang Juni bis Ende Juli (BERGMANN 1954, KOCH 1958). Die Daten aus dem baden-württembergischen Alpenvorland fallen alle genau in letzteren Zeitraum. Die Extremwerte sind der 2. Juni (1992, Pfrunger Ried, B. STOCKER/W. SEEBURGER) und der 27. Juli (1954, Reichenhofen, M. SCHLUSCHE, coll. LNK). Dagegen ist die Situation am Oberrhein komplizierter. Hier streuen die Daten von Ende April bis August. Daß dabei im Diagramm der Eindruck von 2 Generationen entsteht, dürfte lediglich auf dem geringen Datenmaterial beruhen. Für eine besonders frühe Angabe existiert kein Belegstück mehr, sie bleibt deshalb unberücksichtigt (1.4.1949, Hugstetten, K. DOLD nach Kartei A. GREMMINGER). Daß die frühesten Falter in günstigen Jahren sehr wohl schon Ende April auftreten können, zeigen ein sicheres Belegstück vom 22.4.1958 (Isny, M. Schlusche, coll. LNK) und eine Meldung vom 20.4.1960 (Karlsruhe: Rheinwald, W. IPP).

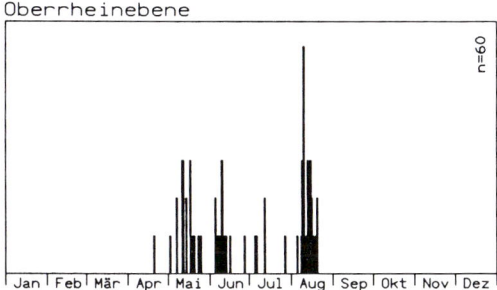

Präimaginalstadien: Die Raupen wurden selten gefunden. Ältere Angaben liegen vom September vor (GAUCKLER 1896, C. KÖNIG nach Kartei GREMMINGER). Die einzigen genauen Daten sind der 26. September (1985, S. HAFNER) und der 2. Oktober (1991, E. RENNWALD, beides Mooswald bei Freiburg). Das Überwinterungsstadium ist die Puppe.

Ökologie

Lebensraum: *Acronicta cuspis* bewohnt in der Oberrheinebene erlenreiche Auwälder der feuchten Niederungen des Rheins und seiner Zuflüsse. Im Alpenvorland handelt es sich um Moorrandwälder mit Erlengebüsch und Erlenbruchwälder, auf feuchten bis nassen (staunassen) Böden, an Wassergräben, in Niedermooren und an Fluß- und Teichufern. Sie kommt in Gebieten mit mittleren Jahrestemperaturen von 6 bis >9°C und mittleren Jahresniederschlägen von unter 600 bis über 1400 mm vor. Die Niederschläge haben hier kaum Aussagekraft, weil *A. cuspis* ohnehin nur bodenfeuchte Biotope bewohnt. Betrachtet man die weite Verbreitung von Grau- und besonders Schwarzerle, dann wird auch klar, daß *Acronicta cuspis* nicht allein von diesen Nahrungspflanzen, sondern vor allem von den mikroklimatischen Bedingungen in den genannten Biotoptypen abhängig ist.

Nahrung der Raupe:
Alnus glutinosa – Schwarz-Erle
    L (HAF, REN)
Alnus spec. – Erle
    5 L (BRM, GAU, KEL, KES, MRT)

Im Gegensatz zu der nach der Erle benannten aber eher polyphagen *Acronicta alni* ist *Acronicta cuspis* tatsächlich primär auf Erlen angewiesen. Dabei handelt es sich wahrscheinlich meist um die häufige Schwarzerle (*Alnus glutinosa*), an der S. HAFNER und E. RENNWALD Raupen fanden, oder um die Grauerle (*Alnus incana*), von der uns allerdings noch keine Meldungen vorliegen. Die Grünerle kommt in Baden-Württemberg wohl nicht als Freiland-Nahrungspflanze in Frage: Im Alpenvorland ist sie sehr stark zurückgegangen (NEBEL 1990), während *A. cuspis* dort keine derartigen Tendenzen zeigt, und im Süd- und Mittelschwarzwald, wo die Grünerle weit verbreitet ist, kommt *A. cuspis* überhaupt nicht vor.

Die Raupe lebt ausschließlich an Erlen. Sie trägt auf dem Rücken einen sehr kurzen Fleischzapfen, der mit langen Haaren besetzt ist. Die Rückenfarbe variiert von weißlich bis gelb. – Freiburg, Mooswald 3.10.91 (leg. E. RENNWALD) A. STEINER. S.

In der Literatur werden ferner einzelne Nachweise von Birke (Deutschland, RÖSSLER 1867[1], Finnland, SEPPÄNEN 1970) sowie von Eberesche (*Sorbus aucuparia*, Finnland, SEPPÄNEN 1970) angegeben, bei denen es sich offensichtlich um Ausnahmen (wenn nicht sogar nur um mit Erlen vergesellschaftete Sitzwarten) handelte.

Nahrung des Falters: Keine Angaben aus Baden-Württemberg. Die Falter kommen an den Köder.

Habitat: Genaue Angaben über das Larvalhabitat liegen aus dem Untersuchungsgebiet noch nicht vor. Nach den Falterfunden zu urteilen, ist es im Alno-Ulmion (Hartholzauwälder) und im Alnion glutinosae (Erlenbruchwälder) zu lokalisieren.

Verhalten: Über die Raupe berichtete A. KELLER (in KELLER & HOFFMANN 1861): Sie »sitzt ... ziemlich hoch auf der Oberseite der Blätter und so fest, dass sie nicht leicht zu klopfen ist ... Bei sehr geübtem Blicke wird man selten eine Raupe allein finden, doch scheint die Eule die Eier sehr zu zerstreuen, so dass einst ich und meine Frau an zwei verschiedenen Erlenpartien in einigen Tagen vielleicht ein Dutzend zusammenbrachten«. Die Falter sind nachtaktiv und fliegen Lichtquellen an, entfernen sich aber nur wenig von ihren Habitaten.

Gefährdung und Schutz

Rote Liste Bundesrepublik: 3
Rote Liste Baden-Württemberg: 3

Oberrheinebene: Gefährdet.
Schwarzwald: Nicht vertreten.
Neckar-Tauberland: Stark gefährdet.
Schwäbische Alb: Nicht vertreten.
Oberschwaben: Art der Vorwarnliste.

- In Baden-Württemberg gefährdet!

Für die von *Acronicta cuspis* bewohnten Lebensräume ist in den meisten Gebieten der entscheidende Gefährdungsfaktor die allmähliche Umwandlung der Au- und Bruchwälder in trockenere Waldtypen aufgrund der Absenkung des Grundwasserspiegels, die sehr schnell und direkt durch die Anlage von Entwässerungsgräben erfolgen kann. Kleinere, schon zusammengeschmolzene Auwaldreste, besonders an bereits begradigten Fluß- und Bachläufen, sind oft von der Abholzung bedroht, der bestenfalls eine Aufforstung mit anderen Hölzern, schlimmstenfalls die Kultivierung oder Bebauung folgt. Um die Bestandssituation und Gefährdung besser einschätzen zu können, ist eine gezielte Untersuchung auch der älteren Fundorte zu empfehlen, wobei sowohl Lichtfang als auch Raupensuche betrieben werden sollte.

Acronicta tridens
([Denis & Schiffermüller], 1775)
Dreizack-Pfeileule

Acronycta tridens SCHIFF. (REUTTI 1898, SPULER 1908–1910, REBEL 1910, ECKSTEIN 1913–1923, DRAUDT in SEITZ 1931–1938, HERING 1932, SCHNEIDER 1936–1939, BERGMANN 1951–1955, KOCH 1954–1961, 1984)
Apatele tridens SCHIFF. (BOURSIN 1964, FORSTER 1954–1981, HARTIG & HEINICKE 1973)

Gesamtverbreitung: Europa vom Mittelmeergebiet bis Mittelschottland, Südnorwegen, Mittelschweden, Mittelfinnland und zum Ural in ähnlicher Verbreitung wie *A. psi*, aber insgesamt viel seltener als diese. Außerhalb Europas in Kleinasien, Vorderasien, Mittelasien bis Nordchina, Korea und Japan. Es steht aber zu vermuten, daß sich viele Literaturangaben in Wirklichkeit auf die häufigere *A. psi* beziehen. Die früher als Subspezies von *A. tridens* angesehene *A. radoti* (LECERF, 1924) aus Marokko, Algerien und Tunesien soll nach RUNGS (1979) eine eigenständige Art sein.

Verbreitung

Regional: *Acronicta tridens* ist sowohl von der Individuenabundanz deutlich seltener als auch von der Verbreitung wesentlich lokaler als *Acronicta psi*. Sie kommt besonders in Wärmegebieten vor: In der Oberrheinebene, im Tauberland, im Kraichgau und Neckarbecken sowie im Bodenseegebiet. Aus den übrigen Landesteilen sind nur sporadische Einzelnachweise bekannt.

Viele ältere (und selbst manche neueren) Literaturangaben sind problematisch, da »Bestimmung« der Falter oft nach den ungeeigneten Merkmalen Färbung und Beschuppung vorgenommen wurde. Nur Bestimmungen nach Genitalmerkmalen und gut dokumentierte Raupenfunde können als wirklich zuverlässig akzeptiert werden. Die Karte zeigt diese zuverlässigen Angaben als Vierecksymbole, während die nicht mehr nachprüfbaren Angaben als Fragezeichen dargestellt werden. Mit großer Wahrscheinlichkeit handelt es sich bei vielen dieser unsicheren Angaben um *Acronicta psi*.

---
[1] In der zweiten Auflage seines Werks 1881 hat RÖSSLER diese Angabe nicht mehr wiederholt.

Als Falter ist *Acronicta tridens* äußerlich nicht von *Acronicta psi* zu unterscheiden. Zwar ist sie meist etwas dunkler, doch auch bei *A. psi* kommen dunkle Formen vor. Eine sichere Bestimmung gewährleistet nur die Genitaluntersuchung (oder die Zucht aus der Raupe). – Ichenheim (ex larva-Zucht) 26.5.95 H. LUSSI. S.

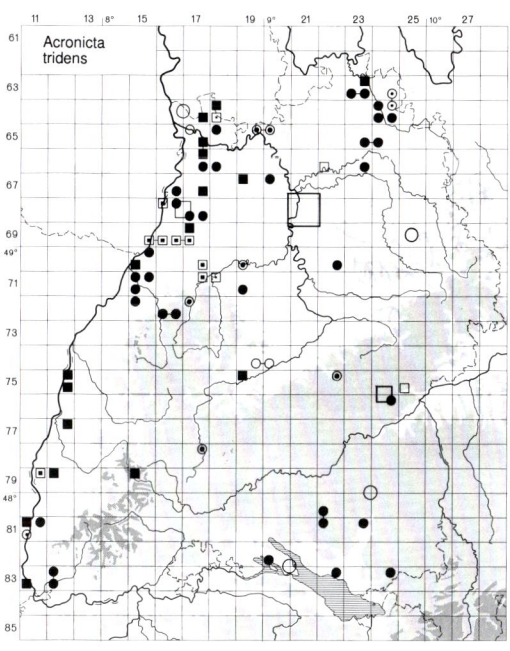

Vertikal: Die Höhenverbreitung erstreckt sich von der Ebene um 100 m bis in die montane Stufe gegen 1000 m und bleibt damit um über 300 m unter der von *A. psi* zurück.

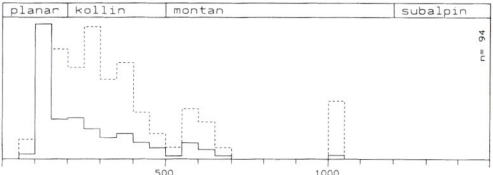

Phänologie

Imagines: In der Oberrheinebene und im Neckar-Tauberland treten zwei Generationen von Anfang Mai bis Ende Juni und von Mitte Juli bis Ende August/Anfang September auf. Die sehr vereinzelten Daten aus den übrigen Gebieten liegen ebenfalls in diesem Zeitraum, lassen aber noch keine endgültige Beurteilung zu.

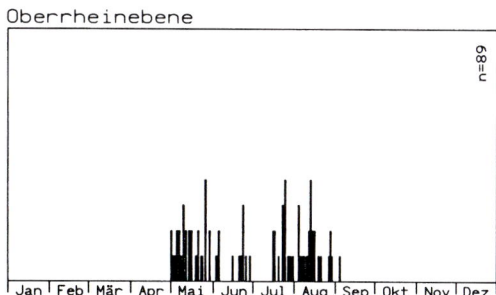

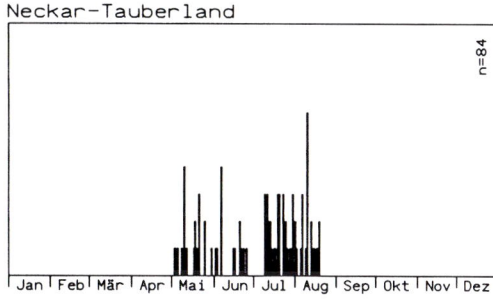

Präimaginalstadien: Beide Generationen sind aus dem Untersuchungsgebiet als Raupe nachgewiesen, wenn auch wesentlich seltener als die Raupen von *A. psi*. Für die 2.Gen. liegt uns eine Meldung von H. HEIDEMANN vom 28. Juni (1976) sowie die pauschale Angabe »Juli« vor (GAUCKLER 1909). Die Raupen der 1.Gen. wurden (analog zu *A. psi*) etwas häufiger gefunden: Die Meldungen erstrecken sich von Anfang August bis Mitte Oktober (1.8.1988, M. WALLNER;

15.10.1939, erst halb erwachsen, H. LIENIG). Das Überwinterungsstadium ist die Puppe.

Ökologie

Lebensraum: *Acronicta tridens* bewohnt gebüschreiche Waldränder und Binnensäume (Waldwege, Schneisen, Lichtungen) vor allem von warmen Waldgesellschaften wie Eichenmischwäldern, aber auch von nicht zu feuchten Weich- und Hartholzauwäldern, so etwa auf den Kies- und Schotterfluren der Rheinebene. In der nördlichen Oberrheinebene ist sie gern auf Sandböden zu finden. Im Neckar-Tauberland besiedelt sie vor allem Gebüsche und Waldmäntel mit mehr oder weniger xerothermen Mikroklimaten, etwa in Kontakt mit Halbtrockenrasen.

Nach Untersuchungen von HACKER (1989) in Griechenland und Kleinasien gehören *A. psi-tridens*-Populationen »auf Sandböden zumindest zum größten Teil zu *A. tridens*«. Nach H. RIETZ (in litt. an G. EBERT 26.11.1986) ist *A. tridens* in Norddeutschland »in unseren Hochmooren häufiger [als *A. psi*], manchmal sogar ausschließlich ... [und] scheint mehr an Birke zu leben«.

Nahrung der Raupe:

Salix × rubens
 L (EBE, HOF, LUS)
Salix alba – Silber-Weide
 L (WEI)
Salix spec. – Weide, »Weidenbüsche«
 L (HEI, WEI)
Quercus spec. – Eiche
 L (SCC)
Alnus spec. – Erle
 L (SCC)
Malus domestica – Garten-Apfelbaum
 L (SCC, WLL)
Prunus spinosa – Schlehe
 3 L (BRM, GAU, SCC)
Crataegus spec. – Weißdorn
 L (GAU, LIE)
Rosa spec. – Rose
 L (LIE)
Obstbäume
 L (GAU)

Diese kurze Liste der Nahrungspflanzen läßt (noch) keine Unterschiede zu denen von *Acronicta psi* erkennen. An Birne ist die Raupe bei uns noch nicht gefunden worden, obwohl BERGMANN (1954) *A. tridens* in Thüringen sogar als Kulturfolger und »Leitfalter der Birnbaumbestände in Obstgärten« bezeichnete. Wir dürfen

Die Raupe zeigt in Färbung und Zeichnung eine erstaunliche Ähnlichkeit mit der von *Euproctis similis*. Bei *Acronicta tridens* spielen allerdings die roten Elemente oft in Richtung orange oder gelb. Die Aufnahme zeigt die zweite Raupe der Sommergeneration, die aus Baden-Württemberg mit genauen Daten bekannt wurde (im Text konnte dieses Tier nicht mehr erwähnt werden!). – Lauda, Galgenberg 2.6.94 R. TACK.

also regionale Präferenzen annehmen, die allerdings noch kaum untersucht sind.

Nahrung des Falters: Keine Angaben aus Baden-Württemberg. Die Falter kommen an den Köder.

Habitat: Ungenügend bekannt. Über die spärlichen und größtenteils älteren Raupenfunde liegen keine pflanzensoziologischen Informationen vor. Der Raupenfund an *Salix × rubens* stammt aus der Weichholzaue (G. EBERT/A. HOFMANN/ H. LUSSI).

Verhalten: Die Falter sind nachtaktiv und kommen ans Licht.

Gefährdung und Schutz

Rote Liste Bundesrepublik: G
Rote Liste Baden-Württemberg: –

Oberrheinebene: Nicht gefährdet (Aussage nicht abgesichert).
Schwarzwald: Nicht gefährdet (nur randlich vorkommend).
Neckar-Tauberland: Nicht gefährdet (Aussage nicht abgesichert).
Schwäbische Alb: Nicht gefährdet (Aussage nicht abgesichert).
Oberschwaben: Nicht gefährdet (Aussage nicht abgesichert).

• In Baden-Württemberg nicht gefährdet!

Die vorliegenden Daten lassen keine Rückgänge erkennen, doch muß deutlich darauf hingewiesen werden, daß unsere Kenntnisse zur Verbreitung und Ökologie der Art in Baden-Württemberg noch sehr ergänzungsbedürftig sind.

Acronicta psi
(Linnaeus, 1758)
Pfeileule

Acronycta psi L. (REUTTI 1898, SPULER 1908–1910, REBEL 1910, ECKSTEIN 1913–1923, DRAUDT in SEITZ 1931–1938, HERING 1932, SCHNEIDER 1936–1939, BERGMANN 1951–1955, KOCH 1954–1961, 1984)
Apatele psi L. (BOURSIN 1964, FORSTER 1954–1981, HARTIG & HEINICKE 1973)

Gesamtverbreitung: Von Nordwestafrika (Marokko, Algerien) quer durch ganz Europa bis Nordschottland, Mittelskandinavien und zum Ural. In Asien weit verbreitet, südlich bis Libanon und Iran, nach Osten aber nur bis Ostsibirien sicher nachgewiesen. Auch hier gilt, daß in Literaturangaben Verwechslungen mit *A. tridens* vorgekommen sein können.

Verbreitung

Regional: Gegenüber ihrer Schwesterart *Acronicta tridens* ist *Acronicta psi* in den meisten Landesteilen die weitaus häufigere, zum Teil sogar die allein vorkommende Art der Gruppe. Sie kann als allgemein verbreitet bezeichnet werden und kommt in allen Regionen, auch im Alpenvorland und in den Mittelgebirgen (Schwäbische Alb, Schwarzwald, Odenwald) vor.

In der Verbreitungskarte sind die auf Raupenfunden beruhenden und daher als zuverlässig eingestuften Meldungen sowie die durch Genitaluntersuchung determinierten Falter als Quadratsymbole dargestellt. Bei den als Rundsymbole dargestellten nicht überprüfbaren Meldungen dürfte es sich in den meisten Fällen ebenfalls um *A. psi* gehandelt haben, doch könnte sich darunter auch ein kleiner Anteil von *A. tridens* verbergen.

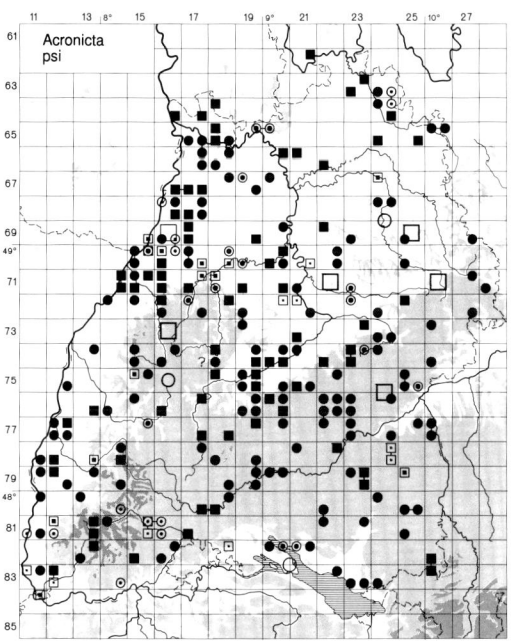

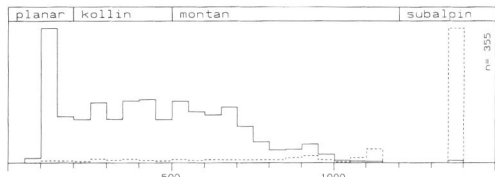

Vertikal: Die Art ist von der Ebene bis ins höhere Bergland um 1350 m verbreitet, ohne daß sich Präferenzen abzeichnen.

Phänologie

Imagines: In der Literatur herrscht keine Einigkeit darüber, ob *Acronicta psi* in Mitteleuropa regulär zwei Generationen hervorbringt. FORSTER (1971) gab zwei Generationen von April bis Juni und von Juli bis September an, während BERGMANN (1954) und – ihm folgend – KOCH (1958, 1984) nur eine langgestreckte Generation sowie wenige Falter einer unvollständigen 2.Gen. im August annahmen. HEINICKE & NAUMANN (1982) tendierten sogar dazu, überhaupt nur eine Generation zu vermuten.

Für Baden-Württemberg wurde diese Frage eigentlich schon durch REUTTI (1898) beantwortet, der die Flugzeit von *A. psi* mit »Mai, Juni und August, September« angab. Modifiziert man diese Angabe zu »Mai bis Juni und Juli bis August, in Einzelfällen schon ab April und noch bis September«, dann erhält man eine für alle Naturräume gültige Übersicht. Die Raupenfunde im Juni und Juli (siehe unten) geben dabei den Ausschlag, für eine bivoltine Phänologie zu plädieren, obwohl die kumulative Darstellung in den Flugzeitdiagrammen eine weitgehende Überschneidung beider Generationen ergibt. Dabei sind auffällige regionale Unterschiede zu beob-

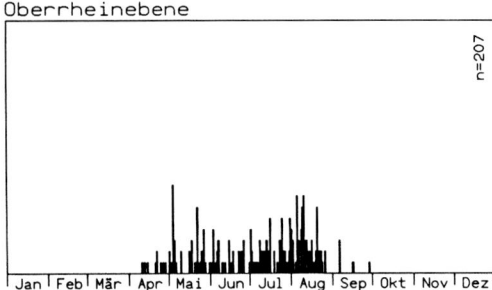

Oberrheinebene

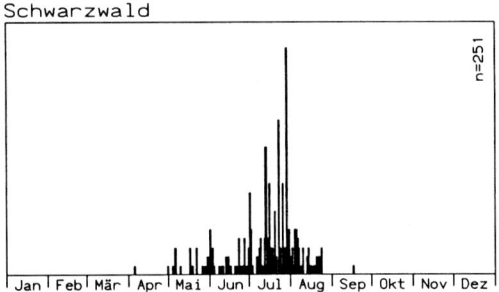

Schwarzwald

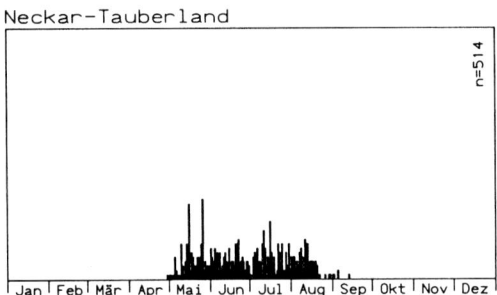

Neckar-Tauberland

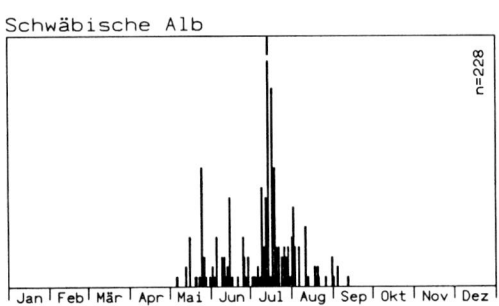

Schwäbische Alb

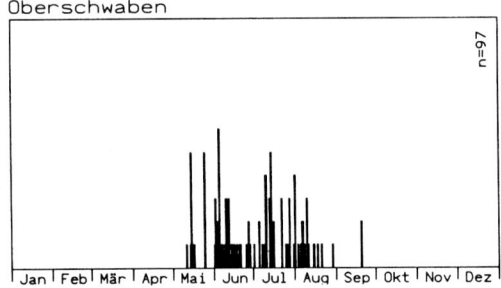

Oberschwaben

achten. In den meisten Gebieten liegt das die Generationenlücke kennzeichnende Minimum an der Monatswende Juni/Juli, nur im Schwarzwald bereits Mitte Juni. Sehr unterschiedlich ist das Häufigkeitsverhältnis der Generationen: Im Neckar-Tauberland und im Alpenvorland sind beide Generationen etwa gleich stark, in der Oberrheinebene deutet sich ein geringfügiges Überwiegen der 2.Gen. an und in den Mittelgebirgen ist die 2.Gen. deutlich zahlreicher als die erste. Im Neckar-Tauberland wirkt das Diagramm äußerst einheitlich, was vermutlich auf die heterogene Zusammensetzung dieses Gebiets zurückzuführen ist.

Präimaginalstadien: Die Raupen der 2.Gen. sind von Mitte Juni bis Mitte Juli eher vereinzelt registriert worden. Deutlich häufiger sind die zahlreichen Nachweise der Raupen der 1.Gen.; sie liegen zwischen Anfang September und Anfang Oktober, und selbst Ende November wurde noch eine bereits im Fallaub verkrochene, aber noch nicht eingesponnene Raupe gemeldet (20.11.1992; T. MARKTANNER). Die Puppe der 1.Gen. überwintert und ist im März gefunden worden (25.3.1993, J. BURTON).

Ökologie

Lebensraum: *Acronicta psi* bewohnt praktisch alle Landschaften mit Baum- und Strauchwuchs. Ihr Lebensraum umfaßt Waldränder und Vorwaldgesellschaften, größere Lichtungen, Schneisen, Waldwege und sonstige Binnensäume in stark strukturierten Waldlandschaften. Gern besiedelt sie Gebüsche und Hecken in der Feldflur, auf Magerrasen und in Säumen, außerdem Obstbäume und Ziersträucher in Streuobstwiesen, Gärten, Parks, Anlagen und Friedhöfen. Ihr Optimum liegt im trockenen und mesophilen Bereich; in feuchten Lebensräumen kommt sie zwar ebenfalls vor, ist aber deutlich seltener. In Oberschwaben bezeichnete MEINEKE (1982) sie als »vermutlich in den Mooren konstant vorhanden, jedoch im Untersuchungsgebiet [Moore des württembergischen Alpenvorlands] überraschend selten.«

Nahrung der Raupe:
Populus spec. – Pappel
    L (WEI)
Salix viminalis – Korb-Weide
    L (BAR)
Salix cf. *cinerea* – cf. Grau-Weide
    L (EBE)

Acronicta psi ist wesentlich häufiger als *Acronicta tridens* und in allen gebüschreichen Landschaften bis hin zu Gärten und Parks zu finden. Tagsüber ruhen die Falter gern an Baumstämmen. – Malsch-Sulzbach 8.8.82 G. EBERT.

Acronicta psi kann nur durch Genitaluntersuchung (oder Zucht aus der Raupe) sicher bestimmt werden. Dunkle Falter wie dieser haben oft zu Verwechslungen mit *Acronicta tridens* geführt. – Pfinztal-Wöschbach 31.7.95 A. STEINER. LF (genitaluntersucht).

Salix caprea – Sal-Weide
  L (ASA, STN)
Salix spec. – Weide
  L (EBE, RAM)
Carpinus betulus – Hainbuche
  3 L (BAR, EBE, KIE)
Corylus avellana – Hasel
  L (SCÄ)
Betula pendula – Hänge-Birke
  L (EBE, HEI)
Alnus glutinosa – Schwarz-Erle
  L (EBE)
Fagus sylvatica – Rotbuche
  L (EBE, SCC)
Quercus spec. – Eiche
  L (SCC)
Ulmus spec. – Ulme
  L (WEI)
Chaenomeles japonica – Japanische Quitte
  L (EBE)
Pyrus communis – Garten-Birnbaum
  L (DEI)
Sorbus torminalis – Elsbeerbaum
  L (KIE)
Crataegus monogyna – Eingriffeliger Weißdorn
  L (RAD, STN)

Amelanchier ovalis – Felsenbirne
  L (BAR)
Rosa canina – Hundsrose
  L (EBE)
Rosa spec. – Rose
  L (MRT)
Prunus avium – Vogelkirsche
  L (SCA)
Prunus insititia – Pflaume
  P (BRT)
Prunus domestica – Zwetschge
  L (EBE)
Prunus spinosa – Schlehe
  3 L (FRY, KIE, SCC)
Rhus typhina – Kolben-Sumach, Essigbaum
  L (EBE)
Tilia cordata – Winter-Linde
  L (EBE)
Tilia spec. – Linde
  L (SCC)

Das breite Nahrungspflanzenspektrum hat sich auch bei *A. psi* in allgemeinen Angaben wie »polyphag an Laubholz« (GAUCKLER 1909) niedergeschlagen. In der Tat sind im Untersuchungsgebiet nahezu alle häufigeren Laubbaum-

Die häufig gefundene Raupe besitzt einen langen, aber kaum behaarten dorsalen Fleischzapfen und einen gelben bis gelblichweißen Rückenstreifen. – Malsch-Sulzbach, 5.8.96 G. EBERT. M.

gattungen (außer Ahorn und Esche) durch Nachweise belegt. Dazu kommen strauchförmig wachsende Gehölze wie Schlehe und Weißdorn. Auch auf Gartenpflanzen werden Eier abgelegt: G. EBERT meldet die Japanische Quitte und den Essigbaum. Die Liste könnte wohl noch umfangreicher sein, wenn von den Autoren von Lokalfaunen mehr genaue und weniger allgemeine Angaben gemacht worden wären. So lassen sich bisher noch keine sicheren Aussagen über eventuelle Präferenzen machen. BERGMANN (1954) stellte in Thüringen fest, daß in der Ebene und im Hügelland hauptsächlich Zwetsche, Linde, Schlehe, Kirsche, Hasel und Rose, im Mittelgebirge vor allem Eberesche, Salweide, Erle, Rose und Himbeere gefressen wurden.

H. HEIDEMANN fand eine Raupe auf Brombeere sitzend, die aber vermutlich von einer darüber befindlichen Birke herabgefallen war.

Zusätzlich zu den aus Baden-Württemberg bekannten Nahrungspflanzen finden sich in der europäischen Literatur unter anderem noch die folgenden Angaben: *Pteridium aquilinum, Populus tremula, Populus suaveolens, Salix phylicifolia, Betula pubescens, Alnus incana, Quercus robur, Ulmus glabra, Malus domestica, Spiraea salicifolia, Sorbus intermedia, Sorbus hybrida, Sorbus aucuparia, Crataegus laevigata, Pyracantha coccinea, Amelanchier spicata, Rubus idaeus, Rosa pimpinellifolia, Prunus domestica, Prunus cerasus, Prunus padus, Acer platanoides, Aegopodium podagraria* (ALLAN 1949, HEUSER, JÖST & ROESLER 1960, PLAUT 1971, SEPPÄNEN 1970, SPEYER 1867 TREITSCHKE 1825a).

Nahrung des Falters: Die Nahrungsaufnahme wurde an *Buddleja davidii* beobachtet (E. LANGER). Die Falter kommen auch an den Köder.

Habitat: Als Larvalhabitat dienen wahrscheinlich nahezu alle nicht zu feuchten Laubwald- und Gebüschgesellschaften der Klasse Querco-Fagetea, in deutlich geringerem Maße die Salicetea purpureae (Weidengebüsche und -wälder) und Alnetea glutinosae (Erlen- und Moorbirken-Bruchwälder).

Pflanzensoziologisch nicht einzuordnen sind die Streuobstwiesen und der Siedlungsbereich (Parks, Gärten usw.).

Verhalten: Die Raupen sind – wohl im Vertrauen auf ihre Behaarung – tagaktiv und freilebend. Sie halten sich, auch wenn sie an hohen Bäumen leben, offenbar gern in niedrigen Höhen auf, etwa an den unteren Ästen oder an Stockausschlägen.

Die Verpuppung erfolgt in dem *Acronicta*-typischen, festen Kokon, meist an oder unter Rinde oder Holzstücken, im Freiland wahrscheinlich im bodennahen Stammbereich und an am Boden liegendem Totholz. Die Falter sind nachtaktiv und kommen gern, oft in Anzahl, ans Licht. Tagsüber sind sie an Baumstämmen, Holzzäunen und Pfosten ruhend gefunden worden.

Gefährdung und Schutz

Rote Liste Bundesrepublik: –
Rote Liste Baden-Württemberg: –

Oberrheinebene: Nicht gefährdet.
Schwarzwald: Nicht gefährdet.
Neckar-Tauberland: Nicht gefährdet.
Schwäbische Alb: Nicht gefährdet.
Oberschwaben: Nicht gefährdet.

• In Baden-Württemberg nicht gefährdet!

Acronicta aceris (Linnaeus, 1758)
Ahorn-Rindeneule

Acronycta aceris L. (REUTTI 1898, SPULER 1908–1910, REBEL 1910, ECKSTEIN 1913–1923, HERING 1932, SCHNEIDER 1936–1939, BERGMANN 1951–1955, KOCH 1954–1961, 1984, BRAUNS 1970)
Apatele aceris L. (BOURSIN 1964, HARTIG & HEINICKE 1973)

Gesamtverbreitung: Von Marokko durch Süd- und Mitteleuropa, nördlich bis Mittelengland, Südnorwegen, -schweden, -finnland und zum Ural verbreitet, südlich bis zu den großen Mittelmeerinseln, östlich über Kleinasien, Palästina, Irak und Iran bis Zentralasien (Afghanistan, Kirgisien: Issyk-kul).

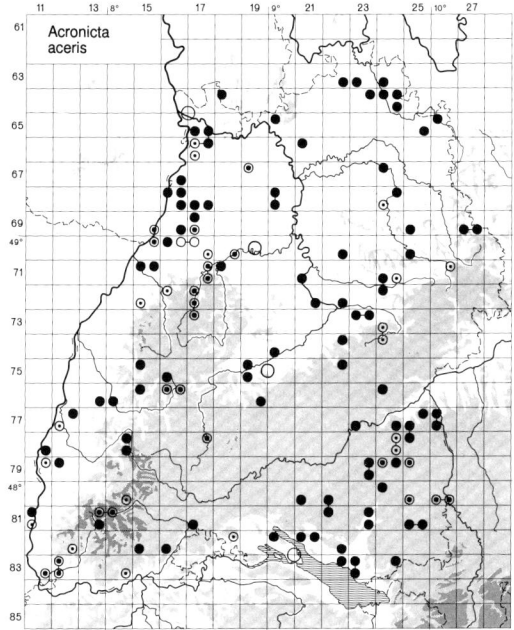

beitragen: REICHOLF-RIEHM (1983) bildete eine *Acronicta auricoma* als *Acronicta aceris* ab.

Vertikal: Die Höhenverbreitung umfaßt die gesamte planare, kolline und den größten Teil der montanen Stufe von unter 100 m in der Rheinebene bis über 900 m im Schwarzwald (Hinterprechtal, Schweingrube und Yach, Bigertkopf, S. FREUNDT/P. PAUSCHERT/A. SCHANOWSKI). Ein Einzelnachweis stammt vom Feldberg (1100–1493 m, A. FRITZ nach A. GREMMINGER).

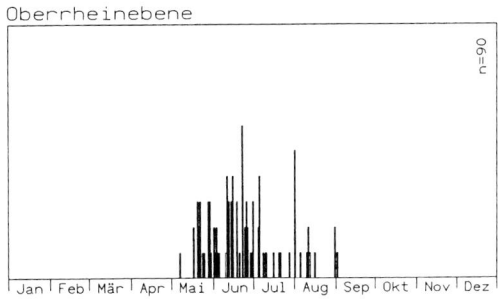

Verbreitung

Regional: Die Ahorn-Rindeneule ist aus allen Hauptnaturräumen Baden-Württembergs nachgewiesen. Sie ist jedoch sehr lokal verbreitet und kann heute keineswegs mehr als »im ganzen Gebiet verbreitet und häufig« (SCHNEIDER 1937) oder »höchst gemein als Raupe wie als Schmetterling« (GAUCKLER 1896, 1909, 1921) gelten. Zudem muß in Frage gestellt werden, ob sie bei uns tatsächlich überall so gemein gewesen ist, wie in den meisten Handbüchern (z. B. KOCH 1984) an-

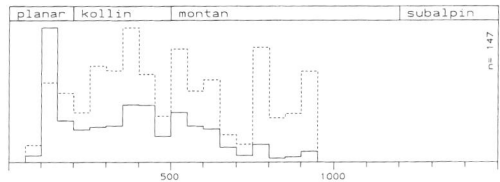

gegeben wird. Das Vorkommen ihrer auffallenden Raupe an den in Ortschaften häufig gepflanzten Roßkastanien mag eine gewisse Überbewertung ihrer Abundanz zur Folge gehabt haben. Dabei bleibt jedoch unbestritten, daß die Bestandsentwicklung heute in vielen Gebieten rückläufig ist.

Die Bestimmung der Imagines mag dem Anfänger zuweilen Schwierigkeiten bereiten, wozu auch Unrichtigkeiten in populären Feldführern

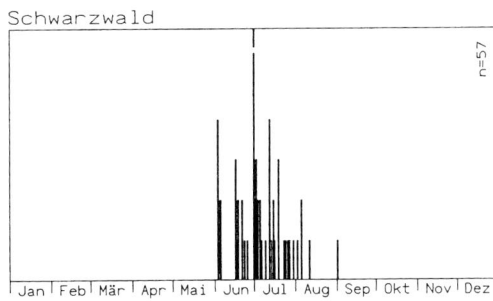

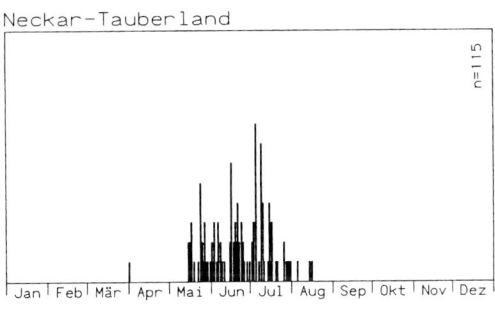

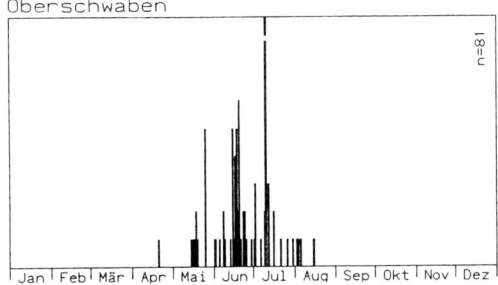

Acronicta aceris ist zwar genauso unspektakulär gefärbt wie die übrigen grauen *Acronicta*-Arten, ragt aber durch ihre bedeutendere Größe über sie hinaus. Sie ist in den letzten Jahrzehnten in ihrer Häufigkeit überall zurückgegangen. – Rottenburg-Kalkweil 16.5.92 A. STEINER. LF.

Phänologie

Imagines: Die Flugzeit beginnt in der Rheinebene, im Neckar-Tauberland und den wärmeren Teilen des Alpenvorlands normalerweise im Lauf der zweiten Maihälfte, im Schwarzwald und auf der Schwäbischen Alb dagegen nicht vor Anfang Juni. Aus Jahren mit besonders warmem Frühjahr sind Einzelfunde schon vom April bekannt (1.4.1976, Bruchsal, H. FEIL; 20.4.1912, Singen, A. GREMMINGER). Noch nicht eindeutig geklärt ist die Frage, ob die im Hochsommer in Mitteleuropa auftretenden frischen Falter Angehörige einer 2.Gen. sind oder ob *A. aceris* bei uns nur eine einzige, sehr lang ausgedehnte Generation hervorbringt, wie z.B. URBAHN & URBAHN (1939) vermuteten. Im Diagramm für die Oberrheinebene erkennt man einen zweiten, etwas abgesetzten Höhepunkt von Ende Juli bis Anfang September, der eine Interpretation als partielle, nur in günstigen Jahren oder an günstigen Stellen auftretende, 2.Gen. nahelegt. Das Diagramm für das Neckar-Tauberland läßt ähnliche Verhältnisse zumindest erahnen, und selbst aus dem Nördlichen Talschwarzwald liegt noch ein Septemberfund vor (1.9.1930, Loffenauer Tal, H. SCHLÖRER nach Kartei A. GREMMINGER). Die Tatsache, daß in Südeuropa regelmäßig zwei bis drei Generationen im Jahr auftreten (HACKER 1989), spricht für diese Deutung.

Präimaginalstadien: Ab Anfang Juli wurden Raupen gemeldet (3.7.1948, Hardtwald bei Karlsruhe, A. GREMMINGER), darunter sogar bereits erwachsene Tiere (7.7. und 9.7.1952, Hauingen, H. HEIDEMANN), die die Vermutung einer partiellen 2.Gen. plausibel erscheinen lassen. Die (leider selten mit genauem Datum versehenen) Raupenfunde ziehen sich dann durch den August und September und schließen mit einem Nachweis vom 5.10.1922 (Freiburg, O. SCHRÖDER) ab. Überwinterungsstadium ist die Puppe.

Ökologie

Lebensraum: *Acronicta aceris* besiedelt vor allem ahorn- und eichenreiche Laubwaldungen, wie den Eichen-Hainbuchenwald, den Hainsimsen-Buchen-Tannenwald, den Krautreichen Buchenmischwald, den Eichen-Ulmen-Hartholzauwald, den Weiden-Pappel-Weichholzauwald und den Beerkraut-Tannen-Fichtenwald. Auch aus dem Hochmoorbereich wurde sie gemeldet (Hinterzarten, L. SETTELE). Mit der Roßkastanie, die erst seit der zweiten Hälfte des 16. Jahrhunderts in Mitteleuropa kultiviert wird, hat sich *A. aceris* an einigen Stellen auch in Siedlungsgebieten ausgebreitet. So wird sie in Alleen, Parkanlagen und Gärten gefunden, wo sie übrigens nicht nur an Roßkastanien, sondern auch an gepflanzten Ahornbäumen lebt.

Die anfangs gelblichweißen Eier verfärben sich bald und werden rötlichbraun mit weißen Flecken. Die frischgeschlüpfte L_1-Raupe weist bereits eine kräftige Behaarung auf. – Untermettingen (ex ovo-Zucht) 29.7.95 H. LUSSI. S.

Die erwachsene Raupe mit ihrer typischen Färbung und Behaarung ist unter allen europäischen Schmetterlingsraupen unverwechselbar. – Untermettingen (ex ovo-Zucht) 12.9.95 H. Lussi. S.

Nahrung der Raupe:
Salix caprea – Sal-Weide
   L (Fry)
Acer platanoides – Spitzahorn
   L (Ebe)
Acer spec. – Ahorn
   5 L (Bih, Brm, Gau, Gre, Kie, Scc)
Quercus spec. – Eiche
   3 L (Gre, Rei, Scc)
Corylus avellana – Hasel
   L (Gau)
Tilia spec. – Linde
   L (Scr)
Aesculus hippocastanum – Roßkastanie
   5 L (Gau, Gre, Kie, Scc)

Die am häufigsten registrierten Nahrungspflanzen sind Roßkastanie und Ahorn, letzterer leider fast durchweg ohne genaue Artbestimmung. G. Ebert fand eine verpuppungsreife Raupe unter Spitzahorn. Daneben liegt eine Angabe von Hasel vor (Gauckler 1909). A. Gremminger, G. Reich und Schneider (1937) berichten von Raupenfunden an Eiche. O. Schröder (nach Kartei A. Gremminger) fand am 5.10.1922 in Freiburg Raupen »überall unter Linden«, an denen sie sich wohl auch entwickelt hatten, denn die Bemerkung »verspinnen sich bald« zeigt, daß es sich um erwachsene Tiere auf dem Weg zum Verpuppungsplatz gehandelt hatte. An Salweide konnte K. Freytag die Raupe einmal nachweisen.

In der Literatur werden als weitere Nahrungspflanzen genannt: *Populus, Carpinus, Corylus, Betula, Fagus, Quercus robur* und *Q. ilex, Ulmus, Castanea, Alnus, Prunus domestica* (Bergmann 1954), selbst *Laburnum* (Allan 1949) und *Sarothamnus* (Heuser, Jöst & Roesler 1960) werden erwähnt.

Nahrung des Falters: Keine Angaben aus Baden-Württemberg.

Habitat: Zum pflanzensoziologisch noch lückenhaft bekannten Habitatspektrum gehören verschiedene Laubwaldgesellschaften, etwa aus dem Carpinion betuli (Eichen-Hainbuchenwald) und dem Fagion sylvaticae (Rotbuchenmischwald), aus dem Querco-Ulmetum minoris (Eichen-Ulmen-Hartholzauwald), aber auch aus Weidenwäldern wie dem Salicion albae (Weiden(-Pappel)-Weichholzauwald), ferner aus Nadelwaldformationen wie dem Luzulo-Abietetum (Hainsimsen-Fichten(bzw. Buchen)-Tannenwald). Als Allee- und Parkbäume gepflanzte Roßkastanien und Ahorne sind pflanzensoziologisch nicht einzuordnen.

Verhalten: Die sehr auffällige Raupe lebt offen; durch ihre dichte Behaarung ist sie vor den mei-

Bei Störung rollt sich die Raupe zusammen und bildet einen gelbroten Ball mit nach außen gerichteten Haarbüscheln. Der Lebensraum ist unter *Ptilodontella cucullina* in Band 4 abgebildet. – Untermettingen (ex ovo-Zucht) 12.9.95 H. Lussi. S.

sten Freßfeinden geschützt. Bei intensiver Störung rollt sie sich zusammen, so daß sie eine dichte Kugel mit gelben, orangen und roten Haarbüscheln und schwarz eingefaßten weißen Flecken bildet. Die Falter sind nachtaktiv und kommen ans Licht. Tagsüber sind sie an Baumstämmen ruhend gefunden worden.

Gefährdung und Schutz

Rote Liste Bundesrepublik: –
Rote Liste Baden-Württemberg: 3

Oberrheinebene: Gefährdet.
Schwarzwald: Gefährdet.
Neckar-Tauberland: Gefährdet.
Schwäbische Alb: Art der Vorwarnliste.
Oberschwaben: Art der Vorwarnliste.

• In Baden-Württemberg gefährdet!

Der schon im Kartenbild erkennbare Rückgang mag in Wirklichkeit noch gravierender sein, da in der älteren Literatur für die »häufige« Ahorn-Rindeneule oft gar keine Fundorte genannt wurden. Situationen wie die folgende um die Jahrhundertwende aus Wiesbaden berichtete sind jedenfalls bei uns schon lange nicht mehr zu beobachten: »Der herabfallende Raupenkot belästigt die unter den Bäumen verkehrenden Menschen, sodass schon manche Gartenwirtschaft

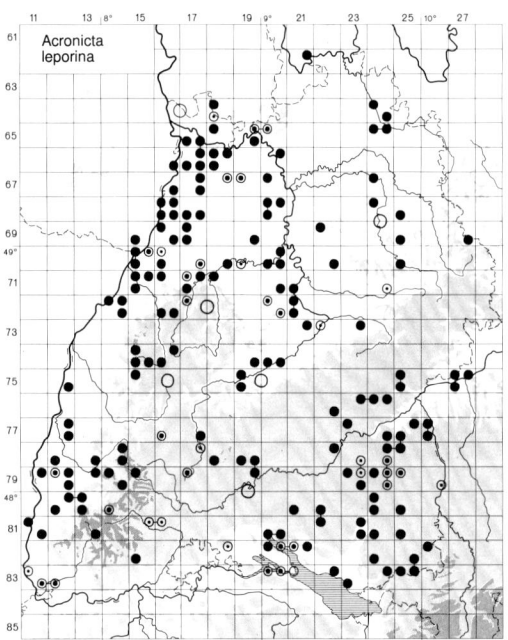

hierdurch unzugänglich geworden« (REICHENAU 1905). Vielmehr treffen heute auf zahlreiche Gegenden Einschätzungen wie die folgende Aussage über die Baar zu: »in den Jahren 1951–1959 noch zu finden, ab dann nicht mehr festgestellt« (H. HERRMANN 1976). Die Gründe für diese Regression sind unklar. Eine genaue Verfolgung der weiteren Bestandsentwicklung ist notwendig. Vielleicht handelt es sich nur um langfristige Populationsschwankungen, zumal aus anderen Gebieten ein Seltenerwerden nicht gemeldet wird (z. B. Ostdeutschland, HEINICKE & NAUMANN 1980–1982).

Acronicta leporina
(Linnaeus, 1758)
Woll-Rindeneule

Acronicta leporina L. (REUTTI 1898, SPULER 1908–1910, REBEL 1910, ECKSTEIN 1913–1923, DRAUDT in SEITZ 1931–1938, Hering 1932, SCHNEIDER 1936–1939, BERGMANN 1951–1955, KOCH 1954–1961, 1984)
Apatele leporina L. (BOURSIN 1964, HANNEMANN & URBAHN IN STRESEMANN 1969, HARTIG & HEINICKE 1973)

Gesamtverbreitung: Fast in ganz Europa von Südspanien, Mittelitalien und Bulgarien bis Schottland und Mittelskandinavien (in Finnland auch bis nördlich des Polarkreises) verbreitet. Über Kleinasien und Armenien verläuft das Areal ostwärts, doch ist die östliche Verbreitungsgrenze unklar: In der Ostpaläarktis und der Nearktis kommt die erst kürzlich artlich von *A. leporina* getrennte (früher für eine Subspezies von ihr gehaltene) *Acronicta vulpina* (GROTE, 1883) vor. Wo die genaue Ostgrenze von *A. leporina* und die Westgrenze von *A. vulpina* in Rußland verläuft und ob die Areale sich dort überschneiden, ist noch unbekannt (MIKKOLA, LAFONTAINE & KONONENKO 1991).

Verbreitung

Regional: Weit verbreitet und in einigen Naturräumen nicht selten, so in der nördlichen Oberrheinebene, in Teilen des Alpenvorlands und des Schwarzwalds. Im Neckar-Tauberland etwas lokaler vorkommend, auf der Schwäbischen Alb

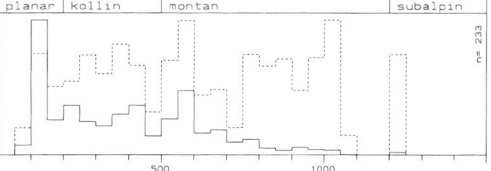

vor allem in den südlichen Gebieten (Flächenalb) vertreten, den nördlichen Teilen (Kuppenalb) nahezu völlig fehlend und auch im Alpenvorland selten.

Vertikal: Von den niedrigen Lagen der Rheinebene um 100 m bis in die Hochlagen des Schwarzwalds (Schliffkopf, 1050 m, R. HERRMANN/G. EBERT/D. DOCZKAL, Schauinslandgipfel, 1250 m, R. HERRMANN) ohne klare Präferenzen verbreitet.

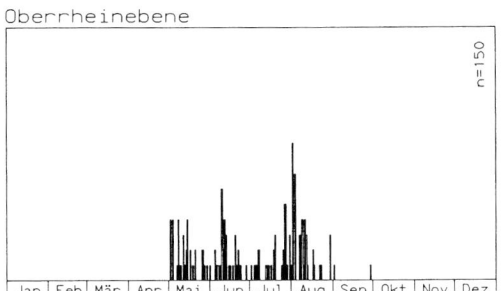

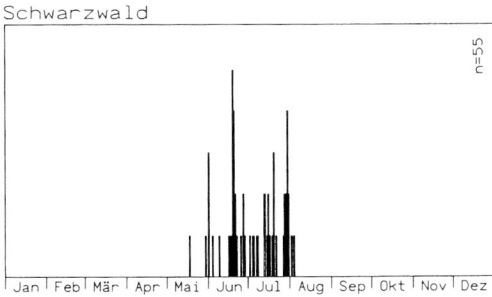

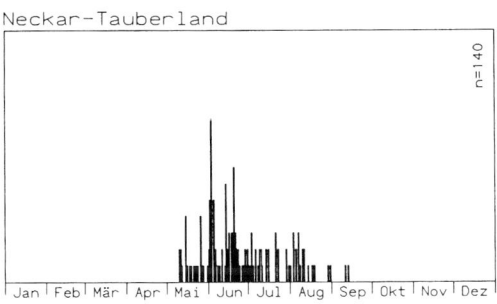

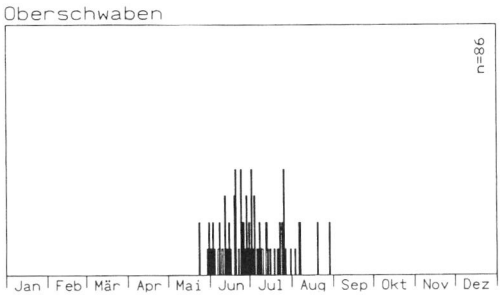

Acronicta leporina tritt überwiegend in einer Form mit rein weißer Grundfarbe auf. Nur die Reste der Querlinien und Makelumrandungen sind schwarz geblieben. Selten erscheinen Formen, bei denen die Flügelfläche mit grauschwarzen Schuppen gesprenkelt ist. – Todtnau-Schlechtnau 9.7.83 F. EBSER. S.

Phänologie

Imagines: Die lang ausgedehnte Flugzeit beginnt unter günstigen Bedingungen in der Oberrheinebene bereits Anfang Mai (2.5.1936, Kaiserstuhl, Badberg, L. SETTELE; 2.5.1990, Kippenheim, J.-U. MEINEKE), im Neckarland meist etwas später, im Alpenvorland und im Schwarzwald kaum vor Ende Mai. Im Juni lassen die Diagramme für das Neckarland, den Schwarzwald und das Alpenvorland, aber auch die Oberrheinebene, ein schwaches Maximum erahnen. In der Rheinebene folgt ein zweites, deutlicheres Maximum um die Monatswende Juli/August, das in schwächerer Ausprägung auch im Schwarzwald, im Alpenvorland und – als Häufung – im Neckarland auftritt. Hier haben wir es möglicherweise mit Angehörigen einer 2.Gen. zu tun, die in den wärmeren Naturräumen in Einzelstücken den ganzen August hindurch bis in den September auftreten (Neckarland: 11.9.1979, Geifertshofen, E. LANGER; Oberrhein: 29.9.1975, Muggensturm, R. HERRMANN). Eine Lücke zwischen diesen beiden Flugperioden läßt sich für den Oberrhein und das Neckarland im Juli erkennen. Die Frage, ob es sich bei diesen späten Tieren um Angehörige einer echten 2.Gen. oder vielleicht nur um spät schlüpfende Tiere einer einzigen Generation (oder um beides) handelt, ist noch nicht geklärt.

Präimaginalstadien: Ein sehr früher Raupenfund wird vom Mai gemeldet (1940, Karlsruhe-Scheibenhardt, H. KESENHEIMER nach Kartei A. GREMMINGER). Obwohl ausdrücklich als »R[au]p.[e] an Erle« bezeichnet, ist nicht völlig auszuschließen, daß sich die Monatszahl vielleicht doch nur auf ein Schlupfdatum aus einer Zucht bezieht. Die nächsten Funde folgen erst Anfang und Mitte Juli (4.7.1992, Karlsruhe-Durlach, N. WINDSCHNURER; 17.7.1976, Schwann, v. RAMIN). Nach einer weiteren Pause bis zu der Monatsangabe August (M. WALLNER; LITZELMANN 1966a, SCHÄFER in LIEBHEIT & SCHÄFER 1979) folgen datierte Funde ab Anfang September (7.9.1985, B. TRAUB) und ziehen sich bis ans Monatsende September hin. Eine präparierte Raupe mit der Angabe Oktober befindet sich in coll. G. REICH. Das Überwinterungsstadium ist die Puppe.

Ökologie

Lebensraum: Laub- und Laubmischwälder und deren Binnensäume und Randstrukturen (Waldmäntel, Vorhölzer), besonders birkenreiche Wälder von trockenen Eichen-Birkenwäldern bis zu feuchten Birkenbrüchen, aber auch Auwälder mit Pappeln, Weiden oder Erlen. Auch in jüngeren Gebüschen außerhalb vom Wald, an Wegrändern, Fluß- und Bachufern, in Flach- und Hochmooren, ferner in Gärten und Parks.

Die Eier werden auf Blattflächen abgelegt. Hier sind sie durch ihre niedrige Form und den flach ausgezogenen Rand sehr unauffällig. Anfangs gelb verfärben sie sich im Lauf der Embryonalentwicklung in Richtung violettbraun. – Todtnau (ex ovo-Zucht) 21.7.95 H. LUSSI. S.

Im ersten Larvalstadium verursacht die Raupe nur Fensterfraß, meist von der Blattunterseite aus. – Todtnau (ex ovo-Zucht) 23.7.95 H. LUSSI. S.

Nahrung der Raupe:
Populus spec. – Pappel
　3 L (GAU, REU, SCC)
Salix purpurea – Purpur-Weide
　L (LIT)
Salix spec. – Weide
　3 L (GAU, LIE, MEI, SCC)
Alnus spec. – Erle
　3 L (KES, REU, SCC, SCÄ)
Betula pendula – Hänge-Birke
　L (BAR)
Betula spec. – Birke
　5 L (BAI, BRM, EBE, FRY, HNG, KIE, LIE, REI, SCR, TRB, WLL)

Die weitaus meisten Raupen wurden bei uns an »Birke« gemeldet. In der Regel wird es sich dabei um die gewöhnliche Hängebirke (*Betula pendula*) gehandelt haben, doch ist anzunehmen, daß in den Mooren des Alpenvorlands auch die Moorbirke (*Betula pubescens*) eine Rolle spielt.

Daneben sind auch Pappeln, Weiden und Erlen – überwiegend in der älteren Literatur – angegeben worden. Leider liegen von Pappel und Erle keine, von Weide nur eine einzige genaue Artbestimmung vor: LITZELMANN (1966a) meldete die Raupe »an der Purpurweide im Rheinvorland [beim Isteiner Klotz] nicht selten«.

Die Eiche als Nahrungspflanze nannte NÖRDLINGER (1880) mit bemerkenswerter Zuversicht (»ohne Zweifel auf Eiche«) allein auf der Grundlage eines einzigen Puppenfundes in einem Eichenast.

Da die Raupen wie die der verwandten Arten vor der Verpuppung oft einige Zeit herumlaufen, besteht die Möglichkeit, daß die Raupe von einem benachbarten Baum (oder sogar vom Boden her) auf die Eiche übergewechselt war; als siche-

Zum Vergleich nebeneinander gesetzt: Die Larvenstadien 2 bis 4 (von rechts nach links). Erst die L$_4$-Raupe zeigt die lange, meist helle Behaarung, der die Art den landessprachlichen Namen »Pudel« verdankt. – Todtnau (ex ovo-Zucht) 10.8.95 H. Lussi. S.

rer Nahrungsbeleg kann diese Beobachtung jedenfalls nicht gelten.
Nahrung des Falters: Keine Angaben aus Baden-Württemberg. Die Falter besuchen künstlichen Köder.
Habitat: Als Falter in der Rheinebene und im Neckar-Tauberland gern in den Eichenreichen Wäldern (Quercion robori-petraeae) und deren Vorwaldstadien, sonst auch in verschiedenen Assoziationen der Fagetalia sylvaticae. Aus Salicetea- und Alnetea-Gesellschaften (Weidengebüsche, Erlen- und Moorbirken-Bruchwälder,

Eine erwachsene Raupe an Birke, ihrer klassischen Nahrungspflanze. Die schützende Behaarung, die hier geradezu an ein Gespinst erinnert, ist farblich variabel; dieses Tier ist grau bis schwarzgrau behaart. – Todtnau-Schlechtnau 8.9.81 F. Ebser.

Grauweidengebüsche) liegen noch keine konkreten Raupennachweise vor, doch ist das Vorhandensein der Art hier zu vermuten. Ferner kommt sie an gepflanzten Birken in Garten- und Parklandschaften vor.
Verhalten: Die tag- und nachtaktive Raupe lebt offen an der Nahrungspflanze. Die Verpuppung erfolgt ähnlich wie bei ihren Verwandten in einem aus Rinden- und Holzteilchen gefertigten Kokon: »Ihre gespinstlose Puppe fand sich ... in einem faulen Eichenast, durch eine ziemlich feste bräunliche Gespinstwand von der Aussenwelt geschieden« (Nördlinger 1880). Die Falter sind nachtaktiv und kommen ans Licht. Tagsüber sind sie an Baumstämmen gefunden worden, von G. Reich in den oberschwäbischen Mooren vor allem an Birken.

Gefährdung und Schutz

Rote Liste Bundesrepublik: –
Rote Liste Baden-Württemberg: –

Oberrheinebene: Nicht gefährdet.
Schwarzwald: Nicht gefährdet.
Neckar-Tauberland: Nicht gefährdet.
Schwäbische Alb: Nicht gefährdet.
Oberschwaben: Art der Vorwarnliste.

• In Baden-Württemberg nicht gefährdet!

Aus Oberschwaben berichtet G. Baisch: »Die Art ist stark zurückgegangen.« Die Abundanzfluktuationen sollten – nicht nur in diesem Gebiet – weiterhin beobachtet werden.

Acronicta megacephala
([Denis & Schiffermüller], 1775)
Großkopf-Rindeneule

Acronycta megacephala F. (Reutti 1898, Spuler 1908–1910, Rebel 1910, Eckstein 1913–1923, Hering 1932, Bergmann 1951–1955, Koch 1954–1961, 1984)
Acronicta megacephala F. (Lampert 1907, Warren in Seitz 1909–1914, Draudt in Seitz 1931–1938 [Nachtrag, S. 238])
Acronicta megacephala Schiff. (Draudt in Seitz 1931–1938 [Hauptteil, S. 12], Schneider 1936–1939)
Apatele megacephala Schiff. (Boursin 1964, Hartig & Heinicke 1973)
Subacronycta megacephala Schiff. (Forster 1954–1981)

Gesamtverbreitung: Nahezu ganz Europa, nördlich bis zum Polarkreis, im Süden bis Nordafrika (Marokko),

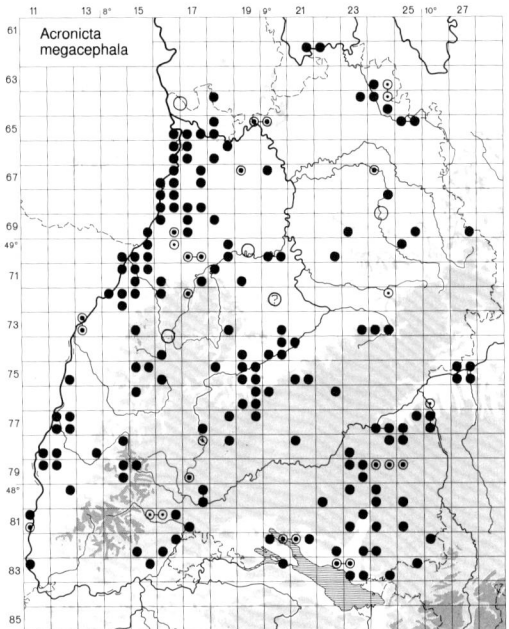

Sizilien, Griechenland und Kleinasien verbreitet, weiter über Kleinasien und das Kaukasusgebiet durch das gemäßigte Asien bis zu den Kurilen und nach Japan.

Verbreitung

Regional: *Acronicta megacephala* ist aus allen Regionen des Landes bekannt. Deutliche Schwerpunkte bestehen allerdings in den größeren Auwaldgebieten entlang des Rheins und in den Feuchtgebieten des Alpenvorlands. Daneben dürfte die Art aber in den Weichholzgürteln der meisten Flüsse und Bäche vorkommen. Sie ist sicherlich weiter verbreitet als die Karte vermuten läßt.

Großflächig fehlen dürfte sie wohl nur in den höheren Lagen des Schwarzwalds und auf der Hochfläche der Schwäbischen Alb.

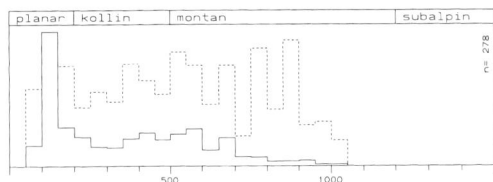

Vertikal: Die Höhenverbreitung erstreckt sich von der Ebene um 100 m bis in die montane Stufe des Schwarzwalds (Wutach, Gutachbrücke, 840–910 m, A. GREMMINGER).

Phänologie

Imagines: Die meisten Daten liegen aus der Oberrheinebene vor, wo sich die Flugzeit von Anfang Mai bis Ende August ausdehnt. Eine kleine Anzahl von Einzelfunden aus günstigen Jahren erweitert diesen Zeitraum noch auf Mitte April bis Mitte September: 19.4.1988, Rastatt, E. KIEFER; 12.9.1977, Rußheim, M. WALLNER. Im Diagramm lassen sich Mitte Juni und Ende Juli klei-

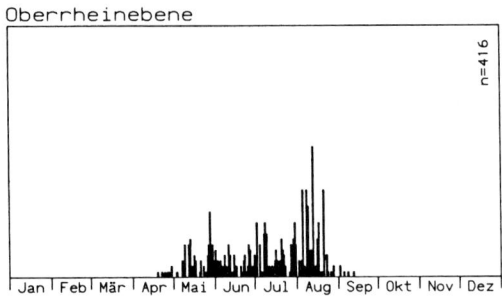

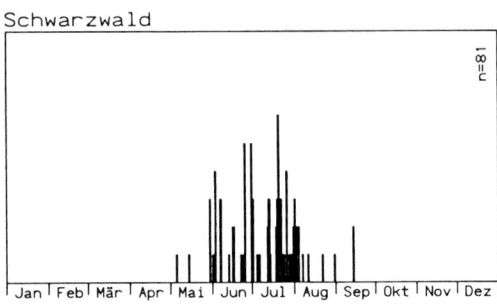

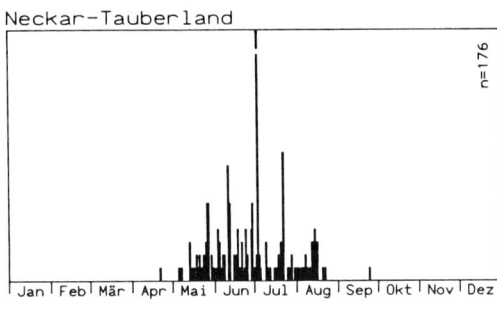

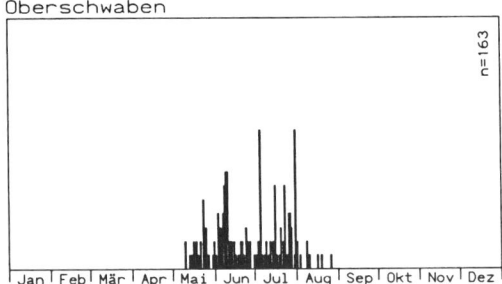

Acronicta megacephala ist in unterschiedlich hellen Grautönen und Cremeweiß gezeichnet und wirkt dadurch im Kontrast oft weicher abgestuft als die verwandten Arten. – Walddorfhäslach (ex larva-Zucht) 1.8.80 K. JÄKEL. S.

nere Lücken erkennen, doch nach wie vor ist nicht endgültig geklärt, ob es sich nur um eine einzige, lang ausgedehnte Generation oder (wahrscheinlicher) um zwei sich stark überschneidende Generationen handelt. Für das Neckar-Tauberland ergibt sich eine Flugzeit von Mitte Mai bis Mitte August mit Extremdaten Ende April und Ende September (21.4.1984, Markgröningen-Rotenacker, D. HEIN; 24.9.1958, Eberbach/Neckar, M. CRETSCHMAR). Im Alpenvorland ergibt sich der Zeitraum Anfang Mai bis Ende August, während die wenigen Daten von der Schwäbischen Alb zwischen Ende Mai und Mitte August liegen. Auch im Schwarzwald ist die Flugzeit eher kurz: Sie dauert von Ende Mai bis Mitte August mit einigen Extremdaten Anfang Mai und Ende August bis Mitte September, die aus Randbereichen stammen (5.5.1984, Pforzheim, Hagenschießwald, R. KONTERMANN/ H. OCHS/M. WALLNER; 31.8.1987, Baden-Baden, Ortsgebiet, E. KIEFER; 14.9.1987, Oppenau, An der Steig, M. MEIER).

Schon BERGMANN (1954) war die Generationenfolge in Thüringen nicht klar, und HEINICKE & NAUMANN (1980–1982) konnten für ganz Ostdeutschland zu keinem befriedigenden Ergebnis gelangen. Erst das genaue Protokollieren des Erhaltungszustands der Falter sowie Vergleichszuchten unter natürlichen Bedingungen werden die anstehenden Fragen lösen können. Treten nach vielen abgeflogenen Faltern im Juni wieder vermehrt frische Tiere im Juli/August auf oder halten sich frische und geflogene Falter für den Rest der Flugzeit die Waage? Schlüpfen die Nachkommen der Mai/Juni-Falter alle noch im selben Jahr oder überwintert ein hoher Prozentsatz? Gelangen die Nachkommen der Spätsommerfalter alle noch zur Verpuppung?

Präimaginalstadien: Verhältnismäßig spärlich ist die Anzahl der mit genauem Funddatum gemeldeten Raupen. Sie streuen von Mitte Juni (19.6.1993, L_4, F. NANTSCHEFF) über Anfang Juli (1.7.1988, Gruibingen, Boßler, K. FREYTAG), Anfang August (3.8.1974, H. FEIL) bis Mitte September (17.9.1922, Wasenweiler, O. SCHRÖDER nach Kartei A. GREMMINGER). Die Puppe überwintert und ist zwischen Mitte Oktober und Mitte April mehrfach gefunden worden (20.10.1948, Weinheim, H. LIENIG; 16.4.1993, Plittersdorf, C. KÖPPEL).

Ökologie

Lebensraum: Weichholzauwälder mit Pappelbeständen und naturnahe fluß- und bachbegleitende Weichholzgürtel, Pappel- und Weidenjungwuchs im Gebüschsaum von Wäldern, aber auch Pappelpflanzungen und -alleen an Straßenrändern, feuchten Böschungen, Wassergräben und

Die Eier werden normalerweise einzeln abgelegt. Daß in der Natur auch eine Ablage in Zweiergruppen vorkommt, zeigt dieses Bild. Zwei Raupen sitzen auf benachbarten Blättern einer jungen Zitterpappel. Die linke hat sich ein Fadenpolster gesponnen und bereitet sich zur Häutung vor, während die rechte die Häutung bereits hinter sich hat. – Königheim, NSG Langenfeld 17.8.91 H. LUSSI.

Auch *Acronicta megacephala* sitzt als Raupe gern in U-Form auf den Pappelblättern. Charakteristisch ist der helle Fleck auf dem 10. Segment. Es gibt auch dunkelgraue bis schwärzliche Farbvarianten, bei denen der normalerweise gestreifte Kopf völlig schwarz ist. – Tettnanger Wald 23.7.95 T. MARKTANNER.

Nahrung der Raupe:
Populus tremula – Zitterpappel
  L (LUS, SEZ)
Populus nigra – Schwarzpappel
  L, P (BAI, LIE)
Populus nigra pyramidalis – Pyramiden-Pappel
  P (LIE)
Populus spec. – Pappel
  5 L, P (BAI, BLÄ, FEIL, GAU, KIN, NAN, SCC, SCR)
Salix caprea – Salweide
  L (BAI, FRY)
Salix spec. – Weide
  L (SCC)
Quercus spec. – Eiche
  L (LIE)

begradigten Bachläufen. In den Auwäldern kann *A. megacephala* auch den Überflutungsbereich besiedeln und längere Überschwemmungsperioden überstehen, da sie sich in keinem Stadium am oder im Erdboden aufhält. Sie ist nicht auf größere oder geschlossene Bestände der Nahrungspflanzen angewiesen, so daß sie an Bächen und Gräben mit wenigen oder einzelnen Bäumen auch in den Siedlungsbereich vordringen kann und in Parks und Gärten gefunden wird.

Die bei uns weitaus wichtigste Nahrungspflanzengattung ist eindeutig die Pappel. Weniger leicht fällt die Zuordnung vieler Meldungen zu einer bestimmten Pappelart. Bei einigen der Meldungen von »Schwarzpappel« könnte es sich, was nicht mehr nachzuprüfen ist, statt um die echte *Populus nigra* um die Kanadapappel *Populus x canadensis* gehandelt haben. Ähnliches ist auch für die nur als »Pappel« gemeldeten Pflanzen zu vermuten. H. LIENIG fand eine Puppe an der Kulturform Pyramidenpappel. Mehrfach wurden Raupen an Zitterpappeln gefunden, sowohl im Bodenseebecken (H. LUSSI) als auch im Tauberland (K. A. SEITZ nach Kartei A. GREMMINGER, H. LUSSI). Von Weiden liegen drei Angaben vor, eine allgemeine Erwähnung bei SCHNEIDER (1937) und zwei Funde an Salweide von G. BAISCH und K. FREYTAG; Weiden scheinen also weniger gern belegt zu werden als Pappeln. Schließlich meldete H. LIENIG auch noch einen Raupenfund »bei Friedrichsfeld auf *Quercus*«.

Nahrung des Falters: Keine Angaben aus Baden-Württemberg. Die Falter kommen gern an den Köder.

Habitat: Primär pappelreiche Hartholzauwälder (Alno-Ulmion minoris), Weichholzauwälder (Salicion albae) und Eichen-Ulmen-Auwälder (Querco-Ulmetum) mit *Populus nigra*-Anteil, auch kleine Pappelbestände in gestörten und reliktären Auwaldresten an Bächen und Flüssen, ferner pflanzensoziologisch nicht einzuordnende Pappelpflanzungen an Straßen (Alleebäume) und Gräben, in Gärten und Parks.

Verhalten: Die Verpuppung findet nicht am Erdboden statt, sondern unter lockeren Rindenstücken an den Nahrungsbäumen, wo die Puppen in Höhen zwischen 30 cm und 3 m über dem Erd-

Die Puppe verbringt den Winter in einem Kokon unter Baumrinde, meist in mehreren Metern Höhe. Dadurch entgeht sie in Flußauen der Gefahr der Überflutung. – Rheinufer bei Plittersdorf 1.4.93 A. STEINER. M (Rindenstück entfernt).

boden ziemlich häufig gefunden wurden, so »unter Pappelrinde in festem Kokon aus Rindenstückchen« (W. KINTZL), »unter toter Rinde an Pyramiden-Pappelstämmen« (H. LIENIG) und an ähnlichen Stellen (H. FEIL, C. KÖPPEL, H. LUSSI, A. STEINER). Dieses Verhalten ermöglicht es der Art, Überschwemmungsgebiete dauerhaft zu besiedeln. Die Falter sind nachtaktiv und kommen gern ans Licht.

Gefährdung und Schutz

Rote Liste Bundesrepublik: –
Rote Liste Baden-Württemberg: –

Oberrheinebene: Nicht gefährdet.
Schwarzwald: Nicht gefährdet.
Neckar-Tauberland: Nicht gefährdet.
Schwäbische Alb: Nicht gefährdet.
Oberschwaben: Nicht gefährdet.

- In Baden-Württemberg nicht gefährdet!

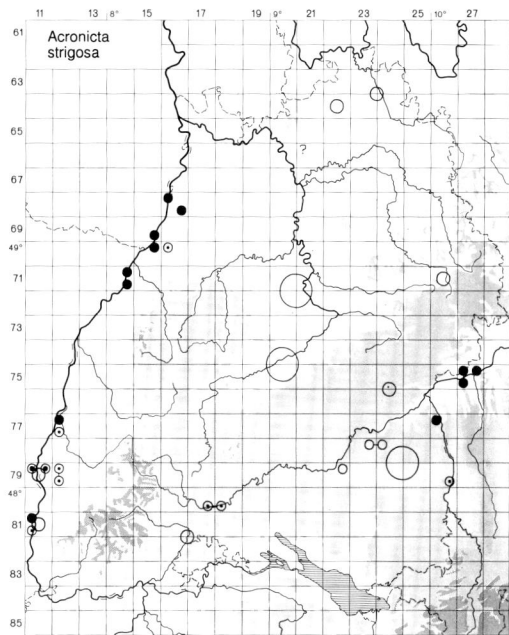

Acronicta strigosa
([Denis & Schiffermüller], 1775)
Striemen-Rindeneule

Acronycta strigosa SCHIFF. (REUTTI 1898, SPULER 1908–1910, REBEL 1910, ECKSTEIN 1913–1923, DRAUDT in SEITZ 1931–1938 [Hauptteil, S. 8], HERING 1932, SCHNEIDER 1936–1939, BERGMANN 1951–1955, KOCH 1954–1961, 1984)
Acronicta strigosa F. (LAMPERT 1907, WARREN in SEITZ 1909–1914, DRAUDT in SEITZ 1931–1938 [Nachtrag, S. 238], SCHNEIDER 1936–1939)
Apatele strigosa SCHIFF. (BOURSIN 1964, HARTIG & HEINICKE 1973)
Hyboma strigosa SCHIFF. (FORSTER 1954–1981, PRETSCHER et al. 1984)

Gesamtverbreitung: In Europa lokal verbreitet, südlich bis zu den Pyrenäen, zum Alpensüdrand, nach Slowenien und Nordgriechenland, nördlich bis Südengland, Süddänemark, Südschweden, Südfinnland, Karelien und zum Ural. In Kleinasien ist ihr Vorkommen wahrscheinlich (HACKER 1989), denn sie wurde auch im Kaukasus gefunden, weiter ist sie durch Mittelasien bis Nordchina, Korea und Japan verbreitet.

Verbreitung

Regional: In Baden-Württemberg ist *Acronicta strigosa* auf die Auwaldgürtel entlang einiger Flußläufe beschränkt, allen voran die des Rheins, wo sie vom Rußheimer Altrhein im Norden bis ins Gebiet von Grißheim/Neuenburg im Süden nachgewiesen wurde. Daneben liegen neuere Funde aus dem Illertal und dem Donautal unterhalb von Ulm vor. Nur durch ältere Meldungen belegt sind dagegen das obere Donautal und das Wutachgebiet. Eine Nachsuche in diesen Gebieten dürfte auch heute noch erfolgreich sein. Dagegen sind die Populationen des Neckar-Tauberlands und der Schwäbischen Alb offenbar schon seit langem erloschen. Zudem ist gerade in diesen beiden Gebieten die Sicherheit der Determination in manchen Fällen zweifelhaft.

Oberrheinebene: Rußheim[1], 1966–1976 (W. DÜRR/P. ROSSNAGEL/W. STAIB/M. WALLNER); Linkenheim-Hochstetten, 1977 (K. RATZEL/U. RATZEL), seitdem nicht wieder festgestellt; Rheinwald bei Karlsruhe, 1969–1971 (W. WEISSIG); Rappenwörth bei Daxlanden, 1969 (J. PARTENSCKY); Bellenkopf bei Neuburgweier, 1969–1973 (J. PARTENSCKY); Scheibenhardter Wald bei Karlsruhe, 1910–1913 (F. HÖROLD nach GAUCKLER 1921 und Tagebuch M. DAUB); Rheinauen bei Wintersdorf, 1979 (B. TRAUB), 1992 (C. KÖPPEL); Iffezheim, 1976 (A. BIEBINGER); Taubergießen, 1978 (T. ESCHE); Oberhausen, 1932 (SERMIN 1959); Rheinwald bei Breisach, 1971–1972 (H. RIETZ); Auwald bei Niederrotweil, 1958–1969 (W. DÜRR, P. ROSSNAGEL, L. SETTELE, M. WALLNER); Faule Waag bei Achkarren, 1957–1967 (A.

---

[1] Der einzige bekannte Fundort in der Pfalz (»bei Sondernheim in den Auwäldern«, KRAUS 1993) liegt genau gegenüber dem Rußheimer Altrhein.

FRITZ, L. SETTELE); Wasenweiler (J. ELSNER nach SCHRÖDER 1922a); Grißheim, 1957–1958 (A. FRITZ, L. SETTELE), 1994 (R. HERRMANN/J.-U. MEINEKE/A. HOFMANN); Neuenburg, 1931 (HIRTLER nach Kartei A. GREMMINGER).

Neckar-Tauberland: Tauberbischofsheim, fraglich! (REUTTI 1898); Buchen (EHINGER nach Kartei A. GREMMINGER); Pforzheim (H. ROMETSCH nach Kartei A. GREMMINGER); Tübingen (KELLER & HOFFMANN 1861, auch zitiert von SCHNEIDER 1937); Stuttgart (E. HERRE nach SCHNEIDER 1937); Wasseralfingen (A. HAHNE nach SCHNEIDER 1937); Wutach-Flühe, 1938 (A. GREMMINGER).

Schwäbische Alb: Herrlingen bei Ulm (HAMMER nach LINDNER & SCHNEIDER 1939); Blaubeuren (ASCHENAUER nach SCHNEIDER 1937); Geisingen, 1940 (A. GREMMINGER).

Alpenvorland: Hundersingen bei Sigmaringen (HUBER nach SCHNEIDER 1937); »Rißtal« [=Biberach], 1916 (KOTZ); Biberach, 1916 ([KOTZ] G. REICH nach SCHNEIDER 1937); Illertal bei Egelsee, 1942 (G. REICH); Illerauen bei Wangen, 1981 (A. LINGENHÖLE); Marbach bei Riedlingen (HENSLER nach KELLER & HOFFMANN 1861, auch zitiert von SCHNEIDER 1937); Leipheimer Moos, 1986 (R. HEINDEL); Hangwald bei Reisensburg (Bayern), 1984 (R. HEINDEL).

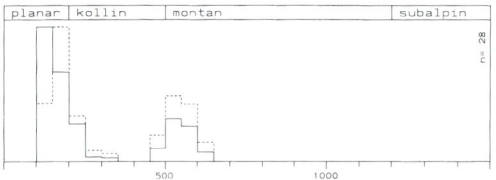

Vertikal: Die Fundstellen an Rhein und Neckar liegen in der Ebene und im unteren Hügelland zwischen 100 und 300 m, diejenigen an der Wutach, an der Donau und im Alpenvorland bereits im unteren Bergland zwischen 500 und 650 m.

Phänologie

Imagines: Die allgemeine Literatur gibt für Mitteleuropa 2 Generationen im Juni und August (KOCH 1984) bzw. »von Juni bis September« und

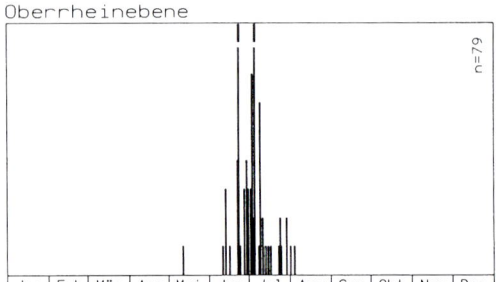

Acronicta strigosa gehört zu den seltenen Arten der Gattung. In Baden-Württemberg wurde sie in neuerer Zeit nur noch in den Auenwäldern entlang von Rhein, Donau und Iller gefunden. Eine der aktuellen Fundstellen in den Rheinauen bei Wintersdorf ist unter *Tethea ocularis* in Band 4 abgebildet. – Kaiserstuhl, Jägerhof 27.6.69 leg. W. STAIB.

in klimatisch ungünstigen Gebieten eine Gen. im Juni/Juli (FORSTER 1971) an. Für Baden-Württemberg ist die Situation nicht eindeutig. Die wenigen taggenauen Daten für Neckar-Tauberland, Schwäbische Alb und Alpenvorland fallen in den Juni und Juli. In der Oberrheinebene erstrecken sich die Daten von der 2. Juni-Dekade bis Anfang August. Eine eventuelle Generationenlücke läßt sich dabei bestenfalls Mitte/Ende Juli erkennen. Die Ende-Juli/Anfang-August-Daten wären dann einer 2.Gen. zuzuschreiben, die selbst in der wärmebegünstigten Rheinebene offenbar nur sehr unvollständig auftritt. Außerdem liegt eine besonders frühe Meldung bereits von Mitte Mai vor (12.5.1971, Breisach, H. RIETZ, ob Zuchtfalter?). Um sichere Aussagen zum Voltinismus zu erhalten, sind in Zukunft Angaben zum Erhaltungszustand der Falter und nach Möglichkeit auch genau datierte Raupenfunde notwendig[2].

Präimaginalstadien: Keine Nachweise aus dem Untersuchungsgebiet. Je nach Anzahl der Generationen müßte die Raupenzeit im (Juli)–August–September–(Oktober)[3] bzw. im Juni–Juli und August–September liegen.

---

[2] Dies gilt nicht nur für Südwestdeutschland; auch HEINICKE & NAUMANN (1980–1982) wiesen in der Fauna der ehemaligen DDR darauf hin, daß »die Klärung der Phänologie ... dringend erforderlich« ist.

[3] FREYER (1827–1828) fand die Raupen bei Augsburg »im August und September, oft auch noch im Oktober«, in dem warmen Jahr 1822 auch schon am 7. Juli eine erwachsene Raupe.

Ökologie

Lebensraum: Die Falterfunde stammen zumeist aus warmen Auwäldern oder auwaldartigen Laubwäldern, und hier besonders aus den Randbereichen und Gebüschmänteln (Schlehen-Weißdorngebüsche), beispielsweise in den Rheinwaldungen um Karlsruhe, Rastatt, Breisach, im Kaiserstuhlumland und in den Illerauen. Da die meisten Nachweise außerhalb der Rheinebene und des Alpenvorlands älteren Datums sind, liegen von hier keine genauen Informationen über die (ehemaligen) Lebensräume vor. Auch wenn das Larvalhabitat aus unserem Gebiet noch nicht bekannt ist, scheint der von BERGMANN (1954) eingeführte Name »Buschgründchen-Striemen-Rindeneule« das Habitat wie die Wuchsform der Nahrungspflanzen ganz gut zu charakterisieren. *Acronicta strigosa* benötigt offenbar einerseits hohe Luftfeuchtigkeit, wie sie in Bach- und Flußtälern gewährleistet ist, andererseits mäßig warme Klimabereiche (wie in Südwestdeutschland die Rheinebene) oder mikroklimatisch günstig gelegene Biotope, z. B. Südhanglagen.

Ein langjähriger Falterfundort im Hunsrück wurde von BROSZKUS (1994) wie folgt charakterisiert: Eine südexponierte Schieferhalde mit schwach ausgeprägter Krautschicht an einem Berghang mit Niederwald und Buschwerk, durch Schlehenhecken vom anschließenden Talgrund eines Bachtals mit Wiesenaue abgegrenzt. Während die Schieferhalde als Wärmespeicher wirkt, bildet sich im Kaltluftsee des Tals nachts häufig Bodennebel. Nach GELBRECHT, RICHERT & WEGNER [1996] besiedelt die Art im Unterspreewald feuchte Laub- und Bruchwaldwälder mit reichen Traubenkirschenbeständen, an den Oderhängen bei Eberswalde alte, extensiv bewirtschaftete oder verwilderte Streuobstwiesen mit Pflaumenbäumen und Schlehenhecken.

Die Raupe tritt in zwei Farbvarianten auf. Sie ist entweder grün mit brauner Rückenseite oder vollständig braun gefärbt. – Wangen/Iller (ex ovo-Zucht) 7.96 K. FREYTAG. S.

Nahrung der Raupe: Keine Angaben aus Baden-Württemberg.

Nach Literaturangaben lebt die Raupe überwiegend an strauch- und baumförmigen Rosaceen, von denen die Schlehe (*Prunus spinosa*) meist an erster Stelle genannt wird. Daneben gibt es Meldungen von *Sorbus aucuparia* (ALBERS 1937, GELBRECHT, RICHERT & WEGNER [1996], JARISCH 1942–1943), *Crataegus laevigata* (ALLAN 1949, WULLSCHLEGEL 1873), *Prunus padus* (SEPPÄNEN 1970), *Pyrus pyraster* (FREYER 1827–1828, BOIE 1833) und *Frangula alnus* (SEPPÄNEN 1970).

Nahrung des Falters: Keine Beobachtungen aus Baden-Württemberg. Die Imagines besuchen den Köder.

Habitat: Aus dem Untersuchungsgebiet liegen keine gesicherten pflanzensoziologisch definierbaren Raupenfunde vor. Vermutlich spielen schlehen- und weißdornreiche Auwaldgesellschaften (Alno-Ulmion) und ihnen vorgelagerte bzw. mit ihnen verzahnte Gebüsche der Prunetalia spinosae die wichtigste Rolle. Einer der aktuellen Falternachweise (Wintersdorf, 1992, C. KÖPPEL) stammt mitten aus der Hohen Hartholzaue (Alno-Ulmion).

Verhalten: Die Falter sind nachtaktiv und kommen ans Licht.

Gefährdung und Schutz

Rote Liste Bundesrepublik: 2
Rote Liste Baden-Württemberg: 1

Oberrheinebene: Stark gefährdet (regional ausgestorben oder verschollen).
Schwarzwald: Nicht vertreten.
Neckar-Tauberland: Ausgestorben oder verschollen.
Schwäbische Alb: Ausgestorben oder verschollen.
Oberschwaben: Stark gefährdet (regional ausgestorben oder verschollen).

- In Baden-Württemberg vom Aussterben bedroht!
  Besonders geschützt gemäß § 20 e ff. BNatSchG.

Während aus dem Neckar-Tauberland und von den Donauzuflüssen der südlichen Schwäbischen Alb schon seit den vierziger Jahren keine Meldungen mehr vorliegen, wurde *A. strigosa* in den siebziger Jahren und vereinzelt noch in neuerer Zeit am Oberrhein und im Donau- und Illergebiet gefunden. Die Anzahl der Fundorte ist allerdings in allen Gebieten zurückgegangen. Dieser

Rückgang läßt sich nicht anhand der Nahrungsansprüche der Raupen erklären, sondern wird wohl, wie schon CHAPPUIS (1942) vermutet hatte, vor allem durch Trockenlegung (Senkung des Grundwasserspiegels) verursacht. Eine Regression scheint *A. strigosa* auch in anderen Gegenden Mitteleuropas durchzumachen: Aus Hessen, Berlin, Sachsen und Thüringen liegen seit 1980 keine Funde mehr vor (HEINICKE 1993), in der Pfalz ist die Art nur bis 1977 beobachtet worden (KRAUS 1993). Andererseits tritt sie z. B. in Brandenburg noch auf und scheint sich lokal nicht nur zu halten, sondern sogar etwas auszubreiten (GELBRECHT et al. 1993, GELBRECHT, RICHERT & WEGNER [1996], BROSZKUS 1994). Es wäre also möglich, daß wir gegenwärtig nur einen Tiefstand in der Abundanzdynamik erleben, während es am Oberrhein in den sechziger/siebziger Jahren einen Höchststand gab. Die Bestandsentwicklung weiter zu verfolgen und ältere Fundorte auf noch existente Populationen hin zu kontrollieren, muß eine vorrangige Aufgabe für die Zukunft sein. Wo die Art noch vorkommt, müssen die schlehen- und weißdornreichen Waldmäntel und Gebüsche bzw. der gesamte Auwaldkomplex erhalten und geschützt werden, bis wir durch Larvalnachweise eine genauere Kenntnis der ökologischen Ansprüche der Art erlangt haben.

Acronicta menyanthidis (Esper, [1789])

Heidemoor-Rindeneule

Acronicta menyanthidis O. (REUTTI 1898)
Acronycta menyanthidis VIEW. (SPULER 1908–1910, REBEL 1910, ECKSTEIN 1913–1923, DRAUDT in SEITZ 1931–1938, HERING 1932, SCHNEIDER 1936–1939, BERGMANN 1951–1955, KOCH 1954–1961, 1984)
Acronicta menyanthidis VIEW. (LAMPERT 1907)
Chamaepora menyanthidis VIEW. (WARREN in SEITZ 1909–1914)
Apatele menyanthidis ESP. (BOURSIN 1964, HARTIG & HEINICKE 1973)
Pharetra menyanthidis VIEW. (FORSTER 1954–1981)

Gesamtverbreitung: In Nordeuropa weit verbreitet, vermutlich im gesamten nördlichen Asien (wo der Durchforschungsstand in vielen Gebieten noch mangelhaft ist). Im Osten erreicht die Art im Amurgebiet den Pazifik. Nach Süden zu ist das Areal stark zersplittert; in Mitteleuropa bewohnt sie vor allem Mittelgebirge und Moorgebiete, südlich bis nach Südirland, Mittelengland, Ostbelgien, zu den Vogesen, zum Massif Central, zum Alpensüdrand, in die Slowakei und zum ukrainischen Teil der Karpaten. Im Mittelmeergebiet fehlt sie.

Subspezifischer Kontext: MEINEKE (1982) hat darauf hingewiesen, daß die in Oberschwaben fliegenden Falter auffällige regionale Differenzen im Habitus zeigen: Im Federseegebiet kommt die Nominatform vor, in den Moorgebieten südlich davon bzw. östlich von Riß und Schussen (Brunnenholzried, Wurzacher Ried, Rotmoos, Gründlenried, Fetsachmoos, Harprechtsmoos) ähneln die Tiere dagegen der ssp. *pepli* von *A. auricoma*.

Verbreitung

Regional: In Baden-Württemberg ist *Acronicta menyanthidis* lokal im Schwarzwald und im Alpenvorland verbreitet und kommt bzw. kam auch auf den Mooren der Baar vor. Im Alpenvorland liegen die Vorkommen in den Moorgebieten des Nördlichen Oberschwaben und des Westallgäuer Hügellands. Eine ältere Meldung aus Überlingen (DIETZE 1919) bleibt dagegen zweifelhaft, da aus dem eigentlichen Bodenseebecken sonst keine Funde bekannt sind. Im Mittelgebirge werden die Moore des Nord- und Südschwarzwalds besiedelt. Im Nordschwarzwald handelt es sich fast ausschließlich um Fundorte im Naturraum Grindenschwarzwald und Enzhöhen. Im Mittleren Schwarzwald bildet das in Ost-West-Richtung verlaufende Kinzigtal eine Verbreitungslücke, dann schließen Funde im Raum Schönwald und Schonach an, setzen sich durch die Naturräume Südöstlicher Schwarzwald und Hochschwarz-

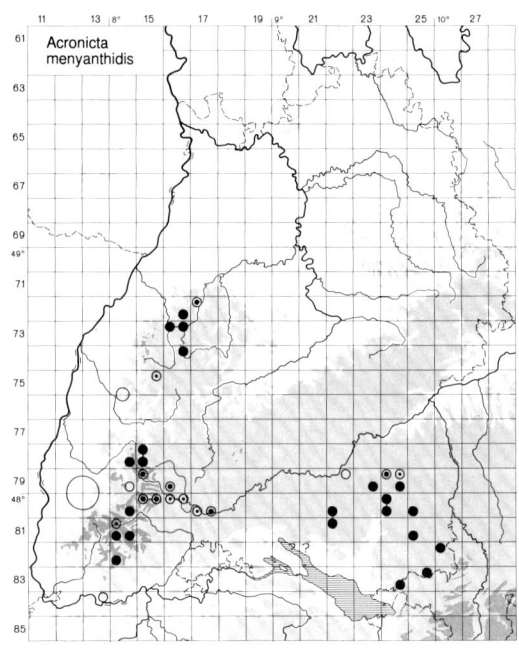

wald fort und leiten bis in die Baar über. Insgesamt läßt sich die Verbreitung von *Acronicta menyanthidis* (wie bei vielen tyrphophilen Arten) gut mit der Moorkarte von Baden-Württemberg (z. B. HÖLZINGER 1981) zur Deckung bringen.

Früher wurde *Acronicta menyanthidis* häufig mit *Acronicta auricoma* verwechselt, was sich sowohl in der Literatur als auch in anderen, heute nicht mehr nachprüfbaren, zweifelhaften Fundmeldungen niedergeschlagen hat. So mußte selbst A. GREMMINGER seine Meldung aus Graben-Neudorf (LEININGER 1924, GREMMINGER 1925–1928) ein Vierteljahrhundert später korrigieren: »Das als *A. menyanthidis* bezeichnete Stück hat sich nachträglich doch als *auricoma* F. erwiesen« (GREMMINGER 1952a). Die folgenden Literaturangaben aus der Oberrheinebene und dem Neckar-Tauberland müssen mit hoher Wahrscheinlichkeit als Verwechslungen aufgefaßt werden: Hardtwald bei Karlsruhe, April 1897 (GAUCKLER 1898a, 1898b); Kaiserstuhl, Oberbergen, 25.7.1963 (CLEVE 1964); Möckmühl (E. MARTIN nach SCHNEIDER 1937); Stuttgart (SEYFFER 1850, KELLER & HOFFMANN 1861); Neckarrems (SCHNEIDER 1937). Die Angabe von M. KELLER (nach REUTTI 1898) »auf moorigen Wiesen bei Freiburg« dürfte sich eher auf Schwarzwaldmoore als auf Stellen in der Ebene beziehen.

LINDNER & SCHNEIDER (1939) bilden eine offenbar echte *menyanthidis* mit dem Fundort »e.[x?] Cannstatt (leg. SCHNEIDER)« ab! Im Text heißt es dazu nur: »1 Stück der Nominatform und 1 Stück der f. *suffusa* TUTT wird abgebildet«

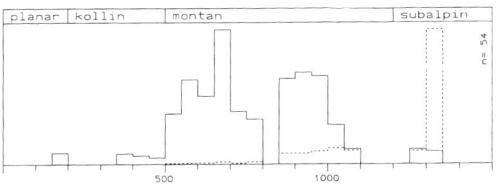

Vertikal: Von der oberen kollinen Stufe ab etwa 400–500 m durch die ganze montane Zone verbreitet. Mit 1300–1350 m (Spießhorn, H. HEIDEMANN) erreicht die Art im Schwarzwald auch die subalpinen Lagen. Nur der Fundort Gengenbach (REUTTI 1898) liegt in der Ebene um 200 m: Hier hat es sich entweder um ein von den Schwarzwaldhöhen herab verdriftetes Tier gehandelt, oder die Angabe ist ungenau und bezieht sich auf einen Fundort in höheren Lagen.

Bestimmungshilfe: *Acronicta menyanthidis* ist durch folgende Merkmale von *Acronicta auricoma* zu unterscheiden: Sie besitzt auf der Hinterflügel-Unterseite keine Binde, auch nicht am Vorderrand. ♂-Genital: Die untere Gabel des Sacculusfortsatzes ist lang und spitz, bei *A. auricoma* kurz und abgestumpft. Der Cornutus in der Vesica besitzt 10 vergleichsweise schlanke Spitzen, bei *A. auricoma* ca. 5 grobe Spitzen (J.-U. MEINEKE).

Phänologie

Imagines: Der Voltinismus von *Acronicta menyanthidis* ist aus den reinen Beobachtungsdaten nicht leicht abzulesen. Allgemein wird davon ausgegangen, daß die Art in Mitteleuropa zwei Generationen hervorbringt, von denen die letzte unvollständig sein kann (z. B. FORSTER 1971). Im Wesentlichen trifft dies auch auf die Situation in Baden-Württemberg zu. In Oberschwaben beginnt die Art ab Mitte, manchmal schon Anfang Mai zu fliegen (7.5.1962, Biberach-Zweifelsberg, G. BAISCH). Frische Falter erscheinen bis Anfang Juni und die Tiere fliegen dann in manchen Jahren noch bis Anfang Juli. Hier liegt anscheinend die – meist schwer erkennbare – Lücke zwischen den Generationen. Ab Mitte/Ende Juli und im August treten wieder frische Falter auf, die der 2.Gen. zuzuordnen sind. Der späteste Nachweis datiert vom 12.8.1942 (Federseemoor, G. REICH).

Im Schwarzwald beginnt die Flugzeit später, kaum vor der letzten Mai-Dekade (20.5.1966,

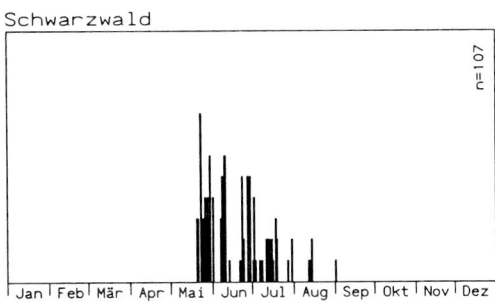

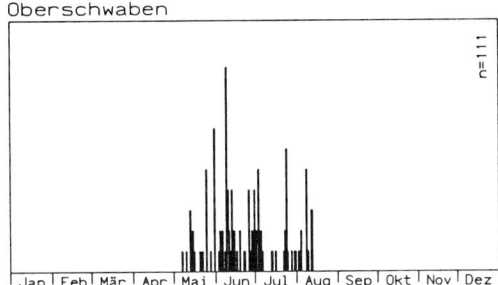

Acronicta menyanthidis ist ein reines Moortier. Äußerlich ist sie aber nicht leicht von der viel häufigeren *A. auricoma* zu unterscheiden. Die Ringmakel ist kleiner, manchmal nur punktförmig, und enthält keinen schwarzen Mittelpunkt; die äußere Querlinie ist im vorderen Teil meist (nicht immer) weniger stark gezackt. – Taubenmoos 13.6.92 A. STEINER. M.

Wildseemoor, W. STAIB). Eine größere, mehr oder weniger zusammenhängende Datengruppe zeigt das Diagramm bis Anfang Juli. Danach folgen einzelne Falter bis Mitte August, die aus den Jahren 1920, 1927, 1935, 1936, 1937 und 1988 stammen. Den Abschluß bildet ein Septembertier (1.9.1954, Eyachtal bei Höfen, M. WALLNER). Diese späten Falter gehören wahrscheinlich zu einer 2. Gen., die im Schwarzwald offensichtlich nur selten in warmen Jahren, in klimatisch günstigen Habitaten und in geringen Individuenzahlen zur Entwicklung kommt.

Aus der Baar liegen nur wenige genau datierte Funde vom Juni, Juli und August vor (7.6.1914, 7.6.1977 = 1. Gen., 26.7.1966, 13.8.1977 = 2. Gen.).

Präimaginalstadien: Obwohl die Raupen nicht selten gefunden wurden, sind sie vielfach nur durch gezüchtete Falter dokumentiert, auf deren Etiketten das Schlüpf-, nicht aber das Funddatum vermerkt ist. Derartige Belegstücke sind für die Freilandphänologie leider unbrauchbar. Die genauen Angaben fallen in die Zeit von Anfang Juli bis Mitte September (8.7.1993, Raupe bereits im letzten Stadium; 16.9.1993, erwachsene Raupe, Silberbrunnen und Schwarzenbächle, S. HAFNER). Eine präparierte Raupe aus Oberschwaben trägt die Angabe »September« (G. REICH, coll. SMNS).

Ökologie

Lebensraum: *Acronicta menyanthidis* bewohnt als tyrphophile Art fast ausschließlich Hochmoore. In Oberschwaben stellte MEINEKE (1982) das Schwerpunktvorkommen (der Imagines) im offenen Hochmoor, außerdem aber auch schwächere Vorkommen im Übergangsmoor, im gestörten Hochmoor und ferner im Spirken-Waldhochmoor fest.

Hier ruhen die Falter gern an der Rinde von Nadelhölzern und dürften bei der Nahrungssuche gelegentlich den eigentlichen Hochmoorbereich verlassen. Für den Südschwarzwald meldet S. HAFNER die Art aus Hoch- und Flachmoorgesellschaften, aber auch aus sehr lichtem Fichtenbruchwald mit einzelnen Karpatenbirken (*Betula pubescens* ssp. *carpathica*), dessen Unterwuchs von *Sphagnum*-reichen Kleinseggenriedern gebildet wird.

Nahrung der Raupe:
Juncus spec. – Binse
   L (HEI)
Salix spec. – Weide (»niedere Weidenbüsche«)
   L (REI)
Ranunculus aconitifolius – Eisenhutblättriger Hahnenfuß
   L (MEI)
Comarum palustre – Blutauge
   L (HAF)
Vaccinium myrtillus – Heidelbeere
   L (RNN)
Vaccinium uliginosum – Moorbeere
   L (HAF)
Oxycoccus palustris – Gewöhnliche Moosbeere
   L (GAU, HAF, MEI)
Calluna vulgaris – Heidekraut
   L (REN)
Lysimachia nummularia – Pfennigkraut
   L (HEI)
Menyanthes trifoliata – Fieberklee
   L (GAU, HAF)

Im Gegensatz zu manchen anderen Moorarten ist *A. menyanthidis* nicht auf eine bestimmte Nahrungspflanze aus dem Hochmoorbereich angewiesen, sondern – wie ihre nächsten Verwandten – in der Lage, sich von einer Vielzahl »niedrig wachsender Pflanzen« zu ernähren. Daß sich darunter auch Pflanzen wie *Oxycoccus* befinden, verwundert nicht, aber die Adaption an den Moorbereich ist bei *A. menyanthidis* offenbar nicht nahrungsbiologisch, sondern physiologisch bedingt.

H. HEIDEMANN fand die Raupe – nicht fressend – an Schilf (*Phragmites australis*) sitzend und beobachtete mehrfach an Binsenhalmen (*Juncus* spec.) fressende Tiere. Schilf als Nahrungspflanze ist demnach auch nicht auszuschließen. Aus Finnland hatte bereits SEPPÄNEN (1970) die Blasenbinse (*Scheuchzeria palustris*, Scheuchzeriaceae) als Freiland-Nahrungspflanze angegeben, so daß man nun vermuten darf, daß die Monocotyledonen einen kleinen aber durchaus regelmäßigen Nahrungsanteil ausmachen. G. REICH beobachtete die Raupe im Federseegebiet an »niederen Weidenbüschen«. Die von H. RENNER und C. SCHNEIDER gemeldeten »Weiden« (SCHNEIDER 1937) stammten dagegen aus dem Neckarland (Hessental-Fischachgrund und Nekkarrems) und beziehen sich deshalb mit größter Wahrscheinlichkeit nicht auf *A. menyanthidis*. Anzuzweifeln ist auch die Bestimmung der an Gewöhnlichem Gilbweiderich (*Lysimachia vulgaris*) gemeldeten Raupe aus der Gegend von Möckmühl (E. MARTIN nach SCHNEIDER 1937). Dagegen können sowohl Heidelbeere (*Vaccinium myrtillus*) als auch Heidekraut (*Calluna vulgaris*) akzeptiert werden, da sie aus dem Schwarzwald (Umg. Wildbad, H. RENNER nach SCHNEIDER 1937) gemeldet wurden. An *Calluna* soll H. RENNER die Raupen aber auch bei Hessental-Fischachgrund gefunden haben, was wiederum vom Fundort her unwahrscheinlich ist. Möglicherweise liegt diesen Angaben RENNERs eine Fundortverwechslung bei Zuchtmaterial zugrunde, denn die Raupe dürfte er gekannt und kaum verwechselt haben. Von den Ericaceen sind noch die Moorbeere (*Vaccinium uliginosum*) und die Moosbeere (*Oxycoccus palustris*) zu nennen, beide von S. HAFNER, die letztere auch von J.-U. MEINEKE sowie von GAUCKLER (1909) gemeldet. Den namensgebenden Fieberklee (*Menyanthes trifoliata*) führte schon GAUCKLER (1909) auf; S. HAFNER fand daran neuerdings eine neben frischen Fraßspuren ruhende Raupe. Vom Pfennigkraut (*Lysimachia nummularia*) meldete H. HEIDEMANN eine fressende Raupe, und an Eisenhutblättrigem Hahnenfuß (*Ranunculus aconitifolius*) fand J.-U. MEINEKE ein Tier. Höchstwahrscheinlich dürfen wir auch das Blutauge (*Comarum palustre*) zu den Nahrungspflanzen zählen: Ein ruhende Raupe wurde auf *Juncus acutiflorus* sitzend gefunden; daneben waren frische Fraßspuren an *Comarum* (S. HAFNER).

S. HAFNER beobachtete im Südschwarzwald das Sonn- und Fraßverhalten einer L_3-Raupe: Sie saß am frühen Nachmittag vollsonnig auf einer Schnabelsegge über einem Torfmoospolster nahe *Oxycoccus* und *Melampyrum pratense* ssp. *paludosum* und sonnte sich 3 min lang, dann begab sie sich auf Nahrungssuche, wobei sie ca. 30 cm zurücklegte. Schließlich begann sie, frische, junge *Oxycoccus*-Blättchen an einem Spitzentrieb zu fressen, während sie die alten Blätter ignorierte.

Bei der von F. FAGNOUL in einer Sitzung der Badischen Entomologischen Vereinigung gemachten Vorlage (*A. menyanthidis*-Raupen »an Liguster fressend«) hat es sich sicherlich um eine bei der Zucht aufgezwungene Fütterungspflanze gehandelt, denn im Freiland kommen die Raupen mit Liguster kaum in Berührung.

Nahrung des Falters: Keine Beobachtungen aus dem Untersuchungsgebiet. Die Tiere kommen an den Köder.

Habitat: Zwergstrauchreiche Hochmoor-Torfmoosgesellschaften der Klasse Oxycocco-Sphagnetea und des Verbands Sphagnetalia magellanici. Inwieweit stark mit Bäumen bestandene Waldhochmoore als Larvalhabitat geeignet sind, bleibt noch (durch Raupensuche) zu klären. In Mooren des Südschwarzwalds fand S. HAFNER die Raupen immer an Fundstellen mit ähnlicher Vegetationsstruktur: »Relativ schüttere Phanerogamenschicht über stets gut entwickelter *Sphagnum*-Decke, unabhängig ob Flachmoor oder Hochmoor«. J.-U. MEINEKE meldet einen Rau-

Die Raupe ist schwarz mit weißen Stigmen und unterbrochener, roter Seitenlinie, die auf den vorderen Segmenten undeutlich wird. Sie ist auch tagsüber aktiv und genießt den Sonnenschein. Mitunter sitzt sie über der Wasseroberfläche und befrißt im Wasser stehende Pflanzen. – Schönwald (ex ovo-Zucht) 8.92 H. DEZULIAN. S.

penfund »in einem Fieberklee-Sumpf, der von Parnassio-Caricetum acutiflori umgeben ist«.

Verhalten: Die Raupen sind bei Tag und bei Nacht aktiv. Sie sitzen meist frei an ihren Nahrungspflanzen und Sitzwarten, die sich gelegentlich direkt über offenen Wasserflächen befinden (H. HEIDEMANN). Die Falter sind nachtaktiv und kommen ans Licht. Tagsüber können sie – manchmal gar nicht selten – an Baumstämmen und Pfosten ruhend gefunden werden. 1923 berichtete FUNK, daß *A. menyanthidis* im Federseegebiet die häufigste *Acronicta*-Art sei, »die man oft an jeder Telegraphenstange oder an den Torfhüttenpfosten finden kann«. Ähnliche Beobachtungen liegen aus den Schwarzwaldmooren vor.

Gefährdung und Schutz

Rote Liste Bundesrepublik: 2
Rote Liste Baden-Württemberg: 2

Oberrheinebene: Nicht vertreten.
Schwarzwald: Gefährdet (regional bereits ausgestorben oder verschollen).
Neckar-Tauberland: Vom Aussterben bedroht.
Schwäbische Alb: Nicht vertreten.
Oberschwaben: Gefährdet.

• In Baden-Württemberg stark gefährdet!

Als integraler Bestandteil der Hochmoor-Biozönosen ist *A. menyanthidis* völlig von der Erhaltung der Hochmoore im Schwarzwald und im Alpenvorland abhängig. Die Vorkommen in ausgewiesenen Naturschutzgebieten können in der Regel durch die auf den Gesamtlebensraum abgestimmten Pflegemaßnahmen als ausreichend gesichert gelten (zumal *A. menyanthidis* zu den häufigeren unter den tyrphophilen Arten gehört). Außerhalb von NSGs kommen die wiederholt gestellten Forderungen zum Tragen, nach denen einerseits landwirtschaftliche Nutzung (Eutrophierung, Intensivierung, Entwässerung, Aufforstung), aber auch zu intensiver Tourismus zu vermeiden sind, andererseits aber auch die Sukzession nach dem Wegfall traditioneller Nutzungsformen verhindert werden soll (MEINEKE 1982).

Von einigen Standorten (vor allem im Südostschwarzwald und in der Baar) kennen wir nur ältere Angaben. Hier ist eine neuerliche Nachsuche erforderlich. Da sich außerdem viele Vorkommen in Naturschutzgebieten befinden, die aufgrund der Schutzvorschriften heute entomofaunistisch nicht mehr bearbeitet werden, kann nicht ausgeschlossen werden, daß die Art in solchen Gebieten noch immer vorkommt, auch wenn aus den letzten 20 Jahren keine Meldungen mehr vorliegen. Beispielsweise wurden im Wildseemoor die letzten Falter 1974 beobachtet: Trotzdem dürfte die Art dort noch vorhanden sein. Es empfiehlt sich, an allen Standorten Kontrollen durchzuführen, um eventuelle Rückgänge und Gefährdungen rechtzeitig erkennen und Gegenmaßnahmen einleiten zu können.

Lebensraum von *Acronicta menyanthidis* im Südschwarzwald. Die Raupen sind hier auf den offenen Moorflächen zu finden. – Schluchsee, Krummenbach 29.7.93 H. LUSSI.

Acronicta auricoma ([Denis & Schiffermüller], 1775)
Goldhaar-Rindeneule

Acronycta auricoma F. (REUTTI 1898, SPULER 1908–1910, REBEL 1910, ECKSTEIN 1913–1923, DRAUDT in SEITZ 1931–1938 [Hauptteil, S. 11], HERING 1932, SCHNEIDER 1936–1939, BERGMANN 1951–1955, KOCH 1954–1961, 1984)
Acronicta auricoma F. (LAMPERT 1907, DRAUDT in SEITZ 1931–1938 [Nachtrag, S. 238])
Chamaepora auricoma F. (WARREN in SEITZ 1909–1914)
Apatele auricoma SCHIFF. (BOURSIN 1964, HARTIG & HEINICKE 1973)
Pharetra auricoma SCHIFF. (FORSTER 1954–1981)

Gesamtverbreitung: Nahezu ganz Europa, von Südspanien, Mittelitalien und Nordgriechenland bis Nordskandinavien und in Asien östlich bis Ostsibirien, südlich bis Nordiran und Nordtürkei verbreitet. In Südengland anscheinend ausgestorben. Bei den älteren Meldungen aus Nordamerika handelte es sich um Fehldeterminationen (MIKKOLA, LAFONTAINE & KONONENKO 1991).

Verbreitung

Regional: Im gesamten Untersuchungsgebiet verbreitet, in den niedrigen, warmen Lagen der Rheinebene ebenso wie im Hügel- und Bergland bis in die Hochlagen der Schwäbischen Alb und des Schwarzwalds. Die im Kartenbild erkennbaren größeren Lücken repräsentieren schwach bearbeitete Gebiete.

Vertikal: Ohne erkennbare Präferenzen von der planaren bis in die montane Stufe verbreitet (Feldberg, J. ASAL). Auch Raupen sind noch oberhalb von 900 m gefunden worden (Bernauer Ach und Horbacher Moos, H. HEIDEMANN; Hasenhorn bei Todtnau, J. ASAL).

Phänologie

Imagines: In allen Naturräumen des Landes treten regelmäßig zwei gut getrennte Generationen auf, wenn auch in regional unterschiedlicher Ausprägung. Im Oberrheingebiet und im Neckar-

Acronicta auricoma ist eine der häufigeren Arten der Gattung. Tagsüber ruhen die Falter gern an Baumstämmen, Holzzäunen und -pfosten. – Karlsruhe-Nordweststadt 27.4.88 J. PARTENSCKY.

Tauberland dauert die 1.Gen. von Mitte April bis Ende Mai; in Jahren mit warmem Frühjahr treten auch Ende März/Anfang April schon Falter auf (31.3.1990, Egenhäuser Kapf, A. RADTKE/A. STEINER). Einige wenige Junitiere lassen sich nicht sicher zuordnen; bei den meisten dürfte es sich um abgeflogene Angehörige der 1.Gen. in ungünstigen Jahren (oder Biotopen) gehandelt haben. Die quantitativ geringfügig stärkere

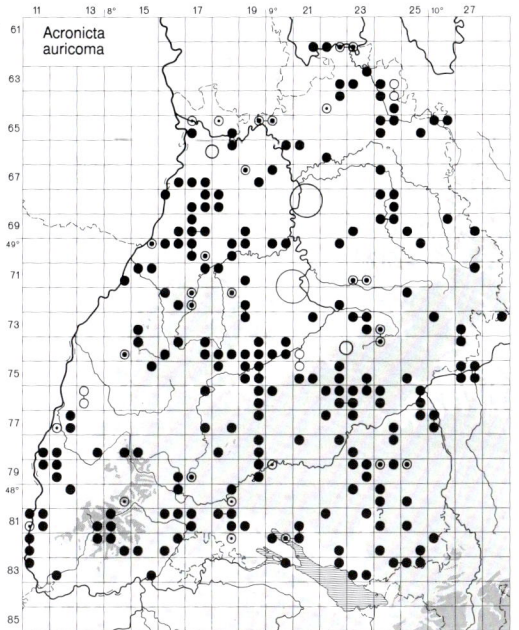

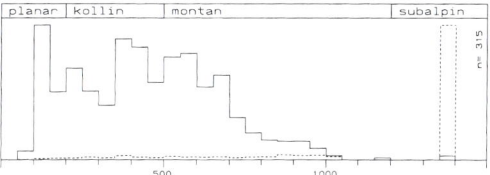

2.Gen. fliegt dann von Anfang/Mitte Juli bis Ende August. Im Alpenvorland beginnt die 1.Gen. nicht vor Mitte April zu fliegen und kann in manchen Jahren bis Ende Juni dauern. Die 2.Gen. liegt mit Anfang Juli bis Ende August ähnlich wie im Neckarland. Noch stärker nach hinten verschoben ist die Phänologie im Schwarzwald: frühe Falter können unter günstigen Bedingungen Anfang Mai erscheinen,

Oberrheinebene

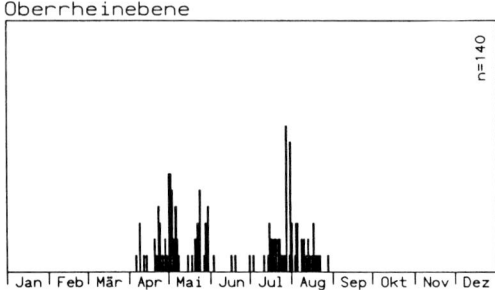

Schwarzwald

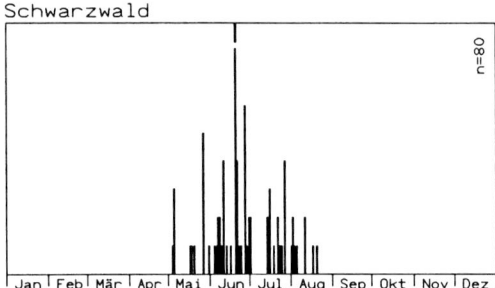

Neckar-Tauberland

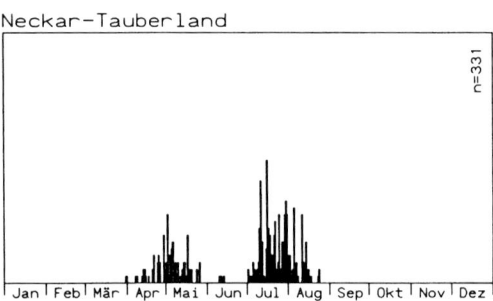

Schwäbische Alb

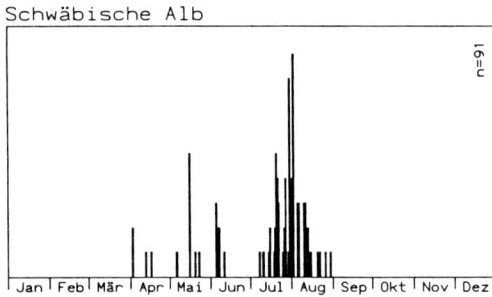

Oberschwaben

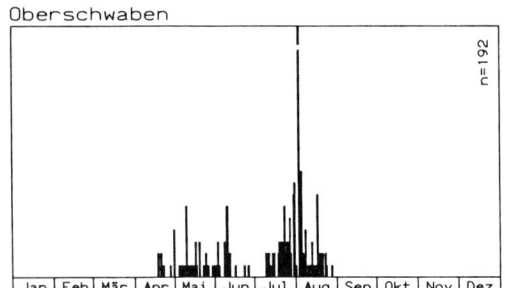

meist dauert die 1.Gen. aber von Mitte Mai bis Ende Juni/Anfang Juli mit einem Maximum im Juni. Die hier zahlenmäßig eher schwächere (vielleicht in Hochlagen nur unvollständige?) 2.Gen. fliegt von Mitte Juli bis Mitte August. Wieder anders stellt sich die Phänologie auf der Schwäbischen Alb dar: Obwohl auch hier einzelne frühe Falter schon ab Anfang April schlüpfen, ist die 1.Gen. ausgesprochen individuenarm[1]; sie dauert bis Anfang Juni. Die 2.Gen. nimmt den Zeitraum Anfang/Mitte Juli bis Ende August ein. Das Häufigkeitsverhältnis 1.Gen. : 2.Gen. beträgt hier ca. 1:3,3.

Präimaginalstadien: Die Raupen der 2.Gen., die bereits ab Mitte Mai belegt sind (17.5.1921, Sipplingen, O. SCHRÖDER nach Kartei A. GREMMINGER), können den ganzen Juni über bis in die erste Julihälfte beobachtet werden. Nur in mikroklimatisch ungünstigen Biotopen und im Hochschwarzwald werden entsprechend der späteren Flugzeit halb bis ganz erwachsene Raupen noch Mitte Juli bis Anfang August gefunden (15.7. und 23.7.1976, Todtnau, J. ASAL; 20.7.1976, Bernau, H. HEIDEMANN, 24.7.1976, Horbacher Moos bei Wittenschwand, H. HEIDEMANN; 26.7.1952, Wutachschlucht, A. GREMMINGER; 3.8.1989, Elzhofmoor bei Schönwald, J.-U. MEINEKE; 3.8.1993, Wollmatinger Ried, T. MARKTANNER)[2]. In den einzelnen Naturräumen beträgt der Abstand zwischen den Raupen der beiden Generationen in den meisten Jahren etwa einehalb Monate (die Flugzeitspanne der 2.Gen.). Ab Ende August und den ganzen September und Oktober hindurch sind die Raupen der 1.Gen. zu finden (21.8.1982, halberwachsene Raupe, Kochreisberge bei Demmingen, G. BAISCH; 15.10.1978, Oberschwaben, J.-U. MEINEKE). In den oberschwäbischen Mooren sind die Raupen bis zum November aktiv, die Verpuppung erfolgt nach den ersten kalten Herbstnächten (MEINEKE 1982). Die Puppe überwintert.

Ökologie

Lebensraum: *Acronicta auricoma* nutzt zahlreiche Gebüsch- und Offenlandbiotope. So ist sie in den Randbereichen und Lichtungen von Wäldern, in

---

[1] Um eine Beobachtungslücke im Mai handelt es sich in diesem insgesamt gut durchforschten Gebiet mit Sicherheit nicht.
[2] Auch parasitierte Raupen, die in ihrer Entwicklung zurückbleiben, sind noch spät zu finden: 22.7.1995, Billibuck bei Riedböhringen (A. STEINER/H. LUSSI).

Schlagfluren, in vorgelagerten sonnigen Gebüschzonen (Brombeer- und Himbeergebüsche) und in Vorwaldstadien (Weidengebüsche) anzutreffen, meidet dagegen das Innere geschlossener Wälder. Häufiger besiedelt sie gebüschreiche Säume und Magerrasen, Staudenfluren an trockenen bis frischen oder feuchten Standorten, Schlehengebüsche, Wegränder und Böschungen, Bahndämme, Hochwasserdämme, Heideflächen und Sandrasen. In den oberschwäbischen Mooren wurden die meisten Raupenbeobachtungen in verheideten (Birken-)Hochmooren und im offenen Übergangsmoor gemacht (MEINEKE 1982). Auch in den Siedlungsbereich dringt *A. auricoma* vor (naturnahe Gärten, Ruderalstandorte).

Nahrung der Raupe:
Salix alba – Silber-Weide
　L (HEI)
Salix purpurea – Purpur-Weide
　L (BAI)
Salix aurita - Ohr-Weide
　L (MEI)
Salix cinerea – Grau-Weide
　L (MEI)
Salix caprea – Sal-Weide
　3 L (BAI, GOT, HEI)
Salix spec. – Weide, »Wollweide«, »schmalblättrige Weide«
　4 L (GOT, HEI, REI, SCC, SCO, SCR)
Betula pubescens – Moor-Birke
　L (MEI)
Betula humilis – Strauch-Birke
　L (MEI)
Betula spec. – Birke
　4 L (BAI, GOT, SCC, SCO, SCR)
Alnus glutinosa – Schwarz-Erle
　L (MAR)
Fagus sylvatica – Rotbuche
　L (HEI)
Rumex spec. – »Großer Ampfer«
　L (FRY)
Polygonum bistorta – Wiesen-Knöterich
　L (BAI, LUS, STN)
Rubus fruticosus agg. – Brombeere
　3 L (BAI, FRY, HEI)
Rubus idaeus – Himbeere
　3 L (ASA, DOC, MAR)
Filipendula ulmaria – Mädesüß
　3 L (BAI, KÖP, LUS, STN)
Rosa spec. – Rose
　L (SCC)
Prunus spinosa – Schlehe
　4 L (BAI, BAR, EBE, LUS, MAR, SCM, STN)

Onobrychis viciifolia – Esparsette
　L (WEM)
Vicia spec. – Wicke
　L (WEM)
Euphorbia cyparissias – Zypressen-Wolfsmilch
　L (DOC)
Euphorbia spec. – Wolfsmilch
　L (TRB)
Vaccinium myrtillus – Heidelbeere
　L (HEI, SCC)
Vaccinium uliginosum – Moorbeere
　L (BAI, GOT)
Calluna vulgaris – Heidekraut
　L (BAI, SCC)
Lysimachia vulgaris – Gewöhnlicher Gelbweiderich
　L (MAR, MEI)
Ligustrum vulgare – Liguster
　L (BRM)
Salvia pratensis – Wiesensalbei
　L (MAR)
Origanum vulgare – Gewöhnlicher Dost
　L (DOC)
Thymus pulegioides – Arznei-Thymian
　L (DOC)
Mentha longifolia – Roß-Minze
　L (KIE)
Centaurea jacea – Wiesen-Flockenblume
　L (HER)
Knautia spec. – Knautie
　L (EBE)
? *Petasites* spec. – Pestwurz
　L (HEI)
Senecio spec. – Greiskraut
　L (GOT)
Cirsium arvense – Acker-Kratzdistel
　L (LUS)

Die junge Raupe zeigt noch gelborange Rücken- und Seitenzeichnungen, die in späteren Stadien verlorengehen. – Döggingen 12.6.92 A. STEINER.

Die kräftigen »gold«gelben Punktwarzen und Haarbüschel standen Pate für den wissenschaftlichen Namen der Art. – Kaiserstuhl, Badberg 12.9.79 G. EBERT.

Die lange Reihe der Raupennahrungspflanzen (31 Arten aus 12 Familien) umfaßt neben krautigen Gewächsen und Stauden auch Gebüsche und sogar Bäume. In größere Höhen als 2–3 m stoßen die Raupen aber normalerweise nicht vor. Wenn sie an Bäumen gefunden werden, dann entweder an jungen, buschförmigen Pflanzen oder niedrig an Stockausschlägen, wie es etwa H. HEIDEMANN von Rotbuche meldet. Unter den Bäumen sind die häufigsten Nahrungspflanzen verschiedene Weidenarten, nicht nur die allgegenwärtige Salweide, sondern auch stärker feuchtigkeitsgebundene Arten wie Silber-, Ohr-, Purpur- und Grauweide. Außerdem wurden Moor- und Strauchbirke, ebenfalls beide aus dem Moorbereich, und die Schwarzerle gemeldet. An Himbeere fand J. ASAL die Raupen gern auch an Beeren fressend.

Vermutlich nur als Sitzplatz dienten eine Skabiose (H. HEIDEMANN) und eine Esparsette (S. HAFNER/A. STEINER), an denen Raupen saßen, ohne daß Fraßspuren an den Pflanzen erkennbar waren. Dagegen zeigte das Pestwurzblatt, an dessen Unterseite H. HEIDEMANN eine sitzende (nicht fressende) Raupe fand, zwar deutlichen Lochfraß, aber ob dieser von der Raupe oder einem anderen Phytophagen stammte, bleibt unsicher.

Nahrung des Falters: Einen saugenden Falter beobachtete A. STEINER an *Chrysanthemum vulgare*. Die Tiere besuchen auch gern künstlichen Köder.

Habitat: Wie oben erwähnt, ist das Habitatspektrum sehr umfangreich. Raupenfunde liegen besonders häufig aus folgenden Formationen vor: Schlehenreiche Hecken- und Gebüschgesellschaften (Prunetalia spinosae), darunter z. B. Brombeergebüsche (Pruno-Rubion fruticosae) und Liguster-Schlehenbusch (Pruno-Ligustretum), Vorwaldgesellschaften (Sambuco-Salicion), z. B. Salweidengebüsch (Epilobio-Salicetum capreae), Himbeerschlag (Rubetum idaei), verschiedene Saumgesellschaften (Trifolio-Geranietea sanguinea), die sich mangels genauer Angaben aber noch nicht klar definieren lassen, Halbtrockenrasen und Magerweiden (Festuco-Brometea) vor allem in Wald-, Gebüsch- und Saumnähe, im Wirtschaftsgrünland (Molinio-Arrhenatheretea) nasse Staudenfluren (Mädesüßfluren, Filipendulion ulmariae) und sicher auch noch andere Verbände, ferner Übergangs- und Hochmoorkomplexe (Oxycocco-Sphagnetea) sowie pflanzensoziologisch nicht einzuordnende Störstellen im Siedlungsbereich.

Verhalten: Die Raupen sitzen im Vertrauen auf ihre Behaarung vielfach ganz offen an ihren Nahrungspflanzen. Sie sind tag- und nachtaktiv. Die Falter sind nachtaktiv und kommen ans Licht.

Beim Erklettern von Stauden und Gebüschen kann die Raupe sehr exponiert an der Nahrungspflanze sitzen. – Grißheim 25.8.92 R. DISCH.

Bei Tag wurden sie an Baumstämmen, Bretterwänden, Pfosten und in der Krautschicht ruhend gefunden.

Gefährdung und Schutz

Rote Liste Bundesrepublik: –
Rote Liste Baden-Württemberg: –

Oberrheinebene: Nicht gefährdet.
Schwarzwald: Nicht gefährdet.
Neckar-Tauberland: Nicht gefährdet.
Schwäbische Alb: Nicht gefährdet.
Oberschwaben: Nicht gefährdet.

• In Baden-Württemberg nicht gefährdet!

Acronicta euphorbiae
([Denis & Schiffermüller], 1775)

Wolfsmilch-Rindeneule

Acronycta euphorbiae F. (REUTTI 1898, SPULER 1908–1910, REBEL 1910, ECKSTEIN 1913–1923, HERING 1932, SCHNEIDER 1936–1939, BERGMANN 1951–1955, KOCH 1954–1961, 1984)
Acronycta euphrasiae BRAHM (REUTTI 1898)
Acronicta euphorbiae F. (LAMPERT 1907)
Chamaepora euphorbiae F. (WARREN IN SEITZ 1909–1914)
Acronycta euphorbiae SCHIFF. (DRAUDT in SEITZ 1931–1938)
Apatele euphorbiae SCHIFF. (BOURSIN 1964, HARTIG & HEINICKE 1973)
Pharetra euphorbiae SCHIFF. (FORSTER 1954–1981)

Gesamtverbreitung: In Europa sehr lokal verbreitet, im Norden bis zu den Shetland-Inseln, Mittelskandinavien (in Nordschweden und -finnland bis jenseits des Polarkreises) und Karelien, im Süden bis Südspanien – in Marokko auf Afrika übergreifend – und Griechenland, weiter in Kleinasien bis zum Libanon und über Kaukasus und Nordiran durch Mittel- und Nordasien verbreitet, im Osten bis Ostsibirien (nach DRAUDT 1950 auch in China).

Subspezifischer Kontext: Früher wurden die Formen *euphrasiae* BRAHM, 1791, *esulae* HÜBNER, [1813], *montivaga* GUENÉE, 1852 (Alpen) und *myricae* GUENÉE, 1852 (Irland und Schottland) (sowie weitere Taxa außerhalb Europas), die sich als Imago oder Raupe von typischen *euphorbiae* unterscheiden, teils als Varietäten, teils als Subspezies, teils sogar als eigene Arten aufgefaßt. Hier kommt die große Variabilität von *A. euphorbiae* zum Ausdruck, deren Populationen sehr leicht auf – ökologisch wie klimatisch bedingte – Umwelteinflüsse reagieren, die aber darüber hinaus auch individuell variieren kann.

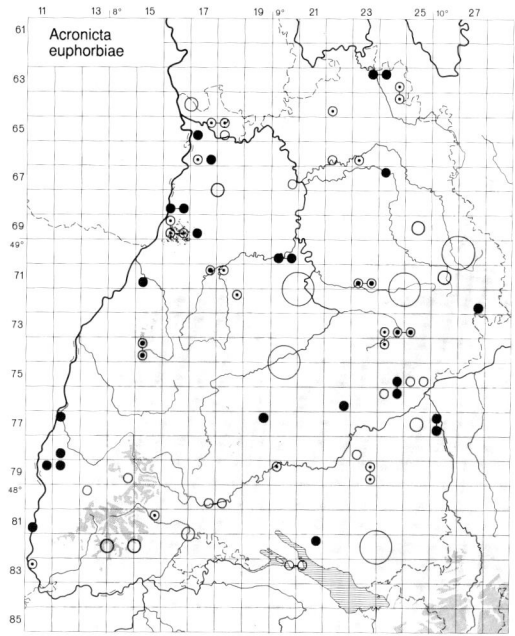

Genetisch fixiert sind die meisten dieser Formen offenbar nicht, so daß im mitteleuropäischen Raum eine Gliederung in Subspezies nicht praktikabel ist.

Verbreitung

Regional: Früher ziemlich weit verbreitet und in allen Regionen Baden-Württembergs gefunden (REUTTI 1898, SCHNEIDER 1937), gehört *Acronicta euphorbiae* zu den einschneidend seltener gewordenen Arten.

Für Nordbaden hatte GAUCKLER noch 1896 die Art als »sehr häufig als Schmetterling im April und wieder in zweiter Generation im August« angegeben, was er schon in der folgenden Auflage seines Werks (1909) zu »bei Karlsruhe früher häufig« korrigieren mußte. Bei der Bearbeitung der Noctuidenfauna von Tübingen stellten MEIER & STEINER (1985) fest, daß von den Mitte des 19. Jahrhunderts dort nachgewiesenen Noctuiden (SEYFFER 1850) nur 2 Arten, darunter *A. euphorbiae*, später nie wiedergefunden wurden. Die Art ist also bereits ab Beginn der entomofaunistischen Forschung seltener geworden, eine Tendenz, die sich immer noch fortsetzt. So meldet G. BAISCH vom Fundort Schelklingen (Schwäbische Alb): »Seit 1967 die Art nicht mehr gesehen!«

Schwer abzuschätzen ist an den Meldungen der Anteil von Fehlbestimmungen (z. B. Verwechslungen mit *A. auricoma*). Dazu kommt noch die Namensgleichheit mit *Hyles euphorbiae*, die bei Sekundärangaben und dem Zitieren von Gewährsleuten in Karteien und in der Literatur zu Verwechslungen geführt hat. So bleibt etwa die Angabe »selten im Mai im Mesobrometum über der Bucht von Istein« (LITZELMANN 1966a) mit Unsicherheit behaftet. Falls es sich dabei um einen Falterfund gehandelt hat, wie die Monatsangabe vermuten läßt, besteht die Gefahr einer Fehldetermination.

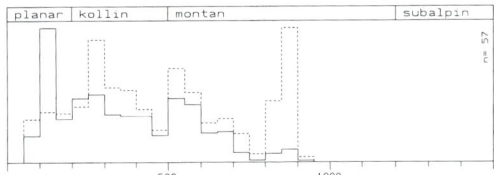

Vertikal: Die Höhenverbreitung erstreckt sich ohne erkennbare Präferenzen von der planaren bis in die mittlere montane Stufe. Die höchsten Fundorte liegen im Schwarzwald (850–1055 m), Schliffkopf, G. EBERT; Todtmoos, 800–1100 m, W. KINTZL; Häusern, 800–1080 m).

Phänologie

Imagines: Die Falternachweise rangieren insgesamt zwischen Anfang April und Anfang Oktober. In der Oberrheinebene und im Neckar-Tauberland lassen sich zwei Generationen erkennen: eine von Anfang April bis etwa Ende Mai (einige Juninachweise sind nicht eindeutig zuzuordnen) und eine weitere, individuenstärkere von etwa Anfang Juli bis Ende August/Anfang September.

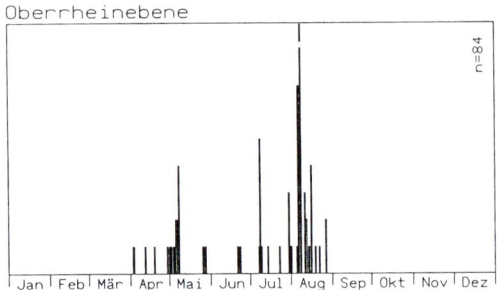

Ähnlich zeigt sich die Situation auf der Schwäbischen Alb mit 3 Daten im Mai und 2 im Juni und einer Häufung im Juli/August. Im Schwarzwald dagegen verteilen sich die nur 9 mit genauem Datum gemeldeten Falter wie folgt: Anfang Juni bis Anfang Juli 4, August 1, Mitte September bis

Acronicta euphorbiae ist wohl die am eintönigsten gezeichnete der einheimischen *Acronicta*-Arten. Auf der hell- bis dunkelgrauen Grundfarbe treten weder weiße noch schwarze Zeichnungselemente besonders auffallend hervor. In Baden-Württemberg wird die Art zunehmend seltener. Dieses Tier wurde im Aosta-Tal aufgenommen. – 17.8.95 A. STEINER.

Anfang Oktober 4. Die Herbsttiere stammen alle vom selben Fundort und Gewährsmann und aus einem besonders heißen Jahr (19.9.–7.10.1976, Todtmoos, W. KINTZL). Diese 2.Gen. dürfte im höheren Schwarzwald nur in Ausnahmefällen wie eben in extrem heißen Jahren vorkommen. Im Normalfall kommt hier vermutlich nur eine Generation von Juni bis August zur Entwicklung, wie es auch in Nordeuropa und in den höheren Alpenlagen der Fall ist.

Präimaginalstadien: Die aus älterer Zeit in einiger Anzahl vorhandenen ex-larva-Tiere sind bedauerlicherweise nie mit einem Raupenfunddatum versehen. So bleiben nur 3 datierte Nachweise übrig, von denen zwei Junifunde der 2.Gen. angehören: 12.6.1960, 16 ziemlich erwachsene Raupen, Anonymus nach H. LIENIG; 16.6.1960, 3 Raupen, Nordbaden und Südhessen, H. LIENIG. Raupen vom 2.8.1985 und 6.8.1979 (Hundersingen, K. FREYTAG) sowie 2 Raupen vom September 1949 (Schelklingen, G. REICH) sind der 1.Gen. zuzurechnen. Das Überwinterungsstadium ist die Puppe.

Ökologie

Lebensraum: Soweit uns genaue Angaben vorliegen, sind die Raupen bzw. Falter auf Halbtrockenrasen (im Kaiserstuhl), auf felsigen Halbtrockenrasen und Säumen (»Wacholderheiden« der Schwäbischen Alb) und auf den Sandrasen der Binnendünen (in der nördlichen Oberrheinebene) gefunden worden.

Nahrung der Raupe:
Betula spec. – Birke
 L (MRT)
Ononis spec. – Hauhechel
 L (FRY)
Euphorbia spec. – Wolfsmilch
 3 L (GAU, MRT, REI, SET)
Euphorbia cyparissias – Zypressen-Wolfsmilch
 L (ANO, FRY)
Vaccinium myrtillus – Heidelbeere
 L (WEH)
Achillea millefolium – Gewöhnliche Wiesen-Schafgarbe
 3 L (FRY, GAU, ROM)
Sedum spec. – Fetthenne, Mauerpfeffer
 L (GRE)
Sarothamnus scoparius – Besenginster
 L (GRE)

Auch *Acronicta euphorbiae* gehört zu den polyphagen Arten, deren Nahrungsspektrum über ihre namensgebende Nahrungspflanze Wolfsmilch weit hinausgeht. Daß dennoch eine gewisse Bevorzugung der Wolfsmilch bestehen könnte, zeigt die Anzahl der Meldungen: Sowohl GAUCKLER (1896) als auch E. MARTIN (nach SCHNEIDER 1937), G. REICH und L. SETTELE meldeten Wolfsmilch. Ein Anonymus (nach H. LIENIG) und K. FREYTAG fanden die Raupen auf der Zypressenwolfsmilch. K. FREYTAG meldet außerdem noch Hauhechel, H. WEBER (nach SCHNEIDER 1937) Heidelbeere, und A. GREMMINGER gab *Sedum* und Besenginster an.

Die Angabe für Birke bezieht sich auf als *A. cinerea* gemeldete Raupen (E. MARTIN nach SCHNEIDER 1937) und darf deshalb mit hoher Wahrscheinlichkeit auf *A. euphorbiae* bezogen werden.

Wie umfangreich der Speisezettel dieser Art sein kann, zeigt eine Durchsicht der Literatur. Dabei ergibt sich (ohne Anspruch auf Vollständigkeit) eine Liste von nicht weniger als 67 Arten aus 23 Familien, wobei *Euphorbia*-Arten keineswegs besonders bevorzugt erscheinen (ALLAN 1949, HERING 1881, HEUSER, JÖST & ROESLER 1960, KOCH 1856, REICHENAU 1905, RÖSEL VON ROSENHOF 1746, RÖSSLER 1881, SCHULTZ 1962, SEPPÄNEN 1970, TREITSCHKE 1825a, WULLSCHLEGEL 1873).

Nahrung des Falters: Keine Angaben aus Baden-Württemberg.
Habitat: Aus dem Untersuchungsgebiet liegen keine pflanzensoziologischen Angaben vor. Vermutlich kommen vor allem Halbtrockenrasen-Formationen (Festuco-Brometea, Mesobrometum) einschließlich der Versaumungsstadien (Trifolio-Geranietea sanguinei) und Sandrasengesellschaften (Sedo-Scleranthetea) in Frage.
Verhalten: Die Raupen sind tagsüber mehr oder weniger offen an ihren Nahrungspflanzen sitzend gefunden worden.

Die Falter sind nachtaktiv und kommen ans Licht. Bei Tag wurden sie öfters an Baumstämmen ruhend angetroffen, so etwa »im April an Kirschenstämmen« (REUTTI 1853).

Gefährdung und Schutz

Rote Liste Bundesrepublik: 3
Rote Liste Baden-Württemberg: 2

Oberrheinebene: Stark gefährdet.
Schwarzwald: Stark gefährdet.
Neckar-Tauberland: Stark gefährdet.
Schwäbische Alb: Stark gefährdet.
Oberschwaben: Stark gefährdet.

• In Baden-Württemberg stark gefährdet!

Kaum zu verwechseln ist die Raupe von *A. euphorbiae*. Die hier gezeigte Form ist relativ dunkel; es treten auch Tiere mit ausgedehnterer Gelbzeichnung auf. Trotz ihres Namens frißt die Raupe durchaus nicht nur an Wolfsmilch. – Hundersingen 2.8.85 K. FREYTAG.

Von einer ganzen Reihe von älteren Fundorten liegen keine aktuellen Nachweise mehr vor. So wurde aus Schelklingen (Schwäbische Alb) der letzte Nachweis von 1967 gemeldet (G. BAISCH). Über die Gründe für diesen Rückgang, der sich auch in anderen Gebieten Mitteleuropas manifestiert, herrscht Unklarheit.

Acronicta cinerea
(Hufnagel, 1766)

Acronycta abscondita TR. (REUTTI 1898, SPULER 1908–1910, REBEL 1910, ECKSTEIN 1913–1923, DRAUDT in SEITZ 1931–1938, SCHNEIDER 1936–1939, BERGMANN 1951–1955, KOCH 1954–1961, 1984)
Acronicta abscondita TR. (LAMPERT 1907)
Chamaepora euphorbiae F. ab *esulae* HBN. ♂ = *abscondita* TR.) (WARREN in SEITZ 1909–1914)
Apatele (Pharetra) cinerea HUFN. (HARTIG & HEINICKE 1973)
Pharetra cinerea HUFN. (FORSTER 1954–1981)

Gesamtverbreitung: Meldungen von *Acronicta cinerea* sind nur aus wenigen Ländern Mittel- und Osteuropas bekanntgeworden: Deutschland, Tschechien (Böhmen, Mähren), Polen, Baltikum nördlich bis Estland, Karelien, Rußland, Weißrußland, Krim, östlich bis zum Südural. Unsichere Meldungen stammen von Uchta und Irkutsk (KOŽANČIKOV 1950).

Die Abgrenzung der beiden Taxa *Acronicta euphorbiae* und *Acronicta cinerea* hat sich stets schwierig gestaltet und kann bei einzelnen Exemplaren sogar unmöglich sein.»Seit etwa 200 Jahren wird in der entomologischen Literatur die Frage erörtert, ob *A. cinerea* HFN. und die etwas größere *A. euphorbiae* SCHIFF. zwei 'gute' Arten oder nur zwei Rassen einer Art sind« (HEINICKE & NAUMANN 1980–1982). Diese Diskussion ist noch nicht abgeschlossen. Während in den letzten Jahrzehnten das Taxon *cinerea* meist als Art geführt wurde, sind heute einige Autoren wieder der Meinung, daß *cinerea* als Synonym bzw. Form von *A. euphorbiae* aufgefaßt werden könnte (FIBIGER & HACKER 1991).

Acronicta cinerea wurde mehrmals aus Baden-Württemberg gemeldet, zuerst von REUTTI (1898) aus Gengenbach und Tauberbischofsheim. In die Sekundärliteratur fanden diese Angaben Eingang als »Schwarzwald« (REBEL 1910) und »i. Schwarzwald u. b. Tauberbischofsheim« (ECKSTEIN 1920). Aus Württemberg nannte SCHNEIDER (1931, 1937) die Fundorte »Neckartailfingen (PFETSCH), Ulm-Schammertal (HEINL), 1924 im Hahnwald bei Stuttgart Raupen an Birken gefunden (MARTIN).« Weitere Angaben finden sich in den Aufzeichnungen von G. REICH (Herrlingen, 1932, G. HAMMER) und in der Kartei von A. GREMMINGER (Hettingen, ein unsicheres Stück, A. GREMMINGER; Bad Eisenbach, Willaringer Moor-Jungholz, EHINGER; Kaiserstuhl 1.–6.5.[19]28–39 immer einzeln, L. SETTELE). SETTELES Belegstücke aus der betreffenden Periode waren später in seiner Sammlung alle korrekt als *A. euphorbiae* eingeordnet, und in seiner eigenen Veröffentlichung über den Kaiserstuhl erwähnte er *A. cinerea* gar nicht (SETTELE 1973). Hier zeigt sich deutlich, wie unsicher die Lepidopterologen beim Ansprechen dieser »Art« waren. Weitere Belegstücke ließen sich nicht mehr lokalisieren, so daß wir davon ausgehen, daß es sich auch in den anderen Fällen um Verwechslungen mit *A. euphorbiae* (vielleicht mit besonders kleinen oder undeutlich gezeichneten Tieren) gehandelt hat. Zudem entspricht keiner der südwestdeutschen Fundorte vom Lebensraum her den Biotopen, die *A. cinerea* in ihrem Verbreitungsgebiet in Ostdeutschland bewohnt, nämlich Heiden und Kiefernheiden auf Sandboden.

Acronicta rumicis
(Linnaeus, 1758)
Ampfer-Rindeneule

Acronycta rumicis L. (REUTTI 1898, SPULER 1908–1910, REBEL 1910, ECKSTEIN 1913–1923, DRAUDT in SEITZ 1931–1938, Hering 1932, SCHNEIDER 1936–1939, BERGMANN 1951–1955, KOCH 1954–1961, 1984)
Chamaepora rumicis L. (WARREN in SEITZ 1909–1914)
Apatele rumicis L. (BOURSIN 1964, HANNEMANN & URBAHN in STRESEMANN 1969, HARTIG & HEINICKE 1973)
Pharetra rumicis L. (FORSTER 1954–1981)

Gesamtverbreitung: Von Nordwestafrika (Marokko, Algerien, Tunesien) quer durch ganz Europa, nördlich bis Mittelskandinavien, im Osten weiter über Klein- und Vorderasien und Mittel- und Nordasien bis China, Korea und Japan verbreitet.

Verbreitung

Regional: Die Ampfer-Rindeneule ist aus allen Regionen Baden-Württembergs nachgewiesen, doch dürfte ihre tatsächliche Verbreitung noch wesentlich flächendeckender sein, als die Karte zeigt. Relativ schwach vertreten ist sie jedoch trotz ihrer insgesamt breiten ökologischen Valenz im Schwarzwald, auf der Schwäbischen Alb und im Alpenvorland.

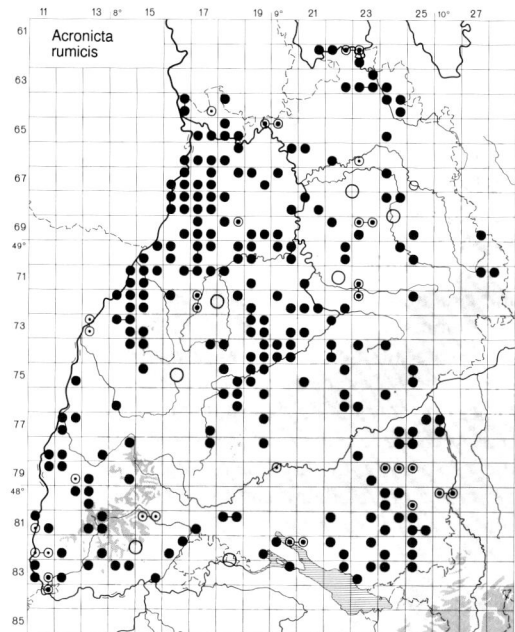

Vertikal: Alle Höhenstufen von der Ebene bis in die montane Zone werden besiedelt, wobei sich aus dem Diagramm eine schwache Präferenz für die planar-kolline Stufe ablesen läßt. Im höheren Bergland nimmt die Zahl der Fundorte ab, und oberhalb von 1000 m sind nur wenige Funde bekanntgeworden (Schauinsland, Gipfelgebiet, 1200–1284 m, R. HERRMANN, Feldberg, 1350 m, J. ASAL). Der bislang höchstgelegene Raupenfund stammt von der Schwäbischen Alb (Hundersingen, 630–690 m, K. FREYTAG).

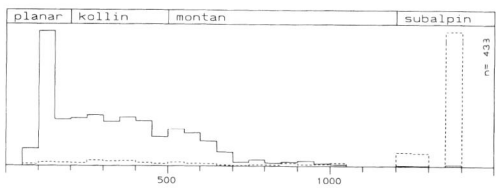

Phänologie

Imagines: In allen Landesteilen treten zwei Generationen auf, von denen die zweite meist etwas individuenreicher ist. In den einzelnen Jahren besteht zwischen den Generationen stets eine klare Lücke, die in den kumulierten Diagrammen nicht mehr so deutlich zum Ausdruck kommt. In der Oberrheinebene und im Neckar-Tauberland beginnt die Flugzeit der 1.Gen. je nach Frühjahrstemperatur im Laufe des April, manchmal auch erst Anfang Mai, und dauert bis Ende Mai/Anfang Juni. Die 2.Gen. fliegt am Oberrhein ab Anfang Juli, im Neckar-Tauberland ab Mitte Juli, in beiden Gebieten bis Ende August/Anfang September. Im Schwarzwald, auf der Schwäbischen Alb und im Alpenvorland verschieben sich die Generationen um 1–2 Wochen. Hier ist die Generationentrennung in den Diagrammen nicht mehr so eindeutig, da im Bergland langjährig stärkere phänologische Schwankungen auftreten, die zu stärkeren Abweichungen vom Durchschnitt führen. Von der Alb liegen nur ganz we-

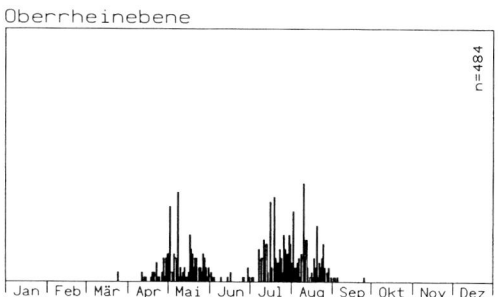

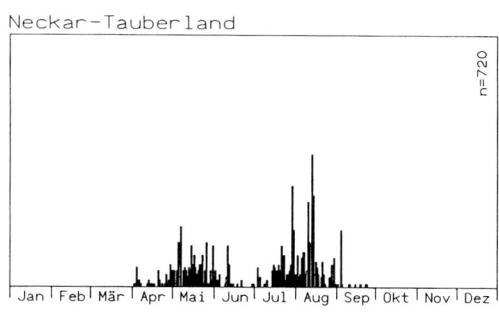

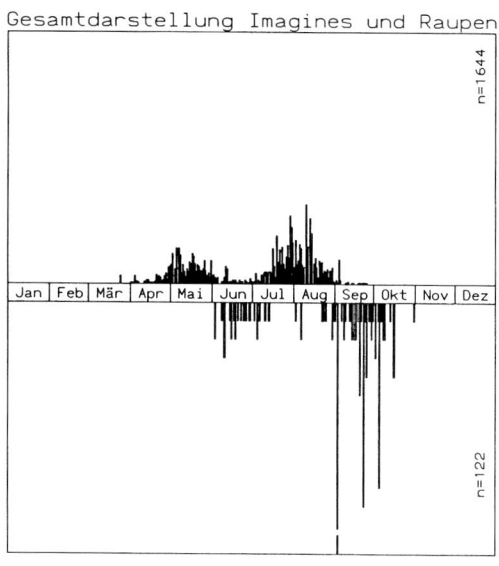

Die Ampfer-Rindeneule (*Acronicta rumicis*) gehört zu den am weitesten verbreiteten Eulenfaltern Europas. Sie fliegt von April bis September in zwei Generationen. Nicht selten treten mehr oder weniger stark verdunkelte Falter auf. Der helle Fleck nahe dem Hinterrand der Vorderflügel zwischen der äußeren und inneren Begrenzung der gezähnten äußeren Querlinie erlaubt aber die sichere Bestimmung. – Lauda (ex larva-Zucht) 6.80 J. PARTENSCKY. S.

nige Nachweise der 1.Gen. vor. Aus den Jahren mit warmem Winter stammen auch bei *A. rumicis* die frühesten Extremdaten: am 24.3.1990 fanden J.-U. MEINEKE einen Falter in Kippenheim (Oberrhein) und G. BAISCH 4 Exemplare bei Schelklingen (Schwäbische Alb). In mehreren Fällen sind Ende September noch frischgeschlüpfte Imagines beobachtet worden (z.B. 20.9.1994, Wöschbach, A. STEINER). Da solche Tiere vor allem nach warmen Sommern und in klimatisch begünstigten Landesteilen zur Beobachtung kommen, gehören sie vermutlich einer 3.Gen. an. Wären sie in kühlen Jahren zu finden, dürfte man in ihnen späte Tiere der 2.Gen. vermuten. Leider werden allgemein zu wenig Angaben über den Erhaltungszustand später Falter (frisch oder abgeflogen?) gemacht.

Präimaginalstadien: Mit 65 taggenauen Raupenfundmeldungen (plus zahlreichen ungenauen Angaben) kann die Larvalphänologie von *Acronicta rumicis* als eine der am besten bekannten unter den Noctuiden Baden-Württembergs gelten. Die gesichert der 2.Gen. zuzurechnenden Raupen (22 Meldungen = mindestens 23 Individuen) fallen in den Zeitraum zwischen Anfang Juni (3.6.1945, Radolfzell, A. GREMMINGER) und Anfang Juli (13.7.1964, Altenbach, G. JUNGE) und liegen damit genau in der Generationenlücke des Flugzeitdiagramms. Eine Anzahl von – teils erwachsenen – Raupen aus dem Südschwarzwald aus der ersten August-Dekade (1.8.–10.8.1974, Spießhorn, Scheibenlechtenmoos, H. HEIDEMANN) ist ebenfalls noch zur 2.Gen. zu rechnen und verdeutlicht die Verspätung, die im höheren Bergland im Gegensatz zum Tiefland eintreten kann. Ähnlich dürfte ein früher Augustfund von der Schwäbischen Alb zu interpretieren sein (2.8.1985, Hundersingen, K. FREYTAG).

Zur 1.Gen. gehören dann die zahlreicheren Funde ab Ende August (23.8.1979, Birkenfeld, v. RAMIN), die sich durch den ganzen September und oft noch in den Oktober hineinziehen und mit dem bislang spätesten Datum 31.10. (1973, Büchenau, H. HEIDEMANN) enden (40 Meldungen = mindestens 60 Individuen).

Ob die vereinzelten Falter der 3.Gen. noch Nachkommen hervorbringen können, und ob es diesen noch vor Einbruch des Winters gelingt, ihre Entwicklung abzuschließen, ist allerdings fraglich. Das Überwinterungsstadium ist die Puppe.

Ökologie

Lebensraum: *Acronicta rumicis* besiedelt ein breites Spektrum verschiedener mehr oder weniger offener Lebensräume. Dazu gehören Hochmoore, Übergangsmoore und Niedermoore ebenso wie Glatthaferwiesen und Streuwiesen, Borstgrasrasen und Kalkmagerrasen, Sandfluren, Säume, Hochstaudenfluren, Brombergebüsche, Schlehenhecken und buschförmige Laubhölzer (vor allem Weiden) an Wegrändern, Böschungen, Ackerrainen, Bachufern, in Moorgebüschen und Vorwaldstadien. Häufig trifft man sie in ruderal beeinflußtem Gelände, etwa an Straßen- und Wegrändern (auch trittbelastet), in Kiesgruben und auf Schuttplätzen, in Gärten (Trittrasen und Gemüsebeete), Baumschulen, Streuobstwiesen und Obstplantagen, insgesamt gern an Saumstrukturen. Sie bewohnt Gebiete mit mittleren

In Gärten und auf Ruderalflächen um Siedlungen ist die bunte, polyphage Raupe regelmäßig anzutreffen. Sie besiedelt praktisch alle Offenlandhabitate. Die Raupen der 1. Generation, die von August bis Oktober leben, sind meist zahlreicher als die der 2. Generation im Juni/Juli. – Karlsruhe 18.8.87 H. Lussi.

Jahrestemperaturen zwischen 4 und >9°C und mittleren Jahresniederschlägen zwischen 500 und >1800 mm.

Nahrung der Raupe:
Pseudotsuga menziesii – Grüne Douglasie
  L (Gas)
Larix decidua – Europäische Lärche
  L (Gas)
Juncus spec. – »Binse«
  L (Hei)
Salix caprea-Gruppe – »Salweidenarten«
  L (Bai)
Salix cinerea – Grau-Weide
  L (Tho)
Salix spec. – Weide
  3 L (Rud, Scc, Sco, Wei)
Salix spec. – »schmalblättrige Weide«
  L (Lus)
Salix spec. – »kleine Moorweide«
  L (Got)
Carpinus betulus – Hainbuche
  L (Bar)
Betula pendula – Hänge-Birke
  L (Sco)
Betula pubescens – Moor-Birke
  L (Mei)
Rumex obtusifolius – Stumpfblättriger Ampfer
  L (Doc)
Rumex acetosa – Wiesen-Sauer-Ampfer
  L (Bih)
Rumex spec. – Ampfer
  3 L (Scb, Scc, Wat)
Rumex spec. – »Großer Ampfer«
  L (Fry)
Rheum rhabarbarum – Rhabarber
  L (Hei)
Polygonum spec. – Wiesen-Knöterich
  L (Scc)
Polygonum aviculare – Vogelknöterich
  L (Stn)
Bergenia crassifolia – Bergenie (Gartenpflanze)
  L (Ebe)
Rosa rugosa – Kartoffel-Rose
  L (Bar)
Rubus fruticosus agg. – Brombeere
  3 L (Fry, Mar, Sco)
Prunus spinosa – Schlehe
  L (Haf, Lus, Stn)
Prunus insititia – »Pflaumenbaum«
  L (Scu)
Ononis spinosa – Dornige Hauhechel
  L (Blä)
Pelargonium spec. – Geranie
  L (Jün, Spl)
Euphorbia cyparissias – Zypressen-Wolfsmilch
  L (Blä)
Malva neglecta – Gänse-Malve
  L (Bih)
Lythrum salicaria – Blut-Weiderich
  L (Bar)
Vaccinium uliginosum – Moorbeere
  L (Bai)
Calluna vulgaris – Heidekraut
  L (Bai)
Lysimachia spec. (*punctata?*) – Gilbweiderich (Gartenform)
  L (Hüb)
Ocimum basilicum – Basilienkraut (Gartenpflanze)
  L (Stn)
Plantago lanceolata – Spitzwegerich
  L (Baj, Lus, Stn)
Dipsacus fullonium – Wilde Kardendistel
  L (Baj)
»Distel«
  L (Hei)
Centaurea jacea – Wiesen-Flockenblume
  L (Her)
Taraxacum spec. – Löwenzahn
  L (Bih)
Sanguisorba spec. – Wiesenknopf
  L (Blä)

Acronicta rumicis frißt verschiedenste krautige Pflanzen, Stauden und Sträucher, wird aber auch auf Bäumen angetroffen, wobei es sich meistens um buschförmig wachsende Arten oder um junge Pflanzen handelt. Dabei kann sie kletternd bis in 1 m Höhe oder darüber gelangen. Gemeldet wurden bisher mehrere Weidenarten, Hainbuche, Hänge- und Moorbirke, Pflaume und Schlehe. Als ungewöhnlich ist ein Auftreten an Sämlingen von Grüner Douglasie und Lärche zu bezeichnen, an denen Raupen der 1.Gen.[1] im Herbst 1958 in einer Pflanzschule des Forstamts Weilheim/Teck durch Nadelfraß und durchgebissene Triebachsen schädlich geworden sein sollen. Wie GAUSS (1960) berichtete, nahmen die vom Forstamt eingesandten Raupen tatsächlich Douglasien- und Lärchenzweige an, fraßen die letztjährigen Nadeln von der Spitze her ab und bissen – an Douglasie – grüne Triebe an oder durch. Gleichzeitig vorgelegte Korbweiden- und Grünkohlblätter wurden nicht angenommen. Die Raupen waren fast nur innerhalb der Pflanzung zu finden, so daß wohl die Eiablage dort stattgefunden hat. Vermutlich waren die Eier nicht direkt an Douglasie und Lärche abgelegt worden, sondern an krautigen Pflanzen, und die Raupen gingen erst auf die Nadelhölzer über, als die primären Nahrungsquellen erschöpft waren. Bemerkenswert sind auch die Beobachtungen von H. HEIDEMANN, der im Scheibenlechtenmoos am Spießhorn bei Menzenschwand mehrfach Raupen an »Binsenhalmen« fressend fand. Die übrigen Nahrungspflanzen gehören der Krautschicht an und stammen teils aus dem trockenen bis feuchten Offenland, teils aus dem Garten- und Ruderalbereich. Auffällig, aber für die Art typisch ist das Fehlen von deutlichen Präferenzen: Für die meisten Nahrungspflanzen liegen nur eine oder wenige Beobachtungen vor. Die am häufigsten vertretenen Gattungen sind *Salix* und *Rumex* (die leider oft nicht bis zur Art bestimmt wurden).

Das Nahrungspflanzenspektrum ist mit Sicherheit noch viel umfangreicher, als die obige Aufzählung vermuten läßt. Anschließen ließe sich die von NÖRDLINGER (1855) aufgeführte Liste, die wahrscheinlich überwiegend – aber im Einzelfall nicht sicher nachweisbar – auf Beobachtungen in Baden-Württemberg beruht: »Obstbäume, Rosenstöcke, Flieder, Sauerampfer, Kohlarten, Boragen, Bröslinge, zarte Garten- und Topfpflanzen«.

Nahrung des Falters: Keine Angaben aus Baden-Württemberg. Die Falter besuchen gern künstlichen Köder.

Habitat: Die Fortpflanzungshabitate der Ampfer-Rindeneule dürften die meisten waldlosen Gesellschaften umfassen. Raupenfunde kennen wir beispielsweise aus Brombeergebüschen (Pruno-Rubion fruticosi), aus trockenen Blutstorchschnabel-Säumen (Geranion sanguinei), aus Schlehengebüsch auf Magerrasen (Ligustro-Prunetum), aus ruderalisierten Magerrasenrandbereichen (Mesobromion), aus Vogelknöterich-Trittgesellschaften (Polygonion avicularis), ferner aus pflanzensoziologisch nicht erfaßbaren Habitaten wie Gartenbeeten, Baumschulen, Rändern und Mittelstreifen von unbefestigten Wegen und Trampelpfaden.

Verhalten: Die bunten, durch ihre Behaarung vor vielen Prädatoren geschützten Raupen, können es sich leisten, tags wie nachts frei an ihren Nahrungspflanzen zu sitzen. Zur Verpuppung legt die Raupe am Erdboden oder in der Krautschicht, gern an Blättern und anderen Pflanzenteilen, einen pergamentartigen Kokon an. Die Falter sind nachtaktiv und kommen ans Licht.

Gefährdung und Schutz

Rote Liste Bundesrepublik: –
Rote Liste Baden-Württemberg: –

Oberrheinebene: nicht gefährdet.
Schwarzwald: nicht gefährdet.
Neckar-Tauberland: nicht gefährdet.
Schwäbische Alb: nicht gefährdet.
Oberschwaben: nicht gefährdet.

• In Baden-Württemberg nicht gefährdet!

Craniophora ligustri
([Denis & Schiffermüller], 1775)
Liguster-Rindeneule

Acronycta ligustri F. (REUTTI 1898)
Craniophora ligustri F. (SPULER 1908–1910, REBEL 1910, ECKSTEIN 1913–1923, HERING 1932, BERGMANN 1951–1955, KOCH 1954–1961, 1984)
Acronicta ligustri F. (WARREN in SEITZ 1909–1914)

Gesamtverbreitung: Fast ganz Europa, im Süden bis Nordspanien und -portugal, Süditalien, Sizilien, Griechenland und den pontischen Gebirgen, im Norden bis

---
[1] GAUSS (1960) unterlag einem weit verbreiteten Irrtum, indem er behauptete, es habe sich um Raupen »der im Herbst fressenden und als Puppe im Gespinst überwinternden, zweiten [sic] Generation« gehandelt. Die Herbstraupen sind **Nachkommen der 2.**, und damit **Angehörige der 1.** (nächstjährigen) Gen.

Nordschottland, Mittelskandinavien, St. Petersburg und zum mittleren Ural. In der Ostpaläarktis soll das Areal bis Mittelchina, Korea und Japan reichen, ist aber wegen Verwechslungsgefahr mit anderen *Craniophora*-Arten noch ungenügend bekannt.

Verbreitung

Regional: *Craniophora ligustri* ist in Baden-Württemberg fast überall häufig. Sie kann als die Acronictine mit der weitesten, nahezu flächendeckenden Verbreitung gelten, die in dieser Hinsicht sogar *Acronicta psi* und *A. rumicis* übertrifft. Lediglich in den Hochlagen des Schwarzwalds ab etwa 1200 m fehlt sie.

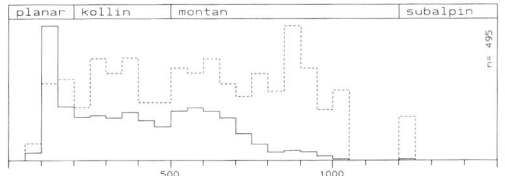

Vertikal: Die Höhenverbreitung erstreckt sich von der Ebene bis in die montane Stufe, wobei sich nirgends ein besonderer Schwerpunkt abzeichnet. Auf der Schwäbischen Alb, wo die Höhengrenze des Ligusters um 950 m liegt (OBERDORFER 1994), erreicht *C. ligustri* ihre höchsten Fundorte in diesen Lagen (Oberhohenberg bei Deilingen, 970 m, N. HIRNEISEN/A. STEINER/C.

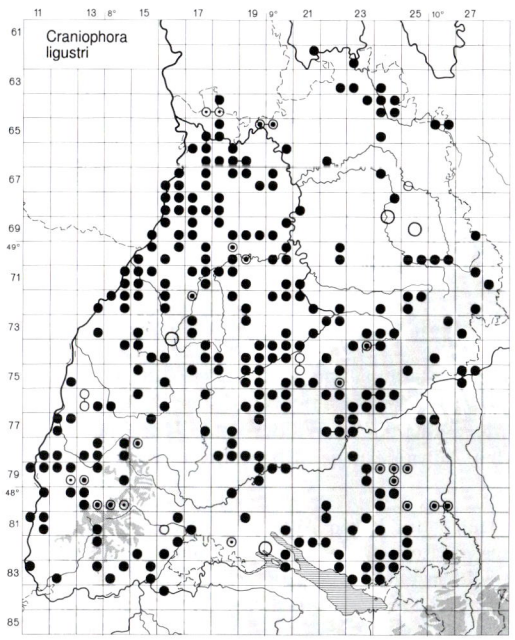

Die Liguster-Rindeneule (*Craniophora ligustri*) ist in Laubwäldern, Gebüschen und Gärten häufig. Die hellsten Tiere besitzen ausgedehnte weiße Zeichnungen. – Filderstadt-Bonlanden 5.8.95 B. KREUSEL. LF.

Auch *Craniophora ligustri* neigt zur Verdunklung. Bei den dunkelsten Formen ist – in frischem Zustand – die olivgrüne Beschuppung gut zu erkennen. – Malsch-Sulzbach 6. 78 G. EBERT.

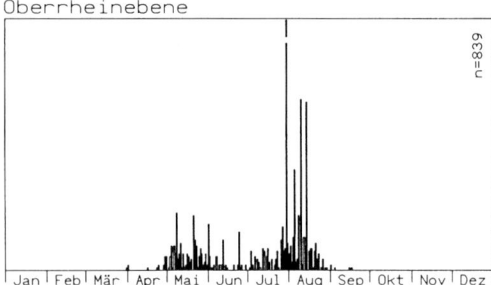
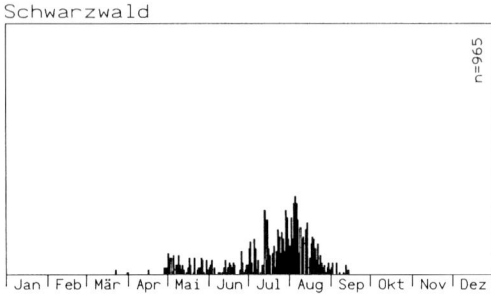
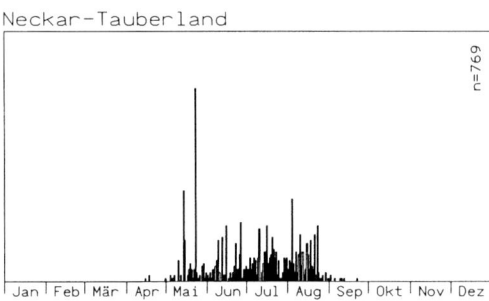
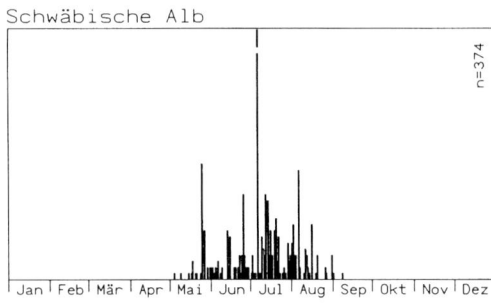
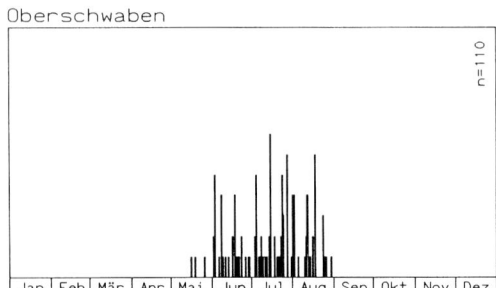

Kuon). Dagegen sind im Schwarzwald mehrfache Nachweise aus dem Schauinsland-Gipfelgebiet bekannt (1250 m, R. Herrmann).

Phänologie

Imagines: In allen Gebieten treten zwei Generationen auf, die sich in der Gesamtdarstellung zwar überschneiden, aber jahrweise an den einzelnen Fundorten gewöhnlich gut zu trennen sind. Die 1.Gen. dauert von Mai bis Juni, wobei in Jahren mit warmem Frühling oder an klimatisch günstigen Plätzen, insbesondere im Bereich der Oberrheinebene, schon im April, ja sogar Ende März die ersten Falter schlüpfen können (22. und 31.3.1990, Kollnau, A. Schneider). Je nach dem jährlichen Klimaverlauf liegt die Lücke zwischen den Generationen etwa im Juni(/Juli), und die 2.Gen. fliegt von Juli bis September. Während die beiden Generationen in den Diagrammen für Oberrheinebene und Schwarzwald[1] gut erkennbar sind, ist dies in den übrigen Gebieten weniger der Fall. Es kann nicht ausgeschlossen werden, daß in den höheren Lagen der Mittelgebirge und im Alpenvorland in klimatisch ungünstigen Jahren eine Reduktion der 2.Gen. vorkommt.

Präimaginalstadien: Erstaunlicherweise fehlen bislang genau datierte Nachweise der Raupen der 2.Gen.[2]. Erst zwischen Anfang August und Mitte Oktober sind die Raupen der 1.Gen. mehrfach und zum Teil in Anzahl (»häufig«, E. Brombacher, O. Schröder) nachgewiesen worden. Das Defizit bei den Frühsommerraupen läßt sich immerhin teilweise durch methodische Faktoren erklären: Juni–Juli ist keine Raupensuchzeit mehr, sondern klassische Imagines-Beobachtungszeit. Dennoch sollten Anstrengungen unternommen werden, auch die Raupen der 2.Gen. öfter nachzuweisen. Das Überwinterungsstadium ist die Puppe.

Ökologie

Lebensraum: *Craniophora ligustri* bewohnt ligusterreiche Waldmäntel, Gebüsche und Säume sowie eschenreiche Wälder und Waldränder, von den Auwäldern der Ebene bis zu den Schlucht-

---

[1] Durch den hohen Anteil von Daten aus niedrigen Lagen (Kollnau, A. Schneider) ähnelt das Schwarzwald-Diagramm dem der Rheinebene.
[2] Lediglich Gauckler (1909) gab die Raupe »im Sommer und Herbst« an.

Die blaßgrüne Raupe besitzt eine weißliche Rücken- und zwei gelbe Nebenrückenlinien. Sie ist nicht behaart, trägt aber lange Borsten. Typische Larvalhabitate sind Ligustergebüsche an Waldrändern. In Gärten werden auch Ligusterhecken besiedelt. Außerdem lebt *Craniophora ligustri* an Eschen. – Malsch-Sulzbach 14.10.90 G. EBERT.

und Bergwäldern der Mittelgebirge. Mit dem häufig angepflanzten Liguster dringt sie auch in den Siedlungsbereich vor; hier wird sie verbreitet in Parks und Gärten gefunden, vor allem dort, wo sich Waldränder in der Nähe befinden.

Nahrung der Raupe:
Acer spec. – Ahorn
   L (BRM)
Fraxinus excelsior – Gewöhnliche Esche
   5 L (ASA, BRM, HAF, LAD, REI, SCC, SCR)
Ligustrum vulgare – Liguster
   5 L (BAR, EBE, ECK, GAU, KAU, LIE, MRT, SCR,
     SET, STN, WEH)
Ligustrum ovalifolium – Eiblättriger Liguster
   L (LAI)
Syringa vulgaris – Flieder
   L (REI)

Craniophora ligustri ist – wie *Sphinx ligustri* – auf Ölbaumgewächse (Oleaceae) spezialisiert, insbesondere auf Liguster und Esche. Von diesen beiden Pflanzen liegen aus unserem Untersuchungsgebiet zahlreiche Nachweise vor, wobei einige der Funde an Liguster von im Siedlungsbereich gepflanzten Sträuchern stammen. Daß auch andere Ligusterarten akzeptiert werden, zeigt ein Raupenfund von F. LAIER am Eiblättrigen Liguster, einer aus Japan stammenden Gartenpflanze. G. REICH (Aufzeichnungen 1910–1965) fand Raupen in seinem Garten an Flieder, ebenfalls einem Ölbaumgewächs. Aus unserem Gebiet liegt über Nicht-Oleaceen nur eine einzige Angabe vor: E. BROMBACHER fand im September 1922 fünf Raupen »an Ahornausschlägen« bei Wasenweiler.

In der Literatur wurden noch weitere Oleaceen genannt, etwa Jasmin aus Frankreich (LHOMME 1923–1935). Es gibt aber auch Angaben von Erle (Frankreich, LHOMME 1923–1935, Großbritannien, ALLAN 1949: *Alnus glutinosa*) und Hasel (Großbritannien, ALLAN 1949) sowie eine alte Angabe von Hartriegel (Deutschland, BOIE 1833). Unklar ist, ob bereits die Eiablage an diesen Pflanzen erfolgt oder ob Raupen, die zufällig von Esche oder Liguster aus dorthin geraten, mit diesen Arten zurechtkommen und dann (zeitweilig) dort fressen.

Nahrung des Falters: Keine Beobachtungen aus Baden-Württemberg. Die Falter besuchen künstlichen Köder.

Habitat: Eschenreiche Laubwaldgesellschaften der Fagetalia, in den Flußebenen besonders der Hartholzauwald (Alno-Ulmion), in Hanglagen Gesellschaften des Verbands Tilio-Acerion (Edellaubbaum-Mischwälder, »Schluchtwälder«, »Steinschutt-Hangwälder«). Insgesamt sind die von *C. ligustri* bewohnten Laubwaldtypen aber noch wenig durch Raupenfunde dokumentiert. Unter den ligusterreichen Gebüschgesellschaften und Waldmänteln ist besonders das Ligustro-Prunetum zu nennen. Pflanzensoziologisch nicht einzuordnen sind gepflanzte Ligustersträucher und -hecken (sowie Fliederbüsche) in Gärten und Parks.

Verhalten: Die Raupen sitzen auch tagsüber frei an den Nahrungspflanzen. Die Falter sind nachtaktiv und kommen ans Licht.

Gefährdung und Schutz

Rote Liste Bundesrepublik: –
Rote Liste Baden-Württemberg: –

Oberrheinebene: Nicht gefährdet.
Schwarzwald: Nicht gefährdet.
Neckar-Tauberland: Nicht gefährdet.
Schwäbische Alb: Nicht gefährdet.
Oberschwaben: Nicht gefährdet.

• In Baden-Württemberg nicht gefährdet!

Simyra nervosa
([Denis & Schiffermüller], 1775)

Simyra nervosa F. (REUTTI 1898, SPULER 1908–1910, LAMPERT 1907, WARREN in SEITZ 1909–1914, REBEL 1910, ECKSTEIN 1913–1923, DRAUDT in SEITZ 1931–1938, HERING 1932, BERGMANN 1951–1955, KOCH 1954–1961, 1984, HANNEMANN & URBAHN in STRESEMANN 1969)

Gesamtverbreitung: In Europa sehr lokal von Nordfrankreich durch Nord- und Nordostdeutschland und Polen nach Osten verbreitet, ferner südlich der Alpen von Norditalien (Piemont, Südalpen, Poebene, ein isoliertes Vorkommen auf Sizilien) über die Balkanländer südlich bis Griechenland. In Asien aus dem Kaukasus, aus Kleinasien, dem Iran, Afghanistan, Sibirien, Tibet, der Mongolei, Korea, und China gemeldet.

Der Ursprung aller Meldungen dieser Art aus Baden-Württemberg ist die Erwähnung bei REUTTI (1853): »Karlsruhe (Prof. SEUBERT)«, die auch in der folgenden Auflage (wohl mehr aus Pietät vor SEUBERT als aus Überzeugung) wieder auftauchte: »Im August bei Karlsruhe vor vielen Jahren von SEUBERT gefangen, seither nicht wieder.« (REUTTI 1898). Die knappe Angabe GAUCKLERS (1896; »Im August, selten«) geht offenbar auf REUTTI zurück; daß die Art in den folgenden Auflagen der Arbeit (GAUCKLER 1909, 1921) fehlt, deutet darauf hin, daß GAUCKLER die Meldung als unzuverlässig beurteilte. Der Vermerk »Baden« bei HOFMANN (1892) dürfte ebenfalls auf REUTTIs Angabe basieren.

Falter von *Simyra albovenosa*. Die helle Grundfarbe mit schwach entwickelter Längszeichnung ist tyisch für Tiere, die an überwiegend vertrockneten Teilen von Gras-, Binsen-, Seggen- und Schilfstengeln ruhen. Dieses Weibchen hatte sich auf einen Dorn aufgespießt und ihn abgebrochen – er ragt zwischen den Flügeln hervor –, war aber trotzdem noch in der Lage, Eier abzulegen. – Ettlingenweier 1.7.93 H. LUSSI. S.

Simyra albovenosa
(Goeze, 1781)

Ried-Weißstriemeneule

Arsilonche albovenosa GÖTZE (REUTTI 1898)
Arsilonche albovenosa GOEZE (SPULER 1908–1910, LAMPERT 1907, WARREN in SEITZ 1909–1914, REBEL 1910, ECKSTEIN 1913–1923, DRAUDT in SEITZ 1931–1938, HERING 1932, BERGMANN 1951–1955, KOCH 1954–1961, 1984)
Arsilonche albivenosa GOEZE (FORSTER 1954–1981)

Gesamtverbreitung: Lokal in Nordafrika (Marokko, Ägypten), in Europa aus allen Ländern außer Portugal, Albanien und Norwegen gemeldet, aber nur lokal, vor allem im Flachland und an der Küste, nördlich bis Südostengland, Süddänemark und entlang der schwedischen und finnischen Küste verbreitet, in Asien vom Ural und Kleinasien (Türkei) quer durch Mittelasien über die Mongolei bis nach Sachalin, den Kurilen und Japan. Die alten Angaben für Nordamerika (z. B. KOŽANČIKOV 1950) beziehen sich auf die heute als eigene Art aufgefaßte *Simyra henrici* (GROTE, 1873).

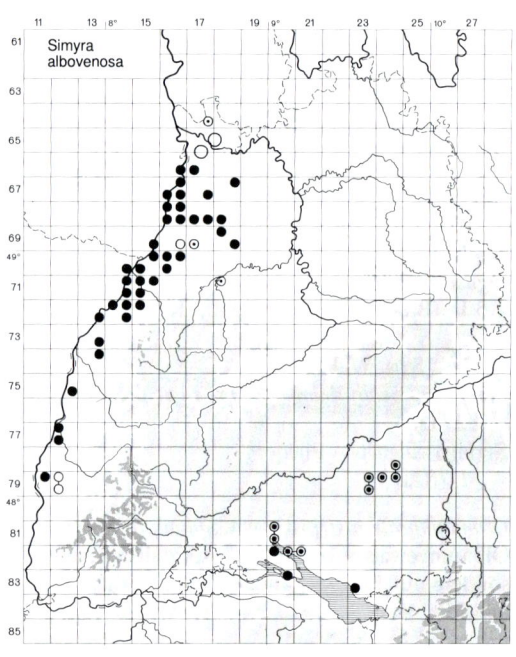

Verbreitung

Regional: *Simyra albovenosa* bewohnt in Baden-Württemberg zwei disjunkte Teilareale. Das eine umfaßt die Oberrheinische Tiefebene vom Kaiserstuhlgebiet im Süden bis zur Hessischen Rheinebene im Norden. Besonders dicht liegen die Nachweise im Raum Rastatt-Karlsruhe, während die mittlere Oberrheinebene, sicherlich aufgrund mangelnder Durchforschung, schwächer besiedelt erscheint. Dort, wie auch südlich vom Kaiserstuhl, dürfte sich die Art an manchen Stellen noch auffinden lassen, vielleicht sogar sehr lokal am Hochrhein. Von der nördlichen Oberrheinebene aus hat sie sich auch in angrenzende Gebiete des Kraichgaus ausgebreitet, wo sie ostwärts bis Dielheim/Horrenberg (R. STAREY), Münzesheim (W. SPEIDEL), Büchig (M. WALLNER) und Maulbronn (H. HEIDEMANN) gefunden wird. Diese Nachweise stammen aus den siebziger und achtziger Jahren, so daß es sich dabei vielleicht um eine rezente Expansion handelt.

Das andere Teilareal zerfällt in zwei offenbar separate Gebiete mit jeweils nur wenigen Fundorten. Im Bodenseebecken sind Funde am Mindelsee (ZINNERT 1983), im Wollmatinger Ried (T. MARKTANNER), bei Überlingen (E. COMMERELL nach Kartei GREMMINGER) und im Eriskircher Ried (T. MARKTANNER) bekannt. Im nördlichen Oberschwaben wurde die Art zwischen 1954 und 1963 von G. BAISCH, BERGER, G. REICH und WÖHRLE im Federsee-Moor und in der Umgebung von Biberach, Zweifelsberg-Ölweier, Bad Waldsee und Leutkirch einzeln gefunden. Seitdem sind dort keine neuen Beobachtungen gelungen. So stellt sich angesichts des kurzen Nachweiszeitraums und des völligen Fehlens älterer wie neuerer Angaben[1] die Frage, ob es sich vielleicht nur um eine kurzzeitige Besiedlung vom Bodenseegebiet her gehandelt hat.

Der lakonischen Meldung von »albovenosa« aus Wendlingen am Neckar (A. LOSER nach STROHMAIER 1939, auch zitiert von SCHNEIDER 1939, Nachtrag S. 285) muß eine Fehlbestimmung zugrunde gelegen haben (pers. Mitt. E. LOSER 1992).

Vertikal: Die Vorkommen in der Rheinebene liegen im planaren Bereich ab 100 m, im Kraichgau erreicht die Art 290 m (Maulbronn), während der Arealteil im Alpenvorland eine Höhenspanne von 390 m (Bodensee) bis gegen 600 m (Biberach) umfaßt.

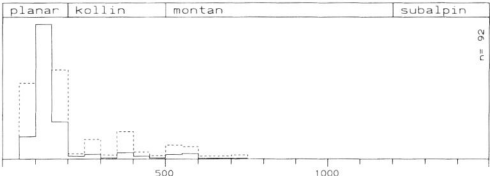

Phänologie

Imagines: Die 1.Gen. fliegt von Ende April bis Ende Mai/Anfang Juni mit einzelnen Nachweisen bereits ab Anfang April (7.4.1961 Biberach, G. BAISCH; 12.4.1961 Ettlingen, P. PEKARSKY; GAUCKLER [1896] gab sogar Ende März an) und dem spätesten Fund am 5.6. (1980, Ichenheim, E. BAUER/B. TRAUB). Die Flugzeit der 2.Gen. beginnt Mitte Juli, in warmen Jahren bereits Ende Juni (23.6.1953, Faule Waag, ALBERS nach Kartei A. GREMMINGER; 26.6.1954, Faule Waag, L. SETTELE; 29.6.1976, Iffezheim, A. BIEBINGER) und dauert bis Mitte August. Den spätesten Fund in der Oberrheinebene repräsentiert ein Exemplar vom 23.8. (1967 Liedolsheim, W. STAIB), aus dem Alpenvorland liegt noch ein Nachweis von Anfang September vor (3.9.1954, Leutkirch, BERGER). Die 2.Gen. ist immer wesentlich individuenstärker als die 1.; in warmen Sommern ist die Art gelegentlich ausgesprochen häufig aufgetreten, so etwa 1976 bei Plittersdorf und Au am Rhein (R. HERRMANN).

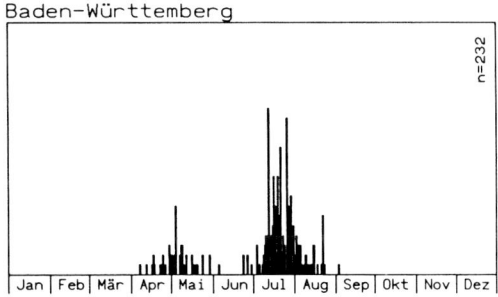

Präimaginalstadien: Die Raupen der 2.Gen. sind bisher nur durch wenige Funde Ende Juni vertreten (25.6. und 26.6.1996, A. SCHANOWSKI; 27.6.1986, P. THOMAS). Für die Nachkommen der bedeutend zahlreicheren 2.Gen. (= Raupen der 1.Gen.) liegt dagegen eine Reihe datierter Nachweise vor, die in dem Zeitraum zwischen Anfang August (3.8.1980, D. DOCZKAL) und

---

[1] Das betreffende Gebiet ist in der ersten Jahrhunderthälfte von G. REICH, seitdem von G. BAISCH und in den 70er Jahren von J.-U. MEINEKE intensiv durchforscht worden.

Anfang Oktober (2.10.1978, H. HEIDEMANN) angesiedelt sind. Dem entspricht auch die Angabe von GAUCKLER (1909), der die Raupenzeit mit »Juni und September« beschrieb. Überwinterungsstadium ist die Puppe.

Ökologie

Lebensraum: *Simyra albovenosa* ist eine Feuchtgebietsart. In der Rheinebene bewohnt sie Flachmoore (Niedermoore), Feuchtwiesen, Pfeifengraswiesen, Kohldistelwiesen, Großseggenrieder, Röhrichte und auch feuchte Fettwiesen in der Rheinaue, in Flußniederungen sowie an Bächen, Seen und Teichen. Als Falter wird sie auch in benachbarten trockeneren Mähwiesen, im Weichholz- und Hartholzauwald und – wo Feuchtwiesen angrenzen – bis in den Siedlungsbereich hinein am Licht beobachtet. Über die ehemaligen Biotope in Oberschwaben und im Bodenseegebiet sind wir weniger gut unterrichtet. Für den Mindelsee ordnete ZINNERT (1983: 680) die Art zunächst unter die »typischen Arten des Ufersaumes und der Feuchtbiotope« ein, gab aber dann »Auwaldbiotope, Weiden-Schneeballbusch, Erlen-Eschenwald, Pappelhorste und Pappelplantagen« (ZINNERT 1983: 696) als Nachweisbiotope an. Sollte die zweite Angabe korrekt sein, dann dürfte es sich hier um aus offeneren Habitaten zugeflogene Falter gehandelt haben. Die aktuellen Nachweise stammen alle aus Gebieten mit mittleren Jahrestemperaturen von über 8°C.

Nahrung der Raupe:
Juncus effusus – Flatter-Binse
  L (SCH)
Carex acutiformis – Sumpf-Segge
  3 L (HAM)
Carex spec. – Segge
  3 L (BLÄ, EBE, MER)
Phragmites australis – Schilf
  3 L (GAU, HEI, SCH)
Phalaris arundinacea – Rohrglanzgras
  L (HUG, SCH)
»Gräser«
  L (GAU)
Sagina spec. (cf. *nodosa*?) – (Knotiges?) Mastkraut
  L (DOC)
Lathyrus pratensis – Wiesen-Platterbse
  L (THO)
Lysimachia vulgaris – Gewöhnlicher Gelbweiderich
  L (HEI, SCH)

Die frühesten genauen Angaben über die Nahrungsbiologie von *Simyra albovenosa* stammten aus Pommern, von wo HERING (1881) in erster Linie *Glyceria maxima*, ferner *Typha latifolia*, *Rumex hydrolapathum*, *Iris pseudacorus*, *Menyanthes trifoliata*, *Lythrum salicaria* und *Salix viminalis* als Nahrungspflanzen nannte. URBAHN & URBAHN (1939) ergänzten, daß hauptsächlich *Carex*-Arten und *Phragmites* gefressen würden. Diese Angaben sind dann von den meisten deutschsprachigen Handbüchern übernommen worden (FORSTER 1971, KOCH 1958, 1984).

Auch in Baden-Württemberg zählen Gräser, besonders Seggen, zu den wichtigeren Nahrungspflanzen. Sie sind durch zahlreiche Raupenfunde an *Carex acutiformis* (D. HAMBORG) und an unbestimmten *Carex*-Arten (R. BLÄSIUS, G. EBERT, M. MEIER), an *Juncus effusus* (Blüten fressend, A. SCHANOWSKI), an *Phragmites australis* (GAUCKLER 1909, H. HEIDEMANN, A. SCHANOWSKI) und an *Phalaris arundinacea* (M. HUG, A. SCHANOWSKI) belegt. Daß *Simyra albovenosa* aber nicht nur auf Gräser angewiesen ist (was manche der älteren Handbücher im Gegensatz zu HERING behaupteten), beweisen die bei uns ebenfalls nicht seltenen Nachweise an Dicotyledonen: P. THOMAS fand eine Raupe in einem Großseggenried an *Lathyrus pratensis* fressend, H. HEIDEMANN und A. SCHANOWSKI melden Raupenfunde an *Lysimachia vulgaris*, und D. DOCZKAL wies die Raupe an einer *Sagina*-Art (cf. *nodosa*?) nach. Fraglich ist dagegen der Bittersüße Nachtschatten (*Solanum dulcamara*), auf dem H. HEIDEMANN eine ruhende Raupe neben Fraßlöchern fand, die allerdings auch von anderen Phytophagen verursacht worden sein konnten. Möglicherweise sind nur die Jungraupen obligatorisch an Gräser gebunden.

Die Eier werden im Freiland wahrscheinlich in Blattscheiden von Gräsern abgelegt. Dafür spricht der hier gezeigte Eiablagemodus: In der Gefangenschaft und in Ermangelung von Gräsern setzte das Weibchen die Eier in Doppelreihen auf Blätter ab. – Ettlingenweier (ex ovo-Zucht) 2.7.93 H. LUSSI. S.

Die erwachsene Raupe ruht offen in der niedrigen Vegetation. Links eine helle Form mit wenig dunkler Zeichnung. Auch stärker scharz gezeichnete Individuen kommen häufig vor. – Steinmauern 11.9.82 G. EBERT. Seltener sind die schwarzen Zeichnungselemente so ausgedehnt, daß nur die Seitenlinien sowie von den Nebenrückenlinien die hellen Warzen übrigbleiben (rechts). – Maulbronn, Roßweiher 30.9.78 H. HEIDEMANN. S.

Nahrung des Falters: Aus Baden-Württemberg liegen noch keine Beobachtungen zur Falternahrung vor. Gelegentlich kommen die Imagines an den Köder.

Habitat: Die Larvalhabitate liegen im Bereich der Phragmitetea (Röhrichte und Großseggenrieder), so etwa im Phragmition (Röhrichte) und im Magnocaricion (Großseggengesellschaften), sowie in Gesellschaften der Scheuchzerio-Caricetea fuscae (Flach- und Zwischenmoore). Eine bessere Eingrenzung, wie sie bei gezielter Raupensuche möglich sein dürfte, läßt sich noch nicht durchführen.

Verhalten: Die Eiablage erfolgt (nach Zuchtbeobachtungen) in Gelegen. Die Jungraupen leben anfangs in lockeren Gruppen, zerstreuen sich aber bald. Erwachsen sind sie tag- und nachtaktiv. Sie fressen und ruhen offen auf ihren Nahrungspflanzen und klettern daran zuweilen über 1 m hoch hinauf, wobei die bunte Färbung sie ziemlich auffällig macht, ihre Behaarung ihnen aber Schutz vor Freßfeinden gewährt. Die Verpuppung erfolgt in einem Kokon zwischen Pflanzenteilen in der niedrigen Vegetation. Die nachtaktiven Falter kommen ans Licht.

Gefährdung und Schutz

Rote Liste Bundesrepublik: V
Rote Liste Baden-Württemberg: 3

Oberrheinebene: Art der Vorwarnliste.
Schwarzwald: Nicht vertreten.
Neckar-Tauberland: Noch ungeklärt.
Schwäbische Alb: Nicht vertreten.
Oberschwaben: Gefährdet (regional ausgestorben oder verschollen).

- In Baden-Württemberg gefährdet!
  Besonders geschützt gemäß § 20 e ff. BNatSchG.

Die Habitate, die *Simyra albovenosa* besiedelt, sind generell durch Trockenlegung, landwirtschaftliche Intensivierung, Eutrophierung und Bebauung (Siedlungsexpansionen, Industriegebiete, Straßenbau) bedroht. In der Oberrheinebene ist ihre Verbreitung noch recht ausgedehnt. Im Bodenseebecken kommt sie nur an wenigen Stellen vor, allerdings überwiegend in Naturschutzgebieten. Im nördlichen Oberschwaben ist sie ausgestorben, ohne daß hier jedoch eine negative Beeinflussung durch den Menschen nachweisbar war. Hier scheint es sich, wie bei dem Vorstoß in den Kraichgau, eher um natürliche Abundanzdynamik zu handeln. Die weitere Bestandsentwicklung sollte in allen Gebieten genauestens beobachtet werden.

Intakte Feuchtwiesen, Seggenrieder und Schilfröhrichte sind die Lebensräume von *Simyra albovenosa*. Hier der Blick ins Larvalhabitat. In der Bildmitte wurde eine Raupe an Gelbweiderich gefunden. – Steinbach 26.6.95 A. SCHANOWSKI.

Die Gattung Cryphia

Die Angehörigen der Gattung *Cryphia* (früher *Bryophila*) nehmen durch ihre ökologischen Anpassungen eine gewisse Sonderstellung unter den einheimischen Noctuiden ein. Die Raupen leben an Krusten- und Blattflechten sowie an Algen auf Holz, Totholz oder Stein, und Raupen wie Falter sind im Aussehen an dieses Substrat gut angepaßt (Mimese). Die an Steinflechten lebenden Arten bewohnen auch menschliche Siedlungen, wo immer sich an Mauern und Gebäudewänden durch Flechtenbewuchs geeignete Habitate entwickelt haben. Im Offenland ist dies in besonderem Maße in xerothermen Lagen an Weinbergmauern und Gartenmäuerchen zu beobachten, aber auch Brücken, Böschungsmauern, früher die alten Kilometersteine an den Straßen, und heute selbst Betonmauern können als Lebensraum dienen. So hat die Bautätigkeit des Menschen einigen *Cryphia*-Arten zu einer weiteren Ausbreitung aus ihren primären Lebensräumen heraus verholfen.

Die Mandibeln der Raupen können die tagsüber oft sehr harten Flechten offenbar nur dann bewältigen, wenn diese durch den nächtlichen Taufall weicher geworden sind. Aus diesem Grund liegt die Aktivitätsperiode der Raupen normalerweise in der zweiten Nachthälfte zwischen Mitternacht und Sonnenaufgang. Tagsüber werden die Raupen gelegentlich während oder kurz nach Regenfällen oder bei feuchtem Wetter fressend beobachtet. Sonst verbringen sie den Tag und die erste Nachthälfte in gut getarnten, mit Flechtenteilchen oder Rindenstücken besetzten Gespinsten oder in Gängen im Holz, die sie nach Mitternacht verlassen und in die sie morgens wieder zurückkehren. In den frühen Morgenstunden sind sie in Siedlungsgebieten öfters, zum Teil in größerer Zahl, gefunden worden, doch sind unsere Kenntnisse über ihre Nahrungspflanzen noch immer sehr gering, weil der Fraß direkt beobachtet werden muß, weil Krustenflechten für den Laien nicht leicht bestimmbar sind und weil Herbarbelege häufig mit Hammer und Meißel entnommen werden müssen (ein Vorgehen, das verständlicherweise an Häusern nicht ohne weiteres auszuführen ist und auch in Weinbergen und Gärten zu Konflikten mit den Besitzern führen kann).

Unklar ist in vielen Fällen nach wie vor, inwieweit neben Flechten auch Algen, Moose oder andere Pflanzen Bestandteile des Nahrungsspektrums sind.

Die Nutzung anthropogener Habitate bringt Gefährdungsfaktoren mit sich, die bei anderen Arten nicht auftreten: das Abreißen flechtenbewachsener Mauern, die Renovierung von Häusern oder die Entfernung von Flechtenbewuchs an Gebäuden als baukosmetische Maßnahme[1]. Die bei Flechten sehr langsame Wiederbesiedlungsgeschwindigkeit kommt erschwerend hinzu. Es wäre in diesem Zusammenhang von Interesse, bei langjährigem Lichtfangbetrieb in Neubaugebieten einmal darauf zu achten, nach wievielen Jahren dort die ersten an Steinflechten lebenden *Cryphia*-Arten auftauchen.

Bei einigen Arten bestehen nicht unbeträchtliche Bestimmungsprobleme, da die Abbildungen und Beschreibungen in der Standard-Bestimmungsliteratur oft ungenügend sind; hinzu kommt, daß – besonders in Südeuropa – im 20. Jahrhundert eine Reihe von neuen Arten erkannt wurde und der Status von alten Taxa eine neue Bewertung erfuhr, so etwa das Verhältnis von *erepticula* zu *ravula*.

Cryphia wird gemeinhin in eine Reihe von Untergattungen aufgespalten, um die Übersicht über die vor allem im zentralasiatischen Raum sehr große Artenzahl zu erleichtern.

Cryphia receptricula
(Hübner, [1803])

Bryophila strigula Bkh. (Reutti 1898, Draudt in Seitz 1931–1938)
Bryophila receptricula Hbn. (Spuler 1908–1910, Lampert 1907, Rebel 1910, Eckstein 1913–1923, Hering 1932)
Metachrostis strigula Bkh. (Warren in Seitz 1909–1914)

Gesamtverbreitung: Von Südeuropa (Südostfrankreich, Italien, Sizilien, Balkanhalbinsel) über Südrußland bis zum Iran und nach Afghanistan (im südöstlichen Arealteil ist die Verbreitung wegen Verwechslungen mit ähnlichen Arten noch ungenügend bekannt). In Mitteleuropa erreicht die Art die Südschweiz (Wallis), die

---

[1] Zum Beispiel waren die flechtenbewachsenen Mauern der umfangreichen Befestigungsanlagen von Riegersburg (Südsteiermark) ein gut besetzter Biotop von *Crypha erepticula*, bis 1987 das gesamte Mauerwerk vor einer Veranstaltung mechanisch gereinigt und damit der Flechtenbewuchs praktisch vollständig vernichtet wurde. Im April 1988 konnten *Cryphia erepticula*-Raupen im Burgareal nur noch an den natürlichen Felspartien nachgewiesen werden, die dieser »Reinigung« nicht unterzogen worden waren (Hamborg & Steiner unveröff.).

südlichen Alpentäler, das östliche Österreich (westwärts bis Kärnten und Oberösterreich) und die ehemalige Tschechoslowakei, nach NOWACKI (1991) soll sie auch in Polen vorkommen.

Cryphia receptricula wurde von REUTTI (1898) aus Baden gemeldet: »Nur von Lahr, selten«. Tatsächlich existieren im SMNK ex coll. REUTTI 3 Exemplare (2♂♂, 1♀) von *Cryphia receptricula* mit dem Etikett »Lahr / R.[EUTTI?]«, deren Determination durch Genitaluntersuchung gesichert wurde. Ihre Herkunft bleibt rätselhaft, denn ein bodenständiges Vorkommen muß – wenigstens heutzutage – ausgeschlossen werden. Die Art ist nördlich der Alpen sonst nirgends gefunden worden. Da die drei Belegstücke in schlupffrischem Zustand sind, handelt es sich vielleicht um in Lahr gezüchtete Tiere, die unrichtig bezettelt wurden.

Bei LAMPERT (1907) findet sich, wohl basierend auf der REUTTIschen Meldung, die allgemeine Angabe »Süddeutschland«, während REBEL (1910) vorsichtiger schrieb: »angeblich auch in Baden« (eine Meldung aus Wiesbaden [VIGELIUS 1850] war bereits von KOCH [1856: 477] als Verwechslung mit Formen von *C. algae* aufgeklärt worden).

1938 meldete ROELL die Art in einer Liste von bei Schriesheim gefundenen Nachtfaltern; da aber seine Kenntnisse hauptsächlich bei den Tagfaltern lagen und die häufige *Cryphia algae* seiner Liste fehlt, lag hier wohl ebenfalls eine Verwechslung mit dieser Art vor. Die Angaben bei REUTTI und LAMPERT mögen diese Fehlbestimmung sogar noch gefördert haben.

Cryphia fraudatricula
(Hübner, [1803])

Braungraue Flechteneule

Bryophila fraudatricula HBN. (REUTTI 1898, SPULER 1908–1910, LAMPERT 1907, REBEL 1910, ECKSTEIN 1913–1923, HERING 1932)
Bryophila palliola BKH. (DRAUDT in SEITZ 1931–1938, SCHNEIDER 1936–1939, BERGMANN 1951–1955, KOCH 1954–1961, 1984)
Metachrostis fraudatricula HBN. (WARREN in SEITZ 1909–1914)

Gesamtverbreitung: Von Westasien (Schwarzes Meer, Kaspisches Meer, Areal hier noch ungenügend bekannt) über Ost- und Südosteuropa (ehemaliges Jugoslawien, Bulgarien, Rumänien, Griechenland) nach Mitteleuropa (Polen, Tschechoslowakei, Österreich, Deutschland)[1].

Eines der drei Belegstücke von *Cryphia receptricula* mit der Fundortangabe »Lahr«. In der Zeichnung ähnelt die Art manchen Formen von *Cryphia algae*, ist aber im Gegensatz zu dieser kaum variabel. – »Lahr« coll. C. REUTTI.

Cryphia fraudatricula erreicht am Rhein die Westgrenze ihres Verbreitungsgebiets. In Baden-Württemberg wurde sie nur sehr selten gefunden. Offenbar ist sie im Rückgang begriffen. – Kaiserstuhl, Faule Waag 18.6.60 leg. L. SETTELE.

Verbreitung

Regional: In Baden-Württemberg war *Cryphia fraudatricula* wohl seit jeher auf die Auwaldgürtel der Stromtäler beschränkt. Glaubwürdige und

---

[1] Die Art erreicht in Baden-Württemberg die Westgrenze ihres Verbreitungsareals. Die Verbreitung entlang des Rheins macht es allerdings wahrscheinlich, daß sie auch auf dem französischen Ufer vorkommt, obwohl sie aus Frankreich bisher noch nicht sicher nachgewiesen ist (BOURSIN 1964, LERAUT 1980) Die Nennung für Südostfrankreich bei HEINICKE & NAUMANN (1980–1982) geht auf LHOMME (1923–1935) zurück, der diese Angaben jedoch selber bereits als Verwechslungen mit *C. simulatricula* korrigiert hatte (Nachtrag S. 729–730). Ebenso wurde die Meldung von KOCH (1856, nach VIGELIUS) aus Wiesbaden noch im selben Werk (Anhang S. 476) als Fehldetermination von *C. ravula* aufgeklärt.

zuverlässige Funde sind nur von Rhein und Neckar in geringer Zahl bekanntgeworden. Wahrscheinlich ist die Art aber in früheren Zeiten, bevor Flußlaufbegradigungen und Senkung des Grundwasserspiegels durch den Menschen viele Auwaldbiotope zerstörten, weiter verbreitet gewesen. Nach 1965 wurde C. fraudatricula nicht mehr beobachtet und galt zunächst als verschollen (HIRNEISEN 1990), bis 1992 doch wieder ein neuer Nachweis gelang.

Oberrheinebene: Raum Speyer (?) (LINZ 1847); bei Karlsruhe (REUTTI 1853, REUTTI 1898); Rastatter Rheinauen (16.7.1992, CH. KÖPPEL); Kaiserstuhl, Badberg (11.7.1964, L. SETTELE, SETTELE 1973); Kaiserstuhl, Oberbergen, Ortsgebiet (7.7.1965, K. CLEVE, det. WOLFSBERGER, CLEVE 1968); Kaiserstuhlgebiet, Faule Waag (6.6.1953, L. SETTELE; 23.6.1953, L. SETTELE (SETTELE 1973); 26.6.1954, A. FRITZ (Kartei A. GREMMINGER); 19.6.1957 (A. FRITZ), 29.6.1957, 17.6.1960, 18.6.1960, L. SETTELE (SETTELE 1973)); Hirzberg bei Freiburg (REUTTI 1853); bei Freiburg (REUTTI 1898); Grißheim bei Müllheim (29.6.1957, A. FRITZ nach Kartei A. GREMMINGER); Basel (KNECHT und HONEGGER nach VORBRODT 1911, ILLINGER und KNECHT nach PEYERIMHOFF & MACKER 1880).

Neckar-Tauberland: Stuttgart (SEYFFER 1850: »Stuttgart selten«, KELLER & HOFFMANN 1861 ebenso); Tübingen (HEBSACKER nach SCHNEIDER [1939] und KAUFMANN & SCHMID 1966).

Die beiden zuletzt genannten Fundorte sind nicht ganz unzweifelhaft, zumal keine etikettierten Belegstücke mehr existieren. Mit Sicherheit falsch, das heißt auf Fundortverwechslung bzw. Fehldetermination zurückgehend, sind die Angaben von SCHNEIDER (1938) (»Umgebung von Stuttgart, vereinzelt im VII. (BARTH), ... Friedrichshafen (LANZ)«) und von SCHÄFER (1983) (Greuterwald bei Weilimdorf) (HIRNEISEN 1990).

Problematisch erscheinen auch die beiden Funde im inneren Kaiserstuhl. Das Belegtier aus Oberbergen wurde jedoch von J. WOLFSBERGER zuverlässig determiniert (CLEVE 1968), und L. SETTELE, der die Art vom Badberg angab, kannte sie sehr gut aus der Faulen Waag, so daß eine Fehldetermination hier nicht anzunehmen ist (Eher könnte man an eine Verschleppung denken, da viele Entomologen abwechselnd im Kaiserstuhl und in der Faulen Waag Lichtfang betrieben).

Linz (1847) erwähnte die Art ohne Fundortangabe in seinem »Verzeichniss der im Gebiete der Pollichia von Herrn Steuer-Controleur LINZ in Speyer selbst aufgefundenen Lepidopteren«. LINZ wohnte in Speyer und sammelte hauptsächlich in der dortigen Umgebung, und zwar auch auf der badischen Seite des Rheins, so daß eine gewisse Wahrscheinlichkeit dafür spricht, daß sein Fund aus dem Raum Speyer stammt[2].

Sämtliche Meldungen von *Cryphia fraudatricula* aus der Schweiz wurden von AUBERT (1957) als Fehlbestimmungen von *Cryphia simulatricula* interpretiert. Dies trifft zweifellos auf die alten Angaben aus dem Wallis zu, nicht jedoch auf die Funde in der nördlichen Schweiz (Basel, Zürich), da die mediterrane C. simulatricula nicht so weit nach Norden vorstößt. Es muß sich daher entweder um Verwechslungen mit anderen Arten der Gattung *Cryphia* gehandelt haben oder aber tatsächlich um echte *Cryphia fraudatricula*. Daß im Raum Basel früher geeignete Auwaldbiotope existierten, belegte DURRER (1992).

Vertikal: Die Fundstellen am Rhein liegen in der Ebene von 110 m (Rastatter Rheinauen) bis um 210 m (Grißheim), die im zentralen Kaiserstuhl um 240–400 m, der Hirzberg um 300–400 m, und in letzteren Höhenbereich fallen auch die alten Angaben vom mittleren Neckar.

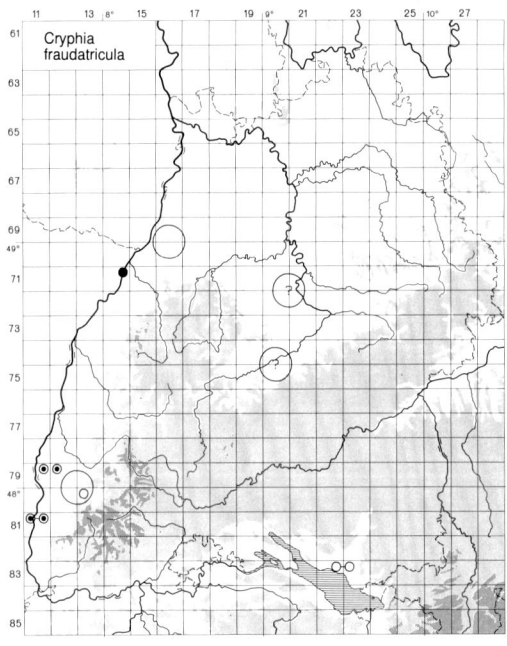

---

[2] Wenn KRAUS (1993: 20) im Verzeichnis der Großschmetterlinge der Pfalz *Cryphia simulatricula* in einer Liste der in der Pfalz nicht mehr aktuell vorkommenden, aber von GRIEBEL (1909) noch erwähnten Arten aufführt, so ist dies dahingehend zu berichten, daß GRIEBEL zwar C. fraudatricula nannte (LINZ und BERTRAM zitierend, ohne eigene Funde), C. simulatricula aber weder als Synonym noch als eigene Art irgendwo erwähnte. Da C. fraudatricula in KRAUS' Fauna fehlt, scheint ihm eine Verwechslung der beiden Arten unterlaufen zu sein.

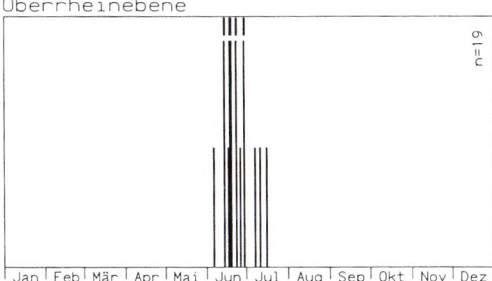

Phänologie

Imagines: Die wenigen vorliegenden Falterfunddaten verteilen sich auf den Zeitraum zwischen dem 6.6. (1953, L. SETTELE) und dem 16.7. (1992, C. KÖPPEL), womit die Flugzeit ganz gut eingegrenzt sein dürfte. Aus Ostdeutschland werden Extremwerte des Flugzeitendes noch bis Mitte August angegeben (HEINICKE & NAUMANN 1980–1982), während der Beginn mit dem 10.6. bis 17.6. etwas später liegt als im klimatisch begünstigten Oberrheingebiet.

Präimaginalstadien: Aus Baden-Württemberg liegen keine Angaben vor. Wie bei den verwandten Arten überwintert die Raupe.

Ökologie

Lebensraum: Die Mehrzahl der Nachweise stammt aus dem Auwaldbereich im weiteren Sinn, doch liegen nur für einen Standort genauere Biotopangaben vor. In den Rastatter Rheinauen befindet sich der Falterfundort in der mittleren Hartholzaue, die regelmäßigen Überschwemmungen ausgesetzt ist. Der Baumbestand wird hier von *Populus × canadensis*, *Quercus robur* und *Fraxinus excelsior* gebildet, in der Strauchschicht finden sich *Ulmus minor*, *Evonymus europaeus*, *Cornus sanguinea*, *Corylus avellana* und *Crataegus monogyna* (KÖPPEL 1992).

Aus dem Rahmen fallen die xerothermen Fundorte im zentralen Kaiserstuhl (Badberg und Oberbergen). Ob es sich hier um von der Faulen Waag her zugeflogene oder verschleppte Tiere gehandelt hat, oder ob die Art sich auch gelegentlich in Trockenbiotopen entwickeln kann, muß zunächst offenbleiben.

Nahrung der Raupe: Die Raupe ist in Baden-Württemberg nur einmal festgestellt worden: REUTTI (1853) berichtete, daß ein Falter »aus einer am Hirzberg bei Freiburg in einem faulen Buchenstumpfe gefundenen Raupe erzogen« wurde.

Auch aus dem übrigen Verbreitungsgebiet liegen kaum genaue Nachrichten über die Larvalbiologie vor. Lediglich TREITSCHKE (1835) berichtete, daß die Raupe im Berliner Raum »im Mai an alten Bretterzäunen gefunden, und ... mit dem daran wachsenden Moose ernährt« wurde. »Zur Verpuppung fraß sie sich in das morsche Holz ein.« Die Raupe scheint demnach an Flechten, Algen, Pilzen, vielleicht auch Moosen auf totem (vielleicht auch lebendem) Holz in feuchten und warmen Biotopen zu leben. Dagegen wird aus der Steiermark berichtet, daß *C. fraudatricula*-Raupen an niedrigen Krüppeleichen in ausgesprochen xerothermen Hanglagen gefunden wurden (D. HAMBORG, pers. Mitt.), eine Angabe, die in Hinblick auf die Kaiserstuhlfunde besondere Beachtung verdient.

Nahrung des Falters: Keine Angaben aus Baden-Württemberg.

Habitat: Der Falterfund in den Rastatter Rheinauen stammt aus einem Hartholzauwald (Alno-Ulmion), wo das Larvalhabitat am Flechten- oder Moosbewuchs von Baumrinde und Totholz vermutet werden muß.

Verhalten: Die Falter sind nachtaktiv und fliegen Lichtquellen an.

Der neueste Falterfund stammt aus einem periodisch überschwemmten Hartholzauenwald in den Rheinauen bei Wintersdorf. Die Raupen sind hier an Baumflechten zu suchen. – NSG Rastatter Rheinauen 21.7.96 A. STEINER.

Gefährdung und Schutz

Rote Liste Bundesrepublik: –
Rote Liste Baden-Württemberg: 1

Oberrheinebene: Vom Aussterben bedroht.
Schwarzwald: Nicht vertreten.
Neckar-Tauberland: Ausgestorben oder verschollen.
Schwäbische Alb: Nicht vertreten.
Oberschwaben: Nicht vertreten.

- In Baden-Württemberg vom Aussterben bedroht!

Während *Cryphia fraudatricula* in den östlichen Bundesländern zum Teil noch starke Populationen besitzt, ist sie in Westdeutschland insgesamt zurückgegangen. Vielleicht handelt es sich dabei um »normale« Fluktuationen im westlichsten Arealgrenzgebiet. Viele Arten sind in solchen Randgebieten stenöker und damit anfälliger als im Optimum ihres Areals. *Cryphia fraudatricula* bewohnt bei uns Lebensräume des Auwaldbereichs, die in den vergangenen Jahrhunderten stark zurückgegangen und dort, wo sie heute noch existieren, meist akut gefährdet sind. Alle Standorte, an denen sie noch vorkommt bzw. in Zukunft noch aufgefunden werden sollte, verdienen unbedingten Schutz; dies läßt sich auch ohne genaue Kenntnis der Larvalbiologie fordern, umso mehr als die gesamte Auwaldbiozönose Lebensraum vieler bedrohter Arten ist. Die Aufklärung der Lebensweise der Raupe und die Feststellung der Nahrungspflanzen sind wichtige Aufgaben für die Zukunft. Dabei sollte auch untersucht werden, wie eng die Bindung an Feuchtbiotope tatsächlich ist und ob *C. fraudatricula* unter bestimmten Umständen auch Xerothermbiotope besiedeln kann.

Cryphia algae
(Fabricius, 1775)

Dunkelgrüne Flechteneule

Bryophila algae F. (REUTTI 1898, SPULER 1908–1910, LAMPERT 1907, REBEL 1910, ECKSTEIN 1913–1923, DRAUDT in SEITZ 1931–1938, HERING 1932, SCHNEIDER 1936–1939, BERGMANN 1951–1955, KOCH 1954–1961, 1984)
Euthales algae F. (FORSTER 1954–1981)
Metachrostis algae F. (WARREN in SEITZ 1909–1914)

Gesamtverbreitung: Von Südeuropa (Südspanien, Sizilien, Griechenland) nördlich bis etwa zur Nord- und Ostsee verbreitet. Aus Großbritannien, Dänemark, Finnland und dem Baltikum liegen als Zuwanderer interpretierte Einzelfunde vor; in Mitteleuropa hat die Art im Lauf des 19./20. Jahrhunderts die Nordgrenze ihres ständigen Vorkommens von einer Linie Trier-Braunschweig-Pommern (SPEYER & SPEYER 1862) bis etwa mittlere Niederlande-Hamburg-Stettin vorgeschoben. In Asien ist die Art aus Kleinasien, dem Kaukasus, Turkmenien und dem Irak gemeldet worden, inwieweit hier aber Verwechslungen mit ähnlichen Arten vorlagen, ist im Einzelfall noch zu klären[1].

Verbreitung

Regional: *Cryphia algae* ist in Baden-Württemberg die am weitesten verbreitete und in vielen Gegenden auch mit Abstand die häufigste Art der Gattung. Besonders in den Laubwaldgebieten des mittleren und westlichen Neckar-Tauberlands und der nördlichen Oberrheinebene weist die Karte eine dichte Verbreitung auf, wie sie ähnlich wohl auch in den niedrigen und mittleren Lagen der weniger intensiv erforschten Gebiete

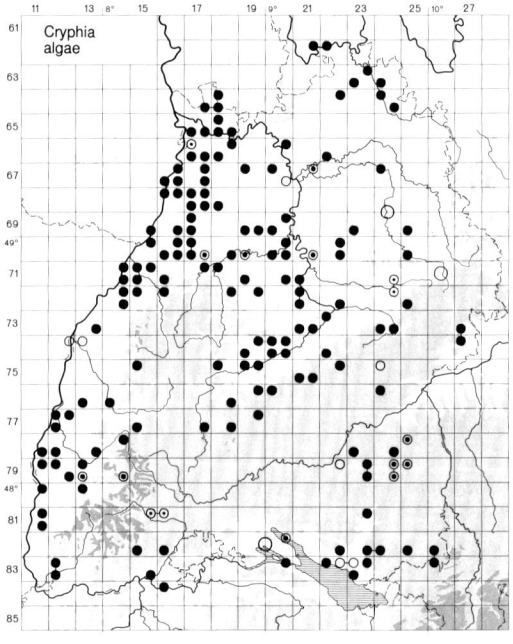

[1] Zumindest die Angaben aus Ostasien beziehen sich auf *Cryphia splendida* O. BANG-HAAS, 1927, während die aus Nordafrika in Wirklichkeit *Cryphia pallida* (BETHUNE-BAKER, 1894) und *Cryphia rungsi* BOURSIN, 1941 betreffen (BOURSIN 1952). Auch in Südeuropa steht die Klärung der genauen Verbreitung der drei *Cryphia*-Arten *algae*, *pallida* und *ochsi* (BOURSIN, 1941) in einigen Gebieten noch aus.

vorausgesetzt werden darf, insbesondere im nordöstlichen Neckar-Tauberland, am mittleren Oberrhein, am Hochrhein und im Hegau. Schwächer vertreten ist die Art im Bereich der Schwäbischen Alb, wo die Fundorte fast ausschließlich im Bereich des nördlichen Albtraufs liegen. Auch im Schwarzwald werden nur die Tallagen und die zum Rhein abfallende Vorbergzone besiedelt. Im Alpenvorland liegt zwischen den Funden im Bereich des Riß-Hügellands und denen im Bodenseegebiet und Westallgäuer Hügelland eine anscheinend unbesiedelte Zone, die naturräumlich dem Oberschwäbischen Hügelland entspricht.

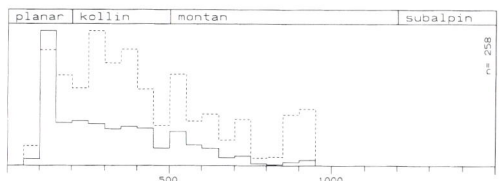

Vertikal: Die Höhenverbreitung erstreckt sich von den niedrigsten Lagen der Rheinebene bis in die montane Stufe. Der Schwerpunkt liegt dabei eindeutig in der Ebene und im Hügelland, während die Zahl der Fundorte im Bergland oberhalb von 600 m rasch abnimmt. Der höchste Nachweis stammt aus dem Wutachgebiet (um 840–910 m, Gutachbrücke, A. GREMMINGER).

Phänologie

Imagines: Die Flugzeit beginnt in allen Gebieten ziemlich einheitlich um Mitte Juli. In der Rheinebene und dem Neckar-Tauberland können an günstigen Stellen oder in warmen Jahren Falter schon ab Anfang Juli beobachtet werden. Ein besonders früher Fund datiert von Ende Juni (20.6.1963, Rheinwald bei Karlsruhe, W. IPP). Ein Maximum erreicht die Art in der ersten Augusthälfte und bis Ende dieses Monats werden noch frische Falter gemeldet. Die Flugzeit zieht sich dann noch bis weit in den September hinein:

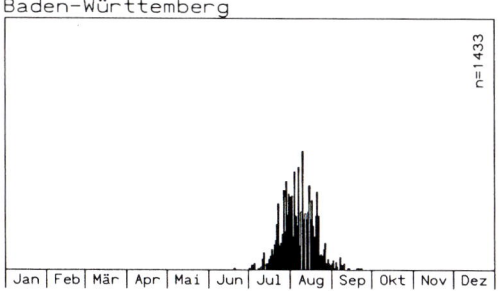

Cryphia algae ist die häufigste *Cryphia*-Art in Wäldern und Obstgärten. Die Falter sind äußerst variabel. Die anfangs grüne Färbung wird bei älteren Tieren bald bräunlich. – NSG Bruchgraben bei Sandweier 26.7.95 A. STEINER.

die spätesten Falter wurden am 20.9. (1985, Breisach, AG Freiburg), am 21.9. (1992, Kaiserstuhl, AG Freiburg) registriert. Die Funde von der Schwäbischen Alb liegen zwischen Ende Juli und Ende August.

Präimaginalstadien: Vor der Überwinterung sind die Raupen (genau wie bei den anderen einheimischen *Cryphia*-Arten) in Baden-Württemberg noch nicht gefunden worden. Insgesamt liegen nur drei neuere Nachweise vor, die vom 20.3. (1993, Dossenheim, R. BLÄSIUS) und vom 21.4. (1988, Ettlingen, N. HIRNEISEN/E. RENNWALD; 1989, Neustetten-Remmingsheim, N. HIRNEISEN) stammen. Schließlich meldete A. GREMMINGER (Kartei) einen Raupenfund in oder bei Baden-Baden am 22.5.1951.

Ökologie

Lebensraum: *Cryphia algae* ist in den nicht zu kühlen Laub- und Laubmischwäldern der Ebene und des Hügellandes weit verbreitet. Gern besiedelt sie auch waldnahe Streuobstwiesen, Parks, Haus- und Schrebergärten, vor allem solche mit reichlich flechtenbewachsenen Laubhölzern. Sie kann dann auch in Siedlungsgebieten als Falter zuweilen zahlreich gefunden werden. Früher dürften ihr die heute selten gewordenen Holzzäune zusätzliche Entwicklungsmöglichkeiten geboten haben. Zumindest zwei Nachweise deuten

Bei Exemplaren mit heller Grüntönung im Basal- und Saumfeld verblaßt die Farbe später oft nach Weiß hin. Solche Stücke werden dann manchmal für *Cryphia ereptricula* gehalten. – Oberdorf bei Langenargen 18.8.88 T. MARKTANNER.

aber darauf hin, daß die Larvalentwicklung auch an Flechten auf Beton (HIRNEISEN 1990) und an Mauern (A. GREMMINGER) stattfinden kann.

Nahrung der Raupe:
Lichenes indet. – »verschiedene Flechtenarten«
  L (HIR, REN)

Genaue Artbestimmungen bzw. Herbarbelege der von *C. algae* abgeweideten Flechten liegen bislang nicht vor. N. HIRNEISEN und E. RENNWALD beobachteten eine Raupe, die »an verschiedenen Flechtenarten« an einem am Boden liegenden, flechtenbewachsenen Stück Totholz fraß. Eine weitere Raupe, die in einem kleinen Gartengelände im Siedlungsbereich gefunden wurde, beweidete die Flechten auf einem Betonzaunpfosten etwa 30 cm über dem Erdboden (HIRNEISEN 1990). In der Kartei A. GREMMINGER findet sich die knappe Bemerkung: »Raupe an Mauer«. Im vorigen Jahrhundert hatte J. HOFFMANN (in KELLER & HOFFMANN 1861), möglicherweise beruhend auf Beobachtungen im Großraum Stuttgart, angegeben: »Die Raupe lebt an alten, reichlich mit Flechten bewachsenen Zäunen, bisweilen nicht selten, und bohrt sich zur Verwandlung bis zu 1 Zoll Tiefe in morsches Holz ein.« Dem entspricht ein Fund von R. BLÄSIUS, der eine Raupe tagsüber an einer gefällten Eiche fand. Sie versteckte sich in einem Astloch an einem mit Algen bewachsenen, ursprünglich in etwa 15 m Höhe befindlichen Ast[1]. Die Bindung an lebendes oder totes Holz als Substrat hatte schon GABRIEL KOCH (1856) betont: »Die Raupen findet man ausschliesslich an Flechten auf Bäumen, Bretterwänden oder alten Zäunen. Sie sind noch schwieriger als die vorigen [*C. muralis, C. ravula*] zu entdecken, da ihre Körperfarbe mit den Lichenen oft sehr übereinstimmt. Bemooste Aeste von Obstbäumen, besonders Zwetschenbäumen, bergen nicht selten viele Raupen, die auch Abends (spät) [d.h. nach Mitternacht] in den Schirm geklopft werden können.« Einen weiteren Hinweis auf das Vorkommen an Obstbäumen liefert die kurze Notiz von G. REICH, der über *Cryphia algae*-Funde in seinem Garten in Bronnen bei Biberach notierte: »1952-54 häufig a.[m] Li.[cht], 1955 selten, 1956 ganz alter Birnenbaum [vom] Sturm umgerissen, dann diese Art nicht mehr a.[m] Li.[cht]«.

Beim Absuchen von Obstbaum-Leimringen in Streuobstwiesen nach *C. algae*-Raupen im Mai glaubte RENNWALD (1995) dagegen »an verschiedenen Stellen Baden-Württembergs« eine »auffallende Affinität zu Kirschbäumen« feststellen zu können: Leimringe an Kirschbäumen waren oft mit wenigstens einzelnen Raupen besetzt, Leimringe an Zwetschenbäumen nur selten, Leimringe an Apfel- und Birnbäumen nie.

Exakte Beobachtungen zum Nahrungsspektrum sind wie bei den meisten anderen Arten der Gattung auch bei *C. algae* sehr erwünscht, sowohl in Hinsicht auf die Artbestimmung der Flechten als auch bezüglich der Frage, ob Algen ebenfalls gefressen werden.
Nahrung des Falters: Über Blütenbesuche kennen wir bisher noch keine Beobachtungen, doch werden die Falter oft am Köder nachgewiesen.
Habitat: Über die von der Raupe bewohnten Flechtengesellschaften liegen noch keine pflanzensoziologischen Angaben vor.
Verhalten: Wie bei den anderen Flechteneulen-Arten legt die Raupe wahrscheinlich ein Gehäuse in Rindenritzen oder zwischen Flechten an, in dem sie tagsüber ruht. Dabei bohrt sie sich aber auch manchmal – wie später zur Verpuppung – tief in Rinde oder Holz ein, wie eine Zuchtbeobachtung nahelegt: »Die Raupe wurde zur Weiterzucht mit einem größeren Holzstück eingetragen. Bei Überprüfung des Zuchtbehälters am

---

[1] D. HAMBORG trug in der Steiermark wiederholt *C. algae*-Raupen mit Sesienfraßstücken ein, die an Bäumen in 15 bis 20 m Höhe entnommen worden waren.

Tage war es öfter nicht möglich, die Raupe aufzufinden. Auch eine Puppe konnte nicht gefunden werden. Nach Schlüpfen des Falters wurde das Holzstück systematisch zerlegt; die «Puppenwiege» wurde in etwa 2 cm Tiefe im Holzstück aufgefunden und [war] durch einen Gang mit einer Öffnung in der Rinde verbunden« (HIRNEISEN 1990). Über den Raupenfund an einem flechtenbewachsenen Zaunpfosten aus Beton wird berichtet: »In ca. 10 cm Entfernung von der Raupe befand sich ein aus Flechtenteilchen zusammengesponnenes Raupengehäuse ähnlich den bei *C. ravula* beobachtbaren Gebilden« (HIRNEISEN 1990).

Die Aktivitätszeit der Raupe ist bisher nur durch zwei Freilandbeobachtungen um 3.30–3.45 h und um ca. 7 Uhr (MESZ) belegt (HIRNEISEN 1990) und erfordert ebenfalls noch weitere Untersuchungen. Die zwischen 3.30 und 3.45 Uhr beobachtete Raupe wurde am Ort belassen; in der folgenden Nacht zeigte sich bei Kontrollen um 23.30, 2.30 und 4.45 Uhr (MESZ), daß die Raupe trotz feuchter Witterung (nach Regen) das Gehäuse nicht verließ. Sie bereitete sich offenbar zur Häutung vor. Die Falter sind nachaktiv und kommen gern ans Licht.

Gefährdung und Schutz

Rote Liste Bundesrepublik: –
Rote Liste Baden-Württemberg: V

Oberrheinebene: Art der Vorwarnliste.
Schwarzwald: Art der Vorwarnliste.
Neckar-Tauberland: Art der Vorwarnliste.
Schwäbische Alb: Art der Vorwarnliste.
Oberschwaben: Art der Vorwarnliste.

- In Baden-Württemberg eine Art der Vorwarnliste.

Cryphia algae ist noch die häufigste Flechteneulenart Baden-Württembergs. Dennoch empfielt sich eine genaue Beobachtung der Bestandsentwicklung, da Flechten sehr empfindlich gegenüber Luftverschmutzung (Schadstoffemissionen) reagieren, was wiederum Auswirkungen auf die von den Flechten abhängigen Schmetterlingsarten haben kann. Auch die in der Forstwirtschaft vielerorts betriebene Totholzentfernung in Wäldern kann negative Auswirkungen auf das für *C. algae* verfügbare Nahrungssubstrat haben. Vergleichende Untersuchungen zwischen naturnah und intensiv bewirtschafteten Wäldern könnten sich – nicht nur für diese Art – als informativ

Die Raupe von *Cryphia algae* lebt an den Rindenflechten der Baumstämme, an die sie farblich gut angepaßt ist. – Ettlingen 21.4.88 N. HIRNEISEN.

erweisen. Bestimmte Schädlingsbekämpfungsmaßnahmen gegen Frostspanner (*Operophtera* spp.) im Obstbau können fatale Folgen haben, wie eine Beobachtung von RENNWALD (1994) zeigt, der 2 Dutzend tote *C. algae*-Raupen auf Leimringen an Baumstämmen fand.

Cryphia ravula
(Hübner, [1813])
Bräunliche Flechteneule

Bryophila ravula HBN. (REUTTI 1898, SPULER 1908–1910, REBEL 1910, ECKSTEIN 1913–1923, DRAUDT in SEITZ 1931–1938, HERING 1932, SCHNEIDER 1936–1939, BERGMANN 1951–1955, KOCH 1954–1961, 1984)
Bryoleuca ravula HBN. (FORSTER 1954–1981, PRETSCHER et al. 1984)
Metachrostis ravula HBN. (WARREN in SEITZ 1909–1914)
Cryphia (Bryophila) ravula HBN. (HARTIG & HEINICKE 1973)

Gesamtverbreitung: Eine rein atlantomediterran verbreitete Art, die von Nordafrika über die Iberische Halbinsel und Frankreich bis in die Schweiz und nach Westdeutschland (Baden-Württemberg, Hessen, Rheinland-Pfalz, Nordbayern) verbreitet ist. Da die verwandten, aber weiter östlich verbreiteten Arten *Cryphia (Bryoleuca) ereptricula* und *Cryphia (Bryoleuca) rectilinea* (WARREN, 1909) erst im 20. Jh. artlich von *C. ravula* getrennt bzw. beschrieben wurden, sind die älteren »*C. ravula*«-Angaben aus Ost- und Südosteuropa in der Regel auf eine dieser beiden Arten zu beziehen[1].

---
[1] HUEMER & TARMANN (1993) meldeten die Art neuerdings aus Vorarlberg, Kärnten und Oberösterreich.

Verbreitung

Regional: Die früher nur wenig beobachtete (und wohl auch häufig fehlbestimmte) *Cryphia ravula* ist in Baden-Württemberg wesentlich weiter verbreitet als die Literaturangaben vermuten lassen. Sie besiedelt die Täler des Schwarzwalds bis weit in die montane Stufe hinauf (wenn auch nicht bis in die Gipfellagen wie *Cryphia domestica*), vor allem auf der westlichen, mehr atlantisch geprägten Seite des Gebirges, aber auch in den südlich zum Hochrhein entwässernden Tälern. Daneben kommt sie im Kaiserstuhl und – zwar lokal, aber anscheinend in weiter Verbreitung – im Neckar-Tauberland vor, wo sie von Main, Neckar, Jagst, Enz und Hochrhein bzw. kleineren Seitentälern dieser Flüsse bekannt ist.

Oberrhein: Ettlingen, Watthalde (N. HIRNEISEN/E. RENNWALD); Kaiserstuhl, Oberbergen (K. CLEVE); Kaiserstuhl, Badberg (K.-F. SCHÜLLER, L. SETTELE); Faule Waag bei Achkarren (L. SETTELE).
Schwarzwald: Gaggenau-Hörden (R. HERRMANN); Omerskopf (G. EBERT/R. HERRMANN/B. TRAUB); Kollnau (A. SCHNEIDER); Wernetsbühl und Bigertkopf bei Elzach (S. FREUNDT/P. PAUSCHERT/A. SCHANOWSKI); Wildgutach (A. FEHRENBACH); Schollach (K. STROBEL); Schlechtnau (J. ASAL); Geschwend (J. ASAL); Schwarzatal (N. HIRNEISEN/A. STEINER); Wutachtal bei Kappel (A. GREMMINGER); Ibachtal bei Wilfingen (H. LUSSL/A. STEINER); Schopfheim (EHINGER 1925, FRITZ).
Neckar-Tauberland: Freudenberg (A. BECHER); Jagsttal bei Widdern (A. STEINER); Leudelsbachtal bei Markgröningen (D. BARTSCH/A. BAYER/D. HEIN; P. MOHN nach SCHNEIDER 1938); Pforzheim (H. ROMETSCH, K. STROBEL); Schönbuchsüdhänge bei Breitenholz (N. HIRNEISEN, M. MEIER, A. STEINER); Spitzberg bei Tübingen (H. KAUFMANN, A. STEINER); Waldshut (REUTTI 1898).

GAUCKLER (1909, 1921) bezeichnete die Art als in Nord- und Mittel-Baden »sehr selten überall«. Ersteres kann als zutreffend gelten, doch »überall« ist übertrieben.

Die vergleichsweise zahlreichen Fundorte an natürlichen Felsstandorten des Schwarzwalds lassen die Mutmaßung zu, daß *C. ravula* schon vor den großen Waldrodungen oder zumindest vor dem Beginn des Weinbaues nach Süddeutschland eingewandert sein könnte, wo sie zunächst von Natur aus waldfreie Felsfluren besiedelte (z. B. im Schwarzwald, aber auch an den xerothermen Hängen des Mittelrhein-Mosel-Nahegebiets), bevor ihr der Mensch durch den Weinbau weitere Expansionsmöglichkeiten eröffnete.

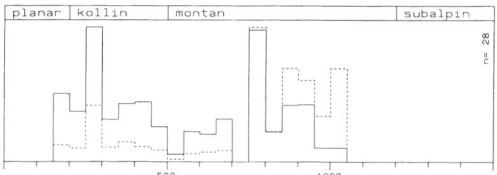

Vertikal: Die Höhenverbreitung streut von der unteren Hügelstufe bis in die obere montane Zone (1050 m), ohne deutliche Präferenzen erkennen zu lassen.

Phänologie

Imagines: Die Falterfunde aus dem Neckar-Tauberland stammen bisher überwiegend aus dem Juli, ein Einzeltier noch von Mitte August (13.8.1987, Freudenberg, A. BECHER), doch gab P. MOHN (nach SCHNEIDER 1938) auch den Juni (ohne genaues Datum) an, was sich wohl in Zu-

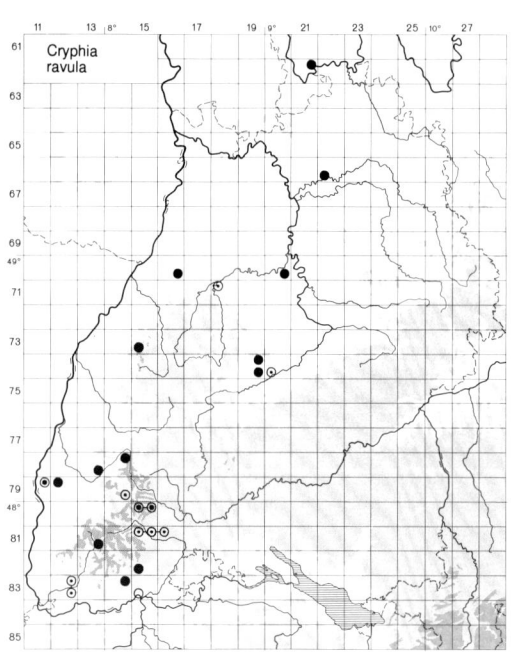

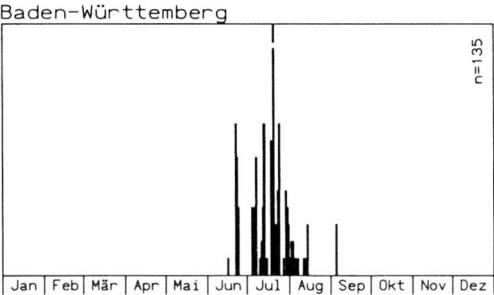

Cryphia ravula wird vermutlich häufig übersehen, obwohl sie weit verbreitet ist. In Baden-Württemberg kommt nur die eintönig grau, schwärzlich und braun gefärbte Form vor. Charakteristisch sind die deutlichen dunklen Querlinien und die relativ breiten Vorderflügel. – Tübingen, Spitzberg 3.7.88 A. STEINER. LF.

kunft auch noch belegen lassen wird. Im Kaiserstuhl liegen die Beobachtungen zwischen Ende Juni (22.6.1964, Oberbergen, K. CLEVE) und Anfang August (4.8.1972, Badberg, K.-F. SCHÜLLER). Im Schwarzwald beginnt die Flugzeit erst Mitte Juli (10.7.1926, Schopfheim, FRITZ), und die letzten, abgeflogenen Tiere wurden noch Anfang September festgestellt (3.9.1991, Todtnau-Gschwend, J. ASAL).
Eine Angabe aus der Kartei A. GREMMINGER (Wutach-Gutachbrücke, 3.6.[19]50 [L. SETTELE]) liegt für *C. ravula* extrem früh und beruht wahrscheinlich auf Fehldetermination.
Präimaginalstadien: Die Raupen wurden nur nach der Überwinterung, dann aber zuweilen recht zahlreich beobachtet. Die Daten bewegen sich zwischen dem 16.4. (1988, Schönbuchsüdrand, N. HIRNEISEN/A. STEINER) und dem 4.5. (1988, Schönbuchsüdrand, N. HIRNEISEN). Einige weitere Raupen aus dem Zeitraum April–Mai, die zu *C. ravula* gehört haben könnten, aber habituell nicht von *C. raptricula* zu unterscheiden waren, ergaben keine Falter und müssen deshalb hier unberücksichtigt bleiben.

Ökologie

Lebensraum: Als »natürliche« Lebensräume in Baden-Württemberg können die offenen Felswände, Felsfluren und Blockschutthalden aus Urgestein (Granit und Gneis) im Schwarzwald bezeichnet werden. Auch auf mit eingesprengten Felsen versehenen Weidfeldern ist *Cryphia ravula* präsent. Daneben hat die Art aber auch im Hügelland zahlreiche anthropogene Standorte besiedeln können, wozu besonders der Weinbau beigetragen hat. In den Weinbaugebieten an Main, Neckar, Enz und Jagst sowie im Kaiserstuhl lebt die Art in extensiv bewirtschafteten und aufgelassenen Weinbergen, wo flechtenbewachsene Trockenmauern, vielleicht auch Lesesteinhaufen, in offener, d.h. unbeschatteter und sonnenexponierter Lage ihr Larvalhabitat bilden. HIRNEISEN (1990) hat einen solchen Standort am Südrand des Schönbuchs genauer untersucht: »Bevorzugte Fundstellen [der Raupen] waren kleinräumige Weinbauparzellen mit freien Mauerstellen. Weinbergmauern, die in aufgelassenen Parzellen durch hohen Graswuchs stark beschattet wurden oder eingefallene Mauern wurden kaum bewohnt. Nur Einzelfunde wurden in intensiver bewirtschafteten Weinbergen im westlichen Teil des Gebietes gemacht.«
Obwohl die Art in Mitteleuropa meist als xerothermophil oder gar ausdrücklich »wärmeliebend« angesehen wird, verweist die hohe Anzahl von Mittelgebirgs-Fundorten (Schwarzwald) sie eher in die Gilde der nur xerophilen Arten (wie z.B. *Cryphia domestica, Hoplodrina respersa*).

Nahrung der Raupe:
Caloplaca dolomiticola – Schönflechtenart
 L (HIR, STN)

Die Raupen leben an Krustenflechten auf Steinen und Felsen. Die jüngere Raupe besitzt noch eine mehr oder weniger durchgehende orangefarbene Seitenzeichnung mit großen schwarzen Flecken. – Schönbuch, Müneck 16.4.88 A. STEINER.

Bei der erwachsenen Raupe ist die Orangefärbung in Flecken aufgelöst. Die aus Flechtenteilchen, Sand und Steinchen zusammengesponnenen, gut getarnten Wohnhöhlen der Raupen werden direkt auf den Steinen angelegt. Nachts, wenn die Raupen die Flechten beweiden, bleiben die Deckel ihrer Wohnhöhlen geöffnet. Da sie hochgeklappt werden, sind die Höhlen von oben schwer zu sehen. – Schönbuch, Müneck (ex larva-Zucht) 8.5.88 A. STEINER.

Obwohl die Raupen mehrfach an verschiedenen Krustenflechtenarten auf Sandsteinmauern an den südlichen Abhängen des Schönbuchs fressend beobachtet (N. HIRNEISEN, A. STEINER) und gefilmt (H. BAUMANN/N. HIRNEISEN) wurden, konnte bisher nur eine dieser Flechten bestimmt werden: *Caloplaca dolomiticola* (=*velana*), det. V. WIRTH. Weitere Arten kommen mit Sicherheit noch in Frage. Ob das Nahrungsspektrum von *C. ravula* auch Algen umfaßt, wie es bei *C. raptricula* der Fall ist, ist noch unbekannt.
Nahrung des Falters: Keine Beobachtungen aus Baden-Württemberg.
Habitat: Die Flechtengesellschaften, auf denen die Raupen leben, sind pflanzensoziologisch nicht bestimmt worden.
Verhalten: Die Raupen spinnen sich Tagesverstecke, die mitten auf den Felsen bzw. Mauersteinen angelegt werden und durch die Einarbeitung von umgebendem Flechtensubstrat perfekt getarnt sind. Für das menschliche Auge kaum zu erkennen sind sie am ehesten durch Abtasten der Steinoberflächen zu finden. Hier verbringen die Raupen den Tag und die erste Nachthälfte. Erst nach Mitternacht verlassen sie ihre Gehäuse, um bis zum Morgen die Flechten abzuweiden. Konkrete Beobachtungen zur Aktivitätszeit liegen vor zwischen 5.30 und 7.30 Uhr (MESZ) (16.4.1988, N. HIRNEISEN/A. STEINER) und zwischen 6.10 und 6.40 Uhr (MESZ) (29.4.1988, N. HIRNEISEN). »Am 4.5.88 wurden die Raupen auf ihr Zeitverhalten untersucht. An diesem Morgen klarte es auf und die Sonne kam heraus. Von insgesamt 6 beobachteten Raupen war die erste bereits um 6.45 Uhr im Gehäuse – nach und nach folgten ihr die anderen, und um 7.09 Uhr konnte keine Raupe mehr frei beobachtet werden. Die letzten Raupen fraßen dabei noch geraume Zeit im Sonnenschein« (HIRNEISEN 1990).

Wenn die Raupen unterwegs sind, lassen sich ihre Gehäuse anhand der offenstehenden »Deckel« leichter erkennen. Diese Deckel sind rundliche Klappen von etwa 2 mm Durchmesser, die außen wie der Rest des Gehäuses mit Flechten besetzt sind, aber nur an der Oberseite am Gehäuse festgesponnen sind und sich dadurch – analog zu einer in den Angeln hängenden Tür – nach außen öffnen, wenn die Raupe ihr Versteck verläßt. Nach den bisherigen Beobachtungen scheinen sich die Raupen selten weiter als 20–30 cm vom Gehäuse zu entfernen. Am Mor-

Am Morgen kriecht die Raupe wieder in ihr Gehäuse...

... dreht sich um und befördert mit den Mandibeln die Kotballen vom Vortag nach draußen. Danach zieht sie den Deckel herunter und befestigt ihn mit einigen Spinnfäden. – Schönbuch, Müneck 16.4.88 A. STEINER.

gen streben sie wieder ihrem Unterschlupf zu, wobei unklar ist, ob sie den Weg durch ausgelegte Spinnfäden markiert haben oder auf andere Weise zurückfinden. Sie schlüpfen in ihr Gehäuse, oft werden bei dieser Gelegenheit die im Lauf des vorigen Tages abgegebenen Kotballen zur Öffnung »herausgefegt«, dann wird der Deckel von innen mit den Mandibeln erfaßt und zugezogen und an den Rändern mit einigen Spinnfäden befestigt, so daß die Öffnung von außen nicht mehr zu erkennen ist (N. HIRNEISEN/ A. STEINER; HIRNEISEN 1990).

Die Verpuppung erfolgt nicht im Raupengehäuse. Eine Suche in markierten Freilandgehäusen erbrachte zur Puppenzeit keine Nachweise mehr. In der Zucht verpuppten sich die Raupen in einem etwas festeren Kokon unter Steinen, in Steinritzen und oder zwischen Moos (HIRNEISEN 1990).

Die Falter sind nachtaktiv und kommen ans Licht, verlassen aber ihre Habitate nur ungern.

Gefährdung und Schutz

Rote Liste Bundesrepublik: 3
Rote Liste Baden-Württemberg: 3

Oberrheinebene: Stark gefährdet.
Schwarzwald: Art der Vorwarnliste
Neckar-Tauberland: Gefährdet.
Schwäbische Alb: Nicht vertreten.
Oberschwaben: Nicht vertreten.

- In Baden-Württemberg gefährdet!

Die regional obligatorische Bindung an anthropogene Habitate (in der Oberrheinebene und im Neckar-Tauberland) setzt die Art sowohl der Einwirkung der in den Weinbergen ausgebrachten Gifte als auch der direkten Zerstörung ihrer Larvalhabitate durch »Rebflurbereinigungen« aus. Es wäre für den Erhalt der Populationen im Neckar-Tauberland und im Kaiserstuhl sinnvoll, die Larvalhabitate genau zu kartieren und jegliche Intensivierung des Weinbaus (z. B. Abreißen der flechtenbewachsenen Mauern, verstärkter Pestizideinsatz) an diesen Stellen zu verhindern. Andererseits dürfen niedrige Mauern nicht von Gebüschen, Stauden oder selbst von einer höheren Krautschicht beschattet werden, da sonst das Mikroklima ungeeignet wird. Es kann also – besonders in aufgelassenen Weinbergen – notwendig werden, die unmittelbare Umgebung der Mauerfront regelmäßig durch Mahd freizuhalten.

Außerhalb des Schwarzwalds besiedelt *Cryphia ravula* sonnenexponierte Trockenmauern in aufgelassenen und extensiv bewirtschafteten Weinbergen. Dies sind anthropogene Sekundärhabitate, in denen die Art von der Erhaltung flechtenbewachsener alter Mauern abhängig ist. Ein Primärhabitat im Südschwarzwald ist unter *Polypogon zelleralis* in Band 5 abgebildet. – Schönbuch, Müneck 16.4.88 A. STEINER.

Im Schwarzwald, wo naturnahe Felsfluren besiedelt werden, ist die Situation dagegen viel weniger kritisch[2]. Die Abweichung der regionalen Einstufung gegenüber der von HIRNEISEN (1990) vorgeschlagenen Einschätzung beruht auf der inzwischen breiteren Datenbasis, die die Situation im Schwarzwald in einem günstigeren Licht erscheinen läßt.

Cryphia ereptricula
(Treitschke, 1825)

Bryophila ravula HBN. var. *ereptricula* TR. (REUTTI 1898, REBEL 1910, SPULER 1908–1910)
Metachrostis ravula HBN. ab. *ereptricula* TR. (WARREN in SEITZ 1909–1914)
Bryophila ravula HBN. (HERING 1932)
Bryoleuca ereptricula TR. (FORSTER 1954–1981)
Cryphia (Bryophila) ereptricula TR. (HARTIG & HEINICKE 1973)

---

[2] Das Fehlen neuerer Nachweise im südöstlichen Schwarzwald beruht auf fehlender aktueller Durchforschung dieses Gebiets.

Gesamtverbreitung: *Cryphia ereptricula* wurde – obwohl als eigene Art beschrieben – bis ins 20. Jahrhundert hinein für eine Form von *Cryphia ravula* gehalten, aber auch vielfach fehldeterminiert (z. B. mit Formen von *C. algae* verwechselt), was die Beurteilung insbesondere der älteren Literaturangaben sehr erschwert. Nach heutiger Kenntnis kommt sie in Deutschland in Nordbayern (Frankenwald/Bayerisches Vogtland und Fichtelgebirge/Münchberger Hochfläche; HACKER & SCHREIER 1988) sowie im südlichen Thüringen und Sachsen vor[1]. Weiter erstreckt sich die nördliche Arealgrenze über Nordböhmen und Südpolen und von dort wahrscheinlich in Richtung Schwarzes Meer. Ein anscheinend isoliertes Teilareal liegt in Estland, Lettland und Weißrußland; von hier dürften die in Südschweden und Südfinnland registrierten Einzelfalter zugewandert sein. Angaben für Nordfrankreich, wie sie sich bei HEINICKE & NAUMANN (1980–1982) und SKOU (1991) finden, sind wohl als fraglich zu beurteilen, da die Art in der neueren französischen Literatur fehlt (LERAUT 1980). In der Schweiz wird die Art aus dem Wallis (HACKER 1989) und aus Graubünden gemeldet (REZBANYAI-RESER 1993), während sich die Angaben aus dem Tessin (REZBANYAI 1979) als Fehlbestimmungen von *Cryphia algae* und *Cryphia petricolor* (LEDERER, 1870) erwiesen haben (REZBANYAI-RESER 1993). Die Südgrenze verläuft weiter über die Südalpentäler und Mittelitalien bis Griechenland. Ein Vorkommen in Kleinasien, wie es in der älteren Literatur angegeben wird, ist wahrscheinlich, auch wenn noch keine überprüften Funde vorliegen (HACKER 1989).

REUTTI (1898) führte »*Bryophila ravula* v. *ereptricula*« mit dem Vermerk »Karlsruhe, selten« auf, und GAUCKLER (1896) bemerkte in seiner Nord- und Mittelbaden-Fauna unter *C. ravula*: »mit var. *Ereptricula*«. In beiden Fällen dürfte es sich nicht um echte *Cryphia ereptricula*, sondern nur um helle, kontrastreiche Stücke von *Cryphia algae*, die oft für *C. ereptricula* gehalten werden, gehandelt haben (*Cryphia ravula* kommt im Raum Karlsruhe nicht vor).

Auch in neuerer Zeit sind solche Verwechslungen öfters geschehen, doch hat es sich bei sämtlichen überprüfbaren Meldungen von vermeintlichen »*C. ereptricula*«, die von unseren Mitarbeitern eingegangen sind, stets um Formen von *C. algae* gehandelt. Diese Verwirrung ist

Zum Vergleich abgebildet: *Cryphia ereptricula* (in Baden-Württemberg noch nicht festgestellt) hat längere und schmälere Flügel als *C. algae* und als die mitteleuropäischen Formen von *C. ravula*. Das Innenfeld und Teile des Saumfelds sind weiß, auch der Thorax ist mit weißen Schuppen untermischt. – Steiermark, Riegersburg (ex larva-Zucht) 1.6.88 A. STEINER. S.

wohl durch die schlechte Qualität der Abbildungen in einigen Bestimmungswerken (z. B. FORSTER & WOHLFAHRT 1971) zu erklären[2].

Cryphia raptricula
([Denis & Schiffermüller], 1775)
Graue Flechteneule

Bryophila raptricula HBN. (REUTTI 1898, SPULER 1908–1910, LAMPERT 1907, REBEL 1910, ECKSTEIN 1913–1923, HERING 1932)
Metachrostis raptricula HBN. (WARREN in SEITZ 1909–1914)
Bryophila divisa ESP. (DRAUDT in SEITZ 1931–1938, SCHNEIDER 1936–1939, BERGMANN 1951–1955, KOCH 1954–1961, 1984)
Bryoleuca raptricula HBN. (FORSTER 1954–1981)
Cryphia (Bryophila) raptricula SCHIFF. (HARTIG & HEINICKE 1973)

Gesamtverbreitung: Von Nordafrika (Marokko bis Ägypten) im Süden quer durch ganz Südeuropa verbreitet, nördlich bis Südnorwegen, Mittelschweden, Südfinnland und zum nördlichen Baltikum. Ein breiter Gebietsstreifen im nördlichen Mitteleuropa von den nördlichen Niederlanden über Norddeutschland und Nordpolen war anscheinend lange Zeit eine Verbreitungslücke geblieben. In diesem Gebiet befand bzw.

---

[1] Angaben für das Mittelrheingebiet sind zumindest sehr unsicher: KRAUS (1993) stellte *C. ereptricula* in seiner Pfalz-Fauna zu den fälschlich gemeldeten Arten.
[2] In der ersten Auflage des Bestimmungsbuchs von KOCH (1958) ist sogar die reziproke Verwechslung vorgekommen: die Abbildung für *C. algae* (Nr. 24) zeigt ein *C. ereptricula*-Weibchen, während die Art *C. ereptricula* im Text gänzlich fehlt (in späteren Auflagen als Nr. 23a aufgenommen).

befindet sich die Art in Ausbreitung. SPEYER & SPEYER (1862) gaben als Nordgrenze noch eine Linie Paris – Aachen – Halle an, die sich heute nach Norden verschoben hat. In Südengland sind zwischen 1953 und 1969 vier Zuwanderer registriert worden; im Raum Hamburg wird die Art seit den dreißiger Jahren, in Berlin seit 1949 gefunden (WARNECKE 1961). In Rußland verläuft die Arealnordgrenze nördlich von Moskau, im Süden durch Klein- und Vorderasien (Kaukasus, Irak, Iran, Afghanistan) bis Chinesisch-Turkestan.

Verbreitung

Regional: In Baden-Württemberg aus allen Regionen gemeldet, aber insgesamt sehr lokal verbreitet. Die mitunter hohe Abundanz in Ortschaften täuscht manchem Lokalfaunisten wohl eine weitere Verbreitung vor als tatsächlich gegeben ist. Neben einem recht dichten Vorkommen in der Rheinebene sind aus den meisten Gebieten nur einzelne Fundorte bekannt. Vermutlich hängt dieses Verbreitungsbild mit den Nachweispraktiken der Entomologen zusammen: dort, wo innerhalb von Städten und Dörfern Lichtfang betrieben wird, läßt sich fast immer auch *C. raptricula* nachweisen.

Lediglich der Schwarzwald und die Schwäbische Alb werden nur randlich besiedelt; ob es sich hier in allen Fällen um bodenständige Populationen handelt, ist fraglich; vielfach sind nur Einzelfunde bekannt (Alb: Eichhalde bei Bissingen,

Die unscheinbare *Cryphia raptricula* ist vor allem in menschlichen Siedlungen zu finden. Die Entwicklungshabitate sind auf moos- und flechtenbewachsenen Dächern, an Holzwänden und Bretterzäunen zu suchen. – Kirchentellinsfurt 3.7.85 A. STEINER. LF.

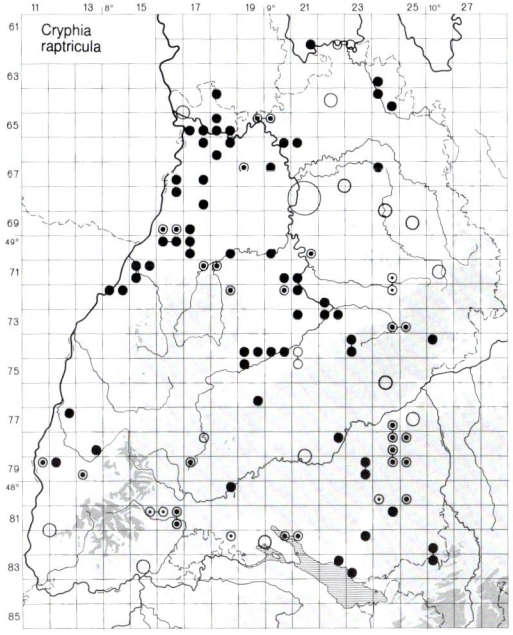

JÜNGLING 1976; Schopfloch, GATTER 1979; Zollerhalde bei Zimmern, M. MEIER; Hungerbrunnental bei Heldenfingen, G. EBERT / B. TRAUB; Schelklingen, G. REICH; Schwarzwald: Kollnau, A. SCHNEIDER; Wutach-Gutachbrücke, A. GREMMINGER).

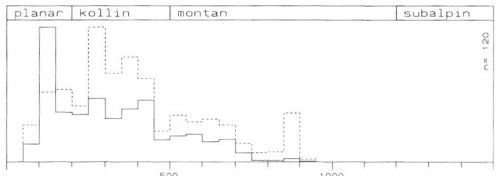

Vertikal: Von der Rheinebene ab 100 m schwerpunktmäßig in der planaren und kollinen Stufe verbreitet erreicht *C. raptricula* auf der Schwäbischen Alb vereinzelt noch Höhen über 600 m und im Wutachgebiet bis 900 m (Gutachbrücke). Ob

aber in diesen Lagen bei uns noch eine Larvalentwicklung möglich ist, ist unbekannt.

Phänologie

Imagines: Die Hauptflugzeit liegt in der Oberrheinebene wie im Neckar-Tauberland zwischen Anfang Juli und Mitte August, im Alpenvorland beginnt sie meist etwas später, erst Mitte Juli. Daneben liegen aber von klimatisch günstigen Fundorten und aus Jahren mit warmem Frühling auch wesentlich frühere Funde vor: am Oberrhein ab 20.6. (1964, Kaiserstuhl, K. STROBEL), im Neckar-Tauberland ab 26.6. (1986, Kirchentellinsfurt, A. STEINER) und im Alpenvorland ab 30.6. (1951, Überlingen, E. COMMERELL; vom gleichen Fundort existiert auch ein extrem frühes Belegstück mit dem Datum 2.6.1957). Frischgeschlüpfte Falter im letzten Junidrittel waren auch schon im 19.Jahrhundert aus dem Großraum Stuttgart gemeldet worden (HOFFMANN in KELLER & HOFFMANN 1861). Das Ende der Flugzeit zieht sich gelegentlich bis in den September hinein (10.9.1980, Heidelberg-Handschuhsheim, R. TRABOLD), ist aber in den Daten vielleicht unterrepräsentiert, da abgeflogene Falter Bestimmungsschwierigkeiten bieten können.

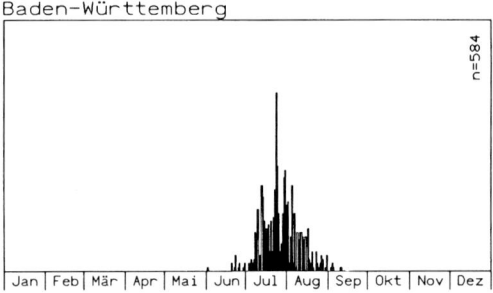

Präimaginalstadien: Die einzigen vorliegenden Raupenmeldungen stammen vom 16.4. (1911, 1 Raupe in Badenweiler, A. GREMMINGER) und vom 10.5. (1951, Raupen in Anzahl an einer Bahnbrücke in Karlsruhe, A. GREMMINGER). Einige weitere Raupen aus dem Zeitraum April–Mai, die zu *C. raptricula* gehört haben könnten, aber habituell nicht von *C. ravula* zu unterscheiden waren, ergaben keine Falter und müssen deshalb hier unberücksichtigt bleiben.

Ökologie

Lebensraum: *Cryphia raptricula* wird vor allem in und in der Umgebung von menschlichen Siedlungen gefunden. Sie ist eine typische Art urbaner Biotope, worauf schon recht früh hingewiesen wurde. So bemerkte REUTTI (1853), daß die Falter »gewöhnlich in Häusern« gefunden wurden. GAUCKLER (1900) stellte die Art 1898 an der neuen elektrischen Beleuchtung der Rathausuhr in der Stadtmitte von Karlsruhe »in vielen Exemplaren« fest. Heute geraten die Falter seltener ins Innere der Häuser, werden aber vielfach an Straßenlaternen, beleuchteten Schaufenstern und sonstigen Beleuchtungskörpern beobachtet und von den Entomologen, die innerhalb von Ortschaften Lichtfang betreiben, regelmäßig festgestellt. Soweit nähere Angaben dazu vorliegen, wurden die Falter meist an Häusern bzw. in Hausgärten (D. BARTSCH, J. BASTIAN, R. BLÄSIUS, E. COMMERELL, M. CRETSCHMAR, D. DOCZKAL, H. FEIL, A. GREMMINGER, H. HEIDEMANN, R. HERRMANN, N. HIRNEISEN, H. LAHM, H. LIENIG, H. LUSSI, M. MEIER, J.-U. MEINEKE, G. REICH, A. SCHNEIDER, G. SCHWARZ, A. STEINER, K. STROBEL, M. WALLNER), aber auch auf Friedhöfen mit flechtenbewachsenen Mauern und Grabsteinen (Sinsheim, M. SCHMITT; Stuttgart-Pragfriedhof, N. HIRNEISEN/A. STEINER) sowie Ruinen (Freiburg, Zähringer Burg, H. RIETZ) registriert. Schwer abzuschätzen ist hingegen, ob es sich bei den wesentlich selteneren Falterfunden auf Halbtrockenrasen (Eichhalde bei Bissingen/Teck, JÜNGLING 1976; Zollerhalde bei Zimmern, M. MEIER; Kaiserstuhl, Badberg, L. SETTELE, M. WALLNER), in aufgelassenen Weinbergen (Spitzberg bei Tübingen, M. MEIER/A. STEINER) und in Steinbrüchen (Zementwerk in Leimen, J. LENZ; Kaiserstuhl, Badloch, K. STROBEL) um Tiere gehandelt hat, die sich in diesen Biotopen entwickelt oder die lediglich aus umgebenden Ortschaften zugeflogen sind. Die Seltenheit solcher Funde unter der hohen Zahl von urbanen Fundorten spricht eher für die letzte Möglichkeit. Gerade Weinbergs- und Steinbruchgelände grenzt ja oft an Siedlungen, so daß hier nur Raupenfunde endgültigen Aufschluß bringen werden. Auffallend ist das Abundanzverhältnis im Kaiserstuhl, wo K. CLEVE im Ortsbereich von Oberbergen (Veranda des Gasthofs Schwarzer Adler) am 24.7.1963 54 Individuen nachwies (CLEVE 1964, 1968), während aus dem ganzen übrigen Kaiserstuhl insgesamt gerade ein Dutzend Falter gemeldet wurde[1].

---

[1] ERNST BROMBACHER, der 1933–1935 eine erste Kaiserstuhl-Fauna vorlegte, kannte die Art überhaupt noch nicht: Er sammelte nur außerhalb der Siedlungen.

Nahrung der Raupe:
Protococcus viridis – Grünalgenart
  L (GAU)

Die einzigen ausführlicheren Angaben über die Raupe aus Baden-Württemberg stammen von GAUCKLER (1909, 1921): »Die Raupe lebt im Mai und Juni an den Algen, welche an Sandstein wachsen, und zwar gibt es eine ganze Reihe derartiger Algen, deren Bestimmung nur mikroskopisch möglich ist. Die Alge, an der *raptricula* wie auch *muralis* leben, ist *Protococcus viridis*; sie wächst an weissem wie auch rotem Sandstein. HOFMANN-SPULER geben als Futterpflanze Sandstein-Flechten allgemein an; es ist aber keine Flechte, sondern eine Alge. Die Raupen fressen nur den grünen Ueberzug von *Protococcus viridis*, und zwar nur solange derselbe lebt, d. h. sich am Stein befindet. Schabt man die Alge ab und reicht dieselbe den Raupen, so nehmen sie dieses Futter nicht mehr an, auch wenn dasselbe befeuchtet wird.«

Ob die Angabe bei REUTTI (1898): »Die Raupe besonders an mit Flechten überzogenen Sandsteinmauern der Häuser, auch auf Dächern und an Baumstämmen unter Moos« sich auf Beobachtungen in Baden-Württemberg bezieht, ist leider unklar. Bei den oben erwähnten, undeterminiert gebliebenen Raupenfunden handelte es sich um auf Mauerflechten beobachtete Tiere.

Nahrung des Falters: Außer einer Angabe von *Lonicera* spec. (H. HERRMANN 1976) liegen keine Beobachtungen vor.

Habitat: Mangels neuerer Raupennachweise stehen auch pflanzensoziologische Angaben über die Larvalhabitate noch aus. Es dürfte sich um verschiedene Flechten- und Algengesellschaften auf Steinen, Ziegeln, vielleicht auch Beton und möglicherweise auf Holz handeln.

Verhalten: Die von GAUCKLER (1909, 1921) dargestellte Lebensweise der Raupe entspricht der der verwandten Arten. Er hatte beobachtet, »dass die Raupen nur nachts fressen, bei Tage aber sich in einem Gespinst aus Erde und Sandteilchen in den Ritzen alter Mauern, Gebäude usw. aufhalten.« Die frischgeschlüpften Falter (und früher auch die Raupen) sind oft in Anzahl an Mauern gefunden worden (z. B. HOFFMANN in KELLER & HOFFMANN 1861). Gemessen an dem häufigen Vorkommen der Art in Städten sind wir über ihre Lebensweise und ihr Verhalten insgesamt sehr schlecht informiert. Die Falter sind nachtaktiv und kommen in ihren Habitaten gelegentlich in Anzahl ans Licht.

Gefährdung und Schutz

Rote Liste Bundesrepublik: –
Rote Liste Baden-Württemberg: V

Oberrheinebene: Art der Vorwarnliste.
Schwarzwald: Art der Vorwarnliste (nur randlich vorkommend).
Neckar-Tauberland: Art der Vorwarnliste.
Schwäbische Alb: Art der Vorwarnliste (Aussage nicht abgesichert)
Oberschwaben: Gefährdet (regional ausgestorben oder verschollen).

- In Baden-Württemberg eine Art der Vorwarnliste!

Die wichtigsten urbanen *Cryphia raptricula*-Standorte sind vermutlich Altbauten (Mauern und Dächer), die den Raupen eine adäquate Flechten- und Algenflora bieten, die aber durch Bauarbeiten, Renovierungen und andere Reinigungsarbeiten (Vernichtung der Flechtenflora) gefährdet werden können.

Hinzu kommt die gerade in Städten meist höhere Belastung der Flechten durch Schadstoffemissionen. Besonders im Alpenvorland scheint ein größerer Rückgang im Gange zu sein. So notierte etwa G. BAISCH über den Großraum Biberach ». . . war früher öfter zu sehen, aber seit 1972 im hiesigen Faunengebiet nicht mehr beobachtet.« Bei einer in urbanen Habitaten konzentrierten Art müssen aber auch methodische Faktoren in Betracht gezogen werden: es ist denkbar, daß die oft nur sporadische oder auf Beobachtungen weniger Mitarbeiter beruhende und damit zeitlich begrenzte Beobachtungsaktivität in Städten das Verfolgen der tatsächlichen Abundanzfluktuationen erschwert. Grundsätzlich sei daher das Absuchen städtischer Lichtquellen und der Lichtfang am Haus auch in der Innenstadt empfohlen.

Cryphia domestica
(Hufnagel, 1766)
Weißliche Flechteneule

Bryophila perla F. (REUTTI 1898, SPULER 1908–1910, LAMPERT 1907, REBEL 1910, ECKSTEIN 1913–1923, DRAUDT in SEITZ 1931–1938, HERING 1932, SCHNEIDER 1936–1939, BERGMANN 1951–1955, KOCH 1954–1961, 1984)
Metachrostis perla F. (WARREN in SEITZ 1909–1914)
Bryoleuca domestica HUFN. (FORSTER 1954–1981)

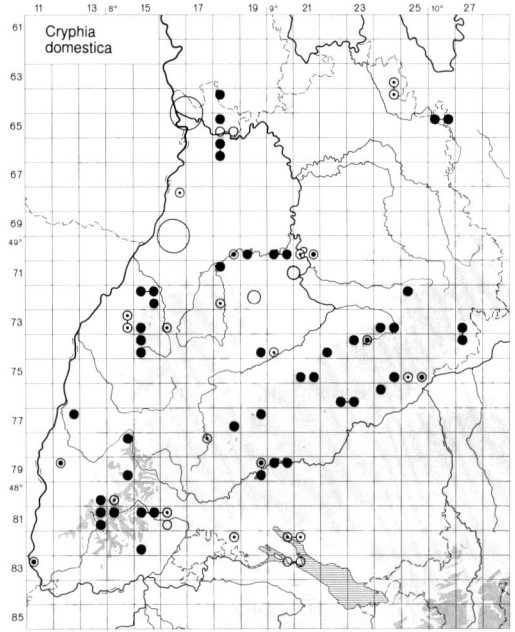

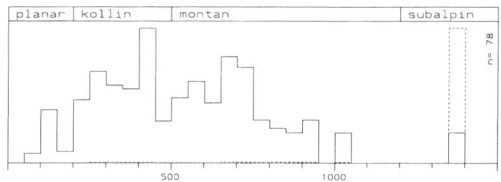

Gesamtverbreitung: Europa von Südspanien, Sizilien, Süditalien und Mittelgriechenland im Süden bis nach Nordirland, Schottland, Südnorwegen und Gotland im Norden. Nach Osten hin ist die Arealgrenze unklar (nach SPEYER & SPEYER 1862 bis Moskau), doch scheint die Art außerhalb Europas nicht vorzukommen[1].

Verbreitung

Regional: Mit Ausnahme des Alpenvorlands, wo keine aktuellen Nachweise mehr vorliegen, ist *Cryphia domestica* zwar in allen Regionen des Landes verbreitet, doch kommt sie stets lokal vor und ist aus heutiger Sicht nicht gerade als »weit verbreitet im Gebiet und ziemlich häufig« anzusehen, wie SCHNEIDER (1938) für Württemberg irrig vermerkte. Großflächigere Vorkommen bestehen im nördlichen und südlichen Schwarzwald; hier ist die tatsächliche Verbreitung sicher noch dichter als das Kartenbild zeigt und dürfte auch den mittleren Schwarzwald einschließen. Daneben sind die Felsstandorte der Schwäbischen Alb ein Schwerpunkt, und zwar sowohl die nach Süden zur Donau hin entwässernden Täler als die Felsen des nördlichen Albtraufs; auch hier ist einschränkend zu bemerken, daß wegen der Unzugänglichkeit der Habitate so manche Standorte unentdeckt geblieben sein dürften. Im Neckar-Tauberland sind Vorkommen vor allem im Bereich der Enz bekannt, ferner je ein aktueller Standort bei Creglingen und Ammerbuch-Reusten sowie ein älterer bei Tübingen. In der Oberrheinebene kennen wir Nachweise sowohl an der Bergstraße und in der Vorbergzone des Schwarzwalds, ferner einzelne, teils ältere Funde im Kaiserstuhl, am Isteiner Klotz und in Graben-Neudorf nördlich Karlsruhe.

Vertikal: Ähnlich wie *C. ravula* kann *C. domestica* fast die gesamte Bandbreite der im Untersuchungsgebiet vertretenen Höhenzonen nutzen.

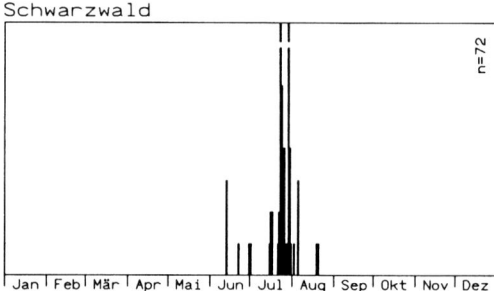

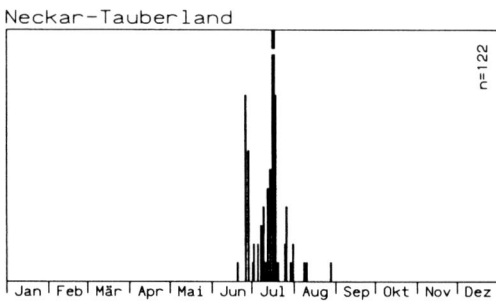

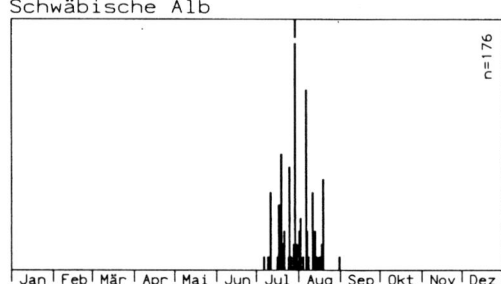

---

[1] Angaben zum Vorkommen in Nordafrika und Armenien werden als fraglich interpretiert (HEINICKE & NAUMANN 1980–1982).

Sie kommt von der Ebene um 100 m bis in die Hochlagen der Schwäbischen Alb und des Schwarzwalds in der hochmontanen und subalpinen Zone vor, wo die höchsten bekannten Fundstellen oberhalb der 1000-m-Höhenlinie liegen (Schliffkopfhaus und Mummelsee, 1030 m, N. HIRNEISEN/A. STEINER; Feldberg, Todtnauer Hütte, 1350 m, J. ASAL).

Phänologie

Imagines: Im Neckar-Tauberland beginnt die Flugzeit meist erst Anfang Juli, doch sind in günstigen Jahren schon Ende Juni Falter nachgewiesen worden (20.6.1979, Dossenheim, R. BLÄSIUS; 22.6.1927, Würmtal, K. STROBEL). Schon ab Mitte Juli gehen die Meldungen stark zurück; der späteste Fund stammt von Ende August. Eine deutliche Zeitverschiebung zeigt das Diagramm für die Schwäbische Alb: mit einem frühesten Nachweis am 6.7. (1950, Schelklingen, ohne Gewährsmann), aber einem durchschnittlichen Flugbeginn erst ab Mitte des Monats zieht sich die Flugzeit bis in den August und endet mit einem Nachweis am 31.8. (1984, Blasenberg bei Onstmettingen, M. MEIER/A. STEINER). Im Schwarzwald konzentrieren sich die Falterfunde in der zweiten Julihälfte mit noch zwei Einzeldaten im August, doch stammt auch der früheste Fund im Lande aus dem Schwarzwald oder zumindest einer Schwarzwaldrandlage (13.6.1948, Höllental, L. SETTELE). Die wenigen genauen Daten aus der Oberrheinebene streuen über den Zeitraum Mitte Juli bis Mitte August mit einem schwachen Peak Anfang August und einem frühen Extremdatum Mitte Juni (19.6.1957, Badberg, L. SETTELE).

Präimaginalstadien: Die einzigen Raupenfunde aus Baden-Württemberg wurden von O. SCHRÖDER gemeldet, der in oder bei Überlingen die Raupen »einzeln« im Zeitraum 17.–24.5.1921 fand (Kartei A. GREMMINGER).

Ökologie

Lebensraum: Die »natürlichen« Lebensräume der Art sind anstehende Felsen, besonders im Jura (Schwäbische Alb), im Muschelkalk (Neckar-Tauberland) und auf Grundgestein (z.B. Buntsandstein, Granit; Schwarzwald, Bergstraße/Odenwald). Dabei handelt es sich meist um senkrecht orientierte Felsformationen wie Felswände, Felsabbruchkanten, Blockhalden und Felsfluren mit größeren Felsen oder in Halb-

Cryphia domestica ist bis in die Hochlagen der Mittelgebirge verbreitet. Sie ist im Durchschnitt die kleinste einheimische Flechteneulen-Art und besitzt variable, gelbliche, olivgraue oder graubraune (aber keine hellgrünen) Färbungen auf weißem Untergrund. – Reusten, Kochhartgraben, 24.7.90 A. STEINER. LF.

trockenrasen eingesprengte Felsbänder, meist an den Hängen von Fluß- und Bachtälern oder Schluchten. Darüber hinaus besiedelt *Cryphia domestica* verschiedene anthropogene Fels- und Steinhabitate. Dazu gehören in erster Linie Weinbergsmauern, ferner Steinbrüche und mutmaßlich auch geeignete Gebäudewände und Mauern. Aus den Trümmerfluren des zerbombten Pforzheim meldete M. WALLNER in den Nachkriegsjahren ein starkes Auftreten von *C. domestica*. Die Falter wurden oft frisch geschlüpft an größeren Gesteins- und Trümmerbrocken gefunden.

Nahrung der Raupe: Aus Baden-Württemberg liegen keine Angaben vor[2]. Wie bei den verwandten

---

[2] O. SCHRÖDER machte zu seinen Raupenfunden keine Angaben zum Nahrungssubstrat, und die Angabe »Mauerflechten, auch an Bretterzäunen« auf dem Karteiblatt von A. GREMMINGER dürfte sich kaum auf diesen Fund beziehen.

Arten ist anzunehmen, daß die Raupen an Flechten, wahrscheinlich primär an Krustenflechten auf Felsen und Mauern leben.
Nahrung des Falters: Keine Angaben aus Baden-Württemberg.
Habitat: Eine pflanzensoziologische Einordnung der von *Cryphia domestica* besiedelten Felsflechtengesellschaften steht bisher noch aus.
Verhalten: Auch bei dieser Art sind Biologie und Verhalten angesichts ihrer weiten Verbreitung noch bemerkenswert schlecht bekannt. Die Falter wurden – manchmal zahlreich – auf flechtenbewachsenen Mauern und an Felsen tagsüber ruhend gefunden; nachts kommen sie ans Licht. E. KIEFER beobachtete ein frisches Exemplar tagsüber »in der prallen Sonne fliegend« (ob aufgescheucht?).

Gefährdung und Schutz

Rote Liste Bundesrepublik: 3
Rote Liste Baden-Württemberg: V

Oberrheinebene: Art der Vorwarnliste.
Schwarzwald: Art der Vorwarnliste.
Neckar-Tauberland: Art der Vorwarnliste.
Schwäbische Alb: Art der Vorwarnliste.
Oberschwaben: Ausgestorben oder verschollen (Aussage nicht abgesichert).

- In Baden-Württemberg eine Art der Vorwarnliste!

Wie bei den verwandten Arten sind die auf die Flechtennahrung oder direkt auf die Tiere einwirkenden Faktoren wie Schadstoffemissionen und Begiftung (in Weinbergen) potentielle Gefahren. Auf der Schwäbischen Alb hat sich in den letzten Jahren das stark überhandnehmende Hobby-Klettern an nahezu allen erreichbaren Felsformationen nicht nur für Wanderfalken, sondern auch für die Kleinflora und -fauna als überaus schädigend erwiesen (KÜNKELE 1990) und sollte auch in Hinblick auf *Cryphia domestica* (für die ein Rückgang durch Kletterei derzeit noch nicht explizit nachgewiesen werden kann) unterbleiben oder reduziert werden.

Die einzigen Angaben für das Alpenvorland stammten aus dem Bodenseegebiet: Überlingen, vor 1898, 1918 und 1921 (DIETZE 1919, REUTTI 1898, O. SCHRÖDER nach Kartei A. GREMMINGER), Konstanz (LEINER 1829). Ob die Art hier wirklich verschwunden ist oder der Mangel aktueller Lichtfangaktivität im innerstädtischen Bereich ihr Verschwinden vortäuscht, ist unklar.

Im Hügelland kommt *Cryphia domestica* an Muschelkalkfelsen vor wie hier in den Oberen Gäuen bei Herrenberg. Auf der Schwäbischen Alb besiedelt sie Weißjura, im Schwarzwald Buntsandstein und Grundgestein (ein solcher Standort ist unter *Pheosia gnoma* abgebildet). – Reusten, Kochhartgraben 26.10.91 A. STEINER.

REUTTI bezeichnete sie als in Überlingen »recht häufig«. Auch bei dieser Art sollten verstärkte Kontrollen (einschließlich Raupensuche) an ehemaligen wie aktuellen Fundstellen durchgeführt werden, um ihre Bestandssituation besser definieren zu können.

Cryphia muralis
(Forster, 1771)
Hellgrüne Flechteneule

Bryophila muralis FORSTER (REUTTI 1898, SPULER 1908–1910, LAMPERT 1907, REBEL 1910, ECKSTEIN 1913–1923, DRAUDT in SEITZ 1931–1938, HERING 1932, SCHNEIDER 1936–1939, BERGMANN 1951–1955, KOCH 1954–1961, 1984, FORSTER 1954–1981, PRETSCHER et al. 1984)
Metachrostis muralis FORSTER (WARREN in SEITZ 1909–1914)

Gesamtverbreitung: Von Nordwestafrika (Marokko, Algerien) durch Süd- und Mitteleuropa verbreitet, jedoch lokal und mit größeren Verbreitungslücken. Im

Süden bis Sizilien und Griechenland, im Norden bis Irland, Südengland, Niederlande, Südniedersachsen, Thüringen und Sachsen. Einzelfunde bei Berlin und auf Öland (Schweden). Im Südosten reicht das Areal möglicherweise über Kleinasien und den Kaukasus bis Israel und zum westlichen Iran. Sollte es sich bei der früher als Subspezies aufgefaßten *Cryphia amasina* (DRAUDT, 1931), die von Istrien ab über den Balkan bis Vorderasien vorkommt und genitalmorphologische Differenzen aufweist, um eine eigene Art handeln (BOURSIN 1954, HACKER 1989), dann müßte die östliche Arealgrenze von *C. muralis* neu geklärt werden, denn viele Meldungen aus dem vorderasiatischen Raum dürften sich dann wohl auf *C. amasina* beziehen.

Verbreitung

Regional: Die Vorkommen in Baden-Württemberg beschränken sich auf klimatisch begünstigte Gebiete in der Oberrheinebene und in Teilen des Neckar-Tauberlands. Dabei stößt *Cryphia muralis* bis in den Sandstein-Spessart (Freudenberg, A. BECHER), ins Bauland (Dallauer Tal, W. NOWOSAD), zum Neckarbecken (Leudelsbachtal bei Markgröningen, D. BARTSCH) und ins Fildergebiet (Hainbachtal bei Esslingen (J. SPELDA) vor. Nicht mehr durch neuere Funde bestätigt sind die älteren Angaben aus »der Umgebung von Stuttgart« (BARTH u. a. nach SCHNEIDER 1938), aus dem Albvorland bei Schwäbisch Gmünd (1956, N. SCHMUNCK) sowie ein von O. MEDER

Cryphia muralis bewohnt Wärmegebiete in der Ebene und im Hügelland. Der Falter trägt in frischgeschlüpftem Zustand eine hellgrüne Grundfarbe, die aber bald verblaßt. Von *Cryphia domestica* unterscheidet er sich durch die bedeutendere Größe und durch die basale Querlinie, die den Innenrand der Vorderflügel nicht erreicht, sondern in einem Bogen endet. – Enztal (ex larva-Zucht) 6.7.90 A. STEINER. S.

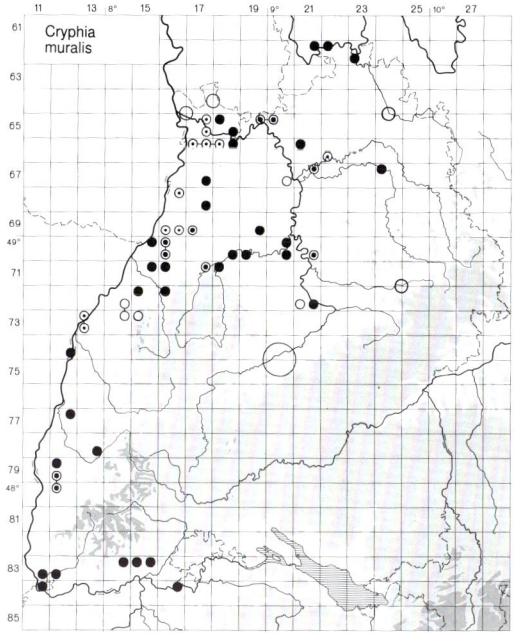

gemeldeter Fund am 29. 6. 1924 bei Tübingen (SCHNEIDER 1938, KAUFMANN & SCHMID 1966). Da es sich hier um den am weitesten neckaraufwärts vorgeschobenen Fundort handelte, könnte ihr heutiges Fehlen in diesem Gebiet eine Arealregression darstellen – oder der Fund aus den zwanziger Jahren markiert eine kurzfristige Expansionsphase.

Vom Freiburger Raum aus kann die Art bis in niedrige Randlagen des Mittleren Schwarzwalds vordringen (Kollnau, Prozeßbühl, A. SCHNEIDER). Naturräumlich noch zum Südöstlichen Schwarzwald zu zählen ist der Fundort Mettmamündung (A. STEINER). In unmittelbarer Nähe grenzt jedoch das Klettgauer Schichtstufenland (Neckar-Tauberland) an, und die Naturraumgrenzen sind in diesem Gebiet nicht linienhaft festzulegen (vgl. BENZING 1964). Das unterste Ibachtal (A. STEINER/H. LUSSI) liegt dagegen voll im Naturraum Hochschwarzwald, doch handelt

Auf dunkleren Felsen kommen zuweilen stärker dunkel gezeichnete Tiere vor. – Stromberg, Ochsenbach 31.7.95 A. STEINER.

es sich hier ebenfalls um einen eher niedrigen und vom Mikroklima her günstigen Standort. Neuere Nachweise aus dem Dreiländereck (Eimeldingen, F. NANTSCHEFF; Friedlingen, D. FRITSCH) deuten auf eine weitere Verbreitung im Hochrheingebiet, ebenso wie ein weiterer Fundort im Klettgauer Schichtstufenland (Hohentengen am Hochrhein, A. STEINER), bereits angrenzend an das Voralpine Hügel- und Moorland: Vielleicht kann *Cryphia muralis* an günstigen Stellen auch bis in den Hegau oder ins Bodenseegebiet vorstoßen.

Die wegen des unrichtigen Funddatums problematische Angabe aus Schriesheim (ROELL 1938) wird weiter unten diskutiert.

Vertikal: In Baden-Württemberg ist *Cryphia muralis* – ganz im Gegensatz zu *C. domestica* – eine Art der niedrigen Lagen: Die Mehrzahl der

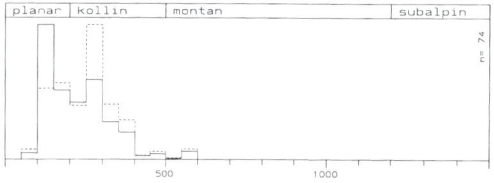

Fundorte liegt in der Ebene und in der unteren Hügelstufe bis 300 m Höhe, der montane Bereich wird nur an zwei Fundorten erreicht (Südostschwarzwald, Mettmamündung, 540–580 m; Hochschwarzwald, unterstes Ibachtal, 570 m).

Phänologie

Imagines: Die Flugzeit beginnt in der Oberrheinebene gewöhnlich in der ersten Julihälfte, im Nekkar-Tauberland eher um die Mitte dieses Monats. Aus warmen Jahren liegen in beiden Gebieten auch schon einzelne Junifunde vor (17.6.1925 und 27.6.1925, Graben-Neudorf, A. GREMMINGER; 29.6.1924, Tübingen, O. MEDER nach SCHNEIDER 1938; 30.6.1945, Karlsruhe, A. GREMMINGER). Die Hauptflugzeit liegt etwa zwischen Mitte Juli und Anfang August, und schon Ende August wurden die letzten Falter registriert (19.8.1988, Badloch, R. HERRMANN/J. KLÜBER/J.-U. MEINEKE; 23.8.1991, Markgröningen, D. BARTSCH; 27.8.1990, Freudenberg, A. BECHER). Funde bis in den September, wie sie aus dem mediterranen Arealteil und auch aus Ostdeutschland bekannt sind (STEUER 1965), liegen aus Baden-Württemberg bislang nicht vor.

Das von ROELL (1938) aus Schriesheim angegebene Falterfunddatum 29.5.1933 liegt für einen Falternachweis zu früh. Ob es sich hier um einen Schreibfehler oder um eine Fehlbestimmung gehandelt hat, läßt sich nicht mehr klären. Die Art kommt jedenfalls in der Umgebung von Schriesheim vor (z.B. Dossenheim, R. BLÄSIUS).

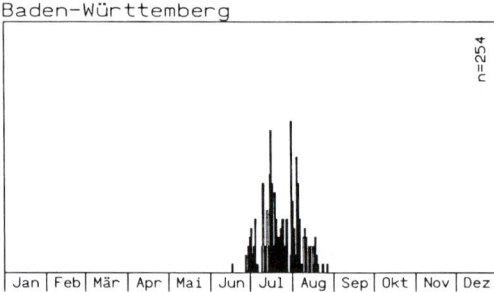

Präimaginalstadien: Wie bei den verwandten Arten liegen Raupenfunde erst nach der Überwinterung vor, meist in größeren Individuenzahlen, wobei es sich, soweit Altersangaben vorliegen, um halb bis ganz erwachsene Tiere handelte: 24.3.1995 2 Raupen bereits im vorletzten Stadium (A. STEINER); Mai 1905 16 Raupen (E. MARTIN nach SCHNEIDER 1938); Mai 1951 Raupen »in Anzahl« (A. GREMMINGER); 4.5.1866

Raupe(n) (M. DAUB), 5.5.1946 Raupen »in großer Zahl« (H. LIENIG); 6.5.1989 insgesamt 138 Raupen, an der selben Stelle am 6.5.1990 41 Raupen (N. HIRNEISEN/A. STEINER); 10.5.1994 1 Raupe (D. FRITSCH); 19.5.1991 14 Raupen (D. BARTSCH/G. NOLL); 22.5.1951 eine Raupe (A. GREMMINGER); 24.5.1990 20 Raupen (R. KONTERMANN/V. BODEN)[1].

Ökologie

Lebensraum: Bisher ist *Cryphia muralis* in Baden-Württemberg als Raupe ausschließlich an anthropogenen Standorten gefunden worden. Dabei handelt es sich in der Mehrzahl um Mauern in xerothermen Klimalagen, besonders in Weinbaugebieten, also meist Trockenmauern in terrassierten Weinbergen, ferner Böschungsmauern an Straßen- und Wegrändern, Straßenbrücken (GREMMINGER 1925–1928), und die heute kaum noch vorhandenen »Chausseesteine« (GAUCKLER 1909). Voraussetzung ist dabei stets ein ausreichender Flechtenbewuchs des Substrats. Ist dieser vorhanden, dann können selbst Betonmauern und Hauswände besiedelt werden. Aus dem Siedlungsbereich stammen sowohl Lichtfangnachweise als auch Funde frischgeschlüpfter Falter, die sich offenbar dort entwickelt haben, so etwa »an der Mauer des botanischen Gartens« in Karlsruhe (A. GREMMINGER), an der Kirche und der Turnhalle in Kehl-Marlen (K. RENNWALD) oder an Mauern im Ortsbereich von Pforzheim (K. STROBEL), wo sich die Falter nach dem 2. Weltkrieg auch in der Trümmerflora entwickelten (M. WALLNER). Schon PEYERIMHOFF (1880) hatte die Art aus dem Elsaß mit der Bemerkung »Prise aussi sur la cathédrale de Strasbourg« gemeldet. Raupenfunde gelangen H. LIENIG an einer alten bemoosten Sandsteinmauer in der Nähe seines Wohnhauses in Weinheim, K. RENNWALD an einer flechtenbewachsenen Mauer im Ortskern von Kehl-Marlen und D. FRITSCH an einer Hauswand in Weil/Rhein-Friedlingen.

Einige wenige Falterfunde liegen auch aus Steinbrüchen vor (Kaiserstuhl, Badloch, R. HERRMANN/J. KLÜBER/J.-U. MEINEKE; Südschwarzwald, Mettmamündung, an natürliche Blockhalde grenzend, A. STEINER), was vermuten

Die Raupe ist mit keiner anderen einheimischen *Cryphia*-Raupe zu verwechseln. Sie ist mattschwarz mit bläulichweißer Rückenzeichnung und rötlicher Bauchseite. – Enztal 6.5.90 A. STEINER.

läßt, daß sich die Art wohl auch an solchen Stellen entwickeln kann. Der Schwerpunkt liegt jedoch eindeutig im Bereich der anthropogenen Mauern und Wände der wärmebegünstigten Weinbaugebiete. HIRNEISEN (1990) hat in diesem Zusammenhang die Frage aufgeworfen, ob *C. muralis* die Gebiete nördlich der Alpen überhaupt erst im Gefolge der Römer und der Einführung des Weinbaus (und der Errichtung von Mauern an Trockenhängen) besiedeln konnte. Die Vorkommen liegen fast ausschließlich im Bereich jährlicher Durchschnittstemperaturen von über 8°C, überwiegend sogar von über 9°C. Günstige mikroklimatische Bedingungen dürften diese Werte sicher noch erhöhen.

Für den Bau ihres Raupengehäuses scheint die Art – wenn man die Beobachtungen an drei Standorten verallgemeinern darf – auf Stellen angewiesen zu sein, wo feinkörniges Substrat (z.B. Löß) die Mauerritzen ausfüllt, in dem sich die Raupe ihr Gehäuse bauen kann. Die Oberfläche der Steine, auf der beispielsweise *C. ravula* ihre Gespinste anlegt, kann in der Regel nicht zum Gehäusebau dienen (höchstens vielleicht auf stark zerklüftetem Gestein, in dessen Höhlungen sich Substrat angesammelt hat). Aus dem gleichen Grund sind mit Beton oder ähnlichen harten Werkstoffen ausgefugte Mauern ungeeignet.

Während die ähnliche *Cryphia domestica* ein – auch in vertikaler Richtung – viel größeres Gebiet bewohnt, kommt sie innerhalb des *Cryphia muralis*-Areals doch gern in denselben Habitaten vor. Dies war schon im frühen 19. Jh. bekannt: »In den Gegenden, wo *Glandifera* [= *muralis*] vorkommt, findet man die Raupen beider Arten [*muralis* und *domestica*] oft untermischt und bey einerley Nahrung« (TREITSCHKE 1835).

---

[1] M. DAUB notierte zwar in seinem Tagebuch, die Raupe »erscheint im Monat April gegen Ende«, konnte aber selber nur einen Maifund vorweisen, so daß die April-Angabe womöglich aus der Sekundärliteratur abgeschrieben ist.

Die Wohnhöhlen werden aus Lehm und Löß hergestellt. Die Raupen verlassen sie erst nach Mitternacht, weil dann die Flechten vom Tau aufgeweicht und für sie befreßbar sind. – Enztal 6.5.90 A. STEINER.

Gut 18 bis 20 Stunden – den ganzen Tag und die erste Nachthälfte – ruht die Raupe in der Höhlung. Die Wohnhöhlen haben keine Deckel. Damit die Öffnungen nicht zu sehr auffallen, rollt die Raupe oft die Kotballen, die sich am Vortag angesammelt haben, vor die Öffnung. – Enztal 6.5.90 A. STEINER.

Die Verpuppung erfolgt ebenfalls in den Höhlungen. Hier wurde ein Stein entfernt und dadurch die Puppe aufgedeckt. Der Falter ist bereits geschlüpft. Links oberhalb der Puppe erkennt man das vermutliche Ausschlupfloch. – Enztal 13.5.90 A. STEINER. M.

Nahrung der Raupe:
»*Protococcus viridis*« – Grünalgenart
  L (GAU)
Lichenes indet. – Krustenflechten auf Mauern
  L (HIR, STN)

Neben den von GAUCKLER (1909) knapp erwähnten Algen (»Die Raupe von *muralis* lebt zu gleicher Zeit und in derselben Weise wie die von *raptricula* an der Steinalge: *Protococcus viridis*.«) wurden Raupen bei der Nahrungsaufnahme an auf Mauern siedelnden, nicht näher bestimmten Krustenflechten beobachtet (N. HIRNEISEN/A. STEINER). Ob wir in der Aussage »fand ich die Raupen ... an einer alten bemoosten Sandsteinmauer« (H. LIENIG) einen Hinweis auf Moose als Raupennahrung erkennen dürfen, bleibt zweifelhaft.

Nahrung des Falters: Keine Beobachtungen aus Baden-Württemberg.

Habitat: Pflanzensoziologische Angaben über die von *C. muralis* besiedelten Felsflechten- oder Algengesellschaften liegen noch nicht vor.

Verhalten: Die Raupen von *Cryphia muralis* bewohnen – zumindest nach der Überwinterung (nur aus dieser Zeit liegen Beobachtungen vor) – kein aus Flechtenteilen zusammengesponnenes Gehäuse auf der Oberfläche der Steine (wie z. B. *Cryphia ravula*), sondern eine mehr zusammengeklebt als -gesponnen wirkende, brüchige Höhlung in dem Erdreich (häufig Löß), das die Mauerspalten und -ritzen ausfüllt. Diese Höhlung wird nicht mit einem Gespinstdeckel verschlossen, sondern ihre Öffnung bleibt frei, so daß die Gehäuse leicht zu erkennen sind. Bei Anwesenheit der Raupe werden höchstens einige Kotballen von innen vor die Öffnung geschoben. Im Inneren des Gehäuses finden die Häutungen und auch die Verpuppung statt, wie sich an älteren Gehäusen erkennen läßt, die noch Puppenexuvien enthalten (N. HIRNEISEN/A. STEINER). Schon GAUCKLER (1909, 1921) hat diese Wohngehäuse beobachtet und sie als »Erdgespinste« bezeichnet: »Bei Malsch fand ich einmal die Raupe in grosser Anzahl im Juni in den Oeffnungen von Chausseesteinen, worin früher einmal hölzerne Stangen gesteckt haben. Die Raupen sassen oft zu mehreren in einem Erdgespinst in den Ecken der Oeffnungen.« Ungenau verallgemeinernd ist in dieser Hinsicht die Aussage von KELLER & HOFFMANN (1861), die über »die Raupe dieser und der nachfolgenden *Bryophila*-Arten« angaben: »Bei Tage sind sie in einem Gespinnste verborgen, welches mit zernagten

Die Raupen beweiden Krustenflechten auf Steinen. In den Ritzen der Trockenmauer legen sie ihre Wohnhöhlen an, die anhand der Eingangslöcher leicht zu erkennen sind. Die Art ist in Südwestdeutschland bisher ausschließlich in anthropogenen Habitaten festgestellt worden. Nur dort, wo ältere Mauern reich mit Krustenflechten bewachsen sind und wo die Fugen den Raupen Material zum Bau ihrer Wohnhöhlen bieten, kann die Art überleben. In Weinbaugebieten ist sie durch die Errichtung von Betonmauern gefährdet, denen die alten Trockenmauern zum Opfer fallen. Auch die abgebildete Mauer wurde bereits streckenweise durch Beton ersetzt. – Enztal 6.5.90 A. STEINER.

Flechtentheilchen bedeckt und schwer zu sehen ist.«

Über die Aktivitätszeiten der Raupen liegt eine Beobachtung aus dem Enztal vor, wo N. HIRNEISEN und A. STEINER am 6. 5. 1989 zwischen 0.00 Uhr und 7.30 Uhr (MESZ) einen 82 m langen Abschnitt einer nach Osten exponierten Weinbergsmauer kontrollierten. Die erste Raupe wurde um 1.10 Uhr gesichtet. Bis 1.30 wurden 5 Raupen festgestellt, bis 2.30 Uhr hatte sich ihre Zahl auf 23 erhöht, um dann kontinuierlich weiter zuzunehmen. Zwischen 5.00 Uhr und 5.30 Uhr wurde das Maximum, 95 aktive (d. h. fressende) Raupen, gezählt. Ab 6.00 Uhr nahm die Anzahl wieder ab: in den ersten Sonnenstrahlen um 6.30 Uhr waren noch ca. 20 Raupen zu sehen, um 6.39 Uhr noch 10, um 6.42 Uhr noch zwei, und um 6.52 Uhr verschwand die letzte Raupe in ihrem Gehäuse (HIRNEISEN 1990). Die Raupen fanden sich an der Mauer von ca. 10 bis 400 cm Höhe, wobei allerdings das untere Drittel bis etwa 150 cm Höhe bevorzugt wurde. Bei Regen können die Raupen auch tagsüber gefunden werden, wie eine Beobachtung von H. LIENIG aus Weinheim belegt, ein weiterer Hinweis darauf, daß die Raupenaktivität von der Befreßbarkeit (= Befeuchtung) der Flechten abhängt. Die Falter, insbesondere die frischgeschlüpften Tiere, sitzen an den flechtenbewachsenen Steinen, an denen ihre Larvalentwicklung stattgefunden hat, und an denen sie oft auch gut getarnt sind[2]. Auf dunkleren Steinen/Flechten bilden sie allerdings farblich einen deutlichen Kontrast, der zumindest dem Menschen auffällt. Inwieweit dies auch für Prädatoren gilt, ist unbekannt. Nachts fliegen die Tiere, meist einzeln, ans Licht.

Gefährdung und Schutz

Rote Liste Bundesrepublik: 3
Rote Liste Baden-Württemberg: V

Oberrheinebene: Art der Vorwarnliste.
Schwarzwald: Art der Vorwarnliste (nur randlich vorkommend).
Neckar-Tauberland: Art der Vorwarnliste.
Schwäbische Alb: Nicht vertreten.
Oberschwaben: Nicht vertreten.

- In Baden-Württemberg eine Art der Vorwarnliste!

Ähnlich wie *Cryphia ravula* im Neckar-Tauberland ist *Cryphia muralis* auf anthropogene Biotope angewiesen, wobei sie in hohem Maß an Xerothermstandorte wie Weinbergsmauern gebunden ist. Die für *Cryphia ravula* genannten Gefährdungsfaktoren Gift und Habitatzerstörung (Rebflurbereinigungen) gelten uneingeschränkt auch für *C. muralis*. Bei der Sanierung von älteren Weinbergsmauern, die der Art als Habitat dienen, muß mit äußerster Sorgfalt vorgegangen werden: Flechtenbewachsene alte Steine müssen benutzt und in die neue Mauer mit eingebaut werden; die Mauer darf nicht vollständig mit Beton o. ä. ausgefugt werden, sondern es muß wenigstens in den äußeren 5–10 cm der Spalten Löß, Humus oder anderes geeignetes Baumaterial für die Raupen eingebracht werden; es darf nicht die ganze Mauer in einem Jahr abgerissen, sondern es muß den Tieren Zeit zum Umsiedeln gelassen werden (oder man müßte die Raupen im Frühjahr mit Hilfe von Fachleuten manuell umsiedeln). Eine regelmäßige Kontrolle der Bestandsentwicklung (z. B. durch jährliche Raupenzählungen) ist anzuraten, besonders in den Randlagen des Areals, wo Fluktuationen am ehesten bemerkbar werden. Auch eine erneute Nachkontrolle alter Fundorte sollte erfolgen.

---

[2] Nach REUTTI (1853) sitzen sie auch an Zäunen. Dies trifft aber wohl nur dort zu, wo sich Zäune in unmittelbarer Nähe der Mauern befinden.

Plusiinae

Die Plusiinae oder kurz »Plusien«[1] bilden – was unter den Noctuiden eher die Ausnahme ist – eine gut definierte, echte Verwandtschaftsgruppe, die durch eine Reihe vorwiegend anatomischer Merkmale als monophyletisch erwiesen ist. Eine sehr detaillierte, auf larvalen und imaginalen Merkmalen basierende phylogenetische Studie hierzu legte KITCHING (1987) vor.

Viele »Plusien« tragen als Falter im Mittelfeld der Vorderflügel charakteristische silbern oder golden gefärbte Flecken oder flächige messing- oder goldfarbene Bänder, denen sie vielfach ihre wissenschaftlichen und auch ihre Vulgärnamen verdanken (»Metalleulen, Goldeulen, Silbereulen«). In einigen Gattungen kommen bei den Männchen auffällige abdominale Haarbüschel vor, die vermutlich als Duftorgane bei der Paarung eine Rolle spielen. Die Raupen zeichnen sich vor allem durch die mehr oder weniger starke Reduktion der beiden ersten Bauchbeinpaare aus, was ihnen in der Jugend einen etwas spannerähnlichen Habitus verleiht. Einige Gattungen sind als Raupe extrem polyphag, »often giving the impression that a plant merely has to be green, and preferably herbaceous, to be a potential meal« (KITCHING 1987), so etwa *Autographa*, *Chrysodeixis*, *Trichoplusia*, *Thysanoplusia* und andere.

Andererseits gibt es mono- und oligophage Arten und Gattungen, die auf eine Pflanzengattung oder -familie spezialisiert sind, etwa *Euchalcia* (die meisten Arten an Ranunculaceen, einige an Boraginaceen), *Abrostola* (an Urticaceen, eine Art an Asclepiadaceen), *Plusia* (an Monocotyledonen), einige (bei uns nicht vertretene) *Syngrapha*-Artengruppen (an Koniferen) und eine Reihe von Gattungen, z. B. *Macdunnoughia*, die zumindest eine deutliche Vorliebe für Asteraceen haben.

Alle »Plusien« sind als Falter typische Blütenbesucher, die hauptsächlich in der Dämmerung ihrer Nahrungsaufnahme nachgehen. Für viele der selteneren Arten fehlen noch genaue Beobachtungen. Am Köder werden die meisten – wenn überhaupt – nur selten registriert. Obwohl primär dämmerungs- und nachtaktiv lassen sich zwei Arten regelmäßig bei Tag im Sonnenschein beobachten (*Macdunnoughia confusa*, *Autographa gamma*), während die anderen nur gelegentlich tagaktiv sind und besonders an schwülwarmen Tagen, nachmittags oder im Schatten und Halbschatten Nektarquellen besuchen.

Die Unterfamilie Plusiinae enthält, ähnlich wie die Schwärmer, einen vergleichsweise hohen Anteil von Wanderfaltern. Nicht nur unser (in Invasionsjahren) häufigster Eulenfalter überhaupt, die Gammaeule (*Autographa gamma*), gehört hierher, sondern auch eine Reihe von Arten, die nur selten aus mediterranen bzw. subtropischen Gebieten nach Mittel- und Nordeuropa zufliegen, hier aber, selbst wenn sie sich fortpflanzen, die Winter nicht überstehen können: *Thysanoplusia orichalcea*, *Trichoplusia ni*, *Chrysodeixis chalcites*. Einige von ihnen gelten in ihren Ursprungsgebieten (Tropen und Subtropen) als Schädlinge an Kulturpflanzen.

In Europa sind 51 Arten, in Baden-Württemberg 20 Arten nachgewiesen worden. Drei davon sind mehr oder weniger selten einfliegende Wanderfalter, während die ebenfalls wandernden *Autographa gamma* und *Macdunnoughia confusa* zu den 18 bodenständigen Arten gezählt werden. Zwei weitere Arten wurden fälschlich aus Baden-Württemberg gemeldet.

Euchalcia variabilis
(Piller & Mitterpacher, 1783)
Eisenhut-Höckereule

Plusia illustris F. (REUTTI 1898)
Phytometra variabilis PILLER (WARREN in SEITZ 1909–1914, DRAUDT in SEITZ 1931–1938, SCHNEIDER 1936–1939, BERGMANN 1951–1955, KOCH 1954–1961)
Plusia variabilis PILLER (SPULER 1908–1910, LAMPERT 1907, REBEL 1910, ECKSTEIN 1913–1923, HERING 1932)

Gesamtverbreitung: In Mittel- und Südeuropa, Vorder- und Zentralasien lokal in einem ziemlich zersplitterten Areal, vornehmlich in den Gebirgen verbreitet. Nordwärts erreicht die Art die Vogesen, den Harz, den Thüringer Wald, den Bayerischen Wald, Südmähren, die Tatra und die Karpaten, weiter östlich kommt sie im Südural und in Karelien vor (zwei Einzelfunde auch in Südostfinnland). Im Süden bilden die Pyrenäen, die Alpen, die Dinarischen Gebirge und der Balkan (ssp. *fuscolivacea* RONKAY & VARGA, 1984) die Hauptverbreitungsgebiete, separierte Populationen existieren ferner in der Sierra Nevada und im Apennin (Einzelfunde in Großbritannien und Irland beruhen vielleicht auf Einschleppung oder Fehletikettierung; BRETHERTON, GOATER & LORIMER 1983. Aus Kleinasien (Nordosttürkei, Kaukasus, Armenien) wurde die ssp. *obscurior* ALBERTI,

---

[1] Nach dem Gattungsnamen *Plusia*, der früher für sämtliche Arten der Unterfamilie gebraucht wurde.

1965 und aus Zentralasien (Mongolei, West-Turkestan, Altai, Sajan) die ssp. *mongolica* (STAUDINGER, 1901) beschrieben.

Verbreitung

Regional: Weit verbreitet ist *Euchalcia variabilis* auf der Schwäbischen Alb, von der Lonetal-Flächenalb im Osten bis zur Hegaualb im Südwesten. Auch im Südschwarzwald ist sie gut vertreten; im Nordschwarzwald wurde sie dagegen nur einmal von Bad Peterstal gemeldet (1932, K. A. SEITZ nach Kartei A. GREMMINGER). Diese Angabe könnte auf ein zugeflogenes oder verschlepptes Exemplar zurückgehen, hat doch sonst keiner der im Nordschwarzwald tätigen Lepidopterologen die Art jemals dort gefunden. Nur lokal kommt die Art im Neckar-Tauberland und im Alpenvorland vor, wo der Standort auf der Adelegg bereits an den alpinen Arealteil anschließt:

Neckar-Tauberland: Osterburken, 1908 (K. ROTHMUND nach Kartei A. GREMMINGER; möglicherweise ein zugeflogenes Tier); Schmerachklinge bei Ilshofen, 1979, 1980, 1984 (E. LANGER); Oberscheffach, 1979 (E. LANGER); Tübingen, 1848 (HEPP 1849–1850, SEYFFER 1850); Tübingen, alter botanischer Garten (KELLER & HOFFMANN 1861); Wendlingen, 1938 (A. LOSER nach STROHMAIER 1939); Bad Niedernau, 1984 (J.-U. MEINEKE); Rommelstal bei Obernau, 1984–1986, 1992 (J.-U. MEINEKE, N. HIRNEISEN/C. KUON/A. STEINER); Bad Boll, 1896, 1897 (G. KABIS nach KABIS 1897, REUTTI 1898), Witznau, 1979 (R. HERRMANN), Raitachhalde bei Berghaus, 1991 (A. STEINER), Säckingen (FELLMETH nach REUTTI 1898).

Alpenvorland: Dürnachtal, 1956 (G. REICH); Gründlenried, 1978 (G. EBERT/J.-U. MEINEKE); Konstanz, 1923 (L. SETTELE); Überlingen, 1942, 1952, 1953 (E. COMMERELL nach Kartei A. GREMMINGER); Adelegg, Eisenbacher Tobel, 1986 (T. MARKTANNER).

Wahrscheinlich ist sie innerhalb des Areals ihrer wichtigsten Nahrungspflanze *Aconitum vulparia*, das vor allem das Hügel- und Bergland umfaßt (NEBEL 1990), noch etwas dichter verbreitet als der gegenwärtige Kenntnisstand ausweist. Der Schwerpunkt liegt jedoch eindeutig auf der Schwäbischen Alb. Erstaunlicherweise blieben die Oberen Gäue, wo *Aconitum vulparia* einen Verbreitungsschwerpunkt besitzt, für *E. variabilis* bisher nahezu nachweislos.

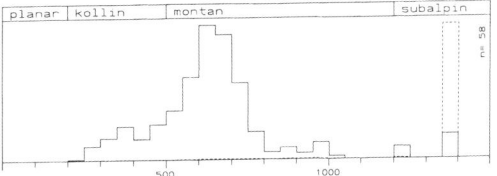

Vertikal: Das Diagramm zeigt die deutliche Bevorzugung der kollinen und montanen Stufe zwischen etwa 300 und 1000 m. Darüber hinaus ist die Art bis in die subalpinen Lagen des Schwarzwalds nachgewiesen worden (1350 m, Feldberg, Umg. Todtnauer Hütte, J. ASAL). Auch in dieser Stufe dürfte sie weit verbreitet sein, was sich aber mangels intensiver Durchforschung noch nicht im Diagramm niederschlägt. In den Hochgebirgen überschreitet sie die 2000-m-Linie.

Phänologie

Imagines: Die Flugzeit variiert mit der Jahreswitterung. Auf der Schwäbischen Alb beginnt sie in den meisten Jahren Mitte bis Ende Juni, doch

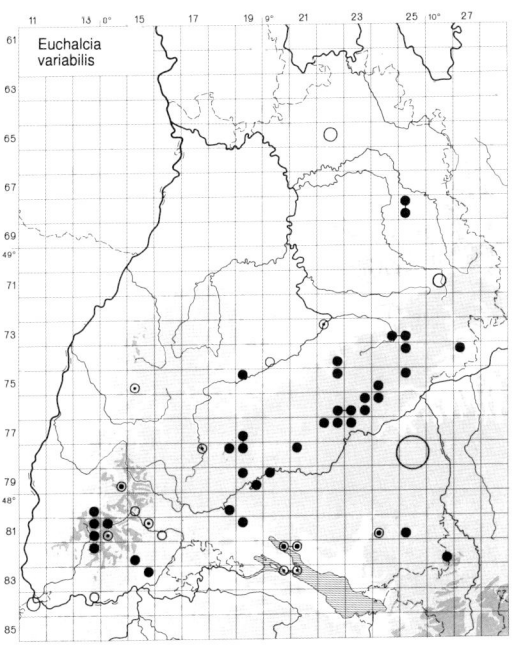

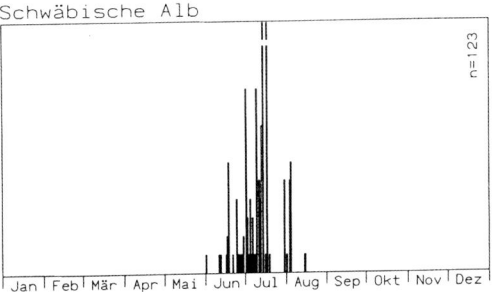

Die Eisenhut-Höckereule (*Euchalcia variabilis*) besitzt keine silbernen oder goldenen Makelzeichnungen. Trotzdem gehört sie zu den attraktiveren Plusiinae-Arten. In Baden-Württemberg kommt sie im Hügel- und Bergland vor, besonders dicht ist sie auf der Schwäbischen Alb verbreitet. – Rammert (ex pupa-Zucht) 23.6.85 A. STEINER. S.

ist ein früher Fund auch schon vom Anfang des Monats bekannt (1.6.1952, Schelklingen, G. REICH). Die Flugzeit endet meist im Juli oder um die Monatswende Juli/August, kann sich aber in klimatisch ungünstigen Jahren auch bis Mitte August erstrecken (15.8.1980, Umg. Tieringen, A. LINGENHÖLE). Die wenigen Falternachweise aus dem Neckar-Tauberland liegen zwischen Ende Juni und Ende Juli, die aus dem Alpenvorland zwischen Mitte Juni und Anfang August. Im Schwarzwald beginnt die Flugzeit offenbar später; hier konzentrieren sich die Daten in dem Zeitraum Anfang Juli bis Anfang August (1.7.1968, Zastlertal, H. RIETZ; 1.7.1953, Feldberg, A. FRITZ; 4.8.1954, Feldberggebiet, L. SETTELE).

Präimaginalstadien: Erste Funde kleiner Räupchen im Frühjahr datieren von Mitte April (Alb, K. FREYTAG). Bis zur Monatswende April/Mai sind – meist junge – Räupchen sowohl im Neckar-Tauberland als auch auf der Alb und im Schwarzwald festgestellt worden (25.4.1992, Rommelstal bei Obernau, N. HIRNEISEN/C. KUON/A. STEINER; 29.4.1994, bei Grabenstetten, K. FREYTAG; 2.5.1976, Todtnau-Poche, J. ASAL). Die große Mehrzahl der Raupenfunde entfällt auf den Monat Mai. Ab Ende Mai sind die Raupen in der Regel erwachsen; sie können in ungünstigen Jahren bzw. Habitaten noch bis Anfang Juni gefunden werden (8.6.1980, Glastal, G. BAISCH; 9.6.1941, Stallegg, A. GREMMINGER, »VI.«, SCHNEIDER 1938). Die ersten Puppen sind in warmen Jahren schon Mitte Mai festgestellt worden (15.5.1976, Todtnau-Poche, J. ASAL), sind aber meist erst im Juni zu finden (14.6.1985, Rommelstal bei Obernau, A. STEINER).

Die Raupen können offenbar bei günstiger Witterung sehr rasch an Größe zunehmen, so daß kleine Räupchen innerhalb einer Woche auf Dreiviertel ihrer Größe heranwachsen (K. FREYTAG). Dabei sind an ein und derselben Fundstelle oft junge und schon erwachsene Raupen nebeneinander zu finden (J. ASAL, A. STEINER, A. WALTER). Dort, wo *E. variabilis* mit *Polychrysia moneta* kohabitiert, sind die *E. variabilis*-Raupen meist etwa 2 Wochen früher erwachsen.

Ökologie

Lebensraum: Bestände des Gelben Eisenhuts in frischen bis feuchten Laub-, Misch- und auch Nadelwäldern des Hügel- und Berglands, meist an schattig-halbschattigen, seltener an stärker besonnten, lichteren Stellen; in der Regel im Waldesinneren, an Waldwegrändern und -böschungen, in Bachtälchen, auf Quellhorizonten und in Schluchten, an Hängen, auch in Waldmänteln und Gebüschen, in schattigen Staudenfluren, auf

Die auffällig gefärbte Raupe sieht man, wenn sie erwachsen ist, tagsüber selten frei sitzend bei der Nahrungsaufnahme. Meist verläßt sie ihr Versteck nur bei schlechtem Wetter oder nachts. – Rammert, 19.5.89 A. STEINER. S.

Felsschutt und in Blockfluren. Im Alpenvorland (Gründlenried) fand J.-U. MEINEKE die Art in der Nähe eines Erlenbruchwalds mit Blauem Eisenhut. Die Meldung von HEPP (1849–1850) könnte sich auch auf Pflanzen im botanischen Garten oder in Hausgärten beziehen. Die meisten Vorkommen liegen in Gebieten mit mittleren jährlichen Niederschlägen von 700 bis über 1800 mm und mittleren Jahrestemperaturen von 3 bis 7°C.

Nahrung der Raupe:
Aconitum vulparia – Gelber Eisenhut
    5 L, P (ASA, BAI, EBE, LOS, MER, SCC, STN, TRB, WAT)
Aconitum spec. – Eisenhut
    L (HEP, GRE, LAN)
Consolida ajacis – Gartenrittersporn
    L (HEP)
Thalictrum aquilegifolium – Akeleiblättrige Wiesenraute
    L (EBE)

Zahlreiche Raupen- und Puppenfunde entfallen auf den Gelben oder Wolfseisenhut (*Aconitum vulparia* = *lycoctonum*), der im Gebiet der Schwäbischen Alb und des Schwarzwalds offenbar die wichtigste Nahrungspflanze ist. Auch die Gewährsleute, die nur »Eisenhut« meldeten, meinten vermutlich überwiegend den Gelben Eisenhut. Sichere Funde am Blauen Eisenhut (*Aconitum napellus*) stehen noch aus, sind aber zu erwarten, denn im Alpenvorland, wo die Art aus dem Bodenseegebiet und dem Gründlenried (G. EBERT/J.-U. MEINEKE) bekannt ist, kommt *A. vulparia* nicht überall vor. Es ist anzunehmen, daß hier *Aconitum napellus* als Nahrungspflanze dient. Ein Einzelfund entfällt auf die Akeleiblättrige Wiesenraute (*Thalictrum aquilegifolium*) (G. EBERT), die von *E. variabilis* in unserem Gebiet offenbar nur selten genutzt wird. Ob die Eiablage am *Thalictrum* stattfindet oder ob die Raupen in *Aconitum-Thalictrum*-Mischbeständen von der einen auf die andere Pflanze überwechseln, ist ungewiß. An dem betreffenden Fundort wachsen jedenfalls beide Pflanzen. HEPP (1849–1850) fand *Polychrysia moneta* und *Euchalcia variabilis*, die er beide im selben Satz erwähnte, »zahlreich auf Eisenhut und dem großen Gartenrittersporn in Tübingen«. Ob wir wirklich beide Nahrungspflanzen auf beide Eulenarten beziehen dürfen, ist nicht ganz sicher. Der Gartenrittersporn muß hier also mit Vorbehalt aufgeführt werden (ist aber aus anderen Gegenden Europas sicher als Nahrungspflanze belegt). Am Geschecken Eisenhut (*Aconitum variegatum*), der bei uns vor allem auf der Schwäbischen Alb vertreten ist (allerdings viel seltener als *A. vulparia*) ist *E. variabilis* noch nicht beobachtet worden, obwohl auch für diese Eisenhutart Meldungen aus anderen Gebieten vorliegen (z.B. Thüringen, BERGMANN 1954).

Nahrung des Falters: Keine Beobachtungen aus Baden-Württemberg.

Habitat: Mit dem Gelben Eisenhut ist *E. variabilis* vor allem in den Edellaubbaum-Mischwäldern (Linden-Ahorn-Wälder, Sommerlinden-, Bergulmen- und Bergahorn-Mischwälder, »Schluchtwald«, »Bergwald«, »Kleebwald«) des Verbands Tilio platyphyllis-Acerion pseudoplatani zu finden, an manchen Stellen auch in Kontakt mit feuchteren Rotbuchenwald-Gesellschaften des Verbands Fagion sylvaticae. Gelegentlich handelt es sich auch um Standorte im Randbereich von nicht zu dichten, noch einigermaßen krautreichen Fichtenforsten, an wenigstens einer Stelle auch um einen lichten jungen Fichtenforst im Übergang zu einem stark gestörten Alno-Ul-

Die Raupen leben von Jugend an unter Blättern, die ein typisches Fraßbild aufweisen: Nach Anbeißen der größeren Blattadern senken sich die Blattflächen und bilden die nach unten offene »Blatt-Tüte«, in deren Schutz das Tier ruht. Um nicht zuviele Spuren zu hinterlassen, verspeist die Raupe ihr Ruheblatt, wenn es verläßt, um ein größeres zu beziehen oder auf eine benachbarte Pflanze zu wechseln. Zuletzt erfolgt auch die Verpuppung in einem Gespinst unter einer »Blatt-Tüte«. – Rammert, 17.5.89 A. STEINER.

mion. Speziell im Hochschwarzwald spielen vielleicht auch die subalpinen Hochstaudenfluren (Betulo-Adenostyletea: Adenostylion alliariae) eine Rolle.

Verhalten: Nach der Sekundärliteratur (FORSTER 1971, KOCH 1984) überwintert die Raupe, aber über die Art und Weise der Raupenüberwinterung liegen keine konkreten Beobachtungen vor. Wenn von *E. modestoides* auf *E. variabilis* geschlossen werden darf, dann dürfte die Eiraupe in einem winzigen Gespinst ab August überwintern. Freilandfunde dazu stehen aber noch aus.

Die jüngsten Raupen wurden im Frühjahr in zusammengesponnenen jungen Eisenhut-Blättern gefunden. Mit zunehmender Größe entwickeln die Raupen dann das typische *E. variabilis*-Fraßbild, an dem man die Art auch dann noch eindeutig nachweisen kann, wenn die Raupe die Pflanze schon verlassen hat: von der Blattunterseite her werden die 5 größeren, starken Blattadern dicht an der Blattbasis zur Hälfte oder mehr, aber nie ganz, durchgebissen (von der Oberseite her sind also meist keine Löcher zu sehen). Das nur noch mit einigen Fasern mit dem Stiel verbundene Blatt hängt dann schlaff nach unten, wird von der Raupe gegebenenfalls noch etwas zusammengesponnen und bildet so eine charakteristische, nach unten offene Tütenform. In diesem Versteck hält sich die Raupe in Fraßpausen auf, dort laufen die Häutungen ab, und manchmal wird das Verpuppungsgespinst dort angelegt. An trüben, düsteren oder regnerischen Tagen sitzen manche Raupen auch mehr oder weniger offen auf der Blattoberseite. Zur Verpuppung legt die Raupe öfters kleinere Strecken zurück, und so können Kokons auch an benachbarten Gewächsen, etwa an Brennessel (*Urtica dioica*) gefunden werden, wo die Blätter genauso behandelt werden wie am Eisenhut (A. STEINER).

Die Imagines sind nachtaktiv und kommen ans Licht, in ihren Entwicklungshabitaten zuweilen in größerer Anzahl.

Gefährdung und Schutz

Rote Liste Bundesrepublik: 3
Rote Liste Baden-Württemberg: V

Oberrheinebene: Nicht vertreten.
Schwarzwald: Nicht gefährdet.
Neckar-Tauberland: Art der Vorwarnliste.
Schwäbische Alb: Nicht gefährdet.
Oberschwaben: Art der Vorwarnliste.

- In Baden-Württemberg eine Art der Vorwarnliste!
Besonders geschützt gemäß § 20e ff. BNatSchG.

Verhältnismäßig gesichert erscheinen noch die starken Populationen der Schwäbischen Alb. Dies gilt auch für den Schwarzwald, wo das Fehlen neuerer Nachweise an einigen älteren Fundstellen eher auf mangelnde aktuelle Durchforschung als auf einen Rückgang der Art deutet. Dagegen sollten die vereinzelten Fundstellen im Neckarland und im Alpenvorland genau beobachtet werden. Solange die Nahrungspflanze nicht durch forstliche Maßnahmen wie etwa die künstliche Anpflanzung von Fichtendunkelwäldern oder durch Rodung eliminiert wird, ist für *Euchalcia variabilis* derzeit (noch) keine unmittelbare Gefährdung zu erkennen.

Euchalcia modestoides Poole, 1989

Lungenkraut-Höckereule

Plusia modesta HBN. (REUTTI 1898, ECKSTEIN 1913–1923, HERING 1932, LAMPERT 1907, REBEL 1910, SPULER 1908–1910)
Phytometra modesta HBN. (WARREN in SEITZ 1909–1914, DRAUDT in SEITZ 1931–1938, SCHNEIDER 1936–1939, BERGMANN 1951–1955, KOCH 1954–1961)
Euchalcia modesta HBN. (FORSTER 1954–1981, HARTIG & HEINICKE 1973, EBERT 1978, HEINICKE & NAUMANN 1980–1982, LERAUT 1980, PRETSCHER et al. 1984)

Gesamtverbreitung: In Europa lokal in den mittleren und südlichen Ländern, nördlich bis zu den Nordkarpaten, Südpolen und Nordböhmen (alte Einzelfunde in Sachsen und Thüringen), Nordbayern, Baden-Württemberg und Belgien, südwestlich bis zu den Pyrenäen, im Süden bis Kalabrien, Albanien, Bulgarien und Mazedonien (wo sich ein Teil der alten Literaturangaben auf *E. chlorocharis* (DUFAY, 1961) bezieht). Ein möglicherweise separates Teilareal umfaßt Südfinnland, Litauen, Lettland, Estland und das ehemalige Ostpreußen[1]. Im klimatisch gemäßigten Asien von Kasachstan bis zur Mongolei und nach Ostsibirien (Amur-Ussuri-Gebiet) verbreitet. In Vorderasien ist die Situation aufgrund der im 20. Jahrhundert neuentdeckten ähnlichen Arten unübersichtlich: alte Literaturangaben aus Kleinasien und Syrien beziehen sich auf *E. viridis* (STAUDINGER, 1901) und *E. phrygiae* DUFAY, 1963, Angaben

---

[1] Nach FORSTER (1971) angeblich auch in Dänemark gefunden, doch wird die Art in der dänischen Literatur nicht geführt (KAABER & SKULE 1985, SKOU 1991).

vom Kaukasus, aus Armenien und »Südrußland« wahrscheinlich wenigstens teilweise auf *E. biezankoi* (ALBERTI, 1965) und *E. cuprescens* DUFAY, 1966.

Verbreitung

Regional: Die meisten Populationen beherbergt in unserem Gebiet die Schwäbische Alb, so daß das Verbreitungsbild etwas an das von *Euchalcia variabilis* erinnert. Dagegen ist *E. modestoides* nicht aus dem Schwarzwald nachgewiesen. Am Hochrhein wurde ein alter Fund von Waldshut gemeldet (REUTTI 1898), der vermuten läßt, daß auch der Randen (naturräumlich zur Alb gehörig) besiedelt wird; hierfür sprechen auch die Funde im Alb-Wutachgebiet und auf der Hegaualb (Wutachflühen bei Achdorf, G. EBERT/H. HERRMANN/B. TRAUB; Wasserburgtal bei Aach, R. HERRMANN; Bitzental bei Engen, G. EBERT/H. FALKNER/H. MESSMER). Wahrscheinlich lassen sich auch die Lücken auf der Alb noch ausfüllen, denn da die Art als Falter wenig in Erscheinung tritt und vor allem durch Raupensuche nachgewiesen wird, besteht vielerorts noch Nachweisbedarf. Sowohl nördlich als auch südlich der Alb strahlt *E. modestoides* auch in einige angrenzende Gebiete aus: im nördlichen Albvorland wurde sie im Eyachtal bei Owingen bodenständig festgestellt (J.-U. MEINEKE/A. STEINER, M. MEIER), und nach SCHNEIDER (1938) soll ROLL sie 1905

Die Lungenkraut-Höckereule (*Euchalcia modestoides*) ähnelt *Euchalcia variabilis*, ist aber wesentlich kleiner und weniger rosafarben gezeichnet (vergleiche auch Umschlagbild). Sie kommt vor allem auf der Schwäbischen Alb und im Albvorland vor. Das Habitat ist unter *Atypha pulmonaris* abgebildet. – Albvorland (ex larva-Zucht) 29.5.85 A. STEINER. S.

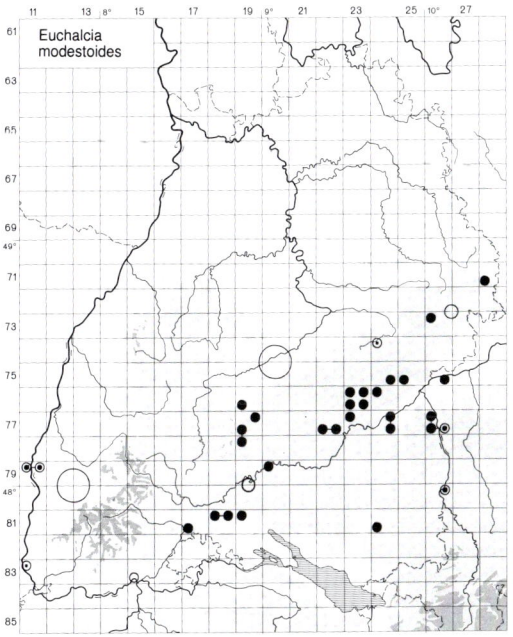

bei Tübingen gefunden haben. Ferner existiert ein Falter mit der Angabe »Stuttgart-N[ord], Lenbachstr. 21« und der handschriftlichen Eintragung »Lichtfang, 15.7.1960« (L. WEINMANN, coll. SMNS), dessen schlupffrischer Zustand aber eine Zucht vermuten läßt, weshalb wir hier eine Fehletikettierung unterstellen möchten.

Im Hügelland der unteren Riß gelang F. HOHENSTEINER ein Nachweis bei Griesingen, und im unteren Illertal liegen Funde bei Bad Brandenburg (G. BAISCH) und Tannheim (coll. SMNS) vor. Jenseits der Landesgrenze fand H. HEIDEMANN die Art im Bereich der Iller-Lech-Schotterplatten bei Oberfahlheim (Bayern).

Ein Einzelfund stammt aus der Markgräfler Rheinebene, wo W. DÜRR 1969 einen Falter im Auwald bei Niederrotweil nachwies (STAIB 1974). Möglicherweise existieren kleine, lokale Populationen am südlichen Oberrhein. LITZELMANN

(1966a) will einen Falter »im Juni 1950 im Wallis [ein Flurname] südlich Kleinkems festgestellt« haben, doch kann diese Meldung mangels überprüfbaren Belegs nicht als glaubwürdig akzeptiert werden[2].

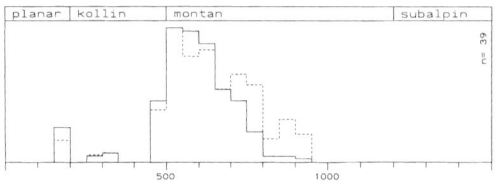

Die grüne Raupe ist hervorragend an die Nahrungspflanze (hier Weiches Lungenkraut, *Pulmonaria mollis*) angepaßt. Selbst die weißen Borsten ahmen die Drüsenhaare des Lungenkrauts nach. – Albvorland 19.5.85 A. STEINER. M.

Vertikal: Überwiegend in der montanen Stufe von knapp unter 500 m bis gegen 1000 m verbreitet; lediglich der Fundort bei Niederrotweil liegt in der Ebene bei 200 m.

Phänologie

Imagines: Die Art fliegt in einer Generation, deren Flugzeit je nach der Jahreswitterung Anfang bis Mitte Juni beginnt und Ende Juli bis Mitte August endet (1.6.1964, Umg. Schelklingen, G. BAISCH; 15.8.1978, Heutal bei Mehrstetten, G. BAISCH). Die Gesamtdauer der Flugzeit dürfte aber in den einzelnen Jahren und an den einzelnen Standorten den Zeitraum von 4 Wochen nicht überschreiten.

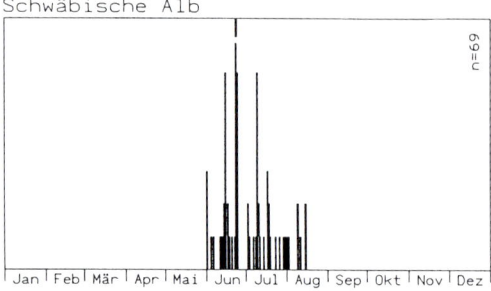

Präimaginalstadien: Über Eifunde im Freiland ist bislang noch nichts bekannt geworden. Während nach der Sekundärliteratur das Ei überwintern soll (FORSTER 1971, KOCH 1984), stellte PINKER (1963) bei einer Eizucht fest, daß die Raupe »in einem festen Kokon an der Futterpflanze[3] vor der 1. Häutung überwintert«, also eine Strategie zur Aufrechterhaltung möglichst konstanter Umweltbedingungen anwendet, wie sie vor allem bei Arten aus semiariden und ariden Mikroklimaten vorkommt (etwa in der Gattung *Dichagyris*), die lange Zeit – vom Sommer bis zum kommenden Frühjahr – als Jungraupe ohne Nahrungsaufnahme überdauern müssen. Bezeichnenderweise liegt das Diversitätszentrum der Gattung *Euchalcia* im vorder- und zentralasiatischen Raum.

Die Raupen wurden nach der Überwinterung von Anfang April bis Ende Mai zuweilen in beträchtlicher Anzahl gefunden (10.4.1990 und 20.5.1986, Eyachtal, A. STEINER). In vielen Fällen liegen leider nur die Schlüpfdaten gezüchteter Falter, nicht aber die Funddaten der Raupen vor, so daß die Larvalphänologie nach wie vor auf quantitativ eher schwachen Füßen steht. Zur Verpuppung eingesponnene Raupen sowie Puppen wurden in günstigen Jahren bereits Ende April beobachtet (30.4.1989, Eyachtal, A. STEINER). Puppengespinste mit leeren Puppenhüllen können bis weit in den Juni hinein gefunden werden.

Ökologie

Lebensraum: Bestände von Lungenkrautarten (oder Hundszunge) an mäßig trockenen bis feuchten Stellen im Bereich lichter Waldmäntel, in Vorwaldstadien, auf Kahlschlägen, in und am Rande von Hecken und Gebüschen, in Säumen,

---

[2] Wir kennen sonst keine Funde am südlichen Oberrhein. Eine Serie von Zuchtfaltern mit der Fundortangabe »Freiburg 1944 ex ovo«, coll. L. SETTELE in SMNS, erscheint uns nicht zuverlässig. Wahrscheinlich war Freiburg nur als Wohnort des Züchters gemeint, der die Art bezeichnenderweise auch in einer späteren Zusammenstellung seiner interessanteren Funde nicht erwähnt hat (SETTELE 1972).

[3] Im Freiland dürfte dieses Gespinst eher an fäulnisgeschützten, vertrockneten Pflanzenteilen als an der Nahrungspflanze angelegt werden.

auf extensiv genutzten Weiden und an deren Rändern, auf frischen bis feuchten Wiesen, an Gräben und Böschungen oder auf Straßenrandstreifen, meist in halbschattiger bis sonniger Lage.

In Baden-Württemberg bewohnt E. modestoides Gebiete mit 5 bis 8°C mittlerer Jahrestemperatur und 700 bis 1000 mm jährlichem Niederschlag und siedelt überwiegend auf den Jurakalken der Schwäbischen Alb.

Nahrung der Raupe:
Cynoglossum officinale – Gewöhnliche Hundszunge
   L (Fry)
Pulmonaria obscura – Dunkles Lungenkraut
   3 L (Bai)
Pulmonaria mollis – Weiches Lungenkraut
   3 L (Hir, Mer, Stn)
Pulmonaria spec. – Lungenkraut
   5 L (Bai, Ebe, Fry, Fal, Trb)

Die Raupen sind im Untersuchungsgebiet bisher überwiegend an Lungenkrautarten gefunden worden. Viele Angaben nennen nur die Gattung, nicht die Art. Auf der Schwäbischen Alb ist mutmaßlich das Dunkle Lungenkraut (*Pulmonaria obscura*) die Hauptnahrungspflanze, obwohl auch das Weiche Lungenkraut (*Pulmonaria mollis*) in einigen Gebieten in Frage käme. Sichere Nachweise an *P. mollis* existieren aber nur für den Fundort Eyachtal[4]; dort ist sie die einzige Nahrungspflanze der Population. Das Echte oder Gefleckte Lungenkraut (*Pulmonaria officinalis*) kommt nach heutiger Kenntnis in Baden-Württemberg nur bei Ulm sowie im Alpenvorland autochthon vor (Sauer & Thiv 1996); es dürfte für *E. modestoides* im Illertal als Nahrungspflanze eine Rolle spielen. Es wäre von Interesse, die Raupennahrungspflanzen der einzelnen *E. modestoides*-Standorte genau zu analysieren (die Artbestimmung sollte von einem Botaniker bestätigt werden; vergleiche die Anmerkungen zu *Atypha pulmonaris*).

An der Gewöhnlichen Hundszunge (*Cynoglossum officinale*) fand nur K. Freytag einmal 5 Raupen (Thanheimer Steige). Am Gewöhnlichen und am Knoten-Beinwell (*Symphytum officinale, S. tuberosum*), an denen *E. modestoides* in anderen Gebieten nachgewiesen wurde (z. B. Nord- und Südbayern, Osthelder 1927, Schreiber 1900a, Ungarn, Aigner-Abafi 1900f), konnte sie bei uns noch nicht gefunden werden (und wurde vielleicht auch zu wenig daran gesucht, denn die Schmetterlingssammler pflegen immer wieder die bekannten Lungenkraut-Standorte auf der Alb aufzusuchen).

Ältere Angaben von Aronstab (*Arum maculatum*) (Lhomme 1923–1935) und Hasensalat (»*Pterotheca* spec.« = *Lagoseris*) (Kostrowicki 1961), beides Pflanzen, die nicht zu den Boraginaceen gehören, sind vermutlich wenig glaubwürdig.

Nahrung des Falters: Keine Beobachtungen aus Baden-Württemberg.

Habitat: *Pulmonaria*-Bestände im Randbereich von buchenreichen Laubmischwäldern (Fagetalia sylvaticae) und im Unterwuchs von Gebüschgesellschaften der Ordnung Prunetalia spinosae, besonders des Schlehen-Liguster-Buschs (Pruno-Ligustretum), auch in meso- (und thermo)philen Saumgesellschaften der Origanetalia vulgaris (Trifolion medii, Geranion sanguinei). Die Raupen wurden am zahlreichsten in einzeln oder in kleinen Gruppen stehenden Lungenkrauthorsten in durch Gebüsche und Bodenunebenheiten strukturiertem Terrain, weniger zahlreich dagegen in dichten, mehr oder weniger geschlossenen,

Frißt die Raupe über längere Zeit nur Blüten, dann ändert sich auch ihre Farbe in Richtung violettgrün. – Albvorland 10.4.1990 A. Steiner. M.

---
[4] Herrn Prof. Dr. W. Sauer (Universität Tübingen) sei für die Determination gedankt.

Die jungen Raupen leben in röhrenförmig zusammengesponnenen Blättern (Mitte links). – Albvorland 10.4.1990 A. STEINER.

einheitlichen Lungenkrautbeständen gefunden. Über den *Cynoglossum*-Standort liegt keine Biotopbeschreibung vor.

Verhalten: Das Überwinterungsgespinst der Eiraupe ist – nicht nur in Baden-Württemberg sondern wohl überhaupt im Freiland – noch nicht beobachtet worden. Mutmaßlich befindet es sich an trockenen und dadurch fäulnisgeschützten Pflanzenteilen.

Die Jungraupe spinnt im Frühjahr, sobald die Nahrungspflanze ausgetrieben hat, auf der Mittelrippe eines Grundblatts sitzend, die Blattränder zusammen, so daß eine bis zu mehrere Zentimeter lange Röhre entsteht, in der die Raupe lebt und in deren Schutz sie sich häutet. Wesentlich seltener werden dagegen die Blütenstände zusammengesponnen, wie es die zur gleichen Zeit an der selben Pflanze lebende *Atypha pulmonaris* zu tun pflegt[5]. Im letzten Stadium – Ende April bis Anfang Mai – sitzen die Raupen tagsüber, selbst

---

[5] Auch die Raupen einer Tortricidae-Art leben im Frühjahr in den Blütenständen und spinnen diese zusammen.

Das charakteristische Fraßbild der älteren Raupen: Stehengelassene Mittelrippe und unterschiedlich weit abgefressene Blatthälften. – Albvorland 3.5.1989 A. STEINER.

bei Sonnenschein, frei auf den Blättern, und zwar nur auf der Blattoberseite, und auf den Blüten. Eindeutig bevorzugt werden die großen, grundständigen Blätter. Sie werden zumeist von der Spitze aus nach unten befressen, wobei oft ein Stück der Mittelrippe stehen bleibt und nach oben ragt. Auch wenn sich die Raupe nicht mehr an der Pflanze befindet, läßt dieses typische Fraßbild auf die Anwesenheit von *Euchalcia modestoides* schließen. Sehr gerne werden auch die frischen, nachtreibenden Blätter gefressen, wobei die Raupe entweder von außen oder auch von innen aus dem Schutz des noch zusammengerollten Blatts heraus fressen kann. Die kleineren Blätter an den Stengeln sind wesentlich weniger attraktiv für sie und werden vor allem dann gefressen, wenn die Pflanze keine großen Grundblätter mehr hat. Bei schlechtem Wetter ziehen sich die Raupen gern an die Stengelbasis nahe am Boden zurück, wohl um die in Bodennähe günstigeren mikroklimatischen Bedingungen auszunutzen, da die mittleren und oberen Teile der *Pulmonaria*-Horste im April–Mai meist noch die umgebende Krautschicht überragen und deshalb besonders wind- und wetterexponiert sind. Zur Verpuppung setzt sich die Raupe auf der Mittelrippe eines der großen, grundständigen Blätter fest und spinnt die beiden Blatthälften zusammen, jedoch nur in ihrer unmittelbaren Umgebung, so daß die äußeren Blattränder in der Regel frei bleiben. Dadurch unterscheiden sich die Puppen- von den Häutungsgespinsten. Die Falter sind dämmerungs- und nachtaktiv und kommen, meist nur vereinzelt, ans Licht.

Gefährdung und Schutz

Rote Liste Bundesrepublik: 2
Rote Liste Baden-Württemberg: V

Oberrheinebene: Noch unklar.
Schwarzwald: Nicht vertreten.
Neckar-Tauberland: Gefährdet.
Schwäbische Alb: Art der Vorwarnliste.
Oberschwaben: Art der Vorwarnliste.

- In Baden-Württemberg eine Art der Vorwarnliste!
  Besonders geschützt gemäß § 20 e ff. BNatSchG.

An den meisten Standorten der Schwäbischen Alb liegt noch keine unmittelbare Gefährdung vor. Solange keine einschneidenden Nutzungsänderungen, Baumaßnahmen, Fichtenanpflanzungen oder landwirtschaftlichen Intensivierungen die Lungenkrautbestände bedrohen, darf *E. modestoides* hier als sicher gelten. Dort, wo die Art Straßenränder besiedelt, wie es an dem einzigen Fundort im nördlichen Albvorland der Fall ist, dürfen die Straßenrandstreifen keinesfalls während der Raupenzeit, also zwischen März und Juni, gemäht werden. Da wir nicht wissen, an welchen Pflanzenteilen und in welcher Höhe die Eier abgelegt werden, ist es noch nicht möglich, verbindliche Angaben über die Mähmaßnahmen im weiteren Jahresverlauf zu machen. Die Population des Eyachtalgebiets hat jedenfalls bisher ein (nicht zu niedriges) Abmähen der Randstreifen im weiteren Jahresverlauf überstehen können (allerdings ist dort auch eine Neubesiedlung von ungemähten Flächen her möglich)[6].

Überprüft werden muß die Situation im Illertalgebiet; hier wie auch im nördlichen Albvorland ist vielleicht sogar mit noch unentdeckten Standorten zu rechnen. Unklar ist der Status der Art in der Rheinebene: Sollte sie sich hier als bodenständig erweisen, müßte ihr schon angesichts der isolierten Lage der Gefährdungsgrad »stark gefährdet« zukommen. Eine gezielte Nachsuche (nach den Raupen) ist dringend erforderlich.

Polychrysia moneta
Fabricius, 1787)
Eisenhut-Goldeule

Plusia moneta F. (REUTTI 1898, SPULER 1908–1910, LAMPERT 1907, REBEL 1910, ECKSTEIN 1913–1923, HERING 1932)
Chrysoptera moneta F. (WARREN in SEITZ 1909–1914, SCHNEIDER 1936–1939, BERGMANN 1951–1955, KOCH 1954–1961)

Gesamtverbreitung: In Europa südlich bis Nordspanien (ein isoliertes Vorkommen in der Sierra Nevada), bis Südfrankreich, zum Alpensüdrand, zum Balkan (Mazedonien, Bulgarien, Rumänien) verbreitet. Nördlich kam die Art bis Mitte des 19. Jahrhunderts bis zu einer Linie Normandie – Weilburg – Osterode (Harz) – St. Petersburg vor. Etwa ab 1870 begann eine rasche Expansion nach Norden und Nordwesten, in deren Verlauf 1875 Dänemark, 1880 die Niederlande, 1882 Belgien und 1890 Südengland erreicht wurde. Heute besiedelt sie

---

[6] 1995 wurden hier durch ausgedehnte Straßenbauarbeiten die Lungenkrautbestände auf einem 3–5 m breiten Streifen am Straßenrand großflächig vernichtet (D. BARTSCH). Eine erneute Untersuchung dieses Standorts ist dringend erforderlich.

ganz England, Wales, Südschottland und Teile Irlands, das südliche und Teile des mittleren Skandinaviens bis Mittelfinnland. In der Ostpaläarktis, westlich bis zum Uralfluß, Kasan, Kirow und zum Nordural, südlich bis zum Kaukasus und zum Hochland von Armenien, östlich bis Kamtschatka, zum Amur-Ussurigebiet und Nordostchina fliegt die früher gelegentlich als separate Art aufgefaßte ssp. *esmeralda* (OBERTHÜR, 1880). In Nordamerika kommt *P. moneta* entgegen den Angaben in älteren Handbüchern nicht vor, denn die nearktischen Populationen gehören nach neuerer Auffassung zu einer eigenen Art, *Polychrysia trabea* (SMITH, 1895) (MIKKOLA, LAFONTAINE & KONONENKO 1991).

Verbreitung

Regional: In Baden-Württemberg kommt die Eisenhut-Goldeule sehr lokal im Alpenvorland, auf der Schwäbischen Alb (hier vor allem in den Tälern der Mittleren Flächenalb) und im Schwarzwald vor. Zumindest dürfen wir in diesen Gebieten von einem »natürlichen« Vorkommen ausgehen. Daneben wird *P. moneta* aber auch vereinzelt und zum Teil in großen Zeitabständen im Neckar-Tauberland und in der Rheinebene gefunden, wo sie als Kulturfolger in Gärten an angepflanzten Eisenhut- und Rittersporarten auftritt.

Oberrheinebene: Weinheim, Ortsgebiet, 1964–1967 (H. LIENIG); Mannheim-Feudenheim, Ortsgebiet, 1982 (G. FRIETSCH); Eppelheim, Ortsgebiet, 1980, 1987 (R. BLÄSIUS); Karlsruhe, bot. Garten, 1941, 1944 (A. GREMMINGER); Achkarren (L. SETTELE); Freiburg, Ortsgebiet und bot. Garten, vor 1900, 1936, 1965 (REUTTI 1953, K. KELLER nach REUTTI 1898, K. ROTHMUND, L. SETTELE); Tüllingen (REUTTI 1898).

Neckar-Tauberland: Zimmern (Tauberland) (K. A. SEITZ nach Kartei A. GREMMINGER); Lauda, 1908 (K. ROTHMUND nach Kartei A. GREMMINGER); Neckarelz und Mosbach (REUTTI 1898); Eutingen bei Pforzheim, 1925 (H. ROMETSCH); Pforzheim-Hanfacker, 1932 (K. STROBEL); Schwäbisch Hall, 1928 (H. RENNER); Untergröningen, Krempelbach, 1974 (H. AMMON); Stuttgart (SEYFFER 1850 und Belege von 1872 und 1896 in coll. SMNS); Tübingen, bot. Garten, 1842 (HEPP 1849–1850, SEYFFER 1850); Waldshut (REUTTI 1898).

Ob sie in diesen Gebieten dauerhaft bodenständig ist bzw. sein kann, ist aufgrund der sehr sporadischen Nachweise schwierig zu beurteilen. Zu den Gebieten mit dauernder Bodenständigkeit gehören vermutlich auch der Odenwald (einschließlich angrenzende Gebiete: Weinheim, Mannheim-Feudenheim, Eppelheim) und die Schwäbisch-Fränkischen Waldberge (Untergröningen, Schwäbisch Hall). In der Tat war *P. moneta* wohl »ursprünglich ein echtes [Mittel-] Gebirgstier« (BERGMANN 1954). Sie bietet somit ein Beispiel für eine durch zeitweiligen gärtnerischen Anbau ihrer Nahrungspflanzen in ihrer Ausbreitung geförderten, mittlerweile aber durch nachlassende Beliebtheit dieser Pflanzen auf ein »normales« Maß zurückgehende Art.

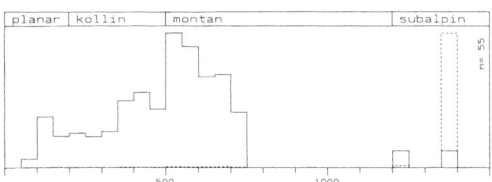

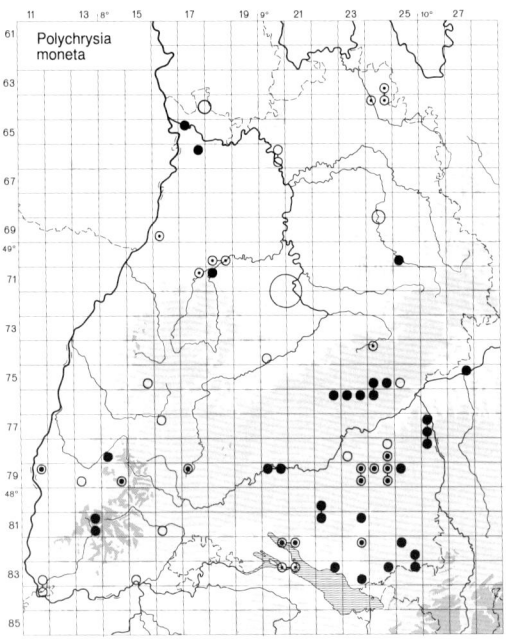

Vertikal: Von der Ebene bis in die montane Stufe um 800 m verbreitet. Im Gebirge werden aber anscheinend auch die Hochlagen besiedelt, wie zwei Funde vom Feldberg vermuten lassen (1350 m, Umg. Todtnauer Hütte, J. ASAL; 1150–1493 m, ohne genaue Fundstelle, W. STAIB).

Phänologie

Imagines: Falternachweise aus dem Freiland liegen nur sehr spärlich vor. Das mit über 20 taggenauen Daten noch fundreichste Alpenvorland weist Nachweise zwischen Mitte Mai und Mitte September auf, die sich offenbar auf zwei Generationen verteilen, deren Abgrenzung aller-

Die goldartige Färbung und die an Münzen erinnernde Makelzeichnung haben *Polychrysia moneta* ihren wissenschaftlichen Namen eingetragen. Die Ruhehaltung des Falters, »der sich nach dem Ausschliefen mit dem Vorderleib hoch darstellt und mit seinen erhabenen Bartspitzen eine komische Figur macht«, war schon 1828 dem Memminger Faunisten SAMUEL VON WACHTER aufgefallen. – Illerauen bei Dietenheim (ex larva-Zucht) 6.12.79 G. EBERT. S.

dings unsicher ist[1] (13.5.1969 Federsee, G. BAISCH; 19.9.1960, Umg. Ummendorf, G. REICH). Eine wenn auch schwache Konzentration zeigt sich im Juli. Aus der Rheinebene liegen Funde von Mitte Juni bis Mitte Juli vor; zwei Einzeltiere vom August und September dürften der 2. Gen. angehören (3.8.1936, Freiburg, K. ROTHMUND nach Kartei GREMMINGER; 15.9.1966, Weinheim, H. LIENIG). Im Neckar-Tauberland sind Falter von Mitte Juni bis Mitte Juli nachgewiesen worden. Zeitlich verschoben liegen die Meldungen aus den Mittelgebirgen: Im Schwarzwald von Anfang Juli bis Anfang/Mitte August mit einem Einzelfund im September (14.9.1983, Gehren bei Siensbach, G. WEIN), auf der Schwäbischen Alb von Anfang Juli bis Ende August (28.8.1980, Umg. Schelklingen, A. SCHOLZ und am selben Tag, Gerhausen, F. HOHENSTEINER). Neben der regulären 1. Gen., die je nach Naturraum ab Mai, Juni oder Juli fliegt, kommt eine nur jahrweise und örtlich auftretende, unvollständige 2. Gen. vor, die – ebenfalls je nach Naturraum – wahrscheinlich schon ab August und im September fliegt. Wenn man die Generationengrenze Mitte August annimmt, dann beträgt das Häufigkeitsverhältnis der Generationen in unserem Gebiet etwa 5:1, wobei nochmals darauf hinzuweisen ist, daß die Datenbasis mit 70 Individuen nicht gerade groß ist.

Präimaginalstadien: Über die Lebensweise der Jungraupe vor der Überwinterung ist wenig bekannt. In Baden-Württemberg sind die Raupen erst im Frühjahr gefunden worden. Den frühesten Fund, eine bereits halb erwachsene Raupe, machte H. LIENIG am 28.4.1964 in Weinheim. Weitere Nachweise stammen aus dem Mai und der ersten Junihälfte: 2.6.1991 eine halb erwachsene Raupe im Hunauer Holz bei Kißlegg (K. FREYTAG), 15. und 17.6.1941 je eine erwachsene Raupe im botanischen Garten in Karlsruhe (A. GREMMINGER). Man darf wohl davon ausgehen, daß die zahlreichen gezüchteten Falter, auf deren Etiketten ein Schlupfdatum im Mai, Juni oder Juli vermerkt ist, als Raupe im Mai/Juni gefunden wurden. Leider hielten es viele Schmetterlingssammler nicht für nötig, die primäre phänologische Information (nämlich das Raupenfunddatum) anzugeben, sondern begnügten sich mit dem phänologisch irrelevanten (weil unter Laborbedingungen beliebig beeinflußbaren) Schlupfdatum. Diejenigen Raupen, die Falter der unvollständigen 2. Gen. ergeben, sind im Juli und August nachgewiesen worden: Juli 1936 in Anzahl, Wildgutach (A. FEHRENBACH nach Kartei GREMMINGER), 4.7.1944 2 junge und 4.8.1944 4 fast erwachsene Raupen, botanischer Garten Karlsruhe (A. GREMMINGER). Nach BRETHERTON, GOATER & LORIMER (1983) entwickeln sich die Nachkommen der 1. Gen. unterschiedlich: die

---

[1] Möglicherweise markiert die Nachweislücke zwischen Mitte August und Anfang September die Generationenlücke.

meisten Raupen überwintern klein, andere wachsen rasch heran und ergeben die 2. Gen., deren Nachkommen wiederum klein überwintern.

Ökologie

Lebensraum: Eisenhutbestände in Laub-, Misch- und Nadelwäldern der Mittelgebirge und des Alpenvorlands, meist an frischen bis feuchten, mäßig sonnigen bis schattigen Stellen, auch an Waldrändern, in Hochstaudenfluren, an Uferböschungen oder in Weidengebüschen. G. BAISCH fand die Raupen in den Illerauen auch »an ausgesprochen sonnigen Standorten«. Früher, als Eisenhut und Rittersporn noch gern gepflanzt wurden, kam *Polychrysia moneta* vielfach in Gärten, Parks und älteren Friedhöfen vor, ist aber heute im urbanen Bereich wesentlich seltener geworden. Die nicht-anthropogenen Vorkommen liegen im Bereich mittlerer Jahrestemperaturen von 4 bis 8°C und mittlerer jährlicher Niederschläge von 700 bis über 1800 mm.

Die junge, noch versteckt lebende Raupe besitzt schwarze Punktwarzen. – Kißlegg 6.92 K. FREYTAG.

Nahrung der Raupe:

Aconitum napellus – Blauer Eisenhut
  4 L (BAI, GRE, REU, SCC, SET)
Aconitum vulparia – Gelber Eisenhut
  3 L (AMM, BAI, SCC)
Aconitum spec. – Eisenhut
  4 L (FRY, GRE, HEP, SEZ)
Consolida ajacis – Gartenrittersporn
  L (HEP)
Consolida spec. – Rittersporn
  L (LIE)

Erwachsen ist die Raupe einfarbig grün mit weißen Seitenlinien und feiner, doppelter, weißer Rückenlinie. Der Kokon ist oval und goldgelb gefärbt. – Illerauen bei Dietenheim 28. 5. 79 G. Ebert. S.

Das Nahrungsspektrum der Raupe umfaßt mehrere Eisenhut- und Rittenspornarten (die von den Mitarbeitern leider nicht immer bis zur Art bestimmt wurden). Im Alpenvorland und im Schwarzwald, aber auch bei den Raupenfunden in Gärten, scheint der Blaue Eisenhut (*Aconitum napellus*) die wichtigste Rolle zu spielen[2]. Von der Schwäbischen Alb und aus den Schwäbischen Waldbergen liegen auch Funde am Gelben Eisenhut (*Aconitum vulparia*) vor[3]. In diesen Gebieten kann *Polychrysia moneta* in denselben Habitaten und sogar an denselben Pflanzen wie *Euchalcia variabilis* vorkommen. Allerdings ist *E. variabilis*

meist zwei Wochen früher erwachsen als *P. moneta*, ein Phänomen, das schon K. F. T. HEPP Mitte des 19. Jahrhunderts im Tübinger botanischen Garten beobachtete. Dort fand er *P. moneta* außerdem auf dem Gartenrittersporn (*Consolida ajacis*) (HEPP 1849–1850). Auf (Garten-?) Rittersporn in Gärten registrierte auch H. LIENIG in den sechziger Jahren in Weinheim mehrere Raupen. Unter den Beobachtungen an »Eisenhut« von der Alb könnte sich ferner – genau wie bei den »Eisenhut«-Meldungen von *E. variabilis* – auch noch der Gescheckte Eisenhut (*Aconitum variegatum*) verbergen.

Nach SPULER (1908–1910), ALLAN (1949) und SEPPÄNEN (1970) lebt die Raupe auch an der Trollblume (*Trollius europaeus*). Aus unserem Gebiet liegen dazu noch keine Beobachtungen vor.

Nahrung des Falters: Beim abendlichen Blütenbesuch wurden die Imagines an *Buddleja davidii*

---

[2] Schon in den 1820er Jahren hatte der Stadtdekan S. v. WACHTER in Memmingen die Lebensweise der Raupe an »blauem Aconitum« in Gärten beschrieben (FREYER 1828–1829).
[3] Von *Aconitum vulparia* wurde die Raupe auch aus dem Elsaß gemeldet (PEYERIMHOFF & MACKER 1910).

und an *Lonicera* spec. beobachtet (H. BEYERLE nach SETTELE 1926a, H. HERRMANN 1976).

Habitat: Vermutlich vor allem Eisenhutbestände in Hartholzauenwäldern (Alno-Ulmion) und Edellaubbaum-Mischwäldern (Tilio platyphylli-Acerion pseudoplatani) und in Mädesüßfluren (Filipendulion), im höheren Schwarzwald vermutlich auch in subalpinen Hochstaudenfluren (Adenostylion alliariae). Pflanzensoziologisch gut dokumentierte neuere Raupenfunde fehlen jedoch weitgehend. Die als Raupennahrung beobachteten Rittersporstauden (und einige der Eisenhutpflanzen) waren in Gärten, Anlagen und Friedhöfen gepflanzt und somit pflanzensoziologisch nicht einzuordnen.

Verhalten: Die jungen Raupen leben in zusammengesponnenen Spitzentrieben (Blütenstände). Wenn sie älter sind, nagen sie die Hauptadern eines größeren Blatts von der Unterseite her so an, daß sich die Blattzipfel senken und sich die Raupe darunter verstecken kann, ganz nach der Art von *Euchalcia variabilis*. Nachts und gelegentlich auch bei Tag verläßt die Raupe ihr Versteck zur Nahrungsaufnahme, bei der sie meist auf der Blattunterseite sitzt. Die Verpuppung erfolgt entweder an der Nahrungspflanze oder einer benachbarten Staude in einem auf der Unterseite eines Blatts angelegten Kokon. Frisch gesponnene Kokons sind zunächst weißlich, verfärben sich aber bald intensiv goldgelb.

Die Falter sind nachtaktiv, kommen aber offenbar ungern ans Licht, so daß sie nur spärlich nachgewiesen werden. Für die Erbringung des faunistischen Nachweises ist die Raupensuche das Mittel der Wahl.

Gefährdung und Schutz

Rote Liste Bundesrepublik: –
Rote Liste Baden-Württemberg: 3

Oberrheinebene: Gefährdet (regional ausgestorben oder verschollen).
Schwarzwald: Nicht gefährdet (Aussage nicht abgesichert).
Neckar-Tauberland: Stark gefährdet (regional ausgestorben oder verschollen).
Schwäbische Alb: Art der Vorwarnliste.
Oberschwaben: Art der Vorwarnliste (regional ausgestorben oder verschollen).

- In Baden-Württemberg gefährdet!
  Besonders geschützt gemäß § 20eff. BNatSchG.

Die Einschätzung der Gefährdungssituation von *P. moneta* wird durch die Tatsache erschwert, daß sie vor allem als Raupe leicht nachweisbar ist, aber heute nur selten in diesem Stadium gesucht wird (so könnte der im Kartenbild erkennbare Rückgang vielleicht wenigstens örtlich ein methodisch bedingtes Artefakt darstellen). Darüber hinaus stellt sich die Frage, ob die Art in der Rheinebene und im Neckar-Tauberland wirklich je dauerhaft bodenständig war oder nur als unregelmäßiger Zuwanderer und Vermehrungsgast auftrat. Ihr zeitweiliger Rückgang im urbanen Bereich dieser Naturräume dürfte mit dem Rückgang angepflanzter Eisenhut- und Rittersporarten zu tun haben, wie schon BERGMANN (1954) für Mitteldeutschland mutmaßte. Die anstelle des Blauen Eisenhuts vermehrt gepflanzten Kulturformen mit dichter Behaarung sind für *P. moneta* anscheinend ungeeignet (P. PRETSCHER, pers. Mitt.). Die Kultivierung (aber nicht zu starke Beschneidung) von Blauem Eisenhut in privaten Gärten, Parks und Friedhöfen könnte der Art geeignete Kleinlebensräume und Trittsteine für weitere Ausbreitung schaffen. Im Bergland, wo wir mit einer geringeren Gefährdung rechnen dürfen, ist die Erhaltung der Eisenhutbestände, primär des Blauen Eisenhuts, die einzige wirksame Maßnahme. Daneben sollte durch gezielte Raupensuche ermittelt werden, wo die Art noch stabile Populationen hat und welche *Aconitum*-Arten in den einzelnen Naturräumen bevorzugt werden.

Lamprotes c-aureum
(Knoch, 1781)

Wiesenrauten-Goldeule

Plusia c-aureum KNOCH (REUTTI 1898, SPULER 1908–1910, LAMPERT 1907, REBEL 1910, ECKSTEIN 1913–1923, HERING 1932)

Chrysoptera c-aureum KNOCH (WARREN in SEITZ 1909–1914, SCHNEIDER 1936–1939, BERGMANN 1951–1955, KOCH 1954–1961, FORSTER 1954–1981, HARTIG & HEINICKE 1973)

Gesamtverbreitung: In Europa lokal, vor allem in den mittleren und östlichen Ländern verbreitet, nördlich bis Belgien, Niederlande, Dänemark, Südschweden, Südfinnland, Leningrad und zum Ural, südlich bis zum Alpensüdrand Frankreichs und Italiens, Dalmatien, Nordbosnien und Rumänien, außerdem im Kaukasus, in Armenien und Westsibirien. Die zentral- und ostasiatische *Lamprotes mikadina* (BUTLER, 1878) ist nach SUGI (1982) keine Form von *L. c-aureum* sondern eine eigene Art.

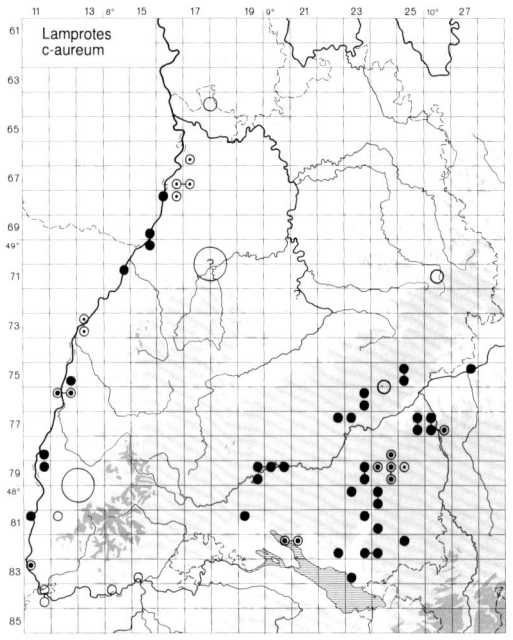

von Pforzheim (»Sehr selten bei Pforzheim«, GAUCKLER 1909, 1921) einstufen. An beiden Fundstellen ist die Art trotz intensiver faunistischer Aktivität sonst nie gefunden worden.

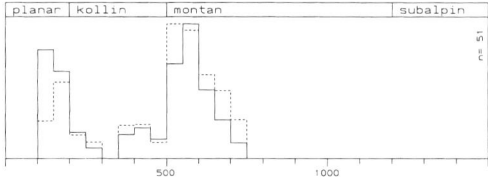

Vertikal: Sehr deutlich lassen sich im Diagramm die beiden Arealteile Oberrheinebene (100 bis 250 m) und Schwäbische Alb und Alpenvorland (350 bis 750 m) abgrenzen. Wenn KOCH (1984) die Art »vorwiegend in der Ebene«, HACKER (1989) dagegen »in Mitteleuropa ... nur in gebirgigen Gegenden« lokalisiert, erfassen beide Autoren jeweils nur einen Teil der Vertikalverbreitung.

Phänologie

Imagines: Der Voltinismus von *Lamprotes c-aureum* in unserem Gebiet bedarf noch immer genauerer Klärung. Während die meisten Handbücher übereinstimmend eine Generation von Juni (bzw. Ende Juni) bis August angeben (vermutlich vielfach voneinander abgeschrieben), ging BERGNER (1906) für die Freiburger Oberrheinebene von zwei Generationen aus, ohne aber

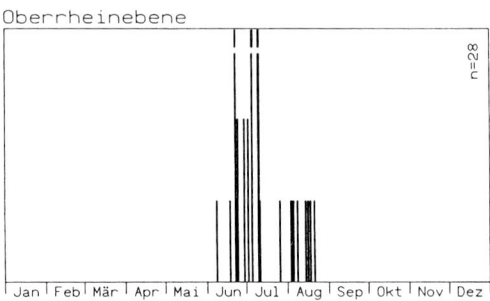

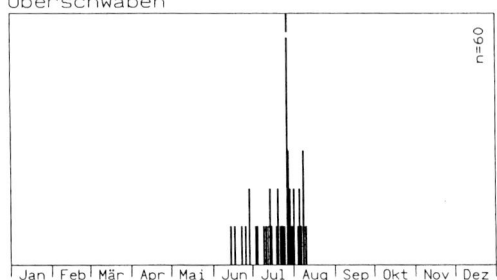

Verbreitung

Regional: In Baden-Württemberg bewohnt die Wiesenrauten-Goldeule zwei getrennte Teilareale: Das eine umfaßt den gesamten Auwaldgürtel des Rheins, wo sie sehr lokal von den Hardt-Ebenen bis zur Markgräfler Rheinebene verbreitet ist. Alte Angaben liegen auch vom Hochrhein vor, wo die Art in neuerer Zeit (vielleicht wegen mangelnder aktueller Durchforschung) nicht mehr gefunden wurde[1]. Das andere Teilareal erstreckt sich von der Südhälfte der Schwäbischen Alb, wo die Art in den Tälern der nördlichen Donauzuflüsse und in der Hegaualb vorkommt[2], bis ins Alpenvorland, von den Donau-Iller-Lech-Platten bis ins Voralpine Hügel- und Moorland und zum Bodensee.

Als fraglich müssen wir Meldungen von Stuttgart-Berg (H. ROTH nach SCHNEIDER 1938) und

---

[1] R. FAESCH fand Raupen an *Thalictrum aquilegiifolium* gegenüber von Grenzach-Wyhlen auf dem schweizerischen Rheinufer (Hardtwald bei Birsfelden, PEYERIMHOFF & MACKER 1910).

[2] Ein einziger Nachweis, leider ohne genaue Fundortangabe, liegt von der »Ostalb« vor (KAUFMANN 1966a). Ein Belegstück ex coll. KAUFMANN (in coll. SMNS) von 1966 ist lediglich mit KAUFMANNs Standardetikett »Aalen und Umgebung« bezettelt. H. KAUFMANN lebte in Aalen und fand die Art vermutlich in der weiteren Umgebung, also im Naturraum Albuch und Härtsfeld.

Lamprotes c-aureum: »Die Pracht ihrer Farbenmischung, der herrliche Goldglanz, und die purpurbraunen Zeichnungen, erregen gewiß das Staunen eines Jeden, selbst des Unkundigen, der dieses Geschöpf erblickt« schwärmte C. F. Freyer im vorigen Jahrhundert. Der Name *c-aureum* leitet sich von dem kleinen C-förmigen Fleck im Mittelfeld ab. – Illerauen bei Dietenheim (e.l.-Zucht) 6.79 G. Ebert. S.

Die Raupe, die in ihrer Jugend Kotmimese betreibt (siehe Text), entwickelt später eine grün-weiß geringte Zeichnung. Wenn sie nicht gerade vom Blitzlicht eines Fotografen beleuchtet wird, gewährt ihr dieses Kleid im Lichterspiel der Staudenflur eine gute Tarnung. – Illerauen bei Dietenheim 28.5.79 G. EBERT. S.

genaue Daten zu nennen. Die uns aus der Oberrheinebene vorliegenden genau datierten Freilandfunde sind immer noch sehr spärlich. Das Diagramm läßt zwei getrennte Flugperioden von (Anfang) Mitte Juni bis Mitte Juli und von (Ende Juli) Anfang August bis Mitte August erkennen. Ob es sich hierbei um ein durch die geringe Datenmenge erklärbares Artefakt oder tatsächlich um zwei Generationen handelt, ist unklar. Wir möchten die Entwicklung von zwei Generationen jedoch bezweifeln, denn selbst aus Südeuropa wird nur eine Generation angegeben (z. B. HAKKER 1989, LHOMME 1923–1935). Unser frühester Fund stammt aus einem warmen Jahr (8.6.1993, Wintersdorf, C. KÖPPEL).

Präimaginalstadien: Als Überwinterungsstadium gilt allgemein die junge Raupe. Die Angabe von BERGNER (1906): »Bereits im April erfolgt in unserer Gegend [= Raum Freiburg] die Ei-Ablage...« bleibt daher rätselhaft. Ein Falterschlupf im April ist – selbst in dem außergewöhnlich heißen Frühjahr 1904 – nicht vorstellbar. Entweder bezog sich BERGNER auf Freilandfunde der Eier (die dann überwintert haben müßten!) oder auf Eier, die seine Zuchttiere abgelegt hatten, die er im März und April 1905 im botanischen Garten in Freiburg ausgesetzt hatte[3]. Eine genaue Klärung des regulären Überwinterungsstadiums steht also noch aus.

Im Gebiet der Schwäbischen Alb und im Alpenvorland sind die Raupen mehrfach im Mai und Juni gefunden worden (G. BAISCH, A. BUSCHLE, H. KAUFMANN).

Die Eidauer beträgt nach BERGNER (1906) 6–8 Tage, die Raupenentwicklung in der Zucht ca. einen Monat, die Puppenruhe etwa 14 Tage.

Ökologie

Lebensraum: Wiesenrautenbestände in frischen bis feuchten, zuweilen nassen, nährstoffreichen Staudenfluren und Gebüschen, oft in halbschattiger bis schattiger Lage, am Oberrhein auch in Auwäldern, in Oberschwaben in Bruchwäldern, auf der Schwäbischen Alb in Schluchtwäldern, und an deren Rändern, auf Verlichtungsstellen, an Waldwegen, Gräben und Bachufern. Die Falter sind offenbar recht standorttreu.

Die südwestdeutschen Vorkommen liegen im Bereich mittlerer Jahrestemperaturen von 6–8°C (Alb), 6–9°C (Alpenvorland) und über 9°C (Oberrhein) sowie im Bereich mittlerer Jahresniederschläge von 700–900 mm (Alb), 700–1200 mm (Alpenvorland) und 600–900 mm (Oberrhein).

Nahrung der Raupe:
Thalictrum aquilegiifolium – Akeleiblättrige Wiesenraute
    4 E, L (BAI, BGN, BUS, FRY, HNL, KAU, MEI)
Thalictrum flavum – Gelbe Wiesenraute
    L (BAI)
Thalictrum spec. – Wiesenraute
    L (BAI)
Aquilegia vulgaris – Gewöhnliche Akelei
    E (BGN)
Aquilegia spec. – Akelei
    L (COM)

Die wichtigsten Nahrungspflanzen in unserem Gebiet sind Wiesenrauten, vor allem die Akeleiblättrige Wiesenraute (*Thalictrum aquilegiifolium*). Sowohl am Oberrhein (BERGNER 1906, PEYERIMHOFF & MACKER 1910) als auch auf der Schwäbischen Alb (G. BAISCH, H. KAUFMANN) und im Alpenvorland (G. BAISCH, K. FREYTAG, R. HEINDEL, J.-U. MEINEKE) sind daran wiederholt Raupen gefunden worden. Auf der Alb ist ferner die Gelbe Wiesenraute (*Thalictrum flavum*) als Raupennahrung sicher nachgewiesen (G. BAISCH), weitere Arten (etwa die seltenen *Th. lucidum* und *Th. morisonii*) kommen wohl ebenfalls in Frage. Da *Thalictrum aquilegiifolium* am Oberrhein heute nahezu ausgestorben ist (NEBEL 1990), müssen wir annehmen, daß hier auch in verstärktem Maße *Thalictrum flavum* genutzt wird.

---

[3] Weiterhin erwähnte er kurz, gegen 100 Eier der »II. Generation« gefunden zu haben.

Die Gewöhnliche Akelei (*Aquilegia vulgaris*) ist gern mit der Wiesenraute vergesellschaftet und dann stellenweise häufiger als diese, stellt aber offenbar eine suboptimale Nahrungspflanze für *L. c-aureum* dar. Aus den Mooswäldern bei Freiburg berichtete BERGNER (1906): »An meinem Fundorte standen beide in Betracht kommenden Pflanzen, Wiesenraute und Akelei, dicht nebeneinander. Obwohl *Aquilegia vulgaris* die häufigere war, fand sich doch nur in einem Falle an ihr ein kleines Gelege von 4 Eiern. Auch ging die Mehrzahl der versuchsweise auf diese Pflanze übertragenen jungen Räupchen in Folge mangelnder Ernährung zu Grunde, da sie anscheinend nur schwer die ungleich härtere Epidermis zu durchnagen vermochten.« Sonst liegen nur von E. COMMERELL (nach Kartei A. GREMMINGER) Raupenmeldungen an Akelei aus dem Raum Überlingen vor.

Nahrung des Falters: Im Raum Freiburg beobachtete K. KELLER (nach REUTTI 1853) Falter an *Lavandula spica*, also offenbar in einem Garten. Bei Oberhausen fand SERMIN (1959) die Falter abends an den Blüten von *Echium vulgare* und *Saponaria officinalis* saugend.

Habitat: Pflanzensoziologisch sind die Larvalhabitate mit *Thalictrum aquilegiifolium* teils der Hartholzaue (Alno-Ulmion), zum Teil Staudenflur-Gesellschaften wie dem Filipendulion ulmariae oder dem Aegopodion podagrariae sowie Feuchtwiesengesellschaften der Molinietalia zuzuordnen.

Verhalten: Die Eier werden auf die Blattunterseite abgelegt. BERGNER (1906) beobachtete: »Die auf das einzelne Blatt entfallende Zahl der Eier ist eine geringe, zwischen 7 und 10 schwankende, die nach meinen Beobachtungen nur selten überschritten wird. ... sind die ... Eier in parallelen Reihen längs der Rippen an der Blattunterseite befestigt. ... So wohlgeborgen nun schon das Ei durch seine Kleinheit und seine versteckte Lage ist, besitzt es doch noch weiteren Schutz; wohl hebt sich bei auffallendem Lichte das Gelege deutlich von der weisslichgrünen Blattunterseite ab, bei durchscheinendem Lichte aber, also in der natürlichen Lage des zarten Blattes, sind die Eier schwer sichtbar. Eine Grünfärbung der Eier, wie ich sie versuchsweise mit einer Eiweiss-Lasurfarbe herstellte, liess das Gelege infolge Farbhäufung (Grün des Eies + Grün des Blattes) in der Durchsicht als schwärzliche Punkte hervortreten. Durch diesen Versuch geht deutlich hervor, wie zweckmässig die auf den ersten Blick auffällige gelblichweisse Eifärbung ist.«

Die Larvalbiologie hat ebenfalls BERGNER (1906) beschrieben: Die frisch geschlüpften, gelblichgrünen L_1-Räupchen sitzen auf den Blattunterseiten an den Blattadern (auf den Blattflächen können sie noch keinen Halt finden) und fressen im ersten Larvalstadium die untere Epidermis und die chlorophyllführenden Schichten, lassen die obere Epidermis aber stehen (»Fensterfraß«). Ab dem 2. Stadium beginnen die Raupen auch an den Stengeln zu ruhen, wobei sie wie Geometridenraupen sitzen und abgebrochene Blattstiele oder Seitenästchen nachahmen. Die L_3-Raupen zeigen bereits weiße Schrägstreifen; sie ruhen, sich nur mit den Bauchfüßen und Nachschiebern festhaltend, mit zurückgelegtem und S-förmig gekrümmtem Körper. In dieser Stellung ähneln sie frappant dem grünlichweißen Kot kleinerer Vögel, der oft in solcher Form an Ästen und Zweigen haften bleibt. Von nun an werden ganze Löcher in die Blätter gefressen. In den nächsten Stadien intensivieren sich die weißen Zeichnungselemente und kontrastieren mit den dunkelgrünen Partien. Die teils an Blättern, teils an Stielen ruhenden Raupen sind damit im Licht- und Schattenspiel der Staudenflur hervorragend getarnt. Zur Verpuppung wird ein weißliches Gespinst, meist auf der Unterseite eines Blatts, angelegt. BERGNER beobachtete mehrfach »kleine Laufspinnen«, die am Faden hängend und sich im Luftzug hin und her bewegende L_1-Raupen erbeuteten, während Angriffe auf am Blatt sitzende Raupen nicht vorkamen.

Die Falter sind dämmerungs- und nachtaktiv. Sie kommen ans Licht, allerdings eher vereinzelt. Höhere Anflugzahlen kommen nur in unmittelbarer Nähe der Larvalhabitate vor (z. B. 18 Exemplare am 27.7.1962 bei Zweifelsberg-Ölweier, G. BAISCH).

Gefährdung und Schutz

Rote Liste Bundesrepublik: 2
Rote Liste Baden-Württemberg: 2

Oberrheinebene: Stark gefährdet.
Schwarzwald: Nicht vertreten.
Neckar-Tauberland: Ausgestorben oder verschollen.
Schwäbische Alb: Gefährdet.
Oberschwaben: Gefährdet.

- In Baden-Württemberg stark gefährdet! Besonders geschützt gemäß § 20 e ff. BNatSchG.

Die relativ schlechte Eignung des Lichtfangs zur Bestandskontrolle hat zur Folge, daß wir über die Gefährdungssituation von *Lamprotes c-aureum* nur unvollkommen informiert sind. Es wäre nicht ausgeschlossen, daß die Art auf der Schwäbischen Alb und in Oberschwaben doch noch verbreiteter ist als das Kartenbild erkennen läßt. Dagegen muß für die Oberrheinebene eine stärkere Gefährdung angenommen werden, denn *Thalictrum aquilegiifolium*, nach BERGNER (1906) hier die primäre Nahrungspflanze, ist am Oberrhein nahezu ausgestorben und *Thalictrum flavum* zumindest bedroht. Die Gefährdungsursachen sind einerseits das Trockenfallen vieler Auengebiete, andererseits die anhaltende Zerstörung der Lebensräume durch Gewässerausbau, Siedlungs- und Straßenbau sowie die Anlage von Pappelkulturen. Eine detaillierte Nachkartierung aller bekannten Standorte von *Lamprotes c-aureum* in der Oberrheinebene ist dringend zu empfehlen, um die aktuelle Bestandssituation besser einschätzen zu können.

Der Diachrysia chrysitis-Komplex

In den sechziger Jahren hatte KOSTROWICKI (1961) anhand von vermeintlichen genitalmorphologischen und habituellen Merkmalen die Art *Diachrysia chrysitis* in zwei Arten aufgespalten: *D. chrysitis* L. (mit getrennten messingfarbenen Bändern auf den Vorderflügeln) und *D. tutti* KOSTR. (früher als forma *juncta* TUTT[1] bezeichnet, mit im Mittelfeld verbundenen Messingbändern). Bei genaueren Untersuchungen an umfangreicherem Material sowie durch Zuchten ergab sich aber bei den genitalmorphologischen Merkmalen wie auch in der Flügelzeichnung eine Variabilität mit stufenlosen Übergängen, selbst unter Faltern aus ein und demselben Eigelege (LEMPKE 1965, 1966a, KRISTENSEN 1966, URBAHN 1966, 1967)[2], so daß das Artrecht von *tutti* Ende der sechziger Jahre nicht mehr haltbar erschien. 1982 stellte sich aber bei Tests mit synthetischen Sexuallockstoffen heraus, daß die Männchen auf zwei unterschiedliche Lockstoffmischungen maximal reagierten, wobei an einem Präparat vorwiegend Männchen der Nominatform, am anderen überwiegend Männchen der Form *juncta=tutti* anflogen (PRIESNER 1985). Die daraufhin vor allem im Alpenraum eingeleiteten Sexuallockstoff-Fallenfänge ergaben eine insgesamt hohe Korrelation zwischen Sexuallockstoff, Flügelzeichnung und Genitalmorphologie, obwohl an beiden Lockstoffen regelmäßig auch eine geringe Anzahl von Faltern der jeweils anderen Form anflog und außerdem an beiden Lockstoffen Übergangsformen registriert wurden (PRIESNER 1985, REZBANYAI-RESER 1985). Immerhin glaubten die Bearbeiter, für die beiden Formen auch Unterschiede in der Imaginalphänologie (Flugzeit) sowie – im Alpenraum – etwas unterschiedliche Biotopansprüche feststellen zu können (PRIESNER 1985, REICHOLF 1985, REZBANYAI-RESER 1985).

BRUUN (1987) hat anhand von Material aus Lockstofffängen in Südfinnland als mikroskopisches Unterscheidungsmerkmal (dessen Allgemeingültigkeit noch überprüft werden muß) die Anzahl der Längsrippen auf den Schuppen der Hinterflügeloberseite zwischen Ader 7 und 8 angegeben: Am *chrysitis*-Lockstoff angeflogene Männchen besaßen im statistischen Durchschnitt 628 Rippen pro mm, am *tutti*-Lockstoff angeflogene Männchen dagegen durchschnittlich 532 Rippen pro mm^3.

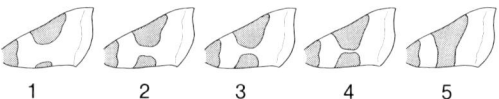

Variabilität der Vorderflügelzeichnung im *Diachrysia chrysitis*-Komplex (nach REZBANYAI-RESER, 1985, verändert). Die Formen 1 und 2 sollen »echte *Diachrysia tutti*«, die Formen 4 und 5 »echte *Diachrysia chrysitis*« darstellen, 3 ist eine Übergangsform.

Eine enzymelektrophoretische Studie an Tieren aus Südschweden ergab Anhaltspunkte für genetische Verschiedenheit zwischen an *chrysitis*-Lockstoff angeflogenen und an *tutti*-Lockstoff angeflogenen Männchen (SVENSSON, DOUWES & STILLE 1989), woraus die Autoren folgerten, daß es sich mit großer Wahrscheinlichkeit um zwei verschiedene Arten handele, die sich bis jetzt allerdings nur sehr vage charakterisieren lassen.

---

[1] Da TUTT das Taxon *juncta* ausdrücklich als Aberration, also als infrasubspezifisches Taxon beschrieb, ist dieser Name nomenklatorisch nicht verfügbar, so daß KOSTROWICKI einen neuen Namen schaffen mußte.

[2] Auch aus unserem Gebiet wurde beispielsweise eine »Nachzucht ... mit f. *aurea* und f. *disjunctaurea*« gemeldet (O. SCHRÖDER nach Kartei A. GREMMINGER). Die Form *aurea* entspricht *D. (chrysitis) tutti*, die f. *disjunctaurea* entspricht *D. (chrysitis) chrysitis*.

[3] Aber auch hier lagen einzelne Individuen im Datenpool der jeweils anderen Form!

Offensichtlich handelt es sich um zwei Populationsgruppen einer Art, die sich während ihrer Isolierung im Pleistozän so weit auseinanderentwickelt haben, daß die postglaziale Verschmelzung ihrer Areale nicht mehr zu einer vollständigen genetischen Vermischung geführt hat. Da die Häufigkeit der *tutti*-Form von Asien nach Westeuropa hin abnimmt während die der *chrysitis*-Form von West nach Ost abnimmt, vermutet man, daß sich *chrysitis* in einem atlantomediterranen Glazialrefugium und *tutti* in einem vorderasiatisch-mediterranen Glazialrefugium differenziert haben könnte (REICHOLF 1985).

Solange eine reproduktive Isolation zwischen den beiden Taxa nicht bewiesen ist, sollten sie nicht als Arten geführt werden; andererseits lassen die ziemlich weitgehende Trennung beider Taxa anhand der Pheromonreaktion der Männchen und der Flügelzeichnung es geraten erscheinen, sie mit unterschiedlichen Namen zu bezeichnen, bis die Situation besser geklärt ist. Der ICZN (Artikel 6) gibt die Möglichkeit, in der Schreibweise auf enge genetische Verwandtschaft zweier Arten bzw. auf relativ weite genetische Trennung zweier Subspezies hinzuweisen, indem man in Klammern interpolierte Artgruppen-Namen verwendet, also *Diachrysia (chrysitis) chrysitis* und *Diachrysia (chrysitis) tutti*. Dieser Schreibweise wird hier gefolgt. Für die Mehrzahl der aus Baden-Württemberg vorliegenden Beobachtungen und Literaturangaben ist – sofern nicht zufällig Belegstücke vorhanden sind – keine Zuordnung zu einem der beiden Taxa mehr möglich, so daß beide Taxa zusammen abgehandelt werden müssen. Wo Belegstücke/Belegfotos vorliegen, wird im Text durch die Zusätze »Taxon *chrysitis*« und »Taxon *tutti*« auf die habituelle (!) Zugehörigkeit zu diesen Taxa hingewiesen. Alle anderen Angaben lassen sich nicht mehr der einen oder anderen Form zuordnen.

Diachrysia (chrysitis) chrysitis (Linnaeus, 1758)
Messingeule

Diachrysia (chrysitis) tutti (Kostrowicki, 1961)
Tutts Messingeule

Plusia chrysitis L. (REUTTI 1898, SPULER 1908–1910, LAMPERT 1907, REBEL 1910, ECKSTEIN 1913–1923, HERING 1932, FORSTER 1954–1981, HANNEMANN & URBAHN in STRESEMANN 1969)
Phytometra chrysitis L. (WARREN in SEITZ 1909–1914, SCHNEIDER 1936–1939, BERGMANN 1951–1955, KOCH 1954–1961)

Gesamtverbreitung: In ganz Europa mit Ausnahme von Island und dem nördlichsten Skandinavien und Rußland verbreitet. In Teilen Vorderasiens fliegt die ssp. *generosa* (STAUDINGER, 1900). Eine genaue Aufschlüsselung der Verbreitung von *Diachrysia (chrysitis) chrysitis* und *Diachrysia (chrysitis) tutti* steht noch aus. Nach KOSTROWICKI (1961) soll die *chrysitis*-Form in Zentral- und Ostasien fehlen. Im nördlichen und östlichen Asien ist die Verbreitung jedoch insgesamt unklar, da in der Literatur Verwechslungen mit den ähnlichen Arten *Diachrysia nadeja* (OBERTHÜR, 1880) und *D. stenochrysis* (WARREN, 1913) vorgekommen sein dürften.

Verbreitung

Regional: Im Untersuchungsgebiet in allen Naturräumen vorkommend und meist häufig. Von den bodenständigen Arten der Unterfamilie ist *Diachrysia chrysitis* (sensu lato) nach *Autographa gamma* die am weitesten verbreitete.

Eine Unterscheidung von *D. (chrysitis) chrysitis* und *D. (chrysitis) tutti* bezüglich ihrer Verbreitung, Phänologie und Ökologie ergibt derzeit noch keine verwertbaren Ergebnisse, weil die älteren Literaturquellen und die unbelegten Meldungen bis in die achtziger Jahre in der Regel keine Unterscheidung erlauben. Nur gelegentlich wurden einzelne Formen (nicht nur f. *juncta*

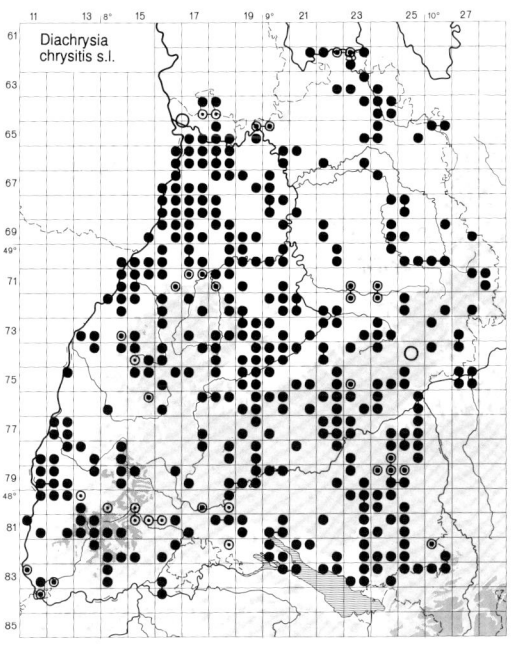

[= *tutti*] sondern auch f. *aurea* [= *tutti*], f. *disjunctaurea* [= *chrysitis*] oder f. *scintillans* [= *chrysitis*, vielleicht auch *tutti*]) erwähnt, doch lassen sich auf dieser Basis und mit den Belegstücken in den Sammlungen noch keine Verbreitungsunterschiede herausarbeiten. In Zukunft sollte von allen Mitarbeitern stets registriert werden, ob ein beobachteter Falter habituell zum Taxon *chrysitis* oder zum Taxon *tutti* gehört.

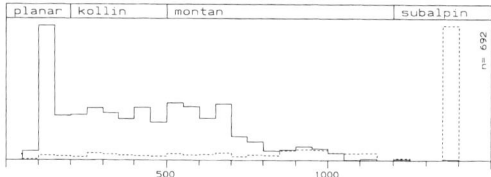

Vertikal: Von der Ebene bis in das Bergland allgemein verbreitet. Die höchsten Fundorte liegen im Feldberggipfelgebiet um 1350 m (J. ASAL).

Phänologie

Imagines: In den meisten Naturräumen treten zwei Generationen im Jahr auf. Besonders deutlich wird dies in der Oberrheinebene und im Neckar-Tauberland, wo die Flugzeit der 1. Gen. je nach der Jahreswitterung um Mitte/Ende Mai beginnt und bis in den Juli dauert. Ab Juli, spätestens ab Anfang August, fliegt die 2. Gen., die sich bis in den September hinein erstreckt. Vereinzelt sind frühere und spätere Tiere gemeldet worden, so bereits ab Ende April und noch bis in den Oktober, ja sogar in den November hinein (24.4.1959, Rheinwald bei Karlsruhe, W. IPP; 17.11.1988, Bühl, S. FREUNDT/P. PAUSCHERT). Bei solchen späten Faltern könnte es sich um Angehörige einer 3. Gen. handeln.

Im Alpenvorland liegen die Nachweise etwas stärker gedrängt zwischen Juni und September (ebenfalls mit Einzelfunden ab Mitte Mai), die Lücke zwischen den Generationen liegt in der Regel um Mitte/Ende Juli.

Im Schwarzwald und auf der Schwäbischen Alb ist die Situation weniger eindeutig: Hier beginnt die Flugzeit meist erst im Juni. Frühere Einzelfunde liegen auch in diesen Gebieten ab Mitte Mai, in einem Fall sogar Ende April vor (20.4.1961, Schelklingen, G. REICH).

Aus einigen Gegenden Mitteleuropas liegen Informationen zur phänologischen Differenzierung der beiden Taxa *chrysitis* und *tutti* vor. Im südostbayerischen Inntal ergab sich bei mehrjährigen Lichtfallenfängen (REICHOLF 1985), daß beide Taxa zwei Generationen

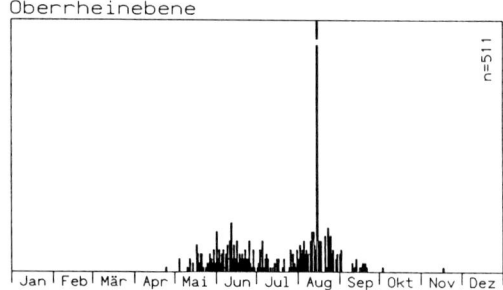
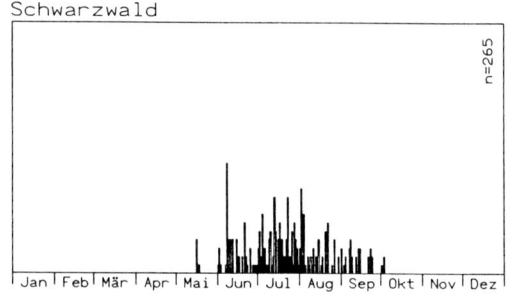
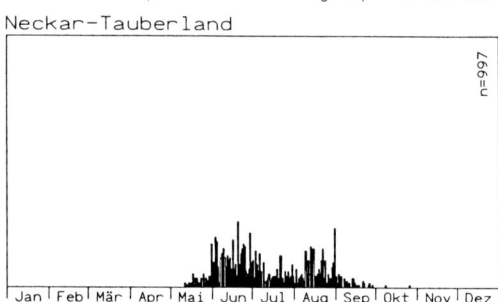
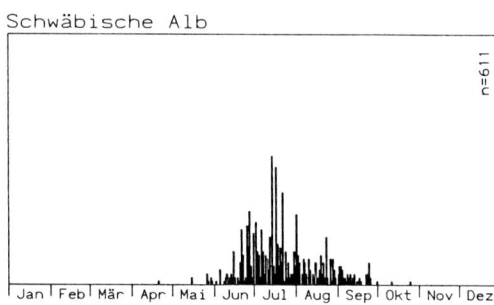
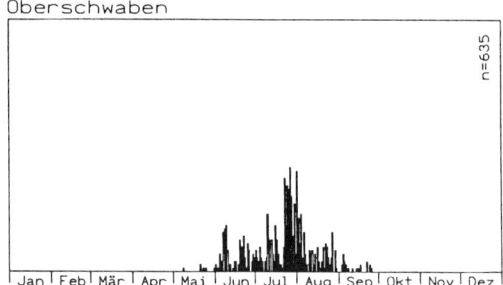

haben. *Tutti* beginnt aber jeweils mehr als einen halben Monat früher zu fliegen als *chrysitis*. In dem leider nur in Halbmonatsschritten dargestellten Flugzeitdiagramm liegen die Maxima für *tutti* in der ersten Juni- und der ersten Augusthälfte und für *chrysitis* in der zweiten Junihälfte und der zweiten August- bis ersten Septemberhälfte. Dabei sollen in den einzelnen Jahren im Schnitt 10% Überschneidung vorkommen, in manchen Jahren überhaupt keine. Vergleichende Lockstofffallenfänge bei Starnberg und Seewiesen 1983 (PRIESNER 1985) ergaben ein ähnliches Bild: Die ersten *tutti*-Männchen wurden Ende Mai, die ersten *chrysitis*-Männchen Anfang Juni festgestellt. Bei *tutti* lag der Höhepunkt des Fluges bereits Anfang Juni, die letzten Falter der 1. Gen. wurden Anfang Juli gefangen. Demgegenüber erstreckte sich die 1. Gen. von *chrysitis* bis Ende Juli mit höchsten Anflugswerten etwa Anfang Juli. Die ersten Tiere der 2. Gen. von *tutti* wurden bereits Ende Juli, die von *chrysitis* erst Mitte August festgestellt. *Tutti* flog bis Ende August, *chrysitis* bis Mitte September. Im quantitativen Vergleich zur 1. Gen. war die 2. Gen. von *tutti* deutlich schwächer, die von *chrysitis* sehr schwach. Im folgenden, kühleren Jahr 1984 waren die Flugzeiten beider Taxa verzögert: die ersten *tutti*-Männchen wurden am 7. Juni, die ersten *chrysitis*-Männchen am 14. Juni festgestellt. Nach nur wenigen Tagen erreichte *tutti* ein Maximum und flog dann noch bis Anfang Juli, während *chrysitis* bis Anfang August präsent war. Die 2. Gen. von *tutti* flog von Mitte August bis Mitte September (gegenüber dem Vorjahr um 2 Wochen verschoben), von *chrysitis* wurden nur wenige Tiere von Ende August bis Mitte September registriert (dieses Beispiel verdeutlicht sehr gut, wie die Kumulierung verschiedener Jahre das Gesamtbild verwischt).

Lockstofffallenfänge in der Schweiz (REZBANYAI-RESER 1985) ergaben, daß die 2. Gen. des Taxons *chrysitis* in mittleren Lagen (um 1000 m) sehr unvollständig ist, während *tutti* anscheinend – sofern sie dort überhaupt vorkommt – nur eine Generation ausbildet. In höheren Lagen (1600–1800 m) fehlt *tutti*, und *chrysitis* kann auch nur noch eine Generation hervorbringen. Nach SVENSSON, DOUWES & STILLE (1989) deuten Lockstofffallenfänge in Südschweden auf ähnliche Verhältnisse hin: Das Taxon *tutti* soll dort nur bis Ende Juli fliegen (also in nur einer Generation), während *chrysitis* im August/September eine 2. Gen. aufbauen kann.

Präimaginalstadien: Bei uns sind vor allem die überwinternden Raupen der 1. Gen. beobachtet worden. Sie wurden zwischen Anfang September (3.9.1978, Eislingen, 6 kleine Räupchen, A. WALTER) und Ende Mai (20.5.1986, bei Bisingen, erwachsene Raupe (Taxon *chrysitis*), A. STEINER) nachgewiesen, die meisten davon als fast oder ganz erwachsene Tiere im Mai. Von den Raupen der 2. Gen. liegen nur drei genaue Angaben vor: 31.7.1972, Todtnau, fast erwachsen (J. ASAL); 3.8.1991, Allmersbach im Tal, erwachsen (F. BIHLMAIER); 8.1988, Malterdingen (LADENBUR-

Die Messingeule (*Diachrysia chrysitis*) tritt in zwei (durch Übergänge verbundenen) Formen auf: Bei der einen sind die goldenen bis goldgrünen (»messingfarbenen«) Bänder der Vorderflügel getrennt: Taxon *chrysitis*. – Engstlatt (ex larva-Zucht) 6.6.86 A. STEINER. S.

Bei der anderen Form sind die Goldbinden durch einen Steg im Mittelfeld verbunden: Taxon *tutti*. Untersuchungen mit künstlichen Sexuallockstoffen ergaben, daß die Männchen der beiden Taxa auf unterschiedliche Lockstoffmischungen reagieren (allerdings mit Ausnahmen). Inwieweit diese Taxa wirklich genetisch eigenständig sind, bleibt noch zu erforschen. – Malsch-Sulzbach 2.8.81 G. EBERT.

Die erwachsene Raupe besitzt manchmal ausgedehnte weiße Zeichnungselemente auf der Rückenseite. Der Kopf ist einfarbig grün. Dieses Tier ergab einen Falter des Taxons *chrysitis*. – Engstlatt 21.5.86 A. STEINER.

GER 1989). Den Juli als Raupenzeit erwähnte auch GAUCKLER (1909).

Eine Zucht dauerte von der Eiablage bis zum Schlupf 43 Tage, die Eidauer 8 Tage, die Puppenruhe 12 Tage (O. SCHRÖDER nach Kartei A. GREMMINGER).

Ökologie

Lebensraum: Der Lebensraum von *Diachrysia chrysitis* sensu lato umfaßt einen großen Bereich der offenen und halboffenen sowie waldnahen Landschaften, vor allem an mesophilen und feuchten Stellen. Während die Falter umherstreifen und bei der Nahrungsaufnahme auch in sehr trockenen Biotopen wie blütenreichen Magerrasen und Säumen angetroffen werden, sind die Fortpflanzungshabitate vor allem in Staudenfluren, Gebüschen und Waldrandstrukturen zu suchen. Meist handelt es sich um frische bis feuchte Stellen in sonniger bis schattiger Lage in nährstoffreichen Säumen und Staudenfluren, an gebüschreichen Waldrändern, an Waldwegen und Böschungen, auf Lichtungen und Kahlschlägen, in Vorwaldstadien, um Hecken, im Randbereich von Feuchtwiesen und versaumenden Glatthaferwiesen, im Ufersaum stehender und fließender Gewässer, an Schuttplätzen, Kiesgruben und Steinbrüchen. Im Alpenvorland besiedelt die Art Niedermoore und »vermutlich auch Torfstichgebiete mit Niedermoorelementen« (MEINEKE 1982). Gerne findet sie sich im siedlungsnahen Bereich ein und ist in verwilderten oder waldnahen Gärten und in Hecken und Gebüschen zu finden.

In den meisten Gebieten Mitteleuropas scheinen die beiden Taxa *chrysitis* und *tutti* syntop vorzukommen. Lediglich in den Schweizer und Nordtiroler Alpen deuten Lockstoffallenfänge darauf hin, daß *chrysitis* dort weiter verbreitet ist und Trocken- wie Feucht- und Kulturgebiete sowie vereinzelt die subalpine Region besiedelt, während *tutti* wärme- und feuchtigkeitsliebender ist und vor allem Feuchtgebiete tieferer Lagen (feuchte Hochstaudenfluren, Fluß- und Seeufer) bewohnt (PRIESNER 1985, REZBANYAI-RESER 1985). An mehreren Stellen wurde nur die *chrysitis*-Form gefunden, aber Standorte, wo ausschließlich die *tutti*-Form vorkommt, sind bisher nicht bekannt.

Nahrung der Raupe:
Urtica dioica – Große Brennessel
　　L (BAR, BIH, LAD, NOL, MAR)
Urtica spec. – Brennessel
　　4 L (FRY, GAU, SCC, VOG, WAT)
Fragaria spec. – Erdbeere
　　L (RAM)
Pulmonaria mollis – Weiches Lungenkraut
　　L (BAR, STN) (Taxon *chrysitis*)
Lamium spec. – Taubnessel
　　3 L (ASA, REN, VOG)
Echium vulgare – Natterkopf
　　L (GAU)

Obwohl in Baden-Württemberg bisher nur wenige Raupennahrungspflanzen festgestellt wurden, gestatten sie bereits einen gewissen Überblick: Mehrfach genannt wurde Brennessel (K. FREYTAG, GAUCKLER 1909, SCHNEIDER 1938, F. VOGEL, A. WALTER) sowie, präziser, die Große Brennessel (D. BARTSCH/G. NOLL, LADENBURGER 1989, T. MARKTANNER). J. ASAL und F. VOGEL fanden Raupen an Taubnessel, v. RAMIN an Erdbeere, A. STEINER und D. BARTSCH am Weichen Lungenkraut, GAUCKLER (1909) nannte noch den Natterkopf.

Diese Arten passen gut zu der Einschätzung von BERGMANN (1954): »an zahlreichen weichblättrigen Kräutern, namentlich an der Großen Brennessel und an Lippenblütlern, deren hauptsächlichste sind: Taubnessel (*Lamium maculatum* und *L. album*), Schwarznessel (*Ballota nigra*), Hohlzahn (*Galeopsis tetrahit*), Waldziest (*Stachys silvatica*), Dost (*Origanum vulgare*), Wolfstrapp (*Lycopus europaeus*), Andorn (*Marrubium vulgare*).« Ferner wurden in der Literatur Arten genannt wie *Arctium minus*, *Cirsium vulgare* (ALLAN 1949), *Anthriscus sylvestris*, *Symphytum officinale*, *Cynoglossum officinale*, *Plantago major*, *Hypochoeris maculata* (SEPPÄNEN 1970), »stachelichte Hanf-Nessel« (FREYER 1828–1829), *Salvia* spec., *Anchusa* spec. (VIGELIUS 1856),

Teucrium scorodonia, Stellaria media, Leontodon spec., *Lonicera periclymenum* (UFFELN 1908).

Wir dürfen also annehmen, daß sich auch in unserem Untersuchungsgebiet das Nährpflanzenspektrum bei intensiverer Beobachtung noch beträchtlich erweitern läßt.

Nahrung des Falters: Wie die meisten häufigeren »Plusien« kann *D. chrysitis* in der Dämmerung und in den frühen Abendstunden beim Blütenbesuch beobachtet werden. Mehrfach genannte Nektarpflanzen sind Brombeere, Wiesensalbei und Buddleia, Einzelbeobachtungen liegen von Türkenbund, Pfingstnelke, Aufgeblasenem Leimkraut, Taubenskabiose und Kohldistel vor. Künstlicher Köder wird nur selten besucht.

Habitat: Nach den Angaben im Kapitel Lebensraum läßt sich ein breites Habitatspektrum postulieren, insbesondere in Saum-, Gebüsch- und Staudenflurgesellschaften nicht zu nährstoffarmer Standorte (Trifolio-Geranietea, Prunetalia spinosae, Galio-Urticenea). Gut dokumentierte Raupenfunde wären zur näheren Eingrenzung sowie als Datengrundlage sehr erwünscht.

Verhalten: Berichte über die Eiablage liegen aus unserem Gebiet nicht vor. Die Raupen leben jung mehr oder weniger frei an den Pflanzen und ruhen vor allem auf den Blattunterseiten. Erwachsen verstecken sie sich tagsüber am Boden oder im bodennahen Bereich der Nahrungspflanze, um nachts zum Fressen heraufzuklettern. Die Verpuppung erfolgt in einem bräunlichen Gespinst zwischen Pflanzenteilen, gern an Blattunterseiten. Die Falter sind dämmerungs- und nachtaktiv, können aber gelegentlich auch bei Tag aktiv fliegend und beim Blütenbesuch beobachtet werden.

Gefährdung und Schutz

Rote Liste Bundesrepublik: – (Taxon *chrysitis*) bzw. D (Taxon *tutti*)
Rote Liste Baden-Württemberg: –

Oberrheinebene: Nicht gefährdet.
Schwarzwald: Nicht gefährdet.
Neckar-Tauberland: Nicht gefährdet.
Schwäbische Alb: Nicht gefährdet.
Oberschwaben: Nicht gefährdet.

• In Baden-Württemberg nicht gefährdet.

Diachrysia chryson
(Esper, 1789)
Wasserdost-Goldeule

Plusia chryson ESP. (REUTTI 1898, SPULER 1908–1910, LAMPERT 1907, REBEL 1910, ECKSTEIN 1913–1923, HERING 1932, FORSTER 1954–1981)
Phytometra chryson ESP. (WARREN in SEITZ 1909–1914, SCHNEIDER 1936–1939, KOCH 1954–1961)

Gesamtverbreitung: In Europa vorwiegend in den mittleren Gebieten, nördlich nicht über den Nordrand der Mittelgebirge hinaus, bis zu den Niederlanden, nach Belgien, Nordrhein-Westfalen, Hessen, Nordbayern, zum Erzgebirge und der Sudeten-Beskiden-Karpaten-Kette verbreitet. Weiter nördlich sind nur Einzelfunde in Niedersachsen (1951), Brandenburg (1954), Sachsen (1917), Dänemark (1931) und Südschweden (1981) bekannt. Bodenständig ist die Art allerdings auch in Südengland und -wales. Im Süden erstreckt sich die Arealgrenze von Nordspanien über Mittelitalien bis Nordgriechenland und Ostbulgarien. Im Osten von Karelien und Kleinasien quer durch Nord- und Mittelasien bis zu den Kurilen, Sachalin, zum Amur-Ussuri-Gebiet, nach Korea, Nord- und Mittelchina und Japan.

Verbreitung

Regional: *Diachrysia chryson* ist als Feuchtgebietsart in Baden-Württemberg schwerpunktmäßig in der Oberrheinebene, im Schwarzwald (vor allem im südlichen Teil) und im Alpenvorland verbreitet. Im Neckar-Tauberland besiedelt sie lokal einige Gebiete des Keuper-Lias-Lands: die Schwäbisch-Fränkischen Waldberge, den Schur-

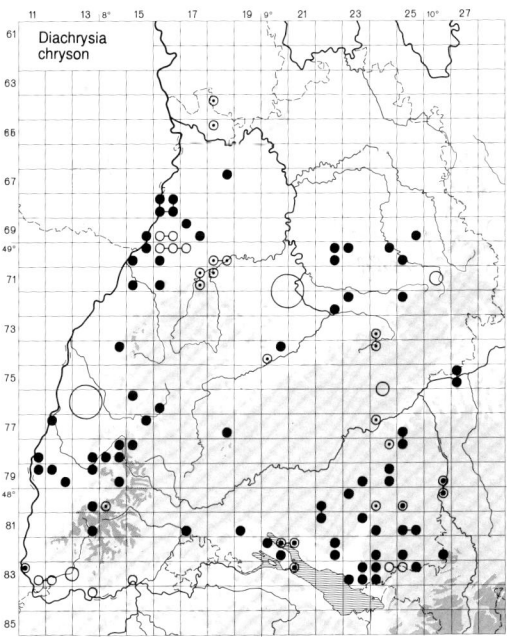

Die Wasserdost-Goldeule (*Diachrysia chryson*) ist ein Bewohner frischer bis feuchter Örtlichkeiten. Die zeichnungsarmen, braunen Vorderflügel mit dem großen Goldfleck machen sie unverwechselbar. – Adelegg, 4.6.86 T. MARKTANNER. S.

wald/Welzheimer Wald und den Schönbuch. Von der Rheinebene aus erreicht sie einige Täler des westlichen Kraichgaus. Im gut untersuchten Gebiet um Pforzheim (Kraichgau/Schwarzwald-Randplatten) sowie im Vorderen Odenwald ist die Art seit den dreißiger Jahren nicht mehr nachgewiesen worden. Auch aus dem Raum Stuttgart existiert nur eine einzelne Angabe von SCHNEIDER (1938). Das Fehlen neuerer Nachweise im Hochrheintal dürfte dagegen nur auf mangelnde aktuelle Durchforschung zurückzuführen sein. Sehr schwach vertreten ist *Diachrysia chryson* auf der wasserarmen Schwäbischen Alb, wo ihre Nahrungspflanze vielerorts fehlt und der Falter wohl nur randlich vorkommt oder zufliegt (Aalen, SCHNEIDER 1938; Hornberg bei Heubach, W. STAIB; Plettenberg bei Dotternhausen, D. BARTSCH/R. HERRMANN/A. STEINER; Tiefental bei Blaubeuren, HAUSER, coll. SMNS; Ehingen, SAUM nach SCHNEIDER 1938).

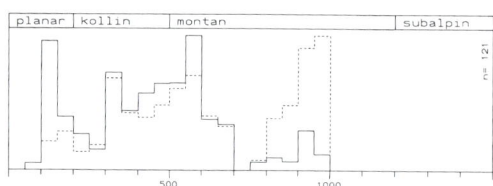

Vertikal: Die Höhenverbreitung erstreckt sich ohne deutliche Präferenzen von der Rheinebene um 100 m bis in montane Lagen über 900 m.

Dies betrifft sowohl die Schwäbische Alb (910 m, Plettenberg, D. BARTSCH/R. HERRMANN/A. STEINER) als auch die Adelegg (960 m, Grat zwischen Senntobel und Rohrdorfer Tobel, N. HIRNEISEN/ A. STEINER) und den Schwarzwald (900 m, verschiedene Fundorte bei Elzach, S. FREUNDT/P. PAUSCHERT/A. SCHANOWSKI, D. DEZULIAN).

Phänologie

Imagines: *Diachrysia chryson* zeigt phänologisch ein relativ einheitliches Bild: Sie fliegt in einer Generation, die in allen Gebieten ein Maximum um die Monatswende Juli/August aufweist. Der Flugzeitbeginn kann regional variieren: In der Oberrheinebene treten in warmen Jahren die ersten Falter schon ab der zweiten Junihälfte auf (20.–26.6.1954, Kaiserstuhl, Badberg, A. GREMMINGER), im Alpenvorland ab Anfang Juli und im Schwarzwald und Neckar-Tauberland ab Mitte Juli. Die Flugzeit endet überall um Mitte August, nur aus dem West-Allgäu liegt noch ein Nachweis von Ende August vor (30.8.1984, Adelegg, T. MARKTANNER). Zwei Einzelfunde im September bleiben phänologisch unklar (12.9.1981, Wössingen, F. LAIER) (27.9.1971, Hornberg bei Heubach, W. STAIB); vielleicht sind sie einer unvollständigen 2. Gen. zuzuordnen, wie sie in Südeuropa regelmäßig auftritt.

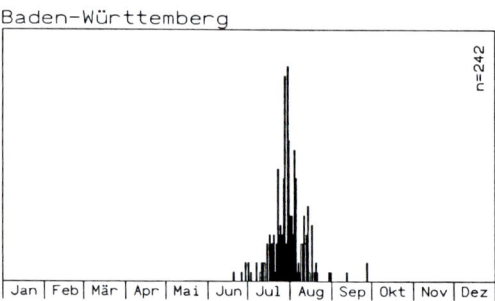

Präimaginalstadien: Die Raupen wurden, soweit Meldungen aus unserem Gebiet vorliegen, nur nach der Überwinterung gefunden. Dabei stammen die meisten Funde, wenn auch in der Regel ohne genaue Datumsangabe, aus dem Mai und Juni[1]. Am 5.6.1982 fand G. BAISCH im Haldenmoos eine noch junge Raupe. F. X. LEINER (nach TREITSCHKE 1826) gab aus dem Raum Konstanz sogar noch Juni bis Juli als Raupenzeit an; dies

---

[1] Wie bei vielen anderen Arten waren die in Sammlungen zahlreich vorhandenen, aus der Raupe gezüchteten Belegstücke, nie mit dem Funddatum versehen.

ist sicherlich als Ausnahme zu betrachten (oder geht auf einen Irrtum zurück).

Ökologie

Lebensraum: Wasserdostbestände an mäßig frischen bis feuchten, zuweilen auch nassen, oft halbschattigen, mehr oder weniger nährstoffreichen Standorten in den Randbereichen von Wäldern, insbesondere Auenwäldern, in Staudenfluren, auf Schlägen, an feuchten Wegrändern, an Wassergräben und Uferböschungen, im Alpenvorland auch in Torfstichgebieten und Niedermooren. Die Falter besuchen beim Nahrungsflug auch blütenreiche Stellen in angrenzenden Habitaten.

Nahrung der Raupe:
Eupatorium cannabinum – Wasserdost
    5 L (BAI, LEN, LIE, MEI, SET)
? *Salvia* spec. – Salbei
    L (GAU)

Schon Anfang des 19. Jahrhunderts wurde die Raupe im Bodenseegebiet gefunden. TREITSCHKE (1826) teilte dazu mit: »Herr Stadtrath LEINER in Constanz gibt über die Raupe folgende Nachrichten: Sie findet sich im Juny und July am Wasserdost, Wasserhanf (*Eupatorium cannabinum*), das an Bächen und Bergwänden ziemlich häufig steht. . . .[Es folgt die Beschreibung der Raupe]. . . Bey Tage sitzt sie versteckt unter den Blättern. . . . Ihre Entwicklung erfolgt zwischen drey und fünf Wochen.« KALTENBACH berichtete 1860: »Die Raupe wurde im Juni von Herrn LEINER in Constanz auf *Eupatorium cannabinum* gefunden, die Ende Juli den Schmetterling lieferte«, wobei unklar bleibt, ob er das Schlüpfdatum selbst erfunden hat oder zusätzliche Informationen LEINERS vorliegen hatte. In einem Sitzungsbericht der Badischen Entomologischen Vereinigung (ELSNER 1925) wurde mitgeteilt: »Herr SETTELE zeigt ein *Plusia chryson* ESP. ♀ und beschreibt die Lebensweise der Raupe, die er bei Konstanz in Anzahl gefunden hat«. SETTELE selbst gab dazu lediglich an, er habe »die Raupen jedes Jahr[2] in Anzahl an Wasserdost gefunden« (SETTELE 1972), alle weiteren Informationen über diese wie auch viele andere Arten nahm er leider mit ins Grab. H. LIENIG (Kartei) fand eine Raupe auf der Blattunterseite von *Eupatorium cannabinum*, »die zweifellos dieser Art angehörte«, aber wegen Parasitierung einging. Neuere Funde an Wasserdost im Alpenvorland stammen von G. BAISCH und J.-U. MEINEKE.

Bei GAUCKLER (1909) findet sich die Angabe »an Wasserdost und Salbei«. Den Salbei (gemeint war wohl Wiesensalbei, *Salvia pratensis*) möchten wir aber nur mit großen Vorbehalten als Freilandnahrung akzeptieren. Vielleicht hat es sich eher um eine Gefangenschafts-Fütterungspflanze gehandelt. Daß die Art unter Laborbedingungen andere Pflanzen als Wasserdost akzeptiert, ist bekannt (z. B. *Mentha spicata* und selbst *Artemisia vulgaris*, ALLAN 1949).

Nahrung des Falters: Die Imagines wurden beim abendlichen Blütenbesuch an *Saponaria officinalis*, *Echium vulgare* und *Lonicera* spec. beobachtet (SCHEPP 1921, SERMIN 1959). Nach SETTELE (1926a) sah H. BEYERLE die Art in den zwanziger Jahren in Konstanz auch an *Buddleja davidii*. H. LIENIG fing in der Abenddämmerung an blühendem *Eupatorium cannabinum* einen weiblichen Falter, der in der gleichen Nacht Eier ablegte. Ob das Tier an seiner Eiablagepflanze tatsächlich Nektar aufnahm, geht aus der Meldung nicht hervor, darf aber angenommen werden. Auch G. BAISCH nennt Wasserdost und außerdem Kratzdistel. An künstlichem Köder ist die Art bei uns noch nicht beobachtet worden.

Habitat: Zu den Raupenfundstellen liegen wenige Angaben vor. Vermutlich handelt es sich meist um die charakteristische Wasserdost-Gesellschaft (Convolvulo-Eupatorietum), doch kann *Eupatorium* auch in anderen nitrophytischen Uferstauden- und Saumgesellschaften der Convolvuletalia auftreten. MEINEKE (1982) fand Raupen entlang von Entwässerungsgräben in Torfstichgebieten. Die Falter sind beim Blütenbesuch auch außerhalb der Larvalhabitate anzutreffen.

Verhalten: Die Jungraupen halten sich zunächst auf den Blattunterseiten auf, wo sie anfangs

Die Raupe lebt an Wasserdost. Sie erinnert an eine schwach gezeichnete *Diachrysia chrysitis*-Raupe, wird aber größer. – Federseemoor 6.79 G. EBERT. S.

---
[2] L. SETTELE lebte von 1919 bis 1925 in Konstanz.

Lochfraß verursachen. Später bevorzugen sie als Sitz- und Ruheplätze untere Teile der Pflanze, am Stengel und unter Blättern. Die Verpuppung erfolgt in einem Gespinst zwischen Pflanzenteilen in Bodennähe. Die Falter sind dämmerungs- und nachtaktiv und kommen ans Licht.

Gefährdung und Schutz

Rote Liste Bundesrepublik: V
Rote Liste Baden-Württemberg: V

Oberrheinebene: Art der Vorwarnliste.
Schwarzwald: Nicht gefährdet.
Neckar-Tauberland: Gefährdet (lokal ausgestorben oder verschollen).
Schwäbische Alb: Art der Vorwarnliste (nur randlich vorkommend).
Oberschwaben: Art der Vorwarnliste.

- In Baden-Württemberg eine Art der Vorwarnliste!
  Besonders geschützt gemäß § 20 e ff. BNatSchG.

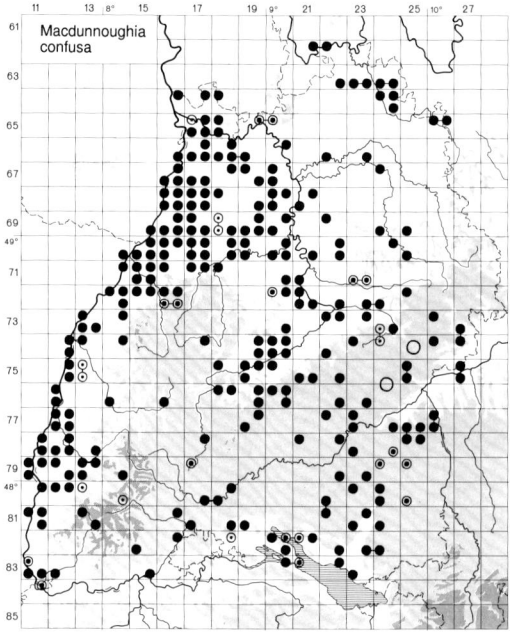

Rückgänge sind zwar anhand des Kartenbilds in den meisten Landesteilen zu erkennen. In einigen Fällen dürfte es sich jedoch lediglich um Beobachtungsdefizite in neuerer Zeit handeln, beispielsweise im Hochrheingebiet. Dagegen ist die Art im gut untersuchten Raum Pforzheim seit den dreißiger Jahren nicht mehr gefunden worden. Die allgemeinen Senkungen des Grundwasserspiegels, die Trockenlegung von Feuchtgebieten und die Kanalisierung von Bächen und Flüssen dürften der Art in beträchtlichem Maße geschadet haben, auch wenn Neufunde durch moderne Beobachtungsmethoden (Lichtfang) diese Entwicklung überlagern und schwer erkennbar machen.

Macdunnoughia confusa
(Stephens, 1850)

Schafgarben-Silbereule

Plusia gutta GN. (REUTTI 1898, SPULER 1908–1910, LAMPERT 1907, REBEL 1910, ECKSTEIN 1913–1923)
Phytometra confusa STEPH. (WARREN in SEITZ 1909–1914, BERGMANN 1951–1955, KOCH 1954–1961)
Plusia confusa STEPH. (HERING 1932)

Gesamtverbreitung: In Europa kam *Macdunnoughia confusa* bis Anfang des 20. Jahrhunderts anscheinend nur in den südlichen und mittleren Ländern vor. SPEYER & SPEYER (1862) nannten als Nordgrenze eine Linie Auvergne – Frankfurt/Main – Breslau – Moskau (die aber weniger die Arealgrenze als das Vordringen zuwandernder Einzeltiere markierte). Etwa nach dem 1. Weltkrieg begann eine Arealexpansion, in deren Verlauf weite Teile des nördlichen Mittel- und Nordeuropas erstmalig erreicht und in den folgenden Jahrzehnten auch teilweise besiedelt werden konnten: 1918 Polen und Litauen, 1919 Ostpreußen, 1933 Lettland, 1934 Niederlande, Dänemark und Pommern, 1936 Belgien, Estland und Finnland, 1937 Schweden, 1945 Norwegen, 1951 Großbritannien (hier blieb sie ein äußerst seltener Immigrant mit bis heute weniger als 20 Exemplaren). Wo heute die Nordgrenze der dauerhaften Bodenständigkeit liegt, ist unklar[1]. Da die Art eine Nachfolgegeneration im Sommer bildet, liegen auch aus Nordeuropa Raupenfunde vor, auch wenn die Art dort den Winter nicht überstehen kann. Im Osten ist sie über Vorderasien quer durch das mittlere Asien bis Kamtschatka, Korea, China und Japan verbreitet.

Verbreitung

Regional: Heute ist *Macdunnoughia confusa* in den meisten Naturräumen des Landes zu finden und kann als Einwanderer oder auf Dispersionsflug auch in den Mittelgebirgen beobachtet werden. Dauerhaft bodenständig ist sie aber wohl nur in den niedrigen und mittleren Lagen. Auch

---

[1] HACKER (1989) vermutete die südlichen Nord- und Ostseeküsten.

im Verbreitungsbild läßt sich ein gewisses Wärmebedürfnis erkennen: Relativ fundreich und zum Teil dicht besiedelt sind die Rheinebene und die wärmeren Lagen des Neckar-Tauberlands, während die Verbreitung im Alpenvorland, auf der Schwäbischen Alb und in den Keuperwaldbergen weniger dicht ist. Im Schwarzwald wird sie lediglich in den zur Rheinebene hin orientierten, niedrigsten Tallagen häufig und regelmäßig gefunden, in den höheren Lagen tritt sie nur vereinzelt (und dann oft gemeinsam mit anderen Wanderfaltern) auf.

Die Arealexpansion von *Macdunnoughia confusa* hat sich in Südwestdeutschland vergleichsweise unauffällig vollzogen, da die Rheinebene wohl schon lange vor dem 19. Jahrhundert besiedelt war. So wurde die Art bereits von LEINER (1829) aus dem Raum Konstanz und von REUTTI (1853) von verschiedenen Fundorten in Baden (»auch im Odenwalde«) genannt. Allerdings fehlte sie noch in den älteren Faunenwerken Württembergs ([ROTH VON SCHRECKENSTEIN] 1800, SEYFFER 1850, KELLER & HOFFMANN 1861). Hier wurde sie anscheinend erst in den 1930er Jahren häufiger gefunden (SCHNEIDER 1938: »in den letzten Jahren im ganzen Gebiet festgestellt«). Man kann also mutmaßen, daß sich die allgemeine Expansion bei uns als Ausbreitung in bis dahin unbesiedelte Gebiete ausgewirkt hat.

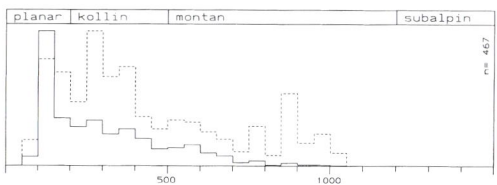

Macdunnoughia confusa ist wie *Autographa gamma* sowohl tagsüber als auch nachts aktiv. Ihre etwas geringere Größe und die große Silbermakel unterscheidet sie klar von den übrigen Plusiinae-Arten. – Malsch-Sulzbach (ex larva-Zucht) 10.8.92 G. EBERT. S.

Vertikal: Die Art wurde in den meisten Höhenlagen von der Ebene unter 100 m bis in die montane Stufe um 1000 m gefunden (970–1020 m, Stohren, R. HERRMANN). Deutlich bevorzugt werden dabei Ebene und Hügelland. Im höheren Bergland haben wir es wahrscheinlich nur mit Durchzüglern zu tun. Bis in welche Höhe die Raupenüberwinterung möglich ist, bleibt noch unklar; der höchste Fundort einer mit Sicherheit überwinterten Raupe liegt im Hügelland bei 350 m (Kirchentellinsfurt, A. STEINER).

Phänologie

Imagines: In allen Gebieten lassen sich zwei bis drei Generationen erkennen. Die 1. Gen., die bei uns überwiegend bis ausschließlich aus autochthonen Tieren bestehen dürfte, fliegt von April bis Juni. In der Rheinebene sind besonders frühe Individuen in Jahren mit sehr warmem Frühjahr schon ab Ende März beobachtet worden (31.3. und 1.4.1990 Kippenheim, J.-U. MEINEKE), im Neckar-Tauberland ab Mitte April (14.4.1933, Eberbach, M. CRETSCHMAR). Im Schwarzwald und auf der Schwäbischen Alb, wo die Art wahrscheinlich nur in günstigen Ausnahmefällen überwintern kann, liegen entsprechend wenige Nachweise der 1. Gen. vor; dafür ist der Beginn der 2. Gen. Anfang/Mitte Juli deutlich zu erkennen. Ähnlich sieht das Diagramm für Oberschwaben aus (wenn auch im Bodenseegebiet durchaus mit bodenständigen Populationen zu rechnen ist). Ab Juli, in günstigen Jahren schon ab Ende Juni, fliegt die 2. Gen. auch in der Rheinebene und im Neckar-Tauberland. Von jetzt ab wird das Bild unübersichtlich. Der Regelfall dürfte so aussehen: Im (Juni)–Juli–(August) fliegt die 2., im (Juli)–August–(September) die 3. Gen., die beide noch von einer jahrweise wechselnden Zahl von Zuwanderern verstärkt werden. Diese Zuwanderer fallen in den fundarmen Gebieten Schwarzwald und Alb im Spätsommer/Herbst stärker ins Gewicht als anderswo (und stammen in Jahren mit starker Vermehrung vielleicht nicht nur aus Südeuropa sondern auch aus unseren Wärmegebieten), außerdem dürften dort in den meisten Jahren vereinzelt zugeflogene (oder erfolgreich überwinterte) Tiere der 1. Gen. eine Nachfolgegeneration im Spätsommer ergeben. Unter besonders günstigen Witterungsbedingungen

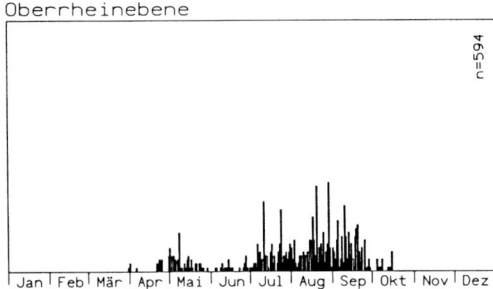

Oberrheinebene

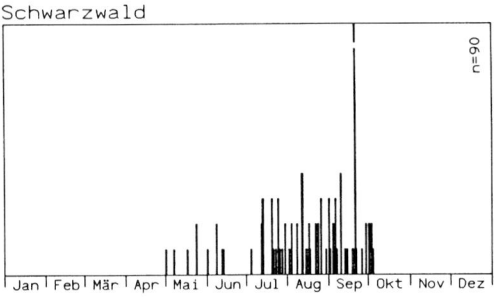

Schwarzwald

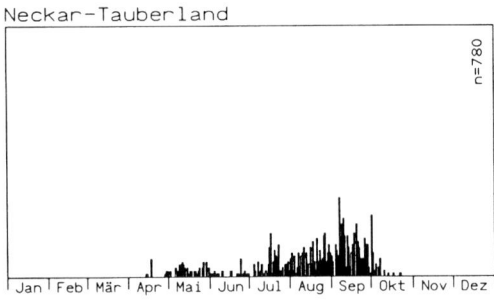

Neckar-Tauberland

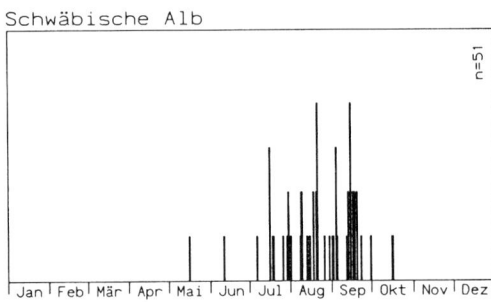

Schwäbische Alb

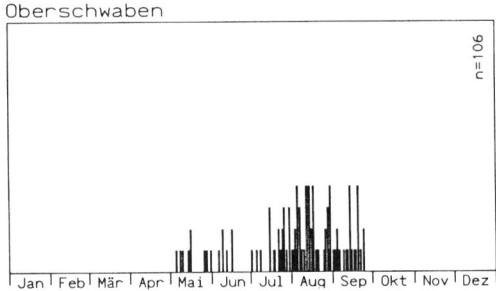

Oberschwaben

dürfte, beispielsweise am Oberrhein, eine 4. und (wie E. RENNWALD 1994 mutmaßte) vielleicht sogar 5. Gen. im Oktober möglich sein, doch sind zu diesem Zeitpunkt einzelne Generationen sowieso nicht mehr zu trennen (vgl. Band 2, S. 207, Fußnote 5).

Die oft beträchtlichen jährlichen (vielleicht periodischen?) Schwankungen in der Abundanz fielen schon im vorigen Jahrhundert auf. So vermerkte REUTTI (1853): »1851 war sie bei Freiburg gar nicht zu finden!« In letzter Zeit waren 1975, 1985 und 1992 Jahre starken Auftretens, während in den Jahren 1987–1990 nur sehr wenige Falter beobachtet wurden.

Präimaginalstadien: Verglichen mit den Falterfunden werden die Raupen nur selten registriert. Eine von E. LOSER am 16.10.1987 bei Oberboihingen gefundene Raupe dürfte ein Nachkomme der letzten Jahresgeneration gewesen sein, ebenso eine von F. BIHLMAIER am 10.11.1989 in Allmersbach im Tal und eine von A. STEINER am 31.1.1993 in Kirchentellinsfurt in einem Hausgarten entdeckte, halb erwachsene Raupe. Eine erwachsene Raupe vom 6.4.1946 (Mannheim, H. LIENIG) hatte die Überwinterung bereits hinter sich. Als Nachkommen der 1. Gen. dürfen wir Raupen vom 28.6. (1993, Göppingen-Jebenhausen, K. FREYTAG) und vom 25.7. (1992, Malsch-Sulzbach, G. EBERT/E. ECKERT) ansprechen. Zwei Puppen vom 7.9. (1931, Bretten, H. SCHLÖRER) gehörten entweder zur 2. oder vielleicht schon zur 3. Gen. In der Zucht beträgt die Entwicklungszeit vom Ei zum Falter (nach Beobachtungen von A. GREMMINGER) nur 21–28 Tage. Als Überwinterungsstadium ist die Raupe nachgewiesen.

Ökologie

Lebensraum: Die Falter sind in fast allen Bereichen des Offenlands anzutreffen. Ins Innere geschlossener Waldgebiete wagen sie sich nur selten, befliegen aber breite, sonnige Waldwege und in Wälder eingerückte Wiesenflächen. Beim Blütenbesuch, noch mehr aber für die Eiablage, bevorzugen sie trockene bis mesophile, magere, aber blütenreiche Stellen wie Halbtrockenrasen und deren Säume, magere Glatthaferwiesen, Bahn- und Hochwasserdämme, Sandfluren, aber auch trockene Acker- und Feldraine, Brachflächen (z.B. Bauerwartungsland), Ruderalstellen, Gärten und Schuttplätze. Die Eiablage und Larvalentwicklung erfolgt gern an trockenen, lückigen und wärmebegünstigten Stellen.

Ausgesprochen nasse und feuchte Lebensräume (etwa Niedermoorbereiche am Federsee, MEINEKE 1982) werden in der Regel gemieden. Sie werden bestenfalls noch zur Nahrungsaufnahme genutzt, ansonsten aber wohl nur überflogen. Für die Raupenentwicklung dürften sie ungeeignet sein.

Nahrung der Raupe:
Urtica dioica – Große Brennessel
  L (BIH)
Clematis vitalba – Gewöhnliche Waldrebe
  E (KIE)
Euphorbia spec. – Wolfsmilch
  L (LOS)
Peucedanum officinale – Echter Haarstrang
  L (BLÄ)
Lamium purpureum – Rote Taubnessel
  L (KIE)
Anthemis spec. – Hundskamille
  L (FRY)
Achillea millefolium – Gewöhnliche Wiesen-Schafgarbe
  E, L (GAU, KIE)
Matricaria spec. – »Camillen«
  L (GAU)
Artemisia absinthium – Wermut
  L (STN)
Artemisia campestris – Feldbeifuß
  L (LIE)
Senecio fuchsii – Fuchs' Greiskraut
  L (HEI)
Cichorium endivia – Endivie
  P (SCL)

Die Raupen treten in verschiedenen Formen auf. Zu den hellsten gehören grasgrüne Tiere wie dieses. Die Brustbeine sind weitgehend schwarz und die Kopfseiten tragen einen schwarzen Streifen. Die Seitenlinie ist oben schwach dunkel angelegt. – Malsch-Sulzbach 26.7.92 G. EBERT.

Dunklere Tiere sind oliv- bis braungrün, zum Teil mit helleren Zeichnungen. Die Punktwarzen über der Seitenlinie können bis ins letzte Stadium schwarz bleiben. Kirchentellinsfurt 7.2.93 A. STEINER. M.

Eine Eiablagebeobachtung (E. KIEFER) betrifft die Gewöhnliche Waldrebe, wobei aber offenbar die von Waldrebe umrankte Wiesen-Schafgarbe das eigentliche Eiablageziel gewesen sein dürfte (Näheres dazu siehe unten im Kapitel »Verhalten«). Einzelne Raupenfunde liegen vor von Wolfsmilch (E. LOSER), Echtem Haarstrang (R. BLÄSIUS), Hundskamille (K. FREYTAG), Wermut (A. STEINER), Feldbeifuß (H. LIENIG), Fuchs' Greiskraut (H. HEIDEMANN). GAUCKLER (1909) nannte »Camillen«. Jeweils mehrfache Funde bzw. mehrere Raupen entfallen auf die Rote Taubnessel und auf die Wiesen-Schafgarbe, und an letzterer erfolgte auch die Eiablage (E. KIEFER). Der erwähnte Wermut war eine Gartenpflanze; gleiches gilt vermutlich für die Endivien, an denen H. SCHLÖRER (nach Kartei A. GREMMINGER) mehrere Puppen nachwies.

Das Nahrungsspektrum von *Macdunnoughia confusa* weist damit gewisse Analogien zu dem mancher *Cucullia*-Arten auf: taxonomisch ist eine Bevorzugung von Asteraceen und ökologisch eine Bevorzugung von Steppen- (bei uns Ruderal-, Brach- und Ödland-) Pflanzen zu erkennen. Zweifellos ist das Spektrum aber noch wesentlich größer als die wenigen vorliegenden Meldungen erkennen lassen; in Südrußland ist die Art beispielsweise an 26 Nutzpflanzenarten schädlich aufgetreten (KLJUČKO 1974).

Nahrung des Falters: Die Falter sind sowohl bei Tag als auch »Abends an Blumen« (REUTTI 1853) zu beobachten. Entsprechend umfangreich ist die Liste der Nektarpflanzen: Herbstzeitlose, Flatterbinse, Gewöhnliches Seifenkraut, Hahnenfuß (Pollennachweis), Fetthenne, Luzerne, Rotklee, Wicke, Meister/Labkraut (Pollennachweis), Phlox, Heidekraut, Büschelschön, Natterkopf, Taubnessel, Wirbeldost, Gewöhnlicher Dost,

Wasserminze, Bittersüßer Nachtschatten (Pollennachweis), Buddleia, Taubenskabiose, Wasserdost, Kanadische Goldrute, Goldhaaraster, Gartenastern, Jakobsgreiskraut, Kohldistel. In mehreren Fällen (*Colchicum, Phacelia, Origanum*) wurden die Falter blütenstet beobachtet, zeigen also ein ähnliches Verhalten wie *Autographa gamma* (siehe dort). Künstlichen Köder besucht *M. confusa* nur selten und wenn, dann meist früh in der Dämmerung.

Habitat: Als Imaginal- und Larvalhabitate sind für *M. confusa* unter anderem Getreideunkrautgesellschaften (Secalietea), verschiedene Typen von Ruderalgesellschaften (Chenopodietea und Artemisietea, z. B. Onopordion, Dauco-Melilotion, Aegopodion), Sandrasen (Sedo-Scleranthetea), blütenreiche Trockenrasen (Festuco-Brometea) und magere Bereiche des Wirtschaftsgrünlands (Molinio-Arrhenatheretalia), Ginster- und Heidekrautheiden (Nardo-Callunetea) und trockene bis mesophile Säume (Trifolio-Geranietea: Trifolion medii, Geranion sanguinei) geeignet. Bei starkem Auftreten sind die Imagines vereinzelt in waldnahen, feuchten, kühleren oder beschatteten Gesellschaften anzutreffen und überfliegen auch Feuchtwiesen, Großseggenriede, Niedermoore und Hochmoore. Regelmäßig treten sie in blütenreichen Gärten und Parks auf, wo an trockenen Stellen auch die Larvalentwicklung ablaufen kann.

Verhalten: Die Eiablage beobachtete E. KIEFER am 10. 9. 1987 zwischen 17 und 18 Uhr an einem SSO-exponierten, um 60–70° geneigten Lößsteilhang am Tuniberg. An dem durch Drahtgeflecht abgesicherten Hang wuchs teilweise von *Clematis vitalba* überwucherte Gewöhnliche Wiesenschafgarbe. Hier flogen mehrere Weibchen in relativ langsamem Flug über die Vegetation. Die »eiligen« Eiablagen erfolgten in Abständen von wenigen Sekunden, wobei der eigentliche Ablagevorgang nur jeweils 1–3 Sekunden dauerte. Die meisten Eier wurden an grüne und vertrocknete Blatt- und Stengelteile der Schafgarbe, daneben auch an Blätter und Stengel von *Clematis vitalba* und zweimal sogar am Draht abgelegt. Zwischendurch saugten die Tiere an *Lamium maculatum*. Die Raupen sind in erwachsenem Zustand nachtaktiv und verstecken sich tagsüber in der Vegetation an der Basis der Nahrungspflanze. In Bodennähe zwischen Pflanzenteilen wird auch das Verpuppungsgespinst angelegt. Die Falter sind tag-, dämmerungs- und nachtaktiv.

Wanderverhalten: Ähnlich wie *Autographa gamma* wandert *M. confusa* in jahrweise wechselnder Häufigkeit nach Mitteleuropa ein, wodurch die einheimischen Populationen verstärkt werden. Verglichen mit *A. gamma* ist *M. confusa* in der Regel wesentlich weniger zahlreich und stößt nicht ganz so weit in für sie unbewohnbare Gebiete vor. Im Gegensatz zu *A. gamma* erfolgt die Einwanderung (wie auch die Arealexpansion, vgl. Gesamtverbreitung!) wohl primär aus südöstlichen bzw. östlichen Richtungen. Aufschlußreich ist in dieser Hinsicht die Situation in Großbritannien, wo *M. confusa* wie andere östliche Arten eine extrem seltene Erscheinung ist, während viele mediterrane Wanderfalterarten auf den Britischen Inseln in größeren Individuenzahlen als in Süddeutschland (und mit ganz unterschiedlicher jährlicher Häufigkeit) auftreten. Obwohl Verbreitung sowie Biotop- und Nahrungspräferenzen *M. confusa* als ursprünglich an trockene Steppen gebundene Art erkennen lassen, erweist sie sich heute als expansiver und verhältnismäßig anpassungsfähiger r-Stratege, wenn auch nicht im gleichen Maße wie die in dieser Hinsicht kaum zu übertreffende *A. gamma*.

Gefährdung und Schutz

Rote Liste Bundesrepublik: –
Rote Liste Baden-Württemberg: –

Oberrheinebene: Nicht gefährdet.
Schwarzwald: Nicht gefährdet.
Neckar-Tauberland: Nicht gefährdet.
Schwäbische Alb: Nicht gefährdet.
Oberschwaben: Nicht gefährdet.

• In Baden-Württemberg nicht gefährdet!

Plusia festucae
(Linnaeus, 1758)
Röhricht-Goldeule

Phytometra festucae L. partim (SCHNEIDER 1936–1939, BERGMANN 1951–1955, KOCH 1954–1961, WARREN in SEITZ 1909–1914)
Chrysaspidia festucae L. (FORSTER 1954–1981, HANNEMANN & URBAHN in STRESEMANN 1969, PRETSCHER et al. 1984)

Gesamtverbreitung: Von Nordwestafrika (ssp. *maroccana* RUNGS, 1936) quer durch ganz Europa verbreitet, nördlich bis Schottland und Nordskandinavien, südlich bis Malta und Griechenland. In Asien von Kleinasien und dem nördlichen Vorderasien quer durch Mittelasien bis zum Pazifik (Kamtschatka, Kurilen, Korea, Japan), südlich bis Afghanistan und zum Nordiran.

Verbreitung

Regional: *Plusia festucae* ist in Baden-Württemberg in allen Regionen vertreten, wenn auch in deutlich unterschiedlicher Dichte. Schwerpunkte (die aber zum Teil durch den Bearbeitungsstand bedingt sind!) lassen sich in der Oberrheinebene, besonders im nördlichen Teil, und in manchen Gebieten des Neckarlands ausmachen: z. B. Kraichgau, Waldgebiete des mittleren Neckars (Schönbuch, Rammert, Glemswald). Berücksichtigt man den schlechten aktuellen Durchforschungsstand der nordöstlichen Landesteile, dann werden offenbar auch die Schwäbisch-Fränkischen Keuperwaldberge und die Kocher-Jagst-Ebenen gut besiedelt. Auf der Schwäbischen Alb bewohnt die Art nur lokal die Täler der größeren Donauzuflüsse. Den Schwarzwald hat sie ebenfalls nur recht sporadisch, vor allem in den Tallagen erschlossen. Ob die Art im Hochrheingebiet und in der Baar wirklich fehlt, erscheint uns zweifelhaft; wahrscheinlich läßt sie sich bei intensiverer Durchforschung noch auffinden.

Ältere Angaben aus dem Alpenvorland, wo beide *Plusia*-Arten vorkommen, lassen sich meist nicht mehr mit Sicherheit zuordnen. Beide Arten zeigen hier eine sehr ähnliche Verbreitung, doch ist *P. putnami* vor allem im Moorbereich anscheinend meist die häufigere Art.

Plusia festucae ist an feuchten Stellen in zwei Generationen überall anzutreffen. Ein Lebensraum ist unter *Apamea unanimis* abgebildet. In Oberschwaben kann sie mit der dort vorkommenden *P. putnami* verwechselt werden. Die äußere Querlinie verläuft unter dem Vorderrand spitz zur Basis hin gezogen und ist in diesem Bereich oft etwas verloschen, so daß der untere und deutlichste der länglichen Silberflecke zur Flügelbasis hin nur sehr undeutlich von der Querlinie begrenzt wird. – Ichenheim, Sauscholle 5.8.80 G. EBERT. LF.

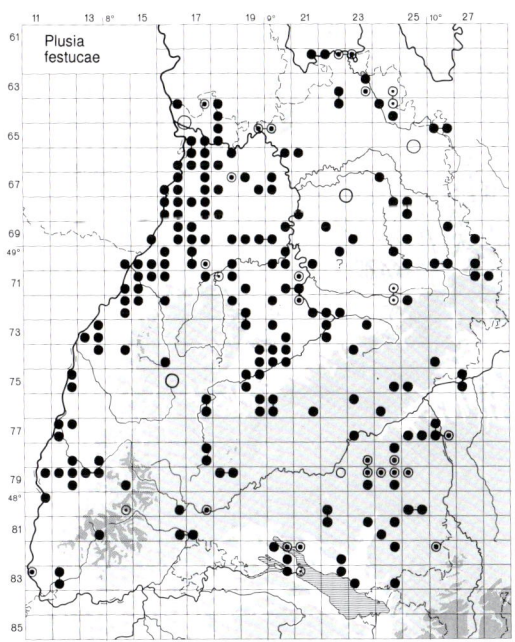

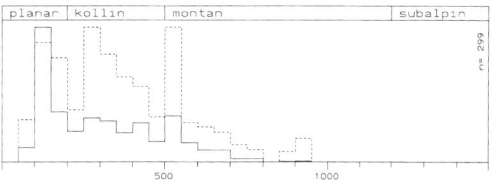

Vertikal: Die Art ist von der Ebene um 100 m bis in die montane Stufe verbreitet. Oberhalb von 700 m nimmt die Fundortdichte aber stark ab. Die höchsten Standorte liegen im Südschwarzwald (880–940 m, Hinterzartener Moor, A. FRITZ nach Kartei A. GREMMINGER). Der Schwerpunkt der Vertikalverbreitung liegt im Flach- und Hügelland.

Phänologie

Imagines: *Plusia festucae* bildet in allen Gebieten zwei Generationen, die in der Regel gut getrennt sind. Die 1. Gen. ist deutlich individuenschwächer; sie fliegt in der Rheinebene ab Anfang/Mitte Mai (8.5.1990, Kippenheim, J.-U. MEINEKE), im Neckar-Tauberland ab Ende Mai (22.5.1959, Sinsheim, M. SCHMITT). Auch im Alpenvorland sind einzelne Nachweise ab Anfang Mai bekannt (8.5.1971, Federsee, G. BAISCH), obwohl die Hauptflugzeit dort durchschnittlich nicht vor Anfang Juni beginnt. Das Ende der 1. Gen. wird in der Rheinebene und im Neckar-

Tauberland kurz nach Mitte Juni erreicht, im Alpenvorland ist es mangels Angaben zum Erhaltungszustand nicht klar zu definieren und reicht in klimatisch ungünstigen Jahren vermutlich bis in den Juli. Ab Mitte Juli fliegt in allen Gebieten die individuenstärkere 2. Gen., die meist bis in den September zu finden ist. In der Rheinebene klafft eine Lücke in den Meldungen zwischen Ende August und Mitte September, dann folgen einige Meldungen bis Anfang Oktober (10.10.1979, Iffezheim, R. HERRMANN). Hier dürfte es sich, ähnlich wie bei dem einzelnen Oktobertier in Bad Mingolsheim (8.10.1985, G. SCHWARZ) um eine sehr unvollständige 3. Gen. handeln.

Präimaginalstadien: Die Raupen sind bei uns trotz der lokalen Häufigkeit des Falters nur selten nachgewiesen worden: Am Federsee fand H. HEIDEMANN am 22.4.1949 eine erwachsene Raupe der 1. Gen. D. BARTSCH meldete eine erwachsene Raupe der 2. Gen. vom 12.6.1991 (ex larva 29.6.). Raupen und Puppen und gleichzeitig auch schon Falter der 2. Gen. beobachtete K. FREYTAG am 15.8.1987. Das synchrone Auftreten dieser drei Stadien um Mitte August war schon SPULER aufgefallen (BERGMANN 1954). Das Überwinterungsstadium ist wahrscheinlich grundsätzlich die Raupe der 1. Gen. (und nicht wie HACKER 1989 angab, die Puppe).

Ökologie

Lebensraum: *Plusia festucae* bewohnt Schilfröhrichte, Seggenrieder, Niedermoore, Streuwiesen, Quellsümpfe und lichte Erlenbruchwälder an See-, Teich- und Bachufern, an Tümpeln und Wassergräben, an Altwasserarmen größerer Flüsse, in und am Rand von Auenwäldern und im Hoch- und Niedermoorbereich. Sie kann sich selbst in kleinräumigen Habitaten und in Siedlungsnähe noch halten, sofern keine Entwässerung erfolgt. Im Alpenvorland kommt sie an einigen Stellen syntop mit *P. putnami* vor, ist aber dort meist die seltenere der beiden Arten.

Die Imagines sind recht vagil und verlassen öfters ihre Lebensräume, wie Falterfunde in Gärten und selbst in Xerothermbiotopen wie Weinbergen und Trockenrasen belegen. Solche Stellen liegen dann meist in der Nähe (bei Lichtfang in Sichtweite) von Feuchtgebieten, besonders in Hanglagen über Bach- oder Flußtälern.

Nahrung der Raupe:

Typha latifolia – Breitblättriger Rohrkolben
  L (BAR)

Phragmites australis – Schilf
  L, P (FRY)

Phalaris arundinacea – Rohrglanzgras
  L, P (FRY)

Aus der mutmaßlich recht umfangreichen Gruppe von Wasserpflanzen, die *P. festucae* als (Freiland-)Nahrung dient, und zu der Froschlöffelgewächse, Rohrkolbengewächse, Igelkolbengewächse, Schwertliliengewächse, Sauergräser und Süßgräser gehören, sind für unser Gebiet bisher nur zwei Süßgräser und ein Rohrkolben sicher nachgewiesen. K. FREYTAG fand bei Göppingen-Jebenhausen Mitte August Raupen und Puppen an Rohrglanzgras und an Schilf. D. BARTSCH konnte die Raupe bei Böblingen am Breitblättrigen Rohrkolben nachweisen. An Schilf wurden die Puppen auch auf der französischen Rheinseite am Marne-Rhein-Kanal bei Schiltigheim gefunden (A. NOIRIEL nach PEYERIMHOFF & MACKER 1910).

Oberrheinebene

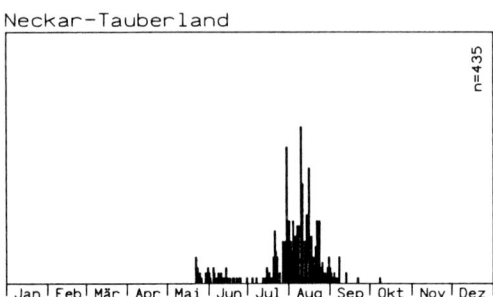

Neckar-Tauberland

Oberschwaben

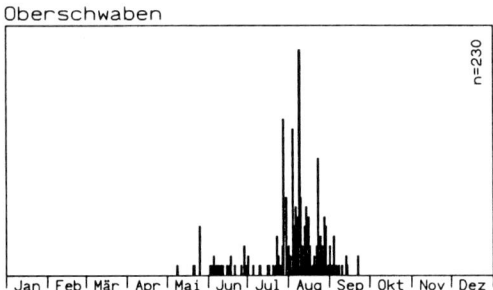

Die in der Literatur angegebenen Raupennahrungspflanzen stammen überwiegend aus der Zeit vor der Auftrennung der beiden *Plusia*-Arten und können folglich nicht sicher zugeordnet werden. Die viel weitere Verbreitung von *P. festucae* läßt allerdings die Vermutung zu, daß die Mehrzahl der Angaben sich wohl auf diese Art beziehen. Falls die Beobachtung von KUNZ (1979) verallgemeinert werden darf, dann hat *P. putnami* zudem ein wesentlich engeres Nahrungsspektrum: er fand sie nur auf *Calamagrostis canescens*. Die für den *Plusia*-Komplex genannten Nahrungspflanzen sind: Gewöhnlicher Froschlöffel (*Alisma plantago-aquatica*), Schmalblättriger Rohrkolben (*Typha angustifolia*) (BERGMANN 1954), Ästiger Igelkolben (*Sparganium erectum*) (ALLAN 1949, BERGMANN 1954), Einfacher Igelkolben (*Sparganium emersum*) (ALLAN 1949), Gelbe Schwertlilie (*Iris pseudacorus*) (ALLAN 1949, BERGMANN 1954), Seggen (*Carex* spec.) (BERGMANN 1954, PEYERIMHOFF & MACKER 1910), Rasensegge (*Carex cespitosa*), Blausegge (*Carex flacca*), Hirsensegge (*Carex panicea*), Waldsegge (*Carex sylvatica*) (ALLAN 1949), Blasensegge (*Carex vesicaria*) (ALLAN 1949, FREYER 1829–1830), Ufersegge (*Carex riparia*) (FREYER 1829–1830), Schwingel (*Festuca* spec.) (BERGMANN 1954), Flutendes Süßgras (*Glyceria fluitans*) (»*Festuca fluitans*, MannaGraß oder Schwaden«, HUFNAGEL 1766), Großes Süßgras (*Glyceria maxima*) und Schilf (*Phragmites australis*) (BERGMANN 1954). In der Zucht fressen die Raupen außerdem *Sparganium simplex* (KUNZ 1976), *Festuca ovina*, *Crocosmia x crocosmiflora* und selbst *Salix cinerea* (ALLAN 1949, BRETHERTON, GOATER & LORIMER 1983).

Die grüne Raupe trägt einen weißen Seitenstreifen. Sie lebt an Schilf, Rohrglanzgras und mutmaßlich noch zahlreichen anderen Wasserpflanzen. – Wendlingen, Neckarufer 15.8.87 K. FREYTAG.

Nahrung des Falters: Nektarsaugende Imagines sind vor allem in Gärten an Buddleia (*Buddleja davidii*) (H. BEYERLE nach SCHULTZ 1924 und SETTELE 1926a, F. BIHLMAIER, G. EBERT, H. LAIER, E. LANGER, A. STEINER, F. VOGEL), daneben auch an Pfingstnelke (*Dianthus gratianopolitanus*) (M. DAUB), Dost (*Origanum vulgare*) (G. EBERT) und Salbei (*Salvia* spec.) (REUTTI 1898), an Luzerne (*Medicago sativa*), Lavendel (*Lavandula angustifolia*), Quirlblütigem Salbei (*Salvia verticillata*) und »Roter Wegdistel« (*Carduus/Cirsium* spec.) (F. VOGEL) beobachtet worden. Ferner liegen Pollennachweise vor von Leimkraut (*Silene* spec.), Aufgeblasenem Leimkraut (*Silene vulgaris*), Hahnenfuß (*Ranunculus* spec.), Gewöhnlichem Hornklee (*Lotus corniculatus*) und Natternkopf (*Echium vulgare*) (ESCHE 1996). Gelegentlich erscheinen die Falter auch am Köder.

Habitat: Die vorliegenden Raupenfunde können dem Schilfröhricht (Phragmitetum communis) und dem Rohrglanzgrasröhricht (Phalaridetum arundinaceae) zugeordnet werden. Ein Fund stammt aus einem kleinen, nur wenige Pflanzen umfassenden *Typha-latifolia*-Bestand in einem von Ruderalfluren umgebenen Tümpel, der vielleicht schon als Typhetum latifoliae definiert werden kann. Nach den in der Literatur gemeldeten Nahrungspflanzen dürften mit Sicherheit noch weitere Gesellschaften der Phragmitetalia als Larvalhabitat in Frage kommen, etwa das Wasserschwaden-Röhricht (Glycerietum maximae) und das Igelkolben-Röhricht (Sparganietum erecti) sowie einige Großseggenriede (Magnocaricion) und Kleinröhrichte (Sparganio-Glycerion fluitantis). Das Imaginalhabitat erstreckt sich regelmäßig auch auf außerhalb dieser Bereiche liegende blütenreiche Biotope, die zur Nahrungsaufnahme oder auf Dispersionsflug aufgesucht werden und zu denen unter anderem Gärten, Wegränder, Säume und selbst Trockenrasen gehören.

Verhalten: Die Raupen sind tag- und nachtaktiv; sie ruhen an den Pflanzen, von denen sie gestreift oder gekäschert werden können. D. BARTSCH fand eine erwachsene Raupe am höchsten Blatt eines Rohrkolbens in der prallen Sonne sitzend.

Die Falter sind normalerweise dämmerungs- und nachtaktiv, werden aber öfters auch tagsüber beim Blütenbesuch beobachtet. F. VOGEL beobachtete bei Tag an einem Luzernefeld, daß sich die Falter kaum oben im Blütenbereich aufhielten, sondern bevorzugt in der niedrigen und schattigen bodennahen Zone flogen. Nachts fliegen sie Lichtquellen an.

Gefährdung und Schutz

Rote Liste Bundesrepublik: –
Rote Liste Baden-Württemberg: –

Oberrheinebene: Nicht gefährdet.
Schwarzwald: Nicht gefährdet.
Neckar-Tauberland: Nicht gefährdet.
Schwäbische Alb: Nicht gefährdet.
Oberschwaben: Nicht gefährdet (Aussage nicht abgesichert).

- In Baden-Württemberg nicht gefährdet! Besonders geschützt gemäß § 20 e ff. BNatSchG.

Plusia putnami
Grote, 1873

Zierliche Röhricht-Goldeule

Chrysaspidia putnami GROTE (FORSTER 1954–1981, PRETSCHER et al. 1984)
Chrysaspidia gracilis LEMPKE (HANNEMANN & URBAHN in STRESEMANN 1969)
Phytometra festucae L. partim (WARREN in SEITZ 1909–1914, SCHNEIDER 1936–1939, BERGMANN 1951–1955, KOCH 1954–1961)

Gesamtverbreitung: Von Nordwestafrika (Marokko) quer durch den größten Teil Europas lokal verbreitet, nördlich bis Schottland und Mittelskandinavien. Nach Süden zu wird die Art seltener; sie ist bisher bis Frankreich, Norditalien[1], ins ehemalige Jugoslawien und Bulgarien nachgewiesen worden. Aus Portugal und Spanien gibt es noch keine gesicherten Nachweise. In Mittel- und Ostasien wurde sie vom Baikalsee bis Japan, Korea, China und Sachalin gemeldet, doch ist die Unterscheidung gegenüber *P. festucae* in manchen Fällen noch zu überprüfen. Ferner ist sie im klimatisch gemäßigten Nordamerika (Kanada, nördliche USA) weit verbreitet, ist also eine holarktische Art.

Subspezifischer Kontext: Die ssp. *putnami* bewohnt Nordamerika, in Europa fliegt die (ursprünglich als eigene Art beschriebene) ssp. *gracilis* (LEMPKE, 1966), in Nordafrika die ssp. *barbara* (WARREN, 1913) und in Mittel- und Ostasien die ssp. *festata* (GRAESER, 1889).

Verbreitung

Regional: In Baden-Württemberg kommt *P. putnami* fast ausschließlich in den Moorgebieten des Alpenvorlands vor (Voralpines Hügel- und Moorland und Donau-Iller-Lech-Platten), westlich bis in die Umgebung von Salem. Ein isoliertes Vorkommen befindet sich in der Baar im Pfohrener Ried (H. FEIL). Ein weiteres Teilareal wird durch Nachweise im Weihergebiet bei Wört markiert (M. MEIER), das naturräumlich bereits dem Mittelfränkischen Becken angehört.

Da die Artverschiedenheit von *P. festucae* und *P. putnami* erst Mitte der sechziger Jahre erkannt wurde, lassen sich einige ältere »*P. festucae*«-Angaben aus dem Alpenvorland, für die keine Be-

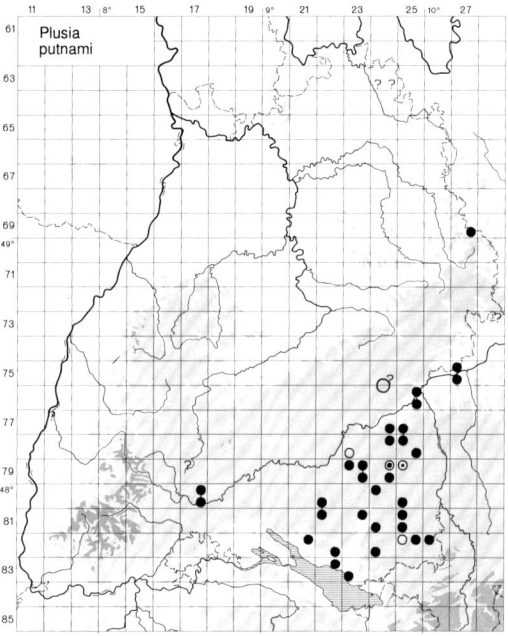

lege mehr existieren, nicht sicher der einen oder anderen *Plusia*-Art zuordnen. An vielen Stellen ist *P. putnami* hier deutlich zahlreicher vertreten: im Federseegebiet registrierte MEINEKE (1982) in den Jahren 1977 und 1978 38 Individuen von *P. festucae* und 304 von *P. putnami*.

---

[1] Wenn BERIO (1991) in der »Fauna d'Italia« behauptet, *P. putnami* käme in Italien nicht vor und sei auch nicht in der Literatur angegeben, so ignoriert er die (in einer italienischen Zeitschrift erschienene) Arbeit von WOLFSBERGER (1974), in der 5 Fundorte in Norditalien gemeldet werden.

Plusia putnami ist eine reine Moorbewohnerin, die in Baden-Württemberg in den Moorgebieten des Alpenvorlands verbreitet ist. Sie bildet nur eine Generation aus. Die Vorderflügel sind etwas breiter und kürzer als bei *P. festucae*, die großen Silberflecke im Mittelfeld oft etwas gerundeter. Der wichtigste habituelle Unterschied liegt in dem unteren, länglichen Silberfleck im Apikalfeld, der zur Flügelbasis hin von der äußeren Querlinie (die nur leicht gebogen verläuft) scharf und deutlich begrenzt wird. – Wurzacher Ried (Alberser Ried) 24.7.78 G. EBERT. LF.

Keine gesicherten Angaben gibt es bislang aus der Rheinebene. Alle überprüfbaren Meldungen erwiesen sich als *P. festucae*. Lediglich einige gezüchtete Belegstücke, die laut Etiketten von GREULICH 1937 bei Ketsch und von MORANO (ohne Jahresangabe) in »Mannheim B.[aden] Umgeb.« gefunden worden sein sollen, sind eindeutige *P. putnami*, doch ist in diesem Fall die Richtigkeit der Fundortangabe zu bezweifeln. Beide Sammler haben viele Arten gezüchtet und in Umlauf gebracht, waren aber bezüglich der Etikettierung nicht zuverlässig. Wir halten diese 4 ex-larva-Stücke für keine ausreichende Basis, um daraus ein ehemaliges Vorkommen in der Oberrheinebene postulieren zu dürfen.

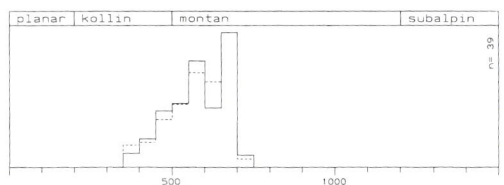

Vertikal: Die Fundstellen im baden-württembergischen Alpenvorland fallen in den Höhenbereich zwischen 400 und knapp über 700 m (obere kolline und untere montane Stufe.

Phänologie

Imagines: Im Gegensatz zu *P. festucae* bildet *P. putnami* nur eine Generation aus, die meist von Anfang Juli bis Anfang August dauert und in der letzten Julidekade ein Maximum erreicht. In manchen Jahren werden die ersten Falter auch schon Ende Juni nachgewiesen (24.6.1977, Federsee, J.-U. MEINEKE), und die spätesten Tiere können noch Ende August erscheinen (26.8.1982, Gronne bei Ulm, G. BAISCH).

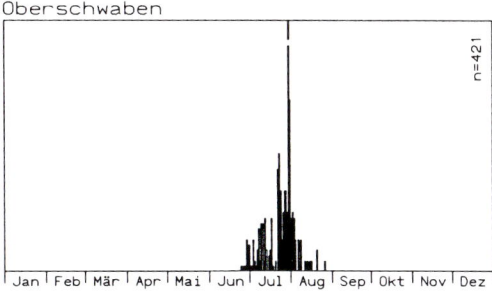

Eine unvollständige zweite Generation, wie sie LEMPKE (1966b) von Mitte September bis Anfang Oktober aus den Niederlanden meldete, ist in unserem Gebiet bisher ebensowenig beobachtet worden wie frühe Funde von Ende Mai bis Mitte Juni. Die Phänologie in Baden-Württemberg stimmt damit im wesentlichen mit derjenigen in Ostdeutschland (HEINICKE & NAUMANN 1980–1982), in Norddeutschland (KUNZ 1979, URBAHN 1967) und in Frankreich (DUFAY 1969) überein. Auch für Südeuropa kam HACKER (1989) zu der Einschätzung: »VI–VIII, wahrscheinlich nur eine Generation.« Dagegen nahm WOLFSBERGER (1973) für Südbayern »zwei sich überschneidende Generationen von Ende Mai bis Mitte August« an, deren erste »wesentlich zahlreicher« als die 2. Gen. von *P. festucae* sei. Da seiner Arbeit genaue Datumsangaben und Individuenzahlen leider fehlen, ist es nicht möglich, zu entscheiden, ob er vielleicht nur LEMPKE zitierte. Es wäre jedenfalls nicht einsichtig, warum sich die Phänologie im württembergischen und im bayerischen Alpenvorland so stark unterscheiden sollte. Weitere Untersuchungen sind erforderlich, insbesondere sollten alle angeblichen Mai-, September- und Oktober-Tiere von *P. putnami* auf ihre Determination hin überprüft werden.

Präimaginalstadien: Es liegen keine Funde vor. Wie bei *P. festucae* überwintert die Raupe; bei Osnabrück wurde sie von Anfang September bis Mitte Juni gefunden (KUNZ 1979).

Die Raupe ist in Oberschwaben noch nicht im Freiland gefunden worden. Sie lebt wahrscheinlich vor allem im Niedermoorbereich an Gräsern. – Schweden, Schonen, Stenhotten 5.6.88 H. HEIDEMANN.

Ökologie

Lebensraum: Die Fundstellen der Falter im Alpenvorland befinden sich in Niedermooren (Röhrichte, Seggenriede, Streuwiesen, Kalkniedermoor, Intensivgrünland auf Moorboden), in Torfstichgebieten und in offenem Hochmoor. Der Schwerpunkt liegt nach MEINEKE (1982) im Niedermoorbereich. Im Vergleich zu *P. festucae* ist das Habitatspektrum enger und auf nassere (meist staunasse) Böden beschränkt. Ob es auch durch eine monophage Nahrungsbindung der Raupen bestimmt wird, bleibt noch zu untersuchen.

Nahrung der Raupe: Aus Baden-Württemberg sind keine Beobachtungen bekannt.

Aus dem Osnabrücker Raum berichtete KUNZ (1979), daß die Raupen im Gegensatz zu denen von *P. festucae* ausschließlich an Sumpfreitgras (*Calamagrostis canescens*), nicht aber an Schilf (*Phragmites*) und anderen Gräsern zu finden waren. In der Zucht werden dagegen sowohl *Phragmites* als auch *Alisma*- und *Festuca*-Arten angenommen.

Nahrung des Falters: J.-U. MEINEKE beobachtete den Blütenbesuch an Kohldistel (*Cirsium oleraceum*), N. HIRNEISEN, C. KUON und A. STEINER an Blutweiderich (*Lythrum salicaria*).

In der Literatur werden ferner *Calluna vulgaris*, *Origanum vulgare* (Norddeutschland, KUNZ 1979) und *Symphytum* spec. (Großbritannien, HUGGINS nach BRETHERTON, GOATER & LORIMER 1983) genannt.

Habitat: Ohne Raupenfunde ist noch keine pflanzensoziologische Zuordnung möglich.

Verhalten: Die Falter sind dämmerungs- und nachtaktiv und kommen ans Licht. Wie bei ihrer Schwesterart wurden sie aber auch schon tagsüber im Sonnenschein beim Blütenbesuch niedrig über die Moorwiesen schwirrend beobachtet.

Gefährdung und Schutz

Rote Liste Bundesrepublik: –
Rote Liste Baden-Württemberg: 3

Oberrheinebene: Nicht vertreten.
Schwarzwald: Nicht vertreten.
Neckar-Tauberland: Stark gefährdet.
Schwäbische Alb: Nicht vertreten.
Oberschwaben: Art der Vorwarnliste.

- In Baden-Württemberg gefährdet! Besonders geschützt gemäß § 20 e ff. BNatSchG.

Die beiden einzigen Fundstellen im Neckar-Tauberland liegen in Naturschutzgebieten, so daß

Ein Imaginalhabitat von *Plusia putnami*. An diesem blütenreichen Graben im Niedermoorbereich konnte ein Falter tagsüber beim Blütenbesuch beobachtet werden. – Fetzachmoos 30.7.88 A. STEINER.

Anlaß zu der Hoffnung besteht, daß die dortigen Populationen bis auf weiteres gesichert sind. Im Alpenvorland, wo eine recht weite Verbreitung besteht, liegen einige Standorte in Schutzgebieten, die anderen dürften unter den § 24a fallen. Wo das nicht der Fall ist, sollte darauf geachtet werden, daß die Habitate der Art vor Entwässerung, intensivem Torfabbau, Gift- und Nährstoffeintrag (z. B. Gülledüngung in angrenzendem, höher liegendem Agrarland!), zu intensiver landwirtschaftlicher Nutzung und Bebauung (auch Straßenbau) geschützt bleiben. Um die ökologischen Ansprüche, speziell im Raupenstadium, zu klären, sind Spezialuntersuchungen erforderlich.

Autographa gamma
(Linnaeus, 1758)

Gammaeule

Plusia gamma L. (REUTTI 1898, SPULER 1908–1910, LAMPERT 1907, REBEL 1910, ECKSTEIN 1913–1923, HERING 1932)
Phytometra gamma L. (WARREN in SEITZ 1909–1914, SCHNEIDER 1936–1939, BERGMANN 1951–1955, KOCH 1954–1961)

Taxonomische Anmerkung: Die jüngst aus Ostdeutschland beschriebenen »*Autographa messmeri*« und »*Autographa voelkeri*« (SCHADEWALD [1993]) können genitalmorphologisch nicht von *Autographa gamma* getrennt werden und sind deshalb umgehend mit ihr synonymisiert worden (FIBIGER 1993). RETZLAFF (1993) glaubte, auf der Basis von 6 Exemplaren von »*Autographa voelkeri*« konstante habituelle Unterschiede zu *A. gamma* erkennen zu können. Irgendwelche Anhaltspunkte für eine artliche Selbständigkeit dieser Form konnte jedoch noch niemand liefern.

Gesamtverbreitung: Nordafrika, Europa sowie Asien mit Ausnahme des südöstlichen Teils. Als Wanderfalter erreicht *A. gamma* auch die nördlichsten Gebiete Skandinaviens, Island und Grönland. Wo die Nordgrenze der dauernden Bodenständigkeit liegt, ist nicht ganz klar. HACKER (1989) vermutete: »Die Grenzlinie, ab der südlich *A. gamma* zumindest in günstigen Jahren den Winter überstehen kann, dürfte an den Küsten von Nord- und Ostsee zu suchen sein.«

Verbreitung

Regional: Als klassischer Wanderfalter erscheint *Autographa gamma* in allen Naturräumen des Landes. Durch ihre in vielen Jahren hohe Abundanz und ihre Aktivität bei Tag und Nacht ist sie eine der bekanntesten Nachtfalterarten über-

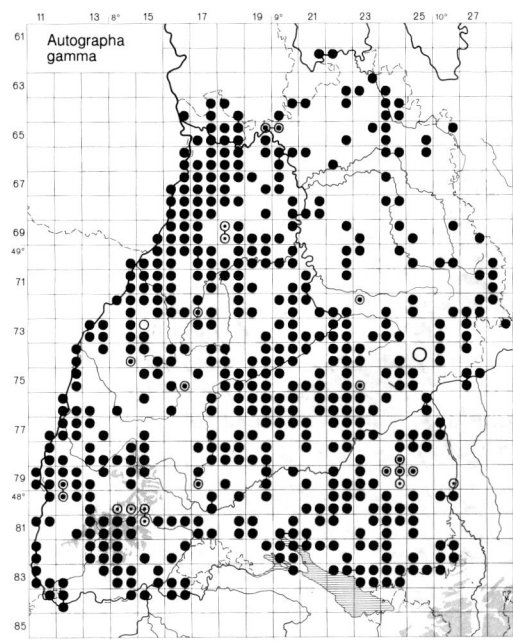

haupt. Die von Jahr zu Jahr wechselnden Populationsstärken sind dabei weitgehend von der Quantität des Zuflugs aus dem Süden (Mediterraneis, Nordafrika) abhängig. Dem Kartenbild kommt in diesem Fall lediglich eine Indikatorfunktion für den allgemeinen Durchforschungsstand Baden-Württembergs zu.

Die Frage der Bodenständigkeit in unserem Gebiet ist nicht eindeutig geklärt. Als einigermaßen sicher darf gelten, daß *A. gamma* im Mittelgebirge normale Winter wohl in keinem Stadium im Freiland übersteht. Anders ist es in den niedrigen und warmen Lagen: hier tauchen immer wieder Frühlingsfalter (Februar, März, April) auf, von denen man angenommen hat, daß es sich um als Falter, Puppe oder Raupe überwinterte Tiere handelte. Zweifelsfrei beweisbar sind solche Annahmen nicht; es könnte sich in all diesen Fällen auch um früh zugewanderte, eingeschleppte oder in irgendeinem Stadium in/an Häusern, Gewächshäusern oder anderen Wärmequellen überwinterte Tiere handeln. Darüber hinaus liegen aber verschiedene Frühjahrsfunde halb bis ganz erwachsener Raupen aus Freilandhabitaten in der Rheinebene und im Neckarland vor, die folglich im Raupenstadium überwintert haben. Unklar ist, in welchen Gebieten eine erfolgreiche Überwinterung und damit »Bodenständigkeit« im weitesten Sinne die Regel ist und welchen Anteil an der Gesamtpopulation diese

Überwinterer ausmachen[1] (siehe auch unten im Kapitel »Feinde, Parasitoide, Krankheiten«).

Daß neben der aktiven Einwanderung natürlich auch die Einschleppung von Entwicklungsstadien vorkommt, belegt z. B. ein Raupenfund in gekauftem Salat (Sorte »Romana«) (G. EBERT/E. ECKERT).

Jahre mit besonders starken Massenvermehrungen bzw. -einflügen in Südwestdeutschland waren 1823, 1829, 1831 (FREYER 1832), 1928 (BUNDSCHUH 1928, LIENIG 1928, ROMETSCH 1928), 1946 (A. GREMMINGER), 1956, 1962 (BRAUN 1963, SCHWITULLA 1963), 1966, 1975, 1982, 1987, 1991[2]. Dagegen war die Art in letzter Zeit in den Jahren 1988 und 1990 außerordentlich selten.

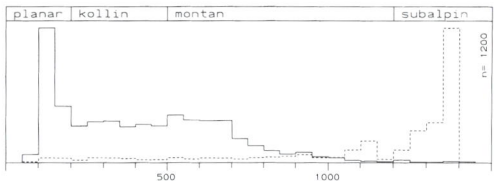

Vertikal: Die Falter wurden in buchstäblich allen Höhenlagen von den Niederungen der Rheinebene knapp unter 100 m bis in die Gipfelregionen der Schwäbischen Alb und des Schwarzwalds (Feldberggipfel bei 1350 m, J. ASAL; Belchengipfel bei 1400 m, U. RATZEL; Herzogenhorngipfel um 1400 m, U. RATZEL) beobachtet.

Phänologie

Imagines: Die Falternachweise verteilen sich auf den Zeitraum von Ende Februar bis Anfang Dezember. Innerhalb dieser Extremwerte kommt es in den meisten Jahren zu mehr oder weniger starken Einwanderungen und zur Bildung von mehreren Nachfolgegenerationen in den Monaten Mai bis Oktober[3]. Wie die Situation in Großbritannien zeigt, können Wanderschwärme, vermutlich aus Nordwestafrika oder von den

---

[1] Nach CAYROL in BALCHOWSKY (1972) haben bei einer Zucht unter Freilandbedingungen, bei der im Februar fünfzehnmal Temperaturen zwischen –10 ° und –14 °C auftraten, 80% der Raupen überlebt.
[2] Aus dem für *Autographa gamma* in ganz Mitteleuropa sehr starken Wanderjahr 1879 liegen keine konkreten Angaben für Baden-Württemberg vor.
[3] A. GREMMINGER notierte: »1946 schlüpften mir noch am 15. 12. die Falter aus im Kalten stehenden Puppen«.

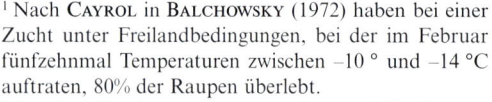

Die Gammaeule (*Autographa gamma*) ist eine unserer häufigsten Schmetterlingsarten. Sie kann Tag und Nacht beim Blütenbesuch angetroffen werden. Ihre jährliche Abundanz in Mitteleuropa hängt von der Menge der aus dem Mittelmeergebiet zuwandernden Falter ab. Auf der Wanderung tauchen die Tiere praktisch überall auf, von Balkonblumen in Großstädten bis zu Hochmooren und Berggipfeln. – Baden-Baden 14.8.82 H. HEIDEMANN.

Kanaren, im atlantischen Bereich bereits im Januar, Februar und März erscheinen. Bei den in den Frühjahrsmonaten beobachteten frischen Faltern besteht aber auch die Möglichkeit, daß es sich um Tiere handelt, die als Raupe oder Puppe erfolgreich bei uns überwintert haben, entweder im Freiland an mikroklimatisch günstigen Stellen in milden, frostarmen Wintern oder in und an beheizten Gebäuden, Gewächshäusern und dergleichen.

Eine Trennung einzelner Generationen ist in Mitteleuropa normalerweise schon ab Juni nicht mehr möglich, da die unregelmäßigen Einwanderungsschübe das Bild verwischen. Zudem wird die Entwicklungszeit hier aufwachsender Tiere je

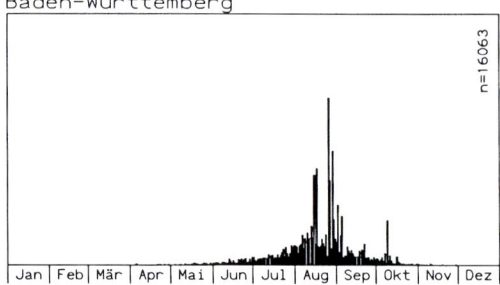

nach Fundort und Mikroklima variieren. In der warmen Jahreszeit dürfte in der Ebene und im Hügelland eine ununterbrochene Entwicklungsfolge möglich sein, so daß ab der Jahresmitte wohl die wenigsten Tiere in ein simples Generationsschema gezwängt werden können[4].

Präimaginalstadien: Eiablagen wurden bereits Anfang Mai (6.5.1992, Oberrheinebene bei Kippenheim, E. RENNWALD) sowie im Juli beobachtet (U. RATZEL, A. SCHANOWSKI). Die weitaus meisten Raupenfunde stammen aus den Sommer- und Herbstmonaten von Ende Juli bis Oktober, sind also überwiegend als Angehörige der 2. oder 3. Gen. aufzufassen. Nur eine Meldung stammt vom Juni (BOLDT 1928). Puppen (sowie Gespinste mit Puppenexuvien) wurden im Juli, August, September und Oktober gemeldet. Wegen der Häufigkeit der Art haben es offenbar viele Mitarbeiter versäumt, alle Präimaginalfunde taggenau zu notieren.

Hinweise auf gelungene Raupenüberwinterungen geben Funde von erwachsenen Raupen am 3.4.1995 bei Neulußheim (A. STEINER), am 10.4.1992 bei Ichenheim (K. RENNWALD nach E. RENNWALD 1994) und am 12.4.1972 in Wendlingen (E. LOSER), die beiden ersten abseits von möglichen anthropogenen Wärmequellen wie Häusern usw., aber in Jahren mit milden Wintern, die letzte in einem Garten.

Die Entwicklungsdauer der einzelnen Stadien ist stark temperaturabhängig: nach CAYROL in BALACHOWSKY (1972) werden (unter Laborbedingungen) die einzelnen Stadien in folgender Zeit durchlaufen: bei nahe an 30°C Ei 3 Tage, Raupe 10 Tage, Puppe 5 Tage, bei 19–20°C Ei 5 Tage, Raupe 20 Tage, Puppe 11 Tage, bei 14°C Ei 11 Tage, Raupe 45 Tage, Puppe 26 Tage. E. ECKERT beobachtete eine völlig synchrone Entwicklungszeit von drei am 24.7.1988 abgelegten Eiern, bei denen die resultierenden Falter am 20.8. schlüpften: Eidauer 4 Tage, Raupenzeit 14 Tage, Puppenzeit 9 Tage.

Ökologie

Lebensraum: Die Falter der Gammaeule sind auf dem Durchzug in praktisch allen nur denkbaren offenen Lebensräumen zu finden, lediglich geschlossene Waldgebiete werden mehr über- als durchflogen. Konzentrationen ergeben sich vor allem dort, wo die Tiere Gelegenheit zur Nahrungsaufnahme haben, also in blütenreichen Biotopen wie ungemähten, ungedüngten und extensiv bewirtschafteten Wiesen, Weiden, Heiden und Halbtrockenrasen, Saumgesellschaften und Hochstaudenfluren, Klee- und Luzerneäckern, aber auch an lokalen Blütenkonzentrationen in anderen Biotopen, z. B. *Calluna*-Hochmoor-Flächen im Federseegebiet (MEINEKE 1982). Gärtnereien und Blumenbeete in Parks und Gärten werden ebenso beflogen wie Balkonblumen an Hochhäusern. In guten Einwanderjahren kann beim Lichtfang zuweilen starker Anflug registriert werden, ohne daß daraus auf ein bodenständiges Vorkommen im betreffenden Biotop geschlossen werden darf.

Ökologisch ähnlich weit gestreut sind die Raupenhabitate, die sich zwar im gut untersuchten Kulturland zu häufen scheinen, weil hier besonders viele Beobachtungen vorliegen, aber nach verschiedenen Einzelbeobachtungen auch naturnahe Habitate einschließen. Offene, besonnte bis mäßig beschattete Flächen auf magerem bis nährstoffreichem Untergrund wie Äcker und Beete im Agrarland und in Haus- und Schrebergärten, Bahndämme, Wegränder und Böschungen, lückige Rasenflächen und gemähte Wiesen bzw. deren Ränder sind gern genutzte Eiablagestellen. Besondere Attraktivität auf die ablegenden Weibchen scheinen dabei lückiger Wuchs mit

Die grasgrüne Raupe wird vor allem im Hochsommer und Herbst häufig gefunden. Dieses Frühjahrstier hatte erfolgreich überwintert. – Neulußheim 3.4.95 A. STEINER.

---

[4] Beispiel: Wenn ein in der Rheinebene aufgewachsenes Weibchen der 1. Gen. sich im April mit einem aus Nordafrika eingewanderten Männchen der dortigen 3. Gen. paart, wenn einer ihrer Nachkommen im Juni ins höhere Hügelland wandert und sich mit einem dort aufgewachsenen späten Tier der hiesigen 1. Gen. paart, welcher Generation wären dann ihre im Juli/August schlüpfenden Nachkommen zuzuordnen?

umgebenden offenen Bodenflächen (Störstellen) bzw. niedrige, aber etwas über ihre Umgebung herausragende Pflanzen auszuüben. Dies erklärt auch die Vorliebe für in Garten und Feld angebaute Pflanzen.

Nahrung der Raupe:
Allium cepa – Küchenzwiebel
  L (KLE)
Zea mays – Mais
  L (BRA, KLE)
Salix alba – Silber-Weide
  L (REK, REN)
Urtica dioica – Große Brennessel
  L (BIH, BMG)
Urtica spec. – Brennessel
  L (SCC, WAT)
Beta vulgaris – Runkelrübe, Mangold
  L (KLE)
Beta vulgaris var. *alba* – Futterrübe
  L (BRA, KLE)
Beta vulgaris rapacea – Zuckerrübe, Rote Rübe
  L (BRA, KLE)
Brassica oleracea var. *acephala* – Markstammkohl
  L (BIH)
Brassica napus – Sommerraps
  L (KLE)
Brassica napus rapifera – Kohlrübe
  L (KLE)
Brassica spec. – Kohl
  L (KLE)
Sinapis arvensis – Acker-Senf
  L (BRA)
Raphanus raphanistrum – Hederich
  L (BRA)
Sedum telephium - Purpur-Fetthenne
  L (KÖP)
Ononis spec. – Hauhechel
  L (SCC)
Medicago sativa – Luzerne
  3 L (GRE, KLE, REN)
Trifolium pratense – Roter Wiesenklee
  L (KLE)
Trifolium alexandrinum – Ägyptischer Klee
  L (BRA, KLE)
Vicia faba – Ackerbohne
  L (BRA, KLE)
Pisum sativum – Erbse
  L (KLE)
Phaseolus vulgaris – Garten-Bohne
  L (KLE)
Linum usitatissimum – Gebauter Lein, Flachs
  L (FRR)
Vitis vinifera – Weinrebe
  L (EHO)
Malva spec. – »Gartenmalve«
  L (NAN)
Cucumis sativus – Gurke
  L (KLE)
Cucurbita pepo – Gewöhnlicher Kürbis
  L (KLE)
Daucus carota – Wilde Gelbe Rübe, Möhre
  L (KLE)
Rhododendron ponticum
  L (LIE)
Lamium galeobdolon – Goldnessel
  L (LAD)
Salvia pratensis – Wiesen-Salbei
  L (MAR)
Salvia officinalis – Garten-Salbei
  E, L (MAR, RAZ)
Hyssopus officinalis – Ysop
  L (MAR)
Solanum tuberosum – Kartoffel
  L (BRA, KLE)
Solanum lycopersicum – Tomate
  L (KLE, LAI)
Nicotiana spec. – Tabak
  L (KLE)
Verbascum ? thapsus –Kleinblütige Königskerze
  L (EBE, HÜB, TRB)
Plantago lanceolata – Spitz-Wegerich
  L (STN)
Succisa pratensis – Gewöhnlicher Teufelsabbiß
  L (REK)
Knautia dipsacifolia – Wald-Knautie
  L (EBE, ECK)
Helianthus annuus – Sonnenblume
  L (BRA, KLE)
Artemisia vulgaris – Gewöhnlicher Beifuß
  L (RAK)
Artemisia campestris – Feld-Beifuß
  L (SCR)
Senecio fuchsii – Fuchs' Greiskraut
  L (RAK)
Cirsium arvense – Acker-Kratzdistel
  L (BRA)
Cirsium spec. – Kratzdistel
  L (STP)
Cichorium spec. – »Zichorien«
  L (KLE)
Taraxacum officinale agg. – Wiesen-Löwenzahn
  E, L (REN, STN)
Lactuca sativa – Kopfsalat, »Salat«
  3 L (BIH, EBE, ECK, KLE)
Hieracium spec. – Habichtskraut
  L (EBE, ECK)

Als opportunistischer r-Stratege nutzt *Autographa gamma* eine große Zahl von Nahrungspflanzen. Wir kennen bisher allein aus unserem Gebiet über 40 Arten aus 20 Familien. Die Liste umfaßt besonders viele Kulturpflanzen. Dies ist nicht verwunderlich, denn hier fallen Fraßschäden besonders auf. Seit den Zeiten RÉAUMURS sind Gammaeulen in starken Einflugjahren immer wieder schädlich in Erscheinung getreten. Dabei kann es offenbar örtlich zu bestimmten Präferenzen bei der Eiablage kommen. Bei der Kalamität im Nördlinger Ries und dessen Umgebung 1831 bemerkte FREYER (1832), »daß von allen Schmalsaatfrüchten nur allein der Flachs von Tausenden der Raupen von *Plusia Gamma* angegriffen und theilweiß in ganzen Strecken aufgefressen war«. 1962 bevorzugte die Gammaeule im Kreis Buchen/Odenwald »zur Eiablage Alexandriner-Klee, welcher wegen der starken Auswinterungsschäden an Getreide, Luzerne und Rotklee 1962 sehr stark im Anbau war. Auch Futtergemische – Hafer, Wicken – mit Kleeuntersaat wurden sehr gerne zur Eiablage aufgesucht. Die in Massen schlüpfenden Räupchen fraßen zunächst am Klee, wanderten aber sehr bald – offensichtlich durch Nahrungsmangel – auf die nebenliegenden Hackfruchtschläge u. dgl. [Futter- und Zuckerrüben] über. Auch Futterpflanzen, wie Sonnenblumen, Mais und Ackerbohnen, wurden sehr stark ... befallen.« Weiter wurden Kartoffeln, Sonnenblumen, Hederich, Ackersenf und Ackerdistel genannt (BRAUN 1963). In der städtischen Gärtnerei in Weinheim »fraßen Raupen die kleinen Sämlinge von *Azalea pontica* [=*Rhododendron ponticum*] im Gewächshaus ab.« (H. LIENIG Tagebuch, 29.8.38). F. LAIER fand Raupen »in noch grünen Tomatenfrüchten«.

Nur etwas mehr als ein Drittel des aus unserem Gebiet gemeldeten Raupenfunde entfallen auf wildwachsende Pflanzen, unter denen auch bei *A. gamma* die Asteraceen gut vertreten sind, aber keineswegs präferiert werden (vgl. *Macdunnoughia confusa, Autographa bractea*). Zu den genauen Angaben kommt noch die Beobachtung von BOLDT (1928), der die Raupen im Juni 1920 an der Posthalde im Höllental »aus frisch gemähten Grasschwaden« schüttelte, wo die Tiere an den Kleinkräutern der Wiese gefressen haben dürften.

Es fällt auf, daß die meisten Raupennahrungspflanzen nur durch einmalige oder wenige Meldungen belegt sind (auch wenn diesen Meldungen oft größeren Individuenzahlen zugrundeliegen). Darin manifestiert sich einmal mehr

Zur Verpuppung wird der silbrigglänzende Kokon hoch an Blättern angesponnen, hier an Garten-Salbei. Langenargen-Oberdorf 1.11.86 T. MARKTANNER.

die ausgeprägte Polyphagie der Art und ihre Anpassungsfähigkeit an unterschiedlichste Biotope.

Mit Vorsicht zu betrachten sind die Puppenfunde, denn der Kokon muß nicht unbedingt an der Raupennahrungspflanze angelegt werden: Puppen wurden beispielsweise an Gartenrose (*Rosa* spec.) und Garten-Margerite (*Chrysanthemum* spec., beide F. NANTSCHEFF), an Bohne (*Phaseolus vulgaris*, im Gemüsegarten, W. SCHÖN), an Großer Brennessel (*Urtica dioica*) und Kopfsalat (*Lactuca sativa*, beide D. BARTSCH), an Roter Heckenkirsche (*Lonicera xylosteum*, Gartenpflanze ohne Fraßspuren, A. STEINER) und an Gewöhnlichem Beifuß (*Artemisia vulgaris*, G. EBERT/E. ECKERT) festgestellt.

Nahrung des Falters: *Autographa gamma* ist auch bezüglich der Blütenwahl ein Generalist. Die Liste ihrer Nektarpflanzen reicht von Gräsern (*Juncus effusus*) und Liliengewächsen (*Colchicum autumnale, Iris germanica*-Hybriden) über Bäume (*Tilia cordata*) bis zu einer Vielzahl von Sträuchern, Stauden und krautigen Pflanzen verschiedener Farben und Blütentypen.

Bei einer Analyse der Blütenbesuchsstrategien nach Beobachtungen im Taubergießen kam

ESCHE (1996) für *A. gamma* zu dem Ergebnis: »Die Individuen zeigten jeweils die Tendenz, nur eine Blütenart viele Male hintereinander zu besuchen, zwar wie probeweise wenige Male andere Arten anzufliegen, dann jedoch zu den zuerst vorgezogenen Blüten zurückzukehren. ... Bei diesem Verhalten bevorzugten verschiedene Individuen verschiedene Arten, meist die, die in nächster Nähe in großer Dichte wuchsen. Die Blüten waren nicht gleichmäßig über die Wiese verteilt, sondern in kleinen Herden. Gammaeulen, die sich innerhalb solcher Bestände befinden, wählen offenbar diese in kleinem Umkreis häufigen Blütenarten. ... Die Gammaeule erscheint als ein ›intelligenter‹ Energieverschwender und Opportunist, dessen Agilität in jedem Lebensraum des Offenlandes rasch die weit verstreuten gefüllten Blüten erschließt«. Die durchschnittliche Verweildauer auf der Blüte betrug 11 s, dabei waren 50% der Besuche kürzer als 6 s (erfolglose Anflüge an nektarleere Blüten) und nur 15% länger als 20 s (erfolgreiche Anflüge an nektarreiche Blüten).

An künstlichem Köder erscheinen die Falter wie viele typische Blütenbesucher vereinzelt und fast nur früh in der Dämmerung. Dabei behalten sie ihr typisches Blütenbesuchsverhalten auch an Streichködern auf flachen Substraten bei: mit anhaltendem Flügelschwirren bleiben sie stets fluchtbereit.

Habitat: Die Mehrzahl der Raupenfunde stammt aus agrarischen und gärtnerischen Monokulturen (auf Feldern, in Gartenbeeten oder in Gärtnereien angebaute Kulturpflanzen), die keine pflanzensoziologische Einordnung erlauben. Soweit sonstige Angaben vorliegen, handelte es sich um eine lückige Ruderalflur an einem künstlich begrünten Bahndamm (A. STEINER) und um eine im Herbst gemähte Streuwiese (K. RENNWALD nach E. RENNWALD 1994). Bei genauerem Augenmerk dürfte sich die Liste aber noch sehr erweitern lassen. Die Falter können auf der Wanderung, wie schon erwähnt, in praktisch allen blütenreichen Gesellschaften angetroffen werden. Eine zeitweilige Habitatbindung ist nur insoweit zu beobachten, als die vagabundierenden Falter sich kurzzeitig an nektarreichen Blütenhorizonten sammeln, um nach dem Verblühen oder der Mahd ihrer Nahrungsquellen sofort weiterzuziehen.

Verhalten: Eine Eiablage wurde in der späten Dämmerung von U. RATZEL beobachtet, der dazu notierte: »Balkon im 3. OG, 22 Uhr, ein Weibchen legt drei Eier an Salbeiblätter (*Salvia officinalis*), jeweils ein Ei auf Blattunterseite. Das Ganze geht blitzschnell (wenige Sekunden nach kurzem Suchflug)«. Bei Tag, um 16.50 Uhr, beobachtete E. RENNWALD (1994) eine Eiablage »an Blüten und Samenstiel von *Taraxacum officinale*«.

Die jungen Raupen halten sich dauernd an den Nahrungspflanzen auf und verstecken sich in den Ruhephasen auf den Blattunterseiten. In fortgeschrittenem Alter werden sie zunehmend nachtaktiv und verbergen sich tagsüber am Boden oder an bodennahen Pflanzenteilen.

Die Verpuppung erfolgt in einem leichten, ziemlich durchsichtigen Gespinst, das oberirdisch zwischen Pflanzenteilen angelegt wird. Oft setzt sich die Raupe auf die Mittelrippe eines in der Größe passenden Blattes und zieht die Blattränder durch Gespinstfäden etwas zusammen. Der Kokon wird aber nicht unbedingt an der Pflanze angelegt, an der die Raupe gefressen hat; sie kann auf der Suche nach einem geeigneten Verpuppungsplatz Strecken von mehreren Metern zurücklegen.

Die Falter sind tagsüber, in der Dämmerung und in den frühen Nachtstunden aktiv. »Die Tagaktivität ist allerdings beschränkt: Im Hochsommer meidet die Art direkte Sonne, sucht jedoch nicht schattige Habitate auf, sondern ruht im Offenland bis in die Abendstunden; an diesigen oder trüben Tagen ist sie tagaktiv. Von Spätsommer bis Herbst sucht sie im hellen Sonnenschein nach Nektar« (ESCHE 1996). Die Hauptaktivität, auch was den Blütenbesuch betrifft, scheint häufig in der Dämmerung zu liegen. Ans Licht kommen die Falter vor allem abends und in den ersten Nachtstunden; nur gelegentlich erscheinen größere Faltermengen in der späten Nacht (dies sind vermutlich meist Durchwanderer). Es bleibt noch zu untersuchen, ob die auf Langstreckenwanderung befindlichen Imagines eventuell ein anderes tageszeitliches Aktivitätsmuster zeigen (z.B. ausschließlich nachts fliegen) als mehr oder weniger stationäre Tiere. MEINEKE (1982) registrierte unter 583 am Licht beobachteten Individuen einen Weibchenanteil von 33%.

Bei der Nahrungsaufnahme fliegen die Tiere in raschem Schwirrflug von Blüte zu Blüte, setzen sich nicht ruhig hin, sondern bleiben mit schwirrenden Flügeln vor den Blüten stehen, die sie oft nur mit den Vordertarsen berühren. Nur gelegentlich werden kleinere Entfernungen zwischen Blüten zu Fuß zurückgelegt. »Spätestens nach einer Dreiviertelstunde, meist bereits nach 15 Minuten setzen sich die Tiere kopfüber an ein Blatt, offen und völlig ungeschützt, oft im direkten Sonnenlicht, und ruhen für einige Stunden« (ESCHE 1996).

Wanderverhalten: *Autographa gamma* ist die häufigste echte Wanderfalterart in Mitteleuropa. Trotz jahrzehntelanger Beobachtung liegen die Ursachen und auch viele andere Begleiterscheinungen des Wanderverhaltens noch immer im Dunkeln. Zwar wird das Auftreten von *A. gamma* zusammen mit dem anderer Migranten regelmäßig von den Mitarbeitern nationaler Wanderfalterforschungsprojekte (vor allem in Großbritannien, Dänemark, Finnland, den Niederlanden, der Schweiz und Deutschland) beobachtet und in Jahresberichten dargestellt (in Deutschland zuletzt E. RENNWALD 1995), doch läßt sich dadurch meist eben nur das Vorhandensein oder Fehlen der Art an einem gegebenen Punkt dokumentieren oder – im günstigsten Fall – eine Durchzugsrichtung ermitteln. Die Analyse der Pollenlasten gefangener Falter oder Markierungs-Wiederfang-Untersuchungen, wie sie etwa in den USA zu brauchbaren Ergebnissen geführt haben (HENDRIX, MUELLER, PHILLIPS & DAVIES 1987), wurden in Europa bislang nicht eingesetzt.

Weitgehend unklar ist die von manchen Autoren vermutete Rückwanderung nach Süden im Hochsommer/Herbst: Beispielsweise hat D. GATTER (1979) am Randecker Maar am nördlichen Albtrauf – einer vermuteten Durchzugsschneise für Vögel und Insekten – zwischen Mitte Juli und Ende Oktober 1977 in einer nach Norden geöffneten Insektenreuse 41 Exemplare von *A. gamma*, in einer nach Süden geöffneten Reuse dagegen nur 3 Falter festgestellt. Von den 187 tagaktiven *A. gamma*-Faltern, die von August bis Oktober am Randecker Maar beobachtet wurden, flogen 130 nach Süden. Weiter bemerkte GATTER, daß an einem Standort auf der Albhochfläche (Schopfloch) und dem Standort Schopflocher Moor (direkt südlich des Randecker Maars) im Mai–Juni etwa gleich viele Individuen gefangen wurden, während im Juli–Oktober der Anteil an *A. gamma* im Schopflocher Moor um ein Vielfaches höher lag. Daraus schloß sie auf eine nach Süden gerichtete Wanderaktivität, da die Tiere beim Überfliegen der Alb durch den nach Norden geöffneten Einschnitt des Randecker Maars gebündelt würden. Hier stellt sich die Frage, ob die Tiere nicht doch in alle möglichen Richtungen fliegen, denn da die topographische Situation des Randecker Maars eben nur das Erkennen von Südwanderern (durch Bündelung) zuläßt, würden einzeln und auf breiter Front nach Nord, West oder Ost wandernde Tiere dort natürlich nicht »gebündelt« und damit nicht erkannt werden.

TAYLOR, FRENCH & MACAULAY (1973) postulierten auf der Basis von Laboruntersuchungen, daß nur frisch geschlüpfte Tiere tagaktiv seien und später in der Migrationsphase ausschließlich nachts flögen. Dem haben schon britische Autoren entgegengehalten, daß bei plötzlichem Auftreten von offensichtlichen Wanderschwärmen die Tiere sowohl nachts als auch bei Tag aktiv sind (BRETHERTON, GOATER & LORIMER 1983). Der mögliche Wechsel des Verhaltens und überhaupt die physiologischen und populationsbiologischen Grundlagen des Wanderverhaltens von *A. gamma* sind noch schlecht untersucht. Sicher ist, daß monokausale Theorien das Wanderverhalten in all seiner Komplexität kaum ausreichend erklären dürften.

Die Wanderung erfolgt wohl in den meisten Fällen ziemlich unbemerkt in breiter Front oder auch auf engen »Wanderschneisen«. Bei Nacht kann das Durchwandern bzw. die Ankunft von wandernden Schwärmen an Lichtquellen manchmal eindrucksvoll beobachtet werden. Die Faltermassen erscheinen mit einem Schlag, häufig zusammen mit Gewitterfronten oder Windströmungen aus südlichen Richtungen, lassen sich kurz nieder und fliegen meist nach einiger Zeit in die andere Richtung weiter. Der ganze Vorgang kann innerhalb von einer Stunde vorüber sein. Selbst ohne direkte Beobachtung können solche Wanderzüge auffallen, zum Beispiel in Lichtfallen. So ergaben die Fallenauswertungen von D. GATTER an zwei Standorten der Schopflocher Alb zwischen dem 2.9. und 8.9.1975 folgende Werte (jeweils Individuen pro Nacht): Schopflocher Moor 15, 31, 37, 152, 4, 0, 11, Schopfloch Ort 5, 13, 19, 126, 5, 23, 9. In der Nacht des 5. September hat also ein Wanderschwarm das Gebiet passiert; bei Tag wurden keine erhöhten Individuenzahlen mehr registriert.

Für eine Offenlandart wie *Autographa gamma* dürfte Mitteleuropa seit dem Jungneolithikum durch die Rodungstätigkeit des Menschen und die seitdem bestehende Agrarwirtschaft von größerer Bedeutung geworden sein: als Trittstein für die Fortpflanzung der Immigranten in mehreren Generationen und vielleicht auch als Basis für eine herbstliche Rückwanderung.

Feinde, Parasitoide, Krankheiten: BRAUN (1963) berichtete von relativ starkem Absterben der erwachsenen Raupen (Schwarzfärbung) bei der Massenvermehrung von 1962 und vermutete eine

Bakteriose. Er beobachtete ferner, »daß große Staren- und Krähenschwärme die stark befallenen Flächen systematisch von der Eulenraupe und deren Puppen säuberten.« Regelmäßig dienen die Falter Fledermäusen zur Nahrung, wie die unter dem Fraßplatz eines Grauen Langohrs (*Plecotus austriacus*) gefundenen Flügelreste belegen (J. BASTIAN).

Ein Befall durch Pilze wurde von KLETT et al. (1964) geschildert. Die übereinstimmende Beobachtung vieler Entomologen, daß gerade die Herbstraupen oft in sehr starkem Maße von Parasitoiden befallen sind legt die Frage nahe, ob der geringe Überwinterungserfolg nicht eher durch den hohen Parasitierungsgrad und weniger durch die mitteleuropäischen Wintertemperaturen bestimmt wird. Dieses Problem verdient es, genauer untersucht zu werden.

Gefährdung und Schutz

Rote Liste Bundesrepublik: –
Rote Liste Baden-Württemberg: –

Oberrheinebene: Nicht gefährdet.
Schwarzwald: Nicht gefährdet.
Neckar-Tauberland: Nicht gefährdet.
Schwäbische Alb: Nicht gefährdet.
Oberschwaben: Nicht gefährdet.

• In Baden-Württemberg nicht gefährdet!

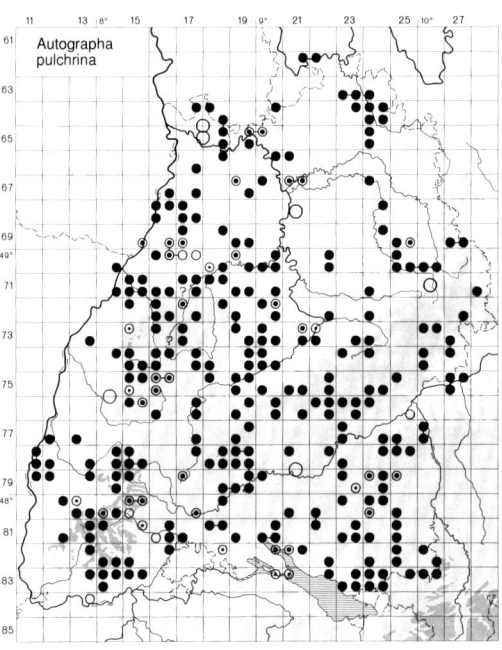

Autographa pulchrina
(Haworth, 1809)
Ziest-Silbereule

Phytometra pulchrina HAW. (WARREN in SEITZ 1909–1914, SCHNEIDER 1936–1939, BERGMANN 1951–1955, KOCH 1954–1961)
Plusia pulchrina HAW. (REUTTI 1898, SPULER 1908–1910, LAMPERT 1907, REBEL 1910, ECKSTEIN 1913–1923, HERING 1932)

Gesamtverbreitung: In fast ganz Europa, südlich bis Nordspanien, Süditalien, Griechenland und Bulgarien, nördlich bis zu den Shetland-Inseln, Nordskandinavien (bis jenseits des Polarkreises) und ostwärts bis zum mittleren Ural verbreitet. Die bisher als asiatische Subspezies von *A. pulchrina* gewerteten Taxa *buraetica* (STAUDINGER, 1892), *urupina* (BRYK, 1942) und *kinjana* WILTSHIRE, 1961 sind nach neueren Erkenntnissen eigene Arten, so daß das Areal von *A. pulchrina* offenbar auf Europa beschränkt bleibt.

Verbreitung

Regional: *Autographa pulchrina* kommt in fast allen Naturräumen des Landes vor. Einige Nachweislücken bestehen in den schlecht bearbeiteten Gebieten (Mittlere Rheinebene, Mittlerer Schwarzwald, nordöstliche Landesteile). Auf den ersten Blick ähnelt das Verbreitungsbild dem von *Diachrysia chrysitis*, aber *Autographa pulchrina* scheint einige der ausgesprochenen Wärmegebiete, besonders in der Oberrheinebene, aber auch am mittleren Neckar, zu meiden. Dafür ist sie im Bergland – sowohl im Schwarzwald als auch auf der Schwäbischen Alb und im Allgäu – überall gut vertreten.

Es ist nicht auszuschließen, daß sich einzelne *A.-pulchrina*-Meldungen, vor allem von der Schwäbischen Alb, in Wirklichkeit auf *A. jota* beziehen, mit der manchmal Verwechslungen vorkommen. Unterscheidungsmerkmale siehe unter *A. jota*.

Die in Skandinavien und auch in einigen Gebieten Norddeutschlands nachgewiesene *Autographa buraetica* (STAUDINGER, 1892) konnte in unserem Gebiet bisher noch nicht festgestellt werden. Trotzdem sollte weiter auf sie geachtet werden. Sichere Unterscheidungsmerkmale liegen nur in der evertierten Vesica im männlichen Genitalapparat und im Ductus und Corpus bursae im weiblichen Genitalapparat; die Falter sollen im Durchschnitt etwas kleiner sein, die Vorderflügel mehr schwärzlich als bräunlich gezeichnet, meist mit zusammenhängendem Metallfleck, und die Hinterflügel mit braun-weiß (statt hellbraun-mittelbraun wie bei *A. pulchrina*) gescheckten Fransen (KERPPOLA & MIKKOLA 1987, SKOU 1991).

Vertikal: Die Art kommt von den niedrigsten Lagen der Rheinebene um 100 m bis in die subalpine Stufe vor. Sie ist im Bergland eher noch etwas dichter verbreitet als in der Ebene und im Hügelland, aber wegen der geringen Flächenanteile der einzelnen Höhenzonen nicht überall nachgewiesen. Die höchsten Fundstellen liegen im Feldberg- und Belchengipfelbereich zwischen 1350 und 1400 m (J. ASAL, G. EBERT/R. HERRMANN/B. TRAUB).

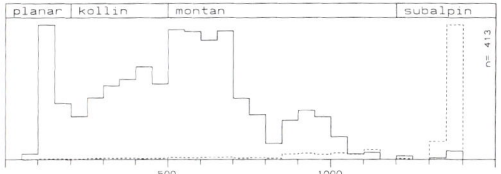

Phänologie

Imagines: In allen Gebieten tritt sehr einheitlich eine Generation von Anfang Juni bis in den August auf. In günstigen Jahren fliegen die ersten Falter in der Ebene und im Hügelland schon ab Mitte Mai, im Bergland und im Alpenvorland ab Ende Mai (Oberrhein: 18.5.1966, Weingarten, M. WALLNER; Neckar-Tauberland: 18.5.1957, Eberbach, M. CRETSCHMAR; Schwarzwald: 26.5.1959, Pforzheim-Seehaus, W. STAIB; Schwäbische Alb: 26.5.1989, Marbach/Lauter, M. MEIER; Oberschwaben: 22.5.1958, Dürnachtal, G. REICH). Das Maximum wird in der Rheinebene Mitte Juni, in den übrigen Gebieten – soweit erkennbar – gegen Ende Juni (Anfang Juli) erreicht. Insgesamt ist die Flugzeit recht ausgedehnt, denn in den meisten Regionen zieht sie sich bis Mitte/Ende August hin; nur am Rhein endet sie schon Ende Juli mit einem Nachzügler Ende August. Solche späten Tiere wurden vereinzelt auch im Neckarland und im Alpenvorland registriert (15.9.1986, Enzrücken bei Enzberg, W. PFENNIGER/M. WALLNER; 17.9.1979, Kiesgrube bei Dietenbronn, F. HAUFF). Da keine Angaben

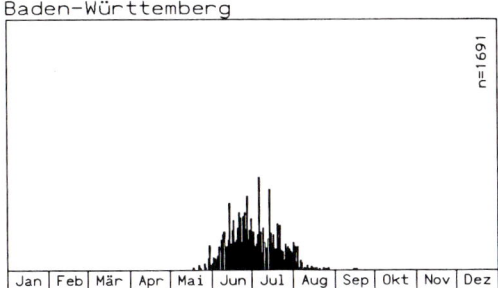

Autographa pulchrina ist weit verbreitet. Einzelne Formen wurden bis in die jüngste Vergangenheit immer wieder mit *A. jota* verwechselt (Unterscheidungsmerkmale siehe Text). Der Silberfleck ist sehr veränderlich, er kann y-förmig oder v-förmig mit einem Punkt darunter ausgebildet sein oder völlig fehlen. Als Bestimmungsmerkmal ist er nicht geeignet. – Kirchentellinsfurt 14.6.85 A. STEINER. LF.

zum Erhaltungszustand vorliegen, ist unklar, ob sie noch zur 1. Gen. gehören oder zu einer unvollständigen 2. Gen., wie sie aus den heißesten Gebieten des Mittelmeerraums angegeben wird.

Präimaginalstadien: Die Raupen überwintern, wurden bei uns aber nur im Frühjahr gefunden. Die Meldungen reichen von Anfang April (9.4.1981, bereits fast erwachsen, R. BLÄSIUS) bis Ende Mai (31.5.1982, H. HEIDEMANN).

Ökologie

Lebensraum: *Autographa pulchrina* ist sowohl an Waldrändern und Binnensäumen, in Vorwald- und Verbuschungsstadien wie auch in mesophilen bis frischen Säumen und in versaumenden und verbuschenden Wiesen und Weiden zu finden. Sie bewohnt dort vor allem niedrige bis mittelhohe, oft nährstoffreiche Staudenfluren und dichte Krautschicht in sonniger bis schattiger Exposition, gern auch an Wegrändern, Böschungen und Gräben, an Bach-, Fluß- und Teichufern, auf Waldlichtungen und an Hecken und Gebüschen, auch in Niedermooren, offenen Hochmooren und Waldhochmooren, in nicht zu intensiv gepflegten, naturnahen »verwildernden« Gärten sowie auf nicht zu xerothermen Brach- und Ruderalflächen. Vom Licht angelockte Falter können auch außerhalb dieser Lebensräume beobachtet werden. Sie dürften auch auf Nahrungssuche etwas umherstreifen.

Nahrung der Raupe:
Urtica spec. – Brennessel
  L (GAU)
Chaerophyllum spec. – Kälberkropf
  L (MAR)
Heracleum sphondylium – Wiesenbärenklau
  L (MAR)
Vaccinium myrtillus – Heidelbeere
  L (BAT, MRT)
Vaccinium uliginosum – Moorbeere
  L (MEI)
Primula spec. – Schlüsselblume
  L (SCC)
Pulmonaria officinalis – Geflecktes Lungenkraut
  L (BLÄ)
Pulmonaria mollis – Weiches Lungenkraut
  L (STN)
Pulmonaria spec. – Lungenkraut
  L (FRY)
Lamium spec. – Taubnessel
  L (GAU)
Lonicera spec. – Geißblatt
  L (BRM)
Petasites spec. – Pestwurz
  L (HEI)

Die kräftig grüne Raupe besitzt weiße Rückenzeichnungen und eine auf den ersten und letzten Segmenten verloschene weiße Seitenlinie. Im Profil ist am Rücken die leichte Verdickung der einzelnen Segmente zu erkennen, die für viele Plusiinae-Raupen typisch ist. – Menzenschwander Alb 31.5.82 H. HEIDEMANN. S.

Autographa pulchrina zählt zu den polyphagen »Plusien«. Zu ihren Nahrungspflanzen gehören Brennesseln (GAUCKLER 1909), Schlüsselblumen (SCHNEIDER 1938), Taubnessel (GAUCKLER 1909) und Geißblatt (BROMBACHER 1933–1935). G. BARTH und E. MARTIN (nach SCHNEIDER 1938) meldeten sie von Heidelbeere, J.-U. MEINEKE aus dem Alpenvorland von Moorbeere. T. MARKTANNER fand sie, ebenfalls im Alpenvorland, auf zwei Doldengewächsen: Kälberkropf und Wiesenbärenklau. H. HEIDEMANN beobachtete eine Raupe kurz vor der letzten Häutung auf der Blattunterseite von Pestwurz, an der sie auch gefressen haben dürfte. Verhältnismäßig viele Mitarbeiter fanden die Raupe an Lungenkrautarten (R. BLÄSIUS, K. FREYTAG, A. STEINER) und – auf angrenzendem hessischem Gebiet – an Hundszunge (CZIPKA nach Kartei H. LIENIG). Dies weist aber nicht unbedingt auf eine Präferenz von *A. pulchrina* hin: Eher haben wir es mit einer Präferenz der Mitarbeiter zu tun, die nämlich im Frühjahr an diesen Pflanzen nach Raupen von *Atypha pulmonaris* und *Euchalcia modestoides* suchen. Ansonsten stimmt unsere Liste gut mit den aus anderen Gebieten gemeldeten Nahrungsspektren überein. Thüringen: *Urtica dioica, Lamium maculatum, Stachys sylvatica, Stachys palustris, Mentha aquatica, Aconitum napellus, Populus tremula*-Triebe (BERGMANN 1954); Großbritannien: *Urtica dioica, Urtica urens, Lonicera periclymenum, Lamium album, Geum urbanum, Senecio vulgaris, Chaerophyllum sylvestre* (ALLAN 1949). BERGMANN (1954) bemerkte noch: »daneben findet sie sich besonders an den für *Ph. jota* aufgeführten Pflanzen«. Davon abgesehen, daß sich die Nahrungsspektren beider Arten sicher weitgehend überschneiden, kommen hier auch die (unter *A. jota* ausführlich diskutierten) Unterscheidungsschwierigkeiten zwischen beiden Arten zum Tragen.

Nahrung des Falters: Über den abendlichen Blütenbesuch der Imagines liegen nur wenige Beobachtungen vor: SERMIN (1959) sah die Falter an *Echium vulgare*, H. HERRMANN (1976) an *Lonicera* spec. und *Lilium martagon*, FUNK (1920) an *Stachys sylvatica* saugen.

BERGMANN (1954) erwähnte aus Thüringen *Silene nutans* und *Silene vulgaris* als wichtige Nektarpflanzen.

Habitat: Die eigentlichen Larvalhabitate sind in unserem Untersuchungsgebiet schlecht dokumentiert. A. STEINER fand die Raupe an *Pulmonaria* in einem den Prunetalia zuzuordnenden Waldrandgebüsch. Die übrigen Nahrungspflanzen deuten auf eine stärkere Nutzung von meso- bis nitrophilen, feuchten Säumen und Staudenfluren wie auch von Heidelbeerfazies. Eine obligatorische Bindung an bestimmte Verbände oder Ordnungen besteht offenbar nicht.

Verhalten: Die durch ihre grüne Färbung recht gut getarnten Raupen sind vorwiegend nachts, in der Jugend aber auch tagaktiv. Erwachsen fressen sie tagsüber mehr an niedrigen, im Schatten liegenden Teilen der Nahrungspflanzen oder ruhen in der umgebenden Krautschicht. Die Verpuppung erfolgt in einem Gespinst zwischen Pflanzenteilen in Bodennähe.

Die Falter sind nachtaktiv und kommen ans Licht, können aber gelegentlich auch am Tag fliegend beobachtet werden.

Gefährdung und Schutz

Rote Liste Bundesrepublik: –
Rote Liste Baden-Württemberg: –

Oberrheinebene: Nicht gefährdet.
Schwarzwald: Nicht gefährdet.
Neckar-Tauberland: Nicht gefährdet.
Schwäbische Alb: Nicht gefährdet.
Oberschwaben: Nicht gefährdet.

• In Baden-Württemberg nicht gefährdet.

Autographa jota
(Linnaeus, 1758)
Jota-Silbereule

Plusia iota L. (REUTTI 1898, SPULER 1908–1910 HERING 1932)
Phytometra jota L. (SCHNEIDER 1936–1939, BERGMANN 1951–1955, KOCH 1954–1961)
Plusia jota L. (REBEL 1910, ECKSTEIN 1913–1923, HERING 1932)
Phytometra jota L. (WARREN in SEITZ 1909–1914)
Autographa iota L. (HARTIG & HEINICKE 1973, EBERT 1978)

Gesamtverbreitung: In Europa vor allem in den mittleren und nördlichen Ländern verbreitet, im Norden bis zu den Orkneys, Westnorwegen, Mittelschweden, Südfinnland und Estland, im Süden (hier vorwiegend in den Gebirgen) bis Nordspanien, Mittelitalien und Griechenland, nach SAMMUT (1984) angeblich auch auf Malta. In Asien in der Türkei, in Armenien, im Kaukasus, im Iran und durch Mittelasien und Sibirien bis zum Pazifik (aber nicht in Japan).

Verbreitung

Regional: In Baden-Württemberg liegt der Verbreitungsschwerpunkt von *Autographa jota* auf der Schwäbischen Alb, wo bevorzugt die nördlichen Gebiete um den Albtrauf und die tief einschneidenden Täler besiedelt werden. Auf der südlichen Alb ist sie mehr vereinzelt verbreitet und kommt vor allem in den feuchten Schluchttälern vor. Ausgehend von diesem Areal stößt *A. jota* auch ins nördliche Albvorland vor (Göppingen-Hohenstaufen, 1993, K. FREYTAG). Mehrere Funde im Naturraum Schönbuch (Kirchentellinsfurt bei Tübingen, 1979, 1983, A. STEINER) deuten entweder auf regelmäßige Zuwanderung (Albtrauf in Sichtweite der Leuchtstelle) oder vielleicht auf ein lokales Vorkommen im Schönbuch hin.

Die einzige sichere Meldung aus Oberschwaben betrifft ein 1951 von G. REICH im Dürnachtal bei Bronnen gefangenes Tier (coll. SMNS) und repräsentiert wohl einen Zuwanderer, denn weder G. BAISCH noch J.-U. MEINEKE konnten die Art bei ihren langjährigen Untersuchungen in

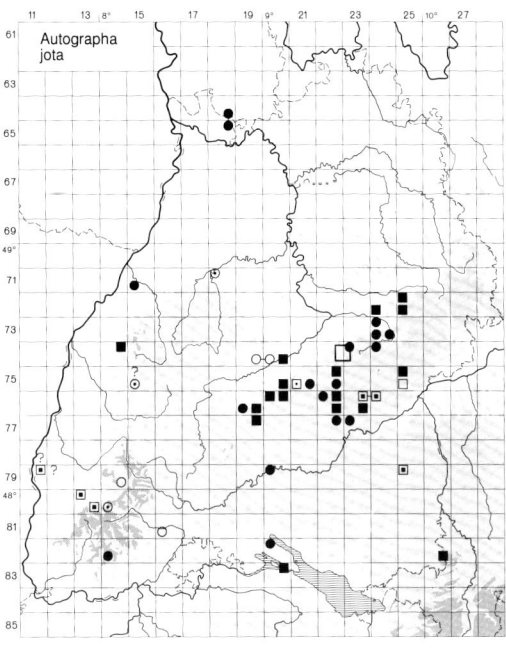

Autographa jota kommt bevorzugt im Bergland vor. In Baden-Württemberg besiedelt sie vor allem die Schwäbische Alb, ferner den Schwarzwald, den Odenwald und die Adelegg. Sie ist rotbraun und rosa gefärbt ohne die violettbraunen und schwärzlichen Zeichnungen, die für *A. pulchrina* charakteristisch sind. Die Nierenmakel ist nicht schwarz, sondern nur braun ausgefüllt, die äußere Querlinie hat auf Höhe der Makel nur einen schwachen Zahn zum Mittelfeld. Die Metallmakel variiert genauso wie bei *A. pulchrina*. – Dotternhausen, Plettenberg 1.7.95 N. HIRNEISEN. LF.

Oberschwaben je nachweisen. Im Bodenseegebiet fand T. MARKTANNER 1986 ein Stück im Wollmatinger Ried (Fotobeleg). Aus der gleichen Gegend liegen – nicht mehr nachprüfbare – Literaturangaben aus Konstanz (H. BEYERLE nach SETTELE 1926a) und vom Mindelseegebiet (ZINNERT 1983) vor.

Sicher bodenständig dürfte *A. jota* auf der Adelegg im Allgäuer Bergland sein, wo sie in neuerer Zeit von mehreren Mitarbeitern gefunden wurde (1985–1987, T. MARKTANNER, 1988, N. HIRNEISEN/A. STEINER). Hier beginnt bereits der alpine Arealteil der Art.

Der Schwarzwald wird im Gegensatz zur Alb offenbar nur wenig besiedelt. Sichere Nachweise gibt es aus dem Raum Freiburg (Schloßberg, 1964, L. SETTELE, coll. SMNS), aus dem Zastlergebiet (1969, L. SETTELE, coll. SMNS) und vom Katzenkopf bei Mösbach (1992, T. ESCHE/A. SCHANOWSKI). Ältere Angaben aus dem Raum Pforzheim (Erzkopf, H. ROMETSCH/K. STROBEL[1]) ließen sich nicht bestätigen: »Alle Falter, die wir später am Erzkopf fingen, waren *Autographa pulchrina*« (M. WALLNER). Die aus Freudenstadt gemeldeten *A. jota* erwiesen sich sämtlich als *A. pulchrina*, und auch M. MEIER konnte bei seinen langjährigen Lichtfängen im Raum Kniebis/Mitteltal *A. jota* nie feststellen. Weitere, nicht überprüfbare Meldungen stammen von Bad Peterstal (K. A. SEITZ nach Kartei A. GREMMINGER), aus dem Höllental (K. ROTHMUND nach Kartei A. GREMMINGER) und von Bad Boll (KABIS 1897).

Eine zuverlässige Angabe stammt aus dem Sandstein-Odenwald (Eiterbachtal, 1981, P. M. KRISTAL/R. BLÄSIUS). Hier könnte die Art weiter verbreitet sein.

Ein sicherer Einzelfund bei Rastatt (1979, R. HERRMANN) geht möglicherweise auf ein aus dem Schwarzwald in die Ebene verdriftetes Stück zurück. Zwei Fundmeldungen aus dem Raum Karlsruhe (ohne Belege) lassen wegen ihres frühen Datums Verwechslungen mit *A. pulchrina* vermuten. Als äußerst fraglich müssen wir die Angabe von BROMBACHER (1933–1935) werten, der *A. jota* im Kaiserstuhl »zahlreicher wie vorige [*A. pulchrina*], bei Wasenweiler, Ihringen, Vogtsburg« gefunden und »die Raupen an *Lamium* geleuchtet« haben will. Aus dem Kaiserstuhlgebiet und seinem Umland liegen nur drei authentische Falter von *A. jota* vor, zwei davon aus dem ehemaligen Feuchtgebiet der Faulen Waag (1959, 1963, L. SETTELE) ein weiterer vom Staffelberg (1987, AG Freiburg).

Die Unterscheidung von *A. jota* und *A. pulchrina* war (und ist) für viele Mitarbeiter schwierig[2]. Einige Autoren haben sich aus der Affäre gezogen, indem sie, wie es SCHNEIDER (1938) tat, *A. jota* als »im Gebiet ziemlich verbreitet, doch nicht besonders häufig« und *A. pulchrina* dagegen als »etwas häufiger« bezeichneten. Wie wir

---

[1] Von den 3 genannten Fundaten liegt eines im Mai, was sehr für eine Verwechslung mit der früher fliegenden *A. pulchrina* spricht. Belegstücke liegen nicht vor.
[2] So verwundert es nicht, daß A. GREMMINGER die von seinen Gewährsleuten erhaltenen Meldungen mit der Notiz abschloß: »Die Sammlung DOLD enthält unter *jota* je eine *pulchrina* von Linach und Wasenweiler. Vermutlich stimmen auch die obigen Angaben nicht immer.«

aber heute sehen, ist *A. jota* durchaus nicht überall »verbreitet«. Nach den Untersuchungen in Baden-Württemberg können wir sie als eine Art charakterisieren, die bevorzugt kühlfeuchte Hanglagen des höheren Hügellands und des Berglands bewohnt und in der Ebene, wo sie ausgesprochen selten ist, Feuchtgebiete bevorzugt.

Nach HEINICKE & NAUMANN (1980–1982) ist *A. jota* im südlichen Ostdeutschland »in den letzten Jahrzehnten ... auffällig selten geworden«, nach HACKER (1989) sogar in ganz »Mitteleuropa ... in den letzten Jahrzehnten ausgesprochen selten geworden«. Eine derartige Entwicklung läßt sich für Südwestdeutschland nicht nachvollziehen und dürfte auch für Mitteleuropa insgesamt eine Fehleinschätzung sein. Die Gründe dafür sind historischer Art: Bis Ende des 19. Jahrhunderts wurden beide Taxa für eine einzige Art (»*A. jota*«) gehalten. Ältere Literaturangaben können also weder der einen noch der anderen Art sicher zugeordnet werden[3]. Ab der Jahrhundertwende wurden *A. jota* und *A. pulchrina* zwar formal artlich getrennt, doch nach unzuverlässigen Merkmalen. Nach der damals gängigen deutschsprachigen Literatur war eine Determination kaum möglich: SPULER (1908–1910) und auch LAMPERT (1907) bildeten nämlich jeweils eine dunkle *A. pulchrina* als »*pulchrina*« und eine helle *A. pulchrina* als »*jota*« ab. REBEL (1910) bildete nur eine der beiden Arten ab: sein Bild von »*jota*« zeigt eine dunkle *A. pulchrina*! So ist es kein Wunder, daß die faunistische Literatur aus der ersten Hälfte des 20. Jahrhunderts *A. jota* eine viel weitere Verbreitung und größere Häufigkeit zuschreibt als tatsächlich gegeben war, denn viele Faunisten dürften Formen von *A. pulchrina* für *A. jota* gehalten haben[4]. Erst in der neueren Literatur (KOCH 1958, 1984, FORSTER & WOHLFAHRT 1971) wurden die Arten korrekt abgebildet. Der vermeintliche »Rückgang in den letzten Jahrzehnten« beruht also lediglich auf zunehmend richtiger Determination der häufigen *A. pulchrina* und der selteneren *A. jota* dank zuverlässigerer Bestimmungsliteratur. Da kaum noch jemand nach SPULER, LAMPERT oder REBEL Bestimmungen vornimmt, hat der »Rückgang«

von *A. jota* nun einen Tiefststand erreicht (der ihrem tatsächlichen Verbreitungsbild entspricht!), und darauf wird man aufbauen können. Merkwürdigerweise scheint niemandem die allmähliche »Zunahme« von *A. pulchrina* aufgefallen zu sein, die sich aus der Literatur tatsächlich ablesen läßt und die analog zum »Rückgang« von *A. jota* verlief.

Leider nennen selbst die gängigen Bestimmungsbücher (z. B. FORSTER 1971) noch immer nicht die wichtigsten Unterscheidungsmerkmale: Bei *A. pulchrina* ist die Nierenmakel im unteren und äußeren Teil schwarz ausgefüllt, bei *A. jota* nie schwarz, sondern nur heller oder dunkler braun. Bei *A. jota* ist die Vorderflügelgrundfarbe meist kontrastarm, rotbräunlich mit intensiv rosafarbener Zeichnung, bei *A. pulchrina* sehr variabel, aber meist dunkler und kontrastreicher, mit rosavioletten und dunkelbraunen bis schwärzlichen Zeichnungen. Wenig brauchbar zur Determination sind Farbe und Kontrast der Fransen und die Form der Metallmakel, da beide Merkmale zu stark variieren.

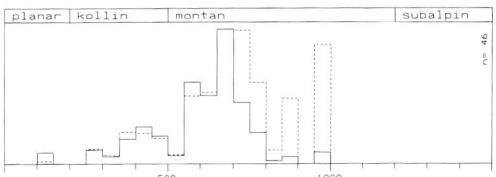

Vertikal: Trotz vereinzelter Funde in der Ebene läßt das Diagramm eine deutliche Bevorzugung des Hügel- und Berglands erkennen. Die Höhenverbreitung reicht bis in die hochmontane Stufe, doch dürfte die Art im Schwarzwald auch noch darüber, bis in die subalpine Stufe, aufzufinden sein. In den Alpen ist sie bis 1900 m und damit etwa 300 m höher als *A. pulchrina* verbreitet (FORSTER 1971, D. BARTSCH).

Phänologie

Imagines: Auf der Schwäbischen Alb fliegt *A. jota* von Mitte Juni bis Anfang August, was in etwa den Angaben von BERGMANN (1954) für Thüringen und von HOPPE, KALLIES & WEGNER (1994) für Westmecklenburg entspricht (Mitte Juni bis Mitte August bzw. 13.6.–31.7.). Die Flugzeit beginnt damit auf der Alb durchschnittlich 3–4 Wochen später als die von *A. pulchrina*. Einige von der Hauptflugzeit abgesetzte, verfrühte Stücke wurden uns von Ende Mai bis Mitte Juni gemeldet (27.5.1979, Deggingen, A. WALTER; 10.6.1979, Schopfloch, D. GATTER; 10.6.1981, Wasserberg, R. MÖRTTER; 13.6.1979, Schopflocher Moor, GATTER 1979).

---

[3] Für unser Gebiet betrifft dies die Arbeiten von KUNKEL in WERFER (1813, Schwäbisch Gmünd), LEINER (1829, Konstanz), SEYFFER (1850, Württemberg) und KELLER & HOFFMANN (1861, Württemberg).

[4] Zudem wurde wohl vielfach angenommen, die schon von LINNÉ beschriebene Art müsse die häufigere sein.

Aus den übrigen Regionen liegen jeweils weniger als 20 Daten vor, weshalb die Aussagen zur Phänologie hier nur vorläufigen Charakter haben. Im Neckar-Tauberland kann die Flugzeit offenbar schon Anfang Juni beginnen, wie (sicher determinierte!) Tiere vom 8.6. (1993, Göppingen, K. FREYTAG) und 11.6. (1983, Kirchentellinsfurt, A. STEINER) belegen.

Im Alpenvorland datieren die Funde zwischen 25. Juli und 15. August und im Schwarzwald zwischen 16. Juni (1927, Freiburg, Schloßberg, K. ROTHMUND, kein Belegstück) und 10. Juli (1928, Höllental, K. ROTHMUND, kein Belegstück). Aus der Oberrheinebene liegen nur Juni-Nachweise vor. Einige fragliche Meldungen, die wegen fehlender Belegtiere nicht mehr nachprüfbar sind, mußten sicherheitshalber weggelassen werden. Sie liegen so früh, daß wir Verwechslungen mit *A. pulchrina* annehmen müssen.

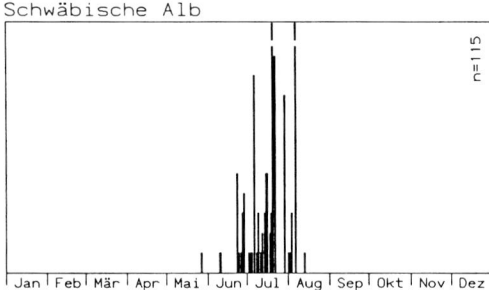

Präimaginalstadien: Die überwinternde Raupe ist in unserem Gebiet noch nicht gefunden (oder zumindest noch nicht gemeldet) worden. K. FREYTAG fand bereits am 14.5.1991 eine Puppe, also zu einer Zeit, wenn auch bei *A. pulchrina* die Raupenzeit zu Ende geht. Die Flugzeit von *A. jota* beginnt aber durchschnittlich später als die von *A. pulchrina*. Demnach dürfte sie in einem früheren Larvalstadium überwintern.

Ökologie

Lebensraum: Im Bereich der Schwäbischen Alb sind die Falter meist in den Randbereichen, zuweilen auch im Inneren von feuchten bis frischen Tal- und Schluchtwäldern, in mäßig trockenen bis feuchten Staudenfluren, in Säumen, an Wegrändern und an Bachufern angetroffen worden. Zuweilen auch in mehr xerothermen Halbtrockenrasen, immer aber in Wald- oder Gebüschnähe. Ähnlich sehen die Fundstellen auf der Adelegg aus: montane Mischwälder und Tobel mit frischen bis feuchten Staudenfluren.

Nahrung der Raupe:
Pulmonaria spec. – Lungenkraut
P (FRY)

Die einzige gesicherte Beobachtung aus unserem Gebiet betrifft Puppenfunde an einer Lungenkraut-Art (K. FREYTAG), an der die Raupe auch gefressen haben dürfte. Dagegen ist die Raupenmeldung von BROMBACHER (1933–1935) von Taubnessel (*Lamium* spec.) sehr unsicher, weil hier vermutlich eine Verwechslung mit *A. pulchrina* vorliegt.

An *Lonicera periclymenum* wurden von D. BARTSCH an der Mosel und von R. BLÄSIUS bei Trier Raupen gefunden. Dies ist im Lichte der Literaturangaben interessant, denn *Lonicera* (»Geisblatt«) wurde auch schon von HEUSER, JÖST & ROESLER (1960–1962) aus der Pfalz, *Lonicera periclymenum* von UFFELN (1908) aus dem Rheinland und *Lonicera caprifolium* von HEIDELBERGER (1954) aus dem Frankfurter Raum gemeldet. Hier scheint sich eine Präferenz abzuzeichnen. Alles in allem sind aber die Literaturangaben – vor allem solche älteren Datums – über die Raupen genauso unzuverlässig wie die über die Falter.

Aus England, wo *A. pulchrina* und *A. jota* anscheinend sicher getrennt wurden, wird berichtet, daß *A. jota* sich außer von den auch für *A. pulchrina* bekannten *Urtica* und *Lamium* noch von mehreren Doldenblütlern sowie von busch- und baumförmigen Laubhölzern ernährt (»several Umbelliferae and a number of deciduous trees and shrubs«, BRETHERTON, GOATER & LORIMER 1983).

Nahrung des Falters: Keine Beobachtungen aus Baden-Württemberg. Die Falter besuchen künstlichen Köder.
Habitat: Eine pflanzensoziologische Einordnung, die über die Angaben im Kapitel Lebensraum hinausgeht, läßt sich für unser Gebiet noch nicht geben. Zukünftige Raupenfunde sollten in dieser Hinsicht sorgfältig dokumentiert werden.
Verhalten: Die Falter sind dämmerungs- und nachtaktiv und kommen gern ans Licht.

Gefährdung und Schutz

Rote Liste Bundesrepublik: –
Rote Liste Baden-Württemberg: V

Oberrheinebene: Noch ungeklärt.
Schwarzwald: Noch ungeklärt.
Neckar-Tauberland: Art der Vorwarnliste.
Schwäbische Alb: Nicht gefährdet.
Oberschwaben: Art der Vorwarnliste.

- In Baden-Württemberg eine Art der Vorwarnliste!

Wie sich bei eingehender Analyse ergab, besitzt *A. jota* nur eine lokale Verbreitung. Dies dürfte sich auch für andere Gebiete Mitteleuropas noch bestätigen. Deshalb muß auch der Gefährdungsstatus neu überdacht werden. Während die starken Populationen der Schwäbischen Alb keinen Anlaß zur Besorgnis geben, sind im Neckar-Tauberland und im Alpenvorland nur einzelne Funde bekannt. Da wir nur im Bodenseebecken, auf der Adelegg und im Odenwald (sowie vielleicht im Schönbuch und in der Rheinebene?) von Bodenständigkeit ausgehen können, ist schon deshalb eine Einstufung in die Vorwarnliste nötig. Zukünftige Untersuchungen an den bekannten Fundstellen sind zur Klärung der Larvalbiologie und zur Abschätzung der Populationsgrößen erforderlich. Das gilt auch für den Schwarzwald, wo unsere Kenntnisse für eine eindeutige Aussage zur Gefährdung noch zu gering sind.

Autographa bractea
([Denis & Schiffermüller], 1775)

Silberblatt-Goldeule

Plusia bractea F. (REUTTI 1898, SPULER 1908–1910, LAMPERT 1907, REBEL 1910, ECKSTEIN 1913–1923, HERING 1932)
Phytometra bractea F. (WARREN in SEITZ 1909–1914, SCHNEIDER 1936–1939, BERGMANN 1951–1955, KOCH 1954–1961)

Gesamtverbreitung: In Europa vor allem in den mittleren und nördlichen Ländern verbreitet und besonders im Bergland vorkommend, südlich bis Südirland, Südengland, Nordfrankreich, zu den Vogesen, zum Alpensüdrand (ein separiertes Vorkommen in den Pyrenäen), auf der Balkanhalbinsel südwärts bis Slowenien, Dalmatien, Bulgarien (Pirin), Rumänien, im Norden bis zu den Orkneys und Mittelskandinavien. Ferner in Vorder- und Mittelasien (Kaukasus, Armenien, Issyk-kul, Tien-Shan, Altai), alte Angaben aus weiter östlichen Gebieten beziehen sich vermutlich auf die ähnliche *Autographa excelsa* (KRETSCHMAR, 1862).

In Mitteleuropa ist die Art dabei, ihr Areal zu vergrößern: seit dem Ende des 19. Jahrhunderts ist sie insgesamt häufiger geworden und hat viele Gebiete außerhalb der Mittelgebirge, besonders im Hügelland besiedelt, stieß aber auch in die Ebene vor (WARNECKE 1953). 1940 wurde sie erstmals in Belgien und 1954 in den Niederlanden gefunden. In Ostdeutschland wurde 1880–1940 eine kontinuierliche Zunahme der Fundorte (meist nur Einzelfunde) registriert, 1940–1960 erfolgte dann eine sprunghafte Erhöhung der Anzahl der Fundorte und der Populationsdichten sowie Bodenständigkeit in den ostdeutschen Mittelgebirgen (HEINICKE & NAUMANN 1980–1982).

Autographa bractea galt früher in Mitteleuropa als eine Art der Mittel- und Hochgebirge. Im Lauf des 20. Jahrhunderts hat sie viele Gebiete des Hügellands und selbst der Ebene besiedelt. Trotzdem ist ihre Raupe bei uns noch nicht im Freiland beobachtet worden. Bei Tag können die Falter zuweilen in der Vegetation gefunden oder aufgescheucht werden. – Schwäbische Alb, Oberhohenberg 2.7.94 A. STEINER. LF.

Verbreitung

Regional: In Baden-Württemberg ist *Autographa bractea* in den meisten Landesteilen nachgewiesen worden. Die Schwäbische Alb und der Schwarzwald werden besonders dicht besiedelt, aber auch im Neckar-Tauberland und im Alpenvorland ist die Art weit verbreitet. Sie ist selbst in der Rheinebene schon aufgetreten (vor allem im nördlichen und mittleren Teil sowie im Kaiserstuhlgebiet), so daß eine Bevorzugung des Berglandes zumindest aus dem Kartenbild nicht erkennbar ist. Schon die alten Landesfaunen (KELLER & HOFFMANN 1861, REUTTI 1898, SCHNEIDER 1938) schrieben ihr eine weite Verbreitung zu. Die Populationsgrößen unterliegen anscheinend langjährigen Fluktuationen; in den siebzigern und Anfang der achtziger Jahre wurde

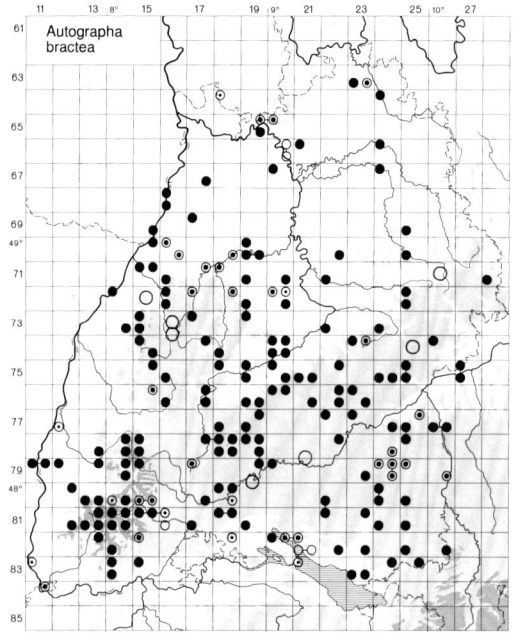

Autographa bractea an einigen Fundstellen in der Ebene und im Hügelland erstmalig festgestellt, seitdem aber teilweise nicht wieder nachgewiesen[1]. Es ist also durchaus wahrscheinlich, daß nicht alle Fundmeldungen bodenständige Populationen kennzeichnen, doch erfordert diese Frage genauere bzw. langfristige Untersuchungen. Wir gehen davon aus, daß es sich in den Mittelgebirgen (Schwarzwald, Alb, Odenwald) und in den größten Teilen des Alpenvorlands und des Neckar-Tauberlands, hier insbesondere in den waldreichen Landschaften der Hügelstufe (Schwäbische Waldberge, Schönbuch, Glemswald), um autochthone Populationen handelt. Zu größeren Dispersionswanderungen kommt es möglicherweise periodisch in Jahren mit hoher Abundanz. Wenn *A. bractea* auch kein echter »Wanderfalter« ist, als der sie in der Sekundärliteratur häufig abgestempelt wird, so sind doch noch viele der 1953 von WARNECKE formulierten

---

[1] Besonders deutlich wird das Auftreten in bestimmten Jahren bei den Funden in der nördlichen Oberrheinebene: Rußheim 1971 (M. WALLNER), Leopoldshafen 1971 (G. EBERT/H. FALKNER), Karlsruhe-Rheinwald 1971 (W. WEISSIG), Rastatt 1971 (R. HERRMANN), Stollhofen 1979 (R.-U. ROESLER). Im Vergleich dazu ist der Kaiserstuhl ständig besiedelt, wie die recht kontinuierliche Reihe von Nachweisjahren seit dem Krieg nahelegt: 1948, 1950, 1959, 1965, 1969, 1970, 1971, 1972, 1974, 1977, 1979, 1980, 1982, 1985, 1987.

Fragen zu ihrem Dispersionsverhalten offen und dürften sich nur durch populationsökologische Studien beantworten lassen.

Vertikal: Die Höhenverbreitung umfaßt alle Stufen von der Ebene bis in die subalpine Stufe des Schwarzwalds. Die höchsten Fundorte liegen hier in den Gipfellagen und reichen bis gegen 1400 m (Belchengipfel, G. EBERT/R. HERRMANN/B. TRAUB; Feldberg, Todtnauer Hütte, 1350 m, J. ASAL; Feldberggebiet, H. RIETZ, L. SETTELE, W. STAIB, M. WALLNER). Dabei läßt die Diagrammdarstellung mit Fundortnormierung (gestrichelte Linien) insgesamt eine leichte Bevorzugung der montanen und subalpinen Stufe erkennen, die sich sicherlich noch verstärken würde, wenn man die Fundorte erkennen und eliminieren könnte, an denen keine Bodenständigkeit vorliegt.

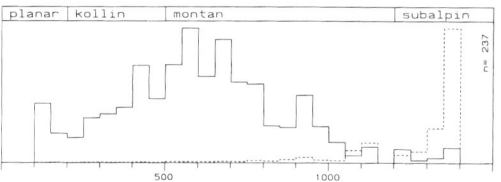

Phänologie

Imagines: Die Falter fliegen in den meisten Gebieten ab Mitte oder Ende Juni und erreichen ein Maximum um Ende Juli. Die Flugzeit dehnt sich bis in den August hinein aus, und vereinzelte Falter sind noch im September gefunden worden. Diese – oft noch frischen – späten Einzeltiere dürften einer unvollständigen 2. Gen. angehören, wie sie auch in anderen Gebieten Mitteleuropas beobachtet wurde. Die frühesten Fundmeldungen stammen vom 8.6. (1968, Enzrücken bei Enzberg, R. HÄUSSER) und vom 10.6. (1981, Kapfhalde bei Bietenhausen, J.-U. MEINEKE), die spätesten in der Oberrheinebene vom 25.9. (1956, Weil/Rhein, H. HEIDEMANN), im Neckar-Tauberland vom 30.9. (1980, Kirchentellinsfurt, A. STEINER, noch ziemlich frisch) und im Alpenvorland

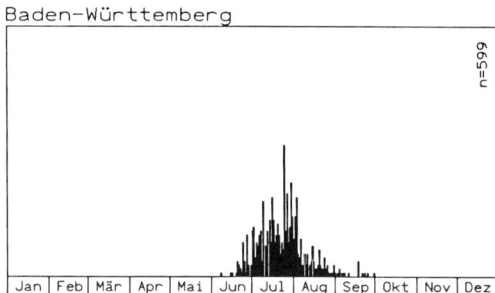

vom 21.9. (1970, Möggingen, H. LÖHRL, stark abgeflogen).
Präimaginalstadien: Keine Meldungen aus Baden-Württemberg. Nach Literaturangaben lebt die Raupe wie bei den verwandten Arten überwinternd vom Spätsommer bis zum Frühjahr. Die Raupen der partiellen 2. Gen. dürften sich schnell entwickeln und bereits im August–September zur Verpuppung schreiten[2].

Ökologie

Lebensraum: Die Imagines sind in den unterschiedlichsten Lebensräumen gefunden worden, wobei nicht immer leicht zu entscheiden ist, ob es sich dabei auch um die Entwicklungshabitate handelte. So vermuten wir bei Einzelfunden in Siedlungen, in der Ebene an Hochwasserdämmen oder in Auenwäldern, daß es sich um zugeflogene Tiere gehandelt hat. Dagegen müssen wir bei den – weitaus zahlreicheren – Nachweisen im Hügel- und Bergland von Bodenständigkeit ausgehen. Hier treten die Falter vor allem an mäßig trockenen bis sehr feuchten, besonnten bis vollschattigen Stellen in der Nähe oder im weiteren Umkreis von Laub-, Misch- und Nadelwäldern auf. Diese Fundstellen liegen insbesondere in Staudenfluren, in Schlagfluren, auf Lichtungen, an Wegrändern, Bachrändern und Uferböschungen, an nährstoffreichen und feuchten Ruderalstellen und auf Feuchtwiesen in Bachtälern, in Niedermooren, in Torfstichgebieten im Hochmoorbereich (im Alpenvorland, MEINEKE 1982), auf Glatthaferwiesen frischer Standorte, in mesophilen Saumgesellschaften und an teils schattigen Stellen in Felsfluren, Blockfluren und Steinbrüchen.

Die Mehrzahl der Fundorte liegt in Gebieten mit 3 bis 9°C mittlerer Jahrestemperatur und mit 700 bis 1800 mm mittleren Jahresniederschlägen.

Nahrung der Raupe: Noch liegen uns keine Raupenfunde aus Baden-Württemberg vor, was bei der zeitweiligen Abundanz der Art immerhin erstaunlich ist.

Als Freiland-Nahrungspflanzen wurden unter anderem gemeldet: aus Bayern *Serratula tinctoria*, *Tussilago farfara* und *Stachys alpina* (WARNECKE 1953), aus der Schweiz *Plantago lanceolata*, *Hieracium* spec., *Picris* spec., *Leontodon* spec. (VORBRODT 1911), aus Finnland *Anthriscus sylvestris* (SEPPÄNEN 1970), aus Großbritannien *Urtica dioica*, *Lamium album*, *Senecio vulgaris*, *Taraxacum officinale*, *Hieracium pilosella*, *Eupatorium cannabinum*, *Nepeta hederacea*, *Lonicera periclymenum* und *Chaerophyllum sylvestre* (ALLAN 1949), ferner *Cirsium oleraceum* und aus den Alpen *Adenostyles* spec. (BERGMANN 1954). Als Gefangenschafts-Fütterungspflanzen wurden *Plantago* spp., *Chrysanthemum* spp., *Cichorium endivia*, *Lactuca* spec., *Scorzonera* spec. und das unvermeidliche *Taraxacum* spec. genannt (AICHELE 1923, ALLAN 1949, BERGMANN 1954, VORBRODT 1911, WARNECKE 1953). Wenn diese Angaben repräsentativ sind, läßt sich daraus eine Präferenz für Asteraceen herauslesen, auch wenn eine strenge Bindung an diese Familie, wie sie KITCHING (1987) postulierte, noch zu bestätigen wäre. Die obigen Freiland-Angaben sind aber vielleicht durch die kritiklose Hinzufügung von Gefangenschafts-Fütterungspflanzen verfälscht.

Nahrung des Falters: Die Falter sind gelegentlich an Blüten saugend beobachtet worden. Soweit genaue Angaben dazu vorliegen, handelte es sich um »Nelken« im Hausgarten (H. LIENIG), Gewöhnliches Seifenkraut (*Saponaria officinalis*) (A. GREMMINGER, F. KIRSCH, SERMIN 1959) und Wald-Ziest (*Stachys sylvatica*) (FUNK 1920).

Habitat: Pflanzensoziologische Aussagen sind ohne Raupenfunde noch nicht möglich.

Verhalten: Die Falter sind dämmerungs- und nachtaktiv, öfters aber auch bei Tag aktiv fliegend oder beim Blütenbesuch zu beobachten. Sie sitzen oft gut sichtbar auf der Oberseite von Blättern in der niedrigen und höheren Krautschicht und lassen sich leicht aufscheuchen.

Gefährdung und Schutz

Rote Liste Bundesrepublik: –
Rote Liste Baden-Württemberg: –

Oberrheinebene: Nicht gefährdet (nicht überall bodenständig).
Schwarzwald: Nicht gefährdet.
Neckar-Tauberland: Nicht gefährdet.
Schwäbische Alb: Nicht gefährdet.
Oberschwaben: Nicht gefährdet.

• In Baden-Württemberg nicht gefährdet!

Trotz dieser in ihrer Pauschalität sicherlich etwas verallgemeinernden Aussage sollte die Populationsdynamik der Art weiterhin gut beobachtet werden.

---

[2] VORBRODT (1911) gab für die Schweiz März bis Mai und Juni-Juli als Raupenzeit an. Diese Angabe beruhte vermutlich auf seiner falschen Einschätzung der Flugzeit, die er in 2 Generationen »im Mai und von Juli bis September« vermutete. Seine Mai-Tiere dürften wohl gezüchtete Individuen gewesen sein, und die partielle 2. Gen. im September erkannte er nicht.

Autographa aemula
([Denis & Schiffermüller], 1775)

Plusia aemula HBN. (LAMPERT 1907, SPULER 1908–1910, REBEL 1910, ECKSTEIN 1913–1923)
Plusia aemula SCHIFF. (HERING 1932)
Phytometra aemula SCHIFF. (WARREN in SEITZ 1909–1914)

Gesamtverbreitung: Alpen, Pyrenäen.

Als rein alpin verbreitete Art gehört *Autographa aemula* nicht der Fauna Baden-Württembergs an. Eine Meldung, nach der A. JOHN die Art im Juni 1919 im Schönbuch bei Tübingen gefangen haben soll (KAUFMANN & SCHMID 1966), geht aller Wahrscheinlichkeit nach auf eine Fehlbestimmung von *Autographa bractea* zurück. Denkbar wäre auch eine Fundortverwechslung, denn JOHN hat nachweislich in den Alpen gesammelt (Ent. Z., 35 [1921]: 48).

Syngrapha hochenwarthi
(Hochenwarth, 1785)

Plusia hochenwarthi HOCHENW. (HERING 1932, LAMPERT 1907, REBEL 1910, SPULER 1908–1910)

Gesamtverbreitung: Eine paläarktoalpin verbreitete Art, die in Nordeuropa (nördliches Norwegen, Schweden und Finnland) und Nordasien (Sibirien, Kamtschatka) sowie in den größeren Gebirgszügen vorkommt: Alpen, Ural, Kaukasus, Altai u. a.; Angaben vom Balkan werden als zweifelhaft angesehen (HACKER 1989).

Syngrapha hochenwarthi gehört nicht zur Fauna Baden-Württembergs. Sie soll nach KELLER & HOFFMANN (1861) »bei Ludwigsburg gesehen« (!) worden sein. Laut SCHNEIDER (1938) wurde sie »1872 auf dem Schwarzen Grat im württ. Allgäu gefangen (VON ROSER)«. Das dieser Angabe zugrundeliegende Belegstück, ein frisches, heute etwas verblichenes Tier in coll. SMNS, trägt das Etikett »*P.[lusia] divergens*[1] F.[ABRICIUS] Württemb.[erg] v.[ON] ROSER [18]72«, die Worte »schwarz.[er] Grat« sind mit anderer Tusche, aber anscheinend von gleicher Hand hinzugefügt. Da C. L. F. VON ROSER bereits am 27.12.1861 starb (siehe z. B. den Nekrolog von JÄGER 1863), muß entweder die Jahreszahl oder der Gewährsmann unrichtig angegeben sein. Dies ist kein Einzelfall. Es drängt sich der Verdacht auf, daß manche Belege erst später der von ROSER'schen Württemberg-Sammlung hinzugefügt wurden und dann allerdings keinerlei Gewähr besteht, daß sie aus Württemberg oder überhaupt aus Mitteleuropa stammen. Die Adelegg mit dem Schwarzen Grat bietet als dicht bewaldeter Bergzug mit maximal nur 1118 m Höhe sicher keine Lebensmöglichkeit für die hochalpine *Syngrapha hochenwarthi*.

Syngrapha interrogationis
(Linnaeus, 1758)
Heidelbeeren-Silbereule

Plusia interrogationis L. (REUTTI 1898, SPULER 1908–1910, LAMPERT 1907, REBEL 1910, ECKSTEIN 1913–1923, HERING 1932)

Gesamtverbreitung: In Europa und Asien in den nördlichen Ländern einschließlich Islands weit verbreitet, nach Süden zu nur noch in den Gebirgen vorkommend. Die südlichsten Vorkommen liegen in den Pyrenäen, in den Alpen, in Mittelitalien und in den Gebirgen des Balkans südlich bis Bulgarien und Rumänien, in Kleinasien in den Pontischen Gebirgen. In Ostasien erreicht die Art Korea und Japan, ferner kommt sie in weiten Teilen des borealen Nordamerika vor, ist also holarktisch verbreitet. Die Populationen der Pyrenäen wurden als ssp. *pyrenaica* HAMPSON, 1913, die von Schwedisch- und Finnisch-Lappland und Nordkarelien als ssp. *norrlandica* SCHULTE, 1956 abgetrennt.

Verbreitung

Regional: *Syngrapha interrogationis* ist in Baden-Württemberg eine typische Schwarzwaldart. Von der Pforzheimer Umgebung im Norden bis zu den Hotzenwaldtälern im Süden besiedelt sie fast den gesamten montanen Bereich des Schwarzwalds und scheint nur in den Tallagen des mittleren Schwarzwalds seltener zu sein (sofern es sich hier nicht nur um eine Beobachtungslücke handelt). Gelegentlich können einzelne Tiere bis in die Oberrheinebene verdriftet werden, wie ein Fund bei Muggensturm (A. BIEBINGER) belegt. Außerhalb des eigentlichen Naturraums Schwarzwald ist die Art aus der Baar vom Unterhölzer Weiher (H. FEIL) bekannt. Im Alpenvorland fehlt sie erstaunlicherweise fast vollständig. Aus dem nördlichen Oberschwaben existieren zwei Literaturangaben von einem für seine Unzuverlässigkeit bekannten Autor: Er nannte die Art für die Umgebung von Schussenried sowie für das Federseeried (FUNK 1920, 1923). Ein Belegstück einer echten *S. interrogationis* in coll.

---

[1] Ein Synonym von *Syngrapha hochenwarthi*. Nicht zu verwechseln mit *Syngrapha devergens* (HÜBNER, [1813]).

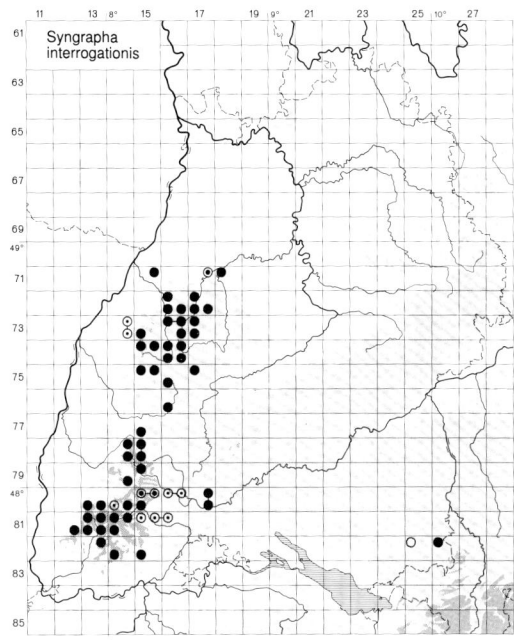

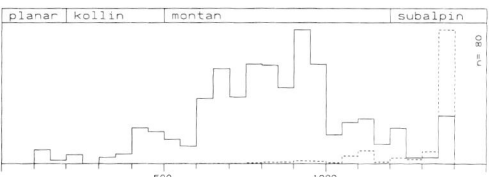

MEINEKE 1978 einen Falter, und in coll. SMNS existieren zwei alte Belegstücke mit den Etiketten »Kißlegg 1854«[3]. Es scheint also, daß *S. interrogationis* von den Allgäuer Bergen her gelegentlich ins Hügelland zufliegt oder an geeigneten Stellen dort sogar bodenständig ist. Von besonderem Interesse wäre eine bessere Durchforschung der Adelegg, wo ein autochthones Vorkommen am ehesten zu erwarten ist.

Vertikal: Abgesehen von einigen Einzelfunden in der Vorbergzone und einem Fund in der Rheinebene ist die Höhenverbreitung vor allem auf die montane Stufe konzentriert, erstreckt sich aber noch bis in die subalpine Stufe. Die höchsten Fundpunkte erreicht die Art im Nordschwarzwald auf dem Gipfelplateau der Hornisgrinde (1160 m, G. EBERT/H. LUSSI/A. STEINER) und im Südschwarzwald am Belchen (1300–1400 m, G. EBERT/R. HERRMANN/B. TRAUB), am Herzogenhorn (1350 m, EHINGER nach Kartei A. GREMMINGER) und am Feldberg (1350 m, Umg. Todtnauer Hütte, J. ASAL). Schon REUTTI (1853) hatte sie »auf dem Torfmoore zu Hinterzarten, 2700' M.[eeres-] H.[öhe]« [= 915 m] gefunden.

Phänologie

Imagines: Die Flugzeit beginnt gewöhnlich in der ersten Julihälfte und dauert bis Ende August. Manchmal treten die frühesten Falter schon in den ersten Julitagen auf. Der früheste Fund überhaupt stammt aus einem besonders heißen Jahr (29.6.1976, Würzbach, W. DÜRR/P. ROSSNAGEL/ W. STAIB/UHLEMANN/M. WALLNER). Unter ungünstigen Bedingungen kann sich die Flugzeit bis

REICH (heute in coll. SMNS) trägt ein gedrucktes Etikett von REICH, allerdings mit REICHS handschriftlicher Eintragung »FUNK«, ist also wohl von FUNK an REICH gelangt[1]. Von den besten Kennern der Federseefauna, G. REICH, G. BAISCH und J.-U. MEINEKE, ist *S. interrogationis* in jahrzehntelanger faunistischer Forschung jedenfalls nie gefunden worden. Als äußerst fraglich muß auch eine Angabe von SCHULTZ (1924) gewertet werden, wonach H. BEYERLE die Art am Bodensee in Konstanz an *Buddleja* gefangen haben soll[2]. Besser gesichert ist ein mögliches Vorkommen im Allgäu: Im Fetsachmoos fand J.-U.

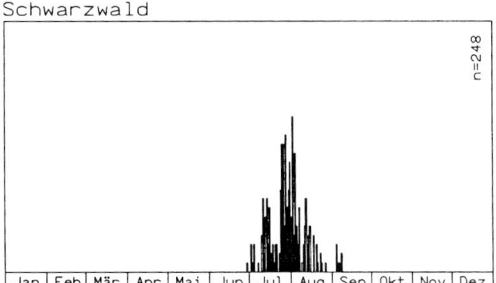

---

[1] Da A. FUNK aus dem Hotzenwald (Herrischried) stammte, könnte er in seiner Jugend oder später beim Studium in Freiburg Gelegenheit gehabt haben, im Schwarzwald *S. interrogationis* kennenzulernen. Nach Schussenried kam er erst 1917. Seine Sammlung, die Anfang der 90er Jahre zum Verkauf angeboten wurde, enthält aber nur sehr wenige mit Fundortetiketten versehene Tiere, so daß hier eine simple Fundortverwechslung anhand unetikettierter Tiere ohne weiteres möglich erscheint.

[2] In einer auf derselben Ausbeute basierenden, aber ausführlicheren Arbeit von SETTELE (1926a) wird die Art nicht erwähnt!

[3] Eines der beiden stammt aus der Sammlung H. LANZ und muß deshalb zumindest als fragwürdig angesehen werden (zur coll. LANZ vergleiche man die Fußnote zu *Pyrois cinnamomea*).

Syngrapha interrogationis ist in Südwestdeutschland fast ausschließlich im Schwarzwald verbreitet. Die Falter sind sehr gut an die Rinde von Nadelhölzern angepaßt, auf der sie gern ruhen. Ihren Namen hat die Art von der – manchmal – fragezeichenförmigen Silbermakel erhalten. Lebensräume sind unter *Boloria aquilonaris* (Bd. 1) und *Pharmacis fusconebulosa* (Bd. 3) abgebildet. – Belchen 16.7.82 G. EBERT. LF.

Anfang September hinziehen (6.9.1973, Todtnau-Poche, J. ASAL; 8.9.1972, Todtnau-Schlechtnau, J. ASAL).

Präimaginalstadien: Die Raupen überwintern klein, sind aber bei uns bisher nur im Frühjahr gefunden worden. Genaue Daten liegen nur wenige vor: 19.5.1924 und 26.5.1912 (Nordschwarzwald, K. STROBEL), 27.5.1922 (Höllental, O. SCHRÖDER). Der Mai wurde ferner von A. GREMMINGER (Kartei) und SCHNEIDER (1936–1939), der Juni von BOLDT (1928) genannt. Eine verpuppungsreife Raupe fand H. HEIDEMANN in der Breitlohmisse noch am 14.6.1980.

Ökologie

Lebensraum: Die Art bewohnt größere Heidelbeer- und Moorbeerbestände in sonnigen bis schattigen Expositionen in Zwergstrauchheiden auf offenen und verheidenden Hochmooren, im Unterwuchs, auf Lichtungen und im Randbereich von Nadelwäldern des Berglands, besonders von Tannen-Fichten- und Fichtenwäldern (»Heidelbeerwäldern«), auch in Moorwäldern, vor allem in feuchten bis staunassen Bereichen, fehlt dagegen in den Heidelbeerfluren der Hainsimsen-Buchen-Tannenwälder. *Syngrapha interrogationis* bevorzugt offenbar vor allem moorige und anmoorige Böden und ist weniger auf durch Verheidung oberflächlich trockeneren Standorten anzutreffen. Sie bewohnt schwerpunktmäßig Gebiete mit mittleren Jahrestemperaturen von 7 bis unter 4°C und mit mittleren Jahresniederschlägen von mehr als 1200 (1000) mm.

Nahrung der Raupe:
Vaccinium myrtillus – Heidelbeere
 4 L (BOL, GRE, HEI, SCC, WÖR)
Vaccinium uliginosum – Moorbeere
 L (BOL)

Die meisten der überwiegend älteren Raupenfunde aus unserem Gebiet stammen von Heidelbeere (*Vaccinium myrtillus*), die in Mitteleuropa die wichtigste Nahrungspflanze für die Art sein dürfte. Daß die Moorbeere (*Vaccinium uliginosum*) nur einmal erwähnt wird, muß aber nicht unbedingt eine schlechtere Eignung als Nahrungspflanze anzeigen, denn im Hinterzartener Moor fand R. BOLDT die Raupen »gleich häufig an *V. uliginosum* wie [an *V.*] *myrtillus*« (BOLDT 1928).

Wahrscheinlich läßt sich die Art auch in unserem Faunengebiet sowohl an anderen *Vaccinium*-Arten als auch an weiteren Nahrungspflanzen aus dem Moorbereich feststellen. Aus Nordeuropa und Schottland wurden neben Heidel- und Moorbeere auch Heidekraut (*Calluna vulgaris*) (ALLAN 1949, SEPPÄNEN 1970), aus Finnland Zwergbirke (*Betula nana*) und Rosmarinheide (*Andromeda polifolia*) (SEPPÄNEN 1970) als Nahrungspflanzen gemeldet.

Nahrung des Falters: Keine genauen Angaben aus Baden-Württemberg. Die Meldung von *Buddleja* (H. BEYERLE nach SCHULTZ 1924) beruht höchstwahrscheinlich auf Fehlbestimmung. Die Falter sind zwar verschiedentlich »an Blüten« (SCHÄFER 1989) beobachtet worden, doch leider ohne Angabe der Pflanzenart.

Habitat: Die (Falter-)Fundplätze gehören verschiedenen Formationen der boreal-alpinen Nadelwälder (Vaccinio-Piceetea) und der Hochmoor-Torfmoosgesellschaften (Oxycocco-Sphagnetea) an, doch können wir mangels neuerer, gut dokumentierter Raupenfunde das Larvalhabitat noch nicht genau eingrenzen.

Verhalten: Die Raupen leben – zumindest nach der Überwinterung – frei an der Nahrungspflanze, wo sie bei Tag und bei Nacht fressen. Tagsüber sitzen sie allerdings meistens gut versteckt im Inneren der Büsche oder in der die

Stengelbasis umgebenden Vegetation der Krautschicht. Die Verpuppung erfolgt in einem weißlichen Kokon, der in der Zucht und wohl auch im Freiland zwischen Pflanzenteilen angelegt wird.

Die Falter sind meist dämmerungs- und nachtaktiv, werden aber nicht selten auch bei Tag beim Blütenbesuch beobachtet. Im Hochsauerland beobachtete J.-U. MEINEKE ein Weibchen tagsüber bei der Eiablage. Die Tiere ruhen gern an Ästen und Stämmen von Nadelhölzern, wo sich ihre Flügelfärbung als hervorragende Tarnung erweist.

Wanderverhalten: *S. interrogationis* wird gelegentlich als »Wanderfalter« oder »Arealerweiterer« aufgefaßt, besonders in Nordeuropa und Großbritannien. In Südwestdeutschland läßt sich bisher, abgesehen von einem einzigen in die Ebene verschlagenen Stück (siehe oben), keinerlei Wanderverhalten belegen. Auch in Ostdeutschland kamen HEINICKE & NAUMANN (1980–1982) zu dem Schluß: »Die tyrphobionte Art ist unseres Erachtens standorttreu, scheint aber starken Populationsdichte-Schwankungen zu unterliegen und zeigt sich dann bei einem entsprechenden Maximum außerhalb der Biotope.« Dagegen sind im Süden und Osten Großbritanniens, auf den Orkneys und Shetlands mehrere Falterfunde bekannt, die als Immigranten interpretiert werden. Im Juli–August 1972 koinzidierte sogar eine Durchzugswelle in den Niederlanden mit einer Einwanderungswelle in Südengland (BRETHERTON, GOATER & LORIMER 1983). Die Frage, ob es bei hoher Abundanz (Populationsdruck) in bestimmten Populationen zu – vielleicht gerichteten – Wanderungen kommen kann, scheint also durchaus noch offen zu sein.

Gefährdung und Schutz

Rote Liste Bundesrepublik: V
Rote Liste Baden-Württemberg: V

Oberrheinebene: Nicht bodenständig.
Schwarzwald: Art der Vorwarnliste.
Neckar-Tauberland: Gefährdet.
Schwäbische Alb: Nicht vertreten.
Oberschwaben: Art der Vorwarnliste.

- In Baden-Württemberg eine Art der Vorwarnliste!
  Besonders geschützt gemäß § 20 e ff. BNatSchG.

Thysanoplusia orichalcea
(Fabricius, 1775)

Plusia aurifera HB. (SPULER 1908–1910, REBEL 1910)
Phytometra orichalcea F. (KOCH 1984)
Ctenoplusia orichalcea F. (HARTIG & HEINICKE 1973)
Trichoplusia orichalcea F. (LERAUT 1980)

Die Raupe lebt vor allem an Heidel- und Moorbeere. Dieses erwachsene Tier hatte sich zur Verpuppung zwischen Blättern eingesponnen. Die normalerweise deutlichere, weiße Rücken- und Seitenzeichnung ist deshalb bereits stark verblaßt. – Breitlohmisse 15.6.80 H. HEIDEMANN. M.

Nomenklatur: *Thysanoplusia orichalcea* F. war Anfang des 19. Jh. auch unter ihrem jüngeren Synonym *Plusia aurifera* HBN. bekannt. HÜBNER hatte jedoch – offenbar in Unkenntnis der echten *Thysanoplusia orichalcea* F. – die heutige *Diachrysia chryson* ESP. fälschlich als *orichalcea* F. identifiziert und unter diesem Namen auch abgebildet. Wo also in der älteren Literatur der Name »*Plusia orichalcea*« mit HÜBNER als Autor zitiert wird, handelt es sich um *Diachrysia chryson* ESP., während »*Plusia aurifera* HBN.« *Thysanoplusia orichalcea* F. ist. Mit Unsicherheit behaftet bleibt der Name »*Plusia orichalcea* F.«, da im Einzelfall kaum festzustellen ist, ob er im Sinne HÜBNERs oder im Sinne FABRICIUS' gebraucht wurde. Da *Thysanoplusia orichalcea* aber erst im 20. Jahrhundert als seltener Einwanderer in Mitteleuropa bekannt wurde, beziehen sich die »*orichalcea*«-Angaben in den älteren südwestdeutschen Lokalfaunen mit höchster Wahrscheinlichkeit sämtlich auf *Diachrysia chryson*.

Gesamtverbreitung: Paläosubtropisch in ganz Afrika (einschließlich Azoren, Madeira, Kanarische Inseln), im subtropischen Asien und in Australien verbreitet, kommt die Art auch im südlichsten Europa vor (Südspanien, Sizilien, Malta, Griechenland), wo sie möglicherweise bodenständig ist. Die übrigen Teile Südeuropas und auch nördlichere Gebiete erreicht sie wohl nur als ziemlich seltener Wanderfalter, wobei sie bis Irland, Südengland und Mitteleuropa festgestellt wurde.

Nach der von GÓMEZ DE AIZPÚRUA (1987) abgebildeten Karte soll das Verbreitungsgebiet die gesamte Schweiz und Österreich sowie Teile Süddeutschlands umfassen. Diese falsche Darstellung geht vermutlich auf Verwechslung mit Angaben für *Diachrysia chryson* zurück.

Thysanoplusia orichalcea ist in Baden-Württemberg nur einmal sicher nachgewiesen worden. Im Oktober 1899 fand SAUER 1 ♂ am elektrischen Licht im Güterbahnhof Karlsruhe (GAUCKLER 1899, 1909). Der Fundort legt zwar, wie GAUCKLER vermutete, eine passive Verschleppung nahe (»das Thier ist noch sehr rein, so dass es wohl als Raupe oder Puppe mit Gütern eingeführt wurde, nicht aber als Falter die Reise mitgemacht hat«), doch ist 1899 ein Einflugjahr von *T. orichalcea* gewesen. CASPARI, der 1899 in Wiesbaden einen Falter fing, erhielt auf seinen Aufruf hin die folgende, von ihm wörtlich zitierte Mitteilung von K. BAUDREXLER aus Rottweil: »Teile Ihnen mit, dass *Plus. aurifera* am 18. Sept. v.[origen] J.[ahres, also wohl 1899] bereits von Herrn DIURA gefangen wurde in einem ♂ Exemplar. Am 19. brachten mir zwei Schulknaben ein gänzlich abgeflogenes ♀, das sie an einem Zaune entdeckt hatten. Ich erkannte in ihm *Plus. aurifera*. Ich selbst fand einmal Ende Juni 1885 auf Brennessel eine erwachsene Raupe von *aurifera*, die sich anfangs Juli verpuppte, aber keinen Falter lieferte« (BAUDREXLER nach CASPARI 1900). Da kein Fundort genannt ist, dürften diese Beobachtungen, der damaligen Praxis folgend, vom Wohnort des Beobachters, also Rottweil, stammen. Die Bestimmung der Raupe muß allerdings, da sie keinen Falter ergab und durch einen nicht sonderlich kenntnisreichen Sammler erfolgte, äußerst zweifelhaft bleiben[1]. Seitdem liegen keine weiteren Funde mehr vor.

Die Raupen sind polyphag und gelten in Teilen ihres Verbreitungsgebiets, z. B. in Südafrika, als Schädlinge an Kulturpflanzen.

Thysanoplusia orichalcea wurde nur ein- oder zweimal als Zuwanderer aus dem Süden in Baden-Württemberg festgestellt. – Portugal 23.8.55 coll. H. NOACK.

Bei den Angaben von »*Plusia orichalcea* F.« aus Oberschwaben von SEYFFER (1850) und KELLER & HOFFMANN (1861) handelt es sich um die in dieser Region weit verbreitete *Diachrysia chryson* (siehe oben).

Trichoplusia ni
(Hübner, 1803)

Plusia ni HBN. (SPULER 1908–1910, LAMPERT 1907, REBEL 1910)
Phytometra ni HBN. (WARREN in SEITZ 1909–1914, KOCH 1984)
Ctenoplusia ni HBN. (HARTIG & HEINICKE 1973)

Gesamtverbreitung: Eine kosmopolitisch verbreitete Art, die in den tropischen und subtropischen Zonen der gesamten Erde vorkommt (Afrika, Asien, Australien, Amerika) und in den gemäßigten Zonen als Wanderfalter auftritt. In Europa dürfte *T. ni* in der südlichen Mediterraneis bodenständig sein. Sie tritt bis zu den Pyrenäen, Alpen und Karpaten noch häufig auf. Weiter nördlich kann sie die Winter nicht auf Dauer überstehen. Nach Mittel- und Nordeuropa (bis Mittelengland, Dänemark und Südfinnland) gelangt sie nur in manchen Jahren durch Zuwanderung.

Aus Baden-Württemberg liegen 15 Meldungen aus 5 Jahren vor, die auf die Monate Mai (2 Exemplare), Juli (1), August (1), September (8) und Oktober (3) entfallen. An der Einwanderung sind also überwiegend Tiere der Herbstgenerationen beteiligt. Das Auftreten von Mai- und Septembertieren in einem Jahr am selben Fundort könnte aber auch ein Hinweis auf eine bei uns erfolgte Fortpflanzung während der Sommermonate sein[1].

---

[1] Als SPULER (1908–1910, Bd. 1, Nachtrag S. 366), auf diesen Angaben basierend, schrieb »ist 1899 bis Südwestdeutschland vorgedrungen (Wiesbaden, Rottweil, Karlsruhe i. B.) und hat sich während des Sommers fortgepflanzt – natürlich ist die Art nicht durch den Winter gekommen«, so hatte er offenbar die Jahreszahl des Raupenfundes übersehen, denn ein Beleg für eine Fortpflanzung in Südwestdeutschland im Jahr 1899 existiert nicht.

[1] Freilandraupenfunde im August sind auch schon aus England gemeldet worden (BRETHERTON, GOATER & LORIMER 1983).

Trichoplusia ni gilt in subtropischen Gebieten, besonders in den südlichen USA, weniger dagegen in Afrika, als Schädling verschiedenster Kulturpflanzen. SUTHERLAND & GREENE (1984) nannten mindestens 160 Arten aus 36 Familien (überwiegend aus Amerika) und bescheinigten der Art eine gewisse Vorliebe für kultivierte Fabaceen.

Funde in Baden-Württemberg:
1923: Bodenseebecken, Konstanz, 13.9. 1 frisches ♀ (L. SETTELE), Oktober 3 Ex. (H. BEYERLE, L. SETTELE; SETTELE 1926b: »Weitere Stücke sind in den folgenden Jahren von H. BEYERLE und I. SOMMER erbeutet worden«).
1958: Kaiserstuhl, Vogtsburg, 6.9. 4 Ex. (NOPPER, L. SETTELE); Bodenseegebiet, Konstanz-Egg, nahe Mainaubrücke, 27.7. 1 Ex. (R. KUZIERA nach G. BAISCH); Bodenseegebiet, Überlingen, 18.5., 25.5., 30.9. je 1 Ex. (E. COMMERELL nach Kartei A. GREMMINGER). In diesem Jahr war die Art in ganz Mitteleuropa zahlreich anzutreffen (z. B. WOLFSBERGER 1960).
1977: nördl. Oberrheinebene, Büchenau, 10.8., 1 Ex. (H. HEIDEMANN).
1980: Bergstraße, Heidelberg-Handschuhsheim, 11.9. 1 ziemlich frisches ♂, (R. TRABOLD).
1994: Kraichgau, Wöschbach, 12.9. 1 nicht mehr frisches ♀, (A. STEINER).

Chrysodeixis chalcites gehört zu den Wanderfaltern, die nur wenige Male aus Baden-Württemberg gemeldet wurden. – Südfrankreich (coll. M. DAUB).

Trichoplusia ni gelangt nur als gelegentlicher Wanderfalter nach Mitteleuropa. Bei starkem Auftreten von *Autographa gamma* wird sie vielleicht übersehen bzw. mit der Gammaeule verwechselt. Sie ist bei genauerer Betrachtung durch ihre geringere Größe, die hellere Grundfarbe und die unterschiedliche Form der Silbermakel gut von ihr zu unterscheiden. – Pfinztal-Wöschbach 12.9.94 A. STEINER. LF.

Interessanterweise stammen sämtliche Funde aus dem Rheingraben und dem Bodenseegebiet. Offensichtlich sind hier bevorzugte Einflugschneisen zu erkennen, deren eine über das Rhônetal und die Burgundische Pforte ins Oberrheintal, eine andere anscheinend über das Schweizer Mittelland ins Bodenseebecken führt.

Chrysodeixis chalcites
(Esper, [1789])

Plusia chalcites ESP. (SPULER 1908–1910)
Plusia chalcytes ESP. (REBEL 1910)

Gesamtverbreitung: Eine paläosubtropische Art, die von Australien über die indoaustralischen Inseln und das südliche Asien bis Afrika (einschließlich Kanaren, Azoren und Madeira) verbreitet ist. In Europa kommt sie im Mittelmeerraum vor, wo sie aber nur in der eumediterranen Zone bodenständig sein dürfte, in den übrigen Gebieten Südeuropas sowie in Mitteleuropa tritt sie als mehr oder weniger seltener Zuwanderer auf. Sie wurde nördlich bis Südengland, Schottland und Dänemark nachgewiesen.

Aus Baden-Württemberg liegt bislang nur ein sicherer Nachweis dieser in Deutschland bisher selten aufgetretenen Art vor: E. RENNWALD (1995) fing ein vermutlich zugewandertes, frisches Weibchen am 6.8.1993 in Neuburgweier. Er erwähnte weiter »nach Mitteilung anderer Entomologen« einen nicht näher präzisierten Fund in Nordbaden sowie ein schädliches Auftreten »in einer Gärtnerei in Südbaden« im selben Jahr.

Im Einzelfall wird sich vielleicht nicht immer entscheiden lassen, ob in Mitteleuropa gefundene Falter aktiv zugewandert oder – als Ei, Raupe oder Puppe – passiv verschleppt wurden. In Großbritannien sind nachweisliche Einschleppungen der Entwicklungsstadien nur im Winter und Frühjahr vorgekommen. Falter wurden da-

Die Raupe ist mit Pflanzen nach Mitteleuropa importiert worden und vor allem in Gewächshäusern und Gärtnereien aufgetreten. – Kanarische Inseln, La Gomera (Zucht) 3.7.91 R. KONTERMANN. S.

gegen nur im September–Oktober gefunden und waren in der Regel zeitlich mit Einwanderungswellen anderer Migranten gekoppelt (BRETHERTON, GOATER & LORIMER 1983).

Die polyphagen Raupen treten in den Subtropen und im Mittelmeergebiet an verschiedenen Kulturpflanzen wie Tomaten, Kartoffeln, Tabak, Baumwolle, Banane, Mais und Luzerne schädlich auf. Nach England sind sie schon mit Pflanzenimporten (*Chrysanthemum*) aus Kenia und von den Kanaren eingeschleppt worden. In den Niederlanden haben sich seit den achtziger Jahren »Gewächshauspopulationen« etabliert, von denen ausgehend weitere Verschleppungen vorkommen dürften.

Die Gattung Abrostola

Die drei einheimischen Arten der Gattung *Abrostola* (und eine vierte, mediterrane Art, *A. agnorista* DUFAY, 1956) werden als Falter öfters verwechselt. Dies betrifft selbst Angaben in Bestimmungsbüchern (SAUER bildete 1982 unter »*Abrostola trigemina*« (= *A. triplasia*) fälschlicherweise eine *Abrostola tripartita* ab) und in der faunistischen Literatur.

Hinzu kommt noch ein schwerwiegendes nomenklatorisches Problem: Da in der LINNÉschen Sammlung unter dem Namen *Phalaena triplasia* sowohl *A. triplasia* als auch *A. tripartita* vertreten sind, kam es in der Vergangenheit zu bedeutenden Interpretationsschwierigkeiten, die darin gipfelten, daß WERNEBURG (1864) die eine Art als namenlos ansah und unter dem Namen *A. trigemina* neu beschrieb. Diese Änderung wurde anfangs nur zögernd akzeptiert, setzte sich aber im 20. Jahrhundert allgemein durch. Erst bei der akribischen Analyse des LINNÉschen Materials durch MIKKOLA & HONEY (1993) konnte festgestellt werden, welche Exemplare aus LINNÉS Zeit stammen und welche der Sammlung später beigefügt wurden. MIKKOLA & HONEY legten einen Lectotypus fest, um die Nomenklatur zu stabilisieren. Die im 18. und der ersten Hälfte des 19. Jahrhunderts als *A. triplasia*, aber in den vergangenen Jahrzehnten als *A. trigemina* bezeichnete Art ist die echte LINNÉsche *A. triplasia*! Also:

18./19. Jh.	20. Jh.	korrekter Gebrauch
triplasia	*trigemina*	*triplasia*
urticae/tripartita	*triplasia*	*tripartita*

Bestimmungshilfe

(Die folgenden Bemerkungen gelten nur für mitteleuropäische Vertreter der bei uns vorkommenden Arten; zur Abgrenzung gegenüber *A. agnorista* sind sie nicht geeignet.)

Abrostola tripartita (*triplasia* auct. nec L.)

Falter: Gesamteindruck kontrastreich hellgrau-dunkelgrau; im Durchschnitt kleinste Art der Gruppe. Vorderflügel relativ breit und Apex nicht so weit vorgezogen wie bei den anderen Arten, dadurch gedrungener wirkend; Saumfeld hell silber(weißlich)grau bis mittelgrau, heller als das Mittelfeld; Makeln teilweise mit aufgerichteten Schuppen auffallend schwarz (im unteren Teil oft auch silbern) umrandet; Basalfeld nur manchmal mit gelblicher, dagegen oft mit silbergrauer Einmischung; die schwarzen Aderstriche im Apex bilden meist kräftige schwarze Apikalflecke beiderseits der Wellenlinie.
Männliche Genitalien: Vorsprung oberhalb des Clavus an der Basis eingeschnürt, in der Mitte verdickt, an der Spitze wieder dünner.
Raupe: An Brennessel.

Abrostola asclepiadis

Falter: Gesamteindruck kontrastreich hell(rosa)grau-dunkelgrau; im Durchschnitt größte Art; Vorderflügel breit; bei frischen Tieren dünne, schwarze Aderstriche im Saumfeld, die bei geflogenen Tieren schwer erkennbar sein können (**wichtigstes Merkmal**, fehlt im Bestimmungsbuch von KOCH!); Saumfeld dunkel- bis mittelgrau, gelegentlich aber auch hellgrau; Makeln meist deutlich schwarz umrandet; Basalfeld meist mit gelblicher, Basal- und Saumfeld häufig mit rosafarbener Einmischung; im Apex 0–2 schwarze Apikalstriche basad von der Wellenlinie.
Männliche Genitalien: Vorsprung oberhalb des Clavus kurz und abgerundet.
Raupe: unverwechselbar, weißlich mit schwarzer und gelber Zeichnung; an Schwalbenwurz.

Abrostola tripartita
Links: Pforzheim, Erzkopf 13.5.36 K. STROBEL.
Rechts: Federseemoor 13.6.64 G. REICH.

Abrostola asclepiadis
Links: Kaiserstuhl 13.6.57 K. STROBEL.
Rechts: Kaiserstuhl 30.4.52 A. GREMMINGER.

Abrostola triplasia
Links: Pforzheim, Kleines Enztal 15.6.50 K. STROBEL.
Rechts: Karlsruhe 14.7.45 A. GREMMINGER.

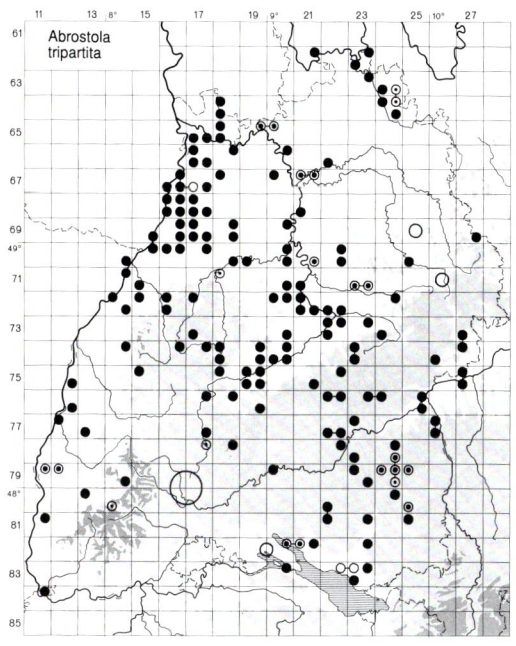

Abrostola triplasia **(trigemina)**

Falter: Gesamteindruck ziemlich eintönig dunkelgrau; mittelgroße Art. Vorderflügel relativ schmal (dadurch schlank wirkend); keine schwarzen Aderstriche im Saumfeld; Saumfeld dunkel schiefergrau (bis mittelgrau), im oberen Teil von gleicher Grundfarbe wie das Mittelfeld; Makeln nur schwach bis gar nicht schwarz umrandet; Basalfeld mit deutlicher, Saumfeld höchstens im unteren Teil mit gelblicher Einmischung; im Apex 1–2 schwarze Apikalstriche basad von der Wellenlinie. Männliche Genitalien: Vorsprung oberhalb des Clavus hakenförmig gebogen.
Raupe: An Brennessel.

Abrostola tripartita
(Hufnagel, 1766)

Silbergraue Nessel-Höckereule

Habrostola tripartita HUFN. (REUTTI 1898, SPULER 1908–1910) (unberechtigte Emendation)
Abrostola tripartita HUFN. (LAMPERT 1907, WARREN in SEITZ 1909–1914, REBEL 1910, ECKSTEIN 1913–1923, HERING 1932, SCHNEIDER 1936–1939, BERGMANN 1951–1955, KOCH 1954–1961)
Abrostola triplasia L. (FORSTER 1954–1981, HARTIG & HEINICKE 1973, LERAUT 1980, HEINICKE & NAUMANN 1980–1982, FIBIGER & HACKER 1991)

Gesamtverbreitung: In ganz Europa vom Mittelmeer bis Mittelnorwegen, -schweden und -finnland verbreitet und von Kleinasien durch das nördliche und mittlere Asien bis China, Tibet, Burma und Japan.

Verbreitung

Regional: *Abrostola tripartita* ist im gesamten Untersuchungsgebiet weit verbreitet, wenn auch nicht überall häufig. Sie besiedelt alle Großlandschaften und vermutlich auch sämtliche Naturräume von der Rheinebene bis in den Hochschwarzwald und vom Odenwald über das

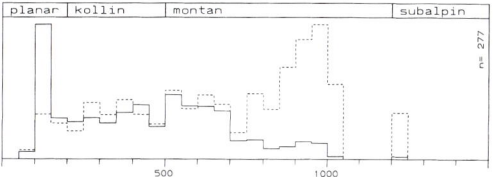

Tauber- und Neckargebiet, die Schwäbische Alb und das Alpenvorland bis zur Adelegg. Sie ist damit die am weitesten verbreitete einheimische *Abrostola*-Art. Dafür tritt sie dort, wo sie mit *A. triplasia* syntop vorkommt, in der Regel in geringerer Individuenzahl auf als diese. Sie besiedelt

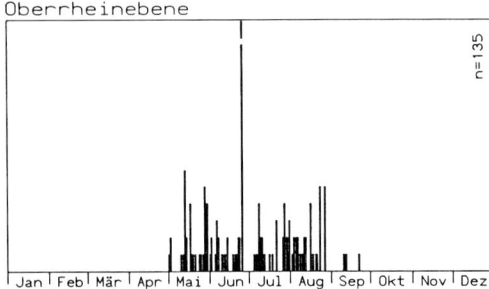

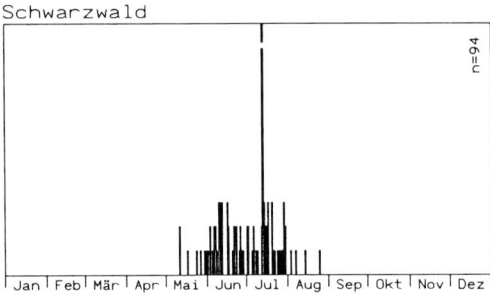

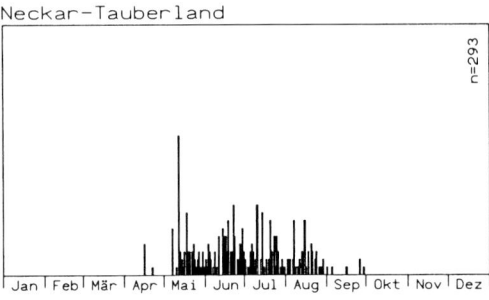

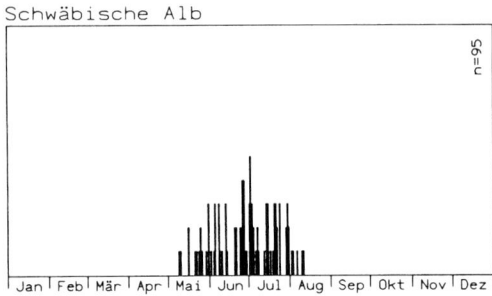

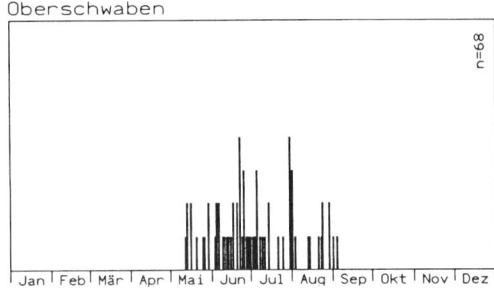

Gebiete bis 5°C mittlerer Jahrestemperatur und ist damit kältetoleranter als *A. triplasia*.

Vertikal: Von der Ebene bis in die montane Stufe um 1000 m verbreitet. Die Fundortnormierung (gestrichelte Linie) ergibt im Gegensatz zu *A. triplasia* eine ziemlich gleichförmige, mäßige Verteilung in den niedrigeren Lagen und dann einen deutlichen Anstieg zwischen ca. 700 und 1000 m.

Phänologie

Imagines: *A. tripartita* bildet in Südwestdeutschland je nach Standort, Klima und Höhenlage eine bis zwei Generationen aus. Am deutlichsten lassen die Daten aus der Oberrheinebene zwei durch ein Minimum zwischen Ende Juni und Ende Juli getrennte, etwa gleichstarke Generationen erkennen. Schon wesentlich schwieriger fällt eine Unterscheidung im Neckar-Tauberland (einem heterogenen Naturraumkonglomerat), wo zwar die Länge der Flugzeit für das Auftreten einer 2. Gen. spricht, aber eine klare Abgrenzung schwer fällt. Die Mai-Juni-Tiere gehören sicher zur 1., die August-September-Tiere zur 2. Gen., während die Juli-Tiere wohl auf beide Generationen entfallen: In kühlen Jahren mit verzögerter Flugzeit oder an klimatisch ungünstigen Standorten dehnt sich die 1. Gen. bis in den Juli aus, während in warmen Jahren dann bereits die ersten Falter der 2. Gen. fliegen dürften. Insgesamt tritt die 2. Gen. deutlich schwächer in Erscheinung als die 1. und kommt womöglich nicht überall regelmäßig zustande. Bei der Interpretation der Daten des Tübinger Raums kamen MEIER & STEINER (1985) zu dem Schluß, daß *A. tripartita* hier nur in einer Generation von Mitte Mai bis Mitte Juli fliegt. Auf der Schwäbischen Alb ist das Diagramm (mit Daten von Anfang Mai bis Mitte August) eingipfelig. Im Schwarzwald ist zwar eine schwache Zweigipfeligkeit erkennbar, trotzdem dürften hier lediglich die Augusttiere (und Julitiere aus den niedrigen Lagen) zu einer offenbar nur sporadisch auftretenden 2. Gen. gehören. Ähnliches gilt für das Alpenvorland, wo immerhin auch einige Septemberfunde gemeldet wurden.

Die Flugzeit beginnt überall ziemlich einheitlich zwischen Anfang und Mitte Mai, im Schwarzwald Mitte bis Ende Mai. Aus der Rheinebene und dem Neckar-Tauberland liegen schon vereinzelte Aprilfalter vor: 16.4.1959, Sinsheim (M. SCHMITT); 22.4.1990, Oberbalbach (J. STUMPF).

Abrostola tripartita (früher *A. triplasia*) fliegt in ein bis zwei Generationen. Sie besiedelt Brennesselfluren und kommt damit nahezu überall an nährstoffreichen Stellen vor. Beim Falter kontrastiert das oft hell silberweiße Saumfeld mit dem dunkleren Mittelfeld. – Dürmentingen, Kanzachtal 25.6.87 A. STEINER. LF.

Präimaginalstadien: Die Raupen sind am häufigsten von Ende Juli durch den August bis Ende September nachgewiesen worden. Nur ein Einzelfund entfällt auf den Juni (21.6.1973, Birkenfeld, v. RAMIN). Zu welcher Generation diese Raupen jeweils gehörten, hängt unter anderem vom Fundort und der Jahresphänologie ab. So könnten die Juni- und zum Teil auch die Juliraupen noch eine 2. Gen. ergeben haben, während die aus den Augustraupen resultierenden Falter – soweit uns dazu Angaben vorliegen – erst im folgenden Jahr schlüpften. Unter Laborbedingungen gewonnene Schlüpfdaten sind jedoch grundsätzlich nicht mit Freilandverhältnissen vergleichbar. A. GREMMINGER fand im Wildgutachgebiet (Mittlerer Schwarzwald) am 29.7.1937 zahlreiche Raupen »in verschiedenen Größen« und beobachtete am selben Abend beim Lichtfang einen frischen Falter. Dieser repräsentierte entweder ein spät geschlüpftes Tier der 1. oder ein bereits entwickeltes Tier der 2. Gen. Das Überwinterungsstadium ist die Puppe.

Ökologie

Lebensraum: Brennesselfluren an mäßig besonnten bis schattigen, nährstoffreichen, mäßig frischen bis feuchten, mikroklimatisch oft kühlen und luftfeuchten Stellen an Waldrändern und Waldwegen von Laub-, Misch- und Nadelwäldern, an Wasser- und Straßengräben, an Böschungen, an Bach- und Teichufern, in nährstoffreichen Ruderalfluren, auf Schuttplätzen, kühlfeuchten Fels(Block-)fluren und in Siedlungsgebieten. Für die oberschwäbischen Moore nahm MEINEKE (1982) das Bergkiefernhochmoor (Laggzone) als Entwicklungshabitat an. Die Falter gelangen beim Nahrungsflug auch in verschiedene trockenere Habitate wie blütenreiche Säume und Gärten.

Nahrung der Raupe:
Urtica dioica – Große Brennessel
   5 L (HIR, STN)
Urtica spec. – Brennessel
   5 L (BIH, BRM, GAU, RAM, SCC)

Die Raupe lebt monophag an Brennesseln. Auch bei den Meldungen von nicht näher bestimmten »Brennesseln« hat es sich wahrscheinlich stets um die Große Brennessel (*Urtica dioica*) gehandelt. Hinweise auf die Kleine Brennessel (*Urtica urens*) als Raupennahrung fehlen aus unserem Gebiet bislang, doch kommt sie wohl ebenfalls in Frage, denn UFFELN (1908) fand in Westfalen daran Raupen.

Nahrung des Falters: Die Imagines sind an Buddleia (*Buddleja davidii*) saugend beobachtet worden (BEYERLE nach SCHULTZ 1924, E. LANGER). Gerne besuchen sie auch künstlichen Köder.

Habitat: Halbschattige bis schattige Brennesselbestände. Eine pflanzensoziologische Analyse der Larvalhabitate von *A. tripartita* und *A. triplasia* sowie die Herausarbeitung eventuell vorhandener Unterschiede in den Präferenzen beider Arten steht noch aus. So ist auch noch ungeklärt, ob sich *A. tripartita* in allen Gesellschaften entwickeln kann, die über *Urtica*-Bestände verfügen. Die Imagines sind bei der Nahrungssuche auch in verschiedenen angrenzenden, blütenreichen Gesellschaften zu finden.

Die an Brennesseln lebende Raupe ist meist grün, kann aber auch braun verdunkelt sein. Auf dem Rücken der beiden ersten Hinterleibssegmente trägt sie je einen dunklen Fleck, der nach hinten weiß begrenzt ist. – Wernau (ex ovo-Zucht) 9.87 K. FREYTAG. S.

Verhalten: Die Raupen sind an den meist mehr oder weniger schattigen Standorten ihrer Nahrungspflanze tag- und nachtaktiv und sitzen oft frei auch an den oberen Blättern. Die Imagines sind dämmerungs- und nachtaktiv und kommen ans Licht.

Gefährdung und Schutz

Rote Liste Bundesrepublik: –
Rote Liste Baden-Württemberg: –

Oberrheinebene: Nicht gefährdet.
Schwarzwald: Nicht gefährdet.
Neckar-Tauberland: Nicht gefährdet.
Schwäbische Alb: Nicht gefährdet.
Oberschwaben: Nicht gefährdet.

• In Baden-Württemberg nicht gefährdet!

Abrostola asclepiadis
([Denis & Schiffermüller], 1775)
Schwalbenwurz-Höckereule

Habrostola asclepiadis SCHIFF. (REUTTI 1898, SPULER 1908–1910) (unberechtigte Emendation)
Abrostola asclepiades SCHIFF. (FIBIGER & HACKER 1991) (lapsus calami)

Gesamtverbreitung: In Süd- und Mitteleuropa weit verbreitet, aber streckenweise lokal. Nördlich bis Belgien, Niedersachsen, Mecklenburg-Vorpommern, Bornholm, Südostschweden, Südfinnland, Lettland, Litauen und Karelien, im Süden bis Nordspanien, Mittelitalien, Nordgriechenland, Bulgarien und Südrußland. Angeblich auch auf Malta (SAMMUT 1984). In Asien nur in der nordöstlichen Türkei, dem Kaukasus und Transkaukasien (HACKER 1989).

Verbreitung

Regional: Die Schwalbenwurz-Höckereule besitzt in Baden-Württemberg ihre größten Populationen im Bereich der Schwäbischen Alb. Hier wird sie vor allem an den Schwalbenwurz-Standorten am nördlichen Albtrauf und in den Tälern der mittleren Kuppen- und Flächenalb sowie im oberen Donautal gefunden, dürfte aber in den weniger intensiv durchforschten Gegenden der Alb in ähnlicher Dichte vorhanden sein. In den übrigen Landesteilen kommt sie lokaler vor, ist aber insgesamt weit verbreitet; möglicherweise wird sie hier öfters übersehen bzw. mit *A. triplasia* verwechselt. Im Nordschwarzwald fehlt sie, im Südschwarzwald ist sie nur von wenigen Fundorten bekannt. Sichere Nachweise stammen von Kollnau (A. SCHNEIDER), Todtnau-Schlechtnau (J. ASAL), von der Utzenfluh (J.-U. MEINEKE/G. EBERT/R. HERRMANN) und aus dem Schwarzatal bei Brenden (A. STEINER). Häufiger ist sie in den Muschelkalkgebieten des Neckar-Tauberlands, vom Alb-Wutach-Gebiet im Süden über die oberen Gäue und das Neckarbecken bis zum Kraichgau und zum Tauberland, und vereinzelt kommt sie auch im Keupergebiet vor (Spitzberg bei Tübingen, M. MEIER/A. STEINER). In der Oberrheinebene kennen wir Vorkommen im Kaiserstuhl, in der Markgräfler Rheinebene (Grißheim, R. HERRMANN/J.-U. MEINEKE) sowie in der nördlichen Rheinebene um Mannheim (mehrere Fundorte, REUTTI 1898, R. BLÄSIUS) und Heidelberg (Sandhausener Dünen, R. BLÄSIUS, J. BASTIAN; Nußloch, R. BLÄSIUS). Schon H. DISQUÉ hatte die Raupen im 19. Jahrhundert »im Walde zwischen Schwetzingen und Friedrichsfeld« gefunden (REUTTI 1898).

Eine Angabe aus dem Federseegebiet (FUNK 1923) beruhte offensichtlich auf einer Verwechslung mit *Abrostola tripartita*, denn der Autor nannte als einzige weitere *Abrostola*-Art *A. triplasia*, während *A. tripartita* in seiner Arbeit fehlt. Dagegen ist ein leicht abgeflogener Falter von 1935 aus dem Dürnachtal bei Bronnen (G. REICH) als Zuwanderer zu werten. Die Herkunft eines aus der Raupe gezüchteten Tiers vom sel-

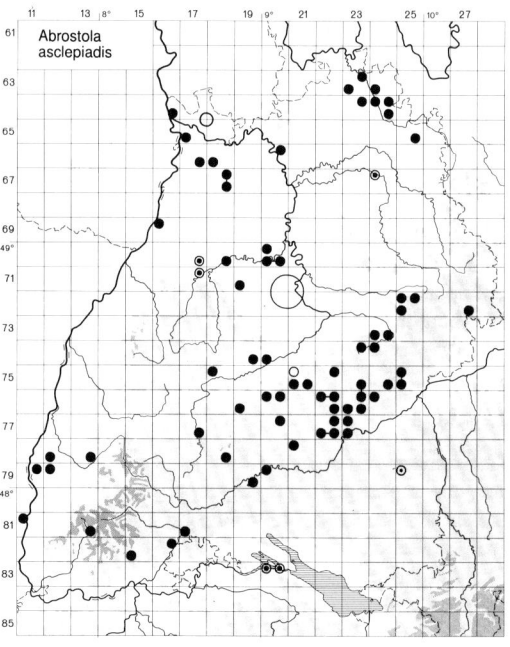

ben Fundort von 1929 muß dagegen in Zweifel gezogen werden (vielleicht Etikettenverwechslung; REICH hat auch auf der Alb gesammelt). Ein bodenständiges Vorkommen in Oberschwaben ist wegen des Fehlens der Nahrungspflanze nicht möglich.

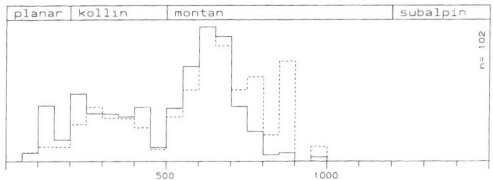

Vertikal: Die Höhenverbreitung erstreckt sich von der Rheinebene um 100 m durch das Hügelland bis in die submontane Stufe, wo sich aufgrund der weiten Verbreitung auf der Schwäbischen Alb ein Schwerpunkt abzeichnet. Dabei erreicht *A. asclepiadis* mit Maximalhöhen um 950 m nahezu die Höhengrenze der Schwalben-

Abrostola asclepiadis saugt hier an ihrer Raupennahrungspflanze Schwalbenwurz. Die charakteristischen schwarzen Aderstriche im Saumfeld der Vorderflügel sind ansatzweise erkennbar. – Kleines Lautertal 4.7.87 G. EBERT. M.

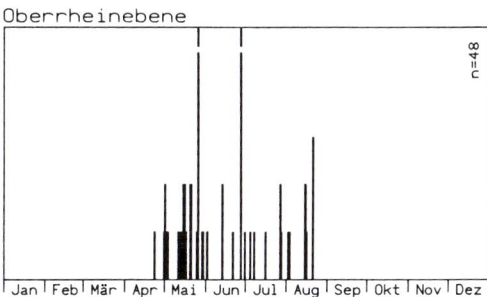

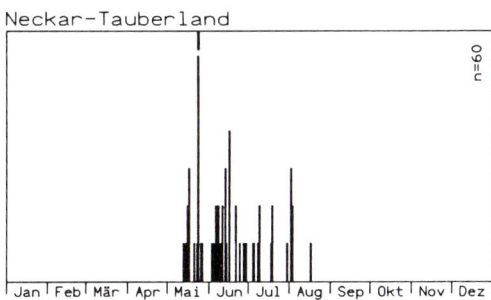

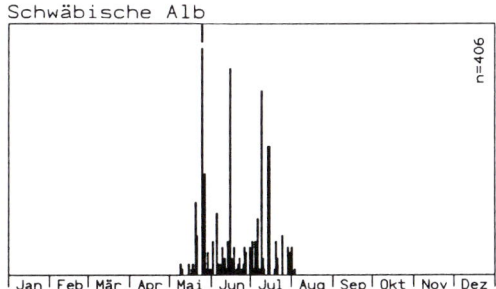

wurz, die auf der Alb bis in die Gipfellagen um 1000 m vorkommt. Im Südschwarzwald liegt der höchste Fundort bislang im Schwarzatal in 760 m Höhe (A. STEINER).

Phänologie

Imagines: Trotz der sehr langgestreckten Flugzeit von (alle Naturräume zusammengenommen) 120 Tagen dürfte die Schwalbenwurz-Höckereule normalerweise nur eine Generation bilden. Auf der Schwäbischen Alb wurden die frühesten Falter Anfang Mai und die spätesten Anfang August festgestellt (9.5.1981, Gerhausen, A. SCHOLZ; 3.8.1980, Pfaffental bei Wasserstetten, G. BAISCH), wobei der durchschnittliche Flugzeitbeginn um Mitte/Ende Mai liegt. Auch im Nekkar-Tauberland beginnt die Flugzeit Mitte Mai (13. 5.1988, Werbach, Limbachsleiten, A. BECHER) und dauert bis Mitte August. Die einzelnen Falter aus dem Schwarzwald und dem Alpenvorland wurden Ende Mai und im Juni registriert.

In der Rheinebene, von wo bislang vergleichsweise wenige Meldungen vorliegen, sind frühe Falter in günstigen Jahren schon Ende April beobachtet worden: 23.4.1966, Vogtsburg, H. RIETZ; 30.4.1952, Vogtsburg, A. GREMMINGER). Auch die spätesten Meldungen überhaupt stammen vom Oberrhein; sie fallen in den Zeitraum

Mitte/Ende August und es handelt sich – soweit Belege vorliegen – noch um frische Tiere: 19.8.1971, Rheindamm bei Leopoldshafen, G. EBERT/H. FALKNER; 21.8.1957, Vogtsburg, A. GREMMINGER/L. SETTELE; 21.8.1987, Vogelsang, R. HERRMANN/J.-U. MEINEKE. Dadurch erhebt sich die Frage, ob es sich vielleicht um Tiere einer unvollständigen 2. Gen. handelt. Solange dazu keine konkreten Anhaltspunkte vorliegen, möchten wir diese Frage verneinen, zumal auch für Südeuropa nur eine Generation angenommen wird (BERIO 1991, Hacker 1989, LHOMME 1923–1935).

Präimaginalstadien: Die meisten Raupenfunde liegen von der Schwäbischen Alb vor, wo die Tiere von einer Reihe von Mitarbeitern nachgewiesen wurden (K. FREYTAG, A. GREMMINGER, MEDER 1928, M. MEIER, A. STEINER). Die Funddaten liegen zwischen Ende Juli und Ende August (25.7.1927, halb- bis ganz erwachsen, Hausen im Tal, A. GREMMINGER; 21.8.1984, erwachsen, Stettener Berg bei Veringenstadt, A. STEINER).

Für die Oberrheinebene läßt sich in Übereinstimmung mit der frühen Falterflugzeit die Raupenzeit bereits ab Ende Juni belegen (27.6.1981, Sandhausen, R. BLÄSIUS). Ansonsten liegt aus diesem Naturraum nur noch die Angabe »im Juli« vor (DISQUÉ nach REUTTI 1898). Zwar hatte auch L. SETTELE die Raupen »nicht selten« im Kaiserstuhl gefunden, aber wie üblich Funddaten und Nahrungspflanze verschwiegen.

Ökologie

Lebensraum: *Abrostola asclepiadis* besiedelt sonnige, trockene Magerrasen und Säume mit Schwalbenwurzbeständen, in den Mittelgebirgen gerne an felsigen oder geröllingen Hängen in prallsonniger Lage, an Steinriegeln, aber auch in Versaumungs- und Verbuschungsstadien (»Steppenheide«). In der Rheinebene bewohnt die Art die Schwalbenwurzbestände auf Sandmagerrasen und Kiesflächen, die an lichte Eichen- und Kiefern(busch)wälder angrenzen. Nach einem Raupenfund auf der Schwäbischen Alb (J.-U. MEINEKE) nutzt sie auch die in warmen, trockenen Waldmänteln und innerhalb lichter Laubwälder halbschattig bis schattig stehenden Schwalbenwurzpflanzen.

Nahrung der Raupe:
Vincetoxicum hirundinaria – Schwalbenwurz
5 L (BLÄ, BRM, DIQ, MED, MEI, MER, STN)

Abrostola asclepiadis lebt monophag an der Schwalbenwurz (*Vincetoxicum hirundinaria*, früher *Vincetoxicum officinale*, noch früher *Cynanchum* oder *Asclepias vincetoxicum*). Sie ist die einzige Art unter den mitteleuropäischen »Groß-«schmetterlingen, der es gelang, sich an die toxischen sekundären Pflanzeninhaltsstoffe der Schwalbenwurz anzupassen und hat diesen Erfolg genutzt, indem sie sich ganz auf diese Pflanze spezialisierte. Dabei hat die Raupe eine von den verwandten Arten stark abweichende Warntracht entwickelt, um auf ihre Giftigkeit hinzuweisen, während sich der Falter in der gleichen Zeit kaum verändert hat.

Wenn HACKER (1989) angibt, die Raupe lebe in Südeuropa auch an »anderen *Vincetoxicum*-Arten«, so handelt es sich dabei wohl nur um eine unbestätigte Mutmaßung. Diese Mutmaßung muß nicht unbedingt falsch sein, aber wir kennen keine entsprechenden Angaben in der Literatur.

Nahrung des Falters: N. HIRNEISEN und A. STEINER beobachteten nachts einen Falter an Schwalbenwurz saugend, E. BROMBACHER (Tagebuch) berichtete vom Blütenbesuch an Berberitze. Ein am Licht angeflogenes Tier, das von G. EBERT am nächsten Morgen zum Fotografieren an Schwalbenwurz gesetzt wurde, begann sofort, an deren Blüten zu saugen. Wir wissen nicht, inwieweit man diese Beobachtungen verallgemeinern darf, doch sie deuten auf einen hohen Stellenwert der Raupennahrungspflanze auch als Nektarquelle, ähnlich wie *Silene* bei den *Hadena*-Arten. Sehr vereinzelt kommen die Falter an den Köder.

Die auffallende Zeichnung der Raupen ist vermutlich eine Warntracht, denn die Tiere dürften giftige Inhaltsstoffe ihrer Nahrungspflanze, der Schwalbenwurz, aufnehmen. Die Raupen sind aber trotzdem sehr berührungsempfindlich und lassen sich bei Störung schnell fallen. – Veringenstadt 24.8.84 A. STEINER. M.

Habitat: Vor allem thermophile Saumgesellschaften der Trifolio-Geranietea sanguinei, insbesondere die Blutstorchschnabel-Säume (Geranion sanguinei), aber auch *Vincetoxicum*-Herden in offeneren Mesobrometen und auf Felsgeröll sowie in xerothermen Waldmänteln, etwa in Eichen-Birken-Wäldern (Quercetalia robori-petraeae) oder Kiefernforsten. Die Imagines dürften sich zum Blütenbesuch im allgemeinen nur wenig aus dem Bereich der Larvalhabitate entfernen, doch zeigt der Fund in Oberschwaben, daß gelegentlich weitere Flüge vorkommen können.

Verhalten: Die Raupe wurde tags (R. BLÄSIUS, A. STEINER) und auch nachts (E. BROMBACHER, K. FREYTAG, M. MEIER, A. STEINER) an der Nahrungspflanze gefunden. Sie ruht bei Tag meist am Stengel oder auf Blattunterseiten, zuweilen tief unten am Erdboden, manchmal aber auch noch in halber Höhe der Pflanze. Nachts sitzt sie beim Fressen frei auf oder unter den Blättern. Die Verpuppung erfolgt in einem hellen Gespinst zwischen Erde und Pflanzenteilen am Boden.

Genaue Untersuchungen über die vermutete Ungenießbarkeit der Raupe und ihre Warntracht liegen noch nicht vor, ebensowenig wie bei den ähnlich gefärbten Arten der Gattungen *Cucullia, Calophasia, Periphanes, Diloba* und bei *Euchalcia variabilis*, die vielleicht einen Mimikrykomplex bilden.

Die Falter sind dämmerungs- und nachtaktiv und kommen gern ans Licht.

Gefährdung und Schutz

Rote Liste Bundesrepublik: V
Rote Liste Baden-Württemberg: V

Oberrheinebene: Art der Vorwarnliste.
Schwarzwald: Art der Vorwarnliste.
Neckar-Tauberland: Nicht gefährdet.
Schwäbische Alb: Nicht gefährdet.
Oberschwaben: Nicht sicher nachgewiesen (kritische Einzelfunde).

- In Baden-Württemberg eine Art der Vorwarnliste!

Eine Gefährdung der Art ist am ehesten dort gegeben, wo Larvalhabitate durch ungebremste Sukzession verbuschen und in Wald übergehen. Schlimmer (weil radikaler und schneller) sind Fichtenanpflanzungen, die an keinem Standort der Art zugelassen werden dürfen. Als Pflegemaßnahme ist vor allem die Offenhaltung durch Beweidung zu empfehlen, wie sie auf den meisten Wacholderheiden von Alb und Neckarland ohnehin zum Pflegeplan gehört. Insgesamt ist die Bestandssituation von *A. asclepiadis* auf der Schwäbischen Alb und in den Muschelkalkgebieten noch gut. Obwohl wir über die Situation im Schwarzwald nur wenig wissen, möchten wir auch hier zunächst – wenn überhaupt – von einer sehr geringen Gefährdung ausgehen.

Abrostola triplasia
(Linnaeus, 1758)

Dunkelgraue Nessel-Höckereule

Habrostola triplasia L. (REUTTI 1898, SPULER 1908–1910) (unberechtigte Emendation)
Abrostola triplasia L. (LAMPERT 1907, WARREN in SEITZ 1909–1914, REBEL 1910, SCHNEIDER 1936–1939, BERGMANN 1951–1955, ECKSTEIN 1913–1923, HERING 1932, KOCH 1954–1961)
Abrostola trigemina WERNEBURG (FORSTER 1954–1981, HARTIG & HEINICKE 1973, LERAUT 1980, HEINICKE & NAUMANN 1980–1982, FIBIGER & HACKER 1991)

Gesamtverbreitung: Von Nordafrika (Marokko, Algerien) durch ganz Europa vom Mittelmeer bis Südnorwegen, Mittelschweden und Südfinnland verbreitet. Im Mittelmeergebiet müssen eine genaue Abgrenzung zu der 1956 beschriebenen mediterranen *A. agnorista* DUFAY noch Revisionen der Arealgrenzen ergeben. In Asien von Kleinasien bis nach Ostsibirien und zum Amur-Ussuri-Gebiet verbreitet.

Verbreitung

Regional: *Abrostola triplasia* ist in der Oberrheinebene, im Neckar-Tauberland und im Alpenvorland ähnlich dicht verbreitet wie *A. tripartita*. In den Mittelgebirgen zeigen sich Unterschiede: Im Odenwald, im Schwäbischen Keuperbergland und auf der Schwäbischen Alb kommt sie zwar vor, ist aber weniger häufig als *A. tripartita*. Den Schwarzwald besiedelt sie kaum; hier ist sie nur in den Tälern bzw. in niedrigen Randlagen zu finden. Dies gilt auch für die klimatisch doch schon günstigeren Südschwarzwaldtäler (Hotzenwald, Albtal, Schlüchttal). Ebenso meidet sie weitgehend die Baar, das Alb-Wutach-Gebiet, die Baar- und Hegaualb und (anscheinend) selbst den Hegau. Auch auf der Adelegg ist sie nicht nachgewiesen worden. In der Ebene und im Hügelland ist die Art an vielen Stellen individuenstärker als *A. tripartita*, worauf unter anderem schon REUTTI (1898), GAUCKLER (1909) und SCHNEIDER (1938) hinweisen.

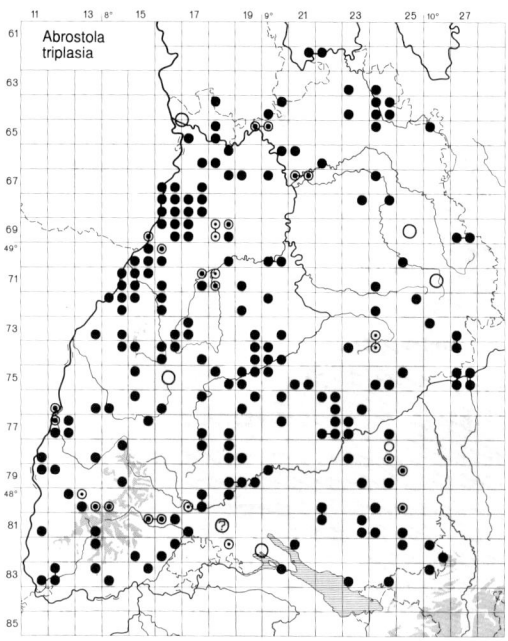

Nach unserem bisherigen Kenntnisstand fehlt sie in Gebieten unter 6°C mittlerer Jahrestemperatur völlig und ist im Bereich zwischen 6 und 7°C mittlerer Jahrestemperatur weniger verbreitet als *A. tripartita*.

Vertikal: Die Art ist von der Ebene bis in die untere montane Stufe um 700 m verbreitet, oberhalb davon gibt es nur Einzelfunde. Die Fundortnormierung (gestrichelte Linie) zeigt, daß im Gegensatz zu *A. tripartita* der Schwerpunkt deutlich in den niedrigen Lagen bis gegen 600 m liegt.

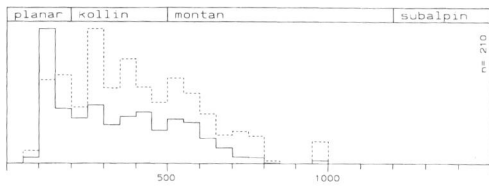

Phänologie

Imagines: Wie *A. tripartita* tritt auch *A. triplasia* je nach Standort in ein bis zwei (vielleicht gelegentlich auch drei) Generationen auf. Dabei ist ihre Flugzeit insgesamt ausgedehnter; die Extremdaten sind 12. April und 13. Oktober. Die Generationen sind zumindest in der Oberrheinebene und im Neckar-Tauberland besser zu trennen. Im letzteren Gebiet sind – im Gegensatz zu *A. tripartita* – bei *A. triplasia* 2 Generationen die Regel, deren Individuenzahlen sich etwa die Waage zu halten scheinen. Die 1. Gen. fliegt von Mai bis Juni, doch sind in warmen Jahren oder an xerothermen Örtlichkeiten Falter schon im April aufgetreten (12., 17. und 20.4.1961, Weinheim, H. LIENIG; 21.4.1949 Ettlingen, P. PEKARSKY; 21.4.1959, Eberbach, M. CRETSCHMAR u.a.). Die 2. Gen. dürfte je nach Lokalität und Jahr ab Ende Juli oder Anfang August fliegen. Die letzten Nachweise ziehen sich noch bis Anfang bzw. Mitte Oktober hin (1.10.1984, Baggerseen bei Tübingen-Hirschau, M. MEIER/A. STEINER (kühles Jahr mit späten Flugzeiten!); 13.10.1933, Lützelsachsen, H. LIENIG). Treten solche späten Tiere in warmen Jahren auf, könnte es sich bereits um Angehörige einer ganz unvollständigen 3. Gen. handeln, wie sie in Südeuropa gelegentlich vorkommt.

Trotz der viel geringeren Verbreitung der Art in den Mittelgebirgen lassen die Daten sowohl im Schwarzwald als auch auf der Schwäbischen Alb einige sichere Angehörige der 2. Gen. im August und September erkennen. Im Alpenvorland ist die 2. Gen. ebenfalls vorhanden, nur wenig schwächer als die 1.Gen. und nicht deutlich von ihr abgesetzt.

Präimaginalstadien: Die Raupennachweise streuen über den Zeitraum von Ende Juli bis Anfang Oktober (23.7.1927, Pforzheim, K. STROBEL; 1.10.1993, Göppingen-Jebenhausen, K. FREYTAG). Die Nachkommen der Mai- und Junitiere müßten als Raupe aber bereits im Juni/

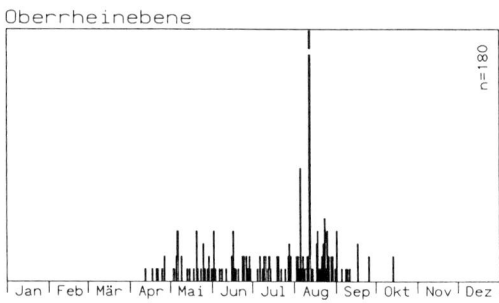

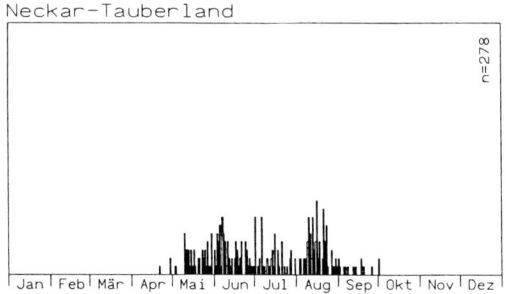

Abrostola triplasia (früher *A. trigemina*) zeichnet sich durch eintönig dunkelgraue Grundfarbe und geringen Kontrast zwischen Mittel- und Saumfeld aus. In der Ruhestellung können die Falter mit den hellen thorakalen Haarbüscheln Zweigabbruchstellen imitieren. – Malsch-Sulzbach (ex larva-Zucht) 7.5.88 G. EBERT. S.

Juli zu finden sein. Die Juli- und ein Teil der Augustraupen dürften in günstigen Gebieten die 2. Gen. ergeben, während die Herbstraupen die 1. Gen. des Folgejahrs ergeben. Das Überwinterungsstadium ist die Puppe. F. BIHLMAIER fand sie Ende September bei Allmersbach im Tal (28.9.1994, zusammen mit einer fast erwachsenen Raupe).

Ökologie

Lebensraum: *Abrostola triplasia* bewohnt Brennnesselfluren an ähnlichen Stellen wie unter *A. tripartita* beschrieben. Obwohl Raupenfunde auch von Bachufern, aus Hochmoorrandgebieten (H. HERRMANN 1978) und aus Niedermooren (MEINEKE 1982) vorliegen, dürfte *A. triplasia* aufgrund ihrer geringeren Höhenverbreitung allzu kühle Habitate meiden und deshalb nicht überall mit *A. tripartita* syntop vorkommen. Wie erwähnt wäre eine genauere Analyse der Larvalhabitate zur Herausarbeitung von eventuellen Unterschieden sehr erwünscht. Die Falter sind auf Nahrungsflug in einer Reihe von blütenreichen Habitaten anzutreffen, wobei sie bis in Gärten und xerothermophile Säume gelangen.

Nahrung der Raupe:
Urtica spec. – Brennessel
 5 L (FRY, GAU, HEH, SCC, SCR)

Die meisten Gewährsleute haben die Raupen nur von »Brennessel« oder »Nessel« gemeldet, aber es ist anzunehmen, daß es sich dabei in den meisten Fällen um die verbreitete Große Brennessel (*Urtica dioica*) gehandelt hat. Von der Kleinen Brennessel (*Urtica urens*) liegen uns keine Angaben vor, doch wird auch sie in der Literatur als Nahrungspflanze genannt, z.B. von UFFELN (1908) für Westfalen.

Daneben wird, vor allem in der britischen und französischen Literatur, auch der Hopfen (*Humulus lupulus*) als Raupennahrung angegeben (LHOMME 1923–1935, BRETHERTON, GOATER & LORIMER 1983). In der deutschsprachigen Literatur fehlt diese Angabe in der Regel. Vermutlich geht sie auf eine ältere Quelle zurück. Die verwandtschaftliche Nähe von Hopfen und Brennessel verleiht der Angabe eine gewisse Wahrscheinlichkeit (analoge Beispiele unter den Noctuidae: *Hypena proboscidalis* und *H. rostralis*). Es könnte sich aber auch um eine Sitzwarte an einer Stelle, wo Hopfen und Brennesseln zusammen wuchsen, gehandelt haben. Fütterungsversuche wären wünschenswert, um zu ermitteln, ob Hopfen überhaupt gefressen wird. Die von RÖSEL VON ROSENHOF (1746) angegebene »Mooß=Distel« (»*Sonchus*«) ist dagegen zweifellos irrig.

Die Raupe von *Abrostola triplasia* kann grün, braungrün oder ganz braun gefärbt sein. Auf dem Rücken der beiden ersten Hinterleibssegmente trägt sie je einen dunklen Fleck, der auf dem vorderen Segment seitlich von einer weißen, runden bis halbmondförmigen Zeichnung begrenzt ist. – Malsch-Sulzbach 18.9.87 G. EBERT.

Nahrung des Falters: Die Falter sind öfters an *Buddleja davidii* beobachtet worden, vor allem in Gärten (H. BEYERLE nach SCHULTZ 1924, F. LAIER, E. LANGER). Künstlicher Köder wird im Vergleich zu anderen »Plusien« von *A. triplasia* sehr gern angeflogen.

Habitat: Halbschattige bis schattige Brennesselbestände. Auch für *A. triplasia* liegen keine genauen Habitatangaben für die Larvalnachweise vor (vgl. das bei *A. tripartita* Gesagte).

Verhalten: Die Raupen verhalten sich wie die von *A. tripartita*. Die Imagines sind dämmerungs- und nachtaktiv und kommen ans Licht.

Gefährdung und Schutz

Rote Liste Bundesrepublik: –
Rote Liste Baden-Württemberg: –

Oberrheinebene: Nicht gefährdet.
Schwarzwald: Nicht gefährdet.
Neckar-Tauberland: Nicht gefährdet.
Schwäbische Alb: Nicht gefährdet.
Oberschwaben: Nicht gefährdet.

• In Baden-Württemberg nicht gefährdet.

Cuculliinae

Bis in die achtziger Jahre des 20. Jh. verstand man unter den »Cuculliinae« im Sinne von HAMPSON (1906, 1909) eine große, relativ polymorphe und – was von den meisten Systematikern offen eingestanden wurde – ziemlich sicher polyphyletische Gruppe. Nach dem System von FIBIGER & HACKER (1991) verbleiben nur die Tribus Cuculliini (mit *Cucullia*), Oncocnemidini (mit *Calophasia, Omphalophana, Sympistis, Oncocnemis, Calliergis, Lophoterges, Epimecia, Copiphana, Cleonymia, Amephana, Omia, Harpagophana, Recoropha, Metopoceras, Lamprosticta* u. a.) und Feraliini in der Unterfamilie. Außerdem werden auf der Grundlage vor allem larvalmorphologischer Merkmale die Gattungen *Amphipyra* und *Pyrois* mit zu den Cuculliinae gestellt (MERŽEEVSKAJA 1967, BECK 1990).

Dagegen soll nach neuesten Untersuchungen (RONKAY & RONKAY 1994, 1995) die Unterfamilie nicht nur aus den Tribus Cuculliini, Oncocnemidini und Feraliini bestehen, sondern auch die Psaphidini (mit *Brachionycha, Allophyes, Meganephria, Valeria* und *Xylocampa*) sowie die Epi- semini mit einschließen (deren Phylogenie allerdings noch ungenügend bekannt ist). Weitere Änderungen sind mit fortschreitendem Wissensstand nicht auszuschließen. Unserer Bearbeitung liegt das System nach FIBIGER & HACKER (1991) zugrunde.

In Baden-Württemberg kamen 26 Arten vor. Zwei von ihnen gelten heute in unserem Gebiet als ausgestorben. Fünf weitere Arten sind für unsere Fauna fälschlich gemeldet worden.

Die Gattung Cucullia

Die große, über 200 Arten umfassende Gattung *Cucullia* ist in der Paläarktis und der Nearktis weit verbreitet. Typisch ist der einheitliche Habitus der Falter: Lange, schmale, am Apex meist zugespitzte Vorderflügel, die die Tiere als gute Flieger ausweisen, zusammen mit den kapuzenartig behaarten Patagia (Halskragen), die in Ruhestellung nach vorne ragen und bei den an dürren Stengeln oder Stämmchen sitzenden Tieren zur optischen Körperauflösung beitragen, indem sie eine Blatt- oder Zweigabbruchstelle vortäuschen. Diese »Kapuze« hat der Gattung ihren wissenschaftlichen Namen und auch ihre deutsche Bezeichnung »Mönche« oder »Mönchseulen« eingebracht.

Viele *Cucullia*-Arten sind durch ihre bunten und dennoch oft verblüffend perfekt getarnten Raupen besonders interessant und deshalb von Schmetterlingsliebhabern stets gerne gezüchtet worden, zumal die mono- bis oligophagen Raupen bei Kenntnis ihrer Nahrungspflanzen vielfach leicht und manchmal in Anzahl zu finden sind. Die Falter kommen dagegen in der Regel ungern und fast immer nur einzeln ans Licht. Zur Erbringung des Nachweises ist deshalb die Raupensuche die Methode der Wahl. Als Extrembeispiel sei *Cucullia xeranthemi* erwähnt, von der in Baden-Württemberg 4 Falter, aber über 120 Raupen gefunden wurden. Nur bei wenigen Arten leben die Raupen versteckt und sind schwierig zu finden (*Cucullia campanulae, Cucullia umbratica, Cucullia gnaphalii*); als Imago erscheint lediglich *Cucullia umbratica* regelmäßig und häufig am Licht[1].

Anhand ihrer Raupennahrung kann man die einheimischen Arten in drei ökologische Gilden einteilen: die an Braunwurzgewächsen (Scrophulariaceae), die an Korbblütlern (Asteraceae) und die an Glockenblumengewächsen (Campanulaceae) lebenden Arten. Zur ersten Gilde gehören die sogenannten »Braunen Mönche« der *Cucullia verbasci*-Verwandtschaft (nicht aber die habituell ähnliche *C. asteris*); sie leben an Braunwurz (*Scrophularia*) und Königskerze (*Verbascum*). Die artenreichere Gilde der Asteraceen-Fresser enthält die sogenannten »Grauen Mönche«; ihr Nahrungsspektrum umfaßt die Gattungen *Solidago, Aster, Anthemis, Achillea, Matricaria, Chrysanthemum* (*Tanacetum*), *Artemisia, Calendula, Lactuca, Sonchus* und *Prenanthes*, außerhalb Mitteleuropas auch noch weitere Gattungen. *Cucullia campanulae*, ebenfalls eine graugefärbtes Tier, ist die einzige Art der einheimischen Fauna, die an Glockenblumen (*Campanula*) frißt.

Einige Raupen sind mimetisch gefärbt und gezeichnet, andere besitzen eine sehr auffallende Färbung, die vielleicht eine Warntracht darstellt. Fast alle leben frei an ihrer Nahrungspflanze und sind oft stark von Parasitoiden befallen. Ähnlich wie die Raupen der Unterfamilie Heliothinae fressen auch viele Cucullien bevorzugt die nährstoffreichen Knospen, Blüten und Früchte ihrer Nahrungspflanzen. Dadurch optimieren sie die Dauer ihrer Larvalentwicklung und verringern die Zeit, in der sie Parasitoiden ausgesetzt sind. Die Verpuppung erfolgt in einem festen und relativ dickwandigen Erdkokon, der offensichtlich darauf ausgerichtet ist, der sehr fragilen und empfindlichen Puppe das Überdauern sowohl des Winters als auch trockenheißer Hochsommerperioden zu ermöglichen. Auch das öfters zu beobachtende »Überliegen« der Puppen (zwei- oder mehrmaliges Überwintern) ist eine Strategie zur Vermeidung von Totalausfällen in ungünstigen Jahren.

Einige Arten bewohnen kurzlebige, rascher Sukzession unterworfene Habitate, zum Beispiel Ruderalstandorte. Sie weisen im Falterstadium oft hervorragende Kolonisierungseigenschaften auf, was sich immer wieder durch ihr Auftreten an bislang unbesiedelten oder neu entstandenen Standorten manifestiert. Oft handelt es sich bei solchen Nachweisen um Raupenfunde, die beim Beobachter dann leicht zum Rückschluß auf längerfristige Bodenständigkeit führen können.

Die sehr fluggewandten Falter sind dämmerungs- und nachtaktiv und gehören mit ihrem langen Rüssel zu den typischen Bestäubern nachts blühender, langkelchiger Pflanzen (z. B. *Saponaria, Lonicera*).

Die Determination der Imagines ist oft problematisch, besonders wenn es sich um abgeflogene Stücke handelt. Dies hat zu manchen Fehlbestimmungen geführt. Zudem waren früher die Verbreitungsareale der einzelnen Arten noch ungenügend bekannt. So konnte es dazu kommen, daß beispielsweise *Cucullia fraudatrix, C. santonici* und *C. praecana* aus Baden-Württemberg gemeldet wurden. Zu den schwer bestimmbaren Arten muß man aber auch – je nach Kompetenz des jeweiligen Gewährsmanns – die Artgruppen *C. chamomillae / lucifuga / lactucae / campanulae* sowie *C. umbratica / tanaceti* und *C. caninae / scrophulariae / thapsiphaga / lychnitis / verbasci* rechnen[2].

Die Phylogenie und Zoogeographie der Gattung ist neuerdings von RONKAY & RONKAY (1994) behandelt worden. Daß diese Autoren die Gruppe der »braunen« Mönche, die sie zunächst mit guten Gründen als Untergattung (*Shargacucullia*) beschrieben hatten (RONKAY & RONKAY 1992), nunmehr als eigene Gattung auffassen, ist natürlich eine reine Ermessenssache. Wir halten es für sinnvoller, eine in sich so homogene Gruppe trotz ihrer hohen Artenzahl nicht durch übertriebenes Splitting unübersichtlich zu machen und behalten deshalb die Gattung *Cucullia* im alten Sinne bei.

Cucullia fraudatrix
Eversmann, 1837

Gesamtverbreitung: Das Areal erstreckt sich vom pazifischen Ostasien (Japan, Korea, Nordostchina) quer durch das mittlere Asien (südlich bis zum Issyk-Kul) bis ins östliche Mitteleuropa, wo die Art noch in Ausbreitung nach Westen begriffen ist: Ukraine, Rumänien, Ungarn, Polen, Österreich (Steiermark), Ost- und Norddeutschland, Dänemark, Südschweden, als Irrgast auch in Südfinnland. Verbreitungskarten mit Darstellungen der Ausbreitung in Mitteleuropa wurden von

---

[1] Die Beobachtungen zur Attraktivität von Lichtquellen aus unserem Untersuchungsgebiet stehen bei vielen Arten in diametralem Gegensatz zu den Angaben von RONKAY & RONKAY (1994), die behaupten, daß zum Beispiel *C. absinthii, C. artemisiae, C. xeranthemi* und *C. asteris* stark vom Licht angezogen würden! Ob es sich hier um regionale Differenzen oder um die Auswirkungen von Lichtquellen unterschiedlicher Wellenlängen handelt, ist unklar.

[2] Als typisches Beispiel kann ein Falter in coll. LNK gelten, der von BURGI gesammelt und auf dem Fundortetikett mit dem Namen »*Cucullia umbratica*« versehen wurde, später in die Sammlung von M. SCHLUSCHE gelangte und von diesem ein Etikett »[*Cucullia*] *lucifuga*« erhielt. Es handelt sich dabei um ein Männchen von *Cucullia lactucae*!

WARNECKE (1958, 1961) und NOWAK (1975) veröffentlicht, für Ostdeutschland von HEINICKE & NAUMANN (1980–1982).

Die Art gehört nicht zum Faunenbestand Baden-Württembergs. REUTTI (1898) meldete sie mit einem Fragezeichen: »Von HIRTLER bei Küchlinsbergen am Kaiserstuhl gefangen (Bestimmung unsicher).« Hier kann es sich nur um eine Fehlbestimmung gehandelt haben. Zwar hat *Cucullia fraudatrix* seit etwa 1930 in Nord- und Mitteleuropa eine gut dokumentierte Arealexpansion nach Westen durchgemacht, doch wäre ein bis nach Südbaden versprengtes Exemplar vor 1898 äußerst unwahrscheinlich. BROMBACHER (1933–1935) vermutete eine Verwechslung mit *Cucullia artemisiae*, während A. GREMMINGER (Kartei) später annahm: »Es handelte sich vermutlich um *C. xeranthemi*«. Diese Art war zu REUTTIS und zu BROMBACHERS Zeiten am Kaiserstuhl noch nicht entdeckt worden.

Cucullia absinthii
(Linnaeus, 1761)
Beifuß-Mönch

Cucullia absynthii L. (FIBIGER & HACKER 1991) (inkorrekte sekundäre Schreibweise)

Gesamtverbreitung: Durch den größten Teil Europas verbreitet; südlich bis Zentralspanien, Mittelitalien, Jugoslawien, Bulgarien und Rumänien, im Norden bis Großbritannien (wo die Art sich zwischen 1945 und 1965 von der Südküste bis nach Mittelengland ausgebreitet hat) und Südfennoskandien. Weiter östlich in Kleinasien, Iran (Elburs) und bis nach Zentralasien (Burjatien, Mittelchina) verbreitet.

Verbreitung

Regional: Das Hauptverbreitungsgebiet von *Cucullia absinthii* in Baden-Württemberg ist die Oberrheinebene, wo sie insbesondere in der nördlichen Rheinebene und im Kaiserstuhlgebiet regelmäßig gefunden wird, aber auch in den anderen Gebietsteilen nicht fehlen dürfte (Bearbeitungslücken). Aus den angrenzenden Naturräumen Bergstraße und Kraichgau liegen ebenfalls Beobachtungen vor, beispielsweise aus dem Raum Pforzheim (R. HÄUSSER, H. ROMETSCH, K. STROBEL, M. WALLNER). Daneben ist die Art an verschiedenen Fundorten des Nekkar-Tauberlands nachgewiesen worden, und zwar im Sandstein-Spessart (Freudenberg, A. BECHER), im Sandstein-Odenwald (Eberbach/Neckar, M. CRETSCHMAR), im Kocher-Jagst-Gebiet (Möckmühl, SCHNEIDER 1938), im Neckarbecken (Heimsheim, D. BARTSCH; Erdmannhausen, P. MOHN; Hardwald bei Waiblingen, C. SCHNEIDER), im Glemswald (Krummbachtal, D. BARTSCH), in der Stuttgarter Bucht (Stuttgart, SEYFFER 1850; Stuttgart-Nord, L. WEINMANN; Neckardamm zwischen Berger Steg und Daimlerbrücke, SCHÄFER 1977), in den Oberen Gäuen (Nagold, H. KAUFMANN nach SCHNEIDER 1938) und im Albvorland (Bietenhausen, MEINEKE 1985; Wendlingen, E. LOSER; Eislingen/Fils, K. FREYTAG; Salach, A. WALTER; Raum Schwäbisch Gmünd/Wißgoldingen, KUNKEL nach WERFER 1813; Aalen, H. KAUFMANN). Aus dem Alpenvorland liegen Funde von Marbach bei Riedlingen (SCHNEIDER 1938), Hohentengen (HUBER, coll. SMNS), aus dem Federseemoor (G. BAISCH), dem Wurzacher Ried (G. BAISCH), aus Biberach-Birkendorf (G. BAISCH), Bronnen (G. REICH), Ummendorf (G. REICH), Überlingen (E. COMMERELL) und Konstanz (LEINER 1829) sowie aus dem Hegau vom Hohentwiel (SCHNEIDER 1938) vor. Selbst im Hochschwarzwald sind Raupen in Hausgärten gefunden worden (Todtnau-Schlechtnau, 1988, J. ASAL/F. EBSER); hier hatte ein wanderndes Weibchen seine Nahrungspflanze lokalisiert und zur Eiablage genutzt. Bei Nachweisen, die durch Raupenfunde zustande kommen, wird oft angenommen, es müsse sich um

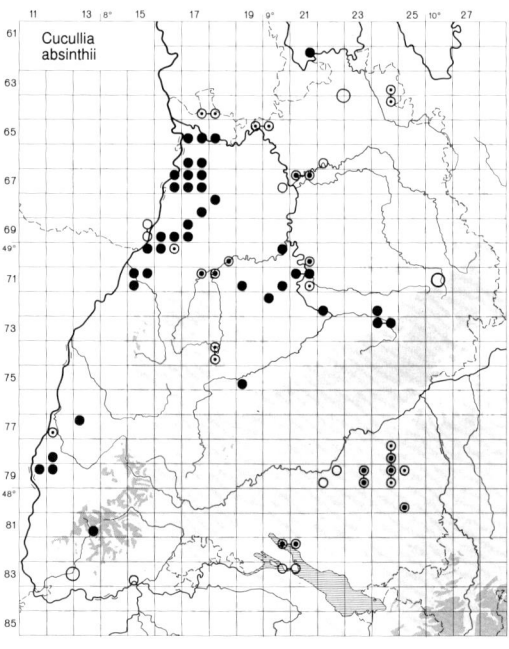

bodenständige Populationen handeln. Zweifellos ist die Art aber an vielen Stellen nur ein kurzzeitig auftretender »Vermehrungsgast«. In den wärmeren Gebieten des Neckar-Tauberlands dürfte sie sich auch über mehrere Jahre hinweg halten, insbesondere bei den in letzter Zeit zunehmenden milden Wintern. Dabei ist der Nachweis dauernder Bodenständigkeit bei allen Beifußmönchen (*C. absinthii, C. argentea, C. artemisiae*) wegen ihrer guten Dispersionseigenschaften stets schwer zu führen.

Auffällig ist das Fehlen neuerer Nachweise im Alpenvorland. Unklar ist, ob wir es hier mit dem Aussterben ehemals bodenständiger Populationen oder, was wahrscheinlicher ist, mit dem Ausbleiben neuerer Zuwanderungen bzw. dem Mißlingen neuer Ansiedlungsversuche zu tun haben. Die Situation deutet jedenfalls auf eine Verschlechterung der Lebensbedingungen für *C. absinthii* in diesem Gebiet hin.

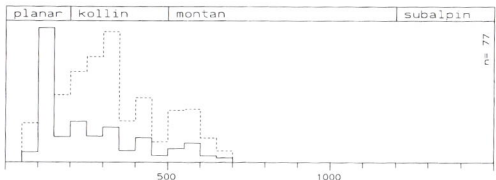

Vertikal: Die Höhenverbreitung beschränkt sich überwiegend auf die Ebene und das Hügelland bis gegen 500 m. Bei den in der unteren montanen Stufe liegenden Fundorten ist dauernde Bodenständigkeit nicht gesichert. Ein einmaliges Auftreten markiert der Fundort im Hochschwarzwald (640 m, Todtnau-Schlechtnau, J. ASAL/F. EBSER).

Phänologie

Imagines: Die wie bei den meisten Cucullien vergleichsweise wenigen Falterbeobachtungen liegen zwischen Anfang Juli und Mitte August. Dies gilt für die Rheinebene ebenso wie für das Neckar-Tauberland. Für die Flugzeitangabe Juni (H. ROMETSCH nach Kartei A. GREMMINGER; 23.6.1932, Eberbach, M. CRETSCHMAR) gibt es dagegen keine neueren Belege. Es wäre möglich, daß derartige Angaben, wie sie sich in der Literatur auch für andere Gebiete finden (z. B. BERGMANN 1954: ab Ende Mai), auf die Schlüpfdaten von Zuchtfaltern zurückgehen. Aus dem Alpenvorland liegen nur drei Falterfunde von Ende Juli und Anfang August vor. Ein sehr spätes Falterdatum, das bereits am Ende der normalen Rau-

Cucullia absinthii gehört mit ihren dunklen Querbinden und Fleckenzeichnungen zu den (in der mitteleuropäischen Fauna) leicht anzusprechenden Arten der Gattung *Cucullia*. – Malsch-Sulzbach (ex larva-Zucht) 96 G. EBERT. S.

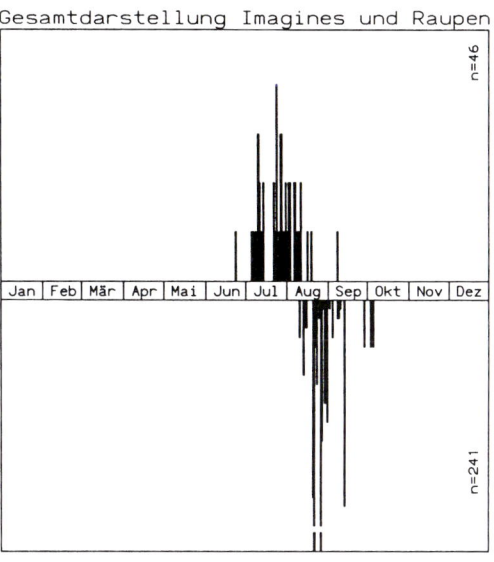

penzeit liegt, stammt aus Überlingen (8.9.1954, E. COMMERELL nach Kartei A. GREMMINGER). Da die Meldung ausdrücklich mit dem Vermerk »L.[icht] 1 ♂« versehen ist, dürfte es sich aber nicht um eine Verwechslung mit einem Raupenfund handeln.

Präimaginalstadien: Die Raupen werden meist in Anzahl, jahrweise recht häufig, gelegentlich auch massenhaft, gefunden. Dabei übersteigt die Anzahl der beobachteten Raupen die der Falter um mindestens das vierfache (eher mehr, denn viele Raupen wurden und werden leider ohne Angabe der Individuenzahl gemeldet). Die Beobachtungsdaten reichen von »Juli« (SCHÄFER 1980 b) bis Anfang Oktober. Letztes konkretes Beobachtungsdatum ist der 5.10. (1930, Kaiserstuhl, Ihringen, »viele« Raupen, E. BROMBACHER). Die meisten Raupenmeldungen konzentrieren sich zwischen Anfang August und Anfang September. Das Überwinterungsstadium ist die Puppe; sie überliegt zuweilen zwei Jahre.

Ökologie

Lebensraum: Beifußbestände an Wegrändern, Straßenböschungen und Bahndämmen, in Kiesgruben, an Hochwasserdämmen, auf Brachflächen aller Art, an Acker- und Feldrainen und auf verschiedenen Ruderalstandorten wie Schutt- und Müllplätzen, auf Baugelände oder ungeteerten Parkplätzen. In Gärten sind Raupen auch an angepflanztem Wermut aufgetreten. Im Gebiet der dauernd bodenständigen Vorkommen (Oberrheinebene) liegen alle Standorte auf alluvialen Böden (Sande, Kiese oder Schotter) und in Gebieten mit über 8°C mittlerer Jahrestemperatur.

Die junge Raupe besitzt eine einfache Linienzeichnung. Sie hält sich in den Blütenständen auf. – Ettlingen 22.8.90 G. EBERT.

Die erwachsene Raupe ist mit ihren abwechselnd weißen, grünen und rotbraunen Zeichnungselementen hervorragend an die Blüten und Früchte der Beifußpflanzen angepaßt. – Graben 28.8.91 H. LUSSI.

Nahrung der Raupe:
Artemisia vulgaris – Gewöhnlicher Beifuß
  5 L (BAR, BIE, EBE, FRY, GAU, GRE, HEI, HER, LIE, RAK, RAZ, REK, REN, SCÄ, SCC, SET, STN)
Artemisia campestris – Feld-Beifuß
  L (SEZ)
Artemisia absinthium – Wermut
  3 L (ASA, EBS, REI, SCC)
Artemisia spec. – Beifuß
  L (FEI, LOS, WAT)

Die mit Abstand meisten Raupenfunde aus unserem Gebiet stammen vom Gewöhnlichen Beifuß. Der bei uns seltenere, namensgebende Wermut nimmt erst den zweiten Platz ein. Dabei handelte es sich in zwei Fällen um Gartenpflanzen im Hochschwarzwald (Todtnau-Schlechtnau, J. ASAL/F. EBSER), die von demselben, umherstreifenden Weibchen gefunden und belegt wurden[1]. Weitere Angaben stammen von G. REICH (ohne Fundortnennung, wahrscheinlich Ummendorf, vielleicht ebenfalls Gartenpflanze) sowie von SCHNEIDER (1938) (der sich vielleicht auf REICH bezog). Eine gesicherte Raupenbeobachtung an wildwachsendem Wermut steht also noch aus. Nur von einem Gewährsmann (K. A. SEITZ) wurde der Feldbeifuß gemeldet, der für *Cucullia absinthii* im Gegensatz zu *Cucullia artemisiae* anscheinend keine größere Bedeutung hat.

Die Weibchen sind bei der Eiablage offenbar bemüht, Pflanzen an mikroklimatisch günstigen Stellen auszusuchen. Dies hat wohl den Zweck, die Larvalentwicklung möglichst zu beschleuni-

---
[1] J. ASAL fand Raupen in seinem Garten am 10. 8. 1988, F. EBSER fand Raupen in seinem Garten (in derselben Straße) am 20. und 22. 8. 1988.

gen, denn die Raupen leiden oft stark unter Parasitoiden. Pflanzen, die auf ihrer Süd-, West- oder Ostseite von Bäumen oder Sträuchern beschattet werden, die im Saum von Gebüschen oder in dichten Staudenfluren stehen, werden – nach den Raupenfunden zu schließen – deutlich weniger belegt als solche, die einzeln stehen und von niedriger oder lückiger Krautschicht umgeben sind. Auch in reinen Beifußbeständen sind, wenn die Pflanzen dicht stehen, oft nur randständige Pflanzen mit Raupen besetzt. An kleinen oder niedergebogenen Beifußpflanzen findet man Raupen auch an bodennahen Zweigen, wenn diese über von der Sonne aufgeheizter Sandflur, kahlem Ackerboden, geschotterten oder asphaltierten Fahrwegen hängen. An schmalen Feldwegen besteht daher die Gefahr, daß die Raupen durch (landwirtschaftliche) Fahrzeuge von der Pflanze gestreift und verletzt werden.

Larvalhabitat von *Cucullia absinthii* und *Cucullia artemisiae*. Beide Arten kommen in Ruderalfluren an ungemähten Wegrändern, im Ackerrandbereich und auf dem ökologisch so wertvollen Brach- und »Ödland« am Gewöhnlichen Beifuß vor. Sie sind vor allem in der Oberrheinebene im August und September zu finden – wenn der Spaziergänger sich die Zeit nimmt, ganz genau hinzusehen. – St. Leon-Rot 31.8.93 A. STEINER.

Nahrung des Falters: Wenig bekannt. SERMIN (1959) beobachtete einen Falter abends an *Silene* spec. saugend.

Habitat: Die von *C. absinthii* bewohnten Bestände des Gewöhnlichen Beifuß lassen sich den meist anthropogen bedingten ruderalen Beifuß- und Distelgesellschaften (Artemisietea vulgaris) zuordnen. Dazu kommen die in Gärten gepflanzten Wermutpflanzen. Über die Nektarhabitate der Imagines ist aus Baden-Württemberg, wie bei den meisten Arten der Gattung, nichts bekannt.

Verhalten: Die Raupen fressen von Jugend an in den Blüten- und später in den Fruchtständen, wo sie durch ihre farbliche Anpassung gut vor Freßfeinden getarnt sind. Dafür leiden sie jahrweise oft stark unter Parasitoiden: Befallsraten von 50% und darüber sind keine Seltenheit (A. STEINER, A. WALTER). Die Verpuppung erfolgt in einem Kokon am oder im Erdboden. Die Falter sind nachtaktiv und kommen gelegentlich ans Licht.

Das Umherstreifen dieser und vieler anderer *Cucullia*-Arten hat verschiedene Ursachen: Zum einen sind *Artemisia*-Standorte (an Ruderalstellen usw.) nur recht kurzlebige Habitate, so daß die Art gezwungen ist, sich im Imaginalstadium nach neuen Lebensräumen umzusehen, zum anderen mag dadurch ein (kurzfristiges) Entkommen vor Parasitoiden möglich sein.

Gefährdung und Schutz

Rote Liste Bundesrepublik: V
Rote Liste Baden-Württemberg: V

Oberrheinebene: Art der Vorwarnliste.
Schwarzwald: Nicht bodenständig.
Neckar-Tauberland: Art der Vorwarnliste.
Schwäbische Alb: Nicht vertreten.
Oberschwaben: Nicht bodenständig.

- In Baden-Württemberg eine Art der Vorwarnliste.
  Besonders geschützt gemäß § 20 e ff. BNatSchG.

Als Bewohner von Ruderalstandorten und »Ödland« ist *Cucullia absinthii* durch die »Kultivierung« solcher Standorte potentiell gefährdet. Zwar erlaubt ihr ihre Mobilität im Imaginalstadium, manche Habitatsverluste auszugleichen, doch kann die Situation dort kritisch werden, wo die Art nur lokal auftritt (außerhalb der Oberrheinebene) und wo nur wenige geeignete Habitate zur Verfügung stehen. Hier können etwa durch größere Erdbewegungen (Baumaßnahmen) ganze Lokalpopulationen vernichtet werden, wenn im Sommer die Nahrungspflanzen mit den Raupen oder im Winterhalbjahr die in der Erde ruhenden Kokons zerstört werden. Auch Bemühungen zur Eliminierung von Brach- und »Ödland« im dörflichen und innerstädtischen Bereich durch Mahd oder Umwandlung in Rasenflächen schädigen die Art.

So berichtete SCHÄFER (1977) über den Nekkardamm zwischen Berger Steg und Daimlerbrücke in Stuttgart: »Durch Vernichtung der Futterpflanze bei der Dammputzete nimmt diese Population immer mehr ab.« Auf das Verschwinden von *C. absinthii* im Alpenvorland wurde oben schon hingewiesen.

Um zukünftige Verwechslungen auszuschließen, bilden wir die Raupe von *Cucullia argentea* ab. Sie wirkt kontrastreicher als die von *Cucullia absinthii*, weil sie neben den weißen auch dunkel violette und dunkelgrüne Zeichnungselemente besitzt, die zudem oft schärfer begrenzt sind als bei *C. absinthii*. – Norddeutschland 23.9.84 A. SCHNEIDER. S.

Cucullia argentea
(Hufnagel, 1766)

Gesamtverbreitung: Von Japan und China quer durch das klimatisch gemäßigte Asien bis nach Europa verbreitet, wo die Art seltener wird und ihr Areal stark disjungiert ist. Im Norden erreicht sie das südliche Fennoskandien (Dänemark, Südschweden, Südfinnland) und kommt in Ost- und Norddeutschland vor (Sachsen, Thüringen, Mecklenburg-Vorpommern, Brandenburg, Berlin, Schleswig-Holstein, Hamburg, Niedersachsen). Nach Süden sind die Arealgrenzen unklar. HEINICKE & NAUMANN (1980–1982) geben eine Linie Hamburg-Ostdeutschland-Südostpolen-Ostslowakei an. Außerdem sind isolierte Teilareale in Westfrankreich (Charente-Maritime), Südfrankreich (Bouches-du-Rhône, Gard), Norditalien (Piemont), Niederösterreich und Ungarn bekannt. Einzelfunde (meist älteren Datums) wurden aus der Schweiz (VORBRODT 1911), aus Südengland (BRETHERTON, GOATER & LORIMER 1983) und in Deutschland aus Nordrhein-Westfalen, Rheinland-Pfalz und Hessen gemeldet, ferner wird die Art auch für Nordbayern (Fränkisches Keuper-Lias-Land) angegeben (HACKER & SCHREIER 1988).

Wie bei kaum einer anderen Noctuide bereitet die Beurteilung der baden-württembergischen Fundmeldungen beim »Silbermönch« große Schwierigkeiten. Um es gleich vorwegzunehmen: keiner der heute lebenden Entomologen hat die Art unseres Wissens jemals in Baden-Württemberg gefunden. Dennoch finden sich in der Literatur seit Ende des 19. Jh. immer wieder Angaben über Funde der Art. Wie bei den Beifußmönchen üblich, wird es sich meist oder sogar ausschließlich um Raupenfunde gehandelt haben, auch wenn dies nicht immer ausdrücklich ausgesprochen wurde. Da die Raupen von *Cucullia argentea* denen von *Cucullia absinthii* sehr ähneln, und da ferner alle *Cucullia argentea*-Meldungen aus dem Verbreitungsareal von *Cucullia absinthii* stammen, möchte man eine Fehldetermination der Raupen vermuten. Aberrative oder durch Parasitierung abweichend gefärbte/gezeichnete *Cucullia absinthii*-Raupen mögen von Sammlern, die die *C. argentea*-Raupe nicht kannten, für diese gehalten worden sein. Bei einer so prachtvollen Art lag zweifellos bei manchen Sammlern schon psychisch eine gewisse Prädisposition zur Fehlbestimmung vor, auch wenn (z. B. wegen Parasitierung) kein Falter schlüpfte und damit keine Kontrolle der Bestimmung anhand der Imago möglich war.

Denkbar wäre, daß auch die Nahrungspflanze eine Rolle spielte: *Cucullia absinthii* wird vor allem an *Artemisia vulgaris* (und *A. absinthium*) gefunden, wesentlich seltener bzw. höchstens regional häufiger an *Artemisia campestris*; dies war aber früher wenig bekannt. *Cucullia argentea* lebt dagegen ausschließlich an *Artemisia campestris*. So könnte es sein, daß manche Sammler die an *A. campestris* gefundenen *C. absinthii*-Raupen lediglich aufgrund der Wirtspflanze für *C. argentea* hielten.

Die Tatsache, daß *C. argentea* zeitweilig unter dem Namen *C. artemisiae* ([DENIS & SCHIFFERMÜLLER], 1775) geführt wurde, mag zu weiteren Verwechslungen geführt haben, so daß sich beispielsweise Meldungen, die REUTTI von Gewährsleuten erhielt, in Wirklichkeit auf *C. artemisiae* (HUFNAGEL, 1766) bezogen haben könnten. Im Falle von E. BROMBACHER läßt sich dagegen plausibel machen, daß er *C. absinthii* versehentlich mit dem Namen *C. argentea* bezeichnete.

Die Literaturangaben im Einzelnen:
REUTTI (1853): »Ein einziges Mal wurde der Schmetterling bei Karlsruhe an einem Baumstamme sitzend gefunden; 1852 kam die Raupe häufig vor; auch bei Rippoldsau soll er gefangen sein (?).«[1]
GAUCKLER (1896): »Nur bei Maxau als Raupe gefunden.«
REUTTI (1898): »Am Kaiserstuhl verbreitet (Oberschaffhausen, Küchlinsbergen: CLORMANN), bei Durlach (Thurmberg), einmal auch bei Karlsruhe, dann bei Schwetzingen und Mannheim (Sanddorf [Sandtorf], Käferthal, Rheinau zahlreich), im Juli. – Die Raupe an *Artemisia campestris*.«
GAUCKLER (1909): »Einmal bei Karlsruhe gefunden, sonst bei Maxau, Schwetzingen und Mannheim ... Die Raupe lebt an *Artemisia campestris*.«
BROMBACHER (1933–1935): »Sehr lokal auf dem Kaiserstuhl, bei Ihringen und Bickensohl.« Diese Angaben beziehen sich offenbar auf *Cucullia absinthii*, die in BROMBACHERS Arbeit fehlt. Auch in seinem Tagebuch vermerkte BROMBACHER stets, er habe »*artemisiae*- und *argentea*-Raupen« gefunden, während *absinthii* niemals erwähnt wird. GREMMINGER (1950a) fiel auf: »BROMBACHERS Sammlung enthielt mehrere mit «Kaiserstuhl» ohne weitere Angaben bezettelte Stücke [von *C. absinthii*], obwohl die Art in seiner Arbeit nicht erwähnt ist.«
LITZELMANN (1966b) führte die Art ohne weitere Angaben in einer kurzen Liste »Tiergeographische Elemente in der Insektenfauna am Isteiner Klotz« an, doch fehlt sie im vorausgehenden Kapitel »Schmetterlinge« des Isteiner-Klotz-Buches (LITZELMANN 1966a).
SETTELE (1972): »In der Umgebung von Ihringen habe ich oft die Raupen von *Cucullia argentea* HUFN. gefunden ...«
SETTELE (1973): Ihringen und Biekensohl [sic] die Raupen vereinzelt gefunden, e. l. 7.7.32 und 14.7.58.«
Als irreführend erwies sich die Angabe von SCHNEIDER (1930): »Mehrfach aus im Hardtwald bei Waiblingen gefundenen Raupen erzogen (SCHNEIDER)« Er berichtete nämlich später: »1926 fand ich Raupen im Hardtwald bei Waiblingen, diese Raupen stammten aber aus Norddeutschland und waren von einem Waiblinger Sammler dort ausgesetzt, was ich leider erst nach Jahren in Erfahrung brachte.« (SCHNEIDER 1938).

Es existieren jedoch auch einige Belegstücke von *C. argentea*, die laut Etikett von H. GREULICH bei »Hockenheim« (1 Falter, ex larva ohne Jahresangabe, coll. SMNS) und bei »Mannheim« (coll. H. KESENHEIMER, NMF), von K. DOLD in »Freiburg und Umgebung« (1 Falter, ex larva 1932, coll. LNK) und von L. SETTELE am »Kaiserstuhl« (6 Falter, ex larva 1962, coll. SMNS) gefunden worden sein sollen. Die in SETTELES Veröffentlichung von 1973 erwähnten Tiere aus den Jahren 1932 und 1958 sind nicht mehr in seiner Sammlung vorhanden; andererseits hat SETTELE die viel aktuelleren Tiere von 1962 in der Veröffentlichung nicht erwähnt.

Die meisten Mönchseulen sind schon immer gern getauscht und gehandelt worden, so daß wir nicht ausschließen möchten, daß aus anderen Gebieten bezogenes Zuchtmaterial mit einheimischen (*C. absinthii*-)Raupen zusammen gehalten wurde und es so zu Fundortverwechslungen gekommen ist. Außerdem war (und ist) bedauerlicherweise bei manchen Züchtern die Unsitte üblich, den eigenen Wohnort anstelle des Fundorts auf die Etiketten von Zuchtfaltern zu setzen. Schließlich muß auch das Freisetzen von Zuchtmaterial des öfteren vorgekommen sein: Schon 1853 hatte REUTTI berichtet: »Pfr. GÜNTHER hat ihn [nämlich den Silbermönch] in Menge aus von Darmstadt erhaltenen Raupen in Dinglingen erzogen, und mehrmals, aber stets erfolglos, hier[her] zu verpflanzen gesucht«. So könnte sich die Existenz von Tieren mit baden-württembergischen Fundortangaben erklären.

Wenn auch viele Verdachtsmomente darauf hindeuten, daß *Cucullia argentea* nicht in Baden-Württemberg vorkam, so ist dies doch nicht eindeutig beweisbar. Da die Art gelegentlich wandert, wäre ein sporadisches Auftreten von zugeflogenen Faltern oder deren Nachkommen (Raupen) nicht ausgeschlossen. Auf Falter wie Raupen von *Cucullia argentea* sollte daher auch in Zukunft geachtet werden, jedoch muß große Vorsicht bei der Bestimmung anhand von Larvalstadien geübt werden. Nach gegenwärtigem Kenntnisstand ist die Art kein dauernd bodenständiger Bestandteil unserer Fauna.

Cucullia artemisiae
(Hufnagel, 1766)
Feldbeifuß-Mönch

Gesamtverbreitung: In Europa von Südfrankreich (Gironde) und dem Pariser Becken ostwärts verbreitet, im Norden bis Dänemark, Südschweden, St. Petersburg und zum Ural, Einzelfunde in Südfinnland und Südengland. Im Süden bis zu den Pyrenäen, zum Alpensüdrand, nach Ungarn, Rumänien, Ostbulgarien und zur Schwarzmeerküste. Alte Angaben von der Iberischen Halbinsel sind fraglich und erfordern Bestätigung.

---
[1] Die mit Fragezeichen versehene Angabe von Rippoldsau bezieht sich auf die Arbeit von REHMANN (1830), der »*Noctua Artemisiae*, Wermuthraupe« von dort gemeldet hatte. Ob REHMANN wirklich *C. argentea* meinte, ist höchst fraglich; der deutsche Name läßt eher auf *C. absinthii* schließen.

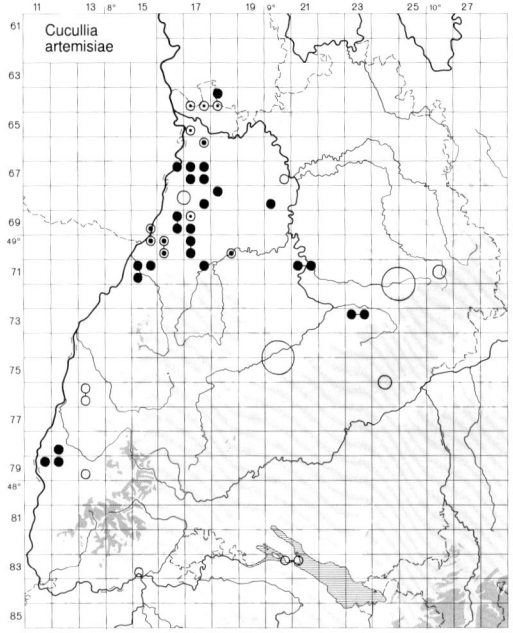

raupe, *Noctua Artemisiae*« aus der Umgebung von Bad Rippoldsau im Mittleren Schwarzwald meldete.

Es steht zu vermuten, daß es sich bei den Fundorten außerhalb der Rheinebene (einschließlich Vorbergzone, Kraichgau, Bergstraße) in vielen Fällen nur um eine kurzzeitige Besiedlung (Raupenfunde) oder um dispergierende Falter gehandelt hat. Genauere Aussagen dazu setzen jedoch voraus, daß ein Vorkommen langfristig beobachtet und die jahrweise wechselnden Larvalhabitate regelmäßigen Bestandskontrollen unterzogen werden.

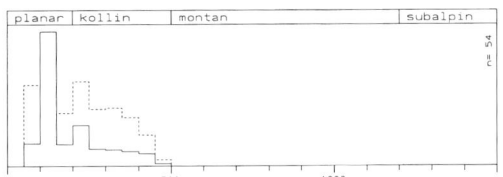

Vertikal: Der Schwerpunkt der Höhenverbreitung liegt in der Ebene und im Hügelland. Bei den höhergelegenen Fundorten (bis gegen 600 m) dürfte es sich, wie bei *Cucullia absinthii*, um Stellen ohne dauernde Bodenständigkeit handeln.

Durch Mittelasien bis Ostchina, Korea und Japan (ab Westsibirien in der ssp. *perspicua* WARNECKE, 1919). In Norddeutschland und Dänemark befindet sich die Art noch in Ausbreitung Richtung (Nord-)Westen. Eine Übersicht über diese Arealexpansion (mit Karte) veröffentlichte LOBENSTEIN (1982).

Verbreitung

Regional: Die Verbreitung in Baden-Württemberg ähnelt der von *Cucullia absinthii*: einer verhältnismäßig dichten und sicher bodenständigen Besiedlung der Oberrheinebene und ihrer Randlagen (Bergstraße, Kraichgau) stehen vereinzelte Funde in anderen Gebieten gegenüber, die allerdings weniger zahlreich sind als bei *C. absinthii*.

Neckar-Tauberland (außer Kraichgau): »Stuttgart nicht selten« (SEYFFER 1850), Stuttgart, Neckardamm zwischen Berger Steg und Daimlerbrücke (SCHÄFER 1977), Tübingen (SCHNEIDER 1938), Aalen (SCHNEIDER 1938), Sparwiesen (K. FREYTAG), Raum Schwäbisch Gmünd/Wißgoldingen (KUNKEL nach WERFER 1813).
Schwäbische Alb: Blaubeuren (SCHNEIDER 1938)
Alpenvorland: Konstanz (LEINER 1827), »auch im Oberland« (KELLER & HOFFMANN 1861), ehemaliges Oberamt Ulm (LAMPERT 1897) (diese beiden Angaben sind im Kartenbild nicht darstellbar).

Als wenig brauchbar und aus heutiger Sicht problematisch muß die alte Angabe von REHMANN (1830) eingestuft werden, der die »Wermuth-

Phänologie

Imagines: Die Flugzeit dauert in der Oberrheinebene von Ende Juni (26.6.1954 Ettlingen, P. PEKARSKY; 30.6.1973 Rastatt, R. HERRMANN) bis Anfang August (5.8.1969 Kaiserstuhl, Badberg, R. HÄUSSER; 6.8.1962 Ettlingen, P. PE-

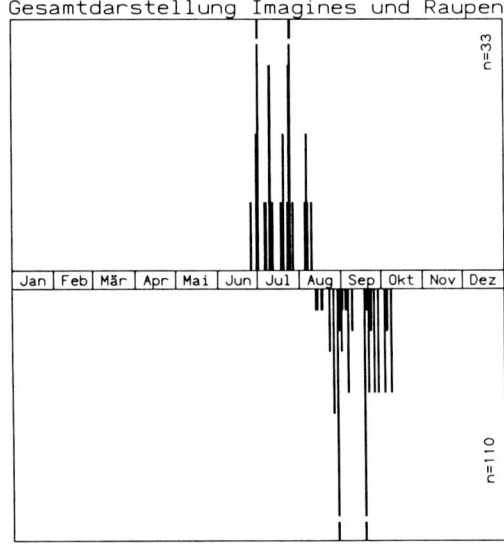

Cucullia artemisiae kommt vor allem in den wärmeren Landesteilen vor. Wie bei *C. absinthii* werden die Falter im Freiland seltener gefunden als die Raupen. – Graben (ex larva-Zucht) 9.7.92 H. LUSSI. S.

KARSKY; 7.8.1948 Kaiserstuhl, Badberg, A. FRITZ/L. SETTELE); ein schwaches Maximum läßt sich in der zweiten Julihälfte ausmachen. Die beiden einzigen Freiland-Falterfunde aus dem Neckar-Tauberland stammen vom 23.7. (1955 Birkenfeld, R. HÄUSSER) und vom 10.8. (1966 Pforzheim, Enzrücken, R. HÄUSSER).

Präimaginalstadien: Die Raupenfunde fallen in den Zeitraum zwischen Ende Juli (SCHÄFER 1980b) und Anfang Oktober (8.10.1923, Kaiserstuhl, E. BROMBACHER) mit dem Maximum der Meldungen im August/September. Erwachsene Raupen wurden ab Mitte August gemeldet (14.8.1987, Sparwiesen, K. FREYTAG). Das Überwinterungsstadium ist die Puppe, die zuweilen überliegt.

Ökologie

Lebensraum: *Cucullia artemisiae* teilt ihren Lebensraum weitgehend mit *Cucullia absinthii* und besiedelt wie diese die Standorte des Gewöhnlichen Beifußes, also Ruderal- und Brachflächen im weitesten Sinne. In gleichem Maße ist sie aber auch am Feldbeifuß anzutreffen und bewohnt daher vielfach stärker xerotherme Biotope als *C. absinthii*, wie z.B. lückige Magerrasen und sonnenexponierte Böschungen, Rutschungen und Dünengelände (so etwa die Sandmagerrasen bei Sandhausen). Die bodenständigen Vorkommen (Oberrheinebene) liegen auf alluvialen Böden (Sand, Kies, Schotter) oder Löß und in Gebieten mit über 8°C mittlerer Jahrestemperatur.

Nahrung der Raupe:
Artemisia vulgaris – Gewöhnlicher Beifuß
    5 L (BAR, BIE, EBE, FRY, GRE, HEI, HER, SCÄ, STN)
Artemisia campestris – Feld-Beifuß
    5 L (BAR, BLÄ, GAU, GRE, LIE, LUS, SCC, SET, STN)
Artemisia spec. – Beifuß
    L (GRO)

Während der Gewöhnliche Beifuß wie bei der verwandten *Cucullia absinthii* durch zahlreiche Raupenfunde belegt ist, unterscheiden sich die Präferenzen beider Arten bezüglich der übrigen Beifußarten deutlich. Der Feldbeifuß, der für *C. absinthii* fast bedeutungslos ist, hat für *C. artemisiae* praktisch den gleichen hohen Stellenwert wie der Gewöhnliche Beifuß, was auch aus anderen Gebieten belegt ist (BERGMANN 1954). Dagegen ist *Cucullia artemisiae*, ganz im Gegensatz zu *C. absinthii*, in Baden-Württemberg noch nicht auf Wermut gefunden worden. Sie kann aber auch daran vorkommen, wie Literaturangaben belegen (ALLAN 1949, BERGMANN 1954, HEINRICH & SPRINGBORN 1986, KOCH 1856, SEPPÄNEN 1970). Ferner wurde sie von *Artemisia abrotanum* (ALLAN 1949, KOCH 1856) und *A. maritima* (KASY 1965) gemeldet. Daß es darüber hinaus auch lokale Präferenzen gibt, deutete GREMMINGER (1952a) an; er fand »die Raupe ... bei Graben ... an *Artemisia vulgaris*, während am Mich[a]elsberg *Art. campestris* bevorzugt wird.« Solche Unterschiede dürften meist von der jeweiligen Verfügbarkeit von *A. campestris* abhängen. In Biotopen, wo beide *Artemisia*-Arten gemeinsam und in gleicher Häufigkeit vorkommen, scheint *A. campestris* bevorzugt zu werden; so fanden H. LUSSI und A. STEINER am 29.8.1994 auf Sandfluren bei Wiesental 14 Raupen an Feld- und nur 2 an Gewöhnlichem Beifuß. Bei der Zucht beobachtete D. BARTSCH, daß an *A. campestris* gefundene Raupen auch bei Futtermangel nicht an *A. vulgaris* gingen.

Die Raupen von *Cucullia artemisiae* ähneln farblich denen der beiden vorhergehenden Arten, unterscheiden sich aber durch die dorn- bis zapfenartigen Auswüchse auf jedem Segment. Sie leben am Gewöhnlichen Beifuß, in gleichem Maße (und viel häufiger als *C. absinthii*) aber auch am Feldbeifuß. Larvalhabitate sind unter *C. absinthii* und *C. tanaceti* abgebildet. – Karlsruhe-Nordwest 29.7.75 J. PARTENSCKY.

Noch stärker als bei *Cucullia absinthii* zeigt sich bei *Cucullia artemisiae* die Tendenz, zur Eiablage Pflanzen an xerothermen Standorten auszuwählen. Das dürfte zum Teil mit den Habitatansprüchen von *Artemisia campestris* zusammenhängen, zum Teil aber auch mit der niedrigeren Wuchsform, die den Raupen mehr Bodennähe und damit günstigeres Mikroklima sichert.
Habitat: Mit dem Gewöhnlichen Beifuß (zusammen mit *C. absinthii*) in den ruderalen Beifuß- und Distelgesellschaften (Artemisietea vulgaris), mit dem Feldbeifuß auch in wärmeliebenderen Gesellschaften verbreitet, die wohl meist den Halbtrockenrasen (Festuco-Brometea) und den Sandrasen (Sedo-Scleranthetea) angehören.
Nahrung des Falters: Keine Beobachtungen aus Baden-Württemberg.

Verhalten: Auch die Raupen von *C. artemisiae* leben frei an der Nahrungspflanze, wo sie bevorzugt die Blüten und Früchte fressen. Die Verpuppung erfolgt in einem Kokon am oder im Erdboden. Die nachtaktiven Imagines kommen gelegentlich ans Licht. BROMBACHER (1933–1935) berichtete, daß er tagsüber ruhende Falter »vereinzelt an Rebpfählen gefunden« habe.

Gefährdung und Schutz

Rote Liste Bundesrepublik: V
Rote Liste Baden-Württemberg: V

Oberrheinebene: Art der Vorwarnliste.
Schwarzwald: Nicht vertreten.
Neckar-Tauberland: Art der Vorwarnliste.
Schwäbische Alb: Nicht sicher nachgewiesen (kritischer Einzelfund).
Oberschwaben: Nicht sicher nachgewiesen (kritische Einzelfunde).

- In Baden-Württemberg eine Art der Vorwarnliste.
  Besonders geschützt gemäß § 20 e ff. BNatSchG.

Für *Cucullia artemisiae* gelten die gleichen Aussagen wie für *C. absinthii*. Obwohl sie ebenfalls in die Vorwarnliste eingestuft wird, ist sie wahrscheinlich geringfügig stärker bedroht, denn neben Ruderalstandorten nutzt sie auch potentiell gefährdete Habitate wie Sand- und Halbtrockenrasen mit *Artemisia campestris*.

Cucullia praecana
Eversmann, 1843

Gesamtverbreitung: Eine eurosibirische Steppenart, die in einem schmalen streifenförmigen Areal von der nördlichen Steppenzone Westsibiriens bis nach Europa vorstößt, wo sie in Rußland, Litauen, dem südlichen Lettland, im nördlichsten Polen (ehemal. Pommern, Ost- und Westpreußen), Südschweden und Dänemark gefunden wird. Eine Unterart (ssp. *defecta* STAUDINGER, 1897) kommt im Altai, der Mongolei und Transbaikalien (Apfelgebirge) vor.

Cucullia praecana gehört nicht zur Fauna Baden-Württembergs. Die Art wurde von REZBANYAI (1979) nach Exemplaren der Sammlung A. HOFFMANN (in coll. Naturhistorisches Museum Olten) vom Kaiserstuhl gemeldet. Bei einer Überprüfung der Belege stellte sich heraus, daß es sich um fehlbestimmte *Cucullia dracunculi* handelte (REZBANYAI-RESER 1989 in litt.).

Cucullia xeranthemi
Boisduval, 1840

Dunkelgrauer Goldaster-Mönch

Gesamtverbreitung: In Europa lokal von Nordspanien über Südfrankreich und Italien bis in die Balkanländer, südlich bis Griechenland und in die europäische Türkei, nördlich bis Niederösterreich[1], Slowenien, Ungarn und Rumänien und weiter ostwärts nach Südrußland, angeblich bis Westturkestan und Westsibirien verbreitet. Nördlich vom Hauptareal existieren disjunkte Reliktvorkommen in der Südschweiz (Wallis) und in West- und Süddeutschland (Mittelrhein, Ahr, Mosel, Nahe, Kaiserstuhl, Regensburg).

Subspezifischer Kontext: Die Populationen des Mittelrheingebiets wurden als ssp. *kuennerti* LEDERER, 1961 beschrieben, fallen aber insgesamt in die Variabilitätsbreite der Art, so daß diese Subspezies heute als Synonym aufgefaßt wird, ebenso wie die aus der Ostpaläarktis beschriebene ssp. *atrocaerulea* ČETVERIKOV, 1925 (RONKAY & RONKAY 1994).

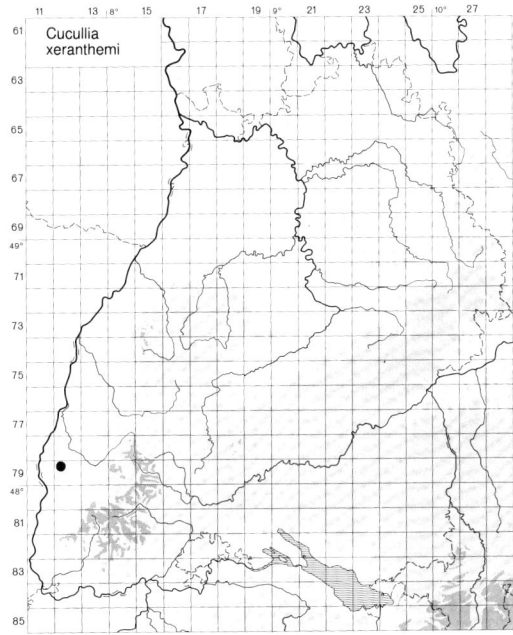

Verbreitung

Regional: In Baden-Württemberg kommt *Cucullia xeranthemi* ausschließlich in einer lokalen, vom Hauptareal separierten Reliktpopulation im Kaiserstuhl vor. Hier wurde sie sehr spät, nämlich erst 1953, entdeckt (FRITZ 1954)[2]. Sie besiedelt nach heutiger Kenntnis nur die wenigen noch existenten Trockenrasenhänge des Zentral-Kaiserstuhls, also ein sehr kleines Areal.

Eine unsichere Angabe von Ulm-Lautern geht auf den Gewährsmann HEINL zurück und beruht deshalb mit sehr hoher Wahrscheinlichkeit auf Fehletikettierung oder Determinationsfehler (»Ulm-Lautern [HEINL] [?]«, SCHNEIDER 1931, »Angeblich bei Ulm-Lautern. Belegstück fehlt«, SCHNEIDER 1938)[3].

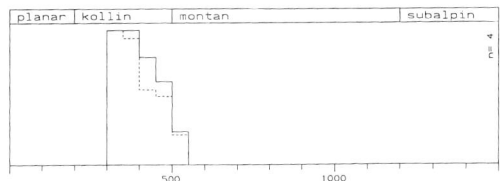

Vertikal: Alle Fundstellen befinden sich in der kollinen Stufe zwischen 310 und 520 m.

Phänologie

Imagines: Die Falter kommen ungern ans Licht und werden deshalb selten gefunden, während die Raupen oft in Anzahl gesammelt wurden. Nach Eliminierung aller unsicheren Angaben (Zuchtfalter und vermutliche – nicht ausreichend etikettierte – Zuchtfalter) bleiben nur vier (!) gesicherte Freiland-Falterfunde übrig. 1. Gen.: 26.5.1989 (AG FREIBURG), 30.5.1968 (H. RIETZ), 2. Gen.: 16.8.1991 (AG FREIBURG), 17.8.1965 (G. EBERT). Die Schlupfdaten in der Zucht liegen zwischen Anfang Mai und Anfang Juni sowie zwischen Mitte Juli und Anfang September; sie können nur mit Vorbehalt auf Freilandverhältnisse übertragen werden. Mit Zuchtdaten vermengt (oder gar überwiegend auf solchen beruhend) sind sicherlich auch die Flugzeitangaben aus angrenzenden Gebieten: Rheinland 25.4.–18.8. (STAMM 1981), Nahetal 10.5.–24.8. (KRAUS 1993), Wallis 4–5, 7–9 (RAPPAZ 1979), 5–6, 8–9 (VORBRODT 1911). Obwohl KRAUS und STAMM keine Generationentrennung angaben, ist bei einer derart langen Flugzeit wohl auch in Mitteleuropa mit zwei Generationen zu rechnen, deren Abgrenzung bei Einschluß von

---

[1] Nach der Artenliste von NOWACKI (1991) soll die Art vor 1950 auch in Polen gefunden worden sein.
[2] Es wäre nicht ausgeschlossen, daß die irrige Meldung von *Cucullia fraudatrix* vom Kaiserstuhl (REUTTI 1898) auf *C. xeranthemi* zurückgeht, wie A. GREMMINGER vermutet hat.
[3] Vergleiche dazu die Erläuterungen unter *Xanthia sulphurago*.

Zuchtdaten allerdings Schwierigkeiten bereitet. Hätten wir es nur mit einer einzigen, lang ausgedehnten Generation zu tun, wie noch FORSTER (1971) und KOCH (1984) vermuteten, dann müßte sich die Juni/Juli-Lücke noch füllen lassen (was angesichts der niedrigen Datenbasis nicht ausgeschlossen scheint), aber die deutliche Konzentration der Raupen im September legt nahe, sie als Nachkommen einer kurz zuvor aufgetretenen Augustgeneration aufzufassen.

Präimaginalstadien: Viel reichlicher als Falterfunde liegen Raupenfunde vor. Vor allem die Herbstraupen sind zwischen Ende August und Anfang Oktober zum Teil nicht selten nachgewiesen worden (28.8.1987, 1 Raupe; 4.10.1991, noch gegen 30 Raupen, beides AG FREIBURG). Zumindest zwei Juli-Nachweise repräsentieren sicher Raupen der 2. Gen. (= Nachkommen der 1. Gen.): 15.7.1954, 1 bereits erwachsene Raupe (FRITZ 1954); 25.7.1975, 1 Raupe (K. FREYTAG). Etwas unsicher in ihrer Zuordnung bleiben zwei Funde Anfang und Mitte August, die vielleicht auch schon zu den Nachkommen der 2. Generation zu rechnen sind (7.8.1987, 5 Raupen; 18.8.1989, 2 Raupen, beides AG FREIBURG). Daß die Raupen der 2. Gen. so stark unterrepräsentiert sind, dürfte vor allem mit den Suchgewohnheiten der Entomologen zu tun haben: im Juli wird vor allem Lichtfang betrieben und erst im Herbst mehr Raupensuche; in dieser Jahreszeit findet man auf derselben Nahrungspflanze auch *C. dracunculi*-Raupen. Möglicherweise sind die Generationen unterschiedlich häufig oder nicht in jedem Jahr gleich stark ausgeprägt. Die

Von *Cucullia xeranthemi* liegt aus Baden-Württemberg noch kein Foto eines lebenden Falters vor. Das ist nicht weiter verwunderlich, sind doch im Kaiserstuhl überhaupt erst vier Tiere im Falterstadium gefunden worden. Alle übrigen Nachweise entfallen auf die Raupen. – Italien, Toskana 11.5.93 A. STEINER. LF.

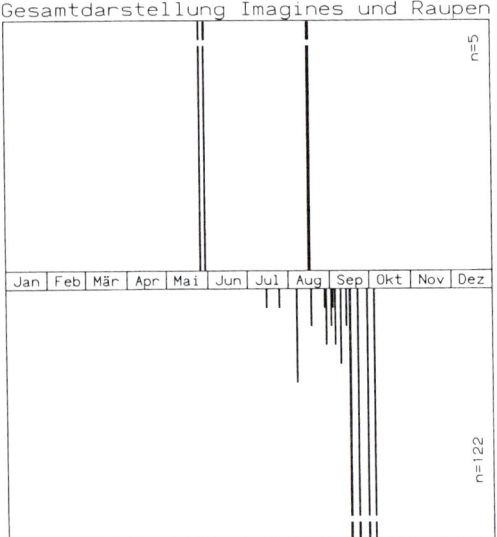

Abundanzverhältnisse und der Feind- bzw. Parasitoidendruck in den einzelnen Generationen lohnen auf jeden Fall tiefergehende Spezialuntersuchungen, auch in Hinblick auf die Gefährdungssituation der Art. Überwinterungsstadium ist die Puppe.

Ökologie

Lebensraum: *Cucullia xeranthemi* besiedelt sonnige Halb- und Volltrockenrasen und angrenzende Versaumungsstadien mit Beständen der Goldhaaraster an den Trockenhängen des zentralen Kaiserstuhls. Klimatisch befindet sich das Vorkommen im Bereich mittlerer Jahrestemperaturen von über 9°C und mittlerer Jahresniederschläge von 600–800 mm. Diese Standorte gehören in Deutschland zu den wärmsten Lokalitäten.

Die schlanke Raupe ruht tagsüber, wie schon ihre grüne bis rotbraune Färbung verrät, an den gleichfarbigen Stengeln der Goldaster. – Kaiserstuhl 20.9.93 A. BECK.

Nahrung der Raupe:
Aster linosyris – Gold-Aster
   5 L (BCK, FRY, FRZ, HER, LUS, NOP, SCL, STN)

Sämtliche Raupenbeobachtungen aus unserem Gebiet stammen von der Gold- oder Goldhaaraster. Weitere Nahrungspflanzen dürfte die Art bei uns nicht haben, obwohl theoretisch andere *Aster*-Arten in Frage kämen. Im Nahetal soll die Raupe auch an *Artemisia campestris* gefunden worden sein (KRAUS 1993). Ob es sich dabei um eine echte Fraßbeobachtung oder nur um einen Sitzplatz der Raupe gehandelt hat, wurde leider nicht mitgeteilt. In Südeuropa ist die Raupe von anderen Aster-Arten (*Aster acris*) sowie von *Xeranthemum* angegeben worden (LHOMME 1923–1935). Ob es sich bei *Xeranthemum* (über das BOISDUVAL in der Originalbeschreibung leider kein weiteres Wort verlor) möglicherweise um eine Fehlbestimmung gehandelt hat, ist unklar. RONKAY & RONKAY (1994) erwähnten nur *Aster linosyris*. Die Raupen ernähren sich im Gegensatz zur blütenfressenden *C. dracunculi* von den Blättern.

Nahrung des Falters: Keine Angaben aus Baden-Württemberg.

In Baden-Württemberg kommen *Cucullia xeranthemi* und *Cucullia dracunculi* ausschließlich im zentralen Kaiserstuhl vor. Hier besiedeln sie die Goldasterbestände der Trockenrasenhänge. Im Herbst sind die Raupen mit denen von *Cucullia asteris* vergesellschaftet anzutreffen. – Kaiserstuhl 18.10.93 A. SCHNEIDER.

Habitat: *Aster-linosyris*-Bestände im Mesobromion und anschließenden Vesaumungsstadien (Geranion sanguinei), vermutlich auch im Xerobromion.

Verhalten: Die erwachsenen Raupen sind vor allem nachtaktiv. Die Jungraupen sitzen meist auf den Blattunterseiten. Erwachsene Tiere ruhen bei Tag eng an die Stengel geschmiegt, wobei ihnen ihre grüne bis grün-braunrote Tarnfärbung zustatten kommt. Befressene Pflanzen sind durch die abgefressenen Stengel zu erkennen. Die Verpuppung erfolgt in einem festen Erdkokon. Die Falter sind nachtaktiv, kommen aber selbst in ihren Habitaten kaum ans Licht. Die Behauptung von RONKAY & RONKAY (1994) »the moths are strongly attracted to artificial light« trifft auf die Population unseres Gebiets ganz und gar nicht zu.

Gefährdung und Schutz

Rote Liste Bundesrepublik: R
Rote Liste Baden-Württemberg: R

Oberrheinebene: Art mit geographischer Restriktion.
Schwarzwald: Nicht vertreten.
Neckar-Tauberland: Nicht vertreten.
Schwäbische Alb: Nicht vertreten.
Oberschwaben: Nicht vertreten.

- In Baden-Württemberg eine Art mit geographischer Restriktion!
  Besonders geschützt gemäß § 20 e ff. BNatSchG.

Der Dunkelgraue Goldaster-Mönch (*Cucullia xeranthemi*) bewohnt in Deutschland nur noch zwei disjunkte Reliktareale: das Mittelrhein-Ahr-Mosel-Nahe-Gebiet mit mehreren Fundorten, sowie das winzige Areal im inneren Kaiserstuhl, wo mehrere, räumlich eng benachbarte Standorte bekannt sind. Da diese Habitate fast ausschließlich in Naturschutzgebieten liegen, erscheint der Bestand der Art zur Zeit gesichert.

Den gigantischen Rebflur»bereinigungen« der siebziger Jahre sind im Kaiserstuhl mit Sicherheit auch Standorte von *C. xeranthemi* und *C. dracunculi* zum Opfer gefallen. Die auf die Erhaltung der Halbtrockenrasen-Biozönosen abgestimmte Pflegestrategie in den verbliebenen Relikthabitaten wird das weitere Vorkommen dieser Arten in Baden-Württemberg (hoffentlich) sichern.

Cucullia lactucae
([Denis & Schiffermüller], 1775)
Lattich-Mönch

Cucullia lactucae ESP. (REUTTI 1898, SPULER 1908–1910, LAMPERT 1907, REBEL 1910, ECKSTEIN 1920)

Gesamtverbreitung: In Europa vor allem in der gemäßigten Zone, südlich bis zu den Pyrenäen, den Südalpen und den Bergen Sloweniens, der Herzegowina und Bulgariens verbreitet. Nördlich stößt die Art bis Südfennoskandien vor. Die Meldungen von den Britischen Inseln beruhen vermutlich alle auf Irrtümern, auch einige mediterrane Angaben sind zweifelhaft (Spanien, Portugal, Mittelitalien sowie Libyen). In Asien bis nach Sibirien und in die Mongolei verbreitet; hier ist das Areal wegen Verwechslungen mit *Cucullia fraterna* BUTLER, 1878 noch unvollständig bekannt. Im europäischen Rußland fliegt ssp. *pustulata* EVERSMANN, 1842; die Populationen des Kaukasus und Altai sind eventuell auch als Subspezies aufzufassen (RONKAY & RONKAY 1994).

Verbreitung

Regional: In Baden-Württemberg zeigt *C. lactucae* eine zwar weite, aber in den meisten Gebieten lokale Verbreitung, wobei die ausgesprochenen Wärmegebiete (Oberrheinebene, Neckarbecken) fast oder ganz unbesiedelt bleiben. Einen Schwerpunkt bildet dagegen der Schwarzwald. Auch die Schwäbische Alb mit ihrem Vorland scheint gut

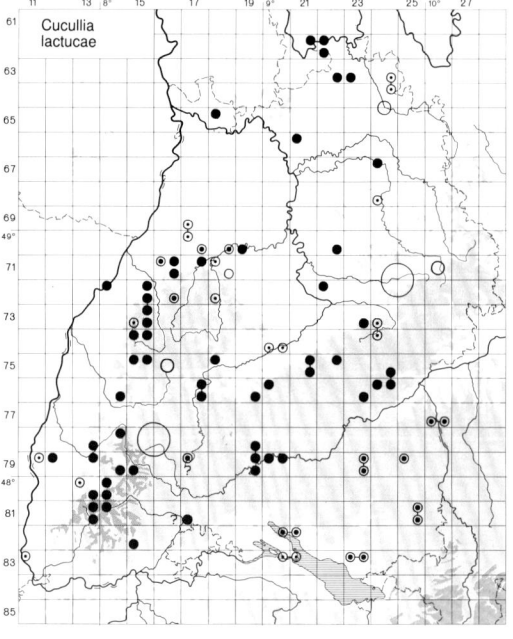

besetzt zu sein. Aus dem Alpenvorland liegen dagegen nur ältere Funde vor! Hier scheint sich ein Rückgang abzuzeichnen. Sporadische Meldungen stammen aus den in unser Gebiet reichenden Teilen von Odenwald und Spessart, wo die Art wahrscheinlich weiter verbreitet ist, ebenso wie dies mutmaßlich in einigen Bereichen des wenig bearbeiteten Keuperberglandes der Fall sein dürfte. Im Oberrheingraben sind nur Funde im Kaiserstuhlgebiet und bei Stollhofen bekannt.

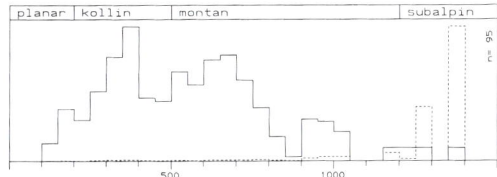

Vertikal: *Cucullia lactucae* ist sehr vereinzelt in der Ebene, viel stärker jedoch im Hügel- und Bergland vertreten. Sie kommt bis in die Gipfellagen des Schwarzwalds vor (Hornisgrinde, Mummelsee, Feldberg).

Phänologie

Imagines: Die im Verhältnis zu den Raupenfunden recht spärlichen Falternachweise lassen kein einheitliches Bild erkennen. Auf der Schwäbischen Alb dauert die Flugzeit von Ende Mai bis Anfang August (27.5.1964, Schelklingen, G. REICH; 2.8.1984 Zollerhalde bei Zimmern, M. MEIER), im Schwarzwald beginnen die Falter da-

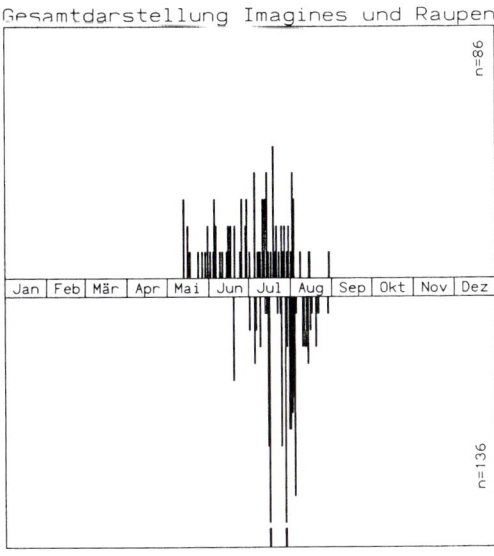

Der Lattichmönch (*Cucullia lactucae*) ist relativ breitflüglig und besitzt neben der schwarzen Wurzelstrieme dunkelgraue Querlinien auf grauem Grund. – Königheim, Haigergrund 13.6.92 A. BECHER.

gegen nicht vor Mitte Juni zu fliegen (14.6.1991, Hinterprechtal, Schweingrube, S. FREUNDT/P. PAUSCHERT). Ähnlich sieht die Verteilung im Neckar-Tauberland aus: hier liegt ein Einzelfund schon Ende Mai vor, doch scheint der normale Flugzeitbeginn erst im Juni zu liegen; das Ende wird bereits Ende Juli erreicht (24.5.1989, Königheim, Buschberg, A. BECHER/F. KIRSCH/J. STUMPF; 25.7.1984, Albeck bei Sulz, G. EBERT/J.-U. MEINEKE/B. TRAUB). In der Oberrheinebene fliegen die Tiere schon ab Mitte Mai (13.5.1966, Kaiserstuhl, Totenkopf, H. RIETZ) bis Anfang Juni; hierauf folgen noch vier Einzelfunde von Ende Juli bis Ende August (23.7. und 8.8.1982 Kaiserstuhl, Badberg, R. HERRMANN; 30.7.1932, bei Achkarren, E. BROMBACHER; 30.8.1994, Stollhofen, D. BARTSCH). Bei zwei dieser Tiere handelte es sich um frische Exemplare (Belege bzw. Belegfotos).

Präimaginalstadien: Am 13. und 14.7.1987, also auf dem Höhepunkt der Falterflugzeit, zählte J. ASAL ca. 100 Eier. Die Raupen werden häufig gefunden, doch sind leider viele Meldungen nicht mit genauem Datum belegt. Trotzdem zeichnet sich die Raupenzeit deutlich ab: einige frühe

Funde aus dem Kaiserstuhl datieren von Mitte Juni (19.6.1982, J. ASAL), doch beginnen die Beobachtungen in den meisten Jahren erst Anfang/Mitte Juli. Erwachsene Raupen wurden ab Ende Juli gemeldet (29.7.1992, A. WALTER) und sind dann den ganzen August hindurch zu finden. Die letzten Funde stammen von Anfang September (5.9.1986, F. LAIER). Die kuriose Angabe von LITZELMANN (1966a), daß die Raupen im Mai–Juni und die Falter im Juli–August gefunden würden, scheint auf einer Verwechslung von Larval- und Imaginalphänologie zu beruhen. Das Überwinterungsstadium ist die Puppe.

Ökologie

Lebensraum: *Cucullia lactucae* besiedelt halbschattige bis schattige, gelegentlich aber auch (vor allem in höheren Lagen) sonnige Hasenlattichbestände im Saumbereich, an Binnenrändern, auf Schlägen, in Staudenfluren, im Randbereich von Gebüschen, in Blockfluren, an Wegen und Böschungen in Laub-, Misch- und Nadelwäldern, im Schwarzwald besonders in Buchen-Tannenwäldern und Tannen-Fichtenwäldern auf Buntsandstein und Grundgestein, einmal auch in einem Garten (an Salat). Im Sandstein-Spessart handelt es sich oft um ostexponierte, halbschattige Hasenlattichstandorte mit Besonnung in den Morgenstunden (A. BECHER). Daneben kommt die Art aber auch – an anderen Latticharten – in ruderalen Unkrautfluren und ruderalisierten oder gestörten, offenen Stellen in und am Rande von Halbtrockenrasen, Weinberggelände, Steinbrüchen, Geröllhalden, Kiesgruben und Lesesteinhaufen sowie an warmen Wegrändern und Böschungen vor. Solche Standorte werden besonders im Muschelkalkgebiet, auf der Schwäbischen Alb und im Kaiserstuhl besiedelt.

Die Vorkommen in den Mittelgebirgen liegen überwiegend im Bereich mittlerer Jahrestemperaturen von unter 8°C, im Kaiserstuhl und in den wärmeren Bereichen der Neckar-Tauberlands aber bis über 9°C. Auch bezüglich der mittleren jährlichen Niederschläge bewohnt *C. lactucae* alle Bereiche von den Trockengebieten unter 600 mm bis in Schwarzwaldlagen über 1800 mm.

Nahrung der Raupe:
Mycelis muralis – Mauerlattich
  L (ASA, BAR, BEC, EBE)
Lactuca perennis – Blauer Lattich
  L (BEC)
Lactuca serriola – Wilder Lattich, Kompaßlattich, Stachellattich
  4 L (ASA, BEC, KIE, LIT)
Lactuca sativa – Kopfsalat, hier: Eichblatt-Salat
  L (ANS)
Lactuca spp. – Lattich
  3 L (ERB, MEI, SCC, SEZ)
Sonchus oleraceus – Gewöhnliche Gänsedistel
  L (BAR, EBE)
Sonchus spec. – Gänsedistel
  3 L (BEC, MRT, RAM)
Prenanthes purpurea – Hasenlattich
  5 E, L (ADL, ASA, BAI, BAR, BEC, BCK, BIH, BLÄ, EBE, FAL, FRY, GAU, GRE, HEI, KIE, LAI, LUS, MEI, PAR, RAK, RAZ, RNR, SCÄ, SCL, SCC, SET, STN, STT, URB, WAT)
Hieracium spec. – Habichtskraut
  3 L (ASA, GAU, SEZ)

Die mit Abstand am häufigsten gemeldete Nahrungspflanze ist der Hasenlattich (*Prenanthes purpurea*), an dem die Raupen, besonders im Mittelgebirgsbereich (Schwarzwald, Alb, Odenwald, Spessart), von zahlreichen Gewährsleuten gefunden wurden. Selbst ERNST URBAHN hat sie in seinen Heidelberger Studentenzeiten »stets an *Prenanthes*« festgestellt (URBAHN & URBAHN 1939). An etwas wärmeren Standorten des Hü-

Die bunte, unverwechselbar gefärbte Raupe lebt auf verschiedenen Latticharten. – Hornisgrinde 23.7.94 H. LUSSI.

Viele Schwarzwaldwanderer begegnen den Raupen von *Cucullia lactucae*, die tagsüber frei sitzen und oft weithin sichtbar sind. Im Schwarzwald ist die beliebteste Nahrungspflanze der Hasenlattich (*Prenanthes purpurea*). – Furtwangen 12.8.90 A. STEINER.

gellandes bevorzugt *Cucullia lactucae* im Offenland wachsende Latticharten, besonders den Wilden, Kompaß- oder Stachellattich (*Lactuca serriola*) (J. ASAL, A. BECHER, E. KIEFER, LITZELMANN 1966a[1]), der im Muschelkalkgebiet des Tauberlands die häufigste Nahrungspflanze ist (A. BECHER). E. KIEFER wies die Raupe im Raum Freudenstadt (Nordschwarzwald) nur ein einziges Mal am Wilden Lattich, aber zahlreich an Hasenlattich nach. J. ASAL, D. BARTSCH, A. BECHER und G. EBERT fanden Raupen je einmal am Mauerlattich (*Mycelis muralis*) bei Todtnau im Hochschwarzwald, im Tauberland und auf der südlichen Schwäbischen Alb. Im Wutachgebiet fotografierte G. EBERT eine Raupe an der Gewöhnlichen Gänsedistel (*Sonchus oleraceus*), eine weitere Meldung liegt von D. BARTSCH vor. Als einzige typische Gartenpflanze ist der Kopfsalat (*Lactuca sativa*) vertreten, an dessen Kulturform »Eichblattsalat« D. ANSTETT eine Raupe beobachten konnte. Schließlich wurden von mehreren Gewährsleuten »Lattich« oder »Latticharten« ohne genauere Angabe, von A. BECHER, E. MARTIN (nach SCHNEIDER 1938) und v. RAMIN »Gänsedistel« (*Sonchus*) sowie von J. ASAL, GAUCKLER (1909) und K. A. SEITZ (nach Kartei A. GREMMINGER) »Habichtskraut« (*Hieracium*) genannt. Wegen der erheblichen Bestimmungsschwierigkeiten bei gelb blühenden Korbblütlern empfiehlt es sich, solche Nahrungspflanzen von Botanikern überprüfen zu lassen.

Nahrung des Falters: Die einzige Meldung einer Nektarpflanze betrifft eine in einem Gärtnereibetrieb gepflanzte *Buddleja davidii* (H. BEYERLE nach SCHULTZ 1924 und SETTELE 1926a).

Habitat: Die Standorte des Hasenlattichs lassen sich verschiedenen Typen der Buchen- und Buchenmischwälder (Fagion), teils auch den Eichen-Birkenwäldern (Betulo-Quercetum petraeae/Quercion robori-petraeae) und den Tannen-Fichtenwäldern (Vaccinio-Abietenion) sowie deren Mantelgesellschaften und angrenzenden Gebüschen und Säumen zuordnen. Für die übrigen Raupennahrungspflanzen liegen keine genauen Angaben vor. Die Mauerlattichstandorte dürfen wir in schattigen, nitrophilen Stau-

---

[1] Trotz der abstrusen phänologischen Angaben dieses Autors möchten wir die Nahrungspflanze gelten lassen, da die Raupen kaum verwechselt werden können.

denfluren (Alliarion) vermuten (nach D. BARTSCH auch in Blutstorchschnabelsäumen), die des Kompaßlattichs in Ruderalgesellschaften (Sisymbrion). In vielen Gebieten außerhalb des Schwarzwalds sind die Standortansprüche und die Nahrungspräferenzen noch ungenügend bekannt.

Verhalten: J. ASAL fand die Eier an den Blattunterseiten von *Prenanthes*, meist einzeln, seltener in Gruppen bis zu 4 Stück, und zwar an Pflanzen, die noch nicht blühten. Die Raupen sitzen am Hasenlattich tagsüber frei an den Pflanzen und verzehren mit besonderer Vorliebe die Blütenknospen, Blüten und Früchte. Blätter werden gelegentlich gefressen, in größerem Maß meist erst dann, wenn die Blüten- bzw. Fruchtstände weitgehend abgeweidet sind. Am Stachellattich beobachtete A. BECHER, daß die Raupen (vielleicht als Hitzeschutz) oft unter den Blättern sitzen. Bei der auffallenden Raupenfärbung dürfte es sich um eine Warntracht handeln, doch liegen darüber noch keine Untersuchungen vor. Die Falter sind nachtaktiv und kommen gelegentlich ans Licht.

Gefährdung und Schutz

Rote Liste Bundesrepublik: V
Rote Liste Baden-Württemberg: V

Oberrheinebene: Art der Vorwarnliste.
Schwarzwald: Nicht gefährdet.
Neckar-Tauberland: Art der Vorwarnliste.
Schwäbische Alb: Art der Vorwarnliste.
Oberschwaben: Ausgestorben oder verschollen.

- In Baden-Württemberg eine Art der Vorwarnliste!
  Besonders geschützt gemäß § 20 e ff. BNatSchG.

Während *Cucullia lactucae* auf Ruderalstandorten wenig gefährdet ist, kann bei den Waldstandorten das Mähen der Wegränder während der Raupenzeit zu erheblichen Einbußen bis hin zu lokaler Ausrottung führen. In Schwerpunktgebieten wie dem Schwarzwald, wo durch die Verbreitungsdichte eine baldige Wiederbesiedlung gewährleistet ist, wirkt sich dies weniger gravierend aus als in den dünner besiedelten Regionen.

Das lokale Vorkommen der Art erweckt stets den Eindruck von Seltenheit, doch lassen sich in den meisten Gebieten keine echten Rückgangstendenzen ausmachen. Nur im Alpenvorland, wo *C. lactucae* von jeher nur sporadisch vorkam, muß die Art derzeit als ausgestorben oder verschollen geführt werden, da seit 1969 keine Funde mehr vorliegen. Es ist aber sehr wahrscheinlich, daß sie beispielsweise auf der Adelegg noch vorkommt, so daß dieser Gefährdungsgrad in Zukunft wohl revidiert werden muß. Wie bei den meisten Cucullien muß berücksichtigt werden, daß die Art durch Lichtfang nicht optimal nachweisbar ist.

Cucullia lucifuga
([Denis & Schiffermüller], 1775)
Kräuter-Mönch

Cucullia lucifuga HBN. (REUTTI 1898, SPULER 1908–1910, LAMPERT 1907, WARREN 1909–1914, REBEL 1910, ECKSTEIN 1920, HERING 1932, SCHNEIDER 1936–1939, BERGMANN 1954, KOCH 1958)

Gesamtverbreitung: In Europa vor allem in den mittleren Regionen und bevorzugt im Hügel- und Bergland verbreitet. Im Norden bis Mittelfrankreich, Ostbelgien und zum Nordrand der Mittelgebirge in Deutschland und Polen vorstoßend, den Flachlandbezirken aber überwiegend fehlend, dafür wieder in Süd- und Mittelfennoskandien verbreitet. Im Süden bis zu den Pyrenäen, den Südalpen und den Gebirgen der Balkanhalbinsel (ehemaliges Jugoslawien, Bulgarien, Rumänien) mit anscheinend isolierten Vorkommen in den mittel- und süditalienischen Gebirgen. In Asien quer durch die klimatisch gemäßigte Zone bis zu den Kurilen und nach Japan, südlich bis Armenien und Tibet.

Verbreitung

Regional: In Baden-Württemberg ist die Art nur lokal, jedoch mit einigen auffallenden Häufungen, nachgewiesen worden. Ein solcher Schwerpunkt liegt im Bereich Obere Gäue-Schönbuch-Rammert-Mittleres Albvorland, eine Reihe weiterer Fundpunkte schließt sich auf der Mittleren Kuppenalb an. Vereinzelte Nachweise entfallen auf die südwestliche Alb im Übergangsbereich zu Baar und Alb-Wutach-Gebiet und auf den südlichen Schwarzwald. Abgesehen von einem neueren Fund im Wollenbachtal bei Wollenberg im Kraichgau (K. W. JAEGER) liegen aus den Tieflandgebieten vom Kaiserstuhl im Süden bis zur Bergstraße im Norden nur alte Fundmeldungen bzw. Belegstücke vor. Die Art scheint aktuell nur in den südlichen, montanen Landesteilen noch gut vertreten zu sein.

Wie *Cucullia lactucae* dürfte auch *C. lucifuga* aufgrund von Bestimmungsschwierigkeiten und Verwechslungen mit ähnlichen Arten (*C. umbra-*

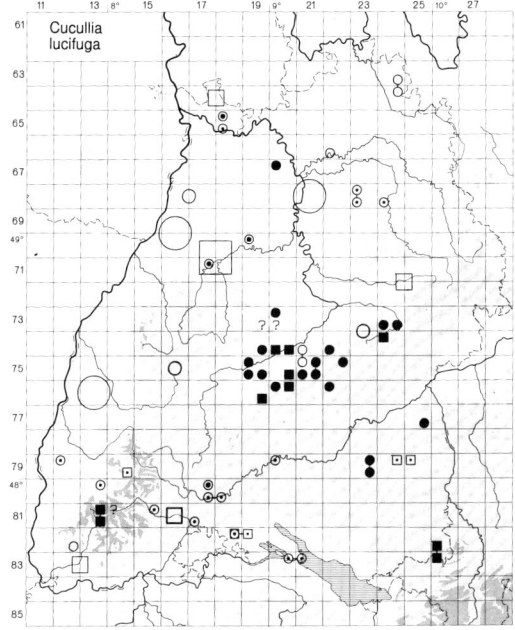

tica, C. lactucae) in den Meldungen unterrepräsentiert sein. Ob etwa die Fundorthäufung am mittleren Neckar einen echten Verbreitungsschwerpunkt darstellt oder nur die Aufmerksamkeit der dort tätigen Mitarbeiter widerspiegelt, bleibt offen. Im Raum Tübingen/Rottenburg wurde die Art in einzelnen Jahren sogar etwas häufiger als *C. umbratica* am Licht festgestellt (MEIER & STEINER 1985, J.-U. MEINEKE).

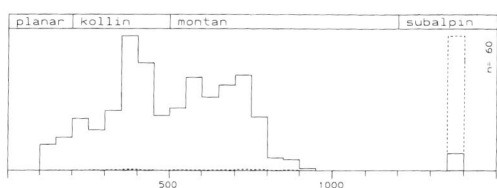

Vertikal: Die Art wurde zwischen 100 m und 900 m, am Feldberg sogar noch bei 1350 m festgestellt und kommt schwerpunktmäßig im Hügel- und unteren Bergland vor.

Phänologie

Imagines: *Cucullia lucifuga* bringt bei uns anscheinend in allen Gebieten zwei Generationen hervor, wenn auch die Einzelheiten hier noch der Klärung bedürfen. Nach Beobachtungen bei einer Eizucht mit einem Mai-Weibchen schlüpften einige Falter noch im Hochsommer des gleichen Jahres, während die Mehrzahl als Puppe überwinterte, einzelne Puppen auch zweimal (A. GEMMINGER). Die 1. Gen. setzt sich also teils aus direkten Nachkommen der ersten Generation des Vorjahrs und teils aus Nachkommen der zweiten Generation des Vorjahrs und zu einem geringeren Prozentsatz aus mehrmals überwinterten Puppen der vorvergangenen Jahre zusammen.

Dem entsprechen die Freilandbeobachtungen: Im Diagramm lassen sich zwei schwer zu trennende Generationen von Mitte April bis etwa Anfang Juni und von etwa Ende Juni bis in den September hinein erkennen, wobei die Zuordnung der Junifalter nicht eindeutig ist. Meldungen mit Angabe des Erhaltungszustands wären hier hilfreich. Diese Flugzeit bezieht sich auf die datenreichste Region, das Neckar-Tauberland. Hier läßt sich ein Überwiegen der 1. Gen. feststellen: das quantitative Verhältnis 1. Gen.:2. Gen. entspricht etwa 2:1. Gerade umgekehrt stellt sich die Situation im Alpenvorland dar, die zu einem großen Teil auf Daten aus dem Raum Isny (Coll. M. SCHLUSCHE) beruht. Wenigen Mai- und Junifunden stehen hier zahlreiche August- und Septemberdaten gegenüber. Auf der Schwäbischen Alb läßt sich gegenüber dem Neckarland eine Verzögerung feststellen: hier liegen die Nachweise zwischen Mitte Mai und Mitte August[1] mit einer Lücke im Juni. Die wenigen Schwarzwaldfunde datieren zwischen Mitte Mai und Anfang August. Aus der Rheinebene liegen

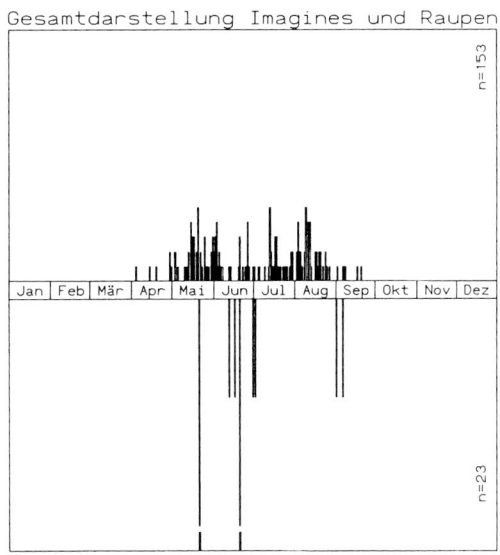

---
[1] Vielleicht bis Mitte September – vergleiche Fußnote zur Phänologie von *C. umbratica*!

Cucullia lucifuga gehört zu den schwierig bestimmbaren »grauen Mönchen«. Von *C. umbratica* unterscheidet sie sich durch das Fehlen des hellockerbraunen Flecks im Mittelfeld. Im Vergleich mit *C. lactucae* sind die Flügel etwas schmaler und die Querlinien nicht so deutlich, dafür sind mehr schwarze Striche zwischen den Adern im Saumfeld vorhanden. Vor allem zieht sich bei *C. lucifuga* ein schwärzlicher Rückenstreifen vom Thorax über die Hinterleibs-Haarschöpfe, der bei den anderen Arten fehlt. – Kirchentellinsfurt 19.8.77 A. STEINER. M.

wenige (alte) Meldungen von Ende April, Mai und Juli vor. Die frühesten Funde überhaupt stammen beide aus dem heißen Jahr 1976: 4.4.1976, Todtnau-Schlechtnau (J. ASAL) und 14.4.1976, Tübingen-Neuhalde (M. MEIER).

Präimaginalstadien: Die Raupen sind früher häufiger gefunden worden als heute; sie wurden von mehreren Autoren gemeldet (BROMBACHER 1933–1935, GAUCKLER 1909) und sind durch viele gezüchtete Sammlungsexemplare repräsentiert. Nur 8 Meldungen sind durch genaue Daten belegt: In dem warmen Jahr 1976 wurden 13 Raupen bereits am 21.5. gefunden (Deggingen, A. WALTER), die übrigen Nachweise der Nachkommen der 1. Gen. streuen zwischen dem 12.6. (1921, Kaiserstuhl, bereits fast erwachsene Raupe, O. SCHRÖDER nach Kartei A. GREMMINGER) und dem 2.7. (1983, Rottenburg-Hemmendorf, noch junge, aber parasitierte Raupe, M. MEIER/A. STEINER). Fünf Nachweise liegen von Nachkommen der Hochsommergeneration vor: 12.8.1992 (Burgrieden, F. HAUFF), 21.8.1988 (Südbaden, I. HEGAR), 1.9.1932 (Heilbronn, ERB nach SCHNEIDER 1937–1940), 9.9.1982 (Altdorf, W. SCHUBERT) und 27.10.1991 (Isny-Blockwiesen, M. GOLDSCHALT). Das Überwinterungsstadium ist die Puppe.

Ökologie

Lebensraum: Meist frische bis feuchte, manchmal auch trockene Stellen in sonnigen Säumen und Staudenfluren, in Mähwiesen (Glatthaferwiesen), auf extensiv genutzten Weiden, in Ruderalfluren, an Straßen- und Wegrändern, an Bahndämmen, an Uferböschungen, in nicht zu trockenen Kiesgruben, Schutthalden und Brachen. Die Falter werden auch in Garten- und Parkgelände am Licht beobachtet. Trotz einer ganzen Anzahl von Raupenfunden sind die Habitate in Baden-Württemberg noch wenig bekannt.

Nahrung der Raupe:
? *Daucus carota* – Möhre
  L (GAU)
Achillea millefolium – Gewöhnliche Schafgarbe
  L (MER, STN)
Tussilago farfara – Huflattich
  L (FRY)
Petasites paradoxus – Alpen-Pestwurz
  L (HEI)
Taraxacum spec. – Löwenzahn
  L (MRT)
? *Lactuca sativa* – »Salat«
  L (ERB)
Sonchus spec. – Gänsedistel
  L (BRM, GAU)
Prenanthes purpurea – Hasenlattich
  L (GAU, SCR)

Die Raupe lebt an verschiedenen Korbblütlern (Asteraceae). Sie ist im Vergleich zu *C. lactucae* stärker polyphag, etwa vergleichbar mit *C. umbratica*. Am Hasenlattich, der Hauptnahrungspflanze von *C. lactucae*, meldeten sie nur GAUCKLER (1909) und O. SCHRÖDER (nach Kartei A. GREMMINGER); neuere Beobachtungen liegen nicht vor. An der Gewöhnlichen Schafgarbe fanden M. MEIER/A. STEINER eine Raupe, am Huflattich K. FREYTAG und an der Alpen-Pestwurz H. HEIDEMANN. Ältere und von der Pflanzenbestimmung her vielleicht nicht absolut verläßliche Angaben existieren von Löwenzahn (E. MARTIN nach SCHNEIDER 1937–1940), Gänsedistel (BROMBACHER 1933–1935, GAUCKLER 1909) und »Salat« (ERB nach SCHNEIDER 1937–1940). Keine Angaben zur Nahrungsbiologie machte L. SETTELE, der die Raupen immer wieder im Freiland fand, aber hier wie auch bei allen anderen Arten seine umfangreichen Beobachtungen zur Nahrungsbiologie bedauerlicherweise für sich behalten hat (SETTELE 1972, 1973). Vielfach sind die erwachsenen Raupen auch auf der Suche nach einem Verpuppungsplatz umherlaufend gefunden worden.

Die von GAUCKLER (1909) angegebene Möhre (*Daucus*) fällt aus dem Asteraceen-Schema und ist deshalb vielleicht eine Falschmeldung (Fehlbestimmung von Pflanze oder Raupe oder lediglich Sitzplatz), eventuell auch nur bei REUTTI (1898) abgeschrieben, bei dessen Angaben zudem keine Sicherheit besteht, ob sie aus Baden-Württemberg stammen.

Die erwachsene Raupe erinnert auf den ersten Blick an eine Apollofalterraupe. Sie ist glänzend schwarz mit drei Reihen orangeroter Flecke. – Altdorf 9.9.82 W. SCHUBERT.

Die halberwachsene Raupe bietet mit dem Wechsel von samtschwarzen und weiß-gelben Längsstreifen schon einen bunten Anblick. Noch deutet nichts darauf hin, daß sich der Habitus im letzten Stadium noch einmal radikal ändern wird. – Burgrieden 12.8.92 F. HAUFF.

In der Literatur finden sich außerdem verschiedene weitere Asteraceen als Raupennahrung angegeben, so etwa *Tragopogon*, *Cirsium*, *Centaurea*, *Cichorium* und *Hieracium* (BERGMANN 1954, KOCH 1856, SEPPÄNEN 1970).

Nahrung des Falters: Die bislang einzige aus Baden-Württemberg nachgewiesene Nektarpflanze ist *Buddleja davidii* (H. BEYERLE nach SCHULTZ 1924 und SETTELE 1926a).

Habitat: Aus dem Untersuchungsgebiet noch ungenügend bekannt. M. MEIER und A. STEINER beobachteten die Raupe an einem Feldwegrand, der an ein trockenes Arrhenatheretum grenzte.

Verhalten: Die Raupen sind tagaktiv und mit auffallender (Warn?)Färbung ausgestattet. Sie zeigen wie die verwandten Arten eine Vorliebe für Blüten und Früchte, fressen aber auch die Blätter. Die Verpuppung erfolgt in einem Kokon am Erdboden. Die Falter sind gelegentlich bei Tage an Stämmchen und Pfosten, von BROMBACHER (1933–1935) auch an Telegrafenstangen ruhend gefunden worden. Nachts kommen sie gern ans Licht.

Gefährdung und Schutz

Rote Liste Bundesrepublik: 2
Rote Liste Baden-Württemberg: 2

Oberrheinebene: Ausgestorben oder verschollen.
Schwarzwald: Gefährdet.
Neckar-Tauberland: Art der Vorwarnliste (regional ausgestorben oder verschollen).
Schwäbische Alb: Art der Vorwarnliste.
Oberschwaben: Stark gefährdet.

- In Baden-Württemberg stark gefährdet! Besonders geschützt gemäß § 20 e ff. BNatSchG.

Den vorliegenden Fundmeldungen zufolge muß die Art früher wesentlich häufiger in Erscheinung getreten sein als heute. Dies ist auch in anderen Gebieten festgestellt worden (z. B. in Ostdeutschland: HEINICKE & NAUMANN 1980–1982). Wie der gegenwärtige Rückgang zu erklären ist, bleibt unklar. Er scheint nicht in allen Naturräumen gleich gravierend zu sein: die niedrigen Lagen wie etwa die Rheinebene sind besonders betroffen[2], das Bergland dagegen weniger. Überlagert werden diese Tendenzen noch von Determinationsproblemen (zumindest bei den Imagines), weswegen Chorologie und Abundanz in Baden-Württemberg noch nicht als endgültig geklärt gelten können.

Cucullia umbratica
(Linnaeus, 1758)

Schatten-Mönch

Gesamtverbreitung: Fast durch das gesamte Europa verbreitet, aber im Mittelmeergebiet den südlichsten Regionen fehlend bzw. nur in den Gebirgen vorkommend (Südspanien, Süditalien, Griechenland), nördlich bis zu den Orkney-Inseln und zum mittleren Fennoskandien verbreitet. In Asien von Vorderasien und dem Kaukasusgebiet bis nach Ostsibirien, Chinesisch Turkestan und zur Mongolei.

Verbreitung

Regional: *Cucullia umbratica* ist die als Falter am häufigsten nachgewiesene Art der Gattung. Sie ist aus allen Hauptnaturräumen des Landes bekannt und dürfte sich bei besserem Durchforschungsstand als – abgesehen von den Hochlagen und größeren Waldgebieten – nahezu flächendeckend verbreitet erweisen. Örtlich und jahr-

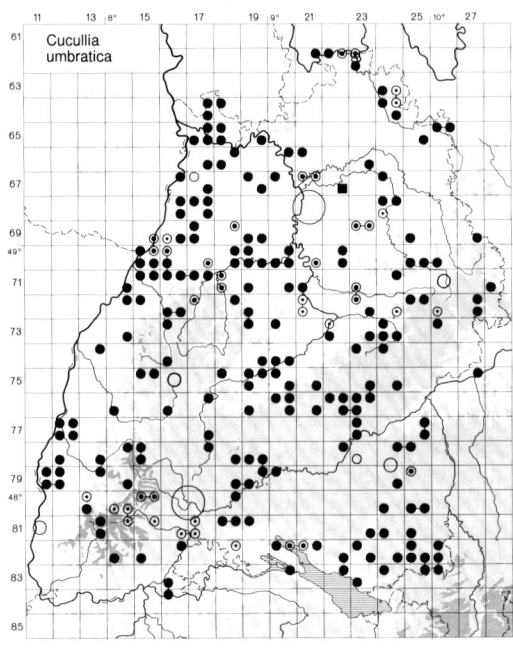

weise kann sie als Falter sehr häufig auftreten. So berichtet M. GOLDSCHALT von einem Massenvorkommen 1980 im Stadtgebiet von Riedlingen.

Vertikal: In allen Höhenstufen von der Ebene bis in die oberen montanen Lagen verbreitet, ohne daß sich ein Schwerpunkt erkennen ließe. Die höchsten Fundstellen befinden sich im Schwarzwald (1350 m, Feldberg, J. ASAL), und auch auf der Alb werden die Hochlagen erreicht (900–970 m, Kirchberg bei Bubsheim, E. BAUER/B. TRAUB).

Phänologie

Imagines: Noch ungeklärt ist die Frage, ob *C. umbratica* in Mitteleuropa nur eine, sehr langgestreckte Generation hervorbringt (BERGMANN 1954, HEINICKE & NAUMANN 1980–1982, KOCH 1958), oder ob wenigstens in wärmeren Gebieten und günstigen Jahren eine 2. Gen. zur Entwicklung kommt (FORSTER 1971), wie dies für Südeuropa allgemein angenommen wird (BERIO 1985, HACKER 1989).

---

[2] Die Möglichkeit, daß es sich bei manchen der alten Meldungen um Fehldeterminationen gehandelt hat, ist nicht immer auszuschließen, doch liegen auch sichere Belegstücke vor. Als Wanderfalter ist *C. lucifuga* nicht bekannt, so daß wir die Möglichkeit einer (ehemaligen) Zuwanderung in diese Gebiete ausschließen möchten.

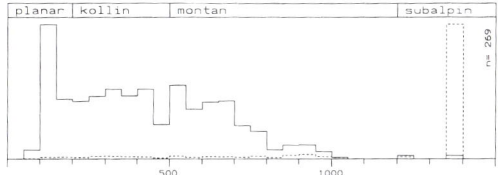

In der Oberrheinebene, im Neckar-Tauberland und auf der Schwäbischen Alb beginnt die Flugzeit normalerweise Mitte Mai und dauert bis Ende August, im Schwarzwald und im Alpenvorland liegt der Beginn erst um Anfang/Mitte Juni. Vereinzelt liegen wesentlich frühere Funde vor, so von der Bergstraße (12.4.1961, 30.4.1964, Weinheim, H. LIENIG), aus dem Kraichgau (28.4.1959, Sinsheim, M. SCHMITT), aus den Schwarzwaldrandlagen (17.5.1988, Baden-Baden, Stadtgebiet, E. KIEFER) und vom Bodensee (10.5.1954, Überlingen, E. COMMERELL nach Kartei A. GREMMINGER). Auf eine mögliche 2. Gen. deuten Meldungen aus der zweiten Augusthälfte hin, die vor allem aus dem Neckarland vorliegen. Leider fehlen durchweg Angaben zum Erhaltungszustand dieser Tiere. Besonders späte Nachweise aus dem September sind aus Oberschwaben bekannt (14.9.1964, Dürnachtal, G. REICH) sowie – mit einem gewissen Unsicherheitsfaktor – von der Schwäbischen Alb (12. und 13.9.1976, GATTER 1979)[1].

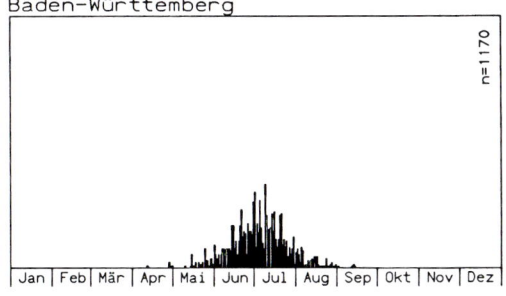

Cucullia umbratica ist diejenige unter den Mönchseulenarten, die am häufigsten im Falterstadium gefunden wird, denn sie entwickelt sich gern in Gärten. Die Falter zeichnen sich durch einen undeutlichen, ockerbraunen Fleck im Bereich der Nierenmakel aus, der bei beiden Geschlechtern vorhanden ist. – Kirchentellinsfurt 3.7.85 A. STEINER. LF.

Präimaginalstadien: Nur selten wird die nachtaktive, tarnfarbige Raupe gefunden. GAUCKLER (1909) gab als Raupenzeit August bis September an. V. RAMIN fand eine Raupe am 21.7.1973, H. LUSSI/A. STEINER 2 halberwachsene, aber parasitierte Raupen am 20.8.1992. Die Puppe überwintert und überliegt gelegentlich.

Ökologie

Lebensraum: Die Falter erscheinen beim Blütenbesuch und am Licht in fast allen Arten von Offenlandhabitaten, von warmen Halbtrockenrasen bis hin zu Niedermooren, ja selbst reinen Hochmoorflächen. Eine bedeutende Rolle scheinen dabei Siedlungsgebiete mit Gärten zu spie-

---

[1] GATTER führte in ihrer Lokalfauna der Schopflocher Alb lediglich *C. umbratica* und *C. campanulae* auf, obwohl von den Arten dieser Gruppe auch die bivoltine *C. lucifuga* in der näheren Umgebung nicht selten vorkommt. Es kann deshalb nicht ausgeschlossen werden, daß ihr *C. umbratica*-Flugzeitdiagramm auch fehldeterminierte *C. lucifuga* umfaßt, was sich sowohl im frühen als auch im späten Bereich des Diagramms (Mitte Mai, August/September) ausgewirkt haben könnte. Gerade aus dem Extremjahr 1976 mit seinem heißen Sommer, den GATTER für ihre »vermutlich zwei Generationen« verantwortlich macht, sind jedenfalls aus keiner anderen Gegend des Landes Septemberfalter von *C. umbratica* bekannt geworden.

len. Schon ROTH VON SCHRECKENSTEIN (1800) fand die Art »in Gärten hier und da«, und auch GAUCKLER (1909) meldete Raupenfunde ». . . vielfach in Gärten«. Der urbane Bereich wird offenbar von Raupen wie Imagines gern genutzt. Als Larvalhabitate dürften hier besonders ruderale und halbruderale Standorte in Frage kommen. Von größerer Bedeutung sind wahrscheinlich ferner Magerrasen und Glatthaferwiesen und deren Saumgesellschaften sowie Wegränder, Feldraine, Böschungen, Steinbrüche, Kies-, Schutt- und Felsfluren. Waldränder werden zwar von den Imagines beim Blütenbesuch aufgesucht, doch scheint die Art das Innere geschlossener Wälder zu meiden. Wie viele typische Offenlandarten konnte auch *C. umbratica* ihr Verbreitungsgebiet dank der Waldrodungen durch den Menschen seit der Jungsteinzeit stark erweitern.

Im ostpaläarktischen Teil ihres Areals wird *C. umbratica* als sehr lokale und individuenarme, stenöke Art ausgesprochen xerothermer Habitate beschrieben (RONKAY & RONKAY 1994). Im Zuge ihrer Ausbreitung nach Westen hat sie offensichtlich ökologische Adaptionen erworben, die ihr die Besiedlung eines breiteren Habitat- und Klimaspektrums ermöglichen.

Nahrung der Raupe:
Sonchus arvensis – Acker-Gänsedistel
L (MAR)
Sonchus spec. – Gänsedistel, »Milchdistel«
L (GAU, RAM)
Cichorium endivia – Endivie
L (GAU)
? *Lactuca sativa* – Salat
L (GAU)

Die wenigen aus Baden-Württemberg vorliegenden Nahrungsangaben beschränken sich auf eine kleine Auswahl von Asteraceen: GAUCKLER (1909) nannte »Salat« (wohl Kopfsalat), Endivie und »Milchdistel« (Gänsedistel), und an der letzteren fand auch v. RAMIN eine Raupe. Genauer ist die Meldung von T. MARKTANNER, der die Raupe an der Acker-Gänsedistel nachwies.

Damit ist das Nahrungsspektrum der Art jedoch nur knapp umrissen, denn es umfaßt noch eine ganze Reihe weiterer Korbblütler, darunter Arten der Gattungen *Cichorium, Hypochaeris, Leontodon, Taraxacum, Lactuca, Crepis* und *Hieracium*. Zumindest in der Zucht werden auch *Campanula* und *Senecio* akzeptiert (BERGMANN 1954, KOCH 1958). Weiterhin liegen Meldungen von *Galium verum* (Finnland, SEPPÄNEN 1970) und *Plantago lanceolata* (Deutschland, UFFELN 1908) vor.

Nahrung des Falters: Die Imagines werden oft in der Dämmerung und am Abend, besonders in Gärten, aber auch in blütenreichen Säumen und Staudenfluren, beim Blütenbesuch schwärmend beobachtet. Genaue Meldungen liegen vor von *Buddleja davidii* (H. BEYERLE nach SCHULTZ 1924 und SETTELE 1926a, A. STEINER), von *Lonicera* spec. (E. LANGER, V. RAMIN, G. REICH, H. HERRMANN 1976) bzw. *Lonicera caprifolium* (G. BARTH), von Pfingstnelke (M. DAUB), von *Silene vulgaris* (A. STEINER), von *Phlox paniculata* (G. EBERT, T. MARKTANNER) und von *Lilium martagon* (H. HERRMANN 1976). Künstlichen Köder fliegen die Tiere nur sehr selten an.

Habitat: Der einzige genau belegte Raupennachweis (2 Exemplare) gelang in einem felsigen, südexponierten, beweideten Mesobrometum auf der Schwäbischen Alb (H. LUSSI/A. STEINER). Dieser Fund markiert wohl das xerothermophile Extrem des Habitatspektrums, denn die Raupenentwicklung läuft normalerweise sicherlich mehr im mesophilen Bereich ab.

Verhalten: Daß die Raupen dieses häufigen Mönchs so selten gefunden bzw. gemeldet werden, liegt wohl an ihrer nächtlichen Aktivitätszeit. Raupen, die man tagsüber frei in der Vegetation sitzend findet, sind offenbar parasitiert und zeigen anomales Verhalten. Die Raupen müssen also tief in der Krautschicht oder nachts mit der Lampe gesucht werden. Bei der Abundanz der Falter gerade im Siedlungsraum sollten Nach-

Die Raupe von *Cucullia umbratica* lebt tagsüber in der Vegetation versteckt und kommt nur nachts zum Fressen hervor. Darin unterscheidet sie sich von den meisten anderen Arten der Gattung. Sie trägt eine braun und schwarz marmorierte Tarnfärbung; die Unterseite und die Beine sind schwarz, nur die Spitzen der Bauchfüße und Nachschieber weißlich. – Sontheim im Stubental 20.8.92 A. STEINER.

Cucullia campanulae
Freyer, 1831

Glockenblumen-Mönch

Gesamtverbreitung: Von Nordspanien und Westfrankreich vor allem durch die mittleren Länder Europas verbreitet, aber stets lokal und vor allem im Bergland vorkommend. Im Norden stößt sie höchstens bis zum Nordrand der Mittelgebirge (Harz, Sudeten, Tatra) vor[1]. Im Süden bilden die Pyrenäen, der Alpensüdrand, Slowenien und die Karpaten die Arealgrenze, außerdem existiert ein isoliertes Vorkommen in den mittel- und süditalienischen Gebirgen. Die Verbreitung in Asien ist unzureichend bekannt; sichere Vorkommen liegen im Ural und im Kaukasus, andere ältere Angaben betreffen vermutlich verwandte Arten.

Verbreitung

Regional: *Cucullia campanulae* ist eine montane Art, die in Baden-Württemberg nur auf der Schwäbischen Alb und im Schwarzwald sowie im Kaiserstuhlgebiet gefunden wurde. Für die Schwäbische Alb nannte SCHNEIDER (1938) als Fundorte Spaichingen, Geislingen, Gruibingen, Blaubeuren und Ulm. In neuerer Zeit ist nur ein einziger weiterer Fundort bekanntgeworden: 1979 zwei Falter in Schopfloch (GATTER 1979).

In der Dämmerung können die Falter an nachtblühenden Pflanzen wie *Phlox* und *Buddleja* beobachtet werden. Die meisten Cucullien besitzen lange Saugrüssel. Beim Blütenbesuch lassen sie sich zwar auf der Blüte nieder, unterbrechen aber ihre Flügelbewegung nicht. – Langenargen-Oberdorf 30.7.91 T. MARKTANNER.

weise, z. B. an Salat in Gärten, nicht allzu schwer zu erbringen sein.

Verhältnismäßig häufig können die ruhenden Falter tagsüber an Pfosten, Zaunlatten, kleinen Stämmchen, Stengeln von Stauden und ähnlichen Substraten, früher auch an (hölzernen) Leitungsmasten (LITZELMANN 1966a) und Telegraphenstangen (FUNK 1923) beobachtet werden. Nachts kommen sie gern ans Licht; gelegentlich sind an heißen Tagen auch tagaktive Tiere beobachtet worden.

Gefährdung und Schutz

Rote Liste Bundesrepublik: –
Rote Liste Baden-Württemberg: –

Oberrheinebene: Nicht gefährdet.
Schwarzwald: Nicht gefährdet.
Neckar-Tauberland: Nicht gefährdet.
Schwäbische Alb: Nicht gefährdet.
Oberschwaben: Nicht gefährdet.

- In Baden-Württemberg nicht gefährdet. Besonders geschützt gemäß § 20 e ff. BNatSchG.

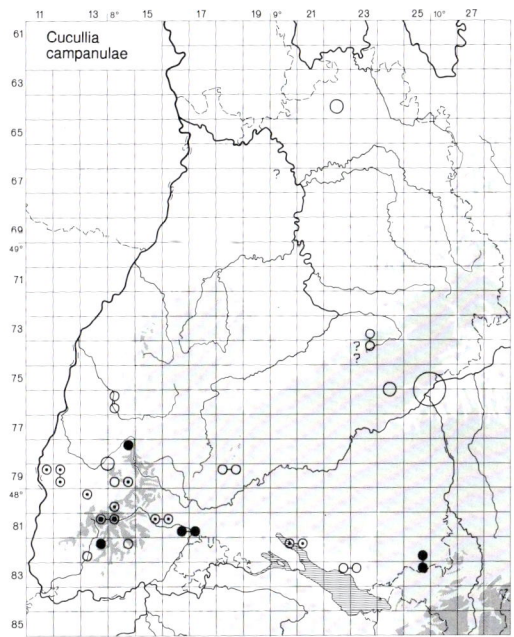

[1] Angebliche Einzelfunde in Nordpolen, bei Petersburg und in Weißrußland sind fraglich.

Etwas zahlreicher sind die Funde im südlichen Schwarzwald, doch stammen sie ebenfalls zum Großteil aus der ersten Jahrhunderthälfte. Als aktuell können nur die Funde aus dem Präger Becken im Hochschwarzwald (1987, J.-U. MEINEKE) und von Achdorf im Alb-Wutach-Gebiet (1976, H. HERRMANN) bezeichnet werden. Ohne sichere Belegstücke bleiben die Meldungen aus dem Kaiserstuhlgebiet. BROMBACHER (1933–1935) will einen Falter bei Wasenweiler an einem Lindenstamm sitzend und zwei parasitierte Raupen bei Achkarren an *Campanula rotundifolia* gefunden haben. SETTELE (1973) erwähnte knapp: »Wasenweiler zwei Raupen gefunden e.l. 30.6.48«. Aus dem Alpenvorland kennen wir nur einen einzigen Nachweis: ein frischer Falter wurde 1978 im Harprechtser Moos gefunden (J.-U. MEINEKE). Dieser Fund darf als Hinweis auf ein mögliches Vorkommen im Allgäuer Bergland, etwa auf der nahegelegenen Adelegg, aufgefaßt werden.

Die von SCHNEIDER (1938) als fraglich aufgeführten Fundorte Stuttgart und Friedrichshafen beruhen mit ziemlicher Sicherheit auf Fehlbestimmungen. Gleiches gilt für die Angabe von DIETZE (1919) aus Überlingen und von H. BEYERLE (nach SCHULTZ 1924) aus Konstanz, für die sich ebenfalls keine Belegstücke mehr auffinden ließen. Im Bodenseegebiet wäre allerdings ein gelegentliches Zuwandern einzelner Tiere aus den Alpen denkbar.

Aus Baden-Württemberg liegen nur wenige Beobachtungen der seltenen *Cucullia campanulae* vor. Sie ist eine Mittelgebirgsart, die im Schwarzwald und auf der Schwäbischen Alb gefunden wurde. Dieser Falter stammt aus den Alpen. Die Tiere sind breitflügeliger und haben einen stumpferen Apex als *C. umbratica* und *C. lucifuga*. Im Saumfeld sind zwei schwarze Striemen kräftig ausgebildet. – Allgäu, Hindelang (ex larva-Zucht) 96 K. FREYTAG.

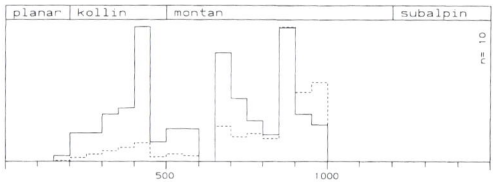

Vertikal: Die Höhenverbreitung umfaßt vor allem den montanen Bereich etwa zwischen 600 und über 900 m und erstreckt sich lediglich im Kaiserstuhlgebiet auch in die Hügelstufe von 200 bis 450 m.

Phänologie

Imagines: Die Falterfunde verteilen sich, soweit sie mit genauem Datum gemeldet wurden, auf den Zeitraum Anfang Mai (5.5.1923, Kaiserstuhl, H. HOMMEL nach SCHRÖDER 1924) bis Ende August (23.8.1978, Harprechtser Moos, J.-U. MEINEKE). SCHNEIDER (1938) gab an, daß die Falter »selten im VI gefunden« wurden.

Präimaginalstadien: Neben drei taggenauen Raupenfunden (21.7. und 22.7.1942, A. GREMMINGER, 25.7.1852, REUTTI 1853) liegen die Monatsangaben Mitte Juli (GREMMINGER 1950), »im August« (EPPELSHEIM nach REUTTI 1898) sowie »Mitte VIII. erwachsen« (SCHNEIDER 1938) vor. Die Puppe überwintert.

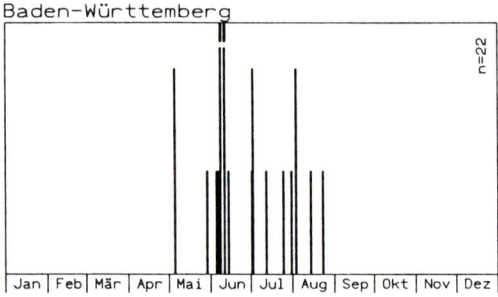

Ökologie

Lebensraum: Der Lebensraum in Baden-Württemberg ist bisher nur sehr unzureichend bekannt. Während EPPELSHEIM (nach REUTTI 1898) Raupen bei Zell »an der Friedhofsmauer« fand, haben die übrigen Beobachter keine Biotopangaben gemacht. In Frage kommen hier Standorte der Rundblättrigen Glockenblume, vermutlich sowohl in sonnigen, mageren Rasen- und Saumgesellschaften als auch halbschattig im Saum von Wäldern und auf Felsschutthängen und Böschungen. BERGMANN (1954) bescheinigte der Art eine Vorliebe für Standorte mit xerothermem Mikroklima.

Nahrung der Raupe:
Campanula rotundifolia – Rundblättrige Glockenblume
5 L (BRM, EPP, GRE, REU, SCC, SET)

Die schwarzgefleckte Raupe lebt an Glockenblumen. In Baden-Württemberg ist sie in den letzten Jahrzehnten nicht mehr gefunden worden. Das Larvalhabitat im bayerischen Allgäu sind felsige, trockene Glockenblumenstandorte. Vergleichbare Lebensräume existieren auch auf der Schwäbischen Alb und im Schwarzwald, wo erneut nach *Cucullia campanulae*-Raupen geforscht werden sollte. – Allgäu, Hindelang 7/8.95 K. FREYTAG.

Die einzige aus Baden-Württemberg gemeldete Nahrungspflanze ist die Rundblättrige Glockenblume. Wahrscheinlich kommen noch andere *Campanula*-Arten in Betracht, möglicherweise ist auch die Bestimmung nicht in allen Fällen ganz zuverlässig gewesen.
FREYER (1831–1833) hatte in der Artbeschreibung die »blaue Wiesen-*Campanula*, wahrscheinlich *Campanula rotundifolia*« genannt, und in den folgenden anderthalb Jahrhunderten zitierten die meisten Autoren von Handbüchern nur diese Art. VORBRODT (1911) gab auch *C. linifolia* an. J.-U. MEINEKE wies die Raupe im Wallis an *C. scheuchzeri* nach[2].

Nahrung des Falters: Ob sich die Beobachtung an *Buddleja davidii* in einem Gärtnereibetrieb in Konstanz (H. BEYERLE nach SCHULTZ 1924) wirklich auf *C. campanulae* bezog, bleibt höchst fraglich, denn SETTELE (1926a), der dieselbe Aufsammlung BEYERLES in einer ausführlicheren Liste präsentierte, erwähnte nur die Arten *C. lactucae*, *C. lucifuga* und *C. umbratica*. E. BROMBACHER will einen Falter am Schloßberg bei Freiburg an *Silene nutans* gefangen haben (SCHRÖDER 1924a).

Habitat: Mangels gut dokumentierter Raupenfunde lassen sich aus unserem Gebiet keine pflanzensoziologischen Aussagen machen.

Verhalten: Die Raupen leben normalerweise sehr versteckt und verkriechen sich tagsüber in der bodennahen Krautschicht oder an den unteren Stengelpartien der Nahrungspflanze, nur parasitierte Exemplare sitzen tagsüber frei sichtbar an der Pflanze.

Die Raupen fressen nach BERGMANN (1954) und anderen Quellen sowohl die Blüten und Früchte als auch die Blätter der Glockenblumen und verzehren selbst noch die Stengel, wodurch sie kein Zeichen ihrer Anwesenheit mehr hinterlassen sollen. D. BARTSCH berichtet dagegen über stehengelassene Stengel, die auf die Anwesenheit der am Boden versteckten Raupe hinwiesen (Pyrenäen). Zur Verpuppung wird ein Kokon im Erdboden angelegt. Die Falter sind nachtaktiv, kommen aber nur selten ans Licht und sind wohl ziemlich biotoptreu.

---

[2] Die völlig aus dem Rahmen fallende Angabe von KALTENBACH (1856) (»Hr. Ed. Richter entdeckte sie in demselben Monat [August] wiederholt auf Wermuth, doch waren die Falter von letzterer Pflanze etwas heller«) beruhte sicherlich auf einer Fehlbestimmung (wahrscheinlich Verwechslung mit *C. tanaceti*).

Gefährdung und Schutz

Rote Liste Bundesrepublik: 2
Rote Liste Baden-Württemberg: 2

Oberrheinebene: Ausgestorben oder verschollen (oder nicht vertreten)?
Schwarzwald: Stark gefährdet (Aussage nicht abgesichert).
Neckar-Tauberland: Nicht vertreten.
Schwäbische Alb: Stark gefährdet (Aussage nicht abgesichert).
Oberschwaben: Noch ungeklärt.

- In Baden-Württemberg stark gefährdet! Besonders geschützt gemäß § 20 e ff. BNatSchG.

Bei der schlechten Nachweisbarkeit der Art müssen die gegenwärtigen Aussagen zur Gefährdung als provisorisch angesehen werden. Da kaum neuere Nachweise vorliegen, sollte an den alten Fundstellen eine gezielte Suche (speziell nach den Raupen) durchgeführt werden, um konkretere Daten sowohl zur Biotopbindung als auch zur Bestandssituation insgesamt zu erhalten.

Cucullia chamomillae
([Denis & Schiffermüller], 1775)
Kamillen-Mönch

Gesamtverbreitung: In Europa kommt die Art nördlich bis Nordengland, Dänemark, Südschweden und Lettland vor. In Südeuropa war die Arealgrenze lange Zeit unklar, nachdem 1929 die ähnliche *Cucullia calendulae* TREITSCHKE, 1835 (früher *C. wredowi* COSTA, [1835]) als von den Kanaren bis zum Irak transmediterran verbreitete Art von *C. chamomillae* abgetrennt worden war. Alte Literaturangaben aus dem Mittelmeergebiet sind deshalb nicht sicher zuzuordnen. Inzwischen hat sich herausgestellt, daß *C. chamomillae* von Marokko, Algerien und Tunesien über Malta bis Kreta und Kleinasien (hier in der ssp. *hackeri* RONKAY & RONKAY, 1988) vorkommt. Weiter östlich ist sie im Ural, im Kaukasus und in Mittelasien (Tadschikistan) nachgewiesen.

Verbreitung

Regional: Der Kamillenmönch ist nur sehr lokal verbreitet, wurde aber mit Ausnahme des Schwarzwalds in allen Regionen Baden-Württembergs nachgewiesen. Wie bei den verwandten Arten wird die Imago wenig gefunden; Fundhäufungen gehen oft auf Suchstrategien einzelner

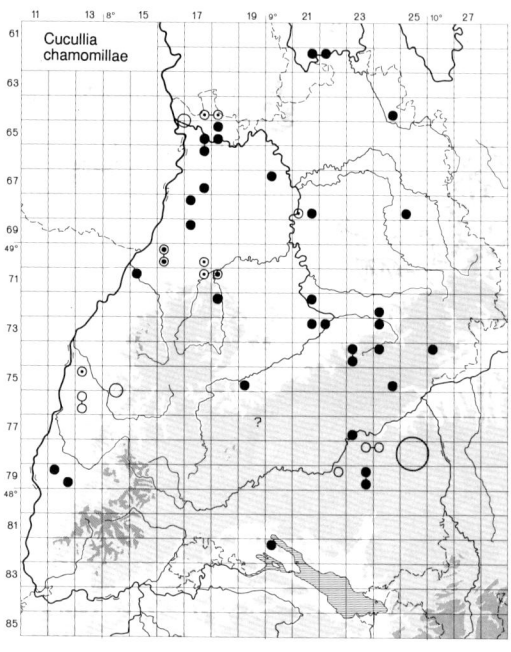

Mitarbeiter zurück, die sich auf die leichter zu findenden Präimaginalstadien konzentrieren. Man darf davon ausgehen, daß bei genauerer Kartierung noch weitere Fundorte festgestellt werden können.

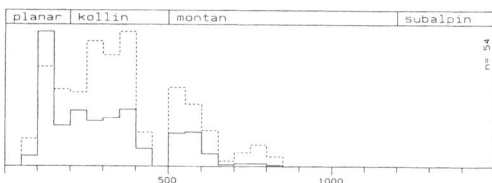

Vertikal: Besiedelt werden die Ebene, das Hügelland und die untere montane Stufe bis gegen 800 m (Schwäbische Alb, Schopfloch, GATTER 1979), wobei die Mehrzahl der Fundorte auf die planare und kolline Zone entfällt.

Phänologie

Imagines: *Cucullia chamomillae* ist bei uns die jahreszeitlich am frühesten fliegende Mönchseule[1]. In der Rheinebene liegen die Flugzeitdaten

---
[1] Die Arten der *Cucullia chamomillae*-Gruppe zeichnen sich durch sehr frühe Flugzeiten aus: *C. santolinae* RAMBUR, 1834 fliegt von Februar bis Mai, *C. hartigi* RONKAY & RONKAY, 1988 von Januar bis Mai, und *C. calendulae* von Oktober bis April.

Der Kamillenmönch (*Cucullia chamomillae*) fliegt bereits im April und Mai. Die Falter sind schmalflügelig und besitzen oft braune und dunkel- bis schwarzgraue Partien auf den Vorderflügeln. Die schwarzen Aderstriche setzen sich noch auf der inneren Hälfte der Fransenschuppen fort. – Neckarhausen (ex ovo-Zucht) 2.88 A. BECHER. S.

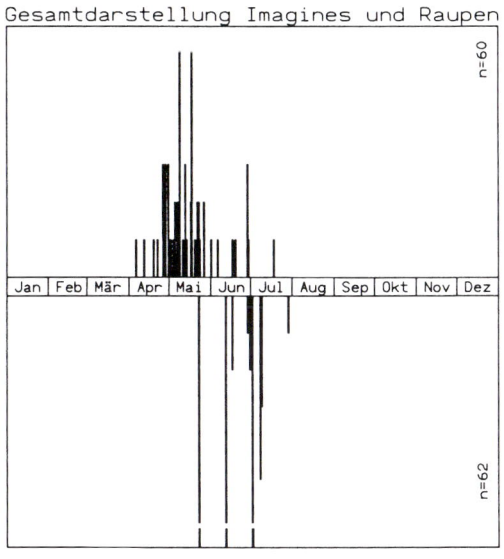

zwischen Anfang April und Mitte Juni (6.4.1961, Ettlingen, P. PEKARSKY; 19.6.1980, Heidelberg-Handschuhsheim, R. TRABOLD) mit einem schwachen Maximum Anfang Mai. Im Neckar-Tauberland erstrecken sich die Nachweise von Ende April bis Ende Juni (26.4.1987, Freudenberg, A. BECHER; 29.6.1933, Horkheim, coll. K. WANNER), ein später Einzelfund wurde noch vom 18. Juli gemeldet (1977, Wollenberg, K. W. JAEGER). Die wenigen Falterdaten von der Schwäbischen Alb liegen alle im Mai, die aus dem Alpenvorland zwischen Ende April und Mitte Mai.

Präimaginalstadien: Eifunde wurden von A. BECHER am 16.5.1992, 23.5.1990 und 27.5.1991 gemeldet. Erste, frisch geschlüpfte Räupchen wurden zusammen mit Eiern am 23.5. gefunden. Die weiteren Raupenfunde fallen überwiegend in den Zeitraum von Ende Juni bis Anfang Juli. Hier handelt es sich meist um erwachsene Raupen im vorletzten und letzten Stadium. In klimatisch ungünstigen Jahren oder in höheren Lagen kann sich die Raupenzeit aber bis in den August hineinziehen (29.7.1984 Bad Liebenzell, ZIPPERLE; 8.1976 Eislingen/Fils, A. WALTER). Die Puppe überwintert.

Ökologie

Lebensraum: Die Art bewohnt Kamillen- und Hundskamillenbestände in Ackerunkrautgesellschaften und auf Ruderalflächen, beispielsweise an und in Getreidefeldern, auf Brachäckern, an den Rändern und Randstreifen von Feldwegen, an Straßengräben und Böschungen, in Ruderalfluren, in Steinbrüchen und Kiesgruben, in Sied-

Die gelblichweißen Eier werden einzeln an Blättern abgelegt, hier an den dünnen Fiederblättchen der Acker-Hundskamille (*Anthemis arvensis*). – Freudenberg 27.5.91 A. BECHER.

lungs- und Industriebrachen, auf Gleisgelände und an Bahndämmen, auf uferbegleitenden Kiesbänken und auch an trockenen Hochwasser- bzw. Uferdämmen, so an Rhein und Neckar. Die Mehrzahl der heutigen *Cucullia chamomillae*-Biotope ist anthropogenen Ursprungs. Die Art reagiert sehr schnell auf vom Menschen durch Bautätigkeit oder Nutzungsaufgabe (Brachflächen) geschaffene Nischen. A. BECHER beobachtete an einer im Herbst neu angelegten Böschung, daß bereits im folgenden Mai eine Acker-Hundskamille an der Böschungskante mit Eiern belegt wurde, und daß die Art auf Stillegungsflächen bereits im ersten Jahr der Stillegung erscheint.

Nahrung der Raupe:
Anthemis arvensis – Acker-Hundskamille
    3 E, L (BEC, MRT)
Anthemis spec. – Hundskamille
    E, L (BLÄ, FRY)
Matricaria recutita – Echte Kamille
    L (SCC)
Matricaria perforata - Geruchlose Kamille
    4 L (BCK, BLÄ, BRT, KIE, SCL, SCC, SCH, STN, WLL)
Matricaria spec. – »Kamille«
    3 L (BRM, LAN, SET, ZIP)
Chrysanthemum vulgare – Rainfarn
    L (KIE)
»Gemeine Kamille«
    L (FRY)

Das Nahrungsspektrum umfaßt verschiedene Pflanzen aus der Kamillenverwandtschaft. Die am häufigsten festgestellte Art ist die Geruchlose Kamille (*Matricaria perforata*, früher *inodora*). Durch Ei- und Raupenfunde mehrmals belegt ist auch die Acker-Hundskamille (*Anthemis arvensis*) (A. BECHER, T. MARKTANNER). Darüber hinaus liegt ein Raupennachweis vom Rainfarn (*Chrysanthemum vulgare*) vor (E. KIEFER). Die Kamillen bieten dem Nicht-Botaniker gelegentlich Determinationsschwierigkeiten, so daß vor allem ältere Angaben von der Artbestimmung her nicht als absolut zuverlässig gelten können. SCHNEIDER (1938) nannte die Echte Kamille (*Matricaria recutita*), ferner liegen einige ungenaue Angaben vor (»Hundskamille«, »Kamille«, »Gemeine Kamille«).

Möglicherweise existieren lokale Präferenzen. So berichtet A. BECHER, daß im Tauberland trotz Klopfversuchen in Beständen der Echten Kamille nur Nachweise an Acker-Hundskamille gelangen.

In der Literatur finden sich verschiedene weitere Nahrungspflanzen, die sämtlich aus der Kamillenverwandtschaft, d. h. aus den Gattungen *Anthemis*, *Achillea*, *Matricaria* und *Chrysanthemum* stammen. Neben den aus Baden-Württemberg nachgewiesenen Arten sind dies die Stinkende Hundskamille (*Anthemis cotula*) (ALLAN 1949, LHOMME 1923–1935), die Edle Schafgarbe (*Achillea nobilis*) (ALLAN 1949, LHOMME 1923–1935), die Strahllose Kamille (*Matricaria discoidea*) (BERGMANN 1954), die Küstenkamille (*Matricaria maritima*) (BRETHERTON, GOATER & LORIMER 1983), die Margerite (*Chrysanthemum leucanthemum*) (SCHÜTZE nach MÖBIUS 1922) und die in Gärten gepflanzte Römische Kamille (*Chrysanthemum parthenium*) (ALLAN 1949).

Einige *Cucullia*-Arten sind als Raupe wesentlich variabler als im Falterstadium. Dies trifft besonders auf *Cucullia chamomillae* zu. Die hier gezeigten Formen decken nicht einmal die ganze Variationsbreite ab, denn es kommen auch ins Violette spielende Färbungen vor. – Graben-Neudorf 3.7.94 A. STEINER. S (unten links); Freudenberg 24.6.91 A. BECHER. S (unten rechts); Achstetten 22. und 23.6.91 F. HAUFF (oben).

Ausgedehnte Kamillenbestände wie auf dieser Brachfläche in der nördlichen Oberrheinebene werden gern besiedelt. *Cucullia chamomillae* kann sich aber auch auf wesentlich kleineren Flächen fortpflanzen. Die Flugtüchtigkeit der Falter erlaubt ihnen, neu entstandene Kamillenstandorte schnell zu lokalisieren. – Graben-Neudorf 29.6.94 A. STEINER.

Nahrung des Falters: Noch keine Beobachtungen aus Baden-Württemberg. Die Tiere sind dämmerungs- und nachtaktive Blütenbesucher.
Habitat: *Cucullia chamomillae* besiedelt Ackerunkraut- und Ruderalgesellschaften. Sichere pflanzensoziologische Informationen über die Larvalfundorte sind allerdings noch dürftig. Unter den Getreide-Unkrautgesellschaften (Secalietea) ist vor allem eine Assoziation der Windhalm-Äcker (Aperion spica-venti) zu nennen, nämlich die Kamillen-Gesellschaft (Alchemillo arvensis-Matricarietum chamomillae), die namentlich für *Anthemis arvensis* von Bedeutung ist. Für *Matricaria perforata* spielen außerdem annuelle Ruderalgesellschaften (Sisymbrion officinalis) der Klasse Chenopodietea eine wichtige Rolle. Daneben dürfte ruderalen Beifuß- und Distelgesellschaften (Artemisietea vulgaris), hier dem Artemisio-Tanacetetum vulgaris, ebenfalls Bedeutung zukommen. Eine Reihe von Standorten dürfte aber wegen schwacher Ausprägung und Vermischung mit anderen Gesellschaften pflanzensoziologisch nur schwer zu definieren sein.
Verhalten: Die Eiablage erfolgt nach den Beobachtungen von A. BECHER an Acker-Hundskamille vor allem an solchen Pflanzen, die etwas über die benachbarte Vegetation herausragen. Die Eier werden einzeln an die oberen Blätter abgelegt. An größeren Pflanzen wurden bis zu 5 Eier gefunden, wobei deren Farbe erlaubt, zwischen frisch abgelegten (gelblichweißen) und schon einige Tage alten (dunkleren) Eiern zu differenzieren. Die jungen Raupen halten sich meist unmittelbar im Blütenbereich auf, wo sie gern mit rund um den Blütenkopf gewundenem Körper ruhen und damit – für das menschliche Auge – nicht schlecht getarnt sind. Die erwachsenen, wegen ihrer Größe auffälligeren Raupen ruhen tagsüber meist mehr oder weniger verborgen in den unteren Bereichen der Pflanze an den Stengeln. Erst gegen Abend erklettern sie die Blütenstände und beginnen zu fressen. Nur gelegentlich findet man sie schon bei Tag exponiert an den Blüten, vor allem bei schlechtem Wetter. Oft handelt es sich dabei auch um parasitierte Exemplare, die in U-förmig gekrümmter Haltung auf den Blütenköpfen sitzen, ohne zu fressen. Die Verpuppung erfolgt in einem festen Kokon im Erdboden. Die Puppen überliegen öfters. Die Falter sind dämmerungs- und nachtaktiv, kommen aber nur selten ans Licht.

Gefährdung und Schutz

Rote Liste Bundesrepublik: V
Rote Liste Baden-Württemberg: V

Oberrheinebene: Art der Vorwarnliste.
Schwarzwald: Nicht vertreten.
Neckar-Tauberland: Art der Vorwarnliste.
Schwäbische Alb: Art der Vorwarnliste.
Oberschwaben: Art der Vorwarnliste.

- In Baden-Württemberg eine Art der Vorwarnliste!
  Besonders geschützt gemäß § 20 e ff. BNatSchG.

Im Allgemeinen profitiert *Cucullia chamomillae* von der Landschaftsnutzung durch den Menschen. Eine Gefährdung ist lediglich dann gegeben, wenn durch Flächenstillegung oder Baumaßnahmen neu verfügbar gemachte Habitate, die die Art im folgenden Frühjahr besiedelt, bereits vor Ende ihrer Raupenentwicklung zerstört oder bearbeitet werden, so daß sie als Todesfallen wirken. Auch frühe Mahd in von *C. chamomillae* besiedelten Feldwegrandbereichen bereits vor dem Ende der Raupenzeit kann sich schädlich auswirken. Auf die Gefährdung durch das Abmähen von Ruderalfluren und Kamillenbeständen im Stadtbereich von Stuttgart hat SCHÄFER (1977) hingewiesen.

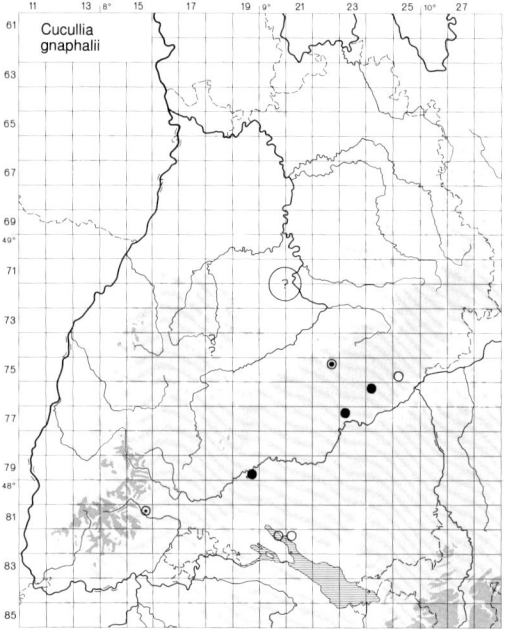

Cucullia santonici
(Hübner, [1813])

Gesamtverbreitung: Das Areal erstreckt sich von den französischen Pyrenäen über Südfrankreich (einschließlich Korsika), das Wallis, Norditalien und den Apennin zur Balkanhalbinsel (südlich bis Griechenland) und weiter in die Türkei, den Iran, Armenien und bis nach Afghanistan. In China fliegt die ssp. *yuennanensis* BOURSIN, 1942.

Cucullia santonici gehört nicht zur Fauna Baden-Württembergs. Sie wurde von REUTTI (1898) aus Baden gemeldet: »1 Stück bei Freiburg gefangen.« Auch bei dieser Art lag vermutlich eine Fehlbestimmung vor, was umso wahrscheinlicher ist, da die Meldung auf einem gefangenen, daher wohl mehr oder weniger abgeflogenen und nicht mehr sicher zu determinierenden Stück basierte.

Cucullia gnaphalii
(Hübner, [1813])

Goldruten-Mönch

Cucullia gnaphali HBN. (PRETSCHER et al. 1984) (lapsus calami)

Gesamtverbreitung: In Europa lokal und in einem zum Teil stark zersplitterten Areal verbreitet: Nördlich bis Südnorwegen, Mittelschweden, Südfinnland, Baltikum und Karelien und weiter zum Ural, in Westeuropa ein isoliertes Vorkommen in Südengland, im Süden in den spanischen Pyrenäen und Südwestfrankreich sowie bis zum Alpensüdrand (und isoliert im Apennin), zu den rumänischen Karpaten und zur ukrainischen Schwarzmeerküste, dabei weiten Strecken Mitteleuropas aber fehlend. In Asien in der Nordtürkei und durch Mittelasien bis zur Mongolei und zum Sajan (ssp. *alpherakyi* STAUDINGER, 1896).

Verbreitung

Regional: Die meisten der insgesamt nur etwa 12 Fundorte, die aus Baden-Württemberg bekannt wurden, entfallen auf die Schwäbische Alb, überwiegend auf die Täler der Mittleren Flächenalb: Umg. Schelklingen (mehrere Fundpunkte), 1960–1977 (G. BAISCH, G. REICH); Umg. Herrlingen (G. HAMMER); Schmiechen, 1983 (A. SCHOLZ); Lauterach, 1980 (G. BAISCH). Aber auch in der Nähe des Albtraufs und im Oberen Donautal sind Einzelfunde bekannt, die auf eine weitere Verbreitung deuten (Mittlere Kuppenalb, Urach-Hohenwittlingen, 1968, E. LOSER; Fridingen, 1987, B. STOCKER/W. SEEBURGER). Die Angabe von A. KELLER, der im 19. Jh. Raupen »an der Albhöhe« gefunden hatte, bezieht sich wahrscheinlich auf die weitere Umgebung von Reutlingen, KELLERs Wohnort. In der Wutachschlucht (Naturraum Alb-Wutach-Gebiet/Hochschwarzwald) stellte A. GREMMINGER die Art zwischen 1938 und 1942 mehrfach fest (GREMMINGER 1950). Aus dem Bodenseebecken liegt eine alte Angabe von REUTTI (1898) vor, der 1868 einen Falter bei Überlingen gefangen haben will. Eine Meldung aus Stuttgart (2 Falter) stammt aus dem Jahr 1858 (J. HOFFMANN nach KELLER & HOFFMANN 1861). In der Sammlung E. DANGELMAIER existieren 3 Falter, die laut Etikett am 20., 21. und 22.6.1932 in/bei Nagold gefangen worden sein sollen. Diese Angaben für das Neckar-Tauberland müssen allerdings mit Vorsicht betrachtet werden, da keinerlei weitere oder neuere Funde aus diesem Gebiet vorliegen. Fehldeterminationen bzw. Etiketten/Fundortverwechslungen können wir nicht ausschließen. Auf Fehlbestimmung führen wir auch folgende Angabe von GAUCKLER (1921) zurück: »Im Jahre 1909 wurde ein frisches ♂ am Köder in den Rheinwaldungen [um Karlsruhe] erbeutet.«

Die seltene *Cucullia gnaphalii* ist in Baden-Württemberg vor allem von der Schwäbischen Alb und aus dem Wutachgebiet bekannt. Ihre braun und grün gefärbte Raupe lebt sehr versteckt an der Gewöhnlichen Goldrute. – Wutach 8.6.42 leg. A. GREMMINGER.

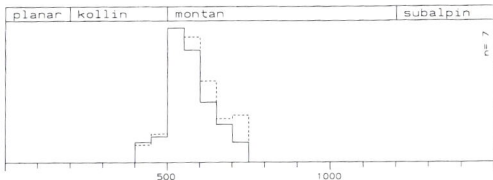

Vertikal: In unserem Gebiet kommt *C. gnaphalii* nur in einem relativ kleinen Höhenbereich der kollinen und montanen Stufe vor, der von etwa 400 bis 750 m reicht.

Phänologie

Imagines: Weniger als 30 Individuen sind aus Baden-Württemberg taggenau gemeldet worden. Auf der Schwäbischen Alb (16 Exemplare) fliegt die Art von Ende Mai bis Anfang Juli[1]

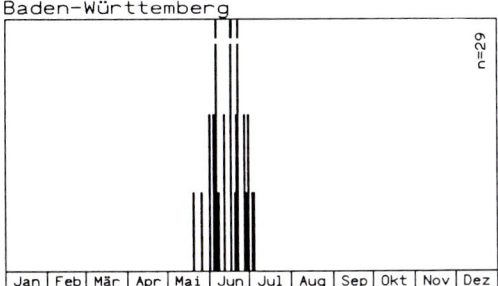

(20.5.1965, 4.7.1964, G. REICH) mit den meisten Nachweisen im Juni. Aus dem Neckar-Tauberland (Wutachgebiet) liegen Daten zwischen Anfang Juni und Anfang Juli vor (8.6.1942, 22.6.1938, 3.7.1940, A. GREMMINGER). REUTTI (1898) gab für Überlingen (Bodenseebecken) den 6.6.1868 an.

Präimaginalstadien: Außer der Monatsangabe August (KELLER in KELLER & HOFFMANN 1861) liegen keine konkreten Raupenfunddaten aus unserem Gebiet vor. Anhand der Flugzeit kann aber mit Sicherheit angenommen werden, daß junge Raupen schon ab Juni zu finden sind. Das Überwinterungsstadium ist die Puppe.

Ökologie

Lebensraum: Aus unserem Gebiet nur unzureichend bekannt. Die Falter wurden auf der Schwäbischen Alb und im Wutachgebiet meist in Waldrandnähe gefunden. Zusammen mit den Ansprüchen der einzigen Raupennahrungspflanze *Solidago virgaurea* erlaubt dies den Rückschluß auf Goldrutenbestände in den Randbereichen lichter Laub- und Mischwälder als Larvalhabitat. BERGMANN (1954) beschrieb die Habitate der Art in Thüringen folgendermaßen: »Herden und Trupps der Goldrute an sonnigen, trockenen bis frischen Stellen zwischen lichtem Strauchwerk in Sand- und Bergheiden an Hügeln, Hängen, Lehnen, auf Waldschlägen, an geböschten Waldrändern und breiten Schneisen so-

---

[1] Die meisten deutschsprachigen Handbücher (FORSTER 1971, KOCH 1984) geben, wohl BERGMANN (1954) folgend, nur Ende Mai bis Ende Juni an.

wie größeren Lichtungen in Bergwäldern, in lichten Gehölzen an Talrändern«. GREMMINGER (1950c) berichtete aus dem Wutachgebiet von tagsüber an verdorrten Ginsterbüschen gefundenen Faltern.

Nahrung der Raupe:
Solidago virgaurea – Gewöhnliche Goldrute
  L (KEL, SCC)

»Ich fand im August 1857 auf Goldruthe an der Albhöhe in Gesellschaft von *C. asteris*-Raupen fünf Raupen von verschiedener Grösse, die aber sämmtlich von Ichneumonen bewohnt waren« berichtete A. KELLER im vorigen Jahrhundert (KELLER & HOFFMANN 1861). Ganz ähnlich schrieb ein Dreivierteljahrhundert später SCHNEIDER (1938): »Im Gebiet der Schwäbischen Alb ... die Raupen manchmal häufig an Goldrute, doch zu 99% mit Parasiten«. Bis heute blieben dies die einzigen bekanntgewordenen Angaben über Raupenfunde von *Cucullia gnaphalii* in Baden-Württemberg.

Solidago virgaurea ist sicherlich die Haupt-, wenn nicht sogar die einzige Nahrungspflanze. In älteren Werken werden auch *Chrysocoma* [=*Aster linosyris*] und *Lychnis* [=*Lychnis flos-cuculi*] genannt (SPULER 1908–1910). BERGMANN (1954) gab an: »Nach VORBRODT ist die Raupe auch an Lichtnelke (*Melandryum* [sic]) gefunden.« Diese Angabe stammt nicht aus der Schweiz-Fauna und beruht vielleicht auf einer Verwechslung. Als Nahrungspflanze der Raupe kommen wahrscheinlich weder *Lychnis* noch *Melandrium* in Frage, eher schon als Nektarpflanzen des Falters. Über die eventuelle Eignung der Neophyten *Solidago canadensis* und *S. gigantea* als Raupennahrungspflanzen liegen aus Europa noch keine Angaben vor.

Nahrung des Falters: Bis auf eine alte Angabe von J. HOFFMANN liegen keine Blütenbesuchsbeobachtungen aus Baden-Württemberg vor. Er fing zwei Falter, die »an einem warmen Juni-Abend an den Blüthen von *Salvia pratensis* [schwärmten].« (KELLER & HOFFMANN 1861).

Habitat: Aus Baden-Württemberg nicht sicher bekannt.

Verhalten: Von der Raupe wird berichtet, daß sie tagsüber sehr versteckt an den tieferen Teilen der Goldrutenstengel oder auf der Unterseite der niedrigsten Blätter sitzt – ihre grün-rotbraune Färbung ist ein Tarnkleid – und erst nachts zum Fressen zu den Blüten und Früchten hinaufklettert (BERGMANN 1954). Nach WIGHTMAN (1936) sind die Jungraupen extrem berührungsempfindlich und lassen sich beim geringsten Kontakt von der Pflanze fallen. Die Nahrungsaufnahme soll gewöhnlich kurz nach Einbruch der Dämmerung und wieder kurz vor Sonnenaufgang stattfinden. Nach BERGMANN werden bevorzugt die Blüten, nach WIGHTMAN aber vor allem die Blätter der Nahrungspflanze gefressen. Genau wie bei den ebenfalls nachtaktiven *C. umbratica* und *C. campanulae* kann beobachtet werden, daß diejenigen Raupen, die tagsüber frei an der Pflanze sitzen, parasitiert sind und deshalb wohl anomales Verhalten zeigen. Dies führte bei *C. campanulae* und *C. gnaphalii* zu dem verbreiteten Glauben an einen sehr hohen Parasitierungsgrad. Das muß nicht unbedingt falsch sein, ist aber doch überprüfenswert, denn die frei sitzenden Raupen stellen keinen Zufallsausschnitt der Population dar, sondern repräsentieren nur die am leichtesten zu sammelnden Tiere.

Die Falter dieser bei uns so selten beobachteten Art wurden von GREMMINGER (1950) und LINACK tagsüber »auf dürren Ginsterbüschen« ruhend gefunden. Nachts kommen sie vereinzelt ans Licht, wobei sie sich nicht allzuweit von ihren Entwicklungshabitaten entfernen dürften.

Gefährdung und Schutz

Rote Liste Bundesrepublik: 1
Rote Liste Baden-Württemberg: U

Oberrheinebene: Nicht vertreten.
Schwarzwald: Nicht vertreten.
Neckar-Tauberland: Ausgestorben oder verschollen (Aussage nicht abgesichert).
Schwäbische Alb: Noch ungeklärt.
Oberschwaben: Ausgestorben oder verschollen.

- In Baden-Württemberg eine Art mit ungeklärter Gefährdung!
  Besonders geschützt gemäß § 20 e ff. BNatSchG.

Die versteckte Lebensweise von Raupe und Falter und die fragliche Zuverlässigkeit alter Literaturangaben und Belegstücke zusammen mit der (im Untersuchungsgebiet) noch kaum bekannten Ökologie erschwert die Beurteilung. Die Schwäbische Alb beherbergt noch aktuelle Populationen, über deren eventuelle Bedrohung wir allerdings wenig wissen. Auch im Neckar-Tauberland (Wutachgebiet) müßte die Art noch vorhanden sein, ist allerdings in letzter Zeit nicht gezielt gesucht worden. Als Nachweismethode könnte sich die Raupensuche (Klopfen) als geeigneter erweisen als der Lichtfang, wenn man dabei beachtet, daß die Raupen sehr versteckt leben.

Cucullia tanaceti
([Denis & Schiffermüller], 1775)
Rainfarn-Mönch

Gesamtverbreitung: Von Nordwestafrika (Marokko) durch ganz Südeuropa bis zur Türkei verbreitet. Die nördliche Arealgrenze verläuft etwa über Südwestfrankreich, Paris, das Mittelrheingebiet, Niedersachsen, Schleswig-Holstein und Hamburg zur Ostseeküste und von Litauen zum Ural. In Asien von Klein- bis Mittelasien, Iran und Turkestan.

Verbreitung

Regional: Der Schwerpunkt der Verbreitung in Baden-Württemberg liegt in der nördlichen Oberrheinebene, dem einzigen Gebiet, aus dem sichere und gleichzeitig noch aktuelle Funde bekannt sind. Darüber hinaus existieren ältere Meldungen bzw. Belegstücke aus dem Neckar-Tauberland vom Tauberland im Norden bis zur Baar im Süden. Die Sicherheit der Bestimmung bzw. die Zuverlässigkeit der Fundortetiketten ist aber nicht in allen Fällen zweifelsfrei. Dies gilt auch für eine Meldung von der Schwäbischen Alb.

Oberrheinebene: Speyer (REUTTI 1898); Mannheim (REUTTI 1898); Mannheim, Stadtgebiet, 9.1979 2 Raupen (W. KINTZL); Mannheim-Sandhofen, 1.8.1977, 6 Raupen (R. BLÄSIUS); Eppelheim, 18.8.1984, 5 Raupen (R. BLÄSIUS); Heidelberg-Handschuhsheim, 22.6.1979, 1 Falter (R. TRABOLD, coll. SMNS), Waghäusel, 29.8.1993, 1 Raupe (A. STEINER); Rußheim, 24.7.1989, 1 Raupe (D. DOCZKAL), 13.7.1992, 1 Raupe (W. BENDER); Vogtsburg, 24.7.1933, 1 Falter (BROMBACHER 1933–1935)

Neckar-Tauberland: Zimmern, öfters Raupen gefunden (K. A. SEITZ nach Kartei A. GREMMINGER); Markgröningen[1], Ende Juni 1934, 1 Falter (O. WITZ nach SCHNEIDER 1934, [1935], 1938); Prevorst, 1875, 1 Falter (STOCKMAYER, coll. SMNS, SCHNEIDER 1938); Böblingen, 1909, 1 Falter (coll. SMNS); Stuttgart, 1884, 1 Falter (coll. SMNS); Raum Schwäbisch Gmünd/Wißgoldingen (KUNKEL nach WERFER 1813); Donaueschingen(?), August 1798, 1 Raupe ([ROTH VON SCHRECKENSTEIN] 1800, REUTTI 1853, 1898).

Schwäbische Alb: Heuberg bei Spaichingen (ASCHENAUER nach SCHNEIDER 1938).

Die Ortsangabe »Donaueschingen« bei REUTTI (1898) geht auf ROTH VON SCHRECKENSTEIN (1800) zurück, der 1798 eine Raupe »in seinem Garten« gefunden hatte, jedoch keinen genauen Fundort nannte. Mit großer Wahrscheinlichkeit handelte es sich um Donaueschingen.

Den Fundort Heuberg bei Spaichingen dürfte SCHNEIDER aus ASCHENAUERS Tagebuch übernommen haben. Schon 1930 hatte er ein Belegstück aus der Sammlung ASCHENAUER erwähnt, konnte aber keinen Fundort angeben, da das Tier offenbar unetikettiert war: »In der Naturaliensammlung. Württemberg, ASCHENAUER. (Wo?). (Blaubeuren?).« (SCHNEIDER 1930).

Da das Belegstück nicht mehr existiert (bzw. ohne Etikett nicht zu identifizieren ist), ist keine Aussage über die Zuverlässigkeit der Bestimmung möglich.

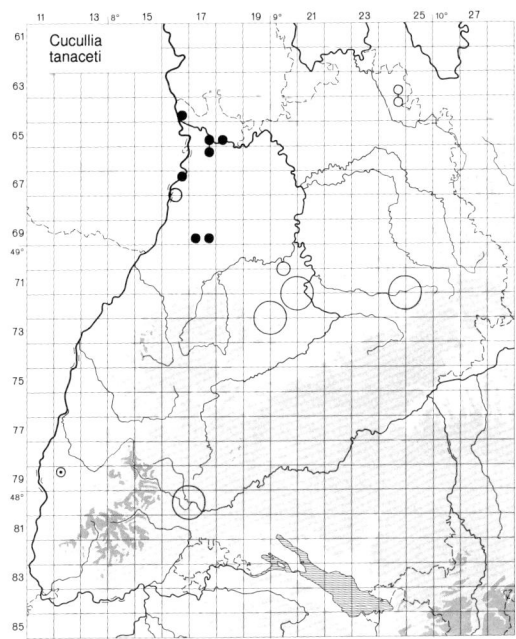

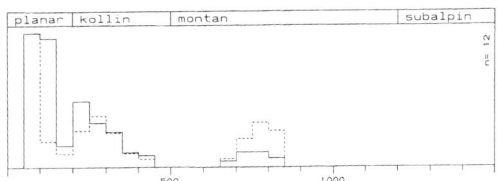

Vertikal: Die sicheren Nachweise aus der nördlichen Oberrheinebene stammen aus den niedrigsten Lagen zwischen 90 und 110 m. Die übrigen Angaben würden die vertikale Amplitude bis in die kolline Stufe erweitern.

---

[1] Diese Angabe ist zumindest als unsicher zu bewerten, da kein Belegstück existiert und WITZs Determinationen oft irrig waren. Einige von WITZ stammende Tiere aus Markgröningen in coll. SMNS (mit den Funddaten 1.6.1934, 12.6.1950, 15.7.1936) sind sämtlich *Cucullia umbratica*.

Cucullia tanaceti ist in neuerer Zeit nur noch in der nördlichen Oberrheinebene gefunden worden. Die Grundfarbe der Falter ist ein reines Hellgrau ohne bräunlichgelbe Einmischungen, die Zeichnung ist grau und verloschen. Die auffälligsten Merkmale sind ein kräftiger, leicht gebogener schwarzer Strich im Mittelfeld (der sich aus der unteren Begrenzung der Nierenmakel entwickelt hat), ein dünner schwarzer Basalstriemen sowie ein schwarzer Strich im mittleren Saumfeld. – Frankreich, Col de Vence (ex larva-Zucht) 2.4.87 A. STEINER. S.

Phänologie

Imagines: Die beiden mit genauen Daten gemeldeten Freilandfalter wurden am 22.6.1979 und am 24.7.1933 gefunden. Dies stimmt gut mit der von REUTTI (1898) angegebenen Flugzeit »Ende Juni, Juli« überein.

Präimaginalstadien: Zahlreicher als Freilandfalter sind die Raupenfunde. Der früheste Fund, eine Raupe im vorletzten Stadium, stammt vom 13.7. (1992). Es folgen Funde am 24.7. (1989, 1 Raupe), am 1.8. (1977, 6 Raupen), am 18.8. (1984, 5 Raupen) und am 29.8. (1993, 1 Raupe im vorletzten Stadium). Dazu paßt auch die Angabe »im August« ([ROTH VON SCHRECKENSTEIN] 1800). Schließlich meldete W. KINTZL zwei Raupen im September. Die Puppe überwintert.

Ökologie

Lebensraum: Dort wo *Cucullia tanaceti* auf *Artemisia* vorkommt, teilt sie ihren Lebensraum mit den beiden Beifußmönchen *Cucullia absinthii* und *Cucullia artemisiae*, mit denen sie jeweils schon auf derselben Pflanze gefunden worden ist. Es handelt sich um Bestände von Gewöhnlichem Beifuß und Wermut an Wegrändern, Böschungen und Bahndämmen, an Feldwegen, auf Brachflächen und Ruderalstandorten (Baugelände, Schuttplätze).

Von ähnlichen Standorten stammen auch die Raupenfunde an Rainfarn und Schafgarbe, die Raupe am Pontischen Beifuß saß dagegen an einer Gartenpflanze. *Cucullia tanaceti* bevorzugt in Baden-Württemberg die Wärmegebiete mit mittleren Jahrestemperaturen von über 8°C und kommt vor allem auf Sandboden, früher auch auf Muschelkalk vor.

Nahrung der Raupe:
Achillea millefolium – Gewöhnliche Wiesen-Schafgarbe
 L (BEN)
Chrysanthemum vulgare – Rainfarn
 L (DOC, KIN)
Artemisia absinthium – Wermut
 L (BLÄ)
Artemisia vulgaris – Gewöhnlicher Beifuß
 L (LAI, STN)
Artemisia pontica – Pontischer Beifuß
 L (RvS)
Artemisia spec. – Beifuß
 L (SEZ)

Mehrere Beobachtungen beziehen sich auf einzelne Raupenfunde, so die von W. BENDER an Schafgarbe und die von ROTH VON SCHRECKENSTEIN (1800) am Pontischen Beifuß. K. A. SEITZ (nach Kartei A. GREMMINGER) hat die Raupe immerhin »öfter ... an *Artemisia* gef.[unden]«. Durch je zwei Meldungen belegt sind der Rainfarn (eine Raupe, D. DOCZKAL; zwei Raupen, W. KINTZL), der Wermut (einmal 6, ein anderes Mal 5 Raupen, R. BLÄSIUS) und der Gewöhnliche Beifuß (je eine Raupe, F. LAIER; A. STEINER). Damit zeichnet sich bislang eine schwache Vorliebe für die verschiedenen Beifußarten ab. An Kamillen der Gattungen *Anthemis* und *Matricaria*, wie sie aus anderen Gebieten als Nahrungspflanzen belegt sind (z.B. BROSZKUS 1991, HEINRICH & SPRINGBORN 1986, KOCH 1856), gibt es aus Baden-Württemberg noch keine Meldungen.

Nahrung des Falters: Keine Beobachtungen aus Baden-Württemberg.

Habitat: Die Larvalhabitate sind vor allem den Gesellschaften der ruderalen Beifuß- und Distelgesellschaften (Artemisietea vulgaris) zuzuordnen, so etwa der Beifuß-Rainfarn-Flur (Artemisio-Tanacetetum vulgaris). In einem Fall ist ein Raupenfund an einer Gartenpflanze belegt.

Verhalten: Die Raupen gehören zu den freilebenden Cucullien, die offen auf den Nahrungspflanzen sitzen, die Falter dagegen zu den ungern ans Licht fliegenden Mönchen. So erklärt sich das ungleiche Verhältnis von Falter- und Raupenbeobachtungen. Die Raupen sind meist im Blütenstand zu finden, wo sie sich von den Blüten und Früchten ernähren. Die Verpuppung erfolgt in einem festen Kokon am Erdboden. Die Falter sind dämmerungs- und nachtaktiv, kommen aber nur selten ans Licht.

Gefährdung und Schutz

Rote Liste Bundesrepublik: V
Rote Liste Baden-Württemberg: 2

Oberrheinebene: Gefährdet.
Schwarzwald: Nicht vertreten.
Neckar-Tauberland: Ausgestorben oder verschollen.
Schwäbische Alb: Nicht sicher nachgewiesen (kritischer Einzelfund).
Oberschwaben: Nicht vertreten.

- In Baden-Württemberg stark gefährdet! Besonders geschützt gemäß § 20 e ff. BNatSchG.

Da die Funde im Oberrheingebiet überwiegend neueren Datums sind und *Cucullia tanaceti* hier vergleichbare bzw. örtlich die selben Habitate bewohnt wie *C. absinthii* und *C. artemisiae*, jedoch deutlich geringere Populationsgrößen besitzt als diese Arten und deshalb sowohl anfälliger gegen die Vernichtung einzelner Standorte ist, als auch größere Schwierigkeiten bei der Besiedlung neuer Habitate hat, ist sie hier als gefährdet einzustufen. Genauere Untersuchungen, speziell eine im Abstand von einigen Jahren zu wiederholende, großflächige Raupensuche in der nördlichen Oberrheinebene, sind zu empfehlen, um Klarheit über die Bestandssituation dieser nur als Raupe gut nachweisbaren Art zu erhalten.

Aus dem Neckar-Tauberland sind seit spätestens den dreißiger Jahren keine Funde mehr bekannt geworden. Wir müssen davon ausgehen,

Die wenig variable Raupe ist weißlich mit mehreren gelben Längslinien und zahlreichen kleinen schwarzen Flecken. – Waghäusel 29.8.93 A. STEINER.

Obwohl ihre Nahrungspflanzen weit verbreitet sind, kommt *Cucullia tanaceti* nur sehr lokal vor. Dieser Ruderalstandort an einem Feldwegrand in der nördlichen Oberrheinebene ist mittlerweile einem expandierenden Industriegebiet zum Opfer gefallen. – Waghäusel 29.8.93 A. STEINER.

daß *C. tanaceti* heute hier ausgestorben ist, wenn auch die Möglichkeit besteht, daß es sich stets um kurzzeitige Besiedlungsphasen bzw. um Zuwanderer und deren Nachkommen gehandelt hat, also keine dauernde Bodenständigkeit vorlag. Sollte die Art erneut aufgefunden werden, dann sollte zunächst durch kurzfristige Sofortmaßnahmen eine Sicherung des Standorts erfolgen. Weitere Beobachtungen im Folgejahr müssen dann klären, ob es sich um eine dauerhafte Besiedlung handelt, wobei in Rechnung zu stellen ist, daß die Falter zur Eiablage auch geeignete Standorte in der näheren Umgebung anfliegen können.

Cucullia dracunculi
(Hübner, [1813])

Hellgrauer Goldaster-Mönch

Cucullia linosyridis FUCHS (WARREN in SEITZ 1909–1914)

Gesamtverbreitung: Äußerst lokal in Nordwestafrika (Algerien), sowie in Europa von Spanien (Sierra Nevada, Teruel) über Südfrankreich (Gironde, Alpes-de-Haute-Provence, Alpes-Maritimes) und Norditalien (Gardaseegebiet[1], Bologna, Sizilien[2]) bis Österreich[3] und Ungarn nachgewiesen. Weiter nördlich existieren Reliktvorkommen in Deutschland im Mittelrhein-Mosel-Nahe-Gebiet und am Oberrhein (Kaiserstuhl). In Asien ebenso lokal von wenigen Fundorten in Westsibirien, der nordöstlichen Türkei, Transkaukasien, Russisch- und Chinesisch-Turkestan gemeldet.

Subspezifischer Kontext: Die Populationen des Mittelrheingebiets wurden als eigene Art (*C. linosyridis* FUCHS, 1903) beschrieben, später als Subspezies aufgefaßt, heute aber als synonym zu der aus Südrußland beschriebenen *C. dracunculi* betrachtet (RONKAY & RONKAY 1994). Dagegen weisen die Populationen Südfrankreichs habituell wie genitalmorphologisch deutliche Unterschiede auf (ssp. *anthemidis* GUENÉE, 1852).

Verbreitung

Regional: Die Verbreitung in Baden-Württemberg beschränkt sich auf den zentralen Kaiserstuhl und deckt sich ungefähr mit der von *Cu-*

---

[1] Nach WOLFSBERGER (1965) und FORSTER (1971); von BERIO (1985) in der »Fauna d'Italia« nicht für das Gardaseegebiet genannt!
[2] Nach MARIANI (1938); von BERIO (1985) sowie von RONKAY & RONKAY (1994) nicht für Sizilien genannt, also vielleicht fälschlich von dort gemeldet.
[3] HUEMER & TARMANN (1993) geben Vorarlberg (!) und Nordtirol (!) an.

Cucullia dracunculi kommt in Deutschland nur im Mosel-, Nahe- und mittleren Rheintal sowie im Kaiserstuhl vor. Die Falter werden gelegentlich am Licht oder an Pfosten ruhend gefunden. – Kaiserstuhl 18.7.92 G. EBERT.

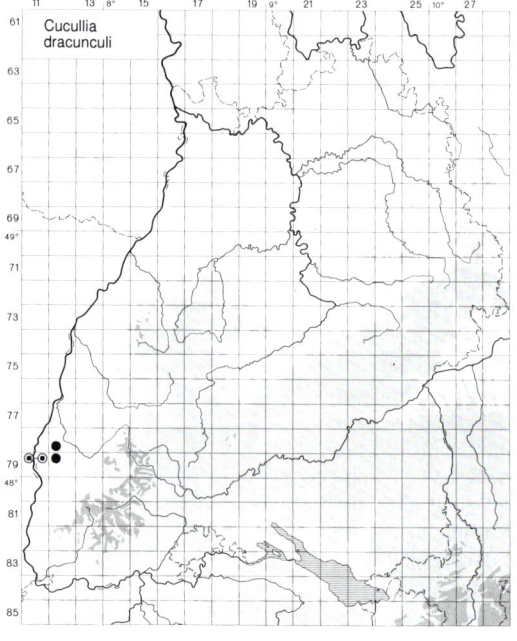

cullia xeranthemi, die an den gleichen Stellen und auch an der gleichen Raupennahrungspflanze lebt. Dabei ist *C. dracunculi* nach unserer bisherigen Kenntnis geringfügig weiter verbreitet, doch liegt dies vielleicht daran, daß die Falter häufiger ans Licht kommen als die von *C. xeranthemi*. Daß die Art auch eine gewisse Vagilität besitzt, belegt ein Einzelfalter, den W. DÜRR am Jägerhof bei Niederrotweil in einem Auwaldgebiet nachweisen konnte.

Im Kaiserstuhl wurde *Cucullia dracunculi* erst 1929 von E. BROMBACHER sicher entdeckt (BROMBACHER 1931). Zwar hatte schon REBEL 1910 den Fundort »in Baden (bei Kehl)« angegeben, doch wird es sich hier um einen Irrtum gehandelt haben: neuere Nachweise aus der Kehler Gegend fehlen jedenfalls[4]. Ein von FORSTER & WOHLFAHRT (1971) abgebildetes Tier trägt die Daten »Baden, Freiburg«, wobei es sich um eine den genauen Fundort verschleiernde Etikettenangabe bzw. um den Wohnort des Züchters handelt.

In der Monographie über den Isteiner Klotz wurde im Kapitel »Tiergeographische Elemente in der Insektenfauna am Isteiner Klotz« auch »*Cucullia linosyrides*« in einer Liste aufgeführt (LITZELMANN 1966b), nicht jedoch im Hauptkapitel »Schmetterlinge« behandelt (LITZELMANN 1966a). Unter Berücksichtigung der Arbeitsweise dieses Autors kann daraus nicht auf einen tatsächlichen Nachweis am Klotz geschlossen werden. Eine Nachsuche an xerothermen Goldaster-Standorten außerhalb des Kaiserstuhls wäre aber für alle Fälle empfehlenswert, und zwar für beide Goldastern-Mönche (*C. xeranthemi* und *C. dracunculi*).

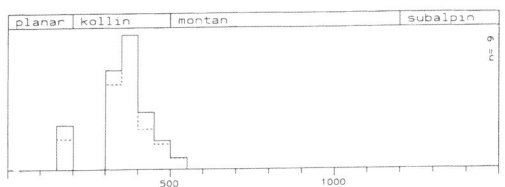

Vertikal: Die Fundstellen im Kaiserstuhl liegen im kollinen Bereich zwischen 300 und 500 m. Der Einzelfund vom Jägerhof liegt bei 180 m.

Phänologie

Imagines: Die Mehrzahl der Falterfunde fällt in den Zeitraum von Ende Juni bis Mitte August, mit einem schwach erkennbaren Maximum um Ende Juli. Zwei Extremwerte liegen schon von

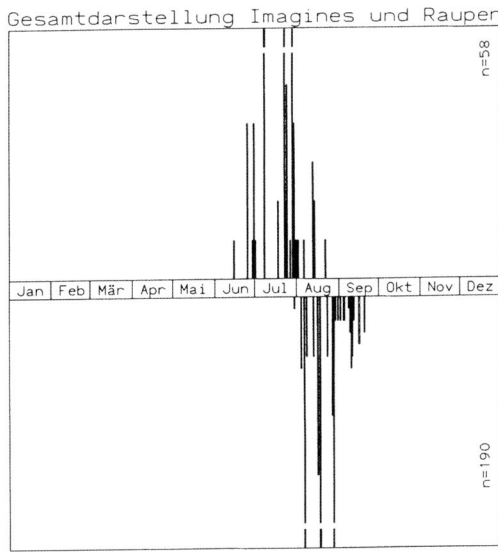

Mitte Juni und noch von Ende August vor (15.6.1963, Kaiserstuhl, K. STROBEL; 22.8.1974, Kaiserstuhl, M. WALLNER).

Präimaginalstadien: Die häufig gesuchten Raupen wurden zwischen Ende Juli (30.7.1988, Kaiserstuhl, K. FREYTAG) und Ende September (20.9.1980, Kaiserstuhl, R. HERRMANN) nachgewiesen. Die meisten Funde fallen in den Zeitraum von Mitte August bis Mitte September. Die Puppe überwintert und überliegt gelegentlich.

Ökologie

Lebensraum: *Cucullia dracunculi* bewohnt sonnige, bevorzugt in südliche Richtungen exponierte Halbtrockenrasen und Volltrockenrasen, wahrscheinlich auch Säume, mit *Aster linosyris*-Beständen, an den Hängen des zentralen Kaiserstuhls. Dieses Vorkommen befindet sich im Bereich mittlerer Jahrestemperaturen von über 9°C und mittlerer Jahresniederschläge von 600–800 mm.

Nahrung der Raupe:
Aster linosyris – Goldaster
5 L (EBE, FAL, FRY, HER, SCN, SET, WAL, WEI)

Die alleinige Nahrungspflanze ist bei uns die Gold(haar)aster, an der besonders die Blüten gefressen werden. Der HÜBNERsche Name für die

---

[4] Vielleicht wurde das Tier zur Verschleierung seiner Herkunft absichtlich fehletikettiert oder mit dem Wohnort des Sammlers versehen.

Die längsgestreifte Raupe ist nur wenig variabel. Zusammen mit der von *C. xeranthemi* lebt sie in unserem Gebiet ausschließlich an der Goldaster (s. S. 169). – Kaiserstuhl (leg. J. ASAL) 6.9.83 F. EBSER. S.

asiatischen Populationen bezieht sich auf den Estragon (*Artemisia dracunculus*), an dem die Art in Südrußland (und wahrscheinlich auch in anderen Teilen Asiens) lebt. GUENÉES Name *anthemidis* legt eine Verbindung zu *Anthemis* nahe, doch sind uns dafür keine Angaben bekannt. Aus Frankreich wurde lediglich *Aster acris* gemeldet, die anscheinend die einzige Nahrungspflanze der ssp. *anthemidis* ist (LHOMME 1923–1935).
Nahrung des Falters: Keine Beobachtungen aus Baden-Württemberg.
Habitat: *Aster linosyris*-Bestände in xerothermen Mesobromion-Gesellschaften und anschließenden Versaumungsstadien (Geranion sanguinei), wahrscheinlich auch im Xerobromion.
Verhalten: Während die bei uns selten gefundenen Jungraupen sich dauernd auf der Nahrungspflanze aufhalten, wo sie sowohl Blüten als auch Blätter fressen, werden die älteren Raupen nachtaktiv. Sie verstecken sich tagsüber in der Vegetation unter der Pflanze, wo sie durch ihre meist braune Färbung getarnt sind. Nachts steigen sie zum Fressen in die Blütenstände. Die Verpuppung erfolgt in einem Kokon am Erdboden. Die Falter sind nachtaktiv und kommen gelegentlich ans Licht (deutlich häufiger als *C. xeranthemi*). Tagsüber sind sie frei an Pfosten und Stämmchen ruhend, bis in Augenhöhe gefunden worden.

Gefährdung und Schutz

Rote Liste Bundesrepublik: R
Rote Liste Baden-Württemberg: R

Oberrheinebene: Art mit geographischer Restriktion.
Schwarzwald: Nicht vertreten.
Neckar-Tauberland: Nicht vertreten.
Schwäbische Alb: Nicht vertreten.
Oberschwaben: Nicht vertreten.

- In Baden-Württemberg eine Art mit geographischer Restriktion! Besonders geschützt gemäß § 20 e ff. BNatSchG.

Für *Cucullia dracunculi* gelten exakt die selben Aussagen wie für *C. xeranthemi*. Nach den großflächigen Rebflur»bereinigungen« im Kaiserstuhl ist sie nunmehr auf wenige, unter Naturschutz gestellte Flächen zurückgedrängt.

Cucullia asteris
([Denis & Schiffermüller], 1775)
Astern-Mönch

Gesamtverbreitung: Vor allem in den mittleren Breiten Europas vorkommend, nördlich bis Mittelengland, Dänemark, Südschweden und Südfinnland (mit Einzelfunden bis Südnorwegen und Mittelschweden), südlich etwa bis zum Südrand von Pyrenäen, Alpen und Karpaten (mit Einzelfunden in Makedonien und Bulgarien) bis zur ukrainischen Schwarzmeerküste und zum Kaukasus verbreitet. Im Osten nach Transkaukasien, Nordiran, Westsibirien und zum Thian-Shan mit einem separierten Areal in Turkestan. Alte Angaben für das Amurgebiet und Japan beziehen sich vermutlich auf verwandte Arten.

Verbreitung

Regional: In Baden-Württemberg kommt *Cucullia asteris* lokal, aber weit verbreitet in allen Hauptnaturräumen vor. Viele Meldungen aus dem Neckarland und alle aus dem Alpenvorland sind älteren Datums. Starke Bestände hat die Art offensichtlich noch im Tauberland (A. BECHER, F. KIRSCH), wo »in größeren Beständen der Goldrute über Jahre stabile Populationen zu finden sind« (A. BECHER). Im Hochschwarzwald (Raum Todtnau) wurden während der achtziger Jahre regelmäßig Raupen gefunden (J. ASAL). Im zentralen Kaiserstuhl werden die Raupen ebenfalls oft bei der Suche nach anderen Cuculliennachgewiesen. Im Kraichgau, im Neckarbecken, in der nordbadischen Rheinebene, im Nordschwarzwald und im östlichen Albvorland ist *C. asteris* dagegen in den letzten Jahrzehnten nicht mehr gefunden worden. Da die Falter nur selten Lichtquellen anfliegen, könnte es sich hier, wenigstens an einigen Fundorten, nur um nachlassende bzw. fehlende Raupensuche handeln. Aus dem gleichen Grund ist anzunehmen, daß die Art etwas weiter verbreitet ist als das Kartenbild zeigt, etwa in den Naturräumen zwischen Alb und Tauberland, im Hegau oder am Hochrhein. Das Alpenvorland – mit Ausnahme des Bodenseebeckens – war allerdings wohl stets unbesiedelt. Es liegen nur zwei Falter vom Dürnachtal (1933, G. REICH) und von Hohentengen (19. Jh., coll. LANZ in SMNS) vor, die von der Schwäbischen Alb zugeflogen sein könnten.

Vertikal: Die Höhenverbreitung reicht von der Ebene um 100 m bis in die montane Stufe zwischen 900 und 1200 m (mehrere Fundorte im

Der Asternmönch (*Cucullia asteris*) erinnert mit seinen halb grauen, halb braunen Vorderflügeln habituell an die »braunen Mönche« der *C. verbasci*-Gruppe. – Siegelau (ex larva-Zucht) 2.6.89 R. DISCH. S.

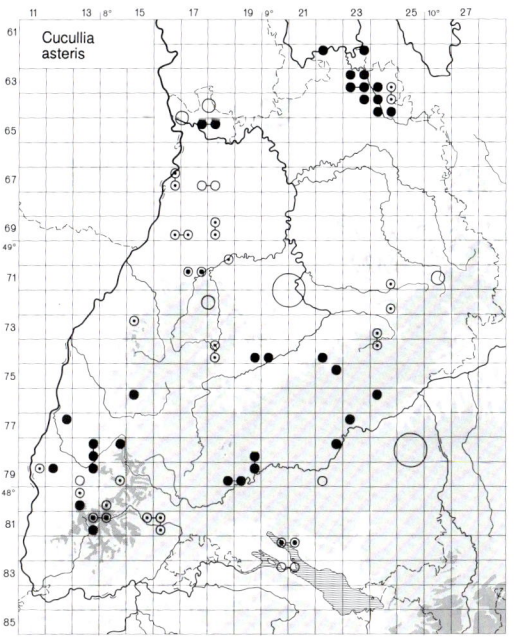

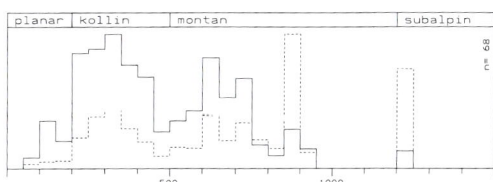

Hochschwarzwald und im Wutachgebiet), ohne daß sich dabei Schwerpunkte abzeichnen.

Phänologie

Imagines: Es liegen nur etwa 50 Freilandfalter vor, die eine langgestreckte Flugzeit von Mitte Mai bis Mitte August dokumentieren. Aus der Oberrheinebene liegen nur drei Falter aus dem Juli vor[1]. Im Schwarzwald verteilen sich neun

---

[1] Zwei Mai-Tiere ex coll. KESENHEIMER sind, ihrem Zustand nach zu urteilen, gezüchtet und wurden deshalb außer Acht gelassen.

Falter über einen Zeitraum von Ende Mai bis Anfang August. Aus dem Neckar-Tauberland wurden 21 Tiere gemeldet; von hier stammt auch das früheste Datum, der 26. Mai (1982, Spitzberg bei Tübingen, M. MEIER/A. STEINER). Die spätesten Falter wurden in diesem Naturraum Mitte Juli registriert. Auf der Schwäbischen Alb gruppieren sich sechs Falter von Anfang Juni bis Ende Juli, und aus dem Alpenvorland liegen zwei Funde aus dem August vor, darunter das späteste Datum aus Baden-Württemberg, der 19. August (1953, Überlingen, E. COMMERELL, ausdrücklich als Lichtfangtier gekennzeichnet).

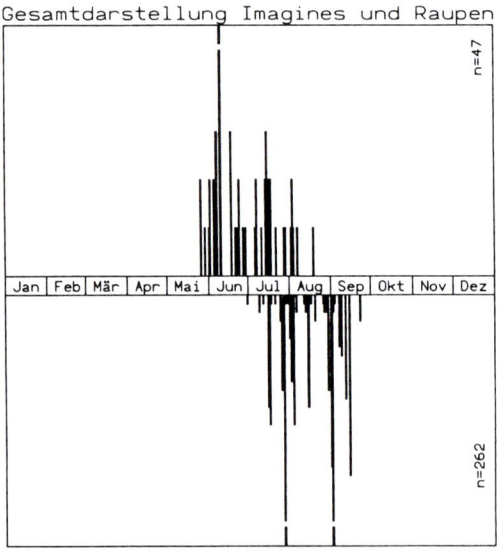

Präimaginalstadien: Die zahlreichen Raupenfunde (250 Exemplare[2]) verteilen sich auf den Zeitraum von Ende Juni bis Ende September. Aus der Oberrheinebene stammt die früheste Meldung bereits vom 30.6. (1931, E. BROMBACHER), aus dem Hochschwarzwald vom 16.7. (1982, Umgebung Todtnau, J. ASAL, bereits halberwachsen), aus dem Neckar-Tauberland vom 17.7. (1992, Dertingen, A. BECHER). Um diese Zeit wurden im Tauberland bereits erwachsene Raupen gefunden, die demnach einige Wochen früher geschlüpft sein müssen (A. BECHER). Die spätesten Funde wurden im Hochschwarzwald von Mitte September (15.9.1980, halb bis ganz erwachsene Raupen, Umgebung Todtnau, J. ASAL) und im Kaiserstuhl von Ende September (23.9.1922, Badberg, O. SCHRÖDER) gemeldet. Überwinterungsstadium ist die Puppe, die zuweilen überliegt.

Ökologie

Lebensraum: Je nach ihrer Raupennahrungspflanze kommt *Cucullia asteris* in zwei verschiedenen Lebensraumtypen vor. Wo sie an Aster-Arten, insbesondere Kalkaster und Gold-(haar)aster, lebt, sind ihre Lebensräume sonnige, warme Halbtrockenrasen und deren Versaumungsstadien, so etwa in den Kalkmagerrasen der Schwäbischen Alb (Wacholderheiden) und des Neckar-Tauberlands. Im Kaiserstuhlgebiet kommt sie sogar in den heißen Volltrockenrasen vor. Wo die Goldrute die Nahrungspflanze ist, sind die Standorte meist etwas frischer, sonnenexponiert bis halbschattig. Besonders im Schwarzwald erfolgt die Eiablage oft in Waldnähe, so etwa an Wegrändern und Böschungen von breiten Waldwegen, auf sonnigen Schlagfluren und in lichten Waldmänteln. A. BECHER beschreibt die Raupenfundstellen im Tauberland als »blütenreiche Hänge des Taubertals und seiner Nebentäler, Halbtrockenrasen, Böschungen

Die schlanke Raupe zeigt ein Muster von feinen schwarzen Längslinien, die unterschiedlich gefärbte Bänder begrenzen. Zu den häufigsten Raupen gehören gelb-grüne Formen. – Königheim, Haigergrund 18.7.82 G. EBERT.

[2] Wie üblich sind oft keine Individuenzahlen gemeldet worden, so daß die tatsächliche Anzahl wohl weit höher liegt.

Die grünen Färbungen können auch durch Grauviolett ersetzt sein (links). – Lauda, Galgenberg (leg. K. FREYTAG) 14.8.91 F. HAUFF. S. Im anderen Extrem sind die Tiere überwiegend rosaviolett gefärbt. Nur die gelben Rücken-, Nebenrücken- und Seitenlinien bleiben gewöhnlich konstant (rechts). – Todtnau-Poche 17.8.86 F. EBSER.

an Straßen, Feldwegränder entlang von Hecken im Bereich der Halbtrockenrasen, Versaumungsgesellschaften an diesen Hecken, meist in unteren Hangbereichen mit Beständen der Goldrute. ... Raupen sind fast immer in den unteren Hangbereichen, die etwas stärker versaumt sind, zu finden. An größeren Horsten der Goldrute, die meist etwas im Halbschatten stehen, sind auch 2–3 Raupen auf einem Horst zu finden, in freien Hanglagen mit kleinen Goldrutenpflanzen nur einzelne Raupen.« Selbst im Siedlungsbereich sind die Raupen gelegentlich (auf Gartenastern) gefunden worden, beispielsweise in Weinheim von H. LIENIG.

Nahrung der Raupe:
Solidago virgaurea – Gewöhnliche Goldrute
 4 L (ASA, BAI, BEC, DIS, EBE, GRE, KIE, KIR, LIE)
Solidago spec. – Goldrute
 4 L (BAI, FRY, GRE, KEL, KIR, LOS, SCÄ, SCC, SEZ)
Aster linosyris – Gold-Aster
 4 L (ASA, BEC, BRM, FAL, FRY, GRE, HER, SCL, SCC, SCN, SCR, SET, WAL, WEI)
Aster amellus – Kalk-Aster
 3 L (BAI, GAU, SCZ, SEZ)
? *Callistephus chinensis* – »Gartenastern«
 L (LIE)
Inula conyza – Dürrwurz
 L (EBE, TRB)

Quantitativ verteilen sich die Raupenfunde etwa zu gleichen Teilen auf *Aster linosyris*, an der die Raupe vor allem im Kaiserstuhlgebiet bei der Suche nach *Cucullia dracunculi* und *Cucullia xeranthemi* gefunden wurde, und auf *Solidago virgaurea* (zum Teil nur als »Goldrute« oder »*Solidago*« gemeldet, aber wohl meist der Art *Solidago virgaurea* zuzuordnen). Ob die Neophyten *Solidago canadensis* und *Solidago gigantea* im Nahrungsspektrum eine Rolle spielen, ist ungewiß: Sichere Funde an einer dieser Arten liegen aus unserem Gebiet noch nicht vor, werden aber aus anderen Gegenden gemeldet (HEINRICH & SPRINGBORN 1986: *Solidago canadensis*). Als weitere Asternart ist *Aster amellus* zu nennen, an der im Tauberland, in »Nordbaden« und auf der Schwäbischen Alb mehrfach Raupen beobachtet wurden (G. BAISCH, H. GAUCKLER, A. SCHOLZ, K. A. SEITZ nach Kartei A. GREMMINGER). H. LIENIG fand die Raupe in Weinheim wiederholt »im Garten auf Gartenastern«. Mit großer Wahrscheinlichkeit hat es sich dabei um *Callistephus chinensis* gehandelt. G. EBERT und B. TRAUB beobachteten im Tauberland eine Raupe an *Inula conyza* (Dürrwurz), einer neuen Nahrungspflanze für *Cucullia asteris*.

Larvalhabitat von *Cucullia asteris*. Die Gewöhnliche Goldrute wird von der Art genauso stark genutzt wie verschiedene Asternarten. – Sachsenflur, Hoheberg 26.8.89 A. BECHER.

Als weitere Nahrungspflanzen werden in der Literatur Strandaster (*Aster tripolium*), Weidenaster (*Aster* x *salignus*) und Salzbeifuß (*Artemisia maritima*) genannt (ALLAN 1949, BERGMANN 1954).

Nahrung des Falters: H. SCHLÖRER fing einen Falter bei Bretten »an Blüten« ohne die Pflanzenart zu konkretisieren (Kartei A. GREMMINGER). A. STEINER fand am Spitzberg bei Tübingen ein Tier mit 11 Orchideen-Pollinien am Rüssel.

Habitat: Verschiedene Mager- und Trockenrasen-Verbände der Festuco-Brometea, so das Mesobromion und das Xerobromion, außerdem thermophile Saumgesellschaften der Trifolio-Geranietea sanguinei, weiterhin Schlag- und Staudenfluren der Epilobietea angustifolii und auch (aber aus dem Untersuchungsgebiet pflanzensoziologisch noch ungenügend belegt) in Wäldern und Vorwaldstadien.

Verhalten: Die jungen Raupen sind oft frei auf der Mittelrippe der Blätter sitzend beobachtet worden (A. BECHER). Auch im erwachsenen Zustand sind sie tagsüber an der Nahrungspflanze zu finden, fressen aber auch bei Nacht. Die Verpuppung erfolgt in einem festen Kokon aus Erde und Pflanzenteilen. Die Falter sind dämmerungs- und nachtaktiv, kommen aber nur vereinzelt ans Licht. Die effektivste Nachweismethode ist daher die Raupensuche.

Gefährdung und Schutz

Rote Liste Bundesrepublik: 3
Rote Liste Baden-Württemberg: V

Oberrheinebene: Art der Vorwarnliste.
Schwarzwald: Nicht gefährdet.
Neckar-Tauberland: Art der Vorwarnliste (regional ausgestorben oder verschollen).
Schwäbische Alb: Nicht gefährdet.
Oberschwaben: Ausgestorben oder verschollen (Aussage nicht abgesichert).

- In Baden-Württemberg eine Art der Vorwarnliste!
  Besonders geschützt gemäß § 20 e ff. BNatSchG.

In mehreren Gebieten fehlen neuere Beobachtungen, so in der nördlichen Oberrheinebene, im Kraichgau, im nordöstlichen Albvorland, im Wutachgebiet, in Oberschwaben und im Bodenseebecken. Ob wir es hier aber mit einem tatsächlichen Rückgang zu tun haben oder ob die Art heute einfach weniger als Raupe (dem am leichtesten nachweisbaren Stadium) gesucht wird, ist unklar; vielerorts dürfte Letzteres zutreffen. Eine gezielte Nachsuche an früheren Fundorten und auch an sonstigen geeigneten Stellen ist zu empfehlen. Die Habitate und die Nahrungspflanzen sind in der Regel nicht gefährdet und befinden sich oft auch in Naturschutzgebieten, z. B. im Kaiserstuhl. Örtlich kann zwar ein Rückgang der Gewöhnlichen Goldrute durch starke Verbuschung von Säumen festzustellen sein, doch ist *Cucullia asteris* als Falter vagil genug, um solche Habitatverluste durch Neubesiedlung anderer geeigneter Stellen auszugleichen. Die weitere Bestandsentwicklung sollte aber auf alle Fälle aufmerksam verfolgt werden.

Cucullia caninae
(Rambur, 1833)
Hundsbraunwurz-Mönch

Cuculia blattariae ESP. (REUTTI 1898)

Gesamtverbreitung: Nordwestafrika (Marokko), Iberische Halbinsel, Südhälfte Frankreichs, Korsika, Sardinien, Apenninenhalbinsel(?), Sizilien(?). Nordwärts erreicht die Art die südwestlichen Alpentäler, das Wallis (RAPPAZ 1979), das Genferseebecken und Südbaden. *Cucullia blattariae* (ESPER, [1790]) bewohnt Kleinasien, die Balkanhalbinsel und die Apenninenhalbinsel[1] (wo ihre Abgrenzung zu *C. caninae* offenbar Schwierigkeiten bereitet) und kommt nordwärts bis in die Südalpen, nach Krain und Niederösterreich vor (HUEMER & TARMANN 1993). Einzelfunde liegen aus Ostpolen und von der Krim vor (RONKAY & RONKAY 1994).

Taxonomische Anmerkung: Die westmediterrane *Cucullia caninae* und die ostmediterrane *Cucullia blattariae* wurden früher als eine einzige Art *Cucullia blattariae* behandelt und erst im 20. Jh. getrennt. Die Imagines sind aber in vielen Fällen weder genitalmorphologisch noch habituell sicher zu trennen. Nur die Raupen lassen sich oft habituell unterscheiden. Neuerdings erwägt man wieder, die beiden Taxa als Subspezies einer Art aufzufassen (RONKAY & RONKAY 1994). Da aber noch viele Fragen bezüglich der Abgrenzung zu klein- und zentralasiatischen sowie zu atlantomediterranen Taxa der Gattung offen sind, sollte eine Gesamtrevision der Gruppe abgewartet werden. Wir verwenden den Namen *C. caninae*, da zoogeographische Gründe für die Zuordnung der süddeutschen Population zu dem westmediterranen Taxon sprechen.

---

[1] Nach BERIO (1985) und HACKER (1989) kommt *C. blattariae* in ganz Italien vor, während *C. caninae* völlig fehlt. Nach RONKAY & RONKAY (1994) soll *C. caninae* in ganz Italien und *C. blattariae* in Norditalien vorkommen.

Verbreitung

Regional: Bereits im 19. und frühen 20. Jh. wurde »*Cucullia blattariae*« einige Male aus Baden gemeldet. REUTTI (1853) führte sie zunächst – mit einem Fragezeichen – von Karlsruhe an, später ergänzte er noch die Fundorte Freiburg und Todtnauberg (REUTTI 1898). Nachfolgende Autoren zitierten noch mehrmals die Angabe für Karlsruhe (GAUCKLER 1896, 1909, 1921, ECKSTEIN 1920), und auch die Verbreitungsangabe »Deutschland« bei WARREN (in SEITZ 1909–1914) und »Baden« bei REBEL (1910) basiert wohl auf REUTTIs Meldungen. Bei dem Fundort Todtnauberg kann es sich nur um eine Verwechslung mit *C. scrophulariae* gehandelt haben. Auch die schon von REUTTI angezweifelte Meldung von Karlsruhe betraf wohl eine andere Art. Höchstens der Fundort »Freiburg« könnte sich auf echte *Cucullia caninae* bezogen haben. Da kein Belegmaterial vorliegt, ist eine Klärung nicht mehr möglich.

Erst 1988 hat R. HERRMANN die Art erstmals sicher für Baden-Württemberg – und damit für Deutschland – nachgewiesen (HERRMANN in Vorb.). Er fand die Raupen von 1988 bis 1993 in jahrweise wechselnder Anzahl an einem Fundort in der südbadischen Oberrheinebene. Wenn wir von einer genauen Angabe dieses Fundorts hier absehen, dann geschieht das, um diese einzige

Die südeuropäische *Cucullia caninae* kommt in Deutschland nur im südlichsten Baden vor, wo sie 1988 von R. HERRMANN entdeckt wurde. Ob sich alte Meldungen von *Cucullia blattariae* auch auf diese Art bezogen, läßt sich nicht mehr feststellen. Die Falter sind auf den Vorderflügeln stärker grauweiß gefärbt als die übrigen »braunen« Mönche (mit Ausnahme von *C. prenanthis*). – Südliche Oberrheinebene (ex larva-Zucht) 20.5.91 R. HERRMANN. S. Während der Drucklegung meldeten D. FRITSCH und F. NANTSCHEFF weitere Vorkommen in der Markgräfler Rheinebene, die im Text nicht mehr berücksichtigt werden konnten, aber noch in die Karte eingingen!

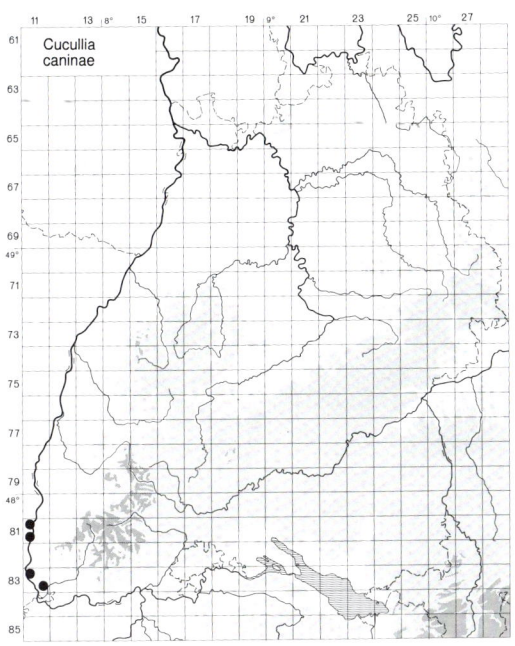

Population der Art im Bundesgebiet vor intensiven Nachstellungen durch Sammler zu schützen. Gleichzeitig sollte es als Anregung verstanden werden, *C. caninae* an weiteren Stellen in Südbaden und – was genauso interessant wäre – im Elsaß zu suchen. Da die Art unser Gebiet von Südwesten her besiedelt hat, wäre es denkbar, daß sie auch in der westlichen Schweiz oder im östlichen Frankreich bodenständige Populationen besitzt.

Die alten Angaben aus der nördlichen Schweiz (Basel, Bözingen, VORBRODT 1911) sind allerdings als höchst zweifelhaft anzusehen, da nachgewiesen wurde, daß VORBRODT selbst in seiner eigenen Sammlung mehrere Arten der *C. verbasci*-Gruppe verwechselt hat (AUBERT 1957).

Vertikal: Der Fundort liegt in der Ebene in einer Höhe von 200–210 m.

Phänologie

Imagines: Bislang liegen noch keine Falterfunde aus dem Untersuchungsgebiet vor. Die Flugzeit wird von RONKAY & RONKAY (1994) für Südeuropa mit Ende April bis Anfang Juni (*C. blattariae* bis Mitte Juli) angegeben. CALLE [1983] nennt für Spanien April bis Juni.

Präimaginalstadien: Die Raupen hat R. HERRMANN mehrfach im Mai und Juni gefunden. Die Eckdaten sind der 31.5.1993 und der 25.6.1988. Da in der letzten Juniwoche noch mittelgroße Raupen festgestellt wurden, ist anzunehmen, daß die Tiere bis in den Juli hinein auftreten können. Darüber hinaus ist zu vermuten, daß die warmen Frühlingstemperaturen in den achtziger und neunziger Jahren einen besonders frühen Falterschlupf und dementsprechend eine frühe Raupenzeit verursacht haben.

In Südeuropa werden die Raupen nämlich von Juni bis August gefunden (LHOMME 1923–1935, RONKAY & RONKAY 1994). GÓMEZ DE AIZPÚRUA (1987) meldet erwachsene Raupen in Spanien Anfang Juli. Die Puppe überwintert und kann überliegen.

Die Raupe lebt in Baden-Württemberg nur an der Hundsbraunwurz (*Scrophularia canina*). Sie ähnelt der von *C. verbasci*, doch sind die gelben Flecke oft stärker linienartig ausgeprägt und die Grundfarbe zeigt in den Segmenteinschnitten oft grünliche Tönungen. Die kleinen schwarzen Flecke sind meist reichlich vorhanden. – Südliche Oberrheinebene 28.6.93 R. HERRMANN.

Ökologie

Lebensraum: *Cucullia caninae* besiedelt in Südbaden nach R. HERRMANN offene, xerotherme Pionierstandorte auf den Kies- und Sandfluren der »Trockenaue«. Hier wächst die Hundsbraunwurz auf sonnigen und trockenen, im Hochsommer sehr heißen Kies- und Schotterflächen, an den Rändern und auf Mittelstreifen von Fahrwegen, an Böschungen und in alten Kiesgruben. Diese Standorte sind anthropogenen Ursprungs. Falls *C. caninae* schon seit längerer Zeit in Südwestdeutschland vorkommt, ist anzunehmen, daß sie einst die natürlichen Kiesfluren des noch unbeeinträchtigten Rheinlaufs bewohnte. Der Fundort liegt im Bereich mittlerer Jahrestemperaturen von 9°C und mittlerer Niederschläge von 600 bis 700 mm und somit in einer der wärmsten Gegenden Deutschlands.

Nahrung der Raupe:
Scrophularia canina – Hunds-Braunwurz
  4 L (FRT, HER, NAN)

Die einzige aus unserem Gebiet nachgewiesene (und vermutlich auch die einzige in Südwestdeutschland in Frage kommende) Nahrungspflanze der Raupe ist *Scrophularia canina*, die Hundsbraunwurz (R. HERRMANN).

Auf der Rückenseite besteht eine Tendenz zum Zusammenfließen der größeren schwarzen Flecke. Dies betrifft zunächst jeweils die rechts und links der Mitte liegenden Flecke jedes Segments. Bei stärkerer Entwicklung der Schwarzfärbung können X-förmige Zeichnungen entstehen. – Südliche Oberrheinebene 28.6.93 R. HERRMANN.

Aus Südwesteuropa wird ebenfalls *Scrophularia canina*, ferner werden *S. ramosissima* und *S. vernalis* (beide in Südwestdeutschland nicht autochthon vorkommend) als Nahrungspflanzen gemeldet (LHOMME 1923–1935). Auch die ostmediterrane *C. blattariae* lebt primär an *Scrophularia canina*. Auf Kreta wurden die Raupen an einer *Scrophularia*-Art der *xanthoglossa*-Gruppe gefunden (WILTSHIRE 1976; als *Cucullia minogenica* REBEL, 1920 gemeldet).

Nahrung des Falters: Aus Baden-Württemberg liegen keine Beobachtungen vor.
Habitat: Das alleinige Larvalhabitat der Art ist in Südbaden die Hundsbraunwurzflur (Epilobio-Scrophularietum caninae), eine Formation der alpigenen Schwemmgesellschaften (Epilobietalia fleischeri).
Verhalten: Das Verhalten der Raupe entspricht dem der *C. scrophulariae*-Raupe. Die Tiere sitzen frei an der Nahrungspflanze, wo sie bevorzugt die Blüten und Früchte fressen. Die Verpuppung erfolgt in einem festen Kokon am Erdboden. Die Imagines sind nachtaktiv. Im Untersuchungsgebiet sind sie noch nicht festgestellt worden.

Gefährdung und Schutz

Rote Liste Bundesrepublik: –
Rote Liste Baden-Württemberg: R

Oberrheinebene: Art mit geographischer Restriktion.
Schwarzwald: Nicht vertreten.
Neckar-Tauberland: Nicht vertreten.
Schwäbische Alb: Nicht vertreten.
Oberschwaben: Nicht vertreten.

- In Baden-Württemberg eine Art mit geographischer Restriktion!
  Besonders geschützt gemäß § 20 e ff. BNatSchG.

Der Schutz des Lebensraums von *Cucullia caninae*, die in Deutschland nach gegenwärtiger Kenntnis nur an diesem einen Standort vorkommt, verdient unbedingte Priorität. Die häufig als wertloses »Ödland« verkannten, submediterranen Pioniergesellschaften stellen auch den Lebensraum von *Synansphecia affinis* und das einzige Refugium für den Fledermausschwärmer (*Hyles vespertilio*) in der Bundesrepublik dar. Die angrenzenden, eichenreichen Trockenwälder sind Lebensraum zahlreicher stark bedrohter Arten, z. B. *Nola togatulalis* und *Dicycla oo*. Pflegemaßnahmen sind hier kaum erforderlich; es kann höchstens stellenweise nötig werden, Weiden-

Cucullia caninae besiedelt in unserem Gebiet nur solche Hundsbraunwurzpflanzen, die auf lückig bewachsenen Schotterflächen an besonders wärmeexponierten, im Hochsommer sehr heißen Standorten stehen. Dies sind zum Beispiel die Ränder und manchmal selbst Mittelstreifen von wenig befahrenen, kiesigen Wegen. – Südliche Oberrheinebene 8.7.93 R. HERRMANN.

und Pappeljungwuchs zu entfernen, um die Hundsbraunwurzfluren vor Verbuschung und Beschattung zu schützen. Schwerwiegende Eingriffe wie Straßenbau, Aufforstungen mit Kiefern oder die Anlage von Maisäckern verträgt dieses Gebiet nicht. Gegenwärtig wird in der südbadischen Rheinaue die Schaffung riesiger Überflutungsflächen als Hochwasserschutz diskutiert. Wenn diese großflächigen Eingriffe (z. B. Ausbaggerung) auch die Habitate von *Cucullia caninae* erfassen, wird die Art in Deutschland nur wenige Jahre nach ihrer Entdeckung ausgerottet werden. Die weitere Entwicklung der Population sollte durch jährliche Kontrollen der Raupenbestände genau verfolgt werden.

Cucullia scrophulariae
([Denis & Schiffermüller], 1775)
Braunwurz-Mönch

Cucullia scrophulariae CAPIEUX (REUTTI 1898, SPULER 1908–1910, LAMPERT 1907, WARREN 1909–1914, REBEL 1910, ECKSTEIN 1920, HERING 1932, SCHNEIDER 1936–1939, BERGMANN 1954, KOCH 1958)

Gesamtverbreitung: In Europa südlich bis Mittelspanien, Sizilien und Griechenland, nördlich bis zur Nordsee, Dänemark, Südschweden und ins Baltikum verbreitet (Einzelfunde in Südengland). Die Arealgrenzen im Süden und Osten sind wegen Verwechslungsmöglichkeiten mit verwandten Arten unklar: Eine Angabe für Marokko wird heute bezweifelt, die östlichsten sicher belegten Fundorte liegen in der westlichen Türkei (RONKAY & RONKAY 1994).

Die vor kurzem beschriebene *Cucullia gozmanyi* (RONKAY & RONKAY, 1994) ist bisher aus dem östlichen Österreich, aus der Slowakei, aus Ungarn und aus dem westlichen Rumänien bekannt und dürfte sich im vorderasiatisch-mediterranen Raum als weiter verbreitet erweisen. Die Falter ähneln habituell und genitalmorphologisch *C. scrophulariae*, die Raupe unterscheidet sich von dieser durch den rotbraunen Kopf. Sie wurde meist an *Verbascum phoeniceum*, seltener an *V. nigrum* und *Scrophularia canina* gefunden. Aus Baden-Württemberg sind Raupen dieses Typs noch nicht bekannt geworden, eine Untersuchung des Faltermaterials steht allerdings noch aus.

Verbreitung

Regional: *Cucullia scrophulariae* ist in Baden-Württemberg besonders in den waldreichen Landschaften weit verbreitet. So sind aus dem Nord- und Südschwarzwald zahlreiche Funde bekannt und auch im Schönbuch und Glemswald sowie im Odenwald ist die Art weit verbreitet[1]. Auffällig ist dagegen die schwache Präsenz oder

Die »braunen Mönche« sind als Falter oft sehr schwer zu unterscheiden. *Cucullia scrophulariae* ähnelt am meisten *C. verbasci*, unterscheidet sich von ihr durch den Vorderrand der Vorderflügel, der (bei frischen Tieren!) nicht rotbraun ist sondern mittelbraun mit grauer bis schwärzlichgrauer Beschuppung. – Malsch-Sulzbach (ex larva-Zucht) 18.5.92 G. EBERT. S.

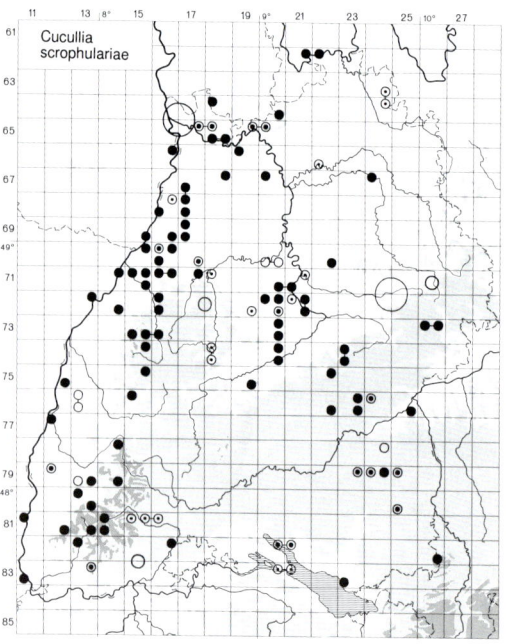

das Fehlen in einigen waldarmen Wärmegebieten wie dem Tauberland und dem Neckarbecken sowie Teilen der Rheinebene.

Vertikal: Die Höhenverbreitung reicht von der Ebene bis ins Bergland. Oberhalb von 1000 m sind nur einzelne Fundorte bekannt, die im

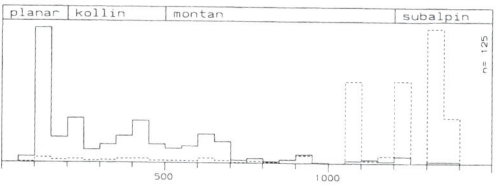

---

[1] Beim Kartenbild muß beachtet werden, daß geographisch ungenaue Angaben, sogenannte Groß- und Superkreise, durch quadrantengenaue Meldungen eliminiert wurden, daß also insgesamt mehr Meldungen vorliegen, als in die Karte eingegangen sind (vgl. Band 1, Kapitel 2.1).

Schwarzwald bis in die Gipfellagen reichen (z.B. Hornisgrinde-Gipfelplateau, 1150 m, H. LUSSI/ A. STEINER). Im Südschwarzwald wird noch die subalpine Stufe erreicht (1200–1240 m, Raupenfunde, Menzenschwand, U. RATZEL; 1300 m, Belchen, G. EBERT). Damit liegt die obere Höhengrenze mehr als 200 m höher als bei *Cucullia verbasci*.

Phänologie

Imagines: Im Vergleich mit *Cucullia verbasci* beginnt die Flugzeit von *C. scrophulariae* durchschnittlich einen guten Monat später. Die ersten Daten aus der Oberrheinebene und aus dem Nekkar-Tauberland fallen auf den 16. und den 18. Mai (1992, Wintersdorf, C. KÖPPEL; 1937, Pforzheim, K. STROBEL). Insgesamt ist die Zahl der Freilandfalter so dürftig (ca. 50 Individuen), daß für die einzelnen Hauptnaturräume keine endgültigen Aussagen möglich sind. Die bisher eingrenzbaren Flugperioden sind: Oberrheinebene Mitte Mai bis Anfang Juni, Schwarzwald Ende Mai bis Anfang Juli, Neckar-Tauberland Mitte Mai bis Mitte Juli, Schwäbische Alb Anfang Juni bis Anfang Juli, Alpenvorland Ende Mai bis Mitte Juli. Im Juni und Juli überschneiden sich Flug- und Raupenzeit.

Präimaginalstadien: Die Eier wurden im Neckarland ab Mitte Juni nachgewiesen (14.6.1988, Schönbuch, A. STEINER), im Schwarzwald noch Ende Juli (29.7.1984, Todtnau-Geschwend, J. ASAL). Meist setzen auch die Raupenfunde Mitte Juni ein (11.6.1990, Malsch-Sulzbach, G.

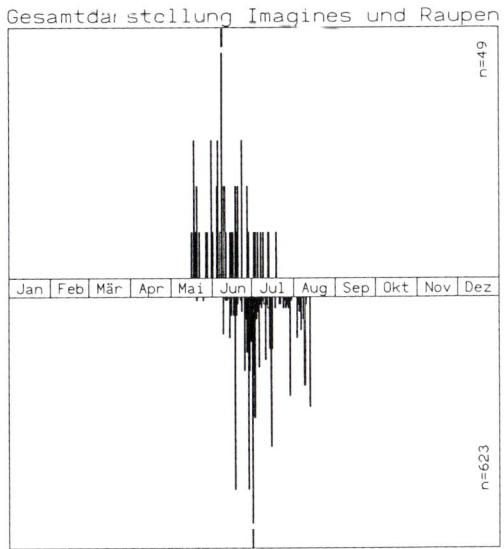

Schon ab dem zweiten Larvalstadium zeigen die jungen Raupen die schwarze Fleckenzeichnung auf hellerem Grund. Dadurch sind sie auch in diesem frühen Stadium von den graugrünlichen Jungraupen von *C. prenanthis* zu unterscheiden, die mit ihnen an denselben Stellen, gelegentlich sogar auf denselben oder benachbarten Pflanzen vorkommen. – Rammert bei Dettingen, 27.6.93 A. STEINER.

EBERT), doch sind auch zwei Mairaupen bekannt, die aus dem Jahr 1946 stammen: 20.5., Grötzingen/Weingarten; 25.5., Dielheim, Bruch (beide A. GREMMINGER). In größerer Zahl ziehen sich die Raupenfunde dann durch die zweite Junihälfte und den ganzen Juli. Aus der ersten Augusthälfte liegen nur noch aus dem Schwarzwald Nachweise vor (J. ASAL, R. DISCH, B. HÜBNER, U. RATZEL). Die späteste Meldung betrifft 30 meist noch kleine Raupen am 13.8.1978, die sich erst am 31.8. alle eingegraben hatten (Todtnau-Gschwend, J. ASAL). Die Puppe überwintert und kann überliegen.

Die Raupenzeit beginnt 3–4 Wochen später als die von *C. verbasci*, überschneidet sich aber dann mit dieser im Juni, Juli und August. Wie bei *C. verbasci* können einzelne Raupen schnell heranwachsen, andererseits sind bis zum Ende der Flugzeit noch junge Raupen zu finden, so daß das Raupen-Funddatum nicht als Unterscheidungsmerkmal zwischen beiden Arten herangezogen werden kann.

Ökologie

Lebensraum: Den charakteristischen Lebensraum von *Cucullia scrophulariae* bilden lichte Laub- und Mischwälder und deren Säume und Vorwaldstadien mit Beständen von Knotiger Braunwurz und anderen Braunwurzarten, so z.B. an Waldwegen, Straßenböschungen, Gräben und Bachufern, auch in Blockfluren, an Felsen, sowie in Hochstaudenfluren innerhalb und im Randbereich von Wäldern. Ganz im Inneren dichter Wälder findet sich die Art nur selten; meist stehen die besetzten Pflanzen nicht weit vom Waldrand oder einem Binnensaum (Lichtung, Schneise, Waldweg, Waldwiese, Bachufer) entfernt. Die Imagines erscheinen beim Blütenbesuch oft weit von den Larvalhabitaten entfernt, beispielsweise in Gärten (an *Buddleja*). Gerne werden halbschattige bis schattige, frische bis feuchte Stellen besiedelt (an *Scrophularia nodosa*), aber gelegentlich sind die Raupen auch in prallsonniger Exposition auf Kies- und Schotterfluren (an *Scrophularia canina*) zu finden. Obwohl sich die Habitatpräferenzen von *Cucullia verbasci* und *Cucullia scrophulariae* überschneiden, unterscheiden sich doch deutlich ihre Schwerpunkte, die – entsprechend den Nahrungspflanzen – bei *Cucullia verbasci* im Offenland und bei *Cucullia scrophulariae* im Wald im weiteren Sinne liegen. Die Falter werden am Licht manchmal weitab von den Larvalhabitaten festgestellt.

Nahrung der Raupe:
Scrophularia umbrosa – Geflügelte Braunwurz
 L (EBE)
Scrophularia nodosa – Knotige Braunwurz
 5 L (ASA, BAI, BAJ, BAR, BEC, BIH, BRM, BUR, DIS, DOC, EBE, ECK, FAL, HEI, KES, LUS, MAR, MÖR, RAK, RAZ, REU, STN)
Scrophularia auriculata – Wasser-Braunwurz
 L (REU)
Scrophularia canina – Hunds-Braunwurz
 3 L (BAR, EBE, GRE, HER, LUS, STN)
? *Scrophularia vernalis* – Frühlings-Braunwurz
 L (GRE)
Scrophularia spec. – Braunwurz
 4 L (AIC, ASA, BMG, DIS, GAU, GOT, GRE, HEI, HER, MOR, SCC, SCÄ, SCM, SCR, SET, WEN, WLL)
Verbascum nigrum – Dunkle Königskerze
 L (BAI)
Verbascum thapsus – Kleinblütige Königskerze
 L (FRY)
Verbascum spec. – Königskerze
 L (BAI, GAU, LDN, SCC)
? *Buddleja davidii* – Sommerflieder
 L (BEY)

Die wichtigste Nahrungspflanze von *Cucullia scrophulariae* ist in unserem Gebiet die Knotige Braunwurz (*Scrophularia nodosa*), an der zahlreiche Mitarbeiter Hunderte von Raupen gefunden haben. Auch die meisten der Meldungen, in

Die erwachsene Raupe zeigt runde und halbmondförmige Flecken auf weißlichem Grund. – Kaltenbronn 30.7.88 H. LUSSI. S.

denen lediglich von »Braunwurz« die Rede ist, dürften sich auf *S. nodosa* beziehen. Vereinzelt sind Raupen an der Hunds-Braunwurz (*Scrophularia canina*) festgestellt worden, die in Südwestdeutschland auf Sand- und Kiesfluren der Oberrheinebene vorkommt. A. GREMMINGER fand daran Raupen im Karlsruher Rheinhafen, D. BARTSCH, G. EBERT, R. HERRMANN, H. LUSSI und A. STEINER in den südbadischen Trockenauen. Eine Raupe fand G. EBERT an einer Uferböschung auf der Schwäbischen Alb an Geflügelter Braunwurz (*Scrophularia umbrosa*).

In den 40er Jahren notierte A. GREMMINGER Raupen (zusammen mit solchen von *C. prenanthis*) im Wutachgebiet an der Frühlings-Braunwurz (*Scrophularia vernalis*). Diese Art gilt heute in Baden-Württemberg als erloschen; früher ist sie vorübergehend in der Oberrheinebene aufgetreten (PHILIPPI 1996). Falls es sich nicht um eine Fehlbestimmung gehandelt hat, müßte der Fund wohl von einer gepflanzten oder verwilderten Pflanze stammen. Mitte des 19. Jahrhunderts hatte REUTTI (1853) die Geöhrte oder Wasser-

Braunwurz (*Scrophularia »aquatica«* = *auriculata*) als Raupennahrungspflanze angegeben (ohne Fundortnennung, wohl aus dem Raum Karlsruhe). Auch diese Art ist seit 1935–1940 in Baden-Württemberg ausgestorben (PHILIPPI 1996). Unklar ist die Identität der ebenfalls von REUTTI (1853) gemeldeten *»Scrophularia viridis«*.

H. BEYERLE (nach SCHULTZ 1924) meldete aus Konstanz Raupen am Sommerflieder (*Buddleja davidii*) in einer Gärtnerei, zusammen mit Raupen von *C. verbasci*. Ob es sich hier tatsächlich um beide Arten gehandelt hat, ist nicht mehr nachprüfbar. Von *Cucullia verbasci* sind Freilandraupen an *Buddleja* mehrfach belegt, für *C. scrophulariae* wäre dies eine neue Nahrungspflanze. In der Gefangenschaft lassen sich beide Arten und auch *C. lychnitis* mit *Buddleja* ernähren (HEIN 1985).

Kritisch sind die immer wieder bei uns eingehenden Meldungen von *Verbascum*-Arten, die auch schon in der Literatur auftauchten (GAUCKLER 1909, SCHNEIDER 1938 sowie Sekundärliteratur). Bei der Überprüfung der gezüchteten Falter durch Genitaluntersuchung stellte sich in den meisten Fällen heraus, daß Verwechslungen mit *C. verbasci* vorlagen. Ein sicheres Belegtier existiert jedoch in coll. SMNS: Magstadt, 1932, E. LINDNER, »Raupe an *Verbascum*« (det. A. STEINER). Auch die Meldungen von *Verbascum nigrum* (G. BAISCH) und *Verbascum thapsus* (K. FREYTAG) erscheinen uns zuverlässig. In Zukunft sollten alle vermeintlichen *C. scrophulariae*-Raupen an *Verbascum* fotografiert und die resultierenden Falter einer Genitaluntersuchung zugänglich gemacht werden.

Nahrung des Falters: Der Blütenbesuch wurde in Gärten am Sommerflieder (*Buddleja davidii*) sowie an nicht näher genannten »Blüten« im Auwaldbereich (GREMMINGER 1925–1928)[2] beobachtet.

Habitat: *Scrophularia*-Bestände in einem weiten Bereich von Laub- und Mischwäldern der Fagetalia sylvaticae, in Waldmänteln, in Säumen und in Schlagfluren (z. B. Aegopodion podagrariae, Alliarion, Epilobietea angustifolii), oft mit *Cucullia prenanthis* vergesellschaftet. Die Imagines besuchen bei der Nahrungsaufnahme blütenreiche Stellen auch außerhalb der Larvalhabitate.

Verhalten: Die Eiablage erfolgt wie bei *C. prenanthis* an die Unterseite von Blütenknospen und Blüten. Die Raupen verhalten sich aber anders: Sie leben nicht versteckt wie die tarnfarbigen Raupen von *C. prenanthis*, mit denen sie auf der selben Pflanze vorkommen können, sondern ganz offen wie die ähnlich auffallend (abschreckend?) gefärbten Raupen der übrigen »Braunen Mönche«. Von Jugend an halten sie sich bevorzugt in den Blütenständen auf, wo sie erst die Blüten und Blütenknospen, später die Samen fressen. Erst wenn diese nährstoffreichsten Teile abgefressen sind, gehen sie auf die Blätter über. Dann können sie tagsüber auch tiefer am Stengel oder auf Blattunterseiten sitzend angetroffen werden. Die Verpuppung erfolgt in einem dickwandigen Kokon im Erdboden. Die Falter sind dämmerungs- und nachtaktiv und kommen gelegentlich ans Licht. Die effektivste Nachweismethode ist die Ei- und Raupensuche.

Gefährdung und Schutz

Rote Liste Bundesrepublik: –
Rote Liste Baden-Württemberg: –

Oberrheinebene: Nicht gefährdet.
Schwarzwald: Nicht gefährdet.
Neckar-Tauberland: Nicht gefährdet.
Schwäbische Alb: Nicht gefährdet.
Oberschwaben: Nicht gefährdet.

- In Baden-Württemberg nicht gefährdet! Besonders geschützt gemäß § 20 e ff. BNatSchG.

Cucullia scrophulariae ist eine Waldart. Sie besiedelt halbschattige Braunwurzbestände an Waldrändern, Lichtungen und Waldwegen, wo sie oft syntop mit *C. prenanthis* vorkommt. – Malsch-Sulzbach 6.7.91 G. EBERT.

---
[2] Hier handelte es sich um das als *C. lychnitis* gemeldete Tier.

Cucullia thapsiphaga
Treitschke, 1826

Verschollener Königskerzen-Mönch

Cucullia tapsiphaga Tr. (REUTTI 1898)

Gesamtverbreitung: In Europa von den Mittelmeerländern (Spanien, Italien, Malta, Griechenland) nordwärts bis Mitteleuropa, wo nach HEINICKE & NAUMANN (1980–1982) die nördliche Arealgrenze von Westfrankreich (46 n.Br.) über Freiburg-Hannover-Lüneburg zur Ostseeküste, nach Polen und weiter zum Kaukasus verläuft. Dabei sind aus dem Gebiet nördlich der Alpen seit Jahrzehnten keine Funde mehr bekannt geworden (HACKER 1989, HEINICKE 1993)[1]. Im Osten schließt das Areal Kleinasien ein, möglicherweise auch noch weitere Gebiete Vorderasiens, falls sich *Cucullia anceps* STAUDINGER, 1880, deren Raupe noch unbekannt ist, als eine Form von *C. thapsiphaga* erweisen sollte.

Verbreitung

Der Status von *Cucullia thapsiphaga* in Baden-Württemberg ist unsicher. Es liegen nur sieben durchweg ältere Meldungen vor. Drei noch existierende Belegstücke haben sich alle als Fehlbestimmungen erwiesen. Es bleibt daher zweifelhaft, ob die übrigen vier Meldungen zuverlässiger waren. Zumindest den von REUTTI gemeldeten Raupenfunden sollte ein gewisser Anspruch auf Glaubwürdigkeit zukommen, da die Raupe von *C. thapsiphaga* einfacher zu bestimmen ist als die Imago. Aus dem angrenzenden Elsaß liegt eine alte Angabe vom Rhein-Rhône-Kanal bei Huningue [Hüningen] vor (RIGGENBACH-STEHLIN nach PEYERIMHOFF & MACKER 1910).

Oberrheinebene: Freiburg, »im Sandfange bei der Karthause« (REUTTI 1853, 1898; Raupenfund); Karlsruhe (REUTTI 1853, 1898).
Neckar-Tauberland: »Aalen (HAHNE)« (SCHNEIDER 1938); »Tübingen selten« (SEYFFER 1850, KELLER & HOFFMANN 1861), diese Angabe stammt höchstwahrscheinlich von SEYFFERS Gewährsmann Prof. K. F. TH. HEPP (1800–1851), der mit seinen Söhnen um Tübingen sammelte und die Art auch – allerdings ohne Nennung des Fundorts – in einer eigenen Arbeit erwähnte (HEPP 1849–1850).

Als unrichtig haben sich die folgenden Meldungen erwiesen:
- »Großholz [bei Tübingen] 28.VI.1925 (KAUFMANN)« (KAUFMANN & SCHMID 1966). Das Belegstück (coll. SMNS) ist *Cucullia scrophulariae*!
- »Von Herrn Dr. HARTMANN bei Sulz gefunden« (KELLER & HOFFMANN 1861, auch von SCHNEIDER 1938 zitiert). Das Belegstück (coll. SMNS) mit dem Etikett »*thapsiphaga* Tr. Sulz Dr. HARTMANN 1860« ist *Cucullia lychnitis*!
- Ein weiteres Belegtier mit dem Etikett »*thapsiphaga* Tr. Württbg v. ROSER 1858« (coll. SMNS) ist auch *Cucullia lychnitis*!

Vertikal: Besiedelt wurde bei uns nur die Ebene und das Hügelland; die gemeldeten Fundorte liegen zwischen 100 und 550 m Höhe.

Phänologie

Imagines: Aus Baden-Württemberg liegen keine Angaben vor.

BERGMANN nannte für Thüringen Mitte Mai bis Anfang Juli, HEINICKE & NAUMANN (1980–1982) zitierten ein Belegstück vom 14.7. Aus Südeuropa wird die Art bereits im April gemeldet (HACKER 1989), während für das Gesamtareal Mai bis Juli genannt wird (RONKAY & RONKAY 1994).

Präimaginalstadien: Keine Angaben aus Baden-Württemberg.

Die Raupenzeit wurde mit Anfang Juni bis Anfang August angegeben (FORSTER 1971), kann aber noch bis September dauern (RONKAY & RONKAY 1994). Die Puppe überwintert.

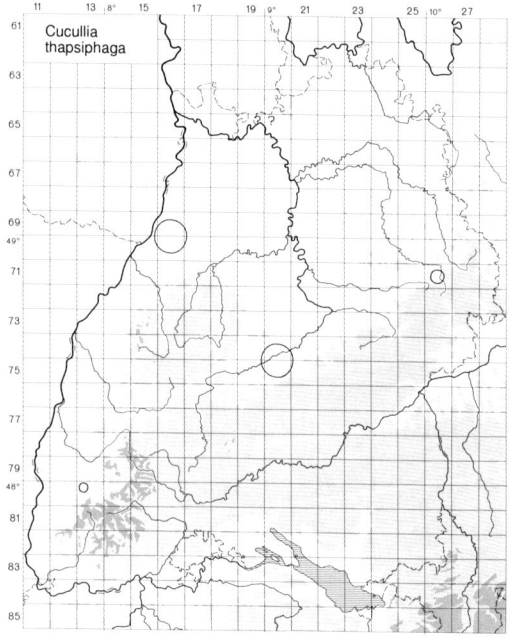

---
[1] In der Liste der polnischen Noctuidae (NOWACKI 1991) wurde die Art ohne besondere Kennzeichnung aufgeführt, was bedeuten soll, daß noch Funde nach 1950 bekannt sind.

Cucullia thapsiphaga soll im 19. Jahrhundert bei Freiburg, Karlsruhe, Aalen und Tübingen gefunden worden sein. Belegstücke existieren nicht mehr. Im übrigen Deutschland ist die Art in den dreißiger Jahren ausgestorben. Die Falter haben Ähnlichkeit mit *Cucullia caninae*, doch leben die Raupen ausschließlich an *Verbascum*-Arten. – Frankreich, Drôme (ex larva-Zucht) 30.4.86 A. STEINER. S.

Ökologie

Lebensraum: Von den Autoren, die *C. thapsiphaga* aus Baden-Württemberg meldeten, machte lediglich REUTTI (1853) eine Biotopangabe (»im Sandfange bei der Karthause«). Wir dürfen annehmen, daß es sich dabei um einen sonnigen Königskerzenstandort auf sandigem Boden gehandelt hat. Offene, felsige bis sandige, heiße Steppen-, Ruderal- und Trockenrasenbiotope sind typische Habitate der Art in Südeuropa.

Nahrung der Raupe:
Verbascum thapsus – Kleinblütige Königskerze
   L (REU)
Verbascum spec. (»*pyramidatum*«) – Königskerze
   L (HEP)

Mindestens zwei Entomologen haben im vorigen Jahrhundert die Raupen von *Cucullia thapsiphaga* beobachtet. In Freiburg notierte REUTTI (1853) die Raupe »auf *Verb. Thapsus.*« HEPP (1849–1850) berichtete: »Die Raupe habe ich immer nur auf *verbascum pyramidatum*, nie auf *verb. Thaps.* gefunden. In der mittlern Färbung waren sie, gleich den Blüthen, mehrentheils gelb.« Diese Beschreibung zeigt, daß es sich tatsächlich um die im Vergleich zu den verwandten Arten ziemlich einfarbige Raupe von *Cucullia thapsiphaga* gehandelt hat. Den Fundort hat HEPP leider nicht genannt, so daß man seine Angabe auf Südeuropa beziehen könnte, da er in der selben Veröffentlichung andere Arten aus Italien nannte. HEPP hat *C. thapsiphaga* aber zur gleichen Zeit aus der Umgebung von Tübingen an SEYFFER (1850) gemeldet. Auch der Ausdruck »immer nur« spricht für einen Fundort, den er längere Zeit besammelte. *Verbascum pyramidatum* ist eine Art, die nur im kaukasisch-kleinasiatischen Raum vorkommt, doch dürfte HEPP unter diesem Namen eine (oder mehrere) einheimische Arten, vielleicht aus der *Verbascum densiflorum/phlomoides*-Verwandtschaft gemeint haben. Diese Mel-

Die Raupen zeichnen sich durch eine starke Reduktion der schwarzen Zeichnungen aus. Achtung: Auch bei *C. verbasci* können gelegentlich einzelne Exemplare mit reduzierten Flecken auftreten, doch ist die Gelbzeichnung anders verteilt, bei *C. thapsiphaga* eine dorsale Fleckenlinie, bei *C. verbasci* mehrere subdorsale Fleckenlinien. – Frankreich, Drôme 24.7.85 A. STEINER.

dungen deuten jedenfalls darauf hin, daß *C. thapsiphaga* früher in Mitteleuropa, wie dies auch aus Südeuropa belegt ist, nicht nur das namensgebende *Verbascum thapsus* sondern auch andere *Verbascum*-Arten genutzt hat.

Nahrung des Falters: Keine Beobachtungen aus Baden-Württemberg.

Habitat: Die vorliegenden Informationen reichen zu einer pflanzensoziologischen Einordnung der ehemaligen Fundstellen nicht aus.

Gefährdung und Schutz

Rote Liste Bundesrepublik: 0
Rote Liste Baden-Württemberg: 0

Oberrheinebene: Ausgestorben oder verschollen.
Schwarzwald: Nicht vertreten.
Neckar-Tauberland: Ausgestorben oder verschollen.
Schwäbische Alb: Nicht vertreten.
Oberschwaben: Nicht vertreten.

- In Baden-Württemberg ausgestorben oder verschollen!
Besonders geschützt gemäß § 20 e ff. BNatSchG.

Cucullia thapsiphaga befindet sich in Deutschland großräumig im Rückgang und ist wahrscheinlich sogar schon ausgestorben. HEINICKE & NAUMANN (1980–1982) gaben als jüngstes Funddatum für Ostdeutschland das Jahr 1933 an, BERGMANN (1954) nannte (unsichere) Raupenfunde aus Thüringen von 1939. In der Synopsis der Eulen Deutschlands (HEINICKE 1993) wird *C. thapsiphaga* als ausgestorben geführt. Ob das Wärmebedürfnis der Art mit ihrem Rückgang zu tun hat, ist ungewiß. Auffallend ist, daß es sich um eine vorderasiatisch-mediterran verbreitete Art handelt; aus dieser zoogeographischen Gruppe stammt die Mehrzahl der heute bei uns ausgestorbenen Noctuidenarten.

Cucullia lychnitis
Rambur, 1833
Später Königskerzen-Mönch

Cucullia lychnitidis RBR. (REUTTI 1898, SPULER 1908–1910) (unberechtigte Emendation)

Gesamtverbreitung: In Europa vom Mittelmeer (Südspanien, Sizilien, Nordgriechenland) bis zur Nord- und Ostsee verbreitet, nördlich bis Südengland, Ostdänemark, Südschweden (Einzelfunde in Finnland), zum Baltikum und zum Ural. Außerhalb Europas in Kleinasien bis zum Libanon, Irak, Iran und Afghanistan (ssp. *albicans* WILTSHIRE, 1976), nach RONKAY & RONKAY (1994) auch »in the eastern parts of North Africa«.

Verbreitung

Regional: In Baden-Württemberg besitzt *C. lychnitis* ein recht gut besiedeltes Teilareal auf der Schwäbischen Alb, wo sie namentlich als Raupe in manchen Jahren nicht selten zu finden ist, wahrscheinlich aber vielfach mit *C. verbasci* verwechselt wird. Mit Sicherheit ist die wirkliche Verbreitung auf der Alb dichter als die Karte

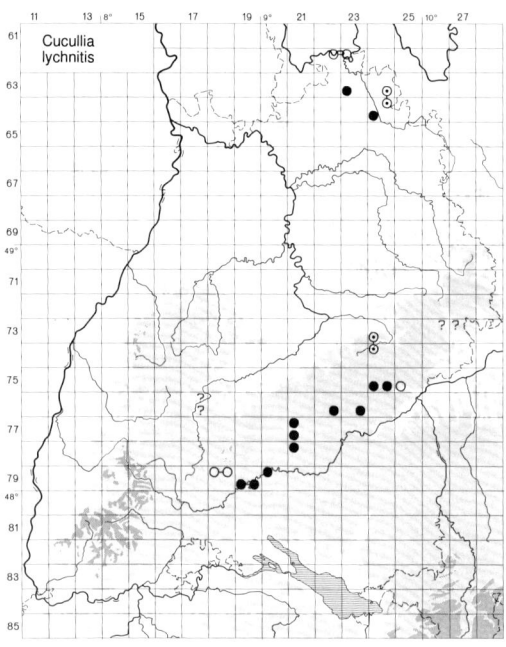

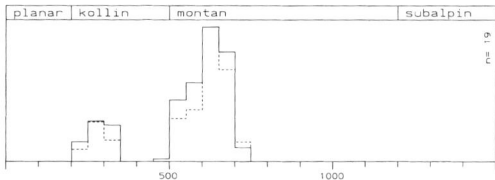

zeigt. Daneben kommt sie im Tauberland vor, wo A. BECHER, G. EBERT und F. KIRSCH sie in letzter Zeit an mehreren Fundorten nachweisen konnten. Aus diesem Gebiet liegen bereits alte Angaben für Wertheim (REUTTI 1898) und die Umgebung von Zimmern vor (Pfarrer K. A. SEITZ nach Kartei A. GREMMINGER). Das Verbreitungsbild entspricht somit in unserem Raum etwa dem von *Chersotis cuprea*, die eine analoge Disjunktion zeigt.

Wie bei allen Arten der *Cucullia verbasci*-Gruppe war auch bei *C. lychnitis* eine Anzahl von Falschmeldungen aufgrund von Fehlbestimmungen zu eliminieren:

- GREMMINGER (1925–1928) hatte einen Falter aus der nördlichen Oberrheinebene bei Graben-Neudorf (Erlicht, 27.5.1924) gemeldet. Schon das frühe Datum und das Habitat (Auwald) stellen die Bestimmung in Frage; glücklicherweise existiert das Belegstück noch; es erwies sich als *C. scrophulariae* (coll. GREMMINGER, LNK).
- Nach SCHNEIDER (1930, 1938) hat C. LÖFFLER die Art am »Schmittenberg bei Heidenheim aus an *Scrophularia* gefundenen Raupen erzogen«. Zwar liegt der Fundort im Verbreitungsareal von *Cucullia lychnitis*, aber die Pflanze deutet eher auf *C. scrophulariae* hin (vgl. Nahrung der Raupe). Belegstücke ließen sich nicht eruieren, so daß wir diese Angabe mit einem Fragezeichen führen.
- Mehrere Tiere aus Birkenfeld, von R. HÄUSSER als *C. lychnitis* gemeldet, sind helle *C. scrophulariae* (coll. STAIB, LNK).
- Für eine unveröffentlichte Angabe von L. SETTELE aus der Wutachschlucht 1967 konnten in coll. SETTELE (coll. SMNS) keine Belege aufgefunden werden; wahrscheinlich lag auch hier eine Verwechslung mit *C. scrophulariae* vor, denn in SETTELEs späterer Arbeit, die alle seine bemerkenswerteren Funde enthält, wird *C. lychnitis* nicht erwähnt (SETTELE 1972).
- Die Meldung von REUTTI (1898), nach der K. KELLER im 19. Jh. *C. lychnitis* bei Freiburg gefunden haben will, ist nie bestätigt worden; die Art ist weder aus der Freiburger Bucht noch aus dem Kaiserstuhl bekannt.

Nur das Tier, das Dr. HARTMANN 1860 bei Sulz am Neckar wahrscheinlich aus einer Raupe züchtete, und das von KELLER & HOFFMANN (1861) und SCHNEIDER (1938) als *Cucullia thapsiphaga* gemeldet wurde, hat sich bei der Genitaluntersuchung als *Cucullia lychnitis* erwiesen (coll. SMNS). Wir kennen sonst keine Funde aus den Oberen Gäuen, die auf eine bodenständige Population in diesem Naturraum hinweisen; allerdings läßt die Durchforschungsdichte noch zu wünschen übrig. Vielleicht ist *C. lychnitis* dort inzwischen erloschen, vielleicht ist auch das Belegstück nicht zuverlässig etikettiert oder später ausgetauscht worden, was bei den Praktiken des 19. Jahrhunderts nicht verwunderlich wäre. Wir ziehen es vor, diesen Fund bis auf weiteres mit Fragezeichen zu führen.

Vertikal: Die beiden Teilareale Tauberland und Schwäbische Alb äußern sich in der Höhenverbreitung als Fundortgruppen im kollinen Bereich

Die Falter von *Cucullia lychnitis* besitzen eine mehr oder weniger intensive blaugraue Beschuppung am Vorderrand der Vorderflügel. Das Mittelfeld ist gelblich und grau gemischt. – Veringenstadt (ex larva-Zucht) 17.4.84 A. STEINER. S.

zwischen 200 und 350 m und im kollin-montanen Bereich zwischen 450 und 750 m.

Phänologie

Imagines: Die Art wird äußerst selten im Imaginalstadium gefunden. Aus unserem Bundesland liegt nur ein sicherer Freilandfalter vor: 4. Juli (1986, Brieltal, R. HERRMANN). Frische Belegtiere sind ausnahmslos aus der Raupe gezüchtet, auch wenn dies nicht immer auf dem Etikett vermerkt ist[1]. Anhand der Raupenzeit, die später liegt als die von *C. scrophulariae* und *C. verbasci*, darf die Flugzeit im Juni und Juli, in manchen Jahren vielleicht noch bis August, vermutet werden. In Südeuropa soll sie nach RONKAY & RONKAY (1994) schon im April beginnen, was auf Mitteleuropa sicher nicht zutrifft.

---

[1] Der Bemerkung »Ulm-Lautern Falter im V. (HEINL)« (SCHNEIDER 1938) dürften im Mai geschlüpfte Zuchtfalter zugrunde gelegen haben.

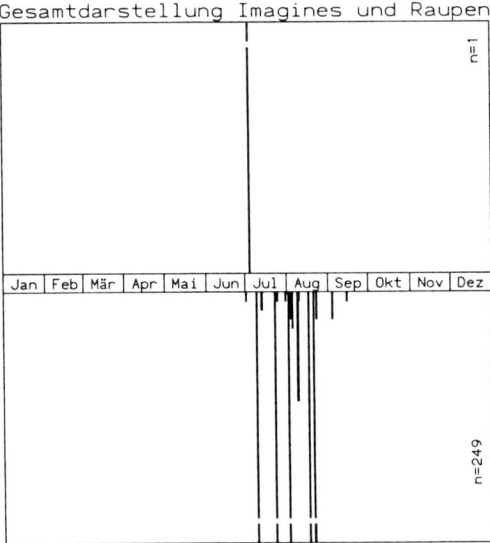

Gesamtdarstellung Imagines und Raupen

Die südwestdeutschen Standorte liegen im Bereich mittlerer Jahrestemperaturen von 5–7°C (Schwäbische Alb) bzw. 7–9°C (Tauberland) und mittlerer Jahresniederschläge von 800–900 mm (Schwäbische Alb) bzw. unter 600–700 mm (Tauberland).

Nahrung der Raupe:
Verbascum lychnitis – Mehlige Königskerze
 5 L (BAI, BAR, BEC, EBE, HEI, SCZ, STN)
Verbascum thapsus – Kleinblütige Königskerze
 L (FRY)
Verbascum spec. – Königskerze
 L (REI)

Die weitaus meisten der genau gemeldeten Raupen (insgesamt über 250 Individuen) wurden an der Mehligen Königskerze (*Verbascum lychnitis*) nachgewiesen. Der wissenschaftliche Name dieser *Cucullia*-Art erscheint also berechtigt. Ein Nachweis von K. FREYTAG stammt von der Kleinblütigen Königskerze (*Verbascum thapsus*).

Präimaginalstadien: Auf der Schwäbischen Alb liegen die mit genauen Daten belegten Raupenfunde zwischen Anfang Juli (1.7.1986, Jungraupe, Blaubeuren: Burghartsweiler, G. BAISCH/F. HACKER) und Anfang September (4.9.1980, erwachsene Raupen, Veringenstadt: Stettener Berg, A. STEINER); im kühlen Sommer 1984 wurde eine erst halberwachsene Raupe noch Mitte September gefunden (15.9.1984, Veringenstadt, A. STEINER). Die Daten aus dem Tauberland stammen aus dem kurzen Zeitraum Ende Juli bis Anfang August (23.7.1988 und 4.8.1989, Königheim: Haigergrund, A. BECHER). Die Raupenzeit ist also im Vergleich mit *C. scrophulariae* um etwa einen, mit *C. verbasci* um bis zu 2 Monate verschoben. Das Überwinterungsstadium ist die Puppe. Sie überliegt gelegentlich.

Ökologie

Lebensraum: *Cucullia lychnitis* besiedelt Standorte der Mehligen Königskerze (gelegentlich auch anderer Königskerzenarten) an offenen, besonnten und trockenen, gern felsigen Stellen in Kalkmagerrasen, auf der Schwäbischen Alb gern auf von Schafen beweideten Wacholderheiden (Halbtrockenrasen). Häufig wird sie auch an Bahndämmen und steinigen Böschungen, an trockenen Straßen- und Wegrändern, in Säumen, auf Geröllhalden, in Steinbruchgelände und gelegentlich auf an Felsfluren oder Magerrasen grenzenden Ruderalfluren gefunden. Die Fundorte auf der Alb liegen auf Weißjura, diejenigen im Tauberland auf Muschelkalk.

Die Raupen sind meist schon an der grünlichgelben Grundfarbe von den mehr kalkweißen oder bläulichweißen Raupen von *C. verbasci* zu unterscheiden. Ferner weisen sie weniger schwarze Zeichnungen auf, vor allem keine der kleinen Fleckchen und Strichelchen im intersegmentalen Bereich, die bei *C. verbasci* oft sehr zahlreich sind. – Veringenstadt 22.8.90 A. STEINER. M.

Typische Lebensräume von *Cucullia lychnitis* sind die Standorte der Mehligen Königskerze (*Verbascum lychnitis*). An trockenwarmen, steinigen Hängen und Böschungen sind die Raupen im Tauberland wie auch auf der Alb zuweilen häufig zu finden, jedoch durchschnittlich einen bis zwei Monate später als die von *Cucullia verbasci*. – Weikerstetten 18.7.92 A. BECHER.

Die von C. LÖFFLER an *Scrophularia* gefundenen Raupen (s. o.) dürften nicht zu *C. lychnitis*, sondern eher zu *C. scrophulariae* gehört haben. Davon abgesehen, daß *Scrophularia* meist an mehr oder weniger beschatteten und kühleren Stellen wächst und deshalb wohl schon mikroklimatisch nicht in Frage kommt, kennen wir aus der Literatur keine gesicherten Freilandfunde von *C. lychnitis*-Raupen an *Scrophularia*-Arten[2]. Allerdings wird berichtet, daß die Raupen in der Gefangenschaft mit Blättern und Samen von *Scrophularia* gefüttert werden können (RONKAY & RONKAY 1994). Diese Autoren nennen als Haupt-Nahrungspflanzen für Europa *Verbascum lychnitis*, *V. nigrum* und *V. austriacum*.

Nahrung des Falters: Keine Beobachtungen aus Baden-Württemberg.

Habitat: Die Larvalhabitate sind auf der Schwäbischen Alb wie im Tauberland besonders auf flachgründigen bis felsigen Halbtrockenrasen (Mesobromion) und in angrenzenden Blutstorchschnabel-Säumen (Geranion sanguineum) zu finden, ferner in ruderalisierten Randbereichen des Mesobrometums und in xerothermen Ruderalfluren, etwa an Straßenböschungen und Bahndämmen, die wohl wenigstens teilweise den Onopordetalia acanthii zuzuordnen sind.

Verhalten: Die Raupen wurden jung aus Blütenständen, aber auch von Blättern geklopft. Bei Erschütterungen der Nahrungspflanze seilen sie sich sofort am Faden ab und können so auch im ersten Stadium leicht erkannt werden. Ältere Raupen sitzen tagsüber frei auf den Pflanzen, meist im Blütenstand. Sie fressen fast ausschließlich die Blüten und (die zur Raupenzeit vorherrschenden) Früchte, nur wenn diese Nahrungsquelle erschöpft ist auch die Blätter. Die Verpuppung erfolgt in einem festen Kokon an der Erdoberfläche zwischen Steinen oder Pflanzenteilen. Die Puppen überliegen oft; bis zu siebenjähriges Überliegen ist gemeldet worden (BRETHERTON, GOATER & LORIMER 1983). Die Falter sind nachtaktiv, kommen aber kaum an Lichtquellen: zumindest aus Baden-Württemberg sind keine Freilandfunde von Imagines bekannt. Die einzig erfolgreiche Nachweismethode ist die Raupensuche.

Gefährdung und Schutz

Rote Liste Bundesrepublik: –
Rote Liste Baden-Württemberg: V

Oberrheinebene: Nicht vertreten.
Schwarzwald: Nicht vertreten.
Neckar-Tauberland: Art der Vorwarnliste.
Schwäbische Alb: Nicht gefährdet.
Oberschwaben: Nicht vertreten.

- In Baden-Württemberg eine Art der Vorwarnliste!
  Besonders geschützt gemäß § 20 e ff. BNatSchG.

Auf beweideten oder durch Pflegemaßnahmen offengehaltenen Halbtrockenrasen der Schwäbischen Alb und des Tauberlands erscheint *Cucullia lychnitis* insgesamt ungefährdet. Die geringere Anzahl von Fundorten im Tauberland macht dort eine Einstufung in die Vorwarnliste

---

[2] BRETHERTON, GOATER & LORIMER (1983) gaben an: »occasionally figworts (*Scrophularia* spp.)«, ohne diese Bemerkung näher zu erläutern.

ratsam, denn wo die Art Straßenränder, Bahndämme, Wegböschungen und Ruderalstandorte besiedelt, könnte die Vernichtung der Königskerzen während der Flug- und Raupenzeit (Juni bis September) zum Erlöschen von Lokalpopulationen führen. Bei starken Raupenbeständen an solchen potentiell gefährdeten Stellen wäre eine Benachrichtigung der betroffenen Straßenbauämter, Bahnbehörden oder Anwohner sinnvoll. Im Raum Sulz und Oberer Neckar, wo das Belegtier von 1860 herstammen soll, müßte auf *C. lychnitis*-Raupen besonders geachtet werden.

Cucullia verbasci
(Linnaeus, 1758)

Königskerzen-Mönch

Gesamtverbreitung: Von Nordwestafrika (Marokko, Algerien, Tunesien) quer durch fast ganz Europa verbreitet, nördlich bis Mittelengland, Schleswig-Holstein, Südschweden und Lettland (Einzelfunde in Dänemark und Südfinnland). In Asien sind sichere Nachweise bis West-Afghanistan bekannt.

Verbreitung

Regional: Diese in offenen Landschaften häufigste der »braunen« Mönchsarten kommt in allen Regionen Baden-Württembergs vor. Wie die

Cucullia verbasci ist im Durchschnitt die größte der »braunen« Mönchsarten. Der Vorderrand der Vorderflügel ist rotbraun ohne graue Einmischung. – Ammerbuch-Reusten (ex larva-Zucht) 2.1.86 A. STEINER. S.

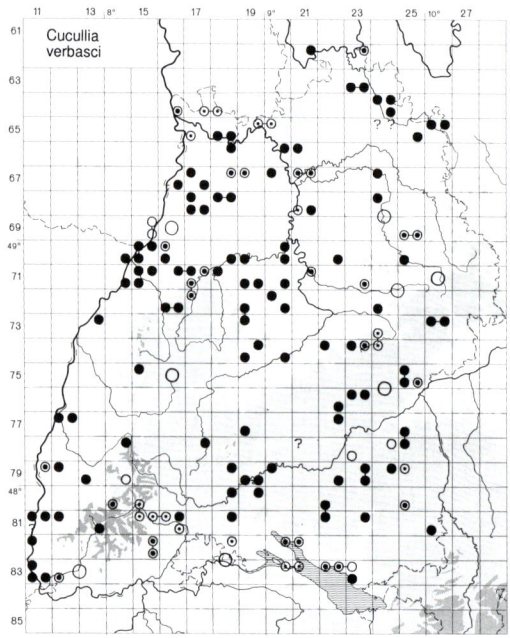

Karte zeigt, ist sie etwas weiter verbreitet als *Cucullia scrophulariae*. Dabei müssen allerdings bei beiden Arten Durchforschungslücken in Rechnung gestellt werden, denn nicht überall wurde gleichermaßen intensiv Raupensuche (die erfolgreichste Nachweismethode) betrieben. Im Gegensatz zu *C. scrophulariae* weist *C. verbasci*

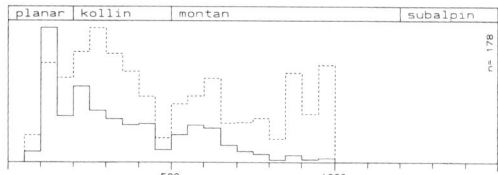

eine weitere Verbreitung in den Wärmegebieten und den durch offene Landschaften geprägten Naturräumen auf, wie etwa in der südbadischen Rheinebene (»Trockenaue«), im Neckarbecken und im Tauberland. Deutlich schwächer als *C. scrophulariae* ist sie im Schwarzwald verbreitet, wo sie nur lokal in Tallagen sowie an die Rheinebene und das Alb-Wutach-Gebiet grenzenden Randgebieten gefunden wurde.

Vertikal: Die Höhenverbreitung erstreckt sich von der planaren bis in die montane Stufe und ähnelt damit grundsätzlich der von *C. scrophulariae*. Allerdings enden bei *C. verbasci* die Fundorte bereits unterhalb der 1000-m-Linie, so in den Gipfellagen der Schwäbischen Alb (Lochenstein, 950 m, A. STEINER; Dreifaltigkeitsberg, 960–982 m, H. LUSSI/A. STEINER) und in Hanglagen des Schwarzwalds (Todtnau-Brandenberg, 800–900 m, J. ASAL) (jeweils Raupenfunde).

Phänologie

Imagines: Echte Freilandfunde liegen nur in verhältnismäßig geringer Anzahl vor (ca. 60 Individuen). Zusätzlich erschwert nachlässige Etikettierung die Analyse, denn manche Sammler haben gezüchtete Tiere leider nicht durch Anmerkungen wie »ex larva« o. ä. von Freilandtieren differenziert. Zwar lassen sich manche Tiere durch geringe Größe, frischen Zustand und Schlüpfdaten in den Winter- und Frühlingsmonaten unschwer als Zuchtfalter erkennen, aber zum normalen Flugzeitbeginn im April/Mai sind auch Freilandtiere noch frisch.

Die Flugzeit wird im allgemeinen mit April bis Juni angegeben (z. B. SCHNEIDER 1938), was für Baden-Württemberg bestätigt werden kann. Aber nur aus der Oberrheinebene und aus dem Neckar-Tauberland liegen Aprilfalter vor: Die frühesten Meldungen datieren vom 9.4. und 11.4. (1980, 1981, Wollenberg, K. W. JAEGER), es folgt

Die meisten Cucullien sitzen als Falter sehr fest und verlassen sich ganz auf ihre Tarnfärbung. Sie werden manchmal über mehrere Tage hinweg an derselben Stelle ruhend beobachtet. Vertrocknete Stengel sind ein idealer Ruheplatz; der Kopf des Falters mit der kapuzenartigen Halskragenbehaarung simuliert dabei eine Zweigabbruchstelle. – Mannheim-Rheinau 5.88 R. BLÄSIUS.

der 14.4. (1959, Sinsheim, M. SCHMITT). Die meisten Funde fallen in den Mai (»Hauptflugzeit«). Die spätesten Falter sind in der Oberrheinebene Anfang Juni, auf der Schwäbischen Alb und im Alpenvorland Mitte Juni und im Neckar-Tauberland noch Ende Juni/Anfang Juli gemeldet worden. Der späteste Fund stammt aus dem Schwarzwald: 12.7. (1987, 4 Falter, Oppenau, M. MEIER).

Präimaginalstadien: Über Eifunde liegt bisher nur eine Beobachtung vor: Nachdem am 23. Mai 1979 ein Weibchen in einem Hausgarten am Licht registriert worden war, wurden am 27. Mai wenige Meter vom Leuchtstandort entfernt an einer Garten-Königskerze 15 Eier und 26 Eiräupchen und am 1. Juni nochmals 11 Jungraupen gefunden, die aller Wahrscheinlichkeit nach von dem angeflogenen Weibchen stammten (Kirchentellinsfurt, A. STEINER). In Wärmegebieten beginnt die Raupenzeit aber früher, denn die Falter fliegen ja bereits ab Mitte April. Die frühen Jungraupen fallen aber anscheinend nur wenig auf. Datierte Funde setzen Mitte Mai ein (17. 5. 1992, Freiburg, I. HEGAR). Ab dem 19. Mai ist fast jeder Tag mit Raupennachweisen belegt, die sich dann durch den ganzen Juni und Juli hinziehen. Obwohl von den Etiketten der Zuchtfalter keine Raupenfunddaten vorliegen, lassen die neueren Meldungen der phänologiebewußten Mitarbeiter schon gewisse regionale Unterschiede erkennen: So endet die Raupenzeit in der Oberrheinebene bereits in der ersten Juli-Dekade, im Schwarzwald, im Neckar-Tauberland und auf der Schwäbischen Alb erst um die Monatswende Juli/August. Auf der Alb setzen die Meldungen auch erst Mitte Juni ein. Aus dem Alpenvorland liegen zu wenige Daten für eine sichere Aussage vor. Die Puppen überwintern und überliegen gelegentlich mehrere Jahre.

Ökologie

Lebensraum: Unter den »braunen« Mönchseulen ist *Cucullia verbasci* die Art mit der größten Bandbreite im Biotopspektrum. Sie bewohnt kleine oder größere, lockere Verbände von Königskerzen, gelegentlich aber auch ganz einzeln stehende Pflanzen, in Saumgesellschaften, im Randbreich von Magerrasen, in Fels- und Geröllfluren, auf Lesesteinriegeln (zum Beispiel im Tauberland), an Trockenmauern in Weinbergen, in Steinbruchgelände, auf Ruderalflächen und Schutthalden, an trockenen Straßen- und Wegrändern und -böschungen, an Bahndämmen, auf Sand- und Kiesfluren der Rheinebene und manchmal auch im Saum lichter Wälder oder an breiten Waldwegen, besonders im Waldrandbereich. Auf Kiesfluren ist sie selten an Hundsbraunwurz, an Waldrändern an Knotiger Braunwurz zu finden. Regelmäßig stellt sie sich an gepflanzten Königskerzen in Gärten, Anlagen und Parks sowie an aus Gärten verwilderten Pflanzen im Siedlungsbereich (Ruderalstellen, Brachflächen, Baustellen) ein. In der »Trümmerflora« Stuttgarts war *C. verbasci* nach dem 2. Weltkrieg außerordentlich häufig (H. WEBER). Die gemeinsamen abiotischen Faktoren all dieser Standorte sind ein gewisses Maß an Wärme und ein hohes Maß an Trockenheit; letzteres dürfte vor allem für die überwinternde Puppe wichtig sein. Die Imagines werden am Licht zuweilen auch in weiter Entfernung von ihren Entwicklungshabitaten auf Dispersionsflug gefunden.

Nahrung der Raupe:
Buddleja davidii – Sommerflieder
L (BEY)
Verbascum cf. *blattaria* – cf. Schabenkraut
2 L (LUS, STN)
Verbascum nigrum – Dunkle Königskerze
3 L (ASA, EBE, FRT, HED)
Verbascum lychnitis – Mehlige Königskerze
4 L (BEC, FRY, JAE, LUS, STN)
Verbascum thapsus – Kleinblütige Königskerze
3 L (BAI, LIT, MAR), SCM, STN)
Verbascum cf. *pulverulentum* – cf. Flockige Königskerze
3 L (FRT, STN)
Verbascum cf. *phlomoides* – cf. Windblumen-Königskerze
2 L (STN)
Verbascum cf. *densiflorum* – cf. Großblütige Königskerze
3 E, L (DOC, LIT, STN)
Verbascum spec. – »Königskerze«, »große Königskerze«, »Wollkraut«
5 L (ASA, BAI, BRM, DIS, DOC, EBE, FAL, FUN, GAU, GRE, HEG, HEI, HER, HST, HUF, IPP, JUN, KIN, LAN, MEI, MER, RAM, REU, SCB, SCC, SCM, SET, STA, STN, TRB, WLL)
Scrophularia nodosa – Knotige Braunwurz
3 L (ADL, BAJ, BIH, HEI, RAM, STN)
Scrophularia canina – Hunds-Braunwurz
L (BAR, HER, KAB)
Scrophularia spec. – Braunwurz
L (BLÄ, RUD, SCC, SCÄ, SCM, WEBER)

Auch *Cucullia verbasci* trägt ihren wissenschaftlichen Namen mit Recht. Ihre wichtigsten Nahrungspflanzen sind Königskerzen. Aufgrund der

Cucullia verbasci legt ihre Eier auch an Blattrosetten von Königskerzen, die noch keine Blütenstände ausgebildet haben. Hier ernähren sich die jungen Raupen nur von den Blättern. – Creglingen 16.6.94 A. STEINER.

Quantitativ beziehen sich die meisten Angaben nur auf die Gattung (»Königskerze«, »Wollkraut«). Es folgen *Verbascum* cf. *pulverulentum* (Südliche Oberrheinebene) und *Verbascum lychnitis* (Sandstein-Odenwald, Tauberland, Kraichgau, Obere Gäue, Schwäbische Alb).

Verbascum nigrum wurde vereinzelt, aber aus den meisten Regionen des Landes gemeldet: Rheinebene (D. FRITSCH), Hochschwarzwald (J. ASAL), Neckar-Tauberland (A. HEIDELBERGER) und Schwäbische Alb (G. EBERT).

Von *Verbascum thapsus* liegen ebenfalls einige Beobachtungen vor: Oberrheinebene (LITZELMANN 1966a), Schönbuch (A. STEINER), Alpenvorland (Gartenpflanze, T. MARKTANNER).

Die großblütigen Arten (und ihre Bastarde) spielen vor allem in der Oberrheinebene eine größere Rolle (D. DOCZKAL, D. FRITSCH). In anderen Gebieten können sie als Ruderal- und Gartenpflanzen Bedeutung für *C. verbasci* erlangen (A. STEINER).

Ein Einzelfund (15 Raupen) betrifft eine noch nicht blühende, braunstengelige Art, wahrscheinlich *Verbascum blattaria*, auf der Westalb (H. LUSSI/A. STEINER).

Daß *Cucullia verbasci* auch die häufig angepflanzten, ostasiatischen und amerikanischen Sommerfliederarten der Familie Buddlejaceae nutzen kann, ist seit langem bekannt (BARRETT

Die Raupen weisen zahlreiche schwarze Striche und Flecken im lateralen Bereich auf, was sie unschwer von *Cucullia lychnitis* unterscheidet. Die dorsalen Flecken sind variabler als bei *Cucullia scrophulariae* und nicht immer schön bogenförmig ausgeprägt. – Schwetzingen, Hirschacker 5.6.83 G. EBERT.

zahlreichen Bastarde, die in der Gattung *Verbascum* vorkommen und wegen der für Nicht-Botaniker oft schwierigen Artbestimmung der großblütigen Arten sind einige Angaben nur mit gebotener Vorsicht zu beurteilen. Immerhin zeigt sich, daß *C. verbasci*-Raupen offenbar alle einheimischen *Verbascum*-Arten fressen, wenn auch eventuell vorhandene lokale oder individuelle Präferenzen durch Detailstudien noch genau herausgearbeitet werden müssen. Daß solche Präferenzen existieren, zeigen einige Einzelbeobachtungen. Auf Sandfluren bei Neulußheim wurden Raupen nur auf *Verbascum-lychnitis*-Pflanzen gefunden, nicht dagegen auf einer großblütigen Art (*Verbascum phlomoides/densiflorum*), die ebenso häufig vertreten war (A. STEINER). An verschiedenen Standorten der Markgräfler Rheinebene fand D. FRITSCH über 250 Raupen an *Verbascum* cf. *pulverulentum* und nur 8 an *Verbascum nigrum*.

Im Gegensatz zu *Cucullia scrophulariae* ist *Cucullia verbasci* eine Offenlandart. Sie kann zwar auch an Waldrändern vorkommen, aber ausgeprägt xerotherme Standorte wie dieser Muschelkalkhang sind typischer für sie. – Reusten, Kochhartgraben 1.7.84 A. STEINER.

1899). Die Buddlejaceae sind mit den Scrophulariaceae verwandt, so daß ihre Verwendung als Fütterungspflanze in der Zucht nahelag. Nach HEIN (1985) lassen sich sowohl *Cucullia scrophulariae* als auch *C. verbasci* und selbst *C. lychnitis* mit *Buddleja* füttern. Aber auch im Freien finden immer wieder Eiablagen an *Buddleja* statt, wie zahlreiche Beobachtungen in Mittel- und Südeuropa und Nordafrika belegen (LEMPKE 1978, OWEN 1980, RUNGS 1981, BRENNECKE 1986, NÄSSIG 1988, STEINER 1989). Schon in den zwanziger Jahren hat H. BEYERLE in seiner Gärtnerei in Konstanz Raupen von *Cucullia verbasci* an *Buddleja davidii* gefunden (SCHULTZ 1924). Seitdem sind allerdings keine weiteren Beobachtungen aus Baden-Württemberg mehr bekannt geworden.

Die immer wieder gemeldeten Raupenfunde an Braunwurz bieten mitunter Probleme. Zweifellos sind hier Verwechslungen mit *Cucullia scrophulariae* vorgekommen, wie die Nachbestimmung von Zuchtfaltern ergeben hat. Auch das Foto einer als *C. verbasci* betitelten, an *Scrophularia* fressenden Raupe aus dem Belchengebiet (SCHÄFER 1989), zeigt *C. scrophulariae*[1]. Es gibt aber Beispiele für echte *Cucullia verbasci* an *Scrophularia nodosa*, so etwa Raupenfunde von R. BLÄSIUS bei Mannheim-Rheinau (Genitaluntersuchung) und von F. BIHLMAIER bei Allmersbach im Tal. Ein älteres Belegstück, leider ohne Abdomen, aber habituell eindeutig *C. verbasci*, das aus Karlsruhe-Maxau stammt, trägt den Vermerk »R.[aupe an] Scr.[ophularia] canina« (coll. G. KABIS, LNK). Durch Fotos und ein sicheres Belegstück abgesichert ist ein weiterer Nachweis an der Hundsbraunwurz in Südbaden durch R. HERRMANN. Für andere Angaben liegen leider keine Belege vor. Dies gilt beispielsweise für einige parasitierte Raupen, die A. STEINER auf der Schwäbischen Alb auf einer von *C. verbasci* und *C. lychnitis* besetzten Weißjurakuppe mit Halbtrockenrasen fand, wo sich auf der schattigeren Nordseite ein dichter *Scrophularia nodosa*-Bestand auf Felsgeröll entwickelt hatte. Die Raupen wirkten habituell wie *C. verbasci*; die Entfernung zu den nächsten Waldrändern betrug mehrere 100 m.

In der Literatur sind die Standpunkte uneinheitlich: Während manche Autoren *C. verbasci* und *C. scrophulariae* von beiden Pflanzengattungen angeben (z. B. KOCH 1958, FORSTER 1971), sind andere vorsichtiger. BERGMANN (1954) kommentierte eine angebliche *C. verbasci*-Raupenmeldung an Braunwurz mit dem Hinweis, daß er selbst immer nur *C. scrophulariae* an Braunwurz gefunden habe. HEINRICH & SPRINGBORN (1986) berichten von einem von *C. verbasci* verursachten »Kahlfraß« an *Scrophularia nodosa* in Brandenburg. In allen künftigen Fällen von vermuteten *C. verbasci*-Raupen an *Scrophularia* (wie auch im umgekehrten Fall, siehe unter *C. scrophulariae*) sollten Raupen und resultierende Falter genau dokumentiert und der Determination durch einen Spezialisten zugänglich gemacht werden.

Nahrung des Falters: Keine Beobachtungen aus Baden-Württemberg. Auch am Köder sind die Falter nicht festgestellt worden.

Habitat: Das Larvalhabitat bilden Königskerzenstandorte an mehr oder weniger xerothermen Standorten, vor allem in Saumgesellschaften (Trifolio-Geranietea sanguinei), in verschiedenen Ruderalgesellschaften (insbesondere Onopordetalia acanthii), ferner in Halbtrockenrasen (Mesobromion, z. B. im Gentiano-Koelerietum), an pflanzensoziologisch schwer faßbaren, kleinräumigen Störstellen und in Gärten. Hier sowie in Gärtnereien sind die Raupen auch an *Buddleja* aufgetreten. Sofern *Scrophularia* als Raupennahrung in Frage kommt (siehe oben), handelt es sich um ähnliche Stellen wie unter *C. scrophulariae* beschrieben, allerdings mutmaßlich mehr an sonnig-trockenen als an feucht-schattigen Standorten.

Verhalten: Im Gegensatz zu *C. scrophulariae* und *C. prenanthis* legen die Weibchen von *C. verbasci* nicht selten auch an sehr kleinen, blütenlosen Pflanzen ab. Entsprechend fressen die Raupen mehr als die anderer *Cucullia*-Arten auch die Blätter und nicht ausschließlich die Blüten und Früchte ihrer Nahrungspflanze. Gelegentlich findet man sie sogar auf Pflanzen, die erst die untere Blattrosette ausgebildet haben. Die Jungraupen (L_1, L_2) halten sich – auch auf blühenden Pflanzen – vor allem auf Blattunterseiten und weniger im Blütenstand auf. Die erwachsenen Raupen, die meist exponierter sitzen, sind etwa gleichmäßig auf die oberirdischen Strukturteile der Pflanze verteilt. Wenn *C. lychnitis*- und *C. verbasci*-Raupen auf derselben Königskerze sitzen[2], tun sich die *C. lychnitis* meist an den Blüten und Früchten gütlich, während die *C. verbasci* tiefer sitzen und die Blätter verzehren. Die Verpuppung geschieht in einem festen Kokon am Erdboden. Die Falter ruhen tagsüber an vertikalen Stengeln

---

[1] Vermutlich wurden die beiden Arten komplett verwechselt, denn im Text wird nur *C. verbasci* genannt. Im höheren Schwarzwald ist aber bisher nur *C. scrophulariae* sicher nachgewiesen worden.

[2] Dies kommt wegen der nur knappen Überschneidung der jeweiligen Raupenzeiten nur Ende Juli vor und ist vor allem auf der Schwäbischen Alb zu beobachten.

und Stämmchen und sind auch an hölzernen Gartenzäunen, Pfosten und Leitungsmasten gefunden worden. Sie sind dämmerungs- und nachtaktiv und kommen vereinzelt ans Licht.

Gefährdung und Schutz

Rote Liste Bundesrepublik: –
Rote Liste Baden-Württemberg: –

Oberrheinebene: Nicht gefährdet.
Schwarzwald: Nicht gefährdet.
Neckar-Tauberland: Nicht gefährdet.
Schwäbische Alb: Nicht gefährdet.
Oberschwaben: Nicht gefährdet.

• In Baden-Württemberg nicht gefährdet! Besonders geschützt gemäß § 20 e ff. BNatSchG.

Cucullia prenanthis
Boisduval, 1840

Braunwurz-Wald-Mönch

Gesamtverbreitung: In Europa westlich bis in die Südwestalpen (Alpes-Maritimes), die Schweiz und das westliche Deutschland vorstoßend, nordwärts die Mittelgebirge nicht überschreitend, im Süden bis Mittel- und Süditalien verbreitet. In Osteuropa nördlich bis Südpolen, südlich bis zum ehemal. Jugoslawien (Dalmatien), Rumänien und Bulgarien bekannt. Ferner in Kleinasien und bis zum Libanon, Kaukasus und Armenien vorkommend. Die westlichsten Gebiete ihres Areals hat die Art anscheinend erst im 19./20. Jahrhundert besiedelt; SPEYER & SPEYER (1862) kannten als westlichste Fundorte Salzburg und die Oberlausitz, doch dürften auch damals schon weitere Gebiete der Sudalpen besiedelt gewesen sein, da die Art aus den »Alp. Delph.« (= Alpen der Dauphiné) beschrieben wurde (BOISDUVAL 1840).

Verbreitung

Regional: *Cucullia prenanthis* war vor dem 20. Jahrhundert in Baden-Württemberg unbekannt und fehlt in allen älteren Faunenwerken. 1923 wurden erstmals Raupen bei Pforzheim und 1924 oder 1925 bei Bad Rippoldsau gefunden (ROMETSCH 1925, WITZENMANN 1925), 1928 und 1929 Falter bei Stuttgart (P. MOHN nach SCHNEIDER 1930), 1929 ein Falter bei Tübingen (H. KAUFMANN), 1931 Raupen bei Stuttgart-Rohr (E. VOGT) und ein Falter in Bronnen bei Biberach (G. REICH nach SCHNEIDER 1938), 1936 Raupen

Cucullia prenanthis läßt sich durch das weißlichgraue (nie gelblichbraune) Mittelfeld von den ähnlichen Arten unterscheiden. Die Falter dieser an Waldgebiete gebundenen Art werden im Freiland nur selten gefunden. – Malsch-Sulzbach (ex larva-Zucht) 24.4.92 G. EBERT. S.

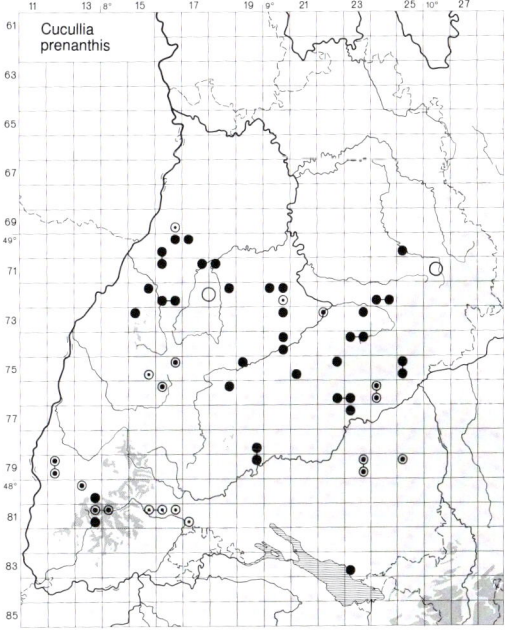

zahlreich bei Esslingen (P. MOHN nach LINDNER & SCHNEIDER 1937). Seitdem wird die Art im nördlichen wie im südlichen Schwarzwald verbreitet und (als Ei und Raupe) oft häufig gefunden. Gleiches gilt für die mittlere Schwäbische Alb und einige Gegenden des Neckar-Tauberlands, insbesondere die Baar, die Oberen Gäue, den Schönbuch, den Glemswald und das Vorland der Schwäbischen Alb. Im Keuperbergland ist bisher nur ein Fundort bekannt (Wengen am Kocher, K. SCHMID), doch dürfte die Art hier wie auch im Schwarzwald und auf der Alb wesentlich weiter verbreitet sein als das Kartenbild zeigt.

Die Oberrheinebene wird wenig besiedelt. Hier liegen nur einige Nachweise aus den Waldgebieten um Karlsruhe vor. Bereits 1940 fanden SCHLEICHER und ALBERT (nach Kartei A. GREMMINGER) Raupen im Hardtwald bei Karlsruhe-Hagsfeld. Aber erst 1994 konnte D. BARTSCH die Art erneut nachweisen (Karlsruhe-Rüppurr: Oberwald).

Aus dem nördlichen Oberschwaben liegen nur einzelne Falter aus dem Federseemoor (1963, G. BAISCH) und dem Dürnachtal bei Bronnen (1931, G. REICH) vor; möglicherweise handelte es sich um Zuwanderer, denn als Raupe ist die Art hier nicht in Erscheinung getreten. Weiter südlich konnte im Alpenvorland ein neuerer Nachweis erbracht werden (Tettnanger Wald, 1979, T. MARKTANNER), und in dieser Region, besonders auf der Adelegg, ist eine Bodenständigkeit zu vermuten.

Die schlechte Nachweisbarkeit des Falters legt die Annahme nahe, daß die Art schon Anfang des 20. oder Ende des 19. Jahrhunderts in Südwestdeutschland eingewandert ist. Wahrscheinlich hat *C. prenanthis* unser Untersuchungsgebiet nicht (oder nicht nur) aus dem Osten sondern vor allem aus Süden von den Alpen und vom Alpenvorland her besiedelt. In den Südwestalpen war sie schon Mitte des 19. Jahrhunderts bekannt (BOISDUVAL 1840), und aus der Schweiz nannte VORBRODT (1911) älteste Nachweise aus den Jahren 1881, 1893 und 1905. Oft hat sich die Art als lokal recht verbreitet erwiesen, sobald die örtlichen Entomologen gelernt hatten, wie die Raupe zu finden ist. Aus diesem Grunde ist es durchaus nicht sicher, ob die Häufung von lokalen Erstfunden in den zwanziger und dreißiger Jahren die Einwanderung in unserem Gebiet zeitlich erfaßt, denn durch Veröffentlichungen mit Hinweisen zur Larvalbiologie wurde damals ganz gezielt zur Raupensuche angeleitet (ROMETSCH 1925, WITZENMANN 1925, SCHNEIDER 1930).

Vermutlich bedingt durch Parasitoide können die Populationsgrößen jahrweise stark schwanken. So meldete J. ASAL aus dem Raum Todtnau Raupenfunde in den Jahren 1978, 1981 und 1984, während in den Zwischenjahren nicht eine Raupe gefunden wurde.

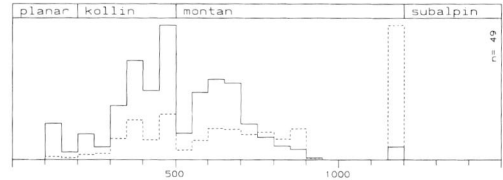

Vertikal: Die Höhenverbreitung konzentriert sich auf das Hügel- und Bergland von etwa 250 m an aufwärts. Im Schwarzwald ist die Art bis knapp unter 1200 m nachgewiesen worden (Gisiboden, G. EBERT/E. ECKERT/R. HERRMANN/H. LUSSI/A. STEINER), ist aber sicher auch noch in größeren Höhen zu finden. Lediglich die Fundorte bei Karlsruhe liegen in der Ebene bei 120 m.

Phänologie

Imagines: Die sehr geringe Anzahl von Falterfunden im Freiland (26 Exemplare!) erlaubt noch keine genauen Aussagen über die Flugzeit in den einzelnen Naturräumen. Die Daten liegen innerhalb des Zeitraums Anfang Mai bis Mitte Juli mit einem Schwerpunkt um die Monatswende Mai/Juni. Die jeweils frühesten Falter wurden im Neckar-Tauberland am 9.5. (1989, Schönbuch bei Echterdingen, D. BARTSCH), im Alpenvorland

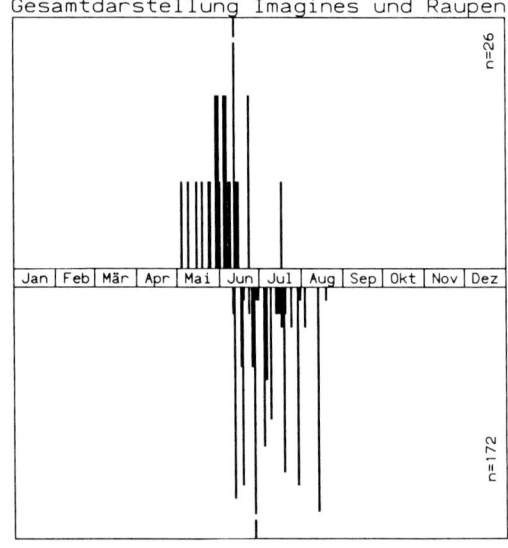

am 19.5. (1979, Tettnanger Wald bei Langenargen-Oberdorf, T. MARKTANNER), auf der Schwäbischen Alb am 29.5. (1979, Herrlingen, G. BAISCH) und im Schwarzwald am 31.5. (1983, Todtnau-Schlechtnau, J. ASAL, bereits abgeflogen) registriert. Die Flugzeit scheint also in allen Regionen etwa gleichzeitig einzusetzen. Die spätesten Funde fallen überall in die zweite Juni-Dekade, nur aus dem Schwarzwald liegt noch ein Falter vom 17. Juli vor (1931, Monbachtal, H. ROMETSCH).

Präimaginalstadien: Eier wurden im Neckarland zwischen dem 6.6. (1987, Schönbuch bei Tübingen-Pfrondorf, A. STEINER) und dem 18.6. (1988, Schönbuch bei Dettenhausen, A. STEINER) beobachtet, im Hochschwarzwald noch bis Mitte Juli, hier gleichzeitig mit L_2- bis L_3-Raupen (15.7.1995, Todtnau-Gisiboden, R. HERRMANN/ A. STEINER). Auch die Raupenfunde setzen »Anfang Juni« ein (1923, H. ROMETSCH; frühestes taggenaues Funddatum ist der 11.6.1990, Bergwald bei Malsch-Sulzbach, G. EBERT/E. ECKERT) und erreichen Ende Juni ein schwaches Maximum, ziehen sich aber noch bis in den August hinein (19.8.1984, Schönbuch, Eichenfirst, A. STEINER). Die Entwicklungszeit der Raupen kann unter günstigen Bedingungen sehr kurz sein: Schon am 26.6.1924 wurden »ziemlich erwachsene« Raupen gemeldet (Nordschwarzwald, H. ROMETSCH), während »jüngere« Raupen noch am 20.7.1968 zur Beobachtung kamen (Dietersweiler, KIEFER 1969). Die Puppen überwintern und überliegen nicht selten mehrere Jahre.

Ökologie

Lebensraum: Zusammen mit *Cucullia scrophulariae* bewohnt *Cucullia prenanthis* frische bis feuchte Laub-, Misch- und Nadelwälder mit Beständen der Knotigen Braunwurz, jedoch nicht in der Ebene, sondern nur im Hügel- und Bergland. Wie bei *C. scrophulariae*, mit der sie gelegentlich an der selben Pflanze oder im selben Bestand gefunden wird, lebt *C. prenanthis* in halb- bis vollschattigen Staudenfluren an Rändern, Böschungen und Gräben von Waldwegen, auf Lichtungen, Schneisen und an Trampelpfaden, auch an Uferböschungen von Flüssen und Waldbächen, an Felsabhängen und auf Blockfluren. Gelegentlich kommt sie außerhalb, aber doch stets in der Nähe von geschlossenen Wäldern vor, so etwa in Steinbrüchen an Stellen, wo die Braunwurz sogar zeitweilig prallsonnig steht (Haigerloch, N. HIRNEISEN/A. STEINER).

Die Eier werden typischerweise an der Unterseite von noch nicht voll erblühten Blütenknospen abgelegt. Seltener findet man sie am Stengel, an Blattstielen oder auf der Unterseite der obersten, blütennahen Blätter. Sie sind anfangs gelblichweiß, später verfärben sie sich violettbraun. In genau derselben Weise erfolgt die Ablage bei *C. scrophulariae* und – an den kleineren Blüten der Hundsbraunwurz – bei *C. caninae*. – Schönbuch bei Tübingen-Pfrondorf 6.6.87 A. STEINER.

Beim Schlupf nagt die Raupe ein Loch in die Eihülle. Die Drüsenhaare der Braunwurzstengel bieten ihr zwar keine Probleme, doch ruht sie am liebsten an unbehaarten Stellen. – Südschwarzwald, Gisiboden 17.7.95 H. LUSSI. S.

Nahrung der Raupe:
? *Scrophularia vernalis* – Frühlings-Braunwurz
  L (GRE)
Scrophularia nodosa – Knotige Braunwurz
  5 E, L (ASA, BAI, BAR, EBE, ECK, FRY, HPP, HAM, HEI, HER, HIR, KIE, LUS, MER, MOH, ROM, STN, VOT, WEF, WIZ)
Scrophularia spec. – Braunwurz
  3 L (GUT, JÜN, SCM, WLL)

Die Raupe lebt ausschließlich an Braunwurzarten, unter denen die verbreitete Knotige Braunwurz die überwiegende Zahl der Meldungen aus-

Die Raupen sind tarnfarbig grün mit weißlichen und gelben Punkt- und Streifenlinien. Sie leben versteckter als die von *Cucullia scrophulariae*, mit denen sie zusammen im selben Braunwurzbestand vorkommen können. Das Larvalhabitat ist unter *Cucullia scrophulariae* abgebildet. – Neckartal bei Altenburg 27.6.90 A. STEINER.

macht. Sie ist aus dem nördlichen und südlichen Schwarzwald ebenso belegt wie von der Schwäbischen Alb, aus dem Albvorland, den Oberen Gäuen, dem Schönbuch und Glemswald und aus der Oberrheinebene. In der Gauchachschlucht bei Kappel sowie am Buchberg bei Blumberg will A. GREMMINGER in den vierziger Jahren auch Raupen an *Scrophularia vernalis* gefunden haben (vgl. die Anmerkung unter *C. scrophulariae*). Weitere Angaben von dieser oder anderen Braunwurzarten fehlen.
Nahrung des Falters: Keine Angaben aus Baden-Württemberg.
Habitat: Die Larvalhabitate befinden sich in verschiedenen Laub- und Mischwaldgesellschaften der Fagetalia sylvaticae und in deren Randbereichen wie Giersch-Säumen (Aegopodion podagrariae), Ruprechtskraut-Säumen (Alliarion) und Schlagfluren (Epilobietea angustifolii). Aus dem Schönbuch sind etwa Hainsimsen-Buchenwälder (Luzulo-Fagetum) und Eichen-Hainbuchenwälder (Carpinion betuli), aber auch Fichtenforste (Stangenholz) belegt, aus den Schwarzwald-Randlagen Alliarion und Atropion. Die Imaginalhabitate dürften weitgehend mit den Larvalhabitaten identisch sein.
Verhalten: Die Eiablage erfolgt wie bei *C. scrophulariae* an die Unterseite der Blütenknospen, an bereits geöffnete Blüten, gelegentlich aber auch an Stengel (im oberen Bereich) oder an Blattunterseiten. Die Raupen sind tarnfarbig grün und leben im Gegensatz zu den in den gleichen Biotopen auf der gleichen Pflanze vorkommenden Raupen von *C. scrophulariae* nicht so offen, sondern mehr versteckt. Nur die Jungraupen halten sich noch hoch im Blüten- bzw. Fruchtstand auf. Die älteren sitzen tagsüber bevorzugt an den Stengeln oder auf der Unterseite der Blätter, können aber auch gelegentlich beim Fressen beobachtet werden. Zuweilen verkriechen sie sich sehr tief am Stengel in Bodennähe. Die Verpuppung erfolgt in einem festen Kokon am Boden. Die dämmerungs- und nachtaktiven Falter kommen vereinzelt ans Licht.

Gefährdung und Schutz

Rote Liste Bundesrepublik: V
Rote Liste Baden-Württemberg: V

Oberrheinebene: Art der Vorwarnliste.
Schwarzwald: Nicht gefährdet.
Neckar-Tauberland: Art der Vorwarnliste.
Schwäbische Alb: Nicht gefährdet.
Oberschwaben: Art der Vorwarnliste (Aussage nicht abgesichert).

- In Baden-Württemberg eine Art der Vorwarnliste!
  Besonders geschützt gemäß § 20 e ff. BNatSchG.

Im Schwarzwald und auf der Schwäbischen Alb ist aufgrund der weiten Verbreitung der Nahrungspflanze keine Gefährdung zu erkennen. In den Naherholungsgebieten um die Ballungsräume im Neckar-Tauberland (Schönbuch, Glemswald) kann radikales Mähen der Randstreifen von Waldwegen zu Beeinträchtigungen führen, wenn hier größere Bestände der Knotigen Braunwurz während der Raupenzeit (Juni–Juli) vernichtet werden. In der Oberrheinebene sind nur zwei Fundorte bekannt. Die Situation im Alpenvorland bedarf noch genauerer Klärung.

Calophasia lunula
(Hufnagel, 1766)

Möndcheneule

Gesamtverbreitung: Durch nahezu ganz Europa, südlich bis zum Mittelmeer, nördlich bis Südengland, Westnorwegen und Mittelfinnland verbreitet. In Asien östlich bis ins Amur-Ussuri-Gebiet, südlich bis zum Pamir und zum Issyk-Kul, aber nicht in Japan. In Teilen des nördlichen Mitteleuropas (Nordwestdeutschland, Dänemark und Großbritannien), die *Calophasia lunula* erst im letzten halben Jahrhundert besiedelt hat, gilt sie als Arealerweiterer bzw. »Wanderfalter« (BRETHERTON, GOATER & LORIMER 1983, HEINICKE & NAUMANN 1980–1982, LOBENSTEIN 1982, WARNECKE 1961). In Kanada wurde *Calophasia lunula* zur Bekämpfung von *Linaria* eingeführt (MIKKOLA, LAFONTAINE & KONONENKO 1991) und hat sich in die USA ausgebreitet (RINGS et al. 1992).

Verbreitung

Regional: Die Möndcheneule bewohnt die meisten Gebiete Baden-Württembergs, insbesondere die Wärmegebiete, aber auch Mittelgebirgslagen wie die Täler des Südschwarzwalds und die zur Donau hin entwässernden Täler der Schwäbischen Alb. Sie fehlt dagegen im Nordschwarzwald und in weiten Teilen des Alpenvorlands. Bei intensiverer Raupensuche (der einfachsten Nachweismethode) dürfte sie sich auch in den nord-

Die kleine Möndcheneule (*Calophasia lunula*) gehört in die weitere Verwandtschaft der Mönchseulen. Wie diese besitzt sie einen kapuzenartig behaarten Halskragen. Ihren Namen verdankt sie der weißen, oft halbmondförmigen Nierenmakel. – Ringingen, Bühlberg 1.6.85 A. STEINER. LF.

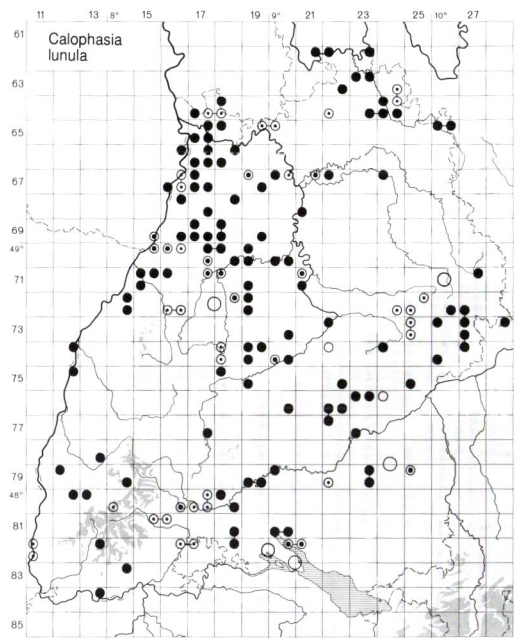

östlichen Teilen des Neckar-Tauberlands, im südlichen Oberrheingebiet und am Hochrhein als durchaus verbreitet erweisen. Das Fehlen neuerer Nachweise in einigen Gegenden wie beispielsweise der Baar deutet weniger auf einen Rückgang als vielmehr auf mangelnde aktuelle Durchforschung dieser Gebiete hin.

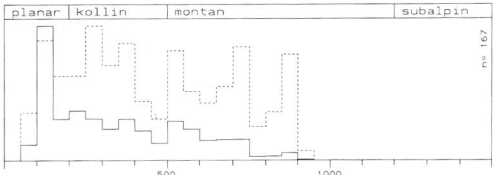

Vertikal: Von der Ebene bis in die montane Stufe (Wutach, Gutachbrücke, 840–910 m, A. GREMMINGER). Die höchsten Raupenfundstellen liegen auf der Schwäbischen Alb (Kräh- und Galgenberg bei Eglingen, 660–780 m, G. BAISCH).

Phänologie

Imagines: In allen Regionen Baden-Württembergs treten zwei Generationen auf, die jedoch regional sehr unterschiedlich ausgeprägt sind. In der Oberrheinebene und im Neckar-Tauberland fliegt die 1. Gen. im Mai und Juni mit einem schwachen Maximum in der zweiten Maihälfte. In Jahren mit warmem Frühjahr sind einzelne Falter auch schon ab Mitte April gefunden worden (15.4.1991 Markgröningen, D. BARTSCH; 19.4.1961 Ettlingen, P. PEKARSKY). Am Oberrhein endet die Flugzeit dieser 1. Gen. bereits Anfang Juni (2.6.1963 Ettlingen, P. PEKARSKY), und die 2. Gen. fliegt ab Ende Juni. Im Diagramm für das Neckarland ist zwischen Mitte Juni und Mitte Juli eine Lücke zu erkennen (in die die ersten Raupenfunde fallen). Die zweite Flugperiode dauert sowohl am Oberrhein wie auch im Neckar-Tauberland bis Mitte/Ende August, ist also länger als die erste. Es liegt jedoch bislang nur ein einziger Falterfund im September vor (6.9.1934 Eberbach/Neckar, M. CRETSCHMAR, ohne Belegstück). Ob es sich bei den in günstigen Jahren im August/September fliegenden Tieren um Angehörige einer 3. Gen. handelt, wie in der Literatur öfters angenommen wird (BERGMANN 1954, KOCH 1984), läßt sich nach unserem Datenmaterial nicht entscheiden. Daß die Sommergeneration eine längere Flugzeit hat als die Frühjahrsgeneration, ist eine Eigenschaft vieler bivoltiner Arten. Man würde sich hier eine größere Anzahl Septemberfunde wünschen, um eine dritte Generation zu postulieren. Eine so ausgedehnte Flugzeit, wie BERGMANN (1954) sie für Thüringen angab (Anfang April bis Ende September), hat sich für Ostdeutschland insgesamt nicht bestätigt (HEINICKE & NAUMANN 1980–1982). Möglicherweise wurde für Thüringen aus den bei der Zucht vielfach im Herbst schlüpfenden Faltern ein (unberechtigter?) Rückschluß auf Freilandverhältnisse gezogen[1]; jedenfalls erfordert die Phänologie der Art noch weitere Untersuchungen. Die relativ wenigen Falterfunde im Schwarzwald, auf der Schwäbischen Alb und im Alpenvorland tragen wenig zur Klärung bei; sie fallen in die Zeit zwischen Anfang Mai und Mitte August, wobei im Schwarzwald (einschließlich niedriger Randlagen, z.B. Kollnau, A. SCHNEIDER) die beiden Generationen etwa gleich stark sind, in den beiden anderen Gebieten die zweite aber nur durch je 2 Einzelfunde vertreten ist (Schwäbische Alb: 1981 und 1982; Alpenvorland: 1953 und 1970). Aufgrund der geringen Datenbasis sollten diese Beobachtungen jedoch nicht überbewertet werden.

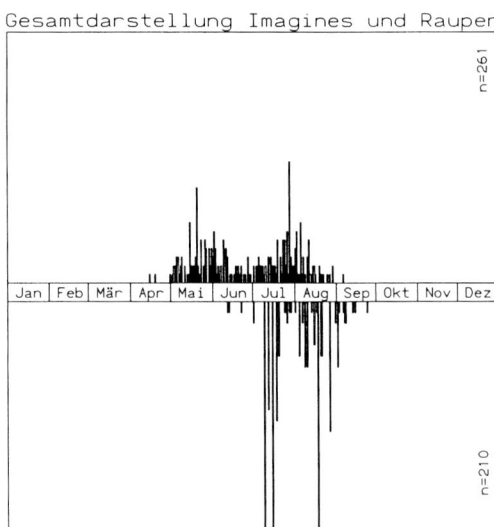

Präimaginalstadien: Trotz der hohen Anzahl von Raupenfunden gestaltet sich auch hier die Trennung der einzelnen Generationen keineswegs einfach. Auf den ersten Blick könnte man SCHNEIDER (1938) zustimmen, nach dem die Raupen »vom VI bis IX in allen Größen durcheinander« vorkommen. In der Oberrheinebene ziehen sich die Raupenfunde ohne deutliche Lücken im Phänologiediagramm von Mitte Juni bis Ende September hin. Dies ist nicht weiter verwunderlich, da die unterschiedlichen standörtlichen und jahresphänologischen Bedingungen das Gesamtbild natürlich verwischen. Im Diagramm für das Neckar-Tauberland (Raupenfunde von Ende Juni bis Anfang September) zeichnen sich zwei Lücken zwischen Ende Juni und Mitte Juli sowie zwischen Ende Juli und Mitte August ab, von denen die zweite ungefähr mit dem Flugzeitmaximum der 2. Gen. zusammenfällt. Die Juniraupen sind sicher in allen Gebieten Nachkommen der 1. Gen. Von der Schwäbischen Alb sind bisher nur Raupenfunde im Juli und August bekannt, bei

---

[1] Eine äußerst gewissenhafte Trennung von Freilandfunddaten und Zucht(=Schlupf)daten, wie sie für die baden-württembergischen Meldungen mit einiger Mühe durchgeführt wurde, ist die unabdingbare Voraussetzung für die Analyse der Phänologie. Alle Etikettendaten, denen auch nur der Verdacht anhaftet, daß es sich um einen Zuchtfalter handeln könnte, sollten sicherheitshalber unberücksichtigt bleiben.

Die Raupe kann mit keiner anderen einheimischen Art verwechselt werden. Erst im Mittelmeerraum leben weitere Arten der Gattung *Calophasia*, deren Raupen denen von *C. lunula* äußerst ähnlich sind. – Wiesental 8.8.93 A. STEINER.

denen es sich ebenfalls noch um Nachkommen der 1. Gen. handeln dürfte. Wenn, wie die Imaginaldaten andeuten, eine 2. Gen. auf der Alb nur schwach entwickelt ist, überwintern wahrscheinlich die meisten dieser Juli/August-Raupen als Puppen. Aus dem Schwarzwald liegen nur wenige Raupennachweise aus der ersten Augusthälfte vor (Höllental, O. SCHRÖDER), die vielleicht genauso zu interpretieren sind. Dies gilt aber wohl nicht für die niedrigen Schwarzwald-Randlagen, von wo jedoch leider nur undatierte Raupenmeldungen vorliegen. Wahrscheinlich fliegen hier wie auch am Oberrhein und im Neckar-Tauberland zwei Generationen, und die Puppen der ersten Generation überwintern.

Ökologie

Lebensraum: Diese Art bewohnt Leinkrautbestände an offenen, sonnigen und meist trockenen Ruderalstellen, in Kies- und Sandfluren, auf Geröllhalden, in Steinbrüchen und Kiesgruben, im Randbereich von Blockhalden und Felsfluren, an gestörten Stellen im Bereich von Trockenrasen und Wacholderheiden, und an Wegrändern und Ackerrainen in der Feldflur. Viele ihrer bevorzugten Lebensräume sind anthropogenen Ursprungs, so etwa Randstreifen und Böschungen an Wegen und Straßen, Hochwasserdämme, Bahndämme und Gleisanlagen, Ruderalfluren im Siedlungsbereich (Industriebrachen, Hafengelände, Schotterfluren, Baugebiete) oder die Trümmerflora, die sich in vielen Städten nach dem 2. Weltkrieg entwickelte (z. B. Pforzheim, M. WALLNER). Auch an in Gärten angepflanztem Leinkraut sind die Raupen schon aufgetreten. Die Falter können bei der Nahrungsaufnahme und am Licht auch außerhalb dieser Habitate beobachtet werden. Die Art kommt auf verschiedenstem Untergrund und in allen Klimastufen vor, besiedelt aber bevorzugt Standorte mit günstigen mikroklimatischen Verhältnissen, die von einem gewissen Wärme- und Trockenheitsbedürfnis zeugen. So ist *C. lunula* zwar die mit Abstand am weitesten nach Norden vorstoßende Art aus der *Calophasia*-Verwandtschaft (*Calophasia*, *Omphalophana* u. a.), kann aber dennoch ihre Herkunft aus einer im vorderasiatisch-mediterranen Raum konzentrierten Gruppe nicht verleugnen.

Nahrung der Raupe:
Linaria vulgaris – Gewöhnliches Leinkraut
  5 L (BAI, BAR, DOC, EBE, GOL, HEH, KIE, REK, RVS, SCÄ, SCN, SCC, SCH, STN, WLL)
Linaria repens – Gestreiftes Leinkraut
  (SCC)
Linaria alpina – Alpen-Leinkraut
  L (SCR)
Linaria spec. – Leinkraut
  4 L (FRY, GAU, GRE, HEI, KLN, LIE, SCN, SCO, SCR)
Kickxia spuria – Unechtes Tännel-Leinkraut
  L (SCC)

Schon ROTH VON SCHRECKENSTEIN (1800) fand die Raupe »bey uns eben nicht selten ... auf dem Leinkraut, *Antirrhinum linaria* [= *Linaria vulgaris*].« An dem verbreiteten Gewöhnlichen Leinkraut wurden die Raupen auch weiterhin am meisten beobachtet. Die Meldungen, in denen nur von »Leinkraut« die Rede ist, dürften sich ebenfalls überwiegend auf diese Art beziehen. Am Alpen-Leinkraut (*Linaria alpina*), wahrscheinlich einer Gartenpflanze, fand O. SCHRÖDER zwei Raupen in oder bei Freiburg (nach Kartei A. GREMMINGER). SCHNEIDER (1938) gab an: »In Gärten die Raupe auch an *Linaria stricta*, am Hohentwiel an *Linaria spuria*.« Bei *Linaria*

»*stricta*« handelt es sich offensichtlich um einen Druckfehler für *Linaria striata*, heute *Linaria repens* (Gestreiftes Leinkraut), und *Linaria spuria* ist *Kickxia spuria*, das Unechte oder Eiblättrige Tännel-Leinkraut. An beiden Pflanzen sind keine neueren Beobachtungen bekannt geworden. Eine Angabe auf dem Etikett einer von G. REICH präparierten Raupe »a. *euphorbiae*« [sic] beruht auf der schlichten Verwechslung von *Linaria* und *Euphorbia*.

Nahrung des Falters: Die langrüsseligen Falter werden oft ab der frühen Dämmerung an nachtblühenden Blüten schwärmend beobachtet. Eine gewisse Vorliebe zeichnet sich dabei für *Silene vulgaris* ab, an der die Tiere von mehreren Mitarbeitern beobachtet wurden (G. EBERT/E. EKKERT, N. HIRNEISEN/A. STEINER, K. RENNWALD [1987]). G. REICH (Aufzeichnungen 1910–1965) hat sie auch »am Tage an blüh. Gras« gefunden. Am Köder wird die Art, wie es bei dämmerungsaktiven Blütenbesuchern üblich ist, nur selten festgestellt.

Habitat: Die vielfach nicht leicht einzuordnenden Raupenfundstellen gehören überwiegend den ausdauernden Ruderalgesellschaften (Onopordetalia acanthii), den halbruderalen Quecken-Trockenrasen (Agropyretea intermedii-repentis), den Steinschutt- und Geröllgesellschaften (Thlaspietea rotundifolii) und den Getreideunkrautgesellschaften (Secalietea cerealis) an. Doch ist *Calophasia lunula* mit *Linaria vulgaris* auch an nicht sicher anzusprechenden Störstellen innerhalb und am Rand von anderen Gesellschaften oder auf nahezu sterilen Schutt-, Kies- und Schotterflächen zu finden. Beispielsweise fand K. RENNWALD [1987] Räupchen an der Südseite eines weißen wärmereflektierenden Gebäudes, wo der Untergrund, »nackter Kies mit lückigem Bewuchs, ... bereits eine Entwicklung hin zum Epilobio-Scrophularietum erahnen ließ«.

Verhalten: *Calophasia lunula* gehört zu den als Raupe sehr häufig gefundenen Noctuiden. Die Raupen sitzen auch tagsüber frei an den Nahrungspflanzen, in fortgeschrittenem Alter sind sie aber auch gern an trockenen Grashalmen und anderen Pflanzenteilen in der Umgebung der Fraßpflanze zu finden. Die aus der Nähe so auffallende Färbung wirkt besonders im Hochsommer aus einiger Entfernung und im Licht- und Schattenspiel der Grashalme eher tarnend.

Die normalerweise dämmerungsaktiven Imagines sind auch schon tagsüber beim Blütenbesuch beobachtet worden (K. RENNWALD [1987]). Nachts kommen sie gelegentlich ans Licht.

Gefährdung und Schutz

Rote Liste Bundesrepublik: –
Rote Liste Baden-Württemberg: –

Oberrheinebene: Nicht gefährdet.
Schwarzwald: Nicht gefährdet.
Neckar-Tauberland: Nicht gefährdet.
Schwäbische Alb: Nicht gefährdet.
Oberschwaben: Art der Vorwarnliste.

• In Baden-Württemberg nicht gefährdet.

Calliergis ramosa
(Esper, 1786)

Geißblatt-Kappeneule

Lithocampa ramosa ESP. (REUTTI 1898, SPULER 1908–1910, LAMPERT 1907, REBEL 1910, ECKSTEIN 1920, HERING 1932)
Callierges ramosa ESP. (WARREN in SEITZ 1909–1914, SCHNEIDER 1936–1939, KOCH 1958, FORSTER & WOHLFAHRT 1971, PRETSCHER & al. 1984)

Die Raupe lebt an Leinkrautarten, vor allem am Gewöhnlichen Leinkraut. Sie ist an Ruderalstandorten, an Straßen- und Wegrändern, an Bahndämmen oder wie hier in der Ackerflur zu finden. – Wiesental 8.8.93 A. STEINER.

Gesamtverbreitung: In Europa nur in den mittleren und südlichen Ländern sehr lokal verbreitet. Nordwärts bis zum Massif Central, zu den deutschen Mittelgebirgen, den Sudeten und Karpaten und zur Westukraine gefunden, im Süden in einem stärker zersplitterten Areal vor allem in den Gebirgen, bis Nordwestspanien, zum Alpensüdrand und Griechenland verbreitet. Separierte Teilareale existieren in den Niederlanden und in Mittelitalien (Apennin). In Asien ist die Verbreitung äußerst ungenügend bekannt; neben einem Vorkommen im nordiranischen Elbursgebirge (ssp. *vandarbana* DRAUDT, 1938) wird die Art vom Kopet-Dagh angegeben. Die früher für eine Subspezies gehaltene ostpaläarktische *C. ramosula* STAUDINGER, 1888 ist nach RONKAY & RONKAY (1995) eine eigene Art.

Verbreitung

Regional: In unserem Gebiet bewohnt *Calliergis ramosa* bevorzugt die niedrigen und mittleren Lagen der Mittelgebirge. Einen Schwerpunkt hat sie auf der Schwäbischen Alb, wo besonders der stark zertalte Albtrauf (Mittlere Kuppenalb) wie auch die Hänge und Täler der Mittleren Flächenalb bis hin ins Obere Donautal gut besiedelt sind[1]. Von hier erstreckt sich das Areal über das Alb-Wutach-Gebiet bis zum Südöstlichen Schwarzwald und zum Hochschwarzwald, wo die Nachweise weniger dicht liegen und zum Teil aus älterer Zeit stammen. Angesichts verschiedener neuerer Funde darf aber angenommen werden, daß die Art auch aktuell noch gut verbreitet ist. Gleiches gilt für den Mittleren und Nordschwarzwald, wo Angaben von Gengenbach (1898, BUSS nach GAUCKLER 1899a), Oppenau: An der Steig (1987, M. MEIER), Freudenstadt (1966, E. KIEFER) und Ottenhöfen/Seebach (1938, A. SÜSSE nach Kartei GREMMINGER) vorliegen.

Gut besetzt sind die Muschelkalkhänge der Oberen Gäue, wo entlang des Neckars und seiner Zuflüsse eine ganze Reihe von Fundorten von Rottweil (1963, R. BANTLE/H. EGLE) nördlich bis zum Egenhäuser Kapf (1988, N. HIRNEISEN/A. STEINER) und neckaraufwärts genau bis zur Grenze des Muschelkalkgebiets bei Rottenburg (1992, N. HIRNEISEN/A. STEINER) mit überwiegend aktuellen Daten belegt ist. Ein Neuzuwanderer scheint *C. ramosa* im Bereich der nördlichen Oberen Gäue und des Neckarbeckens zu sein: Trotz jahrelanger intensiver Durchforschung des Großraums Pforzheim wurde sie erst 1991 und 1992 am Büchelberg bei Neuhausen und am Betzenbuckel bei Friolzheim aufgefunden (M. WALLNER, W. PFENNINGER).

Die Keupergebiete sind viel dünner besiedelt. Nur wenige Funde sind aus dem Albvorland (Bodelshausen, 1987, M. MEIER) und aus dem Schönbuchbereich bekannt (Tübingen, 1887, C. HEBSACKER; Kirchentellinsfurt, 1983, A. STEINER[2]). Weiter nördlich existieren Populationen in den Schwäbisch-Fränkischen Waldbergen, wo E. LANGER die Art 1974 bei Engelhofen nachwies, und in der Hohenloher und Haller Ebene, wo H. RENNER sie in den dreißiger Jahren bei Schwäbisch Hall, Hessental und Crailsheim fand (SCHNEIDER 1938), hier vermutlich wieder auf Muschelkalk.

Aus Nordbaden liegen ältere Angaben für Heidelberg vor (JENISON nach REUTTI 1853; Beleg von 1930 ex coll. L. SETTELE in coll. SMNS). In beiden Fällen wird es sich nicht um Fundorte in der Rheinebene, sondern im Bereich von Bergstraße oder Odenwald gehandelt haben. Die Fundorte Mannheim und Speyer (Pfalz) im oberrheinischen Tiefland (REUTTI 1898) sind dagegen

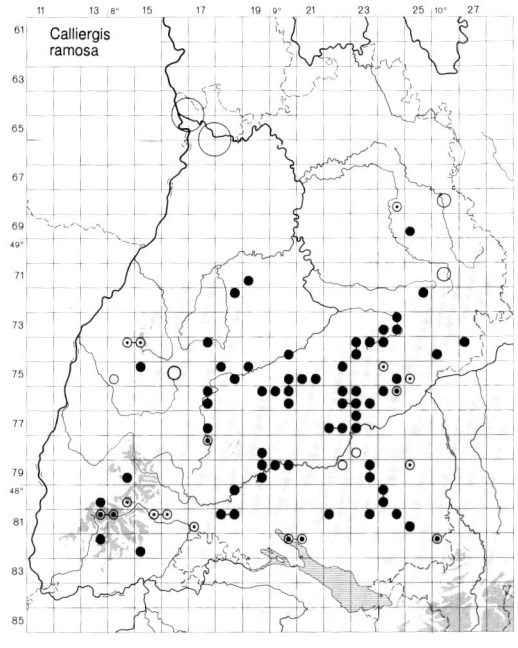

---
[1] Daß die Nachweise in den übrigen Teilen der Alb spärlicher sind, dürfte weniger auf Verbreitungs- als auf Durchforschungslücken beruhen.
[2] Hier handelte es sich offenbar um ein zugewandertes Tier: Am selben Abend flogen auch *Autographa jota* und *Tetheella fluctuosa* an, die um Kirchentellinsfurt nicht bodenständig sind (MEIER & STEINER 1985). Vielleicht von der Alb oder aus dem Neckartal um Rottenburg zugeflogen.

aus heutiger Sicht zweifelhaft. Für die Pfalz wird *C. ramosa* aktuell überhaupt nicht mehr unter den bodenständigen Arten geführt (KRAUS 1993).

In Oberschwaben tritt die Art deutlich spärlicher auf als auf der Alb und ist von manchen Fundorten nur in Einzelexemplaren bekannt: Heudorf bei Riedlingen, 19. Jh. (TROLL nach SCHNEIDER 1938), Marbach bei Riedlingen, 19. Jh. (HENSLER nach KELLER & HOFFMANN 1861), Federseemoor, 1976 (G. BAISCH), Dürnachtal bei Bronnen, 1945 (G. REICH), Mettisried, 1985 (R. SCHICK), Brunnenholzried, 1977 (MEINEKE 1982), Bad Waldsee-Volkertshaus, 1975 (J.-U. MEINEKE), Pfrunger Ried, 1987 (B. STOCKER/W. SEEBURGER), Wegenried, 1981 (R. SCHICK), Moosbachtal bei Gründlenried, 1987 (J.-U. MEINEKE), Fetsachmoos, 1964, 1965 (G. BAISCH), Überlingen, 1958 (E. COMMERELL nach Kartei GREMMINGER). Von der Adelegg liegen noch keine Funde vor, doch dürfen wir die Art auch hier vermuten.

Vertikal: Das Diagramm zeigt deutlich die Bevorzugung des Berglands: Nahezu alle Nachweise stammen aus der oberen kollinen und aus der montanen Stufe, zwischen 350 und 950 m. Die höchstgelegenen Fundorte befinden sich im Schwarzwald (Hinterzarten, Löffingen). Am »Feldberg« (ca. 1000–1493 m; solche Höhenbereiche sind nicht im Diagramm enthalten) könnte die Art auch in Höhen von über 1000 m gefunden worden sein. Auch von der Schwäbischen Alb sind einige Funde so ungenau gemeldet worden, daß eine Verbreitung bis in Lagen über 900 m denkbar wäre[3].

Die hübsche *Calliergis ramosa* ist im Hügel- und Bergland vor allem auf kalkreichen Böden verbreitet. Sie bewohnt Waldränder und Gebüsche mit Beständen der Roten Heckenkirsche. Der unter *Limenitis reducta* abgebildete Lebensraum ist auch für *C. ramosa* charakteristisch. – Rottenburg-Kalkweil 16.5.92 A. STEINER. LF.

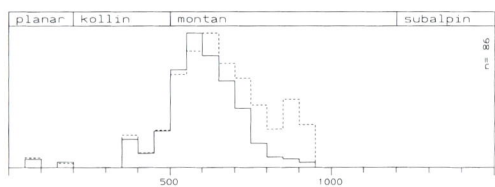

Phänologie

Imagines: In der von *C. ramosa* am dichtesten besiedelten Region Südwestdeutschlands, der Schwäbischen Alb, ist auch ihre Flugzeit am besten bekannt. Sie beginnt hier meistens in der zweiten Maihälfte. Das Maximum wird um die Monatswende Mai/Juni oder Anfang Juni erreicht. Danach ziehen sich mehr vereinzelte Nachweise noch bis Ende Juli hin (25.7.1961, Schelklingen, G. REICH). Die aus dem Neckar-Tauberland vorliegenden Daten reichen von Mitte Mai bis Ende Juli (16.5.1992, Rottenburg-Kalkweil, N. HIRNEISEN/A. STEINER; 28.7.1984, Niedernau, J.-U. MEINEKE), doch scheint die Hauptflugzeit, soweit dies aus den bisherigen Daten ersichtlich ist, insgesamt eher etwas später zu liegen als auf der Alb. Im Schwarzwald ist die Art ab Ende Mai und noch bis Anfang August gefunden worden (1.8.1969, Zastlertal, L. SETTELE), im Alpenvorland nur zwischen Anfang Juni und Anfang Juli.

In Südeuropa fliegen zwei Generationen von April bis Juni und August bis September (HAKKER 1989, RONKAY & RONKAY 1995). Aus Gebieten nördlich der Alpen gibt es bislang keine Anzeichen für eine eventuelle 2. Gen., die bei uns aus klimatischen Gründen offenbar nicht zur Entwicklung kommt.

---

[3] Wenn BERGMANN (1954) behauptete, die Art käme »hauptsächlich im Gebirge« vor, so waren damit Mittelgebirge gemeint. Nach FORSTER (1971) geht sie in den Alpen bis 1800 m.

Die Abundanz kann jahrweise fluktuieren: 1934 wurde die Art als »häufig« aus Laichingen gemeldet, und 1935 traten die Raupen »sehr zahlreich« bei Hessental auf (SCHNEIDER 1938), in neuerer Zeit liegen besonders viele Nachweise von 1980 und 1991 vor, keine dagegen von 1990.

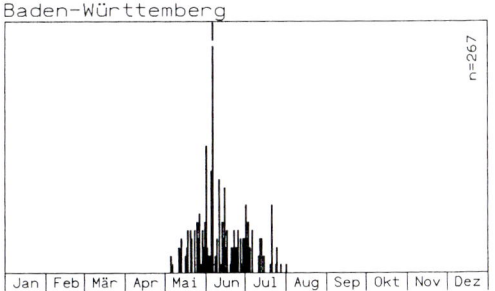

Präimaginalstadien: Ein Eifund wird vom Juni gemeldet (G. BAISCH). Die Raupenfunde aus unserem Gebiet fallen in den Zeitraum zwischen »Juli« (H. RENNER nach SCHNEIDER 1938) und »Anfang September« (HENSLER nach KELLER & HOFFMANN 1861), wobei keine datumsgenauen Angaben vorliegen. Die Puppe überwintert.

Ökologie

Lebensraum: Bestände der Roten Heckenkirsche im Inneren und vor allem in den Randbereichen und an Binnensäumen von frischen bis trockenen Misch- und Laubwäldern, auch von Nadelwäldern (Fichtenforste), an Waldwegen, in an Säume und Halbtrockenrasen angrenzenden Waldmänteln und in waldnahen Gebüschgürteln und Hecken im Übergangsbereich zwischen Wald und Offenland. Bevorzugt werden Standorte auf kalkreichen Böden (Jura und Muschelkalk), und nicht selten kommt *C. ramosa* (als Falter) an natürlich oder anthropogen felsig-lückigen Stellen, etwa in an Wald grenzenden Steinbrüchen, an Abbruchkanten, Böschungen, Steilhängen und Bahndämmen ans Licht. Selbst in Siedlungen (Gärten) sind schon Falter gefunden worden.

Insgesamt sind die Jura- und Muschelkalkgebiete deutlich dichter besiedelt als die Silikat-, Buntsandstein- und Keupergebiete. Die meisten Fundorte liegen im Bereich mittlerer Jahrestemperaturen von 6–8°C und mittlerer jährlicher Niederschläge von 700–1400 mm. Die ausgesprochenen Xerothermgebiete werden gemieden.

Nahrung der Raupe:
Lonicera xylosteum – Rote Heckenkirsche
  3 L (HSL, RNN)
Lonicera spec. – Heckenkirsche, Geißblatt
  L (BAI)

Soweit nicht einfach nur *Lonicera* gemeldet wurde, stammen bisher alle Raupenfunde aus dem Untersuchungsgebiet von der Roten oder Gemeinen Heckenkirsche. Schon Pfarrer HENSLER hatte den Falter um die Mitte des 19. Jahrhunderts, vermutlich in der Umgebung von Marbach bei Riedlingen, »mehrmals aus der auf *Lonicera xylosteum* tief unten am Grase von Mitte August bis Anfang September wohnenden Raupe« gezüchtet (KELLER & HOFFMANN 1861). 1935 wurden die Raupen von H. RENNER »sehr zahlreich bei Hessental« gefunden (SCHNEIDER 1938).

Im Südschwarzwald, auf der Südwestalb und im östlichen Alpenvorland lebt die Raupe mutmaßlich auch an der Schwarzen Heckenkirsche (*Lonicera nigra*), von der aus unserem Gebiet noch keine gesicherten Nachweise vorliegen. Denkbar wäre in diesen Gebieten auch die Nutzung der Alpen-Heckenkirsche (*Lonicera alpigena*), denn diese muß wohl aufgrund der geringeren Höhenverbreitung der anderen *Lonicera*-Arten in den Alpen als Nahrungspflanze für *C. ramosa* dienen. Aus Griechenland berichtete HACKER (1989): »In den montanen und feuchten Lagen der Gebirge fressen die Raupen an *Lonicera nigra*, im wärmeren Süden und in kalkreichen Gebieten an anderen Arten der Gattung.« Aus Mitteleuropa wird außerdem die kultivierte und gelegentlich verwilderte Tatarische Heckenkirsche (*Lonicera tatarica*) als Freiland-Raupennahrung angegeben (BERGMANN 1954).

Die Raupe von *Calliergis ramosa* erinnert in vielerlei Hinsicht an die von *Xylocampa areola*, die ebenfalls an *Lonicera* lebt. Beide betreiben Zweigmimese. – Deggingen (ex ovo-Zucht) 6.88 K. FREYTAG. S.

Nahrung des Falters: Keine Beobachtungen aus unserem Gebiet. Die Falter fliegen künstlichen Köder an.

Habitat: Das Larvalhabitat ist aus unserem Gebiet noch nicht genau beschrieben worden. Es ist ganz allgemein im Bereich von Laubmischwaldgesellschaften der Fagetalia und angrenzenden Berberidion-Gesellschaften zu suchen. Die Falter nutzen vermutlich auch andere Gesellschaften zur Nahrungsaufnahme.

Verhalten: Die Falter sind nachtaktiv und kommen ans Licht.

Gefährdung und Schutz

Rote Liste Bundesrepublik: 3
Rote Liste Baden-Württemberg: V

Oberrheinebene: Nicht vertreten.
Schwarzwald: Noch unklar.
Neckar-Tauberland: Art der Vorwarnliste.
Schwäbische Alb: Nicht gefährdet.
Oberschwaben: Art der Vorwarnliste.

- In Baden-Württemberg eine Art der Vorwarnliste!

Aktuelle Funde von *Calliergis ramosa* liegen in Deutschland nur noch aus Baden-Württemberg, Bayern und Thüringen vor (in Niedersachsen, Hessen, Rheinland-Pfalz, Sachsen und Sachsen-Anhalt nur Funde vor 1980) (HEINICKE 1993). In der Roten Liste der Bundesrepublik wurde sie daher als gefährdet, in der Roten Liste der Noctuidae als stark gefährdet eingestuft (PRETSCHER et al. 1996, HEINICKE 1993). Für unser Gebiet trifft beides nicht zu. Einen Rückgang suggeriert das Kartenbild nur für Schwarzwald und Odenwald, doch beide Gebiete sind aktuell nur lückenhaft durchforscht. Von vielen Fundorten, besonders auf Jura und Muschelkalk, liegen neue Nachweise vor, ja die Erstnachweise bei Neuhausen und Friolzheim deuten sogar auf eine Expansion hin. Da die Art jahreszeitlich eher früh fliegt und lokal auftritt, erklärt sich das Phänomen, daß in Gebieten mit wenigen ansässigen Entomologen (Schwäbische Waldberge) und im höheren Mittelgebirge (Schwarzwald) ein Durchforschungsdefizit besteht. Wir zögern deshalb beispielsweise, die Art im Odenwald schon als »ausgestorben oder verschollen« einzustufen.

Eine Nachsuche an früheren Standorten sollte sowohl im Schwarzwald und Odenwald wie auch im Alpenvorland durchgeführt werden. Auch in den nordöstlichen Gebieten des Neckar-Tauberlands ist die (bisher bekannte) Verbreitung sehr disjunkt; hier ist sicherlich mit noch unbekannten Fundorten zu rechnen.

Lamprosticta culta
([Denis & Schiffermüller], 1775)
Schmuckeule

Gesamtverbreitung: Eine vorderasiatisch-mediterrane Art, die von der Ost- und Zentraltürkei westwärts durch Südeuropa bis zu den spanischen Pyrenäen vordringt. Nordwärts erreicht sie die Schweiz, Deutschland (Hessen, Pfalz, Baden-Württemberg, Bayern, Brandenburg, Sachsen, Sachsen-Anhalt, Thüringen), Polen, Mähren, die Slowakei und die westliche Ukraine. Ein separiertes Vorkommen wird aus Belgien gemeldet. Eine alte Angabe aus Mittelrußland bedarf der Bestätigung.

Verbreitung

Regional: Die heute in Südwestdeutschland ausgestorbene Art war anscheinend bis ins 19. Jh. weit verbreitet. Sie besiedelte vor allem wärmere Gegenden in der Ebene und im Hügelland, vom Oberrhein über das Main- und Neckargebiet bis zum Hochrhein und dem westlichen Bodenseebecken einschließlich des Randen. Aus der Oberrheinebene und vom Main liegen aus dem 20. Jh. bereits keine Funde mehr vor, am mittleren Nek-

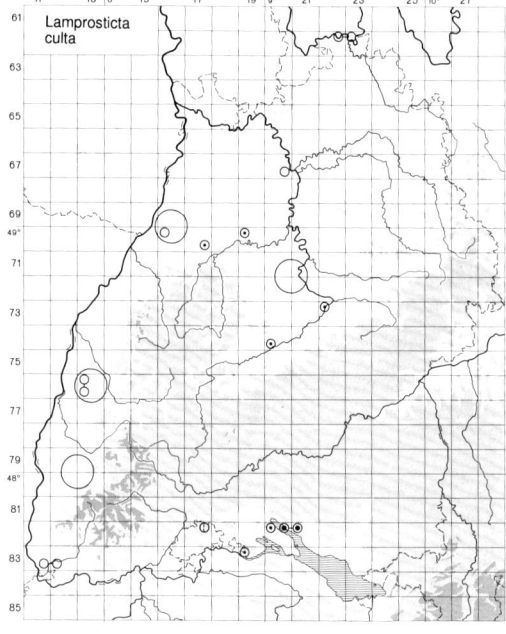

kar (Wendlingen) stammen die letzten Angaben von 1938, aus dem Kraichgau-Stromberggebiet von ca. 1925, und lediglich am Bodensee hielt sich *L. culta* noch bis in die späten fünfziger Jahre[1].

Oberrheinebene: Speyer (REUTTI 1898); Karlsruhe (REUTTI 1853, 1898); Beiertheimer Feld bei Karlsruhe, 1881 (C. BISCHOFF nach Kartei A. GREMMINGER); Lahr und Dinglingen (REUTTI 1853, 1898); Freiburg (K. KELLER nach REUTTI 1853, 1898); Lörrach (REUTTI 1898).
Neckar-Tauberland: Wertheim (REUTTI 1898); Bonfeld, 1878 (SCHUMANN); »im Kocher- und Jaxtthal« [Jagsttal] (SEYFFER 1850; in der Verbreitungskarte nicht darstellbar); Ersingen und Lienzingen, um 1925 (H. ROMETSCH/K. STROBEL); Stuttgart (C. L. F. v. ROSER nach SCHNEIDER 1938); Wendlingen, 1938 (A. LOSER nach SCHNEIDER 1938); Spitzberg bei Tübingen, 1908 (C. HEBSACKER, STOLL nach KAUFMANN & SCHMID 1966).
Schwäbische Alb: Wiechs am Randen (REUTTI 1898).
Alpenvorland: Biberach (ASCHENAUER nach SCHNEIDER 1938); Mindelsee, 1936 (A. FEHRENBACH nach Kartei A. GREMMINGER); Überlingen, bis 1958 (DIETZE 1919, E. COMMERELL nach Kartei A. GREMMINGER); Stein am Rhein (Schweiz, Kanton Schaffhausen) 1925, 1927 (R. STIERLIN nach PFÄHLER-ZIEGLER & STIERLIN 1927).

Sowohl das Verbreitungsgebiet als auch der Verlauf der Arealregression ähneln auf frappante Weise den Verhältnissen bei einer anderen ausgestorbenen Art, nämlich *Trichosea ludifica*, die ebenfalls ein letztes Refugium im Bodenseebecken besaß und praktisch zeitgleich mit *Lamprosticta culta* in Baden-Württemberg ausstarb.

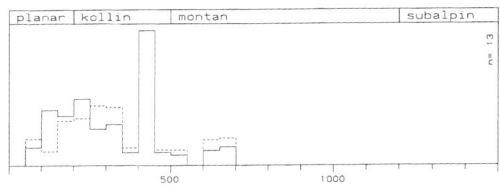

Vertikal: Die Vorkommen in unserem Gebiet lagen vor allem in der Ebene und im Hügelland und erreichten nur an einem Fundort (Wiechs am Randen, 600–700 m) die untere montane Stufe.

Phänologie

Imagines: Die wenigen Flugzeitdaten aus dem Bodenseegebiet umfassen einen Zeitraum von Mitte Juni bis Ende Juli mit einem Einzelfund bereits Ende Mai (14.6.1957, 26.7.1954, 20.5.1953, alle Überlingen, E. COMMERELL). Die drei taggenauen Meldungen aus dem Neckarland stammen vom 23.5. (1908, Spitzberg bei Tübingen, C. HEBSACKER), vom 4.7. (1938, Wendlin-

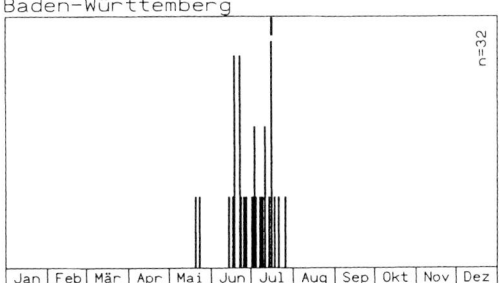

gen, A. LOSER) und vom 18.7. (1878, Bonfeld, SCHUMANN).
Präimaginalstadien: Obwohl mehrmals Raupen gefunden wurden (von O. E. J. SEYFFER im Kocher- und Jagsttal, von H. ROMETSCH oder K. STROBEL bei Ersingen und von STOLL bei Tübingen) hat keiner dieser Entomologen der Nachwelt ein Funddatum oder eine Nahrungspflanzenangabe überliefert. Nach Literaturangaben liegt die Raupenzeit im August–September. Die Puppe überwintert.

Ökologie

Lebensraum: Genaue Angaben liegen uns nicht vor. Es dürfte sich sowohl um Schlehen- und Weißdorngebüsche an Wegrändern, in Magerrasen und Säumen (z. B. aufgelassene Weinberge: Spitzberg bei Tübingen) als auch um extensiv genutzte, schonend bewirtschaftete Streuobstwiesen gehandelt haben. Nach SPULER (1908–1910) kam die Art »besonders in Gärten« vor, womit sicherlich Obstgärten gemeint waren. Alle ehemaligen Fundorte lagen im Bereich mittlerer Jahrestemperaturen von über 8°C.
Nahrung der Raupe: Keine Angaben aus Baden-Württemberg trotz mehrfacher Raupennachweise.

Die Raupen leben an verschiedenen strauch- und baumförmigen Rosaceen wie Schlehe, Weißdorn, Pflaume, Zwetsche, Kirsche, Apfel und Birne (z. B. BERGMANN 1954)[2], wobei stets betont wird, daß es sich um Pflanzen mit starkem Flechtenbewuchs handeln muß, auf oder unter dem die Raupe ruhen kann: »Sie liebt bemooste oder mit Flechten bedeckte Sträucher und Bäume der genannten Arten, und sitzt am Tage unter Moos und Flechten« (WULLSCHLEGEL 1873). »Nur an solchen

---

[1] Eine Angabe vom Isteiner Klotz aus dem Jahr 1953 (LITZELMANN 1966a) ist unglaubwürdig.
[2] Mehrfach wurde Berberitze als »Futterpflanze« zitiert (VORBRODT 1911, BERGMANN 1954), doch dürfte dem wohl nur ein Sitzplatz und nicht eine tatsächliche Fraßbeobachtung zugrundegelegen haben.

Weisdornbüschen, welche stark mit Moos [=Flechten] bewachsen [waren] und wie abgestorben aussahen. Es ruht die Raupe bei Tag über an den moosigen Zweigen ...« (BULLENHEIMER nach FREYER 1832). In dieser Verhaltensweise sehen manche Autoren die Ursache des Aussterbens: »Der Grund liegt augenscheinlich in dem Verschwinden alter, mit Moos und Flechten bewachsener Obstbäume oder darin, daß man die Stämme gründlicher als vordem von Moos- und Flechtenbewuchs freihält. Dadurch werden der Raupe in immer steigendem Maße die Lebensbedingungen entzogen« (BERGMANN 1954).

Nahrung des Falters: Keine Angaben aus dem Untersuchungsgebiet.
Habitat: Siehe Lebensraum.
Verhalten: Die Falter sind nachtaktiv und fliegen Lichtquellen an.

Gefährdung und Schutz

Rote Liste Bundesrepublik: 1
Rote Liste Baden-Württemberg: 0

Oberrheinebene: Ausgestorben oder verschollen.
Schwarzwald: Nicht vertreten.
Neckar-Tauberland: Ausgestorben oder verschollen.
Schwäbische Alb: Ausgestorben oder verschollen.
Oberschwaben: Ausgestorben oder verschollen.

- In Baden-Württemberg ausgestorben oder verschollen!
  Besonders geschützt gemäß § 20 e ff. BNatSchG.

Der für Baden-Württemberg geschilderte Rückgang hat sich in ganz ähnlicher Weise in den meisten Gebieten Mitteleuropas vollzogen. Aus der angrenzenden Pfalz sind keine Nachweise nach 1900 mehr bekannt (KRAUS 1993), ebensowenig aus Sachsen (HEINICKE & NAUMANN 1980–1982). In Thüringen wurde der letzte Falter 1923 registriert (BERGMANN 1954), aus Nordbayern werden fast nur Funde aus dem Zeitraum »vor 1951« gemeldet – lediglich von der mittleren und südlichen Frankenalb auch noch »nach 1950« (HACKER & SCHREIER 1988). Überraschenderweise wurde die Art in Brandenburg in den siebziger Jahren wieder gefunden und hat sich bis heute gehalten (GELBRECHT et al. 1993). Ob dies einen Hoffnungsschimmer auch für die süddeutschen Gebiete bedeutet (etwa in Form einer Arealexpansion), ist allerdings fraglich, denn in Brandenburg liegt wohl keine Neubesiedlung vor,

Lamprosticta culta ist zwischen 1900 und 1960 in allen Gebieten Baden-Württembergs ausgestorben. Die Raupen leben an alten Schlehen und Obstbäumen mit starkem Flechtenbewuchs, deren Rückgang von manchen Autoren für das Verschwinden der Art verantwortlich gemacht wird. – Belegstück aus: Überlingen 24.6.53 E. COMMERELL.

sondern nur eine bessere Dokumentation oder ein Abundanzoptimum der bodenständigen Populationen. Immerhin besteht dort jetzt die Chance, die Ökologie genauer zu untersuchen und die einwirkenden Gefährdungsfaktoren zu ermitteln. Genau wie *Trichosea ludifica* besitzt *Lamprosticta culta* eine Affinität zu üppigem Flechtenbewuchs an Baumstämmen und Sträuchern (Tagesverstecke der Raupen und vermutliche Ruheplätze der Imagines; beide Stadien sind habituell an Flechten angepaßt). Zwei möglichen Ansätzen sollte nachgegangen werden: In welchem Maß ist starker Flechtenbewuchs für die Weibchen zur Eiablage und für die Raupen als Ruheplatz bzw. Schutz/Tarnung vor Prädatoren notwendig?

Pyrois cinnamomea
(Goeze, 1781)
Zimt-Glanzeule

Amphipyra cinnamomea GÖZE (REUTTI 1898, LAMPERT 1907, REBEL 1910, SPULER 1908–1910)
Amphipyra cinnammoea GÖZE (lapsus calami) (ECKSTEIN 1920)
Pyrois cinnamomea KLEEM. (FORSTER & WOHLFAHRT 1971, KOCH 1958, WARREN 1909–1914)
Amphipyra cinnamomea KLEEM. (HERING 1932)

Gesamtverbreitung: Das Areal dieser mediterran verbreiteten Art reicht von Mittelspanien über Süd- und Mittelfrankreich, die südliche Schweiz (früher auch bis Südwestdeutschland) und Italien bis zu den Balkanländern und in die Türkei. Die von GÓMEZ DE AIZPÚRUA (1987) gelieferte Verbreitungskarte stellt das Areal fälschlicherweise bis Nordfrankreich, Belgien und Luxemburg und in Deutschland bis zur Nordsee dar.

Verbreitung

Regional: Die Verbreitung der Art in Baden-Württemberg beschränkte sich offenbar auf die Wärmegebiete der Rheinebene und des Bodenseebeckens.

<u>Oberrheinebene</u>: Speyer (Pfalz, REUTTI 1898), bei Speyer (Pfalz, GRIEBEL 1909); Mahlberg (REUTTI 1898); Freiburg: »Einmal in einem Garten bei Freiburg gefangen (KELLER)« (REUTTI 1853); Lörrach (REUTTI 1898).
<u>Alpenvorland</u>: Überlingen (REUTTI 1898).

SCHNEIDER (1938) gab die Art aus Württemberg als zweifelhaft an: »Angeblich von Friedrichshafen (LANZ), Ulm-Obereselberg (HEINL). Belegstücke nicht vorhanden«. Beide Meldungen müssen wegen der unsicheren Quellen als fraglich beurteilt werden (obwohl der Fundort Friedrichshafen gut ins Verbreitungsbild passen würde)[1].

Die südwestdeutschen Fundorte bildeten einst einen Teil des nordöstlichsten Ausläufers des Verbreitungsareals. Hier kam die Art fast ausschließlich im Bereich von Hoch-, Ober- und Mittelrhein vor. Neben den oben genannten Fundorten in Baden-Württemberg war sie bekannt aus Hes-

Pyrois cinnamomea, eine an Pappeln lebende Art, kam bis ins 19. Jahrhundert am Oberrhein und am Bodensee, ferner am Mittelrhein, im Elsaß und in der Nordschweiz vor. In all diesen Gebieten ist sie heute ausgestorben. – Falter ohne Fundort, coll. A. MEESS.

sen (Frankfurt, Wiesbaden, Mainz, Bockenheim, Wehen; BRAHM 1791, KOCH 1856, VON REICHENAU 1905, RÖSSLER 1867, 1881, VIGELIUS 1850); aus der Pfalz (ohne Fundortangabe, LINZ 1847, Speyer (s. o.)), aus dem Elsaß (Colmar, Mulhouse, La Vancelle, Kientzheim; PEYERIMHOFF & MACKER 1880, MACKER & FETTIG 1890) und aus der nördlichen Schweiz (Basel, Biel, Bremgarten u. a.; VORBRODT 1911). Aus allen diesen Gebieten

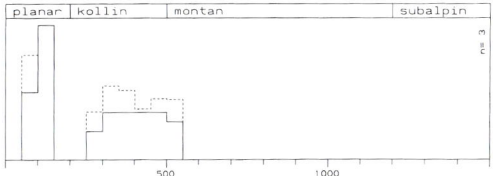

ist sie seit langem verschwunden. Die nächstgelegenen aktuellen Fundstellen befinden sich im Wallis (RAPPAZ 1979).

Vertikal: Nördlich der Alpen war *P. cinnamomea* auf die niedrigen Lagen der Rheinebene und ihrer Randgebiete sowie des Bodenseebeckens beschränkt. Die wenigen Fundorte fallen in den Bereich zwischen 100 und 550 m.

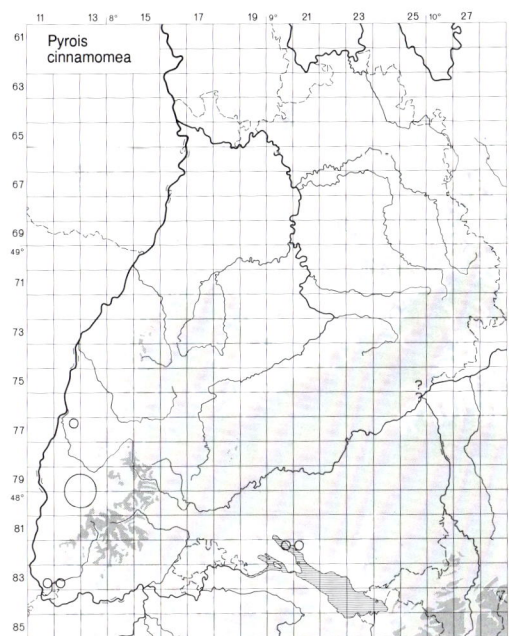

---

[1] Die meisten Belegstücke der coll. LANZ waren anscheinend unetikettiert und erhielten erst nach ihrem Erwerb durch das Naturalienkabinett Stuttgart (heute SMNS) Etiketten, die den Text »LANZ 1906«, aber nur gelegentlich eine Fundortangabe tragen. SCHNEIDER scheint die Sammlung als reine Lokalsammlung interpretiert und auch viele fundortlose Tiere mit der Angabe »Friedrichshafen (LANZ)« aufgeführt zu haben. So würde sich die verhältnismäßig hohe Anzahl faunistisch fraglicher Arten von diesem Fundort erklären.

Phänologie

Imagines: Genaue Flugzeitdaten aus unserem Gebiet sind nicht bekannt; nach REUTTI (1898) dauerte die Flugzeit »vom August bis Frühjahr« mit Überwinterung im Imaginalstadium, was auch mit den Angaben aus anderen Gebieten übereinstimmt.

Präimaginalstadien: Aus Baden-Württemberg liegen keine Angaben vor. Aus Hessen wurde als Raupenzeit Mai–Ende Juni (BRAHM 1791), aus Frankreich Juni–Juli (LHOMME 1923–1935), aus Spanien Mitte April bis Ende Juni (GÓMEZ DE AIZPÚRUA 1987) angegeben.

Ökologie

Lebensraum: Aus Baden-Württemberg nicht mit Sicherheit bekannt. Offensichtlich hat es sich nicht nur um natürliche Pappelbestände im Auwaldbereich gehandelt. Im Gefolge angepflanzter Pappeln hat *P. cinnamomea* auch Alleen, Parks und Gärten besiedelt, denn M. KELLER fand sie (als Raupe oder als Falter?) »in einem Garten bei Freiburg« (REUTTI 1853), und auch aus Frankfurt/Main wurden wiederholt Funde im Stadtbereich gemeldet (KOCH 1856).

Nahrung der Raupe: Aus Baden-Württemberg nicht sicher bekannt. Zwar gab REUTTI (1898) an: »Die Raupe an Pappeln, soll auch an Ulmen, *Lonicera*, *Evonymus* vorkommen«, doch sind in seinen Angaben in der zweiten Auflage seiner Fauna Zitate aus der Literatur und potentielle Beobachtungen aus Baden-Württemberg stets untrennbar vermischt. Die Hauptnahrungspflanzen dürften in Baden-Württemberg genau wie in Hessen verschiedene Pappelarten gewesen sein.

RÖSSLER (1881) berichtete aus dem Raum Wiesbaden: »Die Raupe ist auf Pappelarten ... nicht selten, aber schwer zu erhalten, da sie auf höheren Aesten lebt und zu ihrer Wohnung Blätter zusammenzieht«, und aus demselben Gebiet meldete CASPARI (1900): »Raupen wurden mehrmals aus Pappelalleen von den Bäumen in Anzahl geschlagen.« Die frühesten genauen Angaben über die Biologie der Art in Deutschland stammen von BRAHM (1791), der die Raupen »vorzüglich und fast einzig auf den italienischen Pappeln oder Bellen« (*Populus nigra* cv. *Italica* bzw. ssp. *pyramidalis*), daneben auch an Schwarzpappeln (*Populus nigra*), an *Ulmus campestris* und (ob fressend?) an *Evonymus europaeus* fand. Diese Angaben wurden von den meisten späteren Autoren zitiert (TREITSCHKE 1825, VORBRODT 1911, REUTTI 1898). LHOMME (1923–1935) gab aus Frankreich auch noch *Prunus spinosa* an, die aber als reguläre Nahrungspflanze wenig wahrscheinlich ist. GÓMEZ DE AIZPÚRUA (1987) fand die Raupe in Spanien »sobre un Chopo (*Populus*)«, während seine Bemerkung, daß sie sich »de Chopos (*Populus*), endrinos (*P. spinosa*) y Olmos (*Ulmus*)« ernähre, wohl auf aus der Literatur abgeschriebenen Angaben beruht.

Nahrung des Falters: Keine Beobachtungen aus Baden-Württemberg. In anderen Gebieten ist die Art als Köderbesucher bekannt.

Habitat: Ohne Informationen über die ehemaligen Habitate ist eine pflanzensoziologische Einordnung nicht möglich.

Verhalten: Wie die *Amphipyra*-Arten verkriechen sich die Falter von *P. cinnamomea* gern in Ritzen und Spalten und gelangen auf der Suche nach Überwinterungsquartieren in Häuser und auf Dachböden. VIGELIUS (1850) fand sie hinter Fensterläden. Dieses Verhalten erklärt auch die Beobachtung von KOCH (1856), dem »todte Exemplare schon sehr oft in Frankfurt auf der Hochstrasse (Promenadenseite) auf Böden in Spinngeweben vorgekommen« sind. Über die Verpuppungsorte berichtete KOCH (1856): »Auch sollen die Puppen zwischen Baumrinden, oder der Moosunterlage mehrenteils an jungen, noch mit Stangen befestigten Bäumen gefunden werden«. Die Falter sind nachtaktiv und fliegen Lichtquellen an.

Gefährdung und Schutz

Rote Liste Bundesrepublik: 0
Rote Liste Baden-Württemberg: 0

Oberrheinebene: Ausgestorben.
Schwarzwald: Nicht vertreten.
Neckar-Tauberland: Nicht vertreten.
Schwäbische Alb: Nicht vertreten.
Oberschwaben: Ausgestorben.

- In Baden-Württemberg ausgestorben! Besonders geschützt gemäß § 20 e ff. BNatSchG.

Die Gründe für das Aussterben von *P. cinnamomea* in ihrem nordöstlichen Arealausläufer sind unbekannt. Sicher ist nur, daß ihr Rückgang schon Ende des 19. Jahrhunderts einsetzte und anscheinend sehr rasch abgelaufen ist. Aus der Umgebung Wiesbadens berichtete CASPARI (1900): »*Amph. cinnamomea* war in den 80er Jahren ziemlich häufig im Herbst zu fangen ... Seit 1890 ist das Tier seltener geworden, voriges Jahr fing ich nach einer Reihe von Jahren nur 1 Stück, im vergangenen Herbste keines.« Auch aus Baden-Württemberg liegen keine Funde aus dem 20. Jahrhundert mehr vor.

Das Artenpaar Amphipyra pyramidea und A. berbera

Der *Amphipyra pyramidea*-Komplex umfaßt eine Reihe paläarktisch und nearktisch verbreiteter Arten. Die beiden europäischen Angehörigen dieser Gruppe wurden erst Ende der sechziger Jahre als unterschiedliche Arten erkannt (SVENSSON 1968, FLETCHER 1968), nachdem das Taxon *berbera* 1949 zunächst als nordafrikanische Unterart von *Amphipyra pyramidea* beschrieben worden war. Sehr bald wurden die deutlichen genitalmorphologischen Differenzen (FLETCHER 1968, REZBANYAI 1978) auch durch eine lange Reihe von habituellen Unterschieden der Imagines (DUFAY 1970, FLETCHER 1968, GOATER & CHRISTIE 1969, KRISTAL 1976, KROGERUS 1969, LICHTENBERGER 1989, NYST 1992, SCHADEWALD 1978, 1984) wie auch der Raupen (CARTER 1969, URBAHN 1969a, 1969b, 1970) ergänzt, so daß heute nur noch bei aberrativen oder stark abgeflogenen Faltern die Notwendigkeit zur Genitaluntersuchung besteht.

Dennoch wird die Unterscheidung beider Arten von manchen Faunisten auch heute noch nicht durchgeführt, wie die alleinige Nennung von *Amphipyra pyramidea* in vielen lokalfaunistischen Veröffentlichungen und Gutachten belegt (die zum Teil durchaus auf quantitativ so umfangreichem Material beruhen, daß auch *A. berbera* zu erwarten gewesen wäre). Dies wäre völlig vertretbar, wenn die Arten als »*Amphipyra pyramidea/berbera*-Komplex« oder in ähnlich eindeutiger Form bezeichnet würden. Durch die unrichtige Bezeichnung als »*A. pyramidea*« wird dem Leser dagegen vorgespiegelt, daß nur diese eine Art nachgewiesen wurde. So entsteht insgesamt der Eindruck, *A. berbera* sei nicht nur weniger individuenstark als ihre Schwesterart (was oft tatsächlich der Fall ist), sondern auch viel lokaler verbreitet (was möglich ist) und würde in weiten Gebieten ganz fehlen (was wahrscheinlich nicht der Fall ist).

Bestimmungshilfe

Amphipyra pyramidea

Falter: Hinterflügel-Unterseite: Costalfeld stark mit schwarzbraunen Schuppen bestreut und von den hellen Flügelpartien gut abgesetzt, dabei oft von den Adern hell durchschnitten. Mittelfleck manchmal von einem hellen Längsstrich durchzogen. Saumfeld wesentlich dunkler als das Innenfeld. Die rötliche Färbung im hinteren Saumfeld reicht nach innen hin nur bis zur (ebenfalls rötlichen) Querbinde. Vorderflügel-Oberseite: Ringmakel gut entwickelt bis völlig fehlend. Feld zwischen Ringmakel, Vorderrand, innerer Querlinie und Mittelschatten mehr oder weniger rhombisch. Mittelschatten verwaschen und meist nicht deutlich von der äußeren Querlinie abgesetzt; oft die ganze äußere Hälfte des Mittelfelds verdunkelt. Äußere Querlinie mündet m.o.w. rechtwinklig auf den Hinterrand und verläuft verhältnismäßig gerade, dadurch erscheint das Mittelfeld vom Vorder- zum Hinterrand kaum verschmälert, das Saumfeld dagegen deutlich verschmälert. Hinterflügel-Oberseite: Rotbraune Färbung klar vom dunklen Costalfeld abgesetzt. Adern nicht oder nur schwach dunkel beschuppt. Gesamteindruck: Wirkt oft zweigeteilt Hell-Dunkel, weil der ausgedehnte dunkle Mittelschatten mit der hellen äußeren Querlinie und dem oft hellen Saumfeld kontrastiert; die innere Querlinie ist meist deutlich dunkler ausgefüllt als die äußere und trägt so zur Verdunklung des Innenfelds bei. Individuelle Variabilität groß.

Amphipyra pyramidea
Von oben nach unten:
Weinheim 7.7.47 ex ovo H. LIENIG.
Kaiserstuhl, Oberbergen 11.8.77 W. STAIB.
Weingartener Moor 10.8.71 W. STAIB.
Nöttingen, Ranntal 2.8.58 W. STAIB.

Amphipyra berbera
Von oben nach unten:
Enzberg 4.8.65 W. STAIB.
Maulbronn, Aalkistensee 3.8.78 W. STAIB.
Karlsruhe 1.7.42 ex larva A. GREMMINGER.
Wildgutach 8.36 A. FEHRENBACH.

Männliche Genitalien: Uncus mit einer kleinen Spitze, darüber ein abgerundet rechtwinkliger Vorsprung, der die Spitze überragt oder zumindest deutlich erreicht.
Weibliche Genitalien: Signum länger als breit, elliptisch. Subgenitalplatte fast doppelt so breit wie lang, am Hinterrand ziemlich stark eingebuchtet.
Raupe: Brustbeine grün mit rötlichbraunen bis schwarzen Flecken. Seitenstreifen auf Segment 4 und 5 unterbrochen. Rücken oft weißlich- oder bläulichgrün; die weißen Zeichnungen treten nicht so stark hervor.

Genitalstrukturen von *Amphipyra*-Arten (Männchen: Uncus (a). Weibchen: Signum (b)).

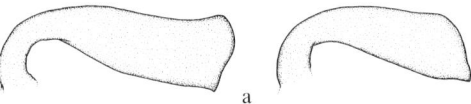

a

Amphipyra pyramidea ♂ (links), Wildgutach, 3.9.1946 A. FEHRENBACH, Präp. Nr. N-721.
Amphipyra berbera ♂ (rechts), Illingen, 21.8.1979 B. TRAUB, Präp. Nr. N-717

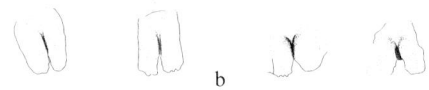

b

Amphipyra pyramidea ♀ (links), Schwäbisch Hall, 7. 1978 W. SPEIDEL, Präp. Nr. N-720; Heidelberg, e.l. 26.6.1964 G. JUNGE, Präp. Nr. N-707.
Amphipyra berbera ♀ (rechts), Werbach, Limbachsleiten, 31.7.1979 G. EBERG/H. FALKNER/B. TRAUB, Präp. Nr. N-355; Mannheim, 20.9.1982 W. KINTZL, Präp. Nr. N-483.

Amphipyra berbera

Falter: Hinterflügel-Unterseite: Costalfeld nicht oder sehr schwach mit dunklen Schuppen bestreut, nie scharf abgesetzt, die Adern nicht heller als die Grundfarbe. Mittelfleck oft von der Discoidalader (also in Querrichtung) hell durchzogen. Saumfeld so hell wie das Innenfeld oder nur geringfügig dunkler. Die rötliche Färbung im hinteren Saumfeld reicht über die Querbinde hinaus bis zur Flügelbasis. Vorderflügel-Oberseite: Ringmakel immer groß und deutlich vorhanden. Feld zwischen Ringmakel, Vorderrand, innerer Querlinie und Mittelschatten mehr oder weniger rechteckig. Mittelschatten schärfer ausgeprägt und meist deutlich von der äußeren Querlinie getrennt. Äußere Querlinie mündet m.o.w. schräg auf den Hinterrand und verläuft verhältnismäßig schräg, dadurch erscheint das Mittelfeld vom Vorder- zum Hinterrand stärker verschmälert als bei *A. pyramidea*, das Saumfeld dagegen weniger verschmälert. Hinterflügel-Oberseite: Rotbraune Färbung weniger intensiv kupferfarben, Costalfeld nicht so dunkel und weniger scharf abgesetzt. Adern immer deutlich dunkel beschuppt. Gesamteindruck: Wirkt ausgewogener gezeichnet, weil die Hell-Dunkel-Kontraste gleichmäßiger verteilt sind: Der Mittelschatten tritt nicht so deutlich hervor, die innere Querlinie ist heller, das Saumfeld selten so aufgehellt wie bei *A. pyramidea*. Individuelle Variabilität gering.
Männliche Genitalien: Uncus mit einer schlanken Spitze, vor der eine höckerartige Verbreiterung liegt, die die Spitze weder erreicht noch überragt.
Weibliche Genitalien: Signum kaum länger als breit, rundlich, proximal deutlich eingekerbt. Subgenitalplatte nur wenig breiter als lang, am Hinterrand schwach eingebuchtet.
Raupe: Brustbeine auf der Außenseite tiefschwarz. Seitenstreifen durchgehend (auf Segment 4 und 5 schwächer, aber vorhanden), auf den hinteren Segmenten oben dunkel schwärzlichgrün gerandet. Rücken kräftiger grün mit stärkeren weißen Zeichnungen.

Amphipyra pyramidea (Linnaeus, 1758)
Pyramideneule

Gesamtverbreitung: Ganz Europa vom Mittelmeer bis Nordirland, Nordengland, Südnorwegen, Mittelschweden und Südfinnland. Das Areal erstreckt sich weiter durch Vorderasien (südlich bis Libanon und Irak) und Mittelasien bis Nordostchina, Korea, die Kurilen und Japan, doch ist in der Ostpaläarktis bei genauer Unterscheidung von *A. berbera* sowie von *A. strigata* FLETCHER, 1968 und *A. monolitha* GUENÉE, 1852 vielleicht noch mit lokalen Revisionen der Arealgrenzen zu rechnen. Nach süditalienischem und sizilianischem Material

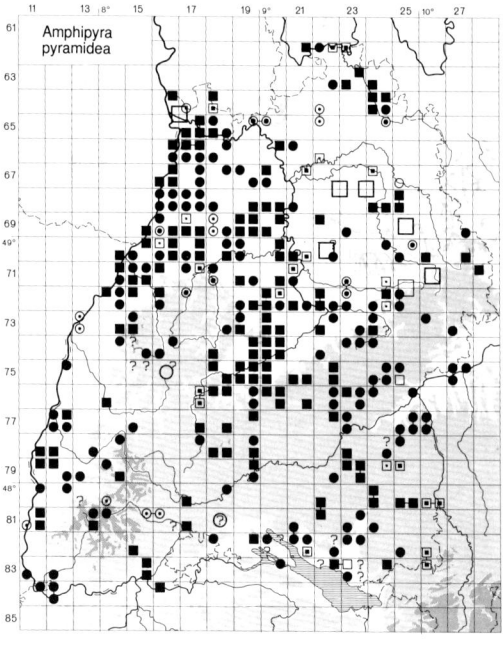

sind die mediterranen Populationen als ssp. *cuprior* FLETCHER, 1968 abgetrennt worden; sie sollen tiefer kupferfarbene Hinterflügel besitzen.

Verbreitung

Regional: Nach der erst 1968 erfolgten Trennung von *Amphipyra pyramidea* und *A. berbera* mußte die Chorologie beider Arten neu erarbeitet werden, wobei die ersten Stichproben in mehreren Gebieten Europas ergaben, daß *A. pyramidea* zumeist die häufigere und weiter verbreitete Art ist. Dies trifft auch auf Baden-Württemberg zu. Hier kommt die Pyramideneule in allen Hauptnaturräumen häufig vor. Auch der Schwarzwald wird – nicht nur randlich – besiedelt. Ihre tatsächliche Verbreitung dürfte sich als nahezu flächendeckend erweisen.

Alle Literaturangaben aus der Zeit vor der Trennung beider Arten[1] sind nicht sicher zuzuordnen, wenn sich auch, wegen der meist höheren Abundanz von *A. pyramidea*, die Mehrzahl der Angaben auf diese Art beziehen dürfte.

Die Verbreitungskarte enthält durch Genitaluntersuchung oder habituelle Determination überprüfte Falter sowie zuverlässige Meldungen als Viereckssymbole sowie nicht überprüfte Meldungen (z. B. alte Literaturangaben und Meldungen von Mitarbeitern, die die Arten nicht trennen) als Kreissymbole. Unter den letzteren dürfte sich also auch die eine oder andere zu *A. berbera* gehörige Angabe befinden. Da *A. pyramidea* aber in Baden-Württemberg die – vertikal wie horizontal – weiter verbreitete Art ist, werden diese unsicheren Meldungen hier bei *A. pyramidea* dargestellt, was ihrer tatsächlichen Verbreitung am besten entsprechen dürfte.

Vertikal: Die Pyramideneule besiedelt alle Höhenstufen von der Ebene bis ins Bergland um 1000 m. Einzelfunde in 1200 und 1350 m Höhe dürften auf wandernde oder verdriftete Individuen zurückgehen.

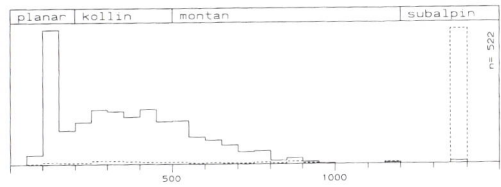

---

[1] Dies gilt auch noch für eine ganze Reihe von Arbeiten, die in den 70er und 80er Jahren erschienen und deren Autoren entweder aus Unkenntnis oder aus Bequemlichkeit keine Trennung vornahmen.

Die Pyramideneule (*Amphipyra pyramidea*) ist die häufigste Art der Gattung. Auch in Siedlungsgebieten ist sie regelmäßig anzutreffen. – Malsch-Sulzbach 16.7.83 G. EBERT.

Phänologie

Imagines: Die in der Kumulation recht langgestreckte Flugzeit dauert ganz allgemein von Juli bis Oktober. Am datenreichsten ist mit nahezu 2000 Individuen das Diagramm des Neckar-Tauberlands. Hier erscheinen einzelne Falter ab Anfang Juli, in manchen Jahren auch schon Ende Juni (22.6.1931, Bretten, H. SCHLÖRER), aber erst Ende Juli tritt die Art überall auf. Sie ist dann den ganzen August und September hindurch präsent und erreicht ihr langjähriges Maximum etwa Ende August. Im September läßt die Häufigkeit langsam nach und in der ersten Oktoberhälfte geht die Flugzeit allgemein zu Ende. Einzeltiere treten in manchen Jahren bis Ende des Monats auf (22.10.1982, Tübingen: Spitzberg, M. MEIER/A. STEINER). Sehr ähnlich ist die Situation in der Oberrheinebene, wo ein analoger Flugzeitverlauf erkennbar ist, aber keine so gleichmäßige Datenverteilung vorliegt. Der früheste Falter wurde hier vom 23.6. gemeldet (1959, Karlsruhe: Rheinwald, W. IPP). Im Schwarzwald dauert die Flugzeit von Mitte Juli bis Ende Oktober. Das Maximum scheint hier

Oberrheinebene

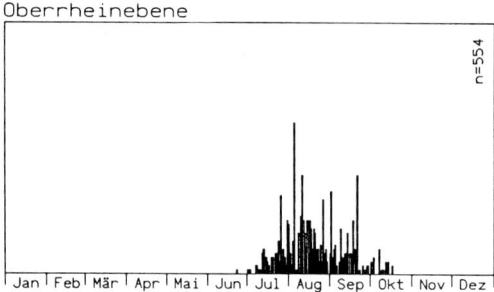

Schwarzwald

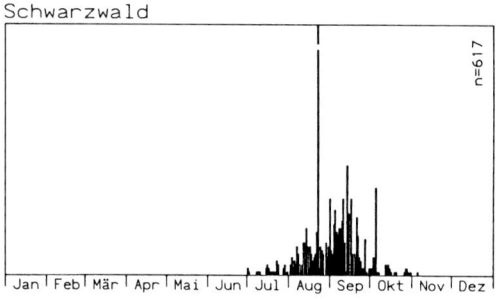

Neckar-Tauberland

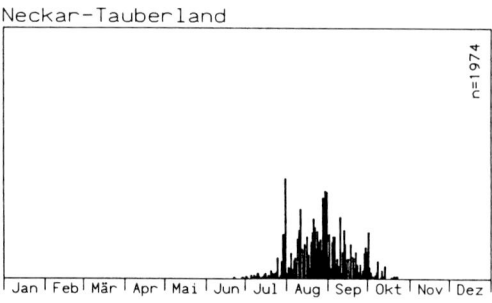

Schwäbische Alb

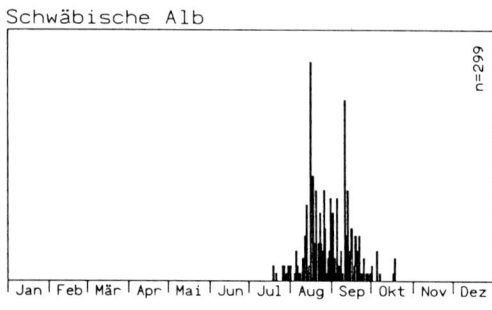

Oberschwaben

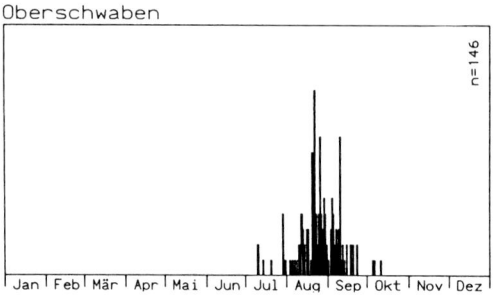

erst im September zu liegen. Einzelfalter sind bereits Anfang Juli und noch Anfang November nachgewiesen (spätestes Tier aus Baden-Württemberg: 5.11.1985, Kollnau, A. SCHNEIDER). Auf der Schwäbischen Alb und im Alpenvorland reicht die Flugzeit von Mitte Juli bis Mitte Oktober mit Maxima in der zweiten Augusthälfte.

Der phänologische Vergleich mit *A. berbera* wird unter dieser Art besprochen.

Präimaginalstadien: Die Eier überwintern und die Raupen schlüpfen im Frühjahr. Die früheste Beobachtung stammt von Anfang April: Am 2.4.1995 trug A. SCHANOWSKI einen Zweig ein, an dem nach einigen Tagen eine junge Raupe gefunden wurde. Nach weiteren vereinzelten April-Meldungen, überwiegend aus Jahren mit warmem Frühjahr oder aus Wärmegebieten, sind im Mai beinahe alle Tage mit Raupenmeldungen belegt. Erwachsene Tiere sind unter günstigen Bedingungen manchmal schon Ende April zu finden; in ungünstigen Jahren oder kühleren Lagen kann sich die Raupenzeit bis in den Juni hinziehen. Die späteste taggenaue Meldung datiert vom 11.6.1961 (Sulzbach/Kocher, E. LANGER).

Ökologie

Lebensraum: Die Pyramideneule ist eine charakteristische Art der europäischen Laubwaldzone. Bei uns kommt sie im Bereich der Auen- und Bruchwälder (zum Beispiel in der Hartholzaue und in Kiefer-Birken-Moorwäldern) ebenso wie in den rotbuchenreichen Wäldern der mittleren Lagen und in den eichenreichen Trockenwäldern (etwa auf den Sandböden der Oberrheinebene und an den Hängen des Kaiserstuhls) vor. Sie findet sich sowohl im Inneren geschlossener Wälder als auch im Bereich von Binnensäumen (Waldwege, Lichtungen, Schläge, Aufforstungen) und in den Waldrandbezirken. Gerne besiedelt sie auch waldnahe Hecken und Gebüsche, Vorhölzer, Streuobstwiesen, Gärten, Friedhöfe und Parkanlagen, wo sie sich an größeren Einzelbäumen (Dorflinden, Alleebäume) wie auch an Gartensträuchern (Flieder, Rose) entwickelt.

Nahrung der Raupe:
Bei den mit * versehenen Angaben handelt es sich um eindeutige, durch Fotos oder gezüchtete Belegfalter sicher determinierte *A. pyramidea*, bei den übrigen, determinatorisch nicht mehr nachprüfbaren Angaben muß mit der Möglichkeit gerechnet werden, daß sich manche Meldungen vielleicht auf *A. berbera* beziehen.

Schon die junge Raupe besitzt den Höcker am Hinterleibsende, nach dem die Art benannt worden ist. – Malsch-Sulzbach 5.5.92 G. EBERT.

Populus spec. – Pappel
   3 L (GAU, LAN, SCO)
* *Salix alba* – Silberweide
   L (KÖP)
* *Salix aurita* – Ohrweide
   L (SCH)
* *Salix caprea* – Salweide
   3 L (HEI, STN)
Salix spec. – Weide
   L (GAU)
Salix spec. – »schmalblättrige Weide«
   L (HEI)
Carpinus betulus – Hainbuche
   3 L (HEI, REN, SCH, WLL)
* *Corylus avellana* – Hasel
   3 L (HEI, KÖP, MAR, STN)
Betula pendula – Hänge-Birke
   L (BIH)
* *Fagus sylvatica* – Rotbuche
   3 L (BIH, HIR, REN, STN)
* *Quercus petraea* – Traubeneiche
   L (STN)
Quercus spec. – Eiche
   L (FRY, GAU)
* *Ulmus minor* – Feld-Ulme
   L (KÖP)
Ulmus glabra – Berg-Ulme
   L (REN)
* *Malus domestica* – Apfel
   L (STN)
Sorbus aucuparia – Gewöhnliche Eberesche
   L (LAD)
Pyracantha pockei – Feuerdorn
   L (HED)

* *Rubus idaeus* – Himbeere
   L (SCH)
* *Rubus fruticosus* agg. – Brombeere
   L (BAJ, FEI)
Rosa spec. – Gartenrose bzw. »Kletterrose«
   3 L (BAI, BIH, EBE)
* *Prunus spinosa* – Schlehe
   3 L (GAU, KÖP, SCM, STN)
Prunus cerasus – Sauerkirsche
   L (EBE, ECK)
Prunus spec. – »Kirschbaum«
   L (BIH)
Acer pseudoplatanus – Bergahorn
   L (EBE, ECK, RAZ)
Acer platanoides – Spitzahorn
   L (SCH)
Aesculus hippocastanum – Gewöhnliche Roßkastanie
   L (SCU)
Frangula alnus – Faulbaum
   L (NAN)
* *Tilia cordata* – Winterlinde
   L (STN)
* *Tilia* x *vulgaris* – Holländische Linde
   L (STN)
Tilia spec. – Linde
   L (DAU)
* *Cornus sanguinea* – Roter Hartriegel
   L (KÖP, STN)
Fraxinus excelsior – Esche
   L (BAR, KÖP)
* *Ligustrum vulgare* – Liguster
   L (EBE, MAR)
* *Syringa vulgaris* – Flieder
   3 L (EBE, FEI, KUR, WIN)
Viburnum tinus
   L (NÖR)
Lonicera xylosteum – Rote Heckenkirsche
   L (BIH, MAR)

Die Beobachtungen aus unserem Untersuchungsgebiet bieten einen guten Querschnitt durch das Nahrungsspektrum der Art, das nicht nur zahlreiche Laubhölzer sondern auch eine ganze Reihe strauchförmiger Gewächse umfaßt. Für eine quantitative Analyse der Präferenzen sind die Daten allerdings noch zu spärlich: Allzuoft haben die Autoren von Landes- wie Lokalfaunen nur ganz allgemeine Angaben gemacht (REUTTI 1898: »polyphag an Laubholz«, SCHNEIDER 1938: »an vielerlei Laubholz«), und auch auf den Etiketten, die zu den zahlreich vorhandenen Zuchtfaltern gehören, ist fast nie die Raupennahrungspflanze vermerkt.

Die Ruhestellung der erwachsenen Raupe mit erhobenem Vorderkörper erinnert an die von *Brachionycha sphinx*, die ebenfalls einen Höcker trägt. Die Brustbeine sind grün und besitzen höchstens einzelne schwarze Flecken, die Seitenlinie ist auf den Thorakalsegmenten unterbrochen. – Rastatter Rheinauen 12.5.94 A. STEINER.

Mehrfach belegt sind Pappeln und Weiden (mehrere Arten), Hainbuche, Hasel, Rotbuche, Eiche, Linde und unter den Sträuchern Brombeere, Rose, Schlehe, Liguster und Rote Heckenkirsche. Einzelne Meldungen liegen vor von Birke, Feldulme, Bergulme, Apfel, Eberesche, Sauerkirsche, Bergahorn, Spitzahorn, Kastanie und Esche sowie von den Sträuchern Feuerdorn, Himbeere, Faulbaum, Roter Hartriegel sowie *Viburnum tinus* (im Gewächshaus, NÖRDLINGER 1855). Ziemlich häufig wird die Raupe im späten Frühjahr mit Fliedersträußen in Wohnungen eingetragen.

Ohne sichere Fraßbeobachtung wurde die Himbeere gemeldet: A. SCHANOWSKI fand eine Raupe an einem Strauch sitzend, der sich an einem Waldwegrand unter reinem Nadelholz befand, so daß die Raupe nicht von einem darüberstehenden (Laub-)Baum herabgefallen sein konnte. Anscheinend war die Himbeere tatsächlich die Fraßpflanze. Dagegen beziehen sich Angaben wie »eine Raupe wurde an Distel gefunden« (W. IPP) eindeutig nur auf Sitzplätze.

Die Raupen verzehren nicht nur die Blätter; mehrere Mitarbeiter beobachteten Fraß an Blüten, so G. EBERT/E. ECKERT an Sauerkirsche und D. HEIDELBERGER an Feuerdorn. Bei Jungraupen dürfte der Übergang von Blüten- zu Blattnahrung sogar die Regel sein, wenn sie an Bäumen schlüpfen, die zuerst Blüten und dann Blätter treiben. A. SCHANOWSKI konnte dies an eingetragenen Spitzahornzweigen beobachten. Der Verzehr der nährstoffreichen Blüten garantiert eine schnelle frühe Wachstumsphase.

Die Häufigkeit der Nachweise an unteren Ästen großer Bäume, an jüngeren Bäumen und an niedrigerem Buschwuchs läßt eine Bevorzugung der unteren Baumschicht vermuten (so auch BERGMANN 1954). N. HIRNEISEN und A. STEINER beobachten allerdings eine sich aus mindestens 8 m Höhe von einer Rotbuche abseilende L_1-Jungraupe (Schönbuch bei Breitenholz).

Nahrung des Falters: Blütenbesuch wurde an *Buddleia davidii* gemeldet (SETTELE 1926a). Sehr gerne und in oft großer Anzahl wird künstlicher Köder angeflogen.

Habitat: Als Larvalhabitat werden wahrscheinlich nahezu alle waldförmigen Gesellschaften der Klasse Querco-Fagetea (Buchen- und sommergrüne Eichenwälder) genutzt. Im Einzenen sind dies die Ordnungen Quercetalia robori-petraeae (wärmeliebende Eichen-Birkenwälder), wo bei uns vorkommend sicher auch die Quercetalia pubescenti-petraeae (Flaumeichenwälder) und die Verbände der Fagetalia sylvaticae (Buchenwälder) vom Alno-Ulmion (Auwälder) über Carpinion betuli (Eichen-Hainbuchenwälder) und Tilio platyphylli-Acerion pseudoplatani (»Edellaubbaum-Mischwälder«, Linden-Ahornwälder) bis zum Fagion (Rotbuchen- und Tannen-Buchenwälder). Die Hecken- und Gebüschgesellschaften der Prunetalia (insbesondere das Berberidion) spielen vor allem dort eine größere Rolle, wo sie als Begleiter von Wäldern vorkommen, also als Waldmäntel und waldnahe Gebüsche. Nicht einzuordnen sind gepflanzte Einzelbäume und -büsche in Hausgärten, Grünanlagen, Friedhöfen, Parks, Alleen und Streuobstwiesen, die einen beachtlichen Teil des Habitatspektrums ausmachen.

Verhalten: Die Eiablage erfolgt – nach Gefangenschaftsbeobachtungen – nicht in Knospennähe sondern in Rindenritzen und -spalten an stärkeren Ästen oder am Stamm. Jungraupen (L_2) sind mehrmals zwischen lose zusammengesponnenen Blättern gefunden worden. Die ältere Raupe lebt völlig frei und verläßt sich auf ihre durch Gegenschattierung (counter-shading) erzielte Tarnung. Die Bauchseite ist dunkler als die Rückenseite; würde die Raupe mit der Bauchseite nach unten ruhen, wäre sie daher sehr auffällig. Sie sitzt aber in der Ruhestellung mit der Bauchseite nach oben auf der Unterseite von Blättern, Blattstielen oder Zweigen. Das (wegen des Einfalls durchs Blattwerk oft diffuse) Licht trifft sie von oben und bewirkt einen sehr einheitlichen Farbein-

Alle *Amphipyra*-Arten ruhen bei Tag gesellig in Rindenritzen und an ähnlichen Örtlichkeiten. Hier sind die Falter dabei, ihre Ruheplätze an einem Waldarbeiterwagen in der späten Dämmerung zu verlassen. Die meisten Tiere gehören zu *Amphipyra pyramidea*, der unterhalb der Mitte seitlich sitzende Falter ist *Amphipyra berbera*. – Sternenfels 31.7.95 H. LUSSI.

druck, der die Raupe von der Seite wie auch von unten oder oben schwer erkennbar macht. Hinzu kommt die Auflösung der Körperformen durch den Pyramidenhöcker am Abdomenende und den nach hinten gelegten und in die Thoraxsegmente eingezogenen Kopf und Prothorax.

Zur Verpuppung verläßt die Raupe die Nahrungspflanze und spinnt sich am Boden zwischen Blättern, Pflanzenteilchen und anderen Substratpartikeln einen leichten, aber dichten Kokon.

Die Falter ruhen selten frei an Baumstämmen sondern verkriechen sich bei Tag lieber in dunkle Spalten und Höhlungen. Dadurch gelangten sie früher – vor der Ära gummigedichteter Fenster – öfters in Häuser und werden auch heute noch regelmäßig hinter Fensterläden, in Gartenhäuschen, in Waldhütten, in Spalten und Ritzen von Bretterzäunen oder in aufgeschichteten Holzstößen gefunden. G. REICH beobachtete die Falter »sehr häufig« hinter Kreuzwegbildern bei Ringschnait. In Vogelnistkästen gehören sie tagsüber zu den regelmäßigen Gästen (MITTMANN, HAVELKA & RUGE 1992, GATTER 1979). In einer schwarzen Borkenkäferfalle fand A. STEINER am Spätnachmittag ein ruhendes Exemplar, das weiter beobachtet wurde und dem in der frühen Dämmerung problemlos der Ausstieg durch einen der Anflugschlitze gelang. Bei der Suche nach Verstecken erweisen sich die Tiere als agile Läufer. Ihre glatte, anliegende Körperbeschuppung erleichtert ihnen den Durchschlupf durch engste Öffnungen, die mit nach hinten gerichteten Dornen und Spornen bewehrten Beine helfen dabei nach. Die dämmerungs- und nachtaktiven Falter kommen öfters ans Licht, häufiger aber an den Köder, der für diese Art die beste Nachweismethode ist.

Gefährdung und Schutz

Rote Liste Bundesrepublik: –
Rote Liste Baden-Württemberg: –

Oberrheinebene: Nicht gefährdet.
Schwarzwald: Nicht gefährdet.
Neckar-Tauberland: Nicht gefährdet.
Schwäbische Alb: Nicht gefährdet.
Oberschwaben: Nicht gefährdet.

• In Baden-Württemberg nicht gefährdet.

Amphipyra berbera
Rungs, 1949

Svenssons Pyramideneule

Amphipyra pyramidea L. (partim) (REUTTI 1898, SPULER 1908–1910, LAMPERT 1907, WARREN in SEITZ 1909–1914, REBEL 1910, ECKSTEIN 1920, SCHNEIDER 1936–1939, BERGMANN 1954, HANNEMANN & URBAHN in STRESEMANN 1969, HERING 1932)

Gesamtverbreitung: Von Nordwestafrika (Marokko, Algerien, Tunesien) über ganz Europa, nördlich bis Mittelengland, Mittelschweden und Südfinnland (wo sie weiter verbreitet ist als *A. pyramidea* und sich in Ausbreitung nach Osten befindet) nachgewiesen. In Kleinasien aus der Nordosttürkei und dem Kaukasusgebiet bekannt (HACKER 1989).

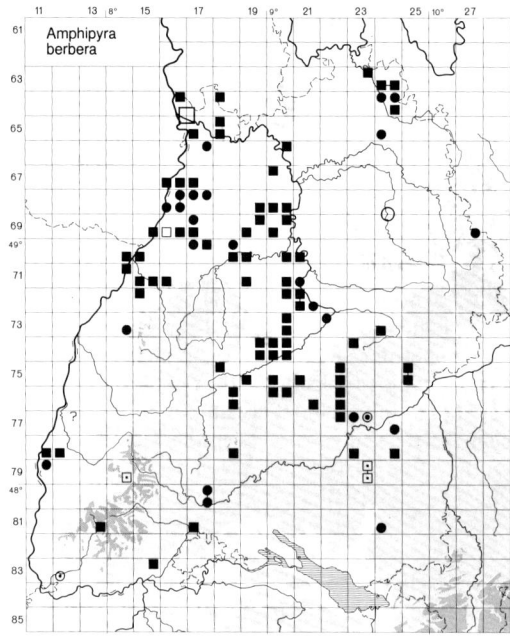

Subspezifischer Kontext: Die ssp. *berbera* RUNGS, 1949 soll auf Nordwestafrika und Sardinien beschränkt sein. Die Populationen Europas sind im Vergleich mit nordafrikanischen Tieren kleiner, weniger lebhaft gefärbt und kontrastärmer; sie wurden als ssp. *svenssoni* FLETCHER, 1968 beschrieben.

Verbreitung

Regional: Da die Abtrennung dieser Art von *Amphipyra pyramidea* erst Ende der sechziger Jahre erfolgte, ist ihre Verbreitung (immer noch) nur unvollständig bekannt. Immerhin zeichnen sich bereits einige Tendenzen ab. So scheint *A. berbera* im Schwarzwald weit weniger verbreitet zu sein als *A. pyramidea* und im südlichen Alpenvorland

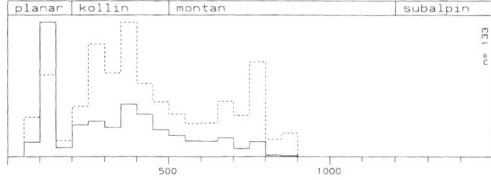

sogar völlig zu fehlen. Dagegen ist sie auf der Schwäbischen Alb, in der Rheinebene, im mittleren und unteren Neckarland sowie im Tauberland weit verbreitet. Allerdings handelt es sich bei diesen Gegenden auch um die am besten durchforschten Gebiete des Landes. Ob das Fehlen in den weniger intensiv bearbeiteten Naturräumen, etwa im Bereich Östliches Albvorland – Schurwald/Welzheimer Wald – Schwäbisch-Fränkische Waldberge – Hohenlohe – Kocher-Jagst-Gebiet – Bauland und Obere Gäue – Baar – Alb-Wutach-Gebiet echte Verbreitungslücken dokumentiert oder nur mangelnde Beobachtungsaktivität von *berbera*-sensiblen Mitarbeitern kennzeichnet, ist noch ungewiß.

Die Verbreitungskarte enthält durch Genitaluntersuchung oder habituelle Determination überprüfte Falter und zuverlässige Meldungen als Vierecksymbole sowie nicht nachgeprüfte Meldungen als Kreissymbole.

Vertikal: Die Höhenverbreitung erstreckt sich von der Rheinebene um 100 m bis in die mittlere montane Zone der Schwäbischen Alb knapp unter 900 m (Schopflocher Moor, 750 m, D. GATTER; Bargen/Stöckberg bei Trochtelfingen, 750 m, M. MEIER/A. STEINER; Machtelsberg bei Hundersingen, 780 m, N. HIRNEISEN/A. STEINER; Kornbühl bei Ringingen, 790–886 m, P. WESTRICH). Dagegen ist die Art im Schwarzwald bisher nur in wenigen Tallagen sicher festgestellt worden (Todtnau-Schlechtnau, 630 m, J. ASAL; Wildgutach, um 600 m, A. FEHRENBACH). Ihre vertikale Amplitude bleibt damit um gut 200 m hinter der von *A. pyramidea* zurück.

In den Alpen wird *A. berbera* (im Gegensatz zu *A. pyramidea*!) regelmäßig in den Hochlagen weit über der Baumgrenze festgestellt, was auf Wanderungen deuten dürfte (REZBANYAI-RESER 1984, STEINER unveröff.). In unserem Gebiet liegen noch keine derartigen Beobachtungen vor. Dennoch sollte – auch in den niedrigen Lagen – auf gleichzeitiges Auftreten von *A. berbera* mit Wanderschwärmen (*Agrotis ipsilon*, *Phlogophora meticulosa*, *Autographa gamma*, wandernde Sphingidae) geachtet werden, besonders in Gegenden, wo die Art sonst nicht gefunden wird.

Phänologie

Imagines: Nur für die Oberrheinebene und das Neckar-Tauberland liegen einigermaßen datenreiche Flugzeitdiagramme vor. Am Oberrhein treten Einzelfalter ab Mitte Juni auf (19.6.1993, Eppelheim, J. BURTON). Häufiger erscheinen die Tiere ab Ende Juli und scheinen um Mitte August ein – schwach ausgeprägtes – Maximum zu erreichen. Die Funde reichen dann noch bis Ende September (23.9.1983, Mannheim: Kollekturwald, W. KINTZL). Im Neckar-Tauberland fliegen die Falter zwischen Anfang Juli (10.7.1976,

Lauda, F. KIRSCH) und Ende September mit Einzelfunden bis Mitte Oktober (18.10.1986, Oberbalbach, J. STUMPF). Die viel weniger zahlreichen Daten von der Schwäbischen Alb verteilen sich auf den etwa genauso langen Zeitraum von Anfang Juli bis Mitte Oktober (1.7.1969, Kirchen bei Ehingen, G. BAISCH; 11.10.1979, Buttenhausen, J.-U. MEINEKE). Nur einzelne Nachweise liegen aus dem Schwarzwald (Anfang Juli bis Ende August) und dem Alpenvorland vor (Mitte Juli bis Mitte September).

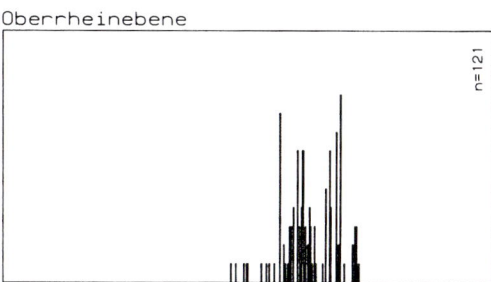

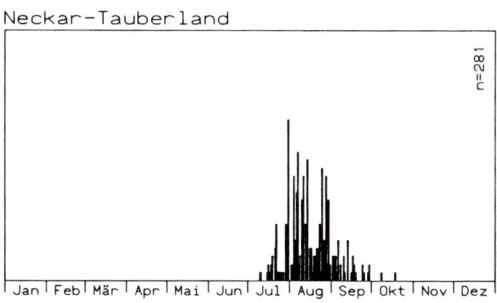

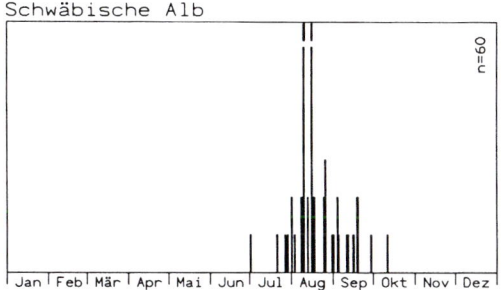

Amphipyra berbera wurde erst in den sechziger Jahren als von *A. pyramidea* verschiedene Art erkannt. Frische Falter können nach habituellen Merkmalen meist sicher bestimmt werden. – Schönbuch, Müneck 20.8.85 A. STEINER. LF.

In der Literatur findet sich für verschiedene Gebiete die Angabe, die Flugzeit von *A. berbera* beginne »in der Regel etwas früher« als die von *A. pyramidea* (HEINICKE & NAUMANN 1980–1982 für Ostdeutschland). Für Großbritannien wurde dieser Vorsprung mit zwei Wochen angegeben (BRETHERTON, GOATER & LORIMER 1983). Unsere Daten aus dem Neckar-Tauberland (dem datenreichsten Gebiet) stützen diese Behauptungen nicht, im Gegenteil: Hier handelt es sich gerade bei den frühesten Junifaltern um sichere *A. pyramidea*. Hingegen kann für die Oberrheinebene tatsächlich ein Vorsprung von zwei Wochen gegenüber den ersten abgesicherten(!) *A. pyramidea*-Faltern konstatiert werden. Die Meldungen der nicht überprüfbaren(!) *A. pyramidea*-Falter beginnen allerdings bereits am 23. Juni. Um die Phänologie weiter zu untersuchen, sind taggenaue Erfassungen (am besten durch kombinierten Köder- und Lichtfang) an einem oder mehreren Standorten über mehrere Jahre hinweg anzuraten.

Präimaginalstadien: Die Eier überwintern. Als gesicherte Freiland-Raupenfunde liegen bisher aus unserem Faunengebiet nur Meldungen von D. BARTSCH, H. FEIL und A. SCHANOWSKI vor: 21.4.1974, Rußheim und 7.5.1995, Kaiserstuhl. Phänologisch dürfte sich die Raupenzeit nicht wesentlich von der von *Amphipyra pyramidea* unterscheiden.

Die Eier werden im Freiland wahrscheinlich genauso wie bei dieser Zucht in Rindenritzen abgelegt. – Wiesental (ex ovo-Zucht) 5.9.94 H. Lussi. S.

Ökologie

Lebensraum: Soweit sich dies nach den bisherigen, meist auf Falterbeobachtungen beruhenden Nachweisen beurteilen läßt, überschneiden sich die Habitate von *A. berbera* im Bereich trockenwarmer und frischer Wälder weitgehend mit denen von *A. pyramidea*. Die Imagines werden meist im Randbereich, aber auch im Inneren von Laub- und Laubmischwäldern gefunden, deren Spektrum von den trockenwarmen und eichenreichen Wäldern der niedrigen Lagen bis zu den rotbuchenreichen Wäldern des Hügel- und Berglands reicht. Zumindest in der Rheinebene besiedelt *A. berbera* auch die mittlere und hohe Hartholzaue. Dagegen scheint sie den kühlfeuchten Bereich zu meiden (wie auch ihre schwache Verbreitung bzw. ihr Fehlen im Schwarzwald und Teilen des Alpenvorlands nahelegt). So konnte Meineke (1982) sie in den Moor- und Moorrandwäldern (Kiefern-Birkenbrüche) der oberschwäbischen Moore nicht nachweisen. Die Raupenfunde stammen aus der Hartholzaue in der nördlichen Oberrheinebene (H. Feil), von einem buchenreichen Laubwaldrand im Kaiserstuhl (A. Schanowski) und aus einem trockenen Eichenmischwald im Neckarland, wo der Nahrungsbaum an einem Nordhang im Schatten von hohen Eichen und Rotbuchen, 10 m von einem Binnensaum (Schneise) entfernt stand (D. Bartsch). Inwieweit auch Gebüsche und in Gärten und Parks mehr oder weniger einzeln stehende Bäume genutzt werden, wie es bei *A. pyramidea* der Fall ist, bleibt noch aufzuklären.

Nahrung der Raupe:
Crataegus spec. – Weißdorn
 L (Fei)
Tilia cordata – Winter-Linde
 L (Bar)
Tilia platyphyllos – Sommer-Linde
 L (Sch)

Unter den bei *A. pyramidea* aufgeführten Nahrungsnachweisen, die nicht mit einem Stern (= sichere Determination) versehen sind, könnten sich einzelne *A. berbera* befunden haben; dies läßt sich heute nicht mehr nachprüfen. Die sicheren *A. berbera*-Raupenfunde aus unserem Untersuchungsgebiet stammen von Weißdorn, Winterlinde und Sommerlinde. Vermutlich ist das Nahrungsspektrum ähnlich umfangreich wie das von *A. pyramidea*. In diese Richtung deuten Funde an *Quercus* spec. (Großbritannien, Bretherton, Goater & Lorimer 1983), *Populus tremula*, *Salix* spec. und *Sorbus* spec. (Finnland, Skou 1991).

Nahrung des Falters: Keine Beobachtungen. Die Falter besuchen gerne künstlichen Köder, an dem sie zuweilen in Anzahl beobachtet werden können.

Habitat: Siehe Lebensraum.

Verhalten: Das Verhalten von Raupen und Faltern dürfte sich nicht von dem von *A. pyramidea* unterscheiden. Die Raupen wurden in 1–2 m Höhe an niedrigen Ästen ihrer Nahrungsbäume auf der Blattunterseite gefunden (D. Bartsch, A. Schanowski). Die Ruheplätze der Imagines sind dieselben wie die von *A. pyramidea*, denn beide

Die Raupe von *Amphipyra berbera* zeichnet sich vor allem durch die nicht unterbrochene und oben dunkel angelegte Seitenlinie und die schwarzen Brustbeine aus. Wiesental (ex ovo-Zucht) 12.5.95 H. Lussi. S.

Arten wurden gemeinschaftlich ruhend beobachtet (A. STEINER/H. LUSSI). Die Falter kommen nachts vereinzelt ans Licht, aber wesentlich häufiger an den Köder.

Gefährdung und Schutz

Rote Liste Bundesrepublik: –
Rote Liste Baden-Württemberg: –

Oberrheinebene: Nicht gefährdet (Aussage nicht abgesichert).
Schwarzwald: Nicht gefährdet (Aussage nicht abgesichert).
Neckar-Tauberland: Nicht gefährdet (Aussage nicht abgesichert).
Schwäbische Alb: Nicht gefährdet (Aussage nicht abgesichert).
Oberschwaben: Nicht gefährdet (Aussage nicht abgesichert).

- In Baden-Württemberg nicht gefährdet (Aussage nicht abgesichert)!

Eine Gefährdung ist bei *Amphipyra berbera* derzeit nicht zu erkennen. Das liegt natürlich vor allem daran, daß die Art erst seit Ende der sechziger Jahre von *A. pyramidea* getrennt wird. Dadurch überwiegen zwangsläufig die aktuellen Meldungen. Um Aussagen über eventuelle Trends in der Bestandsentwicklung treffen zu können, ist eine bessere Kenntnis von Verbreitung, Abundanz und Biologie notwendig. Auf lokalfaunistischer Ebene sollten mehr Anstrengungen gemacht werden, die beiden Arten zu trennen (was selbst rein habituell nicht schwierig ist, vgl. Bestimmungshilfe).

Amphipyra perflua
(Fabricius, 1787)
Gesäumte Glanzeule

Gesamtverbreitung: Vor allem in den mittleren Teilen Europas verbreitet, aber streckenweise lokal oder fehlend, nördlich bis Südnorwegen, Süd- und Mittelschweden und Südfinnland, wo sie seit dem Erstfund 1929 immer weiter expandiert ist, und über Karelien quer durch Nord- und Mittelasien bis China und Japan. Im Westen erreicht sie die Niederlande, Luxemburg und Südostfrankreich (Ain), im Süden den Alpensüdrand, Slowenien, Bosnien (Sarajevo), Rumänien und die ukrainische Schwarzmeerküste. Auch in der Türkei im Schwarzmeergebiet und in den Pontischen Gebirgen sowie im Kaukasus (Armenien).

Amphipyra perflua kommt lokal in den südlichen Teilen Baden-Württembergs vor. Sie bevorzugt frische bis feuchte Laubwälder, z. B. in den Schluchten der Schwäbischen Alb. – Gutenstein 6.6.83 G. EBERT. S.

Verbreitung

Regional: *Amphipyra perflua* ist im Untersuchungsgebiet nur sehr lokal verbreitet[1]. Sie bewohnt vor allem einige der südlichen, donaunahen Täler und Schluchten der Schwäbischen Alb von der Mittleren Flächenalb bis zur Baaralb sowie ähnliche Stellen im südwestlich anschließenden Alb-Wutach-Gebiet von der Wutach bis zur Schlücht mit deren Zuflüssen und auch noch bis ins Albtal, das bereits dem Naturraum Hochschwarzwald zuzurechnen ist. Weiterhin ist sie im unteren Illertal, einmal im Dürnachtal, nach alten Angaben bei Konstanz und Wangen sowie am südlichen Oberrhein bei Lörrach, Kleinkems und im Mooswald bei Freiburg

---
[1] SCHNEIDER (1938) behauptete für das ehemalige Württemberg: »in ähnlicher Verbreitung wie *pyramidea*, wesentlich seltener«. Der erste Teil dieser Aussage ist eindeutig falsch, und dies galt auch schon in den dreißiger Jahren.

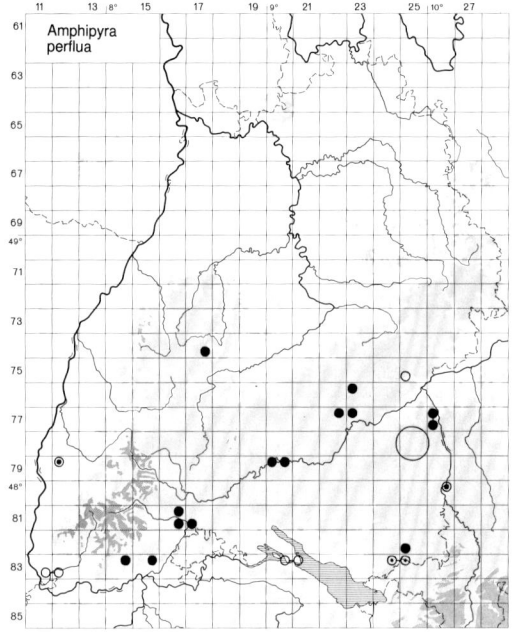

festgestellt worden. Überraschend ist ein neuerer Nachweis 1988 in den Oberen Gäuen, schon im Randbereich zum Schwarzwald, einem etwas isoliert liegenden Fundpunkt, der zur weiteren Nachsuche in diesem schwach durchforschten Gebiet anregen sollte.

Schwäbische Alb: Umg. Herrlingen (G. HAMMER), Schandental, 1994 (G. BAISCH), Lautertal bei Anhausen, 1993 (M. MEIER), 2 Fundpunkte im Glastal bei Hayingen, 1989 (N. HIRNEISEN/A. STEINER/C. VAN SWAAY), Raintal bei Gutenstein, 1982, 1983 (G. BAISCH, A. SCHOLZ).
Neckar-Tauberland: Markhartswald bei Haiterbach, 1988 (N. HIRNEISEN/C. KUON), Eichberg bei Blumberg, 1988 (J.-U. MEINEKE/A. STEINER), Umg. Achdorf, 1975 (H.-P. DEURING), 4 Fundpunkte bei Ewattingen und Mundelfingen, 1984 (BOTHE & DOCZKAL 1986), unteres Mettmatal, 1978 (G. EBERT/H. FALKNER), Umg. Witznau, 1979 (R. HERRMANN).
Schwarzwald: Unteres Ibachtal, 1995 (A. STEINER/H. LUSSI).
Oberrhein: Umg. Lörrach (REUTTI 1898), Umg. Freiburg (K. KELLER nach REUTTI 1898), Mooswälder bei Freiburg, 1919, 1932, 1957 (E. BROMBACHER, A. HEILIG nach Kartei A. GREMMINGER, L. SETTELE).
Alpenvorland: Umg. Konstanz (LEINER 1827, REUTTI 1853, 1898, E. V. BODMANN, G. HIMMEL nach WEGELIN 1908), »Oberschwaben« (KELLER & HOFFMANN 1861), Oberamt Wangen (V. WOCHER nach SEYFFER 1850), Umg. Wangen, 1933 (H. REISS nach LINDNER & SCHNEIDER 1934), Dürnachtal, 1917 (G. REICH), Illertal: Umg. Bad Brandenburg, 1977 (G. BAISCH), Umg. Mooshausen, 1964 (G. BAISCH).

Nicht undenkbar aber mit Vorsicht zu betrachten ist eine weitere Angabe aus dem Oberrheingebiet: LITZELMANN (1966a) will 1953 zwei Falter »südlich von Kleimkems im Gebiet der heutigen Autobahn« festgestellt haben.

Sehr wahrscheinlich ist *Amphipyra perflua* auf der südlichen Alb, im Alb-Wutach-Gebiet und möglicherweise im Randen noch an weiteren Fundstellen aufzufinden[2]. Neuere Nachweise im Illertal wären erwünscht, und noch wichtiger ist eine Überprüfung potentieller Standorte in den Mooswäldern um Freiburg, bei Lörrach, Konstanz und Wangen.

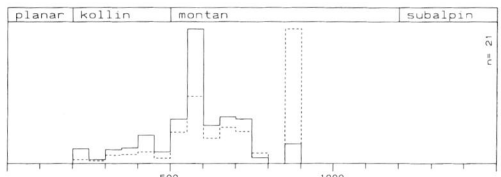

Vertikal: *Amphipyra perflua* besiedelt bei uns das Hügelland und die untere montane Stufe zwischen 200 m in der Rheinebene (Mooswälder) bis um 750 m auf der Schwäbischen Alb (Schandental) und 870 m an Eichberg bei Blumberg.

Phänologie

Imagines: Die wenigen Falternachweise liegen zwischen Mitte Juli und Ende August, wobei der Flugzeitbeginn am Oberrhein und im Alb-Wutach-Gebiet genau gleichzeitig belegt ist

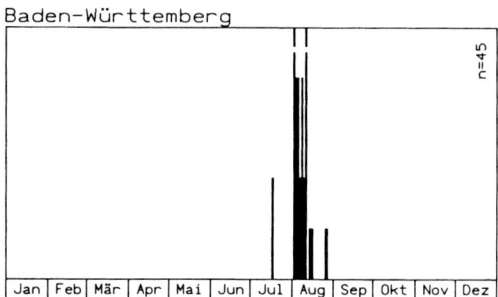

---

[2] Die kühlfeuchten Schluchtwälder, die *A. perflua* auf der Alb bevorzugt, werden von Entomologen traditionell weniger gern aufgesucht als die warmen Magerrasen- und Felsbiotope. Aus diesem Grund sind in den neunziger Jahren sogar noch unbekannte *Parnassius mnemosyne*-Populationen in Tälern der Südwestalb entdeckt worden.

Die Raupe trägt kräftig gelbe Zeichnungen und lebt an Laubhölzern und -sträuchern. Sie ist in Baden-Württemberg bisher kaum im Freiland gefunden worden. – Schwäbische Alb (e.o.-Zucht) 29.4.88. A. BECHER. S.

(17.7.1957, Mooswald, L. SETTELE; 17.7.1979, Witznau, R. HERRMANN). Ein schwacher Gipfel zeichnet sich im ersten Augustdrittel ab, und die Flugzeit endet mit den Daten 26. und 27.8. im Alpenvorland (1964, Illertal bei Mooshausen, G. BAISCH).

Präimaginalstadien: Raupenfunddaten aus dem Freiland liegen bislang nicht vor. Das Überwinterungsstadium ist wie bei den verwandten Arten das Ei, die Raupenzeit dürfte bei uns in die Periode April bis Juni fallen.

Ökologie

Lebensraum: Den hauptsächlichen Lebensraum bilden in unserem Gebiet anscheinend vor allem frische bis feuchte Laub- und Laubmischwälder. Dies gilt vor allem für die Schluchtwälder der Schwäbischen Alb und des Wutach- und Schlüchtgebiets im eher kühlen Bereich, aber auch für die Mooswälder der Freiburger Bucht in deutlich wärmerer Lage. Am Blumberg handelt es sich dagegen um lichte, trockenwarme Eichenwälder (Steppenheidewald), in deren Randbereichen *Zygaena fausta* lebt. Die Fundstelle im Markhartswald bei Haiterbach liegt in einem lichten, unterholzreichen Tannen-(Rotbuchen)-wald.

Nahrung der Raupe: Außer einer kurzen Notiz in der Kartei von A. GREMMINGER »R[au]pe von HEILIG ebenda [= im Mooswald] gef.[unden]« gibt es keine sicheren Freiland-Raupenfunde geschweige denn Angaben zu den Nahrungspflanzen aus dem Untersuchungsgebiet. SCHNEIDER (1938) gab zwar an: »polyphag an Laubholz«, doch ist zweifelhaft, ob dieser Aussage wirklich Freilandfunde bzw. Beobachtungen in Württemberg zugrunde gelegen haben.

Die Literatur nennt eine ganze Reihe von Laubhölzern, darunter *Populus tremula*, *Populus nigra*, *Salix caprea*, *Salix fragilis*, *Salix* spec., *Corylus avellana*, *Alnus* spec., *Fagus sylvatica*, *Ulmus campestris*, *Malus domestica*, *Crataegus* spec., *Prunus spinosa*, *Ligustrum vulgare* und *Lonicera* spec. (BERGMANN 1954, FREYER 1827, KIEFER 1912, MARQUARDT 1929, SPULER 1908–1910, TREITSCHKE 1825a, URBAHN & URBAHN 1939). HACKER (1989) glaubt, daß die Art in Griechenland »bevorzugt an *Salix*-, *Ulmus*- und *Malus*-Arten« lebt.

Nahrung des Falters: Keine Beobachtungen aus Baden-Württemberg. Die Imagines besuchen gerne künstlichen Köder und sind von Mitarbeitern, die gleichzeitig Licht- und Köderfang betreiben, am Köder meist individuenstärker als am Licht (oder ausschließlich am Köder) angetroffen worden (H.-P. DEURING, N. HIRNEISEN, J.-U. MEINEKE, L. SETTELE, A. STEINER).

Habitat: Ohne Raupenfunde läßt sich das Habitat pflanzensoziologisch noch nicht eingrenzen.

Verhalten: Die Falter sind nachtaktiv und kommen gelegentlich ans Licht.

Gefährdung und Schutz

Rote Liste Bundesrepublik: 3
Rote Liste Baden-Württemberg: 3

Oberrheinebene: Ausgestorben oder verschollen.
Schwarzwald: Art der Vorwarnliste (nur randlich vorkommend).
Neckar-Tauberland: Art der Vorwarnliste.
Schwäbische Alb: Art der Vorwarnliste.
Oberschwaben: Gefährdet.

• In Baden-Württemberg gefährdet!

Während auf der Schwäbischen Alb und im Alb-Wutachgebiet zwar wenige, aber überwiegend noch aktuelle Populationen existieren, sind aus der Rheinebene und dem Bodenseegebiet keine neueren Nachweise mehr bekannt. Der Fundpunkt am Oberrhein bei Kleinkems war beispielsweise schon Mitte der 60er Jahre dem Autobahnbau zum Opfer gefallen (LITZELMANN 1966a). Eine Nachsuche an den alten (soweit noch existent) sowie an potentiellen weiteren Standorten sollte unbedingt erfolgen. Auch die

Larvalbiologie ist noch zu klären. Die Schluchtwaldhabitate auf der Alb erfordern keine wesentlichen Pflegemaßnahmen, aber an anderen Stellen kann eine Unterschutzstellung nötig werden, um die Lebensräume der Art zu erhalten.

Amphipyra livida
([Denis & Schiffermüller], 1775)
Tiefschwarze Glanzeule

Amphipyra livida F. (REUTTI 1898, SPULER 1908–1910, LAMPERT 1907, WARREN 1909–1914, REBEL 1910, ECKSTEIN 1920, HERING 1932, SCHNEIDER 1936–1939, BERGMANN 1954, KOCH 1958)

Gesamtverbreitung: In Europa lokal von den spanischen Pyrenäen und den französischen Departements Vienne und Meuse durch Mitteleuropa verbreitet, nördlich bis Nordbayern, Nordböhmen, Sachsen und Brandenburg, Nordpolen, Königsberg und Lettland. 1972 wurden 2 Exemplare in Dänemark gefunden. Auch in anderen Gebieten an der Arealnordgrenze dürfte die Art nur als Zuwanderer erscheinen. Im Süden reichen die Vorkommen bis Nordspanien, Korsika, Süditalien, Griechenland und Kleinasien, ferner über Nord- und Mittelasien bis Korea, China und Japan.

Verbreitung

Regional: Die wenigen vorliegenden Fundmeldungen aus Baden-Württemberg stammen überwiegend aus der Oberrheinebene und aus dem 19. Jahrhundert.

Oberrheinebene: »Einmal bei Karlsruhe gefangen« (REUTTI 1853); »zahlreich bei Karlsruhe« (REUTTI 1898); »Durlach (EH.[INGER])« (Kartei A. GREMMINGER); »besonders im Hardtwald, ... nicht gerade selten« (GAUCKLER 1898a); »bei Karlsruhe (Wildpark, Hardtwald) sehr häufig.« (GAUCKLER 1909).
Neckar-Tauberland: »Aalen (HAHNE)« (SCHNEIDER 1938).
Schwäbische Alb: »Ulm-Obereselberg (HEINL). In der Naturaliensammlung Stücke von ASCHENAUER mit Württemberg bezettelt [Vielleicht Blaubeuren].« (SCHNEIDER 1938).
Alpenvorland: »Einmal bei Salem« (REUTTI 1898).

Problematisch sind die Meldungen in SCHNEIDERs Württemberg-Fauna: Während die Angabe für Ulm-Obereselberg wegen ihrer Herkunft von HEINL als höchstwahrscheinlich falsch eingestuft werden kann[1], und die Belege ex coll. ASCHENAUER wegen fehlender Fundortetiketten unberücksichtigt bleiben müssen, ist die Meldung des sonst sehr zuverlässigen Gewährsmanns A. HAHNE eher Glauben zu schenken. Eine ehemals weitere Verbreitung der Art ist somit nicht auszuschließen, aber heute nicht mehr rekonstruierbar.
Vertikal: Die Fundorte lagen zwischen 100 m in der Ebene und bei etwa 500 m Höhe in der kollin-montanen Zone.

Phänologie

Imagines: Die einzigen Flugzeitangaben aus Baden-Württemberg stammen von REUTTI (1898), der die Art »Von August bis Oktober, auch vereinzelt im November noch« meldete, sowie von GAUCKLER (1909), der (vielleicht nur REUTTI zitierend) »August bis November« angab.
Präimaginalstadien: Das Überwinterungsstadium ist das Ei. Die Raupe lebt nach Literaturangaben vom Frühjahr bis zum Frühsommer (April bis Juni, FORSTER 1971). In Baden-Württemberg sind keine Raupenfunde im Freiland bekannt geworden.

Ökologie

Lebensraum: Biotopangaben liegen aus Baden-Württemberg nicht vor. Im Wildpark und Hardtwald bei Karlsruhe dürfte die Art warme, trockene bis feuchte Laubwaldgesellschaften, deren Ränder und Säume bewohnt haben. Genauere

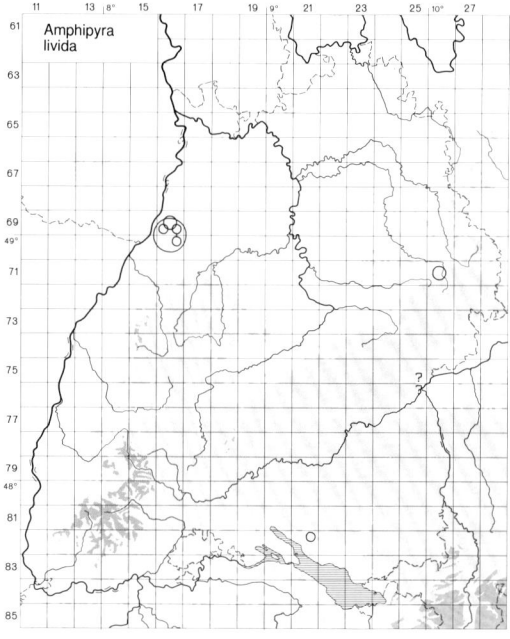

---
[1] Vergl. die Erläuterungen unter *Xanthia sulphurago*.

Amphipyra livida kam bis ins 19. Jahrhundert in der Oberrheinebene, vielleicht auch in anderen Landesteilen vor. Sie ist in Baden-Württemberg seit langem ausgestorben. – Dieser Falter vom 22.8.1886 ohne Fundortangabe könnte aus der Umgebung von Karlsruhe stammen (coll. A. MEESS).

Angaben lassen sich nicht mehr machen. HACKER (1989) bezeichnete sie als »eine Art xero-thermophiler Saumgesellschaften«. GELBRECHT, RICHERT & WEGNER [1996] nennen für Brandenburg reich strukturierte, vorwiegend extensiv genutzte Landschaften, in denen Trockenrasen und Feuchtgebiete eng verzahnt sind.

Nahrung der Raupe: Keine Informationen aus Baden-Württemberg. Ob die Angabe »Die Raupe an *Taraxacum*« (REUTTI 1898) auf einer Freilandbeobachtung beruht bzw. überhaupt aus Baden-Württemberg stammt, muß bezweifelt werden. Das gleiche gilt für GAUCKLERS (1909) Bemerkung: »Die Raupe lebt an *Taraxacum* und ist sehr leicht zu erziehen«. Auch sonst wird in der Literatur gern auf Löwenzahn verwiesen, so von WILDE (1861), SPULER (1908–1910), FORSTER (1971) und KOCH (1984). Letzterer nennt außerdem noch Habichtskraut und »Gras«. Das Gras geht auf GAUCKLERS Zuchtbericht zurück, wo es heißt: »Die eben dem Ei entschlüpften Räupchen füttere ich mit in Töpfe gepflanzten Grasbüscheln. Sie gedeihen dabei sehr gut. Später gab ich ihnen Löwenzahn...« Interessant ist die Beobachtung von VORBRODT (1911), der die Raupe an jungen Eichenschößlingen sitzend (nicht fressend) fand, womit das Larvalhabitat in Waldrandnähe zu vermuten ist.

Nahrung des Falters: Keine Angaben aus Baden-Württemberg. Andernorts werden die Falter am Köder festgestellt.

Habitat: Keine Angaben aus Baden-Württemberg.

Verhalten: Die Falter wurden von den Karlsruher Entomologen bei Tage gefunden, und zwar »durch sorgfältiges Nachsuchen in den Spalten des Plankenzaunes des Wildparkes, wo sie sich wie die andern Arten der Gattung versteckt« (REUTTI 1898).

Gefährdung und Schutz

Rote Liste Bundesrepublik: 1
Rote Liste Baden-Württemberg: 0

Oberrheinebene: Ausgestorben oder verschollen!
Schwarzwald: Nicht vertreten.
Neckar-Tauberland: Ausgestorben oder verschollen!
Schwäbische Alb: Nicht vertreten.
Oberschwaben: Ausgestorben oder verschollen!

- In Baden-Württemberg ausgestorben oder verschollen!

Ähnlich wie bei *Pyrois cinnamomea* lassen sich die Gründe für das Aussterben von *Amphipyra livida* in Baden-Württemberg heute wohl nicht mehr klären. Unsere Vorkommen lagen an der Nordgrenze des Areals. Weiter östlich kommt die Art immer noch vor, so in Nordbayern, Brandenburg und Sachsen.

Amphipyra tragopoginis
(Clerck, 1759)
Dreipunkt-Glanzeule

Amphipyra tragopogonis L. (REUTTI 1898, SPULER 1908–1910, ECKSTEIN 1920, HERING 1932, SCHNEIDER 1936–1939)
Amphipyra tragopoginis L. (LAMPERT 1907, WARREN 1909–1914, REBEL 1910, KOCH 1958)

Gesamtverbreitung: In fast ganz Europa (außer Portugal?) vom Mittelmeer bis jenseits des Polarkreises, weiter durch Nord- und Mittelasien bis Westsibirien und Nordindien verbreitet. In Nordamerika eingeschleppt (MIKKOLA, LAFONTAINE & KONONENKO 1991).

Verbreitung

Regional: *Amphipyra tragopoginis* ist in ganz Baden-Württemberg weit verbreitet. Bei genauerer Kartierung dürfte sie sich als in sämtlichen Naturräumen vorkommend und bodenständig erweisen.

Vertikal: Die Höhenverbreitung reicht von der Ebene um 100 m bis in die höchsten Lagen der Mittelgebirge. Im Südschwarzwald liegen die höchsten Fundstellen im Gipfelbereich von Feld-

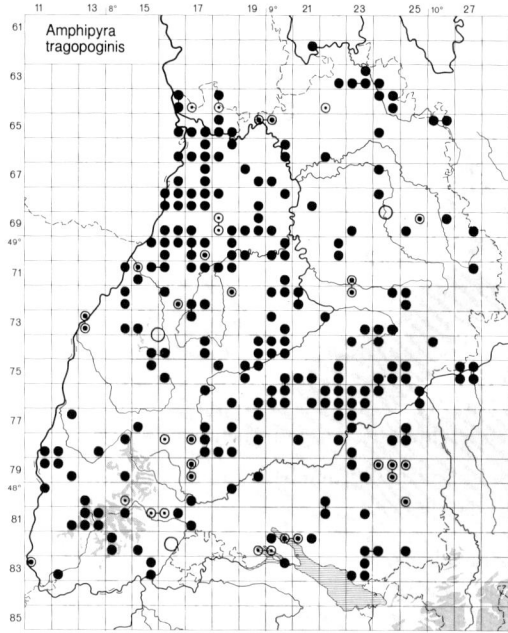

Isolierte Einzelfalter sind in den Wärmegebieten schon im Juni gemeldet worden (17.6.1982 und 21.6.1986, F. KIRSCH; 30.6.1987, Bad Mingolsheim, G. SCHWARZ). Maxima sind schwer auszumachen; sie scheinen im Neckar-Tauberland im August, auf der Schwäbischen Alb Anfang September zu liegen. In der Oberrheinebene sind dagegen bereits im Juli hohe Individuenzahlen erkennbar. Die Flugzeit endet hier Anfang oder Mitte Oktober; im Neckar-Tauberland sind Einzelfalter auch noch Ende Oktober/Anfang November aufgetreten (3.11.1984, Bad Mingolsheim, G. SCHWARZ).

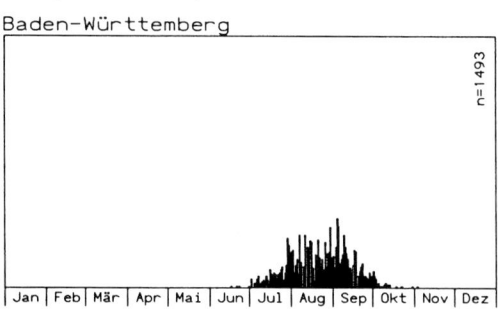

berg und Belchen zwischen 1300 und 1400 m (J. ASAL, G. EBERT/R. HERRMANN/B. TRAUB), im Nordschwarzwald auf dem Hornisgrinde-Gipfel bei 1150 m (G. EBERT/H. LUSSI/A. STEINER).

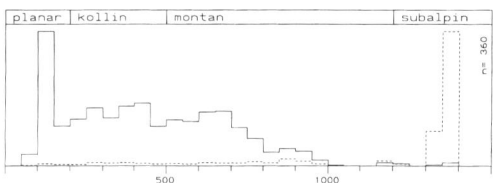

Phänologie

Imagines: *Amphipyra tragopoginis* zeichnet sich durch eine lang ausgedehnte Flugzeit aus, die sich über drei bis vier Monate, von Juli bis Oktober erstreckt. Dies beruht aber nicht nur auf der Kumulation aller Jahre. Auch innerhalb einzelner Jahre sind von verschiedenen Fundorten lange Nachweiszeiträume belegt, beispielsweise 1984 aus Bad Mingolsheim 16 Wochen (13.7. – 3.11., G. SCHWARZ).

In der Oberrheinebene, besonders im Kaiserstuhl, erscheinen in manchen Jahren die frühesten Falter bereits in den ersten Julitagen, in Wärmegebieten des Neckar-Tauberlands ab der 1. Juli-Dekade. Etwas später, zwischen Mitte und Ende Juli, beginnt die Flugzeit im Schwarzwald, auf der Schwäbischen Alb und im Alpenvorland.

Präimaginalstadien: Die Eier überwintern. Die Raupen wurden in unserem Gebiet bislang nur selten gefunden, denn als Krautschichtbewohner sind sie nicht so auffällig wie ihre baumbewohnenden Verwandten. Es liegen nur vier genaue Daten zwischen Ende Mai und Ende Juli vor: 29.5.1977 (Birkenfeld, v. RAMIN), 6.6.1988 (Malsch-Sulzbach, G. EBERT), 7.6.1978, fast erwachsen (Kirchentellinsfurt, A. STEINER), 23.7.1980 (Malsch, D. DOCZKAL). Eine präparierte erwachsene Raupe mit dem Datum April 1946 befindet sich in coll. G. REICH (coll. SMNS): sie könnte aber aus einer Zimmerzucht stammen und daher früher als im Freiland erwachsen gewesen sein.

Ökologie

Lebensraum: *Amphipyra tragopoginis* ist in fast allen offenen Lebensräumen anzutreffen. Dazu gehören vor allem trockene bis feuchte Wiesen und Weiden von Halbtrockenrasen bis hin zu Niedermooren. Hinzu kommen Säume und Staudenfluren unterschiedlicher Ausprägung, Weg- und Straßenböschungen, Ruderalflächen, aber auch Gebüsche und sonnige Randzonen von Wäldern sowie deren Binnensäume und Lichtungen (Schlagfluren), außerdem Gärten, Parks und Streuobstwiesen.

Die Falter von *Amphipyra tragopoginis* sind sehr unscheinbar. Die einzigen Zeichnungselemente sind drei schwarze Punkte, die die Makeln markieren, sowie die etwas hellere Wellenlinie. Der starke Glanz der Vorderflügel, der sich auf Fotos oft unangenehm bemerkbar macht, konnte hier durch Ringblitz reduziert werden. – Schönbuch bei Breitenholz 20.8.85. A. STEINER. LF.

Nahrung der Raupe:
Consolida ambigua – Garten-Rittersporn
   L (DOC)
Melilotus spec. – Steinklee
   L (SCC)
Galium verum – Echtes Labkraut
   L (EBE)
Verbascum cf. *phlomoides* – cf. Windblumen-Königskerze
   L (STN)
Tragopogon spec. – Bocksbart
   L (SCC)

Die Angaben der älteren Autoren sind meist sehr ungenau. REUTTI (1898) und GAUCKLER (1909) schrieben »an niederen Pflanzen«, SCHNEIDER (1938) »polyphag an niederen Pflanzen«, von denen er immerhin Steinklee und Bocksbart namentlich nannte. D. DOCZKAL fand eine Raupe am Gartenrittersporn, G. EBERT an Echtem Labraut und A. STEINER unter einer stark befressenen Garten-Königskerze aus der *Verbascum phlomoides*-Verwandtschaft.

Die Literatur nennt zahlreiche, vor allem krautartige Nahrungspflanzen aus verschiedenen Familien: Salicaceae (*Salix alba, Salix caprea*), Polygonaceae (*Rumex* spp., *Rumex acetosa*), Chenopodiaceae (*Spinacea oleracea*), Ranunculaceae (*Consolida ambigua*), Saxifragaceae (*Ribes grossularia*), Rosaceae (*Crataegus laevigata*), Fabaceae (*Vicia* spec., *Sarothamnus scoparius*), Geraniaceae (*Pelargonium* spec.), Onagraceae (*Epilobium* spec., *Epilobium angustifolium*), Apiaceae (*Chaerophyllum temulum, Foeniculum vulgare*), Rubiaceae (*Galium* spec., *Galium verum, Galium mollugo, Galium silvaticum*), Scrophulariaceae (*Verbascum* spec.), Campanulaceae (*Campanula* spec.), Asteraceae (»Disteln«, *Achillea millefolium, Artemisia vulgaris, Artemisia campestris, Serratula tinctoria, Serratula arvensis, Tragopogon* spec., *Tragopogon pratensis, Crepis paludosa, Crepis biennis*) (ALLAN 1949, BERGMANN 1954, HEUSER, JÖST & ROESLER 1962, KOCH 1856, SPEYER 1867, TREITSCHKE 1825a, UFFELN 1908, URBAHN & URBAHN 1939). BARRETT (1899) bescheinigte der Raupe eine Vorliebe für gelbe Blüten von Gartenpflanzen.

Nahrung des Falters: Die Nahrungsaufnahme wurde an *Juncus effusus* (A. STEINER) und an *Buddleia davidii* beobachtet (H. BEYERLE nach SETTELE 1926a, E. LANGER, A. STEINER). Fang »an Blüten« ohne nähere Angaben meldete A. GREMMINGER. Die Falter stellen sich oft, aber

Im Gegensatz zu den anderen einheimischen *Amphipyra*-Arten lebt die Raupe von *A. tragopoginis* nicht an Bäumen und Büschen, sondern an Pflanzen der Krautschicht. – Malsch-Sulzbach 6.6.88 G. EBERT.

meist in geringer Individuenzahl, an künstlichem Köder ein.

Habitat: Aus dem Untersuchungsgebiet noch ungenügend bekannt. G. EBERT fand die Raupe im kräuterreichen Saum am Rand eines Lößhohlwegs, A. STEINER in einem Hausgarten, v. RAMIN gab für seinen Raupenfund »Wiese« an.

Verhalten: Die Eiablage ist im Untersuchungsgebiet noch nicht beobachtet worden. Nach BERGMANN (1954) erfolgt sie »in Haufen an trockenen Stauden.« Die erwachsene Raupe wurde bei Tag unter der Blattrosette einer Königskerze ruhend gefunden. Erst am Abend scheint sie aktiv zu werden und erklettert ihre Nahrungspflanzen (G. EBERT).

Wie die übrigen *Amphipyra*-Arten präferieren die Schmetterlinge Ruheplätze in Rindenritzen und Spalten. Schon SEYFFER (1850) hatte darauf hingewiesen: »Dieser Schmetterling hat mit *Pyramidea* das gemein, dass er meist in Gesellschaft den Tag über zubringt. Es sitzen oft 30–40 Stück dicht aufeinandergedrängt in Ritzen von Bäumen, Zäunen und Häusern.« Auch wenn solche Individuenzahlen heute nur noch selten erreicht werden, können die Falter immer noch in Häusern, auf Dachböden oder hinter Fensterläden beobachtet werden. N. SCHMUNCK sah eine Copula an einer Garage (Schorndorf, 1969). Die Imagines sind nachtaktiv und fliegen Lichtquellen an, sind aber besser durch Köderfang nachzuweisen.

Gefährdung und Schutz

Rote Liste Bundesrepublik: –
Rote Liste Baden-Württemberg: –

Oberrheinebene: Nicht gefährdet.
Schwarzwald: Nicht gefährdet.
Neckar-Tauberland: Nicht gefährdet.
Schwäbische Alb: Nicht gefährdet.
Oberschwaben: Nicht gefährdet.

• In Baden-Württemberg nicht gefährdet!

Amphipyra tetra
(Fabricius, 1787)

Gesamtverbreitung: Von Nordafrika (Mauretanien, Marokko, Algerien, Tunesien, Ägypten) durch das mediterrane Europa (Spanien, Südfrankreich, Italien, östliches Österreich, Tschechoslowakei, Balkanländer, Südrußland) bis Vorder- und Zentralasien (Türkei, Iran, Palästina, Afghanistan, West-Turkestan) verbreitet.

Die Art ist kein Bestandteil der Fauna Baden-Württembergs. SEYFFER (1850) meldete sie von Reutlingen und HERING (1855) erwähnte sie kurz darauf für das Königreich Württemberg. Beide Angaben basierten auf einer Mitteilung von A. KELLER. Durch das Werk von SPEYER & SPEYER (1862) fand die Angabe weitere Verbreitung. Bereits in der zweiten Württemberg-Fauna (KELLER & HOFFMANN 1861) korrigierte KELLER jedoch, es habe sich nur um ein veröltes *Rusina ferruginea*-♀ gehandelt. Die völlig abwegigen Angaben LITZELMANNs (1966a, 1966b) beruhen zweifellos auf Fehlbestimmungen.

Heliothinae

Diese Unterfamilie umfaßt nach neuerer Auffassung (z. B. MATTHEWS 1991, MITTER, POOLE & MATTHEWS 1993) etwa 23 Gattungen mit weltweit ungefähr 400 Arten, von denen 25 in Europa vorkommen. In Baden-Württemberg sind 7 Arten beobachtet worden, von denen allerdings nur 4 bodenständig sind (bzw. waren, denn eine Art ist bei uns ausgestorben); die übrigen 3 gelangen nur als gelegentliche Zuwanderer in unser Gebiet. Drei weitere Arten dieser Unterfamilie wurden fälschlich gemeldet.

Die Heliothinae sind Offenlandbewohner; viele Arten besiedeln semiaride und steppenartige Biotope. Die Raupen ernähren sich von Pflanzen der Krautschicht, an denen sie bevorzugt die Knospen, Blüten und Früchte fressen.

Während einige Arten ausgesprochen polyphag sind, haben sich 75% der Arten mit bekannter Biologie auf einzelne Pflanzenfamilien, -gattungen und -arten spezialisiert. Von diesen oligophagen Arten sind wiederum 60% an Asteraceen gebunden, besonders Angehörige der großen Gattung *Schinia*.

Zu den polyphagen Heliothinae (d. h. Arten, die an Pflanzen aus zwei oder mehr Ordnungen leben) gehören vor allem Arten der Gattungen *Heliothis*, *Helicoverpa* und *Pyrrhia*. Darunter befindet sich eine Anzahl wichtiger landwirtschaftlicher Schädlinge, unter anderem die altweltliche *Helicoverpa armigera* (HÜBNER, [1808]) und die neuweltliche *Helicoverpa zea* BODDIE, 1850, der »corn earworm« der Amerikaner sowie der »tobacco budworm« *Heliothis virescens* (FABRICIUS, 1777). Über diese Arten existiert eine außerordentlich reichhaltige Literatur, die sich zumeist mit ihrer Biologie und mit Aspekten ihrer Bekämpfung befaßt. Ihre agrarökonomische Bedeutung hat auch zu einer Reihe von wichtigen taxonomischen Studien geführt (z. B. HARDWICK 1965, 1970, MATTHEWS 1991, MITTER, POOLE & MATTHEWS 1993), die das Verständnis der phylogenetischen Zusammenhänge in dieser nicht gerade einheitlichen Unterfamilie sehr gefördert haben.

Die Flügelzeichnung der Falter ist zum Teil vom üblichen Noctuidentypus, zum Teil ist sie reduziert oder weist Adaptionen an bestimmte Ruheplätze auf: die Imagines vieler Arten (besonders in den Gattungen *Schinia*, *Periphanes* und *Pyrrhia*) sitzen an bestimmten Pflanzenteilen (meist Blüten der Raupennahrungspflanze), sind farblich an sie angepaßt und deshalb oft auffällig bunt gefärbt, wobei Rosa-, Rot-, Violett- und Gelbtöne überwiegen.

Schinia cardui
(Hübner, 1790)

Heliothis cardui HBN. (SCHNEIDER 1936–1939, ECKSTEIN 1913–1923, HERING 1932, KOCH 1954–1961, LAMPERT 1907, REBEL 1910, SPULER 1908–1910)
Heliothis cardui ESP. (SCHNEIDER 1936–1939, BERGMANN 1951–1955, WARREN in SEITZ 1909–1914)
Melicleptria cardui ESP. (FORSTER 1954–1981)
Melicleptria cardui HBN. (LERAUT 1980)

Gesamtverbreitung: Im mediterranen Raum Europas von Spanien über Südfrankreich und Italien bis in die Balkanländer (nur aus Griechenland liegen noch keine Nachweise vor) weit verbreitet, aber stets lokal. Das Areal erstreckt sich nördlich bis nach Ungarn, Böhmen, Mähren und Niederösterreich, im Osten bis nach Kleinasien.

Schinia cardui wurde von LEINER (1829) aus dem Raum Konstanz gemeldet. Diese Angabe wurde später von REUTTI (1853), NÜSSLIN (1885) und nochmals REUTTI (1898) zitiert, von letzterem mit der Bemerkung: »mir ist die Art dort nicht vorgekommen«. SCHNEIDER (1929) zog eine Angabe für Blaubeuren in Zweifel, die wohl aus dem Tagebuch ASCHENAUERS stammte: »angeblich von ASCHENAUER bei Blaubeuren gefangen. Belegstück fehlt.« Bald darauf meldete SCHNEIDER (1930) aber: »Blaubeuren. Diese von mir angezweifelte Angabe dürfte stimmen, denn ich fand die Art am 22. und 23. Juli 1929 auf dem Lochenstein und auf dem Plettenberg«, und in seiner Württemberg-Fauna (SCHNEIDER 1938) findet sich sogar die erstaunliche Behauptung: »Von mir am 22. und 23.VII.1929 auf dem Lochenstein und auf dem Plettenberg gefangen, später auch die Raupen gefunden an Bitterkraut (*Picris hieracioides*), leben ziemlich versteckt in den Blüten.« *Schinia cardui* ist – wenn man sie nicht kennt – eine etwas verwechslungsträchtige Art, die in älteren Bestimmungswerken oft ziemlich unkenntlich abgebildet wurde, was zu Verwechslungen z. B. mit *Pyrausta*-Arten (Pyralidae) geführt haben kann (in coll. SMNS steckten noch 1992 unter *Schinia cardui* nicht weniger als 4 Exemplare von *Pyrausta* spp.). Da SCHNEIDERS Noctuidenkenntnisse nach eigenem Eingeständnis begrenzt waren (SCHNEIDER 1929, 1938), darf seine Angabe als zweifelhaft eingestuft werden. Auch die Bestimmung der gefundenen Raupen ist höchst unsicher: bezeichnenderweise erwähnte SCHNEIDER nicht, daß er sie bis zum Falter gezüchtet hat. Eher ist anzunehmen, daß bei der Raupenbestimmung das Wunschdenken Pate stand. Schließlich meldeten KAUFMANN & SCHMID (1966) die Art ohne nähere Angaben vom Spitzberg bei Tübingen, und LITZELMANN (1966a) gab sie vom Isteiner Klotz an. Man wird nicht fehlgehen, wenn man sämtliche Angaben aus Südwestdeutschland auf Fehldeterminationen zurückführt, wie das schon PETRY (1933) mit gutem Grund für die Meldungen von München, Neustrelitz, Mühlhausen/Thüringen und Holzminden getan hat. In Deutschland könnte *Schinia cardui* bestenfalls als Zuwanderer erscheinen, wie neuerdings HEINICKE (1993) für alle deutschen Meldungen annahm, doch ist sie im Gegensatz zu den *Heliothis*-Arten nicht als Wanderfalter bekannt.

Heliothis viriplaca
(Hufnagel, 1766)
Karden-Sonneneule

Heliothis dipsaceus L. (REUTTI 1898, SPULER 1908–1910, LAMPERT 1907, REBEL 1910, ECKSTEIN 1913–1923, HERING 1932)
Chloridea dipsacea L. (WARREN in SEITZ 1909–1914, SCHNEIDER 1936–1939, BERGMANN 1951–1955, KOCH 1954–1961)
Chloridea viriplaca HUFN. (HANNEMANN & URBAHN in STRESEMANN 1969, FORSTER 1954–1981)

Gesamtverbreitung: Von Nordwestafrika und den Kanarischen Inseln durch ganz Europa und große Teile Asiens bis Japan, Korea und Sachalin, im Süden bis Kaschmir und Burma. In Nordeuropa (Skandinavien) tritt die Art wohl überwiegend als Zuwanderer auf, in Südengland, Südschweden und Dänemark soll sie bodenständig sein.

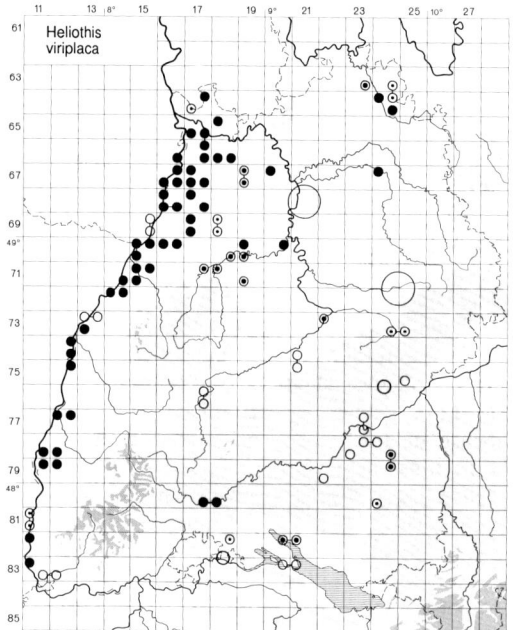

konnte (so bezeichneten M. WALLNER/W. STAIB *Heliothis viriplaca* am 6.8.1976 als die häufigste Eulenart im Totenkopfgebiet im Kaiserstuhl). Neuere Funde aus dem Neckarland liegen ferner aus Gailingen (1980 1 Raupe, E. LANGER), aus Schönaich (1975 1 Falter, D. HEIN nach LOBENSTEIN 1978) sowie vom Wollenbachtal bei Bad Rappenau vor (einzelne Falter 1978–1980 und 1983, K. W. JÄGER). Als Zuwanderer sind wohl auch die wenigen und zeitlich weit auseinanderliegenden Nachweise im Alpenvorland, auf der Schwäbischen Alb und in der Baar einzustufen, die – soweit Jahreszahlen angegeben wurden – in die Jahre 1879, 1912, 1946, 1947, 1950, 1953 und 1982 fallen. Die Raupenfunde stammen (mit der einzigen Ausnahme Gailingen) alle aus der Oberrheinebene (einschließlich Kaiserstuhl).

Vertikal: Die Fundorte liegen fast sämtlich in der Ebene und im Hügelland bis in etwa 500 m Höhe. Bei den in höheren Lagen gefundenen Faltern handelt es sich vermutlich durchweg um Zuwanderer.

Verbreitung

Regional: Bodenständige Populationen besitzt *Heliothis viriplaca* in Baden-Württemberg vor allem in der Oberrheinebene, wo sie weit verbreitet ist (die Lücken am mittleren und südlichen Oberrhein sind keine Verbreitungs- sondern die üblichen Bearbeitungslücken). Daneben stößt sie randlich in den angrenzenden Kraichgau vor, und eine Reihe von (meist älteren) Funden liegt aus dem Odenwald, dem Tauberland, den Kocher-Jagst-Ebenen, dem Stromberggebiet, dem Neckarbecken, den Oberen Gäuen, dem Schönbuch und dem Albvorland vor[1]. Ob die Art hier früher bodenständig war, ist unklar. Wahrscheinlich handelt es sich eher um hin und wieder vom Rheingraben her bzw. (im Tauberland) aus dem Maingebiet zufliegende Stücke, die sich nur unter günstigen Bedingungen (kurzzeitig?) fortpflanzen können. Dafür spricht, daß viele der neueren Meldungen aus dem Neckar-Tauberland aus heißen Sommern wie 1976 stammen (Illingen, W. STAIB/M. WALLNER; Lauda, F. KIRSCH; Künzelsau, A. EBERHARD; Bietigheim, A. SCHABEL), einem Jahr, in dem die Art auch am Oberrhein stellenweise starke Populationen aufbauen

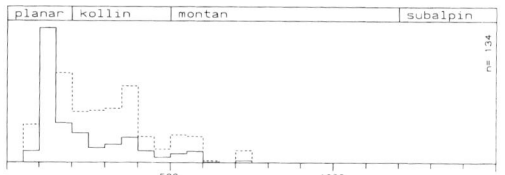

Phänologie

Imagines: Das Flugzeitdiagramm für die Oberrheinebene läßt zwei Generationen erkennen, deren erste in günstigen Jahren im Lauf der zweiten Mai-Dekade beginnt. Drei besonders frühe Daten liegen aus dem Raum Kaiserstuhl vor: 24.4. (1987, AG Freiburg), 2.5. (1926, L. SETTELE) und 5.5. (1992, Weiswil, K. RENNWALD nach E. RENNWALD 1994); der 30.4.1987 wurde aus Südbaden (ohne Fundort) angegeben (K. RENNWALD [1987]). Im Zeitraum zwischen Anfang Juni und Anfang Juli überlappen sich die Generationen zwar im Diagramm, sind jedoch in den einzelnen Jahren an den einzelnen Fundstellen jeweils durch eine Lücke von zwei bis vier Wochen getrennt. Die zweite Generation beginnt je nach der Jahreswitterung und der Dauer der ersten Generation zwischen Ende Juni und Mitte Juli und dauert bis Anfang/Mitte August, in manchen Jahren auch noch bis Anfang September (9.9.1992, Sundheim, E. RENNWALD 1994).

Im Neckar-Tauberland, wo wir es wohl überwiegend mit Zuwanderern zu tun haben, fallen

---

[1] Wenn SCHNEIDER (1938) die Art für das ehemalige Württemberg als »im Gebiet verbreitet und nicht selten« angab, so entsprach dies mit Sicherheit auch damals nicht den Tatsachen.

Heliothis viriplaca kommt bevorzugt in Wärmegebieten wie der Oberrheinebene und angrenzenden Regionen vor. Die Falter fliegen nicht nur nachts, sondern können auch im Sonnenschein beim Blütenbesuch beobachtet werden. Die Variabilität ist beträchtlich. Tiere mit schräg verlaufendem Mittelschatten wie dieses haben gelegentlich zu Verwechslungen mit *Heliothis maritima* geführt, die aber in Baden-Württemberg noch nie sicher nachgewiesen wurde. – Graben-Neudorf (ex larva-Zucht) 14.7.94 A. STEINER. S.

nur wenige Meldungen in den Mai-Juni, die Mehrzahl stammt vom Juli-August, also aus der Flugzeit der zweiten Generation, die am Oberrhein die häufigere von beiden ist und deshalb wohl auch ein stärkeres Dispersionspotential aufweist.

Präimaginalstadien: Eine Eiablage wurde am 1.6. (1984, Leutesheim, Rheindamm) beobachtet (K. RENNWALD [1987]). Die Nachkommen der selteneren 1. Gen. (Raupen der 2. Gen.) sind nur durch vier Funde belegt: A. SCHANOWSKI fand am 6.6.1994 eine Raupe bei Kehl, K. RENNWALD am 11.6.1992 eine fast erwachsene Raupe ebenfalls bei Kehl (E. RENNWALD 1994), O. SCHRÖDER am 12.6.1921 »viele« bereits erwachsene Raupen im Kaiserstuhl, und A. STEINER am 29.6.1994 eine Raupe im letzten Stadium bei Graben-Neudorf. Zahlreicher sind die Beobachtungen von Raupen der 1. Gen. im Hoch- und Spätsommer: die Funde verteilen sich auf den Zeitraum zwischen Mitte Juli (17.7.1990, E. RENNWALD 1991, bereits fast erwachsen; 18.7.1992. G. EBERT/E. ECKERT, fast erwachsen) und Mitte September (16.9.1965, H. LIENIG). Den September nannte auch A. GREMMINGER (Kartei) als Raupenmonat. Das Überwinterungsstadium ist die Puppe.

Ökologie

Lebensraum: *Heliothis viriplaca* ist vor allem in sonnigen und lückigen, aber blütenreichen Mager- und Trockenrasen, Säumen und Ruderalfluren heimisch. Die Falter gelangen bei der Nahrungssuche aber auch auf angrenzende Mähwiesen (Salbei-Glatthaferwiesen). In der Rheinebene kommt die Art gerne auf sonnenexponierten Hochwasserdämmen vor, aber auch Bahndämme, trockene Wegränder und Böschungen, Brachflächen (Brachäcker), Sand- und Kiesgruben sowie Kies-Schotterflächen werden besiedelt. Den geologischen Untergrund bilden dabei oft quartäre Sande und Kiese.

Im Kaiserstuhl lebt die Art auch auf Löß und Vulkangestein, am Kraichgaurand auf Muschelkalk und bei Sandhausen auf den Binnendünen. Die bodenständigen Vorkommen liegen alle in Gebieten mit mittleren Jahrestemperaturen von über 9°C.

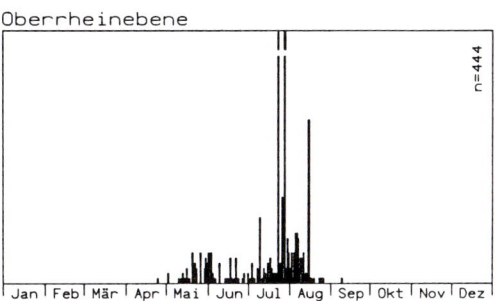

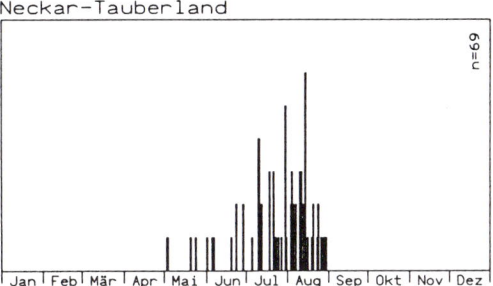

Nahrung der Raupe:
Silene nutans – Nickendes Leimkraut
    L (STN)
Melandrium album – Weiße Lichtnelke
    L (LUS)
Sanguisorba minor – Kleiner Wiesenknopf
    E (REK)
Ononis spinosa – Dornige Hauhechel
    L (REN)
Ononis spec. – Hauhechel
    L (GAU)
Medicago sativa – Luzerne
    L (BRT)
Melilotus spec. – Steinklee
    L (LIE)
Sarothamnus scoparius – Besenginster
    L (REN)
Euphorbia cyparissias – Zypressen-Wolfsmilch
    L (LIE)
Malva alcea – Rosenmalve
    L (LUS, STN)
Teucrium botrys – Trauben-Gamander
    L (REK)
Odontites lutea – Gelber Zahntrost
    L (LIE)
Artemisia vulgaris – Gewöhnlicher Beifuß
    L (STN)
Artemisia campestris – Feldbeifuß
    3 L (GRE, LUS, STN)
Centaurea stoebe – Rispen-Flockenblume
    L (REK)
Centaurea scabiosa – Skabiosen-Flockenblume
    L (EBE, ECK)
Centaurea spec. – Flockenblume
    L (GAU)
Cichorium spec. – »Zichorien«
    L (GAU)
Picris hieracioides – Gewöhnliches Bitterkraut
    L (BAR)
Taraxacum officinale – Wiesen-Löwenzahn
    L (REK)
Hieracium piloselloides – Florentiner Habichtskraut
    L (SCH)

In Halbtrockenrasen, Sandmagerrasen und auf trockenwarmen Ruderalflächen sind die schlanken Raupen vereinzelt zu finden. Sie fressen mit Vorliebe die nährstoffreichen Blüten und Früchte ihrer Nahrungspflanzen. Ihre Färbung variiert von blassen Pastelltönen in hellbraun und rötlichgelb über grün bis grünbraun. – Kaiserstuhl 18.7.92 G. EBERT.

Mit neunzehn gemeldeten Nahrungspflanzenarten (bzw. -gattungen) kann die Nahrungsbiologie von *Heliothis viriplaca* in Baden-Württemberg schon als relativ gut bekannt bezeichnet werden. Bei den Pflanzenmeldungen handelt es sich teils nur um Gattungsangaben (*Ononis*, *Melilotus*, *Centaurea*, *Cichorium*) und in den meisten Fällen um einzelne oder wenige Raupen. Vertreten sind die folgenden Familien: Caryophyllaceae (2 Arten), Rosaceae (1 Art), Fabaceae (4 Arten), Euphorbiaceae (1 Art), Malvaceae (1 Art), Lamiaceae (1 Art), Scrophulariaceae (1 Art), Asteraceae (7 Arten). Mit Sicherheit läßt sich diese Liste noch erweitern. So vermerkte A. GREMMINGER (Kartei), daß er die Raupen »im Sept. von verschied. Pflanzen (?) gestreift« habe. In der Tat handelt es sich bei *Heliothis viriplaca* um eine polyphage Art, die in Südeuropa und Südrußland an verschiedenen Kulturpflanzen auftritt (z. B. Getreide, Luzerne, Baumwolle, Tabak, Hanf, Tomate), und die insgesamt von mehr als 70 Pflanzenarten aus 22 Familien gemeldet worden ist (MERŽEEVSKAYA 1967, POITOUT in BALACHOWSKI 1972). MATTHEWS (1991) nannte in einer neueren (unvollständigen) Übersicht 27 Gattungen aus 16 Familien. Das Nahrungsspektrum unterliegt denn auch weniger irgendwelchen taxonomischen Präferenzen sondern – speziell in den nördlicheren Teilen des Verbreitungsareals – vor allem standörtlichen Einschränkungen: die

Während die Färbung sehr veränderlich ist, bleiben einige Zeichnungselemente stets gleich. Auch dunkel olivgrüne Raupen zeigen die weißlichen Seitenlinien und die gelblichweißen Nebenrückenlinien. Bei diesem Tier sind zudem die Punktwarzen kräftig schwarz gefärbt. Meist sind die Raupen gut an ihre Ruheplätze angepaßt. – Wiesental 30.8.94 H. LUSSI. M.

bei uns gemeldeten Nahrungspflanzen sind Gewächse trockener und warmer Standorte. An solchen Stellen dürfte das Mikroklima eine wichtige Rolle für die Auswahl der Eiablagestellen spielen. K. RENNWALD [1987] beobachtete eine Eiablage auf einem Rheindamm an einer winzigen *Sanguisorba minor*-Pflanze neben der Fahrrinne, also in wärmebegünstigter Situation nahe dem Erdboden. Zwei Eier wurden dicht nebeneinander an der Basis des Blütenköpfchens abgelegt. A. STEINER fand erwachsene Raupen auf einer Sandflur nur an den niedrigeren Zweigen und an den randständigen, süd- und westexponierten Pflanzen eines ausgedehnten *Artemisia vulgaris*-Gebüsches, A. SCHANOWSKI eine Raupe auf einer trockenwarmen Kies-Schotterflur an Florentiner Habichtskraut, G. EBERT in einem südwestexponiertem Xerobrometum.

Nahrung des Falters: Ähnlich wie die Raupe ist auch der Falter in der Nahrungswahl recht unspezifisch. Beobachtet wurde die Nahrungsaufnahme an *Allium angulosum, Iberis umbellata, Alyssum* spec., *Medicago lupulina, Medicago sativa, Trifolium campestre, Trifolium pratense, Lotus corniculatus, Echium vulgare, Prunella vulgaris, Prunella grandiflora, Salvia pratensis, Ajuga reptans, Origanum vulgare, Thymus pulegioides, Knautia arvensis, Eupatorium cannabinum, Erigeron annuus, Helichrysum arenarium, Matricaria inodora, Chrysanthemum leucanthemum* und *Senecio jacobaea* (J. & U. BASTIAN, J. F. BURTON, G. EBERT, R. HERRMANN, F. LAIER, E. RENNWALD 1991, K. RENNWALD [1987], A. SCHANOWSKI, A. STEINER).

Habitat: Die Falterfundstellen sind in der Regel warmen Halbtrockenrasen- und Ruderalgesellschaften zuzuordnen, doch werden zum Blütenbesuch (Klee) auch magere wie fette Salbei-Glatthaferwiesen (Arrhenatheretalia) aufgesucht (K. RENNWALD [1987]), und am Licht anfliegende Falter, die sich auf Wanderung befinden, können in beliebigen Biotopen erscheinen. Die Ei- und Raupenfunde stammen, soweit dazu verwertbare Angaben vorliegen, teils aus dem Mesobrometum, teils aus den Artemisietea vulgaris zuzuordnenden mehrjährigen Ruderalgesellschaften und aus dem zu den alpigenen Schwemmgesellschaften zählenden Epilobio-Scrophularietum caninae (Hundsbraunwurzflur). Sandbodengesellschaften der Sedo-Scleranthetea und der trockene Flügel des Arrhenatheretums dürften ebenfalls eine größere Rolle spielen, insbesondere Flächen mit – auch kleinräumigen – Störstellen wie Tritt- und Fahrspuren, Abbruchkanten und Böschungen, Schutt- und Kiesablagerungen, Wegränder und Gleisgelände.

Verhalten: Die Falter sind sowohl tag- als auch nachtaktiv und können – meist in geringer Anzahl – am Licht nachgewiesen werden. Ein Paar in Copula wurde am 3.6.1987 um 22.15 Uhr auf einem Salbeiblütenstand gefunden (K. RENNWALD [1987]); ob diese Paarung schon bei Tag oder erst nachts eingegangen wurde, ist unbekannt. Die erwähnte Eiablage wurde tagsüber bei Sonnenschein beobachtet. Die Falter sonnen sich gern auf vegetationsfreien Erd-, Sand- und Kiesstellen. Auch auf Buntsandsteinblöcken der Rheinuferbefestigung wurde dieses Verhalten beobachtet. »Manchmal laufen die Tiere dann ... so schnell wie ein Laufkäfer über den Kies (z. B. am 20.5.87 ca. zwei Meter weit)« (K. RENNWALD [1987]). Ruhende Falter wurden tagsüber auf Blütenköpfen gefunden. Die Raupen sind tags und nachts aktiv und können tagsüber fressend wie auch ruhend offen auf der Nahrungspflanze gefunden werden. Sie ziehen bei Berührung den

Kopf ein und nehmen die (für viele Noctuidenraupen vor allem im Jugendstadium typische) »Fragezeichen-Stellung« mit eingerolltem Vorderkörper ein.

Wie der Aufbau individuenstarker zweiter Generationen in warmen Jahren zeigt, ist die Art in der Lage, sehr rasch auf günstige Umweltbedingungen zu reagieren. Diese Fähigkeit, gepaart mit der starken Neigung zur Dispersion, ermöglicht ihr die zeitweilige Besiedlung (bzw. regelmäßige Besiedlungsversuche) auch von Gebieten, die ihr wohl keine langfristige Bodenständigkeit erlauben, insbesondere im Bereich ihrer nördlichen Arealgrenze. In den 1990er Jahren mit meist milden Wintern und teils warmen Sommern war diese Tendenz in ganz Mitteleuropa evident.

Das Wanderverhalten der Art manifestiert sich eher in ungerichteter Dispersion als in gerichteten Wanderungen. Im Jahresbericht 1983 der Deutschen Forschungszentrale für Schmetterlingswanderungen wird eine Meldung von 5 Faltern aus Wiesental wegen der Angabe »alle aus südlicher Richtung« (M. HASSLER) als »vielleicht ... Teil eines Wanderzuges« gedeutet (WOLF 1985). Dazu ist zu bemerken, daß die Art um Wiesental indigen ist, so daß die Falter, selbst wenn sie gerichtet gewandert sein sollten, sich noch innerhalb des Bereichs autochthoner Vorkommen befanden. Vielleicht befand sich ganz einfach die Lichtfanganlage nördlich eines Entwicklungshabitats der Art.

Gefährdung und Schutz

Rote Liste Bundesrepublik: –
Rote Liste Baden-Württemberg: V

Oberrheinebene: Art der Vorwarnliste.
Schwarzwald: Nicht vertreten.
Neckar-Tauberland: Nicht bodenständig (nur randlich vorkommend).
Schwäbische Alb: Nicht vertreten (nur zuwandernd).
Oberschwaben: Nicht vertreten (nur zuwandernd).

- In Baden-Württemberg eine Art der Vorwarnliste!

Die derzeitige relative Abundanz der Art in der Oberrheinebene sollte nicht darüber hinwegtäuschen, daß *H. viriplaca* zum Teil Biotope beansprucht, die oft raschen und unkontrollierten anthropogenen Eingriffen unterworfen werden, zum Beispiel Wegränder, Ackerrandstreifen und Böschungen. Ihr hohes Dispersionspotential und das breite Nahrungsspektrum dürften es *H. viriplaca* zwar ermöglichen, kleinere Biotopverluste durch die Besiedlung neu entstehender Biotope (Brachflächen u. a.) auszugleichen, aber langfristig ist eine Einengung ihres Areals nicht auszuschließen. Sollten sich die günstigen Klimabedingungen der letzten Jahre nicht weiter fortsetzen, ist sowieso mit einem Rückgang der Populationsgrößen zu rechnen, wodurch die Art auch gegen andere Gefährdungsfaktoren empfindlicher würde. Die Entwicklung muß also auf jeden Fall weiter verfolgt werden.

Heliothis maritima
(de Graslin, 1855)

Chloridea maritima GRASL. (WARREN in SEITZ 1909–1914, KOCH 1954–1961, HANNEMANN & URBAHN in STRESEMANN 1969, FORSTER 1954–1981)

Gesamtverbreitung: *Heliothis maritima* wurde erst 1937 als eigene, von *H. viriplaca* getrennte Art erkannt, weswegen ihre Verbreitung lange Zeit ungenügend bekannt war (für den asiatischen Raum trifft dies auch heute noch zu). In Europa werden drei Subspezies unterschieden: ssp. *maritima* (DE GRASLIN, 1855): West- und Südfrankreich; ssp. *warneckei* (BOURSIN, 1964): Südengland, Niederlande, Schleswig-Holstein, Dänemark, Gotland; ssp. *bulgarica* (DRAUDT, 1938): Süd- und Zentralalpen, Balkanhalbinsel, Südrußland. Ferner sicher bekannt aus der Türkei, aus Iran, Zentralasien (ssp. *centralasiae* DRAUDT, 1938) und China (ssp. *angarensis* DRAUDT, 1938). Als Wanderfalter tritt die ssp. *bulgarica* jahrweise auch in Mittel- und Nordeuropa auf.

NIPPEL (1968) meldete die Art aus dem Kaiserstuhl ohne nähere Fundortangabe im Zeitraum 10.–21. 8. 1965 (mit der Häufigkeitsangabe »s-v« [= 1–10 Exemplare]) und im Zeitraum 19. 6.–2. 7. 1967 (»v« [= 4–10 Exemplare]). Dabei hat es sich aller Wahrscheinlichkeit nach um Verwechslungen mit *Heliothis viriplaca* gehandelt. Wir kennen keine weiteren Angaben oder Belegstücke von *H. maritima*, weder vom Kaiserstuhl noch aus anderen Gegenden Baden-Württembergs. Belegexemplare, die von verschiedenen Mitarbeitern als mögliche oder fragliche *H. maritima* vorgelegt wurden, haben sich bisher ausschließlich als *H. viriplaca* erwiesen.

Die Angabe von SETTELE (1972), der »*Chloridea maritima* TAUSCH.« [sic] aus der Faulen Waag meldete, läßt sich anhand des Autornamens unschwer als Lapsus für *Chilodes maritimus* (mit falschem Gattungsnamen) erkennen.

Heliothis ononis
([Denis & Schiffermüller], 1775)

Hauhechel-Sonneneule

Heliothis ononidis F. (REUTTI 1898, SPULER 1908–1910)
Chloridea ononis SCHIFF. (WARREN in SEITZ 1909–1914, Schneider 1936–1939, FORSTER 1954–1981, EBERT 1978)
Chloridea ononidis Schiff. (BERGMANN 1951–1955, KOCH 1954–1961)
Heliothis ononis F. (LAMPERT 1907, REBEL 1910, ECKSTEIN 1913–1923, HERING 1932)

Gesamtverbreitung: In Europa von Süd- und Mittelfrankreich über das Südalpengebiet nach Österreich, Ungarn und in die Balkanländer verbreitet (aus Griechenland noch nicht nachgewiesen), weiter durch Kleinasien, über den Kaukasus und quer durch Mittelasien bis Korea und Sachalin, in Nordamerika in Kanada und den nördlichen Teilen der USA vorkommend, also eine Art mit holarktischer Verbreitung. In Mitteleuropa nördlich der Alpen bis zum Nordrand der Mittelgebirge vereinzelt gemeldet (oft alte Funde), doch hier in vielen Gebieten wohl nur zuwandernd.

Verbreitung

Regional: *Heliothis ononis* war einst in der Oberrheinebene und vielleicht auch in den wärmeren, mittleren und nördlichen Teilen des Neckar-Tauberlands (Muschelkalkgebiet) ziemlich weit verbreitet. Darauf deutet z.B. die Angabe REUTTIS

Die tagaktive *Heliothis ononis* ist in Baden-Württemberg akut vom Aussterben bedroht. Sie kommt in Trockengebieten der Oberrheinebene vor und wurde in den letzten Jahren nur noch an wenigen Fundorten festgestellt. Ein Lebensraum an einem blütenreichen, trockenen Rheindamm ist unter *Bijugis bombycella* in Band 3 abgebildet. Seitdem diese Dämme maschinell gemäht (und zum Teil sogar gemulcht) werden, so daß das Blütenangebot und die Eiablagepflanzen innerhalb weniger Stunden großflächig komplett vernichtet werden, ist die Art rapide zurückgegangen. Eine Teilmahd, bei der einzelne Dammabschnitte erst Wochen später gemäht werden, ist nach den bisherigen Erfahrungen leider kaum durchzusetzen. – Belegstück: Berghausen 30.7.60 W. STAIB.

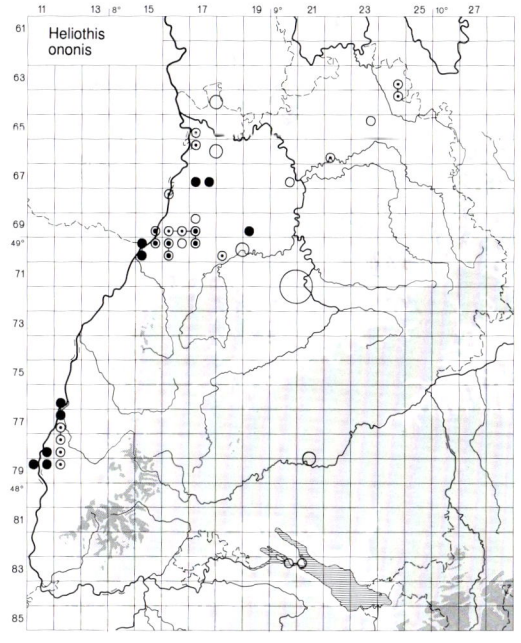

(1898), der sie als in Baden »überall, aber nicht häufig« vorkommend bezeichnete. Heute sind die Populationen außerordentlich stark zusammengeschrumpft. Im Tauberland ist *H. ononis* etwa seit den zwanziger Jahren nicht mehr beobachtet worden (Zimmern, Boxberg, K. A. SEITZ nach Kartei A. GREMMINGER). Aus dem Kocher-Jagst-Gebiet stammt die letzte Meldung von 1909 (Möckmühl, E. MARTIN nach SCHNEIDER 1929), aus dem Kraichgau von 1963 (Berghausen, M. WALLNER). Nach 1970 liegen nur noch von Au am Rhein (1976, 1977, G. EBERT, R. HERRMANN), aus dem Taubergießen (1975, J.-U. MEINEKE), aus dem Raum Breisach (K. RENNWALD [1987]) und vom Stromberg (1979, W. STAIB/M. WALLNER) Nachweise vor. In den neunziger Jahren ist die Art nicht mehr beobachtet worden.

Die Zuverlässigkeit der alten Aussagen von SEYFFER (1850) und KELLER & HOFFMANN (1861), die die Art als bei Stuttgart und bei Marbach (nahe Riedlingen) selten bzw. sehr selten angaben, ist sehr fraglich. Unsicher ist gleichfalls die noch ältere Meldung aus Konstanz (LEINER 1829, auch zitiert von REUTTI 1853, 1898). Als mutmaßliche Fehlbestimmung muß die Angabe aus dem Federseegebiet von FUNK (1923) eingestuft werden. Mit Zweifeln behaftet bleibt leider auch eine Angabe in der Fauna des Isteiner Klotzes (LITZELMANN 1966), nach der *H. ononis* »1947 und 1949 am Rheinuferdamm zwischen Istein und Kleinkems« gefunden worden sein soll. Vom Fundort her zwar durchaus möglich ist diese Meldung dennoch fragwürdig, da die wesentlich häufigere *H. viriplaca* in der Arbeit fehlt, und weil dieser Gewährsmann für seine Unzuverlässigkeit (viele Fehldeterminationen) bekannt ist.

Viele Autoren halten *H. ononis* nördlich der Alpen für nicht bodenständig sondern nur einwandernd (z.B. FORSTER 1971, HEINICKE 1993). KOCH (1984) war dagegen der Ansicht, daß sie »an heißen Plätzen in Süddeutschland heimisch sein dürfte«, und ERHARDT (1990) konnte eine höchstwahrscheinlich autochthone Population sogar in den Schweizer Zentralalpen (Tavetsch, 1600 m) nachweisen.

In Baden-Württemberg sprechen mehrere Argumente für eine bodenständige Population: das Areal ist auf die xerothermsten Gebietsteile beschränkt, (sicher belegte) Einzelfunde in anderen Gebieten fehlen (dagegen streuen die Funde der Einwanderer *H. peltigera* und *H. armigera* über das ganze Land und auch *H. viriplaca* taucht in günstigen Vermehrungsjahren immer wieder außerhalb ihres permanenten Areals auf); im Vergleich mit *H. peltigera* und *H. armigera* sind die Nachweisjahre viel zahlreicher[1] (daß nicht aus jedem Jahr Funde vorliegen, ist für eine seltene Art durchaus normal). Detaillierte Langzeituntersuchungen an den letzten Standorten der Art sind jedoch nötig, um hier endgültig Klarheit zu schaffen – wenn es dafür nicht schon zu spät ist.

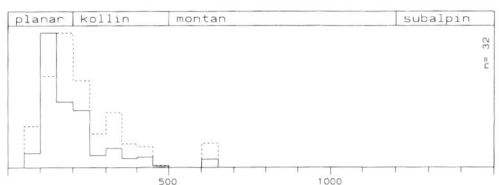

Vertikal: In Baden-Württemberg werden nur die tiefsten Lagen besiedelt, also die Rheinebene ab 100 m bis in die kolline Stufe, wo die Mehrzahl der Standorte unter 350 m liegt und die 650-m-Höhenlinie nirgends überschritten wird.

---

[1] 1902, 1909, 1910, 1912, 1922, 1926, 1930, 1934, 1935, 1940, 1942, 1944, 1945, 1947, 1948, 1949, 1952, 1953, 1960, 1963, 1964, 1966, 1975, 1976, 1977, 1979. Darüber hinaus liegen diverse Meldungen ohne Jahresangabe vor.

Phänologie

Imagines: Die wenigen phänologisch verwertbaren Daten verteilen sich auf zwei deutlich getrennte Generationen. Die 1. Gen. ist belegt vom 28.4. (1912, Pforzheim, H. ROMETSCH) bis zum 25.5. (1987, Breisach, K. RENNWALD [1987]), dann folgt eine fünfwöchige Pause, und die 2. Gen. fliegt vom 30.6. (1984, Breisach, K. RENNWALD [1987]) bis zum 13.8. (1953, ein abgeflogenes Tier bei Wöschbach, A. GREMMINGER). In dieses Bild passen auch die Angaben von REUTTI (1898) »April, Mai und August« und GAUCKLER (1909) »im Mai und wieder im Juli und August«. Bei der einzigen Septembermeldung (16.9.1952, Ettlingen, P. PEKARSKY) bleibt unklar, ob es sich um einen Nachzügler der 2. Gen., ein Tier einer 3. Gen. oder vielleicht nur um einen Schreibfehler des Melders gehandelt hat.

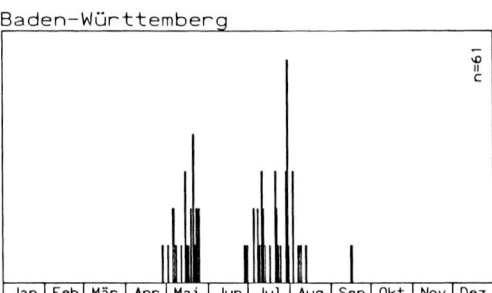

Präimaginalstadien: Genau in die zeitliche Lücke zwischen den beiden Faltergenerationen fallen zwei Larvalnachweise durch A. GREMMINGER, der mehrere Raupen am 9.6.1947 im Kaiserstuhl und eine erwachsene Raupe am 21.6.1947 bei Berghausen fand. Die Nachkommen der zweiten Faltergeneration sind belegt durch Raupenfunde Anfang September 1940 (bei Rußheim, GREMMINGER 1952a), am 17.9. und im Oktober 1947 (bei Sandhausen, H. LIENIG/A. GREMMINGER). Seitdem sind die Raupen in Baden-Württemberg nicht mehr nachgewiesen worden.

Ökologie

Lebensraum: *Heliothis ononis* ist eine xerothermophile Art, die in warmen, besonnten Halbtrockenrasen, mageren Glatthaferwiesen und blütenreichen Säumen gefunden wurde, so an Rheindämmen, auf Wiesen im Rheinwald, an den Hängen des Kaiserstuhls und am wärmebegünstigten Kraichgaurand. Sie besiedelt Gebiete mit weniger als 800 mm Jahresniederschlag und über 9°C mittlerer Jahrestemperatur.

Nahrung der Raupe:

Ononis spec. – Hauhechel
   L (GAU, MRT)
Salvia pratensis – Wiesensalbei
   L (MRT)
Odontites lutea – Gelber Zahntrost
   L (GRE, LIE)

GAUCKLER (1909) meldete die Raupe aus Nord- und Mittelbaden ohne weitere Details »im Spätsommer an Hauhechel an den Blüten und Samen«. Auch E. MARTIN (nach SCHNEIDER 1929, 1938) fand bei Möckmühl Raupen an Hauhechel sowie an Wiesensalbei. A. GREMMINGER und H. LIENIG konnten Raupen an der »neuen« Nahrungspflanze Gelber Zahntrost nachweisen (übereinstimmende Angabe in Tagebuch H. LIENIG und Kartei A. GREMMINGER. Allein in LIENIGS Kartei findet sich dagegen unter dem betreffenden Datum und Fundort die – wohl irrtümliche – Angabe »von *Artem. camp.* geklopft«).

Als weitere Raupennahrungspflanzen werden in der Literatur *Linum usitatissimum* sowie *Silene nutans* erwähnt, letztere nach einer einmaligen Beobachtung in Pommern (URBAHN & URBAHN 1939)[2]. Im Tavetschtal (Graubünden), wo die erwähnten Nahrungspflanzen teils selten sind (*Ononis repens, Salvia pratensis*), teils fehlen (*Linum usitatissimum*), beobachtete ERHARDT (1990) Eiablagen an Blütenknospen von *Knautia arvensis* (2 Eier) und *Sempervivum arachnoideum* (1 Ei), fand Raupen aber überwiegend an *Dianthus sylvestris* (ca. 70), nur wenige an *Knautia arvensis* (4). Offenbar ist *H. ononis* stärker polyphag als bisher angenommen wurde, denn mit 7 Gattungen aus 6 Familien – akzeptiert man *Sempervivum* als Raupennahrungspflanze – zeigt ihr Nährpflanzenspektrum schon ähnliche taxonomische Vielfalt wie bei den häufigeren *Heliothis*-Arten. MATTHEWS (1991) nennt nach amerikanischen Quellen ferner *Vaccaria vulgaris, Astragalus goniatus, Melilotus alba* und *Linum lewsii*; an *Linum* tritt die Art in Nordamerika als Schädling auf.

Nahrung des Falters: Die Imagines sind öfters tagsüber beim Blütenbesuch beobachtet worden, ohne daß die Nektarpflanzen genau notiert wurden (R. HERRMANN, H. ROMETSCH/K. STROBEL). K. RENNWALD [1987] beobachtete ein Tier an *Salvia pratensis* saugend.

Habitat: Mangels genau dokumentierter Raupenfunde lassen sich noch keine pflanzensoziologischen Angaben machen. Bei den Imaginalhabitaten dürfte es sich meist um Mesobromion-Gesellschaften, in wenigstens einem Fall auch um ein trockenes Arrhenatheretum, gehandelt haben.

Verhalten: Die Falter sind sowohl tag- als auch nachtaktiv. Soweit von den einzelnen Mitarbeitern Angaben dazu vorliegen, handelte es sich in Baden-Württemberg stets um Beobachtungen bei Tag. Beim Lichtfang wurde die Art nie nachgewiesen.

Heliothis ononis ist offensichtlich eine auch wandernde Art, allerdings in geringerem Maß als *H. viriplaca* (und wie erwähnt liegen bislang aus Baden-Württemberg keine absolut sicheren Belege für Wanderungen vor). Die gelegentlichen Einzelfunde außerhalb ihres permanenten Areals in Mitteleuropa werden meist – und das wohl zu Recht – auf Einwanderung zurückgeführt (FORSTER 1971, KOCH 1984). HEINICKE & NAUMANN (1980–1982) zogen Südeuropa als Herkunftsgebiet der Immigranten in Zweifel: »Einerseits wird in manchen lepidopterologischen Handbüchern darauf hingewiesen, daß *H. ononis* SCHIFF. nach Mitteleuropa von Süden her einfliege, andererseits konnten wir in der Literatur keine Angaben über Vorkommen in den südlichsten Gebieten Europas und Nordafrikas finden. Das spricht eigentlich nicht für eine Immigration aus dem Süden, sondern mehr dafür, daß die Art aus einer anderen Richtung in den mitteleuropäischen Raum einfliegt (Südosten oder Osten).«

Gefährdung und Schutz

Rote Liste Bundesrepublik: 1
Rote Liste Baden-Württemberg: 1

Oberrheinebene: Vom Aussterben bedroht (regional bereits ausgestorben oder verschollen)!
Schwarzwald: Nicht vertreten.
Neckar-Tauberland: Vom Aussterben bedroht (regional bereits ausgestorben oder verschollen)!
Schwäbische Alb: Nicht sicher nachgewiesen (kritische Einzelfunde).
Oberschwaben: Nicht sicher nachgewiesen (kritische Einzelfunde).

• In Baden-Württemberg vom Aussterben bedroht!

Akzeptiert man die Annahme, daß *Heliothis ononis* bei uns bodenständig ist, dann muß die Art als akut vom Aussterben bedroht eingestuft werden. Aus der benachbarten Pfalz, wo die Situation ähnlich liegt, werden die letzten Funde aus den Jahren 1964 und 1981 gemeldet (KRAUS

---

[2] Bei FORSTER (1971) sind daraus bereits »*Silene*-Arten« geworden.

1993). Es ist aber möglich, daß die Art durch ihre Tagaktivität vielen Lepidopterologen, die speziell Lichtfang betreiben, entgeht, während sie tagsüber, durch ihren raschen Schwirrflug nicht leicht zu erkennen, dem Tagfalterkenner unerkannt bleibt oder mit *H. viriplaca* verwechselt wird, also doch verbreiteter ist, als die Meldungen erkennen lassen. Außerdem muß, wie bei *H. viriplaca*, mit jährlichen Schwankungen der Populationsgrößen gerechnet werden. In jedem Fall sollte eine baldige Nachkartierung der letzten Standorte erfolgen, um Klarheit über ihre Vorkommen zu erhalten[3]. Bei Schutz- und Pflegemaßnahmen muß die Verfügbarkeit von Nektarpflanzen während der Flugzeit und von Raupennahrungspflanzen während der Raupenzeit im Vordergrund stehen. Es ist möglich, daß der starke Rückgang mit der einschneidenden, großflächigen Totalmahd, die noch immer an den meisten trockenen Rheindämmen betrieben wird, in Zusammenhang steht. Schonende, über längere Zeiträume (Wochen) ausgedehnte Streifen- oder Mosaikmahd muß hier das Mittel der Wahl sein, damit den Imagines nicht auf einen Schlag die Nahrungsgrundlage entzogen wird. Die gleichen Empfehlungen gelten für die ebenfalls tagaktive und blütenbesuchende *Actinotia radiosa*. Zugleich sollte versucht werden, durch Raupensuche oder Eiablagebeobachtung mehr Licht in die Larvalbiologie zu bringen. Da *Ononis*-Arten durch Beweidung gefördert werden, mag auch dem Rückgang der Wanderschäferei in der Oberrheinebene eine gewisse Rolle beim Verschwinden von *H. ononis* zuzuschreiben sein.

Heliothis peltigera
([Denis & Schiffermüller], 1775)

Heliothis peltiger SCHIFF. (REUTTI 1898)
Chloridea peltigera SCHIFF. (WARREN in SEITZ 1909–1914, SCHNEIDER 1936–1939, BERGMANN 1951–1955, KOCH 1954–1961, FORSTER 1954–1981)

Gesamtverbreitung: In der gesamten mediterranen und subtropischen Paläarktis, in Afrika südlich bis Sudan und Eritrea, weit verbreitet und häufig. In Europa wohl nur im Mittelmeergebiet bodenständig, aber als ziemlich regelmäßiger Zuwanderer bis Nordengland und Fennoskandien nachgewiesen.

Heliothis peltigera dürfte in Baden-Württemberg überwiegend aktiv einwandern. Als Falter wird die Art in günstigen Einwanderungsjahren zuweilen recht zahlreich beobachtet. Jahre, in denen mehr als 5 Tiere registriert wurden, waren 1928,

Heliothis peltigera tritt bei uns als gelegentlicher Einwanderer aus den Subtropen auf. Die Falter sind an dem schwarzen Punkt im Innenwinkel des Vorderflügels von ähnlichen Arten zu unterscheiden. – Waldkirch-Kollnau 16.8.96 A. SCHNEIDER. S.

1958 und 1968; insgesamt sind über 70 Exemplare gemeldet worden. Die Funddaten streuen von Anfang Mai bis Mitte September; somit dürften zwei oder drei Generationen beim Einflug beteiligt sein.

In zwei Einflugjahren wurden auch Raupen als Nachkommen der Einwanderer festgestellt: SCHNEIDER (1929) fand die Raupen »sehr häufig« am 29.7.1928 bei Weilheim am Aufstieg zur Limburg (590 m) an Tollkirsche (*Atropa belladonna*) und beobachtete am 16.9. am gleichen Ort im Sonnenschein fliegende Falter. Später nannte er noch Wiesensalbei (*Salvia pratensis*) und Dornige Hauhechel (*Ononis spinosa*) als in Württemberg festgestellte Raupennahrungspflanzen (SCHNEIDER 1938).

Die Tollkirsche scheint für *H. peltigera* sehr attraktiv zu sein. Am 22.7.1928 fand auch F. LENZ bei München solche Mengen von Raupen, »daß jemand, der es darauf angelegt und der die nötige Zeit gehabt hätte, Tausende hätte eintragen und aufziehen können« (LENZ 1928b). »Wo Tollkirsche in voller Sonne stand, saßen auf jeder Pflanze im Durchschnitt mehrere Raupen. Einige Pflanzen waren fast ganz kahl gefressen, und die Raupen waren auf benachbarte Pflanzen über-

---

[3] Dazu gehört auch die Frage, ob die Art im Neckar-Tauberland (Kraichgau, Stromberg) noch vorkommt oder dort vielleicht nur als Zuwanderer auftritt/trat.

gegangen, besonders auf Kreuzkraut (*Senecio jacobaea*)« (LENZ 1928a). Weitere Raupenfunde auf *Atropa* bei München kamen aus dem Jahr 1932 (MARX 1932).

Im Juni 1958 trug T. HOHENADEL eine bei Mannheim-Sandhofen an *Rumex acetosella* gefundene (ob aber auch daran fressende?) Raupe ein (HOHENADEL 1960), die offenbar von der in Baden-Württemberg zwischen dem 21. und 27.5.1958 registrierten Einflugwelle abstammte. Die später in diesem Jahr gefundenen Falter könnten also zum Teil bei uns aufgewachsen sein. Ob die Angabe »in Samenkapseln von *Hyoscyamus*« (REUTTI 1898) sich auf eine Beobachtung in Baden-Württemberg bezieht, darf bezweifelt werden. Die polyphagen Raupen treten im Süden an zahlreichen Kulturpflanzen (Gemüse, Blumen etc.) auf und werden zuweilen schädlich.

Einen Falter will H. HERRMANN (1976) tagsüber »fliegend an *Colchicum autumnale*« (ob auch daran saugend?) beobachtet haben. SETTELE (1926a) meldete Blütenbesuch an *Buddleia davidii*.

Freilandfunde in Baden-Württemberg:
1851: Freiburg, botan. Garten, Juli (REUTTI 1853).
1879: Blaubeuren, August (ASCHENAUER nach SCHNEIDER 1929).
1890–1900: Hirsau (W. STEUDEL).
1902: Stuttgart, Juni (ROTH nach SCHNEIDER 1929).
1920: Freiburg, Schloßberg, 4.6. (H. HOMMEL nach Kartei A. GREMMINGER).
1921: Hohenneuffen, 2.9. 2♀♀ (SCHNEIDER 1929).
1923: Kaiserstuhl, Badberg, 31.7. (L. SETTELE nach Kartei A. GREMMINGER).
1925: Kaiserstuhl, Badberg, August (L. SETTELE nach Kartei A. GREMMINGER).
1928: Freiburg, Schloßberg, 5.5., 12.5. 3 Ex. (L. SETTELE); zwischen Stuttgart-Bad Cannstatt und -Hofen, 4.6. 2♂♂ 1♀ (SCHNEIDER 1929); Hinterzarten, 28.6., Juli (H. V. D. GOLTZ nach Kartei A. GREMMINGER, LENZ 1928); Dürnachtal, 30.6. (G. REICH); Limburg bei Weilheim/Teck, 29.7. Raupen sehr häufig, 16.9. 2 Falter; Stuttgart-Bad Cannstatt 20.9. 1♂ (alles SCHNEIDER 1929).
1931: Bickensohl, 21.6. 1♂ (E. BROMBACHER).
1945: Mannheim und Umgebung (E. ELLINGER nach Kartei A. GREMMINGER), Karlsruhe, 5.7. 1♂, 24.7. 1♀ (A. GREMMINGER); Dürnachtal bei Bronnen, 10.9. (G. REICH).
1946: Wildgutach, 6.7. 2 Ex. (A. FEHRENBACH); Dürnachtal, 2.8. (G. REICH).
1950: Mannheim–Viernheim, 9.7. (H. LIENIG).
1951: Neuhausen/Enz, 1.7. (K. STROBEL), 26.7. (W. STAIB).
1952: Freiburg, Schloßberg, 15.5. (L. SETTELE); Faule Waag bei Achkarren, 24.5. (L. SETTELE); Überlingen, 15.9. (E. COMMERELL).

1958: Mannheim-Rosengarten, 21.5. 2♂♂ (HOHENADEL 1960); Pforzheim, 24.5. (K. STROBEL); Ummendorf, 25.5. (G. REICH); Biberach/Riß, 27.5. (G. BAISCH); Mannheim-Sandhofen, Juni 1 Raupe (HOHENADEL 1960); Neuhausen/Enz, 26.7. (W. STAIB); Überlingen, 5.8., 10.8., 25.8. 1♂ 2♀♀ (E. COMMERELL); Dürnachtal, 18.8. (G. REICH).
1965: Radolfzell, 12.8. (E. KIEFER); Birkenfeld, 17.9. (R. HÄUSSER).
1966: Birkenfeld, 8.10. (R. HÄUSSER).
1968: Ummendorfer Ried, 25.6. 1♀, 27.6. 1♂, 28.6. 1♂, 30.6. 2♂♂, 31.7. 2 Ex. (G. BAISCH).
1970: Mundelfingen, Aubächle, 20.9. 1♂ (H. HERRMANN 1976).
1980: Kirchentellinsfurt, 5.7. 1♂ (A. STEINER).
1982: Grünkraut, 29.6. (R. SCHICK).
1984: Rastatt, 19.9. 1♂ (R. HERRMANN).
1985: Künzelsau, 17.7. (A. EBERHARD).
1992: Besigheim, 29.7. 1♀ (H. RENTSCH).
1994: Feldberg, 1350 m, 25.7. (J. ASAL); Eppelheim, 29.8., 2.9. je 1♂ (J. BURTON); Freiburg, Totfund (R. HERRMANN).
1996: Kollnau 16.8., 26.8. (A. SCHNEIDER).

Nachweisjahre und Individuenzahlen in Baden-Württemberg: 1851 (1), 1879 (1), 1890–1900 (2 oder mehr), 1902 (1), 1920 (1), 1921 (2), 1923 (1), 1925 (1), 1928 (12 + Raupen »sehr häufig«), 1931 (1), 1945 (4), 1946 (3), 1950 (1), 1951 (2), 1952 (3), 1958 (10 + 1 Raupe), 1965 (2), 1966 (1), 1968 (7), 1970 (1), 1980 (1), 1982 (1), 1984 (1), 1985 (1), 1992 (1), 1994 (2) sowie 5 Angaben ohne Jahreszahl.

Heliothis nubigera
(Herrich-Schäffer, 1851)

Chloridea nubigera H.-SCH. (WARREN in SEITZ 1909–1914, FORSTER 1954–1981)

Gesamtverbreitung: Wie *H. peltigera* eine Art mit paläosubtropischer Verbreitung, die aber noch enger auf die subtropischen Gebiete beschränkt ist. In Europa dürfte sie – wenn überhaupt – höchstens in Südspanien, Sizilien, Süditalien und Südgriechenland bodenständig sein. In Mittel- und Nordeuropa tritt sie als sehr seltener Zuwanderer auf.

Die Meldung einer *Heliothis nubigera* aus Stuttgart im Jahresbericht der deutschen Forschungszentrale für Schmetterlingswanderungen für 1983 (WOLF 1985) beruht auf einer Fehlbestimmung von *Helicoverpa armigera* (Belegstück in coll. BARTSCH, det. rev. STEINER 1990).

Anläßlich eines *H. nubigera*-Nachweises 1958 in der Pfalz erwähnten HEUSER, JÖST & ROESLER (1962), daß nach Mitteilung von J. WOLFSBERGER im selben Jahr auch mehrere Exempare »bei Laibach« gefunden wurden. E. RENNWALD (1994) vermutete neuerdings, daß es sich dabei um Dörzbach-Laibach in Baden-Württemberg gehandelt habe. Wir halten dies für höchst unwahrscheinlich, da aus dieser Zeit in dem betreffenden Gebiet keine lepidopterologische Tätigkeit belegt ist und weder Belegstücke noch irgendwelche Aufzeichnungen oder Literaturangaben existieren, die diese Vermutung stützen könnten. Es handelte sich wohl eher um das ungleich größere und besser bekannte Ljubljana (Laibach) in Slowenien. Der anschließende Satz RENNWALDS »Die Angabe aus Baden-Württemberg erwies sich als Fehlbestimmung (A. STEINER, mündl. Mitt.)« bezieht sich auf das Stuttgarter Tier.

Helicoverpa armigera
(Hübner, [1808])

Heliothis armiger HBN. (REUTTI 1898)
Chloridea obsoleta F. (WARREN in SEITZ 1909–1914, BERGMANN 1951–1955, KOCH 1954–1961)
Chloridea armigera HBN. (FORSTER 1954–1981)
Heliothis obsoleta F. (HERING 1932)
Heliothis armigera HBN. (LERAUT 1980)

Helicoverpa armigera gelangt zum Teil als aktiv zuwandernder Migrant, zum Teil als eingeschleppte Raupe nach Mittel- und Nordeuropa. – Karlsruhe (NL-Import, ex larva-Zucht) 28.7.94 G. EBERT. S.

Gesamtverbreitung: Das Verbreitungsgebiet umfaßt die gesamten altweltlichen Tropen und Subtropen von Afrika über die südlichen Teile Asiens bis Australien und Neuseeland einschließlich der meisten Inseln. In diesem Gebiet tritt die Art an zahlreichen Kulturpflanzen als Schädling auf. In Europa dürfte sie höchstens im Mittelmeergebiet bodenständig sein, Mittel- und Nordeuropa erreicht sie nur als Wanderfalter (und durch Einschleppung). In Amerika wird sie durch die früher für konspezifisch gehaltene *Helicoverpa zea* (BODDIE, 1850) vertreten.

Aus Baden-Württemberg liegen gegen 20 Falternachweise der »Baumwolleule« vor, die – soweit genaue Daten angegeben sind – sämtlich aus den Monaten September und Oktober stammen. Vielfach dürfte es sich dabei um aktiv einwandernde Tiere handeln, wie beispielsweise bei den kurz hintereinander erfolgten Funden am 3.10.1975 (Schopfloch, D. GATTER) und am 6.10.1975 (Rastatt, R. HERRMANN). In Plittersdorf bei Rastatt wurde in derselben Nacht auch *Spodoptera littoralis* beobachtet; in den vorangegangenen Tagen herrschten Südströmungen vor, die warme Luft aus dem Mittelmeergebiet brachten (R. HERRMANN). Ein weiterer Falterfund am 20.9.1984 (Hochstetten, K. RATZEL) koinzidiert so gut mit dem einer *Heliothis peltigera* einen Tag früher (19.9.1984, Rastatt, R. HERRMANN), daß wir dies ebenfalls als Hinweis auf eine Einwanderungswelle betrachten dürfen.

Gelegentlich wird die höchst polyphage Art im Raupenstadium mit Früchten, Gemüse oder Zierpflanzen eingeschleppt. So berichtete H. HERRMANN (1989) über den Fund einer Raupe am 17.9.1985 in einer aus Italien stammenden Paprikaschote (*Capsicum annuum*). In eine grüne Paprikaschote eingebohrt fand auch H. LUSSI eine Raupe am 13.11.1995. A. STEINER fand eine Jungraupe in gekauftem Salat unbekannter Herkunft, der nur ungern angenommen wurde, also vielleicht nicht die ursprüngliche Nahrungspflanze darstellt. Eine weitere Raupe (L$_3$) wurde am 25.5.1994 von G. EBERT und E. ECKERT im Blütenkorb einer aus den Niederlanden (Eijselmeer) importierten Margerite (*Chrysanthemum* spec.) gefunden.

Falter wurden bei der Nahrungsaufnahme nachts an *Buddleia davidii* (Konstanz, L. SETTELE) und bei Tag an *Calendula* spec. (Todtnau-Schlechtnau, J. ASAL), in beiden Fällen in Gärten, beobachtet.

In welchem Prozentsatz sich unter den Freiland-Falterfunden als Raupe eingeschleppte und hier geschlüpfte Tiere verbergen, ist nicht zu bestimmen. Auffallend ist jedenfalls, daß im Gegensatz zu vielen anderen Wanderfaltern die Zahl der *Heliothis armigera*-Meldungen in den letzten Jahrzehnten nicht abgenommen hat. Im Gegenteil: die Art wurde erst im 20. Jahrhundert regel-

Die Raupen werden regelmäßig auf Salat oder anderen Gemüsepflanzen und Blumen (hier Jungraupe an Margerite) gefunden. – Karlsruhe (NL-Import) 25.5.94 G. EBERT. S.

Während die jüngeren Raupen dunkle Punktwarzen und kontrastreiche Längszeichnung besitzen, sind die erwachsenen Raupen etwas ruhiger gezeichnet. Sie kommen in grünen, gelblichen, orangefarbenen und rotbraunen Formen vor. – Karlsruhe (NL-Import) 25.5.94, 6. 94 G. EBERT. S.

mäßiger nachgewiesen. Dies dürfte weniger auf der verbesserten Lichtfangtechnik sondern eher auf der vermehrten Einfuhr tropischer und subtropischer Früchte und Zierblumen beruhen.

Freilandfunde in Baden-Württemberg:
vor 1898: Überlingen (mit Fragezeichen, REUTTI 1898), Karlsruhe (MEESS nach REUTTI 1898), Basel (REUTTI 1898).

---

[1] Dies ist das von WOLF (1985) als *Heliothis nubigera* gemeldete Exemplar.
[2] Auf einer Sitzung des Badischen Entomologischen Vereins am 6. 3. 1925 referierte BUSS über Maiszuchten in Deutschland und zeigte dabei Falter des »Maiskolbenwurms« (Arch.Insk.Oberrh: Vereinsnachr. v.Juli 1925 S."38). Nach einer Notiz in der Kartei A. GREMMINGER hat es sich bei den damals vorgelegten Faltern um *Cosmia pyralina* (oder *Cosmia trapezina*) gehandelt!

vor 1926: Konstanz (H. BEYERLE nach SETTELE 1926a).
1956: Kaiserstuhl, Badberg, 2.9. (A. FRITZ nach Kartei A. GREMMINGER).
1966: Birkenfeld, 8.10. (R. HÄUSSER).
1975: Schopfloch, 3.10. (D. GATTER), Rastatt-Röttererberg, 6.10. (R. HERRMANN).
1980: Dossenheim, 23.9. (R. TRABOLD).
1981: Dossenheim (P. M. KRISTAL).
1983: Dossenheim, 22.9., 7.10. (R. TRABOLD), 17.10. (R. TRABOLD nach WOLF 1985), Stuttgart-Feuerbach, 15.9. (D. BARTSCH)[1], Kollnau, Prozeßbühl (A. SCHNEIDER).
1984: Hochstetten, 20.9. (K. RATZEL nach RENNWALD 1994).
1985: Bad Mingolsheim, 7.10. (G. Schwarz).
1986: Bad Mingolsheim, 15.9. (G. SCHWARZ).
1989: Todtnau-Schlechtnau, 17.9. (J. ASAL).
1992: Freiburg-Stühlinger, 15.9. (R. HERRMANN), Deggingen, Nordalb, 17.9. (M. MEIER).
1994: Todtnau-Schlechtnau, 13.9. (J. ASAL).
1995: Lauda, 23.9. (F. KIRSCH).

Nachweisjahre und Individuenzahlen in Baden-Württemberg: 1956 (1), 1966 (1), 1975 (2), 1979 (1), 1980 (1), 1981 (1), 1983 (5), 1984 (1), 1985 (1 + Raupe) 1986 (1), 1989 (1), 1992 (1), 1994 (1 + Raupe) sowie diverse Meldungen ohne Jahreszahl.

In einem Aufsatz mit dem Titel »Der Maiskolbenwurm (*Heliothis armigera* HB.)« meldete Landwirtschaftsrat BUSS (1925) »verheerende Schäden« an in Baden angebautem Mais durch *Helicoverpa armigera*! Die offenbar aus amerikanischer Literatur entnommene Beschreibung des Falters (obgleich schlecht) bezieht sich tatsächlich auf eine *Helicoverpa*-Art (wahrscheinlich auf die amerikanische *H. zea*!), aber die beobachteten Schäden gehen selbstverständlich auf den Maiszünsler *Ostrinia nubilalis* (Pyralidae) zurück, der damals in Europa am Mais schädlich aufzutreten begann[2].

Protoschinia scutosa
([Denis & Schiffermüller], 1775)

Heliothis scutosus SCHIFF. (REUTTI 1898, SPULER 1908–1910, LAMPERT 1907, REBEL 1910, ECKSTEIN 1913–1923, HERING 1933)
Melicleptria scutosa SCHIFF. (WARREN in SEITZ 1909–1914, SCHNEIDER 1936–1939, BERGMANN 1951–1955, KOCH 1954–1961)
Chloridea scutosa SCHIFF. (FORSTER 1954–1981)

Gesamtverbreitung: Das Verbreitungsgebiet erstreckt sich von Nordafrika über Südeuropa, Kleinasien und quer durch Mittelasien (südlich bis Kaschmir) bis zur Mongolei, nach Nordchina, Korea und Japan und setzt sich jenseits des Pazifik in Nordamerika fort. In Europa ist die Art nur südlich der Pyrenäen, Alpen und Karpaten bodenständig, nördlich davon (bis Schottland und Südskandinavien) tritt sie als Wanderfalter auf.

Protoschinia scutosa ist eine Charakterart der Beifußsteppen semiarider Regionen der südlichen Paläarktis und gehört zu den gelegentlich bei uns einfliegenden Arten. Einwanderungen erfolgen offenbar besonders dann, wenn es in den Ursprungsgebieten zu Massenvermehrungen kommt, wie dies in den südrussischen Steppengebieten beobachtet worden ist (WARNECKE & URBAHN 1942). Da der Einflug meist aus südöstlichen Regionen kommt, erreicht er besonders Österreich, das östliche Deutschland und Skandinavien. Im 19. Jahrhundert scheint die Art – wie viele Wanderfalter – häufiger eingeflogen zu sein (WARNECKE 1940), aber auch im 20. Jahrhundert hat es zumindest zwei ausgesprochene Masseneinwanderungen gegeben, nämlich 1942 und 1953 (URBAHN 1943, WARNECKE 1954). Der Haupteinflug findet meist von Juli bis September statt, doch 1953 traten in Nord- und im nördlichen Mitteleuropa Falter einer ersten Einflugswelle auch schon im Juni auf (WARNECKE 1954). REUTTI (1898) gab Mai und Juli an, und ein Belegstück aus Eberstadt trägt das Datum 16. Mai.

In Baden-Württemberg stammt die älteste Angabe von REUTTI (1853), der die Art aus Karlsruhe meldete. KELLER & HOFFMANN (1861) gaben Marbach (bei Riedlingen) an, und ein dazu passendes Belegstück mit den Daten »Marbach SEYFF.[ER] [18]52« existiert in coll. SMNS. Aus dem Raum Neckarsulm erwähnte STEUDEL die Art im Jahr 1881. Ein Falter aus Eberstadt vom 16.5.1883 befindet sich in coll. SMNS. Bei Rastatt fing E. HOCKENMEYER (nach Kartei A. GREMMINGER) Falter am 25.7. und 10.8.1898 und REUTTI (1898) gab Mannheim mit dem Gewährsmann A. WEILER an. SCHNEIDER (1938) nannte die Fundorte Aalen (A. HAHNE), Bonfeld (Pfarrer SCHUMANN; er war bis in die 1890er Jahre tätig) und Mühlacker (8.1910, H. ROTH). Darauf folgt eine Beobachtungslücke bis in die 40er Jahre: 1945 tauchte die Art wieder in Mannheim auf (E. ELLINGER nach Kartei A. GREMMINGER), und H. SCHABEL fing einen Falter in Geislingen/Steige am 7.8.1948 (coll. SMNS). Das starke Einflugsjahr 1953 wird dokumentiert durch Funde in Pforzheim (Stadtmitte, 12.7. oder 12.8.1953, R. HÄUSSER, WARNECKE 1954), bei Biberach (5.8.1953, G. REICH, 20.8.1953, G. BAISCH), bei Laupheim (8.1953, 2 Falter, H. MAYER nach WARNECKE 1954) sowie bei Heilbronn (9.1953, 6–8 frische Falter, G. REICH nach WARNECKE 1954), 12.8.1953 und 18.8.1953 (coll. WANNER, SMNS). Seitdem ist uns nur eine einzige Meldung bekanntgeworden: E. LANGER fing einen Falter am 29.8.1983 bei Oberscheffach (coll. SMNS).

In starken Einflugjahren sind in verschiedenen Teilen Mitteleuropas (jedoch noch nicht in Baden-Württemberg) Raupen gefunden worden (BOIE 1835, KLIMESCH 1940, KOCH 1856, RÖSSLER 1881, TREITSCHKE 1826, URBAHN 1943, WARNECKE & URBAHN 1942, WARNECKE 1954). Sie leben an *Artemisia*-Arten (z.B. *A. campestris, A. vulgaris, A. abrotanum, A. dracunculus* und *A. scoparia*) und angeblich auch an *Chenopodium* (SPULER 1908–1910).

Nachweisjahre und Individuenzahlen in Baden-Württemberg: 1852 (1), 1883 (1), 1898 (2), 1910 (1), 1945 (1), 1948 (1), 1953 (14), 1983 (1) sowie mehrere Angaben ohne Jahreszahl.

Pyrrhia umbra
(Hufnagel, 1766)

Umbra-Sonneneule

Chariclea umbra HUFN. (REUTTI 1898)

Gesamtverbreitung: Fast ganz Europa von Südspanien und Sizilien bis Südschottland, Südnorwegen, Mittelschweden und -finnland. Über Klein- und Vorderasien bis Iran, Afghanistan, Pakistan und Nepal sowie durch ganz Zentralasien bis Japan. Die Populationen der Nearktis, die früher zu *P. umbra* gerechnet wurden, gehören nach neueren Untersuchungen zu einer eigenen Art (MIKKOLA, LAFONTAINE & KONONENKO 1991).

Protoschinia scutosa ist vor allem in früheren Jahren von Südosten her in Mitteleuropa eingewandert. Seit dem starken Einflugjahr 1953 wurde die Art in Baden-Württemberg nur einmal 1983 festgestellt. – Österreich, Linz 2.6.41

Pyrrhia umbra wird als Falter meist nur vereinzelt nachgewiesen, ist aber weit verbreitet. – Wessingen (ex larva-Zucht) 5.3.85 A. STEINER. S.

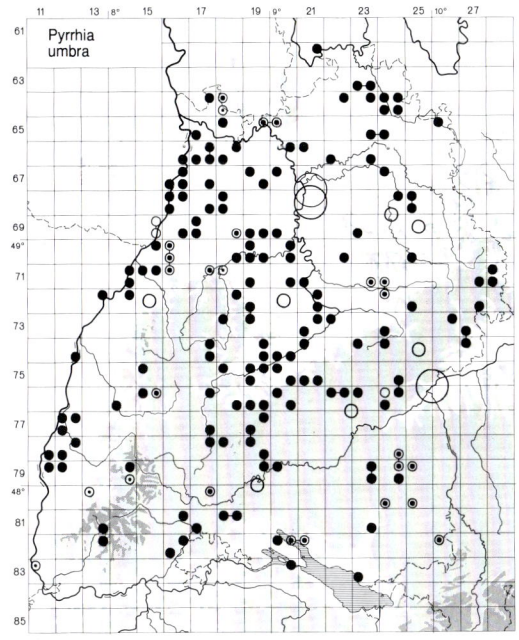

Verbreitung

Regional: *Pyrrhia umbra* kommt in Baden-Württemberg in allen Regionen vor, jedoch in sehr unterschiedlicher Dichte. Der Schwarzwald ist nur durch zerstreute Einzelfunde zum Teil älteren Datums belegt; hier ist *P. umbra* vermutlich nur in klimatisch günstigen Hang- oder Tallagen bodenständig. Ähnlich dünn besiedelt ist das Alpenvorland. Zahlreiche Fundstellen liegen dagegen im Neckar-Tauberland von den Gäulandschaften am oberen Neckar über das Albvorland, das Neckarbecken und den Kraichgau bis zum Taubergebiet sowie in der Rheinebene (mit den üblichen Durchforschungslücken im mittleren und südlichsten Teil und am Hochrhein). Die Schwäbische Alb ist ebenfalls gut besiedelt, was besonders im Vergleich mit dem fundarmen Schwarzwald auffällt.

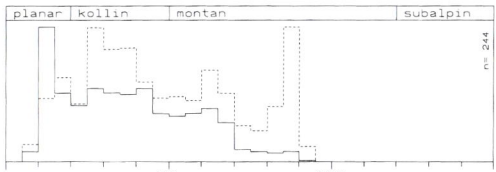

Vertikal: Die Höhenverbreitung erstreckt sich von der Ebene um 100 m bis in die montane Stufe von Schwäbischer Alb und Schwarzwald (Blasenberg bei Onstmettingen, 880 m, M. MEIER; Präg, 900–1100 m, R. HERRMANN/J.-U. MEINEKE), doch repräsentieren diese höchsten Nachweise vielleicht nur zugeflogene Falter. Die höchste bisher nachgewiesene Raupenfundstelle liegt in 690 m Höhe (Albvorland, Wilflingen, A. STEINER).

Phänologie

Imagines: Die Flugzeit beginnt am Oberrhein wie im Neckar-Tauberland in den meisten Jahren um Anfang/Mitte Juni. In klimatisch günstigen Jahren treten einzelne Falter allerdings schon wesentlich früher auf, im Neckar-Tauberland ab Ende Mai (22.5.1991 Stromberg bei Hohenhaslach[1], D. BARTSCH/A. STEINER; 26.5.1989 Oberbalbach, A. BECHER/J. STUMPF; 26.5.1986 Spitzberg bei Tübingen, N. HIRNEISEN/C. KUON/ A. STEINER), am Oberrhein und hier besonders im Raum Freiburg-Kaiserstuhl ausnahmsweise

---

[1] Ein völlig abgeflogenes Tier, das seinem Zustand nach bereits einige Zeit gelebt haben mußte.

schon ab Ende April/Anfang Mai (30.4.1952 Kaiserstuhl, Badberg, L. SETTELE nach Kartei A. GREMMINGER; 1.5.1948 Freiburg, Schloßberg, A. FRITZ nach Kartei A. GREMMINGER; 9.5.1917 Graben-Neudorf, A. GREMMINGER). Viel stärker komprimiert ist die Flugzeit auf der Schwäbischen Alb, wo sie normalerweise erst Anfang Juli beginnt (in manchen Jahren einzelne Stücke ab Mitte Juni, ein Einzelfund Ende Mai), aber schon Anfang August zu Ende geht (Einzelfunde noch bis Anfang September). Auch die wenigen genau datierten Nachweise aus dem Schwarzwald und dem Alpenvorland fallen – bis auf wenige Maifunde – alle in die Monate Juni-Juli.

Da sich der Falterschlupf in der Zucht über einen Zeitraum von Wochen bis Monaten hinzieht, dürfte es sich auch im Freiland trotz der langgedehnten Flugperiode bei der Mehrzahl der Tiere um Angehörige einer einzigen Generation handeln. Daneben treten aber, wie schon SCHNEIDER (1938) bemerkte, gegen Ende der Flugzeit (Ende August-Mitte September) gelegentlich noch frische Falter auf, von denen im allgemeinen angenommen wird, daß sie einer partiellen 2. Gen. angehören (z. B. KOCH 1984). Zur Klärung dieses Problems sind genauere Untersuchungen, z. B. durch Zuchten unter Freilandbedingungen, erforderlich.

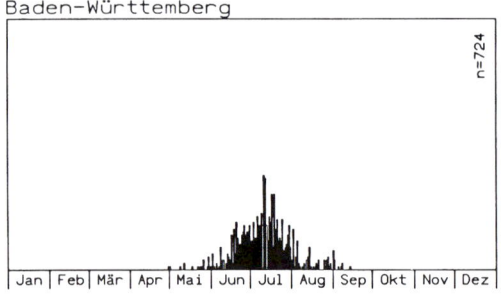

Präimaginalstadien: Freiland-Eier sind bisher nur vom Juli gemeldet worden (6.7.1993, Ottersdorf, H. LUSSI/A. STEINER; 7.7.1995, Rottweil, A. STEINER/H. LUSSI; 8.–16.7.1993, Durlach, A. STEINER), dürften aber auch schon Ende Juni zu finden sein. Die Raupenfunde umfassen den Zeitraum zwischen Mitte Juli (13.7.1955, Nächstenbach, noch kleine Raupen, H. LIENIG) und Ende August (27.8.1984, Entringen, A. STEINER), wobei junge Raupen noch bis in die erste August-Dekade gefunden (9.8.1987, Schelingen, H. LUSSI), zur gleichen Zeit aber auch schon erwachsene Raupen registriert wurden (5.8.1991, Neckargemünd, J. BASTIAN).

Die Eier sind stellenweise zahlreich an den Blütenknospen und Blütenblättern des Wiesenstorchschnabels zu finden. Hier erfolgte eine massive Ablage – vermutlich durch mehrere Weibchen – an einem trockenem Rheindamm. – Wintersdorf 6.7.93 A. STEINER.

Die Entwicklungsdauer wurde von SCHNEIDER (1938) nach Zuchtbeobachtungen wie folgt angegeben: Ei 17–19 Tage, Raupe 30–45 Tage. Das Überwinterungsstadium ist die Puppe.

Ökologie

Lebensraum: *Pyrrhia umbra* besiedelt ein weites Spektrum von trockenen bis frischen Offenlandhabitaten. Mit den wichtigsten Nahrungspflanzen *Ononis* und *Geranium pratense* kommt sie einerseits in xerothermen, vor allem kalkhaltigen Mager- und Halbtrockenrasen (gerne beweidet), an sonnigen Bahndämmen, Straßenböschungen, Hochwasserdämmen, trockenwarmen Wegrändern, in Weinbergen, an Ackerrainen, auf Rude-

Die jungen Raupen fressen sich – solange noch Blütenknospen vorhanden sind – gern in die Knospen hinein. Rottweil, Klosterbach 7.7.95 A. STEINER.

ralflächen, Sandfluren, Kiesfluren und Gleisgelände, andererseits in frischen bis etwas feuchten, aber besonnten Glatthaferwiesen, an Wiesenrainen, Straßenrandstreifen, Böschungen von Bächen, Wasser- und Straßengräben vor. Die Falter sind bei der Nahrungssuche auch in Gärten, an blütenreichen Säumen oder Waldrändern anzutreffen und können an solchen Stellen (und gelegentlich selbst im Inneren von Wäldern) am Licht nachgewiesen werden, wobei es sich meist um Falter auf Dispersionsflug handeln dürfte.

Nahrung der Raupe:
Poaceae (*Lolium perenne*?) – Gräser (Ausdauernder Lolch?)
    L (BAJ)
Ononis spec. – Hauhechel
    L (BRM, SCC)
Ononis spinosa – Dornige Hauhechel
    4 E, L (BAR, GAU, LIE, LUS, REN, STN)
Onobrychis viciifolia – Esparsette
    L (STN)
Geranium pratense – Wiesenstorchschnabel
    4 E, L (FRY, LUS, STN)
Antirrhinum majus – Großes Löwenmaul
    L (JÜN, SPL)
Linaria vulgaris – Gewöhnliches Leinkraut
    L (STN)
Scrophularia spec. – Braunwurz
    L (SCC)
Melampyrum spec. – Wachtelweizen
    L (MRT)
Euphrasia stricta – Steifer Augentrost
    L (GRE)

Die aus Baden-Württemberg am häufigsten gemeldeten Raupennahrungs- und Eiablagepflanzen sind *Ononis spinosa* und *Geranium pratense*. Von beiden liegen zahlreiche Raupenfunde vor, vom *Geranium* auch sehr viele Eiernachweise. Unter der Angabe »*Ononis*« oder »Hauhechel« darf man wohl zumindest noch *Ononis repens* vermuten. Dagegen sind bisher außer dem Wiesenstorchschnabel erstaunlicherweise keine weiteren *Geranium*-Arten gemeldet worden, abgesehen von einer unklaren Angabe aus Brandenburg: »*Geranium* (eine auf Sandfeldern wachsende Art)« (RANGNOW in SCHULTZ 1935).

Leinkraut verwendete SCHNEIDER (1935) als Fütterungspflanze bei der Zucht, doch wurde auch im Freiland eine einzelne Raupe in Gesellschaft mit zahlreichen *Calophasia lunula*-Raupen an *Linaria vulgaris* gefunden (A. STEINER). Das verwandte *Antirrhinum majus* meldeten SPELDA & JÜNGLING (1993) als Nahrungspflanze. Eine er-

Die erwachsenen Raupen sind überaus variabel. Die hellsten Raupen sind grün, die dunkelsten schwärzlich mit hellen Längslinien. Auch die Farbe der Kopfkapsel variiert. Die abgebildeten Tiere könnten durchaus vom selben Muttertier abstammen. – Neuburgweier (leg. E. RENNWALD) 11.7.86 G. EBERT. S.

wachsene Raupe konnte an *Onobrychis viciifolia* beobachtet werden, an der sie ausschließlich die Früchte fraß (A. STEINER). SCHNEIDER gab ferner *Scrophularia* spec. und (nach E. MARTIN) *Melampyrum* spec. an, und A. GREMMINGER fand eine Raupe an *Euphrasia stricta*. Eine sehr bemerkenswerte Angabe stammt von J. BASTIAN, die eine fast erwachsene Raupe am 5.8.1991 im Garten an Gras (vielleicht *Lolium perenne*) fressend fand und sie mit verschiedenen Gräsern bis zum Falter züchtete!

SCHULTZ (1935), der durch Raupenfunde an Erlenschößlingen angeregt wurde, sich mit der Nahrungsbiologie von *P. umbra* näher zu befassen, gab eine Übersicht über die ihm bekannten Nahrungspflanzen und resümierte, »daß der Speisezettel der *Pyrrhia umbra*-Raupe wohl zu den merkwürdigsten gehört, die die Noctuiden aufzuweisen haben.« Wenn dies heute auch etwas übertrieben erscheint, so ist die Liste der – sicher nachgewiesenen – Nahrungspflanzen doch durchaus interessant. Die folgende Aufzählung enthält die von SCHULTZ eruierten Arten, ergänzt durch weitere Literatur, jedoch ohne Anspruch auf Vollständigkeit (halbfett: in mehr als 2 Quellen genannt; unterstrichen: aus Baden-Württemberg gemeldet): Poaceae (Gen. spec. indet.), Salicaceae (*Salix caprea*?, *S. viminalis*, *S. phylicifolia*), Betulaceae (**Corylus avellana**, **Alnus** spec., jeweils Schößlinge), Urticaceae (*Urtica dioica*), Polygonaceae (*Polygonum* spec., *Polygonum lapathifolium*), Caryophyllaceae (*Honkenya peploides*), Ranunculaceae (*Aquilegia* spec., *Delphinium* spec., *Aconitum columbianum*), Brassicaceae (*Brassica oleracea*, *B. nigra*), Rosaceae (*Rubus* spec., *Rosa* spec., *Prunus virginiana*), Fabaceae (*Genista tinctoria*, Ononis spec., **O. spinosa**, **O. repens**, *O. arvensis*, **O. hircina**, *Ornithopus sativus*, *Onobrychis viciifolia*, *Vicia cracca*, *Glycine max*, *Desmodium* spec.), Geraniaceae (*Geranium pratense*, *Geranium* spec.), Ericaceae (*Rhododendron arboreum*), Convolvulaceae (*Convolvulus soldanella*), Boraginaceae (*Heliotropium* spec.), Lamiaceae (*Galeopsis tetrahit*, *Stachys palustris*, *Salvia pratensis*), Solanaceae (*Hyoscyamus niger*, *Nicotiana tabacum*), Scrophulariaceae (*Antirrhinum majus*, Linaria vulgaris, *L. incarnata*, Scrophularia spec., *Melampyrum nemorosum*, Melampyrum spec., *Euphrasia stricta*, *Rhinanthus* spec., *Penstemon barbatus*), Asteraceae (*Sigesbeckia orientalis*, *Senecio viscosus*, *Calendula officinalis*) (ALLAN 1949, CRUMB 1956, GARDNER 1946, GRAESER 1888, KOCH 1856, MATTHEWS 1991, MÖBIUS 1922, POITOUT in BALACHOWSKY 1972, v. REICHENAU 1905, RÖSSLER 1881, SCHULTZ 1935, SEPPÄNEN 1970, SPEYER 1867, TREITSCHKE 1826, UFFELN 1908, URBAHN & URBAHN 1939, VIGELIUS 1856).

Auffällig sind die hellen, weißlichgelben Eier besonders an den grünen Blütenknospen und den blauen Blütenblättern des Wiesenstorchschnabels. Manchmal erfolgen in kleineren Storchschnabelbeständen massive Eiablagen von mehreren Weibchen, so daß die Knospen und Blüten weißgesprenkelt aussehen. Eiablagen an Blättern, Blattstielen und Stengeln unterhalb des Blütenbereichs kommen gelegentlich auch vor, sind jedoch die Ausnahme.

Eine intermediäre Form zeigt violettrötliche Grundfarbe. Die Farbe wird aber offenbar nicht durch die Nahrung (grüne Blätter, rosa oder blaue Blüten) beeinflußt. – Wilflingen 30.7.90 A. STEINER.

Eiablagehabitat von *Pyrrhia umbra*. Im Kulturland bewohnt die Art bevorzugt Bestände des Wiesenstorchschnabels an Wiesen und Wegrändern, in Magerrasen dagegen vor allem Bestände der Dornigen Hauhechel. Rottweil, Klosterbach 7.7.95 A. STEINER.

Die Raupen fressen besonders die Knospen, Blüten und Früchte, sind aber doch weit weniger auf diese Strukturteile angewiesen als die *Heliothis*-Arten. So verzehren sie auch im Freiland nicht selten Blätter, und das sogar an Pflanzen, an denen die Blüten oder Früchte noch nicht abgefressen sind.

Nahrung des Falters: In der Abenddämmerung, zuweilen aber auch bei Tag, besuchen die Falter Blüten, doch liegen bislang nur wenige genaue Angaben dazu vor. H. HERRMANN (1976) meldete Blütenbesuch an *Gentiana lutea*, REUTTI (1853) an *Echium vulgare* und *Anchusa* spec. An den Köder, insbesondere Streichköder, kommen die Falter meistens nur spärlich und nur während der Dämmerung; sie sind typische Blütenbesucher, die höchstens an Köderschnüren manchmal in Anzahl anfliegen.

Habitat: Die Raupenfunde an *Ononis* stammen zumeist aus Mesobromion-Gesellschaften, zum Beispiel aus dem Mesobrometum und dem Gentiano-Koelerietum, während die Funde an *Ge-*

ranium pratense dem weiten Bereich der Arrhenatheretalia zuzurechnen sind. Der Raupenfund an Gras (J. BASTIAN) stammt aus der Rasenfläche eines Hausgartens. Daneben können die Falter beim Blütenbesuch und beim Lichtfang auch außerhalb dieser Habitate beobachtet werden.

Verhalten: Die Raupen fressen nachts, gelegentlich auch bei Tag. Vor allem die älteren Raupen sitzen tagsüber dicht an die Zweige geschmiegt in den bodennahen Bereichen der Nahrungspflanze. Ihre Vorliebe für Blüten kann den Nachweis erleichtern: befallene Pflanzen weisen meist keine, nur wenige oder deutlich befressene Blüten auf. Blütenreiche Pflanzen sind in der Regel nicht oder von noch ganz kleinen Raupen besetzt. An *Geranium* fressen sie neben Blüten bevorzugt die Früchte, in die sie sich manchmal geradezu einbohren. Die jungen Raupen können deshalb tagsüber in ausgefressenen Früchten ruhend gefunden werden.

Die Falter sind dämmerungs- und nachtaktiv, wurden gelegentlich aber auch tagsüber beim Blütenbesuch registriert (z. B. Kartei H. LIENIG). Der quantitative Vergleich zwischen den Ei- und Raupenfunden und den fast immer nur einzeln am Licht nachgewiesenen Imagines legt nahe, daß die Falter nicht gern ans Licht kommen.

Gefährdung und Schutz

Rote Liste Bundesrepublik: –
Rote Liste Baden-Württemberg: –

Oberrheinebene: Nicht gefährdet.
Schwarzwald: Nicht gefährdet.
Neckar-Tauberland: Nicht gefährdet.
Schwäbische Alb: Nicht gefährdet.
Oberschwaben: Nicht gefährdet.

• In Baden-Württemberg nicht gefährdet!

Periphanes delphinii
(Linnaeus, 1758)

Rittersporn-Sonneneule

Chariclea delphinii L. (REUTTI 1898, SCHNEIDER 1936–1939, BERGMANN 1951–1955, ECKSTEIN 1913–1923, HERING 1932, KOCH 1954–1961, LAMPERT 1907, REBEL 1910, WARREN in SEITZ 1909–1914, SPULER 1908–1910)

Gesamtverbreitung: Von Afghanistan und den Steppengebieten Mittelasiens über Kleinasien bis ins Mittelmeergebiet (einschließlich Nordwestafrikas) verbreitet. Der Verlauf der Arealnordgrenze in Europa ist jedoch unklar, da die Art in vielen Gebieten nur einzeln oder vor langer Zeit gefunden wurde. In Großbritannien scheint sie Anfang des 18. Jahrhunderts ausgestorben zu sein (spätere Einzelfunde könnten auf Zuwanderer zurückgehen), in Fennoskandien wurde sie nie gefunden. In Deutschland wurde von SPEYER & SPEYER (1862) als nördliche Arealgrenze eine Linie Aachen – Frankfurt/Main – Neustrelitz angegeben.

Verbreitung

Regional: Aus dem 19. Jahrhundert liegen Funde der Rittersporn-Sonneneule aus allen Regionen Baden-Württembergs mit Ausnahme des Schwarzwalds vor, woraus auf eine ehemals weite, wenn auch lokale Verbreitung geschlossen werden darf. Bereits in der zweiten Hälfte des 19. Jahrhunderts setzte offenbar ein rapider Rückgang ein. GAUCKLER berichtete 1909 aus Nord- und Mittelbaden: »seit 25 Jahren ist kein weiterer Fund bekannt geworden«, und für Württemberg konstatierte SCHNEIDER (1938): »Aus den letzten 4 Jahrzehnten keine Funde bekannt.« Der letzte Nachweis datiert von 1922 aus dem Kaiserstuhl.

Oberrheinebene: Bei Speyer (DISQUÉ nach REUTTI 1898); bei Karlsruhe (REUTTI 1898); bei Lörrach (REUTTI 1898); bei Basel (REUTTI 1898); bei Ihringen Ende Juli 1922 ein gut erhaltener Vorderflügel in einem Spinnennetz (SCHRÖDER 1922b, BROMBACHER 1933–1935). Unberücksichtigt bleibt die zweifelhafte Angabe von LITZELMANN (1966a) vom Isteiner Klotz.

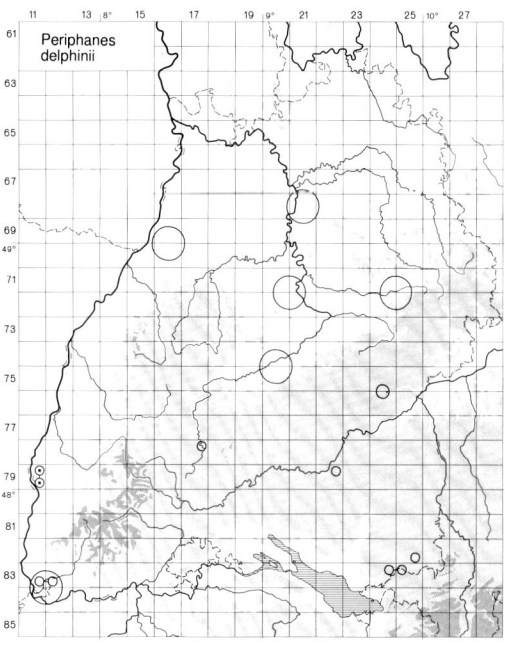

Neckar-Tauberland: Umgebung von Schwäbisch Gmünd/Wißgoldingen (KUNKEL in WERFER 1813); »Stuttgart 1852 1 ♂ (SEYFFER)« (SCHNEIDER 1938); Heilbronn (SCHNEIDER 1938); Rottweil (SCHNEIDER 1938); Tübingen (SCHNEIDER 1938).
Schwäbische Alb: Blaubeuren (SCHNEIDER 1938).
Alpenvorland: Wangen (KELLER & HOFFMANN 1861); Christazhofen (VON WOCHER nach SEYFFER 1850); Marbach [bei Riedlingen] (HENSLER nach KELLER & HOFFMANN 1861).

Über die Bodenständigkeit von *P. delphinii* in Mitteleuropa sind die Meinungen geteilt. Während einige Autoren sie für eine bei uns im Rückgang begriffene und aussterbende Art halten (BERGMANN 1954, FORSTER 1971, HEINICKE & NAUMANN 1980–1982, WARNECKE 1936a, 1936b), sind andere der Meinung, daß alle mitteleuropäischen Funde auf Zuwanderung beruhen (z.B. KAUFMANN & SCHMID 1966, SCHNEIDER 1938). Wäre letzteres der Fall, dann müßten aber auch aus der zweiten Hälfte des 20. Jahrhunderts wenigstens vereinzelte Nachweise vorliegen, denn das völlige Verschwinden eines früher regulären Einwanderers ließe sich nur durch sein Aussterben in den Ursprungsgebieten erklären. Als wahrscheinlichste Erklärung erscheint uns ein Rückzug der Arealgrenze in Richtung (Süd) Osten mit gelegentlichen Vorstößen von wanderlustigen Einzelindividuen.
Vertikal: Die ehemaligen Fundorte der Art streuen von der Ebene ab 100 m bis in die untere montane Stufe gegen 700 m.

Phänologie

Imagines: Aus Baden-Württemberg existieren keine genau datierten Falterfunde. Die Flugzeitangaben aus anderen Gegenden liegen zwischen Mai und August (BERGMANN 1954 für Thüringen: Ende Mai bis Ende Juni; URBAHN & URBAHN 1939 für Pommern und FORSTER 1971 für Mitteleuropa: Mai und Juni; HACKER 1989 für Griechenland: April bis Juni).
Präimaginalstadien: Keine phänologischen Daten aus Baden-Württemberg. Die Raupenzeit dauert (nach der Literatur) von Juni bis August (BERGMANN 1954, FORSTER 1971, HACKER 1989).

Ökologie

Lebensraum: Aus unserem Gebiet liegt lediglich eine verwertbare Angabe zum Lebensraum vor. HENSLER berichtete, daß er Raupen »an Feldrittersporn am Rand von einem Fruchtacker

Die attraktive Rittersporn-Sonneneule (*Periphanes delphinii*) ist in Baden-Württemberg ebenso wie im übrigen Deutschland zu Beginn des 20. Jahrhunderts ausgestorben. – Österreich, Wien 6.32 e.l.

fand« (KELLER & HOFFMANN 1861). Damit ist der wohl wichtigste Lebensraum der Art charakterisiert, der in Mitteleuropa in den früher so verbreiteten Rittersporn beständen der Feldflur bestanden hat. Daneben steht ein Fund aus dem Siedlungsbereich: DISQUÉ konnte in einem Garten in Speyer (Pfalz) Raupen am Blauen Eisenhut nachweisen (REUTTI 1898).

In der Mark Brandenburg bewohnte das Tier nach CHAPPUIS (1942) »ausschließlich nur solche heiße ›Ödungen‹ und Brachen, wo seine einzige Futterpflanze, der Feldrittersporn ... unbeschattet, also nicht zwischen Getreide, und in kümmerlichen Exemplaren wächst.«

Nahrung der Raupe:
Consolida regalis (*Delphinium consolida*) – Ackerrittersporn
   L (HSL)

Der Feld- oder Ackerrittersporn, an dem HENSLER die Raupen fand, ist die typische (und in den meisten Quellen auch einzige erwähnte) Nahrungspflanze der Rittersporn-Sonneneule in Mitteleuropa. Befressen werden mit Vorliebe die Blüten und die Samen. In Südosteuropa und Kleinasien kommen wohl auch andere »*Delphinium*- und *Consolida*-Arten« in Frage (HACKER 1989).

Ziemlich isoliert steht dagegen die Meldung: »1890 wurde bei Speier eine kleine Anzahl Raupen an den Samen von *Aconitum napellus* in einem Garten gefunden (DISQUÉ)« (REUTTI 1898), eine Beobachtung, die – auch überregional gesehen – für *P. delphinii* aus dem gewohnten Rahmen fällt. Wo immer Eisenhut in der deutschsprachigen Sekundärliteratur als Nahrungspflanze von *P. delphinii* auftaucht (z.B.

BERGMANN 1954, FORSTER 1971, KOCH 1984), dürfte diese Angabe stets auf den Fund von DISQUÉ in Speyer zurückgehen, der zunächst von REUTTI (1898), dann in dem Handbuch von SPULER (1908–1910) erwähnt wurde und seitdem in die meisten größeren Werke Eingang gefunden hat. Lediglich bei BERCE (1867–1878) findet sich noch eine *Aconitum*-Art (*A. vulparia*) als Nahrungspflanze von *P. delphinii* angegeben.

In der postwürmglazialen mitteleuropäischen Naturlandschaft kam *Periphanes delphinii* wohl noch nicht vor, denn *Consolida regalis* dürfte erst mit der Ausbreitung des Ackerbaus und dem Beginn der ersten großen Waldrodungen im Neolithikum (ab 4. Jahrtausend v. Chr.) aus dem Mittelmeerraum eingewandert (oder eingeschleppt worden) sein (WILMANNS 1984). Frühestens ab dem Atlantikum und Subboreal und nur mit Hilfe der landwirtschaftlichen Tätigkeit des Menschen konnte *P. delphinii* also Mitteleuropa besiedeln – eine der frühesten »Kulturfolger«-Arten.

Nahrung des Falters: Aus Baden-Württemberg keine Angaben. Die Falter werden tagsüber an Blüten ruhend gefunden, an die sie zum Teil farblich angepaßt sind und an denen sie sicherlich auch saugen, darunter Feldrittersporn, Kornblume und Natternkopf (BERGMANN 1954, STANGE 1869).

Habitat: Pflanzensoziologische Beobachtungen liegen aus Baden-Württemberg nicht vor. Bei den Raupenfundstellen an Ackerrittersporn dürfte es sich um Getreideunkrautgesellschaften aus dem Verband der Mohnäcker, Kalk- und Tonäckergesellschaften (Caucalidion lappulae) oder der Windhalmäcker (Aperion spica-venti) gehandelt haben. Der Blaue Eisenhut war eine Gartenpflanze.

Verhalten: Die Raupen leben frei an der Nahrungspflanze; ihre auffallende Färbung und Zeichnung legt nahe, daß es sich dabei um eine Warntracht handelt; die Raupen hätten jedenfalls die beste Gelegenheit, aus ihren Nahrungspflanzen Giftstoffe aufzunehmen. Der Habitus des Falters dagegen ist trotz der bunten Färbung eine Tarntracht: viele Heliothinae, insbesondere zahlreiche *Schinia*-Arten, haben die Anpassung an die Blüten, auf denen sie tagsüber ruhen, bis zur Perfektion entwickelt.

Die Frage des Wanderverhaltens ist bereits angesprochen worden; die Situation sowohl in Deutschland als auch im übrigen Mitteleuropa deutet viel eher auf eine an ihren Arealgrenzen fluktuierende Steppenart mit guten Dispersionsfähigkeiten als auf einen echten Wanderfalter. Wir schließen uns damit der Meinung WARNEKKES an, der schon in den dreißiger Jahren gefolgert hatte: »Wegen des Heimatrechts der *delphinii* in Mitteldeutschland scheint nun die Annahme nicht unbegründet, daß es sich auch bei dem früheren Auftreten in Westdeutschland nicht nur um das Erscheinen von verschleppten oder auf Wanderungen verschlagenen Faltern gehandelt hat« (WARNECKE 1936). Die wenigen Einzelfunde, die seit der Mitte des 20. Jahrhunderts aus Mitteleuropa gemeldet wurden, stammen zum Teil aus höchst unsicheren Quellen (z. B. WITTSTADT 1960) und sind daher mit Vorsicht zu betrachten.

Gefährdung und Schutz

Rote Liste Bundesrepublik: 0
Rote Liste Baden-Württemberg: 0

Oberrheinebene: Ausgestorben oder verschollen.
Schwarzwald: Nicht vertreten.
Neckar-Tauberland: Ausgestorben oder verschollen.
Schwäbische Alb: Ausgestorben oder verschollen.
Oberschwaben: Ausgestorben oder verschollen.

- In Baden-Württemberg ausgestorben oder verschollen!
  Besonders geschützt gemäß § 20 e ff. BNatSchG.

In den meisten Gebieten Baden-Württembergs ist *Periphanes delphinii* bereits kurz vor der Jahrhundertwende verschwunden (GAUCKLER 1909, SCHNEIDER 1938), lediglich vom Kaiserstuhl liegt noch aus den zwanziger Jahren eine Meldung vor (BROMBACHER 1933–1935). Dies entspricht im wesentlichen der Situation im übrigen Mitteleuropa. So berichtete beispielsweise VON REICHENAU schon 1905 aus dem Regierungsbezirk Wiesbaden: »Über neueres Vorkommen verlautet nichts«, und HEINICKE & NAUMANN (1980–1982) beschrieben die Situation in Ostdeutschland mit den Worten: »In den letzten 80 Jahren ist der Bestand aber außerordentlich zurückgegangen. ... Ob die ... Art auch heute noch als auf unserem Territorium vorkommend angesehen werden darf, wissen wir nicht genau.«

Die Gründe für die gegenwärtige Arealregression in Richtung (Süd-)Osten bleiben unklar. Während BERGMANN (1954) den Rückgang von *P. delphinii* »durch die intensivere Feldkultur, die fast kein Brachland mehr kennt oder Unkrautfluren nicht mehr aufkommen läßt, vielleicht auch durch die gesteigerte Verwendung von Kunstdünger« erklärt, und FORSTER (1971) ihn »als Folge des Verschwindens der Brachfelder und Ödländereien, des Lebensraumes dieser südöstlichen Steppenart« auffaßt, sind HEINICKE & NAUMANN (1980–1982) der Ansicht, daß »anthropogene Einflüsse ... nicht als Ursache in Frage kommen«. In der Tat fällt es schwer, einen Vorgang, der (in Baden-Württemberg) etwa in den 1880er Jahren eingesetzt haben muß, auf seine Ursachen zurückzuführen. Ob der Rückgang bzw. die Verarmung der Ackerunkrautgesellschaften schon vor der Jahrhundertwende eine so einschneidende Rolle gespielt haben, daß sie zum Aussterben der Art führten, ist fraglich; sie tragen aber heute sicher wirkungsvoll dazu bei, eventuellen Einwanderern eine Wiederbesiedlung unseres Gebiets zu erschweren.

Stiriinae

Die Unterfamilie Stiriinae wurde in Amerika bereits seit GROTE (1882) als Verwandtschaftsgruppe erkannt und behandelt. Von HARDWICK (1970) und MATTHEWS (1991) wurden sie als mutmaßliche Schwestergruppe der Heliothinae phylogenetisch definiert. MATTHEWS hat mehrere altweltliche Genera untersucht und als Angehörige der Stiriinae identifiziert: *Aegle, Metaegle, Paraegle, Dipinacia, Ectolopha, Megalodes, Mycteroplus, Ochrocalama, Paralophata, Procrateria, Panemeria, Synthymia.*

Wie bei den Heliothinae sind die Raupen der Stiriinae Blüten-, Früchte- und Samenfresser und die Imagines häufig tagaktiv.

In Europa kommen 10 Arten dieser Unterfamilie vor, in Baden-Württemberg eine.

Panemeria tenebrata
(Scopuli, 1763)

Hornkraut-Tageulchen

Heliaca tenebrata SCOP. (REUTTI 1898, LAMPERT 1907, ECKSTEIN 1913–1923)
Panhemeria tenebrata SCOP. (SPULER 1908–1910, HERING 1932)

Gesamtverbreitung: Fast ganz Europa, südlich bis Nordspanien, nördlich bis Nordirland, Nordengland, Südskandinavien und zum Baltikum, Karelien und zum Ural. Das Areal außerhalb von Europa ist wenig bekannt, der östlichste Fundort ist Kirow, im Südosten wird Palästina erreicht. In Kleinasien wurde die Art aber noch nicht nachgewiesen (HACKER 1989).

Verbreitung

Regional: In allen Regionen des Landes verbreitet und in manchen Bereichen der Ebene und des Hügellandes nicht selten. Im Schwarzwald und auf der Schwäbischen Alb werden überwiegend die niedrigeren Lagen besiedelt.

Der ungeübte Beobachter kann die Art mit Angehörigen der Pyralidae(Pyraustinae)-Gattung *Pyrausta* verwechseln (und umgekehrt), deren Angehörige ebenfalls tagaktiv sind und zum Teil gelbe Zeichnungen auf den Hinterflügeln aufweisen. Oft erkennt der Laie die Art nicht als Noctuide, so daß sie selbst von vielen Tagfalterbeobachtern nicht gemeldet wird.

Vertikal: Von der Ebene bis in die montane Stufe verbreitet, wobei die planare und kolline Stufe bevorzugt werden und die Anzahl der Fundorte

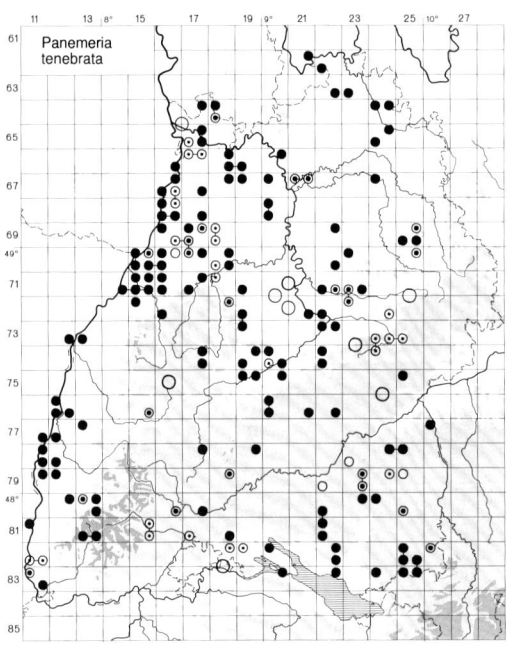

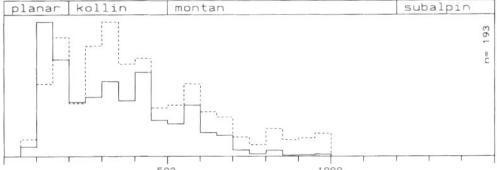

Die kleinen Falter von *Panemeria tenebrata* sind ausschließlich tagaktiv. In Färbung und Größe ähneln sie einigen Zünslern aus der Gattung *Pyrausta*, mit denen sie leicht verwechselt werden können. Sie tragen aber nie gelbe oder purpurfarbene Zeichnungen auf den Vorderflügeln. – Grißheim 22.4.95 A. STEINER. S.

oberhalb von 600 m rasch abnimmt, auch wenn die höchstgelegenen Nachweise noch nahe an 1000 m liegen (930–980 m, Hossingen, Oberbuch, G. BAISCH).

Phänologie

Imagines: Das Maximum der kurzen Flugzeit, die an den einzelnen Fundstellen kaum drei Wochen dauert, fällt in allen Regionen in den Mai. Die frühesten Falter können in Jahren mit warmem Frühjahr in der Rheinebene und im Nekkar-Tauberland schon Mitte April auftreten (13.4.1981, Dossenheim, R. TRABOLD; 14.4.1981, Malsch-Hardteck, D. DOCZKAL), im Schwarzwald und im Alpenvorland frühestens Ende April. Die Flugzeit dauert am Oberrhein bis Ende Mai, in den übrigen Gebieten bis in die ersten Junitage (6.6.1987, Wangen, Illerauen, G. BAISCH).

Daneben liegen einige bemerkenswerte Angaben bzw. Belegstücke aus dem Zeitraum Anfang Juli bis Mitte August vor: 6.7.1957, Hardtwald bei Ettlingen, P. PEKARSKY; 9.7.1950, Dietlingen, M. WALLNER; 12. und 13.7.1984, Rammert bei Dettingen, G. EBERT/J.-U. MEINEKE/B. TRAUB; 14.7.1940, Kaiserstuhl, Badberg, L. SETTELE (Belegtiere); 15.7.1921, Spitzberg bei Tübingen (KAUFMANN & SCHMID 1966); 21.7.1950, Hardtwald bei Ettlingen, P. PEKARSKY; 17.8.1990, Kaiserstuhl: Henkenberg, A. SCHNEIDER. Die einzige vergleichbare Angabe in der Literatur stammt aus Ostdeutschland (HEINICKE & NAUMANN 1980–1982): hier wurden in Glienicke/Oranienburg 2 Falter in der dritten Junidekade beobachtet. Derzeit läßt sich dieser Befund nicht sicher interpretieren. Handelt es sich um verspätet geschlüpfte Tiere aus vorjährigen Puppen (wie HEINICKE & NAUMANN mutmaßten) oder um Einzeltiere einer 2. Generation, die nach der Verpuppung ohne Puppenüberwinterung noch im selben Jahr geschlüpft sind? Der etwa zweimonatige Abstand zur Hauptflugzeit, der gerade die Larvalentwicklung und eine kurze Puppenruhe umfassen könnte, deutet auf die zweite Möglichkeit.

Präimaginalstadien: Eiablagen wurden Ende April und Anfang Mai beobachtet (30.4.1994, Freudenberg, A. BECHER; 2.5.1990, Rußheim, E. RENNWALD 1991). Wenige Raupenfunde liegen von Mitte Mai bis Ende Juni vor: 17.5.1990, Rußheim, eine erwachsene und drei kleine Raupen, E. RENNWALD (1991); 23.6.1991, Malsch-Sulzbach (G. EBERT/E. ECKERT); 26.6.1990, Machtelsberg bei Hundersingen, eine Raupe, K. FREYTAG; 30.6.1989, Wendlingen, 10 Raupen geklopft, K. FREYTAG.

Die Eidauer beträgt nach Beobachtungen von A. BECHER 6 Tage. Die Puppe überwintert und soll nach Literaturangaben meist zwei, manchmal drei Jahre überliegen (BERGMANN 1954).

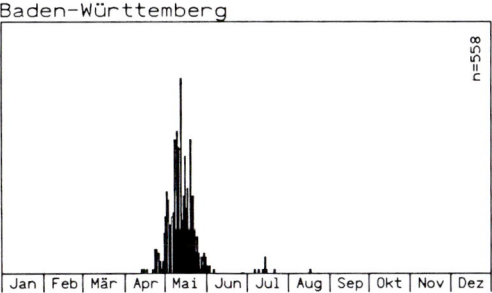

Ökologie

Lebensraum: Blütenreiche, extensiv genutzte, ungedüngte, magere bis frische Wiesen und Weiden mit Hornkraut- und Sternmierenbeständen, gern in niedrigwüchsigen Bereichen und um Störstellen, an Böschungen, an (nicht asphaltierten) Feld- und breiten, sonnigen Waldwegrändern, an Trampelpfaden oder in Ruderal- und Unkrautfluren, an Bahn- und Hochwasserdämmen. Auch extensiv genutzte Gartenwiesen werden im Frühjahr beim Blütenbesuch beflogen. Die Larvalentwicklung kann an solchen Stellen nur dann erfolgreich ablaufen, wenn die Raupen nicht im Juni und Juli dem Rasenmäher zum Opfer fallen.

Nahrung der Raupe:
Cerastium holosteoides – Gewöhnliches Hornkraut
 L (EBE, ECK)
Cerastium fontanum agg. – Quell-Hornkraut
 E, L (REN)
Cerastium arvense – Acker-Hornkraut
 E (BEC)
Cerastium spec. – Hornkraut
 L (FRY)
Stellaria media – Vogelmiere
 E (BEC)

In unserem Untersuchungsgebiet sind eierlegende Weibchen genauso oft beobachtet worden wie Raupen. A. BECHER beobachtete Eiablagen an Acker-Hornkraut (*Cerastium arvense*) und Vogelmiere (*Stellaria media*), E. RENNWALD (1991) an Quell-Hornkraut (*Cerastium fontanum* agg.), an dem er später auch die Raupen fand. G. EBERT & E. ECKERT beobachteten eine Raupe an den Blüten des Gewöhnlichen Hornkrauts (*Cerastium holosteoides*) fressend. An unbestimmten Hornkrautarten stellte auch K. FREYTAG mehrmals Raupen fest.

Panemeria tenebrata ist monophag auf die Gattungen *Cerastium* und *Stellaria* angewiesen. Die Literatur nennt die Arten *Cerastium glomeratum* (Deutschland, SPULER 1908–1910, KOCH 1958; Großbritannien, ALLAN 1949), *C. semidecandrum* (Großbritannien, ALLAN 1949), *C. holosteoides* (Deutschland, SPULER 1908–1910, BERGMANN 1954, KOCH 1958; Großbritannien, BUCKLER 1891, ALLAN 1949), *C. arvense* (Deutschland, FREYER 1829–1830, HERING 1881, SPULER 1908–1910, BERGMANN 1954, KOCH 1958; Frankreich, LHOMME 1923–1935; Großbritannien, BUCKLER 1891, ALLAN 1949), *Stellaria nemorum* (Deutschland, PETRY nach BERGMANN 1954). Vermutlich unrichtig ist eine Angabe von *Lythrum salicaria* (LHOMME 1923–1935).

Nahrung des Falters: Die Imagines sind bei der Nektaraufnahme stark auf ihre Raupennahrungspflanzen Hornkräuter und Sternmieren fixiert. So wurde Saugverhalten an *Cerastium holosteoides* (R. BLÄSIUS, I. HEGAR, N. HIRNEISEN/A. STEINER, F. KIRSCH, U. RATZEL), *Cerastium fontanum* agg. (A. BECHER, G. EBERT), *Cerastium* spec. (U. RATZEL), *Stellaria media* (A. BECHER, T. MARKTANNER), *Stellaria holostea* (G. EBERT) und *Stellaria* spec. (U. RATZEL), beobachtet. Dabei legen Weibchen zwischen ihren einzelnen Blütenbesuchen auch immer wieder Eier ab (s. u.). Außerdem wurden die ebenfalls kleinblütigen und niedrigwüchsigen Vergißmeinnicht-Arten *Myosotis sylvatica* (G. EBERT), *Myosotis* spec. (Garten-Vergißmeinicht) (M. WALLNER), *Cardamine pratensis* (Wiesen-Schaumkraut) (A. SCHANOWSKI) und das Gänseblümchen, *Bellis perennis* (A. BECHER, F. KIRSCH) als Saugpflanzen festgestellt.

Habitat: Vorwiegend magere bis frische, ungedüngte Glatthaferwiesen (Arrhenatheretum), aber auch nicht zu trockene Stellen in Halbtrockenrasen (Mesobromion) und deren Versaumungsstadien (auf der Schwäbischen Alb gerne im Randbereich der Wacholderheiden) sowie, vor allem im Alpenvorland, Pfeifengraswiesen (Molinion). Im Federseegebiet charakterisierte MEINEKE (1982) das Habitat: »Niedermoor (Schwerpunkt Glatthaferwiesen, geringere Dichte auf Pfeifengras-Kohldistelwiesen), mineralisierte Dämme in Torfstichgebieten.« Ein Raupenfund stammt von einem kurzrasigen Wegrand im Inneren eines Rotbuchenwalds (Fagion sylvaticae) (G. EBERT/E. ECKERT).

Verhalten: Die Falter sind tagaktiv und können deshalb mit den üblichen Nachtfangmethoden nicht erfaßt werden. Die Eiablage erfolgt nach den vorliegenden Beobachtungen besonders in den warmen Mittagsstunden (11–12 Uhr MESZ, A. BECHER; 13.10 Uhr MESZ, RENNWALD 1991). Das über einen kurzen Zeitraum genau verfolgte Verhalten eines Weibchens am 30.4.1994 zwischen 11 und 12 Uhr beschreibt A. BECHER folgendermaßen: »Zwei Blütenbesuche an Gänseblümchen jeweils eine Minute; ein Blütenbesuch auf *Cerastium fontanum*, dann eine Eiablage an

Meist werden die Falter beim Blütenbesuch, gelegentlich auch bei der Eiablage beobachtet. Hier konnte die Paarung auf einem Blütenkopf dokumentiert werden. – Deggenhausertal, Falkenhalde 2.6.87 T. MARKTANNER.

Die erwachsene Raupe ist grün mit etwas weniger kontrastreicher Streifung. Hier hat sie eine Blüte des Gewöhnlichen Hornkrauts *(Cerastium holosteoides)* ausgefressen. *Panemeria tenebrata* benötigt ungedüngte, blütenreiche Wiesen mit Beständen von Hornkrautarten. – Malsch-Sulzbach 30.5.90 G. EBERT.

frisch geöffneter Blüte von Vogelmiere ca. 20 Sekunden. Dann wieder Nahrungsaufnahme an Gänseblümchen ca. zwei Minuten. Dann wieder Eiablage an Vogelmiere.« Die Ablage erfolgte dabei tief an den Fruchtknoten zwischen den grünen Grundblättern und den weißen Blütenblättern. Die Raupen leben an Blüten und Früchten und können sich in der Jugend geradezu in die Früchte einbohren, was ihnen in erwachsenem Zustand aufgrund ihrer Größe nicht mehr gelingt. Insgesamt ist über ihr Verhalten aber wenig bekannt.

Die Falterchen schwirren beim Nahrungs- wie Eiablageflug meist niedrig über die ohnehin niedrige Vegetation ihrer Habitate. Oft sonnen sie sich kurzzeitig mit nach Tagfalterart ausgebreiteten Flügeln auf Grashalmen oder Blättern sitzend, gelegentlich auch auf Büschen bis in 1 m Höhe.

Gefährdung und Schutz

Rote Liste Bundesrepublik: –
Rote Liste Baden-Württemberg: V

Oberrheinebene: Art der Vorwarnliste.
Schwarzwald: Art der Vorwarnliste.
Neckar-Tauberland: Art der Vorwarnliste.
Schwäbische Alb: Art der Vorwarnliste.
Oberschwaben: Art der Vorwarnliste.

- In Baden-Württemberg eine Art der Vorwarnliste!

Die intensive Grünlandnutzung hat dazu geführt, daß *Panemeria tenebrata*, die früher als »überall häufig« (REUTTI 1898) bezeichnet wurde, in allen Naturräumen deutlich zurückgegangen ist. Der Schwerpunkt der Habitatnutzung liegt im mesophilen Bereich, während stark xerotherme ebenso wie sehr nasse Stellen gemieden werden. Dadurch ist *P. tenebrata* dem Einsatz von Kunstdünger und Gülledüngung voll ausgesetzt. Möglicherweise ist die Einstufung in die Vorwarnliste sogar noch zu niedrig gegriffen: genaue Bestandsaufnahmen in den kommenden Jahren sollten darauf hinzielen, ältere Standorte neu zu bestätigen und den Status der Art besonders in den intensiv landwirtschaftlich genutzten Regionen zu klären. Eine Höherstufung in die Kategorie »gefährdet« könnte sich dann als notwendig erweisen.

Ipimorphinae

Eine verhältnismäßig neue Gruppierung ist die »Unterfamilie« Ipimorphinae (FIBIGER & HAKKER 1991). In ihrer jetzigen Zusammensetzung umfaßt sie die ehemaligen Unterfamilien Amphipyrinae und Cuculliinae, jedoch ohne *Cucullia*, die *Calophasia*-Gruppe, *Calliergis* und *Lamprosticta* einerseits und ohne *Amphipyra* und *Pyrois* andererseits (mit dem Wegfall der namensgebenden Gattungen mußte sich deshalb auch der Name der Unterfamilie ändern). Einige der jetzt hier eingereihten Genera wurden früher manchmal zu den Noctuinae gezählt (*Auchmis*, *Actinotia*, *Mesogona*). In ihrem jetzigen Umfang sind die Ipimorphinae mit Sicherheit para- oder sogar polyphyletisch. Es wird also noch viel phylogenetische Forschungsarbeit nötig sein, um die Verwandtschaftsverhältnisse endgültig zu klären. Als systematische Einheit ist die Unterfamilie sicher nicht haltbar; derzeit macht sie den Eindruck eines »Sammelbeckens« (genau wie die alten Amphipyrinae).

Es ist deshalb auch nicht möglich, die Gruppe ökologisch zu umschreiben, dafür ist sie zu groß und zu heterogen. Es lassen sich aber (wie früher in den Amphipyrinae und Cuculliinae) einige größere Verwandtschaftsgruppen erkennen, die auch ökologisch definiert werden können, so etwa die Grasfresser der *Apamea-Oligia-Mesoligia-Mesapamea*-Gruppe oder die endophag lebenden Arten der *Amphipoea-Hydraecia-Gortyna*-Gruppe, die Welklaubfresser der *Caradrina-Platyperigea-Paradrina-Eremodri-*

na-Verwandtschaft, die *Trachea-Euplexia-Phlogophora-Callopistria*-Gruppe mit vielen Farnfressern, die Wintereulen der *Eupsilia-Conistra-* und der *Lithophane*-Gruppe und andere mehr.

Die Ipimorphinae kommen in Europa mit über 400 Arten vor. 174 Arten wurden aus Baden-Württemberg gemeldet. Davon sind 158 bodenständig, 5 treten nur als Wanderfalter oder eingeschleppt auf, und in 11 Fällen handelt es sich vermutlich um Falschmeldungen. Von den bodenständigen Arten gelten 12 in Baden-Württemberg als ausgestorben oder verschollen.

Elaphria venustula
(Hübner, 1790)

Marmoriertes Gebüscheulchen

Erastria venustula HBN. (REUTTI 1898, LAMPERT 1907, SPULER 1908–1910, REBEL 1910, ECKSTEIN 1913–1923, HERING 1932)
Psilomonodes venustula HBN. (WARREN in SEITZ 1909–1914, SCHNEIDER 1936–1939, BERGMANN 1951–1955, KOCH 1954–1961, 1984)
Agrotis venustula HBN. (BOURSIN 1964, FORSTER 1954–1981, HARTIG & HEINICKE 1973)
Hapalotis venustula HBN. (HEINICKE & NAUMANN 1980–1982)

Gesamtverbreitung: In fast ganz Europa von Südspanien, Süditalien und Griechenland bis Südengland, Dänemark, Südschweden und Südfinnland verbreitet. Das südliche Fennoskandien hat die Art erst seit den 60er Jahren besiedelt, und auch im nördlichen Deutschland soll sie früher gefehlt haben (nach SPEYER & SPEYER 1862 verlief die Nordgrenze von Paris über Neustrelitz nach Danzig). Das Areal umfaßt weiterhin den gemäßigten Teil Asiens südlich bis zum Kaukasus, Armenien und Nordiran und reicht bis zur russischen Pazifikküste und Japan. Alte Angaben aus Nordamerika beruhen auf Verwechslungen mit verwandten Arten.

Verbreitung

Regional: Die Art ist in Baden-Württemberg regional mit beachtlicher Dichte verbreitet, wobei sich Schwerpunkte in der Oberrheinebene und den wärmeren Regionen des Neckar-Tauberlands, aber auch im Alpenvorland (einschließlich Bodenseebecken) abzeichnen. Eine echte Verbreitungslücke liegt auf der Schwäbischen Alb. Hier sind nur drei Fundorte bekannt (Flächenalb: Hürben-Hermaringen, R. HEINDEL; Bermaringen, G. BAISCH; Hegaualb: Wasserburgertal, G. EBERT), ein weiterer liegt im Randen (Berg-

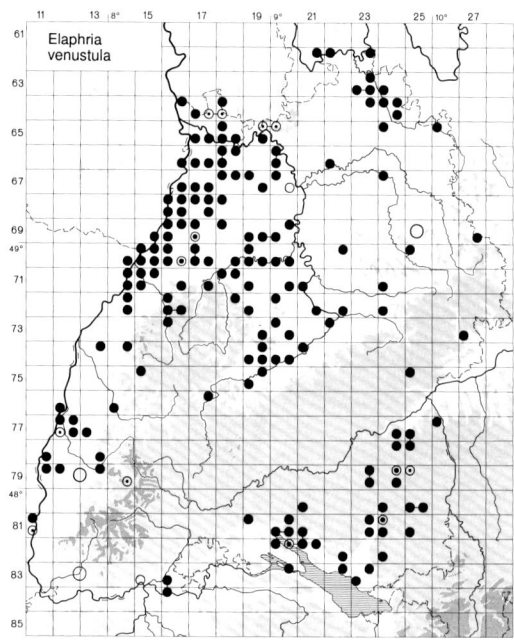

öschingen, J.-U. MEINEKE). Auch die Hochebene der Baar bleibt unbesiedelt, ebenso wie der schwarzwaldnahe Teil der Oberen Gäue. Im Schwarzwald ist die Art nur aus Tallagen und aus dem Übergangsbereich zur Vorbergzone bekannt. Bei den übrigen größeren Lücken (Hochrhein, Keuper-Lias-Land) handelt es sich wohl nur um Bearbeitungslücken.

Da *E. venustula* wegen ihrer geringen Größe und der – wenigstens auf den ersten Blick – nicht ganz eulentypischen Zeichnung wohl nicht von allen Faunisten als Noctuide erkannt wird, pflegt man meist eine weitere Verbreitung anzunehmen, als die Literatur erkennen läßt. In Baden-Württemberg scheint ihre Chorologie aber insgesamt gut dokumentiert zu sein; an vielen ihrer Fundstellen gehört *E. venustula* zu den häufigeren Noctuidenarten.

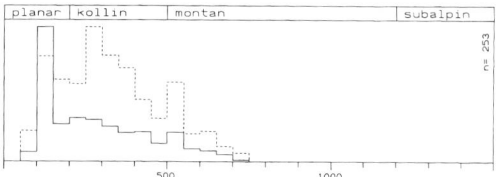

Vertikal: Von der Ebene bis in die untere montane Stufe verbreitet, wobei der Schwerpunkt im planar-kollinen Bereich liegt. Die höchsten Fundorte liegen auf der Schwäbischen Alb, im

Alpenvorland und im Schwarzwald (Gausbach, Latschigfelsen, 720 m, R. HERRMANN).

Phänologie

Imagines: In allen Gebieten beginnt die Flugzeit meist in der letzten Mai- oder ersten Juni-Dekade, in Jahren mit warmem Frühling gelegentlich auch früher (13.5.1981, Ketsch, W. KINTZL; 17.5.1981 Steinacher Ried, G. BAISCH). Das früheste Datum überhaupt stammt aus den niedrigen Schwarzwaldrandlagen (1.5.1990, Kollnau, A. SCHNEIDER). Die Flugzeit zieht sich bis Ende Juli hin; ein Maximum ist im Neckar-Tauberland in der letzten Juni-Dekade zu erkennen. Gelegentlich treten auch noch im August Falter auf: Hier dürfte in kühleren Jahren eher von spät geschlüpften Tieren auszugehen sein (18.8.1983, Ammertal bei Tübingen, M. MEIER/A. STEINER), während es sich in warmen Jahren schon um Angehörige einer 2.Gen. handeln könnte (17.8.1990 und 24.8.1990, Kaiserstuhl, Henkenberg, A. SCHNEIDER), wie sie aus Südeuropa bekannt ist, doch wären hier zur besseren Beurteilung Angaben zum Erhaltungszustand nötig.

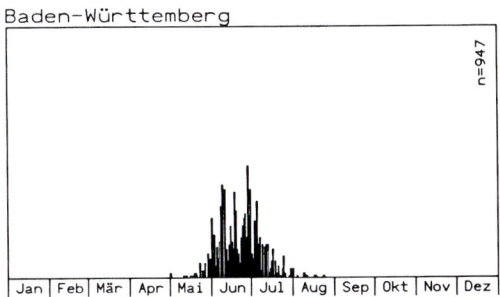

Obwohl *Elaphria venustula* aus der Nähe gesehen von auffallender Schönheit ist, wird sie wegen ihrer geringen Größe oft gar nicht als Eulenfalter erkannt. Die Zeichnung ist charakteristisch, die Variation gering. Die rosa Färbung kann noch intensiver ausgeprägt sein als bei diesem Tier. – Pfinztal-Wöschbach 12.7.96 A. STEINER. LF.

Präimaginalstadien: Nach Literaturangaben lebt die Raupe von Juni bis August und die Puppe überwintert (FORSTER 1971, KOCH 1984). K. W. JAEGER glaubt sich zu erinnern, die Raupen bei Wollenberg im Juni gefunden zu haben.

Ökologie

Lebensraum: Die Falter sind in einer Vielzahl unterschiedlicher Lebensräume festgestellt worden: Wege, Schneisen und Lichtungen in Laub- und Laubmischwäldern (so zum Beispiel im Eichen-Rotbuchenwald, im Eichen-Kiefernwald auf Sandboden, im Weich- und Hartholzauwald) und deren Randbereiche mit Gebüschen, Säumen, Staudenfluren und Wegrändern, aber auch Niedermoore, Feuchtwiesen und Schilfbestände, Glatthaferwiesen, Streuobstwiesen, auch Halbtrockenrasen mit thermophilen Gebüschen und Saumgesellschaften, Wacholderheiden, Ginstergebüsche, aufgelassenes Weinberggelände und Sandmagerrasen auf den letzten noch vorhandenen Dünen der badischen Oberrheinebene (Sandhausen) sowie sehr häufig auch in Gärten und Parks im urbanen Bereich.

Die Vorkommen in Baden-Württemberg beschränken sich auf Gebiete mit mittleren jährlichen Lufttemperaturen von über 6°C und mittleren jährlichen Niederschlagssummen von unter 1200 mm. Eine ausgeprägte Vorliebe für xerotherme Biotope (wie KRAUS [1993] für die Pfalz und WOLFSBERGER [1974] für Südbayern angaben) läßt sich bei uns jedoch nicht erkennen. Der Schwerpunkt, soweit er überhaupt feststellbar ist, liegt eher im mesophilen Bereich.

Trotz der Häufigkeit der Art sind ihre Biotoppräferenzen in Europa allgemein kaum bekannt. Das auf über 200 Fundorten basierende Biotopspektrum in Baden-Württemberg geht weit über die 2 Biotoptypen hinaus, auf die BECK (1980) die Art (auf der Grundlage von 7 Fundorten) eingrenzen möchte, nämlich »trockene *Sarothamnus*- beziehungsweise *Calluna*-Heide und feuchte Flachmoorgebiete«. Ebenfalls rein auf der

Die dunkelbraune Raupe fällt durch ihre verdickten Thorakalsegmente auf. Sie bevorzugt Blüten als Nahrung. Zu den Lebensräumen gehören besonders gebüschreiche Offenlandhabitate mit Rosen-, Brombeer- und Fingerkrautbeständen – Göppingen, Hörnle (ex ovo-Zucht) 8.90 K. FREYTAG. S.

Grundlage von Lichtfangdaten (von immerhin über 30 Standorten) in Ungarn hat KOVÁCS (1969) vermutet, daß E. venustula im Larvenstadium einen bestimmten Feuchtigkeitsbedarf hat, der in Offenlandhabitaten durch Taufall gedeckt wird. Er hielt sie für eine ursprünglich nur steppenartige Habitate bewohnende Art, deren hohe ökologische Valenz ihr dann auch die Erschließung anderer Biotope erlaubte.

Nahrung der Raupe:
Rubus fruticosus agg. – Brombeere
    L (MRT)
Potentilla spec. – Fingerkraut
    L (DIQ)
Rosa cf. *canina* – cf. Hunds-Rose
    L (JAE)
Sarothamnus scoparius – Besenginster
    L (JAE)

Aus unserem Untersuchungsgebiet liegen nur wenige Beobachtungen zur Larvalbiologie vor. Ältere Meldungen stammen von H. DISQUÉ, der eine oder mehrere Raupen bei Speyer an *Potentilla*-Blüten fand (REUTTI 1898) und von E. MARTIN, der bei Möckmühl »Raupen an Brombeeren« nachwies (SCHNEIDER 1938). Nähere Angaben liegen dazu leider nicht vor. Bei Bad-Rappenau-Wollenberg hat K. W. JAEGER die Raupen in den 70er/80er Jahren an zwei Stellen mehrfach beobachtet. An dem einen Fundort, einem etwas luftfeuchten, beschatteten Hohlweg, wurden die Raupen in einem Gebüsch aus Feldahorn, Schlehe, Hainbuche und Rosen in den Blüten von Hundsrosen festgestellt. An der anderen Fundstelle saßen die Raupen in einem Kiefern-Ginstergebüsch in den Blüten des Besenginsters. Auch in seinem Garten hat K. W. JAEGER die Raupen sporadisch an den Blüten von Gartenrosen (»Poliantarosen«) festgestellt. Diese letztere Beobachtung könnte die Erklärung dafür liefern, daß *Elaphria venustula* so häufig in Siedlungsgebieten gefunden wird. Es empfiehlt sich, in den Blüten von Gartenrosen gefundene Raupen, auch wenn sie nicht wie Noctuidenraupen aussehen, auf jeden Fall weiterzuzüchten.

Die Sekundärliteratur führt neben Fingerkraut meist einige weitere Rosaceen sowie Ginster auf (z. B. FORSTER 1971, LAMPERT 1907, KOCH 1958). In England werden die Eier nach LORIMER (in BRETHERTON, GOATER & LORIMER 1983) einzeln an der Blattunterseite von *Potentilla* abgelegt. Als Raupennahrung wurden von diesen Autoren *Potentilla* spp. (»probably the usual foodplant in Britain«), *Rubus* spp., *Alchemilla* spp., *Genista* spp. und *Sarothamnus scoparius* angegeben. ALLAN (1949) nannte *Potentilla reptans*, *P. anserina* und *P. erecta* und, als Gefangenschafts-Fütterungspflanzen, »many garden plants«, z. B. *Rosa*, *Oenothera*, *Iberis*, *Philadelphus* und *Lactuca*. Die Angabe von BOLDT (1935), der bei Frankfurt drei Raupen in *Molinia*-Büscheln (ihrem Tagesversteck) fand, wurde von KOCH (1984) als Nahrungspflanze interpretiert, was sicherlich unrichtig ist. Auch die ursprünglich auf eine Zuchtbeobachtung von HENSSLER (1896) zurückgehende, aber häufig zitierte Angabe, die Raupe ernähre sich von Schildläusen(!), konnte von BECK (1980) mit biologischen und anatomischen Argumenten als eine unzutreffende Vermutung entlarvt werden. BECK bringt ferner eine detaillierte Zuchtbeschreibung.

Nahrung des Falters: Aus Baden-Württemberg liegen keine Angaben vor. Der Blütenbesuch dürfte vor allem in der Dämmerung erfolgen. Aus Hessen berichtete VON REICHENAU (1905), daß er die Falter »häufig abends an *Clematis vitalba* fliegend« fand. Am frühen Abend kommen die Falter gelegentlich an den Köder.
Habitat: Ohne genaue Kenntnis des Larvalhabitats sind noch keine pflanzensoziologischen Angaben möglich.
Verhalten: Die Raupen ernähren sich primär von den Blüten ihrer Nahrungspflanzen. Die dämmerungs- und nachtaktiven Falter fliegen gern ans Licht. Tagsüber, vor allem aber gegen Abend, können sie leicht aufgescheucht werden und sind wohl auch öfters von sich aus aktiv.

Gefährdung und Schutz

Rote Liste Bundesrepublik: –
Rote Liste Baden-Württemberg: –

Oberrheinebene: Nicht gefährdet.
Schwarzwald: Nicht gefährdet.
Neckar-Tauberland: Nicht gefährdet.
Schwäbische Alb: Nicht gefährdet.
Oberschwaben: Nicht gefährdet.

- In Baden-Württemberg nicht gefährdet!

Acosmetia caliginosa
(Hübner, 1813)
Färbercharteneule

Gesamtverbreitung: In Europa sehr lokal von Nordspanien und Südengland durch West- und Mitteleuropa, nördlich etwa bis zum Nordrand der Mittelgebirge (Frankreich, Deutschland, Polen), südlich bis zum Alpensüdrand, Slowenien, Nordbosnien (Dervent), Rumänien und zur Ukraine verbreitet. In Asien ebenso lokal bis Armenien, West-Turkestan und zum Altai verbreitet. In vielen Gegenden Mitteleuropas ist die Art stark zurückgegangen. In Südengland, wo sie in Hampshire und auf der Isle of Wight vorkam, ist inzwischen nur noch ein einziger Standort bekannt (WARING 1994).

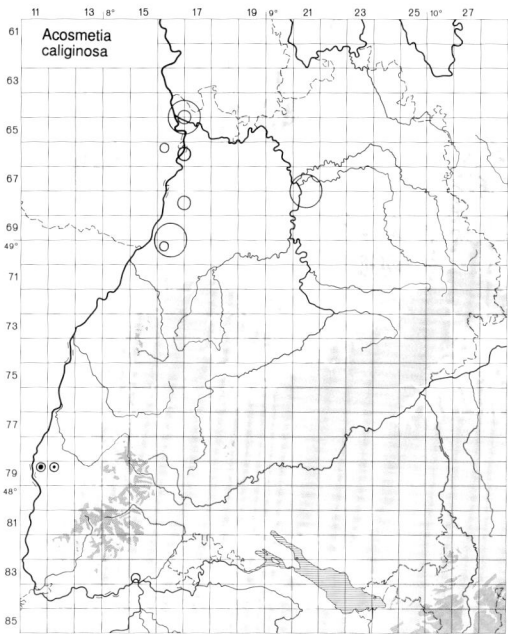

Verbreitung

Regional: Die wenigen Standorte in Baden-Württemberg beschränkten sich auf die Rheinebene und je einen (alten) Fundort im Neckarbecken und im Hochrhein/Alb-Wutach-Gebiet. Seit mehreren Jahrzehnten liegen keine Beobachtungen mehr vor, so daß die Art als ausgestorben gewertet werden muß.

Oberrheinebene: Der »klassische« Fundort für diese wie auch für andere hygrothermophile Arten war in Baden-Württemberg die heute trockengelegte und kultivierte Faule Waag bei Achkarren am Kaiserstuhl (SCHRÖDER 1924, SETTELE 1972). BROMBACHER (1933–1935) zitierte in seiner Kaiserstuhl-Fauna zunächst nur SCHRÖDER, konnte die Art dann aber vor seinem Tode noch selbst nachweisen (Tagebuch E. BROMBACHER).

Von den Fundorten in der nördlichen Oberrheinebene sind die meisten nur bis um die Jahrhundertwende belegt: Mannheim (REUTTI 1898, GAUCKLER 1909, G. KABIS nach Kartei A. GREMMINGER), Karlsruhe (REUTTI 1898), Rheinwaldungen [bei Karlsruhe] (GAUCKLER 1896), Scheibenhardter Wald (GAUCKLER 1909), Speyer (REUTTI 1898). Lediglich bei Graben-Neudorf hat A. GREMMINGER (Kartei) die Art noch bis 1926 gefangen.

Neckar-Tauberland: In der Oberamtsbeschreibung des ehemaligen Oberamts Neckarsulm erwähnte STEUDEL (1881) die Art ohne nähere Angaben (»Seltenere Vorkommnisse unter den Nachtschmetterlingen sind: ..., *Acosmetia caliginosa*, ...«). Der wahrscheinlichste Fundort ist wohl die Umgebung von Kochendorf, wo STEUDEL von 1862 bis 1869 lebte. In der Württemberg-Fauna (SCHNEIDER 1938) fehlt die Art: Wahrscheinlich hat SCHNEIDER STEUDELs Veröffentlichung nicht gekannt[1]. Ebenfalls nur durch eine alte Angabe belegt ist der Fundort Waldshut im Raum Hochrhein/Alb-Wutach-Gebiet (REUTTI 1898).

Man kann wohl davon ausgehen, daß diese unscheinbare Art früher noch an verschiedenen anderen Stellen des Rheingrabens vorkam, an denen sie heute sicher ebenfalls verschwunden sein dürfte. In der angrenzenden Pfalz ist sie aktuell nur noch von Langenberg im Bienwald bekannt (letzter Fund 1981, R. U. ROESLER), in den Rheinwaldungen zwischen Speyer und Germers-

---

[1] Eine Fehlbestimmung möchten wir ausschließen, denn STEUDEL war ein kenntnisreicher Lepidopterologe mit vielen persönlichen Kontakten und Zugang zur Sammlung des Stuttgarter Naturalienkabinetts. Es wäre unwahrscheinlich, wenn eine Fehlbestimmung über ein Jahrzehnt lang unerkannt in seiner Sammlung gesteckt hätte.

heim wird sie – wie auf der gegenüberliegenden badischen Seite – nicht mehr gefunden (KRAUS 1993).

Vertikal: Die Mehrzahl der Fundorte liegt in der Ebene zwischen 90 und 200 m, diejenigen im Kaiserstuhl und die alten Fundorte Kochendorf und Waldshut im Hügelland bis über 400 m.

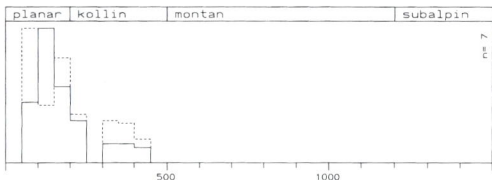

Phänologie

Imagines: Gewöhnlich wird für Mitteleuropa nur eine Generation angenommen, doch ist die Datenbasis im allgemeinen sehr klein. So gaben KOCH (1984) und FORSTER (1971) Mitte Mai bis Anfang Juli an[2]; die meisten Lokalfaunen nennen nur einzelne Daten. Lediglich in der Pfalz (HEUSER, JÖST & ROESLER 1960–1962, KRAUS 1993) wird ausdrücklich von zwei Generationen gesprochen. Nach Zuchterfahrungen wachsen die Raupen sehr schnell heran (Raupenzeit 4 Wochen; SCHREIBER 1901), so daß unter günstigen Bedingungen eine zweimalige Raupenentwicklung im Jahr ohne weiteres möglich ist.

Nach den vorliegenden phänologischen Daten bildete die Art auch in Baden-Württemberg zwei Generationen aus, von denen die erste die seltenere war: es liegen nur vier Daten zwischen Anfang Mai und Anfang Juni vor (5.5.1923, Faule Waag, O. SCHRÖDER; 18.5.1921 und 26.5.1926, Graben-Neudorf, A. GREMMINGER; 10.6.1951 Faule Waag, L. SETTELE). Die zahlreichere 2.Gen. ist belegt von Anfang Juli (1.7.1953, Faule Waag, E. JÄCKH nach Kartei A. GREMMINGER) bis Anfang August (3.8.1948, Vogtsburg, ein abgeflogenes Stück, A. GREMMINGER). Das Häufigkeitsverhältnis der beiden Generationen

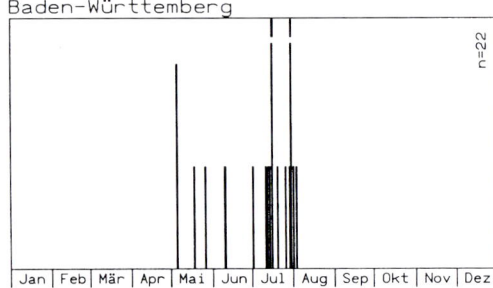

Die Färberscharteneule (*Acosmetia caliginosa*) ist in Baden-Württemberg seit den dreißiger Jahren nicht mehr gefunden worden und muß als ausgestorben angesehen werden. Die Raupe lebte an der Färberscharte (*Serratula tinctoria*) auf feuchten Wiesen der Rheinebene. – Achkarren, Faule Waag 11.7.36.

lag bei etwa 1:3. Die für die Pfalz genannten Extremdaten erweitern die Flugzeit nochmals um mehrere Wochen: 15.4.–14.8. (HEUSER, JÖST & ROESLER 1960–1962). Gerade der oft als Hauptflugzeit angegebene Juni ist in Baden-Württemberg nur mit einem einzigen Funddatum vertreten. Es scheint also, daß *Acosmetia caliginosa* in Südwestdeutschland regulär bivoltin ist (wenn auch mit seltenerer 1.Gen.), während weiter nördlich entweder nur eine Generation auftritt oder die niedrige Datenbasis die Erkennung von zwei Generationen erschwert.

Präimaginalstadien: Raupenfunde liegen aus Baden-Württemberg nicht vor. Nach der Imaginalphänologie müßten die Raupen der 2.Gen. im Juni und die der 1.Gen. im Juli/August zu finden sein.

Ökologie

Lebensraum: Über die ehemaligen Standorte der Art in unserem Faunengebiet lassen sich nur Vermutungen anstellen. Ihre einzige Nahrungspflanze, *Serratula tinctoria*, gilt als Charakterart der Pfeifengraswiesen (Molinion), kommt aber auch in Halbtrockenrasen (Mesobromion), Borstgrastriften (Violion), Eichen-Hainbuchenwäldern (Carpinion) und wärmeliebenden Eichenmischwäldern (Quercetalia pubescenti) vor

---

[2] Auf eine größere Datenmenge gestützte Flugzeitangaben liegen aus Ungarn vor, wo nach KOVÁCS (1969) zwei leicht überlappende, gleich starke Generationen von Anfang Mai bis Mitte Juli und Mitte Juli bis Ende August nachgewiesen sind.

(OBERDORFER 1994). Feuchte, warme Wiesen werden in der Literatur gewöhnlich als Habitat genannt. Alle Vorkommen in Baden-Württemberg befanden sich im Bereich mittlerer Jahrestemperaturen über 8°C, die in der Rheinebene über 9°C.

Nahrung der Raupe: Keine Beobachtungen aus Baden-Württemberg. Die Raupe lebt monophag an der Färberscharte (*Serratula tinctoria*) (FORSTER 1971, KOCH 1958 u. a.)

Auf dem pfälzischen Rheinufer gegenüber Rheinhausen (Rheinanlage, Einspännerwiese südlich Speyer) wo BERTRAM (1859) die Falter »zahlreich, schwärmend im Mai und Juni« beobachtet hatte, will er auch »die blassgrüne Raupe ... im August auf *Sanguisorba officinalis*« gefunden haben. Diese Nahrungspflanze ist unter anderem von REUTTI (1898) und SPULER (1908–1910) zitiert worden. Unklar ist, ob es sich hier um eine echte, alternative Nahrungspflanze, um eine bloße Sitzwarte einer *Acosmetia caliginosa*-Raupe oder um eine Fehlbestimmung von Raupe oder Pflanze[3] gehandelt hat.

Nahrung des Falters: Keine Beobachtungen aus Baden-Württemberg.
Habitat: Siehe Lebensraum.
Verhalten: Die Falter sind nicht nur abends und nachts sondern zuweilen auch bei Tag aktiv oder zumindest leicht aufzuscheuchen. Im Flug sollen sie den Graszünslern (Crambidae) ähneln, weshalb sie vielleicht manchmal übersehen wurden. Es verwundert daher nicht, daß gerade der Kleinschmetterlingsspezialist W. STEUDEL die Art nachgewiesen hat. Die Falter kommen ans Licht.

Gefährdung und Schutz

Rote Liste Bundesrepublik: 1
Rote Liste Baden-Württemberg: 0

Oberrheinebene: Ausgestorben oder verschollen.
Schwarzwald: Nicht vertreten.
Neckar-Tauberland: Ausgestorben oder verschollen.
Schwäbische Alb: Nicht vertreten.
Oberschwaben: Nicht vertreten.

- In Baden-Württemberg ausgestorben oder verschollen!

Allem Anschein nach handelt es sich bei *Acosmetia caliginosa* um eine großräumig im Rückgang begriffene Art. Dies gilt für Ostdeutschland, wo sie seit 1958 nicht mehr nachgewiesen wurde

---

[3] BERTRAM erwähnte in seiner Arbeit sonst nur Baum- und Straucharten.

(HEINICKE & NAUMANN 1980–1982) wie für die Pfalz (KRAUS 1993; letzter Nachweis 1981) und für Baden-Württemberg. Wie alle Schmetterlinge mit monophagen Raupen ist die Art zunächst auf die Bestände ihrer einzigen Nahrungspflanze angewiesen. Wo diese vernichtet werden, wie es etwa bei der besten *Acosmetia caliginosa*-Fundstelle in der Pfalz durch Kiesabbau geschah (Eisbruch bei Mechtersheim, KRAUS 1993), ist es auch um den Schmetterling geschehen. Darüber hinaus spielen möglicherweise verschiedene andere Faktoren eine Rolle. In Großbritannien kommt die letzte bekannte Population in sonnenexponiertem »open heathland« vor. Beim Versuch der Wiederansiedlung auf einem der früheren Standorte wurden die Sukzession (großflächige Verbuschung) und die Beschattung durch randständige Bäume als wichtigste Gefährdungsfaktoren genannt (WARING 1994). Alle lokalisierbaren ehemaligen Standorte der Art in Baden-Württemberg sowie weitere erfolgversprechende Stellen mit *Serratula*-Vorkommen sollten einer genauen Kontrolle unterzogen werden, um festzustellen, ob *Acosmetia caliginosa* bei uns wirklich erloschen ist. Eventuell noch existierende Populationen sind umgehend unter Schutz zu stellen und der Erhalt des Habitats durch Fortführung der bisherigen Nutzung und Verhinderung störender Eingriffe zu gewährleisten.

Stilbia anomala
(Haworth, 1812)
Drahtschmieleneule

Gesamtverbreitung: Eine Art mit atlantomediterraner Verbreitung, die in der nördlichen Hälfte Spaniens und in weiten Teilen Frankreichs und der Britischen Inseln (einschließlich Irlands, nördlich bis zu den Hebriden und Orkney) lokal verbreitet ist. Ein Reliktareal (ähnlich wie bei *Hipparchia alcyone*) existiert an der norwegischen Südwestküste. In Deutschland, wo sie ihre östliche Verbreitungsgrenze erreicht, ist sie aus dem Rheingau (Lahn, Mittelrhein), dem Pfälzerwald, der Oberrheinebene und den niedrigen Schwarzwaldlagen bekannt.

Verbreitung

Regional: Die wenigen Fundstellen der unscheinbaren *Stilbia anomala* konzentrieren sich in Baden-Württemberg auf den westlichen Schwarzwald und die nördliche Oberrheinebene; am Rhein ist die Art allerdings seit den dreißiger Jahren nicht mehr gefunden worden.

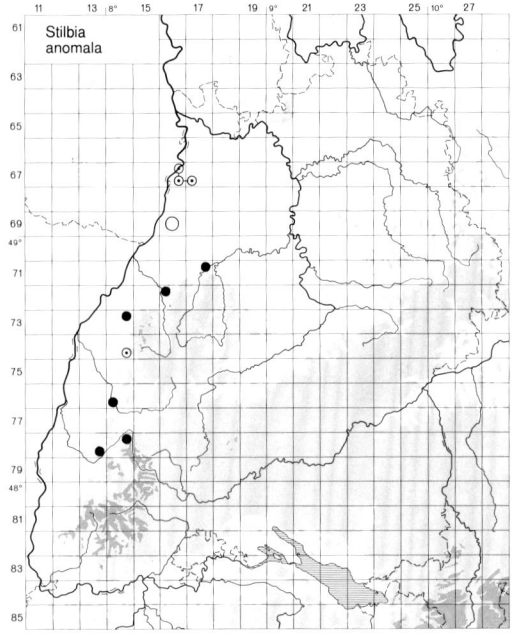

Oberrheinebene: Im 19. Jh. war *S. anomala* in Baden noch unbekannt (REUTTI 1898). 1904 wurde sie von G. KABIS im Hardtwald bei Karlsruhe, 1932 von F. KLINGER bei Wiesental und, ohne Jahresangabe, vermutlich aber um die selbe Zeit, von H. KESENHEIMER bei Philippsburg festgestellt (GAUCKLER 1909, GREMMINGER 1952a). Vielleicht sind diese Populationen inzwischen erloschen; das völlige Fehlen neuerer Nachweise deutet in diese Richtung. Möglicherweise existiert die Art aber noch an anderen, bisher unentdeckten Fundorten.

Schwarzwald: Die seit den dreißiger Jahren bekannte Fundstelle im Enztal im Raum Pforzheim-Neuenbürg[1] (LINDNER & SCHNEIDER 1936, SCHNEIDER 1938) ist heute noch besetzt. Erst in neuester Zeit ist die Art auch an weiteren Fundorten festgestellt worden: in der Umgebung von Gaggenau im Murgtal, bei Bühl-Neusatz (beide im Nördlichen Talschwarzwald), bei Steinach im Kinzigtal, im Raum Kollnau, Elzach und Hinterprechtal im Elztalgebiet (einschließlich Zuflußtäler), alle im Mittleren Schwarzwald.

Angesichts des bei uns sehr lokalen Charakters der Art und der leicht zu findenden Raupen werden die genauen Standorte hier nicht genannt, um keinen »Sammeltourismus« zu den Fundpunkten zu ermöglichen. Die Tatsache, daß seit den achtziger Jahren mehrere neue Fundorte bekanntgeworden sind (einige davon durch Licht-

---

[1] Von hier stammen auch die von FORSTER & WOHLFAHRT (1971) mit der Angabe »Baden, Pforzheim« abgebildeten Tiere.

fallenbetrieb) läßt hoffen, daß *S. anomala* doch weiter verbreitet ist. Vor allem in den westlichen Teilen des Schwarzwalds und in der Vorbergzone sollte auf sie geachtet werden.

Die Verbreitung in Südwestdeutschland ähnelt sehr der der ebenfalls atlantomediterranen *Xestia agathina*. Beide sind auf die Westseite des Schwarzwalds (und einzelne Standorte in der Rheinebene) beschränkt, wo die vom Klima her am ausgeprägtesten atlantischen Bedingungen in Baden-Württemberg herrschen.

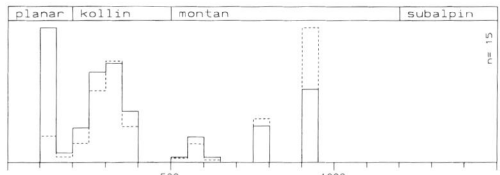

Vertikal: Die recht weite Spanne der Höhenverbreitung reicht von der Rheinebene um 100 m über die niedrigen Rand- und Tallagen des Schwarzwalds in der kollinen Zone (hier scheint ein gewisser Schwerpunkt zu bestehen) bis in montane Lagen über 900 m (zwei Fundorte im Mittleren Schwarzwald).

Phänologie

Imagines: Die Falter wurden im Freiland von Anfang August bis Mitte September festgestellt. Die frühesten Daten sind dabei der 5.8. (1991, Mittlerer Schwarzwald, Kinzigtal, S. FREUNDT/P. PAUSCHERT) und der 6.8. (1937, 1938 und 1939,

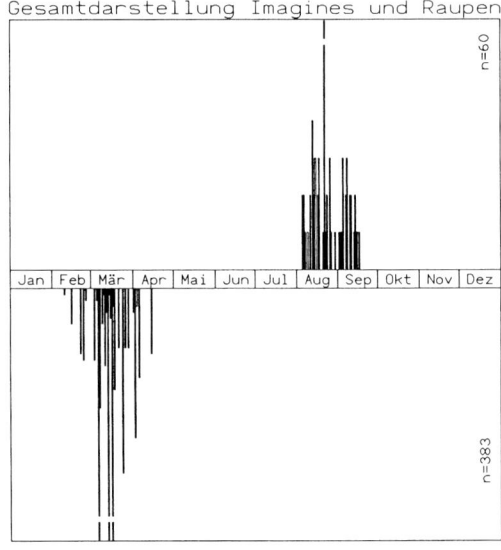

Die atlantisch verbreitete Drahtschmieleneule (*Stilbia anomala*) besiedelt in Baden-Württemberg nur noch den westlichen Schwarzwald. In der Rheinebene scheint sie ausgestorben zu sein. Die unscheinbaren Falter werden selten beobachtet. Das Männchen ist auf grauem Grund deutlich gezeichnet. – Nordschwarzwald, Enztal 1.9.95 (ex larva-Zucht, leg. R. KONTERMANN) G. EBERT. S.

Das noch schmalflügeligere Weibchen ist viel dunkler, oft nahezu schwarz, und weniger flugaktiv als das Männchen. – Kollnau A 9.96 A. SCHNEIDER. S.

Nordschwarzwald, Raum Pforzheim, H. ROMETSCH, K. STROBEL), ein Maximum ergibt sich etwa Mitte August, und die spätesten Funde stammen vom 17.9. (1986, Mittlerer Schwarzwald, Elztal, A. SCHNEIDER) und vom 18.9. (1989, Raum Gaggenau, R. HERRMANN).

Präimaginalstadien: Die überwinternde Raupe ist einzeln vor und noch viel häufiger nach der Überwinterung gefunden worden. Sie legt keine Diapause ein, sondern frißt, sofern es die Temperaturen zulassen, den ganzen Winter über. Bereits nahezu erwachsene Raupen fand R. KONTERMANN Mitte Dezember 1994. Gegen Ende des Winters im Februar und März sind die Raupen in halb bis ganz erwachsenem Zustand von mehreren Mitarbeitern in oft beträchtlicher Anzahl beobachtet worden (D. BARTSCH, K. FREYTAG, R. KONTERMANN, W. STAIB, A. STEINER, M. WALLNER), in Jahren mit kalter Frühjahrswitterung bis in den April und sogar noch bis Anfang Mai (R. KONTERMANN).

Ökologie

Lebensraum: Im Nordschwarzwald besiedelt *Stilbia anomala* lockere Bestände der Drahtschmiele auf Buntsandstein und Urgestein in Laub- und Nadelwäldern bzw. in deren Randbereichen, auf Lichtungen, in Schneisen, an Wegböschungen, in niedrigen Ost-, Süd- und Westhanglagen, kann aber auch außerhalb des Waldes an lichten Stellen mit Drahtschmielenbewuchs in Besenginster- und Heidekrautbeständen gefunden werden. Im Mittleren Schwarzwald sind die Raupen noch nicht nachgewiesen worden, und über die ehemaligen Standorte in der Rheinebene gibt es keine Biotopangaben. Auf den Britischen Inseln wird *S. anomala* als »moorland species« bezeichnet (BRETHERTON, GOATER & LORIMER 1983), was für unser Gebiet nicht zutrifft.

Nahrung der Raupe:
Deschampsia flexuosa – Geschlängelte Schmiele, Draht-Schmiele
 4 L (BAR, FRY, HER, KON, STA, STN, WLL)
Luzula luzuloides – Weiße Hainsimse
 L (KON)

Die Hauptnahrungspflanze der halb- bis ganz erwachsenen Raupen ist unbestreitbar die Draht-

Die Eier werden unter Zuchtbedingungen einzeln oder in Zweier- bis Dreiergruppen an vertrocknete Halme der Drahtschmiele in Bodennähe abgelegt. Im Freiland dürfte die Ablage in ähnlicher Weise erfolgen. – Nordschwarzwald, Enztal 5.9.82 R. KONTERMANN. S.

Die Raupe tritt mit grüner bis brauner Grundfarbe und mit unterschiedlich intensiv ausgeprägter Linienzeichnung auf. – Nordschwarzwald, Enztal 21.3.94, 20.3.93, 3.92, 24.3.94 R. KONTERMANN. S.

LHOMME 1923–1935). Aus der Pfalz liegt die Beobachtung einer an der Sitzwarte *Calluna* gefundenen Raupe vor, die sich ohne weitere Nahrungsaufnahme verpuppte (R. ROESLER nach HEUSER, JÖST & ROESLER 1960–1962).

Nahrung des Falters: Keine Beobachtungen aus Baden-Württemberg. Selten kommen die Falter an den Köder.

Habitat: Im Nordschwarzwald liegt das Larvalhabitat in *Deschampsia flexuosa*-Beständen in Hainsimsen-Buchenwäldern (Luzulo-Fagenion) und Tannen-Fichtenwäldern (Vaccinio-Piceetea), ferner in bzw. in Randbereichen von Heidekraut- und Borstgras-Gesellschaften (Nardo-Callunetea), dort aber stets an durch einzelne Bäume, Ginster- oder Heidekrautbüsche mehr oder weniger halbschattigen Stellen.

Verhalten: Die Eiablage ist im Freiland noch nicht beobachtet worden. In der Zucht wurden die Eier einzeln an Grashalme gelegt, hafteten

schmiele (*Deschampsia flexuosa*), an der die Raupen sowohl im Enztal von den Pforzheimer Sammlern als auch im Murgtal von D. BARTSCH, R. HERRMANN und A. STEINER gefunden wurden. Die zahlreichen Angaben wie »Haargras« und »dünnes Waldgras« dürften sich ebenfalls auf *D. flexuosa* beziehen. R. KONTERMANN fand zwei Raupen (eine davon fressend) an der Weißen Hainsimse (*Luzula luzuloides*). *Deschampsia flexuosa* wuchs hier in unmittelbarer Nähe, so daß die Raupen wohl nur sekundär auf *Luzula* übergegangen waren.

Deschampsia flexuosa ist auch die einzige von den Britischen Inseln angegebene Freiland-Nahrungspflanze (BRETHERTON, GOATER & LORIMER 1983). Aus den übrigen Teilen des Verbreitungsgebiets gibt es entweder gar keine Raupenfunde (z. B. Norwegen, Spanien) oder nur die allgemeine Angabe »Graminées« (Frankreich,

Der Lebensraum von *Stilbia anomala* gegen Ende der Raupenzeit. Die spärliche Krautschicht auf den Buntsandsteinhängen wird hier vorwiegend von der wichtigsten Nahrungspflanze, der Drahtschmiele (*Deschampsia flexuosa*), gebildet. – Nordschwarzwald, Enztal 10.4.94 R. KONTERMANN.

aber nur schwach und fielen schon bei leichter Berührung ab (R. KONTERMANN). Junge Raupen sitzen tagsüber an die Halme geschmiegt, die älteren Raupen verkriechen sich dagegen tief in die Grasbüschel oder in das umgebende Laub und Moos, nachts fressen sie frei an den Halmen sitzend. Eine echte Diapause wird nicht eingelegt; die Raupen fressen bei milden Temperaturen den ganzen Winter hindurch (in der Zucht wurde die Nahrungsaufnahme auch noch bei –3°C beobachtet; R. KONTERMANN). Die Verpuppung erfolgt (unter Zuchtbedingungen) dicht unter der Erdoberfläche in einem aufrechtstehenden, ovalen Erdkokon. Hier verbringt die Raupe etwa 4 Monate lang unverpuppt als Praepupa, bis im Juli die Verpuppung erfolgt. In der Zucht ist eine lockere, sandige Beschaffenheit des Substrats entscheidend, um dem Falter den Schlupf zu ermöglichen (R. KONTERMANN); die beiden Raupenfundstellen im Nordschwarzwald liegen auf Buntsandstein und Rotliegendem.

Die flugträgen Weibchen kommen selten, die Männchen gelegentlich ans Licht. Der Dämmerungsflug der Männchen, wie er aus Großbritannien beschrieben wird (BRETHERTON, GOATER & LORIMER 1983), ist bei uns noch nicht beobachtet worden. Die bei weitem effektivste Nachweismethode ist die Raupensuche.

Gefährdung und Schutz

Rote Liste Bundesrepublik: 2
Rote Liste Baden-Württemberg: 1

Oberrheinebene: Ausgestorben oder verschollen.
Schwarzwald: Stark gefährdet.
Neckar-Tauberland: Nicht vertreten.
Schwäbische Alb: Nicht vertreten.
Oberschwaben: Nicht vertreten.

- In Baden-Württemberg vom Aussterben bedroht!

In der Oberrheinebene ist *S. anomala* etwa seit den dreißiger Jahren verschollen. Eine Nachsuche (Raupensuche) in *Deschampsia*-Beständen im Bereich der einstigen Fundorte oder an anderen geeigneten Stellen sollte aber sicherheitshalber erfolgen. Über die ehemalige Bestandssituation im Schwarzwald, etwa im 19. Jh., gibt es keine Quellen, doch ist es nicht ausgeschlossen, daß die Art auch hier zurückgegangen ist. Mit Sicherheit befindet sich *S. anomala* bei uns, an ihrer östlichen Arealgrenze, auch im Grenzbereich ihrer ökologischen Toleranz. Deshalb sollte davon ausgegangen werden, daß sie besonders empfindlich auf veränderte Umweltbedingungen reagiert. Aus dem Enztal berichtete R. KONTERMANN: »Das untere Hangdrittel der Pforzheimer Fundstelle wurde ca. 1992 kahlgeschlagen. Daraufhin gedieh die Futterpflanze am offenen Hang üppiger wie zuvor, Raupen von *anomala* waren dort jedoch nicht mehr zu finden.« Einer der Standorte im Elztal (Kollnau) ist durch geplante Bebauung wenigstens in seinen unteren Teilen der Vernichtung preisgegeben. Die noch verbliebenen Standorte sollten unverzüglich gesichert und durch geeignete Schutzmaßnahmen vor einschneidenden Veränderungen bewahrt werden.

Caradrina morpheus
(Hufnagel, 1766)
Morpheus-Staubeule

Athetis morpheus HUFN. (WARREN in SEITZ 1909–1914, DRAUDT in SEITZ 1931–1938: 180)
Elaphria morpheus HUFN. (DRAUDT in SEITZ 1931–1938: 272)
Elaphria morpheus HUFN. (SCHNEIDER 1936–1939, BERGMANN 1951–1955, KOCH 1954–1961, 1984)

Gesamtverbreitung: Fast ganz Europa, im Norden bis Mittelschottland und Skandinavien bis nördlich des Polarkreises, im Süden bis Zentralspanien, Süditalien und Mittelgriechenland. Von Nordrußland und dem nörd-

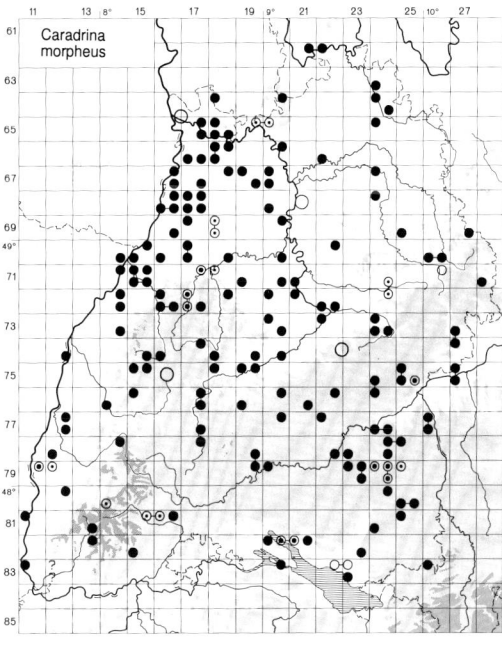

lichen Kleinasien quer durch Asien bis Japan. In Nordamerika an der Ost- und Westküste eingeschleppt und rund um die großen Hafenstädte heimisch geworden.

Verbreitung

Regional: Die Art tritt streckenweise nur lokal auf, ist aber doch in allen Regionen Baden-Württembergs verbreitet. In der nördlichen Oberrheinebene, im mittleren Neckarraum und im nördlichen Oberschwaben sind gewisse Schwerpunkte erkennbar, die allerdings auf dem guten Durchforschungsstand dieser Gebiete beruhen könnten. Da *C. morpheus* zu einer Gruppe für den Laien schwierig zu bestimmender Arten gehört (*Caradrina/Paradrina/Hoplodrina*), muß wohl mit einer gewissen »Dunkelziffer« durch Fehlbestimmung oder Ignorierung gerechnet werden.

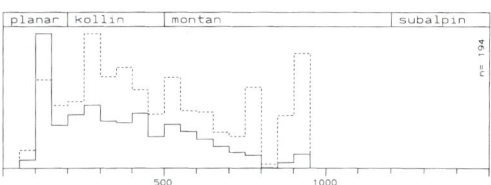

Vertikal: Die Höhenverbreitung erstreckt sich von der Ebene (am Oberrhein um 100 m) bis in die montane Zone über 900 m (850–910 m, Wutach-Gutachbrücke, A. GREMMINGER; 900 m, Hinterprechtal, Schweingrube und Bigertkopf bei Elzach-Yach, S. FREUNDT/P. PAUSCHERT/A. SCHANOWSKI).

Phänologie

Imagines: Die Flugzeit beginnt in normalen Jahren im Lauf des Juni, in der Oberrheinebene, im Neckar-Tauberland und im Alpenvorland in der ersten Hälfte, im Schwarzwald und auf der Schwäbischen Alb dagegen frühestens in der zweiten Hälfte des Monats. Um die Monatswende Juli/August endet die Flugzeit, doch sind

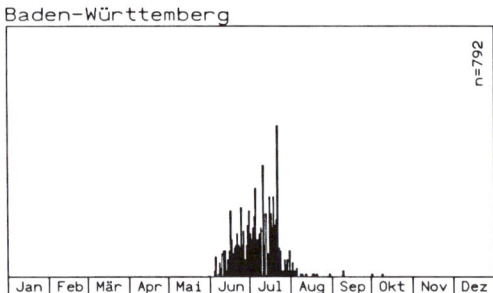

Caradrina morpheus gehört zu einer Gruppe von Gattungen, deren Angehörige nicht einfach zu unterscheiden sind (»Staubeulen«). Typisch für die Morpheus-Staubeule sind die dunkel ausgefüllten Makeln auf ockerbraunem Grund und der kleine, rötlichgelbe Fleck saumwärts der Nierenmakel. Die Querlinien sind oft schwächer ausgeprägt als bei dem hier abgebildeten Falter. – Kailbach 14.6.96 A. STEINER. LF.

einzelne Falter noch den ganzen August hindurch anzutreffen, bei denen es sich vermutlich zum Teil nur um spät geschlüpfte Tiere handelt, so etwa auf der Schwäbischen Alb, wo die Flugzeit erst spät beginnt. Frisch geschlüpfte Tiere vom 30.8.1994 (Neipperg, A. STEINER), vom 9.9.1983 (Dossenheim, R. TRABOLD) und vom 1.10.1994 (Lauf, M. OEHLER/A. SCHANOWSKI) dürften dagegen einer unvollständigen 2.Gen. angehören. In Jahren mit warmem Sommer und vor allem in der Oberrheinebene darf Gleiches wohl auch für andere August- und Septembertiere vermutet werden. Leider liegen kaum Angaben zum Erhaltungszustand dieser Spätsommer/Herbsttiere vor, die eine Beurteilung erleichtern würden.

Präimaginalstadien: Die spärlichen Raupenfunde stammen alle aus den Monaten September und Oktober: 3.9.1978, 4 halberwachsene Raupen, 19.10.1977, 3 erwachsene Raupen, 21.10.1976, 1 erwachsene Raupe (alle Eislingen/Fils, A. WALTER); 22.9.1979 (Büchenau, H. HEIDEMANN). Nach BERGMANN (1954) ist die Überwinterung sowohl in verschiedenen Larvalstadien möglich als auch bereits eingesponnen im Kokon, in dem sich die Raupe dann im Frühjahr verpuppt.

Ökologie

Lebensraum: Die Falter werden vor allem an frischen bis feuchten, oft nährstoffreichen Stellen mit dichter Krautschicht gefunden. Dabei kann es sich um besonnte bis beschattete Staudenfluren an Wegböschungen, Gebüschen und an Waldrändern, an den Ufern von Bächen, Flüssen, Seen und Teichen, oder um nitrophile bis mesophile Ruderalfluren im Agrar- und Siedlungsbereich, etwa in Gärten, Anlagen und Parks handeln. Irgendwo in diesem Bereich ist auch das noch wenig bekannte Larvalhabitat zu suchen: A. WALTER fand die Raupen mehrmals an der Fils-Uferböschung in Eislingen, H. HEIDEMANN an einem Gartenastern-Strauß.

Nahrung der Raupe:

Clematis vitalba – Waldrebe
  L (WAT)
Thymus spec. – Thymian
  L (SCC)
Aster spec. – Gartenaster
  L (HEI)
Cichorium intybus – Wegwarte
  L (WAT)

Beobachtungen der Raupennahrung sind nur spärlich vorhanden. »Die überwinternde Raupe fand ich des öfteren an Thymian«, schrieb SCHNEIDER (1938), was auf warmtrockene Habitate schließen läßt, die man für *C. morpheus* aber eher als untypisch bezeichnen muß. H. HEIDEMANN fand eine Raupe in Büchenau (Oberrheinebene) »an einem Asternstrauß ... aus dem Garten«. A. WALTER klopfte die Raupen von

Der unscheinbaren Raupe wurde bisher wenig Aufmerksamkeit geschenkt. Dieses Tier wurde in den Blüten eines im Garten geschnittenen Asternstraußes gefunden. – Büchenau 26.9.79 H. HEIDEMANN. S.

Waldreben und fand sie nachts an Wegwarte fressend. Die Angaben bei GAUCKLER (1896), die Raupe lebe an Winden und Nessel, stammen wohl nicht aus Baden-Württemberg. Sie sind anscheinend bei SPULER (1908–1910) abgeschrieben, der sie wiederum bei HERING (1881) entnommen hatte.

Wir müssen davon ausgehen, daß das Nahrungsspektrum von *C. morpheus* mit den obigen Angaben nicht einmal ansatzweise erfaßt ist. Es ist sogar anzunehmen, daß die Raupe so polyphag ist, daß sich eventuelle Präferenzen erst bei einer sehr großen Datenmenge erkennen lassen. Darauf deuten auch die Angaben aus anderen Gebieten: *Urtica*, *Rumex crispus*, *Rumex obtusifolius*, *Rumex acetosa*, *Plantago*, *Lamium*, *Convolvulus sepium*, *Convolvulus arvensis*, *Polygonum persicaria*, *Polygonum aviculare*, *Artemisia vulgaris* (Mitteleuropa, FORSTER 1971; Deutschland, BERGMANN 1951–1955, KOCH 1958; Schweiz, VORBRODT 1911), *Dipsacus sylvestris*, *Dipsacus pilosus*, *Chenopodium vulvaria*, *Chenopodium album*, *Galium mollugo*, *Humulus lupulus*, »Knotgrass«, *Taraxacum*, *Stellaria*, *Salix* (Großbritannien, ALLAN 1949).

Nahrung des Falters: Keine Angaben aus Baden-Württemberg. Die Falter besuchen den Köder.
Habitat: Eine pflanzensoziologische Festlegung ist ohne gut dokumentierte Raupenfunde noch nicht möglich.
Verhalten: Die Falter kommen ans Licht.

Gefährdung und Schutz

Rote Liste Bundesrepublik: –
Rote Liste Baden-Württemberg: –

Oberrheinebene: Nicht gefährdet.
Schwarzwald: Nicht gefährdet.
Neckar-Tauberland: Nicht gefährdet.
Schwäbische Alb: Nicht gefährdet.
Oberschwaben: Nicht gefährdet.

• In Baden-Württemberg nicht gefährdet!

Platyperigea kadenii
(Freyer, 1836)

Athetis kadenii FRR. (DRAUDT in SEITZ 1931–1938: 178)
Elaphria kadeni FRR. (DRAUDT in SEITZ 1931–1938: 274)
Caradrina kadenii FRR. (BOURSIN 1964, HARTIG & HEINICKE 1973, LERAUT 1980)

Gesamtverbreitung: Südeuropa von Nordostspanien und Südfrankreich über Italien bis zum Balkan und weiter in Südrußland und Kleinasien. Nordwärts bis in die südlichen Alpentäler, ins östliche Österreich, die südliche Slowakei und Rumänien. Im Süden ist das Areal wegen Verwechslungen mit *Platyperigea proxima* (RAMBUR, 1839) ungenügend bekannt; die Arealgrenze verläuft wahrscheinlich über Sizilien, Süditalien und Griechenland bis zum Libanon (HACKER 1989).

Platyperigea kadenii wurde von GAUCKLER (1896) als von G. KABIS gefangen gemeldet, (1909, 1921) später aber nicht mehr erwähnt. Hier hat es sich mit Sicherheit um eine Fehldetermination gehandelt.

Paradrina selini
(Boisduval, 1840)

Sandflur-Staubeule

Caradrina iurassica R.-S. (REUTTI 1898)
Caradrina selini B. (LAMPERT 1907, SPULER 1908–1910, REBEL 1910, ECKSTEIN 1913–1923, BOURSIN 1964, HARTIG & HEINICKE 1973, LERAUT 1980, HEINICKE & NAUMANN 1980–1982)
Athetis selini B. (WARREN in SEITZ 1909–1914, DRAUDT in SEITZ 1931–1938: 176)
Elaphria selini B. (DRAUDT in SEITZ 1931–1938: 274, SCHNEIDER 1936–1939, BERGMANN 1951–1955, KOCH 1954–1961, 1984)

Gesamtverbreitung: In Nordwestafrika in Marokko, in Europa von der Iberischen Halbinsel über Südfrankreich bis Griechenland im gesamten Mittelmeerraum verbreitet. Die nördliche Arealgrenze verläuft heute über die Nordwestschweiz und Westdeutschland, Nordbelgien und die Niederlande bis Südnorwegen, -schweden und -finnland (mit Einzelfunden noch weiter nördlich) und weiter über Karelien. Im Osten reicht das Areal bis Israel und zum Libanon. Bei alten Literaturangaben aus dem südlichen Arealteil muß mit Verwechslungen mit Arten der *Paradrina flavirena*-Gruppe gerechnet werden. In Mitteleuropa ist die Verbreitung sehr lokal; die Art fehlt weiten Regionen, scheint aber andererseits auch neue Gebiete zu besiedeln.

Subspezifischer Kontext: *Paradrina selini* wurde aus dem Wallis beschrieben und blieb im 19.Jh. wenig bekannt. Mehrere Lokalpopulationen wurden deshalb teils als Subspezies, meist sogar als eigene Arten beschrieben, so die Taxa *selinoides* BELLIER, 1862 aus Korsika, *jurassica* RIGGENBACH-STEHLIN, 1876 aus dem Schweizer Jura, *milleri* SCHULTZ, 1862 aus Pommern und *telekii* DIÖSZEGHY, 1935 aus Ungarn. Daß die Populationen nördlich der Alpen grundsätzlich »rötlich mit stark verloschener Zeichnung« sein sollen (FORSTER 1971), kann für unser Gebiet so eindeutig nicht bestätigt werden, obwohl die Grundfarbe durchschnittlich etwas dunkler grau und manchmal etwas rötlicher als die alpiner Tiere ist. Verloschene Zeichnung kommt aber auch bei alpinen Tieren vor. Wie HEINICKE & NAUMANN (1980–1982) für Ostdeutschland nehmen auch wir für Baden-Württemberg an, daß unsere Populationen keine subspezifische Abtrennung von der Nominatform rechtfertigen.

Verbreitung

Regional: In Baden-Württemberg beschränkt sich das Areal auf die Sandgebiete der nördlichen Oberrheinebene zwischen Rastatt und Mannheim sowie einen Fundort am Main im Naturraum Sandstein-Spessart (nördliche Landesgrenze). Bis Mitte des 20. Jahrhunderts war *Paradrina selini* aus unserem Gebiet nicht bekannt. Der erste Nachweis – im Raum Mannheim – datiert von 1944, aber erst seit Ende der siebziger Jahre wird sie etwas häufiger nachgewiesen. Dies könnte als Indiz für eine Arealerweiterung aus nördlicher Richtung gewertet werden, zumal die Art auch in der angrenzenden Pfalz erst seit 1937 gefunden wird. Andererseits handelt es sich um eine leicht mit der häufigen *P. clavipalpis* zu verwechselnde Art, die vielleicht früher übersehen wurde. Es bleibt abzuwarten, ob *P. selini* in der nächsten Zeit weiter expandieren wird; eine gewisse Vorstoßtendenz nach Süden läßt sich aus den Nachweisen herauslesen.

Oberrheinebene: Mannheim-Sandtorf, ohne Datum (W. KINTZL); Mannheim, Kollekturwald, 1978 (W. KINTZL); Mannheim-Rheinau und mehrere Fundorte in der Umgebung, 1944, 1979, 1980, 1982, 1988 (R. BLÄSIUS, E. ELLINGER (nach Kartei A. GREMMINGER), P. M. KRIS-

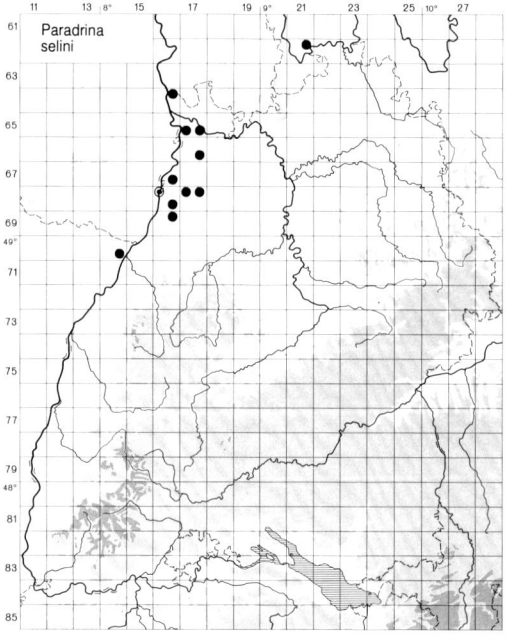

TAL, H. LAHM); Eppelheim, 1985 (R. BLÄSIUS), Sandhausen und Sandhausener Dünen, 1984, 1992 (F. STEUERWALD); Philippsburg, »Frankreich«, 1995 (A. SCHANOWSKI/A. STEINER); Rußheim, 1965 (K. STROBEL), Lußhardt bei Forst, 1994 (A. SCHANOWSKI); Lußhardt bei Weiher, 1994 (A. SCHANOWSKI); Hardtwald bei Linkenheim-Hochstetten, 1994 (H. LUSSI/A. STEINER); Hardtwald bei Friedrichstal, 1992 (H. LUSSI/A. STEINER), Rastatter Rheinauen, Murgmündung, 1993 (C. KÖPPEL).

<u>Neckar-Tauberland:</u> Freudenberg, 1987, 1989 (A. BECHER).

Bei dem Fundort in den Rastatter Rheinauen handelt es sich um einen Silberweiden-Auenwald, in dem die Art zweifellos nur zugeflogen ist. Sie dürfte demnach auch in Sandgebieten im Raum Rastatt vorkommen. Zwischen Karlsruhe und Mannheim sind sicher noch weitere Fundorte aufzufinden.

SCHNEIDER (1930) meldete *C. selini* unter Berufung auf V. CALMBACH aus dem »Bodenseegebiet«, hatte aber nicht viel Vertrauen in diese Angabe, da er die Art später in seiner Württemberg-Fauna als fraglich anführte (»Angeblich bei Friedrichshafen«, SCHNEIDER 1938). Da CALMBACH die Sammlung des Stuttgarter Naturalienkabinetts (heute SMNS) durchgearbeitet hatte, dürfte seine Angabe auf fundortlose Belege in der Sammlung LANZ, Friedrichshafen, zurückgehen, die sich seit 1906 im Naturalienkabinett befand. Zur Problematik der von SCHNEIDER in die coll. LANZ hineininterpretierten Fundortangaben siehe die Fußnote zu *Pyrois cinnamomea*.

Paradrina selini ist erst seit den 1940er Jahren in Nordbaden heimisch geworden. Der Falter besitzt im Vergleich zu *P. clavipalpis* eine deutlich grauere, oft auch dunklere Grundfarbe, einen meist weniger spitzen Vorderflügelapex und am Rand deutlich graubraun verdunkelte Hinterflügel. Die Art kommt in den Sandgegenden der nördlichen Oberrheinebene vor, wo sie derzeit in Ausbreitung begriffen ist. – Philippsburg 19.6.95 A. STEINER. LF.

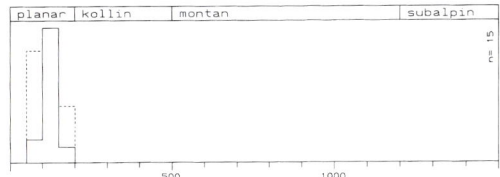

Vertikal: Die Art ist in Baden-Württemberg ausschließlich auf die planare Stufe beschränkt. Die Fundorte in der Rheinebene liegen zwischen 90 und 110 m, der Fundort Freudenberg bildet mit 160–180 m bereits das Maximum der Höhenverbreitung.

Phänologie

Imagines: Die wenigen Funddaten verteilen sich auf den Zeitraum von Ende Mai (30.5.1979, R. BLÄSIUS) bis Ende Juli (23.7.1992, F. STEUERWALD) und repräsentieren in unserem Gebiet wohl nur eine Generation. In Südeuropa bildet die Art zwei bis drei Generationen aus; auch nördlich der Alpen ist wohl unter günstigen Bedingungen eine unvollständige 2.Gen. möglich, wie sie CHAPPUIS (1942) aus Brandenburg für den September meldete[1]. Deshalb sollte auch un-

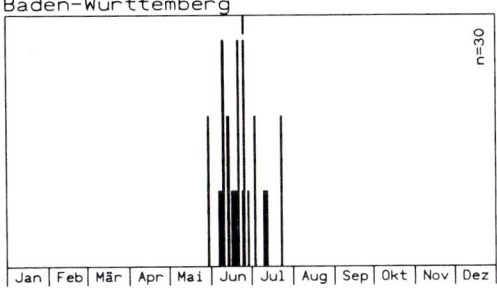

---

[1] Diese Angabe ist weder von BERGMANN (1954), KOCH (1958, 1984), FORSTER (1971) noch von HEINICKE & NAUMANN (1980–1982) beachtet worden.

Die Raupe lebt sehr versteckt und verbirgt sich in der Natur wohl meist zwischen Pflanzenteilen am Erdboden. – Hardtwald bei Karlsruhe (ex ovo-Zucht) 12.8.94 H. LUSSI. S.

ter den Hochsommertieren von *P. clavipalpis* stets auf *P. selini* geachtet werden.

Präimaginalstadien: Keine Freilandfunde aus Baden-Württemberg. Die Raupe dürfte bei uns wie sonst in Mitteleuropa erwachsen überwintern und sich erst im Frühjahr verpuppen.

Ökologie

Lebensraum: In der Rheinebene auf Sandboden stockende lichte, warme Kiefern- und Eichenwälder sowie deren Ränder, Schläge, Lichtungen, Wegränder und Böschungen, bei Sandhausen möglicherweise auch auf den Sandfluren der Binnendünen. Für ein Vorkommen in Sandbodenbiotopen des urbanen Bereichs (Industriebrachen, Hafen- und Bahngelände) haben wir dagegen keine Anhaltspunkte.

Während in Südeuropa ein breiteres Biotopspektrum besiedelt wird, das z. B. auch Felshabitate einschließt, scheint die Art nördlich der Alpen Sandbodenhabitate in niedrigen Lagen zu bevorzugen wenn nicht gar ausschließlich zu bewohnen. Wahrscheinlich sind die wärmespeichernden Eigenschaften der sandigen Böden hierbei ausschlaggebend und hängen mit den Ansprüchen der bodenbewohnenden, überwinternden Raupe zusammen. Unsere Fundorte liegen im Bereich mittlerer Jahrestemperaturen von >9°C und in niederschlagsarmen Gebieten mit mittleren Niederschlagssummen bis 700 mm (bei Freudenberg 8–9°C und bis 800 mm).

Nahrung der Raupe: Keine Angaben aus Baden-Württemberg.

Wie die verwandten Arten dürfte die Raupe ziemlich unspezifisch an Pflanzen der Krautschicht leben. Wahrscheinlich hat in Mitteleuropa noch niemand die Raupe im Freiland fressend beobachtet. Sofern in der Literatur überhaupt konkrete Angaben gemacht werden, die über die stereotypen »niederen Pflanzen« hinausgehen, handelt es sich um Gefangenschafts-Fütterungspflanzen (URBAHN & URBAHN 1939: »mit Löwenzahn leicht zu erziehen«; KRAUS 1993: »Eizuchten an Wegerich und Löwenzahn«) oder um Angaben, die mit ziemlicher Sicherheit auf Gefangenschafts-Fütterungspflanzen zurückgehen (VORBRODT 1911: *Leontodon*, *Plantago*; KOCH 1958: Löwenzahn, Wegerich; SKOU 1991: *Taraxacum*). Höchstens die französischen Angaben von *Lamium album* und *Trifolium* (LHOMME 1923–1935) könnten möglicherweise auf Freilandbeobachtungen beruhen. H. WEGNER berichtet uns aus Norddeutschland über Raupen, die er tagsüber im Sand am Rand eines Fahrwegs unter stark befressenem *Rumex acetosella* fand. Es soll zwar nicht behauptet werden, daß Löwenzahn und Wegerich in der Natur überhaupt nicht gefressen würden, doch spricht die Wahrscheinlichkeit dafür, daß *Paradrina selini*-Raupen im Freiland eher an Arten der Sandfluren geraten als an Arten nährstoffreicher Fettwiesen, Gärten, Trittrasen und Unkrautfluren, die von Lepidopterologen seit Jahrhunderten als klassische, weil zuhause leicht erreichbare Fütterungspflanzen verwendet werden. Wären *Taraxacum* (*officinale* agg.) und *Plantago* (*major*, *media*, *lanceolata*) tatsächlich normale oder bevorzugte Nahrungspflanzen von *Paradrina selini*, dann müßten ihr Habitatspektrum und ihr Verbreitungsbild völlig anders aussehen. Dieser Fall dokumentiert wieder einmal, wie irreführend die Vermengung von natürlichen Nahrungspflanzen und Fütterungspflanzen sein kann.

Nahrung des Falters: Keine Angaben aus Baden-Württemberg.

Habitat: Ohne Raupenfunde nicht klar festlegbar, vermutlich auf lückig bewachsenem Sandboden im Bereich der wärmeliebenden Eichenmischwälder (Quercion robori-petraeae), Kiefern-Steppenwälder (Pulsatillo-Pinetalia sylvestris), Kiefernforste und Sandfluren (Corynephoretalia canescentis) zu suchen.

Verhalten: Die Falter sind nachtaktiv und kommen ans Licht.

Gefährdung und Schutz

Rote Liste Bundesrepublik: –
Rote Liste Baden-Württemberg: V

Oberrheinebene: Art der Vorwarnliste.
Schwarzwald: Nicht vertreten.
Neckar-Tauberland: Noch unklar.
Schwäbische Alb: Nicht vertreten.
Oberschwaben: Nicht vertreten.

- In Baden-Württemberg eine Art der Vorwarnliste!

Die geringe Anzahl bekannter Fundstellen und die Beschränkung auf naturnahe, nicht anthropogene Habitate macht die Art potentiell anfällig gegen Eingriffe. Andererseits ist ein Rückgang irgendwelcher Art nicht erkennbar; im Gegenteil, die Mehrzahl der Nachweise stammt aus neuerer Zeit und deutet auf Arealerweiterung hin. Es ist daher notwendig, die weitere Bestandsentwicklung genau zu verfolgen und die Larvalhabitate zu identifizieren.

Paradrina clavipalpis (Scopoli, 1763)

Heu-Staubeule

Caradrina quadripunctata F. (REUTTI 1898, LAMPERT 1907, SPULER 1908–1910, REBEL 1910, ECKSTEIN 1913–1923)
Athetis clavipalpis SCOP. (WARREN in SEITZ 1909–1914, DRAUDT in SEITZ 1931–1938: 178)
Elaphria clavipalpis SCOP. (DRAUDT in SEITZ 1931–1938: 275, SCHNEIDER 1936–1939, BERGMANN 1951–1955, KOCH 1954–1961, 1984)
Caradrina clavipalpis SCOP. (BOURSIN 1964, HARTIG & HEINICKE 1973, LERAUT 1980, HEINICKE & NAUMANN 1980–1982)

Gesamtverbreitung: Durch ganz Europa verbreitet, in Skandinavien und Rußland örtlich bis jenseits des Polarkreises. Bei dem 1890 auf Island gefundenen Falter (WOLFF 1971) hat es sich sicherlich um ein eingeschlepptes Tier gehandelt. In Nordafrika südlich bis zum Nordrand der Sahara (von Mauretanien bis zum Sudan), im Osten bis zur Arabischen Halbinsel, zum Iran, nach Pakistan, Afghanistan und in die Mongolei verbreitet. Nur der östlichste Teil der Paläarktis scheint von der Verbreitung ausgenommen zu sein.

Verbreitung

Regional: Die Art ist aus allen Regionen Baden-Württembergs bekannt, jedoch mit lokal unterschiedlicher Dichte verbreitet. Während sich in der nördlichen Oberrheinebene und im mittleren Neckarland regional eine nahezu flächendeckende Verbreitung andeutet, liegen aus den weniger gut untersuchten Gebieten, aber auch aus den kühleren Landesteilen (Schwäbische Alb, Alpenvorland und Schwarzwald) nur sehr spärliche Meldungen vor.

Einige der gängigen Bestimmungsbücher bieten nur unzulängliche Abbildungen und/oder Beschreibungen für die *Paradrina*-Arten. Es ist anzunehmen, daß *P. clavipalpis* von weniger sattelfesten Lepidopterologen öfters mit *C. mor-*

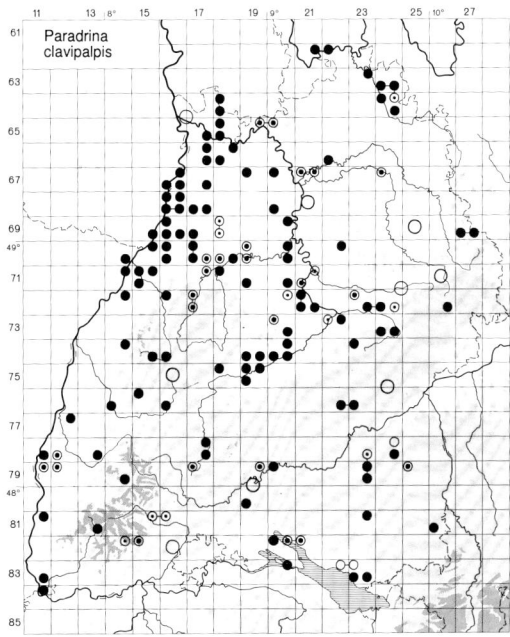

pheus oder gar mit den *Hoplodrina*-Arten verwechselt bzw. wegen Bestimmungsschwierigkeiten gar nicht erst notiert wird. Auch aus diesem Grund darf eine weitere Verbreitung angenommen werden, als das Kartenbild vermuten läßt.

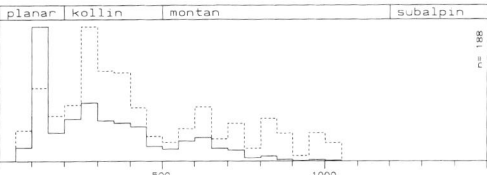

Vertikal: Die Höhenverbreitung reicht von der Ebene um 100 m bis in die hochmontane Stufe um 1000 m (Umg. Staufen, 950–1030 m, P. PEKARSKY). Ihr Optimum findet *Paradrina clavipalpis* aber offenbar in der planaren und kollinen Stufe. Schon REUTTI (1853) kannte sie »selbst auf der Höhe des Gebirges«, doch bleibt noch zu untersuchen, bis in welche Lagen die Larvalentwicklung erfolgen kann.

Phänologie

Imagines: Die trotz (oder wegen?) der Häufigkeit von *P. clavipapis* relativ wenigen genau datierten Falterfunde streuen von März bis November, womit sich eine »Gesamtflugzeit« von 246 Tagen ergibt. Innerhalb dieses Zeitraums lassen sich zwei Häufungen erkennen, die im Juni(–Juli) und – deutlicher – im August–September liegen und die die Maxima der zwei Generationen repräsentieren. Die zweite Generation ist dabei individuenstärker als die erste. Die verhältnismäßig zahlreichen Abweichungen von diesem Zwei-Generationen-Schema haben verschiedene Ursachen: Zum einen ist die Generationenfolge offenbar sehr plastisch und von mikroklimatischen Faktoren leicht beeinflußbar, zum anderen läuft die Entwicklung häufig in oder an Gebäuden ab, was zu bereits sehr früh oder noch sehr spät schlüpfenden Faltern führt. So hat G. REICH am 13.3.1925 ein Tier in Bronnen »im Stall gefangen«; H. LIENIG vermerkte zu einem Falterfund in seinem Garten in Weinheim am 25.3.1926: »Vermutlich erfolgte die Entwicklung dieses Tieres im Gewächshaus oder Wohnhaus«; G. EBERT beobachtete am 6.4.1994 einen in einer Wohnung fliegenden Falter in Karlsruhe. Auch die jahreszeitlich spätesten Nachweise erfolgten durch Lichtfang in Gebäudenähe (5.11.1989 Kippenheim, J.-U. MEINEKE; 14.11.1967 Freudenstadt, E. KIEFER). De facto könnten solche Tiere einer dritten Generation angehören. In der Mediterraneis, wo die Art von Januar bis Dezember registriert wird, dürfte eine nahezu kontinuierliche Generationenfolge vorkommen. Noch Anfang des Jahrhunderts war *P. clavipalpis* ganz selbstverständlich zusammen mit *Conistra vaccinii* zu den »überwinternden Noctuen« gezählt worden (AIGNER-ABAFI 1900g), und auch BERGMANN (1954), KOCH (1984) und URBAHN & URBAHN (1939) gaben an, daß einzelne Falter überwintern können bzw. im Winter gefunden werden. In unseren Breiten ist dies wohl nur bei Spätherbsttieren möglich, die sich in Häusern entwickelt haben.

Die sehr variable *Paradrina clavipalpis* ist an der innen rötlich angelegten Wellenlinie und den relativ schmalen Vorderflügeln von den ähnlichen Arten zu unterscheiden. Die Grundfarbe variiert von hell gelbgrau bis gelbbraun und zeigt im Gegensatz zu *P. selini* immer einen deutlich gelblichen Einschlag, nie eine Grautönung. Die Falter können vom Frühjahr bis zum Herbst vor allem in der Nähe von Häusern und Ställen angetroffen werden. – Karlsruhe 17.8.91 G. H. LUSSI. LF

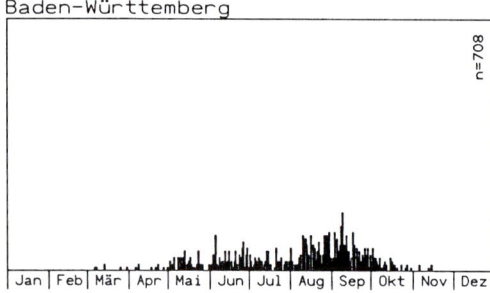

Präimaginalstadien: Trotz der Häufigkeit der Art gerade im Siedlungsbereich liegen keine datierten Raupenfunde vor. SCHNEIDERs (1938) Bemerkung, daß »die Raupe fast das ganze Jahr hindurch zu finden« ist, trägt nicht zur Klärung der Phänologie bei, obwohl sie an und in Gebäuden durchaus zutreffen mag. Bei Zuchten überwintern meistens die erwachsenen Raupen. Sie fertigen im Spätherbst ihre Kokons, in denen sie sich aber erst im Frühjahr verpuppen (D. BARTSCH, A. STEINER).

Ökologie

Lebensraum: Im Freiland wird *Paradrina clavipalpis* zumeist an trockenen und oft auch warmen Örtlichkeiten angetroffen, wie beispielsweise Ruderalstellen, Böschungen, Magerrasen und Saumgesellschaften. Zahlreiche Fundangaben belegen die Bindung an anthropogene Biotope: »im Haus« (H. HEIDEMANN, T. MARKTANNER, A. STEINER), »im Haus (200jähriges Bauernhaus mit Heuboden)« (R. HERRMANN), »in der Wohnung« (M. DAUB, G. EBERT, N. SCHMUNCK), »im Hausflur« (T. MARKTANNER), »am Haus« (G. SCHWARZ), »oft zahlreich in den Häusern« (SEYFFER 1850) usw. Früher dürften Stallungen,

Scheunen und Heuschober einen wesentlichen Anteil am Biotopspektrum der Art ausgemacht und für ihre damals anscheinend noch höhere Abundanz gesorgt haben.

Nahrung der Raupe:
? *Parthenocissus inserta* – Fünfblättriger Wilder Wein
  L (BAR)

D. BARTSCH fand im Hochsommer 1989 eine halberwachsene Raupe unter einem Blatt des Fünfblättrigen Wilden Weins (*Parthenocissus inserta*) an einem Fensterrahmen im 1. Stock eines Hauses. »Das Tier hatte sich sicherlich auch von dieser Pflanze ernährt, da der vollkommen asphaltierte Umgebungsbereich gar nichts anderes zuließ.« Die Angabe »frißt gerne Breitwegerich und läßt sich leicht treiben« (SCHNEIDER 1938) geht sicherlich auf eine Laborbeobachtung zurück. Üblicherweise werden in den gängigen Handbüchern trockene und vertrocknende Pflanzenteile angegeben. Dies gilt auch für Zuchtbedingungen, wie unter anderem GAUCKLER (1909) bestätigte: »... lebt an niederen Pflanzen, frisst aber auch ganz trockene Pflanzenreste. Ich erzog die Raupe wiederholt mit solchen.«

Während die Raupe also mit den verschiedensten frischen wie vertrockneten Pflanzen und Pflanzenresten aufgezogen werden kann, sind wir über ihre tatsächliche Nahrung im Freiland ziemlich schlecht informiert, und dies gilt nicht nur für Baden-Württemberg. BOLDT (1925) hat in seinem interessanten Vortrag »Beobachtungen im Heuboden und Kaninchenstall« darauf hingewiesen, daß ein Haufen trockenen Eichenreisigs, der in einem Stall an einer dem Regen zugänglichen Stelle abgelagert wurde, nach 7 Wochen eine Reihe von Noctuidenraupen, darunter ca. 40 *P. clavipalpis* enthielt. URBAHN & URBAHN (1939) sahen die Falter bei Schwabach »regelmäßig im September um Heumieten schwirren.« Als Extrembeispiele seien die folgenden Angaben zitiert: In Tunesien wurden die Raupen in alten Vogelnestern gefunden, sich von vertrockneten *Acacia*-Blättern ernährend, die in die Nester eingeflochten waren (DUMONT 1932); in Großbritannien wurden Raupen in den Schächten von Kohlebergwerken nachgewiesen, wo sie sich von Streu und Futter der Grubenponies ernährten (BRETHERTON, GOATER & LORIMER 1983). Im Pflanzenschutz gilt *P. clavipalpis* als gelegentlicher Vorratsschädling an gelagertem Weizen, Roggen und manchmal an Früchten und Gemüse (CARTER 1984, CAYROL 1972). In Dänemark sind die Raupen im Juli–August in großen Mengen an im vorhergehenden Winter oder Frühjahr frisch gedeckten Strohdächern aus *Phragmites*- und *Secale*-Halmen aufgetreten und dabei in einigen Fällen in die Häuser gelangt, wo sie sich durch Fraß an Kleidungsstücken aus Wolle, Baumwolle und Kunstseide unangenehm bemerkbar machten (WICHMAND 1936). Da ausschließlich frisch gedeckte Dächer befallen wurden, läßt sich vermuten, daß ältere Pflanzenreste die Weibchen nicht mehr zur Eiablage veranlassen.

Nahrung des Falters: Blütenbesuch wurde an *Buddleja davidii* gemeldet (SETTELE 1926a). Die Falter besuchen auch gern künstlichen Köder.

Habitat: Über die Larvalhabitate besteht wie über das Nahrungssubstrat der Raupen noch weitgehend Unklarheit. Wo die Entwicklung an trockenen Pflanzenresten in und an Gebäuden abläuft, kommt eine pflanzensoziologische Definition sowieso nicht in Frage. Vermutlich entziehen sich auch viele der natürlichen Habitate einer pflanzensoziologischen Einordnung wie beispielsweise die erwähnten Vogelnester.

Verhalten: Die Falter kommen nachts ans Licht, sind aber auch schon tagaktiv fliegend beobachtet worden. Sie können auch heute noch oft im Siedlungsbereich und besonders in der Nähe von Ställen, Scheunen und Heuschobern beobachtet werden, auch wenn dies früher viel eher zutraf.

Paradrina clavipalpis wird zuweilen als »Wanderfalter« bzw. wanderverdächtige Art eingestuft (EITSCHBERGER et al. 1991). Während die Art sicher ein gutes Dispersionsvermögen aufweist, dürften einige der extremeren Fundortangaben (z. B. Island) doch wohl auf Einschleppung beruhen, was bei einer so stark an den menschlichen Siedlungsbereich gebundenen Art nicht überrascht.

Die erdfarbene Raupe von *Paradrina clavipalpis* wird nur selten beobachtet, obwohl sie gerade im dörflichen und städtischen Umfeld allenthalben vorkommen dürfte. – Karlsruhe-Dammerstock (ex ovo-Zucht) 18.8.87 H. LUSSI. S.

Gefährdung und Schutz

Rote Liste Bundesrepublik: –
Rote Liste Baden-Württemberg: V

Oberrheinebene: Art der Vorwarnliste.
Schwarzwald: Art der Vorwarnliste.
Neckar-Tauberland: Art der Vorwarnliste.
Schwäbische Alb: Art der Vorwarnliste.
Oberschwaben: Art der Vorwarnliste.

- In Baden-Württemberg eine Art der Vorwarnliste!

Obwohl *Paradrina clavipalpis* auch unabhängig von menschlichen Ansiedlungen im Freiland vorkommt, muß davon ausgegangen werden, daß sie im landwirtschaftlichen Bereich durch Grünlandintensivierung und durch veränderte Bewirtschaftungsformen und Heu-Lagerungsmethoden Einbußen erlitten hat.

Mitte des 19. Jahrhunderts wurde sie noch als »zuweilen äusserst häufig« bezeichnet (REUTTI 1853) und erschien »oft zahlreich in den Häusern im Monat August« (SEYFFER 1850), was heute in so allgemeiner Form nicht mehr zutrifft.

Eine Einstufung in die Vorwarnliste erscheint deshalb angebracht, zumindest solange, bis die Larvalbiologie im Freiland besser geklärt ist.

Paradrina noctivaga
(Bellier, 1863)

Caradrina selini var. (ab.) *noctivaga* BELL. (REBEL 1910)
Athetis flavirena noctivaga BELL. (WARREN in SEITZ 1909–1914, DRAUDT in SEITZ 1931–1938)
Caradrina noctivaga BELL. (BOURSIN 1964, HARTIG & HEINICKE 1973, LERAUT 1980)

Gesamtverbreitung: *Paradrina noctivaga* ist eine atlantomediterrane Art, die mit Sicherheit aus Portugal, Spanien und Südfrankreich bekannt ist. Angaben aus Nordafrika und Italien sind fraglich. Das Areal ist wegen Verwechslungen mit der wesentlich weiter verbreiteten *Paradrina flavirena* (GUENÉE, 1852) noch ungenügend bekannt.

Unter der von SCHNEIDER (1930) angeführten »*Caradrina selini* var. *noctivaga* BELL.« ist nicht *Paradrina noctivaga* zu verstehen, die erst spät als eigene Art erkannt wurde (BOURSIN 1952). Es kann sich höchstens um eine dunkle Form von *Paradrina selini* gehandelt haben, sofern hier nicht überhaupt eine Fundortverwechslung oder eine Fehldetermination von *Paradrina clavipalpis* vorlag (siehe unter *Paradrina selini*).

Eremodrina gilva
(Donzel, 1837)

Reingraue Staubeule

Caradrina gilva DONZEL (SPULER 1908–1910, REBEL 1910, BOURSIN 1964, HARTIG & HEINICKE 1973, LERAUT 1980)
Athetis gilva DONZEL (WARREN in SEITZ 1909–1914, DRAUDT in SEITZ 1931–1938: 181)
Elaphria gilva DONZEL (DRAUDT in SEITZ 1931–1938: 277, KOCH 1954–1961, 1984)

Gesamtverbreitung: Von den französischen Pyrenäen und Mittelfrankreich quer durch Südeuropa (Adriahalbinsel bis Mittelitalien, Balkanhalbinsel bis Griechenland) bis nach Kleinasien vorkommend. In Mitteleuropa im Alpenraum und bis Süddeutschland, Österreich, Südmähren und Ungarn verbreitet. Hier befindet sich die Art etwa seit den fünfziger Jahren in Expansion nach Norden (Einzelfunde bis Göttingen). Während sie im Süden nur in den Gebirgen vorkommt, besiedelt sie nördlich der Alpen das Hügelland. Alte Angaben aus Spanien beziehen sich auf *Eremodrina ibeasi* (FERNÁNDEZ, [1918]) (= *bermeja* RIBBE, 1912).

Verbreitung

Regional: Noch Mitte der achtziger Jahre hatte MEINEKE (1984) das Fehlen von *Eremodrina gilva* in Baden-Württemberg angesichts ihrer sonstigen Expansion als bemerkenswerte Verbreitungslücke kommentiert. Ab 1985 wurde sie dann aber

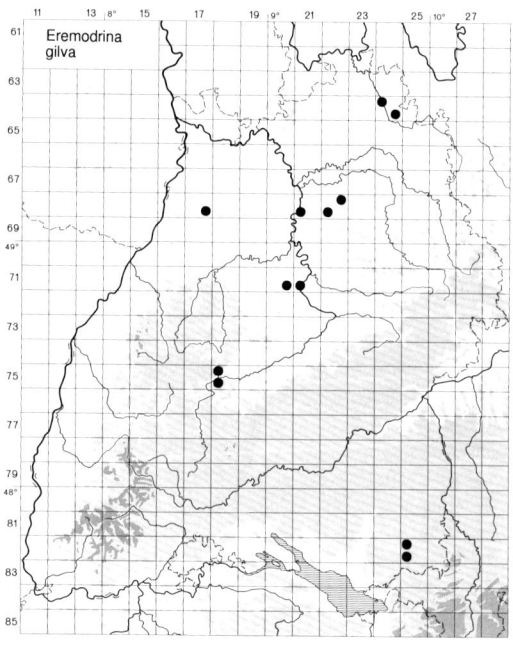

plötzlich in rascher Folge an mehreren Fundstellen nachgewiesen:

Oberrheinebene: Bruchsal, südliches Ortsgebiet, Karlsruher Straße, 28.6.1986 (H. FEIL).
Neckar-Tauberland: Oberbalbach, südwestliches Ortsrandgebiet, 22.6.1986 (J. STUMPF); Lauda, Ortsgebiet, 26.6.1995 (F. KIRSCH); Heilbronn, Ortsgebiet, Villmatstraße, 9.6.1990 (H.-P. GOLLNOW); Bretzfeld, Ortsgebiet, 10.6.1995, 12.6.1996, 15.6.1996 (C. DOLDERER); Eschenau, 16.6.1996 (C. DOLDERER); Stuttgart-Feuerbach, westliches Ortsgebiet, Hunsrückstraße, 17.6.1990 (D. BARTSCH); Stuttgart-Bad Cannstatt, Parkhaus am LKA, 10.6.1985, 30.6.1985 sowie weitere Exemplare ohne genaues Datum 1985, 2.7.1987 (M. GOLDSCHALT); Horb, Ortsgebiet, Hohenberg, 21.6.1993 (C. DIETZ).
Alpenvorland: Kißlegg, Sportanlagen am westlichen Ortsrand, Sportheim, 21.6.1988, 29.6.1995, 7.7.1995 (M. GOLDSCHALT); Kißlegg, Ortsgebiet, Rathaus, 10.7.1992 (M. GOLDSCHALT); Firmengebäude an der B 18 bei Käferhofen nördlich Wangen, 24.6.1992, 30.6.1995 (M. GOLDSCHALT).

Die Ausbreitungsrichtung verläuft zwar großräumig gesehen vom Alpenraum nach Norden, für die südwestdeutschen Fundorte bleibt sie jedoch unklar. Insbesondere die Funde im Tauberland könnten gut mit den schon länger bekannten Vorkommen in Würzburg in Zusammenhang stehen. In diesem Fall wäre die Einwanderung ins Tauberland vom Maintal aus erfolgt. Ob auch die weiter entfernten Funde in Heilbronn, Bretzfeld, Stuttgart, Bruchsal und Horb so zu interpretieren sind, ist derzeit nicht zu entscheiden. Die Fundorte im Alpenvorland deuten auf eine Einwanderung von Süden, von den Alpen her hin. Aus den Fundjahren eine Ausbreitungsrichtung herauslesen zu wollen (etwa eine von Stuttgart ausgehende radiale Expansion) ist aufgrund der engen Zeitspanne und wegen der Möglichkeit der Immigration aus mehreren angrenzenden Gebieten (Allgäuer Alpen, Raum Augsburg, Raum Würzburg) nicht vertretbar. Es bleibt abzuwarten, ob in den nächsten Jahren weitere Funde, einerseits in Wärmegebieten wie Oberrhein, Neckarbecken, Kraichgau, Tauberland, Bauland oder Hohenlohe (Kocher-Jagst-Gebiet), sowie andererseits im Alpenvorland bekannt werden. Nach den bisherigen Erfahrungen in Bayern ist auch in Baden-Württemberg mit einer Konsolidierung und weiteren Ausbreitung der Art zu rechnen.

Unverständlich bleibt allerdings, warum die Besiedlung des württembergischen Alpenvorlands und des übrigen südwestdeutschen Raums gut 30 Jahre hinter der Ausbreitung in Süd- und

Eremodrina gilva ist ein aus dem Alpenraum zugewanderter Neubürger in der Fauna Baden-Württembergs. Seit Mitte der achtziger Jahre wird sie in vielen Gebieten gefunden. Von allen Arten der *Caradrina/Hoplodrina*-Gruppe ist *Eremodrina gilva* am schwächsten gezeichnet. Meist sind nur zwei hellgraue Querlinien auf grauem Grund zu erkennen. – Lauda 26.6.95
F. KIRSCH. LF.

Nordbayern zurückblieb, zumal der Ort des frühesten Nachweises in Deutschland aus den dreißiger Jahren (Birgsau in den Allgäuer Alpen) in Luftlinie nur 50 km von den Fundstellen bei Wangen und Kißlegg entfernt ist.

Ob die Ausbreitung durch aktive Wanderung oder durch passive Verschleppung vor sich geht, ist unklar. Die langsame und auf breiter Front erfolgte Besiedlung Südbayerns deutet auf aktive Dispersion, das plötzliche Auftreten an weit vom Verbreitungsgebiet entfernten Orten (z.B. Würzburg, Göttingen) spricht dagegen für Verschleppung. Wahrscheinlich spielen beide Mechanismen eine Rolle. Aufschlußreich ist in diesem Zusammenhang die Lage der südwestdeutschen Fundorte in Relation zu Eisenbahnlinien:

Oberbalbach: nächste Bahnlinie 4 km entfernt
Bruchsal, Karlsruher Str.: 50 m von ausgedehnten Gleisanlagen eines Bahnhofs entfernt
Heilbronn, Villmatstraße: unmittelbar neben Bahnlinie
Stuttgart-Feuerbach: 50 m von Straßenbahnlinie; nächste Eisenbahn 2 km entfernt

Stuttgart-Bad Cannstatt: unmittelbar neben Bahnlinie sowie 300 m Luftlinie von Bahnhofsanlagen
Horb-Hohenberg: nächste Bahnlinie 1,2 km entfernt
Kißlegg, Sportanlage: unmittelbar neben Bahnlinie
Kißlegg, Ortsgebiet: nächste Bahnlinie 600 m entfernt
Käferhofen: unmittelbar neben Bahnlinie

Die Vermutung, daß die Bahn als Vektor für die Ausbreitung der Art in Frage kommt (H. FEIL), wird durch diese Sachlage durchaus gestützt. Direkte Beobachtungen von *Eremodrina gilva*-Faltern in Eisenbahnwagen liegen allerdings noch nicht vor. Da Gleisanlagen und Bahndämme auch als Larvalhabitat geeignet sein dürften, muß die Verschleppung von Faltern durch die Bahn mit anschließender Ansiedlung und – vielleicht nur kurzzeitiger – Bodenständigkeit im Bahnbereich als potentieller Ausbreitungsmodus durchaus in Betracht gezogen werden. Wie die sich über einen Zeitraum von mehreren Jahren erstreckenden Funde an der Bahnlinie in Stuttgart-Bad Cannstatt sowie bei Kißlegg und Käferhofen belegen, handelt es sich zumindest an diesen Orten um bodenständige Populationen (nach STEINER 1995).

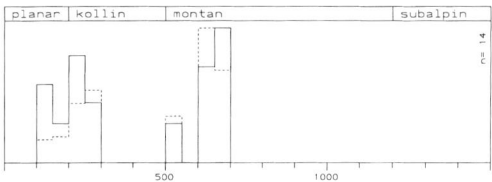

Vertikal: Die bisher bekannten Fundorte liegen in Höhen zwischen 120 m (Bruchsal) und 650 m (Kißlegg).

Phänologie

Imagines: Die bisherigen Funddaten fallen in den Zeitraum zwischen Anfang Juni (9.6.1990, Heilbronn, H.-P. GOLLNOW; 10.6.1985, Stuttgart-Bad Cannstatt, M. GOLDSCHALT) und Anfang Juli (10.7.1992, Käferhofen, M. GOLDSCHALT).

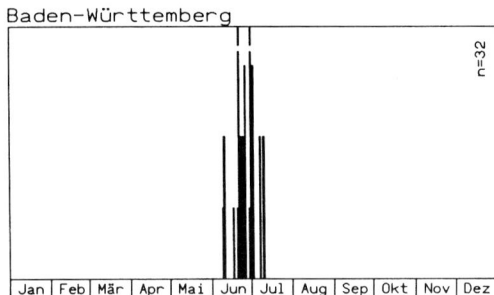

Präimaginalstadien: Bisher keine Beobachtungen aus Baden-Württemberg. Das Überwinterungsstadium ist die Raupe, die Raupenzeit dauert demnach vom Spätsommer bis zum Frühling.

Ökologie

Lebensraum: Die natürlichen Biotope im Alpenraum und in Südeuropa sind Fels- und Geröllfluren. In Mitteleuropa deutet die erstaunliche Häufung der Nachweise in Städten darauf hin, daß *Eremodrina gilva* hier anthropogene Nischen nutzt, die ihren Freilandhabitaten ähneln. Die Falterfundstellen in Baden-Württemberg (Kurzbeschreibungen siehe STEINER 1995) lassen vermuten, daß für die Raupenentwicklung Habitattypen in Frage kommen, die sich im städtischen Bereich an Ruderalstellen, an Straßen- und Wegrändern und -böschungen, an Bahndämmen und auf Gleisanlagen, an Hafendämmen, an Gebäuderändern, in Baugebieten und in Gärten finden. Dies sind offene, steinige Stellen mit lückiger Vegetationsstruktur und hoher Sonneneinstrahlung, an denen die Wärmespeicherung durch offene Felsen, Steine, Schotter oder Erdboden verstärkt oder durch Hangneigung begünstigt wird. Dazu kommt, daß – wie bei den verwandten Arten – spezifische Nährpflanzenansprüche nicht zu erwarten sind. Im außerstädtischen Bereich kommen Felsfluren und Geröllhalden, Steinbrüche, felsige Xero- und Mesobrometen aller Art, Kies- (vielleicht auch Sand-?)fluren, trockene Heidegebiete und ähnliche Biotope in Betracht[1].

Nahrung der Raupe: Aus Baden-Württemberg unbekannt. Die Raupen dürften, wie die meisten Felsbewohner, polyphag sein.

In Niederösterreich fanden H. FORSTER und D. HAMBORG (pers. Mitt.) *Eremodrina gilva*-Raupen auf Geröllhängen, wo die Tiere auch nachts kaum aus den Steinen hervorkamen und sich von den in den Höhlungen zwischen dem Geröll spärlich wachsenden krautigen Pflanzen, besonders den jungen Trieben von Weißer Pestwurz (*Petasites* cf. *albus*), ernährten. Aus Oberösterreich wurde ein Raupenfund im Mai an der

---

[1] Der einzige aus Deutschland bekanntgewordene Raupenfund stammt aus dem Haspelmoor südlich Augsburg (Frühjahr 1954, leg. KÄSER; WOLFSBERGER 1955). Leider machte der Finder keine Biotopangaben. WOLFSBERGER vermutete, daß *Eremodrina gilva* dort die trockeneren, verheideten Bereiche bewohnt, wie sie auch für die Funde im Dachauer Moor am ehesten als Larvalhabitat in Frage kommen.

Österreichischen Miere (*Minuartia austriaca*) gemeldet (R. LÖBERBAUER nach FOLTIN, KUSDAS, LÖBERBAUER & REICHL 1978).

Nahrung des Falters: Keine Angaben aus Baden-Württemberg.

Habitat: Ohne Raupenfunde ist eine pflanzensoziologische Einordnung noch nicht möglich. Unter Verdacht stehen besonders die Steinschutt- und Geröllgesellschaften (Thlaspietea rotundifolii) und die Felsgrus- und Felsbandgesellschaften (Sedo-Scleranthetalia) sowie urbane Stein-, Schotter- und Ruderalgesellschaften, ferner felsige Bereiche in Halbtrockenrasen (Mesobromion) und Kalkmagerrasen (Seslerietea albicantis).

Verhalten: Die Falter sind nachtaktiv und kommen gern ans Licht.

Gefährdung und Schutz

Rote Liste Bundesrepublik: –
Rote Liste Baden-Württemberg: U

Oberrheinebene: Noch ungeklärt.
Schwarzwald: Nicht vertreten.
Neckar-Tauberland: Noch ungeklärt.
Schwäbische Alb: Nicht vertreten.
Oberschwaben: Noch ungeklärt.

- In Baden-Württemberg eine Art mit ungeklärter Gefährdung.

Auch wenn manche Indizien für eine Bodenständigkeit in anthropogenen Habitaten (z. B. Gleisanlagen) sprechen, so können doch weder die Frage der Bodenständigkeit noch das Problem des Larvalhabitats in unserem Gebiet als gelöst betrachtet werden. Genauere Untersuchungen in dieser Richtung sind notwendig. Es ist durchaus zu erwarten, daß sich *Eremodrina gilva* auch in Baden-Württemberg weiter ausbreiten wird.

Hoplodrina octogenaria
(Goeze, 1781)

Gelbbraune Staubeule

Caradrina alsines BRAHM (REUTTI 1898, LAMPERT 1907, SPULER 1908–1910, REBEL 1910, ECKSTEIN 1913–1923, HERING 1932)
Athetis alsines BRAHM (WARREN in SEITZ 1909–1914, DRAUDT in SEITZ 1931–1938: 175)
Hoplodrina alsines BRAHM (DRAUDT in SEITZ 1931–1938: 272, BOURSIN 1964, FORSTER 1954–1981, HARTIG & HEINICKE 1973, LERAUT 1980, HEINICKE & NAUMANN 1980–1982)

Hoplodrina octogenaria war früher unter dem Namen *Hoplodrina alsines* allgemein bekannt. Wie die folgende *H. blanda* gehört sie zu den weitverbreiteten Arten, die auch in Städten gefunden werden. Die braune Grundfarbe der Vorderflügel tendiert deutlich nach Gelblichbraun, die Makeln sind im Verhältnis zur Grundfarbe meist (aber nicht immer) dunkler ausgefüllt. Die Hinterflügel sind beim Männchen bräunlichgelb, beim Weibchen bräunlich. – Völkersbach (ex ovo-Zucht) 3.6.88 G. EBERT. S.

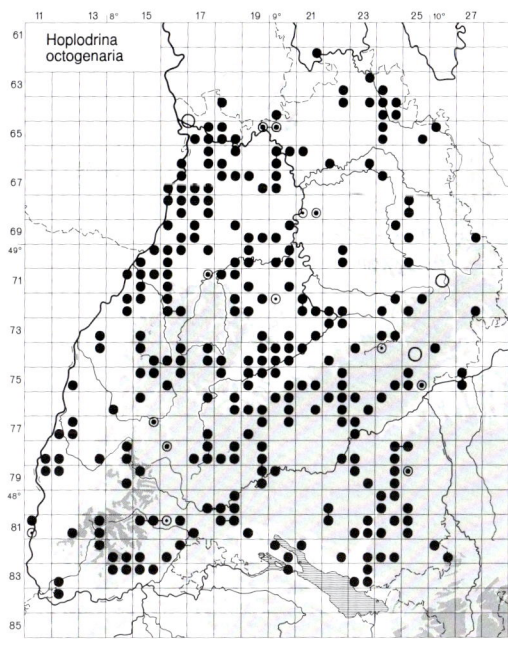

Gesamtverbreitung: In ganz Europa und Westasien verbreitet, in Fennoskandien bis zum Polarkreis nachgewiesen, in Asien östlich bis Ostsibirien vorkommend.

Verbreitung

Regional: *Hoplodrina octogenaria* ist in ziemlich gleichmäßiger Verbreitung in praktisch allen Naturräumen Baden-Württembergs vertreten und meist eine der häufigeren Noctuidenarten. Die Abundanz im Vergleich zu *H. blanda* und *H. ambigua* wird bei diesen Arten besprochen.

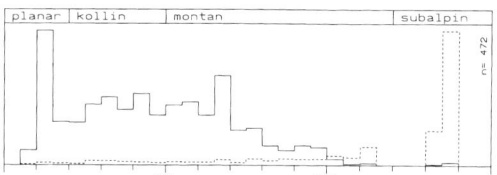

Vertikal: Die Höhenverbreitung erstreckt sich ohne erkennbare Schwerpunkte von der Ebene um 100 m bis in die Hochlagen der Mittelgebirge. Der höchsten Fundort liegen in der subalpinen Stufe im Schwarzwald (1300–1400 m, Belchen, G. EBERT/R. HERRMANN/B. TRAUB; 1350 m, Feldberg, Todtnauer Hütte, J. ASAL).

Phänologie

Imagines: Die Art bildet normalerweise eine Generation, die von Juni bis August fliegt. Während die frühesten Falter in den Wärmegebieten (Oberrheinebene und Neckar-Tauberland) bereits ab Anfang Juni erscheinen, beginnt die Flugzeit in den Mittelgebirgen und im Alpenvorland meist erst Mitte bis Ende Juni. Das Maximum fällt überall in den Juli, unterliegt aber regionalen Unterschieden: In der Oberrheinebene liegt es in der ersten Monatshälfte, im Schwarzwald und im Alpenvorland dagegen gegen Ende des Monats. Bereits Mitte August werden die Nachweise spärlicher; vereinzelte Falter wurden aber auch noch bis in den September gemeldet (16.9.1954, Ettlingen, P. PEKARSKY, det. C. BOURSIN). Hier ist jedoch Vorsicht angebracht, da es sich in manchen Fällen um Verwechslungen mit der 2.Gen. von *H. ambigua* handeln könnte, was ohne Belegmaterial nicht mehr nachprüfbar ist. Die Daten für die Schwäbische Alb sind höchstwahrscheinlich mit Fehldeterminationen behaftet. GATTER (1979) hat für die Schopflocher Alb ein Flugzeitdiagramm abgebildet, das offenbar auch *H. blanda* und *H. ambigua* enthält, denn für diese

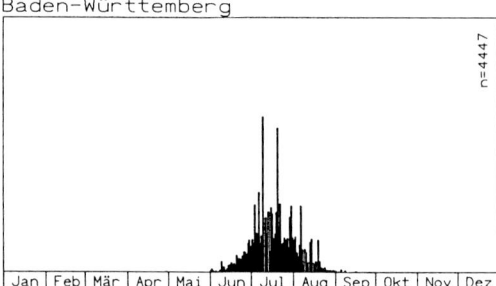

beiden Arten zitierte sie lediglich einzelne Angaben von JÜNGLING (1976), während sie alle 373 selber nachgewiesenen *Hoplodrina*-Individuen der Art *H. octogenaria* zuordnete, was sehr unwahrscheinlich ist. Daß die Flugzeit auf der Alb aber durchaus bis in den September reichen kann, belegen beispielsweise 2 Falter vom 1.9. (1984, Reißenbachtal bei Unterhausen, M. MEIER/A. STEINER).

SCHÄFER (1980a) meldete eine vermeintliche 2.Gen. vom 8.9. (1979, Markgröningen), führte aber vom selben Abend auch *H. ambigua* auf, so daß wir eine Fehlbestimmung vermuten.

Präimaginalstadien: Die Raupen überwintern und sind in Baden-Württemberg bisher nur im Frühjahr gemeldet worden. A. STEINER fand eine fast erwachsene Raupe am 28.3. (1983, Kirchentellinsfurt) und A. GREMMINGER sammelte die Raupen »ziemlich erwachsen« im April (1935, Grötzingen).

Ökologie

Lebensraum: Das (fast ausschließlich aus Falterfunden erschlossene) Biotopspektrum von *Hoplodrina octogenaria* umfaßt die meisten offenen bis halboffenen Lebensräume des mesophilen Bereichs. Die Art tritt vor allem in gebüschreichen, trockenen bis mäßig feuchten Säumen und versaumenden Rasen und Wiesen auf. Dazu gehören Wirtschaftswiesen (Arrhenatheretum) ebenso wie Niedermoorbereiche und Streuwiesen des Alpenvorlands und Magerrasen wie die Halbtrockenrasen der Muschelkalk-, Keuper- und Juragebiete sowie die Weidfelder im Schwarzwald. Ebenso häufig wird sie im Wald- und Waldrandbereich gefunden, auf Lichtungen, Schlägen, Waldwiesen, an breiten Waldwegen und in krautreichen Waldmänteln, von der Weich- und Hartholzaue über die mesophilen Waldtypen bis in die montanen Tannen-Buchenwälder. Sie kommt ferner in Kiesgruben und Steinbrüchen, auf Blockfluren

Alle Raupen der Gattung *Hoplodrina* (hier *Hoplodrina octogenaria*) besitzen kurze, gebogene Borsten. Ihre habituelle Unterscheidung bereitet jedoch wie bei den Imagines oft Schwierigkeiten. Die sicherste Methode ist, die Tiere durchzuzüchten. – Völkersbach (ex ovo-Zucht) 9.4.88 G. EBERT. S.

und Felshängen, in Heidekraut- und Ginsterheiden, in aufgelassenen Weinbergen, gern auch im Siedlungsbereich in Gärten, auf Friedhöfen und in Streuobstwiesen vor. Weniger häufig ist sie auf Sandfluren, Binnendünen und xerothermen Ruderalfluren; an solchen Stellen ist meist *H. ambigua* die individuenstärkere der beiden Arten.

Nahrung der Raupe:
? *Galium* spec. – Labkraut
    L (GRE)

Die einzige konkrete Angabe zur Raupennahrung stammt von A. GREMMINGER, der angab, mehrere Raupen »aus Genist von *Galium* geschüttelt« zu haben, wobei offenbleibt, ob die Raupen wirklich daran gefressen hatten. GAUCKLER (1909) nannte nur die üblichen »niederen Pflanzen«. Wir dürfen davon ausgehen, daß *H. octogenaria* wie ihre Verwandten polyphag an Pflanzen der Krautschicht lebt, wahrscheinlich nicht nur an frischen, sondern auch an vertrocknenden Pflanzenteilen.

In der Literatur finden sich unter anderm Angaben über Taubnessel, Brennessel, Wegerich, Ampfer, Löwenzahn, Greiskraut, Gänsedistel, Königskerze, Miere, Primel, Hahnenfuß (BERGMANN 1954), Fingerhut (UFFELN 1908) und Möhre (SKOU 1991).

Nahrung des Falters: Der Blütenbesuch wurde an *Origanum vulgare* (G. EBERT/F. KIRSCH), *Sambucus ebulus* (N. HIRNEISEN/A. STEINER) und *Buddleja davidii* beobachtet (E. LANGER, SETTELE 1926a). Die Falter besuchen auch den Köder.
Habitat: Über die im Kapitel Lebensraum gemachten Aussagen hinaus lassen sich noch keine pflanzensoziologischen Angaben machen. Einen frischgeschlüpften Falter mit noch weichen Flügeln fand A. STEINER in einem Steingarten an einem *Alyssum*-Polster; die Raupe dürfte sich im näheren Umkreis davon entwickelt haben.
Verhalten: Die Raupen verstecken sich tagsüber in der dichten Vegetation der Krautschicht und erklettern nur nachts ihre Nahrungspflanzen. Die Verpuppung erfolgt in einer Erdhöhle. Die Falter sind dämmerungs- und nachtaktiv und kommen gern ans Licht.

Gefährdung und Schutz

Rote Liste Bundesrepublik: –
Rote Liste Baden-Württemberg: –

Oberrheinebene: Nicht gefährdet.
Schwarzwald: Nicht gefährdet.
Neckar-Tauberland: Nicht gefährdet.
Schwäbische Alb: Nicht gefährdet.
Oberschwaben: Nicht gefährdet.

• In Baden-Württemberg nicht gefährdet!

Hoplodrina blanda
([Denis & Schiffermüller], 1775)
Graubraune Staubeule

Caradrina taraxaci HBN. (REUTTI 1898, ECKSTEIN 1913–1923, LAMPERT 1907, REBEL 1910, SPULER 1908–1910)
Caradrina blanda SCHIFF. (HERING 1932)
Athetis blanda SCHIFF. (WARREN in SEITZ 1909–1914, DRAUDT in SEITZ 1931–1938: 175)

Gesamtverbreitung: In Europa vom Mittelmeer bis 63°n.Br. in Fennoskandien und zum Ural verbreitet. In Asien bis zum Kaukasus und Nordiran (Elburs). Ältere Angaben, etwa vom Altai, bedürfen der Nachprüfung.

Verbreitung

Regional: *Hoplodrina blanda* ist ganz ähnlich wie *H. octogenaria* verbreitet. Sie kommt in allen Regionen und wohl auch in sämtlichen Naturräumen des Landes vor. Die Häufigkeit beider Arten ist im Schwarzwald und auf der Schwäbischen Alb nahezu identisch, während aus der Oberrheinebene, dem Neckar-Tauberland und besonders aus dem Alpenvorland quantitativ mehr Meldungen von *H. octogenaria* als von *H. blanda* vorliegen.
Vertikal: *Hoplodrina blanda* ist ohne deutliche Präferenzen von der Ebene um 100 m bis in die

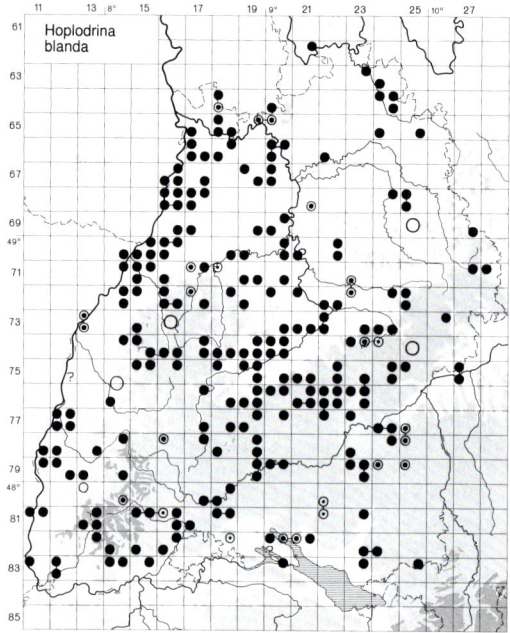

tere Verlauf ist jedoch sehr ähnlich, und auch das Maximum liegt wie bei *H. octogenaria* um Mitte/Ende Juli.

Auf der Schwäbischen Alb beginnt die Flugzeit Anfang Juli und im Schwarzwald sogar erst Mitte Juli. Das Ende fällt in allen Naturräumen in den August; vereinzelte Falter sind auch noch im September gemeldet worden.

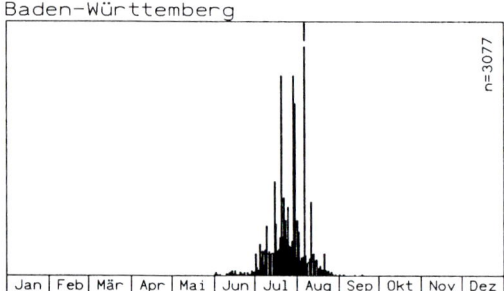

Präimaginalstadien: Die Raupe überwintert und wurde bei uns anscheinend erst im Frühjahr gefunden. C. KÖPPEL und A. STEINER beobachteten in der nördlichen Oberrheinebene mehrere fast erwachsene Raupen am 16. April (1993, Plittersdorf); D. BARTSCH fand ein Tier am 28. April

montane Stufe um 1000 m verbreitet. Nach einer Lücke folgt auch noch ein Nachweis in der subalpinen Stufe (1350 m, Feldberg, Todtnauer Hütte, J. ASAL). Ähnlich wie bei *H. octogenaria* kann man wohl davon ausgehen, daß sich diese Lücke zwischen 1100 und 1400 m (auf die in Baden-Württemberg nur ein geringer Flächenanteil und entsprechend wenige Falterfundorte entfallen) bei genauerer Durchforschung noch schließen läßt.

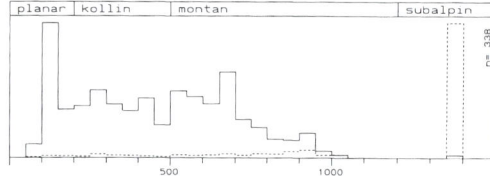

Phänologie

Imagines: Die Flugzeit von *Hoplodrina blanda* beginnt im allgemeinen später als die von *H. octogenaria*. Durch die Kumulierung aller Jahre wird dieses Phänomen allerdings etwas relativiert. Für die Oberrheinebene existieren bereits Daten ab Anfang Juni. Am deutlichsten werden die Unterschiede zu *H. octogenaria* anhand der Daten für das Neckar-Tauberland: Hier setzt die Flugzeit – nach wenigen Einzeldaten im Juni – erst Ende Juni/Anfang Juli wirklich ein. Der wei-

Hoplodrina blanda ähnelt *Hoplodrina octogenaria*, unterscheidet sich aber in folgenden Punkten: Die Grundfarbe ist dunkler graubraun, ohne gelblichen Einschlag, und die Makeln sind nicht merkbar dunkler als die Grundfarbe. Die Hinterflügel sind beim Männchen weißlich mit bräunlichem Saum, beim Weibchen bräunlich mit hellerer Basis. Stark abgeflogene Exemplare können aber oft nur durch Genitaluntersuchung sicher determiniert werden. – Malsch-Völkersbach 29.6.94 (ex larva-Zucht) G. EBERT. S.

(1990, Mühlhausen/Enz); GAUCKLER (1909) nannte den Mai; A. STEINER notierte eine erwachsenes Raupe im Neckarland noch am 2. Juni (1978, Tübingen-Wanne).

Ökologie

Lebensraum: *Hoplodrina blanda* kann anhand ihres Biotopspektrums nicht sicher von *H. octogenaria* differenziert werden. Sie kommt ähnlich ubiquitär und häufig syntop mit ihr in denselben Offenlandbiotopen, auch an Waldrändern und innerhalb lichter Wälder an Binnensäumen vor. Insgesamt zeigt sie eine genauso breite ökologische Valenz. HACKER (1989) hat sie für Südeuropa als die wärmeliebendere der beiden Arten bezeichnet, eine Einschätzung, die sich aus unserem Gebiet anhand der – bisher nur wenigen – Raupennachweise bestätigen läßt, auch wenn die Falternachweise eine solche Präferenz nicht erkennen lassen.

Alle *Hoplodrina*-Arten überwintern als Raupe und werden vor allem im Frühjahr halb bis ganz erwachsen gefunden. Manchmal sitzen sie nachts ohne zu fressen in der Vegetation wie diese *Hoplodrina blanda* an einem trockenen Rheindamm bei Plittersdorf. – 16.4.93 A. STEINER.

Nahrung der Raupe:
Rumex acetosa – Wiesen-Sauer-Ampfer
   L (GAU)
Helianthemum nummularium – Gewöhnliches Sonnenröschen
   L (BAR)
Plantago spec. – Wegerich
   L (GAU)
Centaurea scabiosa – Skabiosen-Flockenblume
   L (KÖP, STN)

Auch für *Hoplodrina blanda* liegen trotz ihrer Häufigkeit wenige konkrete Nahrungsangaben vor. GAUCKLER (1909) nannte Sauerampfer und Wegerich. Eine Raupe fanden C. KÖPPEL und A. STEINER nachts an jungen Blättchen der Skabiosen-Flockenblume fressend, zwei weitere saßen auf Halmen und Blättern in der Krautschicht, ohne daß in der Nähe Fraßspuren zu finden waren. D. BARTSCH fand ein Tier tagsüber an einer vegetationsarmen Stelle unter Gewöhnlichem Sonnenröschen ruhend. An dieser Pflanze hatte sie wahrscheinlich gefressen, da der Abstand zur nächsten möglichen Fraßpflanze ca. 1 m betrug.

Soweit die Literatur Angaben über Nahrungspflanzen enthält, überschneiden sich diese weitgehend mit denen von *H. octogenaria*. Die Raupe dürfte ähnlich polyphag wie ihre Verwandten sein.

Nahrung des Falters: Blütenbesuche wurden an Gewöhnlicher Sumpfbinse (*Eleocharis palustris*), Flatterbinse (*Juncus effusus*), Dost (*Origanum vulgare*) (alles A. STEINER) und *Buddleja* (E. LANGER) beobachtet. A. STEINER fand die Falter auch an von Mutterkornpilzen (*Claviceps* spec.) befallenen Blüten des Waldreitgrases (*Calamagrostis epigejos*) saugend. Ob der Behauptung von H. HERRMANN (1976) »saugt am Tage gern an *Centaurea*-Arten« wirklich Falter von *H. blanda* zugrundelagen, ist dagegen unsicher. Die Tiere kommen an den Köder.

Habitat: Noch ungenügend bekannt. Die gut dokumentierten Raupenfunde stammen von einem trockenen Hochwasserdamm in der Oberrheinebene, wo magere Arrhenathereten in Mesobrometen übergehen und von einer sehr lückigen Stelle in einem trittgeschädigten Mesobrometum oberhalb eines kleines Felsens an einem Trockenhang. Eine weitere Raupe wurde in einem versaumenden, eher frischen, stellenweise durch Bäume beschatteten Arrhenatheretum gefunden.

Verhalten: Die Raupen sind nachtaktiv und verpuppen sich in einer Erdhöhle. Die Falter sind dämmerungs- und nachtaktiv und fliegen Lichtquellen an.

Gefährdung und Schutz

Rote Liste Bundesrepublik: –
Rote Liste Baden-Württemberg: –

Oberrheinebene: Nicht gefährdet.
Schwarzwald: Nicht gefährdet.
Neckar-Tauberland: Nicht gefährdet.
Schwäbische Alb: Nicht gefährdet.
Oberschwaben: Nicht gefährdet.

• In Baden-Württemberg nicht gefährdet!

Hoplodrina superstes
(Ochsenheimer, 1816)

Gelbgraue Felsflur-Staubeule

Caradrina superstes TR. (REUTTI 1898, LAMPERT 1907, SPULER 1908–1910, REBEL 1910, ECKSTEIN 1913–1923, HERING 1932)
Hoplodrina superstes FRR. (SCHNEIDER 1936–1939)
Hoplodrina superstes TR. (BERGMANN 1951–1955, KOCH 1954–1961, 1984)
Athetis superstes TR. (WARREN in SEITZ 1909–1914, DRAUDT in SEITZ 1931–1938: 176)

Gesamtverbreitung: Von Nordwestafrika (Marokko) über Südeuropa bis Vorderasien (Türkei bis Iran) weit verbreitet. In Mitteleuropa lokal und nur bis ungefähr zum Nordrand der Mittelgebirge vorkommend. Die Nordgrenze verläuft von Westfrankreich über das Rheinland, Hessen, Thüringen, Sachsen-Anhalt, Sachsen, Südpolen, und die Nordkarpaten nach Weißrußland und zum Kaukasus. Einzelfunde in Südengland.

Verbreitung

Regional: *Hoplodrina superstes* besitzt in Baden-Württemberg eine weite, wenn auch lokale Verbreitung. Möglicherweise ist sie gelegentlich mit der ähnlichen, aber wesentlich häufigeren *Hoplodrina ambigua* verwechselt worden. Im Neckar-Tauberland besiedelt sie vor allem wärmere Gebiete im Muschelkalkbereich, in einem Fall auch im unmittelbar angrenzenden Keupergebiet. Auf

Hoplodrina superstes ist die seltenste der fünf einheimischen *Hoplodrina*-Arten. Die Falter ähneln der wesentlich häufigeren *Hoplodrina ambigua*, unterscheiden sich aber durch die über die Vorderflügel verstreute schwärzliche Beschuppung, die häufig im Saumfeld und meist in den Makeln besonders konzentriert ist. – Tübingen-Hirschau, Spitzberg (ex ovo-Zucht) 24.11.84 A. STEINER. S.

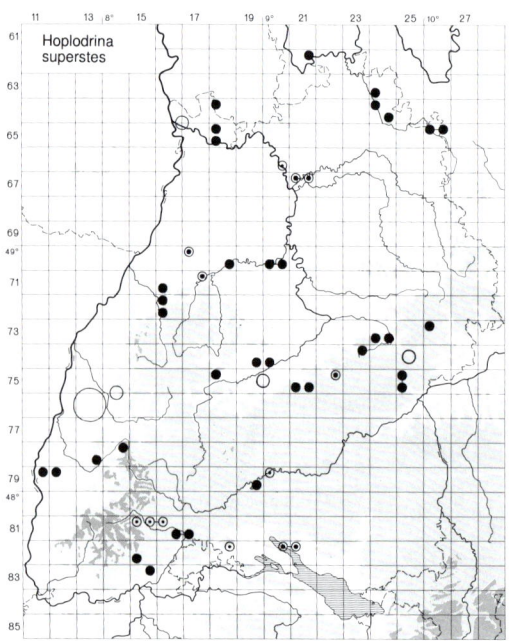

der Schwäbischen Alb sind besonders Fundorte im felsigen Traufbereich, in Tälern der mittleren und östlichen Alb und im Oberen Donautal bekannt. Im größten Teil des Alpenvorlands fehlt die Art; nur aus dem Hegau und dem Bodenseebecken (Singen, Überlingen) liegen ältere Funde vor. Dies muß aber nicht bedeuten, daß die Art dort ausgestorben ist, denn beide Fundorte sind aktuell kaum kartiert. Eine weite Verbreitung läßt sich in den Randbereichen des Schwarzwalds erkennen. Hier sind im Nordschwarzwald Nachweise von Birkenfeld und aus dem Raum Gaggenau, im Mittleren Schwarzwald alte Angaben für Lahr und Gengenbach und neue für Kollnau und Hinterprechtal bekannt. Im Südschwarzwald ist die Art früher im Wutachgebiet bei Kappel und aktuell im Raum Achdorf, im Schwarza- und im Mettmatal gefunden worden (diese Fundorte greifen zum Teil bereits in den Naturraum Alb-Wutach-Gebiet über). Im Randbereich des Odenwalds kennen wir Funde an der Bergstraße und im Sandstein-Spessart, wobei auch die höheren Lagen der Rheinebene berührt werden. Die tieferen Bereiche der Rheinebene werden dagegen gemieden. Nur der Kaiserstuhl beherbergt eine Population. An den meisten Stellen, wo *H. superstes* vorkommt, fliegt auch die insgesamt viel weiter verbreitete *H. respersa*.

Vertikal: *Hoplodrina superstes* ist von der Ebene um 100 m bis in die montane Zone um 900 m nachgewiesen worden. Sie bevorzugt, soweit das bisher erkennbar ist, das Hügel- und Bergland.

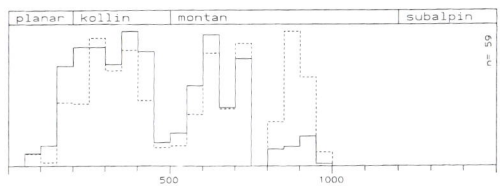

Phänologie

Imagines: Die Flugzeit fällt in die Monate Juli und August. Die in vielen Gebieten geringe Datenzahl läßt keine bedeutenden Unterschiede zwischen den Hauptnaturräumen erkennen. Die frühesten Nachweise fallen in die letzte Juni-Dekade (21.6.1990, Neuhausen: Büchelberg, M. WALLNER; 30.6.1989, Lauda, F. KIRSCH). Normalerweise beginnt die Flugzeit aber erst Anfang Juli.

Präimaginalstadien: Die Art ist zwar verschiedentlich aus dem Ei gezüchtet worden, aber über Freilandfunde von Raupen liegen aus Baden-Württemberg kaum Daten vor. Nach Literaturangaben lebt die Raupe überwinternd von Herbst bis Frühjahr. Dazu paßt die Angabe von A. GREMMINGER, der einen Raupenfund vom April (ohne genaues Datum) meldet.

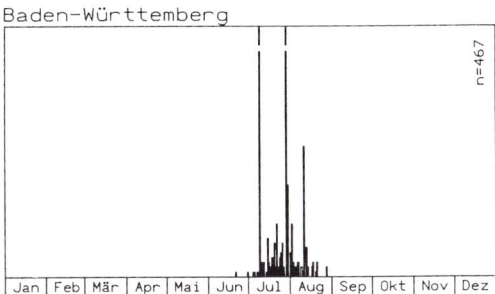

Ökologie

Lebensraum: Die Falter werden ganz allgemein in warmtrockenen Lebensräumen mit offen zutage tretendem Untergrund gefunden. Dazu zählen vor allem steile Böschungen und Wegränder, Rutschungsflächen, Felsfluren und Geröllhänge, aufgelassene Weinberge mit Trockenmauern sowie sonnige, lückige und felsige Halbtrockenrasen und angrenzende Versaumungsstadien im Löß-, Muschelkalk-, Keuper- und Weißjuragebiet. Auf der Schwäbischen Alb bewohnt *Hoplodrina superstes* die bekannten Wacholderheiden, im Tauber-, Kocher- und Jagstgebiet sowie im Heckengäu Lesesteinhaufen und Steinriegel. Die Larvalhabitate dürften ähnlich wie bei *H. respersa* an felsigen, geröllartigen, kiesigen bis feingrusigen, vegetationsarmen Stellen (Störstellen) zu suchen sein, wobei *H. superstes* stets wärmeliebender ist als ihre graue Verwandte. Besonders hohe Individuenzahlen meldete M. MEIER aus Lichtfallen, die vor einer Felswand der Schwäbischen Alb hinuntergelassen waren und die ganze Nacht über betrieben wurden. Hier kamen in 2 Fangnächten über 280 Individuen zur Beobachtung.

Nahrung der Raupe: Keine Beobachtungen aus Baden-Württemberg.

Wie bei den verwandten Arten ist die Raupe unter Laborbedingungen polyphag mit Pflanzen der Krautschicht zu ernähren. Anscheinend ist die Raupe im Freiland noch nie fressend beobachtet worden. Dagegen wurde sie tagsüber öfters ruhend gefunden, beispiels-

Die Lebensweise der Raupe ist wenig bekannt. Die Tiere sind graubraun mit reduzierten Linienzeichnungen. – Tübingen-Hirschau, Spitzberg (ex ovo-Zucht) 20.10.84 A. STEINER. S.

Die Lebensräume von *Hoplodrina superstes* sind vor allem felsige oder lückige, vegetationsarme Stellen, besonders an Böschungen und Hängen. Hier handelt es sich um aufgelassene Weinbergterrassen im Neckartal. An dieser Stelle fliegt auch *Hoplodrina respersa*. – Tübingen, Spitzberg 1.10.85 A. STEINER.

weise in Thüringen von VÖLKER und PETRY (BERGMANN 1954). So dürften die meisten, wenn nicht alle »Futterpflanzen«-Angaben in der Literatur auf Fütterungspflanzen in der Gefangenschaft zurückgehen: Erwähnt werden *Plantago* spec., *Galium* spec., *Taraxacum* spec., *Rumex* spec. *Oxalis acetosella* (BERGMANN 1954), *Medicago falcata* (OSTHELDER 1925–1933).

Nahrung des Falters: Keine Beobachtungen aus Baden-Württemberg.

Habitat: Aus dem Untersuchungsgebiet nicht sicher bekannt. Nach den Falterfundstellen zu urteilen dürfte das Larvalhabitat im Bereich von felsig-gerölligen Pioniergesellschaften, ferner im felsigen Mesobromion und wohl auch Xerobromion zu suchen sein. Bei Jena fand VÖLKER die Raupen »in Geröllrinnen der unteren Zone der Muschelkalksüdhänge« (BERGMANN 1954).

Verhalten: Die Lebensweise der Raupe dürfte der von *H. respersa* entsprechen. Die Falter sind nachtaktiv und kommen ans Licht.

Gefährdung und Schutz

Rote Liste Bundesrepublik: 3
Rote Liste Baden-Württemberg: V

Oberrheinebene: Art der Vorwarnliste.
Schwarzwald: Nicht gefährdet.
Neckar-Tauberland: Art der Vorwarnliste.
Schwäbische Alb: Nicht gefährdet.
Oberschwaben: Ausgestorben oder verschollen (Aussage nicht abgesichert).

- In Baden-Württemberg eine Art der Vorwarnliste!

Im Vergleich mit der ebenso eingestuften *Hoplodrina respersa* wird *H. superstes* zwar meist in geringerer Individuenzahl gefunden und ist weniger weit verbreitet, dennoch zeichnen sich derzeit noch keine Rückgänge ab (die Einstufung für Oberschwaben beruht wahrscheinlich auf mangelnder aktueller Durchforschung). Die Unzugänglichkeit vieler Fundstellen gewährt meist schon ausreichenden Schutz, lediglich weniger extreme und kleinflächige felsige Stellen in Kontakt mit Gebüschen und Wäldern können direkt – durch Sukzession oder Aufforstung – oder indirekt – durch dadurch verursachte Beschattung – für *H. superstes* unbewohnbar werden.

Hoplodrina respersa
([Denis & Schiffermüller], 1775)
Graue Felsflur-Staubeule

Caradrina respersa HBN. (REUTTI 1898, LAMPERT 1907, SPULER 1908–1910, REBEL 1910, ECKSTEIN 1913–1923)
Caradrina respersa SCHIFF. (HERING 1932)
Athetis respersa SCHIFF. (WARREN in SEITZ 1909–1914)

Gesamtverbreitung: Süd-, Mittel- und Osteuropa, Ukraine, Krim, Kleinasien, Hochland von Armenien. In Europa südlich bis Nordportugal und Nordspanien, Süditalien, Sizilien und Mittelgriechenland, nördlich bis Belgien, Schleswig-Holstein und Dänemark sowie entlang der Ostseeküste bis zum Baltikum, in Rußland bis Petersburg und Moskau. Im südlichen Teil ihres Areals ist sie auf montane bis alpine Lagen beschränkt, nördlich der Mittelgebirge kommt sie nur sehr lokal vor.

Verbreitung

Regional: Mit Ausnahme der Oberrheinebene und des Alpenvorlands in allen Gebieten verbreitet und an felsigen Stellen manchmal häufig. Besonders die Schwäbische Alb (nördlicher Albtrauf und Täler der Flächen- und Kuppenalb), die Felshänge des Schwarzwalds und die Muschelkalk- und Keupergebiete am oberen und mittleren Neckar, im Kocher-Jagst-Gebiet und im Tauberland sind stellenweise dicht besiedelt.

Aus dem Alpenvorland existieren nur zwei Angaben aus dem Bodenseebecken: DIETZE (1919)

Die graue *Hoplodrina respersa* ist farblich den Steinen und Felsen angepaßt, an denen sie tagsüber ruht. Sie ist weit verbreitet und besiedelt auch kleinräumige Fels-, Stein- und Geröllhänge (s.u. *H. superstes*). – Nagold-Schietingen (e.o.-Zucht) 11.85 A. STEINER. S.

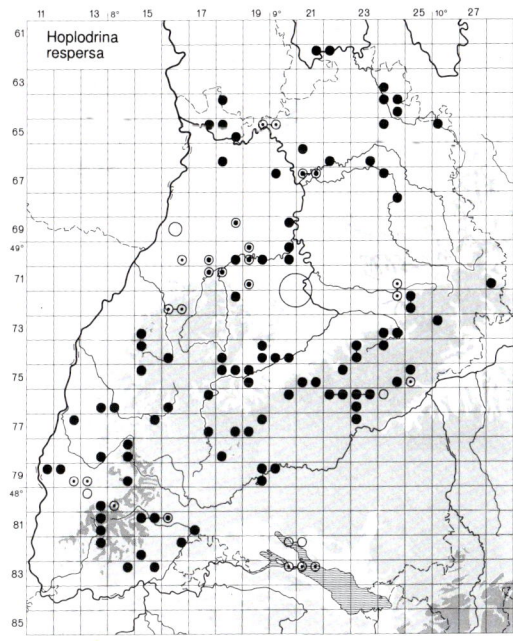

will die Art im Ortsgebiet von Überlingen und H. BEYERLE (nach SCHULTZ 1924 und SETTELE 1926a) in Konstanz gefunden haben. Neuere Bestätigungen fehlen (etwa durch E. COMMERELL, der in den fünfziger Jahren in Überlingen am Haus leuchtete), so daß diese Meldungen vielleicht nur auf zugewanderte Tiere oder Fehldeterminationen zurückzuführen sind. Ein heute erloschenes Vorkommen in diesem Gebiet wäre aber ebenfalls denkbar.

Am Oberrhein fehlt *Hoplodrina respersa* nur in der eigentlichen Ebene; in der naturräumlich noch zur Oberrheinebene zählenden Vorbergzone und an der Bergstraße kommt sie an mehreren Stellen vor. Im Kaiserstuhl wurde sie äußerst selten nachgewiesen. Es liegen nur vier Meldungen vor, die keinen Rückschluß darauf erlauben, ob sie hier bodenständig ist oder nur gelegentlich aus der Vorbergzone zufliegt: »Kaiserstuhl« (coll. E. BROMBACHER nach GREMMINGER 1950a[1]); Achkarren 25.6.1953 (E. JÄCKH nach Kartei A.

---
[1] STAIB (1974) hat diese Angabe zu »Vogtsburg« präzisiert, da hier BROMBACHERS beliebtester Lichtfangstandort lag, doch GREMMINGER (1950a) betonte: »BROMBACHERS Sammlung enthielt ein Stück vom Kaiserstuhl ohne nähere Angaben«. In BROMBACHERS Kaiserstuhl-Fauna (1933–1935) fehlte die Art.

GREMMINGER); Badberg, 14.8.1979 (R. HERRMANN); Bitzenberg, 13.8.1980 (G. EBERT/R. HERRMANN/B. TRAUB).

Vertikal: *Hoplodrina respersa* kommt von den Randbereichen der Rheinebene knapp über 100 m bis in die Hochlagen der Mittelgebirge vor (1350 m, Feldberg, J. ASAL). Sie ist vor allem im Hügel- und Bergland zwischen 200 und etwa 1000 m gut vertreten.

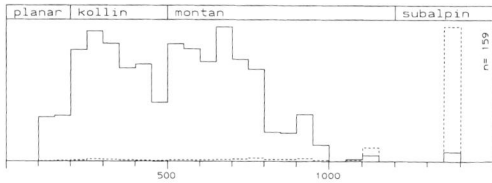

Phänologie

Imagines: In allen Naturräumen beginnt die Flugzeit in der ersten Junihälfte. Die frühesten Funde weichen wenig voneinander ab: In den Randbereichen der Oberrheinebene 15.6. (1981, Dossenheim, R. TRABOLD), im Neckarland 5.6. (1993, Breitenacker bei Ruchsen, M. MEIER), im Schwarzwald 9.6. (1990, Kollnau, Prozeßbühl, A. SCHNEIDER) und auf der Alb 12.6. (1964, bei Schelklingen, G. BAISCH). Die Maxima unterscheiden sich etwas stärker: Im Neckarland etwa um die Monatswende Juni/Juli, auf der Alb in der ersten Julihälfte und im Schwarzwald eher um Mitte Juli. Die Flugzeit geht Ende Juli oder Anfang August zu Ende, aber in allen Gebieten gibt es noch Einzelfunde bis Mitte August oder bis Anfang September (31.8.1984, Onstmettingen: Blasenberg, M. MEIER; 1.9.1985, Kollnau: Prozeßbühl, A. SCHNEIDER). Am Oberrhein fallen die Nachweise in die Periode Anfang Juni bis Ende August.

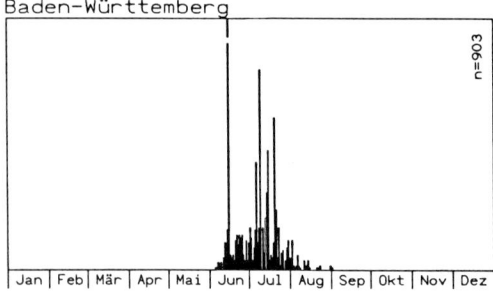

Präimaginalstadien: Das Überwinterungsstadium ist die Raupe. Sie ist bei uns bisher nur im Frühjahr, meist in mehr oder weniger erwachsenem Zustand gefunden worden: 1.5.1988 1 L_{3-4} (Schwarzwald, N. HIRNEISEN/A. STEINER), 18.4.1992 (Alb, D. BARTSCH), 26.4.1992 2 erwachsene Raupen (Alb, D. BARTSCH/A. STEINER), 7.5.1991 4 Raupen (Alb, H. FORSTER/D. HAMBORG/A. STEINER), 7.5.1991 1 Raupe (Alb, H. FORSTER/D. HAMBORG/M. MEIER/A. STEINER), 8.5.1988 1 Raupe (Schönbuch, N. HIRNEISEN/A. STEINER).

Ökologie

Lebensraum: Unter den an Felsboden gebundenen Noctuiden ist *Hoplodrina respersa* zweifellos die am weitesten verbreitete und anpassungsfähigste Art. Sie bewohnt Felswände, Felsfluren und Blockfluren mit spärlicher Vegetation, aber auch verstreute anstehende Felsen, Geröllhalden und feinkiesig-geröllige, lückig bewachsene Stellen in sonnigen Magerrasen, Säumen und Gebüschen, in Steppenheideformationen, an Steilhängen, an Abbruchkanten, an steilen Böschungen (auch an Straßen- und Wegrändern) und Erosionsrinnen sowie in Steinbrüchen. Einem Raupenfund zufolge werden auch Trockenmauern in Weinbergen, vielleicht auch Steinriegel, Lesesteinhaufen und ähnliche anthropogene Biotope, besiedelt. Oft genügen schon relativ kleine oder isolierte Felspartien, so etwa in ringsum von Wald umgebenen, vom Menschen angelegten Steinbrüchen (Eckenweiler: Rommelstal, N. HIRNEISEN/A. STEINER). Auf reinem Sandboden, etwa in der Oberrheinebene, ist die Art bei uns noch nicht gefunden worden.

Hoplodrina respersa ist xerophil, aber nicht besonders thermophil, benötigt also trockene, aber nicht unbedingt sehr warme Stellen und kommt im Schwarzwald auch noch in kalten Klimalagen vor. Ihre Seltenheit im Kaiserstuhl könnte als Indiz dafür interpretiert werden, daß die Art allzu warme Regionen bzw. Habitate nicht mehr besiedeln kann (in Südeuropa kommt sie nur in den Gebirgen vor). Sie bewohnt Gebiete mit mittleren Jahrestemperaturen von unter 4°C (am Feldberg) bis über 9°C (in der Vorbergzone und an der Bergstraße) und Gebiete mit mittleren jährlichen Niederschlägen von 600 bis über 1800 mm. Auch bezüglich des geologischen Untergrunds ist sie keineswegs wählerisch; sie kommt auf Graniten und Gneisen (Schwarzwald), auf Buntsandstein (Schwarzwald, Odenwald), auf Muschelkalk und Keuper (Neckar-Tauberland) und auf Weißjura (Schwäbische Alb) vor.

Die Raupe ist die dunkelste unter den einheimischen *Hoplodrina*-Arten. Sie variiert von dunkel rotbraun bis schwarz mit weißlichen Punktwarzen. – Ruhestein 1.5.88 und Schönbuch, Müneck 8.5.88 A. STEINER.

Einzelne Falter werden am Licht gelegentlich weit außerhalb der Entwicklungshabitate gefunden. Offenbar befinden sie sich dann auf Dispersionsflug und gelangen dabei bis in Ortschaften oder Waldgebiete.

Nahrung der Raupe:
Helianthemum nummularium – Gewöhnliches Sonnenröschen
    L (BAR)
Chrysanthemum leucanthemum agg. – Gewöhnliche Wucherblume, Margerite
    L (BAR, STN)

Beim Fressen wurde in unserem Untersuchungsgebiet offenbar noch nie eine Raupe beobachtet. D. BARTSCH fand eine ruhende Raupe an einer vegetationsarmen Stelle unter dem Gewöhnlichen Sonnenröschen (*Helianthemum nummularium*), von dem sie sich vermutlich auch ernährt hatte, denn andere Möglichkeiten waren praktisch nicht vorhanden. Auf einer fast vegetationslosen Weißjura-Hangschutthalde stellten D. BARTSCH und A. STEINER tagsüber im Boden ruhende Raupen unter befressenen Margeriten fest (hier entweder Frühe Wucherblume, *Chrysanthemum leucanthemum* s. str. oder Berg-Wucherblume, *Chrysanthemum adustum*). Da im Umkreis von einem halben Meter kein weiterer Pflanzenwuchs existierte, dürften die Margeriten als Nahrung gedient haben. Am Albtrauf fanden H. FORSTER, D. HAMBORG und A. STEINER ruhende Raupen unter verschiedenen Kräutern und Gräsern (*Festuca ovina* und *Festuca pallens*) auf mit Halbtrockenrasen verzahnten Felsbändern. N. HIRNEISEN und A. STEINER fanden im Morgengrauen eine über eine Felswand im Nordschwarzwald kletternde Raupe, wohl auf der Suche nach einem Tagesversteck. H. FORSTER, D. HAMBORG, M. MEIER und A. STEINER beobachteten bei Nacht eine über einen Felsen laufende Raupe auf der Schwäbischen Alb, und N. HIRNEISEN und A. STEINER begegneten am Schönbuch-Südhang am frühen Morgen kurz vor Sonnenaufgang einer Raupe, die inaktiv auf dem Stein einer Weinbergsmauer aus Buntsandstein saß. Sicherlich ist *H. respersa* ähnlich polyphag wie ihre Verwandten. Dies läßt sich nicht nur aus Zuchtbeobachtungen folgern, sondern ist bei nicht auf Gräser spezialisierten Raupen in vegetationsarmen Habitaten allgemein die Regel.

Wie viele der »Welklaubfresser« sind die *Hoplodrina respersa*-Raupen anscheinend höchst selten im Freiland beim Fressen beobachtet worden. Soweit echte Freilandfunde publiziert wurden, handelte es sich meist um inaktive, bei Tag gefundene Tiere, die beispielsweise unter den Wurzelblättern von *Digitalis purpurea* und *Teucrium scorodonia* oder um Horste von *Sanguisorba minor* ruhten (UFFELN 1908, VÖLKER 1927–1928). Ferner werden *Plantago*-Arten (*P. lanceolata*, *P. major*); Löwenzahn und Ampfer (*Rumex crispus*) genannt (BERGMANN 1954, VORBRODT 1911), bei denen es sich aber um Fütterungspflanzen gehandelt haben kann[2].

Nahrung des Falters: Da die Meldung aus Konstanz, der zufolge H. BEYERLE die Art dort an *Buddleja davidii* saugend beobachtet haben will (SCHULTZ 1924, SETTELE 1926a), determinatorisch fraglich ist (siehe oben), liegen keine sicheren Blütenbesuchsbeobachtungen vor. Die Falter besuchen künstlichen Köder.

Habitat: *Hoplodrina respersa* besiedelt lückige und felsdurchsetzte Halbtrockenrasen (Mesobromion), Borstgrasrasen (Nardo-Callunetea: Violion caninae) und Saumgesellschaften (Geranion sanguinei), wobei das Vorhandensein offener Fels-, Geröll- oder Felsgrusböden, die mit den Magerrasen oft sehr eng und kleinräumig verzahnt sind, die entscheidende Rolle spielt, nämlich Schuttfluren und Felsspalten-Gesellschaften (Thlaspietea rotundifolii), Mauer- und Felsspalten-Gesellschaften (Asplenietea rupestris) und Felsgrus- und Felsbandgesellschaften (Sedo-Scleranthetea), auf der Schwäbischen Alb mutmaßlich auch die Blaugrasgesellschaften (Seslerietea variae). Die Vorkommen im Bereich von Weinbergsmauern und Steinbrüchen erfordern noch nähere Untersuchung.

Verhalten: Über die Lebensweise der jungen Raupe vor der Überwinterung wissen wir prak-

---
[1] Die alte Angabe von *Rumex aquaticus* (MUSSEHL nach FREYER 1833) erscheint wenig wahrscheinlich.

tisch nichts. Im Frühjahr können die älteren Raupen tagsüber am und im Boden, das heißt in der untersten Krautschicht, in Felsspalten und -ritzen oder auf der Unterseite von Steinen und Geröll ruhend gefunden werden, nachts sind sie aktiv. Die Falter sind überwiegend nachtaktiv und kommen gern ans Licht, können aber gelegentlich auch bei Tag auf (nicht näher genannten) Blüten sitzend oder (ohne aufgescheucht worden zu sein) im Sonnenschein fliegend beobachtet werden.

Gefährdung und Schutz

Rote Liste Bundesrepublik: V
Rote Liste Baden-Württemberg: V

Oberrheinebene: Art der Vorwarnliste.
Schwarzwald: Nicht gefährdet.
Neckar-Tauberland: Art der Vorwarnliste.
Schwäbische Alb: Nicht gefährdet.
Oberschwaben: Ausgestorben oder verschollen.

- In Baden-Württemberg eine Art der Vorwarnliste!

Während in den Mittelgebirgen wegen der weiten Verbreitung von – auch kleinräumigen – Felshabitaten kein Anlaß zur Besorgnis besteht, könnten in den weniger gut besiedelten Regionen (Oberrheinebene, Neckar-Tauberland) einzelne Populationen durch Sukzession und Aufforstung gefährdet sein. In der Regel profitiert *H. respersa* von den üblichen Maßnahmen, die zur Offenhaltung von felsigen Magerrasen getroffen werden. Wahrscheinlich eröffnen ihr sogar der Betrieb und die darauffolgende Auflassung von Steinbrüchen sowie beim Straßenbau entstehende felsige Böschungen in gewissem Maß neue, wenn auch oft kurzlebige Habitate.

Hoplodrina ambigua
([Denis & Schiffermüller], 1775)
Hellbraune Staubeule

Caradrina ambigua F. (REUTTI 1898, LAMPERT 1907, SPULER 1908–1910, REBEL 1910, ECKSTEIN 1913–1923, HERING 1932)
Hoplodrina ambigua F. (SCHNEIDER 1936–1939)
Athetis ambigua SCHIFF. (WARREN in SEITZ 1909–1914)

Gesamtverbreitung: Von Nordafrika (Marokko bis Ägypten) durch ganz Süd- und Mitteleuropa verbreitet, im Norden aber nur bis Südengland, Dänemark, Südschweden und Lettland vorstoßend. In Asien über

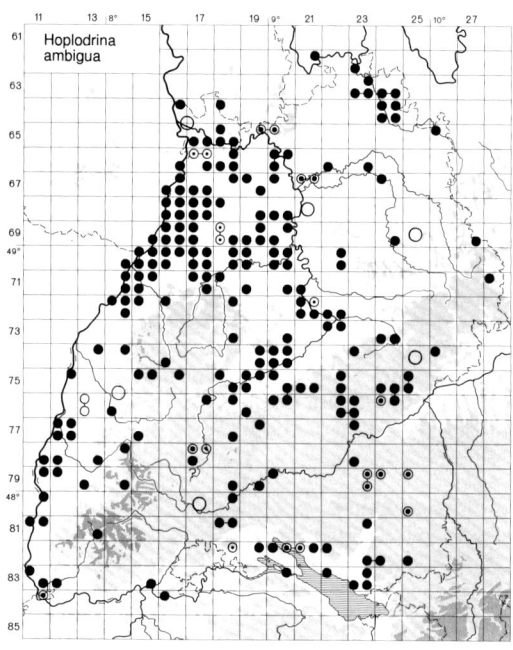

Kleinasien, Kaukasus und Vorderasien (Israel, Libanon, Irak, Iran) bis Zentralasien (Afghanistan, West-Turkestan, Altai) verbreitet.

Verbreitung

Regional: *Hoplodrina ambigua* ist in allen Regionen, aber noch nicht in allen Naturräumen Baden-Württembergs nachgewiesen worden. Das Verbreitungsbild ist besonders im Vergleich mit *H. octogenaria* und *H. blanda* (mit denen gelegentlich Verwechslungen vorkommen) sehr aufschlußreich. So zeigen sich in der mittleren bis nördlichen Oberrheinebene und in einigen Gebieten des Neckar-Tauberlands (Kraichgau, Neckarbecken, Schönbuch, Tauberland) gewisse Konzentrationen. In den übrigen Naturräumen, etwa im Schwarzwald, auf der Schwäbischen Alb (mit Ausnahme der mittleren Alb) und im Alpenvorland, ist die Verbreitungsdichte geringer als bei den beiden anderen Arten.

Vertikal: *Hoplodrina ambigua* ist von der Ebene um 100 m bis in die montane Stufe unter 1000 m

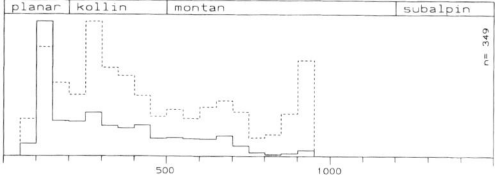

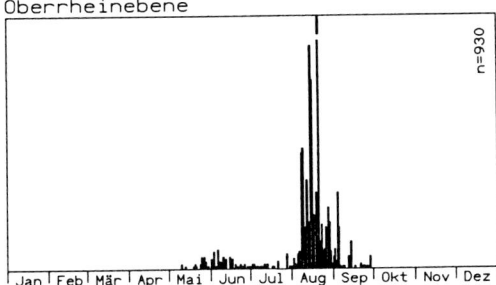

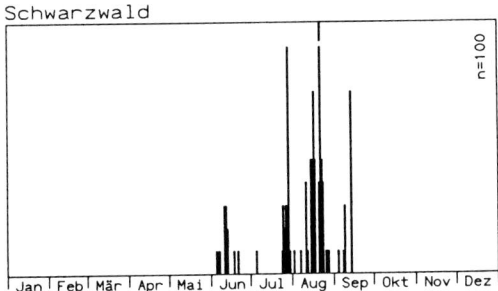

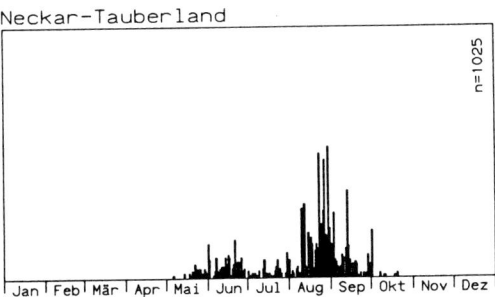

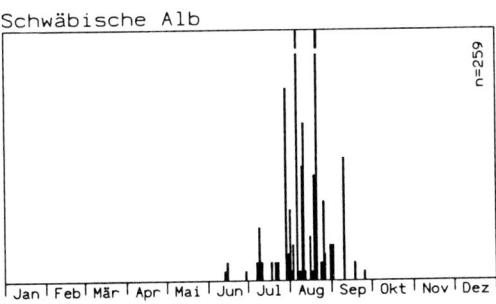

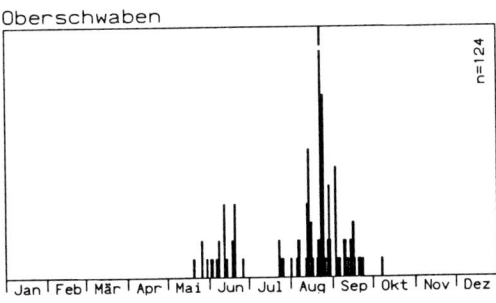

verbreitet (910 m, Kniebis, M. MEIER). Der höchste Raupenfund wurde aus 700–850 m Höhe gemeldet (Rietheim, R. BANTLE). Aus den Gipfellagen der Schwäbischen Alb und den subalpinen Lagen des Schwarzwalds liegen bislang keine Nachweise vor.

Phänologie

Imagines: In allen wärmeren Gebieten bildet *Hoplodrina ambigua* regelmäßig zwei Generationen aus, von denen die zweite die deutlich stärkere ist. In der Oberrheinebene und im Neckar-Tauberland tritt die 1.Gen. ab Mitte Mai auf und fliegt bis Ende Juni. Darauf folgt ein Minimum im Juli, und ab Ende Juli/Anfang August fliegt die 2.Gen., deren Angehörige bis Ende September, in Einzelstücken auch noch bis Mitte Oktober festgestellt wurden.

In den klimatisch ungünstigeren Gegenden, vor allem in den Mittelgebirgen, aber auch im Alpenvorland, ist die 1.Gen. nur durch sehr wenige Meldungen vertreten. Extrem ausgeprägt ist diese Erscheinung auf der Schwäbischen Alb: Hier sind (von insgesamt 260 Individuen) nur 4 Falter aus dem Juni bekannt! So stellt sich die Frage, ob die Populationen der ungünstigeren Lagen durch Zuwanderer aus wärmeren Gebieten, vielleicht sogar aus Südeuropa verstärkt (oder größtenteils erst gebildet?) werden. Dies läßt sich derzeit noch nicht beantworten. Der Fund einer überwinterten Aprilraupe (s. u.) deutet allerdings auch für die Schwäbische Alb klar auf Bodenständigkeit.

Präimaginalstadien: Die Raupen der 1.Gen. überwintern. GAUCKLER (1909) gab für die jungen Tiere pauschal »Herbst« an. D. FRITSCH fand eine Raupe in der Oberrheinebene am 1.4. (1995, Lörrach), J. BASTIAN eine erwachsene Raupe am 11. April (1991, Sandhausen). Von der Schwäbischen Alb meldeten R. BANTLE und H. EGLE einen Raupenfund vom 26.4. (1991, Rietheim). Für die Raupen der 2.Gen. liegen bisher nur allgemeine Angaben vor: »manchmal im Juni« (A. KELLER in KELLER & HOFFMANN 1861) und »im Frühsommer« (GAUCKLER 1909).

Ökologie

Lebensraum: Im Gegensatz zu den beiden anderen häufigen *Hoplodrina*-Arten *octogenaria* und *blanda* zeigt *ambigua* in ihrem Biotopspektrum eine deutliche Präferenz für trockenwarme Lebensräume. Dies gilt nicht nur für klimatische

Hoplodrina ambigua bildet im Gegensatz zu ihren Verwandten zwei Generationen aus. Die *Hoplodrina*-Falter, denen man im Mai und im September begegnet, gehören deshalb meist zu dieser Art. Die Grundfarbe ist ein helles Graubraun, die Hinterflügel sind beim Männchen rein weiß, beim Weibchen weiß mit verdunkeltem Saum. Die Falter werden nicht selten an Blüten oder (pilzbefallenen) Gräsern saugend beobachtet. – Rammert 23.8.90 A. STEINER.

Ungunsträume wie die Mittelgebirge, wo sie südexponierte Hänge, Halbtrockenrasen, Fels- und Geröllfluren und Steinbrüche bevorzugt, sondern auch für die Oberrheinebene, wo sie ihre größten Individuendichten in xerothermen Sand- und Ruderalfluren, auf Brachen, Flugsanddünen oder in Sandgruben erreicht. An diesen Stellen ist sie meist die häufigste der drei Arten. Ansonsten ist sie in Saum- und Rasengesellschaften, auf Wirtschaftswiesen, in Siedlungsgelände (Gärten, Ruderalstellen, Straßen- und Wegränder), auf Streuobstwiesen, aber auch in Wald- und Waldrandsituationen zu finden (Lichtungen, breite Wegränder, Schlag- und Staudenfluren in Laub- und Mischwäldern sowie in Kiefernforsten). Sie meidet aber meistens das Innere geschlossener Wälder, insbesondere in schattigen, kühlen und feuchten Lagen, wo *H. octogenaria* und *H. blanda*

oft noch vorkommen. In Niedermooren und feuchtkühlen Talwiesen (Kaltluftseen) fehlt sie ebenfalls.

Nahrung der Raupe:
Verbascum spec. – Königskerze
   L (BAJ)

Neben der Angabe von GAUCKLER (1909), wonach die Raupen »an niederen Pflanzen« leben, liegt nur eine neuere Beobachtung vor. J. BASTIAN fand eine Raupe an einer Königskerze.

Nahrung des Falters: Die Imagines wurden öfters an Blüten saugend beobachtet, so im Schönbuch regelmäßig an von Mutterkornpilzen (*Claviceps* spec.) befallenem Pfeifengras (*Molinia* spec.) und Waldreitgras (*Calamagrostis epigejos*), in der Oberrheinebene an der Kanadischen Goldrute (*Solidago canadensis*) und am Rainfarn (*Chrysanthemum vulgare*) (alles A. STEINER). F. BIHLMAIER beobachtete Falter an *Buddleja*. Gerne besuchen sie auch künstlichen Köder.

Habitat: Das Larvalhabitat läßt sich in unserem Gebiet noch nicht ausreichend charakterisieren. Der Raupennachweis von J. BASTIAN stammt von einer Binnendüne und markiert damit wohl das xerotherme Extrem des Habitatspektrums, das mit Sicherheit noch viele weitere xerotherme wie mesophile Habitate umfaßt.

Verhalten: Die Raupen halten sich tagsüber versteckt in Bodennähe auf. A. KELLER fand sie »manchmal im Juni unter Steinen« (KELLER & HOFFMANN 1861). Erst nachts kommen sie zur Nahrungsaufnahme in die Krautschicht heraufgeklettert. Sie verpuppen sich in einem Erdkokon. Die Falter sind dämmerungs- und nachtaktiv und kommen gern ans Licht.

Bei der Raupe von *Hoplodrina ambigua* sind die Linienzeichnungen meist nur schwach entwickelt. Charakteristisch ist eine Reihe orangegelber Flecke über den Stigmen. – Tübingen-Hirschau, Spitzberg (ex ovo-Zucht) 3.10.88 A. STEINER. S.

Gefährdung und Schutz

Rote Liste Bundesrepublik: –
Rote Liste Baden-Württemberg: –

Oberrheinebene: Nicht gefährdet.
Schwarzwald: Nicht gefährdet.
Neckar-Tauberland: Nicht gefährdet.
Schwäbische Alb: Nicht gefährdet.
Oberschwaben: Nicht gefährdet.

- In Baden-Württemberg nicht gefährdet!

Atypha pulmonaris (Esper, 1790)

Lungenkraut-Staubeule

Caradrina pulmonaris Esp. (LAMPERT 1907, SPULER 1908–1910, REBEL 1910, ECKSTEIN 1913–1923, HERING 1932)
Athetis pulmonaris Esp. (WARREN in SEITZ 1909–1914)

Gesamtverbreitung: Durch Südeuropa und Teile Mitteleuropas verbreitet, nördlich bis Südfrankreich, Schweiz, Süd- und Ostdeutschland (hier etwa bis zum Nordrand der Mittelgebirge, aber auch in Niedersachsen) und Polen bekannt. Ein Einzelfund in Südfinnland. Außerhalb Europas nur im nördlichen Kleinasien bis zum Kaukasus.

Verbreitung

Regional: *Atypha pulmonaris* galt früher vielfach als sehr selten. Die Falter lassen sich nur in geringem Maße von Lichtquellen anlocken und wurden deshalb vor der Ära des elektrischen Lichts kaum je gefunden. Noch in den Landesfaunen von Baden und Württemberg (REUTTI 1898, SCHNEIDER 1938) fehlte die Art. Erst 1954 und 1974 wurde sie erstmals für den badischen bzw. württembergischen Landesteil gemeldet (FRITZ 1954, SCHÄFER 1974)[1]! Da die einfachste Nachweismethode, nämlich die Raupensuche, durch viele Veröffentlichungen allmählich allgemein bekannt wurde (SÜSSNER 1942, SCHÄFER 1974, SCHINTLMEISTER 1982), und da immer stärkere Lichtfanglampen zum Einsatz kamen, konnte *Atypha pulmonaris* mittlerweile in allen Regionen nachgewiesen werden. Besonders auf der Schwäbischen Alb ist sie stark vertreten; diese Häufigkeit ist aber wohl ein »Nebenprodukt« der Rau-

[1] Es existieren jedoch Belegstücke aus früherer Zeit, so ein Falter von 1922 aus dem Höllental (E. BROMBACHER nach Kartei A. GREMMINGER).

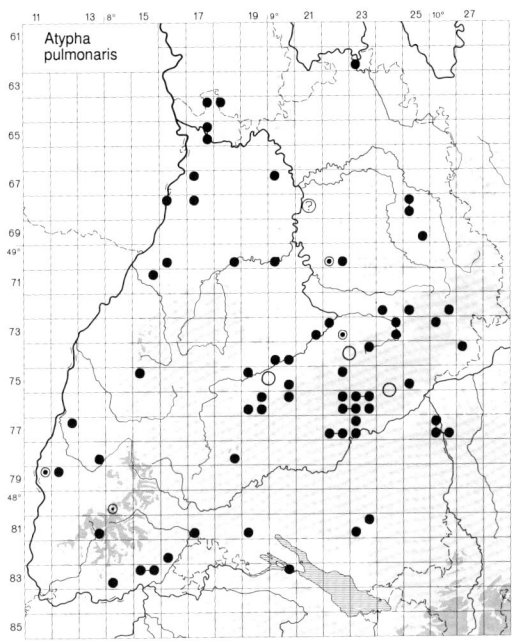

pensuche nach *Euchalcia modesta*, die hier zur selben Zeit an der selben Nahrungspflanze lebt. Wahrscheinlich ist die Verbreitung von *Atypha pulmonaris* in vielen Gebieten des Neckar-Tauberlands ähnlich dicht wie auf der Alb.

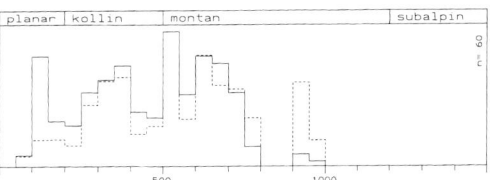

Vertikal: Die bisher bekannte Höhenverbreitung reicht von der Ebene um 100 m bis in die montane Stufe von Schwarzwald und Schwäbischer Alb (Todtnau-Poche, 700–720 m, J. ASAL; Bubsheim, Kirchberg, 900–970 m, E. BAUER/B. TRAUB).

Phänologie

Imagines: Da die Falter selten ans Licht kommen, sind bislang nur relativ wenige Daten aus dem Freiland bekannt. In allen Gebieten liegt die Hauptflugzeit im Juli. Aus dem Neckar-Tauberland liegen vier einzelne Nachweise schon vom Mai(!) und Juni vor: 23. und 24.5.1982, Kraichgau, Wollenberg, K. W. JAEGER; 8.6.1993, Göppingen, K. FREYTAG; Rammert bei Rottenburg,

Die kleine, orangerötliche *Atypha pulmonaris* ist vermutlich weiter verbreitet als allgemein angenommen wird. Die Falter leben aber sehr versteckt und lassen sich nur in geringem Maß von Lichtquellen anlocken. Engstlatt 6.6.86 (ex larva-Zucht) A. STEINER. S.

23.6.1976, J.-U. MEINEKE. Der späteste Fund, ein stark abgeflogenes Tier, stammt von Anfang August (7.8.1980, Kirchentellinsfurt, A. STEINER). In der Oberrheinebene liegen die Nachweise zwischen Anfang Juni und Ende Juli (5.6.1981, Malsch, D. DOCZKAL; 28.7.1984,

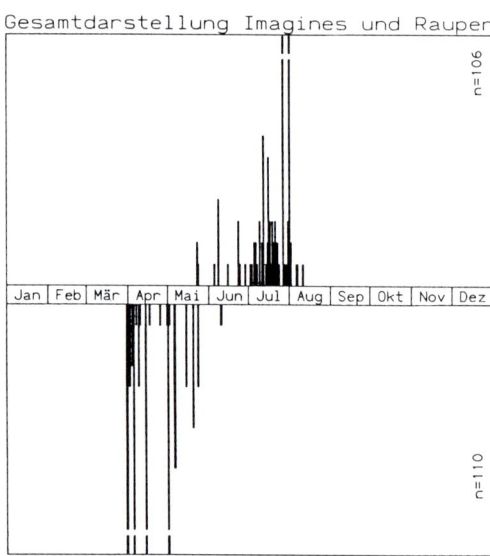

Dossenheim, R. TRABOLD). Ziemlich geschlossen stellt sich die Flugzeit auf der Schwäbischen Alb dar; hier dauert sie von Anfang Juli bis Mitte August (6.7.1980, Apfelstetten, G. BAISCH; 11.8.1980, Lauterach, Wolfstal, G. BAISCH). Im Alpenvorland reichen die Funde von Anfang Juli bis Anfang August (5.7. und 1.8.1970, Illertissen, F. RENNER; 1.8.1980, Baindt, Schenkenwald, R. SCHICK). Die wenigen Nachweise aus dem Schwarzwald fallen in den Juni und Juli.

Präimaginalstadien: Das Überwinterungsstadium ist nach Literaturangaben das Ei. Die Raupen sind von März bis Anfang Juni gefunden worden, und zwar deutlich zahlreicher als die Imagines. Ihr Auftreten und ihre Entwicklungszeit hängen offenbar vor allem von Mikroklima und Jahreswitterung ab. Soweit uns genaue Daten mitgeteilt wurden (viele Zuchtfalter sind leider nur mit dem Schlüpf- und nicht mit dem Funddatum versehen), reichen die Nachweise vom 31. März (1989, Sandstein-Spessart, A. BECHER) bis zum 10.Juni (1981, Schwäbische Alb, noch junge Raupen, G. BAISCH).

Ökologie

Lebensraum: *Atypha pulmonaris* besiedelt Standorte von Lungenkrautarten (oder Beinwell) in sonnigen bis halbschattigen Säumen, im Randbereich von Hecken und Gebüschen, an mäßig trockenen bis feuchten und oft kühlen Waldrändern und Waldwegen, in Waldmänteln und im Inneren von lichten Laubholzbeständen. Sie ist auch an Bachgräben und Uferböschungen, auf Weiden oder extensiv genutzten Mähwiesen sowie an Straßen- und Wegrändern zu finden. Wahrscheinlich lebt sie auch in verwilderten Streuobstwiesen und in Gärten an angepflanztem Lungenkraut.

Nahrung der Raupe:
Pulmonaria mollis – Weiches Lungenkraut
   3 L (BAR, HIR, MER, STN)
Pulmonaria officinalis – Geflecktes Lungenkraut
   3 L (BAI, BEC, BLÄ)
Pulmonaria obscura – Dunkles Lungenkraut
   L (BAI)
Pulmonaria spec. – Lungenkraut
   5 L, P (BAI, BLÄ, FRY, WAL)

Atypha pulmonaris ist auf Lungenkrautarten spezialisiert. Meist wird das Gefleckte oder Echte Lungenkraut (*Pulmonaria officinalis*) gemeldet, so von R. BLÄSIUS aus der Oberrheinebene und von A. BECHER aus dem Tauberland. *Pulmonaria*

Viel leichter als die Falter können im Frühjahr die Raupen nachgewiesen werden. Sie leben ausschließlich an Lungenkraut-Arten. Auf der Schwäbischen Alb sind sie deshalb oft zusammen mit Raupen von *Euchalcia modestoides* zu finden. Die Färbung variiert von rötlichgrau bis grün, charakteristisch sind die hellen Punktwarzen und der kleine, rötliche Kopf. – Engstlatt 7.5.86 A. STEINER. M.

Merkwürdigerweise liegen aus unserem Untersuchungsgebiet noch keine Funde am Gewöhnlichen Beinwell (*Symphytum officinale*) vor, der ebenfalls in der Literatur oft als Freilandnahrung genannt wird. Die anderen Arten dieser Gattung, so der Knotenbeinwell (*Symphytum tuberosum*) und die verwilderten *Symphytum asperum* und *S. bulbosum* wären ebenfalls auf ihre Eignung für *Atypha pulmonaris* hin zu überprüfen. Nach Zuchtbeobachtungen lassen sich an Lungenkraut gefundene Raupen aber nicht ohne weiteres auf Beinwell »umgewöhnen« (D. BARTSCH).

Nahrung des Falters: Keine Beobachtungen aus Baden-Württemberg.

Habitat: *Pulmonaria*-Horste im Randbereich und auf Kahlschlaggesellschaften von Laubmischwäldern der Fagetalia sylvaticae, in Berberidion-Gebüschen, etwa im Schlehen-Liguster-Busch (Pruno-Ligustretum) und in Origanetalia-vulgaris-Saumgesellschaften. In Gärten gepflanzte *Pulmonaria* dürfte ebenfalls in Frage kommen. Von Standorten des Gewöhnlichen oder Arznei-

officinalis kommt jedoch in Baden-Württemberg autochthon nur im Alpenvorland und bei Ulm vor. In den übrigen Gebieten wird sie nur in Gärten angepflanzt, aus denen sie gelegentlich verwildert. Die häufigste Lungenkrautart in Baden-Württemberg ist *Pulmonaria obscura*. Sie wird oft mit *P. officinalis* verwechselt (SAUER & THIV 1996). Die erwähnten Meldungen dürften demnach eher auf *P. obscura* zu beziehen sein. G. BAISCH fand die Raupen an der Iller an *Pulmonaria officinalis*, auf der Alb an *Pulmonaria obscura*. An einem Standort im Albvorland leben die Raupen am Weichen Lungenkraut (*Pulmonaria mollis*) (M. MEIER, A. STEINER, det. Prof. W. SAUER, Universität Tübingen). Da die Artbestimmungen in der Gattung *Pulmonaria* teilweise sehr problematisch sind, sollten die Nahrungspflanzen sicherheitshalber stets von Botanikern überprüft werden. Es kann deshalb auch nicht völlig ausgeschlossen werden, daß sich einige der Meldungen von »Lungenkraut« auch auf Knollen-Lungenkraut (*Pulmonaria montana*) oder Hügel-Lungenkraut (*Pulmonaria collina*) beziehen. Beide dürften grundsätzlich als Freiland-Nahrungspflanzen in Frage kommen, ebenso wie das Schmalblättrige Lungenkraut (*Pulmonaria angustifolia*), das in Baden-Württemberg fehlt, aber aus Thüringen als Raupennahrungspflanze von *Atypha pulmonaris* gemeldet wurde (BERGMANN 1954).

Habitat von *Atypha pulmonaris*. Die Art besiedelt Lungenkrauthorste sowohl außerhalb als auch im Randbereich von Wäldern. Auf der Schwäbischen Alb und am hier gezeigten Standort im Albvorland kommt sie zusammen mit den Raupen von *Euchalcia modestoides* vor. – Albvorland 30.4.95 N. HIRNEISEN.

Beinwells sind aus Baden-Württemberg bislang noch keine Larvalnachweise gemeldet worden.
Verhalten: Über die Eiablage liegen keine Beobachtungen vor. Mutmaßlich werden die Eier nicht direkt an der Nahrungspflanze, sondern an trockenen (=fäulnisgeschützten) Pflanzenteilen in unmittelbarer Nähe eines Lungenkrauthorsts abgesetzt. Die Jungraupen leben bevorzugt in den Blütenständen bzw. den Triebspitzen, wo sie die Blütenknospen und später die Blüten zusammenspinnen. Gelegentlich findet man sie auch zwischen versponnenen jungen Blättern. Die älteren Raupen sind nachtaktiv und ruhen tagsüber zwischen Gras und Blättern unter den Nahrungspflanzen. Nur an düsteren Schlechtwettertagen findet man sie gelegentlich auf der Pflanze. Die Verpuppung erfolgt in einem leichten Gespinst am Erdboden. Die Imagines sind nachtaktiv. Künstliche Lichtquellen scheinen nur sehr geringe Anziehungskraft auf sie auszuüben. Am ehesten werden sie inmitten von Lungenkrautbeständen am Licht beobachtet.

Gefährdung und Schutz

Rote Liste Bundesrepublik: –
Rote Liste Baden-Württemberg: –

Oberrheinebene: Nicht gefährdet.
Schwarzwald: Nicht gefährdet.
Neckar-Tauberland: Nicht gefährdet.
Schwäbische Alb: Nicht gefährdet.
Oberschwaben: Nicht gefährdet.

• In Baden-Württemberg nicht gefährdet!

Spodoptera exigua
(Hübner, [1808])

Caradrina exigua HBN. (REUTTI 1898, LAMPERT 1907, SPULER 1908–1910, REBEL 1910, ECKSTEIN 1913–1923, HERING 1932)
Laphygma exigua HBN. (WARREN in SEITZ 1909–1914, DRAUDT in SEITZ 1931–1938, SCHNEIDER 1936–1939, BERGMANN 1951–1955, KOCH 1954–1961, 1984)

Gesamtverbreitung: Nahezu kosmopolitisch verbreitet kommt *Spodoptera exigua* vor allem in den tropischen und subtropischen Regionen der Erde vor. In die klimatisch gemäßigten Regionen stößt sie als Wanderfalter vor. In Europa wurde sie in allen Ländern außer Island gefunden, doch dürfte sie nur in den wärmeren Gebieten der Mediterraneis bodenständig sein.

Aus Baden-Württemberg liegen etwa 75 Falterfunde dieser kleinen, leicht zu übersehenden Art

Die kleine, schmalflügelige *Spodoptera exigua* erreicht Mitteleuropa nur sporadisch als Wanderfalter. Sie wird leicht übersehen. In der Ruhestellung rollen die Tiere oft die Flügel eng um den Hinterleib. Ein gutes Erkennungsmerkmal ist die stets mehr oder weniger intensiv rötlich ausgefüllte Ringmakel. – Dietingen-Hohenstein 9.11.88 (ex ovo-Zucht) A. STEINER. S.

vor. In den Subtropen fliegt sie das ganze Jahr über in ununterbrochener Generationsfolge, im Mittelmeerraum von Frühjahr bis Spätherbst. Der Einflug in Mitteleuropa erfolgt meist zwischen Mai und Oktober, und aus diesem Zeitraum datieren auch die Funde in Baden-Württemberg, wobei sich ein gewisser Schwerpunkt im August/September abzeichnet. In der Regel dürfen diese Falter wohl als Einwanderer gelten, vor allem, wenn mehrere Nachweise zeitlich zusammenfallen, doch ist es nicht ausgeschlossen, daß späte Falter sich als Nachkommen von im Frühsommer eingewanderten Tieren bei uns entwickelt haben (aus der Pfalz werden Raupenfunde an Eschen gemeldet; KRAUS 1993). Weiterhin werden die Raupen mit Gemüse oder Früchten eingeschleppt. Einen Hinweis in diese Richtung gab BILLEN (1988), der in seinem Aufsatz »Tropische Insekten in Basel« bemerkte, die Raupen seien »in letzter Zeit sehr häufig in Paprika (Früchten) aus Spanien gefunden« worden. Dies trifft auch auf unser Gebiet zu. D. BARTSCH fand im Oktober bis Dezember 1994 und 1995 Raupen und einen in der Schote geschlüpften und dort gestorbenen Falter in roten Paprika aus Spanien (Almeria). BILLEN (1988) teilte außerdem mit: »Im Bodenseegebiet (Reichenau) tritt *S. exigua* seit einigen Jahren sehr schädlich im Unterglasgemüsebau auf, wobei Kopfsalat besonders stark angegangen wird. Es mußten Bekämpfungsmaßnahmen eingeleitet werden.« Ein insektizidtoleranter Stamm wurde 1976 mit Chrysanthemen aus Florida in holländische Gewächshäuser eingeschleppt (VAN ROSSEM, VAN DE BUND & BURGER 1977).

S. exigua ist außerordentlich polyphag. In Afrika als »lesser armyworm«, in Nordamerika als »beet armyworm« und in Zentralasien als »Pomidornaja Sovka« (Tomateneule) bekannt, tritt die Raupe als Schädling an vielen Kulturpflanzen auf, z. B. an Tomate, Luzerne, Mais, Baumwolle, Zitrone, Zuckerrübe, Spargel, Wein u. a. Für Marokko gab CAYROL (1972) 46 nachgewiesene Nahrungspflanzen an, während BROWN & DEWHURST (1975) eine Liste mit über 90 Arten aus 31 Familien zusammenstellten. Die Eier werden in kleinen Gelegen, bedeckt mit Haarwolle aus dem analen Haarbüschel der Weibchen, abgelegt. Die Färbung der Raupen ist von der Vorkommensdichte abhängig: Einzeln lebende Raupen sind hell (grün) gefärbt, während die bei Gradationen in häufigem Kontakt mit anderen Individuen aufwachsenden Raupen dunkel (braun) gefärbt sind.

Die Raupe wird gelegentlich mit Gemüse und Früchten eingeschleppt. Einzeln aufwachsende Raupen behalten eine hell gelblichgrüne Grundfarbe, in Gruppen lebende Raupen entwickeln eine braune bis schwärzliche Färbung. – Dietingen-Hohenstein 3.10.88 (ex ovo-Zucht) A. STEINER. S.

Die Herkunftsgebiete der in Großbritannien einwandernden Falter werden in Nordwestafrika und Spanien angenommen (BRETHERTON, GOATER & LORIMER 1983), während der Ursprung des Masseneinflugs in Finnland 1964 aufgrund von meteorologischen Daten in Zentralasien vermutet wird (MIKKOLA & SALMENSUU 1965). Auf den britischen Inseln wurden starke Einwanderungen in den Jahren 1906, 1938, 1952, 1958, 1962, 1966, 1968 und 1982 registriert, in Skandinavien 1964 und 1972. Die baden-württembergischen Daten scheinen hier eher mit der Situation in Großbritannien übereinzustimmen.

Funde in Baden-Württemberg (nur Freilandfalter):
1923: Bronnen, 11.9. 1♂ (G. REICH).
1946: Wildgutach, September 3 Ex. (A. FEHRENBACH nach Kartei GREMMINGER).
1949: Heilbronn, 2.8. 1 Ex. (WANNER); Kaiserstuhl, Badberg, 27.8. 2 Ex. (L. SETTELE); Wildgutach, ohne Datum, 1♀ mit Nachzucht, (A. FEHRENBACH nach Kartei GREMMINGER).
1952: Erzkopf bei Pforzheim 11.6. 1 Ex., (K. STROBEL), 22.7. 1 Ex., (M. WALLNER); Ummendorf 6.7. 1 Ex., (G. REICH); Pforzheim, Stadtmitte Schaufenster, 11.7. 5♂♂, 1♀, 19.7., 28.7. je 1 Ex., (M. WALLNER); Bronnen, 19.7., 14.8., 28.8. je 1 Ex. (G. REICH); Bodenseebecken, Überlingen, 28.7. 1♂ (E. COMMERELL nach Kartei GREMMINGER); Karlsruhe, 29.7. 1♂ A. GREMMINGER; Erdmannshausen, 28.8. 2♂♂ (P. MOHN); Birkenfeld, 29.8. 4 Ex. (R. HÄUSSER); Raum Pforzheim Ende August (K. STROBEL nach Kartei GREMMINGER).
1958: Raum Pforzheim, 24.5. 10 Ex., (K. STROBEL nach Kartei GREMMINGER); Sinsheim, 25.5. 6 Ex., 15.7. 6 Ex., 23.7. 4 Ex., 24.7., 1.8., 12.8. je 2 Ex., 18.9., 20.9. je 1 Ex., 26.10. 2 Ex. (M. SCHMITT); Faule Waag bei Achkarren, 5.7. 1 Ex. (L. SETTELE); Dürnachtal, 4.8. 1 Ex. (G. REICH); Rotensol, 13.8. 1 Ex. (MEINKE nach M. WALLNER); Ettlingen, 22.8. 1 Ex. (P. PEKARSKY); Lienzingen, 13.9. 1 Ex. (M. WALLNER); Bodenseebecken, Überlingen, 1.–19.9. 5♂♂ (E. COMMERELL nach Kartei GREMMINGER).
1962: Bronnen, 31.7. 1 Ex. (G. REICH); Ettlingen, 7.9. 1 Ex. (P. PEKARSKY), 19.9. 1♂ (O. ENGELHARDT); Aalen, 23.9. 1♂ (H. KAUFMANN).
1964: Bronnen, 4.6. 1 Ex. (G. REICH); Schelklingen, 31.7. 1♂ (G. BAISCH).
1966: Federsee-Moor, 12.8. 1 Ex. (G. BAISCH).
1967: Federsee-Moor, 16.8. 1 Ex. (G. BAISCH).
1982: Rußheim, 1.10. 1 Ex. (J. THIELE).
1983: Dossenheim, 8.8. 1 Ex. (R. TRABOLD); Kollnau, 1 Ex. (A. Schneider).
1985: Sandhausen, 23.8. 1♂, (F. STEUERWALD); Insel Reichenau, Gemüsebaubetrieb Uricher, 2.10. 1 Raupe in Kopfsalat, mit Stiefmütterchenblättern gefüttert (I. NIKUSCH).
1988: Adelegg, Grat zw. Rohrdorfer Tobel u. Senntobel, 30.7. 1♀, (N. HIRNEISEN/A. STEINER); Oberer Neckar, Schloßberg bei Hohenstein, 12.9. 1♀, (A. STEINER); Bo-

denseegebiet, Radolfzell, 16.9. 1 Ex. (E. KIEFER); Sandstein-Spessart, Freudenberg, 27.9. 1 Ex. (A. BECHER). In diesem Jahr wurden aus Deutschland nur 8 weitere Falterfunde gemeldet (RENNWALD 1994, Wolf 1990, 1992), die alle aus Süddeutschland (Bayern, Südhessen, Pfalz) und aus dem Zeitraum zwischen 5.9. und 12.9. stammen, so daß die Tiere von der Adelegg und aus Freudenberg den frühesten und spätesten Einflug in Deutschland markieren.
1994: Grißheim, 26.8. 1 Ex. (E. RENNWALD); Wöschbach, 5.9. 1♀ (A. STEINER).
1996: Kraichtal-Eichelberg, 21.8. 1♂ (A. STEINER).

Spodoptera littoralis
(Boisduval, 1833)

Prodenia littoralis B. (SPULER 1908–1910)
Prodenia litura F. (partim) (WARREN in SEITZ 1909–1914, DRAUDT in SEITZ 1931–1938)

Gesamtverbreitung: Tropisches und subtropisches Afrika einschließlich der Inseln (Madeira, Kanaren, Kapverden, Madagaskar), in Europa in Südspanien, Portugal, Südfrankreich, Korsika, Süd- und Mittelitalien, Sardinien, Sizilien, Malta, Südgriechenland, Kreta und Rhodos. Nach Osten bis ins südliche Kleinasien, Irak, Südiran und Pakistan. In der südlichen Ostpaläarktis, der Orientalis und Australis fliegt *Spodoptera litura* (FABRICIUS, 1775), die westlich bis Oman und Iran verbreitet ist, wo sich die Areale beider Arten überschneiden. *S. littoralis* und *S. litura* wurden erst spät als artverschieden erkannt (VIETTE 1963), weshalb in der Literatur vor 1963 beide unter dem Namen *litura* figurierten.

In Mitteleuropa tritt *Spodoptera littoralis* meist als eingeschleppte Raupe an Früchten und Blumen (*Chrysanthemum*, *Hibiscus* u. v. a.) in Erscheinung. Ähnlich polyphag wie *S. exigua* gilt *S. littoralis* (»cotton leafworm«) in ihren Ursprungsgebieten als Schädling an Baumwolle, Mais, Luzerne, Reis, Tabak, Tee und vielen anderen Kulturpflanzen. Aus Ägypten wurden 112 Nahrungspflanzen aus 44 Familien gemeldet (MOUSSA, ZAHER & KOTBY 1960), BROWN & DEWHURST (1975) zählten über 115 Arten aus 49 Familien auf. In Baden-Württemberg sind eingeschleppte Raupen noch nicht bekannt geworden, aber zu erwarten.

Während aktive Wanderungen von manchen Autoren bestritten werden – die Art fehlt sowohl bei FORSTER (1971) als auch bei KOCH (1958, 1984), HEINICKE (1993) führt sie unter den verschleppten Arten auf – deuten Falterfunde in Großbritannien an Tagen mit starker Immigrationsaktivität darauf hin, daß auch *Spodoptera littoralis* vereinzelt als Imago wandert (BRETHERTON, GOATER & LORIMER 1983).

Die subtropische *Spodoptera littoralis* ist in Baden-Württemberg zweimal als Falter gefunden worden. Neben dem im Text erwähnten Tier fand sich nach Redaktionsschluß in der Sammlung A. ENGELHARDT der abgebildete Falter, der am 3.10.1961 im Stadtgebiet von Ettlingen gefangen wurde. Sein auffällig frischer Zustand läßt die Vermutung zu, daß er nicht weit vom Fundort aus einer eingeschleppten Raupe geschlüpft sein könnte.

Am 6.10.1975 wurde in Rastatt ein Falter zusammen mit *Helicoverpa armigera* am Licht beobachtet (R. HERRMANN). In den vorangegangenen Tagen herrschten Südströmungen vor, die warme Luft aus dem Mittelmeergebiet brachten. Wie R. HERRMANN berichtet, war in diesen Tagen bei den häufigeren Wanderfaltern (*Autographa gamma*, *Macdunnoughia confusa*, *Phlogophora meticulosa*, *Agrotis ipsilon*) eine spürbare Zunahme der Individuenzahlen zu verzeichnen. Dies deutet auch für *Spodoptera littoralis* auf eine Einwanderung im Imaginalstadium hin.

Sesamia cretica
Lederer, 1857

Gesamtverbreitung: Eine paläotropisch und -subtropisch verbreitete Art, die das nördliche und östliche Afrika, Arabien und Vorderasien (östlich bis Afghanistan) bewohnt. In Europa kommt sie im Mittelmeerraum vor, wo sie wohl nur in den heißen, niedrigen Küstenlagen bodenständig ist.

Sesamia cretica gehört nicht zum Faunenbestand Baden-Württembergs. Ein Exemplar dieser Art (det. C. BOURSIN), das den Fundumständen nach als eingeschleppt gelten muß, wurde am 17.6.1953 von R. HÄUSSER an einem Schaufenster beim Hauptbahnhof Pforzheim gefunden (STROBEL 1963, 1968). Wie viele Arten der Gattung *Sesamia* tritt auch *S. cretica* an Kulturpflanzen, besonders Gräsern wie Hirse und Mais sowie Zuckerrohr schädlich auf.

Um Einschleppung handelt es sich bei dem einzigen Fund von *Sesamia cretica* in Deutschland. – Frankreich, Vaucluse, Sorgues 15.6.49 coll. R. HENRIOT.

Chilodes maritimus
(Tauscher, 1806)

Schmalflügelige Schilfeule

Senta maritima TAUSCH. (REUTTI 1898, LAMPERT 1907, SPULER 1908–1910, REBEL 1910, ECKSTEIN 1913–1923, HERING 1932)
Nonagria maritima TAUSCH. (WARREN in SEITZ 1909–1914, DRAUDT in SEITZ 1931–1938, SCHNEIDER 1936–1939, BERGMANN 1951–1955, KOCH 1954–1961, 1984)
Chilodes maritima TAUSCH. (BOURSIN 1964, HARTIG & HEINICKE 1973, HEINICKE & NAUMANN 1980–1982, PRETSCHER et. al. 1984)

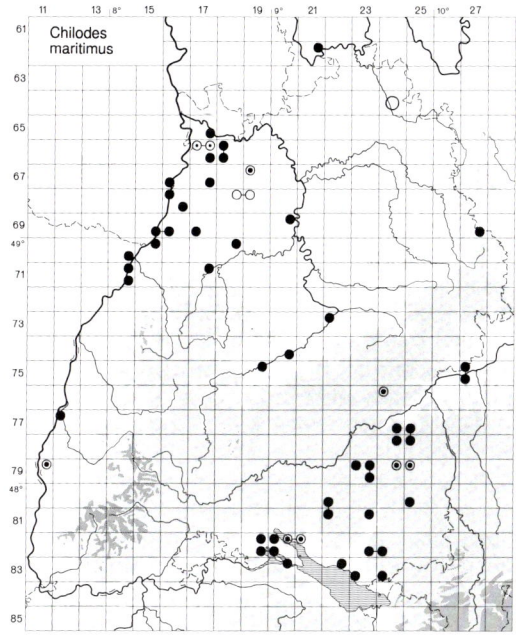

Gesamtverbreitung: In Europa lokal vorkommend, im Süden mit stark disjungierter Verbreitung, den südlichsten Gebieten anscheinend fehlend. Von Zentralspanien und Mittelitalien, Slowenien, Südungarn, Bulgarien und der Krim nördlich bis Ostengland, Norddänemark, Südschweden, Westfinnland und Karelien. Außerhalb Europas nur aus Kleinasien bekannt.

Verbreitung

Regional: *Chilodes maritimus* ist in Schilfbeständen vermutlich im gesamten Untersuchungsgebiet mit Ausnahme der Mittelgebirgslagen verbreitet. Das Kartenbild zeigt erwartungsgemäß Schwerpunkte vor allem im Bereich des Alpenvorlands vom Hügelland der unteren Riß und den Donau-Ablach-Platten bis zum Bodenseebecken und dem Westallgäuer Hügelland, ferner im Oberrheingraben und entlang einiger Flüsse wie dem Neckar. Es ist anzunehmen, daß die Art noch weiter verbreitet ist, aber wegen ihrer Bindung an Schilfbestände und ihrer unscheinbaren Erscheinung mit den oft zeichnungslosen, schmalen Flügeln mit Schilfzünslern verwechselt bzw. ignoriert wird. Echte Verbreitungslücken beste-

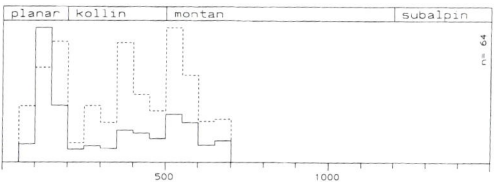

hen im Schwarzwald sowie auf der Schwäbischen Alb. Hier dürften aber an den nördlichen Donauzuflüssen vereinzelte Populationen existieren. Darauf deutet ein Fund von G. BAISCH an der Gaisenhalde bei Schelklingen, wo ein Falter – vermutlich vom 1 km entfernten Schmiechener See her – zugeflogen ist. Ob das Schwäbische Keuperbergland, Hohenlohe, das Kocher-Jagst-Gebiet, das Tauberland und das Bauland wirklich unbesiedelt sind, oder ob hier noch nicht gezielt genug gesucht wurde, ist unklar. Zwei

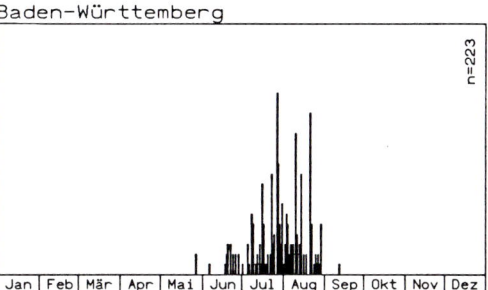

Die Schmalflügelige Schilfeule (*Chilodes maritimus*) wird vom Ungeübten ob ihrer Flügelform leicht mit einem Schilfzünsler verwechselt. Die zeichnungsarme Form ist grau und ockerbraun mit grauen Adern und schwarzen Aderpunkten. – Wollmatinger Ried 30.8.83 T. MARKTANNER. S.

Bei der am stärksten gezeichneten Form ist der Vorderflügel von einem schwarzen Streifen durchzogen. Zwischen beiden Extremen liegt eine Form, bei der nur die Ring- und Nierenmakel schwarz ausgefüllt sind, so daß sie leichter als Noctuide erkennbar ist. – Tübingen-Hirschau, Baggerseen 16.7.85 A. STEINER. LF.

neuere Fundorte bei Wört (M. MEIER) lassen eher letzteres vermuten.

Vertikal: Von den niedrigen Lagen der Rheinebene unter 100 m durch die kolline bis in die untere montane Stufe verbreitet. Die höchsten Fundorte liegen im Alpenvorland bei 650 bis 700 m (Wurzacher Ried, G. BAISCH, C. KÖPPEL, J.-U. MEINEKE; Fetsachmoos, J.-U. MEINEKE).

Phänologie

Imagines: Die Flugzeit bewegt sich in allen Gebieten zwischen Ende Juni und Ende August. In der Oberrheinebene sind auch einige wesentlich frühere Tiere bekanntgeworden: 27.5.1967, Rußheim, W. DÜRR/M. WALLNER; 6.6.1960, Karlsruhe, Rheinwald, W. IPP. Von hier stammt auch der späteste Nachweis, ein Septembertier: 12.9.1977, Rußheim (M. WALLNER/W. STAIB u. a.).

Präimaginalstadien: Die Raupen wurden zwischen Mitte Oktober (13.10.1994, bereits halberwachsen, Ottersdorf, C. KÖPPEL/A. STEINER) und Ende April (20.4.1993, Ottersdorf, C. KÖPPEL) beobachtet. FRÖMEL (1980), der die Raupen am Bodensee in zwischen Mitte Oktober und Mitte Mai entnommenen Schilfproben nachwies, machte keine genauen Datumsangaben.

Ökologie

Lebensraum: Schilfröhrichte im Uferbereich von stehenden und fließenden Gewässern, sowohl an größeren Seen (Bodensee) als auch an kleineren Teichen und Tümpeln, an Flüssen, insbesondere an Altwasserarmen und im Auwaldbereich (Rhein, Neckar), aber auch an kleineren Bächen und selbst an Wassergräben, im Niedermoorbereich und – in den Verlandungsmooren des Alpenvorlands – auch im gestörten Hochmoor. MEINEKE (1982) stellte im Federseegebiet die Imagines durch Lichtfang in schilfdurchsetztem Bruchwald und in verschilften Torfstichgebieten fest und kam zu dem Schluß: »Es liegt offensichtlich keine positive Beziehung zwischen Dichte der Futterpflanzen und Häufigkeit vor.«

Nach FRÖMEL (1980) war *Chilodes maritimus* in seinen Untersuchungsflächen im westlichen Bodenseegebiet die häufigste Art unter den zwischen Oktober und Mai gesammelten, im Schilf überwinternden Arthropoden. Sie war in kleinen, oft relativ trockenen und isolierten Schilfbiotopen ebenso zu finden wie auf verschiedenen Flächen der Halbinsel Mettnau von ganz trockenem bis zu (während des Sommers) im Wasser stehendem Schilf. Auch in den großen zusammenhängenden Schilfflächen des Wollmatinger Rieds und des Aachrieds, die durchweg sehr feucht sind, war sie vertreten.

Nahrung der Raupe:
Phragmites australis – Schilfrohr
5 L (FRM, FRY, KÖP, STN)

Die Raupen verbringen ihre Entwicklungszeit im Inneren der Schilfhalme, wo sie das Mark fressen. Soweit bisher bekannt ist, leben sie ausschließlich an (bzw. in) *Phragmites australis*, sollen sich aber nach Literaturangaben besonders nach der Überwinterung von verschiedensten organischen Stoffen ernähren. In der Literatur werden neben Raupen der eigenen Art vor allem Larven und Puppen anderer Schilfbewohner (z. B. Dipteren), aber auch alte Puppenhüllen und die inneren Stengelmembranen alter Schilfhalme angegeben (HAGGETT 1955). Dazu kommt die ebenfalls gern zitierte Angabe, die Raupen seien gut mit geschabtem, rohem Fleisch großzuziehen (BERGMANN 1954, HERING 1881, VÖLKER 1927–1928). Eine in diesem Lebensabschnitt wenigstens fakultativ carnivore Lebensweise wäre zwar durchaus plausibel, doch liegt aus unserem Gebiet kein sicherer Beleg dafür vor. Noch im April fand C. KÖPPEL bis zu 5 Raupen zusammen in einem Internodium, was klar gegen die Annahme des Kannibalismus spricht. Möglicherweise kommt es zu Kannibalismus nur unter bestimmten Zuchtbedingungen in Ermangelung frischen oder geeigneten Futters. Daß die Raupen nach mehreren unabhängigen Quellen als carnivor geschildert werden, belegt aber eine deutliche Adaption in diese Richtung. Eine genauere Untersuchung der Lebensweise im Freiland bzw. im Labor an lebenden Pflanzen wäre sehr erwünscht.

Nahrung des Falters: Keine Beobachtungen aus Baden-Württemberg.

Habitat: Die Art bewohnt *Phragmites*-Bestände, besonders das Schilfröhricht (Phragmition australis, Phragmitetum australis), kommt nach den Beobachtungen von MEINEKE (1982) aber auch (als Falter) im Kiefern-Birkenbruchwald und in verschilften Torfstichgebieten vor.

Verhalten: Die Raupen sitzen öfters in Anzahl zusammen in einem Internodium (C. KÖPPEL, A. STEINER). Während der Überwinterung verkriechen sie sich auch in am Boden liegende Halme und Stoppeln (K. FREYTAG). Über ihre Bewegungen innerhalb des Halms und den Wechsel von einem Halm zum nächsten ist praktisch nichts bekannt. Nach HAGGETT (1955) sollen die (halb bis ganz erwachsenen) Raupen nicht in der Lage sein, sich selbständig in einen Schilfstengel hineinzubohren, sondern auf solche Stengel angewiesen sein, die bereits Bohrlöcher von *Archanara*-Raupen und anderen Insekten aufweisen. Dies wäre ein Erklärungsansatz für die carnivore Lebensweise, aber *Chilodes* kommt bei uns auch in kleinen Schilfbeständen vor, in denen keine *Archanara*-Art lebt (z. B. bei Kirchentellinsfurt, A. STEINER). Die Falter sind nachtaktiv und kommen ans Licht, fliegen dabei jedoch selten weit aus ihren Entwicklungshabitaten heraus. Bei einigen Funden müssen aber mehrere hundert Meter bis zu einem Kilometer vom nächstliegenden Schilfbestand bis zur Lichtquelle zurückgelegt worden sein (Gaisenhalde bei Schelklingen, G. BAISCH; Kirchentellinsfurt, südlicher Ortsrand, A. STEINER).

Die Raupen leben endophytisch in den Halmen des Schilfrohrs, wo sie sich nach Literaturangaben räuberisch von Insekten und deren Larven, selbst von solchen der eigenen Art, ernähren sollen. Die wiederholten Nachweise von mehreren Raupen zusammen im selben Internodium spricht aber gegen diese Vermutung. Hier wurden drei Raupen vor der Überwinterung in einem schon stark mit Kot ausgefüllten Stengelabschnitt angetroffen. *Chilodes maritimus* bewohnt Schilfbestände unterschiedlichen Alters und kann sich auch noch in kleinen Reliktbeständen an Bächen und Gräben halten. Häufiger ist sie in ausgedehnten Schilfflächen im Auenbereich und an Seeufern (s.u. *Phragmataecia castaneae*). – NSG Rastatter Rheinauen 13.10.94 A. STEINER.

Gefährdung und Schutz

Rote Liste Bundesrepublik: 3
Rote Liste Baden-Württemberg: V

Oberrheinebene: Art der Vorwarnliste.
Schwarzwald: Nicht vertreten.
Neckar-Tauberland: Gefährdet.
Schwäbische Alb: Art der Vorwarnliste
(nur randlich vorkommend).
Oberschwaben: Art der Vorwarnliste.

- In Baden-Württemberg eine Art der Vorwarnliste!

Das häufig praktizierte Mähen oder Abbrennen von Schilfflächen im Winterhalbjahr ist in großen, zusammenhängenden Beständen für diese Art wenig schädlich, sofern unbeeinträchtigte Bereiche übrigbleiben oder benachbarte Flächen vorhanden sind, von denen aus eine Wiederbesiedlung erfolgen kann. Wesentlich gravierender sind solche Eingriffe aber in kleinen, isolierten Beständen, wie sie vielfach im Neckar-Tauberland existieren, weil hier das Risiko einer lokalen Ausrottung nicht nur dieser sondern aller schilfbewohnenden Noctuidenarten besteht.

Wir müssen ohnedies davon ausgehen, daß die Reduzierung der Schilfbestände durch Kultivierung und Grundwasserabsenkung im Lauf der letzten Jahrhunderte schon eine beträchtliche – heute nicht mehr nachvollziehbare – negative Auswirkung auf die Bestandssituation von *Chilodes maritimus* gehabt hat. Nur ihrer Fähigkeit, sich auch in kleinen Schilfflächen noch zu behaupten, hat sie es zu verdanken, daß sie unter den schilfbewohnenden Noctuiden die (noch) am wenigsten gefährdete und vergleichsweise am weitesten verbreitete Art geblieben ist.

Athetis gluteosa
(Treitschke, 1835)

Trockenrasen-Staubeule

Caradrina gluteosa Tr. (REUTTI 1898)
Hydrilla gluteosa Tr. (LAMPERT 1907, SPULER 1908–1910, REBEL 1910, ECKSTEIN 1913–1923, HERING 1932)
Proxenus gluteosa Tr. (DRAUDT in SEITZ 1931–1938: 182)

Gesamtverbreitung: Das in Europa sehr zerrissene Verbreitungsgebiet umfaßt ein nördliches Teilareal mit Funden von Mittelnorwegen (Opland) über Schweden (Öland, Gotland, Medelpad), Süd- und Mittelfinnland und Karelien bis Leningrad und Kirow. Das südliche Teilareal schließt Mitteleuropa ein und reicht im Süden bis Südfrankreich, Mittelitalien, Jugoslawisch-Mazedonien und Bulgarien. Im Norden erreicht es die Niederlande, die süddeutschen Mittelgebirge (nördlich bis zur Rhön), Tschechien (Südmähren) und die nördliche Ukraine. Innerhalb dieses Gebiets sind die Vorkommen aber sehr lokal. Weiter östlich ist die Art quer durch Mittelasien bis zur Mongolei, Nordchina, Korea und Japan verbreitet. Das früher gelegentlich als eigene Art aufgefaßte Taxon *kitti* (REBEL, 1913) bezeichnet nur eine österreichische Lokalform von *A. gluteosa*.

Verbreitung

Regional: Mit ziemlicher Sicherheit ist die Chorologie dieser recht kleinen, unscheinbaren Art in Baden-Württemberg nur unvollständig bekannt, weil sie oft übersehen oder nicht erkannt werden dürfte. Die Fundorte verteilen sich auf das Neckar-Tauberland und die Oberrheinebene. Im Tauberland ist die Art vom Besselberg bei Grünsfeld (A. BECHER/F. KIRSCH) und vom Hölzlesberg bei Niederstetten (A. STEINER) nachgewiesen, eine alte Meldung aus dem Raum Buchen (Sandstein-Odenwald/Bauland; EHINGER nach Kartei A. GREMMINGER) ist – vermutlich nur mangels aktueller faunistischer Aktivität in diesem Gebiet – nicht mehr bestätigt worden. Am Kraichgaurand kennen wir neuere Nachweise von der Kiesgrube Dammstücker und dem Kalksteinbruch bei Nußloch (R. BLÄSIUS) und in der nördlichen Ober-

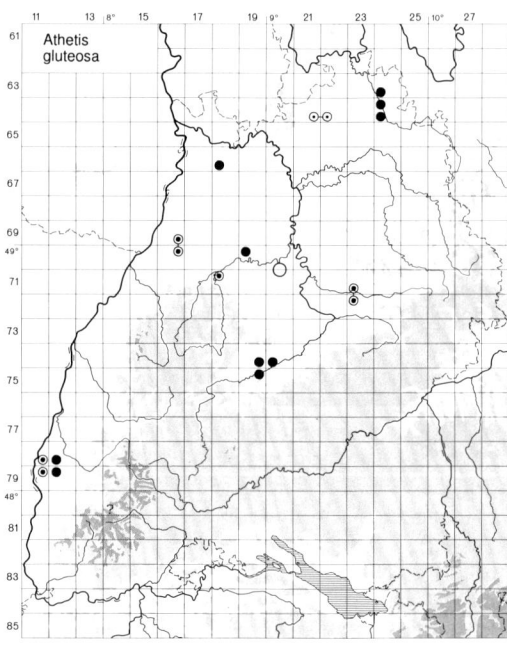

Athetis gluteosa ist eine sehr lokal verbreitete Art trokkenwarmer Habitate. Das Männchen ist meist heller und die Querlinien sind oft deutlicher schwarz gezeichnet als bei dem abgebildeten Weibchen, aber insgesamt sind die Tiere sehr unscheinbar. Vielleicht werden sie deshalb gelegentlich übersehen. – Tübingen-Hirschau, Spitzberg 18.7.85 A. STEINER. LF.

kannt und an weiteren zu erwarten ist: Oberrotweil (M. WALLNER), Scheibenbuck bei Schelingen (H. LUSSI), Ihringen (BROMBACHER 1933–1935), Totenkopfgebiet (W. STAIB/M. WALLNER), Oberbergen Ortsgebiet (CLEVE 1968), Badberg bei Vogtsburg (GREMMINGER 1950a, R. HERRMANN, L. SETTELE, M. WALLNER).

Zumindest als sehr unwahrscheinlich ist die Angabe »im höheren Schwarzwald« (F. MAYER nach REUTTI 1898) zu bewerten, bei der es sich wohl um eine Fehldetermination (vielleicht um eine Verwechslung mit *Athetis pallustris*) handelte[1].

An verschiedenen potentiell geeigneten Standorten im Neckar-Tauberland (sowohl im Muschelkalk- als auch im Keupergebiet) und in der Rheinebene dürften noch weitere Populationen existieren. Beim Nachtfang sollte dieser oft verkannten Art mehr Aufmerksamkeit geschenkt werden.

Vertikal: Die Fundorte liegen in der Ebene und im Hügelland zwischen 100 m und über 450 m.

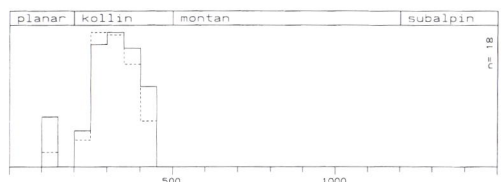

rheinebene ältere Funde aus dem Karlsruher Stadtbereich (A. GREMMINGER, E. JÄCKH), wo die Art heute offenbar nicht mehr vorkommt. Im südlichen Stromberggebiet wurde sie vom Burgberg bei Lienzingen (M. STAIB, M. WALLNER), im Neckarbecken aus dem Raum Illingen (K. STROBEL), aus Pforzheim (M. WALLNER) und Markgröningen (A. WÖRZ nach Kartei A. GREMMINGER) gemeldet. Weiter neckaraufwärts fanden sie M. MEIER und A. STEINER am Spitzberg bei Tübingen, aber auch im Ammertal bei Tübingen und an den Hirschauer Baggerseen im Neckartal. Im Naturraum Schurwald/Welzheimer Wald ist der Fundort Schorndorf (N. SCHMUNCK) belegt. Eine weitere Konzentration bietet der Kaiserstuhl, wo die Art an mehreren Fundorten be-

Phänologie

Imagines: Die Falter wurden im Neckar-Tauberland zwischen Ende Juni und Mitte August gefunden (25.6.1964, Burgberg bei Lienzingen, M. WALLNER; 13.8.1984 noch 4 Exemplare, Spitzberg bei Tübingen, Sonnhalde, M. MEIER/A. STEINER), in der Oberrheinebene zwischen Anfang Juli und Anfang August (3.7.1952, Karlsruhe, A. GREMMINGER; 10.8.1948, Vogtsburg, GREMMINGER 1950), wobei die scheinbar kürzere Flugzeit am Oberrhein wohl nur ein durch Datenmangel bedingtes Artefakt darstellt. Ein

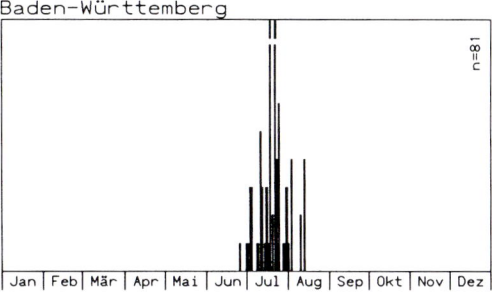

[1] Als Fehlbestimmung betrachten wir auch die Angabe »Höllental« (ohne genauere Fundstelle; K. ROTHMUND nach Kartei A. GREMMINGER), weil das Funddatum (5.6.1933) um nahezu einen Monat vom normalem Flugzeitbeginn abweicht. Die Möglichkeit eines Vorkommens auf einer der südexponierten Blockschuttfluren des Südschwarzwalds möchten wir aber nicht völlig ausschließen.

Über die Lebensweise der Raupe im Freiland ist noch nicht viel bekannt. Vermutlich gehört sie zu den Welklaubfressern. In der Zucht kann sie auch mit frischen Blättern ernährt werden. – Grünsfeld (ex ovo-Zucht) 9.91 A. BECHER. S.

schwaches Maximum zeichnet sich in beiden Gebieten Mitte Juli ab.

Präimaginalstadien: Keine Funde in Baden-Württemberg. Das Überwinterungsstadium ist bei uns sicherlich die Raupe. Nach PRITTWITZ (1857) überwintert die erwachsene Raupe »frei im Moose der Kiefernwälder, bei dessen Ausraufen man sie im October findet, erwacht im März und spinnt sich dann im Moose ein«.

Ökologie

Lebensraum: Bei der Mehrzahl der Fundorte handelt es sich um sonnige, kalkreiche Halbtrockenrasen- und xerotherme Saumgesellschaften verschiedener Ausprägung, zum Beispiel im Kaiserstuhl (wo am Badberg auch Volltrockenrasen in Frage kommen), am Spitzberg bei Tübingen (aufgelassene Weinberge) und im Tauberland, meist in mehr oder weniger südexponierten Hanglagen, teils mit offenen Felsen, vegetationsarmen Böschungen, Steinriegeln oder Weinbergsmauern durchsetzt. Trockenrasenstellen existieren auch in der Kies-, Sand- und Tongrube bei Nußloch. Sehr interessant sind die Funde von A. GREMMINGER, der *Athetis gluteosa* 1951 bis 1953 in Karlsruhe in der Wolfartsweierer Straße am Licht fing. In unmittelbarer Nähe dieser Lokalität befinden sich die ausgedehnten Gleisanlagen des Rangierbahnhofs, wo die Art sich wohl auf den Kiesfluren (Sedo-Scleranthetea bis Ruderalgesellschaften) entwickelt haben dürfte.

Einige Rätsel geben noch die beiden Fundorte im Neckar- und Ammertal bei Tübingen auf: an den Hirschauer Baggerseen stehen kleinräumig Kiesfluren und Kiesböschungen zur Verfügung, wo die Entwicklung ablaufen könnte, aber im Ammertal (Schweigbrühl) handelt es sich um Schilfbestände, bachbegleitende Weichhölzer und Ackerland. In beiden Fällen wäre es denkbar, daß Falter vom benachbarten Spitzberg (der zwischen Neckar- und Ammertal liegt) zugeflogen sind; an den Hirschauer Baggerseen wurden allerdings gleich 2 Exemplare beobachtet (M. MEIER/A. STEINER).

Nahrung der Raupe: Aus Baden-Württemberg unbekannt.

Laut Literatur lebt die Raupe an den unvermeidlichen »niederen Pflanzen« (LAMPERT 1907, SPULER 1908–1910, KOCH 1958). Nach VORBRODT (1911) kann sie unter dürren Blättern von Weinrebe (*Vitis vinifera*) und Hufeisenklee (*Hippocrepis comosa*) – beides offenbar Tagesverstecke der Raupe – gefunden und nachts an Gräsern geschöpft werden (genauso auch zitiert von BERGMANN 1954). Ob die Raupe im Freiland tatsächlich an einer dieser Pflanzen frißt, ist unbekannt. Aber bei FORSTER (1971) findet sich die Raupe bereits »mit Vorliebe an *Hippocrepis comosa* und an Gräsern«, und

Versaumende Magerrasen, xerothermophile Gebüsche, kleinflächig offene Rutschungsflächen und Weinbergsmauern kennzeichnen den Lebensraum von *Athetis gluteosa* an diesem Keuperhang am mittleren Neckar. – Tübingen-Hirschau, Spitzberg 9.8.96 A. STEINER.

bei HACKER (1989) lebt die Raupe »bevorzugt« an *Hippocrepis comosa*. In Wirklichkeit hat wahrscheinlich noch kein Entomologe eine *A. gluteosa*-Raupe im Freiland beim Fressen angetroffen, weder am Hufeisenklee (einer potentiell durchaus wahrscheinlichen Nahrungspflanze) noch an Weinrebe (die eher unwahrscheinlich klingt) oder an sonst irgendeiner Pflanze[2]. Da die Raupen in der Zucht alle möglichen krautigen Pflanzen, auch in vertrocknetem Zustand, akzeptieren, ist die Hypothese der Polyphagie recht gut begründet.

Nahrung des Falters: Aus Baden-Württemberg unbekannt. In Südschweden wurden die Falter zu Hunderten an der Küste über *Lathyrus maritimus* schwärmend beobachtet (SKOU 1991), wobei es sich wohl eher um eine Nektar- als um eine Eiablagepflanze, vielleicht aber auch um beides, gehandelt haben könnte.

Habitat: Ohne Raupenfunde ist derzeit keine genauere Eingrenzung des Entwicklungshabitats möglich.

Verhalten: Die nachtaktiven Imagines kommen ans Licht, und das zuweilen in Anzahl (z. B. 11 Exemplare am 18. 7. 1985 am Spitzberg bei Tübingen, M. MEIER/A. STEINER), benehmen sich jedoch sehr unauffällig.

Gefährdung und Schutz

Rote Liste Bundesrepublik: 3
Rote Liste Baden-Württemberg: 3

Oberrheinebene: Gefährdet (regional bereits ausgestorben oder verschollen).
Schwarzwald: Nicht sicher nachgewiesen (kritischer Einzelfund).
Neckar-Tauberland: Gefährdet.
Schwäbische Alb: Nicht vertreten.
Oberschwaben: Nicht vertreten.

• In Baden-Württemberg gefährdet!

Die geringe Anzahl bekannter Fundorte und das Verschwinden zumindest an einem davon (Karlsruhe, vielleicht auch Pforzheim) zusammen mit der ungeklärten Biologie bedingen die Einstufung von *Athetis gluteosa* als gefährdet. Die bekannten Lokalitäten sollten, soweit sie nicht in Naturschutzgebieten liegen, vor Eingriffen, vor allem vor Intensivierungen des Weinbaus, aber auch vor Bebauung verschont bleiben. Eine regelmäßige Überwachung der einzelnen Populationen durch Lichtfang ist anzuraten (die Raupensuche dürfte sich bei dieser Art für Bestandskontrollen als ineffizient erweisen).

Athetis pallustris
(Hübner, 1808)
Wiesen-Staubeule

Hydrilla pallustris HBN. (LAMPERT 1907)
Hydrilla pallustris HBN. (SPULER 1908–1910, REBEL 1910, ECKSTEIN 1913–1923, HERING 1932)
Petilampa pallustris HBN. (DRAUDT in SEITZ 1931–1938, SCHNEIDER 1936–1939, WARREN in SEITZ 1909–1914)
Athetis pallustris HBN. (BERGMANN 1951–1955, KOCH 1954–1961, 1984, Rote Liste BW)

Gesamtverbreitung: In Europa von Mittelspanien, Süditalien und Jugoslawisch-Mazedonien im Süden bis nach Südostengland, Mittelnorwegen, Nordschweden, Nordfinnland und Karelien im Norden verbreitet, aber meist nur sehr lokal nachgewiesen. In Asien erstreckt sich das Areal vom Kaukasus und vom Ural durch Mittel- und Nordasien bis nach Sibirien, zur nördlichen Mongolei, nach Kamtschatka und Japan.

Verbreitung

Regional: Die Verbreitung von *Athetis pallustris* beschränkt sich in Baden-Württemberg über-

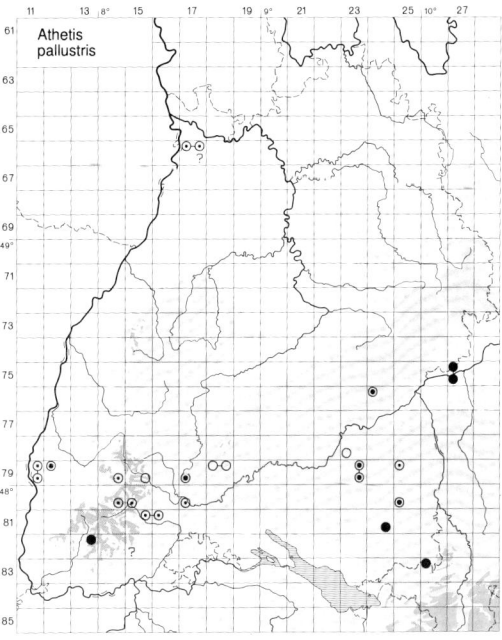

---
[2] Schon PRITTWITZ (1857), der erstmals die Raupe beschrieb, hatte betont: »Ich erhielt [=fand] die Raupen stets erwachsen. Sie frassen bei mir Nichts, weshalb ich über ihre Futter-Pflanze unsicher bin.«

wiegend auf das östliche Alpenvorland, den südlichen Schwarzwald und die dazwischen liegenden Gebiete des Neckarlands (Alb-Wutach-Gebiet und Baar). Aus der Oberrheinebene sind eine Anzahl von Nachweisen im Kaiserstuhlgebiet bekannt. Die Mehrzahl der Nachweise stammt aus der Zeit vor 1970.

Oberrheinebene: Schwetzingen [ohne Jahr] (H. GREULICH nach Kartei A. GREMMINGER); Kaiserstuhl [ohne Jahr] (E. EINICKE/A. HEILIG/H. HOMMEL nach SCHRÖDER 1922b), Schelingen, 1971 (E. KIEFER), Ihringen, 1926 (BROMBACHER 1933–1935); Vogtsburg bzw. Badberg [ohne Jahr], 1927, 1965 (A. HEILIG nach BROMBACHER 1933–1935, L. SETTELE, M. WALLNER)
Schwarzwald: Wildgutach, 1946, 1949 (A. FEHRENBACH, L. SETTELE); Furtwangen-Linach (K. DOLD/L. SETTELE nach Kartei A. GREMMINGER); Hinterzarten, 1926, 1948, 1949 (E. BROMBACHER, L. SETTELE); Titisee-Neustadt [ohne Jahr] (EHINGER 1925); bei Präg, 1987 (J.-U. MEINEKE), 1988 (R. HERRMANN/J.-U.MEINEKE).
Neckar-Tauberland: Schwenninger Moos, 1961, 1964 (H. HERRMANN 1968, 1976); Umg. Spaichingen, 19. Jh. (ASCHENAUER nach SCHNEIDER 1938); Pfohrener Ried, ohne Jahr und 1934 (H. HOMMEL nach SCHRÖDER 1922b, H. VOLLMER nach Kartei A. GREMMINGER); Wutach, Gutachbrücke, 1950 (NOPPER nach Kartei A. GREMMINGER); Wutachgebiet, 1950 (L. SETTELE).
Schwäbische Alb: Schelklingen, 1950, 1965 (G. REICH).
Alpenvorland: Leipheimer Moos, 1987 (R. HEINDEL); Heudorf, 19. Jh. (TROLL nach SCHNEIDER 1938); Federseegebiet, 1963 (G. BAISCH); Dürnachtal und Bronnen, 1929, 1936 (G. REICH); Ummendorf, 1935 (G. REICH nach SCHNEIDER 1938); Wurzacher Ried, 1965 (G. BAISCH); bei Wolfegg, 1984 (M. GOLDSCHALT); bei Isny, 1977 (T. MARKTANNER).

Seit den siebziger Jahren wurde die Art nur noch im Hochschwarzwald bei Präg (1987, 1988) und im Alpenvorland bei Wolfegg (1984), bei Isny (1977) und im Leipheimer Moos (1987) gefunden. Der jüngste Fund aus dem Kaiserstuhl datiert von 1971. Bei der Meldung vom Kloster Ave Maria bei Deggingen, Nordrand der Schwäbischen Alb (Pater MÜLLER nach REISS 1949) hat es sich mit hoher Wahrscheinlichkeit um eine Fehlbestimmung gehandelt. Die ungenaue Angabe »Spaichingen« dürfte sich eher auf das Vorland der westlichen Alb als auf das Juragebirge selbst beziehen. Von der Alb ist damit nur der Fundort Schelklingen sicher belegt.

Nach einer Eintragung in der Kartei von A. GREMMINGER soll H. GREULICH die Art in oder bei Schwetzingen in der nördlichen Oberrheinebene gefunden haben. Da GREULICHS Sammlung viele gezüchtete, getauschte/gekaufte und wenigstens zum Teil unzuverlässig etikettierte Stücke enthielt, müssen wir diese Angabe zumindest mit einem kleinen Fragezeichen versehen. Unmöglich wäre dieses Fundgebiet keineswegs, denn in der angrenzenden Pfalz sind Funde älteren Datums bei Haßloch-Bruchhof und Speyer und noch 1967 bei Harthausen bekannt (KRAUS 1993). Somit läge auch eine Wiederentdeckung in Nordbaden nicht völlig im Bereich des Unmöglichen.

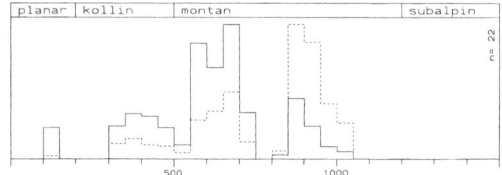

Vertikal: In Baden-Württemberg tritt *Athetis palustris* von der planaren durch die kolline bis in die montane Stufe auf. Die niedrigsten Standorte besitzt sie in der Ebene (Schwetzingen, um 100 m) und im Hügelland (Kaiserstuhl, um 300 m), die höchsten Fundstellen wurden aus dem Hochschwarzwald gemeldet: Umg. Titisee-Neustadt, ca. 910–1020 m (EHINGER 1925).

Phänologie

Imagines: Die sehr geringe Anzahl vorliegender Funddaten läßt noch keine endgültige regionale Aufschlüsselung zu. Immerhin fallen die Nachweise sowohl im Schwarzwald wie auch im Alpenvorland in den fast identischen Zeitraum zwischen Mitte Mai und Ende Juni/Anfang Juli (14.5.1949, Wildgutach, L. SETTELE, coll. SMNS; 1.7.1988, Präg, R. HERRMANN/J.-U. MEINEKE; 16.5.1984, Wolfegg, M. GOLDSCHALT; 25.6.1965, Wurzacher Ried, G. BAISCH). Die vereinzelten Daten aus den anderen Gebieten liegen zwischen Ende Mai und Ende Juni. Bei der Angabe von H. HERRMANN (1968) »fliegt etwa Ende Mai bis Juli« handelt es sich, wie auch bei seinen übrigen Angaben, um Zitate aus der Literatur, die als Eigenbeobachtungen ausgegeben wurden.

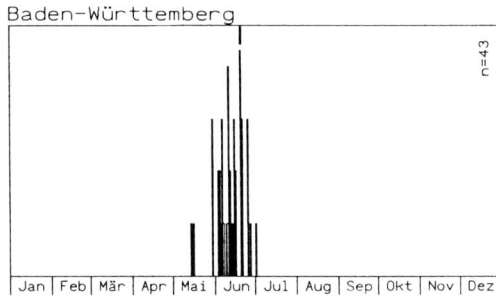

Athetis pallustris ist ebenfalls ein sehr unscheinbares Tier, das in Baden-Württemberg fast ausschließlich in den südlichen Landesteilen gefunden wurde. Über die Larvalbiologie wissen wir noch sehr wenig. – Italienische Alpen, Valpelline 28.5.1996 N. HIRNEISEN. LF.

Präimaginalstadien: Aus Baden-Württemberg unbekannt. Nach Literaturangaben lebt die Raupe von Juli bis Anfang Mai (BERGMANN 1954, KOCH 1984, RAEBEL 1930). Sie ist bereits Ende September/Anfang Oktober (in der Zucht schon Ende August) erwachsen, überwintert und wird im April/Mai wieder aktiv. Sie nimmt dann keine Nahrung mehr auf, ist aber nachts und gelegentlich nachmittags an Grasstengeln und in der Bodenvegetation sitzend zu finden, bevor sie sich zur Verpuppung eingräbt.

Ökologie

Lebensraum: Im allgemeinen gilt *Athetis pallustris* als »Leitart kurzhalmiger, mit Laubgebüsch durchsetzter Moor- oder Riedwiesen (Wiesenmoore) in offenen Niederungen« (so BERGMANN 1954 für Thüringen). Was unsere Vorkommen im Alpenvorland betrifft, kann diese Angabe bestätigt werden. Auch für den Schwarzwald, von wo allerdings kaum genaue Aussagen vorliegen, nehmen wir offene, mäßig feuchte bis feuchte Wiesengesellschaften als Lebensraum und Entwicklungshabitat an. Gleiches gilt für die Standorte auf der Baar (Schwenninger Moos, H. HERRMANN 1968, 1976) und im Wutachgebiet.

Völlig anders ist die Situation jedoch im Kaiserstuhl und am Fundort Schelklingen (Schwäbische Alb). Hier flogen die Falter in ausgesprochen warmtrockenen Magerrasengesellschaften (Halbtrockenrasen) ans Licht. Da es sich dabei nicht um Einzelfunde sondern um mehrere Nachweise in verschiedenen Jahren, ja selbst Jahrzehnten handelt, müssen wir von Bodenständigkeit ausgehen. Wo hier die Larvalhabitate liegen, entzieht sich noch völlig unserer Kenntnis. Möglicherweise handelt es sich um sehr kleinräumige Feuchtstellen, die im Kaiserstuhl und auf der Schwäbischen Alb dann in Bachtälern und kleinen Quellhorizonten zu suchen wären. In diesem Zusammenhang ist es von Interesse, daß HACKER (1989) auch aus Südeuropa angegeben hat: »zum Teil wird *A. pallustris* aber auch in ausgesprochenen Magerrasengesellschaften gefunden«. Schon RAEBEL (1930) hatte darauf hingewiesen, daß ihm die Raupen in der Zucht bei Feuchthaltung sämtlich eingingen. Weiter schrieb er, er habe die Falter in Oberschlesien »auf Sumpfwiesen nie angetroffen, die Fundstellen waren eher trocken als feucht.« Eine davon beschrieb er als »engbegrenzte Stelle am Rande eines lichten Fichtenhochwaldes ... mit dichtem Gras bewachsen, worin einige *Rhamnus*- [=*Frangula alnus*] und Eichenbüsche standen«. Bezüglich der genauen Eingrenzung der Larvalhabitate besteht also noch bedeutender Forschungsbedarf.

Nahrung der Raupe: Noch keine Beobachtungen aus Baden-Württemberg.

Die in der Literatur häufig genannten »niederen Pflanzen« Löwenzahn, Wegerich, Ampfer (KOCH 1984) dürften sämtlich auf Fütterungspflanzen bei der Zucht zurückgehen (z. B. NICOLAUS nach BERGMANN 1954, RAEBEL 1930). Echte Freilandbeobachtungen sind selten. In den ostenglischen Fens lebt die Raupe vor allem an *Filipendula ulmaria*, in Lincolnshire wird *Rubus caesius* als Freilandnahrung vermutet (BRETHERTON, GOATER & LORIMER 1983). Vielfach wurden Gräser bzw. Sumpfgräser (LHOMME 1923–1935) genannt. HOFFMANN soll in der Steiermark Raupen nachts von Gras geschöpft haben (RAEBEL 1930); daraus ergibt sich allerdings noch keine Gewißheit über die Nahrungsaufnahme an Gras.

Nahrung des Falters: Keine Angaben aus Baden-Württemberg. Nach Literaturangaben kommen die Falter an den Köder.

Habitat: Mangels Larvalnachweisen lassen sich für unser Bundesland noch keine Angaben machen, die über die Aussagen im Kapitel Lebensraum hinausgehen.

Verhalten: Die Raupe, die der von *Caradrina morpheus* sehr ähnelt, sitzt nach BRETHERTON, GOATER & LORIMER (1983) tagsüber in der niedrigen Vegetation versteckt und kommt nachts zum Fressen heraus. Sie verursacht Lochfraß, der mit dem von Blattwespenlarven verglichen wird. RAEBEL (1930) wies darauf hin, daß er an den Falterfundstellen nachts nie eine Raupe fand, was auf eine eher versteckte Lebensweise schließen läßt.

Die männlichen Falter sind dämmerungs- und nachtaktiv und kommen ans Licht, lassen sich aber auch tagsüber aufscheuchen. In warmen Nächten, wenn die meisten Nachtfalter der Feuchtwiesen aktiv sind, fliegen sie wenig oder gar nicht, dafür bevorzugt in kühlen, nassen, regnerischen Nächten bei niedrigen Temperaturen zwischen 10° und 15°C oder auch hinunter bis 5°C (BRETHERTON, GOATER & LORIMER 1983). Aus Präg berichten R. HERRMANN und J.-U. MEINEKE von Lichtanflug bei ca. 10°C nach Regengüssen. In Oberschlesien beobachtete RAEBEL (1930), daß die Falter nach Einbruch der Dunkelheit oft stundenlang an Grashalmen und Zweigen von Sträuchern saßen, ohne aktiv zu werden. Nur an einem gewitterschwülen Abend sah er die Männchen schwärmen. Eine Freiland-Copula beobachtete er gegen 23 Uhr. Die Weibchen haben reduzierte Flügel und fliegen wenig (nach BERGMANN erst spät nachts und in der Morgendämmerung), sind aber sehr agile Läuferinnen. Sie sollen schon zu Fuß zum Leuchttuch gekommen sein (BRETHERTON, GOATER & LORIMER 1983). VÖLKER (1927–1928) fand die Falter bei Jena »vereinzelt am Licht, meist ♂♂, einmal 1♀ bei Gewitterregen.«

Gefährdung und Schutz

Rote Liste Bundesrepublik: 2
Rote Liste Baden-Württemberg: 2

Oberrheinebene: Stark gefährdet (regional ausgestorben oder verschollen).
Schwarzwald: Stark gefährdet.
Neckar-Tauberland: Ausgestorben oder verschollen (Aussage nicht abgesichert).
Schwäbische Alb: Ausgestorben oder verschollen (Aussage nicht abgesichert).
Oberschwaben: Stark gefährdet.

• In Baden-Württemberg stark gefährdet!

Athetis pallustris entzieht sich aufgrund ihres unscheinbaren Äußeren und wegen ihrer Aktivität in ungünstigen Nächten sicher vielfach der Beobachtung. So können wir nicht sicher sein, ob sie auf der Schwäbischen Alb, auf der Baar, im Alb-Wutachgebiet und im Kaiserstuhl wirklich ausgestorben ist, zumal gerade im Kaiserstuhl seit der Ausweisung der Naturschutzgebiete nur noch wenige Beobachtungen durch Lichtfang stattfinden konnten. Dennoch möchten wir aus der geringen Anzahl neuerer Funde auf einen Rückgang schließen und die Art zumindest vorläufig als stark gefährdet einstufen. Es muß hierbei sehr deutlich darauf hingewiesen werden, daß bezüglich der aktuellen Verbreitung, der Biologie und der Ökologie von *Athetis pallustris* in Baden-Württemberg erheblicher Forschungsbedarf besteht. Für die nächsten Jahre sind gezielte Suchaktionen an allen bisherigen Fundorten zu empfehlen, wobei sich als Methode der Lichtfang in witterungsmäßig ungünstigen Nächten (eventuell Lichtfallenfang) anbietet. An den aktuellen Standorten sollte versucht werden, durch nächtliche Raupensuche im Herbst mehr Licht in die Larvalökologie zu bringen.

Dypterygia scabriuscula
(Linnaeus, 1758)
Dunkle Knötericheule

Dipterygia scabriuscula L. (REUTTI 1898, REBEL 1910, DRAUDT in SEITZ 1931–1938, KOCH 1954–1961, 1984, HARTIG & HEINICKE 1973)

Gesamtverbreitung: Nahezu ganz Europa vom Mittelmeer bis zum 64°n.Br. in Fennoskandien sowie Westasien (einschließlich Kleinasien). Die Populationen der östlichen USA und Kanadas wurden früher zu *D. scabriuscula* gezählt, aber 1974 von BERIO als eigene Art beschrieben.

Verbreitung

Regional: Der Schwerpunkt der Vorkommen liegt in der Oberrheinebene und hier besonders im nördlichen Teil in den Hardt-Ebenen und in den unmittelbar angrenzenden Gebieten des Kraichgaus, der Bergstraße und des Vorderen Odenwalds. *Dypterygia scabriuscula* dürfte auch in der mittleren und südlichen Oberrheinebene sowie am Hochrhein weiter verbreitet sein als das Kartenbild zeigt. Auch wenn die Falter manchmal in Anzahl nachgewiesen werden, so sind doch aus den letzten Jahrzehnten keine Massenbeobachtungen mehr bekannt geworden, wie sie im 19.Jh. beobachtet wurden. GAUCKLER (1898a) hatte *D.*

scabriuscula als im Hardtwald bei Karlsruhe »höchst gemein« bezeichnet und sie »oft zu Hunderten am Köder« gefunden.

In den meisten mittleren und östlichen Landesteilen ist die Verbreitung sehr lückenhaft. Auf der Schwäbischen Alb und in den südlichen Teilen des Neckar-Tauberlands, also auf Jura und Muschelkalk, fehlt *Dypterygia scabriuscula* sogar fast völlig. Zwar war die Art von KUNKEL (in WERFER 1813) für Schwäbisch Gmünd und von SEYFFER (1850) für Stuttgart und Reutlingen »ziemlich häufig« genannt worden, doch läßt sich dies nicht anhand von neueren Funden nachvollziehen. SCHNEIDER schrieb noch 1938: »In der Umgebung von Stuttgart hin und wieder vereinzelt am Köder«, doch es existieren nur zwei Belegstücke aus den Jahren 1959 und 1960 (»Stuttgart, Killesberg«, L. WEINMANN, coll. SMNS). In der Schmetterlingsfauna von Stuttgart und Umgebung nennt SCHÄFER (1980b) keine neueren Nachweise. Auch in der gut bearbeiteten Umgebung von Tübingen fanden M. MEIER und A. STEINER in den siebziger und achtziger Jahren nur ein einziges Mal einen Falter (1985, Tübingen-Hirschau: Baggerseen). Im nördlichen Neckarland sind die Nachweise etwas weniger spärlich, doch handelt es sich östlich des Neckars in den meisten Fällen um Einzelfalter, und das auch an Standorten, wo regelmäßig Lichtfang betrieben wird. Ausnahmen sind nur Freudenberg im

Dypterygia scabriuscula bietet dem Betrachter eine düstere, überwiegend schwarzbraune Färbung dar. In Baden-Württemberg kommt sie in den westlichen Landesteilen zuweilen häufig vor, sonst ist sie eher selten. – Schwarzatal bei Brenden 30.5.92 A. STEINER. LF.

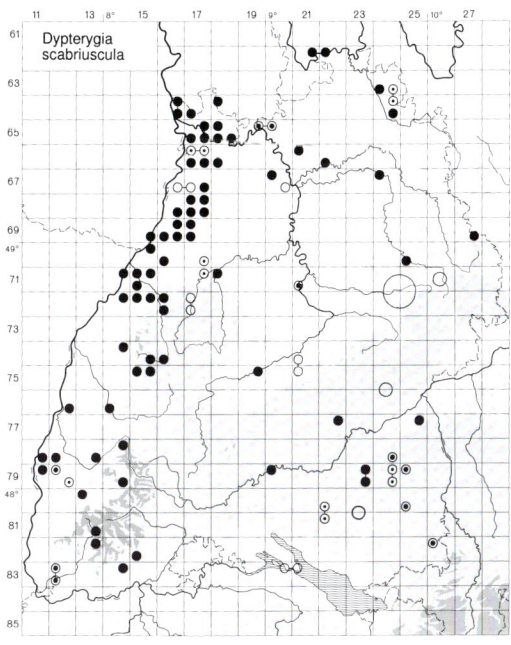

Sandstein-Spessart, wo die Art fast jedes Jahr gefunden wird (A. BECHER) und das Weihergebiet um Wört (Mittelfränkisches Becken), wo 1991 6 Falter registriert wurden (M. MEIER).

Falls die alten Angaben wirklich zuverlässig sind, müßte man annehmen, daß *Dypterygia scabriuscula* im frühen 20. Jh. im Neckarland stark zurückgegangen oder regional sogar ausgestorben ist. Die meisten der heutigen Funde machen den Eindruck von gelegentlich aus dem Oberrheingebiet zuwandernden Tieren. Es ist aber auch denkbar, daß in den alten Werken die Häufigkeit übertrieben wurde; dieses Phänomen findet sich öfters bei den von LINNÉ beschriebenen Arten, weil viele Faunisten einfach davon ausgingen, daß solche seit altersher bekannten Arten doch überall häufig sein müßten, auch wenn sie es aus ihrem eigenen Untersuchungsgebiet nicht konkret belegen konnten.

Von der Schwäbischen Alb sind alte Angaben von Blaubeuren und »vom Heuberg« [bei Spaichingen] bekannt (SCHNEIDER 1938). In neuerer Zeit wurde ein Falter 1989 im Glastal bei Hayingen gefunden (N. HIRNEISEN/A. STEINER/C. VAN SWAAY), der von Oberschwaben her zugeflogen sein könnte. Eine bodenständige Population scheint es nur im Oberen Donautal zu geben: Bei Hausen im Tal wurden 1971 4 Falter von H. KINKLER/W. SCHMITZ und 1973 nochmals über 80(!) Individuen von F. NIPPEL gemeldet.

Im Alpenvorland kommt die Art nur verstreut im Bereich der Donau-Ablach- und Riß-Aitrach-Platten, der Holzstöcke und dem Hügelland der unteren Riß vor. G. BAISCH charakterisiert die Art für dieses Gebiet als »weit verbreitet, jedoch meist selten.« Im Schwarzwald ist sie gleichfalls verbreitet und durchgehend mit aktuellen Nachweisen belegt.

Vertikal: Die Höhenverbreitung erstreckt sich von der Ebene um 100 m bis in die montane Stufe des Schwarzwalds, wo die höchsten Funde die 1000-m-Linie knapp überschreiten (1010 m, Todtnau: Hasenhornhütte, A. STEINER; 900–1000 m, Präger Kessel, J.-U. MEINEKE).

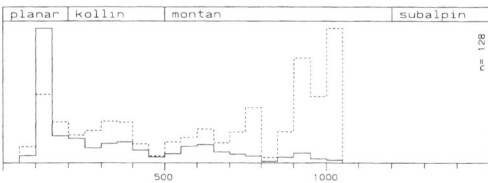

Phänologie

Imagines: Die weit ausgedehnte Flugzeit reicht von Mai bis August. Ein Maximum ist in der Oberrheinebene und im Neckar-Tauberland um die Monatswende Juni/Juli festzustellen, im Schwarzwald um Mitte Juli. Die frühesten Nachweise datieren vom 9. Mai in der Oberrheinebene, vom 10. Mai im Neckar-Tauberland und vom 17. Mai im Schwarzwald. Aber erst ab Ende Mai werden die Funde zahlreicher. Von der Schwäbischen Alb liegen nur Daten vom Juli (Hausen im Tal) und Anfang August (Hayingen) vor. Die Flugzeit endet im August, aber in der Oberrheinebene und im Kraichgau sind einzelne Falter noch bis Mitte September aufgetreten (5.9.1993 und 12.9.1981, Jöhlingen, F. LAIER; 13.9.1946, frischer Falter, Hardtwald bei Karlsruhe, A. GREMMINGER). Die Frage, ob es sich bei den späten Faltern um etwaige Angehörige einer 2.Gen. handelt, ist noch unbeantwortet. In unserem Gebiet wäre eine 2.Gen. in der Oberrheinebene plausibel, wo die Daten nach einem Maximum an der Monatswende Juni/Juli ein weiteres im August zeigen. GAUCKLER (1898a) hatte aus dem Raum Karlsruhe sogar »April bis September« als Flugzeit angegeben. Rein zeitlich wäre damit eine bivoltine Phänologie zwar möglich, müßte aber noch durch entsprechende Larvalnachweise abgesichert werden[1].

Präimaginalstadien: Trotz der regionalen Häufigkeit der Art liegen aus Baden-Württemberg erstaunlich wenige Raupenfunde vor. GAUCKLER (1909) gab allgemein »im Sommer« an. H. LUSSI und A. STEINER beobachteten eine fast erwachsene Raupe am 10. August 1993 (die den Falter erst im Folgejahr ergab), und C. KÖPPEL und A. STEINER fanden eine erwachsene Raupe am 13. Oktober 1993. Die Puppe überwintert.

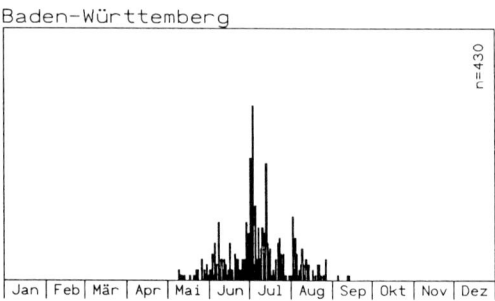

Ökologie

Lebensraum: Nach den Falterfunden zu schließen, ist *D. scabriuscula* vor allem an feuchte bis trockene Wiesen- und Rasengesellschaften, Ruderalfluren und Säume gebunden. Diese können in Kontakt mit Waldrändern stehen, und auch Lichtungen und Binnensäume (breite Waldwege, Schneisen) dürften als Lebensräume in Frage kommen, vor allem in der Oberrheinebene, wo es sich um feuchte bis trockene, aber durchweg warme Mikroklimate handelt. Die einzigen dokumentierten Raupenfunde stammen aus dem trockenen Ruderalbereich (Industriebrache im Hafen von Karlsruhe) und aus der Weichholzaue (Hybridpappel-Forst). Die Seltenheit bzw. das Fehlen der Art in vielen Gebieten der Schwäbischen Alb und des Neckar-Tauberlands legt nahe, daß sie Muschelkalk und Jura im allgemeinen meidet oder nur unter besonderen Bedingungen besiedelt (z.B. Schwemmböden der Talauen), dagegen Sand- und Silikatuntergrund präferiert. Klimafaktoren gegenüber scheint *D. scabriuscula* eher indifferent zu sein; sie siedelt in Gebieten mit 5° bis über 9°C durchschnittlicher Jahrestemperatur und 1800 bis unter 600 mm mittleren Jahresniederschlägen.

---

[1] URBAHN & URBAHN (1939) führten eine Eizucht mit einem Weibchen von Anfang Juni durch, doch schlüpften die Falter ausnahmslos erst im folgenden Jahr.

Die Raupe ist schlank und zum Kopfende hin verjüngt. Im Freiland scheint sie Knöterichgewächse als Nahrung zu bevorzugen. – Freudenberg (ex ovo-Zucht) 10.87 A. BECHER. S.

Nahrung der Raupe:
Polygonum convolvulus – Winden-Knöterich
  L (LUS, STN)

Aus unserem Gebiet ist die Nahrungsbiologie der Raupe noch unzureichend belegt. GAUCKLER (1909) hatte die üblichen »niederen Pflanzen« genannt, ohne konkreter zu werden. Der einzige direkte Fraßnachweis betrifft eine Raupe, die an Winden-Knöterich fraß, der sich an einem Drahtzaun emporrankte. Eine erwachsene Raupe wurde nachts am Stamm einer Bastardpappel *Populus* x *canadensis* sitzend gefunden und verpuppte sich bald darauf; sie war vermutlich auf der Suche nach einem Verpuppungsplatz. In der umgebenden Krautschicht wuchsen hauptsächlich *Urtica dioica* und *Impatiens glandulifera*.

Die Literatur nennt ferner folgende Nahrungspflanzen: *Rumex longifolius, Rumex acetosella, Rumex acetosa, Polygonum aviculare, Polygonum bistorta, Taraxacum officinale* (ALLAN 1949, BERGMANN 1954, SCHULTZ 1962, SEPPÄNEN 1970, UFFELN 1908). Damit deutet sich eine klare Bevorzugung von Knöterichgewächsen, insbesondere der Gattungen *Rumex* und *Polygonum*, an.

Nahrung des Falters: Keine Beobachtungen aus Baden-Württemberg. Die Falter besuchen den Köder.
Habitat: Aus dem Untersuchungsgebiet noch nicht ausreichend belegt. Die Raupenfunde stammen aus einem temporär überschwemmten Pappelforst im Bereich des Salicetum albae und aus einer ruderalen Unkrautflur auf einer trockenwarmen Industriebrache (s. o.).
Verhalten: Die einzeln lebenden Raupen von *Dypterygia scabriuscula* sind nachtaktiv. Sie verpuppen sich in einer Erdhöhle. Die Falter dieser Art sind dämmerungs- und nachtaktiv und fliegen gern Lichtquellen an.

Gefährdung und Schutz

Rote Liste Bundesrepublik: –
Rote Liste Baden-Württemberg: –

Oberrheinebene: Nicht gefährdet.
Schwarzwald: Nicht gefährdet.
Neckar-Tauberland: Nicht gefährdet.
Schwäbische Alb: Nicht gefährdet (nur randlich vorkommend).
Oberschwaben: Nicht gefährdet.

• In Baden-Württemberg nicht gefährdet!

Rusina ferruginea
(Esper, 1785)
Dunkle Waldschatteneule

Rusina tenebrosa HBN. (REUTTI 1898)
Stygiostola umbratica GOEZE (WARREN in SEITZ 1909–1914, Draudt in SEITZ 1931–1938, SCHNEIDER 1936–1939, BERGMANN 1951–1955, KOCH 1954–1961, 1984)
Rhusina umbratica GOEZE (SPULER 1908–1910, ECKSTEIN 1913–1923, HERING 1932)
Rusina umbratica GOEZE (LAMPERT 1907, REBEL 1910)

Gesamtverbreitung: Durch nahezu ganz Europa verbreitet, vom Mittelmeer bis Westnorwegen, Mittelschweden, Mittelfinnland und Karelien. In Asien bis zum Kaukasus, Krasnojarsk und zum Sajan.

Verbreitung

Regional: *Rusina ferruginea* besiedelt alle Naturräume Baden-Württembergs. Sie dürfte nahezu flächenhaft vorkommen und ist auch in den Mittelgebirgen weit verbreitet. Nur im Auwaldgürtel der Niederterrasse des Rheins ist sie schwächer vertreten.

Vertikal: Die Vertikalverbreitung verläuft ohne erkennbare Präferenzen von der Ebene um 100 m bis in die montane Stufe über 1000 m (1030 m, Mummelsee, 1020 m, Schliffkopfhaus, N. HIRN-EISEN/A. STEINER, 1350 m, Feldberg, J. ASAL).

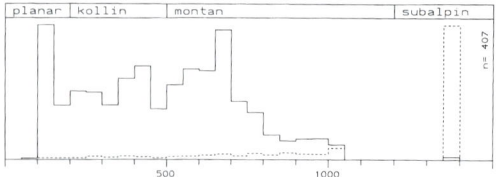

Phänologie

Imagines: Die Flugzeit fällt, allgemein gesagt, in den Juni und Juli. Dabei ergeben sich jedoch einige regionale Unterschiede. In der Oberrheinebene und in den wärmeren Teilen des Neckar-Tauberlands treten in günstigen Jahren die ersten Falter bereits in der zweiten Maihälfte auf. Als Extremdatum wurde sogar der 2.5. gemeldet (1933, Eberbach, M. CRETSCHMAR). Auch von der Schwäbischen Alb und aus dem Alpenvorland sind frühe Tiere in den letzten Maitagen bekannt, doch beginnt die Flugzeit hier normalerweise erst Anfang bis Mitte Juni. Maxima sind für die Oberrheinebene und das Neckar-Tauberland Ende Juni/Anfang Juli, für den Schwarzwald und die Schwäbische Alb eher Mitte Juli zu

Die weitverbreitete, eintönig dunkelbraune *Rusina ferruginea* zeigt habituell wenig Abwechslung. Die Männchen besitzen stark gekämmte Fühler. – Creglingen 15.6.94 A. STEINER. LF.

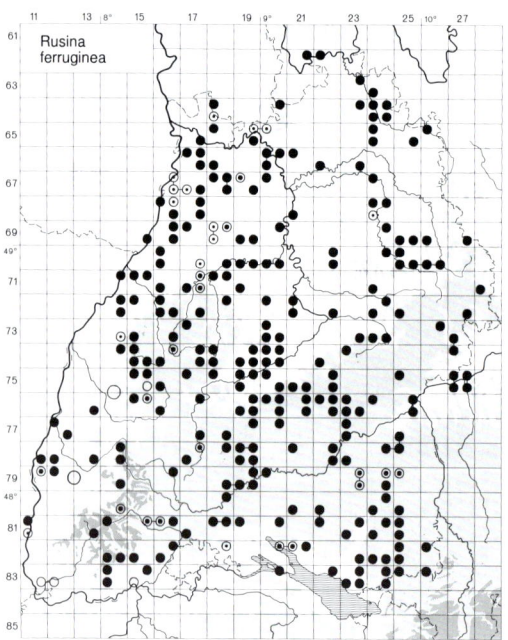

erkennen. Das Flugzeitende liegt an der Monatswende Juli/August, Einzeltiere treten in manchen Jahren noch bis Mitte August auf. Auffälligerweise lassen sich, besonders im Schwarzwald, auf der Schwäbischen Alb und im Alpenvorland, auch gegen Ende der Flugzeit im Juli noch sehr hohe Individuenzahlen beobachten, gefolgt von einem raschen Abstieg.

Präimaginalstadien: Die überwinternden Raupen sind im Untersuchungsgebiet nur selten gefunden worden. K. FREYTAG meldete Nachweise im November und Mai (6.11.1993, 2.5.1989).

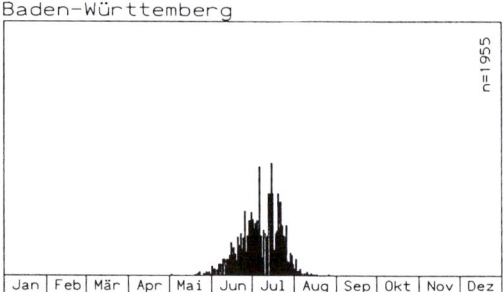

Die Weibchen sind kleiner als die Männchen und haben fadenförmige Fühler. Die helle Zeichnung in der Nierenmakel kann auch fehlen. – Achdorf 24.6.92 A. STEINER. LF.

Ökologie

Lebensraum: *Rusina ferruginea* findet ihr zusagende Lebensräume vor allem an mäßig frischen bis feuchten, sonnigen bis schattigen Stellen in und um Wälder und ausgedehnte Gebüsche. Sie siedelt in den Randbereichen (Waldmäntel) und vorgelagerten Gebüschzonen, aber auch im Inneren und an Binnensäumen (Schneisen, Wege, Bachufer) der verschiedensten Laub-, Misch- und Nadelwaldtypen. Im Schwarzwald sind die Falter in den montanen Fichten-Tannenwäldern, im Hügelland in Buchen- und Hainbuchenwäldern und, wie auch in der Ebene, in Eichenmischwäldern und Hartholzauwäldern zu finden. Selbst in Fichtenforsten wurden Tiere am Licht beobachtet. Außerhalb des Waldes dürfte sie Entwicklungshabitate an den Schattenseiten von Hecken und Gebüschen, wahrscheinlich auch in feuchten Hochstaudenfluren und Saumgesellschaften besitzen. Sie wird im Siedlungsbereich regelmäßig in Haus- und Schrebergärten, Friedhöfen und Obstwiesen gefunden.

Nahrung der Raupe:
Geranium pratense – Wiesen-Storchschnabel
L (FRY)
Rumex spec. – Ampfer
L (GAU)
Viola spec. – Veilchen
L (GAU)
Fragaria spec. – Erdbeere
L (GAU)

GAUCKLER (1909) nannte die Nahrungspflanzen »Erdbeeren, Ampfer und Veilchen«. K. FREYTAG fand eine Raupe am Wiesenstorchschnabel. Ansonsten sind wir über die Nahrungsansprüche von *Rusina ferruginea* in unserem Untersuchungsgebiet noch bemerkenswert schlecht informiert.

Nach den Angaben in der Literatur sind die Raupen ziemlich polyphag, doch ist die Liste nicht sehr lang: *Rumex* spec., *Polygonum* spec., *Stellaria media*, *Rubus idaeus*, *Rubus fruticosus*, *Fragaria* spec., *Geum urbanum*, *Coronilla varia*, *Vicia* spec., *Viola* spec., *Verbascum* spec., *Linaria vulgaris*, *Digitalis purpurea*, *Plantago major*, *Erigeron* spec., *Senecio vulgaris*, *Chondrilla juncea*, *Lactuca sativa* (AIGNER-ABAFI 1900f, BERGMANN 1954, BRETHERTON, GOATER & LORIMER 1983, FREYER 1831, KOCH 1856, SPEYER 1867, UFFELN 1908).

Nahrung des Falters: Der Blütenbesuch wurde an *Buddleja davidii* (SETTELE 1926a) sowie an Brombeere (*Rubus fruticosus* agg.) und Flatterbinse (*Juncus effusus*) (M. MEIER/A. STEINER) beobachtet. Die Falter besuchen auch gern den Köder.

Habitat: Das Larvalhabitat läßt sich für unser Gebiet derzeit noch nicht pflanzensoziologisch definieren.

Verhalten: Die Imagines sind meist dämmerungs- und nachtaktiv und können mit Lichtquellen angelockt werden, wobei die Männchen deutlich zahlreicher ans Licht kommen als die Weibchen. H. HERRMANN (1976) beobachtete die Falter auch bei Tag fliegend.

Gefährdung und Schutz

Rote Liste Bundesrepublik: –
Rote Liste Baden-Württemberg: –

Oberrheinebene: Nicht gefährdet.
Schwarzwald: Nicht gefährdet.
Neckar-Tauberland: Nicht gefährdet.
Schwäbische Alb: Nicht gefährdet.
Oberschwaben: Nicht gefährdet.

• In Baden-Württemberg nicht gefährdet!

Mormo maura
(Linnaeus, 1758)

Schwarzes Ordensband

Mania maura L. (REUTTI 1898, LAMPERT 1907, SPULER 1908–1910, WARREN in SEITZ 1909–1914, REBEL 1910, ECKSTEIN 1913–1923, DRAUDT in SEITZ 1931–1938, HERING 1932, SCHNEIDER 1936–1939, BERGMANN 1951–1955, KOCH 1954–1961, 1984)

Gesamtverbreitung: Von Nordwestafrika durch ganz Südeuropa verbreitet. Ihre Nordgrenze erreicht die Art im Westen in Nordirland und Mittelschottland, in Mitteleuropa aber schon in Norddeutschland und Polen (Einzelfunde in Dänemark). Außerdem in Kleinasien, südlich bis Palästina.

Verbreitung

Regional: In Baden-Württemberg ist *Mormo maura* zwar noch weit verbreitet, aber streckenweise nur sehr lokal nachgewiesen, wozu vor allem die versteckte Lebensweise des Falters beiträgt. Recht dicht besiedelt sind die Oberrheinebene (mit Bearbeitungslücken im mittleren und südlichsten Teil), Teile des Neckar-Tauberlands, besonders an Tauber und Neckar und deren Nebenflüssen (z. B. Rems) (mit Bearbeitungslücken am oberen Neckar und in den nordöstlichen Landesteilen) und Teile des Alpenvorlands, vor allem das nördliche Oberschwaben und das Bodenseegebiet. Wahrscheinlich ist auch die aktuelle Verbreitung dichter als die Karte zeigt. Echte Verbreitungslücken bestehen offenbar nur im höheren Schwarzwald sowie auf der Hochfläche der Schwäbischen Alb, wo *M. maura* lediglich einen einzigen isolierten Fundort im Schopflocher Moor besitzt (D. GATTER 1979), der zugleich den höchstgelegenen Fundpunkt Baden-Württembergs darstellt. Erst in der niedrigeren Südabdachung der Alb dringt die Art an mehreren Stellen kurze Strecken in die Täler der nördlichen Donauzuflüsse (Lautertal, Kleines Lautertal) vor.

Vertikal: Die Höhenverbreitung zeigt einen deutlichen Schwerpunkt in der Ebene und im Hügelland. In der montanen Stufe nimmt die Anzahl der Fundorte rasch ab, die höchsten Nachweise stammen aus Lagen um 800 m (Schwäbische Alb, Schopflocher Moor, GATTER 1979).

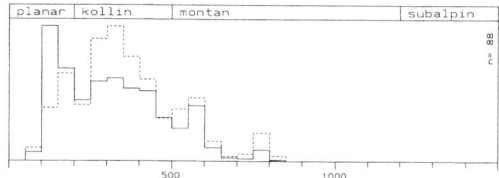

Phänologie

Imagines: Die Flugzeit beginnt im Oberrheingebiet wie im Neckar-Tauberland in günstigen Jahren Anfang Juli (8.7.1992, Philippsburg, F. STEUERWALD); ein Nachweis liegt auch schon von Ende Juni vor (30.6.1975, Bruchsal, H.

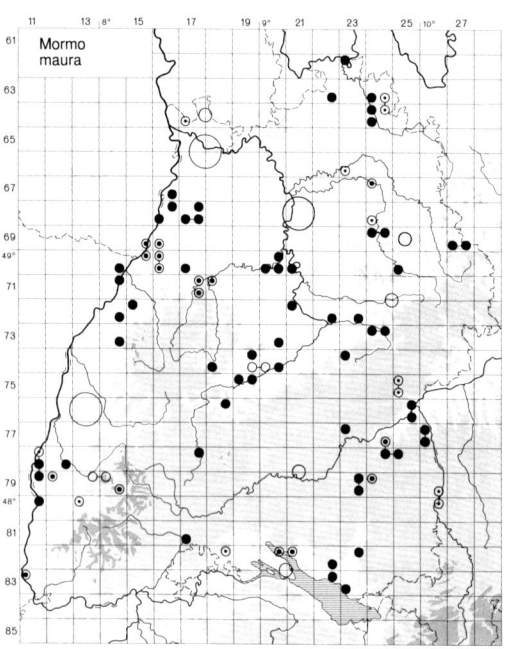

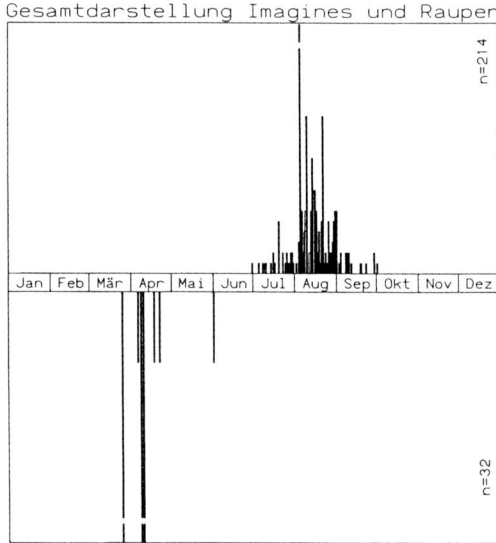

Die große, aber düster gefärbte *Mormo maura* scheint in früheren Zeiten die Menschen erschreckt zu haben, wenn sie sich nachts in Häuser verirrte, denn sie erhielt den Namen »Gespensteule«. Sie ist eine Charakterart der Uferzonen stehender und fließender Gewässer. Lebensräume sind unter *Parastichtis ypsillon, P. suspecta* und *Agrochola lota* abgebildet. – Lauda, Tauberinsel (ex ovo-Zucht) 2.7.91 R. TACK. S.

FEIL); anscheinend ist der Anfang der Flugzeit starken annuellen und lokalklimatischen Schwankungen unterworfen. Häufiger werden die Falter aber erst ab Ende Juli nachgewiesen, ein Maximum zeichnet sich um Mitte/Ende August ab, und die letzten Falter fliegen bis weit in den September hinein (Oberrhein: 29.9.1993, Plittersdorf, C. KÖPPEL; Neckar-Tauberland: 23.9.1990, Dittigheim, F. KIRSCH). Die weniger zahlreichen Nachweise aus dem Alpenvorland fallen in den Zeitraum Mitte Juli bis Ende August (16.7.1950, Federseeried, G. REICH; 28.8.1983, Illertal bei Bad Brandenburg, G. BAISCH), und die Einzelfunde aus dem Schwarzwald und von der Schwäbischen Alb liegen zwischen Ende Juli und Ende August.

Präimaginalstadien: Die Raupen wurden im Untersuchungsgebiet bisher erst nach der Überwinterung gefunden, und zwar von Ende März bis Anfang Juni (25.3.1990, 7 Raupen, K. FREYTAG; 1.6.1991, 1 erwachsene Raupe, D. BARTSCH). Ein Puppenfund stammt ebenfalls von Anfang Juni (10.6.1995, J. HOLSTEIN).

Ökologie

Lebensraum: Als charakteristische Art der gewässerbegleitenden Vegetation ist *Mormo maura* – oft zusammen mit *Naenia typica* – stets in der Nähe von Bächen, Flüssen und Seen zu finden. Hier bewohnt sie bachbegleitende Hochstaudenfluren, Weiden- und Erlengebüsche und Pappelreihen an Bach- und Flußufern, Wassergräben, Teichrändern, Seeufern, Schluten und Altwasserarmen in Auwäldern. Selbst begradigte Bäche können ihr noch Lebensräume bieten, wenn an ihren Rändern ein Weichholzstreifen verblieben ist. An solchen Stellen kann sie auch in Dörfern und Stadtrandgebieten vorkommen. Wenn Falter weit außerhalb dieser Biotope am Licht gefunden werden (was vor allem am Ende der Flugzeit vorkommt), handelt es sich um umherschweifende Tiere.

Nahrung der Raupe:
Populus x *canadensis* – Kanadische Pappel
 L (BAR)
Salix fragilis – Bruch-Weide
 L (WAT)
Salix spec. – Weide
 L (ROM, SCC)
Salix spec. – »schmalblättrige Weide«
 L (FRY)
Alnus glutinosa – Schwarz-Erle
 L (BAR)
Ulmus minor – Feld-Ulme
 L (BAR)
Urtica dioica – Große Brennessel
 L (BAR)
Acer platanoides – Spitz-Ahorn
 L (BAR)
Fraxinus excelsior – Gewöhnliche Esche
 L (BAR)

Auch wenn die Mehrzahl der aus unserem Gebiet gemeldeten Nahrungspflanzen Bäume sind, so ist *Mormo maura* doch nicht uneingeschränkt als Baumbewohner anzusehen. In der Regel handelt es sich nämlich um niedrige Äste und Zweige oder um buschförmige Pflanzen, die von den Raupen erklettert werden. Normalerweise gehören auch zahlreiche Pflanzen der Krautschicht, Sträucher und Stauden zu ihrem »Speisezettel«. So erwähnte GAUCKLER (1909) »niedere Pflanzen«. Als einzige konkrete Angabe aus dem Untersuchungsgebiet liegt uns dazu eine Meldung von Großer Brennessel vor (D. BARTSCH).

Nahrung des Falters: Beobachtungen an Nektarquellen liegen noch nicht vor. Die Falter kommen aber gern, manchmal in Anzahl, an den Köder, sofern zum Ködern Bäume direkt am Gewässerrand ausgewählt werden.

Habitat: Das Larvalhabitat bilden vor allem nitrophytische Waldrand- und Ruderalgesellschaf-

Die erdfarbigen Raupen mit den orangenen Stigmen überwintern und sind im Frühjahr erwachsen. Sie sind gute Kletterer, die schon an Zweigen direkt über der Wasserfläche beobachtet wurden. – Lauda (ex ovo-Zucht) R. TACK. 29.4.91. S.

ten (Giersch-Saumgesellschaften, Aegopodion podagrariae), nitrophytische Uferstauden-Gesellschaften kleinerer Flüsse, Bäche und Gräben (Convolvulion sepium) (mutmaßlich auch nitrophytische Uferstauden-Gesellschaften der großen Flüsse, Senecion fluviatilis) und Hart- wie Weichholzauwälder (Salicion albae, Alno-Ulmion), wobei es sich stets um gewässernahe Standorte handelt. *Mormo maura* kann aber auch – pflanzensoziologisch schwer einzuordnende – winzige Uferstreifen mit reliktären Weichhölzern und Gebüschen bewohnen, die rings von Kulturland (Äcker, Wiesen) umgeben sind. Die Falter sind recht standorttreu und verbringen wahrscheinlich den größten Teil ihres Lebens im Larvalhabitat.

Verhalten: Die Raupen ruhen tagsüber in der Krautschicht, im Genist der Bachufer oder an der Stammbasis von Bäumen. Nachts erklettern sie ihre Nahrungspflanzen. Dabei laufen sie an Ästen und Zweigen bis zu den Spitzentrieben und befinden sich dabei oft unmittelbar über der Wasseroberfläche (D. BARTSCH, K. FREYTAG). Die Verpuppung erfolgt in einem leichten Gespinst am Erdboden oder in der Vegetation; selbst eine Muschelschale ist als Verpuppungsplatz belegt (J. HOLSTEIN). Die Falter verstecken sich bei Tag an dunklen Stellen, bleiben aber am liebsten in Gewässernähe, so daß sie während der Flugzeit – zuweilen in größerer Anzahl – unter Brücken und an ähnlichen Stellen (zum Beispiel in Abflußrohren, an Schleusen, Bootshäusern, Umkleidekabinen und anderen Gebäuden in Wassernähe) gefunden werden können. Lichtquellen scheinen nur eine geringe Anziehung auf sie auszuüben, am ehesten ist mit Nachweisen zu rechnen, wenn direkt am Ufer geleuchtet wird.

Eine interessante Beobachtung gab LITZELMANN (1966a) bekannt: »Am 14.7.1947 entwischte mir ein in der Unterführung am Zementwerk Kleinkems sitzendes Exemplar, flog ins Freie an der Bahnböschung hinauf und setzte sich an die Außenwand einer eben in voller Fahrt befindlichen Dampflokomotive und ließ sich, ohne abzufliegen, von ihr weiterbefördern.«

Gefährdung und Schutz

Rote Liste Bundesrepublik: V
Rote Liste Baden-Württemberg: V

Oberrheinebene: Art der Vorwarnliste.
Schwarzwald: Art der Vorwarnliste.
Neckar-Tauberland: Art der Vorwarnliste.
Schwäbische Alb: Art der Vorwarnliste.
Oberschwaben: Art der Vorwarnliste.

- In Baden-Württemberg eine Art der Vorwarnliste!
  Besonders geschützt gemäß § 20e ff. BNatSchG.

Mit Sicherheit hat *Mormo maura* schon im Zuge der Fluß- und Bachbegradigungen, die im 19. und frühen 20. Jh. in ungeheurem Ausmaß durchgeführt wurden, viele Lebensräume verloren, so daß die aktuellen Vorkommen nur noch die Relikte einer einst viel weiteren Verbreitung darstellen. Noch immer sind es Meliorationsmaßnahmen im Gewässerbereich, die die Hauptgefahr darstellen: Reduzierung oder Vernichtung von bachbegleitenden Weichholzstreifen und Auwaldresten in Gewässernähe, überhaupt die Begradigung oder Kanalisierung von Bächen und Flüssen, mit der oft eine Beseitigung der Ufervegetation verbunden ist. Dagegen scheint sie mäßige Eutrophierungen bis zu einem gewissen Grad zu tolerieren.

Polyphaenis sericata
(Esper, 1787)
Bunte Ligustereule

Gesamtverbreitung: In Südeuropa von Portugal und Spanien über Italien, Sizilien und die Balkanländer bis Südrußland und durch die Türkei bis Armenien verbreitet (eine Angabe aus Palästina bedarf der Bestätigung). Im Norden erreicht die Art Mittelfrankreich, das Ober- und Mittelrheingebiet, das Nahetal, das Neckarbecken, die Schwäbische und Fränkische Alb sowie den Regensburger Raum, Österreich, die Slowakei und Rumänien.

Verbreitung

Regional: Im Gegensatz zu den nur sehr spärlichen Angaben in den alten Landesfaunen (REUTTI 1898, SCHNEIDER 1938) ist *Polyphaenis sericata* heute in den südlichen Landesteilen Baden-Württembergs weit verbreitet und an ihren Fundstellen (vor allem als Raupe) oft häufig zu finden. Sie besiedelt die nördliche und südliche Oberrheinebene mit der Vorbergzone und dem Westrand des Kraichgaus. Die alte Angabe »Peterstal« bei REUTTI (1898) markiert den einzigen Fund im Schwarzwald, wo die Art entweder nur wenige Tallagen bewohnt oder aus anderen Gebieten zufliegt (eine zweifelhafte Meldung aus dem Rennachtal bei Wildbad stammt von einem wenig zuverlässigen Gewährsmann und wird deshalb hier nicht berücksichtigt). Weit verbreitet ist die Art im Neckarland von den Oberen Gäuen (Raum Rottweil) über Schönbuch und Glemswald, Filder und Stuttgarter Bucht sowie im Albvorland. Einen weiteren Verbreitungsschwerpunkt bildet die Schwäbische Alb, wo vor allem der Albtrauf zwischen Albuch (Scheuelberg) und Baaralb (Osterberg) besiedelt wird. Weitere Fundorte liegen im Oberen Donautal (Fridingen) und auf der Hegaualb (Bargen). Hier besteht oder bestand offenbar auch ein geographischer Zusammenhang mit den beiden einzigen Fundorten im Alpenvorland (Hegau: Hohentwiel,

Die hübsche *Polyphaenis sericata* bewohnt Ligustergebüsche an Trockenhängen und warmen Waldrändern, kommt aber stellenweise auch in Gärten vor. Sind die Flügel ausgebreitet, dann kontrastieren die grünen Töne der Vorderflügel mit den orangegelben Hinterflügeln. – Tübingen (ex ovo-Zucht, leg. M. MEIER) 30.4.86 A. STEINER. S.

1914, A. GREMMINGER; westliches Bodenseebekken: Überlingen, 1953, E. COMMERELL). Ob die Art hier tatsächlich nicht mehr vorkommt oder nur wegen ihres lokalen Auftretens nicht mehr gefunden worden ist (der Hohentwiel ist als Naturschutzgebiet heute der faunistischen Forschung nicht ohne weiteres zugänglich), bleibt offen. Eine insgesamt dichtere Verbreitung im Neckarland, in der Vorbergzone (und auch in Teilen der Rheinebene) und auf der Alb muß angenommen werden. Durch Baden-Württemberg verläuft ein Teil der nördlichen Arealgrenze von *Polyphaenis sericata*, die am Mittelrhein und auf der Fränkischen Alb noch weiter nach Norden schwenkt. Es ist daher nicht ausgeschlossen, daß die Art in Zukunft vielleicht noch bis zum Tauber- und Maingebiet vorstoßen kann.

Vertikal: Die Höhenverbreitung erstreckt sich von der Rheinebene um 100 m durch die Hügel-

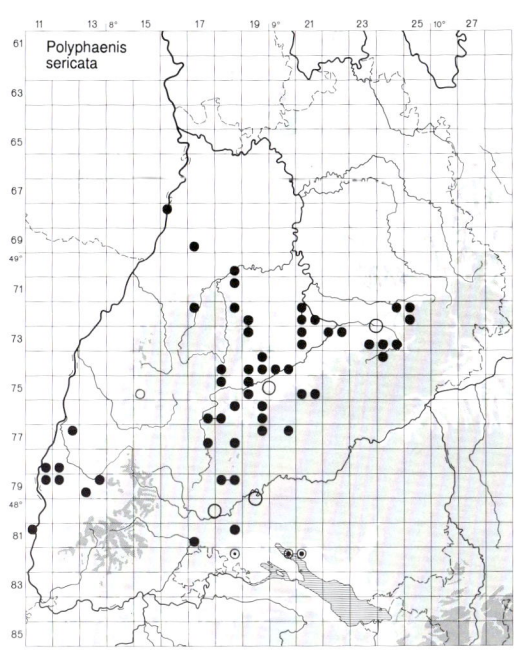

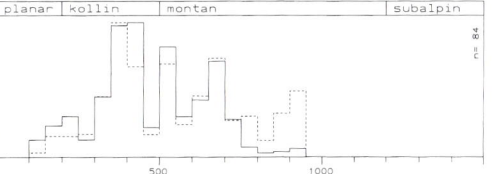

und die untere montane Stufe, wo sich ein gewisser Schwerpunkt abzeichnet, bis in die höheren Lagen der Schwäbischen Alb um 900 m (Plettenberg, D. BARTSCH/R. HERRMANN/A. STEINER). Die höchsten Raupenfundstellen liegen im Bereich zwischen 600 und über 700 m (Umg. Deggingen und Reichenbach, W. CAESAR, K. FREYTAG, E. LOSER, A. STEINER, A. WALTER).

Phänologie

Imagines: In der Oberrheinebene beginnt die Flugzeit in der ersten Julihälfte, in manchen warmen Jahren auch etwas früher (25.6.1993, Kaiserstuhl, AG Freiburg), und dauert nach den vorliegenden Daten nur bis Anfang, spätestens Mitte August (16.8.1974, Rußheim, M. WALLNER; 13.8.1980, Kaiserstuhl, Bitzenberg, G. EBERT/R. HERRMANN/B. TRAUB). Im Neckar-Tauberland beginnt die Flugzeit um Mitte Juli mit einzelnen früheren Funden Ende Juni und Anfang Juli (29.6.1983, Spitzberg bei Hirschau, M. MEIER/A. STEINER). Die spätesten Nachweise stammen hier von Ende August (30.8.1984, Trillfingen, Eyachtal, M. MEIER/A. STEINER). Auf der Schwäbischen Alb, von wo vergleichsweise wenige Falterdaten vorliegen, ist die Situation vergleichbar: Mitte Juli bis Mitte August mit einem Einzelfund Ende Juni (30.6.1973, Deggingen, Ungerhalde, E. LOSER) und einem abgeflogenen Tier noch Mitte September (12.9.1985, Haarberg, M. MEIER/A. STEINER).

Präimaginalstadien: Nach der Überwinterung ist die Raupe so häufig gefunden worden, daß –

Die Raupen leben in Mitteleuropa fast ausschließlich an Liguster. Sie fressen nur nachts, wobei sie bis zu den äußersten Zweigspitzen klettern, lassen sich aber bei Beunruhigung sofort fallen. Charakteristisch ist der an den Segmenteinschnitten hell ausgefüllte schwarze Rückenstreifen. – Schwäbische Alb, Schlat, Wasserberg 22.4.94 A. STEINER.

trotz mancher Meldungen ohne Zahlenangabe – die Individuenzahlen der gemeldeten Raupen die der Falter übertreffen. Dagegen gibt es leider noch keine Beobachtungen junger Raupen vor oder während der Überwinterung. Die Funde datieren zwischen Ende März und Anfang Mai, und dies mit bemerkenswerter Übereinstimmung sowohl in der Oberrheinebene (30.3.1923, Kaiserstuhl, E. BROMBACHER; 6.5.1922, Kaiserstuhl, O. SCHRÖDER) als auch auf der Schwäbischen Alb (30.3.1980, Reichenbach, A. WALTER; 10.5.1994, Bargen, H. LUSSI/A. STEINER).

Ökologie

Lebensraum: *Polyphaenis sericata* bewohnt Gebüsche mit reichlichem Anteil an Liguster, in erster Linie das Liguster-Schlehen-Hartriegelgebüsch. Hier handelt es sich teils um als Waldmantel ausgebildete Formationen, die sich an den Rändern von trockenen Eichen-Hainbuchen-Wäldern (Neckarland) oder Kalk-Buchen-Wäldern (Schwäbische Alb) entlangziehen, teils um Gebüsch, das sich auf versaumenden Mager- und Halbtrockenrasen oder aufgelassenen Weinbergterrassen entwickelt und meist in lockerem Kontakt mit Waldrändern steht, so etwa im Bereich beweideter Wacholderheiden, wo sich der Liguster oft nur im Schutze von Rosen, Schlehen und Wacholdern oder eben im Waldmantel entwickeln kann.

Wie eine Falterbeobachtung an *Centaurea* andeutet, befliegen die Imagines zum Blütenbesuch

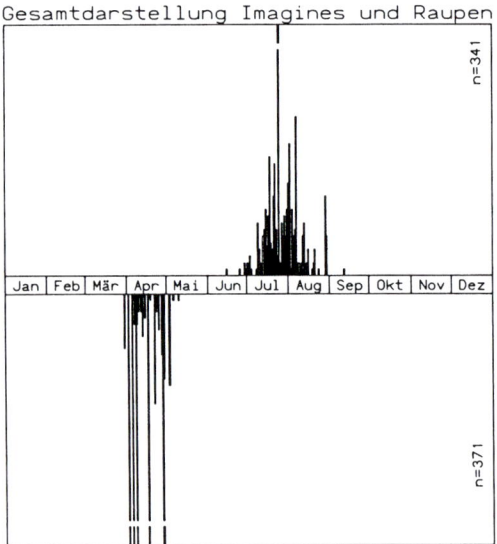

angrenzende Wiesen, Halbtrockenrasen und Säume, die ja oft eng mit Gebüschen verzahnt sind. Beobachtungen aus dem urbanen Bereich belegen, daß *P. sericata* in den letzten Jahrzehnten auch anthropogene Habitate erobert hat. Seit den achtziger Jahren werden Falter im Neckarland, im Albvorland, in der Vorbergzone und im Kraichgau regelmäßig innerhalb und im Randbereich von Städten und Dörfern beobachtet, so etwa an Fenstern und Lichtquellen der Tübinger Innenstadt (MEIER & STEINER 1984), in Horb (C. DIETZ), Bad Niedernau (J.-U. MEINEKE), Kirchentellinsfurt (A. STEINER), Esslingen (J. SPELDA), Wendlingen (E. LOSER), Filderstadt-Plattenhardt (RENNWALD 1994), Gmünd-Straßdorf (K. MÜLLER-KÖLLGES), Wöschbach (A. STEINER) und Kippenheim (J.-U. MEINEKE). Um eine eigentliche Arealexpansion handelt es sich hier wohl (noch) nicht, denn die heutigen Verbreitungsgrenzen der Art in Südwestdeutschland waren in groben Zügen schon durch alte Angaben abgesteckt (Karlsruhe: REUTTI 1898; Tübingen: LINDNER & SCHNEIDER 1933). Vielmehr läuft hier die Erschließung eines Lebensraums ab, der durch die Kultivierung der Nahrungspflanze im Siedlungsbereich geschaffen wurde. Diese Besiedlung von urbanen Fundstellen wird vielerorts durch die enge Verzahnung gut besetzter *P. sericata*-Lebensräume mit Siedlungsgebieten erleichtert. Der gerade in den letzten Jahrzehnten zunehmend betriebene Lichtfang in Ortschaften hat zur Erhellung dieses Prozesses beigetragen.

Die Vorkommen liegen im Bereich mittlerer Jahrestemperaturen von 6° bis über 9°C und mittlerer Jahresniederschläge von unter 600 bis 1000 mm.

Nahrung der Raupe:
Ligustrum vulgare – Liguster
  5 L (BCK, CAE, FRY, GRE, HIR, LOS, LUS, SET, STN, WAT)
Prunus spinosa – Schlehe
  L (FRY)

Über die Lebensweise und die Nahrungspflanze der Ei- und Jungraupe im Freiland ist nichts bekannt. Wir wissen deshalb nicht mit Sicherheit, ob die Jungraupen im Freiland tatsächlich schon am Liguster leben oder vielleicht vor und während des Winters (auch) Gräser fressen, wie es von *Polyphaenis subsericata* HERRICH-SCHÄFFER, [1861] (unter Zuchtbedingungen) belegt ist (PINKER 1963). Sicher ist, daß die Raupen nach der Überwinterung an Liguster leben. Hier handelt es sich meist um natürlich vorkommende, oft mit anderen Sträuchern vergesellschaftete Pflanzen. *Polyphaenis sericata* lebt aber auch im Siedlungsbereich an in Gärten und Parks gepflanztem Liguster. An den Südhängen des Spitzbergs bei Tübingen fanden N. HIRNEISEN/A. STEINER eine Raupe an einer einen Garten umgebenden Ligusterhecke, die jedoch in nur wenigen Metern Entfernung von wildwachsendem Ligustergebüsch stand (und wo die Raupen zahlreicher waren). Dagegen stammen mehrere Raupenfunde von D. BARTSCH/G. NOLL aus dem Ortsgebiet von Ruit/Fildern von buschförmigem Liguster (»Industriegrün« ohne Gras- und Krautunterwuchs), der unter einer Straßenlampe wächst, von der möglicherweise das Weibchen angelockt wurde.

Zwei Einzelfunde an Schlehe gelangen K. FREYTAG, beide im Liguster-Schlehenbusch, wo ein Überwechseln von der einen auf die andere Art für die Raupe leicht möglich ist.

In Südeuropa werden auch *Cornus sanguinea*, *Cornus mas*, *Lonicera* cf. *periclymenum*, *Crataegus monogyna* und selbst *Syringa vulgaris* als Raupennahrungspflanzen genutzt (AIGNER-ABAFI 1900c, D. BARTSCH, D.

Ein Lebensraum von *Polyphaenis sericata* während der Falterflugzeit. In xerothermer Südhanglage haben sich in aufgelassenen Weinbergsterrassen Ligustergebüsche entwickelt. Im April sind hier nachts die Raupen zu finden. – Tübingen, Spitzberg 9.8.96 A. STEINER.

HAMBORG, LHOMME 1923–1935). Aus unserem Gebiet liegen noch keine solchen Nachweise vor, sind jedoch, analog zu den Beobachtungen an Schlehe, durchaus zu erwarten. Die Seltenheit bzw. das Fehlen solcher Beobachtungen in Baden-Württemberg spricht aber dafür, daß Liguster bei uns die primäre Nahrungspflanze ist und die Raupen erst später gelegentlich auf andere Pflanzen wechseln.

Nahrung des Falters: H. HERRMANN (1976) beobachtete einen Falter – vermutlich bei Tag – an *Centaurea jacea*, A. STEINER einen weiteren bei Nacht in einem Garten an *Buddleja davidii* saugend. Innerhalb ihrer Biotope besuchen die Falter gern künstlichen Köder.

Habitat: Die bisher bekannten naturnahen Larvalhabitate sind sämtlich dem Berberidion zuzuordnen. Hier bildet der Liguster die namensgebende Charakterart des Pruno-Ligustretum (Ligustro-Prunetum; Ligustergebüsch, Liguster-Schlehen-Busch), dem (in Baden-Württemberg) wichtigsten Larvalhabitat. Auch die Raupenfunde an Schlehe gehören dieser Gesellschaft an. In Gärten gepflanzte Ligustersträucher und -hecken sind nicht pflanzensoziologisch einzuordnen.

Verhalten: Nach der Überwinterung, ab März, besteigen die Raupen nachts die Ligustersträucher. In der Regel klettern sie bis zu den Triebspitzen und können so, je nach der Größe der Sträucher, Höhen bis 3 m oder darüber erreichen. Sie sitzen nicht sehr fest, sondern lassen sich bei Erschütterungen leicht fallen, weshalb die Suche, besonders in dichtem Buschwerk, vorsichtig vonstatten gehen muß. Tagsüber ruhen die Raupen in der Krautschicht nahe der Ligusterstämmchen und können z. B. zwischen Gräsern und in zusammengerollten Blättern (Herbstlaub des Vorjahres) gefunden werden. An solches Substrat sind sie auch farblich gut angepaßt.

Die Falter sind nachtaktiv und können in ihren Habitaten meist vereinzelt, zuweilen auch in Anzahl am Licht beobachtet werden.

Gefährdung und Schutz

Rote Liste Bundesrepublik: V
Rote Liste Baden-Württemberg: V

Oberrheinebene: Art der Vorwarnliste.
Schwarzwald: Nicht sicher nachgewiesen (kritischer Einzelfund).
Neckar-Tauberland: Art der Vorwarnliste.
Schwäbische Alb: Art der Vorwarnliste.
Oberschwaben: Ausgestorben oder verschollen (Aussage nicht abgesichert).

- In Baden-Württemberg eine Art der Vorwarnliste!
  Besonders geschützt gemäß § 20e ff. BNatSchG.

Für unser Gebiet mit Sicherheit unzutreffend ist die Einstufung als stark gefährdet in der alten Roten Liste der Bundesrepublik (PRETSCHER et al. 1984, auch HEINICKE 1993). Baden-Württemberg scheint die stärksten Populationen von *Polyphaenis sericata* in Deutschland zu beherbergen; die Verbreitung im Mittelrhein-Nahegebiet ist wesentlich lokaler (KRAUS 1993, STAMM 1981), und als Kulturfolger tritt die Art dort bislang anscheinend (noch) nicht auf.

Die gegenwärtige Bestandssituation in Baden-Württemberg läßt zwar eine Einstufung in die Vorwarnliste ratsam erscheinen, da der Liguster zusammen mit den Schlehengebüschen zur Offenhaltung von Magerrasen hier und da einer allzu übereifrigen Eliminierung ausgesetzt ist, doch sind gegenwärtig keine Indizien für eine weitergehende Gefährdung erkennbar. Die Situation im Hegau und Bodenseebecken verlangt allerdings nach Klärung durch Raupensuche und Lichtfang an den alten bzw. an potentiell geeigneten, neuen Standorten.

Thalpophila matura (Hufnagel, 1766)

Gelbflügel-Raseneule

Luperina matura HUFN. (REUTTI 1898)
Celaena matura HUFN. (LAMPERT 1907, REBEL 1910, ECKSTEIN 1913–1923)
Talpophila matura HUFN. (FORSTER 1954–1981)

Gesamtverbreitung: Von Nordwestafrika durch ganz Süd- und Mitteleuropa verbreitet. Im Norden bis Mittelschottland, Südnorwegen, Mittelschweden, Südfinnland und Estland, im Osten bis Südrußland, Kleinasien und zum Kaukasus.

Verbreitung

Regional: In Baden-Württemberg ist *Thalpophila matura* in mehreren Regionen sehr weit und dicht verbreitet, vor allem in der Rheinebene, im Neckar-Tauberland und auf der Schwäbischen Alb. Nur sehr spärlich und fast ausschließlich auf das Bodenseebecken beschränkt sind dagegen die Nachweise im Alpenvorland, wo die Art dem Nördlichen Oberschwaben und dem Allgäu völlig zu fehlen scheint. Im Schwarzwald stammen die

Thalpophila matura ist ein Hochsommertier, das von Mitte Juli bis September fliegt. Auch bei dieser Art sind die Hinterflügel gelblich gefärbt. – Eggenstein, Hardtwald 12.8.92 A. STEINER. LF.

Funde vor allem aus Randbereichen und niedrigeren Tallagen (mit der Ausnahme Hinterprechtal, 900 m, S. FREUNDT/P. PAUSCHERT).
Vertikal: Ohne deutliche Präferenzen von der Ebene bis in die montane Stufe um 1000 m verbreitet.

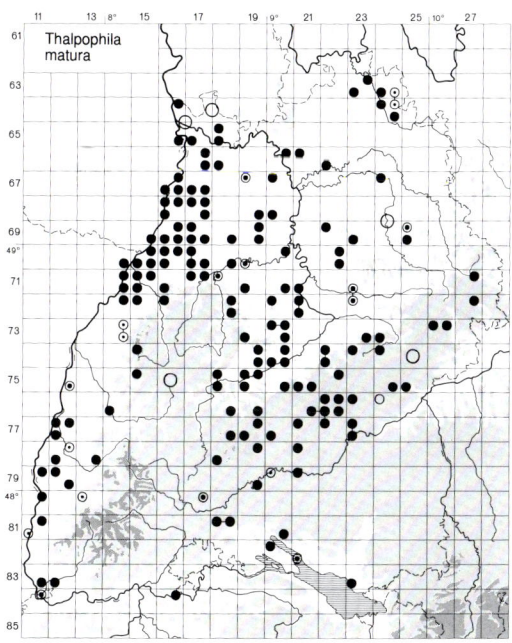

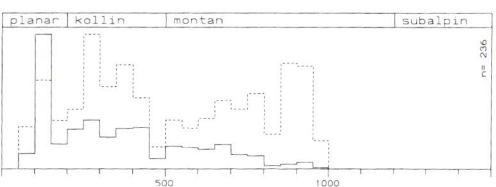

Phänologie

Imagines: Die Flugzeitdaten aus der Oberrheinebene fallen in den Zeitraum zwischen Ende Juli und Ende September, wobei sich ein Maximum in der zweiten August-Dekade ergibt. Ein frühes Extremdatum ist der 16.7. (1977, Mannheim, Kollekturwald, W. KINTZL). Im Neckar-Tauberland ist die Situation ähnlich: Auch hier existiert ein Maximum Mitte August, aber der Flugzeitbeginn liegt mit Daten ab Mitte Juli deutlich früher; ein früher Einzelfund stammt bereits vom 1.7. (1953, Birkenfeld, M. WALLNER). Die letzten Tiere sind hier Anfang September beobachtet worden. Die Schwarzwalddaten fallen mit einer Bandbreite von Ende Juli bis Anfang September in den gleichen Zeitraum. Viel stärker komprimiert erscheint die Phänologie auf der Schwäbischen Alb. Hier liegt die Masse der Funddaten zwischen Ende Juli und Mitte August mit einer abgesetzten Gruppe früherer Meldungen zwischen Anfang und Mitte Juli (7.7.1979 Steinheim, Schäfhalde, 7.7.1980 Schelklingen, G. BAISCH; 11.7.1982 Bichishausen, A. SCHOLZ; 12.7.1982 Filsenberg, M. MEIER/A. STEINER; 13.7.1990 Gruibingen, Augstberg, G. BAISCH).

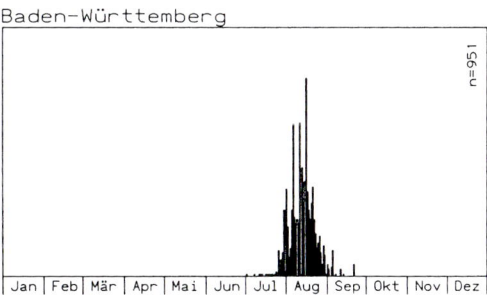

Präimaginalstadien: Die überwinternde Raupe ist auch in warmen Winternächten aktiv. Im Frühjahr kann sie bis April gefunden werden, da sie sich offenbar früher als andere Arten zur Verpuppung in den Boden eingräbt. Die wenigen mit exakten Daten belegten Nachweise liegen überwiegend zwischen Januar und April. Nur einmal gelang es schon Ende Oktober, junge Raupen durch Klopfen aus Grasblüten zu erhalten.

20.10.–20.11.1995, Stuttgart-Feuerbach, alle 4–5 Tage einige Raupen abends beobachtet (D. BARTSCH);
21.10.1994, 2 junge Raupen Glemswald, Heuweg, (D. BARTSCH);
24.11.1991, 1 junge Raupe, Lauda, Galgen (A. BECHER/F. KIRSCH).
2.1.1990, 4 halberwachsene Raupen, Schönbuch, Eichenfirst, (A. STEINER);
9.1.1993, 2 Raupen, Hardtwald bei Friedrichstal (A. STEINER);
16.3.1993, 1, Plittersdorf (C. KÖPPEL);
22.3.1994, 1 erwachsene Raupe, Michaelsberg bei Untergrombach (H. LUSSI/A. STEINER);
16.4.1993, 1 erwachsene Raupe bereits im Boden, Plittersdorf (C. KÖPPEL/A. STEINER);
24.4.1992, 1 fast erwachsene Raupe, Schönbuch bei Herrenberg (N. HIRNEISEN/A. STEINER).

Vor der eigentlichen Verpuppung liegen die Raupen längere Zeit als Praepupa, wie der Fund einer noch unverpuppten Raupe Mitte Juni belegt (18.6.1993, C. KÖPPEL).

Die Raupe lebt überwinternd an Gräsern. Im Habitus ähnelt sie den *Polyphaenis*-Raupen. Der unterbrochene schwarze Rückenstreifen trägt eine helle Mittellinie. Auf der Unterseite sind die Raupen oft auffallend bläulichweiß bereift. – Kaiserstuhl, Vogelsang 19.2.93 A. STEINER.

Ökologie

Lebensraum: Als Falter wird *Thalpophila matura* vor allem in verschiedenen Graslandbiotopen angetroffen, so in und am Rand von Halbtrockenrasen (beispielsweise Wacholderheiden), frischen bis trockenen Mähwiesen (Salbei-Glatthaferwiesen, Streuobstwiesen), in geringerem Maße in Feuchtwiesen (Pfeifengraswiesen) und Saumgesellschaften, sehr gern in lichten Waldgebieten und an deren Rändern, wo die Raupe Waldwegrandstreifen, grasige Böschungen und Wiesenflächen (auch sehr kleiner Ausdehnung) auf Lichtungen und Schlägen sowie am Waldrand bewohnt.

Die Entwicklung kann aber auch in Gärten, Parks und sonstigen kleinräumigen, urbanen Rasenflächen ablaufen, sofern diese während der Raupenzeit nicht zu oft gemäht werden. Das weitgehende Fehlen im Alpenvorland und im höheren Schwarzwald deutet einen gewissen Trockenheitsanspruch an, was bei einer als Raupe am Boden überwinternden und sich tief im Boden verpuppenden Art nicht verwunderlich ist.

Durch die offenbar große Vagilität als Imago kann *T. matura* aber in Lebensräumen erscheinen, in denen sie sich vermutlich nicht fortpflanzen kann, beispielsweise in den regelmäßig überschwemmten Auwäldern am Rhein (KÖPPEL 1992).

Nahrung der Raupe:
Festuca pratensis – Wiesen-Schwingel
  L (BAR)
Molinia spec. – Pfeifengras
  L (BAR)
Poaceae – Süßgräser
  L (STN)
»Grasarten«
  L (GAU)

Abgesehen von der Angabe GAUCKLERS (1909), daß die Raupe an »Grasarten« lebt, sind uns aus dem Untersuchungsgebiet nur zwei konkrete Nahrungspflanzen bekannt: *Festuca pratensis* und *Molinia* spec. Weitere Raupen wurden an leider nicht mehr bestimmbaren weil bereits zu stark niedergefressenen Süßgräsern beobachtet (A. STEINER). Vielfach werden die Raupen ruhend gefunden, wobei sie ebenfalls nahezu ausschließlich an Grashalmen sitzen.

D. BARTSCH klopfte die jungen Raupen im Herbst aus den Blütenständen des Pfeifengrases, an denen sie sicherlich auch gefressen haben. Derselbe Mitarbeiter und A. STEINER fanden sie halberwachsen von Oktober bis Januar an warmen Abenden in der Krautschicht meist an grünen, teils auch an abgestorbenen Grashalmen sitzend, aber oft weder fressend noch in der Nähe von Fraßspuren.

Die Literatur nennt meist nur »Gräser«, »grasses«, »graminées« etc., so daß das tatsächliche Nahrungsspektrum der *Thalpophila matura*-Raupe noch zu erforschen bleibt. Außerhalb Baden-Württembergs scheint die einzige konkrete Freilandbeobachtung das von FUCHS (1867) angegebene *Brachypodium sylvaticum* zu sein. Der von TREITSCHKE (1825b) genannte *Tragopogon pratensis* ist sicher nur eine Sitzwarte gewesen, so wie auch BOLDT (nach BERGMANN 1954) angab, die Raupe bei Tag aus *Hippocrepis comosa*-Büscheln geharkt zu haben. Die Zucht scheint an den meisten weichen Gräsern zu gelingen, etwa an *Poa annua* und *Lolium perenne* (BERGMANN 1954).

Nahrung des Falters: Der Blütenbesuch wurde an Rainfarn (*Chrysanthemum vulgare*) beobachtet (A. STEINER). Die Falter kommen gern an den Köder.

Habitat: Verschiedene Rasentypen von trockenwarmen Halbtrockenrasen (Mesobrometum) über magere bis frische, auch ruderal beeinflußte Glatthaferwiesen (Arrhenatheretalia) bis hin zu feuchten *Molinia*-Fazies im Waldbereich. Das Habitatspektrum dürfte nach den Imaginalfunden zu urteilen noch eine ganze Reihe weiterer grasreicher Gesellschaften umfassen, ist aber bisher nur ungenügend bekannt.

Verhalten: Die Raupe ist nachtaktiv und hält sich meist in Bodennähe auf, allenfalls klettert sie Grashalme hinauf, wo sie einmal in bis zu 20 cm Höhe beobachtet wurde. Daß die Raupen im Vergleich mit dem Falter so selten angetroffen werden, läßt sich vor allem auf zwei Ursachen zurückführen: Zum einen sind die Raupen bereits im März oder April erwachsen und verkriechen sich zur Verpuppung, sind also zur »klassischen« Raupensuchzeit im Mai nicht mehr zu finden, zum anderen ist die Zucht nicht einfach, so daß vielleicht manche gefundene Raupe unbestimmt blieb, da kein Falter schlüpfte. Zur Verpuppung scheinen sich die Raupen recht tief einzugraben: Eine noch nicht verpuppte Raupe wurde in einer Streuobstwiese in 20 cm Tiefe in ihrem Erdkokon gefunden (C. KÖPPEL).

Die Falter sind dämmerungs- und nachtaktiv und kommen ans Licht, lassen sich aber auch tagsüber aufscheuchen und sind an heißen Tagen aktiv fliegend beobachtet worden. Ruhende Tiere wurden tagsüber an Masten und Baumstämmen gefunden.

Gefährdung und Schutz

Rote Liste Bundesrepublik: –
Rote Liste Baden-Württemberg: –

Oberrheinebene: Nicht gefährdet.
Schwarzwald: Nicht gefährdet.
Neckar-Tauberland: Nicht gefährdet.
Schwäbische Alb: Nicht gefährdet.
Oberschwaben: Nicht gefährdet.

- In Baden-Württemberg nicht gefährdet!

Trachea atriplicis
(Linnaeus, 1758)
Meldeneule

Trachea altriplicis L. (lapsus calami) (ECKSTEIN 1913–1923)

Gesamtverbreitung: Fast ganz Europa, nördlich bis ins mittlere Fennoskandien, wo sie an ihrer Arealgrenze fluktuiert (KAISILA 1962). In England seit 1915 ausgestorben. Weiter erstreckt sich die Verbreitung über Kleinasien, den Kaukasus und ganz Mittelasien östlich bis zum Pazifik (Amur/Ussurigebiet, Kurilen, Korea, Japan), in China südlich bis Hunan.

Verbreitung

Regional: Das Verbreitungsbild der Meldeneule zeigt eine gewisse Ähnlichkeit mit dem von *Dypterygia scabriuscula*. Wie diese ist *Trachea atriplicis* schwerpunktmäßig in der Oberrheinischen Tiefebene und den angrenzenden Gebieten verbreitet (Bergstraße, Kraichgau, Schwarzwald-Vorbergzone). Auch der höhere Schwarzwald ist vergleichsweise dicht besiedelt. Im Alpenvorland sind vor allem Funde im östlichen Oberschwaben und im Bodenseegebiet bekannt. Dagegen tritt die Art auf der Schwäbischen Alb nur vereinzelt, vor allem in einigen Tälern der Südalb, auf. In den nördlichen Teilen des Neckar-Tauberlands ist sie vereinzelt verbreitet und scheint auch an vielen Stellen bodenständig zu sein, wie wiederholte Nachweise aus verschiedenen Jahren andeuten. Dagegen sind im südlichen Teil nur Einzelfunde, vor allem im mittleren und oberen Neckartal, bekannt. Regelmäßig wird sie im Sandstein-Spessart gefunden.

Trachea atriplicis unterliegt in weiten Teilen ihres Areals einer deutlichen langjährigen Abundanzdynamik (WARNECKE 1936, HEINICKE & NAUMANN 1980–1982). Für unser Gebiet ist dies

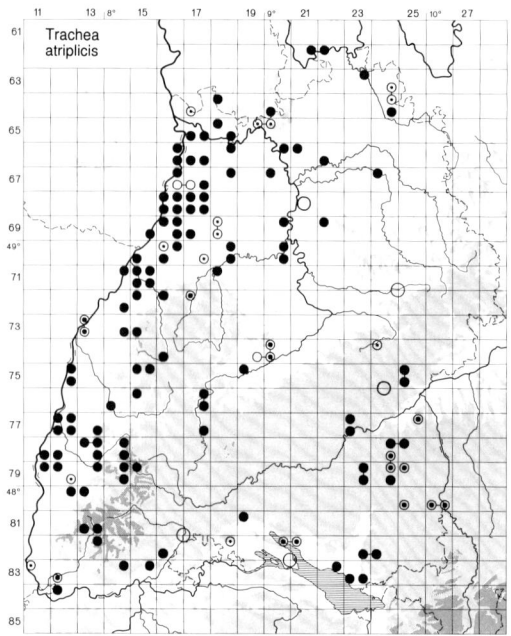

land. Die höchsten Fundstellen liegen im Schwarzwald (1000 m, Furtwängle-Moor, J.-U. MEINEKE; 1090–1130 m, Elzach: Rohrhardsberg, G. EBERT/B. TRAUB).

Phänologie

Imagines: Die Literaturangaben für Mitteleuropa schwanken zwischen einer Generation mit einer unvollständigen 2.Gen. an wärmebegünstigten Plätzen (FORSTER 1971) und zwei Generationen von Anfang Mai bis Anfang Juli und von Mitte Juli bis Anfang Oktober (URBAHN & URBAHN 1939 für Pommern, BERGMANN 1954 für Thüringen, ihnen folgend auch KOCH 1984). HEINICKE & NAUMANN (1980–1982) haben für Ostdeutschland nur eine einzige, langgestreckte Generation nachvollziehen können.

Ähnlich ist es auch in Baden-Württemberg. Hier dauert die Hauptflugzeit in den meisten Gebieten von Anfang Juni bis Anfang/Mitte August. Nur vereinzelt liegen frühere Funde von Mitte bis Ende Mai vor. Die Daten zeigen in allen Hauptnaturräumen ein Maximum Anfang oder Mitte Juli. Am Flugzeitende werden die Funde bereits Anfang August spärlich. Lediglich 6 Einzeltiere sind in der Rheinebene, im Neckar-Tauberland und im Alpenvorland noch im September und Oktober nachgewiesen worden. Sie (und vielleicht ein Teil der Augusttiere) sind der einzige Anhaltspunkt für eine eventuelle unvollständige 2. Gen. Eine reguläre oder zumindest halbwegs zahlreiche 2.Gen. können wir selbst aus den wärmsten Gebieten für Baden-Württemberg nicht bestätigen.

Präimaginalstadien: Die Raupen sind von Juli (bei Pforzheim, A. GREMMINGER) bis August (SCHNEIDER 1938) gefunden worden. GAUCKLER (1909) gab an »im Sommer und Herbst«, womit vermutlich noch der September gemeint ist. Der einzige taggenaue Fund stammt von M. WALLNER: 2.8.1988, Altenheim/Rhein. Das Überwinterungsstadium ist die Puppe.

nicht explizit nachweisbar, zum Teil deshalb, weil die Art oft nur mit sehr allgemeinen Angaben beschrieben wurde (GAUCKLER 1909: »Gemein überall«). Außerdem teilt sie das Schicksal mehrerer von LINNÉ beschriebener Arten, die von Faunisten oft grundsätzlich als häufig aufgeführt wurden, unabhängig davon, ob dies mit eigenen Beobachtungen übereinstimmte oder nicht. Beispielsweise hatte SCHNEIDER (1938) sie im ehemaligen Württemberg als »im ganzen Gebiet verbreitet und nicht selten« bezeichnet. Schon ein Blick auf die Karte zeigt, daß dies grob verallgemeinert gewesen sein muß. Wir können deshalb eventuelle frühere Abundanzfluktuationen kaum erkennen. Sicher ist aber, daß *T. atriplicis* in weiten Teilen des Neckar-Tauberlands und der Schwäbischen Alb völlig fehlt und daß sie in anderen Teilen dieser Gebiete (z. B. oberes Neckartal) so selten gefunden wird, daß wir eher von gelegentlichen Zuwanderern als von dauerhafter Bodenständigkeit ausgehen möchten.

Vertikal: Die Spannweite der Höhenverbreitung umfaßt alle Stufen von der Ebene bis ins Bergland.

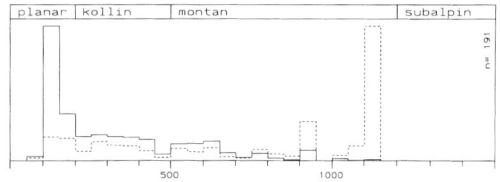

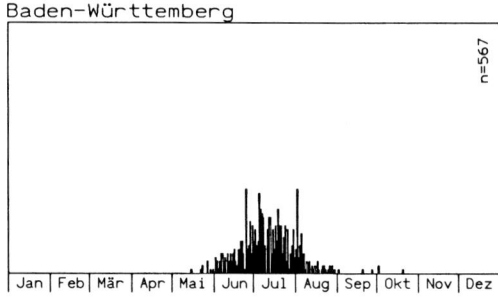

Ökologie

Lebensraum: Den Lebensraum bilden vor allem stickstoffreiche, trockene, frische oder mäßig feuchte, sonnige bis halbschattige Ruderal- und Unkrautfluren an Straßen- und Wegrändern, auf Schuttplätzen, an Waldwegen und Waldrändern, Wassergräben, an Ufern von Flüssen, Bächen und Teichen, auch im Siedlungsbereich auf Ruderalflächen, in Industriebrachen, Gärten und Friedhöfen. Die Falter können am Licht auch in größerer Entfernung von geeigneten Larvalhabitaten festgestellt werden. Wie *Dypterygia scabriuscula* ist auch *Trachea atriplicis* eine kalkmeidende Art, die ihr Optimum auf Silikat- und Sandböden findet.

Nahrung der Raupe:
Rumex conglomeratus – Knäuel-Ampfer
 L (NAN)
Rumex spec. – Ampfer
 L (GAU, SCC)
Rumex spec. – »großblättriger Ampfer«
 L (GRE)
Polygonum spec. – Knöterich
 L (GAU)
Chenopodium bonus-henricus – Guter Heinrich
 L (WLL)
Atriplex spec. – Melde
 L (BRM, GAU, SCC)

Die Meldeneule lebt fast ausschließlich an Arten der Gattungen Ampfer (*Rumex*), Knöterich (*Polygonum*), Gänsefuß (*Chenopodium*), Melde (*Atriplex*) und Winde (*Convolvulus*). Fast alle diese Gattungen sind aus Baden-Württemberg durch ältere Angaben belegt, doch meist ohne Artbestimmung. Aus neuerer Zeit sind nur zwei Raupenfunde bekannt: M. WALLNER fand ein Tier am Guten Heinrich (*Chenopodium bonus-henricus*), F. NANTSCHEFF eines an Knäuelampfer (*Rumex conglomeratus*).

BERGMANN (1954) berichtete aus Thüringen auch von Raupenfunden an *Urtica* und *Lamium*.

Nahrung des Falters: Aus dem Untersuchungsgebiet liegen keine Blütenbesuchs-Beobachtungen vor. Die Falter kommen an den Köder.

Habitat: Pflanzensoziologisch noch nicht einzuordnen, da keine gut dokumentierten Raupenfunde vorliegen. Vermutlich spielen besonders Gesellschaften der Chenopodietea (und hier der Verbände Sisymbrietalia und Polygono-Chenopodietalia), wohl auch der Artemisietea vulgaris (z. B. Convolvuletalia sepium) eine Rolle.

Die Meldeneule (*Trachea atriplicis*) gehört zu den auffälligsten Erscheinungen in der einheimischen Noctuidenfauna. Die anfangs grünen Zeichnungen des Falters verblassen mit zunehmendem Alter zu oliv und braun. Todtnau-Schlechtnau 15.6.93 F. EBSER.

Verhalten: Die Raupe lebt nachtaktiv. Die Falter sind dämmerungs- und nachtaktiv und fliegen Lichtquellen an.

Die Raupe lebt an Melden-, Knöterich-, Gänsefuß- und Ampferarten. Während ihre Grundfarbe bis schwärzlichbraun abändern kann, sind die beiden gelblichen Punkte auf dem letzten Segment arttypisch. – Adelhausen 30.9.95 F. NANTSCHEFF.

Gefährdung und Schutz

Rote Liste Bundesrepublik: –
Rote Liste Baden-Württemberg: –

Oberrheinebene: Nicht gefährdet
Schwarzwald: Nicht gefährdet
Neckar-Tauberland: Nicht gefährdet
Schwäbische Alb: Nicht gefährdet
Oberschwaben: Nicht gefährdet.

• In Baden-Württemberg nicht gefährdet!

Euplexia lucipara
(Linnaeus, 1758)

Gelbfleck-Waldschatteneule

Gesamtverbreitung: In weiter Verbreitung von Nordafrika durch praktisch ganz Europa bis zum Polarkreis verbreitet, weiter durch das gesamte klimatisch gemäßigte Asien bis Japan.

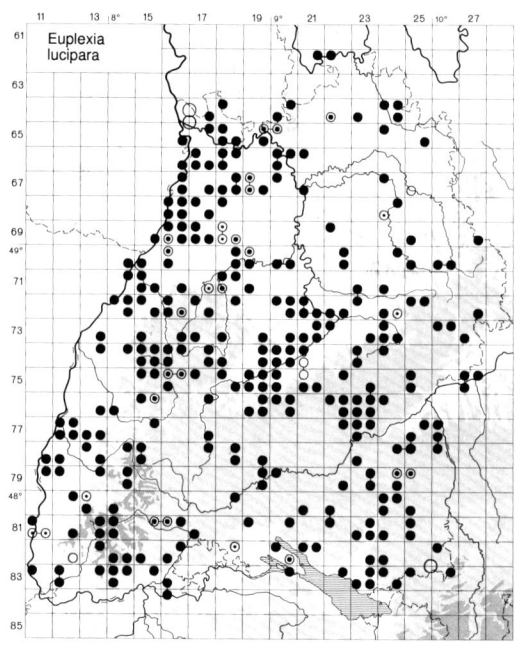

Verbreitung

Regional: *Euplexia lucipara* gehört zu den am weitesten verbreiteten Eulenfaltern. Sie dürfte buchstäblich flächendeckend verbreitet sein, auch wenn die Karte noch die üblichen Kartierungslücken aufweist.

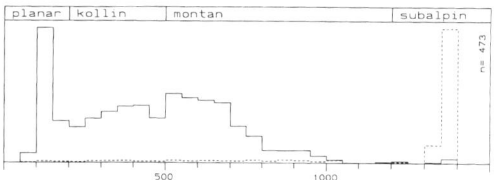

Vertikal: Die Art ist von der Ebene bis in die subalpine Stufe bodenständig. Die höchsten Fundorte liegen auf den Gipfeln des Südschwarzwalds (Feldberg, Belchen).

Phänologie

Imagines: Die Flugzeit beginnt in der Oberrheinebene Anfang Mai (ein Einzelfund schon Ende April), im Neckar-Tauberland und auf der Schwäbischen Alb Mitte Mai, im Alpenvorland und im Schwarzwald Ende Mai (mit einzelnen früheren Tieren). Der weitere Verlauf der Flugzeit deutet in den meisten Gebieten auf nur eine Generation hin. Mit Ausnahme der Oberrheinebene endet die Flugzeit Ende Juli/Anfang August; danach treten in manchen Jahren einzelne Tiere den August hindurch und noch bis Mitte September auf, die möglicherweise Repräsentanten einer unvollständigen 2.Gen. sein könnten. In der Oberrheinebene ist das erste Flugzeitmaximum gegen Mitte Juli zu Ende, es folgt eine schwach erkennbare Lücke und im August nochmals ein kleines Maximum. Hier erscheint aufgrund der Klimagunst des Gebietes eine stärkere 2.Gen. durchaus plausibel. Leider liegen noch keine Raupenfunde aus dem Juni/Juli vor; sie erst könnten die Frage der 2.Gen. zuverlässig klären. Bereits GAUCKLER war 1909 für Nordbaden von 2 Generationen ausgegangen, für die er Mai bis Juni und August bis September angab. Der September ist allerdings in unserem Datenmaterial kaum belegt.

Präimaginalstadien: Die Raupenfunddaten fallen überwiegend in die Zeit zwischen Mitte August

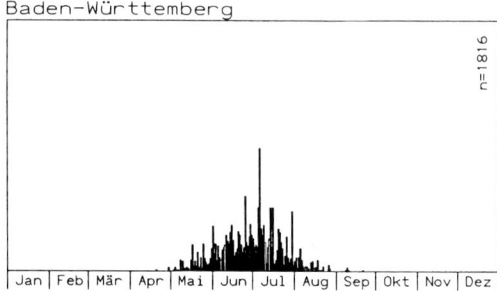

Euplexia lucipara gehört zu den leicht erkennbaren Arten unserer Fauna. Sie ist – wenn auch oft vereinzelt – von Mai bis September nahezu überall anzutreffen. – Wollmatinger Ried 3.7.84 T. MARKTANNER. S.

und Anfang Oktober (15.8.1995, Stuttgart, Rot- und Schwarzwildpark, D. BARTSCH; 1.10.1991, Wutachgebiet, Räuberschlößle, H. HEIDEMANN). Ein früher Fund datiert bereits von Ende Juli (24.7.1994, Freiburg, G. EBERT/E. ECKERT). Die Puppe überwintert.

Ökologie

Lebensraum: *Euplexia lucipara* bewohnt mit Vorliebe halbschattige bis schattige, oft kühle Plätze in oder am Rand von frischen bis feuchten Laub-, Misch- und Nadelwäldern. Sie findet sich beispielsweise in Farnkrautherden, in Hochstaudenfluren, in Springkrautbeständen und Waldrebengeschling, in Himbeer- und Brombeergebüschen, an schattigen Bach- und Teichufern, Waldwegen und Lichtungen, in Erlenbrüchen, auf Blockfluren und auf felsigen Waldhängen. Im Waldrandbereich besiedelt sie vor allem nordseitige oder halbschattige Säume, Staudenfluren und Gebüsche, an ähnlichen Stellen kommt sie im Siedlungsbereich bis in Gärten und Anlagen vor. Die Falter werden (angelockt oder auf Nahrungssuche) zuweilen auch in offeneren oder wärmeren Biotopen am Licht beobachtet.

Nahrung der Raupe:
Pteridium aquilinum – Adlerfarn
 L (EBE, ECK)
Dryopteris spec. – Wurmfarn
 L (BAR, WAT)
»Farn«
 L (FRY)
Corylus avellana – Hasel
 L (FRY)
Alnus glutinosa – Schwarz-Erle
 L (BAR)
Urtica dioica – Große Brennessel
 L (BAR)
Urtica spec. – »Nesseln«
 L (GAU)
Atriplex spec. – Melde
 L (SCC, PFF)
Clematis vitalba – Gewöhnliche Waldrebe
 L (WAT)
Chelidonium majus – Schöllkraut
 L (GRE)
Impatiens noli-tangere – Rühr mich nicht an
 3 L (BAR, EBE, HAF, HIR, STN)
Heracleum sphondylium – Wiesen-Bärenklau
 L (KIE)
Rubus fruticosus agg. – Brombeere
 L (GOT)
Rubus idaeus – Himbeere
 L (KEL)
Mercurialis perennis – Ausdauerndes Bingelkraut
 L (BAR)
? *Atropa belladonna* – Tollkirsche
 L (HEI)
Sambucus nigra – Schwarzer Holunder
 L (LAD)
Petasites spec. – Pestwurz
 L (HER)

Die Raupe von *Euplexia lucipara* ist polyphag und wird vor allem an Pflanzen kühler und schattiger Expositionen gefunden. Darunter befinden sich Laubsträucher wie Hasel und Erle, überwiegend aber Stauden und Kräuter. Mehrfach belegt sind in unserem Gebiet lediglich Melde, Waldrebe und das Gewöhnliche Springkraut oder Rühr mich nicht an. Letzteres scheint wirklich eine überregional präferierte Nahrungspflanze zu sein; schon HERING (1881) hatte in Pommern die Raupen »oft in Menge an *Balsamine noli tang.*« gefunden. Mitte des 19. Jahrhunderts meldete A. KELLER die Raupe »um Reutlingen manchmal auf Himbeeren häufig« (KELLER & HOFFMANN 1861). Auch verschiedene Farnarten werden gern gefressen. Am Wurmfarn

Die Raupe ist durch die beiden weißen Punktwarzen am Hinterleibsende unverwechselbar. Außerdem trägt sie eine weiße Seitenlinie, die zur Bauchseite hin scharf begrenzt ist und zum Rücken hin allmählich verläuft. *Euplexia lucipara* ist eine Art des Waldschattens. Die Eiablage erfolgt offenbar besonders gern an Springkraut (Rühr mich nicht an), ferner an verschiedenen Farnarten (Lebensraum im Nordschwarzwald siehe unter *Phlogophora scita*). – Baden-Baden, Grobbachtal 3.9.87 G. EBERT.

Nahrung des Falters: Aus dem Untersuchungsgebiet liegen keine Beobachtungen zum Blütenbesuch vor. Die Falter kommen an den Köder.

Habitat: Zum Larvalhabitat gehören verschiedene Laub- und Nadelwaldgesellschaften bzw. ihnen assoziierte Staudenfluren und Gebüschgesellschaften. Hier sind besonders zu nennen die Hartholzauwälder (Alno-Ulmion), die Eichen-Hainbuchenwälder (Carpinion betuli), die Linden-Ahorn-Mischwälder (»Schluchtwälder«, Tilio-Acerion), und die Rotbuchen- und Tannen-Rotbuchenwälder (Fagion sylvaticae) bzw. Vorwald-Gesellschaften (Sambuco-Salicion), Brombeergebüsche (Pruno-Rubion fruticosae) und andere, noch nicht sicher belegte Gesellschaften.

Verhalten: Die Raupen fressen meist nachts, an trüben Tagen oder im Schatten aber auch tagsüber. Während der Fraßpausen verkriechen sie sich in der Krautschicht oder ruhen an bodennahen Teilen der Nahrungspflanzen. Sie verpuppen sich in einer Erdhöhle. Die nachtaktiven Falter kommen gern ans Licht.

sind die Raupen oft mit denen von *Phlogophora scita* vergesellschaftet (Schwäbische Alb, A. WALTER). H. KIEFER berichtet von einer Raupe, die tagsüber in einer Dolde des Wiesenbärenklaus saß und die Samen fraß. H. HEIDEMANN fand eine Raupe an einem vergilbten Tollkirschenblatt, das keine Fraßspuren aufwies und damit nicht sicher als Freiland-Nahrungspflanze gelten kann, aber die Raupe konnte mit Tollkirsche bis zur Verpuppung gebracht werden und diese wird auch in der Literatur angeführt.

Die Literatur kennt eine Vielzahl von Nahrungspflanzen, darunter die folgenden: *Pteridium aquilinum, Athyrium filix-femina, Dryopteris filix-mas, Betula* spp., *Salix* spp., *Urtica dioica, Rumex acetosa, Polygonum persicaria, Polygonum hydropiper, Actaea spicata, Aquilegia vulgaris, Delphinium grandiflorum, Aconitum* spec., *Chelidonium majus, Ribes uva-crispa, Rubus saxatilis, Rubus idaeus, Rubus fruticosus, Melilotus officinalis, Impatiens noli-tangere, Epilobium palustre, Epilobium angustifolium, Cornus sanguinea, Vaccinium myrtillus, Lysimachia vulgaris, Convolvulus sepium, Echium vulgare, Anchusa officinalis, Anchusa angustifolia, Lamium maculatum, Stachys sylvatica, Atropa belladonna, Solanum lycopersicum, Buddleja davidii, Digitalis purpurea, Viburnum opulus, Solidago virgaurea, Matricaria recutita, Tussilago farfara, Senecio fuchsii, Lactuca sativa* (ALLAN 1949, BERGMANN 1954, FREYER 1832, FUCHS 1869, HERING 1881, HEUSER, JÖST & ROESLER 1962, MARSCHNER 1907, OWEN 1983, SCHULTZ 1962, SEPPÄNEN 1970, SPEYER 1867, TREITSCHKE 1825a, UFFELN 1908, URBAHN & URBAHN 1939).

Gefährdung und Schutz

Rote Liste Bundesrepublik: –
Rote Liste Baden-Württemberg: –

Oberrheinebene: Nicht gefährdet
Schwarzwald: Nicht gefährdet
Neckar-Tauberland: Nicht gefährdet
Schwäbische Alb: Nicht gefährdet
Oberschwaben: Nicht gefährdet

• In Baden-Württemberg nicht gefährdet!

Phlogophora meticulosa
(Linnaeus, 1758)
Achateule

Brotolomia meticulosa L. (REUTTI 1898, LAMPERT 1907, SPULER 1908–1910, REBEL 1910, ECKSTEIN 1913–1923, HERING 1932)
Trigonophora meticulosa L. (WARREN in SEITZ 1909–1914, DRAUDT in SEITZ 1931–1938, SCHNEIDER 1936–1939, BERGMANN 1951–1955, KOCH 1954–1961, 1984)

Phlogophora lamii (SCHADEWALD [1993]) partim

Gesamtverbreitung: Von den Azoren und Nordafrika durch ganz Europa, nördlich bis Shetland, Island und Mittelskandinavien festgestellt. In den nördlichen Ländern tritt sie nur als Immigrant auf, kann sich aber (im

Sommer) auch fortpflanzen. So sind 1976 selbst auf Island zahlreiche Raupen (als Nachkommen der dort jahrweise nicht seltenen Einwanderer) festgestellt worden (SKOU 1991). Im Osten besiedelt sie Klein- und Vorderasien bis zum Kaukasus und Turkmenien. Die nördliche Grenze des Gebiets dauernder Bodenständigkeit in Europa ist unklar; HACKER (1989) vermutete ungefähr Nord- und Ostseeküste[1].

Taxonomische Anmerkung: SCHADEWALD (1989) bemerkte in der Umgebung von Jena Unterschiede in der Art der Eiablage bei Weibchen, die er durch ein habituelles Merkmal trennen zu können glaubte: Weibchen mit »starker« Einbuchtung des Vorderflügel-Außenrands an Ader m_3 (der 4. Ader vom Hinterrand aus gerechnet) legten die Eier in kleinen Gelegen ab, während Weibchen mit »schwacher« Einbuchtung des Vorderflügel-Außenrands an Ader m_3 die Eier einzeln ablegten. Bei der letzteren Form gestaltete sich die Zucht schwierig und SCHADEWALD war der Ansicht, daß sie in keinem Stadium den mitteleuropäischen Winter überstehen könne. Aus diesen Unterschieden glaubte er später, auf Artverschiedenheit schließen zu müssen (SCHADEWALD [1993]). Ohne die geringsten strukturellen (etwa genitalmorphologischen) Differenzen gefunden zu haben, beschrieb er die Form mit starker Einbuchtung als *Phlogophora lamii*, und zwar in einer fragmentarischen (posthumen) Arbeit, die bedauerlicherweise in nicht ausreichend durchgearbeitetem Zustand zur Veröffentlichung gebracht wurde (SCHADEWALD [1993], EITSCHBERGER [1993]). Dies führte umgehend zur berechtigten Synonymisierung dieser neuen »Art« (FIBIGER 1993). Wie die Abbildung der beiden Formen sowohl bei SCHADEWALD [1993] als auch bei EITSCHBERGER [1993] beweist, hat der Rand der Flügelmembran (ohne Berücksichtigung der Fransen) bei beiden Formen einen völlig identischen Verlauf! Ist das Tier frisch und mit allen Fransenschuppen versehen, dann erscheint im Flügelumriß der Vorsprung an Ader m_3 stärker (»*P. lamii*«), ist das Tier abgeflogen, dann erscheint der Vorsprung infolge des Fehlens der Fransenschuppen schwächer (»*P. meticulosa*«). Auch der Unterschied im Eiablagemodus läßt sich dadurch erklären, denn frische Weibchen legen eher in kleinen Gelegen, ältere, die nur noch wenige Eier haben, eher einzeln ab.

Verbreitung

Regional: Als Wanderfalter tritt *Phlogophora meticulosa* in allen Naturräumen und allen Höhenlagen des Landes auf. Nicht sicher zu beantworten ist die Frage, in welchen Gebietsteilen sie bodenständig ist. Vermutlich kann sie sich in fast allen Gegenden fortpflanzen, so daß nur die höchsten Lagen von Schwarzwald und Schwäbischer Alb von dauernder Besiedlung ausgenommen bleiben.

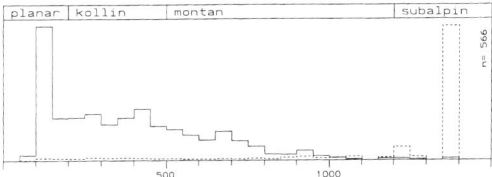

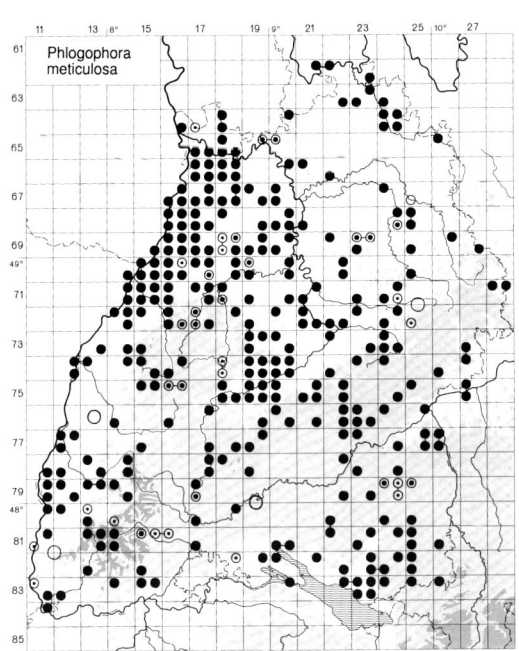

Vertikal: Die Imagines sind in allen Höhenstufen von der Ebene bis in die subalpine Stufe nachgewiesen worden, doch sollte daraus nicht unbedingt auf Bodenständigkeit in allen Höhenzonen geschlossen werden. So sind die höchstgelegenen Raupenfundstellen in der montanen Stufe des Schwarzwalds (Ruhestein, 1050 m; Gisiboden, 1100 m, beide G. EBERT/E. ECKERT) nur durch (nicht überwinterte) Juli- und Augustraupen belegt; die höchsten Raupenfundstellen mit geglückter Überwinterung (Frühjahrsraupen), liegen im Nordschwarzwald am Bosenstein (800 m, A. STEINER) und im Südschwarzwald bei Todtnau-Poche (720 m, J. ASAL).

---

[1] Die früher vertretene Meinung, die Art sei nördlich der Alpen nicht bodenständig bzw. könne nur in Ausnahmefällen überwintern (KOCH 1958, 1984, FORSTER 1971) ist spätestens durch die regelmäßigen Funde überwinterter Raupen und die diesbezüglichen Diskussionen in der Zeitschrift Atalanta widerlegt worden (KINKLER & SCHMITZ 1972, LOBENSTEIN 1977, 1978).

Die Achateule (*Phlogophora meticulosa*) in Ruhestellung. Mit den in Falten gelegten Flügeln erinnern die Falter an vertrocknete Blätter oder Pflanzenteile. Diese Tarnung nützt ihnen anscheinend auch auf grünem Untergrund, denn die Tiere ruhen oft im Gras oder auf frischen Blättern. – Lauda 19.9.80 G. EBERT.

Phänologie

Imagines: Die Falter sind zwischen Januar und Dezember in allen Monaten des Jahres festgestellt worden. Dennoch zeichnen sich in allen Naturräumen mindestens zwei Generationen ab: eine schwächere von Mai bis Juli und eine (oder zwei) in den meisten Jahren wesentlich individuenstärkere von August bis November. Dazwischen liegt in der Regel eine mehrwöchige Lücke, die in den kumulierten Diagrammen nicht immer gut zu erkennen ist. Bei den Faltern der 1.Gen. dürfte es sich nahezu ausschließlich um Tiere handeln, die bei uns als Raupen überwintert haben, während die 2.Gen. zu einem beträchtlichen Teil von aus dem Süden zugewanderten Tieren verstärkt wird (Näheres dazu im Kapitel »Wanderverhalten«).

Typisch ist der Flugzeitverlauf, wie er von E. KIEFER aufgrund von Beobachtungen an Lichtquellen auf dem Marktplatz von Freudenstadt in den Jahren 1965–1970 geschildert wird: Mai 3 Exemplare, Juni 4 Ex., Juli 3 Ex., August 4 Ex., September 28 Ex., Oktober 50 Ex. (davon in der zweiten Monatshälfte 30 Ex.) und November 7 Ex. Wegen der in der zweiten Oktoberhälfte sich dem Nullpunkt nähernden Nachttemperaturen geht er davon aus, daß es sich bei den Herbsttieren überwiegend um Zuwanderer handelte: »Bei Inversionslagen mit Windstille, aber auch bei leichtem Westwind nahmen die Stückzahlen zu; selbst diesig-nebliges Wetter war nicht abträglich. ... Im November, bei Temperaturen tags zwischen 5 Grad und −2 Grad, kam der Anflug dann zum Erliegen. Die letzten Tiere hielten dann, z.T. schon bei Schneefall, noch einige Tage aus, ohne weiterzufliegen, und sind dann offenbar erfroren.« Über wiederholte Falterfunde bei Schneefall berichtete auch H. HERRMANN (1978) aus der Baar.

Bei den im Winter immer wieder erscheinenden Tieren handelt es sich meist um in Ortschaften, in Häusern und in Hausnähe nachgewiesene Falter, die sich hier durch Wärmeeinwirkung entwickeln konnten (z.B. 3.12.1984 am Fuß einer Linde, Karlsruhe-Stephanskirche, G. EBERT; 15.12.1982 frischgeschlüpft an Hauswand eines Bauernhauses, R. HERRMANN; 1.2.1992 im Treppenhaus, v. RAMIN; 23.2.1992 frisch geschlüpft, im Hausflur sitzend, F. VOGEL; 26.2.1991 frisch geschlüpft an Hauswand, F. VOGEL). Solche Einzelfälle belegen zwar eine ausnahmsweise Über-

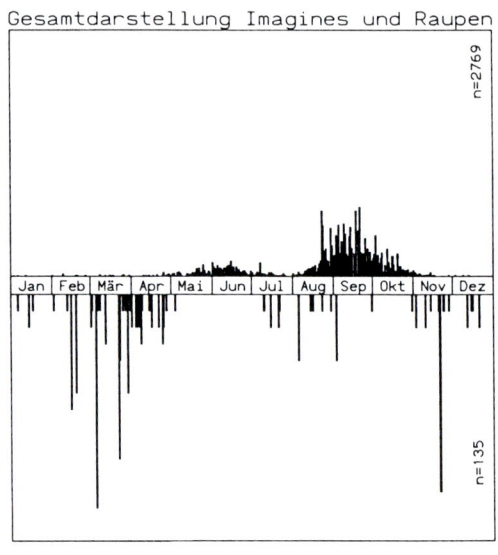

winterung im Puppen- bzw. Falterstadium, stützen aber nicht die Meinung von CAYROL (1972), der glaubte, daß die Art in den meisten europäischen Ländern regelmäßig im Puppenstadium überwintere und lediglich in den südlichsten Ländern und in Nordafrika als Raupe. Auch bei uns ist das normale Überwinterungsstadium eindeutig die Raupe.

Präimaginalstadien: In Baden-Württemberg sind überwiegend die überwinternden Raupen der 1.Gen. in großer Zahl nachgewiesen worden. Hierzu gehören zwei Eifunde von Ende August/Anfang September (23.8. und 2.9.1994, Büchenau, H. HEIDEMANN). Die frühesten Raupenfunde (meist junge Tiere) fallen in den November (2.11.1967, P. SCHOTT), aber erst gegen Ende dieses Monats setzen Beobachtungen größerer Individuenzahlen ein (21.11.1992, 11 Raupen, A. STEINER). Eine echte Diapause gibt es nicht. Die Tiere sind bei günstiger Witterung in allen Wintermonaten aktiv und können in milden Wintern oder in Gebäudenähe bereits im Februar ausgewachsen sein. Ab Ende März wurden fast nur noch erwachsene Raupen gefunden. Mitte bis Ende April enden die Beobachtungen im Hügelland (15.4.1975, Umg. Freiburg, T. ESCHE; 24.4.1995, Neipperg, A. STEINER), nur im Schwarzwald wurden noch Tiere bis Anfang Mai festgestellt (2.5.1995, Nordschwarzwald, Baden-Baden, A. SCHANOWSKI; 4.5.1989, Südschwarzwald, Todtnau-Poche, J. ASAL).

Einzelne Raupen, die im Freiland bereits im Herbst erwachsen sind (z.B. 30.9.1990, Allmersbach im Tal, F. BIHLMAIER; 31.10.1995, Sasbach, A. SCHANOWSKI), verpuppen sich im Freien wahrscheinlich noch vor Beginn des Winters und können dann die von Dezember bis März nachgewiesenen Falter ergeben.

Von den Raupen der zweiten (bzw. der zweiten und/oder dritten) Generation liegen dagegen so wenige Meldungen vor, daß sie alle aufgeführt werden können (auffälligerweise stammen die meisten aus dem Schwarzwald): Juni 1920 (Höllental, BOLDT 1928); 24.6.1990 (Reichental, Orgelfelsen, G. EBERT/E. ECKERT); 11.7.1995 (Malsch-Sulzbach, G. EBERT und E. ECKERT); 15.7.1995 (Hasenhorn bei Todtnau, G. EBERT/E. ECKERT); 21.7.1994 (Scheibenlechtenmoos, G. EBERT/E. ECKERT); 22.7.1988 (Allmersbach im Tal, F. BIHLMAIER); 27.7.1994 (Notschrei, H. Heidemann); 2.8.1967 (Freudenstadt, E. KIEFER); 5.8.1995 (Elzach-Yach, R. HERRMANN/J.-U. MEINEKE); 6.8.1991 (Böblingen, U. RATZEL); 14.8.1977 (Scheibenlechtenmoos, H. HEIDEMANN); 16.8.1980 (Todtnau, J. ASAL); 19.8. (Ruhestein, E. KIEFER); 3.9.1994 (Omerskopf, G. EBERT). Eine anscheinend erwachsene Raupe mit dem Datum 10.7.1971 aber ohne Fundortangabe (aus der Baar?) wurde von H. HERRMANN (1978) abgebildet.

Wie läßt sich die quantitative Diskrepanz zwischen den Raupenfunden beider Generationen erklären? Methodische Faktoren können hier nur zum Teil überzeugen (die Raupen der 1.Gen. haben eine längere Entwicklungsdauer, die Aktivität der nächtliche Raupensuche betreibenden Lepidopterologen liegt vor allem im Frühjahr, während die Raupen der 2.Gen. durch die höhere Vegetation schwieriger nachweisbar sind und im Hochsommer mehr Lichtfang und weniger Raupensuche betrieben wird). Die Umkehrung der Abundanzverhältnisse zwischen Raupen und Faltern beider Generationen ist eines der Indizien, die für eine massive hochsommerliche Einwanderung sprechen. Wir müssen annehmen, daß die 2.Gen. sich bei uns zum geringeren Teil aus autochthonen und zum größeren Teil aus zugewanderten Individuen zusammensetzt.

Ökologie

Lebensraum: Die Falter können auf der Wanderung und bei der Nahrungsaufnahme in allen möglichen Biotoptypen auftreten. Die Larvalentwicklung läuft jedoch bevorzugt in Offenlandhabitaten ab. Dazu gehören Waldrändern und Gebüschen vorgelagerte Säume und Wiesen, aber

Die Eier können sowohl in kleinen Gelegen als auch einzeln abgelegt werden. Den letzteren Fall dokumentiert diese Aufnahme: Ein Ei auf einem Blatt des Wiesenstorchschnabels, der im Schatten einer Holzhütte am Wiesenrand wuchs. Nach dem Schlupf begab sich die Raupe sofort auf die Blattunterseite. – Büchenau 23.8.94 H. HEIDEMANN.

auch Staudenfluren (Brennesseln, Goldruten, Him- und Brombeeren, Heidelbeeren, Farnbestände) und Binnensäume im Wald (Lichtungen, Schneisen, Wegrandstreifen). Eine besondere Vorliebe scheint die Art für Randstrukturen wie Straßen- und Wegränder, Böschungen und Grabenränder zu entwickeln, wo die Raupen durch Geländeformen oder Vegetation oft einen gewissen Wind- und Wetterschutz genießen. Häufig besiedelt sie Kulturland wie Gärten und Parks, Ackerraine, Feldwegränder und Streuobstwiesen. Sie kommt sowohl an feuchten wie auch an frischen und mäßig trockenen Stellen vor. Die Weibchen fliegen auch in Gebäude ein und legen dort ab, so daß die Raupen schon in Gewächshäusern, an Balkonblumen und an Fensterblumen in Wohnungen gefunden worden sind.

Nahrung der Raupe:
Pteridium aquilinum – Adlerfarn
  L (Bol)
Salix caprea – Sal-Weide
  L (Bar)
Quercus petraea – Trauben-Eiche
  L (Stn)
Urtica dioica – Große Brennessel
  4 L (Bar, Ebe, Eck, Lad, Sch, Stn)
Urtica spec. – Brennessel
  L (Gau, HeH)
Rumex obtusifolius – Stumpfblättriger Ampfer
  L (Blä)
Rumex crispus – Krauser Ampfer
  L (Hir, Stn)
Rumex spec. – Ampfer
  L (Lad)
Helleborus niger – Christrose
  L (Hei)
Consolida ambigua – Garten-Rittersporn
  L (Doc)
Ficaria verna – Scharbockskraut
  L (Bih)
Berberis thunbergii und deren Form »atropurpurea«
  L (Bar)
Alliaria petiolata – Lauchkraut
  L (Bih)
Rubus idaeus – Himbeere
  L (Lad)
Rubus fruticosus agg. – Brombeere
  L (Bar, Lus, Stn)
Rosa spec. – »Gartenrose«
  L (Baj, Hei)
Sarothamnus scoparius – Besenginster
  L (Bar, Mei)

Geranium pratense – Wiesen-Storchschnabel
  E (Hei)
Malva spec. – Gartenmalve
  L (Frt)
Petroselinum crispum – Garten-Petersilie
  L (Bar)
Vaccinium myrtillus – Heidelbeere
  L (Ebe, Eck)
Calluna vulgaris – Heidekraut
  L (Bar, Stn)
Primula obconica – Becher-Primel
  L (Lie)
Cyclamen cf. *persicum* – Alpenveilchen
  L (Lus)
Ligustrum vulgare – Liguster
  L (Hir, Stn)
Borago officinalis – Boretsch
  L (Bar)
Lavandula spec. – Lavendel
  L (Stw)
Galeopsis tetrahit – Gewöhnlicher Hohlzahn
  L (Lad)
Lamium album – Weiße Taubnessel
  L (Scc, Stn)
Lamium purpureum – Rote Taubnessel
  L (Bih, Esc)
Brugmanisa spec. – Engelstrompete
  L (Lus)
Buddleja davidii – Fliederspeer
  L (Mar)
Verbascum cf. *phlomoides* – cf. Windblumen-Königskerze
  L (Stn)
Verbascum spec. – »Große Königskerze«
  L (Asa)
Scrophularia nodosa – Knotige Braunwurz
  L (Ebe, Eck)

Eine jüngere Raupe während der Überwinterung. Reich gezeichnete Tiere tragen nicht nur rötlichbraune Schrägstriche, sondern oft auch eine unterbrochene, weiße Rückenlinie. – Tuniberg 19.2.93 A. Steiner.

Ältere Raupe mit reduzierter Zeichnung und leuchtendgrüner Grundfarbe. Wenn sie an Farn fressen, können solche Tiere zu Verwechslungen mit *Phlogophora scita* Anlaß geben. – Tuniberg 19.2.93 A. STEINER.

Sambucus nigra – Schwarzer Holunder
　L (LAD)
Valerianella spec. – Feldsalat
　L (HEI)
Dipsacus spec. – Kardendistel
　L (BLÄ)
Solidago spec. – Goldrute
　L (SCO)
Aster spec. – Gartenaster
　L (ECK)
Chrysanthemum indicum – Chrysantheme
　L (LAI, REN)
Chrysanthemum spec. – Chrysantheme
　L (DOC)
Adenostyles alliariae – Grauer Alpendost
　L (HEI)
Doronicum pardalianches – Kriechende Gemswurz
　L (STN)
Senecio fuchsii – Fuchs' Greiskraut
　L (ECK, LAD, RAZ)
Cichorium endivia – Endivie
　L (BIH, EBE, ECK)
Taraxacum spec. – Löwenzahn
　L (BIH)
Lactuca sativa – Kopfsalat
　L (HOL)
Hieracium spec. – Habichtskraut
　L (EBE)

Die Raupe von *Phlogophora meticulosa* zeigt eine ausgeprägte Polyphagie, die sich ohne erkennbare Präferenzen über verschiedene krautige Pflanzen und Stauden erstreckt. Deshalb bleiben die Meldungen vielfach recht allgemein (z. B. »an vielerlei Stauden und Gräsern«, K. FREYTAG). Einen unverhältnismäßig großen Anteil unter den Meldungen nehmen die Zier- und Gartenpflanzen ein, weil die Raupen hier im Herbst und Frühjahr besonders auffallen: H. LIENIG fand eine Raupe an Becherprimel im Gewächshaus, H. LUSSI an Alpenveilchen am Blumenfenster im 4. Stock eines Hauses; aus Gärten liegen Beobachtungen an Gartenrosen (H. HEIDEMANN), Gartenrittersporn (D. DOCZKAL), Lavendel (F. STEUERWALD), Petersilie, Boretsch (D. BARTSCH), Engelstrompete (H. LUSSI), Buddleia (T. MARKTANNER), Gartenastern (E. ECKERT), Gartenmalven (D. FRITSCH), Chrysanthemen (F. LAIER, E. RENNWALD), Kriechender Gemswurz (A. STEINER), Endiviensalat (F. BIHLMAIER, G. EBERT/E. EKKERT) und Kopfsalat (J. HOLSTEIN) vor. Stauden und Sträucher werden gern erklettert; an einer jungen Traubeneiche fand A. STEINER eine erwachsene Raupe, die die sich eben erst entfaltenden Eichenblätter den Brennesseln vorzog, die daneben wuchsen und an denen sich weitere Rau-

Die Raupe in der braunen Form an *Lamium album*. – Nordheim 24.4.95 A. STEINER.

pen fanden. In einem Liguster-Geißblattgebüsch beobachteten N. HIRNEISEN/A. STEINER eine Raupe in 2 m Höhe am Liguster fressend. D. BARTSCH schüttelte eine Raupe aus 3 m Höhe von Salweiden (das Tier fraß auf dem Boden weiter an den herabgefallenen Kätzchen).

NÖRDLINGER führte 1855 in seinem Lehrbuch über Schadinsekten eine Reihe von Nahrungspflanzen auf, von denen vermutlich die meisten auf Beobachtungen in Baden-Württemberg zurückgehen und deshalb der obigen Liste angefügt werden könnten: mehrere Kohlarten, besonders Mangold, Levkojen, Goldlack, Sellerie, Bibernell, Malven, Schlüsselblumen, Wollkraut, Sonnenblumen, Aster, Lavendel und Rosen.

Die Raupen fressen meistens Blätter, können aber auch eine Vorliebe für Blüten entwickeln, wie es an Astern (E. ECKERT) und Chrysanthemen (E. RENNWALD) beobachtet wurde. Ob in der Natur auch Grashalme gefressen werden, ist dagegen unklar. Meldungen von »Gräsern« entpuppten sich bisher bei Nachfrage bei den Meldern stets als an Gras sitzende, nicht aber beim Fressen beobachtete Raupen.

Im Pflanzenschutz gilt P. meticulosa als gelegentlicher Schädling, vor allem an Zierblumen (Chrysanthemen), Gartenblumen, Gemüse, Wein und Obstbäumen (CAYROL 1972).

Nahrung des Falters: Imagines wurden bei der Nahrungsaufnahme in Gärten an *Buddleja davidii* (E. LANGER, A. STEINER, SETTELE 1926a) und im Freiland an von *Claviceps*-Pilzen befallenen Grasblüten (*Molinia* spec., *Calamagrostis epigejos*) beobachtet (A. STEINER). H. HERRMANN (1978) sah Falter an Blüten des Türkenbunds (*Lilium martagon*). Gerne und oft in Anzahl besuchen sie künstlichen Köder; wandernde Tiere sind bei widriger Witterung (Wind) am Köder oft leichter zu registrieren als durch Lichtanflug.

Habitat: Es dürfte kaum irgendwelche Offenlandbiotope geben, in denen sich *Phlogophora meticulosa* nicht entwickeln kann. Raupenfunde stammen beispielsweise aus Brombeergebüschen (Pruno-Rubion fruticosi), aus Vorwaldgesellschaften (Sambuco-Salicion), aus Liguster-Schlehenhecken (Ligustro-Prunetum), aus warmtrockenen Saumgesellschaften (Geranion sanguinei), aus Heidekraut-Heiden (Vaccinio-Genistetalia), aus Randbereichen von Glatthaferwiesen verschiedener Ausprägung (Arrhenatheretalia) und von nicht zu trockenen Ruderalstandorten. Pflanzensoziologisch nicht einzuordnen sind die sehr gern genutzten Gärten, Beete, Gewächshäuser, Topfpflanzen und dergleichen.

Verhalten: Zwei einzelne Eier wurden im Spätsommer auf den Blattoberseiten von *Geranium pratense* gefunden (H. HEIDEMANN). Die Raupen ruhen bei Tag in den untersten Vegetationsschichten, dabei nicht unbedingt an einer Nahrungspflanze, die zudem von Nacht zu Nacht wechseln kann. GAUCKLER (1909) fand sie unter Steinen, J. ASAL und M. MEIER unter den Blattrosetten von Königskerzen, D. BARTSCH unter solchen von Petersilie. BOLDT (1928) schüttelte die Raupen im Juni 1920 an der Posthalde im Höllental aus frisch gemähten Grasschwaden, besonders dort, »wo das Heu mit großblättrigen Kräutern, Pestwurz (*Petasites*), Ochsenampfer (*Rumex crispus*) u.a. stark durchmischt ist«. Nachts erklettern sie ihre Nahrungspflanzen, aber man findet sie dann auch häufig inaktiv (nicht fressend) an Gräsern und Stengeln sitzend. An Sträuchern klettern sie zuweilen bis in 3 m Höhe hinauf.

Die Falter sind dämmerungs- und nachtaktiv und kommen gern ans Licht. Bei Tag sind sie in der Krautschicht und am Erdboden unter Pflanzen ruhend gefunden worden.

Wanderverhalten: Trotz langjähriger Beobachtungen ist das Wanderverhalten von P. meticulosa noch recht unklar. Aufschlußreich für die Situation im süddeutschen Raum ist der Vergleich mit den Wanderfalter-Jahresberichten aus der Schweiz und aus Österreich, die vor allem aus den 70er und 80er Jahren vorliegen (REZBANYAI 1979, 1981). Demnach erfolgt im Frühjahr meist keine nachweisbare Ein- bzw. Nordwanderung im Alpenraum. Die in Deutschland auftretenden Falter der 1.Gen. entwickeln sich also fast ausschließlich aus überwinterten Raupen[2]. Die 2.Gen. setzt sich bei uns dagegen überwiegend aus in jahrweise wechselnder Häufigkeit aus südlichen Richtungen einwandernden Faltern zusammen. Unklar (weil kaum nachweisbar) ist die Richtung dieser Wanderungen. In den Alpen werden P. meticulosa-Schwärme oft gleichzeitig mit unzweifelhaft von Süden kommenden Einwanderern beobachtet. Die herbstlichen P. meticulosa-»Wandertage« in den Alpen korrelieren zum Teil mit gleichzeitig beginnenden oder kurz darauf einsetzenden Tagen/Wochen hoher Abundanz im Nordschweizer Hügelland und in Deutschland, was auf Süd → Nord-Wanderungen deutet (LOBENSTEIN 1984, REZBANYAI 1981), zum Teil aber auch mit vorangegangenen Perioden hoher Abundanz im Gebiet nördlich der Alpen, was eher auf Nord-Süd-Wanderungen schließen läßt (REZBANYAI 1979). Da der Anflug der Falter an die Lichtquelle im Gebirge von lokalen Luftströmungen beeinflußt sein kann, bietet auch die direkte Beobachtung der Anflugrichtung meist keinen sicheren Anhaltspunkt über die Wanderrichtung.

Am Randecker Maar am nördlichen Albtrauf, einer vermuteten Durchzugsschneise für Vögel und Insekten, hat D. GATTER (1979) zwischen Mitte Juli und Ende Oktober 1977 in einer nach Norden geöffneten Insektenreuse 13 Exemplare von P. meticulosa, in einer nach Süden geöffneten

---

[1] Wenn H. HERRMANN (1978) für die Baar angibt: »Der sehr unauffällige Zuzug dürfte wohl ab Mitte bis Ende Mai seinen Höhepunkt erreichen«, so handelt es sich dabei um eine reine Hypothese.

Reuse dagegen keine Falter festgestellt und interpretierte dies als Indiz für Südwanderung. Zusätzlich wies sie darauf hin, daß an einem Standort auf der Albhochfläche (Schopfloch) und dem Standort Schopflocher Moor (direkt südlich des Randecker Maars) im Juni–Juli etwa gleich viele Individuen gefangen wurden, während im August–Oktober der Anteil an *P. meticulosa* im Schopflocher Moor um ein Vielfaches höher lag. Dies lasse auf nach Süden gerichtete Wanderaktivität schließen, da die Tiere beim Überfliegen der Alb durch den nach Norden geöffneten Einschnitt des Randecker Maars gebündelt werden. Zur Kritik dieser Schlußfolgerungen vergleiche man das bei *Autographa gamma* Gesagte.

Gefährdung und Schutz

Rote Liste Bundesrepublik: –
Rote Liste Baden-Württemberg: –

Oberrheinebene: Nicht gefährdet.
Schwarzwald: Nicht gefährdet.
Neckar-Tauberland: Nicht gefährdet.
Schwäbische Alb: Nicht gefährdet.
Oberschwaben: Nicht gefährdet.

- In Baden-Württemberg nicht gefährdet!

Phlogophora scita
(Hübner, 1790)

Smaragdeule

Habryntis scita HBN. (REUTTI 1898, WARREN 1909–1914, SCHNEIDER 1936–1939, BERGMANN 1951–1955)
Habrynthis scita HBN. (KOCH 1954 1961, 1984)

Gesamtverbreitung: In Europa vor allem in den mittleren und südöstlichen Ländern verbreitet. Die Arealgrenze verläuft vom französischen Zentralmassiv über die Vogesen und Ostbelgien etwa am Nordrand der Mittelgebirge entlang (die Verbreitungsgrenze in Norddeutschland wurde von SCHULTZ 1930 kartiert) und über Tatra, Beskiden, Sudeten und Karpaten zum Kaukasus. Im Süden verläuft sie entlang des Alpensüdrands und der Mittelgebirge des ehemaligen Jugoslawiens und Griechenlands bis Kleinasien (Nord- und Südosttürkei), Elburs und Armenien.

Verbreitung

Regional: Als typischer Mittelgebirgstier bewohnt die Smaragdeule in Baden-Württemberg vor allem den Schwarzwald und die Schwäbische Alb

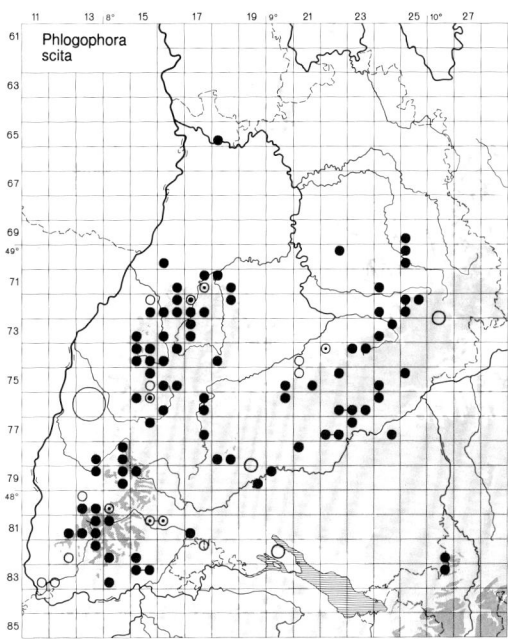

einschließlich der dazwischenliegenden Gebiete (Obere Gäue, Baar, Alb-Wutach-Gebiet). Sie stößt auch an mehreren Stellen ins nördliche Albvorland vor und ist vereinzelt im Schwäbischen Keuperbergland gefunden worden (Schwäbisch-Fränkische Waldberge: Teuerzer Sägemühle, G. EBERT/H. FALKNER/E. LANGER; Unterfischbach, E. LANGER; Untergröningen, E. LANGER; Schurwald/Welzheimer Wald: Heiligenwald bei Backnang-Steinbach, M. MEIER; Kloster Lorch, K. FREYTAG). In diesem Gebiet darf aufgrund des schlechten Bearbeitungsstands eine dichtere Verbreitung angenommen werden. Im Allgäu kommt sie auf der Adelegg vor (T. MARKTANNER, N. HIRNEISEN/A. STEINER) und wurde neuerdings auch im Bodenseegebiet auf dem Bodanrück nachgewiesen (E. KIEFER). Das

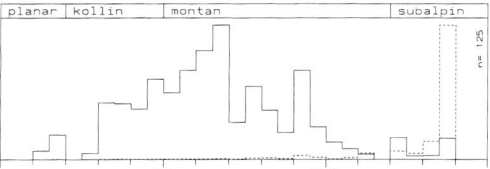

Vorkommen im Odenwald (Heidelberg), das schon REUTTI (1898) bekannt war, ist in neuerer Zeit nur durch Flügelfunde unter einem Langohr-Fraßplatz im Heidelberger Schloß belegt (J. BASTIAN).

Auf der Schwäbischen Alb werden vor allem die Talschluchten des nördlichen Albtraufs und die südlichen, zur Donau führenden Täler besiedelt[1]. Von dort dürfte ein in der Umgebung von Schaiblishausen im Hügelland der unteren Riß festgestelltes Tier (F. HOHENSTEINER) zugeflogen sein. Zwei Angaben aus dem Oberrheingebiet (Isteiner Klotz, LITZELMANN 1966a) sind unglaubwürdig.

Vertikal: Die Höhenverbreitung erstreckt sich über einen weiten Bereich, der schon im Hügelland um 250 m beginnt und sich durch die gesamte montane Stufe bis in subalpine Lagen hinzieht (Feldberggipfel bei 1350 m, J. ASAL). Die Ebene bleibt unbesiedelt. Bei dem Fundort Lahr (um 170 m, E. LOUDET nach REUTTI 1853) dürfte es sich um ein aus dem Schwarzwald in die Ebene verschlagenes Tier (oder um eine ungenaue Fundortangabe) gehandelt haben.

Phänologie

Imagines: Im Schwarzwald dauert die Flugzeit in der Regel von Ende Juni/Anfang Juli bis Mitte August. Einige frühe Daten liegen schon von Mitte Juni vor: 14. und 16.6.1969, Freudenstadt, E. KIEFER. Auf der Schwäbischen Alb liegen die (zahlenmäßig geringeren) Nachweise zwischen

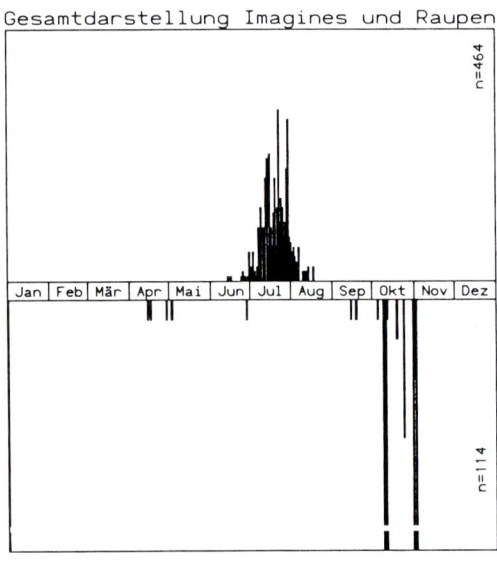

Die Smaragdeule (*Phlogophora scita*) kommt in den Mittelgebirgen und einigen Waldgebieten des Hügellands vor. – Hornisgrinde, Biberkessel 11.7.94 A. STEINER. LF.

Ende Juni und Anfang August (24.6.1976, Gingen, Marren, A. WALTER; 6.8.1980, Kirchberg bei Bubsheim, B. TRAUB/E. BAUER). Im Neckar-Tauberland ist die Art zwischen Ende Juni und Ende Juli nachgewiesen worden (30.6.1989, Göppingen, Hörnle, K. FREYTAG; 25.7.1984, Albeck bei Sulz, G. EBERT/M. MEIER/J.-U. MEINEKE/A. STEINER/B. TRAUB). Die beiden Funddaten von der Adelegg stammen von Ende Juli (23.7.1984, Eisenbacher Tobel, T. MARKTANNER; 30.7.1988, Grat zwischen Senntobel und Rohrdorfer Tobel, N. HIRNEISEN/A. STEINER).

Präimaginalstadien: Die ersten Raupenfunde werden aus dem August (jedoch ohne genaues Datum) gemeldet (G. BAISCH/A. SCHOLZ). Dann folgen zahlreiche Nachweise in den Herbstmonaten (zwischen Mitte September und Anfang November), in der Regel bis zu den ersten Frosttagen. Nach der Überwinterung setzen die Nachweise Mitte April wieder ein und dauern bis Anfang Mai (3.5.1994, Hörnle bei Göppingen, K. FREYTAG). Ein besonders später Fund aus dem Nordschwarzwald wird noch vom 28.6.1988 gemeldet (Brücklesägemühle bei Marxzell, N. HIRNEISEN/H. LUSSI/E. RENNWALD), also zu einem Zeitpunkt, an dem die Flugzeit oft schon begonnen hat.

---

[1] Ob das bedeutet, daß die Wälder der Hochfläche für *P. scita* weniger geeignet sind oder ob diese Verteilung primär auf den Präferenzen der Lepidopterologen für die interessanteren Hang- und Talbiotope beruht, ist unklar.

Ökologie

Lebensraum: Farnreiche Laub-, Misch- und Nadelwälder des Hügel- und Berglands und deren Randbereiche, vor allem an Wurmfarn an frischen bis mäßig trockenen, meist halbschattigen bis schattigen Stellen, an Wegrändern und Böschungen, um Felsen und in Blockfluren, im Schwarzwald gern im Bereich von (Rotbuchen-) Fichten-Tannenwäldern, auf der Schwäbischen Alb vor allem in den Kalkbuchenwäldern und Schluchtwäldern.

Bevorzugt werden Gebiete mit unter 8°C durchschnittlicher Jahrestemperatur und über 800 mm durchschnittlichen jährlichen Niederschlägen. Eine Abhängigkeit von Bodentyp und geologischem Untergrund ist nicht zu erkennen, nur auf Muschelkalk scheint die Art zu fehlen.

Das Fraßbild an Wurmfarn im Herbst. Zuweilen sitzen die Raupen bei Tag offen auf den Wedeln, öfter sind sie zwischen Blättern oder tief an den Stengeln versteckt. Sie fressen noch bis zu den ersten Nachtfrösten. Freudenstadt 1.11.91 R. KONTERMANN.

Nahrung der Raupe:
Dryopteris filix-mas – Männlicher Wurmfarn
   5 L (FRY, JÜN, KIE, LOS, SCZ, STN, WAL)
Dryopteris spec. – Wurmfarn
   3 L (FRY, KIE, KON)
Pteridium aquilinum – Adlerfarn
   L (HIR, LUS, REN, SCU)
»Farn«
   L (BAI, EBE)

Die Raupen leben vor der Überwinterung ausschließlich an Farnarten. In unserem Gebiet wurden sie im Herbst vor allem am Männlichen Wurmfarn (*Dryopteris filix-mas*) beobachtet. Auch einige der Funde, bei denen nur »Wurmfarn« angegeben wurde, dürften sich auf die Art *D. filix-mas* beziehen. Trotzdem ist zu vermuten, daß *P. scita* auch noch andere *Dryopteris*-Arten frißt. Zwei Nachweise liegen von Adlerfarn (*Pteridium aquilinum*) vor (Welzheimer Wald, N. SCHMUNCK; Schwarzwald, N. HIRNEISEN/H. LUSSI/E. RENNWALD). An anderen Farnen, etwa an dem in der Literatur genannten Rippenfarn (*Blechnum spicant*) (BERGMANN 1954), ist sie in unserem Gebiet noch nicht gemeldet worden.

Nach der Überwinterung im Frühjahr werden die Raupen ausgesprochen polyphag: Da zu dieser Zeit die Farne noch nicht ausgetrieben haben, müssen sie mit verschiedenen krautigen Pflanzen, Büschen und selbst jungen Bäumen vorlieb nehmen, an denen sie ihre Entwicklung beenden. Aus Baden-Württemberg sind noch keine entsprechenden Beobachtungen aus dem Freiland gemeldet worden, obwohl dieses Phänomen aus Zuchten wohlbekannt ist.

Die Literatur nennt als Frühjahrs-Nahrungspflanzen u. a. *Quercus* spec., *Atriplex* spec., *Clematis* spec., *Crataegus* spec., *Rubus idaeus*, *Rubus fruticosus*, *Fragaria vesca*, *Geum urbanum*, *Crataegus* spec., *Prunus spinosa*, *Euphorbia* spec., *Viola odorata*, *Plantago* spec., *Sambucus racemosa*, *Senecio* spec., *Taraxacum* spec., allerdings dürfte es sich bei einigen davon mit Sicherheit nur um in der Gefangenschaft gereichte Fütterungspflanzen handeln (BERGMANN 1954, MÖBIUS 1922, FREYER 1833, SCHULTZ 1930, TREITSCHKE 1825a).

Nahrung des Falters: KELLER (in KELLER & HOFFMANN 1861) berichtete von Falterfunden auf der Schwäbischen Alb bei Nacht »an einer blühenden Linde«, T. MARKTANNER beobachtete auf der Adelegg einen Falter tagsüber an einer Kohldistel (*Cirsium oleraceum*) saugend. K. RATZEL sah einen bei Tag saugenden Falter im Schwarzwald,

Die Eiablage erfolgt an Farn und vor der Überwinterung fressen die Raupen auch fast ausschließlich Farne. Wenn sie im Frühjahr wieder aktiv werden, haben die Farne noch nicht ausgetrieben. Dann gehen die Raupen zu einer polyphagen Lebensweise über. – Schwäbische Alb, Hohenwittlingen 15.9.79 G. EBERT. S.

Lebensraum von *Phlogophora scita* sind die Wurmfarnbestände der Mittelgebirge. Hier ein Standort in einem Buchenwald auf der Ostalb im Herbst. – Gingen/Brenz Anf. 5.94 A. WALTER.

auch an einer *Cirsium*-Art. Nachts besuchen die Falter gern künstlichen Köder.

Habitat: *Phlogophora scita* besiedelt *Dryopteris*-Herden, insbesondere *Dryopteris filix-mas*, in verschiedenen Gesellschaften der Fagetalia sylvaticae.

Verhalten: Die jüngeren Raupen sind im Herbst nachts frei fressend und tags auf der Unterseite der Farnwedel, an der Stengelbasis oder am Boden zwischen Laub ruhend zu finden. Nicht selten können sie aber bei schönem Herbstwetter auch bei Tag und manchmal sogar im direkten Sonnenschein auf der Oberseite der Farnblätter beobachtet werden. Noch nach dem ersten Frost fand K. FREYTAG sie »an alten Stielen« sitzend; zu dieser Zeit verkriechen sie sich zur Überwinterung in die Laubstreu. Im Frühling sind sie tagsüber in den jungen, noch eingerollten Farntrieben oder nachts bei der Nahrungsaufnahme gefunden worden. Die Verpuppung erfolgt in einer Erdhöhle. Die Falter sind nachtaktiv und kommen ans Licht, können aber auch öfters tagaktiv fliegend und beim Blütenbesuch beobachtet werden (F. AICHELE nach REISS 1949, T. MARKTANNER, K. RATZEL).

Gefährdung und Schutz

Rote Liste Bundesrepublik: –
Rote Liste Baden-Württemberg: V

Oberrheinebene: Nicht vertreten.
Schwarzwald: Nicht gefährdet.
Neckar-Tauberland: Art der Vorwarnliste.
Schwäbische Alb: Nicht gefährdet.
Oberschwaben: Art der Vorwarnliste.

- In Baden-Württemberg eine Art der Vorwarnliste!
  Besonders geschützt gemäß § 20e ff. BNatSchG.

Phlogophora scita ist im Schwarzwald und auf der Alb noch weit verbreitet und an ihren Fundstellen nicht unmittelbar bedroht. Nur wenige Vorkommen sind im Alpenvorland und in den mittleren Teilen des Neckar-Tauberlands bekannt. Hier sollte die Art genauer beobachtet werden; ihre Habitate müssen vor Eingriffen, die die Farnbestände schädigen, verschont bleiben.

Hyppa rectilinea
(Esper, 1788)
Heidelbeer-Stricheule

Lithomoia rectilinea ESP. (WARREN in SEITZ 1909–1914, DRAUDT in SEITZ 1931–1938, DRAUDT in SEITZ 1931–1938, SCHNEIDER 1936–1939, BERGMANN 1951–1955, KOCH 1954–1961, 1984)

Aus Baden-Württemberg beschriebenes Taxon:
Phalaena (Noctua) rectilinea ESPER, 1788 (»Gegend von Unteressendorf, in dem schwäbischen Kreis«).

Gesamtverbreitung: In Europa vor allem in den mittleren und nördlichen Ländern verbreitet, im Norden bis Nordschottland, in Fennoskandien bis zum Nordkap, im Westen bis zu den Niederlanden, Belgien (Ardennen) und Vogesen. In Südeuropa in einem stark zersplitterten Areal hauptsächlich in den Gebirgen, von den Pyrenäen über den Alpensüdrand und Slowenien zu den Karpaten und den bulgarischen Gebirgen bis in die Pontischen Gebirge und zum Kaukasus. Durch Nordasien bis Ostsibirien und zum Pazifik.

Verbreitung

Regional: In Baden-Württemberg hat *Hyppa rectilinea* vor allem im Schwarzwald und im Alpenvorland eine hohe Verbreitungsdichte. Im Schwarzwald dürfte sie sich bei intensiverer Durchforschung als nahezu flächendeckend verbreitet erweisen. Auch in angrenzenden Gebieten des Neckarlands kommt sie vor, so im Alb-Wutach-Gebiet, auf der Baar, in den Oberen Gäuen und selbst im Vorland der Schwäbischen Alb. Im Schönbuch und Glemswald dürfte sie ebenfalls vorkommen, obwohl sie hier bisher nur randlich in Ortschaften nachgewiesen wurde (Sindelfingen, P. MOHN nach SCHNEIDER 1938; Stuttgart, K. GERSTNER nach SCHNEIDER 1938; Kirchentellinsfurt, A. STEINER). Einzelne Fundorte, die auf weitere Verbreitung deuten, sind aus dem Welzheimer Wald (Lorch, K. FREYTAG), aus den Schwäbischen Keuperwaldbergen (Burghardsmühle bei Ellwangen, G. EBERT/W. SPEIDEL/B. TRAUB) und aus dem bereits dem Mittelfränkischen Becken zuzurechnenden Weihergebiet bei Wört (M. MEIER) bekannt. Ein weiteres, wenig erforschtes Kleinareal befindet sich im Odenwald (Weinheim, P. M. KRISTAL, H. LIENIG, R. TRABOLD; Eberbach, M. CRETSCHMAR), von wo aus wohl auch ein Einzelfalter in den Kraichgau verschlagen wurde (Sinsheim, M. SCHMITT). Der Jurazug der Schwäbischen Alb bleibt völlig unbesiedelt. Vor diesem Hintergrund muß die alte Angabe vom Heuberg (bei Spaichingen) (ASCHENAUER nach SCHNEIDER 1938; in der Verbreitungskarte nicht darstellbar) angezweifelt werden.

Vertikal: Obwohl alle Stufen von der Ebene bis in die subalpine Zone mit Fundorten belegt sind, zeichnet sich deutlich ein Optimum im Hügelland

Die aparte *Hyppa rectilinea* besiedelt schwerpunktmäßig das Hügel- und Bergland. Besonders häufig ist sie im Alpenvorland und im Schwarzwald. – Hornisgrinde 28.6.94 A. STEINER. LF.

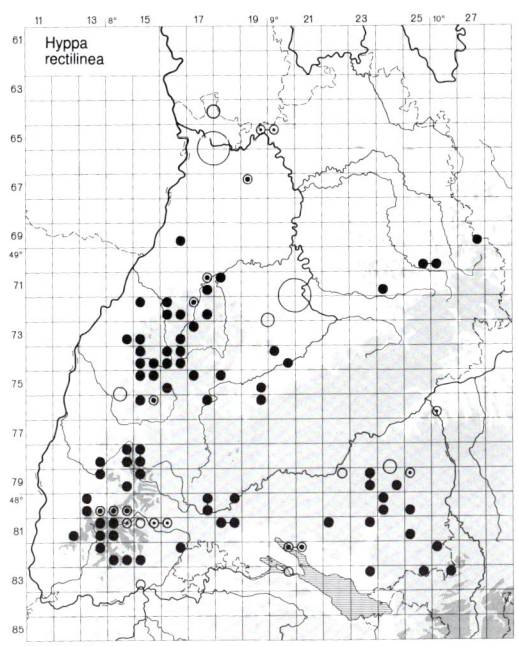

und in den Mittelgebirgen ab. Der höchste Fundort ist der Feldberggipfel bei 1350 m (J. ASAL), womit die Obergrenze der potentiellen Höhenverbreitung aber noch lange nicht erreicht ist.

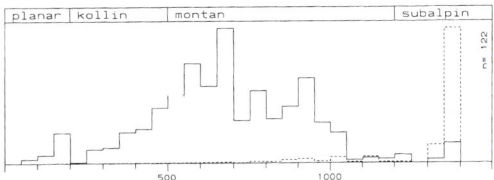

Phänologie

Imagines: Die Flugzeit kann in allen Gebieten bereits Ende Mai beginnen. Während sie sich im Schwarzwald dann bis Anfang August und im Neckarland bis Ende Juli hinzieht, enden die Daten in Oberschwaben überwiegend bereits Anfang Juli, beginnen dort aber auch bereits mit einem Maximum Anfang Juni. Im Schwarzwald liegt das Maximum in der ersten Julihälfte.

Präimaginalstadien: Außer einer Angabe von SCHNEIDER (1938), nach der er und H. RENNER Raupen im Mai »öfter« bei Wildbad gefunden

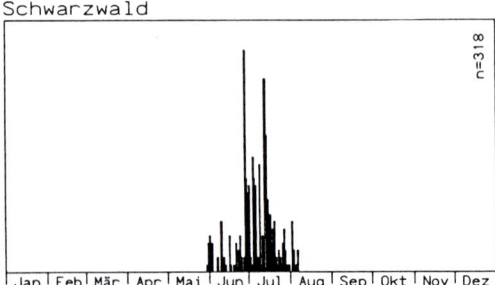

Schwarzwald

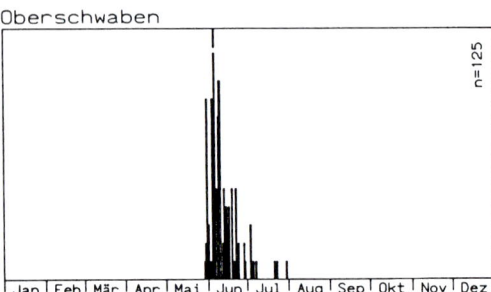

Oberschwaben

haben, gibt es bislang keine neueren Raupenfundmeldungen. Das Überwinterungsstadium ist die Raupe.

Ökologie

Lebensraum: Die typischen Lebensräume von *Hyppa rectilinea* sind in unserem Gebiet heidelbeerreiche, meist frische bis feuchte, mikroklimatisch meist kühle Stellen im Inneren und in den Randbereichen von montanen Tannen-Fichtenwäldern und Moorrandwäldern, auch Heidelbeerbestände und feuchte Staudenfluren in Rotbuchen-Tannenwäldern, ferner mehr oder weniger offene Hochmoorflächen und Heidelbeer-Heidekrautheiden. Aus den Moorgebieten Oberschwabens nannte MEINEKE (1982) »Torfstichgebiete, offenes Hochmoor, Waldhochmoor«.

Die Mehrzahl der Vorkommen liegt im Bereich mittlerer Jahrestemperaturen von unter 4° bis 8°C und mittlerer jährlicher Niederschläge von 800 bis über 1800 mm. Die Art scheint den Muschelkalk weitgehend und den Weißen Jura vollständig zu meiden.

Nahrung der Raupe:
Vaccinium myrtillus – Heidelbeere
  L (RNN, SCC)

Die Heidelbeere, an der H. RENNER und C. SCHNEIDER in den dreißiger Jahren Raupen im Nordschwarzwald fanden, ist die einzige sichere Freiland-Nahrungspflanze aus unserem Gebiet geblieben. A. GREMMINGER züchtete die Raupen mit Himbeeren (*Rubus idaeus*). Bei REUTTI (1898) werden »*Pteris, Anthriscus, Vaccinium* usw.« genannt, doch besteht hier bekanntlich keine Gewähr, daß diese Angaben aus Baden-Württemberg stammen.

Wie Literaturangaben zeigen, umfaßt das Nahrungsspektrum neben der Heidelbeere (nach BERGMANN die Hauptnahrungspflanze) zahlreiche Kräuter, Büsche und Stauden: *Pteridium aquilinum, Dryopteris filix-mas, Salix caprea, Sorbus aucuparia, Rubus idaeus, Rubus fruticosus, Epilobium angustifolium, Anthriscus silvestris, Arctostaphylos uva-ursi, Vaccinium uliginosum, Vaccinium vitis-idaea, Calluna vulgaris, Lamium, Plantago, Sonchus* (ALLAN 1949, BERGMANN 1954, HERING 1881, METZ 1928, VORBRODT 1911).

Nahrung des Falters: Keine Beobachtungen aus Baden-Württemberg. Die Falter besuchen künstlichen Köder.

Habitat: Ohne Raupenfunde nicht ganz sicher einzugrenzen, den Falterfunden nach im Bereich heidelbeerreicher Assoziationen der Hochmoore (Oxycocco-Sphagnetea), der borealen Nadelwälder und Zwergstrauchgebüsche (Vaccinio-Piceetea), der Buchen-Tannenwälder (Galio odorati-Fagenion), der Heidekraut-Borstgras-Gesellschaften (Nardo-Callunetea), vielleicht auch der hochmontan-subalpinen Hochstaudenfluren und -gebüsche (Betulo-Adenostyletea) einzuordnen.

Verhalten: Die Raupen sind nachtaktiv. Nach BRETHERTON, GOATER & LORIMER (1983) bilden sie im Oktober ein »Hibernaculum« am Boden, in dem sie, etwas geschrumpt, bis zum Frühjahr verbleiben. Die Falter sind nachtaktiv und kommen gern ans Licht, in optimalen Biotopen oft in größerer Anzahl.

Die Raupe wurde in unserem Faunengebiet in neuerer Zeit nicht beobachtet. Sie lebt überwinternd von September bis Mai an *Vaccinium, Rubus* und anderen Pflanzen. – Reichental (ex ovo-Zucht) 9.79 G. EBERT. S.

Ein Falterfundort von *Hyppa rectilinea* im Südschwarzwald. Das Larvalhabitat dürfte in der dem Wald vorgelagerten Strauchheiden- und Gebüschzone zu suchen sein. – Todtnau, Hasenhorn 15.7.95 A. STEINER.

Gefährdung und Schutz

Rote Liste Bundesrepublik: V
Rote Liste Baden-Württemberg: V

Oberrheinebene: Nicht vertreten.
Schwarzwald: Art der Vorwarnliste.
Neckar-Tauberland: Art der Vorwarnliste.
Schwäbische Alb: Nicht vertreten.
Oberschwaben: Art der Vorwarnliste.

- In Baden-Württemberg eine Art der Vorwarnliste!

Auchmis detersa
(Esper, 1791)

Berberitzeneule

Rhizogramma detersa ESP. (REUTTI 1898, LAMPERT 1907, SPULER 1908–1910, REBEL 1910, ECKSTEIN 1913–1923, HERING 1932)
Auchmis comma SCHIFF. (WARREN in SEITZ 1909–1914, DRAUDT in SEITZ 1931–1938, SCHNEIDER 1936–1939, BOURSIN 1964, HARTIG & HEINICKE 1973, BERGMANN 1951–1955, FORSTER 1954–1981, KOCH 1954–1961, 1984)

Gesamtverbreitung: Von Nordwestafrika (Marokko, Algerien) über Südeuropa (einschließlich Sizilien und Kreta) und Mitteleuropa (hier etwa bis zum Nordrand der Mittelgebirge) bis Kleinasien, Iran und Afghanistan, in Sibirien bis zum Baikalsee.

Verbreitung

Regional: *Auchmis detersa* besiedelt aktuell vor allem die Schwäbische Alb und die angrenzenden Teile des Neckarlands (Albvorland, Obere Gäue, Schönbuch/Glemswald) in ziemlich dichter Verbreitung. Daneben kommt sie mehr vereinzelt in den übrigen Bereichen des Neckar-Tauberlands vor, stößt im südbadischen Raum auch in die Rheinebene vor (Kaiserstuhl, Markgräfler und Offenburger Rheinebene) und erreicht in Tallagen randlich auch den Schwarzwald (Kollnau, A. SCHNEIDER; Freiburg, Schloßberg, E. BROMBACHER, L. SETTELE). Die Angabe von GAUCKLER (1901), wonach einige Gewährsleute die Art im Hochschwarzwald »bei Todtnauberg, Todtnau und am Feldberg« gefunden haben wollen, führen wir auf eine Fehlbestimmung (oder Namensverwechslung mit *Leucania comma*) zurück. Sporadisch und zum Teil nur durch ältere Beobachtungen belegt sind die Vorkommen im Alpenvorland (Hegau: Hohentwiel, A. GREMMINGER; Bodenseebecken: Überlingen, E. COMMERELL; Konstanz, LEINER 1829; Wangen, Süd-

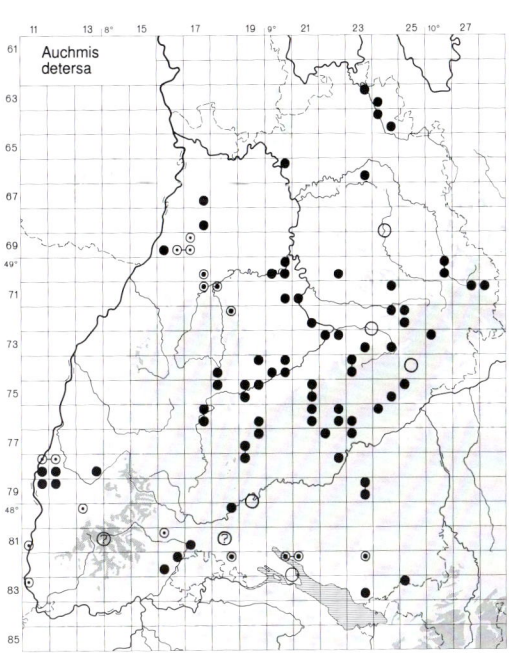

stadt und Atzenberg, M. GOLDSCHALT; Kißlegg, M. GOLDSCHALT; Federseegebiet, FUNK 1923, J.-U. MEINEKE; T. MARKTANNER).

Auffallend ist die offenbar nur schwache Besiedlung einiger Hauptverbreitungsgebiete der Berberitze, nämlich des Tauberlands, des oberen Neckars, der Baaralb, der Hegaualb, des Hegaus, des westlichen Bodenseegebiets und des Allgäus. Möglicherweise zeichnen sich hier Durchforschungslücken ab. Auf der anderen Seite hat *Auchmis detersa* mit den in Parks und Gärten gepflanzten Berberitzen ihr Verbreitungsgebiet in den urbanen Bereich hinein erweitern können.

Die Art wird gelegentlich mit *Cucullia*-Arten verwechselt (selbst in Veröffentlichungen![1]), ist in abgeflogenem Zustand oft nicht leicht zu erkennen und mag auch deshalb vielleicht in den Meldungen etwas unterrepräsentiert sein.

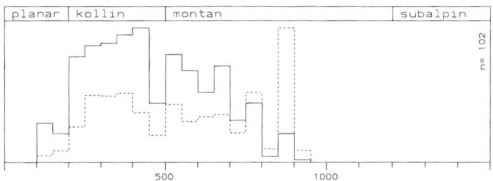

Vertikal: Von der Rheinebene um 100 m bis in die höheren Lagen der Schwäbischen Alb verbreitet. Die höchsten Fundstellen liegen über 800 m (800–930 m, Tieringen, A. LINGENHÖLE), also nur geringfügig höher als die obere Verbreitungsgrenze der Berberitze (760 m bei Fridingen, NEBEL 1990).

Phänologie

Imagines: Die Flugzeit erstreckt sich im Neckar-Tauberland, dem datenreichsten Gebiet, von Anfang Juni bis Ende August (10.6.19; 29.8.1984, Spitzberg bei Tübingen, M. MEIER/A. STEINER).

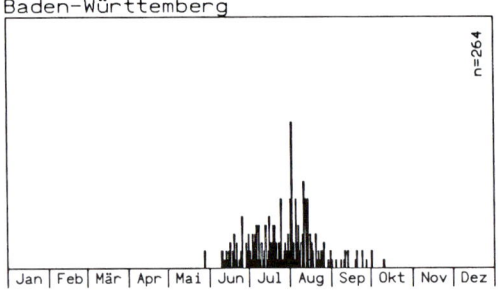

[1] H. HERRMANN (1976) bildete einen Falter von *Auchmis detersa* als »*Cucullia lactucae*« ab!

Auchmis detersa kommt in Trockengebüschen mit Berberitzen vor, hat sich aber auch in Wohngebieten, wo Zier-Berberitzen in Vorgärten angepflanzt werden, angesiedelt. – Kirchentellinsfurt (ex larva-Zucht) 29.5.87 A. STEINER. S.

Mit großem Abstand folgen noch zwei Einzeltiere am 27.9. und 1.10. (beide 1982, Kirchentellinsfurt, A. STEINER). Auf der Schwäbischen Alb liegt die Flugperiode mit Mitte Juni bis Ende August ganz ähnlich (13.6.1980, Gr. Lautertal, Laufenmühle, G. BAISCH; 31.8.1984, Geifitze bei Onstmettingen, M. MEIER/A. STEINER). In der Oberrheinebene dagegen liegen außer einem Extremdatum vom 28.5. (1921, Sasbach, O. SCHRÖDER nach Kartei A. GREMMINGER) erst ab Anfang/Mitte Juli Meldungen vor, die sich dann allerdings bis Anfang Oktober hinziehen (10.10.1965, Kaiserstuhl, Badberg, H. RIETZ). Die wenigen Daten aus dem Alpenvorland werden zwar ebenfalls von einem Maifalter angeführt (28.5.1953, Singen, A. GREMMINGER), reichen aber sonst von Mitte Juni bis Anfang September (16.6.1911, Singen, A. GREMMINGER; 8.9.1954, Überlingen, E. COMMERELL nach Kartei A. GREMMINGER). Die Länge der Flugzeit erklärt sich durch die unterschiedlich lange Vorpuppen- und Puppenzeit (s. u.) und repräsentiert sicher nur eine Generation. Andernfalls müßten aus den Monaten Juli–August Raupenfunde vorliegen, was jedoch nicht der Fall ist.

Präimaginalstadien: Vor der Überwinterung sind die Raupen erst einmal gefunden worden: A. GREMMINGER (Kartei) notierte den Fund von 4 Jungraupen durch O. SCHRÖDER bei Wasenweiler im Kaiserstuhl am 13.10.1922. Weitaus zahlreicher sind die Beobachtungen von halb bis ganz erwachsenen Raupen nach der Überwinterung. Fast identisch sind hier die Nachweiszeiträume: in der Oberrheinebene von Ende März bis Anfang Mai (30.3.1923, Kaiserstuhl, Badberg, E. BROMBACHER; 10.5.1924, Kaiserstuhl, Mondhalde, O. SCHRÖDER) und im Neckar-Tauberland von Ende März bis Mitte Mai (26.3.1938, Michaelsberg bei Untergrombach, A. GREMMINGER; 17.5.1987, Schönbuchrand bei Dettenhausen, A. STEINER), im letzteren Gebiet mit einem Maximum Ende April/Anfang Mai (wenn die Raupen erwachsen sind). Auf der Schwäbischen Alb, von wo bislang noch keine Raupennachweise vorliegen, könnte sich die Raupenzeit auch noch etwas weiter in den Mai hinein erstrecken. Vor der Verpuppung liegen die Raupen unterschiedlich lange Zeit als Vorpuppe (Praepupa) im Kokon; auch die Puppenzeit selbst variiert von 3 Wochen bis 2 Monaten (Laborbeobachtungen von D. BARTSCH, A. STEINER). Diese Unterschiede, über deren Ursachen bzw. Auslöser nichts bekannt ist, sind für die langgedehnte Flugzeit der Art verantwortlich.

Ökologie

Lebensraum: Als naturnahe Standorte können die berberitzenreichen Gebüsche, Waldmäntel und Saumgesellschaften gelten, wie sie sich im Randbereich lichter, trockener Wälder, in Hecken und in Gebüschen finden, auf der Schwäbischen Alb

Die Raupe frißt hier in einem Garten an der rotblättrigen Zierform von *Berberis thunbergii*. Typische Lebensräume auf der Schwäbischen Alb sind unter *Philotes baton* und *Maculinea arion* in Band 2 abgebildet. – Kirchentellinsfurt 1.5.87 A. STEINER.

gern in Kontakt mit den Halbtrockenrasen (Wacholderheiden). Zumindest regional haben rein anthropogene Habitate ähnlich große Bedeutung erlangt wie die Primärstandorte: Dies sind die in Gärten, Vorgärten und Parks gepflanzten Berberitzensträucher und -hecken, die der Art neue Lebensräume erschlossen haben, ähnlich wie es bei *Polyphaenis sericata* mit dem Liguster der Fall ist.

Nahrung der Raupe:
Berberis vulgaris – Berberitze
5 L (BRM, FRY, GRE, HFM, SCC, SCR, SET)
Berberis thunbergii und ihre Form »atropurpurea«
3 L (BAR, STN)

Die einzige bei uns natürlich vorkommende Nahrungspflanze ist die gewöhnliche Berberitze, an der die Raupe sowohl im Kaiserstuhlgebiet von E. BROMBACHER, A. GREMMINGER, O. SCHRÖDER und L. SETTELE als auch bei Stuttgart von D. BARTSCH und J. HOFFMANN, bei Wendlingen von K. FREYTAG und am Kraichgaurand von A. GREMMINGER gefunden wurde. Durch die Anpflanzung von Berberitzensträuchern und -hecken, meist als stachelige Betretungsschranken (Zaunersatz) im menschlichen Siedlungsbereich wurden *A. detersa* neue und gern genutzte Habitate geschaffen. Meist ist es die japanische *Berberis thunbergii* mit ihrer rotblättrigen Form *atropurpurea*, an der hier abgelegt wird (D. BARTSCH, A. STEINER), aber auch andere Arten bzw. Zuchtformen sollten in Aprilnächten auf Raupenbefall geprüft werden. Bei manchem Entomologen dürfte die Art ohne sein Wissen im eigenen Garten bodenständig sein. Im Zuchtversuch gelang es SCHRÖDER (1923), die Raupen auch mit Blättern und Blüten der amerikanischen *Berberis*-Verwandten Mahonie (*Mahonia aquifolium*) aufzuziehen. Ob Mahonie im Freien – das heißt bei uns in Gärten und Parks – als Eiablagemedium akzeptiert wird, bleibt noch zu klären.

In Kirchentellinsfurt beobachtete A. STEINER, daß die innerörtlich am Licht anfliegenden Falter durchschnittlich kleiner waren als solche von der Alb oder vom Kaiserstuhl. Dies könnte ein Hinweis auf eine möglicherweise suboptimale Eignung von *Berberis thunbergii* sein.

Nahrung des Falters: Keine Freilandbeobachtungen aus Baden-Württemberg. Die Falter besuchen künstlichen Köder.

Habitat: Das primäre (ursprüngliche) Habitat bilden berberitzenreiche Assoziationen des Berberidion. Pflanzensoziologisch nicht faßbar sind die gepflanzten Berberitzen in den Gärten und Parks.

Verhalten: Die nachtaktiven Raupen ruhen bei Tag versteckt in der bodennahen Krautschicht bzw. im unteren Stengelbereich der Berberitzen. Nachts erklettern sie die Sträucher bzw. Hecken und sitzen beim Fressen oft frei an den Zweigen, manchmal aber auch recht versteckt im Dornendickicht. Zur Verpuppung legen sie einen dünnwandigen Erdkokon an. Die Falter sind nachtaktiv und kommen gern zum Licht. Tagsüber wurden sie an Masten und Pfosten ruhend gefunden.

Gefährdung und Schutz

Rote Liste Bundesrepublik: V
Rote Liste Baden-Württemberg: V

Oberrheinebene: Art der Vorwarnliste.
Schwarzwald: Art der Vorwarnliste (nur randlich vorkommend).
Neckar-Tauberland: Art der Vorwarnliste.
Schwäbische Alb: Nicht gefährdet.
Oberschwaben: Art der Vorwarnliste.

- In Baden-Württemberg eine Art der Vorwarnliste!

Außer auf der Schwäbischen Alb zeichnen sich in allen Regionen des Landes ältere Fundorte ab, an denen aktuelle Nachweise fehlen. Ob hier ein tatsächlicher Rückgang zu verzeichnen ist oder ob diese Funde nur auf kurzzeitiger (durch Kultivierung von *Berberis* anthropogen geförderter) Einwanderung beruhten, bleibt noch zu untersuchen. Sicherheitshalber soll dieses Phänomen durch die Einstufung in die Vorwarnliste als untersuchungsbedürftig gekennzeichnet werden. Auch der Frage, ob sich die Art bei genauerer Nachsuche in urbanen Habitaten nicht doch als weiter verbreitet erweisen wird, verdient nachgegangen zu werden.

Actinotia polyodon
(Clerck, 1759)
Vielzahn-Johanniskrauteule

Chloantha polyodon CL. (REUTTI 1898, LAMPERT 1907, SPULER 1908–1910, REBEL 1910, ECKSTEIN 1913–1923, HERING 1932)

Gesamtverbreitung: In Europa mit Ausnahme einiger mediterraner Gebiete bis Nordspanien, Südfrankreich, Norditalien und zum Balkan (außer Griechenland) verbreitet. Im Norden bis Südengland und ins mittlere Fennoskandien, im Osten über Kleinasien und den Kaukasus durch Mittelasien bis zum Pazifik (Sachalin, Kurilen, Korea, Japan).

Verbreitung

Regional: In allen Regionen des Landes vertreten und stellenweise in beträchtlicher Dichte verbreitet, gehört *Actinotia polyodon* zu den allgemein »häufigen« Noctuiden. Ihre tatsächliche Verbreitung dürfte beinahe flächendeckend sein.

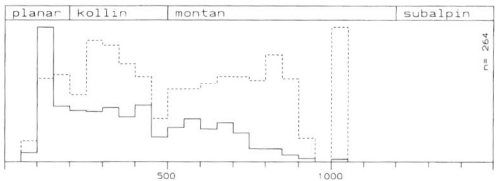

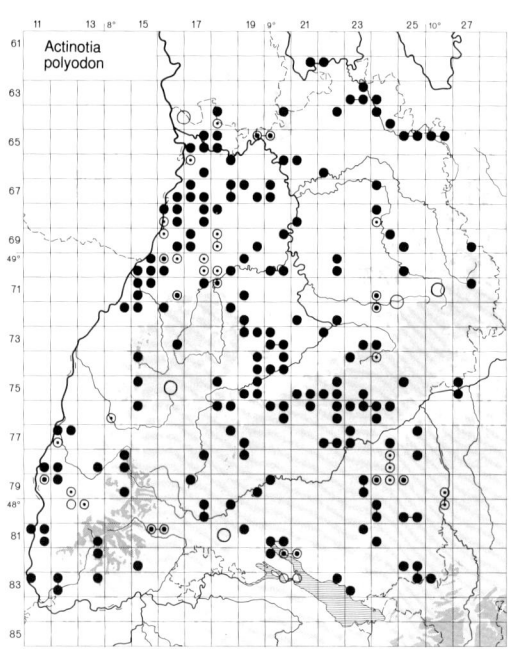

Vertikal: Die vertikale Verbreitung erstreckt sich ohne erkennbare Schwerpunkte von der Ebene um 100 m bis in die montane Stufe über 1000 m.

Phänologie

Imagines: In der Oberrheinebene, im Neckar-Tauberland und im Alpenvorland bildet die Art zwei Generationen aus. Diese sind in der Oberrheinebene auch im kumulierten Diagramm noch

Oberrheinebene

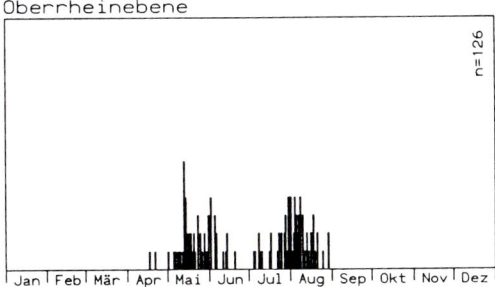

Schwarzwald

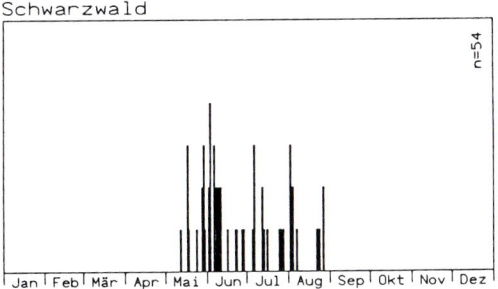

Neckar-Tauberland

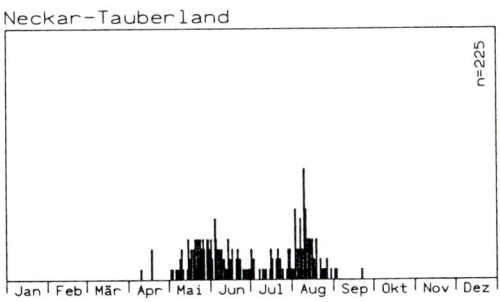

Schwäbische Alb

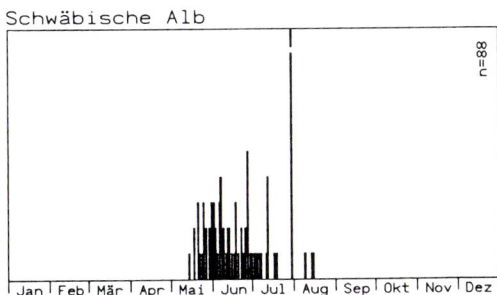

Oberschwaben

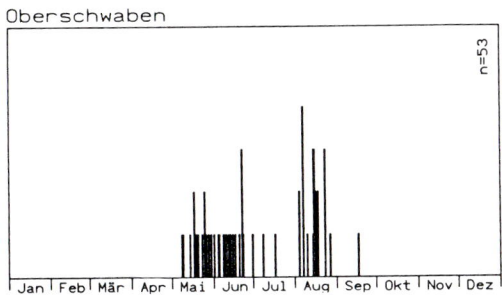

Die Vielzahn-Johanniskrauteule (*Actinotia polyodon*) fliegt in den wärmeren Gebieten in zwei Generationen. Die Falter sind durch ihre für Noctuidenverhältnisse modifizierte Zeichnung unverwechselbar. – Taubergrund, Creglingen 17.7.82 G. EBERT. LF.

gut trennbar; die 1.Gen. fliegt von Anfang Mai bis Anfang/Mitte Juni, die 2., etwa gleichstarke Gen. von Anfang/Mitte Juli bis Ende August. Im Alpenvorland fliegt eine relativ langgezogene 1.Gen. von Anfang/Mitte Mai bis Ende Juni/Juli und eine kürzere, individuenärmere 2.Gen. im August. Im Neckar-Tauberland zeigt das Diagramm eine Überschneidung im Juli und ähnelt ansonsten dem der Rheinebene; die letzten Funde ziehen sich noch in den September hinein. Im Schwarzwald fallen die Falterfunde in die Periode von Mitte Mai bis Ende August, wobei hier allenfalls eine sehr unvollständige 2.Gen. zur Entwicklung kommen dürfte. Auch auf der Schwäbischen Alb ist nur eine, allerdings recht starke, 1.Gen. die Regel; wenige Falter einer offenbar nur in warmen Jahren auftretenden 2.Gen. sind Ende Juli bis Mitte August registriert worden.

In manchen Jahren mit warmem Frühjahr sind einzelne Tiere schon im April gefunden worden (10.4.1967, Dühren, R. STAREY; 17.4.1982, Sandhausen, F. STEUERWALD; 18.4.1976, Künzelsau, A. EBERHARD; 21.4.1934, Brühl, W. GREULICH). Das späteste Tier wurde am 22.September beobachtet (1985, Stuttgart-Sillenbuch, D. BARTSCH).

Präimaginalstadien: Die wenigen aus unserem Gebiet bisher vorliegenden Raupenfunde stammen von Ende Juli und vom September. Die Julitiere wurden auf der Schwäbischen Alb beobachtet und gehören damit wohl zu der einzigen dort normalerweise auftretenden Generation (15.7.1986, 20.7.1984, Hundersingen, K. FREYTAG). Die Septembertiere stammen aus der Rheinebene und aus dem Neckarland und sind somit Nachkommen der 2. = Angehörige der 1.Gen. Das Überwinterungsstadium ist die Puppe.

Ökologie

Lebensraum: *Actinotia polyodon* besiedelt Bestände des Echten Johanniskrauts (vielleicht auch anderer Johanniskrautarten) an meist trockenen bis mäßig frischen, besonnten Stellen in Säumen, versaumenden Magerrasen, auf Sandfluren und Ruderalflächen, in Staudenfluren, um Gebüsche und warme Waldmäntel, an sonnigen Waldwegen und Waldwiesen, in Sand- und Kiesgruben, in Steinbrüchen, an trockenen Böschungen, Straßen- und Wegrändern, an Bahn- und Hochwasserdämmen, vermutlich auch in siedlungsnahen Ruderalbiotopen.

Nahrung der Raupe:
Hypericum perforatum – Echtes Johanniskraut
 L (REN, STN)
Hypericum spec. – Johanniskraut
 5 L (FRY, FUN, GAU, SCC)

In der Regel haben unsere Mitarbeiter allgemein die Gattung Johanniskraut als Nahrungspflanze gemeldet. Nur von RENNWALD (1994) und A. STEINER liegen genaue Angaben für das Echte Johanniskraut vor, das bei uns wohl die Hauptnahrungspflanze ist. Die Raupen fressen bevorzugt die Blüten und Früchte der Pflanzen.

Während sich die meisten Angaben in der Primärliteratur auf *Hypericum perforatum* beziehen, wird aus Finnland auch *Hypericum maculatum* gemeldet (SEPPÄNEN 1970). Auf einem Irrtum beruht offensichtlich die Angabe von *Astragalus*, der einmal von HERING (1881) genannt und später verschiedentlich zitiert wurde (z.B. VORBRODT 1911, BERGMANN 1954, KOCH 1984).

Nahrung des Falters: BROMBACHER (1933–1935) meldete mehrfachen Blütenbesuch im Mai an blühender Berberitze. Die Falter kommen auch an den Köder.

Habitat: Die Larvalhabitate dürften meist den thermophilen Saumgesellschaften (Trifolio-Geranietea sanguinei) zuzuordnen sein, in Frage kommen wohl auch Sandrasengesellschaften (Rheinebene), Schlagfluren und andere.

Verhalten: Die Raupen sind tag- und nachtaktiv. Meist sitzen sie tagsüber etwas versteckt niedrig am Stengel, unter Blättern oder in der Krautschicht. Die präferierte Nahrung sind die Blüten und Früchte; in die Samenkapseln können sie sich, solange sie noch klein sind, geradezu einbohren, wie schon GAUCKLER (1909) bemerkte. Sie wurden mehrfach im direkten Sonnenschein in den Blüten- und Fruchtständen sitzend gefunden. Die Verpuppung erfolgt in einem Erdkokon. Die Falter sind dämmerungs- und nachtaktiv und fliegen Lichtquellen an. Gelegentlich können sie auch tagaktiv in der Sonne fliegend beobachtet werden. Ruhende Tiere wurden verschiedentlich in der Krautschicht, vor allem an trockenen Stengeln, und niedrig an kleinen Stämmchen gefunden. Einen frischgeschlüpften Falter fand F. GUTH am Vormittag in der Vegetation sitzend.

Die Raupe lebt am Echten Johanniskraut und frißt besonders gern die Blüten und Früchte. In den Ruhephasen sitzt sie meist am Stengel. – Grünsfeld 11.7.92 A. BECHER.

Gefährdung und Schutz

Rote Liste Bundesrepublik: –
Rote Liste Baden-Württemberg: –

Oberrheinebene: Nicht gefährdet.
Schwarzwald: Nicht gefährdet.
Neckar-Tauberland: Nicht gefährdet.
Schwäbische Alb: Nicht gefährdet.
Oberschwaben: Nicht gefährdet.

• In Baden-Württemberg nicht gefährdet!

Actinotia radiosa
(Esper, 1798)

Trockenrasen-Johanniskrauteule

Chloantha radiosa Esp. (REUTTI 1898, ECKSTEIN 1913–1923, HERING 1932, LAMPERT 1907, REBEL 1910, SPULER 1908–1910)

Gesamtverbreitung: Von Südeuropa und dem südlichen Mitteleuropa über Kleinasien bis Südrußland und ins Kaukasusgebiet lokal verbreitet. Im Süden erreicht die Art Zentralspanien, Mittelitalien und Griechenland, im Norden Nordfrankreich, Süddeutschland (Pfalz, Baden-Württemberg, Nordbayern), Österreich, Ungarn.

Verbreitung

Regional: *Actinotia radiosa* ist in Südwestdeutschland stets nur äußerst lokal an einigen Standorten der Oberrheinebene und der Schwäbischen Alb gefunden worden, ferner an wenigen, meist der Alb naheliegenden Stellen des Neckar-Tauberlands und des Alpenvorlands. Zum Großteil handelt es sich um Beobachtungen, die in die erste Hälfte des 20. Jh. fallen.

Oberrheinebene: Bei Speyer (GRIEBEL 1909); Mannheim-Friedrichsfeld (REUTTI 1898); Umg. Brühl, 1937 (coll. K. STROBEL); Umg. Schwetzingen, 1933, 1935 (H. GREULICH, coll. SMNS und E. ELLINGER nach Kartei A. GREMMINGER); Schwetzingen-Talhaus, 1931, 1932 (A. GREMMINGER, H. KESENHEIMER nach Kartei A. GREMMINGER); Hardtwald bei Schwetzingen, 1933 (E. ELLINGER); Umg. Achkarren, 1967 (L. SETTELE); »am Rheindamm und an trockenen Stellen des Rheinvorlandes bei Grißheim und Neuenburg« (SCHRÖDER 1924b); Umg. Grißheim, 1933 (L. SETTELE); Umg. Neuenburg, 1929 (E. BROMBACHER); bei Efringen-Kirchen (REUTTI 1898).
Neckar-Tauberland: Eselsburg bei Illingen, 1900 (C. LÖFFLER nach SCHNEIDER 1938), Haspel bei Waldshut (WARNKÖNIG nach REUTTI 1898).
Schwäbische Alb: Aus dem Bereich des nördlichen Albtraufs liegt nur die alte Angabe von HEPP (1849–1850)

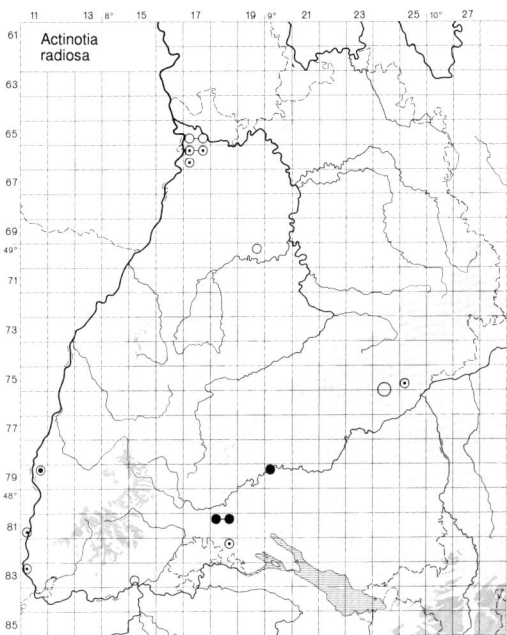

vor: »*Radiosa* fand ich 3 Jahre hindurch, aber selten, auf der schwäbischen Alp bei Reutlingen.« Diese Meldung wurde sowohl von SEYFFER (1850) (»Auf der Alp selten«) als auch von KELLER & HOFFMANN (1861) (»Auf der Alb von Herrn Prof. HEPP in einigen Expl. im Sonnenschein schwärmend gefangen«) zitiert, ohne daß weitere, neuere Beobachtungen hinzugefügt werden konnten. Umg. Beuron, 1957 (E. LOSER); Umg. Gutenstein, 1960, 1966, 1968, 1970 (E. LOSER); Umg. Hausen im Tal, 1948 (GLASER nach Aufzeichnungen G. REICH), 1984 (G. BAISCH); Umg. Lautern, 1920 (ERHARDT nach Aufzeichnungen G. REICH); Umg. Blaubeuren, 1925 (coll. SMNS); bei Engen (REUTTI 1898); Bitzental bei Engen, 1980 (R. HERRMANN). Auch im angrenzenden Kanton Schaffhausen wurde die Art früher gefunden: Schaffhausen (REUTTI 1898), »Falter bei Tage auf *Thymus* (TR.[APP]). Auf *Scabiosen* auf dem Randen (W.[ANNER-SCHACHENMANN])« (PFÄHLER-ZIEGLER & STIERLIN 1927[1]).
Alpenvorland: Hohentwiel bei Singen, 1921 (K. DOLD nach Kartei A. GREMMINGER).

Obwohl *Actinotia radiosa* rein tagaktiv ist, wird sie wegen ihres raschen, schwirrenden Fluges und ihrer geringen Größe nur selten beobachtet bzw. erkannt. Deshalb besteht die Chance, daß sie vielleicht doch weiter verbreitet ist oder an einigen der älteren Fundorte heute noch vorkommt.

---

[1] HERMANN TRAPP sammelte um Schaffhausen von 1860 bis 1865, HANS WANNER-SCHACHENMANN von 1880 bis 1908.

Vertikal: Von der Rheinebene um 100 m bis in die montane Stufe der Schwäbischen Alb. Die hier meist sehr ungenauen Fundortangaben lassen nur Einstufungen in größere Höhenbereiche zu, nämlich »510–700 m«, »600–831 m«, »600–770 m« und »430–686 m«. Bereichsangaben von über 150 m werden aber wegen ihrer Ungenauigkeit für die Berechnung des Diagramms nicht berücksichtigt, so daß sie hier nur im Text genannt werden können. Im Diagramm bleibt als oberste Höhenangabe das Bitzental bei Engen mit 550–600 m Höhe übrig.

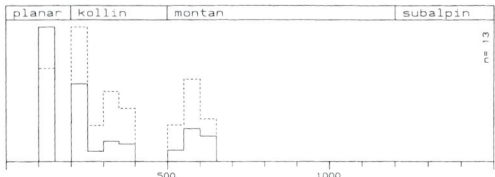

Die tagaktive Trockenrasen-Johanniskrauteule (*Actinotia radiosa*) ist an vielen ehemaligen Fundorten ausgestorben. Aktuell kommt sie in Baden-Württemberg nur noch auf der Schwäbischen Alb vor. – Donautal 12.6.70 leg. E. LOSER.

Phänologie

Imagines: Die wenigen vorliegenden Daten lassen sich nur im Bereich der Oberrheinebene zwei distinkten Generationen zuordnen: SCHRÖDER (1924b) fand am 9.6.1923 10 zum Teil schon stark abgeflogene Falter, weitere Meldungen liegen zwischen Mitte Juni und Mitte Juli (12.7.1931, Schwetzingen-Talhaus, A. GREMMINGER); alle diese Tiere gehören zur 1.Gen. Die 2.Gen. fliegt im August und wird durch frische Tiere zwischen dem 7.8.1924 (Neuenburg, O. SCHRÖDER nach Kartei A. GREMMINGER) und dem 19.8.1935 (Schwetzingen, H. GREULICH) eingegrenzt. Das Einzeltier von der Eselsburg bei Illingen (Neckar-Tauberland) liegt mit dem Datum 10.6.1900 im Bereich der 1.Gen.

Auf der Schwäbischen Alb fallen die bisher bekanntgewordenen Daten in den Zeitraum von Mitte Mai bis Anfang Juli (17.5.1948, bei Hausen im Tal, ERHARDT nach Aufzeichnungen G. REICH; 7.7.1984, ebd., G. BAISCH). Augustdaten liegen von der Alb aber nicht vor, so daß wir bis auf weiteres davon ausgehen müssen, daß hier entweder gar keine oder vielleicht nur jahrweise eine sehr unvollständige, bisher nicht beobachtete, 2.Gen. auftritt. Die einzige Angabe aus dem Hegau betrifft die 1.Gen. und repräsentiert den frühesten Fund aus dem Untersuchungsgebiet (15.5.1921, Hohentwiel, K. DOLD nach Kartei A. GREMMINGER).

Präimaginalstadien: Aus unserem Gebiet liegen noch keine Funde vor. Nach der Falterflugzeit zu urteilen, müßten die Raupen in der Oberrheinebene von Juni bis Juli und von August bis September und auf der Schwäbischen Alb von Juli bis August zu finden sein. Das Überwinterungsstadium ist die Puppe.

Ökologie

Lebensraum: In der Rheinebene wurden die Falter, soweit überhaupt Angaben vorliegen, vor allem auf trockenen, mageren, sonnenexponierten und blütenreichen Hochwasserdämmen und »an trockenen Stellen des Rheinvorlandes« (SCHRÖDER 1924b) festgestellt. Für das Gebiet bei Efringen und Kirchen gab REUTTI (1898) »steile Berglehnen« an. Die Funde bei Schwetzingen-Talhaus deuten darauf hin, daß auch Sandfluren als Habitat in Frage kommen. Etwas besser informiert sind wir über die Biotope auf der Schwäbischen Alb: Hier fliegen die Falter in blütenreichen, steinigen Kalkmagerrasen (Bitzental, R. HERRMANN) und auf steilen, offenen Weißjura-Geröllhalden, die der Insolation voll ausgesetzt sind und in deren Randbereichen wir die Larvalhabitate vermuten dürfen.

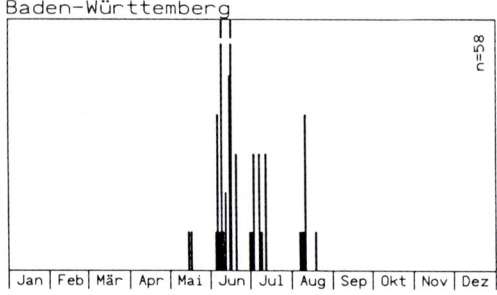

Nahrung der Raupe: Aus Baden-Württemberg unbekannt. Wie bei den verwandten Arten lebt die Raupe an *Hypericum*-Arten.

Nahrung des Falters: Der Blütenbesuch ist mehrfach beobachtet worden, so von SCHRÖDER (1924b), der die Tiere bei Grißheim und Neuenburg »besonders gern an Natternkopf (*Echium*)« fliegend fand. R. HERRMANN beobachtete einen Falter bei Engen am Wiesensalbei (*Salvia pratensis*). Aus dem Randen wurden Thymian (*Thymus* spec.) sowie »Scabiosen« (H. Trapp bzw. H. WANNER-SCHACHENMANN nach PFÄHLER-ZIEGLER & STIERLIN 1927) (womit entweder *Scabiosa* spec. oder *Knautia* spec. gemeint ist) gemeldet.

Habitat: Siehe Lebensraum.

Verhalten: Die Imagines sind tagaktiv und deshalb nicht durch Lichtfang nachweisbar. Dabei sind sie, wie schon HEPP (1849–1850) vermerkte, »... sehr scheu und daher schwer zu fangen, auch im Schwärmen, mit *Hesp. Tages* [*Erynnis tages*] und selbst *Lyc. Alsus* [*Cupido minimus*] leicht zu verwechseln.« Dazu kommt das oft schwer gangbare Gelände, so daß verständlich wird, warum insgesamt nur so wenige Beobachtungen vorliegen.

Gefährdung und Schutz

Rote Liste Bundesrepublik: 1
Rote Liste Baden-Württemberg: 1

Oberrheinebene: Vom Aussterben bedroht.
Schwarzwald: Nicht vertreten.
Neckar-Tauberland: Ausgestorben oder verschollen.
Schwäbische Alb: Vom Aussterben bedroht.
Oberschwaben: Ausgestorben oder verschollen.

- In Baden-Württemberg vom Aussterben bedroht!

Anscheinend noch gesicherte Populationen besitzt *Actinotia radiosa* im Bereich des Oberen Donautals und der Hegaualb. Die Fundstellen in der nördlichen Oberrheinebene sind seit den dreißiger Jahren nicht mehr belegt. In der angrenzenden Pfalz mit dem einzigen Fundort Speyer ist die Art schon seit der Jahrhundertwende nicht mehr beobachtet worden (KRAUS 1993). Am südlichen Oberrhein stammt der jüngste Nachweis von 1967 (Umg. Achkarren). An allen anderen Fundorten ist die Art seit langem ausgestorben bzw. nicht mehr gefunden worden. Ob sie wirklich an all diesen Stellen erloschen ist oder nur – wegen ihres unscheinbaren Flugbilds – in neuerer Zeit nicht mehr beobachtet wurde, muß eine baldmöglichst durchzuführende Untersuchung der alten sowie weiterer potentieller Standorte klären. Alle Stellen, an denen sich aktuelle Populationen nachweisen lassen, sollten umgehend sichergestellt, vor Eingriffen geschützt und nötigenfalls unter Schutz gestellt werden. Es ist nicht auszuschließen, daß die radikale Mahd der Rheindämme durch die innerhalb weniger Stunden erfolgende völlige Vernichtung des Blütenangebots eine Besiedlung (oder Wiederbesiedlung) geeigneter *A. radiosa*-Habitate verhindert.

Chloantha hyperici
([Denis & Schiffermüller], 1775)

Ruderalflur-Johanniskrauteule

Chloantha hyperici F. (REUTTI 1898, ECKSTEIN 1913–1923, LAMPERT 1907, REBEL 1910, SPULER 1908–1910)
Actinotia hyperici F. (SCHNEIDER 1936–1939)
Actinotia hyperici SCHIFF. (BERGMANN 1951–1955, KOCH 1954–1961, FORSTER 1954–1981, BOURSIN 1964, HARTIG & HEINICKE 1973, LERAUT 1980, HEINICKE & NAUMANN 1980–1982, FIBIGER 1990)

Gesamtverbreitung: Durch nahezu ganz Südeuropa sowie Klein- und Vorderasien bis Israel, Irak, zum Persischen Golf und zum Kaukasus verbreitet. In Europa verlief die Nordgrenze früher etwa von der Loiremün-

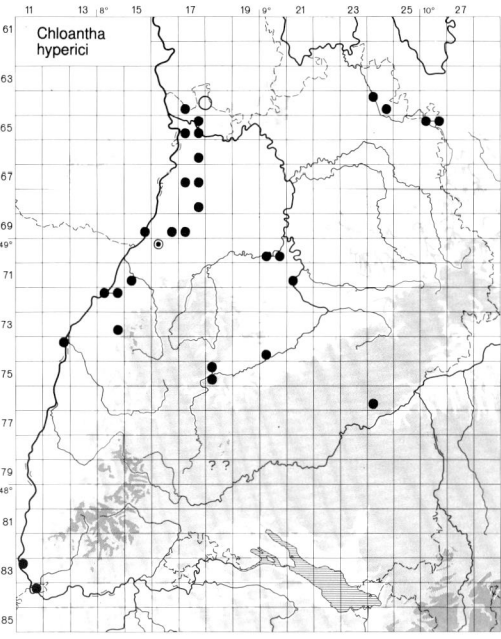

dung über den Nordrand der deutschen Mittelgebirge bis Mittelpolen. Ein (bislang) geographisch separiertes Teilareal umfaßt Norddänemark, Südschweden, Südnorwegen und das südwestlichste Finnland; diese Populationen sind als ssp. *svendseni* FIBIGER, 1990 abgetrennt worden. In Mitteleuropa galt die Art als sehr selten und war auf naturnahe Biotope beschränkt. Aus nicht geklärten Gründen befindet sie sich seit den 80er Jahren in einem Stadium der Expansion: 1982 wurde sie in Südhessen (nach über 100 Jahren wieder) nachgewiesen, 1983 in Nordfrankreich (Dept. Eure), 1984 tauchte sie erstmals in Göttingen auf, 1985 in Münster, 1987 in Belgien, 1988 im Ruhrgebiet, 1990 in den Niederlanden, 1991 in Ostfriesland um Emden, 1992 bei Kiel und im Dept. Seine-Maritime, 1994 in Berlin (DARDENNE 1994, KRISTAL 1983, RENNWALD 1994, 1995, ROOS & ARNSCHEID 1992, SCHROTH 1989, TURCK 1988, VERMANDEL 1992, 1993, WÜST 1992). In den meisten dieser Fälle folgten dem Erstnachweis weitere Funde im Gebiet.

Verbreitung

Regional: Bis Anfang des 20. Jahrhunderts war *Chloantha hyperici* nur von zwei Fundorten in der Oberrheinebene und einem (fraglichen) am mittleren Neckar bekannt: Karlsruhe, Speyer (REUTTI 1898), Stuttgart (SEYFFER 1850). Aus dem gesamten Zeitraum zwischen 1900 und 1967 kennen wir nur einen einzigen datierten Nachweis: Weinheim, 1955 (H. LIENIG). Seit 1968 wurde die Art zunächst spärlich, ab den 80er Jahren dann aber immer häufiger in Nordbaden nachgewiesen. 1991 fanden R. HERRMANN und D. BARTSCH sie bei Rastatt sogar in Mengen von über 30 Individuen pro Abend (am Köder), während sonst überwiegend Einzeltiere zur Beobachtung kamen (im Raum Rastatt war die Art trotz regelmäßiger Durchforschung von 1965 bis 1990 nie festgestellt worden, R. HERRMANN).

Aktuell erstrecken sich die Nachweise vor allem auf die nördliche und mittlere Oberrheinebene einschließlich unmittelbar angrenzender Gebiete des Kraichgaus und der Schwarzwald-Vorbergzone. Aus der südlichen Oberrheinebene ist nur ein Nachweis aus Efringen-Kirchen bekannt (1995, W. STAIB). Ein Einzelfund aus den achtziger Jahren stammt aus dem Stadtrandgebiet von Tübingen (1984, M. MEIER) und markiert vermutlich eine Expansionsbewegung ohne nachfolgende Ansiedlung. Dagegen könnten zwei Falter der 1. und 2.Gen. aus dem Ortsgebiet von Bad Cannstatt in der Nähe ausgedehnter Gleisanlagen (1987, M. GOLDSCHALT) auf Bodenständigkeit deuten, umso mehr, als die Art auch schon 1985 dort gefunden wurde. Ebenfalls bereits aus den frühen achtziger Jahren stammt ein

Die Ruderalflur-Johanniskrauteule (*Chloantha hyperici*) befindet sich zur Zeit in einer Expansionsphase. Nachdem sie in der ersten Hälfte des 20. Jahrhunderts fast verschwunden war, erlebt sie seit den 70er Jahren in den wärmeren Landesteilen einen raschen Aufschwung. Die Falter werden einzeln am Licht, viel häufiger aber an Blüten und am Köder beobachtet. – Wiesental 30.8.94 A. STEINER.

Nachweis aus dem Tauberland (1982, Creglingen, G. EBERT/F. KIRSCH/J. PARTENSKY/B. TRAUB), wo neuere Funde auf erfolgreiche Ansiedlung schließen lassen (1994, Oberbalbach, J. STUMPF; 1995, Lauda, F. KIRSCH). 1992 wurde auch der erste Fund im Bereich der Schwäbischen Alb gemeldet (Ermelau, F. HAUFF).

Damit bestätigt sich die im Kapitel Gesamtverbreitung beschriebene Expansion in den wesentlichen Zügen auch für Südwestdeutschland. Sie äußert sich dadurch, daß die Art einerseits an neuen Fundorten innerhalb und auch außerhalb ihres bisherigen Areals, andererseits auch in Habitaten auftaucht, die anthropogenen Ursprungs sind, z.B. Industriebrachen, Gleisgelände und Ruderalfluren.

Der von SCHNEIDER (1938) gemeldete Fundort Spaichingen (nach ASCHENAUER, also aus der Zeit Ende 19./Anfang 20. Jh. stammend) muß zumindest als fraglich eingestuft werden[1]. Gleiches gilt für die erwähnte Angabe von Stuttgart (SEYFFER 1850). Hier könnte eine Fehldetermination vorgelegen haben, denn in der wenige Jahre später folgenden Württemberg-Fauna von KELLER & HOFFMANN (1861), die die beiden Autoren als eine verbesserte und ergänzte Auflage von SEYFFERs Werk betrachteten, wird *C. hyperici* nicht mehr erwähnt[2].

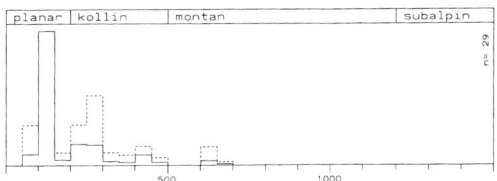

Vertikal: Die große Mehrzahl der Fundorte liegt in der Rheinebene zwischen 90 und 150 m Höhe, im Grenzbereich zu Kraichgau und Bergstraße auch etwas höher. Die Fundorte Tübingen und Creglingen liegen in der Hügelzone bis über 400 m Höhe.

Phänologie

Imagines: Während REUTTI (1898) nur Flugzeitdaten vom Mai und Juni kannte, lassen die neueren Funde mehrere Generationen erkennen. Die räumliche Nähe der Fundstellen macht eine gemeinsame Betrachtung der Flugzeitdiagramme aus der Oberrheinebene und dem Neckar-Tauberland (hier überwiegend aus an die Rheinebene grenzenden Gebieten des Kraichgaus stammend) sinnvoll. Hier lassen sich zwei bis drei nicht ganz klar getrennte Generationen ablesen: Die erste ist merkwürdigerweise in der Rheinebene (bisher) sehr viel spärlicher nachgewiesen als die zweite, doch kann dies an der noch immer recht geringen Datenbasis liegen. Die 1.Gen. fliegt ab Mitte April (17.4.1996, Horb, Rauschbart, D. BARTSCH; 20.4.1974, Bruchsal, H. FEIL). Im Diagramm für die Rheinebene klafft eine Lücke zwischen Ende Mai und Mitte Juli; hier dürfen wir

[1] Der geographischen Lage nach könnte es sich sogar um eine Verwechslung mit *A. radiosa* handeln.
[2] Die Möglichkeit, daß sich *C. hyperici* schon damals expansiv verhielt, ist zwar nicht völlig auszuschließen, findet aber in der alten faunistischen Literatur keinerlei Bestätigung.

die Trennung zwischen 1. und 2.Gen. vermuten. Auch im Neckar-Tauberland-Diagramm läßt sich eine Juni-Lücke wenigstens erahnen, zumal nur eine der Juni-Meldungen aus dem Kraichgau stammt (20.6.); die anderen kommen aus Tübingen (11.6.) und Stuttgart (8.6.) und sind damit möglicherweise nicht der Phänologie der Oberrhein/Kraichgau-Populationen unterworfen. Ab Mitte Juli setzen überall wieder Funde frischer Falter ein. Im Neckar-Tauberland reichen die Meldungen nur bis Mitte August. In der Oberrheinebene (einschließlich Kraichgau) dagegen stammt der späteste Nachweis von Mitte September (19.9.1986, Bad Mingolsheim, G. SCHWARZ). Eine kleine Datenlücke besteht um Mitte August. Es ist möglich, daß es sich hier um die Trennung zwischen der 2. und einer 3. Gen. handelt. Weitere Untersuchungen, vor allem Zuchten unter Freilandbedingungen, sind zur Klärung des Voltinismus nötig. In Südeuropa treten 2–3 Generationen von April bis November auf (HACKER 1989).

Präimaginalstadien: Bisher liegen nur zwei Raupennachweise vor, deren Zuordnung zu den Generationen etwas unsicher ist: am 10.8.1993 wurde eine Raupe im letzten Stadium im Karlsruher Rheinhafen (H. LUSSI/A. STEINER) und am 7.9.1992 eine erwachsene Raupe bei Stollhofen

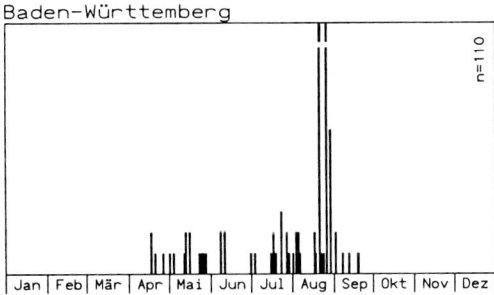

(RENNWALD 1994) gefunden. Beide Funde fallen noch in die Falterflugzeit der 2.Gen. und könnten deshalb als Nachkommen der 1.Gen. interpretiert werden; in beiden Fällen schlüpften jedoch die Falter erst nach Überwinterung der Puppe, so daß eher davon auszugehen ist, daß es sich um einen frühen und einen späten Nachkommen der 2.Gen. gehandelt hat. Das Augusttier spricht eher gegen das Vorhandensein einer regulären 3. Gen., denn es liegt etwa in der August-Lücke im Imaginal-Flugzeitdiagramm und hat dennoch (trotz Warmhaltung) keinen Falter der 3.Gen. ergeben. Dagegen berichtet E. RENNWALD (pers. Mitt.) von neueren Falter- und Raupennachweise aus der Oberrheinebene, die auf das Vorhandensein von 3 Generationen schließen lassen. Das Überwinterungsstadium ist die Puppe.

Ökologie

Lebensraum: Über die Biotope, die *Chloantha hyperici* vor hundert Jahren bei uns besiedelte, wissen wir praktisch nichts. Wahrscheinlich war sie auf naturnahe Xerothermhabitate beschränkt, die sie auch heute noch bewohnt: Sandrasen der Oberrheinebene mit Johanniskrautbeständen, sandige Brachäcker, Magerrasen und Säume, trockene Wegränder und Böschungen, lichte Eichen-Kiefernwaldränder, Ginster- und *Calluna*-Heiden. Daneben hat sie sich aber auch in besonderem Maß an anthropogene Lebensräume angepaßt, nämlich Industriebrachen, Hafen- und Bahngelände (Gleisanlagen, Kies- und Ruderalfluren), Sand- und Kiesgruben. Solche Standorte sind besonders aus dem mittleren und nördlichen Rheinland bekannt, wo neuere Fundstellen z. B. in Gelände mit schwarzem, schotterreichen Industrieboden (alte Gießereischlacke) liegen. Die (neu erworbene?) Fähigkeit zur Nutzung solcher Lebensräume hat offenbar die rezente Expansion sehr gefördert, wenn nicht – vor allem im nördlichen Mitteleuropa – überhaupt erst ermöglicht.

Die Falter tauchen, durch Licht angelockt, auch im Siedlungsbereich, an Häusern und in Gärten auf. Ob sie sich hier auf Dispersionsflug befinden oder sich in der Nähe entwickelt haben, ist im Einzelfall nicht eindeutig zu entscheiden, doch darf, sofern geeignete Biotope vorhanden sind, in vielen Fällen letzteres angenommen werden.

Die Vorkommen in der Oberrheinebene (einschließlich der beiden Raupenfundstellen) befinden sich im Bereich von >9°C mittlerer jährlicher Lufttemperatur und von unter 600 bis 1000 mm mittlerer jährlicher Niederschläge, die übrigen Fundstellen gehen über diese Bereiche hinaus. Zumindest bei den bekannten Raupenfundstellen handelt es sich um mikroklimatisch ausgesprochen xerotherme Lebensräume.

Nahrung der Raupe:
Hypericum perforatum – Echtes Johanniskraut
4 L (BLÄ, LUS, REK, REN, STN)

Die einzigen Raupenfunde aus Baden-Württemberg stammen vom Echten Johanniskraut (*Hypericum perforatum*). In einem Fall wurde eine nachts im Blütenstand fressende Raupe beobachtet (H. LUSSI/A. STEINER), im anderen Falle eine tagsüber unter der stark befressenen Pflanze zusammengerollt ruhende Raupe gefunden (RENNWALD 1994).

In der Literatur werden zwar oft »*Hypericum*-Arten« (FORSTER 1971, HACKER 1989) genannt, doch fanden wir außer *H. perforatum* keine konkrete Art angegeben. Wahrscheinlich gehen derartige Formulierungen auf Verallgemeinerungen der bloßen Gattungsangabe »*Hypericum*« zurück. Trotzdem ist es nicht ausgeschlossen, daß *C. hyperici* – z. B. in Südeuropa – auch andere Johanniskrautarten des Xerothermbereichs nutzen kann.

Nahrung des Falters: Imagines wurden nachts mehrfach an *Solidago canadensis* saugend beobachtet (H. LUSSI/A. STEINER). Auch künstlicher Köder wird gern besucht, manchmal in hohen Individuenzahlen.

Die Raupen sind nachtaktiv. Im Gegensatz zu *Actinotia polyodon* verkriechen sie sich tagsüber in der niedrigen Vegetation und am Boden. Naturnahe Lebensräume sind etwa die sandigen Magerrasen und Ruderalfluren der Rheinebene. An solchen Stellen kommt die Art oft zusammen mit *Chamaesphecia nigrifrons* vor (s. Bd. 5, S. 187). Darüber hinaus hat *Chloantha hyperici* aber auch anthropogene Standorte (Industrie-, Hafen-, Bahngelände) erobern können. – Karlsruhe (ex ovo-Zucht) 12.7.91 H. LUSSI. S.

Habitat: Die Falter werden in der Oberrheinebene meist in Sandrasengesellschaften (Sedo-Sclerantheta) gefunden, in den übrigen Landesteilen kommen auch Ruderalfluren und Halbtrockenrasen (Festuco-Brometea) in Frage. Die Raupenfundstelle bei Stollhofen liegt »in sehr offenem, initialen Sandrasen-Bereich« »im jungen, etwas ruderalen Sandrasen (Fläche 1–2 Jahre zuvor abgeschoben)« (RENNWALD 1994), die in Karlsruhe in lückiger Ruderalflur im Gleisgelände eines Industriegebiets im Hafenbereich, auf sandig-schotterigem und – wegen unmittelbar benachbarter Tanks – wahrscheinlich beträchtlich belastetem Boden.

Für Rastatt beschreibt R. HERRMANN das Habitat als »sehr gestörte, offene, lückige Ruderalflur in ehemaligem franz. Militärgelände, gekennzeichnet durch regelmäßige Erdbewegungen«.

Verhalten: Die Raupen ruhen tagsüber in der Vegetation unter der Nahrungspflanze. Abends werden sie aktiv und erklettern die Pflanzen, wo sie mit Vorliebe die Blüten und Früchte, aber auch die Blätter fressen. Zur Verpuppung legen sie am Boden ein dünnes Gespinst zwischen Erde und Pflanzenteilen oder unter Steinen an. Die Falter sind nachtaktiv und kommen – allerdings nur vereinzelt – ans Licht[3]; zum Nachweis sind das Absuchen von Blüten, der Köderfang oder die nächtliche Raupensuche effektivere Methoden.

Gefährdung und Schutz

Rote Liste Bundesrepublik: –
Rote Liste Baden-Württemberg: –

Oberrheinebene: Nicht gefährdet (regional gefährdet).
Schwarzwald: Nicht vertreten.
Neckar-Tauberland: Art der Vorwarnliste (Aussage nicht abgesichert).
Schwäbische Alb: Noch ungeklärt.
Oberschwaben: Nicht vertreten.

• In Baden-Württemberg nicht gefährdet!

---

[3] Aus der Region Rostov/Don wurde sogar gemeldet, daß von den 246 dort festgestellten Noctuidenarten nur *Euclidia glyphica* und *Chloantha hyperici* nie am Licht festgestellt wurden (eingesetzt wurden Quecksilberdampflampen, Mischlichtlampen und superaktinische Röhren; POLTAWSKI & SCHINTLMEISTER 1988).

Callopistria juventina
(Stoll, 1782)
Adlerfarneule

Eriopus purpureofasciata PILLER (REUTTI 1898)
Eriopus juventina CRAMER (WARREN in SEITZ 1909–1914, DRAUDT in SEITZ 1931–1938, SCHNEIDER 1936–1939, KOCH 1954–1961, 1984)
Callopistria purpureofasciata PILLER (LAMPERT 1907, SPULER 1908–1910, REBEL 1910, ECKSTEIN 1913–1923, BERGMANN 1951–1955)

Gesamtverbreitung: Von Marokko über ganz Südeuropa bis zur Türkei (Pontisches Gebirge) und Nordiran (Kaspisenke) verbreitet, nördlich bis zur Nord- und Ostsee (Dänemark, wo die Arealgrenze fluktuiert; hier wie in Großbritannien als Zuwanderer interpretierte Einzelfunde) und Estland und weiter durch die gemäßigte Zone Asiens bis China, Korea und Japan, im Süden bis Assam und Pakistan vorstoßend.

Verbreitung

Regional: In Baden-Württemberg besiedelt *C. juventina* nur ein schmales, streifenförmiges Areal im Westteil des Landes. Es reicht vom Vorderen Odenwald und der Bergstraße im Norden über die Vorbergzone und die westlichen Teile des Nord-, Mittel- und Südschwarzwalds bis zum Hochrheingebiet im Süden und umfaßt auch die Hardt-Ebenen sowie die Offenburger Rheinebene, den Kaiserstuhl und die Freiburger Bucht.

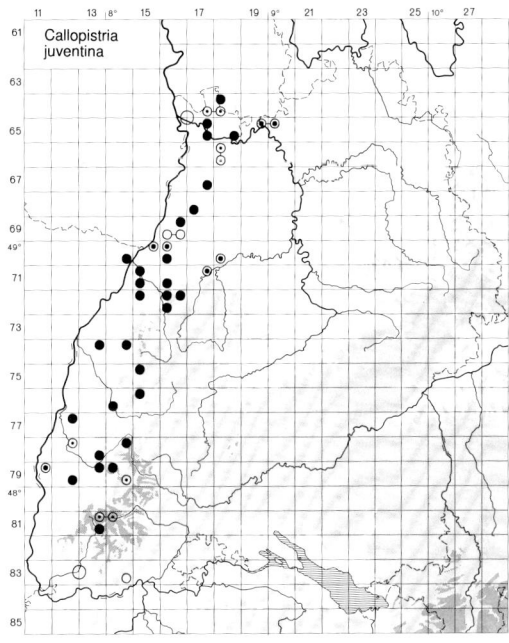

Mit ihrer bunten Färbung wirkt *Callopistria juventina* wie ein Exote in der heimischen Fauna. In der Tat leben die meisten Arten ihrer Gattung in den Tropen und Subtropen. Typische Merkmale sind die gebogenen Fühler und das stark behaarte mittlere Beinpaar. ESPER nannte die Art deshalb die »Hasenfüßige Eulenphalaene«. – Todtnau, Hasenhornhütte 14.7.95 A. STEINER. LF.

Das Fehlen neuerer Funde am Hochrhein, im Kaiserstuhlgebiet sowie im Raum Pforzheim scheint eher mangelnde Durchforschung als echte Verbreitungslücken aufzuzeigen. Die Falter sind relativ standorttreu und entfernen sich selten weit von ihren Habitaten. Sicherlich läßt sich die Art durch Raupensuche und durch Lichtfang in Adlerfarnbeständen noch in weiten Teilen des westlichen Schwarzwalds nachweisen.

Ein Hinweis auf Vorkommen im Bereich Hotzenwald/Hochrhein stammt bereits von ROTH VON SCHRECKENSTEIN (1800), der berichtete: »auch unfern Kiesenbach ist diese seltene Phalaene entdekt worden.« Daß neuere Angaben aus diesem Gebiet fehlen, ist vermutlich durch die derzeit dort schwache Durchforschung zu erklären. Im Lörracher Raum (Hauingen) hat F. NANTSCHEFF die Art 1994 nachgewiesen.

Im Vergleich mit dem Verbreitungsbild des Adlerfarns (SEBALD, SEYBOLD & PHILIPPI 1990: 114) zeigt sich, daß *C. juventina* nur einen kleinen Teil des Areals ihrer Nahrungspflanze bewohnt: Die östlichen Teile von Schwarzwald und Odenwald, das Schwäbische Keuperbergland, das westliche Bodenseegebiet und das Westallgäuer Hügelland, wo *Pteridium aquilinum* noch Verbreitungsschwerpunkte besitzt, sind von *C. juventina* nicht besiedelt worden. Es fällt auf, daß ihr Areal – trotz der Unterschiede bezüglich der Nahrungspflanzen – große Ähnlichkeit mit dem anderer atlantomediterraner Arten aufweist (*Stilbia anomala*, *Xestia agathina*).

Vertikal: Die Höhenverbreitung umfaßt eine weite Amplitude von der Rheinebene um 100 m bis in die montane Stufe des Schwarzwalds um 900 m (Hinterprechtal, S. FREUNDT/P. PAUSCHERT). Ob auch die höheren Adlerfarnstandorte (im Südschwarzwald bis 1280 m, OBERDORFER 1994) besiedelt werden können, ist unbekannt.

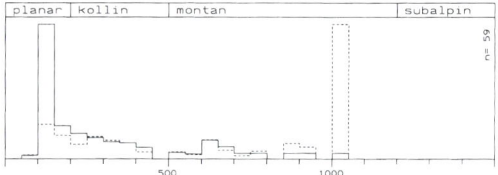

Phänologie

Imagines: Die Flugzeit beginnt in der zweiten Junihälfte und dauert bis Ende August. Nach den (relativ wenigen) Daten aus der Oberrheinebene scheint sich dort ein geringfügig früherer Flugzeitbeginn, ein etwas früheres Maximum und ein früheres Flugzeitende als im Schwarzwald abzuzeichnen. Die Extremdaten sind in der Oberrheinebene der 10.6. (1992, Hardtwald bei Friedrichstal, H. LUSSI/A. STEINER) und der 22.8. (1954 Ettlingen, P. PEKARSKY), im Schwarzwald (einschließlich der niedrigen Randlagen) der 18.6.

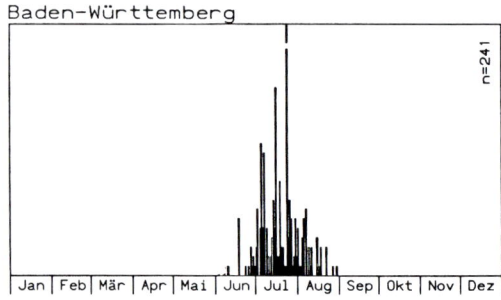

(1993, Wernetsbühl bei Yach, AG Freiburg) und der 30.8. (1983, Hörden, R. HERRMANN/D. DOCZKAL).

Präimaginalstadien: Die Raupenzeit liegt im August und September, wie schon GAUCKLER (1909) berichtete. Die taggenauen Beobachtungsdaten umfassen bislang eine engere Periode zwischen Ende August und Mitte September (29.8.1994, Hauingen, F. NANTSCHEFF; 19.9.1993, zwei erst halberwachsene Raupen, Dobel, A. STEINER), lassen sich aber bei genauerer Beobachtung sicher auf Juli bis Anfang Oktober erweitern. Die Raupe überwintert.

Ökologie

Lebensraum: Bestände des Adlerfarns in Laub-, Misch- und Nadelwäldern und in deren Randbereichen, an Wegrändern und -böschungen, auf Lichtungen und Schlägen, gern mit Brombeergebüschen oder Besenginster vergesellschaftet oder in Kiefernpflanzungen auf Sandböden der Rheinebene, sonnig bis halbschattig.

Nahrung der Raupe:
Pteridium aquilinum – Adlerfarn
5 L (BRM, EBE, GAU, LIE, STN)

Die Raupe lebt ausschließlich am Adlerfarn, an dem sie von mehreren Mitarbeitern gefunden worden ist. Außer HACKERs (1989) Mutmaßung »im Süden werden vermutlich auch andere *Pteridium*- und *Pteris*-Arten angenommen« gibt es in der Literatur keinerlei Hinweise auf weitere Nahrungspflanzen. F. NANTSCHEFF fotografierte bei Hauingen eine auf Dornigem Wurmfarn (*Dryopteris carthusiana*) sitzende Raupe, die jedoch nicht daran fraß und in deren Nähe sich auch

Die meist grüne Raupe besitzt eine gelbe Zeichnung, die ihr zwischen den Fiederblättchen des Adlerfarns eine gute Tarnung verleiht. Malsch-Sulzbach 26.8.90 G. EBERT.

Auch dunklere, olivgrün und braun gefärbte Raupen kommen vor. Dieses Tier sitzt zwar an *Dryopteris carthusiana*, hat aber nicht daran gefressen. Wahrscheinlich ist es von einer der umgebenden Adlerfarnpflanzen übergewechselt. – Hauingen 29.8.94 F. NANTSCHEFF.

keine Fraßspuren befanden. Da diese *Dryopteris* mitten in einem Adlerfarnbestand wuchs, gehen wir davon aus, daß die Raupe zufällig überwechselte und den Wurmfarn nur als Sitzplatz benutzte.

Alle Angehörigen der in den Tropen und Subtropen artenreichen Gattung *Callopistria* sind auf Farne als Raupennahrung spezialisiert. Möglicherweise handelt es sich hier um eine entwicklungsgeschichtlich sehr alte Beziehung. Bezüglich *C. juventina* ist es von Interesse, daß die Raupen die giftigen Pflanzeninhaltsstoffe des Adlerfarns zwar vertragen, die Raupenzeit aber mit dem Minimum des Gehalts an cyanogenen Glycosiden in den Blättern synchronisiert ist: Junge Blätter (Mai–Juni) enthalten viel HCN und weniger Tannin, ältere Blätter (Juli–Oktober) wenig HCN, während das Tannin zunimmt (RHOADES & CATES 1976).

Nahrung des Falters: Keine Beobachtungen aus Baden-Württemberg.

Habitat: Adlerfarnbestände in verschiedenen Gesellschaften der Eichenmischwälder (Quercion robori-petraeae), der Hainsimsen-Buchenwälder (Luzulo-Fagenion), auch in Nadelwaldgesellschaften (Piceetalia) und Kiefernpflanzungen, ferner in Brombeergebüschen (Pruno-Rubion fruticosi) und Besenginstergesellschaften (Sarothamnenion). In der Regel stammen die Raupenfunde von Pflanzen, die halbschattig innerhalb des Waldrands oder an Binnensäumen (Wegränder, Lichtungen) stehen. Ob und wie intensiv auch Pflanzen im vollsonnigen Bereich, etwa auf Weidfeldern, genutzt werden, bleibt noch festzustellen.

Verhalten: Die Raupe wird im erwachsenen Zustand gelegentlich frei auf der Oberseite der

Farnwedel sitzend und fressend gefunden. Meist frißt sie aber mehr oder weniger versteckt auf der Blattunterseite oder bei Nacht. Die Raupen spinnen sich im Herbst am Boden einen Kokon, in dem sie den Winter über ruhen und sich erst im kommenden Frühjahr verpuppen (Zuchtbeobachtungen). Möglicherweise liegt hier die kritische Periode, die das Verbreitungsareal auf Gebiete mit mehr atlantisch geprägtem Klima beschränkt.

Die Falter kommen nachts ans Licht, allerdings meist nur einzeln und scheinen ihre Biotope ungern zu verlassen. Ob die aus der Nähe bunt wirkende Zeichnung der Falter der Tarnung dient, oder ob die Imagines durch als Raupe aufgenommene Gifte geschützt sind, so daß eher eine Warntracht vorliegt, ist noch nicht untersucht worden.

Gefährdung und Schutz

Rote Liste Bundesrepublik: 3
Rote Liste Baden-Württemberg: –

Oberrheinebene: Nicht gefährdet.
Schwarzwald: Nicht gefährdet.
Neckar-Tauberland: Nicht gefährdet.
Schwäbische Alb: Nicht vertreten.
Oberschwaben: Nicht vertreten.

• In Baden-Württemberg nicht gefährdet!

376

Larvalhabitat in der Vorbergzone des Nordschwarzwalds. Obwohl der Adlerfarn in Baden-Württemberg weit verbreitet ist, kommt *Callopistria juventina* nur im atlantisch geprägten, westlichen Teil von Baden-Württemberg vor. – Malsch-Sulzbach 26.8.90 G. EBERT.

Eucarta amethystina
(Hübner, 1803)
Amethysteule

Telesilla amethystina HBN. (REUTTI 1898, LAMPERT 1907, SPULER 1908–1910, WARREN in SEITZ 1909–1914, REBEL 1910, ECKSTEIN 1913–1923, DRAUDT in SEITZ 1931–1938, HERING 1932, SCHNEIDER 1936–1939, BERGMANN 1951–1955, FORSTER 1954–1981, KOCH 1954–1961, 1984)

Gesamtverbreitung: In Europa nur in den mittleren Ländern lokal verbreitet. Die südliche Arealgrenze verläuft von Nordspanien über Südfrankreich, Mittelitalien, Albanien, Bosnien, Rumänien zum Schwarzen Meer und zum Kaukasus. Die Arealnordgrenze verläuft von Mittelfrankreich über das Elsaß, das Mittelrheingebiet, Niedersachsen und Brandenburg (grob gesagt also bis zum Nordrand der Mittelgebirge) und Posen bis Weißrußland und zum Ural. In Asien ist die Art östlich bis zum Pazifik verbreitet (Nordchina, Korea, Japan).

Verbreitung

Regional: In Baden-Württemberg kommt *Eucarta amethystina* in zwei disjunkten Teilarealen vor:

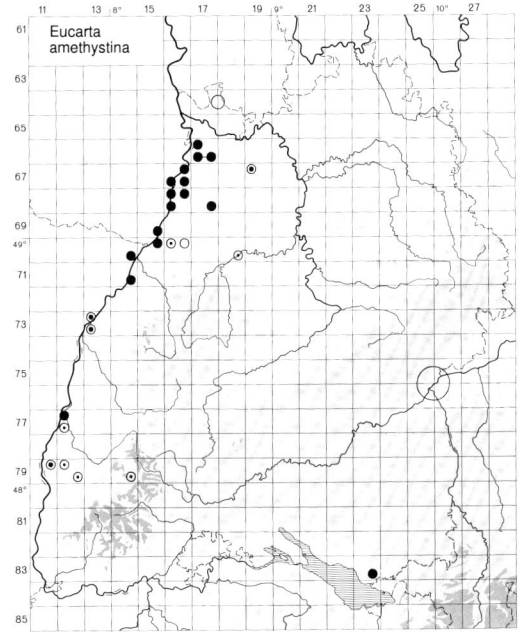

Das eine, ausgedehntere, umfaßt die Oberrheinebene von Nordbaden bis etwa zum Kaiserstuhl und schließt auch den westlichen Kraichgaurand mit ein. Einzelfunde liegen aus dem Kraichgau (Niefern bei Pforzheim, H. ROMETSCH) und dem Mittleren Schwarzwald vor (Wildgutach, A. FEHRENBACH). Möglicherweise handelte es sich in beiden Fällen um aus der Ebene zugeflogene Falter; neuere Nachweise aus diesen Gebieten sind jedenfalls nicht bekannt. Das zweite Verbreitungsgebiet besteht aus einem einzigen Fundort im Bodenseebecken (Argenufer bei Oberdorf, T. MARKTANNER). Er bildet die nördliche Spitze eines Teilareals, das aus mehreren Fundorten im Vorarlberger Rheintal (z.B. NSG Rheindelta, HUEMER 1994) und im Walgau besteht. Unsicher bleibt ein mit »Ulm« etikettiertes Stück aus der Sammlung TROLL (coll. SMNS).

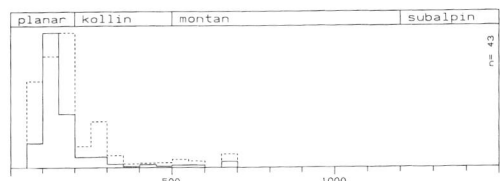

Vertikal: Die bodenständigen Vorkommen am Oberrhein liegen in der Ebene und der unteren Hügelstufe zwischen knapp unter 100 m und 300 m, der Fundort im Bodenseegebiet bei 400 m. Für die höheren Fundorte (Ulm, 470–600 m; Wildgutach, 650 m) steht ein Nachweis der Bodenständigkeit aus.

Phänologie

Imagines: Die Flugzeit beginnt Mitte bis Ende Juni. Die frühesten Daten liegen aus dem heißen Jahr 1976 vor, als R. HERRMANN bei Plittersdorf und H. FEIL am Rußheimer Altrhein die ersten Falter am 12.6. beobachteten. Meist endet die Flugzeit Mitte bis Ende Juli, nur aus einem Jahr liegt noch ein später Nachweis von Mitte August vor (13.8.1977, bei Wintersdorf, R. HERRMANN). Auch GREMMINGER hatte schon »im Juni und wieder im August« angegeben und damit die Möglichkeit von zwei Generationen angedeutet. Wenn die Augusttiere tatsächlich eine 2.Gen. repräsentieren, ist diese offenbar sehr unvollständig und tritt nur in manchen Jahren auf.

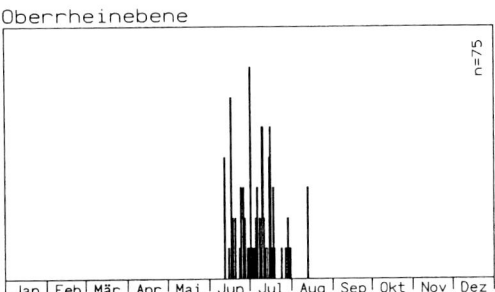

Präimaginalstadien: Das Überwinterungsstadium ist die Puppe. Das einzige aus dem Untersuchungsgebiet vorliegende Raupenfunddatum ist der 1.9. (1940, Rußheim, A. GREMMINGER).

Ökologie

Lebensraum: *Eucarta amethystina* besiedelt in der Oberrheinebene offenes, versaumendes oder schwach bebuschtes, frisches bis feuchtes Wiesengelände (Fettwiesen, Naßwiesen), aber auch wechselfeuchte bis trockene Stellen, etwa Hochwasserdämme mit Arrhenathereten oder sogar Mesobrometen. An mehreren Standorten im Raum Mannheim/Heidelberg kommt sie syntop mit *Gortyna borelii* vor. An *Peucedanum officinale*-Standorten im Neckarland, die auf *G. borelii* hin überprüft wurden, konnte *E. amethystina* bisher nicht gefunden werden. Über den Standort im Alpenvorland liegen uns keine Informationen vor. Alle Fundorte liegen in Gebieten mit 8° bis über 9°C mittlerer Jahrestemperatur.

Nahrung der Raupe:
Peucedanum spec. – Haarstrang
 L (GRE)

A. GREMMINGER hat die Raupen bei Rußheim an »*Peucedanum*« gefunden, wobei es sich vermutlich um den Echten Haarstrang (*Peucedanum officinale*) gehandelt hat.

Als weitere Nahrungspflanzen werden in der Literatur Möhre (*Daucus carota*) und Wiesensilge (*Silaum silaus*) angegeben (BERGMANN 1954, KOCH 1984). Die Zucht ist auch mit Petersilie (*Petroselinum crispum*) möglich.

Nahrung des Falters: Keine Blütenbesuchsbeobachtungen aus dem Untersuchungsgebiet. Die Falter kommen an den Köder.
Habitat: Siehe Lebensraum.
Verhalten: Die jüngeren Raupen sind nach BERGMANN (1954) von Mitte bis Ende Juli in den Dolden und die erwachsenen von Anfang August bis Mitte September an den unteren Blättern und Stengeln zu finden. Die Imagines sind nachtaktiv und fliegen ans Licht, scheinen aber im Allgemeinen sehr standorttreu zu sein und die Larvalhabitate wenig zu verlassen.

Gefährdung und Schutz

Rote Liste Bundesrepublik: 1
Rote Liste Baden-Württemberg: 3

Oberrheinebene: Gefährdet (regional ausgestorben oder verschollen.
Schwarzwald: Nicht vertreten.
Neckar-Tauberland: Gefährdet (nur randlich vorkommend sowie dubiose Einzelfunde).
Schwäbische Alb: Nicht vertreten.
Oberschwaben: Stark gefährdet.

- In Baden-Württemberg gefährdet! Besonders geschützt gemäß § 20e ff. BNatSchG.

Das Kartenbild zeigt deutliche Rückgänge. So liegen aus dem gesamten Gebiet südlich von Lahr einschließlich dem Umkreis des Kaiserstuhls keine aktuellen Funde mehr vor. An vielen Fundstellen der nördlichen Oberrheinebene ist die Art in den letzten Jahrzehnten nicht mehr gefunden worden. Eine genaue Bestandsaufnahme ist an allen älteren Fundorten zu empfehlen, wobei auch die Raupensuche durchgeführt werden sollte, um genaueren Aufschluß über die Larvalhabitate zu erhalten. Die Gefährdungsfaktoren sind vor allem die Grünlandintensivierung (Düngung), die Umwandlung von Wie-

Die Amethysteule (*Eucarta amethystina*) ist an Auenwiesen mit Vorkommen von Haarstrangarten (*Peucedanum* spp.) gebunden. Sie kommt nur in der Oberrheinebene und sehr lokal im Bodenseebecken vor. Durch die Trockenlegung von Feuchtbiotopen, durch Nutzungsintensivierung und die Umwandlung in Bauland ist die Art gefährdet. – Leopoldshafen (ex ovo-Zucht) 5.32 coll. A. GREMMINGER.

sen in Ackerland, der Straßenbau, die Ausdehnung der Siedlungen auch in die Auengebiete hinein und die Anlage von Industriegebieten. Langfristig kann nur eine konsequente Erhaltung der Habitate den Bestand der Art in Baden-Württemberg sichern. Die an einigen Stellen syntop vorkommende *Gortyna borelii* würde ebenfalls davon profitieren.

Ipimorpha retusa
(Linnaeus, 1761)
Weiden-Blatteule

Plastenis retusa F. (REUTTI 1898, LAMPERT 1907, SPULER 1908–1910, REBEL 1910, ECKSTEIN 1913–1923, HERING 1932)

Gesamtverbreitung: Durch nahezu ganz Europa verbreitet, nördlich bis Mittelengland, Südnorwegen, Mittelschweden, Südfinnland und Karelien, südlich bis Zentralspanien, Mittelitalien, Mazedonien, Bulgarien und ins westliche Kleinasien. Durch Nord- und Mittelasien bis Sachalin und Japan.

Verbreitung

Regional: *Ipimorpha retusa* ist vor allem entlang der Flußtäler in niedrigen und mittleren Lagen verbreitet. Konzentrationen finden sich an Rhein und Neckar und deren Nebenflüssen, im Bodenseebecken und in Oberschwaben (südliche Donauzuflüsse). Nur sehr wenig besiedelt werden der Schwarzwald (in Tallagen, z. B. Murgaue bei

Ipimorpha retusa besiedelt Weidengebüsche, vor allem in Feuchtgebieten. Die beiden Querlinien auf dem Vorderflügel verlaufen annähernd parallel und unterscheiden die Art von *Ipimorpha subtusa*, die oft an den selben Stellen fliegt. – Karlsruhe-Rheinhafen 30.6.93 A. STEINER. LF.

Klosterreichenbach, M. MEIER; Wildgutach, A. FEHRENBACH nach Kartei A. GREMMINGER) und die Schwäbische Alb (Arnegger Ried im Blautal und Umg. Schelklingen, G. BAISCH). Die Fundlücken am Hochrhein und in einigen nordöstlichen Landesteilen dürften sich dagegen bei genauerer Durchforschung noch schließen lassen.

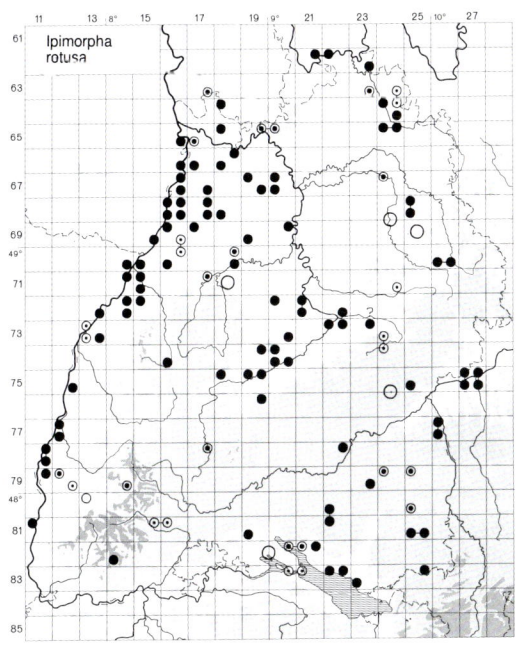

Vertikal: Mit Schwerpunkt im planar-kollinen Bereich reicht die Höhenverbreitung zwar noch weit in den montanen Bereich, doch nimmt die Zahl der Fundorte oberhalb von 500 m rasch ab. Die höchstgelegenen Fundstellen liegen im Wutachgebiet (840–910 m, A. GREMMINGER).

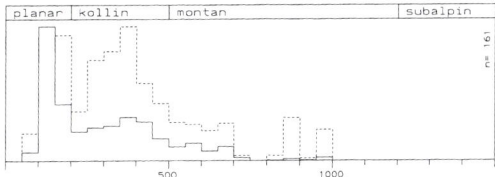

Phänologie

Imagines: Im Neckar-Tauberland und im Alpenvorland beginnt die Flugzeit um Mitte Juli und dauert bis Ende August mit einigen späteren Funden bis Ende September. In der Oberrheinebene liegt der Flugzeitbeginn dagegen bereits Ende Juni, und Septembertiere sind hier bislang noch nicht bekannt. Die wenigen Funde aus Schwarzwald und Alb fallen in die Monate Juli und August. Sowohl im Neckar-Tauberland als auch in der Rheinebene sind in manchen Jahren einzelne Falter wesentlich früher gemeldet worden, nämlich Anfang Juni: 2.6.1985, Stuttgart-Sillenbuch, D. BARTSCH; 3.6.1957 Eberbach/Neckar, M. CRETSCHMAR; 5.6.1980, Ichenheim, Saukopf, E. BAUER/B. TRAUB; 7.6.1993, bei Philippsburg, F. STEUERWALD.

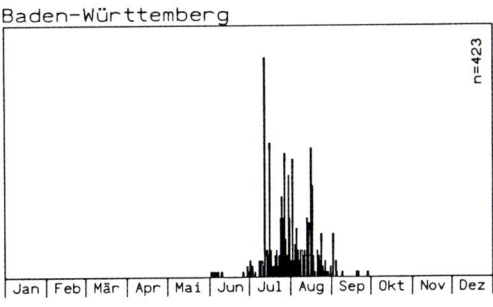

Präimaginalstadien: Das Überwinterungsstadium ist das Ei. Die Raupen sind im Frühjahr vielfach, manchmal in größerer Anzahl, gefunden worden, wie die zahlreichen ex-larva-Tiere in Sammlungen belegen. Nur wenige Mitarbeiter haben es allerdings der Mühe Wert befunden, genaue Funddaten zu notieren. Diese reichen von Ende Mai bis Ende Juni (25.5.1993, Göppingen-Jebenhausen, K. FREYTAG; 23.6.1988, Stuttgart, Krummbachtal, D. BARTSCH).

Ökologie

Lebensraum: *Ipimorpha retusa* besiedelt kleine bis großflächige Weidengebüsche (gern Grauweiden, aber auch andere Arten) in den Uferzonen von Bächen, Flüssen und Seen, in Weichholzauwäldern, an Wassergräben, auf Niedermooren und Feuchtwiesen und in Moorgebüschen. In trockeneren Wäldern kommt sie in bachbegleitenden Weidengebüschen in Tälchen und Schluchten vor und an Bachrändern dringt sie bis in den Siedlungsbereich vor. Auch an Fischteichen und Baggerseen, in feuchten Kiesgruben und Steinbrüchen sowie in gewässernahen Gärten ist sie zu finden.

Nahrung der Raupe:
Populus spec. – Pappel
 L (GAU, SCC)
Salix purpurea – Purpur-Weide
 L (BAR)
Salix cinerea – Grau-Weide
 L (BAI)
Salix caprea – Salweide
 L (BAR)
Salix spec. – Weide
 L (BAI, GAU, SCC)
Salix spec. – »schmalblättrige Weide«
 L (FRY)

Die meisten der gemeldeten Raupenfunde stammen von verschiedenen Weidenarten. Dabei nimmt die (sonst bei Sammlern wie Raupen sehr populäre) Salweide (*Salix caprea*) nur eine untergeordnete Stellung ein (eine Meldung von D. BARTSCH). Zahlreicher sind Angaben von den eigentlichen Feuchtgebietsweiden wie der Grauweide (*Salix cinerea*), an der G. BAISCH die Raupen in Oberschwaben zu Hunderten fand. Zwei Raupen meldet D. BARTSCH von Purpurweide (*Salix purpurea*). Daneben wird »schmalblättrige Weide« (K. FREYTAG) und von einigen Autoren einfach nur »Weide« genannt. GAUCKLER (1909) und SCHNEIDER (1938) gaben auch Pappel an.

Nahrung des Falters: Blütenbesuch wurde an *Buddleja davidii* gemeldet (SETTELE 1926a). Die Falter kommen vereinzelt an den Köder.

Habitat: Die Larvalhabitate sind in der Regel verschiedene Weidengebüsche der Klassen Salicetea purpureae und Alnetea glutinosae wie der Silberweiden-Auwald (Salicion albae), der Grauweidenbusch (Salicion cinereae) und vermutlich noch andere Assoziationen. Auch salweidenreiche Waldmäntel und Gebüsche (Sambuco-Salicion) sind von Bedeutung. Nach Falterfunden zu urteilen, gehören zum Habitat auch reliktäre oder angepflanzte Weidengebüsche an Bächen, Teichen und Baggerseen.

Verhalten: Die Raupen leben von Jugend an zwischen zusammengesponnenen Triebspitzen. Ein Massenbefall ist dadurch an den betroffenen Weidenbüschen gut zu erkennen. Sie verpuppen sich in einem Gespinst in der Erde oder zwischen Laub. Die Falter sind nachtaktiv und kommen ans Licht.

Gefährdung und Schutz

Rote Liste Bundesrepublik: –
Rote Liste Baden-Württemberg: –

Oberrheinebene: Nicht gefährdet.
Schwarzwald: Nicht gefährdet (nur randlich vorkommend).
Neckar-Tauberland: Art der Vorwarnliste.
Schwäbische Alb: Art der Vorwarnliste (nur randlich vorkommend).
Oberschwaben: Nicht gefährdet.

• In Baden-Württemberg nicht gefährdet!

Ipimorpha subtusa
([Denis & Schiffermüller], 1775)
Pappel-Blatteule

Plastenis subtusa F. (REUTTI 1898, ECKSTEIN 1913–1923, HERING 1932, LAMPERT 1907, REBEL 1910, SPULER 1908–1910)
Ipimorpha subtusa F. (SCHNEIDER 1936–1939, KOCH 1954–1961, 1984, WARREN in SEITZ 1909–1914)

Die Raupe ist wie viele an Weiden fressende Arten grün mit hellen Linien. Junge Tiere haben einen schwarzen Kopf, der bei den erwachsenen Raupen grün wird. – Göppingen-Jebenhausen 25.5.92 K. FREYTAG.

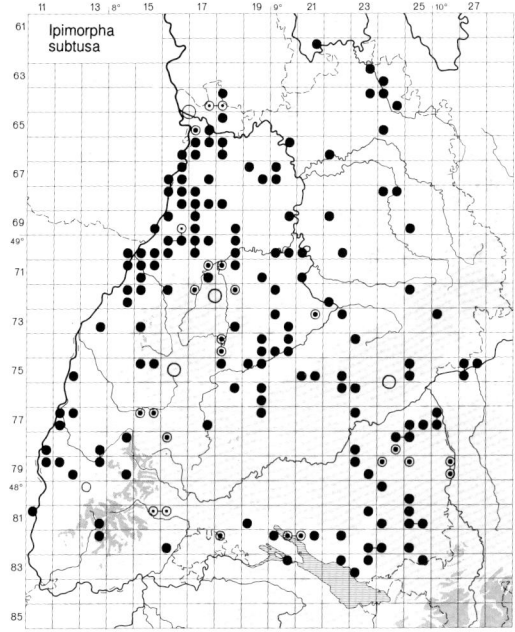

Gesamtverbreitung: Fast ganz Europa, nördlich bis Mittelschottland, Südnorwegen, Mittelschweden und Südfinnland, südlich bis Zentralspanien, Süditalien, Nordgriechenland und ins nordwestliche Kleinasien. In Asien weit verbreitet bis zum Pazifik (Sachalin, China, Japan).

Verbreitung

Regional: Die Verbreitung ähnelt der von *Ipimorpha retusa*, ist aber viel ausgedehnter. Auch bei *Ipimorpha subtusa* läßt sich noch die Bindung an Wasserläufe (Rhein, Neckar) und Feuchtgebiete (Oberschwaben, Bodenseegebiet) erkennen, doch dehnt sie ihre Vorkommen auch auf die Schwäbische Alb und den Schwarzwald aus. Wie bei *I. retusa* erkennt man am Hochrhein und im Nordosten des Landes Durchforschungslücken. Trotz ihrer weiteren Verbreitung tritt *Ipimorpha subtusa* meist individuenschwächer auf als *I. retusa*.

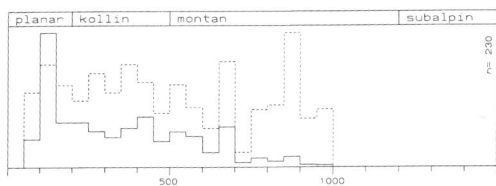

Vertikal: *Ipimorpha subtusa* ist von der Ebene bis in die montane Stufe verbreitet. Die Spannweite der Höhenverbreitung ähnelt der von *I. retusa*, doch ist *I. subtusa* im Bergland stärker vertreten. Die höchsten Fundorte erreicht sie auf der Schwäbischen Alb über 800 m und im Schwarzwald zwischen 900 und 950 m (Kniebis, R. HERRMANN).

Phänologie

Imagines: *Ipimorpha subtusa* beginnt in allen Naturräumen fast gleichzeitig mit *Ipimorpha retusa* zu fliegen, ist ihr aber anscheinend im langjährigen Durchschnitt um wenige Tage voraus (Oberrhein: Mitte Juni mit Einzelfunden Anfang Juni; Neckar-Tauberland: Anfang Juli mit Einzelfunden Ende Juni; Alpenvorland: Anfang/Mitte Juli). Auch die Maxima und das Flugzeitende ähneln sich. Im Schwarzwald sind Daten von Anfang Juli bis Anfang September bekannt, auf der Schwäbischen Alb von Ende Juni bis Anfang September. Von hier wird auch das späteste Exemplar gemeldet: 23. 9. 1978, Schopflocher Moor, K. LOOS nach GATTER (1979).

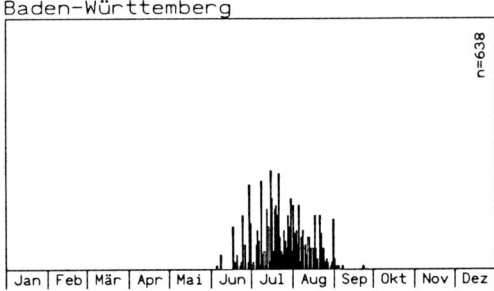

Präimaginalstadien: Das Überwinterungsstadium ist das Ei. Obwohl auch von *Ipimorpha subtusa* zahlreiche aus der Raupe gezüchtete Falter existieren, sind fast keine exakten Raupendaten gemeldet worden. Die Raupenzeit umfaßt vor allem den Mai (z. B. Kartei A. GREMMINGER); Meldungen liegen noch bis Anfang Juni vor (4. 6. 1939, Gingen/Fils, SCHNEIDER 1941).

Ökologie

Lebensraum: Während *I. retusa* stets eine deutliche Bindung an Feuchtbiotope erkennen läßt, hat sich *I. subtusa* durch die Nutzung der Zitterpappel auch trockenere Habitate erschließen können. Dies kam ihr beispielsweise bei der Besiedlung der wasserarmen Schwäbischen Alb sehr zustatten. So ist sie vom Auwaldbereich, den sie syntop mit *I. retusa* bewohnt, bis in trockenere Wälder und Vorwaldgesellschaften verbreitet, wo

Ipimorpha subtusa lebt vorwiegend an Pappeln. Die beiden Querlinien auf dem Vorderflügel verlaufen nicht parallel, außerdem besitzt die Art eine Zapfenmakel, die bei *Ipimorpha retusa* fehlt. – Karlsruhe-Rheinhafen 30.6.93 A. STEINER. LF.

sie in Sukzessionsstadien (Zitterpappeln) und in Gebüschen siedelt. Aus dem Federseemoor gab MEINEKE (1982) Torfstichgebiete mit Espen an. Wie *I. retusa* dringt sie in den Siedlungsbereich ein (Bachränder, Gebüsche). Vermutlich kann sie die meisten Pappelanpflanzungen nutzen, wobei die Nahrungspflanzenpräferenzen allerdings noch zu klären sind.

Nahrung der Raupe:
Populus tremula – Zitterpappel
    L (SCÄ)
Populus spec. – Pappel
    3 L (GRE, SCC)
? *Salix* spec. – Weide
    L (SCC)

Die junge Raupe von *Ipimorpha subtusa* hat noch einen schwarzen Kopf. Dieses Tier befindet sich kurz vor einer Häutung, wie die vom Nackenschild abgesetzte Kopfkapsel zeigt (an dieser Stelle reißt die Haut). Darunter ist die neue, grüne Kopfkapsel zu erkennen. – Finnland 92 K. FREYTAG. S.

Die Raupen von *Ipimorpha subtusa* sind in Baden-Württemberg deutlich seltener nachgewiesen worden als die von *I. retusa*. Nach SCHÄFER (1989) wurde die Raupe im Belchengebiet »vereinzelt in zusammengesponnenen Espenblättern im Juni gefunden.« A. GREMMINGER fand sie an nicht näher definierten Pappeln. SCHNEIDER (1938) bemerkte für Württemberg ohne nähere Angaben: »mehr an Pappeln, weniger an Weiden«. Später gab er an, am 4.6.1939 bei Gingen/Fils die Raupen **beider** *Ipimorpha*-Arten, zusammen mit denen von *Parastichtis ypsilon*, an »Weiden« gefunden zu haben (SCHNEIDER 1941). Diese Aussage erfordert aber dringend neuere Bestätigung.

Nahrung des Falters: Keine Beobachtungen aus dem Untersuchungsgebiet. Die Falter besuchen künstlichen Köder.

Habitat: Das Larvalhabitat ist aus dem Untersuchungsgebiet noch wenig bekannt. Vermutlich reicht das Spektrum von der Weich- und Hartholzaue (Salicion albae, Alno-Ulmion) bis in Prunetalia-Gesellschaften und ins Sambuco-Salicion mit *Populus tremula*-Beständen.

Verhalten: Die Raupen leben zwischen zusammengesponnenen Blättern ihrer Nahrungspflanzen. Die nachtaktiven Falter kommen ans Licht.

Gefährdung und Schutz

Rote Liste Bundesrepublik: –
Rote Liste Baden-Württemberg: –

Oberrheinebene: Nicht gefährdet.
Schwarzwald: Nicht gefährdet.
Neckar-Tauberland: Nicht gefährdet.
Schwäbische Alb: Nicht gefährdet.
Oberschwaben: Nicht gefährdet.

• In Baden-Württemberg nicht gefährdet!

Enargia paleacea
Esper, 1788

Gelbe Blatteule

Cosmia paleacea ESP. (REUTTI 1898, ECKSTEIN 1913–1923, HERING 1932, LAMPERT 1907, REBEL 1910, SPULER 1908–1910)
Enargia palaeacea ESP. (SCHNEIDER 1936–1939)

Gesamtverbreitung: In Europa vor allem in den mittleren Ländern vorkommend, im Süden bis zu den spanischen Pyrenäen, Süditalien, Bosnien, Herzegowina und Bulgarien, im Norden bis Schottland und Mittelfenno-

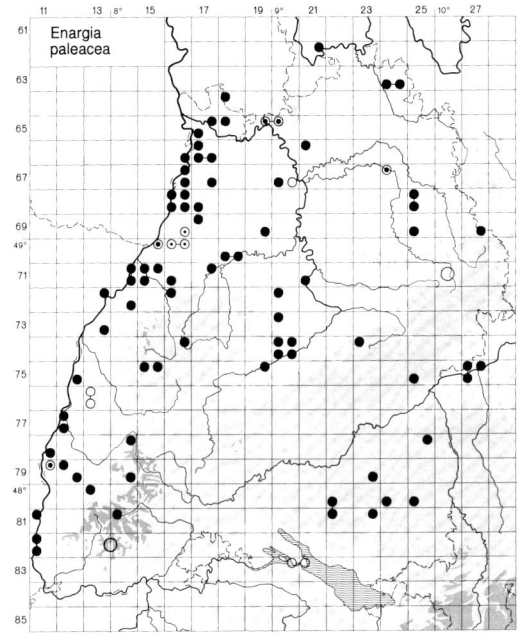

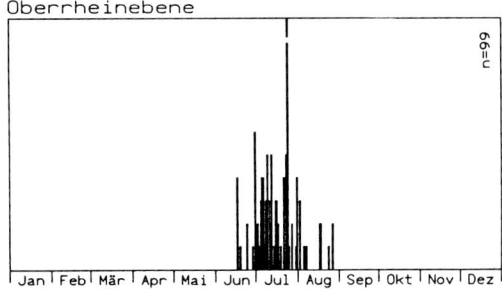

Oberrheinebene

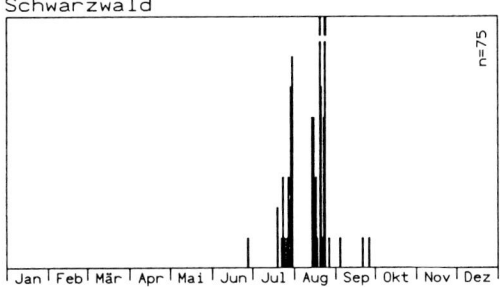

Schwarzwald

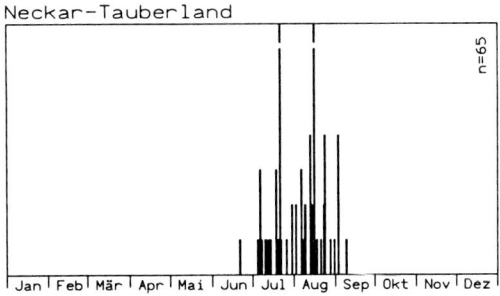

Neckar-Tauberland

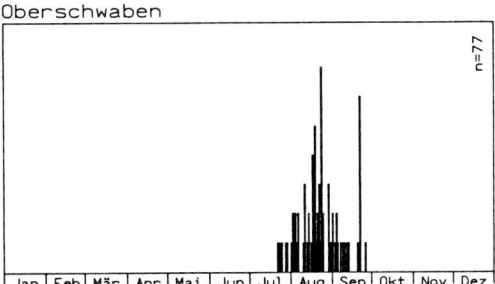

Oberschwaben

skandien verbreitet. In Asien durch Mittel- und Nordasien südlich bis zum Kaukasus, östlich bis China und Japan verbreitet. Ältere Angaben über ein Vorkommen in Nordamerika beziehen sich auf andere Arten.

Verbreitung

Regional: *Enargia paleacea* ist in Baden-Württemberg schwerpunktmäßig in den Flußtälern von Rhein, Neckar, Donau und deren Nebenflüssen sowie in den Moorgebieten des Alpenvorlands verbreitet. Im Mittelgebirgsbereich besiedelt sie die feuchtkühlen Schwarzwaldtäler, gern aber auch birkenreiche Wälder in Hang- oder Kuppenlagen. Auf der Schwäbischen Alb und damit auf Weißjura-Untergrund fehlt sie dagegen fast völlig. Wir kennen lediglich Populationen im Schopflocher Moor (M. MEIER) und im Blautal (G. BAISCH, HAMMER).

Vertikal: Die Höhenverbreitung erstreckt sich ohne ersichtliche Präferenzen von der Ebene um 90 m bis in die montane Stufe des Schwarzwalds über 900 m.

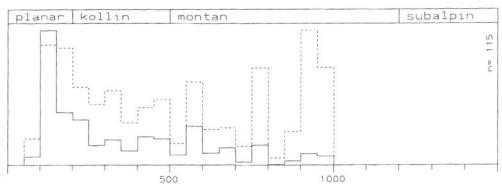

Phänologie

Imagines: Die Flugzeit weist deutliche regionale Unterschiede auf, die besonders im Vergleich zwischen wärmebegünstigten und kühleren Gebieten auffallen. In der Oberrheinebene dauert die Flugzeit von Ende Juni oder Anfang Juli bis Anfang August. Das wenig ausgeprägte Maximum liegt dabei um Mitte Juli. In günstigen Jahren treten die ersten Falter zuweilen sogar

Die verhältnismäßig große und auffallend gelbe *Enargia paleacea* lebt an Pappeln und Birken. Sie wird meist vereinzelt in Zitterpappelgebüschen, Auen- und Moorwäldern gefunden. – Rust, Taubergießen 12.7.94 A. STEINER. LF.

schon Mitte Juni auf: 17. und 19.6.1990, Rheinschanzinsel bei Philippsburg, S. FREUNDT/P. PAUSCHERT/A. SCHANOWSKI), 24.6.1924, Graben-Neudorf (A. GREMMINGER), 24.6.1976, Rußheim (W. STAIB/M. WALLNER). Anderseits kann sich das Flugzeitende bis in die letzte August-Dekade hinziehen: 27.8.1927, Weinheim (H. LIENIG).

Im Neckar-Tauberland ist die Flugzeit um etwa 1–2 Wochen versetzt. Sie beginnt Anfang Juli. Ein früher Einzelfund liegt schon vom 21. Juni vor (1979, Unterer Berg bei Häfnerhaslach, H. FEIL). Nach einem kaum merklichen Höhepunkt im August enden die Nachweise Anfang September (9.9.1982, Geifertshofen, Weißenhof, E. LANGER). Am spätesten liegt die Flugzeit im Alpenvorland. Hier besteht ein Unterschied von gut drei Wochen gegenüber der Oberrheinebene. Die Flugzeit dauert von Ende Juli bis Ende September mit einem gut ausgeprägten Maximum in der zweiten Augusthälfte. Die Daten aus dem Schwarzwald fallen überwiegend in die Zeit zwischen Ende Juli und Ende August mit einzelnen frühen und späten Einzelfunden ab Mitte Juni und bis Ende September (das deutliche Minimum Anfang August markiert keine Flugzeitlücke, sondern mangelnde Beobachtungstätigkeit in diesem Zeitraum). Die wenigen Funde von der Schwäbischen Alb stammen vom August.

Präimaginalstadien: Das Ei überwintert. Die Raupe ist nach GAUCKLER (1909) im Mai und Juni zu finden. Neuere Funde liegen nicht vor.

Ökologie

Lebensraum: Die Falter von *Enargia paleacea* werden in der Rheinebene meist in feuchten bis mäßig trockenen, oft an Auwälder angrenzenden oder mit ihnen verzahnten Waldmantel- und Sukzessionsgesellschaften mit Zitterpappelgebüschen beobachtet. Im Neckarland kommen auch rotbuchen- und hainbuchenreiche Wälder und Waldränder in Frage. Am mittleren Neckar sind die Falter in Flußauen oder in Bachtälern mit Weichholzbeständen innerhalb von Waldgebieten (Schönbuch) gefunden worden. Im Alpenvorland spielen wahrscheinlich birkenreiche Moorgebüsche und Moorwälder eine große Rolle. Recht hohe Individuenzahlen wurden auf brachgefallenen und mit Bergahorn, Birke, Hasel, Fichte und Eberesche zugewachsenen Weidfeldern im mittleren Schwarzwald registriert (S. FREUNDT/P. PAUSCHERT/A. SCHANOWSKI). Der Falter stößt gelegentlich bis in Ortschaften vor.

Nahrung der Raupe:
Populus tremula – Zitter-Pappel
 L (BRM)
Populus spec. – Pappel
 L (GAU)

Aus Baden-Württemberg existieren nur ältere Angaben von GAUCKLER (1909), der Pappel als Nahrungspflanze nannte, sowie von BROMBACHER (1933–1935), der die Raupen in der Faulen Waag am Kaiserstuhl an Zitterpappel fand. Von Birke, der anderen wichtigen Nahrungspflanze von *Enargia paleacea*, kennen wir aus Baden-Württemberg noch nicht einen einzigen Fund, obwohl ihr gerade im Schwarzwald und im Alpenvorland genausogroße, wenn nicht größere Bedeutung zukommen dürfte als der Pappel.

In der Literatur werden neben Zitterpappel die Schwarzpappel (*Populus nigra*), die Hängebirke (*Betula pendula*) und die Moorbirke (*Betula pubescens*) als Raupennahrungspflanzen angegeben (BERGMANN 1954, BRETHERTON, GOATER & LORIMER 1983). Meldungen von Erle (*Alnus* spec.) bedürfen der Bestätigung.

Nahrung des Falters: Keine Beobachtungen aus Baden-Württemberg.
Habitat: Über das Larvalhabitat liegen aus Baden-Württemberg keine pflanzensoziologischen Angaben vor.

Verhalten: Die Raupen leben zwischen zusammengesponnenen Blättern ihrer Nahrungsbüsche. Nach BERGMANN werden einzeln und frei stehende Büsche und kleine Bäume bevorzugt. Sie verpuppen sich in einem Erdkokon. Die Falter sind nachtaktiv und kommen ans Licht, allerdings meist nur einzeln.

Gefährdung und Schutz

Rote Liste Bundesrepublik: –
Rote Liste Baden-Württemberg: –

Oberrheinebene: Nicht gefährdet.
Schwarzwald: Nicht gefährdet.
Neckar-Tauberland: Nicht gefährdet.
Schwäbische Alb: Nicht gefährdet (nur randlich vorkommend).
Oberschwaben: Nicht gefährdet.

- In Baden-Württemberg nicht gefährdet!

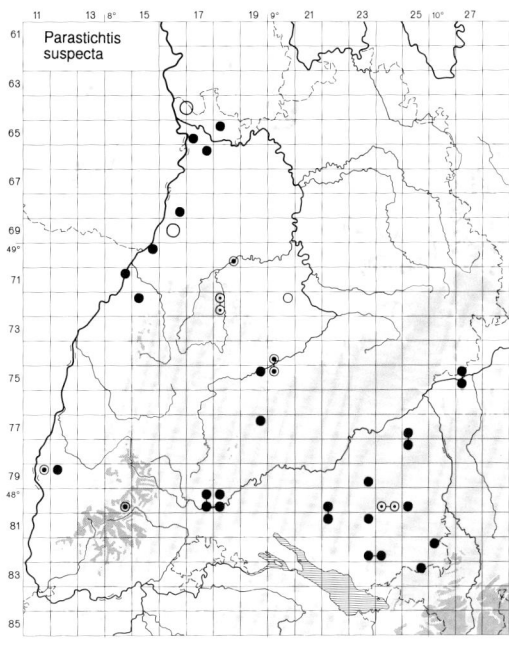

Parastichtis suspecta
(Hübner, 1817)

Pappelkätzcheneule

Dyschorista suspecta HBN. (REUTTI 1898, ECKSTEIN 1913–1923, LAMPERT 1907, REBEL 1910, SPULER 1908–1910)
Amathes iners GERMAR (SCHNEIDER 1936–1939, KOCH 1954–1961, 1984, WARREN in SEITZ 1909–1914)
Dyschorista iners GERMAR (HERING 1932)

Gesamtverbreitung: In Europa von Zentralspanien, Mittelitalien, Mazedonien und Bulgarien im Süden bis Schottland (Orkney) und zum Polarkreis im Norden verbreitet. Durch Nord- und Mittelasien bis Kamtschatka, Sachalin und Japan.

Verbreitung

Regional: *Parastichtis suspecta* ist in den meisten Landesteilen nur sehr lokal nachgewiesen worden. Lediglich in den Auwaldgebieten entlang des Oberrheins und in den oberschwäbischen Mooren kommt sie in etwas dichterer Verbreitung vor. Mit Sicherheit wird sie aufgrund ihres unscheinbaren Äußeren leicht übersehen oder fehldeterminiert. Gerade außerhalb der Rheinebene und des Alpenvorlands dürften sich noch manche Fundstellen entlang der Flußläufe und in kleinen Feuchtgebieten finden lassen.

Neckar-Tauberland: Ölberg bei Schriesheim, 1985 (H. LAHM); Derdingen, 1965 (T. GÖBEL); Enzrücken bei Enzberg, 1963, 1966 (R. HÄUSSER, W. DÜRR); Hirschauer Baggerseen bei Tübingen-Hirschau, 1985 (M. MEIER/A. STEINER); Pfohrener Ried, 1977 (H. FEIL).
Schwäbische Alb: Blasenberg bei Onstmettingen, 1984 (M. MEIER/A. STEINER); Umg. Bachzimmern, 1973 (H. HERRMANN 1976).
Schwarzwald: Umg. Igelsloch, 1966 (W. DÜRR); Umg. Oberkollbach, 1910 (H. ROMETSCH); Umg. Hinterzarten, 1927 (L. SETTELE).

Das Tier vom Blasenberg am nördlichen Albtrauf dürfte von der in der Nähe gelegenen Geifitze, einem der wenigen echten Moorgebiete der Schwäbischen Alb, zugeflogen sein[1].

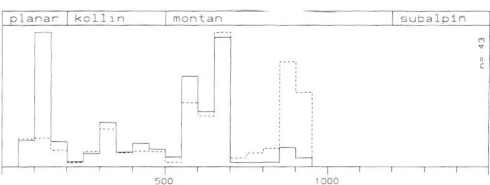

Vertikal: Die Höhenverbreitung zeigt eine große Amplitude von der Ebene um 100 m bis in montane Lagen der Schwäbischen Alb (880 m, Blasenberg, M. MEIER/A. STEINER) und des Schwarzwalds (880–940 m, Umg. Hinterzarten, L. SETTELE).

---

[1] Im Schopflocher Moor wurde die Art dagegen (noch) nicht gefunden (GATTER 1979, MEIER unveröff.).

Parastichtis suspecta ist eine derjenigen Arten, über deren Biologie sehr wenig bekannt ist. Sie kommt schwerpunktmäßig im Alpenvorland und in den Auengebieten der Oberrheinebene vor. Möglicherweise wird die Art öfters übersehen, denn die Falter sind sehr unscheinbar. Sie besitzen aber eine typische Flügelform, die auch dann noch auffällt, wenn die Tiere abgeflogen sind. – Belegstücke: Graben-Neudorf 6.27 (♂ oben), 7.27 (♀ unten) coll. A. GREMMINGER.

Phänologie

Imagines: Die wenigen Falternachweise liegen in der Oberrheinebene zwischen Ende Juni und Mitte August (20.6.1953, Faule Waag bei Achkarren, A. GREMMINGER; 19.8.1988, Kaiserstuhl, Badloch, R. HERRMANN/J. KLÜBER/J.-U. MEINEKE) und in Oberschwaben etwas später,

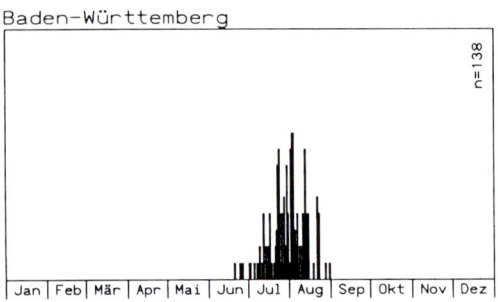

zwischen Anfang Juli und Ende August (9.7.1981, Osterried bei Baustetten, A. SCHOLZ; 22.8.1978, Wurzacher Ried, J.-U. MEINEKE; selbes Datum, Harprechtser Moos, G. EBERT/H. FALKNER/T. MARKTANNER). Die Schwarzwaldtiere wurden nur von Ende Juli bis Mitte August beobachtet (21.7.1929 und 15.8.1937, Umg. Hinterzarten). Im Neckar-Tauberland liegen Meldungen von Anfang Juli bis Ende August vor (10.7.1963, Enzberg; 28.8.1965, Derdingen), und die zwei Funde von der Schwäbischen Alb stammen vom 23.7. (1973, Bachzimmern) und 31.8. (1984, abgeflogenes Tier, genitaluntersucht, Blasenberg bei Onstmettingen).

Präimaginalstadien: Nach Literaturangaben überwintert das Ei. Die Raupen sollen im April und Mai, vermutlich auch noch bis in den Juni hinein, zu finden sein.

Ökologie

Lebensraum: Aus Baden-Württemberg liegen ausschließlich Falterfunde vor. Sie stammen aus Hartholzauwäldern und Feuchtgebieten, aber auch aus trockeneren Wäldern auf Sandboden und aus dem Ortsrandbereich, aus Kiesgruben (Rheinebene), aus Auwaldresten mit Weichholzgebüschen entlang von Bächen und Flüssen (Neckar-Tauberland) und aus Moorgebieten (Alpenvorland, Baar und Schwarzwald). Für Oberschwaben nannte MEINEKE (1982) als Fundstellen Torfstichgebiete und offenes Hochmoor.

Nahrung der Raupe: Über die Larvalbiologie in Baden-Württemberg sind wir sehr schlecht informiert. Offenbar ist die Raupe kaum je gefunden[2] noch die Art aus dem Ei gezüchtet worden. Nach Literaturangaben soll die junge Raupe sich zunächst in Pappelknospen einbohren, dann von den Kätzchen leben und später am Boden krautige Pflanzen fressen. Für Thüringen gab BERGMANN (1954) Schwarzpappel und andere Pappelarten als Eiablagepflanzen an. Aus Ungarn berichtete AIGNER-ABAFI (1900e), daß die Raupe »in Pappelwäldern unter gelegten Pappelreisern« gefunden wurde und sich »von altem, abgefallenem Laube« nährt.

Nahrung des Falters: Einen Falter (Männchen) hat H. HERRMANN (1976) bei Bachzimmern an der Großen Sterndolde (*Astrantia major*) gefunden wobei jedoch offen bleibt, ob es sich dabei

---

[2] In der Sammlung G. REICH (coll. SMNS) existiert eine präparierte Raupe, leider ohne irgendwelche Zusatzinformationen.

nur um einen Ruheplatz oder um eine Nektarquelle handelte. Die Falter kommen vereinzelt an den Köder.
Habitat: Siehe Lebensraum.
Verhalten: Die Falter sind nachtaktiv und fliegen Lichtquellen an, scheinen sich aber ungern von ihren Habitaten zu entfernen. Fast immer werden sie nur einzeln nachgewiesen.

Das Neckartal zwischen Tübingen und Rottenburg. Zwischen den Pappeln am rechten Ufer und den angrenzenden Baggerseen wurde *Parastichtis suspecta* gefunden. Die überwinternden Eier sollen an Pappeln abgelegt werden, in deren Knospen sich die Raupen im Frühjahr einbohren. Nachdem sie mit den verblühten Pappelkätzchen zu Boden gefallen sind, ernähren sie sich von krautigen Pflanzen. – Neckartal bei Tübingen-Hirschau 1.9.87 A. STEINER.

Gefährdung und Schutz

Rote Liste Bundesrepublik: –
Rote Liste Baden-Württemberg: V

Oberrheinebene: noch ungeklärt.
Schwarzwald: Ausgestorben oder verschollen.
Neckar-Tauberland: noch ungeklärt.
Schwäbische Alb: noch ungeklärt.
Oberschwaben: Nicht gefährdet.

- In Baden-Württemberg eine Art der Vorwarnliste!

Da über die Biologie der Art aus Baden-Württemberg noch keine Angaben vorliegen, läßt sich über ihre Gefährdung bislang nur spekulieren. Im Schwarzwald muß sie als ausgestorben eingestuft werden, weil keine neueren Nachweise mehr vorliegen, doch ist damit zu rechnen, daß sie wiedergefunden werden kann. Die geringe Anzahl von Funden im Neckar-Tauberland und auf der Schwäbischen Alb und auch in der Oberrheinebene muß auch nicht unbedingt eine Gefährdung andeuten, zumal die Art nicht leicht nachweisbar ist. Eine gezielte Nachsuche an den aktuell nicht mehr belegten Fundorten, auch in Hinblick auf die Entwicklungsstadien, sollte unbedingt erfolgen. *Parastichtis suspecta* bewohnt Feuchtgebiete, die potentiell durch Melioration, Entwässerung und Bebauung gefährdet sind. Wenn genauere Kenntnisse vorliegen, kann deshalb eine höhere Einstufung nötig werden.

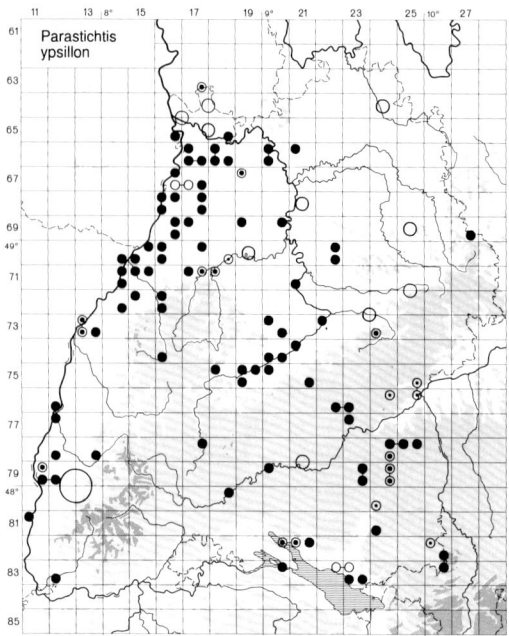

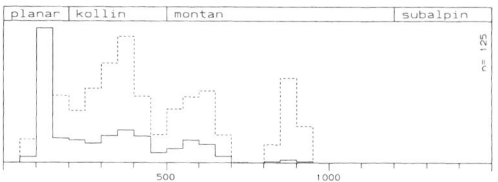

Parastichtis ypsilon
([Denis & Schiffermüller], 1775)
Weiden-Pappel-Rindeneule

Dyschorista fissipuncta HAW. (REUTTI 1898, LAMPERT 1907, SPULER 1908–1910, REBEL 1910, ECKSTEIN 1913–1923, HERING 1932)
Sidemia fissipuncta HAW. (WARREN in SEITZ 1909–1914, DRAUDT in SEITZ 1931–1938, SCHNEIDER 1936–1939, KOCH 1954–1961, 1984)
Enargia ipsilon SCHIFF. (FORSTER 1954–1981)

Gesamtverbreitung: Von Nordwestafrika (Marokko, Algerien) durch Europa nördlich bis Mittelskandinavien und Südkarelien verbreitet, in Asien über Klein- und Vorderasien bis Zentralasien (Afghanistan) und über Ostsibirien bis zum Amur/Ussurigebiet.

Verbreitung

Regional: *Parastichtis ypsilon* ist vor allem entlang der größeren Flüsse, insbesondere Rhein, Neckar und deren Zuflüsse, weit verbreitet. Im Alpenvorland kommt sie besonders im Bodenseebecken und in den östlichen Teilen Oberschwabens vor. Im Schwarzwald ist sie nur lokal in niedrigen Tallagen bzw. Randgebieten gefunden worden, auf der Schwäbischen Alb ebenfalls nur in wenigen Tälern. Es darf damit gerechnet werden, daß die Art am Hochrhein und in den weniger gut kartierten Gebieten des Neckar-Tauberlands an vielen Stellen noch nachgewiesen werden kann.

Vertikal: Die Höhenverbreitung erstreckt sich von der Rheinebene um 100 m bis in die montane Stufe über 900 m.

Phänologie

Imagines: Die Flugzeit beginnt in der Oberrheinebene und im Neckar-Tauberland in der ersten, in Oberschwaben in der zweiten Juni-Dekade. Ihr Maximum erreicht die Art am Oberrhein Ende Juni, im Neckar-Tauberland und in Oberschwaben um Mitte Juli. Am Oberrhein und im Neckar-Tauberland dünnen die Nachweise ab Mitte Juli aus, im Alpenvorland ab Anfang August, doch ziehen sich in allen Gebieten Einzelfunde (meist aus kühlen Jahren) noch bis Ende August hin. Im Schwarzwald und auf der Schwäbischen Alb sind nur wenige Daten aus den Monaten Juli und August bekannt.

Präimaginalstadien: Das Ei überwintert. Die Raupen sind von Ende April bis Anfang Juni, manchmal zahlreich, gefunden worden. Die Eckdaten sind der 21. April (1960, Heppenheim (Hessen), H. LIENIG) und der 4. Juni (1939, Gingen/Fils, SCHNEIDER 1941). Von besonders häufigem Auftreten der Raupen bei Graben-Neudorf 1926 berichtet A. GREMMINGER. Die Puppen fand M. MEIER bei Tübingen Mitte Juni.

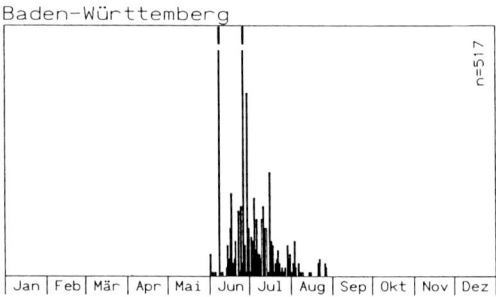

Ökologie

Lebensraum: *Parastichtis ypsilon* besiedelt ältere Weiden- und Pappelbestände, besonders an Bachläufen und Flußufern, in Talauen, an Teichen und Seen (auch Baggerseen), an Wassergräben und in Auwäldern (Weich- und Hartholzaue), wahrscheinlich auch gepflanzte Hybridpappelforste und Pappelalleen in Gewässernähe. In jüngeren Pappel- und Weidengebüschen kommt sie normalerweise nur vor, wenn auch ältere Bäume darin vorhanden sind. Sie ist oft mit *Agrochola lota*, *Mormo maura* und *Naenia typica* vergesellschaftet. Im Siedlungsbereich wurde sie auch an einer im Garten stehenden, alten Trauerweide festgestellt (G. NOLL).

Nahrung der Raupe:
Salix alba – Silber-Weide
   3 L (BAR, STN)
Salix babylonica – Echte Trauerweide
   L (NOL)
Salix viminalis – Korb-Weide
   3 L (BAR, LIE)
Salix caprea – Sal-Weide
   L (HEI)
Salix spec. – »schmalblättrige Weide«
   L (HEI, STN)
Salix spec. – Weide
   3 L (KEH, MER, SCC)
Populus alba – Silber-Pappel
   L (BAR)
Populus x *canadensis* – Kanada-Pappel
   L (KÖP, STN)
Populus spec. – Pappel
   4 L (BRM, GRE, KEH, MER, RTT)

Die Raupen sind häufig in ihren Tagesverstecken in Rindenritzen gefunden, viel seltener dagegen nachts beim Fressen beobachtet worden. Da ihre Ruheplätze normalerweise an bzw. unter den Fraßbäumen liegen, können solche Beobachtungen als Nahrungsnachweise akzeptiert werden. *Parastichtis ypsillon* lebt an verschiedenen Weiden- und Pappelarten. Diese Gattungen sind, vor allem in der älteren Literatur, selten bis zur Art bestimmt worden. Soweit Nachweise vorliegen, entfallen sie auf Silberweide, Echte Trauerweide, Korbweide, Salweide, Silberpappel und Kanada-Pappel, doch sind mit Sicherheit noch weitere Arten zu erwarten.

In der Literatur finden sich Angaben für *Populus nigra, Salix fragilis, Salix pentandra, Salix caprea* (ALLAN 1949, BERGMANN 1954, SEPPÄNEN 1970).

Nahrung des Falters: Blütenbesuch wurde an *Buddleja davidii* gemeldet (SETTELE 1926a). Die Falter kommen gelegentlich an den Köder.
Habitat: In erster Linie ist *Parastichtis ypsillon* eine Art der Weich- und Hartholzauen (Salicion

Parastichtis ypsillon gehört zur ökologischen Gilde der Gewässerrandarten. Die Falter werden aber – im Gegensatz zu *Mormo maura* und *Naenia typica* – auch noch in einigen hundert Meter Entfernung von der Uferzone festgestellt. Die nur in Brauntönen gehaltene Färbung erschwert dem Anfänger bei manchen Formen die Bestimmung. Die schwarze Zeichnung zwischen den Makeln und der Strich im Mittelfeld sind charakteristisch, ebenso die Flügelform. – Schopflocher Moor 14.6.90 A. STEINER. LF.

albae, Alno-Ulmion) und deren Relikten sowie angrenzender Gesellschaften. Sie kommt auch noch in Pappelreihen an Alleen und Wassergräben sowie in Pflanzungen von Hybridpappeln vor, in der Markgräfler Rheinebene auch an trockengefallenen Standorten.

Diese Raupe ist in der späten Dämmerung dabei, ihren Nahrungsbaum, eine alte Kanadapappel im Auwald, zu erklettern. Dabei hat sie eine beträchtliche Strecke vor sich, bevor sie die untersten Blätter erreicht. – Rastatter Rheinauen 12.5.94 A. STEINER.

Verhalten: Die Jungraupen leben zunächst zwischen zusammengesponnenen Triebspitzen ihrer Nahrungspflanzen. Die älteren und erwachsenen Raupen verbergen sich dagegen tagsüber am Stamm, bis hinunter zum Erdboden. Vor allem ältere Bäume sind hierfür sehr geeignet, weil sich die Raupen in Ritzen und Spalten und hinter abblätternder Rinde gut verstecken können. Zuweilen sitzen sie dort in ganzen Gruppen zusammen, oft vergesellschaftet mit den ähnlichen *Agrochola lota*-Raupen. Auch im Gewirr angeschwemmten Genists und toter Zweige, zuweilen selbst unter Steinen von Uferbefestigungen (freilich nur in unmittelbarer Stammnähe) sind sie zu finden. Im 19. Jh. ist dies schon von REUTTI (1853, »die Raupe häufig an Pappelstämmen«) und KELLER & HOFFMANN (1861, »Die Raupe ist auf Pappeln und Weiden zwischen den Ritzen der Rinde gemein«), später von zahlreichen weiteren Gewährsleuten dokumentiert worden (D. BARTSCH, BROMBACHER 1933–1935, C. KÖPPEL, M. MEIER, A. STEINER). Abends klettern die Raupen den Stamm aufwärts, bis sie einen Ast erreichen, an dem sie – meist bis zur äußersten Spitze – entlanglaufen, um an den jungen Blättern zu fressen. Am Morgen machen sie den umgekehrten Weg zu ihren Tagesverstecken. An großen Bäumen mit hoch ansetzenden Ästen dürften die Raupen dabei im Laufe ihres Lebens beträchtliche Stecken zurücklegen. Die Puppen sind unter lockeren Rindenstücken von alten Weiden gefunden worden (M. MEIER).

Die Falter sind nachtaktiv und kommen ans Licht. Tagsüber werden sie gelegentlich an Baumstämmen, Uferpfosten, Bootshäusern und anderen senkrechten Strukturen, aber auch wie die Raupen unter loser Rinde ruhend gefunden.

Gefährdung und Schutz

Rote Liste Bundesrepublik: –
Rote Liste Baden-Württemberg: –

Oberrheinebene: Nicht gefährdet.
Schwarzwald: Nicht gefährdet.
Neckar-Tauberland: Nicht gefährdet.
Schwäbische Alb: Nicht gefährdet.
Oberschwaben: Nicht gefährdet.

• In Baden-Württemberg nicht gefährdet!

Mesogona acetosellae
([Denis & Schiffermüller], 1775)
Eichenwald-Winkeleule

Mesogona acetosellae F. (REUTTI 1898, LAMPERT 1907, SPULER 1908–1910, REBEL 1910, ECKSTEIN 1913–1923)
Mythimna acetosellae SCHIFF. (WARREN in SEITZ 1909–1914, SCHNEIDER 1936–1939, BERGMANN 1951–1955, KOCH 1954–1961, 1984)

Gesamtverbreitung: In Süd- und Mitteleuropa, Vorder- und Mittelasien verbreitet. Im Norden bis zur Normandie (ein alter Einzelfund auch in Südengland), Belgien, zum Nordrand der deutschen Mittelgebirge, Polen und zum südlichen Baltikum nachgewiesen, im Süden bis Zentralspanien, Sizilien, Griechenland und Türkei, im Osten bis Westsibirien (Altai).

Verbreitung

Regional: *Mesogona acetosellae* ist in Baden-Württemberg nur sehr lokal verbreitet. Das am besten bekannte Fundgebiet ist wohl der Kaiserstuhl. Dort wird die Art etwa seit den zwanziger

Ein Ausschnitt aus dem Larvalhabitat von *Parastichtis ypsillon*. In den Rindenritzen, unter lockerer Rinde und im Genist verbringen die Raupen den Tag, an dieser Stelle zusammen mit denen von *Agrochola lota*. Kirchentellinsfurt, Neckarufer 19.5.91 A. STEINER.

Jahren gefunden (SCHRÖDER 1922b, BROMBACHER 1933–1935). In den Randzonen der Oberrheinebene sind noch drei weitere Vorkommen bekannt. Das eine betrifft die Bergstraße, wo die Art bei Weinheim (1909, H. LIENIG) gefunden wurde. Das andere, heute wahrscheinlich erloschene Vorkommen wird durch eine Angabe von REUTTI (1898) dokumentiert, der die Art aus dem Raum Karlsruhe vom Karlsruher Bahnhof und vom Durlacher Wald meldete. Später ist sie in diesem Gebiet nie wieder gefunden worden. Am südlichen Oberrhein nannte REUTTI den Fundort Rheinufer bei Basel, der sich möglicherweise auf Südbaden bezieht.

Mehrere Fundstellen existieren entlang des Neckars. Im Naturraum Sandstein-Odenwald fand M. CRETSCHMAR die Art 1931 und 1958 in Eberbach/Neckar. Aus dem Raum Stuttgart liegen schon seit der Mitte des 19. Jh. Angaben vor. SEYFFER (1850) bezeichnete sie als bei »Stuttgart nicht selten«; KELLER & HOFFMANN (1861) führten die Art ebenfalls auf, aber mit dem Vermerk »selten«. Auf diesen alten Angaben basiert wohl die spätere Erwähnung bei SCHNEIDER (1938) und SCHÄFER (1980b). SCHNEIDER nannte ferner Tübingen; diese Angabe bezieht sich vermutlich auf den Spitzberg, wo *M. acetosellae* von H. KAUFMANN und in neuerer Zeit auch von M. MEIER und A. STEINER gefunden wurde (KAUFMANN & SCHMID 1966, MEIER & STEINER 1985).

Mesogona acetosellae ist sehr lokal verbreitet. Sie kommt heute nur noch an wenigen Stellen im Neckarland, auf der Schwäbischen Alb sowie im Kaiserstuhl vor. Die Falter fliegen erst im September/Oktober, was einer der Gründe für den geringen Bekanntheitsgrad der Art sein könnte. – Reichenbach/Fils, Haarberg 12.9.85 A. STEINER. LF.

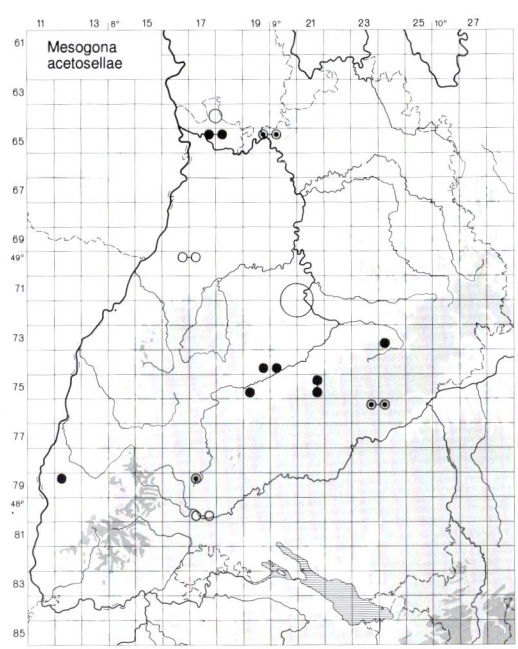

An den Hängen des Starzeltals bei Bietenhausen wurde sie 1976 von J.-U. MEINEKE nachgewiesen. Aus dem südlichen Neckar-Tauberland liegt eine Angabe aus der Baar vor, die in neuerer Zeit nicht mehr bestätigt wurde: Unterhölzer Wald (REUTTI 1898).

Ein weiteres Teilareal umfaßt die Schwäbische Alb. Auch hier liegen nur sehr wenige Funde an weit verstreuten Orten vor: Haarberg bei Reichenbach im Täle (1985, M. MEIER/A. STEINER), Imenberg bei Unterhausen (1991, M. MEIER), Blaubeuren (SCHNEIDER 1938), Justingen (1956, WAIBEL, coll. SMNS).

Obwohl die Imagines nicht selten ans Licht und an den Köder kommen, hat es den Anschein,

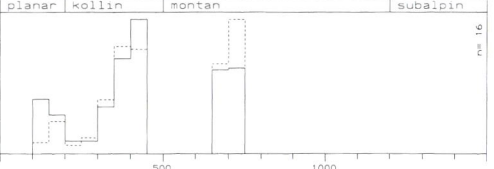

als ob sie ihre Habitate kaum verlassen. Dies, zusammen mit der relativ späten und kurzen Flugzeit, mag eine Erklärung für das Bild einer äußerst lokalen Verbreitung sein. Wir vermuten deshalb, daß *M. acetosellae* auf der Schwäbischen Alb und im Neckarland, vielleicht auch im Oberrheingebiet, weitere, noch unbekannte Standorte hat.

Vertikal: Die Höhenverbreitung erstreckt sich von der Ebene um 100 m bis in die montane Stufe um 700 m. Der höchstgelegene Fundort ist Justingen (710–740 m).

Phänologie

Imagines: Die Hauptflugzeit fällt in Baden-Württemberg in den September. Im Kaiserstuhl liegen die Funddaten zwischen dem 11. September (1964, W. STAIB/K. STROBEL; 1982, R. HERRMANN) und dem 28. September (1973, A. SCHNEIDER; 1979, R. HERRMANN). Das Maximum fällt in die zweite Monatshälfte. Einen frühen Falter meldete K.-F. SCHÜLLER bereits vom 1.9.1973. Im Neckar-Tauberland liegen die meisten Funde zwischen dem 8. September (1982) und dem 3. Oktober (1982, 1983). Ein spätes Tier wurde noch am 22.10.1982 beobachtet (alle Daten Spitzberg bei Tübingen, M. MEIER/A. STEINER). Von der Schwäbischen Alb liegen nur zwei taggenaue Angaben von Mitte September vor: 12.9.1985, 18.9.1991. Frühester Fund aus Baden-Württemberg ist eine Meldung von 2 Exemplaren vom 8. August (1958, Eberbach, M. CRETSCHMAR).

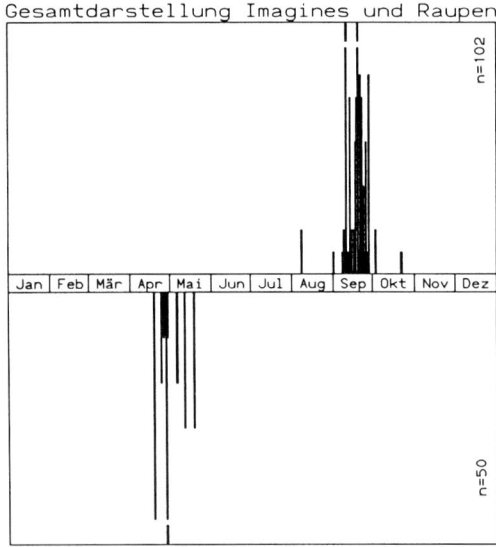

Präimaginalstadien: Die Raupen wurden von E. BROMBACHER, A. GREMMINGER, O. SCHRÖDER und L. SETTELE nicht selten im Kaiserstuhl gefunden. Die drei erstgenannten Gewährsleute überlieferten genaue Daten. Sie liegen zwischen Mitte April und Mitte Mai (19.4.1936, A. GREMMINGER; 19.5.1929, E. BROMBACHER). Vor der Verpuppung liegen die Raupen mehrere Wochen lang als Praepupa im Kokon. Raupen, die am 6.5. gefunden wurden und die sich vom 16.–19.5. eingruben, verpuppten sich erst Ende Juli/Anfang August (O. SCHRÖDER nach Kartei A. GREMMINGER). Eine am 24.4. gefundene Raupe verpuppte sich im Juni.

Das Überwinterungsstadium ist nach Literaturangaben das Ei, »manchmal auch die junge Raupe« (FORSTER 1971, KOCH 1984). Schon BERGMANN (1954) hatte festgestellt, daß die Raupen unter Laborbedingungen zum Teil schon im Spätherbst schlüpften, »während sie sonst meist überwintern«. Eine langausgedehnte Schlüpfperiode von November bis Januar wurde unter Zuchtbedingungen bei 1–5°C auch an Eiern aus Tübingen beobachtet. Es wäre denkbar, daß sich die Art auch im Freiland so verhält. Da sie Xerothermhabitate bewohnt, mag es ihr möglich sein, als Jungraupe in Knospen eingebohrt schon im Winter oder zumindest im Spätwinter zu leben. Hier besteht noch Forschungsbedarf.

Ökologie

Lebensraum: *Mesogona acetosellae* besiedelt Trockengebüsche, vor allem mit Schlehen. Dies sind zum Teil an warme, südexponierte Waldränder grenzende und mit dem Waldmantel verzahnte, sonnige Schlehen-Ligustergebüsche, zum Teil auf offenen bis versaumenden Halbtrockenrasen stockende Schlehen, beispielsweise die Wacholderheiden der Schwäbischen Alb oder die Trockenrasen des Kaiserstuhls. Die Standorte liegen im Bereich mittlerer Jahrestemperaturen von 6–9°C und mittlerer Jahresniederschläge von 500–1000 mm.

Nahrung der Raupe:
Prunus spinosa – Schlehe
4 L (BRM, GRE, SCR, SET)

Die Raupenfunde aus Baden-Württemberg stammen, soweit Angaben zur Nahrungspflanze vorliegen, alle von Schlehe. Dabei handelte es sich meist nicht um Einzeltiere, sondern um mehrere bis viele Exemplare. So fanden E. BROMBACHER und O. SCHRÖDER »eine größere Anzahl von

Die unscheinbare Raupe wurde im Kaiserstuhl im April und Mai öfters an Schlehen gefunden. In der Zucht kann sie jedoch auch mit anderen Pflanzen gefüttert werden. In welchem Stadium im Freiland die Überwinterung erfolgt, bedarf noch genauerer Klärung. – Südtirol (ex ovo-Zucht) 78 K. FREYTAG. S.

Raupen an Schlehen« (SCHRÖDER 1922b). A. GREMMINGER erwähnte maximal 5 Raupen pro Abend, E. BROMBACHER (Tagebuch) einmal bis zu 20 Stück. Zumindest im Kaiserstuhl scheint die Schlehe demnach die wichtigste Nahrungspflanze der erwachsenen Raupen zu sein. An den *M. acetosellae*-Standorten im Neckar-Tauberland wären sowohl Eiche als auch Schlehe denkbar, auf der Schwäbischen Alb ist die Schlehe wahrscheinlicher. Ansonsten ist die Nahrungsbiologie wie auch die Phänologie des Überwinterungsstadiums (siehe oben) noch wenig bekannt.

In der älteren Literatur werden meist nur Eiche und Schlehe angegeben. Nach AIGNER-ABAFI (1900e) lebt die Raupe in Ungarn außer auch »an wilden Birnbaumsträuchern, deren Laub sie bei der Zucht am liebsten annimmt« und soll dort »tags unter den Sträuchern« zu finden sein. Ob hier wirklich eine echte Freilandbeobachtung zugrunde lag? Bei SCHMID (1885) taucht erstmals die Angabe auf: »... auf Schlehen, Eichenbüschen wie auch an niederen Pflanzen gefunden.« BERGMANN (1954) zufolge lebt die Raupe »zunächst an niederen Kräutern, Sauerampfer, später an Weide (*Salix*), Weißdorn (*Crataegus*), Berberitze (*Berberis*) und vor allem an Schlehe (*Prunus spinosa*) und Buscheiche.« Ob die Abfolge krautige Pflanzen-Büsche aber wirklich eine chronologische Reihenfolge der Präferenz darstellt, ist noch zu überprüfen. Unter Zuchtbedingungen gelang es nicht, im Winter geschlüpfte Raupen mit Gras, Löwenzahn, Ampfer und Wegerich zu ernähren; erst getriebene *Prunus*-Blütenknospen und -Blüten wurden angenommen (D. BARTSCH). Von besonderem Interesse wäre die Beobachtung der Eiablage. Erfolgt sie an Schlehen- oder Eichenzweigen, dann wären diese Pflanzen als primäre Nahrungspflanzen anzusehen. Die Vermutung, daß die im Winter schlüpfenden Raupen sich in die Knospen einbohren, würde dadurch plausibel, denn viele andere Arten verfolgen diese Strategie. Sie bietet für die Jungraupen besonders nährstoffreiche Nahrung bei gleichzeitigem Schutz vor äußeren Einflüssen.

Nahrung des Falters: Am Spitzberg bei Tübingen wurden Falter an reifen Zwetschgen saugend beobachtet (D. BARTSCH). Die Tiere besuchen auch gern den Köder.

Habitat: Das Larvalhabitat ist pflanzensoziologisch noch nicht dokumentiert. Von den gemeldeten Falter- und Raupenfunden ausgehend sind die Raupen vor allem in Berberidion-Gesellschaften, etwa im Pruno-Ligustretum, zu vermuten. Ungeklärt ist noch, ob auch eichenreiche Waldmäntel (mit Eiche statt Schlehe als Nahrungspflanze) sowie Saumgesellschaften eine Rolle spielen.

Verhalten: Die erwachsenen Raupen wurden nachts an ihren Nahrungspflanzen fressend gefunden. Tagsüber ruhen sie vermutlich an inneren oder bodennahen Ästen der Schlehen oder, nach diversen Literaturangaben, in der Krautschicht. Die Verpuppung erfolgt in einem Erdkokon. Die Falter sind nachtaktiv und kommen ans Licht.

Der Lebensraum von *Mesogona acetosellae* im Neckarland. Ein eichenreicher Waldrand läuft in vielfältig strukturierte Gebüsch- und Saumgesellschaften (unter anderem mit Schlehen) in Südhanglage aus. Hier wurden mehrmals die Falter nachgewiesen. – Tübingen-Hirschau, Spitzberg 9.8.96 A. STEINER.

Gefährdung und Schutz

Rote Liste Bundesrepublik: 2
Rote Liste Baden-Württemberg: 3

Oberrheinebene: Gefährdet (regional ausgestorben oder verschollen).
Schwarzwald: Nicht vertreten.
Neckar-Tauberland: Gefährdet (regional ausgestorben oder verschollen).
Schwäbische Alb: Art der Vorwarnliste.
Oberschwaben: Nicht vertreten.

- In Baden-Württemberg gefährdet! Besonders geschützt gemäß § 20e ff. BNatSchG.

Mesogona acetosellae ist sehr lokal verbreitet. In der Oberrheinebene und im Neckarland hat sie zudem Bestandseinbußen erlitten, wie die seit langem nicht mehr bestätigten Fundorte Karlsruhe und Stuttgart zeigen. Auch wenn vermutet werden darf, daß noch unentdeckte Standorte existieren, sollten der Rückgang und die geringe Anzahl bekannter Fundstellen als Warnsignal verstanden werden.

Dort, wo die Art in Naturschutzgebieten vorkommt, scheint ihr Bestand durch die üblichen Pflegemaßnahmen gesichert zu sein (sofern keine radikale Entfernung der Schlehen vorgenommen wird).

Eine bessere Aufklärung der Larvalbiologie und -phänologie ist aber dringend notwendig, um konkrete Schutz- und Pflegemaßnahmen erarbeiten zu können. Solange ungeklärt ist, ob die Raupen primär von Schlehen leben oder auch andere wichtige Nahrungspflanzen haben, sollte darauf geachtet werden, daß in ihren Habitaten besonnte Schlehengebüsche unterschiedlichen Alters erhalten bleiben.

Mesogona oxalina
Hübner, 1803

Auenwald-Winkeleule

Mythimna oxalina HBN. (WARREN in SEITZ 1909–1914, SCHNEIDER 1936–1939, BERGMANN 1951–1955, KOCH 1954–1961, 1984)

Gesamtverbreitung: Vor allem in den mittleren Gebieten Europas bis zum kaukasisch-armenischen Raum verbreitet. Im Norden ereicht die Art die Niederlande, Dänemark, Südschweden, Südfinnland und Nordrußland (Pskow), im Süden Zentralspanien, Süditalien, Sizilien, Nordgriechenland und die Pontischen Gebirge.

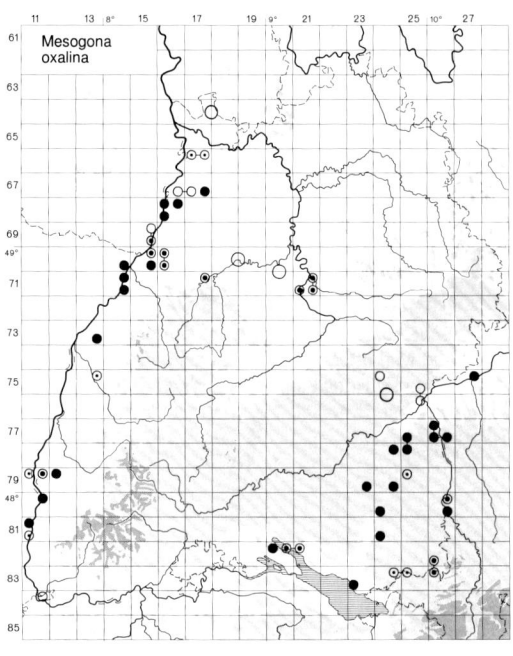

Verbreitung

Regional: Die an Feuchtgebiete gebundene *Mesogona oxalina* bewohnt in Baden-Württemberg vor allem die Oberrheinebene und das Alpenvorland. In diesen beiden Gebieten ist sie noch weit verbreitet, zeigt aber schon regionale Rückgangstendenzen. Die Schwäbische Alb wird nur randlich besiedelt (Schelklingen, G. BAISCH; Laichingen (SCHNEIDER 1938). Aus den übrigen Landesteilen liegen nur ganz vereinzelte Funde im Bereich des mittleren Neckars und der Enz vor: Birkenfeld (1955, R. HÄUSSER), Mühlacker (coll. SMNS), Markgröningen (1933, P. MOHN nach LINDNER & SCHNEIDER 1934), Stuttgart (1889, 1902, coll. SCHULER, SMNS), Stuttgart: Max-Eyth-See, Weidachtal (SCHÄFER 1980b), Cannstatt-Schmiden (SCHNEIDER 1938).

Vertikal: Die Höhenverbreitung reicht von der Ebene um 100 m bis in die montane Stufe zwischen 700 und 800 m.

Phänologie

Imagines: Die Flugzeitdaten aus der Oberrheinebene fallen sämtlich in den Monat September; sie liegen zwischen dem 1.9. (1918, Graben-Neudorf, A. GREMMINGER) und dem 28.9. (1912, Rheinwald bei Karlsruhe, H. KESENHEIMER; 1991, Grißheim, R. HERRMANN, noch frische

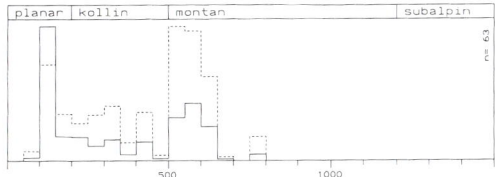

Tiere). Das Maximum liegt in der zweiten Monatshälfte. Im oberschwäbischen Alpenvorland beginnt die Flugzeit bereits in der letzten August-Dekade (27.8.1964, Mooshausen, G. BAISCH). Ein Einzelfund liegt schon vom 17.8. vor (1987, Steinacher Ried, G. BAISCH). Das Maximum zeichnet sich hier bereits um die Monatswende August/September oder in der ersten September-Dekade ab. Schon ab Mitte September lassen die Funde stark nach, ziehen sich aber vereinzelt noch bis in die ersten Oktobertage hin (2.10.1962, Federsee, G. BAISCH). Die wenigen Nachweise von der Schwäbischen Alb liegen in der ersten September-Dekade. Im Neckar-Tauberland wird die Flugzeit durch einen sehr frühen Fund Mitte August (13.8.1955, Birkenfeld, R. HÄUSSER), einen »normalen« Fund Anfang September und einen späten Fund Anfang Oktober markiert (1.10.1986, Bad Mingolsheim, G. SCHWARZ).

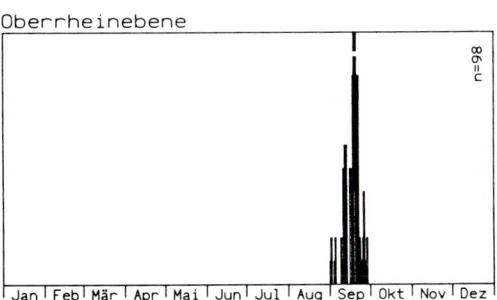

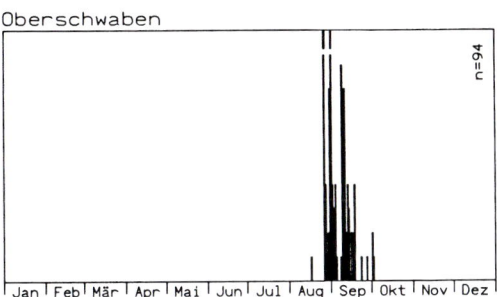

Präimaginalstadien: Die Verhältnisse bei der Überwinterung sind, genau wie bei *M. acetosellae* (siehe diese), noch unklar. Nach Literaturangaben erstreckt sich die Schlupfperiode der

Mesogona oxalina ist eine Art der Auenwälder und Gewässerränder. Sie fliegt im September und Oktober und unterscheidet sich von *M. acetosellae* durch die mehr graue Grundfarbe und den spitzeren Apex der Vorderflügel. – Grißheim 19.9.92 A. STEINER. LF.

Raupen vom Spätherbst bis zum März (BERGMANN 1954). Aus Baden-Württemberg liegen dazu folgende Beobachtungen vor: Bei einer Zucht mit Eiern aus Leopoldshafen schlüpften die Raupen im Lauf des Januar im Kühlschrank bei 4°C (D. BARTSCH). Bei einer Zucht mit Eiern aus Ketsch schlüpften einzelne Räupchen im Freien bei milder Witterung im Januar, die übrigen im Zimmer ab Anfang Februar (R. BLÄSIUS). Der früheste Raupenfund im Freiland fällt in den März (30.3.1930, E. BROMBACHER). Die Raupen sind dann bis in den Mai hinein nachgewiesen worden (SCHÄFER 1980b). Vor der Verpuppung liegen sie mehrere Wochen lang unverpuppt als Praepupa im Kokon.

Ökologie

Lebensraum: *Mesogona oxalina* besiedelt Auenwälder und Feuchtgebiete in Gewässernähe. In den Flußniederungen kommt sie vor allem in Weichholzauen mit ausgedehnten Weidenbeständen vor, wo sie auch Gebiete mit häufigen Überflutungen bewohnen kann (KÖPPEL 1995). Auch in Hartholzauen ist sie vertreten, scheint hier aber Plätze mit Weidengebüschen solchen mit Pappelbeständen vorzuziehen. Im Alpenvorland nutzt sie außerdem weidenreiche Gebüsche in den Uferzonen von Seen, Teichen und Bächen. An derartigen Stellen kann sie bis in die Nähe von

Siedlungen vordringen. In der Markgräfler Rheinebene wird sie (als Falter) auch in trockenen Bereichen festgestellt (»Trockenaue«, R. HERRMANN).

Nahrung der Raupe:
Populus spec. – Pappel
   3 L (BRM, GAU)
Salix spec. – Weide
   3 L (BRM, GAU)
Hippophae rhamnoides – Sanddorn
   L (BRM)

Aus Baden-Württemberg liegen Angaben von Pappeln und Weiden (gemeint sind schmalblättrige Weidenarten) aus der Oberrheinebene von BROMBACHER (1933–1935) und GAUCKLER (1909) vor. Am Jägerhof bei Achkarren hat E. BROMBACHER (1933–1935) die Raupen einmal auch auf Sanddorn gefunden. Neuere Nachweise fehlen.

In der Literatur werden hauptsächlich schmalblättrige Weidenarten (*Salix* spp.) als Nahrungspflanzen angegeben. BERGMANN (1954) nannte ferner Pappeln (*Populus* spec.) sowie einzelne Funde an Traubenkirsche (*Prunus padus*) und an Eiche (*Quercus* spec.). Nach AIGNER-ABAFI (1900e) sind die Raupen in Ungarn auch an Erle (*Alnus* spec.) gefunden worden.

Nahrung des Falters: Blütenbesuchsbeobachtungen liegen aus dem Untersuchungsgebiet nicht vor. Die Falter kommen gern an den Köder.
Habitat: Das Larvalhabitat läßt sich derzeit noch nicht pflanzensoziologisch beschreiben. Vermutlich sind vor allem Salicetea purpureae-Gesellschaften (Weidengebüsche und -wälder) von größerer Bedeutung für die Art.
Verhalten: Die Raupen sind nachtaktiv und verbergen sich tagsüber in der Krautschicht. Die Verpuppung erfolgt in einem festen Erdkokon. Die nachtaktiven Falter kommen ans Licht, wobei die Weibchen oft zahlreicher anfliegen als die Männchen. Tagsüber wurden sie »in den Rindenritzen der Pappelstämme sitzend« gefunden (SCHÄFER 1980b).

Gefährdung und Schutz

Rote Liste Bundesrepublik: 2
Rote Liste Baden-Württemberg: 3

Oberrheinebene: Art der Vorwarnliste (regional gefährdet).
Schwarzwald: Nicht vertreten.
Neckar-Tauberland: Gefährdet (regional ausgestorben oder verschollen).
Schwäbische Alb: Noch ungeklärt (nur randlich vorkommend).
Oberschwaben: Art der Vorwarnliste (regional gefährdet).

- In Baden-Württemberg gefährdet! Besonders geschützt gemäß § 20e ff. BNatSchG.

Die gelegentliche Häufigkeit der Art an ihren Fundstellen sollte nicht darüber hinwegtäuschen, daß sie im Zuge von Entwässerungen von Flußauen und Feuchtgebieten und nachfolgender Nutzung als Ackerland oder Baugebiet bereits deutliche Arealverluste erlitten hat. Dieser Trend setzt sich auch weiterhin fort. Schon GAUCKLER (1909) hatte bemerkt: »In früheren Jahren (1886–93) fand ich *oxalina* in zahlreichen Exemplaren am elektrischen Licht bei Karlsruhe. In neuerer Zeit sehr selten.«

In dieser Aussage spiegelt sich die Zurückdrängung der Feuchtgebiete durch die expandierenden Stadtrandbereiche. Nur die großflächige Erhaltung von Auwaldbiozönosen wird dieser Entwicklung Einhalt gebieten können.

Dicycla oo
(Linnaeus, 1758)
Eichen-Nulleule

Zenobia oo L. (SCHNEIDER 1936–1939)

Gesamtverbreitung: In Europa vom Mittelmeer bis Südostengland, Dänemark, Südschweden und Estland lokal verbreitet, im Süden häufiger, nördlich der Mittelgebirge wohl nicht überall bodenständig. Kleinasien und Vorderasien bis zum Iran.

Die Raupe lebt an Weiden und Pappeln, gelegentlich auch an anderen Laubgehölzen. Der trockenere Bereich des Habitats, wo die Art als Falter gefunden werden kann, ist unter *Synansphecia affinis* abgebildet. – Österreich (D. HAMBORG leg.) A. STEINER. S.

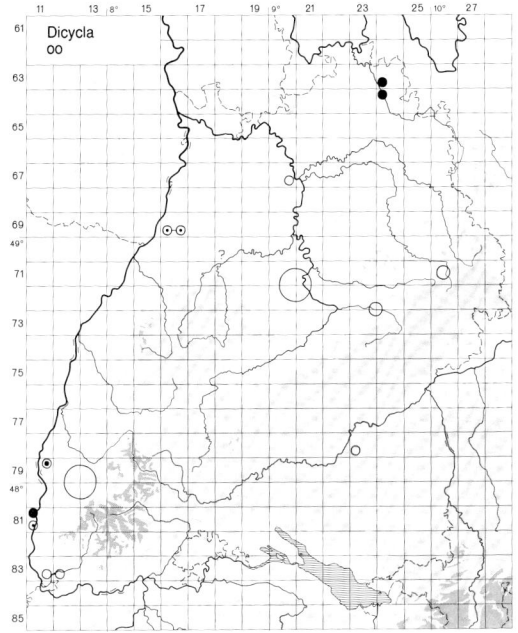

KELLER nach REUTTI 1853, 1898); Markgräfler Rheinebene, 1957 (L. SETTELE), 1991 (R. HERRMANN); Neuenburg, 1932 (L. SETTELE); Lörrach (REUTTI 1898, ROTH nach PEYERIMHOFF & MACKER 1910).

Neckar-Tauberland: Tauberland, 1990–1992 (A. BECHER, K. FREYTAG, F. KIRSCH, J. STUMPF); Lauda, 1972, 1977 (F. KIRSCH); Bonfeld, 19.Jh. (SCHUMANN nach SCHNEIDER 1938); Pforzheim-Hohwald (H. ROMETSCH); Stuttgart (SCHNEIDER 1938); Aalen (SCHNEIDER 1938); Göppingen (SCHNEIDER 1938).

Alpenvorland: Heudorf bei Riedlingen (TROLL nach SCHNEIDER 1938).

Eine weitere Angabe aus Oberschwaben erscheint uns wegen ihrer Herkunft von dem Gewährsmann V. MAYER als zu unsicher.

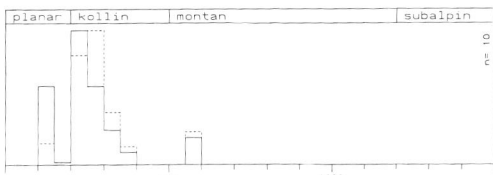

Vertikal: Die Mehrzahl der Fundorte liegt in der Ebene und im Hügelland zwischen 100 und 350 m. Nur die Fundorte Aalen, Göppingen und Heudorf liegen im Übergangsbereich von der kollinen zur montanen Stufe.

Phänologie

Imagines: Die wenigen genau gemeldeten Falterdaten fallen in der Oberrheinebene in den Zeitraum Mitte Juni bis Ende Juli (19.6.1941, A. GREMMINGER; 20.7.1939, H. KESENHEIMER). GAUCKLER (1898a) gab auch »im August« an. Im Tauberland fallen sie in den Juli (10.7.–30.7.; A. BECHER, F. KIRSCH, J. STUMPF).

Präimaginalstadien: Das Ei überwintert. Es liegt uns nur ein Raupenfund vor: K. FREYTAG fand eine Raupe am 12.5.1990. Nach Literaturangaben dauert die Raupenzeit bis in den Juni; möglicherweise schlüpfen die Tiere auch schon im April.

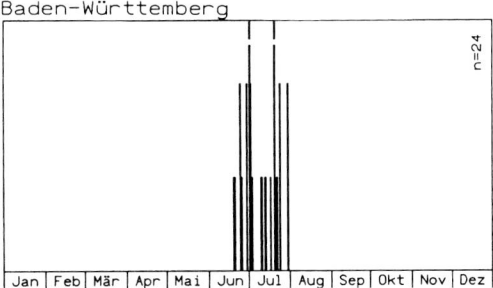

Verbreitung

Regional: *Dicycla oo* hat seit dem 19. Jh. gewaltige Bestandseinbußen erlitten. Ursprünglich scheint sie in der Oberrheinebene und im Neckar-Tauberland, vielleicht auch in donaunahen Gebieten Oberschwabens lokal verbreitet gewesen zu sein. Schon GAUCKLER (1898a) beobachtete Rückgänge und schrieb: »Früher sehr häufig im Wildpark und Hardtwald im August geködert, jetzt sehr selten«. Allerdings scheinen auch langfristige Schwankungen in der Abundanzdynamik zu erfolgen, denn A. GREMMINGER beobachtete die Falter dort wieder 1939 und 1940 »ziemlich zahlreich am Köder«. Seitdem ist sie nicht wiedergefunden worden. Im württembergischen Landesteil hatten KELLER & HOFFMANN (1861) die Art als »ziemlich selten« angegeben, aber keine Fundorte genannt. Dies tat erst SCHNEIDER (1938), der dazu aber gleich mitteilen mußte: »Neuere Angaben fehlen.« Heute sind nur noch zwei Vorkommen in der südlichen Oberrheinebene und im Tauberland bekannt, deren genaue Standorte wir aus Schutzgründen nicht nennen.

Oberrheinebene: Karlsruhe (A. HAHNE nach REUTTI 1853, 1898); Hardtwald und Wildpark bei Karlsruhe, bis 1941 (C. BISCHOFF, M. DAUB, GAUCKLER 1898a, G. KABIS nach GAUCKLER 1903, A. GREMMINGER, H. KESENHEIMER); Achkarren, 1953, 1961 (E. JÄCKH nach Kartei A. GREMMINGER, L. SETTELE); Freiburg (K.

Die seltene Eichen-Nulleneule (*Dicycla oo*) ist hochgradig gefährdet. Ihre letzten Standorte besitzt die früher recht verbreitete Art im Tauberland und in der südbadischen Rheinebene. – Elsaß (ex ovo-Zucht) 15.6.77 A. SCHNEIDER. S.

Ökologie

Lebensraum: *Dicycla oo* bewohnt die Ränder und Binnensäume trockenwarmer Eichenwälder. Im Tauberland sind dies reich strukturierte, südexponierte Waldränder auf Muschelkalk, in der Markgräfler Rheinebene lichte Eichenbuschwälder auf Kiesschottern in der Trockenaue. Über die ehemaligen Fundstellen in den anderen Landesteilen liegen keine Informationen vor.

Nahrung der Raupe:
Quercus spec. – Eiche
 L (FRY, GAU)

Dicycla oo lebt monophag an Eiche. An dieser Nahrungspflanze hat sie GAUCKLER (1909), wahrscheinlich nach Beobachtungen bei Karlsruhe, gemeldet. In neuerer Zeit wurde die Raupe einmal im Tauberland an Eiche gefunden (K. FREYTAG).
Nahrung des Falters: Keine Angaben aus Baden-Württemberg. Vereinzelt kommen die Tiere an den Köder.
Habitat: Das Larvalhabitat befindet sich vermutlich in den sonnigen, offenen Randbereichen und Vorwaldstadien von wärmeliebenden Eichenmischwäldern (Quercion robori-petraeae) und möglicherweise von Eichen-Hainbuchenwäldern (Carpinion betuli). Potentiell kommen sicher auch die Flaumeichenwälder (Quercetalia pubescenti-petraeae) in Frage, in denen die Art im Elsaß gefunden wird (J.-U. MEINEKE).
Verhalten: Die Raupen sind zwischen zusammengesponnenen Eichenblättern gefunden worden. Die Verpuppung erfolgt in einem Erdkokon. Die nachtaktiven Falter kommen ans Licht.

Gefährdung und Schutz

Rote Liste Bundesrepublik: 3
Rote Liste Baden-Württemberg: 1

Oberrheinebene: Vom Aussterben bedroht.
Schwarzwald: Nicht vertreten.
Neckar-Tauberland: Vom Aussterben bedroht.
Schwäbische Alb: Nicht vertreten.
Oberschwaben: Ausgestorben oder verschollen.

- In Baden-Württemberg vom Aussterben bedroht!
 Besonders geschützt gemäß § 20eff. BNatSchG.

Bis auf je einen Fundort in der südlichen Oberrheinebene und im Tauberland scheinen sämtliche ehemaligen Vorkommen bei uns heute erloschen zu sein. Die noch verbliebenen Standorte sollten, wo dies noch nicht geschehen ist, unverzüglich unter Schutz gestellt werden. Das Ziel muß die langfristige Erhaltung xerothermer Eichenwaldränder und -gebüsche, der Larvalhabitate der Art, sein.

Die Raupe lebt zwischen zusammengesponnenen Blättern, die sie nachts zur Nahrungsaufnahme verläßt. Den Lebensraum von *Dicycla oo* bilden im Tauberland warme, gebüschreiche Eichenwaldränder, wie in Band 4, S. 357 abgebildet. Wenn diese Standorte erhalten bleiben, ist hoffentlich auch der Fortbestand von *Dicycla oo* in unserem Gebiet gesichert. – Elsaß (ex ovo-Zucht) 29.5.77 A. SCHNEIDER.

Cosmia diffinis
(Linnaeus, 1767)

Weißflecken-Ulmeneule

Calymnia diffinis L. (REUTTI 1898, LAMPERT 1907, SPULER 1908–1910, WARREN in SEITZ 1909–1914, ECKSTEIN 1913–1923, DRAUDT in SEITZ 1931–1938, HERING 1932, SCHNEIDER 1936–1939, BERGMANN 1951–1955, KOCH 1954–1961, 1984)
Calymnia diffinis HAW. (REBEL 1910)

Gesamtverbreitung: In Mittel- und Südeuropa lokal verbreitet, im Süden bis Südspanien, Süditalien, Nordgriechenland, Bulgarien und Südrußland, nördlich bis Mittelengland, Südniederlande und etwa zum Nordrand der Mittelgebirge nachgewiesen, mit Einzelfunden bis Dänemark und einer separierten Population auf Gotland, im Baltikum bis Litauen und weiter bis zum Schwarzen Meer. Auf der Balkanhalbinsel überschneidet sich ihr Areal mit dem der ähnlichen *Cosmia confinis* (HERRICH-SCHÄFFER, 1849) (=*rhodopsis* BOURSIN, 1962), weshalb ältere Angaben nicht sicher zuzuordnen sind.

Verbreitung

Regional: *Cosmia diffinis* besiedelt sehr lokal die Oberrheinebene von der Hessischen Rheinebene im Norden bis zur Markgräfler Rheinebene im Süden. Sporadische Einzelfunde, zum Teil älteren Datums, sind aus dem Kraichgau und Neckarbecken, dem Raum Stuttgart, dem nördlichen

Cosmia diffinis ist in der Oberrheinebene stark gefährdet, in den übrigen Gebieten vom Aussterben bedroht. Die Falter sind durch die breiten weißen Flecke am Vorderrand und das Fehlen von Makeln gut charakterisiert. – Südbaden 14.7.94 R. HERRMANN. LF.

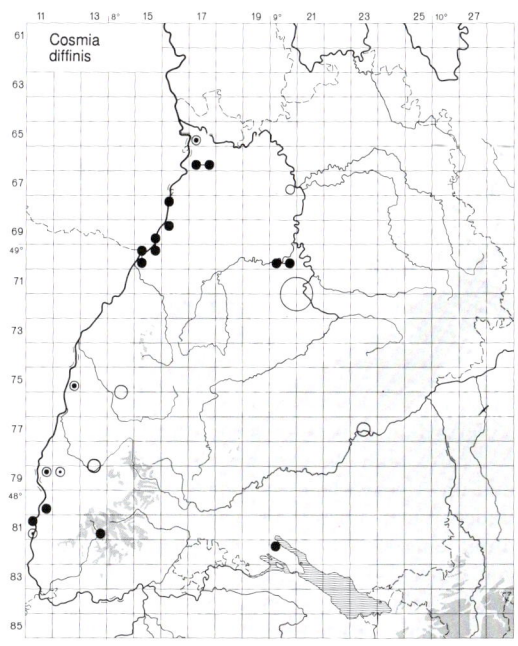

Oberschwaben und aus dem Bodenseebecken bekannt. Die zwei Nachweise aus dem Schwarzwald beziehen sich vermutlich auf aus der Rheinebene zugewanderte Tiere.

Bei den Angaben aus der älteren Literatur muß die Möglichkeit in Betracht gezogen werden, daß es sich in manchen Fällen um Fehldeterminationen von *C. affinis* gehandelt haben könnte (z. B. Stuttgart und Marchthal). Da für diese Angaben aus dem 19.Jh. keine Belege mehr existieren, ist eine Überprüfung nicht möglich.

Oberrheinebene: Mannheim (REUTTI 1898); Brühl, 1968 (W. STAIB/H. STROBEL/M. WALLNER); Hockenheim, 1976 (R. BLÄSIUS); Rußheim, 1965–1978 (H. FEIL, W. STAIB/M. WALLNER u. a.); Umgebung Karlsruhe (versch. Fundorte), 19. Jh., 1966–1984 (REUTTI 1853, 1898, H. HEIDEMANN u.a.); Illingen, 1977 (B. TRAUB); Ichenheim, 1968 (W. STAIB); Vogtsburg, 1928 (E. BROMBACHER); Faule Waag, 1952, 1962 (NOPPER, L. SETTELE); Grißheim, 1994 (R. HERRMANN/A. HOFMANN/J.-U. MEINEKE/); Bremgarten, 1991 (R. HERRMANN); Neuenburg, 1927–1937 (K. ROTHMUND, L. SETTELE).
Schwarzwald: Gengenbach (REUTTI 1898); Todtnau-Schlechtnau, 1981 (J. ASAL).
Neckar-Tauberland: Bonfeld (SCHUMANN nach SCHNEIDER 1938); ?Markgröningen (D. HEIN); Stuttgart (SEYFFER 1850, auch zitiert von KELLER & HOFFMANN 1861 und SCHNEIDER 1938).
Alpenvorland: Marchthal (KELLER & HOFFMANN 1861); Mindelsee, 1974 (ZINNERT 1983).

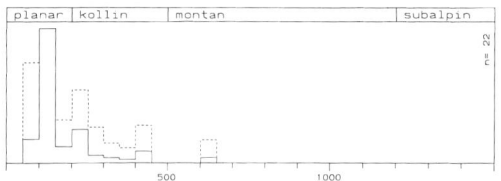

Vertikal: Die Höhenverbreitung ist gering. *Cosmia diffinis* ist fast ausschließlich auf die Ebene und die Hügelstufe beschränkt. Schon von 200 m an aufwärts nimmt die Zahl der Fundorte ab. Nur der Einzelfund eines (mutmaßlich zugeflogenen) Falters im Hochschwarzwald fällt in die montane Stufe (630–640 m, Todtnau-Schlechtnau, J. ASAL).

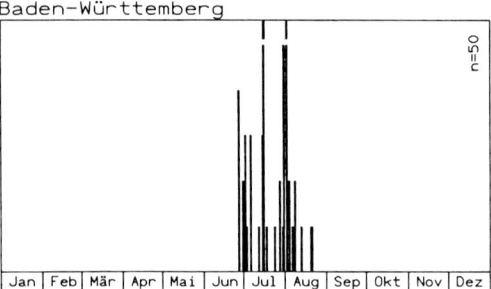

Phänologie

Imagines: Die Falternachweise liegen zwischen Ende Juni und August (27.6.1936, Neuenburg, L. SETTELE; 21.8.1978, Rußheim, M. WALLNER u.a.). Ein Datum vom Oktober müssen wir anzweifeln. Möglicherweise hat es sich hier um eine Verwechslung mit *Cosmia affinis* gehandelt (2.10.1927, Neuenburg, K. ROTHMUND nach Kartei A. GREMMINGER).

Präimaginalstadien: Die Eier überwintern. Raupenfunde sind aus unserem Gebiet kaum bekanntgeworden. H. HEIDEMANN fand eine erwachsene Raupe bei Karlsruhe am 3.6.1984, womit wir eine Raupenzeit von Mai bis Juni annehmen dürfen. BERGMANN (1954) zufolge sind die Raupen ab Mitte Mai und noch bis Ende Juni zu finden.

Ökologie

Lebensraum: *Cosmia diffinis* wird als Falter in den ulmenreichen Hartholzauwäldern der Oberrheinebene gefunden. Meist handelt es sich um gebüschreiche, sonnige bis halbschattige Waldränder und Binnensäume, wo die Raupen an niedrigen Ulmenbüschen leben sollen. Die Fundorte in der Oberrheinebene liegen im Bereich mittlerer Jahrestemperaturen von über 9°C und mittlerer Jahresniederschläge von unter 600 bis 800 mm.

Nahrung der Raupe:
Ulmus spec. – Ulme
  L (GAU, HEI)

Der einzige dokumentierte Raupenfund in neuerer Zeit gelang H. HEIDEMANN. Er fand eine Raupe an Ulme. Ulmen sind die einzigen sicheren Nahrungspflanzen dieser monophagen Art. Sie wurden aus Baden auch schon von GAUCKLER (1909) genannt. Angaben von anderen Laubhölzern in der Literatur sind mit Vorsicht zu betrachten; sie dürften auf Verwechslungen beruhen.

Nahrung des Falters: Keine Angaben aus dem Untersuchungsgebiet. Die Falter kommen an den Köder.

Habitat: Über das Larvalhabitat liegen keine pflanzensoziologischen Informationen vor. Vermutlich ist es auf das Alno-Ulmion beschränkt, und hier besonders an Waldrändern und in Gebüschzonen zu suchen.

Verhalten: Die Raupen leben zwischen zusammengesponnenen Ulmenblättern. Die Verpuppung erfolgt in einem leichten Gespinst zwischen Pflanzenteilen am Erdboden. Die Imagines sind nachtaktiv und kommen ans Licht.

Gefährdung und Schutz

Rote Liste Bundesrepublik: 2
Rote Liste Baden-Württemberg: 1

Oberrheinebene: Stark gefährdet.
Schwarzwald: Nicht bodenständig.
Neckar-Tauberland: Vom Aussterben bedroht.
Schwäbische Alb: Nicht vertreten.
Oberschwaben: Vom Aussterben bedroht.

- In Baden-Württemberg vom Aussterben bedroht!
  Besonders geschützt gemäß § 20e ff. BNatSchG.

Aufgrund der äußerst geringen Anzahl bekannter Fundorte muß die Art im Neckar-Tauberland und im Alpenvorland (und damit auch für ganz Baden-Württemberg) als vom Aussterben bedroht eingestuft werden. An allen Fundorten, von denen keine neueren Nachweise mehr vorliegen, sollte eine erneute gezielte Nachsuche (auch nach den Raupen) stattfinden, um die Be-

Die Raupe von *C. diffinis* lebt ausschließlich an Ulmen. – Karlsruhe-Daxlanden 3.6.84 H. HEIDEMANN. S.

standssituation zu klären. Es muß angenommen werden, daß das »Ulmensterben« der 70er und 80er Jahre auf *C. diffinis* negative Auswirkungen gehabt hat, auch wenn wir dies nicht direkt belegen können. Dort, wo die Art aktuell noch vorkommt, müssen strukturreiche, ulmenreiche Waldränder und Binnensäume erhalten bleiben, um den Fortbestand der Art zu sichern. Eine genauere Klärung von Larvalbiologie und Biotopansprüchen ist wünschenswert.

Cosmia affinis
(Linnaeus, 1767)

Rotbraune Ulmeneule

Calymnia affinis L. (REUTTI 1898, LAMPERT 1907, SPULER 1908–1910, WARREN in SEITZ 1909–1914, REBEL 1910, ECKSTEIN 1913–1923, DRAUDT in SEITZ 1931–1938, HERING 1932, SCHNEIDER 1936–1939, BERGMANN 1951–1955, KOCH 1954–1961, 1984)

Gesamtverbreitung: Von Nordwestafrika (Marokko) durch Süd- und Mitteleuropa, nördlich bis Nordengland, Dänemark und Südschweden (ein Einzelfund in Finnland) und St. Petersburg verbreitet. Durch Nord- und Mittelasien bis Japan.

Verbreitung

Regional: *Cosmia affinis* besiedelt gern Auwälder und ist deshalb in Baden-Württemberg vor allem entlang des Rheins recht dicht verbreitet. In den übrigen Naturräumen kommt sie nur sporadisch vor, läßt sich aber bei gezielter Suche (Raupensuche im Mai an Ulmen) wenigstens im Neckar-Tauberland sicher noch an weiteren Fundorten in den Flußtälern nachweisen. Neckaraufwärts reichen die Funde bis in den Raum Tübingen/Rottenburg (MEIER & STEINER 1985) und ins Starzeltal bei Hirrlingen (MEINEKE 1985).

Ausgehend von der Oberrheinebene stößt sie in den Schwarzwald vor, wo sie sowohl in niedrigen Rand- bzw. Tallagen (Hörden, 1980 mehrfach, R. HERRMANN/D. DOCZKAL; Gengenbach, REUTTI 1898; Kollnau, 1988, A. SCHNEIDER) als auch – einmal – recht tief im Hochschwarzwald gefunden wurde (Todtnau-Schlechtnau, 1972, J. ASAL).

Von der Schwäbischen Alb sind nur zwei Fundorte bekannt: Schelklingen, 1963, 1972 (G. BAISCH, W. STAIB), Heidenheim-Dudelberg, 1979 (G. BAISCH). Die Art ist hier also entweder sehr selten oder wandert nur gelegentlich zu. Ob sich die ungenauen Fundortangaben »Aalen« (SCHNEIDER 1938) und »Oberamt Ulm« (LAMPERT 1897) auf die Alb oder auf das Albvorland beziehen, ist nicht mehr zu klären. Der Fundort Reisensburg (Bayern) (R. HEINDEL) gehört bereits zum Alpenvorland.

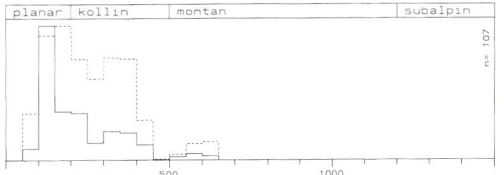

Aus Oberschwaben war lediglich eine Angabe von SCHNEIDER (1938) aus dem Federseegebiet bekannt. 1962 und 1963 konnte G. BAISCH dort wieder mehrere Falter nachweisen. Seitdem ist die Art nicht mehr gefunden worden.

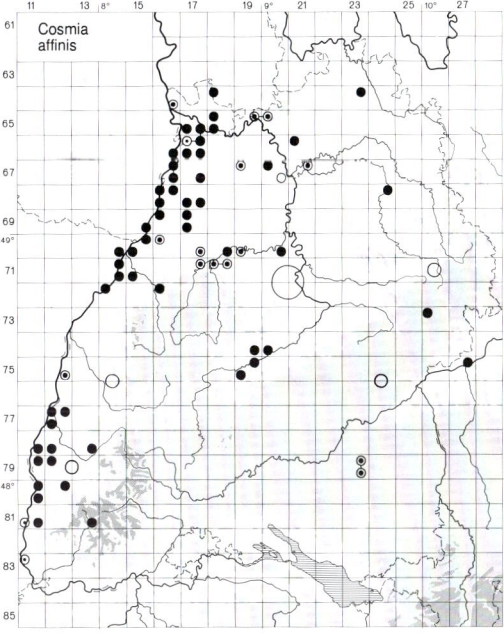

Vertikal: *Cosmia affinis* hat ihren Schwerpunkt in der Ebene und im Hügelland bis etwa 400 m Höhe. Darüber liegen Einzelnachweise noch bis über 600 m, also bis in die untere montane Zone vor (Todtnau-Schlechtnau, 630–640 m, 1972, J. Asal).

Phänologie

Imagines: Die Flugzeit erstreckt sich in der Oberrheinebene von Ende Juni bis Mitte Oktober. Dieser lange Zeitraum und die leichte Zweigipfeligkeit des Diagramms läßt an zwei Generationen denken, zumal einige der sehr späten Daten aus besonders warmen Jahren stammen (2.10.1976, Iffezheim; 8.10.1979, Ebringen: Jennetal; 13.10.1979, Kaiserstuhl: Mondhalde, alles R. Herrmann). Für eine bivoltine Phänologie gibt es allerdings nirgends in der Literatur einen Anhaltspunkt. Nur durch Raupenfunde im Hochsommer könnte sich diese Mutmaßung bestätigen lassen. Wir müssen deshalb bis auf weiteres von einer einzigen, sehr langgestreckten Generation ausgehen. Im Neckar-Tauberland dauert die Flugzeit von Mitte Juni bis Mitte September. Die wenigen Daten aus den anderen Naturräumen fallen in die Monate Juli und August.

Präimaginalstadien: Die Eier überwintern. Die wenigen aus dem Untersuchungsgebiet bekannten Raupenfunde liegen zwischen Anfang Mai und Anfang Juni: 9.5. (1925, Graben-Neudorf, A. Gremminger), 21.–26.5. (1986, 1987, Mark-

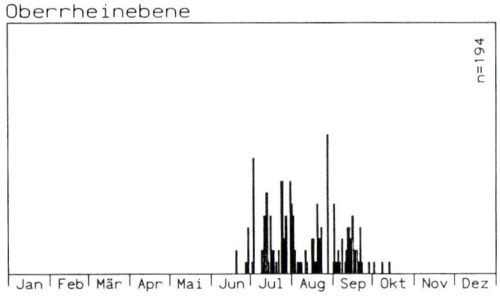

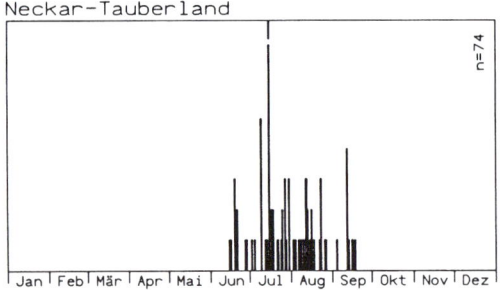

Cosmia affinis ist nicht so selten wie *C. diffinis*, aber mit Ausnahme der Rheinebene in Baden-Württemberg sehr lokal verbreitet. Die Falter sind an den hell gerandeten und dunkler ausgefüllten Makeln und an den dunklen Hinterflügeln mit gelblichen Fransen zu erkennen. – Tübingen-Hirschau, Spitzberg 18.7.85 A. Steiner. LF.

gröningen, D. Bartsch), »Mai« (Gauckler 1909), 2.6. (1979, verpuppungsreife Raupe, Leopoldshafen, H. Heidemann).

Ökologie

Lebensraum: *Cosmia affinis* besiedelt ulmenreiche Laubwälder und Waldrandbereiche, vor allem in warmen Gebieten der Ebene und des Hügellands. Sie ist in der Oberrheinebene vor allem in den Hartholzauwäldern und im Neckar-Tauberland in Eichen-Buchen-Hainbuchenwäldern zu finden, wo sie stark strukturierte, vielfältige Waldmäntel und vorgelagerte Gebüschzonen, gern in klimatisch günstigen Hang- oder Südrandlagen, bewohnt.

Nahrung der Raupe:
Ulmus minor – Feld-Ulme
   3 L (BAR)
Ulmus spec. – Ulme
   3 L (TRB)
Quercus spec. – Eiche
   L (GAU)
Tilia spec. – Linde
   L (GRE)
Prunus spinosa – Schlehe
   L (GRE)

Der Literatur zufolge sind die bevorzugten Nahrungspflanzen Ulmen. Aus unserem Gebiet liegen hierüber mehrere Meldungen vor: D. BARTSCH fand die Raupen bei Markgröningen an kleinen Feldulmenbüschen an schattigen Stellen und zwar jeweils in Anzahl in mehreren Jahren. In der Oberrheinebene wurde eine Raupe ebenfalls an Feldulme festgestellt (Hartheim, D. BARTSCH); eine weitere Meldung betrifft nur die Gattung Ulme (Illingen, B. TRAUB), hier könnte es sich um *Ulmus minor* oder *Ulmus laevis* gehandelt haben. A. GREMMINGER hat die Raupen bei Karlsruhe-Grötzingen mit Schlehe eingetragen und bei Graben-Neudorf an Lindenbüschen gefunden. Von GAUCKLER (1909) wurde die Eiche genannt, was aber möglicherweise auf REUTTI (1898) zurückgeht. Dieser nannte Eiche und Ulme, doch ist nicht sicher, ob diese Beobachtungen aus Baden-Württmeberg stammen.

Nahrung des Falters: Ein Falter wurde beim Saugen an Blattlausausscheidungen auf Weißdornblättern beobachtet (D. BARTSCH, Markgröningen). Die Falter kommen an den Köder.

Habitat: Die pflanzensoziologisch noch wenig bekannten Larvalhabitate dürften vor allem im Bereich des Alno-Ulmion, aber wohl auch im Berberidion, im Carpinion betuli und im Quercion robori-petraeae zu suchen sein.

Verhalten: Die Raupen leben zwischen zusammengesponnenen Blättern an den Zweigspitzen ihrer Nahrungsbäume. Sie verpuppen sich in einem leichten Gespinst zwischen Pflanzenteilen am Erdboden. Die nachtaktiven Falter kommen ans Licht.

Gefährdung und Schutz

Rote Liste Bundesrepublik: 3
Rote Liste Baden-Württemberg: V

Oberrheinebene: Nicht gefährdet.
Schwarzwald: Art der Vorwarnliste.
Neckar-Tauberland: Art der Vorwarnliste.
Schwäbische Alb: Art der Vorwarnliste.
Oberschwaben: Ausgestorben oder verschollen.

- In Baden-Württemberg eine Art der Vorwarnliste!

Im Federseegebiet ist die Art seit den Nachweisen von G. BAISCH 1962 und 1963 nicht mehr gefunden worden. Sie muß daher für ganz Oberschwaben als ausgestorben eingestuft werden. In den übrigen Landesteilen mit Ausnahme der gut besiedelten Oberrheinebene sollte die Bestandsentwicklung der lokalen Vorkommen in Zukunft aufmerksam verfolgt werden.

Cosmia pyralina
([Denis & Schiffermüller], 1775)
Violettbraune Ulmeneule

Calymnia pyralina VIEW. (REUTTI 1898, LAMPERT 1907, SPULER 1908–1910, WARREN in SEITZ 1909–1914, REBEL 1910, ECKSTEIN 1913–1923, HERING 1932, SCHNEIDER 1936–1939, BERGMANN 1951–1955)
Calymnia pyralina SCHIFF. (DRAUDT in SEITZ 1931–1938, KOCH 1954–1961, 1984)

Gesamtverbreitung: In Europa nördlich bis Mittelengland und Südfennoskandien verbreitet, im Süden bis Nordspanien, Mittelitalien, Bulgarien und zum Kaukasus. In Asien ostwärts bis Korea und Japan.

Verbreitung

Regional: *Cosmia pyralina* bewohnt vor allem die wärmeren und die gemäßigten Gebiete des Landes, in ähnlicher Dichte wie *C. trapezina*, aber in geringerer Häufigkeit. Selten ist sie im Schwarz-

Die Raupe von *Cosmia affinis* kann stark schwarz gezeichnet sein, aber es kommen auch hellere Tiere vor. Ihre Hauptnahrung sind Ulmen, doch wird sie gelegentlich auch an anderen Laubhölzern gefunden. – Bruchsal 5.76 H. FEIL. S.

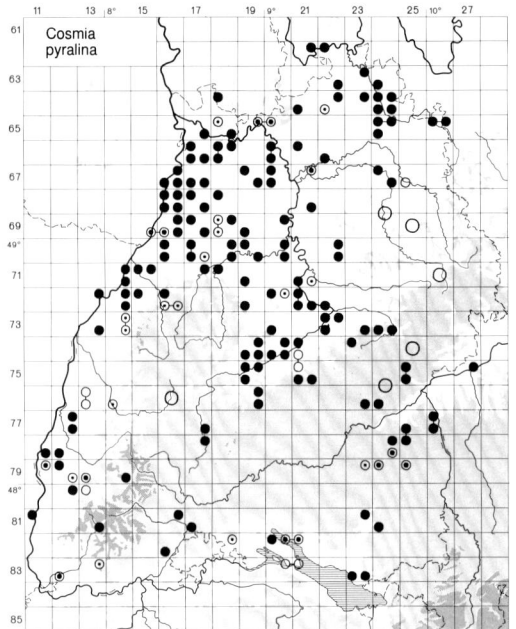

wald, auf der Schwäbischen Alb und im Alpenvorland, wo sie weiten Gebieten fehlt und auf Tallagen beschränkt bleibt.

Vertikal: Die Höhenverbreitung konzentriert sich in der Ebene und im Hügelland. In der montanen Stufe über 500 m wird die Art schon deutlich seltener und erreicht nur knapp die 800-m-Linie.

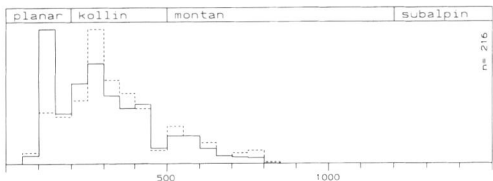

Phänologie

Imagines: Die Flugzeit verläuft in der Oberrheinebene und im Neckar-Tauberland annähernd gleichzeitig von Anfang Juni bis Ende Juli, wobei Einzeltiere noch bis Ende August oder sogar Anfang September gemeldet wurden. Das Maximum liegt in der Oberrheinebene in der ersten und im Neckar-Tauberland in der zweiten Juli-Dekade. Aus den übrigen Gebieten liegen weniger Daten vor: Schwarzwald Mitte Juni bis Anfang August, Schwäbische Alb und Alpenvorland Ende Juni bis Anfang August. Da die späten August- und Septembertiere – soweit Angaben zum Zustand vorliegen – oft noch frisch sind,

liegt der Gedanke an eine unvollständige 2. Gen. nahe. Diese müßte aber erst durch entsprechende Raupenfunde nachgewiesen werden. In der Literatur wird, auch für Südeuropa, stets von einer einzigen Generation ausgegangen.

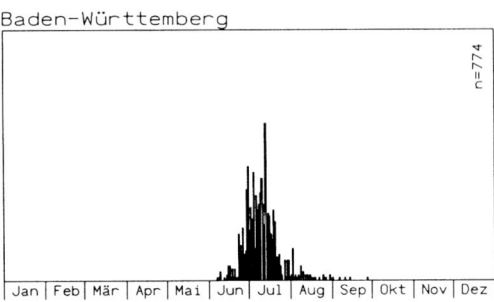

Präimaginalstadien: Das Ei überwintert. Die Raupe wird selten gefunden. Neben der Angabe »Mai« (SCHNEIDER 1938) gibt es nur zwei taggenaue Funde von K. FREYTAG: 10. 5. 1989, 13. 5. 1990.

Ökologie

Lebensraum: *Cosmia pyralina* bewohnt mehr oder weniger warme, mäßig trockene bis feuchte Laubmischwälder und Gebüschgesellschaften, im Neckartal auch warmfeuchte Schluchtwälder (D. BARTSCH). Gerne findet sie sich in den Waldrandbereichen, in Vorhölzern, in waldbegleitenden Gebüschen oder an breiten Wegrändern und Schneisen, aber auch in Streuobstwiesen, Gärten, Parks und Friedhöfen.

Nahrung der Raupe:
Salix spec. – Weide
    L (Scc)
Quercus spec. – Eiche
    L (GRE, Scc)
Ulmus spec. – Ulme
    3 L (GRE, BRM, FRY)
Malus domestica – Garten-Apfelbaum
    L (ALL)
Prunus domestica – Zwetschge
    L (KeH)
Prunus spinosa – Schlehe
    L (SPE)

Wie *Cosmia trapezina* ist *Cosmia pyralina*, obwohl sie eine deutliche Affinität zu Ulmen zeigt, insgesamt polyphag. Bei Graben-Neudorf fand A. GREMMINGER sie an jungen Eichenschößlingen und an Stockausschlägen von Eichen, bei Knielingen an Ulmen. Auch BROMBACHER

Cosmia pyralina ist bis in Streuobstwiesen und Gärten hinein verbreitet. Sie ist nicht streng an Ulmen gebunden, sondern lebt auch an anderen Laubhölzern. Auf den Vorderflügeln sind die Querlinien am Vorderrand nur schwach weißlich angelegt. Die Grundfarbe ist ein violettbraunes Rot. – Wiesental 29.6.95 A. STEINER. LF.

(1933–1935) hat die Raupen bei Vogtsburg im Kaiserstuhl an Ulmen gefunden, ebenso K. FREYTAG bei Wernau am Neckar an Ulmenbüschen. W. SPEIDEL fand sie an Schlehe. SCHNEIDER (1938) fügte noch die Weide hinzu. Im 19. Jh. berichteten KELLER & HOFFMANN (1961): »Bei Reutlingen ist die Raupe manchmal im Juni häufig auf Zwetschgenbäumen«. Ein Belegstück in coll. SMNS wurde von O. ALLGAIER von Apfel gezüchtet. Hier macht sich eine gewisse Vorliebe für Obstbäume bemerkbar, die sich auch am Habitatspektrum ablesen läßt.

Nahrung des Falters: Keine Blütenbesuchsbeobachtungen. Die Falter kommen an den Köder.
Habitat: Die Larvalhabitate sind pflanzensoziologisch noch unzureichend dokumentiert.
Verhalten: Die Raupen leben zwischen zusammengesponnenen Blättern ihrer Nahrungspflanzen. Sie verpuppen sich in einem Gespinst zwischen Pflanzenteilen. Die Imagines sind nachtaktiv und fliegen Lichtquellen an, werden aber meist nur einzeln beobachtet.

Gefährdung und Schutz

Rote Liste Bundesrepublik: –
Rote Liste Baden-Württemberg: –

Oberrheinebene: Nicht gefährdet.
Schwarzwald: Nicht gefährdet.
Neckar-Tauberland: Nicht gefährdet.
Schwäbische Alb: Nicht gefährdet.
Oberschwaben: Nicht gefährdet.

- In Baden-Württemberg nicht gefährdet!

Cosmia trapezina
(Linnaeus, 1758)
Trapezeule

Calymnia trapezina L. (REUTTI 1898, LAMPERT 1907, SPULER 1908–1910, WARREN in SEITZ 1909–1914, REBEL 1910, ECKSTEIN 1913–1923, DRAUDT in SEITZ 1931–1938, HERING 1932, SCHNEIDER 1936–1939, BERGMANN 1951–1955, KOCH 1954–1961, 1984)

Gesamtverbreitung: Nahezu ganz Europa bis zum Ural, Kaukasus und Kleinasien, im Norden bis ins mittlere Fennoskandien.

Verbreitung

Regional: Die Trapezeule ist in allen Naturräumen Baden-Württembergs verbreitet und als

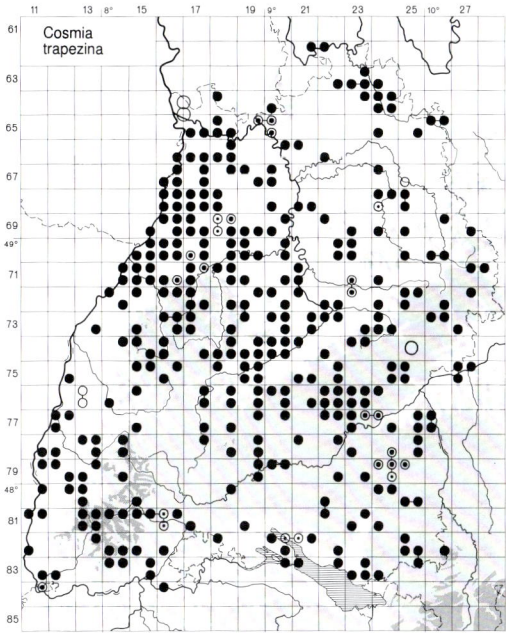

Raupe wie als Falter meist häufig anzutreffen. In Ausnahmefällen kann die Abundanz Gradationscharakter annehmen: So wurde aus dem Jahr 1937 von mehreren Orten ein Massenauftreten gemeldet, wobei die Falter noch mitten in den Städten an beleuchteten Schaufenstern zahlreich anzutreffen waren (im Raum Stuttgart »in rauhen Mengen vorhanden, oft der einzige Gast am Licht«, SCHNEIDER 1937; die Raupen in Bad Mergentheim »in einer Strasse 1937 massenhaft an Linden«, THIELEN nach P. WAGENER).

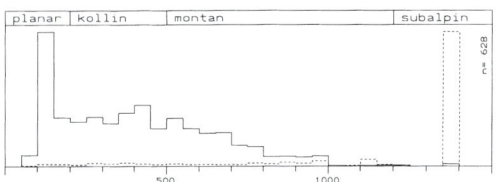

Vertikal: Mit einer Amplitude von über 1200 m besiedelt *Cosmia trapezina* praktisch die gesamte Laubwaldzone von der Ebene bis in die subalpine Stufe. Die höchsten Nachweise stammen aus dem Schwarzwald, wo die Art auch in den Gipfellagen (sofern Laubholz vorhanden ist) noch bodenständig sein dürfte.

Phänologie

Imagines: Die Flugzeit ist aus allen Regionen des Landes von Anfang Juli bis Ende September belegt. Dabei treten in den Wärmegebieten (Oberrheinebene, Neckar-Tauberland, Bodenseebecken) in manchen Jahren schon einzelne Falter ab

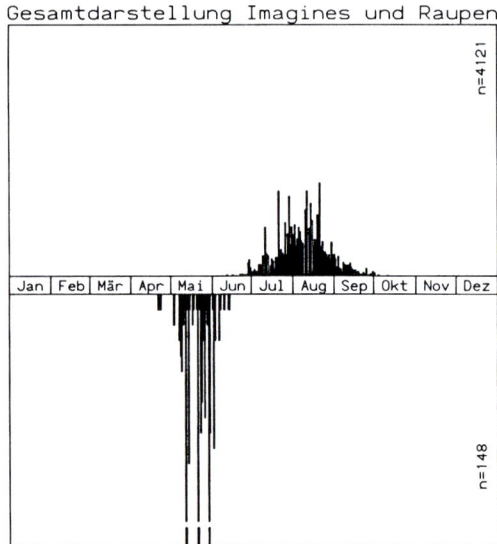

Cosmia trapezina ist eine der häufigsten baumbewohnenden Eulen überhaupt. Die Grundfarbe der Falter variiert von hell gelbgrau bis dunkel rotbraun, während die Zeichnung im allgemeinen sehr konstant bleibt. – Kirchentellinsfurt 12.8.84 A. STEINER. LF.

Mitte Juni auf. Im Schwarzwald und im Neckar-Tauberland sind späte Tiere noch in den ersten Oktobertagen beobachtet worden. Das Maximum liegt in der Oberrheinebene, im Neckar-Tauberland und im Alpenvorland in der ersten Augusthälfte, im Schwarzwald in der zweiten Augusthälfte und auf der Schwäbischen Alb etwa Mitte August.

Präimaginalstadien: Das Überwinterungsstadium ist das Ei. Die Räupchen schlüpfen im Frühjahr und sind ab Ende April gefunden worden (25.4.1995, Bruchsal, A. SCHANOWSKI). Im Mai, besonders ab der zweiten Dekade, ist nahezu jeder einzelne Tag mit mehreren Raupenfundmeldungen belegt (dazu kommen zahlreiche Funde ohne Datumsangabe). Ab Ende Mai werden erwachsene Raupen gemeldet. Die Funde können sich im Schwarzwald und auf der Schwäbischen Alb bis Mitte Juni hinziehen (Alb: 13.6.1983, Won bei Lichtenstein, A. STEINER; Schwarzwald: 14.6.1980, Breitlohmisse, H. HEIDEMANN; 14.6.1987, An der Steig bei Oppenau, D. HAMBORG/N. HIRNEISEN/M. MEIER/A. STEINER).

Ökologie

Lebensraum: *Cosmia trapezina* ist in allen Laub- und Mischwäldern zuhause. Die periodisch überschwemmten Hartholzauen am Rhein bewohnt sie ebenso wie die montanen Buchen-Tannenwälder des Schwarzwalds, die Eichen-Kiefernwälder der nordbadischen Sandgebiete und die Kiefern-Birkenbruchwälder der oberschwäbischen Moore. Vielleicht am häufigsten tritt sie in den Eichen-Buchen-Hainbuchenwäldern der Hügellandschaften auf. Sie kann sich aber auch außerhalb des Waldes entwickeln und wird regelmäßig auf weitab vom Waldrand stehenden Einzelbäumen gefunden, ebenso in Hecken und Gebüschen, Vorhölzern und Waldmantelgesellschaften sowie in Alleen, Parks und Gärten.

Nahrung der Raupe:

Salix alba – Silber-Weide
L (Köp)

Salix caprea – Sal-Weide
L (Bih, Bar)

Salix spec. – Weide
L (Hei)

Carpinus betulus – Hainbuche
3 L (Hei, Hir, Köp, Ram, Stn)

Corylus avellana – Hasel
3 L (Hir, Köp, Lus, Nan, Stn)

Betula pendula – Hänge-Birke
L (Bih)

Fagus sylvatica – Rotbuche
L (Bih)

Quercus robur – Stiel-Eiche
3 L (Baj, Bar, Ebe, Eck, Ham, Hir, Köp, Mer, Sch, Stn)

Quercus petraea – Trauben-Eiche
L (Bar, Stn)

Quercus rubra – Rot-Eiche
L (Stn)

Quercus spec. – Eiche
L (Fry, Hei)

Ulmus minor – Feld-Ulme
L (Bar, Köp, Stn)

Pyrus communis – Garten-Birnbaum
L (Stn)

Malus domestica – Garten-Apfelbaum
L (Hir, Stn)

Crataegus laevigata – Zweigriffliger Weißdorn
L (Hir, Stn)

Rubus idaeus – Himbeere
L (Ebe, Eck, Ram)

Rubus fruticosus – Brombeere
L (Asa)

Rosa spec. – Rose
L (Nör)

Prunus cerasus oder *avium* – »Kirsche«
L (Baj)

Prunus spinosa – Schlehe
3 L (Bar, Fry, Gau, Hei, Hir, Köp, Lan, Stn)

Sorbus torminalis – Elsbeere
L (Hei)

Acer pseudoplatanus – Berg-Ahorn
L (Ebe, Eck, Köp, Stn)

Acer campestre – Feld-Ahorn
L (Bar, Ebe, Eck, Raz)

Acer spec. – Ahorn
L (Bih)

Tilia platyphyllos – Sommer-Linde
L (Köp, Stn)

Tilia cf. *platyphyllos* – cf. Sommer-Linde
L (Stn)

Tilia spec. – Linde
3 L (Bar, Bih, Fry, Kin, Lie, Thl)

Fraxinus excelsior – Gewöhnliche Esche
L (Stn)

Cornus sanguinea – Roter Hartriegel
L (Köp)

Scrophularia nodosa – Knotige Braunwurz
L (Asa)

Vaccinium myrtillus – Heidelbeere
L (Hei)

Sambucus nigra – Schwarzer Holunder
L (Hei, Lad)

Operophtera brumata auf *Malus domestica* –
Kleiner Frostspanner-Raupe auf
Garten-Apfelbaum
L (Hir, Stn)

Operophtera brumata auf *Corylus avellana* –
Kleiner Frostspanner-Raupe auf Hasel
L (Stn)

cf. *Operophtera brumata* auf *Pyrus communis* –
cf. Kleiner Frostspanner-Raupe auf
Garten-Birnbaum
L (Stn)

Brachionycha sphinx auf *Fagus sylvatica* –
Herbst-Rauhhaareulen-Raupe auf Rotbuche
L (Stn)

Quercusia quercus auf *Quercus robur* –
Blauer Eichenzipfelfalter-Raupe auf Stiel-Eiche
L (Lus)

Die Raupe der Trapezeule gehört zu den am häufigsten gefundenen Noctuidenraupen, und doch ist ihr Nahrungsspektrum noch nicht genügend bekannt, denn gerade ihre Häufigkeit führt oft zu allgemeinen Aussagen wie »an vielerlei Laubholz« (Schneider 1938). Wenn die Spezialisierung auf Ulmen als Synapomorphie der Gattung *Cosmia* gedeutet werden darf, dann hätte sich *C. trapezina* aus Vorfahren, die Ulme präferierten, zu einer extrem polyphagen Art entwickelt. Heute spielt die Ulme in ihrem Nahrungsspektrum insgesamt eine untergeordnete Rolle,

Cosmia trapezina ist eine »Mordraupe«! Auch im Freiland, selbst wenn ihr genügend pflanzliche Nahrung zur Verfügung steht, überfällt sie regelmäßig andere Raupen wie hier eine *Orthosia cruda*. Die *trapezina*-Raupe variiert in der Grundfarbe von hellgrün bis dunkelschwärzlichgrün. – Karlsruhe-Scheibenhardt (Freilandaufnahme) 13.5.94 H. LUSSI. M.

Der Angriff läuft – zumindest bei erfahreneren Raupen – meist so ab, daß die *Cosmia trapezina*-Raupe ihr Opfer im Brustbereich am Rücken packt. So ist sie vor deren Mandibeln sicher. Dann beginnt sie, die Beute bei lebendigem Leib auszusaugen, was je nach Größe einige Minuten bis über eine halbe Stunde dauern kann. Zurück bleibt die leere Haut des Opfers (hier eine junge *Brachionycha sphinx*). Gelegentlich wird diese noch teilweise gefressen. – Schönbuch, Eichenfirst (Freilandaufnahme) 16.5.87 A. STEINER.

wenn sie auch in manchen Habitaten, etwa im ulmenreichen Hartholzauwald, noch stark genutzt wird (Feldulme). Die in den Meldungen am häufigsten vertretenen Nahrungspflanzen sind Stieleiche, Hainbuche, Hasel, Schlehe und »Linde« (ohne Angabe der Art). Daneben liegen einzelne Meldungen von »Weide«, Silberweide, Salweide, Hängebirke, Rotbuche, Traubeneiche, amerikanischer Roteiche, Gartenbirne, Gartenapfel, Zweigriffligem Weißdorn, Rose, »Kirsche«, Himbeere, Elsbeere, Berg- und Feldahorn, Sommerlinde, Esche und Rotem Hartriegel vor.

Vielfach werden Raupen bei Gewittern oder Stürmen in die Krautschicht verschlagen und dort später auf den verschiedensten Pflanzen sitzend gefunden, so auf Brombeere (J. ASAL), Himbeere (G. EBERT, V. RAMIN), Heidelbeere (H. HEIDEMANN), Knotiger Braunwurz (J. ASAL), Schwarzem Holunder (H. HEIDEMANN, LADENBURGER 1989), Gräsern (A. STEINER) und anderen. Auch wenn die Raupen an diesen Pflanzen fressen und darauf oft bis zur Verpuppung gezüchtet werden können, ist nicht anzunehmen, daß die Eiablage an ihnen stattfindet. Es spricht aber für die Anpassungsfähigkeit der Art, daß sie auch mit suboptimalen Nahrungspflanzen zurechtkommen kann.

Eine weitere Nische hat *Cosmia trapezina* erobert, indem sie zum Fleischfresser geworden ist: Seit Jahrhunderten ist bekannt, daß die Raupe unter beengten Verhältnissen (bei Zucht und Transport) andere Raupen – auch Artgenossen – angreift und auffrißt bzw. aussaugt. Auch im Gelände geschieht dies regelmäßig, wie es durch mehrfache (unbeeinflußte) Freilandbeobachtungen belegt ist: Raupen wurden beim Verzehren von Frostspannerraupen (*Operophtera brumata*) auf Apfelbaum (N. HIRNEISEN/A. STEINER) sowie auf Hasel (A. STEINER) beobachtet. Eine weitere Geometridenraupe (wahrscheinlich auch *O. brumata*) auf Hasel und eine *Brachionycha sphinx*-Raupe auf Rotbuche fielen ebenfalls *Cosmia trapezina*-Raupen zum Opfer (A. STEINER). Ein weiteres Tier wurde beim Verzehr einer *Quercusia quercus*-Raupe auf Stieleiche fotografiert (H. LUSSI). Die Nutzung tierischer Nahrung kommt also schon bei Raupen vor, die noch an ihren primären Nahrungspflanzen sitzen. Man darf vermuten, daß vom Baum gefallene Raupen, die auf weniger geeigneten Pflanzen landen, erst recht von tierischer Nahrung Gebrauch machen.

Nahrung des Falters: Der Blütenbesuch wurde an *Buddleja davidii* (SETTELE 1926a, A. STEINER) und an *Juncus effusus* (A. STEINER) beobachtet. Die Falter kommen gern, aber meist früh am Abend, an den Köder.

Habitat: Für *C. trapezina* kommen wohl die meisten Gesellschaften der Klasse Querco-Fagetea (Buchen- und sommergüne Eichenwälder) in Frage. Von den Hecken- und Gebüschgesellschaften (Prunetalia spinosae), die vor allem in Waldrandlagen besiedelt werden (z. B. Pruno-Ligustretum, Pruno-Rubion fruticosi, in letzterem wahrscheinlich vor allem aus der darüberliegenden Baumschicht herabgefallene Raupen) reicht das Spektrum über die wärmeliebenden eichenreichen Wälder (Quercetalia robori-petraeae; und mutmaßlich auch die Flaumeichenwälder, Quercetalia pubescenti-petraeae[1]) zu den verschiedenen buchenwaldartigen Laubwäldern (Fagetalia sylvaticae) und weiter bis hin zu Einzelbäumen in Gärten und Parks, an Straßenrändern und in Alleen.

Verhalten: Die häufigen Raupen sind tag- und nachtaktiv und vielfach ganz frei an der Nahrungspflanze fressend zu finden. Gelegentlich ruhen sie zwischen Laub oder zusammengesponnenen Blättern oder besetzen die schwachen Gespinste von *Operophtera brumata*-Raupen. Die Angriffe auf andere Raupen wurden im Freiland teils bei Nacht, teils auch tagsüber beobachtet. Dabei hielten die *Cosmia*-Raupen ihre Beute mit den Vorderbeinen gleichsam »am Kragen« gepackt, und zwar oft im dorsalen Thoraxbereich, so daß ein Entkommen nicht möglich war, da die Opfer ihre Thorakalbeine nicht mehr einsetzen konnten. Die Haut der Beute wurde durchgebissen und ihr Körperinhalt ausgesaugt. Übrig blieb schließlich die fast leere Haut, in mindestens einem Fall aber auch der Darminhalt. Diese nicht gefressenen Teile wurden fallen- bw. liegengelassen. Unter Gefangenschaftsbedingungen können Angriffe provoziert werden, wenn *C. trapezina*-Raupen mit anderen Raupen zusammen unter beengten Bedingungen gehalten werden. Zur Verpuppung spinnen die Raupen ein leichtes Gespinst, nach Zuchtbeobachtungen lieber zwischen Blättern als in reiner Erde.

Einen Hinweis auf Falterruheplätze geben zwei bei Tag in einem Eichen-Hainbuchenwald aus Laub aufgescheuchte Falter (G. EBERT/A. HOFMANN/E. RENNWALD). Nachts kommen die Falter, zuweilen in großer Anzahl, ans Licht.

Gefährdung und Schutz

Rote Liste Bundesrepublik: –
Rote Liste Baden-Württemberg: –

Oberrheinebene: Nicht gefährdet.
Schwarzwald: Nicht gefährdet.
Neckar-Tauberland: Nicht gefährdet.
Schwäbische Alb: Nicht gefährdet.
Oberschwaben: Nicht gefährdet.

• In Baden-Württemberg nicht gefährdet!

---

[1] In Südeuropa lebt *C. trapezina* sowohl an Flaumeiche (*Quercus pubescens*) als auch an Steineiche (*Quercus ilex*)

Atethmia centrago
(Haworth, 1809)

Ockergelbe Escheneule

Cirroidea xerampelina HBN. (REUTTI 1898)
Atethmia xerampelina ESP. (WARREN in SEITZ 1909–1914, DRAUDT in SEITZ 1931–1938, SCHNEIDER 1936–1939, BERGMANN 1951–1955, KOCH 1954–1961, 1984)
Cirrhoedia xerampelina HBN. (LAMPERT 1907, SPULER 1908–1910, REBEL 1910, ECKSTEIN 1913–1923)
Cirrhoedia xerampelina ESP. (HERING 1932)

Gesamtverbreitung: In Süd- und Mitteleuropa verbreitet, von der Iberischen Halbinsel und Griechenland im Süden bis Mittelschottland, Norddeutschland (Hamburg, Lüneburg, Hannover, Mecklenburg-Vorpommern, Brandenburg), Polen, Mähren, Slowakei, Rumänien und zum Schwarzen Meer (Krim) im Norden. Außerdem in Vorderasien (Libanon, Israel, Syrien) und Turkmenien. Ältere Angaben aus Nordwestafrika beziehen sich auf die ähnliche *Atethmia algirica* (CULOT, 1917).

Verbreitung

Regional: In Baden-Württemberg ist *Atethmia centrago* vor allem in der Oberrheinebene und im Neckar-Tauberland weit verbreitet. Im Schwarzwald ist sie auf Randgebiete und Tallagen beschränkt. Die Schwäbische Alb weist eine deutliche Fundkonzentration im Bereich des Albtraufs (Nordrand) auf, während aus den übrigen

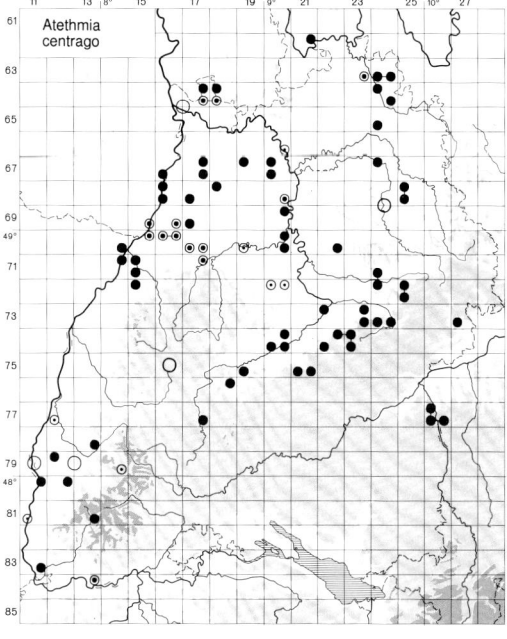

Gebieten, insbesondere aus den Tälern der zur Donau gerichteten Flüsse keine bzw. kaum Nachweise bekannt sind. Das Alpenvorland bleibt nahezu unbesiedelt; hier kennen wir lediglich einige Fundorte im Illertal.

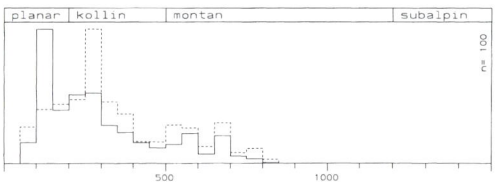

Vertikal: Die Fundorte reichen von der Ebene durch das Hügelland, wo sich ein Schwerpunkt von etwa 100 bis 400 m erkennen läßt, bis in die montane Stufe um 800 m. Diese höchsten Vorkommen liegen auf der nördlichen Schwäbischen Alb, während im Schwarzwald die 700-m-Linie nicht überschritten wird.

Phänologie

Imagines: In allen Regionen beginnt die Flugzeit im Lauf der zweiten Augusthälfte. Ein Maximum zeichnet sich etwa um die Monatswende August/September oder in der ersten September-Dekade ab. Ab Mitte September nehmen die Nachweise ab, der letzte Nachweis datiert vom 1. Oktober (1992, Eimeldingen, F. NANTSCHEFF).

Präimaginalstadien: Die Eier überwintern. Die Raupen schlüpfen anscheinend schon im Vorfrühling (oder sogar im Spätwinter). Sehr detaillierte Angaben liegen aus dem Tagebuch von E.

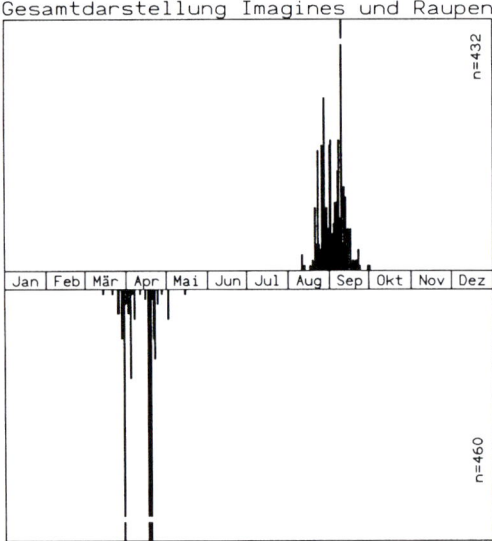

Die Ockergelbe Escheneule (*Atethmia centrago*) wurde früher von manchen Autoren als selten angesehen. Wie unter anderem der Lichtfang mit modernen Lichtquellen erwiesen hat, ist sie weit verbreitet und in eschenreichen Wäldern (Auenwäldern in der Ebene und Buchenwäldern im Bergland) zuweilen häufig. – Rußheim 26.8.92 A. STEINER. LF.

BROMBACHER vor, der die Raupen in der Oberrheinebene (Mooswälder bei Freiburg u. a.) gezielt gesucht hat: Seine Funde datieren vom 14.3. (1926) bis 2.5. (1931). Geht man davon aus, daß er vor allem halb bis ganz erwachsene Tiere gefunden hat, dann wird man den Raupenschlupf wohl schon im Februar vermuten dürfen. In den übrigen Gebieten wurden Raupen im April und Anfang Mai gefunden, in einem Fall noch Mitte Mai (15.5.1924, Graben-Neudorf, A. GREMMINGER). In Jahren mit warmem Frühjahr können sie bereits Anfang April erwachsen sein (1.4.1993, Wintersdorf, C. KÖPPEL/A. STEINER). Nach GAUCKLER (1909) soll die Raupenzeit im Juni liegen, was offensichtlich ein Irrtum ist.

Ökologie

Lebensraum: *Atethmia centrago* lebt in eschenreichen Laubwäldern. In der oberrheinischen Tiefebene, in den Flußniederungen sowie an Bachläufen sind dies vor allem der Hartholzauenwald. Im Hügelland werden besonders in Hanglagen feuchte bis mäßig trockene Buchenwaldgesellschaften besiedelt, auf der Schwäbischen Alb bevorzugt die eschenreichen Schluchtwälder. Wahrscheinlich kommen für die Larvalentwicklung auch in andere Waldgesellschaften eingestreute Eschen sowie außerhalb des Walds stehende Einzelbäume, z. B. in Gärten und Parks, in Frage.

Nahrung der Raupe:
Fraxinus excelsior – Gewöhnliche Esche
5 L (Brm, Fag, Fry, Gau, Gre, Köp, Lie, Set, Stn)

Atethmia centrago lebt monophag an Esche, wobei sie sich nach Möglichkeit von den Blüten ernährt. Nach Zuchtbeobachtungen können die Raupen bereits im Spätwinter schlüpfen. Sie bohren sich dann in die Blütenknospen ein, in denen sie vor der Witterung einigermaßen geschützt sind und die nährstoffreiche Nahrung bieten. Wenn sie zu groß sind, um in ausgefressenen Knospen zu ruhen, sitzen sie bei Tag entweder in Rindenritzen oder im Laub, Moos und Gras um die Stammbasis herum. In diesen Ruheverstecken sind sie vielfach gefunden worden.

Nahrung des Falters: Keine Freiland-Beobachtungen aus dem Untersuchungsgebiet. Die Imagines kommen an den Köder.

Habitat: In den Flußniederungen der Ebene und des Hügellands ist *Atethmia centrago* primär im Alno-Ulmion (Hartholzaue) verbreitet, auf der Schwäbischen Alb bewohnt sie die eschenreichen Tilio-Acerion-Gesellschaften (Edellaubbaum-Mischwälder, Sommerlinden-, Bergulmen- und Bergahorn-Mischwälder, »Schluchtwälder«, »Klebwälder«). Mit Sicherheit kommen auch andere, noch nicht durch Raupenfunde belegte Fagetalia-Gesellschaften und vermutlich auch pflanzensoziologisch nicht einzuordnende Einzelbäume in Frage.

Verhalten: Die Eiablage dürfte wie bei anderen Arten mit knospenbohrenden Jungraupen immer in unmittelbarer Nähe der Knospen erfolgen. In diese bohren sich die Eiraupen nach dem Schlupf ein und leben, solange sie klein sind, im Inneren. Die älteren Raupen verbergen sich tagsüber am Boden und erklettern abends die Bäume zum Fressen. E. Brombacher, der die Raupen in der Rheinebene vielfach gesucht hat, notierte in seinem Tagebuch z. B. einen Fund von 10 Raupen »unter Moos an armdicken Bäumen mit hohen Schilfgräsern«. Er nahm an, daß bei wärmerem Wetter ein großer Teil der Raupen tagsüber in Rindenritzen am Baum blieb. Während er am 7. 4. 1931 »mit Schüttelsieb bei trockenem Wetter« nur 3 Exemplare am Boden aufstöberte, fand er 10 Tage später 70 Raupen »bei kaltem Aprilwetter mit Regen und Sturm unter Moos« und vermutete: »Bei solchem Wetter kommen alle [he]runter«. Die Verpuppung erfolgt in einer Erdhöhle am Boden. Die Falter sind nachtaktiv und fliegen Lichtquellen an. Meist trifft man sie am Licht nur vereinzelt, in unmittelbarer Nähe der Larvalhabitate können aber auch Anflüge von über 20 Tieren pro Nacht vorkommen.

Gefährdung und Schutz

Rote Liste Bundesrepublik: 3
Rote Liste Baden-Württemberg: –

Oberrheinebene: Nicht gefährdet.
Schwarzwald: Nicht gefährdet.
Neckar-Tauberland: Nicht gefährdet.
Schwäbische Alb: Nicht gefährdet.
Oberschwaben: Nicht gefährdet.

• In Baden-Württemberg nicht gefährdet!

Die rindenfarbige Raupe verbringt den Tag ruhend an der Stammbasis oder in der umgebenden Vegetation. Hier ist ein nahezu erwachsenes Tier dabei, in der späten Dämmerung seinen Nahrungsbaum zu erklettern. Der Lebensraum ist unter *Tethea ocularis* abgebildet. – Rastatter Rheinauen 1.4.93 A. Steiner.

Atethmia ambusta
([Denis & Schiffermüller], 1775)
Birnbaumeule

Cirroidea ambusta F. (Reutti 1898)
Atethmia ambusta F. (Warren in Seitz 1909–1914, Draudt in Seitz 1931–1938, Schneider 1936–1939, Bergmann 1951–1955, Koch 1954–1961, 1984)
Cirrhoedia ambusta F. (Lampert 1907, Spuler 1908–1910, Rebel 1910, Eckstein 1913–1923, Hering 1932)

411

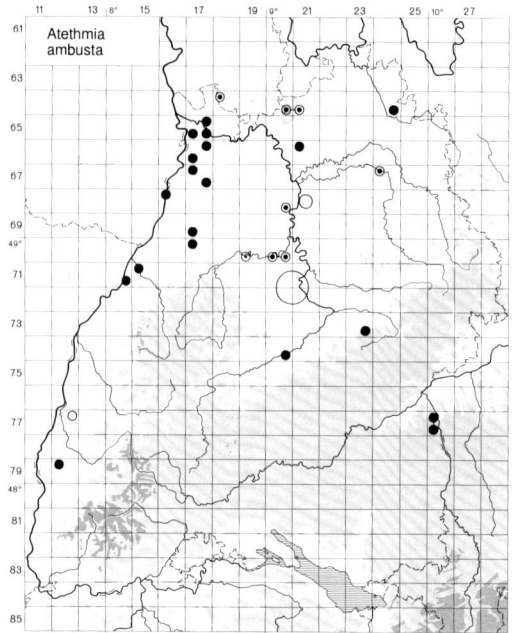

Gesamtverbreitung: In Europa lokal verbreitet, nördlich etwa bis Mittelfrankreich, zum Nordrand der Mittelgebirge, Mittel- und Nordostpolen und Süd-Litauen vorstoßend. Im Westen bis zu den Pyrenäen und Nordspanien[1], im Süden bis Mittelitalien und Griechenland vorkommend, weiter in Vorderasien und bis nach Palästina, zum Libanon und nach Armenien verbreitet.

Verbreitung

Regional: Da die Falter eher selten in Erscheinung treten, muß das Kartenbild als erweiterungsbedürftig angesehen werden. Funde sind vor allem in der Rheinebene bekanntgeworden, und zwar vom Raum Freiburg/Kaiserstuhl im Süden bis zur hessischen Landesgrenze, wobei die meisten Fundorte nördlich von Rastatt liegen (hier ist die Art auch am intensivsten als Raupe gesucht worden). Im ganzen nördlichen Neckar-Tauberland sind vereinzelte, zum Teil ältere Funde bekannt. Nach Süden zu werden die Nachweise spärlicher: Am mittleren Neckar wurde die Art in Kirchentellinsfurt gefunden (A. STEINER), auf der Schwäbischen Alb am Augstberg bei Gruibingen (G. BAISCH) und im Alpenvorland nur in den Illerauen bei Bad Brandenburg (G. BAISCH). Ein klares Bild über die tatsächliche Verbreitung und Verbreitungsdichte

[1] Sofern hier keine Verwechslung mit der in Spanien verbreiteten *Atethmia algirica* (CULOT, 1917) vorlag.

in den einzelnen Gebieten ließe sich wahrscheinlich nur durch intensive Raupensuche oder Lichtfallenfänge in Streuobstwiesen und Birnbaumalleen gewinnen.

Vertikal: Die Höhenverbreitung ist gering. Die meisten Fundorte liegen in der Ebene und im Hügelland. Oberhalb 400 m sind nur zwei Funde bekannt (510 m, Bad Brandenburg; 750–760 m, Augstberg bei Gruibingen, G. BAISCH).

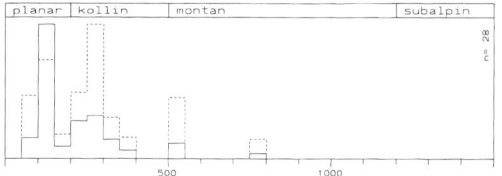

Phänologie

Imagines: Die recht kurze Flugzeit dauert in der Oberrheinebene von Ende August bis Mitte September (21.8.1976, Iffezheim, R. HERRMANN; 19.9.1966, Rußheim, M. WALLNER). Im Neckar-Tauberland beginnt und endet sie dagegen etwa eine Woche früher: Mitte August bis Anfang September (14.8.1982, Kirchentellinsfurt, A. STEINER; 10.9.1969, Markgröningen, K. STROBEL/W. STAIB/M. WALLNER). Aus beiden Regionen liegen allerdings nur je etwa 20 Daten vor, so daß die Aussagen nicht endgültig sein können. Die Funde von der Schwäbischen Alb stammen vom 1. und 10. September (1989, G. BAISCH), der aus dem Alpenvorland vom 9. September (1983, G. BAISCH).

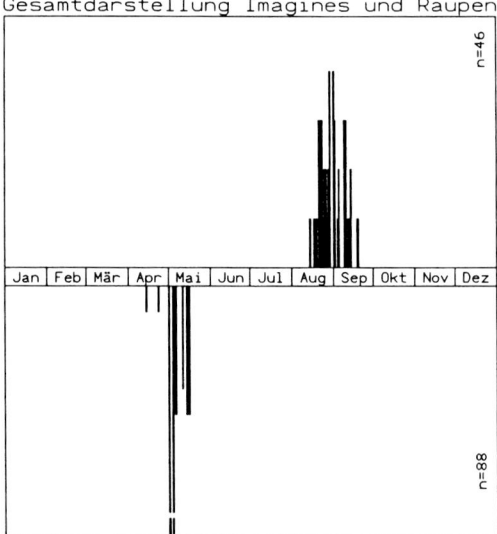

Die lokal verbreitete Birnbaumeule (*Atethmia ambusta*) bevorzugt Wärmegebiete. Sie hat eine kurze Flugperiode im August und September. – Kirchentellinsfurt 29.8.84 A. STEINER. LF.

Ein Flugzeitbeginn bereits Ende Juli, wie er von BERGMANN (1954) und, ihn zitierend, von KOCH (1958, 1984), FORSTER (1971) und HEINICKE & NAUMANN (1980–1982) angegeben wurde, ist aus Südwestdeutschland nicht bekannt. Es wäre zu überprüfen, ob solche Extremdaten vielleicht nur auf Schlüpfdaten gezüchteter Falter basierten. In Südeuropa liegt die Flugzeit übrigens, wie bei vielen Herbstarten, stark verschoben etwa einen Monat später. So meldete etwa HACKER (1989) aus Griechenland Daten von Mitte September bis Anfang Oktober.

Präimaginalstadien: Das Überwinterungsstadium ist das Ei. Die Raupen wurden bei uns von Mitte April bis Mitte Mai gefunden (14.4.1981 und 16.5.1982, beides Eppelheim, R. BLÄSIUS).

Ökologie

Lebensraum: Alte Birnbäume (Gartenbirne) in Streuobstwiesen, in Gärten, an Feldwegen und Landstraßen, in der Feldflur an Ackerrainen und Böschungen (selbst einzeln mitten im Acker stehende Bäume) und im dörflichen Bereich bilden das Entwicklungshabitat von *Atethmia ambusta*. Auch die Falter werden meist in Sichtweite von Birnbäumen gefunden, scheinen sich also ungern von ihren Larvalhabitaten zu entfernen.

Die Vorkommen in Baden-Württemberg liegen überwiegend in warmen Gebieten. Die Mehrzahl der Fundorte stammt aus dem Bereich mittlerer Jahrestemperaturen von über 9°C, einzelne Fundorte aus dem Bereich von 8–9°C und 2 Fundorte aus dem Bereich von 7–8°C.

Nahrung der Raupe:
Pyrus communis – Garten-Birnbaum
  5 L (BLÄ, HER, STN, WEI)

Die gewöhnliche Gartenbirne ist die einzige in Baden-Württemberg (und wohl in ganz Europa) sicher dokumentierte Nahrungspflanze. Da die Birne erst seit der Römerzeit in Mitteleuropa gepflanzt wird, kann *A. ambusta* erst nach der Zeitenwende nördlich der Alpen eingewandert sein. Sie ist also im weitesten Sinne ein Kulturfolger.

Eine offene Frage ist, ob *A. ambusta* vielleicht auch an der Wildbirne (*Pyrus pyraster*) lebt und damit auch in warmen Wäldern vorkommt. Dies wird sich nur durch Raupensuche entscheiden lassen; die Falterfundstellen liegen jedenfalls alle in der Nähe von Gartenbirnbäumen, nicht dagegen in Auwäldern, wo *Pyrus pyraster* einen ihrer Schwerpunkte hat.

Einige alte Angaben bei LAMPERT (1907) und VORBRODT (1911), die Apfelbäume, Schlehen und »Obstbäume« betreffen, sind fraglich; sie gehen vermutlich auf Beobachtungsfehler zurück, z. B. ruhende oder laufende Raupen an mit Birnen vergesellschafteten Schle-

Die Raupe ist rindenartig gezeichnet, da sie sich tagsüber in Rindenritzen verbirgt. – Karlsruhe 5.95 K. FREYTAG. S.

hen und Apfelbäumen. Auch die Aussage von AIGNER-ABAFI (1900e), wonach die Raupe in Ungarn »auch an Eichen gefunden« wurde, dürfte auf einem Ruheplatz oder einem Bestimmungsfehler beruhen.

Nahrung des Falters: Noch keine Angaben aus Baden-Württemberg. Die Falter kommen gelegentlich an den Köder.

Habitat: Eine pflanzensoziologische Einordnung macht wenig Sinn, denn *A. ambusta* ist – abgesehen von einer gewissen Wärmebedüftigkeit – ausschließlich vom Vorkommen angepflanzter Kulturbirnen abhängig. Sie findet sich deshalb fast nur in mehr oder weniger stark anthropogenen Habitaten wie Obstgärten, Streuobstwiesen, Ackerrandstreifen und Weg- und Straßenrändern, bei denen es sich meist um magere bis fette, teils ruderalisierte und oft stark verarmte Arrhenatherion-Gesellschaften handelt. Das für *A. ambusta* entscheidende Kriterium ist dabei das Vorhandensein ihres Nahrungsbaums.

Verhalten: Die Eiablage ist im Freiland anscheinend noch nicht beobachtet worden; sie erfolgt vermutlich an Zweigen in Knospennähe. Auch über die Lebensweise der Jungraupe wissen wir wenig. Von Interesse wäre vor allem, ob die Eiraupen schon früh schlüpfen und sich in die Knospen einbohren wie diejenigen von *A. centrago*. Die älteren Raupen verstecken sich tagsüber sowohl in Rindenritzen und unter losen Rindenstücken am Stamm als auch in der stammnahen Bodenvegetation, dort besonders in alten Birnenblättern (BETTAG & PICKER 1992). Nachts steigen sie auf und erklettern die Zweige, oft bis zum äußersten Ende, wobei sie Wege von bis zu 10 m zurücklegen müssen. In der Pfalz beobachtete PICKER zwei am Stamm hochkletternde Raupen um 21.15 Uhr (MESZ) (BETTAG & PICKER 1992).

Die Falter sind nachtaktiv. Vermutlich kommen sie nur ungern ans Licht. Zumindest deutet die oft hohe Abundanz der Raupe darauf hin, daß der Lichtfang hier eine deutlich suboptimale Erfassungsmethode ist. Viel ergiebiger kann die Raupensuche sein: BETTAG & PICKER (1992) konnten in der Pfälzer Rheinebene mehrere hundert Raupen durch die Suche am Stamm und vor allem am Boden nachweisen. Einen frischgeschlüpften Falter fand R. BLÄSIUS gegen 20 Uhr (MESZ) am Stammfuß einer Birne sitzend.

Gefährdung und Schutz

Rote Liste Bundesrepublik: 2
Rote Liste Baden-Württemberg: V

Oberrheinebene: Art der Vorwarnliste.
Schwarzwald: Nicht vertreten.
Neckar-Tauberland: Art der Vorwarnliste.
Schwäbische Alb: Nicht vertreten.
Oberschwaben: Art der Vorwarnliste.

• In Baden-Württemberg eine Art der Vorwarnliste!

Die Abhängigkeit von einer einzigen Obstbaumart, nämlich der Gartenbirne, die bei uns wild nicht vorkommt, macht *A. ambusta* anfällig gegen alle im Obstbau angewandten chemischen Bekämpfungsmaßnahmen. Kleine Lokalpopulationen könnten durch massive chemische Eingriffe im April–Mai (z. B. gegen Frostspanner), aber auch durch mechanische Methoden (Leimringe) stark geschädigt werden, so daß eine Einstufung in die Vorwarnliste angebracht scheint. Insgesamt läßt sich ein Rückgang nicht belegen, wäre aber angesichts der geringen Anziehungskraft von Lichtquellen auf die Falter auch schwer nachweisbar.

Der neuerdings vor allem in Wärmegebieten teils erhebliche Feuerbrand-Befall, dem insbesondere die alten Birnbäume zum Opfer fallen, könnte sich langfristig auch auf *A. ambusta* negativ auswirken. Eine genaue Beobachtung der Bestandsentwicklung ist daher geboten.

Atethmia ambusta scheint in Mitteleuropa nur an der Gartenbirne zu leben. In der Oberrheinebene bieten ihr auch völlig einzeln in der Feldflur stehende alte Bäume einen ausreichenden Lebensraum. – Eppelheim 4.88 R. BLÄSIUS.

Xanthia togata ist nach den purpurroten Zeichnungen benannt worden, wie sie früher die römische Senatorentoga schmückten. Sie ist nicht selten in Weidenbeständen und gebüschreichen Feuchtgebieten zu finden. Wernauer Baggerseen 13.9.90 A. STEINER. LF.

Xanthia togata
(Esper, 1788)

Violett-Gelbeule

Xanthia flavago F. (REUTTI 1898)
Cosmia lutea STRÖM (WARREN in SEITZ 1909–1914, DRAUDT in SEITZ 1931–1938, SCHNEIDER 1936–1939, BERGMANN 1951–1955, KOCH 1954–1961, 1984)
Xanthia lutea STRÖM (LAMPERT 1907, SPULER 1908–1910, REBEL 1910, ECKSTEIN 1913–1923, HERING 1932, BRAUNS 1970)
Cirrhia togata ESP. (FORSTER 1954–1981, BOURSIN 1964, HANNEMANN & URBAHN in STRESEMANN 1969, HARTIG & HEINICKE 1973)

Gesamtverbreitung: Europa, Asien und Nordamerika. In Europa nördlich bis zum Polarkreis, im Süden bis Nordspanien, Mittelitalien, Nordgriechenland, nördliches Kleinasien.

Verbreitung

Regional: *Xanthia togata* kommt in Baden-Württemberg zwar in weiter Verbreitung vor, ist aber in einigen Gebieten nur lokal anzutreffen. Dies betrifft vor allem Wärmegebiete wie die Oberrheinebene und den Kraichgau. Gut vertreten ist sie dagegen im Alpenvorland. Der Schwarzwald wird eher dünn besiedelt, doch müssen hier, wie bei vielen Herbstarten, Kartierungsdefizite berücksichtigt werden.

Lokal besonders häufig wurden die Raupen in den Jahren 1910 (bei Möckmühl), 1929 (bei Heilbronn), 1940 (Scheibenhardter Wald bei Karlsruhe) und 1954 (Grötzingen) gefunden (E. MARTIN, ERB nach SCHNEIDER 1938, A. GREMMINGER).

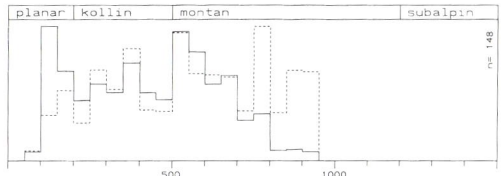

Vertikal: Das Diagramm zeigt eine Verbreitung, die von der Ebene um 100 m bis ins Bergland über 900 m reicht. Im Gegensatz zu den verwandten Arten liegt der Schwerpunkt in der montanen Stufe.

Phänologie

Imagines: Die Flugzeit fällt in die Monate September und Oktober, wobei sich regionale Unterschiede zeigen. Außerdem wurden jahrweise einzelne Falter schon Anfang oder Mitte August gemeldet; dieses Phänomen ist von den meisten

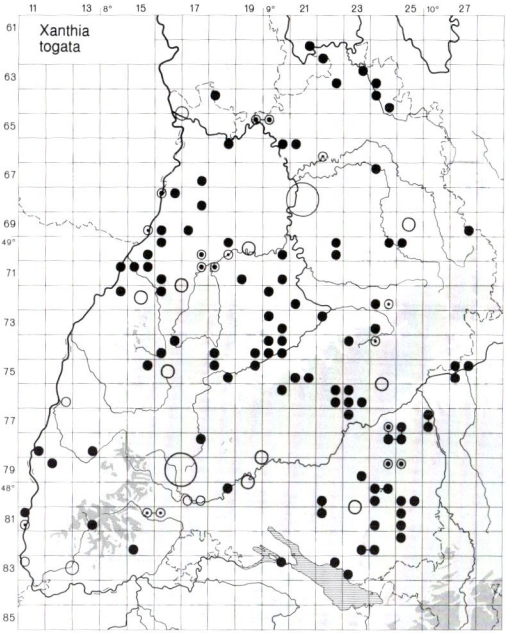

Arten der Gattung *Xanthia* bekannt und wird vor allem in heißen Sommern beobachtet:
10. und 12.8.1958, Eberbach (M. CRETSCHMAR);
12.8.1991, Leiberstung (A. SCHANOWSKI);
17.8.1987, Steinacher Ried (G. BAISCH).
Im Neckar-Tauberland, auf der Schwäbischen Alb und im Alpenvorland treten die ersten Falter normalerweise in den letzten August- oder den ersten Septembertagen auf. Ein Maximum erreicht die Flugzeit in den beiden erstgenannten Regionen um Mitte/Ende September, um sich dann noch bis Mitte Oktober hinzuziehen. Auf der Schwäbischen Alb ist die Flugzeit offenbar meist kürzer; hier liegt nur eine einzige Oktobermeldung vor. Verhältnismäßig wenige Meldungen entfallen auf die Oberrheinische Tiefebene: Mitte September bis Oktober, nur ein Einzelfund (siehe oben) von Mitte August und auch noch ein Fund, der späteste überhaupt, von Anfang November (6.11.1972, Rastatt, R. HERRMANN). Die

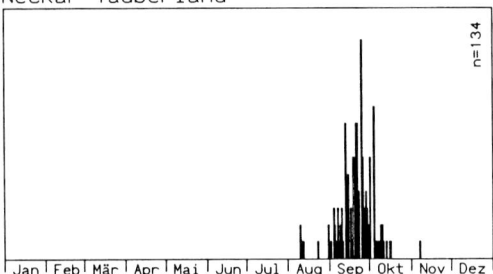

ebenfalls spärlichen Daten aus dem Schwarzwald liegen zwischen Anfang September und Anfang Oktober.

Präimaginalstadien: Das Überwinterungsstadium ist das Ei. Soweit uns taggenau gemeldete Raupenfunde vorliegen, fallen sie alle in den Monat April: 2.4.1922, Weinheim (H. LIENIG); 20.4.1992, Neumalsch (G. EBERT/E. ECKERT); 24.4.1992, Michelbach (C. KÖPPEL). Aber auch im Mai sind die Raupen mit Sicherheit noch zu finden. Zahlreiche Angaben, leider stets ohne Datumsangabe, liegen in der Kartei A. GREMMINGER vor. Wie alle anderen Arten der Gattung verbringt *X. togata* mehrere Wochen als Praepupa im Kokon, bevor die Verpuppung erfolgt.

Ökologie

Lebensraum: *Xanthia togata* besiedelt vor allem Weidengebüsche an frischen bis feuchten Stellen, etwa an halbschattigen Waldrändern und Binnensäumen (Waldwege, Schneisen, Lichtungen), in bachbegleitenden Weichholzbeständen, an Flußufern, an Feuchtwiesen, in Niedermooren und Röhrichtzonen, in Bruchwäldern, an Wassergräben und Bächen, aber auch an nicht zu trockenen Pionierstellen wie Steinbrüchen, Kiesgruben, Blockfluren und Ruderalflächen, wo sich Weidengebüsche entwickeln. Vermutlich kann sie auch in Gärten, Parkanlagen und Friedhöfen gepflanzte Weiden nutzen, vor allem in kühlfeuchten Lagen. Im allgemeinen meidet sie allzu xerotherme Gebiete.

Nahrung der Raupe:
Populus spec. – Pappel
  L (SCC)
Salix aurita – Ohr-Weide
  L (MEI)
Salix cinerea – Grau-Weide
  L (EBE, ECK)
Salix caprea – Sal-Weide
  4 L (FUN, GAU, KÖP, SCC)
Salix spec. – Weide
  5 L (BRM, GRE, LIE, SET)
Vaccinium uliginosum – Moorbeere
  L (MEI)

Die Raupen sind vielfach in Weidenkätzchen gefunden bzw. mit Kätzchen eingetragen worden. Konkret bestimmt wurden dabei die Ohrweide (Federseegebiet, J.-U. MEINEKE), die Grauweide (Oberrheinebene, G. EBERT/E. ECKERT) und die Salweide (verschiedene Gebiete, FUNK 1923, GAUCKLER 1909, C. KÖPPEL, SCHNEIDER 1938).

Nach der Überwinterung als Ei schlüpft die Raupe im Frühling und frißt sich in die Weidenkätzchen hinein. – Neumalsch 8.5.92 G. EBERT. S.

SCHNEIDER (1938) nannte auch »Pappelkätzchen«, womit vielleicht die Zitterpappel gemeint war.

Die Jungraupen bohren sich in die Kätzchen ein und leben darin, bis diese zu Boden fallen oder so stark zerfressen sind, daß sie sich auflösen. Den Rest ihrer Entwicklung vollenden die Raupen in der Krautschicht, wo sie nachtaktiv und vermutlich ziemlich polyphag »an niederen Pflanzen« (GAUCKLER 1909) leben. J.-U. MEINEKE fand sie am Federsee an Moorbeere. Diese Entwicklung an bzw. in den nährstoffreichen Blüten/Früchten einer Eiablage- und primären Raupennahrungspflanze und daraufolgendem Wechsel zu unspezifischer Nahrung an verschiedenen sekundären Raupennahrungspflanzen ist typisch für eine ganze Reihe von Herbsteulen der Gattungen *Xanthia* und *Agrochola*.

In der Literatur finden sich noch Angaben über Zitterpappel (*Populus tremula*, an männlichen und weiblichen Kätzchen) und Esche (*Fraxinus excelsior*, an Blüten) als Primär-Nahrungspflanzen (GÄBLER 1957) sowie über Brombeere und Heidelbeere als Sekundär-Nahrungspflanzen (FREYER 1834, MARSCHNER 1907). SEPPÄNEN (1970) nennt ferner die Traubenkirsche (*Prunus padus*).

Nahrung des Falters: Imagines wurden wiederholt beim Saugen an von *Claviceps*-Pilzen befallenen Grasblüten (*Molinia* spec. und *Calamagrostis epigejos*) beobachtet (D. BARTSCH, R. HERRMANN, A. STEINER). G. REICH (Aufzeichnungen von 1910–1965) sah sie häufig an blühendem Schilf (*Phragmites australis*). Einmal konnte ein Falter im Oktober an einer Brombeerfrucht rüsselnd registriert werden (A. STEINER). Die Tiere kommen auch an den Köder.

Habitat: Soweit es sich bei der primären Raupennahrungspflanze um *Salix caprea* handelt, dürften viele der Larvalhabitate den Vorwald-Gesellschaften des Sambuco-Salicion zuzuordnen sein. Noch nicht eindeutig belegt, aber zu vermuten, ist die Nutzung von Bruchwäldern und Grauweidengebüschen der Alnetea glutinosae und von Weidengebüschen und -wäldern der Salicetea purpureae. Wenn die Raupe mit den Weidenkätzchen zu Boden gefallen ist und an krautigen Pflanzen lebt, muß das Larvalhabitat über diese sekundären Nahrungspflanzen definiert werden. Hierzu liegen aus unserem Gebiet noch keine genauen Beobachtungen vor.

Verhalten: Die Eier werden, wie BERGMANN (1954) beschrieb, in Reihen zwischen die Deckschuppen der Weidenkätzchen und die Zweige angelegt. Das Verhalten der Raupen ist im Kapitel »Nahrung der Raupe« beschrieben worden. Die Verpuppung erfolgt in einem Erdkokon. Die Falter sind nachtaktiv und fliegen vereinzelt Lichtquellen an. Tagsüber sind ruhende Tiere aus trockenen *Molinia*-Büscheln geklopft worden (D. BARTSCH).

Gefährdung und Schutz

Rote Liste Bundesrepublik: –
Rote Liste Baden-Württemberg: –

Oberrheinebene: Nicht gefährdet.
Schwarzwald: Nicht gefährdet.
Neckar-Tauberland: Nicht gefährdet.
Schwäbische Alb: Nicht gefährdet.
Oberschwaben: Nicht gefährdet.

• In Baden-Württemberg nicht gefährdet!

Mit den verblühten Kätzchen fällt die Raupe zu Boden und ernährt sich nun von Pflanzen der Krautschicht. – Ebenheid 6.4.90 A. BECHER. S.

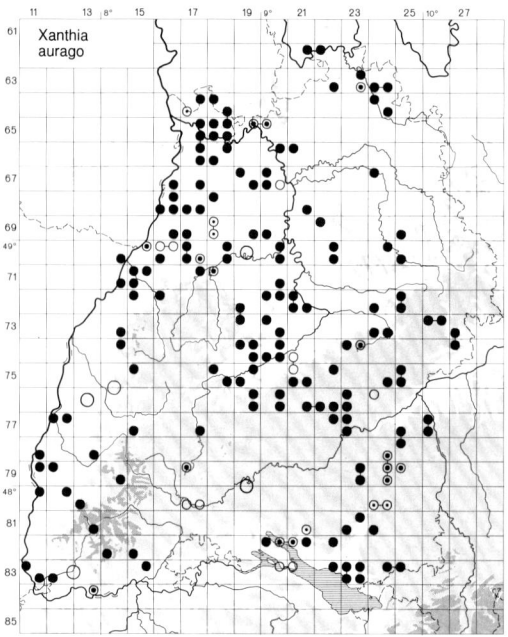

Xanthia aurago
([Denis & Schiffermüller], 1775)
Gold-Gelbeule

Xanthia aurago F. (REUTTI 1898, LAMPERT 1907, SPULER 1908–1910, REBEL 1910, ECKSTEIN 1913–1923, HERING 1932)
Cosmia aurago F. (WARREN in SEITZ 1909–1914, DRAUDT in SEITZ 1931–1938, SCHNEIDER 1936–1939, BERGMANN 1951–1955, KOCH 1954–1961, 1984)
Cirrhia aurago SCHIFF. (FORSTER 1954–1981, BOURSIN 1964, HARTIG & HEINICKE 1973)

Gesamtverbreitung: In den meisten europäischen Ländern nachgewiesen, nördlich bis Nordengland, ins südliche Fennoskandien, Estland und zum Schwarzen Meer verbreitet, südlich bis Nordspanien, Süditalien, Griechenland und in die Nordwesttürkei.

Verbreitung

Regional: *Xanthia aurago* ist in allen waldreichen Regionen Baden-Württembergs verbreitet und meist häufig. Sie besiedelt auch die Mittelgebirge wie den Odenwald, die Schwäbische Alb und den Schwarzwald, letzteren allerdings nur lokal.

Vertikal: Die Höhenverbreitung erstreckt sich von der Ebene um 100 m bis in die mittlere montane Stufe. Zwischen 500 und 950 m nimmt die Zahl der Fundorte allmählich ab. Ein Einzelfund liegt noch aus 1200 m Höhe vom Schauinsland-Gipfel vor (R. HERRMANN), wo die Art in den Rotbuchenbeständen durchaus bodenständig sein könnte.

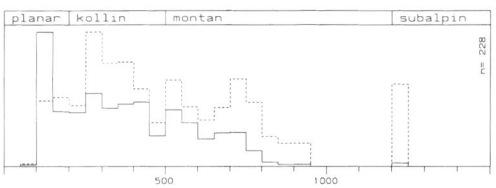

Phänologie

Imagines: Einzelne frühe Falter wurden bereits im Juli und August gemeldet. Die Hauptflugzeit fällt aber in allen Naturräumen in die Monate September und Oktober. Ein Maximum läßt sich für die Oberrheinebene und das Neckar-Tauberland in der zweiten Septemberhälfte, für den Schwarzwald um die Monatswende September/Oktober erkennen. Im Schwarzwald folgen danach nur noch wenige Einzelfunde. Möglicherweise beenden hier im Oktober einsetzende niedrige Temperaturen in den meisten Jahren die Flugzeit rasch. In den übrigen Gebieten ziehen sich Einzelfunde noch bis Anfang November hin.

Präimaginalstadien: Das Ei überwintert. Über die Raupenzeit liegen uns nur die Monatsangabe Mai (GAUCKLER 1909) und das Datum 7. Mai (1989, F. BIHLMAIER) vor. Die Raupen ruhen vor der Verpuppung erst mehrere Wochen als Vorpuppe. Eine Puppe, die noch am selben Tag den Falter ergab, fand A. GREMMINGER am 15. September.

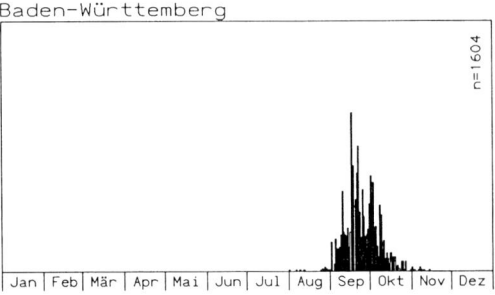

Ökologie

Lebensraum: *Xanthia aurago* ist vor allem ein Charaktertier rotbuchenreicher Waldungen. Obwohl sie auch in den trockenen eichenreichen Wäldern und in den Hartholzauwäldern der Ebene vertreten ist, liegen ihre Schwerpunkte vor

Falter von *Xanthia aurago*. Die für sich gesehen auffällige Färbung vieler Herbsteulen wird zur Tarnung, sobald der Falter im Herbstlaub ruht. – Kaiserstuhl, Badberg 15.9.82. R. HERRMANN.

allem in den Eichen-Buchen-Hainbuchenwäldern und Rotbuchenwäldern des Hügel- und Berglands. Sie bewohnt sowohl das Innere von geschlossenen, aber nicht zu dichten Beständen als auch Binnensäume (Waldwege, Schneisen, Lichtungen) und Waldränder.

Nahrung der Raupe:
Carpinus betulus – Hainbuche
   L (BIH)
Fagus sylvatica – Rotbuche
   L (GAU, MEI)
Quercus spec. – Eiche
   L (GAU)
Vaccinium myrtillus – Heidelbeere
   L (GAU)

Die bevorzugte Nahrungspflanze der Raupe ist die Rotbuche, an der sie in Baden-Württemberg allerdings in neuerer Zeit nur einmal nachgewiesen wurde (Rammert bei Rottenburg, J.-U. MEINEKE). F. BIHLMAIER fand eine Raupe an Hainbuche (Allmersbach im Tal). GAUCKLER (1909) erwähnte nach [Rot-]Buche und Eiche »auch Heidelbeeren«. Bei dieser Angabe hat es sich offensichtlich um eine Raupe gehandelt, die den Baum verlassen und sich in die Krautschicht begeben hatte (Heidelbeere als Raupennahrung wurde bereits 1867 von SPEYER aus Hessen genannt). Es hat den Anschein, als ob der für die an Weiden lebenden *Xanthia*-Arten charakteristi-

sche Nahrungspflanzenwechsel (siehe unter *X. togata*) bei *X. aurago* nicht obligatorisch ist bzw. nur in Ausnahmefällen vorkommt. Normalerweise ernähren sich die Raupen anfangs von den Knospen, in die sie sich als Jungraupen einbohren, dann von den Blüten und später von den Blättern. In diesem Stadium sind die Raupen im Untersuchungsgebiet gefunden worden. Sie lassen sich mit Laubholzblättern auch bis zur Verpuppung züchten.

Die Literatur erwähnt ferner Ahornarten (*Acer pseudoplatanus*, *Acer campestre*) (ALLAN 1949).

Nahrung des Falters: Angaben über Blütenbesuch gibt es aus dem Untersuchungsgebiet nicht. Die Falter kommen an den Köder.
Habitat: Aus dem Untersuchungsgebiet liegen zahlreiche Falterfunde aus allen Verbänden der Fagetalia sylvaticae vor. Wo hier im einzelnen die Larvalhabitate zu suchen sind, bleibt noch genauer zu untersuchen, ebenso die Frage, ob und wieweit die Art auch in Quercetalia-Gesellschaften eindringt.
Verhalten: Die Lebensweise der Raupen wurde im Kapitel »Nahrung der Raupe« beschrieben. Die

Andere Formen sind stärker rötlich gefärbt. *Xanthia aurago* gehört zwar zu den häufigeren Arten der herbstlichen Laubwälder, fällt aber dem Spaziergänger selten auf, weil sie rein nachtaktiv ist. – Ringingen, Bühlberg 19.9.95 A. STEINER. LF.

Die *Xanthia*- und *Agrochola*-Raupen sind habituell oft sehr schwer zu trennen, vor allem, wenn es sich wie bei *Xanthia aurago* um zeichnungsarme Tiere handelt. Der walzenförmige Körper und relativ kleine Kopf ist allen gemeinsam. – Rot (Zucht) 20.4.91 A. BECHER. S.

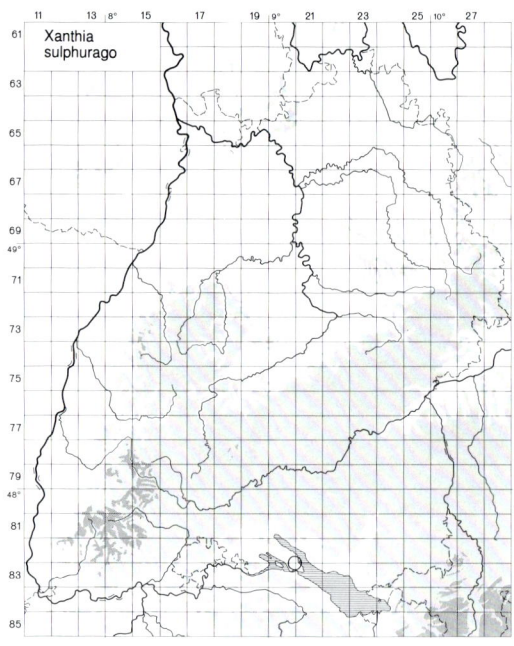

Falter sind nachtaktiv und kommen ans Licht. Gelegentlich sind sie tagsüber in der Vegetation, meist zwischen Blättern am Boden ruhend, gefunden worden.

Gefährdung und Schutz

Rote Liste Bundesrepublik: –
Rote Liste Baden-Württemberg: –

Oberrheinebene: Nicht gefährdet.
Schwarzwald: Nicht gefährdet.
Neckar-Tauberland: Nicht gefährdet.
Schwäbische Alb: Nicht gefährdet.
Oberschwaben: Nicht gefährdet.

• In Baden-Württemberg nicht gefährdet!

Xanthia sulphurago
([Denis & Schiffermüller], 1775)
Schwefel-Gelbeule

Xanthia sulphurago F. (REUTTI 1898, LAMPERT 1907, SPULER 1908–1910, REBEL 1910, ECKSTEIN 1913–1923, HERING 1932)
Cosmia sulphurago F. (WARREN in SEITZ 1909–1914, DRAUDT in SEITZ 1931–1938, SCHNEIDER 1936–1939, BERGMANN 1951–1955, KOCH 1954–1961, 1984)
Cirrhia fulvago CL. (BOURSIN 1964, FORSTER 1954–1981, HARTIG & HEINICKE 1973)
Xanthia fulvago CL. (LERAUT 1980, HEINICKE & NAUMANN 1980–1982)

Gesamtverbreitung: In Südeuropa, dem südlichen Mitteleuropa und Kleinasien lokal verbreitet, südlich bis Nordspanien, Sizilien, Griechenland, nördlich sehr disjunkt bis Nordfrankreich, zum Nordrand der Mittelgebirge, Südpolen, Ukraine und zur Krim. Außerhalb Europas nur in der Nordtürkei. In Deutschland wurde die Art aus Niedersachsen, Sachsen, Sachsen-Anhalt, Thüringen, Baden-Württemberg und Bayern gemeldet, doch liegen keine neueren Nachweise mehr vor.

Verbreitung

Regional: Die früheste Meldung dieser Art aus Baden-Württemberg stammt von LEINER (1829). Er führt sie als »*Noctua sulfurago*« in seiner Liste der um Konstanz gefundenen Schmetterlinge auf. Da er außerdem auch »*Noctua fulvago*« (=*Xanthia icteritia*) nannte, kann als gesichert gelten, daß es sich nicht um eine bloße Namensverwechslung handelte. Verwechslungen dieser Art sind zwischen den beiden Arten *X. icteritia* und *X. sulphurago* öfters vorgekommen, da beide zu verschiedenen Zeiten unter dem Namen *fulvago* bekannt waren[1]. LEINER müssen also beide Arten vorgelegen haben.

Sonst sind aus dem 19. Jh. keine Funde mehr bekannt geworden. REUTTI (1853, 1898) führte die Art mit dem Vermerk »Nur bei Konstanz

---

[1] Um sonstige Zweifel auszuschließen, sei erwähnt, daß die Liste außerdem »*Noctua sulfurea*« (=*Emmelia trabealis*) enthält. Eine Namensverwechslung mit dieser Art, wie sie Anfang des 19.Jh. denkbar wäre, kann somit ebenfalls ausgeschlossen werden.

gefunden« auf und bezog sich dabei auf LEINERS Arbeit. Spätere Faunisten haben die Art nie beobachtet.

Zwei von SCHNEIDER (1938) genannte Fundorte sind sehr zweifelhaft. SCHNEIDERS eigene Unsicherheit über diese Angaben äußerte sich in seiner Formulierung: »Angeblich bei Friedrichshafen und Ulm-Thalfingen. Keine Belegstücke.« Der Fundort Ulm-Thalfingen beruht auf einer schriftlichen Mitteilung von HEINL, die SCHNEIDER schon 1931 publiziert hatte. Aus der gleichen Quelle stammen ferner für Fundorte um Ulm ganz unwahrscheinliche Angaben wie *Acronicta cinerea*, *Cucullia xeranthemi*, *Pyrois cinnamomea*, *Amphipyra livida*, *Conistra veronicae*, *Mesoligia literosa*, *Sideridis albicolon* und *S. lampra* sowie *Yigoga signifera*, deren Veröffentlichung besser unterblieben wäre. Bei den meisten dieser Arten sah sich SCHNEIDER gezwungen, in seiner Württemberg-Fauna (1936–1939) durch Zusätze wie »angeblich« oder »keine Belegstücke« auf ihre Fragwürdigkeit hinzuweisen.

Es bleibt also bei einem einzigen Fund im Bodenseebecken in den 1820er Jahren. Ob *X. sulphurago* damals weiter verbreitet war, läßt sich zwar vermuten, aber mangels Quellen aus dieser entomofaunistischen Frühzeit nicht belegen. In der nördlichen Schweiz ist die Art bei Aadorf und Zürich gefunden worden (VORBRODT 1911). Alle Vorkommen in Deutschland sind heute erloschen. Für Ostdeutschland, wo sich die Art am längsten gehalten hat, wurden die letzten Funde aus dem Jahr 1965 gemeldet (HEINICKE & NAUMANN 1980–1982).

Vertikal: Der Fundort Konstanz liegt im Hügelland in einer Höhe zwischen ca. 400 und 500 m.

Phänologie

Imagines: Aus Baden-Württemberg liegen keine Flugzeitangaben vor. Für Ostdeutschland wurde der Zeitraum 3.–30. September (HEINICKE & NAUMANN 1980–1982) bzw. Anfang September bis Anfang Oktober (BERGMANN 1954) genannt.

Präimaginalstadien: Aus Baden-Württemberg unbekannt. Wie bei den verwandten Arten überwintert das Ei. Die Raupe ist nach KOCH (1984) von Mai bis Mitte Juni, nach FORSTER (1971) bis Ende Juni zu finden.

Ökologie

Lebensraum: Aus dem Untersuchungsgebiet liegen keine Biotopangaben vor.

BERGMANN (1954) zufolge bewohnte die Art in Thüringen »Büsche und kleinere Bäume der Futterpflanzen, vor allem des Feldahorns, an frischen bis trockenen, mehr oder weniger schattigen Stellen in Waldstücken, Hainen, Feldgehölzen, an steinigen Hügeln, Hängen und Schluchten sowie an Steilstufen, Terassenhalden und Böschungen an Talrändern, in Anlagen und Gärten um Ruinen und altes Gemäuer auf felsigen Vorsprüngen und Sockeln an Berglehnen und Geländestufen.«

Nahrung der Raupe: Aus Baden-Württemberg unbekannt.

Die primären Nahrungspflanzen sind Ahorn-Arten, insbesondere Feldahorn (*Acer campestre*). BERGMANN nannte (nach KRIEGHOFF) außerdem Birke (*Betula* spec.) und Weide (*Salix* spec.), VORBRODT (1911) erwähnte mit Vorbehalt auch Eiche (*Quercus* spec.) und Linde (*Tilia* spec.); letztere wurde mit einem Fragezeichen auch von LHOMME (1923–1935) für Frankreich angeführt.

Xanthia sulphurago soll in den 1820er Jahren im Bodenseegebiet beobachtet worden sein. Heute gilt sie in ganz Deutschland als ausgestorben. – Regensburg 5.9.24 coll. SÄLZL.

Nahrung des Falters: Aus Baden-Württemberg unbekannt.
Habitat: Aus Baden-Württemberg unbekannt.
Verhalten: Die Raupen scheinen eine ähnliche Lebensweise wie *X. citrago* zu haben. In ihrer Jugend sollen sie zwischen zwei zusammengesponnenen Blättern ruhen, erwachsen sind sie von den Zweigen zu klopfen. Die Verpuppung erfolgt zwischen Blättern am Boden (BERGMANN 1954). Die Falter sind nachtaktiv und kommen ans Licht.

Gefährdung und Schutz

Rote Liste Bundesrepublik: 1
Rote Liste Baden-Württemberg: 0

Oberrheinebene: Nicht vertreten.
Schwarzwald: Nicht vertreten.
Neckar-Tauberland: Nicht vertreten.
Schwäbische Alb: Nicht vertreten.
Oberschwaben: Ausgestorben oder verschollen.

- In Baden-Württemberg ausgestorben oder verschollen!

Xanthia sulphurago ist in allen deutschen Bundesländern, in denen sie früher vorkam, ausgestorben (HEINICKE 1993)[2]. In Baden-Württemberg hat sich ihr Verschwinden vermutlich schon in der ersten Hälfte des 19. Jahrhunderts vollzogen. Über die Gründe für diese Arealregression in Richtung Süd/Südost wissen wir nichts.

Xanthia icteritia
(Hufnagel, 1766)
Bleich-Gelbeule

Xanthia fulvago L. (REUTTI 1898, LAMPERT 1907, SPULER 1908–1910, REBEL 1910, ECKSTEIN 1913–1923, HERING 1932)
Cosmia fulvago L. (WARREN in SEITZ 1909–1914, DRAUDT in SEITZ 1931–1938, SCHNEIDER 1936–1939, BERGMANN 1951–1955, KOCH 1954–1961, 1984)
Cirrhia icteritia HUFN. (FORSTER 1954–1981, BOURSIN 1964, HARTIG & HEINICKE 1973)

Gesamtverbreitung: Von Nordwestafrika (Marokko) durch nahezu ganz Europa bis zum Polarkreis und weiter durch Asien bis China, Korea und Japan verbreitet.

Verbreitung

Regional: Das Verbreitungsbild ähnelt dem von *Xanthia togata*, allerdings ist *Xanthia icteritia* in vielen Gebieten deutlich dichter verbreitet. Dies zeigt sich vor allem am Oberrhein. Von der Schwäbischen Alb liegen fast nur Funde am Albtrauf und in den südlichen Tälern, nicht dagegen auf den Hochflächen vor.

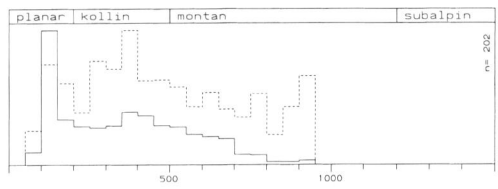

[2] PRETSCHER et al. (im Druck) führen die Art als vom Aussterben bedroht, was darauf schließen läßt, daß doch noch neuere Funde vorliegen.

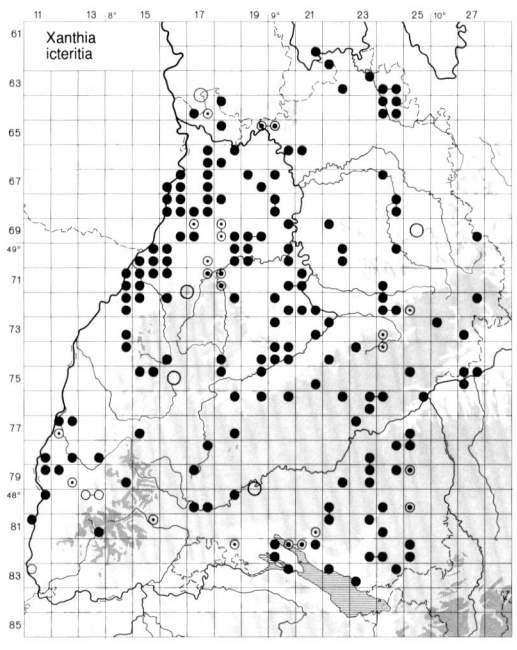

Vertikal: Die Höhenverbreitung reicht von der Ebene um 100 m bis in die montane Stufe bei 950 m (Schwäbische Alb, Plettenberg, D. BARTSCH/A. STEINER), ohne daß sich deutliche Schwerpunkte abzeichnen.

Phänologie

Imagines: Die Flugzeit dauert insgesamt von Mitte August bis Mitte Oktober. Am besten belegt ist sie in der Oberrheinebene und im Neckar-Tauberland, wo sich Maxima in der ersten September-Dekade abzeichnen. Im Alpenvorland, wo auch schon ein Einzelfund Anfang August vorliegt (7.8.1921, Singen, A. GREMMINGER), ist das Maximum bereits Ende August zu verzeichnen. Auf der Schwäbischen Alb scheint die Flugzeit kompakter zu sein; sie dauert nur von Ende August bis Ende September (mit einem Einzel-

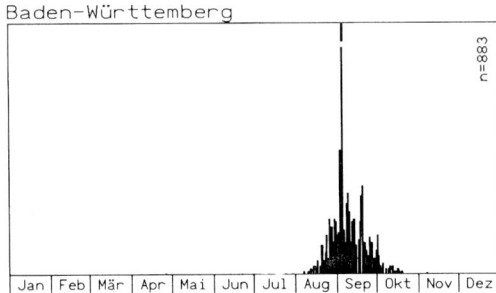

Bei *Xanthia icteritia* variiert das Ausmaß der rotbraunen Vorderflügelzeichnung. Die abgebildete Form ist bei uns die häufigste. Hier beginnt ein zum Fotografieren auf ein Blatt gesetzter Falter, die Feuchtigkeit abzusaugen. – Wollmatinger Ried 30.8.87 T. MARKTANNER. S.

fund Mitte Oktober). Ähnlich im Schwarzwald: Hier ist die Art von Ende August bis Anfang Oktober belegt.

Präimaginalstadien: Die Eier überwintern. Die Raupen sind in den Frühlingsmonaten zwischen Mitte März und Anfang Mai nicht selten gefunden worden. Der früheste und späteste datumsgenau belegte Fund sind der 16.3. (1941, Lützelsachsen, H. LIENIG) und der 1.5. (1917, Schriesheim, O. SCHRÖDER nach Kartei A. GREMMINGER). Die Verpuppung erfolgt erst nach mehrwöchiger Ruhezeit als Praepupa.

Ökologie

Lebensraum: *Xanthia icteritia* bewohnt ähnliche Lebensräume wie *Xanthia togata*, ist aber noch stärker euryök und kann dadurch auch relativ warmtrockene Klimalagen besiedeln, sofern dort Weiden- und Zitterpappelgebüsche vorhanden sind. Sie ist in den meisten waldnahen und die Außen- wie Binnensäume von Wäldern begleitenden Salweidenbeständen zu finden, lebt auch in den Uferzonen von stehenden wie fließenden Gewässern und dringt bis in Gärten, Anlagen und Friedhöfe vor.

Nahrung der Raupe:
Populus tremula – Zitter-Pappel
  L (LIE)
Populus spec. – Pappel
  L (SCC, SCR)
Salix cinerea – Grau-Weide
  L (EBE, ECK)
Salix caprea – Sal-Weide
  4 L (FEI, GAU, GRE, RAK, RAZ, SCC)
Salix spec. – Weide
  4 L (BRM, GRE, KIN, LIE, RIZ, SCÄ, SET, VOL)

Die Larvalbiologie entspricht weitgehend der von *Xanthia togata*. Die Eier werden in kleinen Reihen zwischen die Deckschuppen der Kätzchen und den Zweig abgelegt. Neben zahlreichen allgemeinen Nennungen von »Weidenkätzchen« liegen aus dem Untersuchungsgebiet vor allem Raupenfunde an Kätzchen der Salweide vor. G. EBERT und E. ECKERT fanden eine Raupe in den Kätzchen von Grauweide. H. LIENIG meldete Raupenfunde in Zitterpappelkätzchen. Möglicherweise beziehen sich auch die Angaben von

Seltener sind Formen mit fast einfarbig gelben Vorderflügeln. Nur der graue Punkt in der Nierenmakel bleibt immer erhalten. – Nagold-Schietingen 21.8.85 A. STEINER. LF.

Nach der Überwinterung als Ei schlüpft die Raupe im Vorfrühling und bohrt sich sofort in die nächstgelegene Blütenknospe ein. Sind die Weidenkätzchen verblüht, dann fällt die Raupe mit ihnen zu Boden. Oft frißt sie noch eine Zeitlang darin, bevor sie auf krautige Pflanzen übergeht. – Nordtirol, Forchach 26.4.85
A. STEINER.

»Pappelkätzchen« (O. SCHRÖDER nach Kartei A. GREMMINGER, SCHNEIDER 1938) auf die Zitterpappel, denn andere Pappelarten werden in der Literatur nur selten genannt. K. und U. RATZEL fanden die Raupen bevorzugt in den männlichen Kätzchen von Salweiden. Wenn die Raupen mit den Kätzchen vom Baum bzw. Busch gefallen sind, leben sie in der Krautschicht »an niederen Pflanzen« (GAUCKLER 1909). Genauere Angaben dazu liegen aus unserem Gebiet noch nicht vor.

In der Literatur werden neben *Salix* spec., *Salix caprea* und *Populus tremula* noch *Salix aurita* (GÄBLER 1957), *Populus nigra* (ALLAN 1949) und *Populus alba* (HEUSER, JÖST & ROESLER 1960) als Primär-Nahrungspflanzen angegeben. An Sekundär-Nahrungspflanzen wurden genannt: *Plantago* spec., *Taraxacum* spec. und *Hieracium* spec. (KOCH 1856, WULLSCHLEGEL 1873).

Nahrung des Falters: Blütenbesuch wurde an *Buddleja davidii* (H. BEYERLE nach SETTELE 1926a) und an Schilf (*Phragmites australis*) (O. SCHRÖDER nach Kartei A. GREMMINGER) gemeldet. Im Schönbuch wurden die Falter an Binsen- und Grasblüten (*Juncus effusus*, *Molinia* spec. und *Calamagrostis epigejos*, vermutlich mit Befall von *Claviceps*-Pilzen) saugend gefunden (A. STEINER). Einmal wurde ein Falter beobachtet, der Blattlausausscheidungen an einem *Heracleum sphondylium*-Fruchtstand aufnahm (A. STEINER). Die Tiere kommen an den Köder.

Habitat: *Xanthia icteritia* siedelt schwerpunktmäßig im Bereich von Pionier- und Vorwaldgesellschaften des Sambuco-Salicion und angrenzender Assoziationen. Daneben dürften auch Bruchwälder und Grauweidengebüsche der Alnetea glutinosae sowie Weidengebüsche und -wälder der Salicetea purpureae (Salicion elaeagni, Salicion albae) eine Rolle spielen. Für die zweite Phase des Raupenlebens in der Krautschicht liegen aus Baden-Württemberg noch keine pflanzensoziologischen Angaben vor.

Verhalten: Die Lebensweise der Raupe gleicht der von *Xanthia togata*. Die Verpuppung erfolgt in einem Erdkokon. Die Falter wurden bei Tag »vereinzelt in den Rindenspalten der Pappelstämme sitzend« (SCHÄFER 1980b) und auch an anderen Baumstämmen ruhend beobachtet. Sie sind nachtaktiv und fliegen Lichtquellen an.

Gefährdung und Schutz

Rote Liste Bundesrepublik: –
Rote Liste Baden-Württemberg: –

Oberrheinebene: Nicht gefährdet.
Schwarzwald: Nicht gefährdet.
Neckar-Tauberland: Nicht gefährdet.
Schwäbische Alb: Nicht gefährdet.
Oberschwaben: Nicht gefährdet.

• In Baden-Württemberg nicht gefährdet!

Xanthia gilvago
([Denis & Schiffermüller], 1775)
Ulmen-Gelbeule

Xanthia gilvago ESP. (REUTTI 1898, LAMPERT 1907, SPULER 1908–1910, REBEL 1910, ECKSTEIN 1913–1923, HERING 1932)
Cosmia gilvago ESP. (WARREN in SEITZ 1909–1914, DRAUDT in SEITZ 1931–1938, SCHNEIDER 1936–1939, BERGMANN 1951–1955, KOCH 1954–1961, 1984)
Cirrhia gilvago SCHIFF. (FORSTER 1954–1981, BOURSIN 1964, HARTIG & HEINICKE 1973)

Gesamtverbreitung: Von Nordwestafrika (Marokko, Algerien) durch Europa, nördlich bis Südschottland, Südnorwegen, Südschweden und Estland verbreitet. Vorder- und Mittelasien bis Ost-Turkestan; bei Angaben aus der älteren Literatur besteht oft Unklarheit, da die Art früher nicht sicher von *X. ocellaris* getrennt wurde.

Einzelne Formen von *Xanthia gilvago* und *Xanthia ocellaris* wurden lange Zeit, noch bis ins 20.Jh. hinein, verwechselt, da sie habituell sehr ähnlich sind. Erst in den dreißiger Jahren wurde endgültig geklärt, daß die stark dunkel gefleckte Form *intermedia* zu *X. ocellaris* und nicht zu *X. gilvago* gehört (BATH 1934). Seitdem steht fest, daß *X. gilvago* überwiegend an Ulmen und *X. ocellaris* ausschließlich an Pappeln lebt.

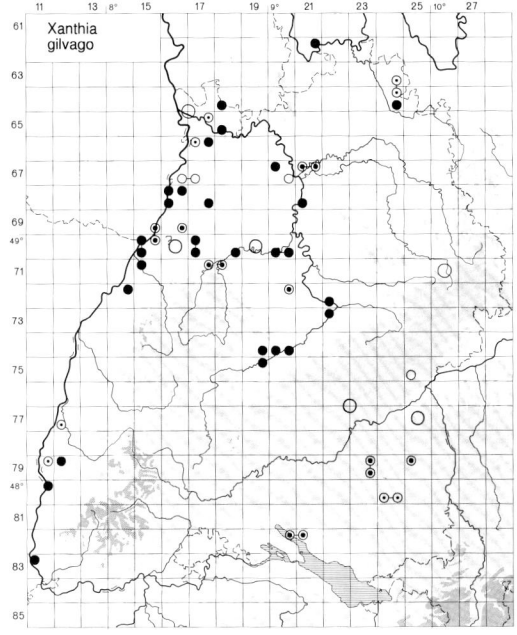

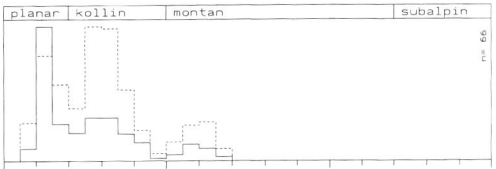

Verbreitung

Regional: *Xanthia gilvago* kommt lokal in weit verstreuten Populationen in Auen und Flußniederungen vor. Die meisten Fundorte sind aus der Oberrheinebene bekannt. Mehr sporadisch wurde die Art an Main und Tauber, am Neckar und verschiedenen Neckarzuflüssen (Enz, Ammer) nachgewiesen. Aus Oberschwaben, dem Bodenseegebiet und von der südlichen Schwäbischen Alb sind nur ältere Nachweise bekannt. Den Schwarzwald und die kühleren Lagen des Hügellands besiedelt *X. gilvago* nicht. Nach REUTTI (1898) war die Art in Baden »verbreitet, die häufigste Art der Gattung«. Es ist aber anzunehmen, daß einige von REUTTIS Gewährsleuten *X. gilvago* und *X. ocellaris* nicht sicher trennten. Heute ist an den meisten Fundorten, wo beide Arten syntop vorkommen, *X. ocellaris* die häufigere Art.

Bei der von STROBEL (1968) nach einem Belegstück aus Markgröningen gemeldeten »*Cosmia erythrago* WARR.«[1] handelte es sich lediglich um ein Weibchen der hellen, ungefleckten Form von *Xanthia gilvago* (Belegstück in coll. LNK ex coll. STROBEL, det. STEINER 1990).

Vertikal: Der Schwerpunkt der Höhenverbreitung liegt in der Ebene und im Hügelland. In geringem Maße ist die Art (in unserem Gebiet im Alpenvorland und auf der Schwäbischen Alb) auch noch im unteren montanen Bereich zwischen 500 und 700 m vertreten.

Bestimmungshilfe: Bei *Xanthia ocellaris* ist der Apex der Vorderflügel spitz vorgezogen, bei *Xanthia gilvago* dagegen nicht. Achtung: Bei abgeflogenen Stücken, die ihre Fransenschuppen schon verloren haben, ist dieses Merkmal nicht mehr gut zu erkennen. *Xanthia ocellaris* besitzt meist, aber nicht immer, einen weißgekernten grauen Fleck im unteren Teil der Nierenmakel.

Phänologie

Imagines: Die Flugzeit ist sowohl in der Oberrheinebene als auch im Neckar-Tauberland von Anfang September bis Ende Oktober belegt. In den gleichen Zeitraum fallen die vereinzelten Daten aus dem Alpenvorland und von der Schwäbischen Alb. Das Maximum liegt in der letzten September-Dekade oder um die Monatswende September/Oktober. Ein Einzelfund wurde bereits aus dem August gemeldet (7.8.1954, Ettlingen, P. PEKARSKY).

Präimaginalstadien: Die Eier überwintern. Die mit Datum gemeldeten Raupenfunde stammen überwiegend aus dem Mai. Sie liegen zwischen dem 10.5. (1989, Wendlingen, K. FREYTAG) und dem 26.5. (1987, Markgröningen, D. BARTSCH), aus Oberschwaben wird auch noch Anfang Juni angegeben (7.6. ohne Jahr, Bad Waldsee, G. REICH). Der Schlupf der Raupen erfolgt aber sicher schon im April.

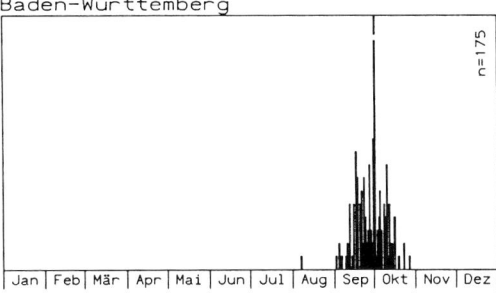

---

[1] Die Identität des Taxons *Xanthia erythrago* (WARREN, 1910) scheint noch immer unklar zu sein (POOLE 1989).

Xanthia gilvago ist eine nicht häufige, zumeist an Ulmen gebundene Art. Im Gegensatz zu *Xanthia ocellaris* ist der Vorderflügelapex nicht zugespitzt. – Kirchentellinsfurt 2.10.83 A. STEINER. LF.

Ökologie

Lebensraum: *Xanthia gilvago* bewohnt vor allem ulmenreiche Auenwälder, deren Ränder und Binnensäume in Bach- und Flußauen. Seltener ist sie in anderen, nicht zu trockenen Laubwaldtypen mit Ulmenbeständen. Wenn – was allerdings noch genauer zu bestätigen wäre – die Raupen gelegentlich auch an Pappeln leben, kommen weiterhin Pappelbestände, -forste, -alleen und ähnliche Biotope in Frage. Stets handelt es sich dabei um frische bis feuchte Standorte.

Nahrung der Raupe:
? *Populus* spec. – Pappel
    L (GAU, REI)
Ulmus minor – Feld-Ulme
    L (BAR)
Ulmus spec. – Ulme
    3 L (BEC, FRY, SCC)

Die Raupen von *Xanthia gilvago* leben primär an Ulme. Sie sind in neuerer Zeit an mehreren Fundorten im Tauberland (A. BECHER), im Neckarbecken (D. BARTSCH) und im Albvorland (K. FREYTAG) nachgewiesen worden. Dabei liegt nur eine Angabe vor, die über die Gattung Ulme hinausgeht: D. BARTSCH fand mehrere Tiere an Feldulme, an tiefhängenden, halb- bis vollschattigen Ästen. In Baden-Württemberg wurden die Raupen teils an der Blattunterseite, teils an den Blüten und Früchten gefunden bzw. von ihnen heruntergeklopft.

Wie die meisten anderen *Xanthia*-Arten beendet *Xanthia gilvago* ihre Larvalentwicklung in der Krautschicht, nachdem sie mit den Ulmenfrüchten zu Boden gefallen ist. Aus dieser Entwicklungsphase liegen aus dem Untersuchungsgebiet keine Beobachtungen vor. Möglicherweise ist dieser Nahrungswechsel aber nicht obligatorisch. Nach BRETHERTON, GOATER & LORIMER (1983) kann die Raupe ihr gesamtes Raupenleben am Baum verbringen, wo sie sich anfangs von den Knospen und Blüten, später von den Früchten und schließlich von den Blättern ernähren soll. Dies läßt sich auch durch Zuchtbeobachtungen aus unserem Gebiet belegen (D. BARTSCH).

In der älteren Literatur wird oft auch Pappel als Raupennahrung genannt, für Baden-Württemberg z. B. von GAUCKLER (1909) für die Oberrheinebene und von G. REICH (nach REISS 1949) für Oberschwaben. Ältere derartige Angaben beruhen wohl zum Teil auf Verwechslungen, verursacht durch die oben erwähnten *X. gilvago*-ähnlichen Formen von *X. ocellaris*. Hingegen hat BERGMANN (1954) ausdrücklich betont, daß er aus abgefallenen Pappelkätzchen die Raupen beider Arten eingetragen hat, *X. gilvago* allerdings seltener. Seine Angaben sind zuverlässig, da er die beiden Arten auf der Basis von BATHS Arbeiten sicher trennte. So könnten auch einige der

Diese Raupe wurde aus trockenen Ulmenfrüchten geschüttelt. In der Zucht kann sie danach mit krautigen Pflanzen weitergefüttert werden. – Wendlingen, Neckarufer 6.91 K. FREYTAG.

Pappel-Meldungen aus unserem Gebiet auf *X. gilvago* zutreffen. Neuere Bestätigungen sind jedoch erforderlich.

Nahrung des Falters: Blütenbesuchsbeobachtungen liegen nicht vor. Die Falter kommen an den Köder.

Habitat: Aus unserem Gebiet noch nicht pflanzensoziologisch definiert. Mutmaßlich spielen Gesellschaften des Alno-Ulmion die wichtigste Rolle.

Verhalten: Zum Verhalten der Raupen siehe oben. Tagsüber wurden die Falter am Boden zwischen Laub ruhend (M. DAUB) und »vereinzelt in den Rindenspalten der Pappelbäume sitzend gefunden« (SCHÄFER 1980b). Sie sind nachtaktiv und kommen einzeln ans Licht.

Gefährdung und Schutz

Rote Liste Bundesrepublik: 3
Rote Liste Baden-Württemberg: 3

Oberrheinebene: Nicht gefährdet (Aussage nicht abgesichert).
Schwarzwald: Nicht vertreten.
Neckar-Tauberland: Art der Vorwarnliste.
Schwäbische Alb: Ausgestorben oder verschollen.
Oberschwaben: Ausgestorben oder verschollen.

• In Baden-Württemberg gefährdet!

Aus zwei Regionen, von der Schwäbischen Alb und aus Oberschwaben, liegen keine aktuellen Meldungen mehr vor. *Xanthia gilvago* muß hier als ausgestorben geführt werden. Im Neckar-Tauberland und am Oberrhein ähnelt die Verbreitung der von *X. ocellaris*, doch tritt *X. gilvago* nicht so individuenreich auf. Über eventuelle negative Auswirkungen des Ulmensterbens auf *X. gilvago* liegen noch keine Erkenntnisse vor. Die Bestandsentwicklung sollte weiterhin genau verfolgt werden.

Xanthia ocellaris
Borkhausen, 1792

Pappel-Gelbeule

Cosmia ocellaris BKH. (WARREN in SEITZ 1909–1914, DRAUDT in SEITZ 1931–1938, SCHNEIDER 1936–1939, BERGMANN 1951–1955)
Cirrhia ocellaris BKH. (FORSTER 1954–1981, KOCH 1954–1961, 1984, BOURSIN 1964, HARTIG & HEINICKE 1973)

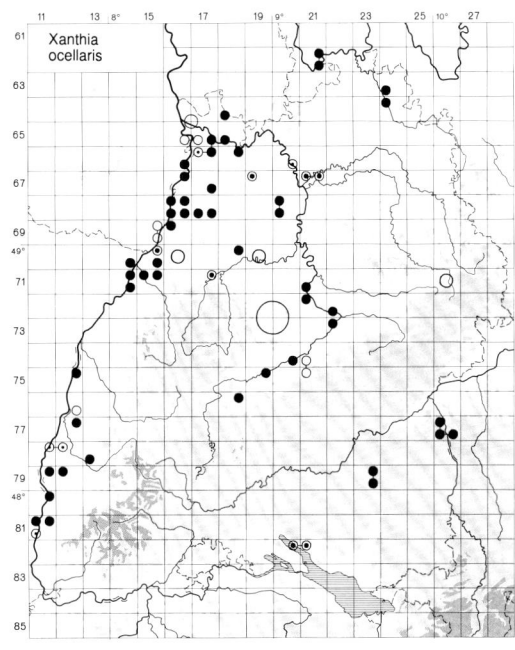

Gesamtverbreitung: Von Nordwestafrika (Marokko) durch Europa, nördlich bis Südostengland, Dänemark, Südschweden und Moskau verbreitet. Im Süden fehlt sie in Griechenland, kommt aber in Vorderasien bis zum Libanon vor.

Verbreitung

Regional: In Baden-Württemberg ist *Xanthia ocellaris* vor allem entlang der größeren und kleineren Flüsse verbreitet. Ziemlich dicht ist die Verbreitung am Rhein (in der mittleren Oberrheinebene mit Bearbeitungslücke) und seinen Zuflüssen, ansonsten sind nur vereinzelte Vorkommen am Main, an der Tauber, am Neckar und an einigen seiner Zuflüsse, an der Iller, am Federsee (MEINEKE 1982) und am Bodensee bekannt. Die Art dürfte aber noch weiter verbreitet sein. Sie fehlt nur in den Mittelgebirgen (Schwarzwald, Schwäbische Alb, Odenwald, Adelegg) und im kühleren Hügelland (Baar, Alb-Wutachgebiet, Schwäbisch-Fränkische Waldberge). Die Bestimmungs- bzw. Abgrenzungs-

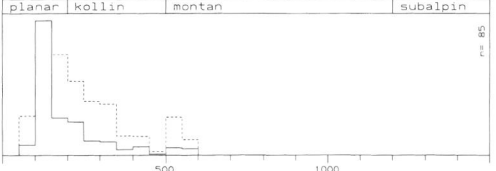

schwierigkeiten gegenüber *X. gilvago* wurden unter dieser Art besprochen.

Vertikal: Wie *Xanthia gilvago* besiedelt auch *Xanthia ocellaris* primär die Ebene und das Hügelland. Der höchste Fundort liegt im Alpenvorland (580 m, Federsee, MEINEKE 1982).

Phänologie

Imagines: Die Flugzeit beginnt normalerweise gegen Ende der ersten September-Dekade. In manchen Jahren wurden die ersten Falter schon in den letzten August- und ersten Septembertagen beobachtet (30.8.1984, Eyachtal bei Trillfingen, A. STEINER). Das Maximum wird etwa in der 2. Septemberhälfte erreicht. In Oberschwaben reichen die Nachweise bis Anfang Oktober, im Nekkar-Tauberland ebenso mit einem Einzelfund Mitte des Monats, und am Oberrhein liegen Funde bis Ende Oktober vor (21.10.1980, Heidelberg-Handschuhsheim, R. TRABOLD).

Präimaginalstadien: Die Eier überwintern. Datierte Raupenfunde wurden zwischen Anfang April und Anfang Mai notiert (1.4.1993, Plittersdorf, C. KÖPPEL/A. STEINER; 9.5.1987, Emmendingen, J.-U. MEINEKE). Nach dem Eingraben liegen die Raupen einige Wochen unverpuppt im Kokon.

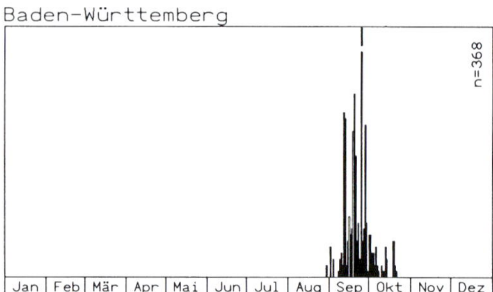

Xanthia ocellaris lebt überwiegend an Pappeln. Der Falter unterscheidet sich von *Xanthia gilvago* durch den zugespitzten Apex der Vorderflügel. Bei beiden Arten sind die Falter variabel. Dies ist die helle, dunkler gefleckte Form, die genauso auch bei *X. gilvago* vorkommt. – Grißheim 19.9.92 A. STEINER. LF.

Ökologie

Lebensraum: *Xanthia ocellaris* bewohnt Pappelbestände, vorwiegend im Bereich von Auenwäldern in Talgründen und an den Ufern von Flüssen, Bächen und Seen. In der Oberrheinebene kommt sie in den letzten Reinbeständen der durch Bastardisierung und Pilzerkrankung vom Aussterben bedrohten Schwarzpappel vor. Sie kann aber ebenso auf den häufig gepflanzten Kreuzungen, die als Kanada- oder Bastardpappeln bezeichnet werden, und auf der Italienischen oder Pyramidenpappel leben. Der Rückgang der echten Schwarzpappel stellt somit keine Gefähr-

Dunkle Formen mit hellen Querlinien und Adern sind bei *Xanthia ocellaris* häufiger als bei *X. gilvago*. Gut ausgebildet ist hier der weißgekernte graue Fleck in der Nierenmakel, der bei der anderen Art meist fehlt. – Grißheim 19.9.93 A. STEINER. LF.

dung für sie dar. Sie besiedelt gern Pappelforste und -alleen im Auwaldbereich und entlang der Flüsse, wobei sie auch Standorte mit periodischer Überflutung nicht meidet. Nach einem Schleusentorbruch an der Staustufe Iffezheim am 30.4.1993, der zu einer Überflutung des rheinabwärts davon gelegenen Auenbereichs führte, wurden *X. ocellaris*-Raupen beobachtet, die sich vor dem Hochwasser durch vertikales Ausweichen auf Stengel und Ästchen flüchteten (C. KÖPPEL). Die Falter entfernen sich in der Regel nicht weit von ihren Entwicklungshabitaten.

Nahrung der Raupe:
Populus nigra – Schwarz-Pappel
    L (MEI)
Populus × canadensis – Kanadische Pappel
    L (KÖP, STN)
Populus spec. – Pappel
    L (FRY, GAU, SCC)

Die Raupen sind im Auwaldbereich zahlreich in vom Baum gefallenen Kätzchen der angepflanzten Kanadischen Pappeln gefunden worden (C. KÖPPEL/A. STEINER). Dort, wo sie noch rein vorkommt, dient auch die selten gewordene echte Schwarzpappel (*Populus nigra*) als Eiablagesubstrat und Nahrungspflanze. Sie dürfte früher die wichtigste Nahrungspflanze von *Xanthia ocellaris* gewesen sein. Uns liegt dazu eine Meldung aus dem Oberrheingebiet vor (Emmendingen, J.-U. MEINEKE). In älteren Regionalfaunen wird lediglich die Gattung Pappel erwähnt (GAUCKLER 1909, SCHNEIDER 1938). Dabei dürfte es sich teils um echte Schwarzpappeln, teils um Pyramiden- und Kanadische Pappeln gehandelt haben. An Pyramidenpappeln sind wiederholt Falter gefunden worden, die sich aller Wahrscheinlichkeit nach an diesen Bäumen entwickelt hatten.

Wie die an Weiden lebenden *Xanthia*-Arten fällt *X. ocellaris* mit den Blütenkätzchen vom Baum und beendet ihre Entwicklung in der Krautschicht. Nach GAUCKLER (1909) lebt sie dann »an niederen Pflanzen«. Sonstige Freilandbeobachtungen liegen dazu noch nicht vor.

Aus anderen Gebieten Deutschlands existieren einzelne Angaben für *Populus tremula* (GÄBLER 1957) und *Populus alba* (HEUSER, JÖST & ROESLER 1960). Auch *Populus nigra* ssp. *pyramidalis* (= cv. *italica*) wird verschiedentlich genannt (z. B. BERGMANN 1954). Diese Kulturform gab HAGGETT (1959) auch aus England an.

Nahrung des Falters: Beobachtungen zum Blütenbesuch liegen aus dem Untersuchungsgebiet nicht vor. Die Falter kommen an den Köder.

Die Raupe fällt mit den Pappelkätzchen vom Baum und beendet ihre Entwicklung in der Krautschicht. Sie ist einerseits sehr variabel, andererseits ähnelt sie mehreren verwandten Arten und auch *Agrochola circellaris*. Abgebildet werden eine zeichnungsarme und eine kontrastreiche Raupe vom selben Fundort. – Plittersdorf 7.5.93 A. STEINER. S.

Habitat: Die Entwicklungshabitate befinden sich zumeist in der Hartholzaue (Alno-Ulmion), zum Teil auch in der Weichholzaue (Sambuco-Salicion), wobei jeweils das Vorhandensein von Pappeln entscheidend ist. In Auengebieten werden auch Pappelforste und -alleen gern besiedelt.
Verhalten: Die Eiablage erfolgt offensichtlich an den Zweigen der Nahrungspflanzen in der Nähe der Blütenknospen. Die Raupen sind, nachdem sie vom Baum gefallen sind, nachtaktiv. Die Falter wurden bei Tag »zahlreich in den Rindenspalten der Pappelbäume sitzend beobachtet« (SCHÄFER 1980b). Sie sind nachtaktiv und fliegen Lichtquellen an.

Gefährdung und Schutz

Rote Liste Bundesrepublik: –
Rote Liste Baden-Württemberg: V

Oberrheinebene: Nicht gefährdet.
Schwarzwald: Nicht vertreten.
Neckar-Tauberland: Art der Vorwarnliste.
Schwäbische Alb: Nicht vertreten.
Oberschwaben: Art der Vorwarnliste.

- In Baden-Württemberg eine Art der Vorwarnliste!

In den Auengebieten der Oberrheinebene läßt *Xanthia ocellaris* keine Gefährdung erkennen. Dies verdankt sie ihrer Fähigkeit, sich auch an Kulturformen und Bastarden ihrer Nahrungspflanzen zu entwickeln. Dagegen ist in den übrigen Gebieten wegen ihrer lokalen Verbreitung eine Einstufung in die Vorwarnliste angebracht.

Xanthia citrago
(Linnaeus, 1758)
Linden-Gelbeule

Cosmia citrago L. (WARREN in SEITZ 1909–1914, DRAUDT in SEITZ 1931–1938, SCHNEIDER 1936–1939, BERGMANN 1951–1955, KOCH 1954–1961, 1984)
Cirrhia citrago L. (FORSTER 1954–1981, BOURSIN 1964, HARTIG & HEINICKE 1973)

Xanthia citrago ist mit der Linde nahezu überall verbreitet. Sie fliegt von Mitte August bis Oktober und ist bis in Dörfer und Städte hinein anzutreffen. – Kirchheim/Ries 20.8.92 A. STEINER. LF.

Gesamtverbreitung: In den meisten Ländern Europas verbreitet, nördlich bis Schottland, Südnorwegen, Mittelschweden, Südfinnland und Karelien, südlich bis Nordspanien, Mittelitalien, Bulgarien und Nordgriechenland, östlich bis zum Kaukasus (eine alte Angabe aus der Türkei).

Verbreitung

Regional: *Xanthia citrago* ist in allen Regionen Baden-Württembergs vertreten und besonders in den Laubwaldgebieten des Flach- und Hügellands verbreitet. Durch die herbstliche Flugzeit und die geringe Anziehung durch Lichtquellen ist das Areal der Art sicherlich nur unvollständig bekannt. Die einfachste Nachweismethode, nämlich die Raupensuche an Linden, sollte häufiger angewendet werden.

Vertikal: Von der Ebene um 100 m bis in die montane Stufe verbreitet. Die höchstgelegenen Fundstellen liegen im Schwarzwald (Gütenbach, 680–800 m, A. BECK/K. SCHLENKER/A. SCHNEIDER) und am Albtrauf (Plettenberg bei Dotternhausen, 890–910 m (D. BARTSCH/A. STEINER).

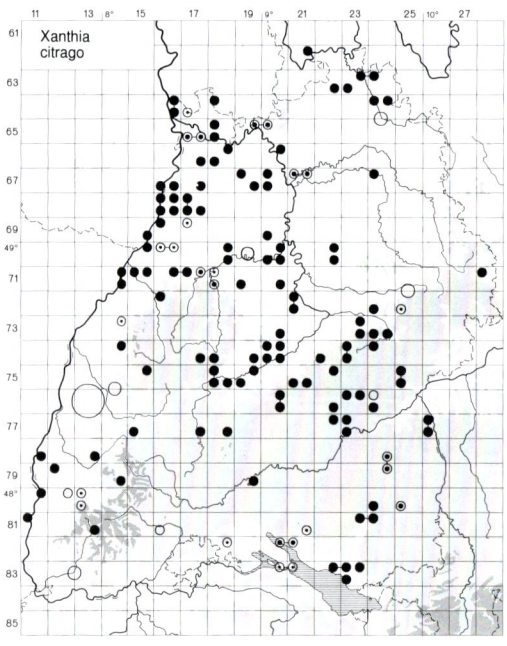

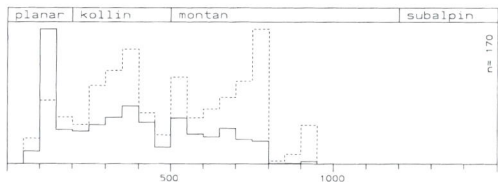

Phänologie

Imagines: Die ersten Falter erscheinen gewöhnlich im August, in der Oberrheinebene ab Ende des Monats, auf der Schwäbischen Alb und im Neckar-Tauberland ab Mitte August. Ihr Maximum erreicht *X. citrago* in allen Gebieten in der ersten Septemberhälfte, dann nehmen die Meldungen ab. Die letzten Tiere werden aus der ersten Oktober-Dekade gemeldet, ein besonders später Nachzügler aus dem Schwarzwald noch vom 24.10. (Horben, O. SCHRÖDER nach Kartei A. GREMMINGER). Einzelfalter sind schon ab Anfang August beobachtet worden, z.B. 8.8.1958, Eberbach/Neckar (M. CRETSCHMAR), 10.8.1976, Huttenheim (H. FEIL). Unklar bleiben zwei angebliche Julifunde: 7.7.1980, Schelklingen (G. BAISCH), 22.7.1928, Viernheim (SAVARY nach Kartei A. GREMMINGER).

Präimaginalstadien: Das Überwinterungsstadium ist das Ei, das von Oktober bis in den April gefunden wurde (Schönbuch, A. STEINER). Die Raupenfunde konzentrieren sich auf den Mai, wobei halberwachsene Raupen in Jahren mit warmem Frühjahr schon in der ersten Monatsdekade gefunden wurden. Ab Ende Mai wurden fast nur noch erwachsene Raupen beobachtet. Im Südschwarzwald (Todtnau) fand J. ASAL noch am 9.6.1990 eine Raupe, die erst am 15.6. in die Erde ging. Nach dem Einspinnen liegen die Raupen lange als Praepupa, bevor die eigentliche Verpuppung erfolgt. Nach Zuchtbeobachtungen (J. ASAL, A. STEINER) dauert dies 6–7 Wochen.

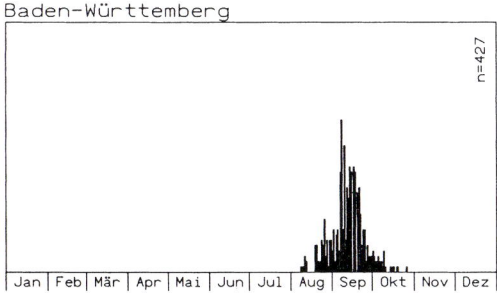

Ökologie

Lebensraum: Lindenreiche Wälder und deren Ränder und Binnensäume, von den mäßig feuchten bis trockenen Laubwäldern der Ebene bis in die Laubmischwälder und Schluchtwälder des Hügel- und Berglands. Besonders an Waldrändern und Waldwegen nach wenigstens einer Seite hin frei stehende Bäume, aber auch niedriger, nur 2–3 m hoher Lindenjungwuchs in ähnlicher Exposition scheint gern besiedelt zu werden (oder ist dieser Eindruck ein von der Suchmethode bedingtes Artefakt, weil solche Stellen bei der Raupensuche besonders gern bearbeitet werden?). Eine große Rolle spielen außerdem, ähnlich wie beim Lindenschwärmer (*Mimas tiliae*), gepflanzte Linden im Ortsbereich, besonders an Straßenrändern (Alleebäume) und die als »Dorflinden« bekannten großen Einzelbäume, ferner Linden und Lindengruppen auf Festplätzen, in Anlagen, Parks und Gärten. Diese Anpflanzungen (bei denen es sich oft um den Hybriden *Tilia cordata* x *platyphyllos* handelt) haben *Xanthia citrago* zu einer beträchtlichen Erweiterung ihres Lebensraums verholfen.

Nahrung der Raupe:
Tilia cordata × *platyphyllos* (*Tilia* × *vulgaris*) – Holländische Linde
    E, L (HIR, STN)
Tilia platyphyllos – Sommer-Linde
    4 L (ESC, LUS, SCH, STN)
Tilia spec. – Linde
    5 L (ASA, BIH, BRM, FRY, GAU, GRE, JÜN, LIE, SCC, SET, STN)

Die alleinigen Nahrungspflanzen sind Lindenarten. Die meisten Fundmeldungen beziehen sich aber nur auf die Gattung Linde; wir wissen deshalb noch wenig über eventuelle Präferenzen innerhalb der Gattung. Botanisch sichere Nachweise liegen bisher lediglich von Sommerlinde und der Hybridart Holländische Linde vor. *Xanthia citrago* dürfte aber ebenso an der Winterlinde (*Tilia cordata*) zu finden sein (nach BERGMANN 1954 »seltener an Winterlinde«). Welche Rolle die eingeführten Arten Silberlinde (*Tilia tomentosa*), Krimlinde (*Tilia cordata* x *dasystyla*) und Amerikanische Linde (*Tilia americana*) spielen, die sich unter den Meldungen von »Linde« verbergen könnten, läßt sich derzeit noch nicht übersehen. Viele Mitarbeiter wiesen darauf hin,

Bei allen *Xanthia*-Arten überwintert das Ei. *Xanthia citrago* legt die Eier einzeln an Lindenknospen. Dabei achtet das Weibchen darauf, daß das Ei nicht an einen Blattstiel gerät, weil es sonst im Herbst mit diesem zu Boden fallen würde. (Der Blattstiel ist, teilweise schwarz verfärbt, im linken Bildteil zu sehen). Meist wird das Ei an der Basis der Knospenschuppe plaziert. – Schönbuch 18.10.91 A. STEINER.

Die Raupe ruht bei Tag zwischen zusammengesponnenen Blättern. Sie ist an der graumarmorierten Oberseite, dem weißen Seitenstreifen und der weißlichgrauen Unterseite zu erkennen. *Xanthia citrago* ist durch die Anpflanzung von Linden im Siedlungsbereich gefördert worden. Sie kommt vermutlich auf den meisten Dorflinden, in Lindenalleen oder auf Festplätzen mit alten Linden vor, aber auch in lindenreichen Laubwaldungen (s. Bd. 4, S. 236 unter *Sabra harpagula*). – Schönbuch, Dreispitz 10.5.90 A. STEINER. M.

daß die Raupen bevorzugt an den unteren Zweigen, an Stammausschlägen und an niedrigen, buschförmigen Linden gefunden wurden.

Nahrung des Falters: Blütenbesuch wurde an – spätblühender – *Buddleja davidii* gemeldet (SETTELE 1926a). Die Falter saugen auch gern an von *Claviceps*-Pilzen befallenen Grasblüten (*Molinia* spec., *Calamagrostis epigejos*) (A. STEINER). Außerdem besuchen sie künstlichen Köder.

Habitat: *Xanthia citrago* bewohnt vermutlich alle lindenreichen Laubwaldgesellschaften und deren Ränder. Raupenfunde sind etwa aus dem Tilio platyphylli-Acerion pseudoplatani (Linden-Ahorn-Mischwald, Ahorn-Eschen-Blockschuttwald) und aus dem Carpinion betuli (Eichen-Hainbuchenwald) bekannt. Aus dem Rammert nennt J.-U. MEINEKE vor allem Carpinion-Ersatzgesellschaften des Fagion. Einen beträchtlichen Teil des Habitatspektrums nehmen gepflanzte Linden ein: Alte Dorflinden, Bäume in Alleen, Parks, Gärten und an ähnlichen, pflanzensoziologisch nicht definierbaren Standorten.

Verhalten: Die Eiablage erfolgt an Zweigen dicht unterhalb der Ansatzstellen der Knospen, und zwar – nach den wenigen bisherigen Eifunden zu schließen – bevorzugt an äußeren Zweigen und dort häufig an den Knospen der Zweigspitzen. Die Raupen bohren sich vermutlich nach dem Schlupf sofort in die Knospen ein (zumindest tun sie dies unter Zuchtbedingungen, wenn Knospen vorhanden sind). Erst später, wenn im Freiland keine Knospen mehr zur Verfügung stehen, gehen sie dazu über, zwei Blätter zusammenzuspinnen, zwischen denen sie den Tag verbringen. Hier können sie leicht nachgewiesen werden, indem man das Laubwerk von unten im Gegenlicht betrachtet. Nachts, bei bedecktem Himmel auch tagsüber, verlassen sie ihre Verstecke zum Fressen. Erwachsene Raupen verbergen sich bei Tag gelegentlich in Rindenritzen, doch sind Raupen bis ins letzte Stadium auch noch in Blattgespinsten gefunden worden. Es ist also nicht nur die »junge« Raupe, die nach FORSTER (1971) zwischen Blättern lebt. Bei der Zucht wurde beobachtet, daß die Raupen bis zur Verpuppung in Lindenknospen eingebohrt leben können, falls Knospen so lange zur Verfügung stehen (J. ASAL). Zur Verpuppung begeben sich die Raupen auf den Boden, wo sie sich in Erde oder Laub ein Gespinst anlegen. Die Falter kommen vereinzelt ans Licht.

Gefährdung und Schutz

Rote Liste Bundesrepublik: –
Rote Liste Baden-Württemberg: –

Oberrheinebene: Nicht gefährdet.
Schwarzwald: Nicht gefährdet.
Neckar-Tauberland: Nicht gefährdet.
Schwäbische Alb: Nicht gefährdet.
Oberschwaben: Art der Vorwarnliste.

• In Baden-Württemberg nicht gefährdet!

Agrochola lychnidis
[Denis & Schiffermüller], 1775
Veränderliche Herbsteule

Orthosia pistacina F. (REUTTI 1898, LAMPERT 1907, SPULER 1908–1910, REBEL 1910, ECKSTEIN 1913–1923)
Amathes lychnidis F. (WARREN in SEITZ 1909–1914, DRAUDT in SEITZ 1931–1938, SCHNEIDER 1936–1939, BERGMANN 1951–1955, KOCH 1954–1961, 1984)
Orthosia lychnidis F. (HERING 1932)

Gesamtverbreitung: Von Nordwestafrika (Marokko, Tunesien) durch ganz Süd- und Mitteleuropa, nördlich bis Schottland, Dänemark, Südschweden und Polen. In Asien bis zum Kaukasus, Armenien, Iran und Israel.

Verbreitung

Regional: In Baden-Württemberg ist *Agrochola lychnidis* in der Oberrheinebene, im Neckar-Tauberland und im Alpenvorland weit verbreitet.

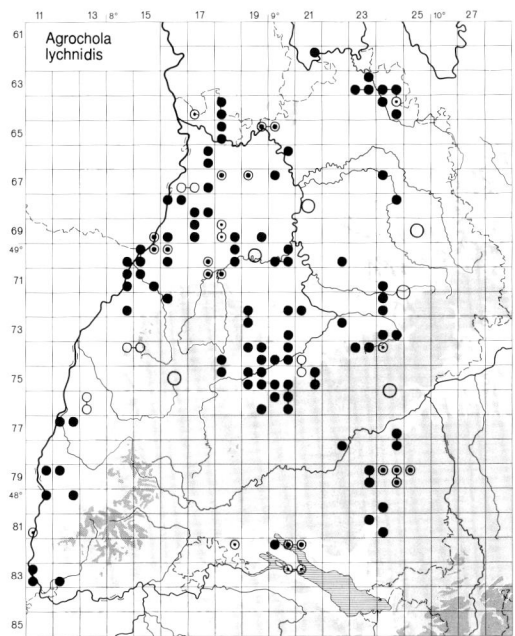

Auf der Schwäbischen Alb liegen Nachweise vor allem aus den Gebieten am Albtrauf vor, keine dagegen von der Hochfläche und nur wenige aus den südlichen Tälern. Im Schwarzwald fehlt *A. lychnidis* in den Hochlagen und überhaupt in den zentralen Gebieten. Sie ist nur in Randgebieten in niedrigen Lagen nachgewiesen worden (Birkenfeld, Gaggenau-Hörden, Freudenstadt, Hauingen). Die jahrzeitlich späte Flugzeit ist der Grund dafür, daß sich in vielen Gebieten die Nachweise um die Wohnorte von Mitarbeitern, die ganzjährig Nachtfang betreiben, häufen.

Vertikal: Die Vertikalverbreitung erstreckt sich von der Ebene und dem Hügelland (wo sich der Schwerpunkt abzeichnet) bis in die montane Stufe, mit höchsten Fundstellen auf der nördlichen Schwäbischen Alb bis knapp unter 900 m.

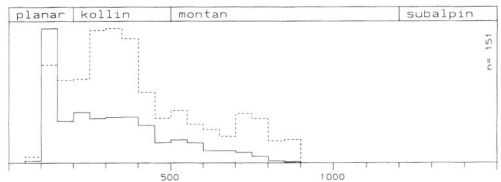

Phänologie

Imagines: Die Flugzeit von *A. lychnidis* beginnt in allen Gebieten Mitte September. Vereinzelte Falter wurden schon in der ersten September-Dekade nachgewiesen. Die frühesten Meldungen stammen aus den letzten Augusttagen: 27.8.1958 (Eberbach/Neckar, M. CRETSCHMAR), 28.8.1973 (Lorch, K.-H. SCHÜLLER). Von einem Mitarbeiter liegen sogar Angaben von Mitte Juli(!) und Anfang August vor: 15.7.1959, 6.8.1958 (Eberbach/Neckar, M. CRETSCHMAR). Diese Daten müssen wir als fraglich ansehen, solange keine ähnlichen Frühfunde bekannt werden. Das Maximum der Flugzeit liegt in der Rheinebene und im Neckar-Tauberland in der ersten Oktober-Dekade, im Alpenvorland um die Monatswende September/Oktober. Danach ziehen sich die Nachweise in vielen Jahren noch bis Mitte November hin. Der späteste Fund stammt von Ende November: D. GATTER beobachtete im Schopflocher Moor (Schwäbische Alb) am 26.11.1978 noch 4 Exemplare (GATTER 1979).

Eine ältere Angabe von Mitte März ist zu bezweifeln: GAUCKLER (1897b) will am 15.3.1897 bei Karlsruhe drei Weibchen von »*Orthosia pistacina*« gefunden haben. In seiner Nordbaden-Fauna (GAUCKLER 1909, 1921) erwähnte er die Art aber nur für September und Oktober, so daß für die obige Angabe eine Fehlbestimmung angenommen werden muß.

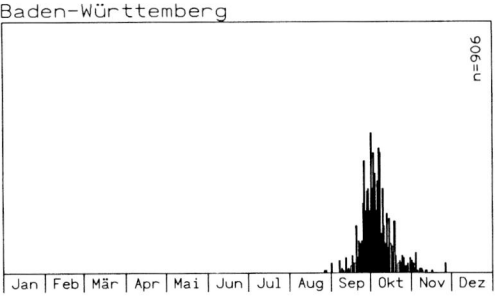

Präimaginalstadien: Die Eier überwintern. Die Raupen wurden zwischen Mitte Mai und Mitte Juni gefunden (19.5.1984, H. HEIDEMANN; 15.6.1995, D. FRITSCH). Der Schlupf dürfte aber bereits im April erfolgen. Vor der Verpuppung liegt die Raupe mehrere Wochen lang als Praepupa im Kokon.

Ökologie

Lebensraum: *Agrochola lychnidis* bewohnt die Ränder, Lichtungen und Binnensäume von Laub- und Mischwäldern, ferner Gebüsche, Hecken und kleine Gehölze sowohl im Waldrandbereich (Waldmäntel) als auch an Wegrändern, in Wiesengelände, auf Magerrasen und in Säumen,

Agrochola lychnidis ist bei weitem die variabelste der einheimischen *Agrochola*-Arten. Charakteristisch ist die stark verschmälerte Ringmakel. – Kraichgau, Wöschbach 15.10.94 (oben); Schönbuch, Herrenberg 7.10.91 (unten) A. STEINER. LF.

in der Feldflur, auf Ruderalgelände, in Kiesgruben und Steinbrüchen sowie in Gärten, Parks und Friedhöfen. Sie bevorzugt mäßig warme und frische bis trockene Lokalitäten.

Nahrung der Raupe:
Salix spec. – Weide
   L (HEI)
Prunus spec.
   L (GAU)
Verbascum phlomoides – Windblumen-Königskerze
   L (STN)
Campanula trachelium – Nesselblättrige Glockenblume
   L (HEI)
»Distel«
   L (FRY)

Die Raupen werden sowohl an Laubgehölzen als auch an Pflanzen der Krautschicht gefunden. GAUCKLER (1909) zufolge sollen sie »klein an *Prunus*-Arten, später an niederen Pflanzen« leben. Ähnliche Angaben, die auf eine Eiablage an den Zweigen von Laubgehölzen schließen lassen, machte auch BERGMANN (1954). Nach britischen Autoren leben die Raupen dagegen jung in der Krautschicht und erklettern erst in späteren Stadien Sträucher und junge Bäume (BRETHERTON, GOATER & LORIMER 1983). H. HEIDEMANN fand eine jüngere Raupe im Mai auf einer Weide (*Salix* spec.), eine weitere im Juni an *Campanula trachelium* (Gartenpflanze). K. FREYTAG meldet eine Juniraupe an »Distel« und A. STEINER fand ein nahezu erwachsenes Tier an einer Windblumen-Königskerze (*Verbascum phlomoides*) in einem Garten. SCHNEIDER (1938) bezeichnete *A. lychnidis* als »ziemlich polyphag an niederen Pflanzen und Laubholz«.

Die Grundfarbe der Raupe variiert von grün bis braun. Die Seitenlinie ist gelb und hinter jedem Stigma steht ein schwarzer Punkt. – Lauda (ex ovo-Zucht) 19.4.94 F. KIRSCH. S.

Unter den in der Literatur genannten Nahrungspflanzen finden sich u. a. die Gattungen *Salix, Quercus, Ranunculus, Rumex, Stellaria, Sarothamnus, Melilotus, Trifolium, Crataegus, Prunus* (Schlehe, Kirsche, Pflaume, Zwetschge), *Verbascum, Cirsium, Centaurea, Scabiosa* (ALLAN 1949, BERGMANN 1954, HEUSER, JÖST & ROESLER 1960, KOCH 1856, WULLSCHLEGEL 1873).

Habitat: Aus dem Untersuchungsgebiet noch ungenügend bekannt. Siehe Lebensraum.

Nahrung des Falters: Blütenbesuch wurde an *Buddleja davidii* gemeldet (H. BEYERLE nach SETTELE 1926a). Ein Falter wurde beobachtet, als er die Ausscheidungen von Blattläusen an einem Blatt eines Roten Hartriegels (*Cornus sanguinea*) aufsaugte (A. RADTKE/A. STEINER). Die Falter kommen auch gern an den Köder.

Verhalten: Die Eiablage erfolgt laut BERGMANN (1954) in »großen Haufen«. Die Raupen sind nachtaktiv; jung leben sie zwischen zusammengesponnen Blättern, erwachsen verstecken sie sich tagsüber in der Vegetation der Krautschicht. Die Verpuppung erfolgt in einem Erdkokon. Die Falter sind nachtaktiv und fliegen Lichtquellen an. Tagsüber wurden sie an Baumstämmen und in der Laubstreu ruhend gefunden.

Gefährdung und Schutz

Rote Liste Bundesrepublik: –
Rote Liste Baden-Württemberg: –

Oberrheinebene: Nicht gefährdet.
Schwarzwald: Nicht gefährdet.
Neckar-Tauberland: Nicht gefährdet.
Schwäbische Alb: Nicht gefährdet.
Oberschwaben: Nicht gefährdet.

• In Baden-Württemberg nicht gefährdet!

Agrochola circellaris
(Hufnagel, 1766)
Rötlichgelbe Herbsteule

Orthosia circellaris HUFN. (REUTTI 1898, LAMPERT 1907, SPULER 1908–1910, REBEL 1910, ECKSTEIN 1913–1923, HERING 1932)
Amathes circellaris HUFN. (WARREN in SEITZ 1909–1914, DRAUDT in SEITZ 1931–1938, SCHNEIDER 1936–1939, BERGMANN 1951–1955, KOCH 1954–1961, 1984)

Gesamtverbreitung: In Europa und Vorderasien weit verbreitet, südlich bis Zentralspanien, Süditalien, Nordgriechenland und Anatolien, nördlich bis Shetland und zum mittleren Fennoskandien, in Südisland eingebürgert (vermutlich mit Holztransporten eingeschleppt), im Osten bis Armenien.

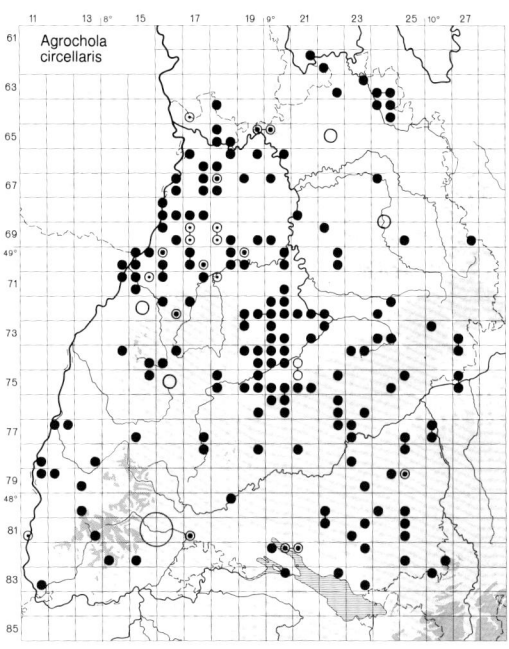

Verbreitung

Regional: *Agrochola circellaris* ist weit verbreitet und meist häufig. Sie kommt in allen Regionen des Landes vor und dürfte auch alle Naturräume einschließlich der Mittelgebirge besiedeln. Nur in den Hochlagen des Schwarzwalds scheint sie schwächer vertreten zu sein.

Vertikal: Die Art ist von der Ebene bis in die Mittelgebirge verbreitet. Der höchste Nachweis stammt vom Schauinslandgipfel (1200 m, R. HERRMANN).

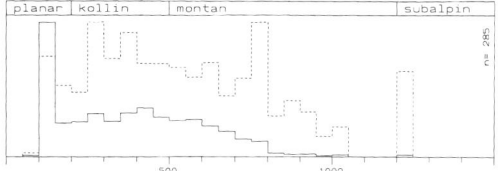

Phänologie

Imagines: Der Flugzeitbeginn liegt in den meisten Gebieten in der letzten August- oder ersten Septemberwoche. Im Schwarzwald setzen die Nachweise erst ab Mitte September verstärkt ein. Besonders frühe Angaben für *A. circellaris* liegen (wie für *A. lychnidis*) von M. CRETSCHMAR aus Eberbach/Neckar vor: 6., 8. und 10.8.1958. Die Flugzeit endet je nach Jahreswitterung in der letzten Oktober-Dekade oder im Lauf des November. Das späteste Tier wurde am 3.Dezember in der Oberrheinebene nachgewiesen (STEINER & KÖPPEL 1996).

Die Angabe »Nicht selten überwintert der Falter unter Laub und Moos« (KELLER & HOFFMANN 1861) geht wahrscheinlich auf Fehldeterminationen zurück oder war eine durch späte November-Falterfunde angeregte Vermutung. Wenn einmal der Falter bis zum folgenden Frühjahr überwintern kann, dann ist dies sicher ein ausgesprochener Ausnahmefall. Für die Aussage von SCHNEIDER (1938): »Bei dieser Art überwintert hin und wieder auch der Falter, BARTH fing 1 ♀ am 16.IV.1926 am Köder bei Stuttgart-Botnang.« konnte in der coll. G. BARTH (coll. SMNS) kein Belegstück lokalisiert werden.

Präimaginalstadien: Die Eier überwintern. Sie wurden von A. SCHANOWSKI im Februar gefunden (11.2.1995). Die Raupen wurden von Ende März bis Mitte Mai beobachtet, sind aber wahrscheinlich in den kühleren Landesteilen noch bis Anfang Juni zu finden. Die Extremwerte sind der 25.3. (1994, U. RATZEL) und der 16.5. (1992, C. KÖPPEL). Nach dem Kokonbau liegt die Raupe mehrere Wochen unverpuppt in der Erde.

Agrochola circellaris ist eine unserer häufigsten Herbsteulen. Ihre Grundfarbe reicht von hell ockergelb bis kupferbraun. – Fautenbach (ex ovo-Zucht) 9.95
A. SCHANOWSKI. S.

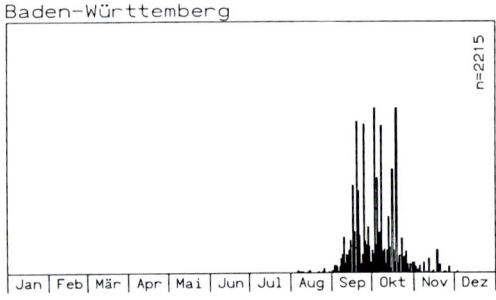

Ökologie

Lebensraum: *Agrochola circellaris* ist in den meisten Pappel- und Weidengebüschen und -wäldern verbreitet und meist häufig. Sie besiedelt sowohl feuchte bis periodisch überflutete Auen- und Bruchwälder als auch frische bis mäßig trockene Laubmischwälder mit Weiden- oder Pappelbeständen am Waldrand, an Waldwegen, in Bachtälchen und Schluchten. Weiter ist sie in Pappelreihen und Weidengebüschen an Flüssen, Bächen, Wassergräben, Seen und Teichen, in Nieder- und Hochmooren zu finden. Sie ist recht euryök und kann auch noch sehr kleinflächige Habitate nutzen, die im Extremfall aus einer einzigen Busch- oder Baumgruppe bestehen. Bei dem unter *X. ocellaris* beschriebenen Hochwasser im Rheinauengebiet wurden 26 *A. circellaris*-Raupen beobachtet, die sich vor der Überflutung durch vertikales Ausweichen auf Stengel und Ästchen retteten (C. KÖPPEL).

Nahrung der Raupe:
Populus × *canadensis* – Kanada-Pappel
    4 L (JÜN, KÖP, MEI, SPL, STN)
Populus tremula – Zitter-Pappel
    L (MEI)
Populus spec. – Pappel
    L (GRE)
Salix aurita – Ohr-Weide
    L (MEI)
Salix cinerea – Grau-Weide
    L (RAZ)
Salix caprea – Sal-Weide
    5 E, L (GAU, JÜN, LIE, MEI, RAK, RAZ, SCH, SPL, STN)
Salix spec. – Weide
    L (GRE, LIE)

Die jungen Raupen leben an verschiedenen Pappel- und Weidenarten. Nach dem Schlupf fressen sie sich nach Art der *Xanthia*-Arten in die Knospen hinein und leben in den Kätzchen, bis diese zu Boden fallen. Danach ernähren sie sich von Pflanzen der Krautschicht. Aus diesem zweiten Lebensabschnitt liegt aus dem Untersuchungsgebiet nur eine Angabe von GAUCKLER (1909) vor, dem zufolge die Raupen »später an allerlei niederen Pflanzen« leben. Vermutlich sind sie breit polyphag.

In der mitteleuropäischen Literatur finden sich dazu nur wenige konkrete Angaben. TISCHER (nach FREYER 1829–1830) gab *Veronica*-Arten, UFFELN (1908) *Lamium album* an.

Über die primären Nahrungs- bzw. Eiablagepflanzen sind wir besser informiert, weil die Raupen mit den frisch abgefallenen Kätzchen in großer Zahl vom Boden aufgesammelt werden können. Der größte Anteil aller Meldungen entfällt auf die Salweide, die aus allen Gegenden des Landes als Nahrungspflanze gemeldet wurde. Ferner wurden die Ohrweide (J.-U. MEINEKE) und die Grauweide (U. RATZEL) nachgewiesen. Von den Pappeln kennen wir Funde an der Bastard- oder Kanadapappel (C. KÖPPEL/A. STEINER) und an der Zitterpappel (J.-U. MEINEKE). Meldungen von »*Populus nigra*« aus dem Raum Esslingen (SPELDA & JÜNGLING 1993) und aus dem Federseegebiet (MEINEKE 1982), wo echte *P. nigra* nach QUINGER (1990) nicht vorkommen, dürften sich auf die Kanadapappel beziehen, im ersteren Fall vielleicht auch auf die Kulturform *Populus nigra* ssp. *pyramidalis* (= cv. *italica*).

Im Federseegebiet sammelte J.-U. MEINEKE von Ende März bis Ende April 1977 abgefallene männliche Kätzchen von Weiden- und Pappelarten ein und erhielt daraus *A. circellaris*-Raupen in folgenden Individuenzahlen (MEINEKE 1982):

Die Raupen leben nach *Xanthia*-Art, das heißt, sie fressen sich zunächst in die Weiden- (oder Pappel-)kätzchen ein, um später damit zu Boden zu fallen und an krautigen Pflanzen weiterzufressen. Auch sie sind sehr variabel gezeichnet. – Fautenbach (ex ovo-Zucht) 5.95 A. SCHANOWSKI. S.

Nahrung des Falters: Der Blütenbesuch wurde an *Buddleja davidii* gemeldet (H. BEYERLE nach SCHULTZ 1924, SETTELE 1926a). Die Falter saugen auch an von *Claviceps*-Pilzen befallenen Grasblüten (*Molinia* spec.) (A. STEINER). Außerdem kommen sie gern an den Köder.

Datum	Biotop	Art	Kätzchen	Raupen
30. 3.	Niedermoor	*Salix caprea*	100	12
18. 4.	Niedermoor	*Salix caprea*	200	42
20. 4.	gestörtes Hochmoor	*Salix aurita*	300	58
22. 4.	gestörtes Hochmoor	*Populus tremula*	250	72
27. 4.	Niedermoor	*Populus × canadensis*	500	31

Merkwürdigerweise liegen von Ulme, die in der Literatur oft an erster Stelle genannt wird, aus unserem Gebiet noch keine Meldungen vor. BERGMANN (1954) gab für Thüringen primär *Ulmus*-, erst danach *Populus*-Arten und *Salix caprea* an, daneben als gelegentliche Nahrungspflanzen *Salix purpurea*, *Quercus* spec., *Fagus sylvatica*, *Betula* spec. und *Prunus spinosa*. Aus Großbritannien nannten BRETHERTON, GOATER & LORIMER (1983) *Ulmus glabra*, *Populus* spec. und *Fraxinus excelsior* als Hauptnahrungspflanzen. ALLAN (1949) hatte folgende Arten aufgeführt: *Ulmus glabra*, *U. minor*, *Fraxinus excelsior*, *Salix caprea*, *Populus tremula* und *P. nigra*. SEPPÄNEN (1970) gab aus Finnland *Ulmus* spp., *Ulmus glabra* und *Prunus padus* an.

Habitat: Die Larvalhabitate von *Agrochola circellaris* sind verschiedene weiden- und pappelreiche Gesellschaften, insbesondere das Alno-Ulmion (Hartholzaue) und das Sambuco-Salicion (Vorwald-Gebüsche), ferner dürften Formationen der Alnetalia glutinosae (Grauweidengebüsche, Erlen- und Moorbirkenwälder) und der Salicetalia purpureae (Weidengebüsche und -wälder) eine Rolle spielen. Im Auenbereich besiedelt die Art auch Pappelforste.

Verhalten: Die Eiablage erfolgt an Zweigen mit Knospen. Die Lebensweise der Raupen wurde im

Kapitel »Nahrung der Raupe« beschrieben. Die Verpuppung erfolgt in einem Erdkokon. Die Falter sind nachtaktiv und kommen ans Licht. Bei Tag sind sie an Baumstämmen und in der Laubstreu am Boden ruhend gefunden worden.

Gefährdung und Schutz

Rote Liste Bundesrepublik: –
Rote Liste Baden-Württemberg: –

Oberrheinebene: Nicht gefährdet.
Schwarzwald: Nicht gefährdet.
Neckar-Tauberland: Nicht gefährdet.
Schwäbische Alb: Nicht gefährdet.
Oberschwaben: Nicht gefährdet.

• In Baden-Württemberg nicht gefährdet!

Agrochola lota
(Clerck, 1759)

Dunkelgraue Herbsteule

Orthosia lota CL. (REUTTI 1898, LAMPERT 1907, SPULER 1908–1910, REBEL 1910, ECKSTEIN 1913–1923, HERING 1932)
Amathes lota L. (WARREN in SEITZ 1909–1914, DRAUDT in SEITZ 1931–1938, SCHNEIDER 1936–1939, BERGMANN 1951–1955, KOCH 1954–1961, 1984)

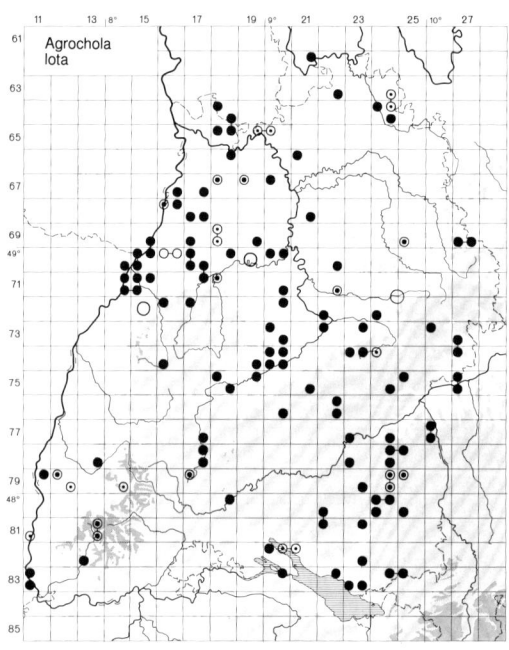

Gesamtverbreitung: Von Nordwestafrika (Marokko) durch Süd-, Mittel- und Nordeuropa und Vorderasien verbreitet, nördlich bis Schottland, Mittelfennoskandien, östlich bis Libanon, Armenien und zum Altai. In Neufundland eingeschleppt.

Verbreitung

Regional: *Agrochola lota* ist in allen Regionen des Landes vertreten. Am dichtesten besiedelt sie die Flußtäler von Rhein und Neckar und die Feuchtgebiete Oberschwabens und des Bodenseegebiets. Darüber hinaus ist sie im Hügelland weit verbreitet. Im Schwarzwald kommt sie sehr lokal nur an wenigen Fundorten vor, etwas besser ist sie auf der Schwäbischen Alb vertreten.

Vertikal: Die Art kommt von der planaren Stufe um 100 m bis in die montane Stufe vor. Ab 600 m nimmt die Zahl bekannter Fundorte deutlich ab; der höchste Nachweis stammt von der Schwäbischen Alb (850 m, Bühlberg bei Ringingen, M. MEIER/A. STEINER).

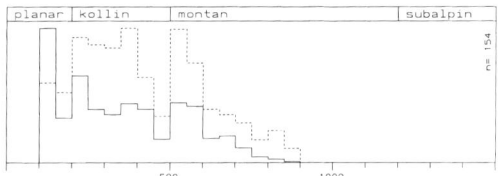

Phänologie

Imagines: Der Flugzeitbeginn liegt in den meisten Gebieten in der zweiten, in der Oberrheinebene erst in der dritten September-Dekade. Einen frühen Falter meldete G. REICH aus Oberschwaben bereits vom 29. August (1936, Dürnachtal bei Bronnen). Das Flugzeitmaximum fällt in allen Gebieten etwa in die erste Oktoberhälfte. Danach treten vereinzelte Falter noch bis Anfang oder Mitte November auf, in einem Fall auch noch Anfang Dezember (3.12.1993, Plittersdorf, STEINER & KÖPPEL 1996).

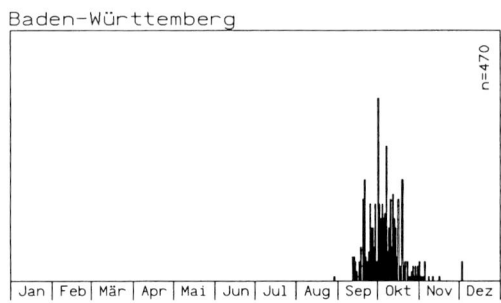

Agrochola lota zeichnet sich durch eintönig graue Grundfarbe, schwarze Ausfüllung der Nierenmakel und rötliche Wellenlinie und Makelumrandungen aus. Sie bewohnt mehr oder weniger feuchte Standorte mit Weidenbeständen. – Schönbuch, Eichenfirst (ex larva-Zucht) 15.9.95 A. STEINER. S.

Präimaginalstadien: Die Eier überwintern. Die Raupen wurden im Untersuchungsgebiet nicht selten gefunden. Die Nachweise reichen von Ende April bis Mitte Juni, die meisten stammen aus dem Mai (27.4.1974, Rußheimer Altrhein, H. FEIL; 12.6.1983, Schönbuch, A. STEINER). Puppen wurden Mitte September gefunden (Steinlachtal bei Tübingen, M. MEIER).

Ökologie

Lebensraum: *Agrochola lota* besiedelt vor allem Auwälder, und hier sowohl die durch die Silberweide charakterisierte Weichholzaue als auch Bestände verschiedener Weidenarten in der Hartholzaue. Sie ist aber durchaus nicht auf Auen beschränkt, sondern kann vielerlei Feuchtgebiete bewohnen. So kommt sie auch noch in stark beeinträchtigten, reliktären Auenwäldchen vor, bewohnt Weichholzbestände an See-, Teich- und Flußufern, an Bachläufen und Wassergräben sowie in Nieder- und Hochmooren. Gern besiedelt sie auch Weidengebüsche an frischen bis mäßig frischen Ruderalstandorten, in Kiesgruben und Steinbrüchen, in Schluchtwäldern, an Straßen- und Wegböschungen, in Gärten und Parks.

Nahrung der Raupe:
Populus spec. – Pappel
  L (GAU)
Salix caprea – Sal-Weide
  L (BAI, STN)
Salix alba – Silber-Weide
  L (KÖP)
Salix viminalis – Korb-Weide
  L (BIH)
Salix spec. – »schmalblättrige Weide«
  L (FRY, REN)
Salix spec. – Weide
  L (GAU, HEI, RUD)
Alnus spec. – Erle
  L (GAU)
Acer spec. – Ahorn
  L (FEI)

Die Raupen leben vor allem an verschiedenen Weidenarten. Neben den aus dem Untersuchungsgebiet genannten Arten finden sich in der europäischen Literatur Angaben für *Salix cinerea*, *Salix fragilis* und *Salix aurita* (ALLAN 1949, BERGMANN 1954). Aus Nordbaden gab GAUCKLER (1909) außerdem Pappel und Erle an. Hier besteht Unklarheit, ob es sich um Eigenbeobachtungen oder aus der Literatur abgeschriebene Angaben handelt, denn beide Gattungen hatte schon WULLSCHLEGEL (1873) aus der Schweiz genannt, zusammen mit der für *A. lota* eher unwahrscheinlichen Heidelbeere. *Populus* taucht auch in verschiedenen anderen Quellen auf (GÓMEZ DE AIZPÚRUA 1987, HEUSER, JÖST & ROES-

Diese Raupe wurde in ihrem Tagesversteck unter der lockeren Rinde einer alten Weide am Neckarufer überrascht. Sie ist unterseits auffallend hell weißlichgrau, oberseits dunkelbraun mit einer in Punkte aufgelösten weißen Rückenlinie. – Kirchentellinsfurt 19.5.91 A. STEINER. M.

Larvalhabitat von *Agrochola lota* im Tauberland. Die knorrigen alten Weiden bieten den Raupen Unterschlupf für den Tag, nachts klettern die Tiere auf die Bäume und befressen die Blätter. – Lauda, Bachgärten 10.10.95 F. KIRSCH.

LER 1960–1962, SPEYER 1867). LHOMME (1923–1935) fügte noch den Sanddorn (*Hippophae rhamnoides*) hinzu, der zwar eine Charakterart von naturnahen Flußauen ist, aber für *A. lota* sicher nur eine seltene Ausnahme (wenn nicht bloß einen Sitzplatz) darstellt. H. FEIL meldet eine Raupe an einer nicht näher bestimmten Ahornart am Rußheimer Altrhein.

Nahrung des Falters: Die Imagines wurden an von *Claviceps*-Pilzen befallenen Grasblüten (*Molinia* spec.) saugend gefunden (A. STEINER). Außerdem kommen sie an den Köder.

Habitat: Die Larvalhabitate finden sich sowohl im Salicion albae (Weichholzaue) wie im weichholzreichen Alno-Ulmion (Hartholzaue) und im Sambuco-Salicion (Salweiden-Vorwald-Gesellschaften), mutmaßlich auch im Salicion cinereae (Grauweidengebüsche).

Verhalten: Die Raupen ähneln in ihrer Lebensweise denen von *Dyschorista ypsillon*, mit denen sie den Lebensraum teilen. Sie leben jung in den Kätzchen oder zwischen zusammengesponnenen Blättern, die sie nachts zur Nahrungsaufnahme verlassen. Auch ältere Raupen wurden schon zwischen Blättern ruhend gefunden, allerdings an einem kleinen Salweidenbusch, der wenig andere Versteckmöglichkeiten aufwies. An älteren Bäumen ruhen die erwachsenen Raupen normalerweise am Stamm, wo sie sich ihr Tagesversteck in Rindenritzen, Spalten und hinter losen Rindenstücken suchen. Wo die Bäume am Wasser stehen, nutzen sie auch angeschwemmtes Genist, und wo Holz- und Rindenstücke in Stammnähe am Boden liegen, auch diese. Die Verpuppung erfolgt in einer Erdhöhle am Boden. Die Falter sind nachtaktiv und fliegen Lichtquellen an.

Gefährdung und Schutz

Rote Liste Bundesrepublik: –
Rote Liste Baden-Württemberg: –

Oberrheinebene: Nicht gefährdet.
Schwarzwald: Nicht gefährdet.
Neckar-Tauberland: Nicht gefährdet.
Schwäbische Alb: Nicht gefährdet.
Oberschwaben: Nicht gefährdet.

• In Baden-Württemberg nicht gefährdet!

Agrochola macilenta
Hübner, 1809

Gelbbraune Herbsteule

Orthosia macilenta HBN. (REUTTI 1898, LAMPERT 1907, SPULER 1908–1910, REBEL 1910, ECKSTEIN 1913–1923, HERING 1932)
Amathes macilenta HBN. (WARREN in SEITZ 1909–1914, DRAUDT in SEITZ 1931–1938, SCHNEIDER 1936–1939, BERGMANN 1951–1955, KOCH 1954–1961, 1984)

Gesamtverbreitung: Europa und Vorderasien, südlich bis Zentralspanien, Sizilien, Nordgriechenland, Kleinasien und Libanon, nördlich bis Schottland, Mittelfennoskandien, Estland, Mittelpolen, Karpaten, Krim und Kaukasus. Auf der Iberischen und der Apenninenhalbinsel gibt es noch Abgrenzungsschwierigkeiten gegenüber *Agrochola blidaensis* (STERTZ, 1915).

Verbreitung

Regional: *Agrochola macilenta* ist in den meisten waldreichen Landschaften Baden-Württembergs vertreten. Ihre Häufigkeit unterliegt Schwankungen. Örtlich und jahrweise tritt sie gelegentlich sehr zahlreich auf (z. B. 92 Falter am Köder am 1.10.1980, Schönbuch: Eichenfirst, A. STEINER), in anderen Jahren ist sie seltener.
Vertikal: Die Höhenverbreitung reicht von der Ebene bis ins Bergland. Der höchstgelegene Fundort ist mit 1200 m der Schauinslandgipfel (R. HERRMANN).

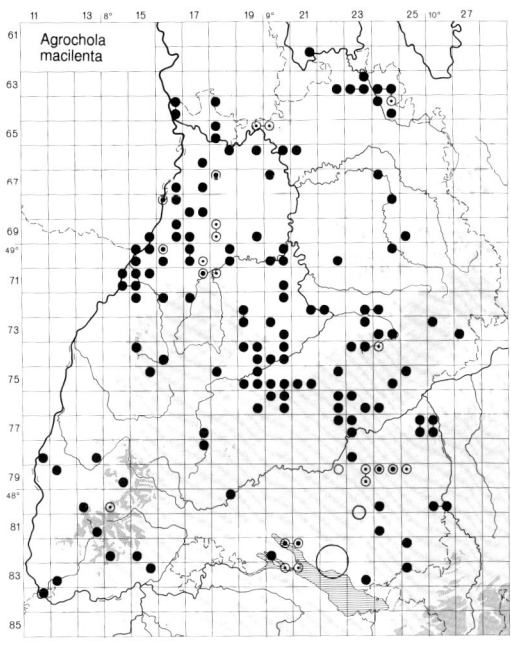

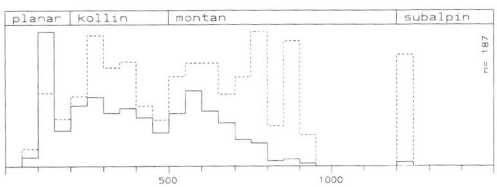

Phänologie

Imagines: In den meisten Gebieten beginnt die Flugzeit Mitte September. Vereinzelt wurden wesentlich frühere Daten ab Mitte August gemeldet: 13.8. (1979, Vogtsburg, R. HERRMANN), 13.8. (1990, Lauda, Eisberg, F. KIRSCH), 21.8. (1927, Höllental, K. ROTHMUND nach Kartei A. GREMMINGER), 24.8. (1928, Pforzheim, K. STROBEL). Das Flugzeitmaximum zeichnet sich im Schwarzwald bereits um die Monatswende September/Oktober ab, in den übrigen Gebieten liegt es in der ersten Oktoberhälfte. Die Flugzeit endet im November.

In der Oberrheinebene und im Alpenvorland reichen die Nachweise bis Anfang November, im Schwarzwald bis Mitte, im Neckar-Tauberland und auf der Schwäbischen Alb bis Ende November. Ein später Fund im Dezember schließt die Daten ab (7.12.1984, Schönbuch bei Dettenhausen, A. STEINER).
Präimaginalstadien: Die Eier überwintern. Aus Baden-Württemberg liegt nur ein datierter Raupenfund von Ende Mai vor (30.5.1991, Göppingen-Jebenhausen, K. FREYTAG). Die Raupenzeit dürfte von April bis Juni dauern.

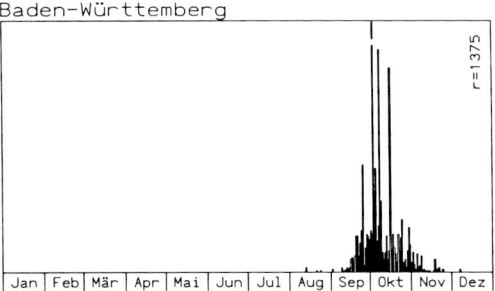

Ökologie

Lebensraum: *Agrochola macilenta* ist eine charakteristische Art der mitteleuropäischen Laubwälder. Sie ist aus allen eichen- und rotbuchenreichen Wäldern nachgewiesen: Hartholzauenwälder, wärmeliebende Eichenwälder, Hainbuchenwälder, Rotbuchen- und Rotbuchen-Tannenwälder. Nach den Falterfunden zu schließen

Agrochola macilenta unterscheidet sich in der Zeichnung kaum von *Agrochola lota*. Ihre Grundfarbe ist jedoch nie grau, sondern stets heller oder dunkler gelb- bis rötlichbraun. – Herrenberg 7.10.91 A. STEINER. LF.

Agrochola macilenta ist ein typisches Laubwaldtier und stets innerhalb oder in den Randbereichen von Wäldern anzutreffen. – Schwäbische Alb, Ringingen, Bühlberg 19.9.85 A. STEINER. LF.

werden sowohl lichte Bestände, Binnensäume an Wegrändern und Lichtungen und auch die Waldrandbereiche besiedelt.

Nahrung der Raupe:
Quercus spec. – Eiche
  L (Scc)
Ulmus spec. – Ulme
  L (Fry)

Aus Baden-Württemberg sind nur zwei Nahrungspflanzen bekannt geworden. K. FREYTAG klopfte eine Raupe bei Göppingen-Jebenhausen tagsüber von Ulme und SCHNEIDER (1941) zog einen Falter »aus einer an Eiche gefundenen Raupe« (ohne Fundort, wohl Umgebung Stuttgart). GAUCKLER (1909) gab an, die Raupe lebe »in der Jugend an allerlei Laubholz, später an niederen Pflanzen«.

Damit ist das Nahrungsspektrum natürlich nur angeschnitten. Die Literatur verzeichnet u. a. *Fagus sylvatica, Quercus, Salix, Populus tremula, Populus nigra, Populus alba, Plantago, Hieracium* (BERGMANN 1954), *Carpinus betulus, Plantago lanceolata,* Meierich (KOCH 1856), *Crataegus laevigata* (ALLAN 1949), in Schottland auch *Calluna vulgaris* (BRETHERTON, GOATER & LORIMER 1983).

Durch die weißliche Rückenzeichnung erinnert die Raupe von *Agrochola macilenta* an die von *A. lota*. Die Rückenlinie verläuft aber nahezu ohne Unterbrechung und die Grundfarbe ist rotbraun. – Göppingen-Jebenhausen 30.5.91 K. FREYTAG.

Nahrung des Falters: Der Blütenbesuch wurde an *Buddleja davidii* gemeldet (H. BEYERLE nach SETTELE 1926a). Die Falter kommen gern an den Köder.
Habitat: Siehe Lebensraum.
Verhalten: Die Falter sind nachtaktiv und fliegen Lichtquellen an. Tagsüber sind sie an Baumstämmen ruhend gefunden worden.

Gefährdung und Schutz

Rote Liste Bundesrepublik: –
Rote Liste Baden-Württemberg: –

Oberrheinebene: Nicht gefährdet.
Schwarzwald: Nicht gefährdet.
Neckar-Tauberland: Nicht gefährdet.
Schwäbische Alb: Nicht gefährdet.
Oberschwaben: Nicht gefährdet.

• In Baden-Württemberg nicht gefährdet!

Agrochola nitida
[Denis & Schiffermüller], 1775
Rotbraune Herbsteule

Orthosia nitida F. (REUTTI 1898, LAMPERT 1907, SPULER 1908–1910, REBEL 1910, ECKSTEIN 1913–1923, HERING 1932)
Amathes lucida HUFN. (WARREN in SEITZ 1909–1914, DRAUDT in SEITZ 1931–1938, SCHNEIDER 1936–1939, BERGMANN 1951–1955, KOCH 1954–1961, 1984)

Gesamtverbreitung: In Europa vor allem in den mittleren Ländern verbreitet, nördlich bis Nordwestfrankreich, Belgien, Niederlande, Norddeutschland, Dänemark, Südschweden, Südfinnland (Åland-Inseln), Litauen, Ostpolen, ukrainische Karpaten und Krim. Im Süden kommt die Art von Nordspanien über Sizilien und Griechenland bis Kleinasien und Armenien vor.

Die rotbraune *Agrochola nitida* ist in der Zeichnung ziemlich konstant. Die Grundfarbe variiert von gelblichen zu rötlichen Brauntönen. Bei dieser weit verbreiteten, aber lokal auftretenden Art besteht noch Forschungsbedarf bezüglich ihrer Larvalbiologie. – Ammerbuch-Reusten 18.9.85 A. STEINER. LF.

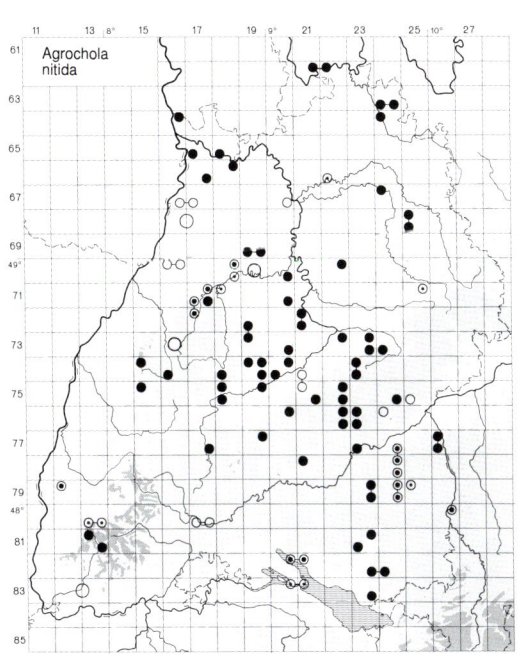

Die westmediterranen Populationen wurden als eigene Art *Agrochola dujardini* DUFAY, 1976 beschrieben, sind aber nach REZBANYAI-RESER (1983) durch eine Übergangszone mit der Nominatform verbunden und deshalb höchstens als Subspezies aufzufassen.

Verbreitung

Regional: Die Verbreitung in Baden-Württemberg ist ungleichmäßig: Gut besiedelt sind die Schwäbische Alb und die mittleren Teile des Neckar-Tauberlands (hier sowohl das Muschelkalk- als auch das Keuper-Lias-Gebiet), etwas lokaler erscheint die Verbreitung in den nördlichen Teilen. In ähnlicher Dichte kommt *A. nitida* im Alpenvorland vor, hier vor allem in den östlichen Gebieten. Im Schwarzwald scheint sie recht weit verbreitet zu sein, sicher weiter als die Karte zeigt, denn die späte Flugzeit und die geringe Zahl ansässiger Mitarbeiter sorgt hier sicher für eine unterdurchschnittliche Kenntnis der Chorologie. Sehr schwach ist dagegen die Besiedlung der Oberrheinebene: Neben älteren Meldungen aus dem Kaiserstuhl (E. BROMBACHER nach SCHRÖDER 1922b, bis 1967 nach L. SETTELE), aus dem Raum Karlsruhe (GAUCKLER 1898a, 1912, bis 1947 nach Kartei A. GREMMINGER, REUTTI 1898), Wiesental (F. KLINGER nach Kartei A. GREMMINGER) und Graben-Neudorf (1920, A. GREMMINGER) liegen neuere Funde nur aus den Naturräumen Nördliche Oberrhein-Niederung und Hessische Rheinebene vor (Mannheim, Kollekturwald, W. KINTZL; Schwetzinger Wiesen bei Rheinau, R. BLÄSIUS; Sandhausen, F. STEUERWALD). Ob *A. nitida* weiter südlich wirklich ausgestorben ist oder nur wegen ihres lokalen Vorkommens in jüngster Zeit nicht mehr gefunden wurde, bleibt unklar.

In Baden-Württemberg wurde die Raupe schon seit längerer Zeit nicht mehr im Freiland nachgewiesen. – Italien, Gardasee (ex ovo-Zucht) 93 K. FREYTAG. S.

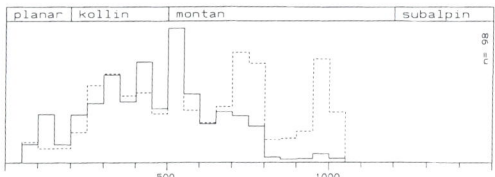

Vertikal: Die Höhenverbreitung dehnt sich von der Ebene unter 100 m bis in die montane Zone von Schwarzwald und Alb aus, wo die höchsten Fundorte bis gegen 1000 m reichen (Stohren im Münstertal, 970–1010 m, R. HERRMANN; Schauinsland-Rappeneck, 900–1010 m, O. SCHRÖDER nach Kartei A. GREMMINGER).

Phänologie

Imagines: Die Flugzeit dauert im Neckar-Tauberland und auf der Schwäbischen Alb (den datenreichsten Naturräumen) von Mitte/Ende August bis Anfang/Mitte Oktober. Aus dem Schwarzwald liegen Funde von Ende August bis Ende September, aus der Rheinebene von Anfang September bis Anfang Oktober und aus dem Alpenvorland von Ende August bis Anfang Oktober vor. Ein Maximum ist Mitte September erkennbar, auf der Schwäbischen Alb etwas früher, Anfang September. Die Extremwerte der Flugzeit datieren vom 5. August (1927, Pforzheim, H. ROMETSCH/K. STROBEL) und vom 29. Oktober (Durlacher Wald (GAUCKLER 1912).

Präimaginalstadien: Aus Baden-Württemberg liegen keine datumsgenauen Angaben vor. Die Eier überwintern, die Raupe lebt nach Literaturangaben von Mai bis Juni (SPULER 1908–1910). KELLER & HOFFMANN (1861) fanden sie bei Stuttgart und Reutlingen »im Frühjahr«.

Ökologie

Lebensraum: *Agrochola nitida* wird als Falter vor allem im frischen bis trockenen, gebüschreichen Offenland gefunden. Dazu gehören Waldränder und Binnensäume (Waldwege, Lichtungen) von Laub- und Laubmischwäldern, den Rändern vorgelagerte Gebüsche, Staudenfluren und Säume, aber auch verbuschende Halbtrockenrasen (auf der Schwäbischen Alb Wacholderheiden), aufgelassene Weinberge, Steinbrüche, Streuobstwiesen, Gärten und Parks.

Nahrung der Raupe:
Primula spec. – Schlüsselblume
  L (KeH)
Clematis vitalba – Gewöhnliche Waldrebe
  L (KeH)

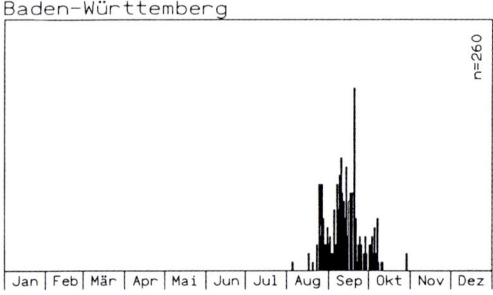

Die einzigen Angaben zur Raupennahrung stammen aus dem 19. Jh. KELLER & HOFFMANN (1861) fanden »bei Stuttgart die Raupen im Frühjahr nicht selten auf Schlüsselblumen, auch schon bei Reutlingen, auf Waldreben«.

Die Literaturangaben über die Nahrungspflanzen von *Agrochola nitida* sind spärlich und überwiegend sehr alt. FREYER (1829–1830) gab an, daß er die Raupen unter *Primula veris* und daß v. TISCHER sie an *Veronica chamaedrys* und *Plantago lanceolata* gefunden habe. KOCH (1856) nannte genau dieselben drei Pflanzen, aber ohne darauf hinzuweisen, daß er bei FREYER zitierte. Zusätzlich führte er, nach seinem Gewährsmann SCHNEIDER, *Rumex* spec. auf. 1873 gab WULLSCHLEGEL für die Schweiz *Veronica officinalis*, *Veronica chamaedrys* und *Plantago* spec. an. Zumindest für die beiden letztgenannten ist zu vermuten, daß sie auf FREYER zurückgehen. Aus Österreich meldete KIEFER (1912) nach seinem Gewährsmann GROSS *Fragaria* spec. und *Cyclamen* spec.. BERGMANN (1954) klopfte die Raupe in Thüringen von *Prunus spinosa*. In der Sekundärliteratur, z. B. in den meisten Handbüchern von SPULER (1908) bis KOCH (1984), finden sich *Primula*, *Veronica*, *Plantago*, *Rumex* und *Prunus spinosa* genannt.

Nahrung des Falters: Blütenbesuch wurde an *Buddleja davidii* gemeldet (H. BEYERLE nach SCHULTZ 1924, SETTELE 1926a). Die Falter kommen an den Köder, allerdings bevorzugt früh in der Dämmerung, weshalb sie bei Köderfang mit relativ späten Köderkontrollen oft nicht nachgewiesen werden.
Habitat: Ohne Larvalnachweise noch nicht einzugrenzen. Siehe Lebensraum.
Verhalten: Die Falter sind dämmerungs- und nachtaktiv. Sie kommen gelegentlich ans Licht.

Gefährdung und Schutz

Rote Liste Bundesrepublik: 3
Rote Liste Baden-Württemberg: V

Oberrheinebene: Art der Vorwarnliste (regional ausgestorben oder verschollen).
Schwarzwald: Nicht gefährdet.
Neckar-Tauberland: Nicht gefährdet.
Schwäbische Alb: Nicht gefährdet.
Oberschwaben: Art der Vorwarnliste (regional ausgestorben oder verschollen).

- In Baden-Württemberg eine Art der Vorwarnliste!

Agrochola helvola
Linnaeus, 1758
Rötliche Herbsteule

Orthosia helvola L. (REUTTI 1898, LAMPERT 1907, SPULER 1908–1910, REBEL 1910, ECKSTEIN 1913–1923, HERING 1932)
Amathes helvola L. (WARREN in SEITZ 1909–1914, DRAUDT in SEITZ 1931–1938, SCHNEIDER 1936–1939, BERGMANN 1951–1955, KOCH 1954–1961, 1984)

Gesamtverbreitung: Nahezu ganz Europa nördlich bis Nordschottland und in Fennoskandien bis jenseits des Polarkreises, südlich bis Südspanien, Sizilien, Griechenland. Über Vorder- und Mittelasien bis Mittelsibirien. Eine Angabe für Algerien (DRAUDT in SEITZ 1931–1938) ist fraglich.

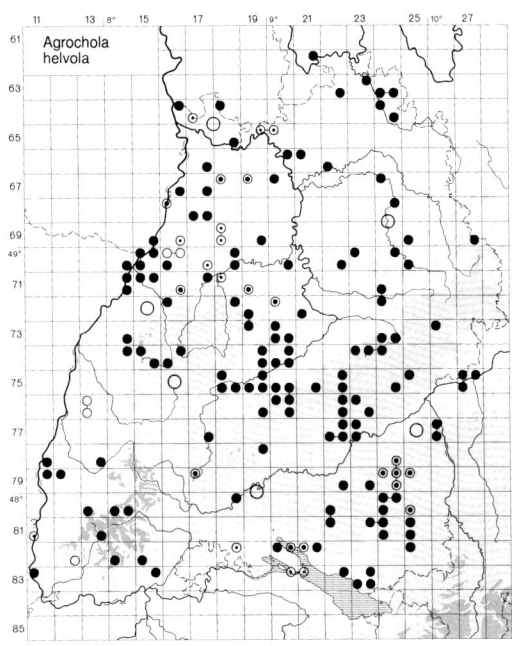

Verbreitung

Regional: *Agrochola helvola* ist in allen Hauptnaturräumen Baden-Württembergs verbreitet. Bei dichterer Kartierung dürfte sie sich als – mit Ausnahme der Schwarzwaldhochlagen – nahezu flächendeckend vertreten erweisen.

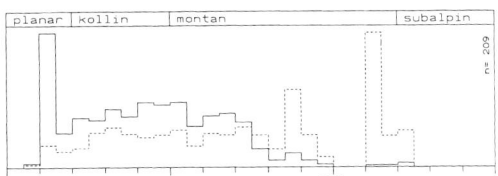

Vertikal: Die Höhenverbreitung erstreckt sich ohne erkennbare Schwerpunkte von der planaren bis in die hochmontane Stufe. Der höchste Nachweis stammt vom Schauinslandgipfel im Südschwarzwald (1200 m, R. HERRMANN).

Phänologie

Imagines: Die Flugzeit dauert allgemein von Anfang September bis Ende Oktober. Regional treten jedoch Unterschiede auf. So sind im Neckar-

Tauberland und auf der Schwäbischen Alb vereinzelte Falter schon in den letzten Augusttagen registriert worden. Die kontinuierlichen Nachweise setzen aber überall erst Mitte September ein. Ein Maximum zeichnet sich in allen Gebieten in der zweiten Septemberhälfte ab. Zwischen Mitte und Ende Oktober dünnen die Nachweise aus, doch sind einzelne Tiere bis in die ersten Novembertage beobachtet worden. Der späteste Nachweis datiert vom 19. November (1983, Graben-Neudorf, H. BAUMGÄRTNER).

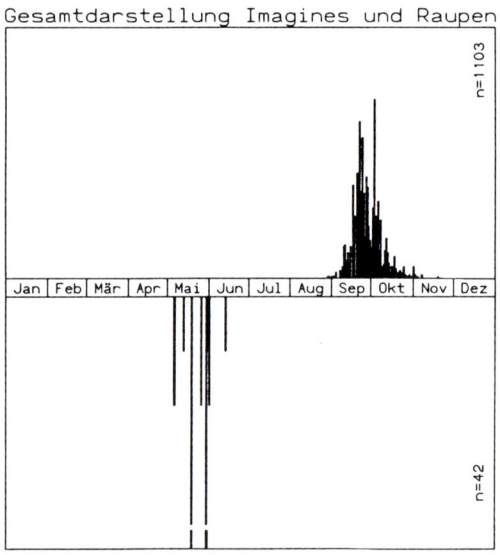

Agrochola helvola ist nahezu ubiquitär verbreitet und besonders im Mittelgebirge und in Feuchtbiotopen gut vertreten. – Kollnau (ex larva-Zucht) 13.8.96 A. SCHNEIDER. S.

Präimaginalstadien: Die Eier überwintern. Die Raupen wurden zwischen Anfang Mai und Mitte Juni häufig gefunden, am zahlreichsten in der zweiten Maihälfte (6.5.1994, Kaiserstuhl, Oberbergen, bereits im vorletzten Stadium, A. STEINER; 13.6.1992, Ibach, Taubenmoos, S. HAFNER/ E. RENNWALD/A. STEINER). Vor der Verpuppung liegen die Raupen wochenlang als Praepupa im Kokon.

Ökologie

Lebensraum: *Agrochola helvola* besiedelt ein sehr breites Spektrum von sehr trockenen bis ausgesprochen nassen Biotopen, zeigt aber eine Vorliebe für Feuchtgebiete. So kommt sie in Oberschwaben »besonders häufig in Mooren« vor (G. REICH). MEINEKE (1982) fand sie in Niedermooren, in Hochmoorkomplexen und im Spirken-Waldhochmoor. Ähnliches gilt auch für den Schwarzwald. Sie ist ferner in allen Laubwäldern, hier besonders in den gebüschreichen Randzonen und an Binnensäumen, von den Auenwäldern bis hin zu trockenwarmen Eichenwäldern zu finden. Sie bewohnt Wiesentäler und die Uferzonen von Gewässern, Streuobstwiesen, Gärten, aufgelassene Weinberge, Steinbrüche, Hecken und Gebüschgesellschaften. Eine Präferenz für »Sandlandschaften der Hügelstufe«, wie BERGMANN (1954) für Thüringen angab, läßt sich in Baden-Württemberg nicht erkennen.

Nahrung der Raupe:
Salix spec. – Weide
    L (GAU)
Corylus avellana – Hasel
    L (ASA)
Quercus spec. – Eiche
    L (GAU, GRE)
Rubus cf. *saxatilis* – cf. Steinbeere
    L (STN)
Rubus idaeus – Himbeere
    L (ASA)
Rubus fruticosus agg. – Brombeere
    3 L (ASA, HIR, STN)
Prunus spinosa – Schlehe
    L (ASA, BRM)
Vaccinium myrtillus – Heidelbeere
    3 L (BOL, MER, STN)
Vaccinium uliginosum – Moorbeere
    3 L (BOL, FAG, HAF, REI)
Geranium sanguineum – Blut-Storchschnabel
    L (STN)

Agrochola helvola lebt sehr polyphag an Stauden, Sträuchern, Gebüschen und niedrigen Bäumen. Eine gewisse Präferenz läßt sich im Moorbereich für *Vaccinium* erkennen. Die Heidelbeere ist sowohl aus dem Südschwarzwald (BOLDT 1928) als auch aus Oberschwaben (M. MEIER/A. STEINER) mehrfach belegt. Mindestens genauso zahlreich liegen Nachweise an der Moorbeere vor (Schwarzwald: BOLDT 1928, FAGNOUL nach ANONYMUS 1925, S. HAFNER; Oberschwaben: G. REICH). Im mesophilen Bereich scheint die Brombeere sehr beliebt zu sein. Die übrigen Nachweise verteilen sich auf weitverbreitete Bäume (hier leben die Raupen meist an jungen Büschen oder niedrigen Zweigen und Stockausschlägen) und Sträucher. Die Liste läßt sich mit Sicherheit noch bedeutend erweitern.

Nicht recht verständlich ist der Nahrungswechsel, den GAUCKLER (1909) unterstellte: »in der Jugend ... in Weidenkätzchen, später an Eichen und Schlehen«. Das könnte nur dort funktionieren, wo Eichen und Schlehen zwischen Weidenbüschen wachsen. Wahrscheinlicher ist ein Irrtum; alle drei Arten dürften als Raupennahrung beobachtet worden sein, aber ein Wechsel wird entweder gar nicht oder nur von der Baum- in die Krautschicht stattfinden.

Nahrung des Falters: Blütenbesuch wurde an *Buddleja davidii* gemeldet (H. BEYERLE nach SETTELE 1926a). Die Falter kommen gern an den Köder.

Habitat: Pflanzensoziologisch definierbare Habitatpräferenzen sind nicht zu erkennen. Die Art ist als Raupe wie als Falter in den verschiedensten Wald-, Gebüsch-, Saum- und Staudenflurgesellschaften zu finden und vom Hochmoor bis zum Trockenrasen verbreitet.

Die braune Raupe mit dem weißen Seitenstreifen ist sehr polyphag. Gewisse Vorlieben zeichnen sich für *Vaccinium*- und *Rubus*-Arten ab. – Nagold-Schietingen 10.6.84 A. STEINER. S.

Verhalten: Die Raupen verstecken sich tagsüber niedrig an ihren Nahrungspflanzen oder in der umgebenden Krautschicht. Nachts werden sie aktiv und können an ihren Nahrungspflanzen bis in über 1,5 m Höhe gefunden werden. Sie verpuppen sich in einem festen Erdkokon. Die Falter sind nachtaktiv und kommen ans Licht.

Gefährdung und Schutz

Rote Liste Bundesrepublik: –
Rote Liste Baden-Württemberg: –

Oberrheinebene: Nicht gefährdet.
Schwarzwald: Nicht gefährdet.
Neckar-Tauberland: Nicht gefährdet.
Schwäbische Alb: Nicht gefährdet.
Oberschwaben: Nicht gefährdet.

• In Baden-Württemberg nicht gefährdet!

Agrochola humilis
([Denis & Schiffermüller], 1775)
Graubraune Herbsteule

Orthosia humilis F. (REUTTI 1898, LAMPERT 1907, SPULER 1908–1910, REBEL 1910, ECKSTEIN 1913–1923, HERING 1932)
Amathes humilis F. (WARREN in SEITZ 1909–1914, DRAUDT in SEITZ 1931–1938, SCHNEIDER 1936–1939, BERGMANN 1951–1955, KOCH 1954–1961, 1984)

Gesamtverbreitung: Kleinasien (Türkei) und Teile Süd- und Mitteleuropas. Die Arealgrenze verläuft ungefähr vom Schwarzen Meer über Rumänien, Slowakei, Tschechien (Böhmen), Südbayern, Baden-Württemberg, Pfalz, Hessen (Mittelrheingebiet) (jeweils nur alte Angaben), Belgien, Mittelfrankreich, Nord-, Mittel- und Süditalien, Griechenland nach Anatolien. HEINICKE (1993) meldet einen Fund nach 1980 aus Sachsen.

Verbreitung

Regional: *Agrochola humilis* ist im 19. und Anfang des 20. Jahrhunderts einige Male aus Baden-Württemberg gemeldet worden.

Oberrheinebene: Karlsruhe (REUTTI 1898, H. VOLLMER nach Kartei A. GREMMINGER); Lahr, Dinglingen (REUTTI 1853, 1898).
Neckar-Tauberland: Tübingen (C. HEBSACKER nach SCHNEIDER 1938).
Schwäbische Alb: Spaichingen (ASCHENAUER nach SCHNEIDER 1938).
Alpenvorland: Konstanz (H. BEYERLE nach SETTELE 1926a).

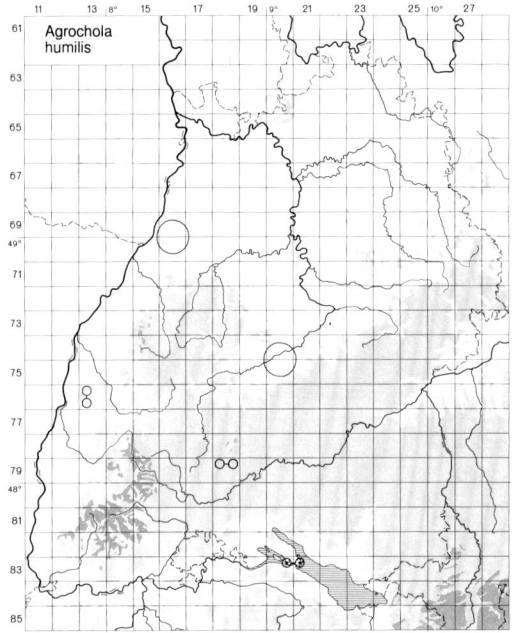

LINZ (1847) führte die Art für das »Gebiet der Pollichia« an. Er hatte dabei auch Teile der nordbadischen Rheinebene (Heidelberg, Schwetzingen) bearbeitet (BERTRAM 1859). Aus der Pfalz sind später keine Funde mehr gemeldet worden, so daß KRAUS (1993) die Art aus der Pfälzer Artenliste strich. Aus dem Elsaß liegt eine alte Angabe für Thann vor (PEYERIMHOFF & MACKER 1910).

Vertikal: Die aus Baden-Württemberg genannten Fundorte liegen in der Ebene und im Hügelland. Die höchsten Fundgebiete sind der Raum Tübingen (300–500 m) und der Raum Spaichingen (650–950 m), letzterer in der montanen Stufe.

Phänologie

Imagines: Flugzeitangaben liegen aus Baden-Württemberg nicht vor. Wie die verwandten Arten fliegt *A. humilis* im Herbst, von Ende August oder September bis Oktober oder November.

Präimaginalstadien: Das Ei überwintert. Die Raupe lebt nach LHOMME (1923–1935) im April und Mai, nach KOCH (1856) auch noch im Juni.

Ökologie

Lebensraum: Aus Baden-Württemberg liegen keinerlei Angaben zum Lebensraum vor. Im Mittelmeerraum gilt die Art als charakteristisch für den submediterranen Eichenmischwald (HACKER 1989). In Mitteleuropa kommen daher nur xerotherme Biotope in Frage. Es kann vermutet werden, daß die Art in der Oberrheinebene in lichten Eichenwäldern und deren Randbereichen, in sonnigen Gebüschzonen und Säumen auf Sand- oder Kiesböden vorkam.

Nahrung der Raupe: Aus Baden-Württemberg liegen keine Angaben vor.

Die Raupe lebt offenbar polyphag an Pflanzen der Krautschicht. Aus dem Raum Frankfurt/Main gab G. KOCH (1856) *Carduus acanthoides* an, aus Deutschland allgemein nannte M. KOCH (1958, 1984) »niedere Pflanzen, Salweide«. In Ungarn fand AIGNER-ABAFI (1900e) die Raupe »am Stengel von *Sonchus*«. In der Schweiz sammelte RÄTZER sie »in den Alleen um Bern am Fusse von Eschen und Ulmen im Grase« (VORBRODT 1911). Aus Frankreich meldete LHOMME (1923–1935) »*Agropyron repens, Taraxacum, Plantago, Sonchus*«. Einige dieser Angaben dürften allerdings auf Fütterungspflanzen in der Gefangenschaft beruhen.

Nahrung des Falters: Blütenbesuch wurde an *Buddleja davidii* gemeldet (H. BEYERLE nach SETTELE 1926a). Hier bestehen jedoch starke Zweifel

Belegstücke, die diese Meldungen stützen könnten, existieren unseres Wissens nicht. So muß zuerst darauf hingewiesen werden, daß *Agrochola humilis* gelegentlich mit grauen Formen von verwandten Arten verwechselt worden ist. Eine derartige Fehldetermination unterstellen wir H. BEYERLE (SETTELE 1926a)[1]. Frühere Bearbeiter, die das Konstanzer Gebiet intensiv durchforschten (LEINER 1829, REUTTI 1853), hatten die Art nicht gefunden. Die übrigen Angaben sind schwieriger zu beurteilen. REUTTI war ein guter Kenner, der die Art kaum verwechselt haben dürfte. Um Lahr und Dinglingen hat er selber gesammelt. Dagegen ist der Gewährsmann H. VOLLMER für manche Falschmeldung verantwortlich (unsaubere Etikettierung?). Wenn GREMMINGER das betreffende Tier gesehen hat, was anzunehmen ist, ist jedenfalls die Determination zuverlässig. Der Fundort Spaichingen dürfte schon aus klimatischen Gründen für eine xerothermophile Art wie *Agrochola humilis* ausfallen.

---

[1] Wäre diese Angabe wirklich zuverlässig, dann hätte SETTELE es sicher nicht unterlassen, in seinem Aufsatz von 1972 auf diesen Fund hinzuweisen, wäre er doch der einzige lebende Entomologe gewesen, der die Art in Baden-Württemberg nachgewiesen hätte. Außerdem spricht die angegebene Nektarpflanze *Buddleja* eher gegen eine Art mit herbstlicher Flugzeit.

an der richtigen Bestimmung! Ansonsten kommen die Falter gern zum Köder.
Habitat: Aus Baden-Württemberg unbekannt.
Verhalten: Die Imagines sind nachtaktiv und kommen ans Licht.

Gefährdung und Schutz

Rote Liste Bundesrepublik: G
Rote Liste Baden-Württemberg: 0

Oberrheinebene: Ausgestorben oder verschollen.
Schwarzwald: Nicht vertreten.
Neckar-Tauberland: Ausgestorben oder verschollen.
Schwäbische Alb: Nicht sicher nachgewiesen (kritischer Einzelfund).
Oberschwaben: Nicht sicher nachgewiesen (kritischer Einzelfund).

- In Baden-Württemberg ausgestorben oder verschollen!

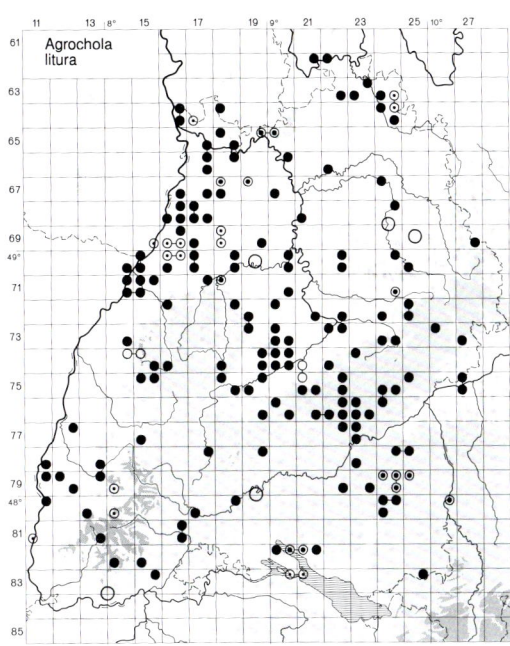

Agrochola humilis wurde in der Vergangenheit mehrmals aus Baden-Württemberg gemeldet. Aus dem 20. Jahrhundert liegen keine Funde mehr vor. – Niederösterreich, Hintersdorf 12.9.27 leg. HÖFER.

Unter der Voraussetzung, daß wenigstens einige der oben zitierten Meldungen, nämlich die aus der Oberrheinebene und aus dem Neckarland, auf richtiger Bestimmung beruhen, müssen wir *Agrochola humilis* in Baden-Württemberg als seit Anfang des 20. Jahrhunderts ausgestorbene Art einstufen.

Die relativ wenigen Funde nördlich der Alpen und die sicherlich vorgekommenen Fehldeterminationen erschweren allerdings eine Beurteilung des (einstigen) Areals. Konkrete Gründe für den Rückgang der Art in Deutschland sind nicht erkennbar.

Agrochola litura
Linnaeus, 1761

Schwarzgefleckte Herbsteule

Orthosia litura L. (REUTTI 1898, LAMPERT 1907, SPULER 1908–1910, REBEL 1910, ECKSTEIN 1913–1923, HERING 1932)
Amathes litura L. (WARREN in SEITZ 1909–1914, DRAUDT in SEITZ 1931–1938, SCHNEIDER 1936–1939, BERGMANN 1951–1955, KOCH 1954–1961, 1984)

Gesamtverbreitung: Europa und Vorderasien, südlich bis Südspanien, Sizilien, Griechenland und Libanon, nördlich bis Nordschottland, Mittelnorwegen und -schweden und Südfinnland. Angaben für Nordwestafrika (Marokko) sind aufgrund von Verwechslungsgefahr mit der atlantomediterranen *Agrochola meridionalis* (STAUDINGER, 1871) unsicher.

Verbreitung

Regional: *Agrochola litura* besiedelt wahrscheinlich ganz Baden-Württemberg mit Ausnahme der höchsten Schwarzwaldlagen. Die zum Teil noch

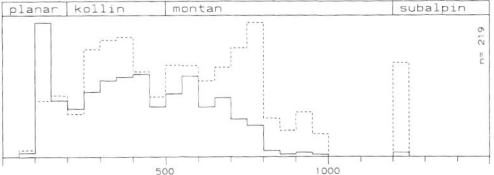

großen Lücken im Kartenbild spiegeln lediglich den Durchforschungsstand wider.

Vertikal: Die Art kommt von der Ebene um 100 m bis ins Bergland über 1000 m vor. Der höchste bekannte Fundpunkt ist der Schauinslandgipfel (1200 m, R. HERRMANN).

Phänologie

Imagines: Die Flugzeit beginnt in Oberschwaben bereits im letzten Augustdrittel, erreicht einen Höhepunkt in der ersten Septemberhälfte und geht gegen Ende September zu Ende. Nur wenige Einzelfunde ziehen sich noch bis Mitte Oktober hin. In allen anderen Gebieten setzt die Flugzeit erst in der ersten September-Dekade ein. Vereinzelte Falter sind auf der Schwäbischen Alb und besonders im Neckar-Tauberland auch schon Ende August gefunden worden, doch bleiben sie Ausnahmefälle. Das Flugmaximum wird um Mitte September erreicht. Bis Anfang Oktober dauert die zusammenhängende Flugzeit, danach folgen Einzelfunde, die im Neckar-Tauberland bis Ende Oktober reichen. Ein spätes Tier vom 6. November (1979, Schwäbische Alb, Buttenhausen, J.-U. MEINEKE) beendet die Falterzeit.

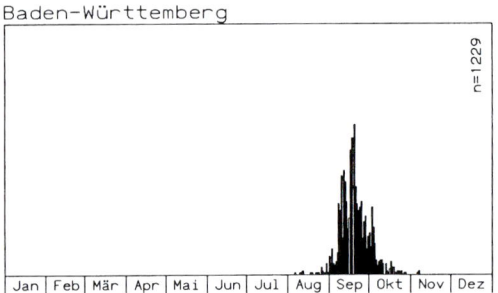

Bei *Agrochola litura* beschränkt sich die Variabilität vor allem auf die Grundfarbe der Vorderflügel. Die Flügel können wie beim abgebildeten Tier durch den Mittelschatten in eine helle Innen- und dunklere Außenhälfte geteilt, aber auch einfarbig hell- bis dunkelbraun sein. Karlsruhe, Hardtwald 18.9.95 A. STEINER.

Präimaginalstadien: Das Ei überwintert. Die Raupen sind im Untersuchungsgebiet zwischen Ende April (29.4.1993, Allmersbach im Tal, F. BIHLMAIER) und Ende Mai gefunden worden (31.5.1991, Reicholzheim, H. LUSSI). GAUCKLER (1909) gab auch noch den Juni an. Vor der Verwandlung zur Puppe liegt die Raupe mehrere Wochen lang als Praepupa im Kokon.

Ökologie

Lebensraum: Das Biotopspektrum von *Agrochola litura* ist ausgesprochen breit. Sie ist an trockenen bis frischen, nur gelegentlich auch an feuchten Stellen zu finden. Im Offenland besiedelt sie Halbtrockenrasen und Säume, die Sandfluren der nordbadischen Binnendünen, Gebüschzonen und Hecken, Heideflächen, Steinbrüche und Kiesgruben sowie Gärten und Friedhöfe im menschlichen Siedlungsbereich. Weiter kommt sie in lichten Laub- und Laubmischwäldern, an Waldwegen und Lichtungen sowie an den äußeren Waldrändern vor.

Nahrung der Raupe:
Salix caprea – Sal-Weide
  L (FRY, GAU)
Urtica dioica – Große Brennnessel
  L (BIH)
Genista tinctoria – Färber-Ginster
  L (STN)
Medicago sativa – Luzerne
  L (STN)
Lotus corniculatus – Gewöhnlicher Hornklee
  L (MRT)
Onobrychis viciifolia – Futter-Esparsette
  L (STN)
Helianthemum nummularium (ssp. *obscurum*) – Gewöhnliches Sonnenröschen
  L (BAJ)

Rumex acetosa – »Sauerampfer«
   L (GAU)
Ligustrum vulgare – Liguster
   L (STN)
Lamium spec. – Taubnessel
   L (GAU)

Die Raupe ist sehr polyphag und deshalb mit der von *A. helvola* vergleichbar. Im Gegensatz zu dieser mehr an Sträuchern zu findenden Art bevorzugt *A. litura* aber die Pflanzen der Krautschicht. Die aus dem Untersuchungsgebiet bekannten Nahrungspflanzen geben schon einen Eindruck von ihrer Vielseitigkeit. Die Liste kann aber noch beträchtlich erweitert werden.

Nahrung des Falters: Der Blütenbesuch wurde an *Buddleja davidii* beobachtet (H. BEYERLE nach SCHULTZ 1924). Die Falter kommen gern an den Köder.

Habitat: Zum Habitat gehören mutmaßlich sämtliche einheimischen Laubwaldgesellschaften der Querco-Fagetea und die meisten der nicht zu feuchten Offenland-Gesellschaften.

Verhalten: Die Raupen fressen nachts und sitzen tagsüber versteckt in der niedrigen Vegetation und am Erdboden. Sie verpuppen sich in einem festen Erdkokon. Die Imagines sind nachtaktiv und fliegen Lichtquellen an.

Gefährdung und Schutz

Rote Liste Bundesrepublik: –
Rote Liste Baden-Württemberg: –

Oberrheinebene: Nicht gefährdet.
Schwarzwald: Nicht gefährdet.
Neckar-Tauberland: Nicht gefährdet.
Schwäbische Alb: Nicht gefährdet.
Oberschwaben: Nicht gefährdet.

• In Baden-Württemberg nicht gefährdet!

Die Raupe tritt wie die von *A. lychnidis* in grünen und braunen Formen auf. Wie alle Arten der Gattung ist sie nachtaktiv. – Werbach 23.5.92 F. KIRSCH.

Agrochola laevis
(Hübner, 1803)

Ockerbraune Herbsteule

Orthosia laevis HBN. (REUTTI 1898, LAMPERT 1907, SPULER 1908–1910, REBEL 1910, ECKSTEIN 1913–1923, HERING 1932)
Amathes laevis HBN. (WARREN in SEITZ 1909–1914, SCHNEIDER 1936–1939, BERGMANN 1951–1955, KOCH 1954–1961, 1984)

Gesamtverbreitung: In Süd- und Mitteleuropa und Vorderasien sehr lückenhaft verbreitet. Die Arealgrenze verläuft im Norden vom Kaukasus über Südrußland (Sarepta), die ukrainischen Karpaten, Königsberg, Nordpolen, Nord- und Westdeutschland (Mecklenburg-Vorpommern, Niedersachsen, Hessen, Pfalz), und Belgien nach Mittelfrankreich (ein Einzelfund auch in Dänemark), im Süden von Südostfrankreich über Italien, Sizilien und Griechenland nach Kleinasien (Armenien).

Verbreitung

Regional: Die frühesten Angaben von *Agrochola laevis* für unser Gebiet stammen aus Stuttgart, von wo SEYFFER (1850) sie als »nicht häufig« sowie KELLER & HOFFMANN (1861) als »selten« meldeten. Die beiden letzten Autoren gaben sie außerdem als »selten« aus Marchtal an der Donau an. Später hat SCHNEIDER (1938) noch Tübingen hinzugefügt, wo C. HEBSACKER 1890 1 ♂ gefangen haben will (erneut zitiert von KAUF-

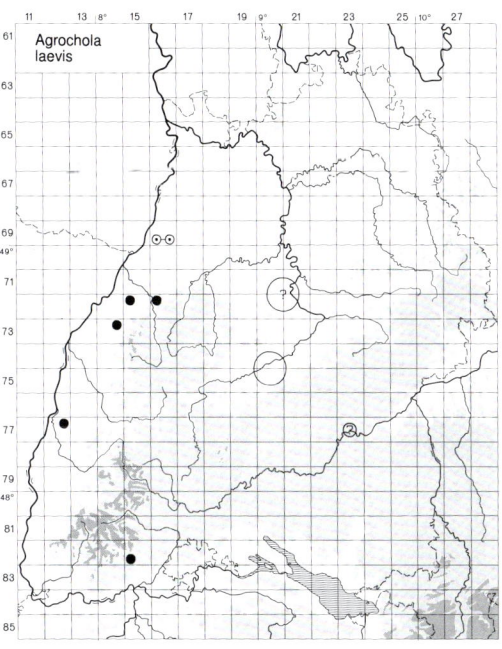

Agrochola laevis ist im Neckar-Tauberland und in Teilen der Oberrheinebene ausgestorben. Nur im Randbereich des Schwarzwalds hat sie sich noch an wenigen Stellen gehalten. Die schwach gezeichneten Falter besitzen eine graue bis hell ockerbraune Grundfarbe. – Nördlicher Talschwarzwald 21.9.85 A. STEINER. LF.

MANN & SCHMID 1966). Für alle diese Angaben gibt es keine Belege. Weder in der Sammlung des SMNS noch in der des Zoologischen Instituts der Universität Tübingen (mit coll. HEBSACKER) existieren etikettierte Belegstücke von diesen Fundorten, und auch spätere Entomologen haben die Art weder bei Stuttgart noch bei Tübingen gefunden (MEIER & STEINER 1985, SCHÄFER 1980b). Da die Art wenig prägnant gezeichnet ist und deshalb leicht mit anderen Arten verwechselt werden kann, ist nicht auszuschließen, daß es sich in allen drei Fällen um Fehldeterminationen gehandelt hat. Daß wir die Angaben dennoch (wenngleich mit Vorbehalt) akzeptieren möchten, liegt daran, daß die Art auch an einem weiteren Fundort, nämlich in den Hardtwäldern der Umgebung von Karlsruhe, anscheinend heute ausgestorben ist. Im Gegensatz zu den württembergischen Fundorten ist die ehemalige Hardtwald-Population durch eine ganze Anzahl von Belegstücken dokumentiert, so daß es keinerlei Zweifel an ihrem ehemaligen Bestehen gibt. Erstmals von A. SPULER 1886 gefunden (REUTTI 1898) wurde *A. laevis* dort bis Mitte des 20. Jahrhunderts beobachtet, allerdings mit großen Abundanzfluktuationen. Nach dem erstem Fund vergingen 12 Jahre, bis die Art 1898 plötzlich »sehr zahlreich am Köder bei Karlsruhe im Wildpark« erschien (GAUCKLER 1899). Die letzten Belegstücke stammen von 1946 (A. GREMMINGER, H. KESENHEIMER). Von da ab war die Art im Untersuchungsgebiet verschollen, bis R. HERRMANN sie 1979 im Nördlichen Talschwarzwald an den Hängen des Murgtals feststellen konnte. 1991 beobachtete A. STEINER 3 Falter im Schwarzatal im Südschwarzwald, und im selben Jahr fand J.-U. MEINEKE ein Exemplar in der Lahr-Emmendinger Vorbergzone. 1994 gelang A. SCHANOWSKI ein Nachweis in der Ortenau-Bühler Vorbergzone. Schließlich erwies sich noch ein als *Agrochola lota* fehlbestimmtes Belegstück aus Baden-Baden (1977, E. KIEFER) als zu *A. laevis* gehörig. Daraus darf geschlossen werden, daß *A. laevis* an warmen Eichenwaldrändern in den westlichen und südlichen Schwarzwaldrandlagen ziemlich verbreitet sein dürfte, doch ihre späte Flugzeit, ihr unscheinbares Aussehen und nicht zuletzt der schwache faunistische Durchforschungsstand dieser Gebiete stehen bisher einer besseren Kenntnis ihrer Chorologie entgegen.

Vertikal: Von der Ebene um 100 m (Hardtwald bei Karlsruhe) bis in die kolline Stufe sehr lokal verbreitet. Die höchste Fundstelle (Schwarzatal) liegt im montanen Bereich bei 760 m.

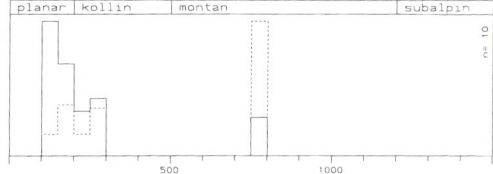

Phänologie

Imagines: Die Flugzeit in der Oberrheinebene ist durch Belegstücke und Angaben aus der Umgebung von Karlsruhe relativ gut bekannt: Sie dauerte hier von Anfang September (3.9.1927, Karlsruhe, A. GREMMINGER) bis Ende September (30.9.1946, Hardtwald bei Karlsruhe, H. KESENHEIMER). Laut einer Notiz in der Kartei A. GREMMINGER ohne genaues Datum (»8/9«) ist die Art wohl auch schon Ende August gefunden worden. In den nördlichen Schwarzwaldrandlagen (nur durch neuere Funde seit den 1970er Jahren bekannt und deshalb möglicherweise nicht direkt mit den älteren Daten der Oberrheinebene vergleichbar) liegt die Flugzeit gut zwei

Wochen später, zwischen Mitte September (14.9.1991, Murgtal, D. BARTSCH) und Mitte Oktober (13.10.1983, Murgtal, R. HERRMANN, 15.10.1994, Bühler Vorbergzone, A. SCHANOWSKI). Die beiden Nachweise aus den Randbereichen von Mittel- und Südschwarzwald stammen aus den ersten Oktobertagen (4.10.1991, Lahr-Emmendinger Vorberge, J.-U. MEINEKE; 5.10. 1991, Südschwarzwald, A. STEINER).

Ähnlich wie *Episema glaucina* zeichnet sich *A. laevis* durch auffallende regionale Unterschiede in ihrer Phänologie aus. Für das ehemalige Pommern gaben URBAHN & URBAHN (1939) die Flugzeit 3.9.–23.9. an, was sehr gut mit der Oberrheinebene übereinstimmt. In Kreuzbruch/Oranienburg ermittelte HAEGER (nach HEINICKE & NAUMANN 1980–1982) die Flugperiode 12.9.–27.10., die den Schwarzwalddaten ähnelt. Für die Pfalz nannte KRAUS (1993) (leider pauschal ohne nach Naturräumen zu unterscheiden) den ähnlichen Zeitraum 12.9.–2.11. Dagegen lagen BERGMANN (1954) aus dem Thüringer Flach- und Hügelland Funde von Mitte August(!) bis Ende September vor, eine extrem frühe Flugzeit[1], die von den Autoren einiger Handbücher verallgemeinernd übernommen wurde (FORSTER 1971, KOCH 1958, 1984).

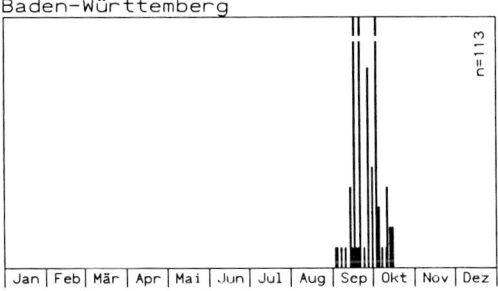

Präimaginalstadien: Keine Beobachtungen aus Baden-Württemberg. Nach Literaturangaben überwintert das Ei, und die Raupe ist von April bis Juni zu finden.

Ökologie

Lebensraum: Wie die ehemaligen Fundstellen in der Ebene im Hardtwald bei Karlsruhe ausgesehen haben, ist nicht mehr genau rekonstruierbar. A. GREMMINGER fand die Falter 1946 in einem »Eichenschlag«. Im Murgtal handelt es sich um einen warmen Waldrand mit Traubeneichen (auch Eichenjungwuchs) und Kiefern, von Heidekraut- und Ginsterbeständen umgeben. Die Fundstelle in den Ortenau-Bühler Vorbergen sieht ganz ähnlich aus, hier machen neben Traubeneichen die Eßkastanien einen bedeutenden Anteil am Baumwuchs aus. In den Lahr-Emmendinger Vorbergen kam ein Tier in einem Garten, angrenzend an extensives Weinberggelände mit Gebüschen ans Licht; es stammte vielleicht von einem weiter entfernten Waldrand. Im Schwarzatal fliegt die Art auf steilen Blockfluren, die von alten Traubeneichen eingerahmt sind (syntop mit *Dichonia convergens*). Die aktuellen Fundstellen sind süd- bis westexponierte Hanglagen. Sie liegen im Bereich mittlerer Jahrestemperaturen von 6° bis über 9°C.

Nahrung der Raupe: Es liegen keine Angaben aus Baden-Württemberg vor. Nach den bekannten Lebensräumen ist auch für unser Gebiet anzunehmen, daß die Eiablage an Eichen erfolgt, wie dies schon RANGNOW (nach URBAHN & URBAHN 1939) für Norddeutschland angegeben hatte.

Die Raupen leben in ihrer Jugend prinzipiell an den Bäumen. CHAPPUIS (1942) fand sie in Brandenburg »jung in Gesellschaften zwischen Blättern eingesponnen«, was auf eine Ablage in Gelegen schließen läßt. In der Zucht lassen sich die Raupen zwar bis zur Verpuppung mit Eiche züchten (KRAUS 1993), aber wie einige der verwandten Arten beenden sie im Freiland ihre Entwicklung offenbar in der Krautschicht. Einen Hinweis darauf gibt beispielsweise die Angabe: »Die Raupe klopft man im Mai ganz klein von Eichen, erwachsen findet man sie niemals« (Ungarn, AIGNER-ABAFI 1900e). Die Literaturangaben für diesen zweiten Lebensabschnitt sind spärlich und beruhen wahrscheinlich überwiegend auf Zuchtbeobachtungen: KOCH (1856) nannte *Rumex*, REUTTI (1898) außerdem *Lamium* und *Leontodon* (= *Taraxacum*)[2], VORBRODT (1911) *Stellaria media*. Nach URBAHN & URBAHN (1939) wurden in der Zucht *Rumex acetosella* und *Vaccinium myrtillus* angenommen. KOCHS (1984) Angabe, die Raupe lebe jung an »Eiche, Ulme, Salweide, Heidelbeere« dürfte auf die Eiche zu reduzieren sein, die übrigen sind sicher keine regulären Eiablagepflanzen sondern Sitzwarten, Fütterungspflanzen usw. Die Ulme stammt von SPULER (1908–1910), die Salweide von KRIEGHOFF (nach BERGMANN) und die Heidelbeere von URBAHN & URBAHN (1939) oder BERGMANN (1954), von beiden ausdrücklich als Gefangenschafts-Fütterungspflanze bezeichnet. Die Nahrung der erwachsenen Raupe ist im Freiland vermutlich nur von MEURER beobachtet worden, der sie (laut BERGMANN 1954) an *Rumex acetosella*, *Lamium* spec. und *Taraxacum* spec. gefunden hat.

---

[1] Es ist zu hoffen, daß die Augustdaten nicht auf Fehldeterminationen basierten.
[2] Auf diese Quelle dürfte GAUCKLERS (1909) gleichlautende Angabe zurückgehen.

Habitat: Ohne Raupenfunde noch nicht genau einzugrenzen. Bei uns im Bereich von mäßig warmen, traubeneichenreichen Eichenmischwäldern bzw. deren Rändern und Binnensäumen zu vermuten.

Nahrung des Falters: Der Blütenbesuch wurde an *Calluna vulgaris* beobachtet (E. RENNWALD/K. RENNWALD). Die Falter kommen auch gern an den Köder.

Verhalten: Die Falter fliegen an den Fundstellen öfters in Anzahl ans Licht.

Gefährdung und Schutz

Rote Liste Bundesrepublik: 3
Rote Liste Baden-Württemberg: 2

Oberrheinebene: Stark gefährdet (regional ausgestorben oder verschollen).
Schwarzwald: Art der Vorwarnliste.
Neckar-Tauberland: Ausgestorben oder verschollen.
Schwäbische Alb: Ausgestorben oder verschollen.
Oberschwaben: Nicht vertreten.

• In Baden-Württemberg stark gefährdet!

Im Neckar-Tauberland und auf der Schwäbischen Alb ist *Agrochola laevis* schon seit langem ausgestorben, in der nördlichen Oberrheinebene erst seit Mitte des 20. Jahrhunderts. Nur die vereinzelten Funde in den südlichen und westlichen Schwarzwald-Randlagen deuten auf eine (noch) weitere Verbreitung in diesen Gebieten. Eine bessere Aufklärung der Biologie und der Habitatansprüche der Art ist jedoch unbedingt erforderlich, um ihre Gefährdung genauer einschätzen zu können. Mutmaßlich benötigt sie trockene Traubeneichen-Waldränder und profitierte wahrscheinlich von der früher verbreiteten Mittelwaldwirtschaft.

Ein Lebensraum von *Agrochola laevis* im Randbereich des Nordschwarzwalds. Die Falter fliegen an den gebüschreichen Hängen und den eichenreichen Waldrändern (Stiel- und Traubeneiche), wo auch das Larvalhabitat zu vermuten ist. – Nördlicher Talschwarzwald 21.7.96 A. STEINER.

Omphaloscelis lunosa
(Haworth, 1809)

Mondfleck-Herbsteule

Anchocelis lunosa HAW. (SPULER 1908–1910)
Anchoscelis lunosa HAW. (REBEL 1910)

Gesamtverbreitung: Im 19. Jh. war die Art aus Nordwestafrika, Spanien, Portugal, Süd-, West- und Mittelfrankreich, Belgien und Großbritannien bekannt. In den Niederlanden wurde sie 1867 erstmals festgestellt und breitete sich bis in die dreißiger Jahre des 20. Jahr-

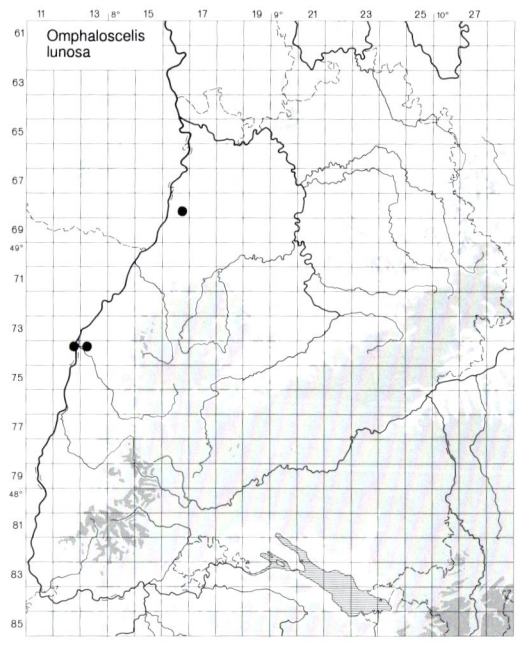

hunderts über das ganze Land aus. 1935 hatte sie die Grenze zu Deutschland überschritten und wurde von MÜLLER bei Elmpt und von JUNG im Stendener Bruch gefunden (DAHM & JUNG 1936). Seitdem expandiert sie im Rheintal und an dessen Nebenflüssen nach Süden. Auf diese Art und Weise hat sie, offenbar die Mosel aufwärts wandernd, das Département Moselle (Metz, Woippy) erreicht (PERRETTE 1984) und ist damit in Ostfrankreich von Deutschland her kommend eingewandert; diese Vorkommen haben noch keinen Kontakt zum west- und südfranzösischen Areal der Art. Eine Angabe aus Südbayern (LOBENSTEIN 1981) ist sicher irrtümlich erfolgt.

Die Stationen der Expansion im Rheinland können folgendermaßen umrissen werden: 1947 Krefeld, 1950 Mönchengladbach und Essen (Rurtal bei Heisingen), 1952 Düsseldorf, 1965 Bad Godesberg, 1968 Köln, 1975 Bergheim/Sieg, 1976 Bonn, 1979 Bad Neuenahr, 1986 Saarbrücken, 1987 Kaub/St. Goarshausen, 1990 Trier, 1990 Groß-Rohrheim, 1991 Bürstadt, 1992 Linkenheim-Hochstetten, 1994 Pohlheim, (DAHM & JUNG 1936, KINKLER 1972, KRISTAL 1992, RADTKE & KLEE 1995, SCHMIDT & PREUSSER 1987, SEYER 1986, STAMM 1981, WEIGT 1979).

Die von GÓMEZ DE AIZPÚRUA (1987) veröffentlichte Verbreitungskarte von *Omphaloscelis lunosa* zeigt ein angebliches Verbreitungsareal, das ganz Süddeutschland umfaßt. Diese Karte ist unrichtig, denn *Omphaloscelis lunosa* kommt in Bayern (noch) nicht vor und ist in Baden-Württemberg auf die nördliche Rheinebene beschränkt.

Verbreitung

Regional: Der erste Fund in Baden-Württemberg dürfte auf ein eingeschlepptes Tier zurückgehen: Am 1.10.1978 fand M. WEITZEL ein Exemplar in Kehl, das mutmaßlich durch den Rheinschiffsverkehr nach Süden verschleppt worden und im Kehler Rheinhafen an Land gegangen bzw. geflogen war. Zu diesem Zeitpunkt befand sich die Südgrenze des westdeutschen Arealteils noch in der Gegend zwischen Bonn und Bad Neuenahr, und Langstreckenflugleistungen sind von *O. lunosa* bisher nicht bekannt geworden.

Nach den Funden in Südhessen 1990 wurde die Art auch in Nordbaden erwartet. Aber erst 1992 gelang der erste Fund, der allerdings zeigte, mit welcher Geschwindigkeit *O. lunosa* expandiert: In 2 Jahren hatte sie rund 55 km zurückgelegt. Am 14.9.1992 fingen K. & U. RATZEL ein Männchen im Gradnausbruch bei Linkenheim-Hochstetten nördlich von Karlsruhe. Weitere Funde 1993 und 1994 sind bisher ausgeblieben. Dennoch steht zu vermuten, daß die Art sich in Nordbaden etablieren und auch weiter nach Süden expandieren wird.

Die atlantomediterrane *Omphaloscelis lunosa* befindet sich zur Zeit in Expansion. Sie hat sich in Deutschland vom Niederrhein her nach Süden ausgebreitet und vor kurzem auch Nordbaden erreicht. – Rheinland, Meckenheim 13.9.76 A. STEINER. LF.

Die Imagines von *Omphaloscelis lunosa* sind ähnlich variabel wie *Agrochola lychnidis*. Die Grundfarbe variiert von gelblich über grün bis zu verschiedenen Grau- und Brauntönen. Die wichtigsten Bestimmungsmerkmale finden sich auf den Hinterflügeln: Dunkle Randbinde und Mittelfleck. – Rheinland, Meckenheim 15.9.76 A. STEINER. LF.

Die Raupe von *Omphaloscelis lunosa* ist ein reiner Grasfresser. Von den *Agrochola*-Raupen unterscheidet sie sich außerdem durch die schwarzen Punktwarzen, die Beborstung und die gedrungene Gestalt. – Spanien (ex ovo-Zucht D. HAMBORG). A. STEINER. S.

Vertikal: In Baden-Württemberg bislang nur in der Ebene zwischen 90 und 150 m festgestellt. Auch im übrigen Rheinland geht sie nicht über die kolline Stufe hinaus, so daß wohl – zumindest in den kontinentaleren Teilen ihres Areals – keine Ausbreitung in die Mittelgebirge oder die kühleren Landesteile zu erwarten ist.

Bestimmungshilfe: Bei ruhenden Tieren, deren charakteristische schwarz-weiße Hinterflügelzeichnung (wichtigstes Erkennungsmerkmal) nicht zu sehen ist, besteht Verwechslungsgefahr mit *Agrochola lychnidis*. Die Vorderflügelfärbung ist bei *O. lunosa* genauso variabel, kann aber auch ins Gelbgrünliche spielen. Die Ringmakel ist länglich, aber nicht so extrem verschmälert wie bei *A. lychnidis*. Die Wellenlinie bildet am Vorderrand drei (von den hellen Adern durchschnittene) kleine schwarze Flecke. Bei *A. lychnidis* steht an dieser Stelle höchstens ein dunkelbrauner Fleck.

Phänologie

Imagines: Die einzigen vorliegenden Falter stammen vom 14. September und vom 1. Oktober.

Die Kumulierung aller aus Deutschland gemeldeten Falter (STEINER unveröff.) ergibt eine durchschnittliche Flugzeit von Anfang September bis Anfang Oktober

Die Falterfundstelle von *Omphaloscelis lunosa* bei Linkenheim-Hochstetten. Es handelt sich um einen ausgesprochen feuchten Lebensraum. Seggenbestände und Hochstaudenfluren grenzen an Bruchwälder. Ob sich hier auch das Larvalhabitat befindet, ist noch nicht geklärt. – Linkenheim-Hochstetten 14.7.96 U. RATZEL.

mit einem Maximum Mitte/Ende September. Die Extremdaten sind bisher der 29.8. (1952, Elten, SPAARMANN nach KINKLER 1972) und der 12.10. (1968, Köln-Lindenthal, PRETSCHER nach KINKLER, NIPPEL, SCHMITZ & SWOBODA 1973).

Präimaginalstadien: Keine Daten aus Baden-Württemberg. Die Raupen schlüpfen nach Zuchtbeobachtungen noch im Herbst und überwintern klein. Sie sollen im Mai ausgewachsen sein (BRETHERTON, GOATER & LORIMER 1983).

Ökologie

Lebensraum: In Baden-Württemberg wurde *Omphaloscelis lunosa* in einem Feuchtwiesen-Bruchwaldkomplex der Oberrheinebene gefunden. Insgesamt ist das Habitatspektrum der Rheinland-Populationen aber viel breiter; es umfaßt frisches bis mäßig trockenes, manchmal auch feuchtes Wiesengelände.
Nahrung der Raupe: Aus Baden-Württemberg unbekannt. Die Raupen leben an Süßgräsern (unveröff. Zuchtbeobachtungen). Wir kennen noch keine sicheren Freiland-Raupenfunde aus Deutschland. ALLAN (1949) gab aus Großbritannien *Poa annua* und *Holcus lanatus* an, doch bleibt unklar, ob es sich dabei um echte Freilandbeobachtungen handelte. Als Fütterungspflanze wurde *Dactylis glomerata* empfohlen (BRETHERTON, GOATER & LORIMER 1983).
Nahrung des Falters: Bisher keine Beobachtungen aus Baden-Württemberg. Die Falter werden nur selten am Köder festgestellt. BRETHERTON, GOATER & LORIMER (1983) berichten über Nahrungsaufnahme an Efeublüten, Früchten und Beeren.
Habitat: Siehe Lebensraum.
Verhalten: Die Falter sind nachtaktiv und kommen ans Licht.

Gefährdung und Schutz

Rote Liste Bundesrepublik: –
Rote Liste Baden-Württemberg: U

Oberrheinebene: Noch ungeklärt.
Schwarzwald: Nicht vertreten.
Neckar-Tauberland: Nicht vertreten.
Schwäbische Alb: Nicht vertreten.
Oberschwaben: Nicht vertreten.

- In Baden-Württemberg eine Art mit ungeklärter Gefährdung!

Obwohl die gegenwärtige Verbreitung auch eine Einstufung in die Kategorie R erlauben würde, ist es unwahrscheinlich, daß *O. lunosa* als mäßig euryöker, expansiver Grasfresser in besonderer Weise gefährdet ist. Die Einstufung als »Ungeklärt« soll vor allem die Defizite in der Kenntnis ihrer Larvalökologie zum Ausdruck bringen.

Spudaea ruticilla
(Esper, 1791)

Orthosia ruticilla ESP. (LAMPERT 1907, SPULER 1908–1910, REBEL 1910)
Spudaea ruticella ESP. (WARREN in SEITZ 1909–1914)
(lapsus calami)

Gesamtverbreitung: Von Nordwestafrika (Marokko, Algerien, Tunesien) durch das Mittelmeergebiet, östlich bis zum Libanon und Syrien verbreitet, im Norden mit großen Verbreitungslücken etwa bis zur Nord- und Ostseeküste, bis Polen, Königsberg, zu den ukrainischen Karpaten, zur Krim und zum Nordkaukasus.

SCHNEIDER (1938) meldete die Art in seiner Württemberg-Fauna: »Nach Mitteilung von REICH bei Laupheim 1♂ am 5.VIII.1930 von MAYER gefangen«. Im Nachtrag bezeichnete er diese Angabe als »Irrtum«, und an anderer Stelle (SCHNEIDER 1941) erklärte er, der Falter habe sich bei einer Überprüfung als fehlbestimmte *Agrochola laevis* erwiesen (angesichts des Datums eine ebenso unwahrscheinliche Angabe). In coll. REICH (heute in coll. SMNS) existieren noch immer 2 schlupffrische, wohl gezüchtete Tiere mit der zweifellos falschen Datums- und wohl genauso unrichtigen Fundortangabe »Laupheim, 25.9.[19]35, leg. VINCENZ MAYER«. G. REICH scheint demnach einem Etikettenfälscher zum Opfer gefallen zu sein. Für eine an warme Eichenwälder gebundene Art wäre das Alpenvorland ein denkbar unwahrscheinliches Fundgebiet. *Spudaea ruticilla* kommt somit in Baden-Württemberg nicht vor.

Die Wintereulen der Gattungen Eupsilia, Jodia, Conistra, Lithophane und Xylena

In der Holarktis gibt es eine Reihe von – teils sehr artenreichen – Gattungen, deren Arten im Imaginalstadium überwintern. In Mitteleuropa sind dies vor allem die in der Überschrift genannten, früher zu den Cuculliinae, heute zu den Ipimorphinae gestellten Genera.

Aspekte der Physiologie dieser winteraktiven Gattungen wurden von nordamerikanischen Autoren an *Lithophane*- und *Eupsilia*-Arten untersucht (HEINRICH & MOMMSEN 1985, HEINRICH

1987). Dabei zeigte sich, daß die Körperflüssigkeit der Falter offenbar wenig oder überhaupt kein biologisches Frostschutzmittel enthält. Sie können deshalb genauso erfrieren wie sommeraktive Arten. In eisfreier Umgebung schwankt der Grenzwert der Unterkühlung zwischen –4° und –22°C. Sobald die Tiere in Kontakt mit Eis kommen, wird ihre Lage gefährlich. Schon winzige Eiskristalle im Körper wirken als Kristallisationskeime, an die sich benachbarte Wassermoleküle anlagern. Es kommt dann zu explosionsartigem Kristallwachstum und der Falter gefriert. Die Tiere müssen daher an trockenen, eisfreien und nicht zu kalten Stellen ruhen. In der Regel verstecken sie sich unter Laub und zwischen zusammengerollten Blättern. Laub wirkt bis hinab zu Lufttemperaturen von –23°C ausreichend isolierend; eine Schneedecke bietet zusätzlichen Kälteschutz.

Ein Falter von 0,1 g Körpergewicht, der Nahrung gesaugt und 6 mg Zucker aufgenommen hat, kann bei Temperaturen von –3°C 193 Tage lang ruhen, bei Temperaturen von 0°C 24 Tage lang und bei 10°C nur 11 Tage lang, bis seine Vorräte erschöpft sind. Bei Temperaturen oberhalb des Gefrierpunkts, in Ausnahmefällen ab –2°C, können die Tiere aktiv werden. Sie benötigen eine Aufwärmzeit, um ihre Körpertemperatur auf die zum Flug erforderlichen 30–35°C aufzuheizen. Das Aufwärmen erfolgt durch das sogenannte »Flügelzittern«: Dabei werden gleichzeitig die Flügelheber- und die Flügelsenkermuskeln kontrahiert. Bei einer Starttemperatur von 0°C ist eine Aufwärmzeit von bis zu 20 Minuten nötig[1]. Dabei zeigte sich, daß nur der Thorax aufgewärmt wird; das Abdomen erreicht lediglich Körpertemperaturen von 2°C. Ein derartiges Temperaturgefälle zwischen zwei miteinander verbundenen Körperteilen mit demselben Blutkreislauf kann aber nur durch besondere Maßnahmen aufrechterhalten werden. Alle Eulenfalter besitzen gut ausgebildete Tympanalorgane (Hörorgane) am Metathorax (also am Hinterrand des Thoraxabschnitts), die aus luftgefüllten Kammern bestehen. Bei den Wintereulen dienen sie der Wärmeisolation. Eine andere Anpassung besteht im Vorhandensein von zwei Gegenstrom-Wärmetauschern im Blutkreislauf. Das Blut sammelt sich bei Schmetterlingen in einem dorsalen Gefäß im Abdomen, dem sogenannten Röhrenherz, das durch den Thorax zum Kopf verläuft. Hier ergießt sich das Blut in das Gewebe und sickert in den Hinterleib zurück. Bei den Wintereulen verläuft das vom Hinterleib kommende Gefäß unterhalb der Luftkammern, wo es von einer Gewebeschicht umhüllt ist, die erwärmtes Blut vom Thorax zum Hinterleib führt. Dies ist der erste Wärmetauscher: Hier gibt erwärmtes Gewebeblut Wärme an das zurückströmende, kalte Gefäßblut ab. Der zweite Wärmetauscher liegt im Zentrum des Thorax. Hier verläuft das vom Abdomen kommende Gefäß aufwärts bis zum Rücken, kehrt dort um und verläuft, noch in direktem Kontakt mit dem aufwärtsführenden Teil, abwärts und dann weiter nach vorne zum Kopf. Im absteigenden Teil wird Wärme an den aufwärtsführenden Teil zurückgeführt, also im Thorax gehalten. Im Gegensatz dazu verläuft das thorakale Blutgefäß bei vielen Sommer- oder Tropenfaltern (Sphingidae, Saturniidae) geschwungen und führt das warme Blut rasch zum Kopf und ins Gewebe ab.

Die Flugzeiten sind bei allen Wintereulenarten ähnlich. Sie dauern etwa von September bis April/Mai. Hingegen unterscheidet sich die Aktivität der einzelnen Arten während des Winters sehr stark. Einige Arten können bei geeignetem Wetter während des ganzen Winters aktiv werden, gehen also keine echte Winter-Diapause ein. Dies sind vor allem die *Conistra*-Arten *vaccinii*, *rubiginosa* und *erythrocephala* sowie *Eupsilia transversa*. Die übrigen Arten sind während der Monate Dezember und Januar, teils auch schon im November, überhaupt nicht oder nur in Ausnahmefällen gefunden worden. Sie machen möglicherweise eine genetisch determinierte Diapause durch, die auch durch noch so günstige Witterung nicht gebrochen werden kann. Diese Verhältnisse sind natürlich nur aus den Gebieten belegt, wo den ganzen Winter hindurch Licht- oder Köderfang betrieben wurde (z. B. bei Tübingen, MEIER & STEINER 1985).

Der Kartierungsstand in Baden-Württemberg ist bei vielen Wintereulen noch lückenhaft und regional unterschiedlich. Die Gründe dafür werden bei *Eupsilia transversa* erläutert. Einen guten Eindruck von der vielfältigen Nahrungsbiologie der Falter in dieser blütenarmen Jahreszeit vermitteln die entsprechenden Kapitel bei *Conistra vaccinii* und *Eupsilia transversa*.

---

[1] Zum Vergleich: Bei 20°C Lufttemperatur beträgt die Aufwärmzeit 1,5 Minuten.

Eupsilia transversa
(Hufnagel, 1766)

Satellit-Wintereule

Scopelosoma satellitia L. (REUTTI 1898, LAMPERT 1907, SPULER 1908–1910, REBEL 1910, ECKSTEIN 1913–1923, HERING 1932, BRAUNS 1970)
Eupsilia satellitia L. (WARREN in SEITZ 1909–1914, DRAUDT in SEITZ 1931–1938, SCHNEIDER 1936–1939, BERGMANN 1951–1955, KOCH 1954–1961, 1984)

Gesamtverbreitung: Europa und Nordasien östlich bis Japan. Im Norden erreicht die Art Nordschottland, Orkney und Mittelfennoskandien, sie wurde auch mehrmals auf Island gefunden. Im Süden bis Nordspanien, Sardinien, Süditalien, Makedonien, Bulgarien und Kleinasien.

Verbreitung

Regional: *Eupsilia transversa* ist in fast allen Naturräumen des Landes außer im höheren Schwarzwald verbreitet und meist auch häufig. Durch die winterliche Flugzeit und die in dieser Jahreszeit sehr unterschiedliche Mitarbeiteraktivität weist die Karte vor allem dort Lücken auf, wo keine Lepidopterologen ansässig sind oder wo wenig Köderfang betrieben wird. Hingegen zeigen einige Gebiete, die im Herbst, Winter und Frühjahr gut untersucht worden sind (Neckarland zwischen Tübingen und Horb, Teile von Schönbuch und Oberen Gäuen, Umgebung Pforzheim, Rheinebene und Vorbergzone um Rastatt, Karlsruhe, Heidelberg), wie die reale Verbreitung in den meisten Gebieten aussehen dürfte: Flächendeckend.

Vertikal: Es werden alle Höhenstufen von der Ebene bis ins Bergland bewohnt, doch zeichnet sich ein Schwerpunkt im Hügelland ab (vielleicht durch den Bearbeitungsstand bedingt: die gut durchforschten Gebiete liegen meist in dieser Stufe). Im montanen Bereich geht die Anzahl der Fundorte ab 800 m stark zurück, aber nach TWARDELLA (1983) soll die Art einmal sogar noch oberhalb der 1000-m-Linie gefunden worden sein (Todtnauberg, Jugendherberge, 1150 m).

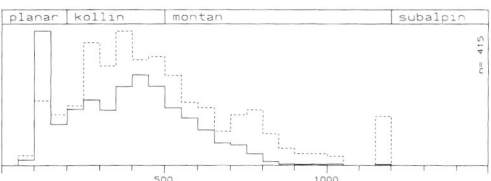

Phänologie

Imagines: Die Flugzeit beginnt in allen Gebieten zwischen Anfang und Mitte September. In manchen Jahren wurden besonders frühe Falter bereits ab Anfang August beobachtet (10. und 11.8.1958, Eberbach, M. CRETSCHMAR; 13.8.1974, Bruchsal, Eichig, P. SCHOTT; 16.8.1958, Karlsruhe, Rheinwald, W. IPP; 20.8.1981, Malsch, D. DOCZKAL; 24.8.1966 Karlsruhe, Rheinwald, W. WEISSIG; 24.8.1968, Sasbachwalden, M. WALLNER; 27.8.1996, Lußhardt bei Forst, A. SCHANOWSKI; 30.8.1985, Hossingen, G. BAISCH). Die herbstliche Flugperiode dauert bis

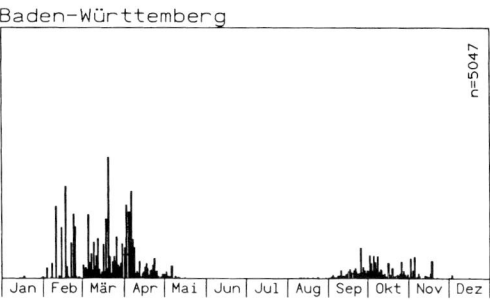

in den November, im Schwarzwald ist sie nur bis Ende Oktober belegt. In den Monaten Dezember und Januar sind wenige Falter fast nur in der Oberrheinebene und im Neckar-Tauberland beobachtet worden. Ab Ende Januar erscheinen die

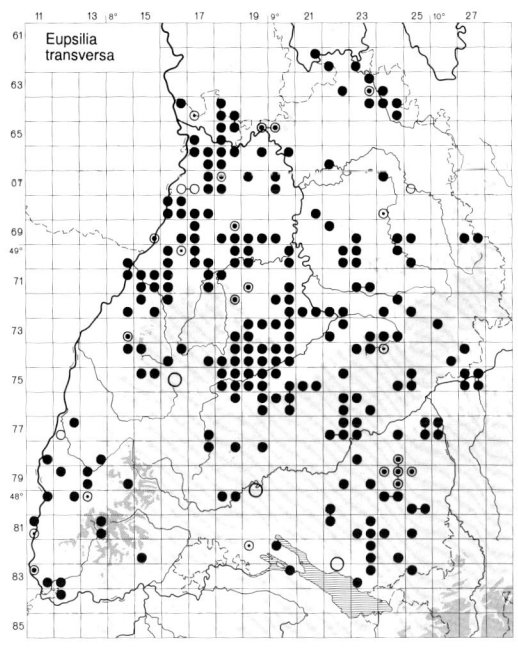

Die Satellit-Wintereule (*Eupsilia transversa*) fliegt von September bis Mai. An warmen Winterabenden kann der Falter an erleuchteten Fenstern oder Haustürlampen erscheinen. Die weiß ausgefüllte Nierenmakel und der obere der beiden weißen Punkte (»Satelliten«) können auch gelb oder orange gefärbt sein (der untere Punkt bleibt meist weiß). – Todtnau-Schlechtnau 15.9.85 F. EBSER.

Tiere bei günstiger Witterung wieder häufiger (dies ist bisher nur aus dem Neckar-Tauberland gut belegt, weil nur von hier kontinuierliche Beobachtungsdaten aus dieser Zeit vorliegen). Von Februar bis April ist die Art überall präsent. Erst ab Mitte April nehmen die Individuenzahlen ab. Einzelne Tiere werden noch bis Mitte Mai beobachtet. Der späteste Fund datiert vom 16.5. (1992, Rottenburg-Kalkweil, N. HIRNEISEN/C. KUON/A. STEINER).

Präimaginalstadien: Die Raupen werden zwischen Ende April und Anfang Juni gefunden. Erwachsene Raupen sind ab Ende Mai registriert worden. In ungünstigen Jahren oder Lokalitäten kann sich die Entwicklung offenbar stark verzögern, denn noch am 6.6.1919 meldete O. SCHRÖDER (nach Kartei A. GREMMINGER) aus Freiburg ausdrücklich eine junge Raupe. Vor der Verpuppung liegen die Raupen 3–4 Monate lang als Praepupa im Kokon.

Ökologie

Lebensraum: Die Satellit-Wintereule bewohnt trockene bis feuchte Laub- und Mischwälder aller Art, wo sie sowohl im Inneren lichter Bestände als auch an Binnensäumen und an den Waldrändern zu finden ist. Sie findet sich auch in kleineren Gehölzen und Baumgruppen, in Gebüschen und Hecken, in Streuobstwiesen, Obstgärten, Schreber- und Hausgärten sowie in Friedhöfen, Parks und Anlagen mit Baum- und Gebüschbeständen. Im Winter wurden überwinternde Falter zuweilen in Gebäuden, auf Dachböden und an ähnlichen Stellen gefunden.

Nahrung der Raupe:

Populus tremula – Zitter-Pappel
　L (HEI)
Salix caprea – Sal-Weide
　L (HEI, STN)
Salix spec. – »Wollweide«
　L (SCR)
Corylus avellana – Hasel
　L (STN)
Fagus sylvatica – Rotbuche
　L (RAM, STN)
Quercus robur – Stiel-Eiche
　L (BAJ)
Quercus spec. – Eiche
　L (RUD, SCC)
Ulmus minor – Flatter-Ulme
　L (KÖP, STN)
Ulmus spec. – Ulme
　L (LIE, STN)
Malus domestica – Garten-Apfelbaum
　3 L (HIR, RAK, RAZ, STN)
Crataegus spec. – Weißdorn
　L (HEI)
Rubus fruticosus agg. – Brombeere
　L (HIR, STN)
Rubus spec.
　L (LUS)
Prunus domestica – Zwetschge
　L (BIH)
Prunus avium – Vogelkirsche
　L (BIH)
Prunus spinosa – Schlehe
　3 L (FEI, HEI, HIR, STN)
Acer campestre – Feld-Ahorn
　L (EBE)
Evonymus europaeus – Gewöhnliches Pfaffenhütchen
　L (BIH)
Tilia platyphyllos – Sommer-Linde
　L (STN)
Frangula alnus – Faulbaum
　L (EBS)
Syringa vulgaris – Flieder
　L (EBE)

Eupsilia transversa ist eine sehr polyphage Art, über die ältere Autoren oft nur pauschale Aussagen machten (z. B.: »an allem Laubholz«; GAUCKLER 1909). Nicht bestätigen können wir die Angabe von SCHNEIDER (1938), wonach sie »namentlich an Eiche, weniger an anderen Laubhölzern« leben soll. Eine spezielle Bevorzugung von Eichen ist aus den vorliegenden Meldungen nicht abzulesen. Dies gilt auch für die Mehrzahl der übrigen Nahrungspflanzen. Lediglich für Schlehe und Apfel konnten überhaupt Bewertungsziffern vergeben werden.

Ähnlich wie bei *Cosmia trapezina* werden auch die Raupen von *Eupsilia transversa* nach Gewittern oder Stürmen öfters in der Krautschicht sitzend beobachtet. Hier sind sie von verschiedenen Mitarbeitern z. B. an Großer Brennessel (*Urtica dioica*), Brennessel, Hain-Ampfer (*Rumex sanguineus*), Gewöhnlichem Kleinen Sauer-Ampfer (*Rumex acetosella*), »Sauer-Ampfer« (*Rumex* spec.) oder Felsen-Johannisbeere (*Ribes petraeum*) gefunden worden (G. BAISCH, G. EBERT, E. ECKERT, A. GREMMINGER, H. HEIDEMANN, C. KÖPPEL). Soweit Nachfragen möglich waren, ergab sich, daß die Raupen an diesen Pflanzen nicht gefressen sondern nur gesessen haben und daß in der Nähe Bäume standen, von denen die Raupen heruntergefallen sein konnten. Es empfiehlt sich, in solchen Fällen genau zu beobachten: So fanden D. BARTSCH und A. STEINER eine Raupe unter einer hohen Traubeneiche auf einem *Verbascum*-Blatt sitzend, wobei die Königskerze in der Nähe der Raupe keinerlei Fraßspuren aufwies. Auch verschiedene am Waldrand unter Stieleichen und Rotbuchen wachsende Gräser, an denen N. HIRNEISEN und A. STEINER *E. transversa*-Raupen sitzend fanden, waren nicht befressen. Wahrscheinlich ernähren sich solche auf den Boden verschlagenen Raupen mehr von tierischer Nahrung, z. B. von anderen Insektenlarven, als von den Pflanzen der Krautschicht. Zumindest verhalten sie sich oft aggressiv: Eine während eines Leuchtabends in einem Rotbuchenwald aufs Tuch laufende, halberwachsene Raupe wurde in die Hand genommen, worauf sie sofort energisch an der Fingerkuppe zu nagen begann. Es wurde nicht nur probiert sondern mit den Mandibeln kräftig zugebissen, was durchaus spürbar war (A. STEINER). Das carnivore Verhalten der Raupe ist gut bekannt. Zusammen mit *Cosmia trapezina* gilt *Eupsilia transversa* als »gefährliche Mordraupe« (SCHNEIDER 1938), was sich vor allem beim Transport oder bei der Haltung in Gefangenschaft zusammen mit anderen Raupen äußern soll. Im Freiland ist jedoch im Untersuchungsgebiet noch nie eine *Eupsilia transversa*-Raupe beim Verzehr tierischer Nahrung beobachtet worden – im Gegensatz zu *Cosmia trapezina*. Dies dürfte mit der etwas versteckteren und primär nächtlichen Lebensweise der *Eupsilia*-Raupe zusammenhängen.

Nahrung des Falters: Ein wesentlicher Bestandteil der Falternahrung dürfte im Winterhalbjahr durch ausfließende Baumsäfte gedeckt werden: H. LIENIG sah die Falter mehrfach und häufig an blutenden Birken saugen, R. KONTERMANN an blutenden Hainbuchen und A. RADTKE/A. STEINER an eher zähflüssigem Harz von *Prunus cerasus*. Diese Beobachtungen stammen sowohl vom Herbst (RADTKE/STEINER) als auch vom Frühling (KONTERMANN, LIENIG). Im Herbst bieten Fallobst und Früchte energiereiche Nahrung: A. RADTKE UND A. STEINER fanden Anfang Oktober einen Falter, der an einer schon stark zersetzten, aber noch am Baum hängenden Pflaume oder Zwetschge saugte. Auch an mit Blattlausausscheidungen (Honigtau) bedeckten Blättern sind die Imagines beobachtet worden (H. LIENIG). Blütenbesuch wurde an *Buddleja davidii* gemeldet (SETTELE 1926a), wobei es sich offenbar um spätblühende Pflanzen gehandelt hat. Im Frühjahr besuchen die Falter bekanntlich wie die *Orthosia*- und *Conistra*-Arten häufig blühende Weidenkätzchen, von denen bisher nur Salweiden (*Salix caprea*) bis zur Art bestimmt wurden. N. HIRNEISEN und A. STEINER klopften Falter aber auch von *Populus tremula*-Kätzchen. D. BARTSCH sah sie an *Prunus spinosa*-Blüten. Daneben kommen die Falter einzeln bis häufig, im Vorfrühling

Die berüchtigte »Mordraupe« ist durch weiße Seitenflecken auf den Thorakalsegmenten gekennzeichnet. Erwachsen wird die Grundfarbe oft samtschwarz. Dank ihrer kannibalischen Neigungen können auch solche in die Krautschicht gefallenen Tiere problemlos überleben. – Malsch-Sulzbach 7.5.95 G. EBERT.

(Februar–März) manchmal massenhaft an den Köder. So zählten A. RADTKE und A. STEINER am 10.2.1990 an 40 Köderbäumen 159 Falter.

Habitat: Vermutlich kann *E. transversa* die meisten laubholzreichen Wald- und Waldmantelgesellschaften Mitteleuropas als Larvalhabitat nutzen. Aus Baden-Württemberg sind Raupenfunde im Alno-Ulmion, Carpinion betuli, Fagion sylvaticae, Quercion robori-petraeae und in schlehenreichen Berberidion-Gesellschaften belegt. Auch Obstbäume in Streuobstwiesen und Gärten, besonders in Waldnähe, aber auch im urbanen Bereich, werden gern besiedelt. Die Falter sind vagil und können, von Licht oder Köder angelockt, zuweilen auch in reinen Offenlandhabitaten erscheinen.

Verhalten: Die Eier werden einzeln abgelegt, was bei den kannibalischen Neigungen der Raupe eine Notwendigkeit ist. Die Jungraupen leben in zusammengesponnenen Blättern, meist an Spitzentrieben. Auch im erwachsenen Zustand verbergen sie sich tagsüber noch gern zwischen Blättern. Ihre Hauptaktivität entwickeln sie nachts. Die Verpuppung erfolgt in einem Erdkokon. Die Falter sind nachtaktiv und fliegen ans Licht, jedoch immer in geringeren Individuenzahlen als an den Köder.

Gefährdung und Schutz

Rote Liste Bundesrepublik: –
Rote Liste Baden-Württemberg: –

Oberrheinebene: Nicht gefährdet.
Schwarzwald: Nicht gefährdet.
Neckar-Tauberland: Nicht gefährdet.
Schwäbische Alb: Nicht gefährdet.
Oberschwaben: Nicht gefährdet.

- In Baden-Württemberg nicht gefährdet!

Jodia croceago
([Denis & Schiffermüller], 1775)

Safran-Wintereule

Oporina croceago F. (REUTTI 1898, SPULER 1908–1910, HERING 1932) (unberechtigte Emendation)
Hoporina croceago F. (LAMPERT 1907, REBEL 1910, ECKSTEIN 1913–1923)
Xantholeuca croceago F. (WARREN in SEITZ 1909–1914, DRAUDT in SEITZ 1931–1938, SCHNEIDER 1936–1939, BERGMANN 1951–1955, KOCH 1954–1961, 1984)
Xanthia croceago SCHIFF. (BOURSIN 1964, FORSTER 1954–1981, HARTIG & HEINICKE 1973, EBERT 1978)

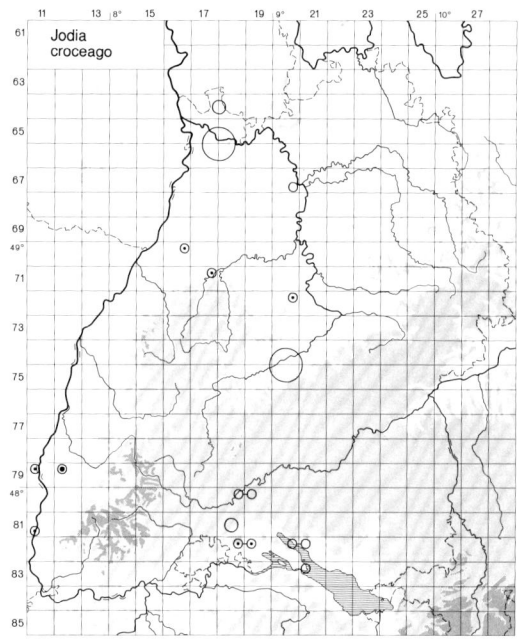

Gesamtverbreitung: Von Nordwestafrika (Marokko, Algerien, Tunesien) durch Süd- und Mitteleuropa bis Vorderasien lokal verbreitet. Im Norden erreicht sie Süd- und Mittelengland (stark im Rückgang begriffen), die Niederlande (ebenso), Norddeutschland (bereits ausgestorben), Polen, das südliche Baltikum und Moskau, im Südosten Libanon und Irak. Alte Meldungen aus der Ostpaläarktis beziehen sich auf die verwandte *Jodia sericea* (BUTLER, 1878).

Verbreitung

Regional: *Jodia croceago* war bis Ende des 19. Jahrhunderts in Teilen der Oberrheinebene und des Neckarlands, aber auch im Bodenseebecken und anscheinend auch auf der Südseite der Schwäbischen Alb recht weit verbreitet. Schon FRIEDRICH ROTH VON SCHRECKENSTEIN (1800) hatte sie »um Duttlingen 1778 aufgesammelt«. Die große Anzahl von Fundorten, die etwa noch von REUTTI (1898) genannt wurde, deutet für die damalige Zeit nicht nur auf weite Verbreitung, sondern auch auf eine gewisse Abundanz. Schon Anfang des 20. Jahrhunderts galt sie in Württemberg als selten; SCHNEIDER (1938) bezeichnete sie als »wenig beobachtet« und kannte nur zwei Fundorte. In der nördlichen Oberrheinebene wurde *J. croceago* zuletzt 1903 bei Karlsruhe

---

[1] SCHUMANN sammelte bei Bonfeld bis in die 1890er Jahre.

gefunden, im Bodenseegebiet 1914 bei Singen, im Neckarland 1920 bei Birkenfeld und 1926 bei Stuttgart. Am längsten hielt sich die Art in der südlichen Rheinebene (1928 bei Neuenburg, 1931 bei Niederrotweil) und im Kaiserstuhl, wo L. SETTELE das letzte Exemplar 1965 fing. Seitdem ist sie nicht mehr aufgetaucht.

Oberrheinebene: Weinheim, 1908 (SCRIBA nach Kartei A. GREMMINGER); Heidelberg (E. LOUDET nach REUTTI 1853); Speyer (REUTTI 1898); Durlacher Wald bei Karlsruhe (REUTTI 1898); Turmberg bei Karlsruhe-Durlach (C. KÖNIG nach Kartei A. GREMMINGER); Kaiserstuhl, Badberg, 5.10.1929 (HIRTLER nach BROMBACHER 1933–1935), 1941 (Eizucht, L. SETTELE), 21.9.1965 (L. SETTELE); Jägerhof bei Niederrotweil, 1931 (E. BROMBACHER); Neuenburg, 21.9.1927, 24.11.1928 (K. ROTHMUND nach Kartei A. GREMMINGER).
Neckar-Tauberland: Bei Bonfeld[1] (SCHUMANN nach SCHNEIDER 1938); Pforzheim (REUTTI 1898); Pforzheim-Brötzingen (H. ROMETSCH); Enztal bei Birkenfeld, 10.3.1920 (K. STROBEL), Stuttgart-Botnang, 29.3.1926 (G. BARTH nach SCHNEIDER 1938).
Schwäbische Alb: Tuttlingen, 1778 ([ROTH V. SCHREKKENSTEIN] 1800).
Alpenvorland: Engen (REUTTI 1898); Singen/Hohentwiel, 1911–1914 (A. GREMMINGER); Überlingen (REUTTI 1898); Konstanz (LEINER 1829, REUTTI 1898), Lorettowald bei Konstanz (E. v. BODMAN/G. HIMMEL nach WEGELIN 1908).

Vertikal: Die Höhenverbreitung beschränkte sich auf warme, niedrige Lagen von der Ebene bis in die Hügelzone, nur knapp über 500 m.

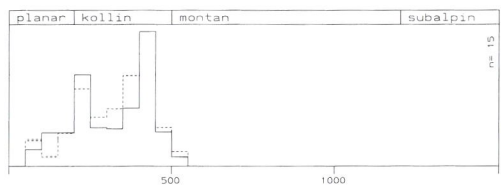

Phänologie

Imagines: Wie die Arten der Gattung *Conistra* überwintert auch *Jodia* als Imago. Aus unserem Gebiet liegen nur für ein halbes Dutzend Falter genaue Daten vor, die sich auf die Zeit zwischen Ende September (21.9.1965) und Ende März (29.3.1926) verteilen. A. GREMMINGER erzielte eine Eiablage vom 25.–27.4.1913, hatte das Weibchen also in den Tagen vor dem 25.4. gefangen.
Präimaginalstadien: Keine Beobachtungen aus Baden-Württemberg. Die Raupenzeit dauert von April bis Juni. Unter Laborbedingungen benötigen die Raupen etwa 30–40 Tage vom Schlupf

Die safrangelbe *Jodia croceago* ist in Baden-Württemberg seit Anfang des 20. Jahrhunderts seltener geworden und zuletzt in den sechziger Jahren beobachtet worden. – Frankreich, Vaucluse (ex ovo-Zucht, leg. M. MEIER) 25.8.84 A. STEINER. S..

aus dem Ei bis zum Eingraben. Vor der Verpuppung liegt die Raupe mehrere Wochen lang als Praepupa im Kokon. Bei Zimmertemperatur wurden die Falter schon im August erzielt.

Ökologie

Lebensraum: Über die ehemaligen Lebensräume von *Jodia croceago* in Baden-Württemberg wissen wir sehr wenig. Ausgehend von den Verhältnissen in anderen Gebieten können wir annehmen, daß es sich um sonnige, warme, eichenreiche Wälder und Waldränder mit Eichenbüschen gehandelt hat. Da die Raupen besonders an Buscheichen und Stockausschlägen gefunden werden, kann vermutet werden, daß die Art durch Niederwaldwirtschaft und Waldweide gefördert wird und beim Wegfall solcher halbwegs »naturnaher« Bewirtschaftungsmethoden abnimmt.
Nahrung der Raupe: Keine sicheren Angaben aus Baden-Württemberg. Zwar berichtete SCHNEIDER (1938): »Die Raupe lebt gerne an niederen Eichenbüschen (MARTIN)«, nannte jedoch keinen Fundort, an dem E. MARTIN die Art nachgewiesen hat. Es könnte sich also um eine Beobach-

Die rundköpfige Raupe, die ähnlich gefärbt ist wie der Falter, lebt an Eichen. – Frankreich, Vaucluse (ex ovo-Zucht, leg. M. MEIER) 27.5.84 A. STEINER. S.

tung außerhalb unseres Gebiets gehandelt haben. MARTINS bevorzugte Sammelorte waren Möckmühl (bis 1907) und die Umgebung von Stuttgart (1908–1930er Jahre).

Die Raupen leben vor allem, wahrscheinlich sogar ausschließlich, an Eichenarten. Meldungen von anderen Laubhölzern sind überprüfungsbedürftig: KOCH (1856) nannte »wilde Birnen« (*Pyrus pyraster*), Rotbuche und Pappel.

Nahrung des Falters: Die Falter sind im Frühjahr bei der nächtlichen Nahrungsaufnahme an blühenden Weiden (*Salix*) beobachtet worden (A. GREMMINGER). Gerne kommen sie auch an den Köder.
Habitat: Siehe Lebensraum.
Verhalten: Die Imagines sind nachtaktiv und kommen ans Licht. SEYFFER (1850) berichtete: »Ueberwinterte Exemplare fand ich sehr zahlreich an dürren Blättern von jungen Eichbäumen sitzend«.

Gefährdung und Schutz

Rote Liste Bundesrepublik: 2
Rote Liste Baden-Württemberg: 0

Oberrheinebene: Ausgestorben oder verschollen.
Schwarzwald: Nicht vertreten.
Neckar-Tauberland: Ausgestorben oder verschollen.
Schwäbische Alb: Ausgestorben oder verschollen.
Oberschwaben: Ausgestorben oder verschollen.

- In Baden-Württemberg ausgestorben oder verschollen!
  Besonders geschützt gemäß § 20e ff. BNatSchG.

Mit Ausnahme von Bayern sind aus keinem deutschen Bundesland mehr Funde von *Jodia croceago* nach 1980 bekannt (HEINICKE 1993). Die Art ist also großflächig im Rückgang begriffen. Über die Gründe hierfür liegen keine Erkenntnisse vor. Die im Kapitel »Lebensraum« angesprochenen Änderungen der Waldbewirtschaftung könnten eine Rolle spielen; klimatische Faktoren wären ebenfalls denkbar. Sollte die Art wider Erwarten doch noch aufgefunden werden, wären umgehend Unterschutzstellungmaßnahmen zusammen mit einem ökologischen Begleitprogramm zur Erhellung von Biologie und Lebensweise und zur Erarbeitung von Pflegemaßnahmen einzuleiten.

Conistra vaccinii
(Linnaeus, 1761)
Heidelbeer-Wintereule

Orrhodia vaccinii L. (REUTTI 1898, LAMPERT 1907, SPULER 1908–1910, REBEL 1910, ECKSTEIN 1913–1923, HERING 1932)

Gesamtverbreitung: Von Nordwestafrika (Marokko, Algerien) durch fast ganz Europa bis Mittelfennoskandien verbreitet, ferner in Kleinasien und durch Mittelasien bis Turkestan.

Verbreitung

Regional: *Conistra vaccinii* ist in ähnlicher Weise wie *Eupsilia transversa* im gesamten Untersuchungsgebiet verbreitet und fehlt nur in den höchsten Lagen des Schwarzwalds. Für den Durchforschungsstand (Lücken und Schwerpunkte) gilt das bei *Eupsilia transversa* Gesagte.
Vertikal: Von der planaren bis in die montane Stufe verbreitet, aber von 800 m an aufwärts deutlich seltener werdend. Die höchsten Fundorte liegen am Nordrand der Schwäbischen Alb (930–976 m, Hossingen, G. BAISCH) und im Südschwarzwald (1200 m, Schauinslandgipfel, R. HERRMANN).

Phänologie

Imagines: Die Flugzeit beginnt normalerweise im Laufe des September. Etwa ab Mitte September werden größere Individuenzahlen beobachtet; aus den meisten Gebieten mit Ausnahme des Schwarzwalds liegen einzelne Nachweise aber schon ab Mitte August vor. Die Falter sind, je nach den Witterungsverhältnissen, bis Oktober

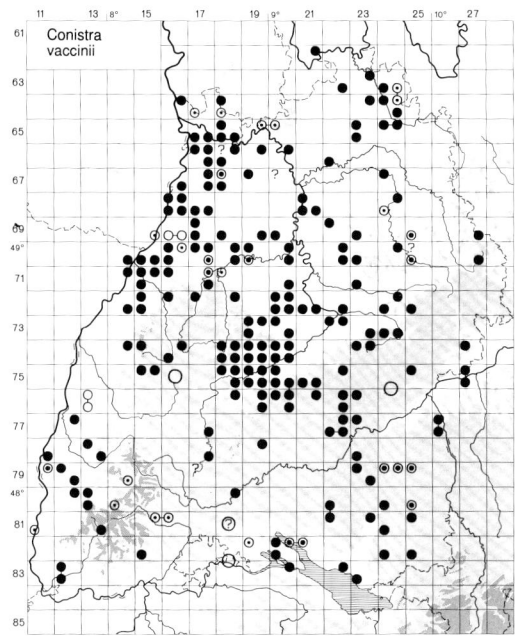

oder November in großer Anzahl zu finden, dann legen sie eine Winterruhe (aber keine echte Diapause!) ein. Während des Dezembers und Januars werden die Tiere selbst bei günstiger Witterung nur vereinzelt nachgewiesen. Erst ab Anfang Februar (gegen Ende der Hauptflugzeit

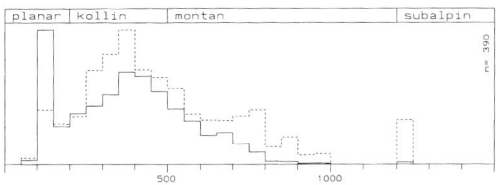

von *C. rubiginosa*) treten sie wieder in größeren Individuenzahlen auf (die geringe Anzahl von Februarfunden in der Oberrheinebene, auf der Schwäbischen Alb und im Alpenvorland beruht lediglich auf der geringen Vorfrühlings-Beobach-

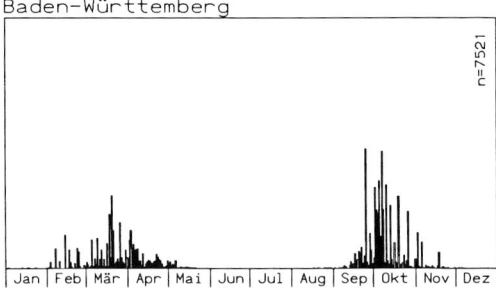

tungsaktivität in diesen Gebieten). Gerade in der Oberrheinischen Tiefebene müßten sich bei konsequenter Beobachtung den ganzen Monat Januar hindurch Einzelnachweise erbringen lassen. Die Falter paaren sich im Frühling und sind gewöhnlich noch bis in die ersten Maitage, im Neckar-Tauberland regelmäßig bis Mitte Mai zu finden. Die spätesten Funde fallen in die dritte Mai-Dekade: 21.5.1982, Tübingen: Spitzberg (A. STEINER).

Präimaginalstadien: Gemessen an der Häufigkeit der Falter liegen uns nur sehr wenige Raupenfundmeldungen vor. R. BANTLE fand eine Raupe am 12. Mai (1992, Tuttlingen), F. BIHLMAIER am 12. Juni (1991, Allmersbach im Tal). LADENBURGER (1989) gab einen Fund im Mai ohne genaues Datum an. Vor der Verpuppung liegen die Raupen mehrere Wochen lang unverpuppt im Kokon.

Ökologie

Lebensraum: *Conistra vaccinii* bewohnt eine Vielzahl von Lebensräumen, besonders innerhalb und im Randbereich von Laub- und Mischwäldern und Gebüschen. Wahrscheinlich kommt sie in den meisten laubholzreichen Waldtypen von der Weich- und Hartholzaue über die eichenreichen Wälder der niedrigen Lagen bis in die rotbuchenreichen Wälder der Mittelgebirge vor. Sie ist im Inneren auch dichterer Bestände ebenso anzutreffen wie auf Lichtungen, an Waldwegen und an den Waldrändern. Daneben findet sie sich im gebüschreichen Offenland, in Heckenlandschaften, in xerothermen Gebüschen in Kontakt zu Trockenrasen oder Waldrändern, in Gehölzstreifen an Bächen, Wegen und Straßen, in Streuobstwiesen, Gärten, Friedhöfen, Parkanlagen.

Nahrung der Raupe:
Salix caprea – Sal-Weide
  L (LAD)
Alnus spec. – Erle
  L (BIH)
Quercus spec. – Eiche
  L (GAU)
Verbascum spec. – Königskerze
  L (GRE)

Bei einer so häufigen Art erstaunt die geringe Anzahl gesicherter Larvalnachweise. A. GREMMINGER fand im Wutachgebiet eine Raupe an *Verbascum*. In der Schwarzwald-Vorbergzone wies LADENBURGER (1989) eine Raupe an Salweide nach. Aus dem Neckar-Tauberland meldet

Conistra vaccinii gehört zu den häufigsten Wintereulen. Im Herbst und Frühjahr können die ungemein variablen Falter oft in großer Anzahl am Köder beobachtet werden. Zahlreich sind mehr oder weniger einfarbig rötliche Formen. – Schönbuch, Eichenfirst 7.10.84 A. Steiner. LF.

Nicht selten kommen schwarzgrau gezeichnete Tiere bei *C. vaccinii* vor. – Wendelsheim, Pfaffenberg 8.10.91 A. Steiner. LF.

Dunkelgraue Tiere ähneln oft Formen von *Conistra ligula*, sind aber (in frischem Zustand!) am weniger zugespitzten Apex zu unterscheiden. – Malsch-Sulzbach 10.2.90 G. Ebert.

F. Bihlmaier einen Raupenfund an Erle. Nach Gauckler (1909) lebt die Raupe »in der Jugend an Eichen, später an niederen Pflanzen«.

In der Literatur werden unter anderem die folgenden Nahrungspflanzen genannt: *Populus tremula, Salix cinerea, Salix caprea, Salix* spp., *Carpinus betulus, Betula* spec., *Quercus robur, Quercus* spec., *Ulmus minor, Ribes alpinum, Ribes uva-crispa, Malus domestica, Sorbus aucuparia, Rubus idaeus, Rubus fruticosus, Prunus padus, Prunus spinosa, Acer campestre, Tilia* spec., *Vaccinium myrtillus, Calluna vulgaris* (Allan 1949, Bergmann 1954, Seppänen 1970).

Nahrung des Falters: Wie die meisten typischen Winterarten nutzt *Conistra vaccinii* eine Vielzahl unterschiedlicher Nahrungsquellen. Im Herbst wurde Blütenbesuch an *Buddleja davidii* gemeldet (Settele 1926a) und im Frühjahr sind die Falter an blühenden Weidenkätzchen, besonders den männlichen Kätzchen der Salweiden (*Salix caprea*), oft häufig anzutreffen. Meist haben die Mitarbeiter nur »Weiden« angegeben. Neben *Salix caprea* sind bisher *Salix daphnoides* und *Salix* Kulturform »Allerheiligen« sicher determinierte Nektarquellen (Botan. Garten Tübingen, A. Radtke/A. Steiner). Aber auch von Zitterpappelkätzchen wurden schon Falter heruntergeschüttelt (N. Hirneisen/A. Steiner). H. Lienig meldete zahlreichen Besuch an blutenden Birken bzw. abgeschlagenen Birkenstümpfen. G. Ebert beobachtete die Falter im Garten häufig an Bergenienblüten (*Bergenia crassifolia*).

Im September saugen die Falter gern an Obst und Früchten wie Brombeeren (D. Bartsch, A. Steiner) oder an von Mutterkornpilzen befallenen Grasblüten (*Claviceps* spec. an *Molinia* spec., A. Steiner). Die Ausscheidungen von Blattläusen (Honigtau) werden ebenfalls gern genutzt. An einem stark von Blattläusen befallenen *Cornus sanguinea*-Busch fanden A. Radtke und A.

Die Raupe wird wenig nachgewiesen. Sie ist rotbraun bis dunkelbraun mit schwacher Längslinienzeichnung. Rot 24.6.91 F. Kirsch. S.

STEINER zwei Falter an den Blattflächen und drei an den Beeren saugend. A. STEINER sah einen rüsselnden Falter am blattlausbesetzten Fruchtstand von *Heracleum sphondylium*.

Die Falter fliegen auch gern künstlichen Köder an und können hier zuweilen in Hunderten von Exemplaren beobachtet werden (z. B. ca. 300 Exemplare am 25.9.1991 bei Böblingen, D. BARTSCH; 260 Ex. am 7.10.1983 bei Tübingen, M. MEIER).

Habitat: Pflanzensoziologisch sind die Habitate von *C. vaccinii* noch ungenügend bekannt. Mutmaßlich sind die meisten Gesellschaften der Querco-Fagetea sowie angrenzende Saum- und Gebüschgesellschaften für die Art geeignet.

Verhalten: Die Falter sind dämmerungs- und nachtaktiv und kommen ans Licht, allerdings in wesentlich geringerer Anzahl als an den Köder. Wie bei den verwandten Arten erfolgt die Paarung erst nach der Überwinterung. Ein in Augenhöhe an einer Zweigspitze sitzendes, lockendes Weibchen wurde im Schönbuch am 5. April um 23.45 Uhr MESZ beobachtet (A. STEINER).

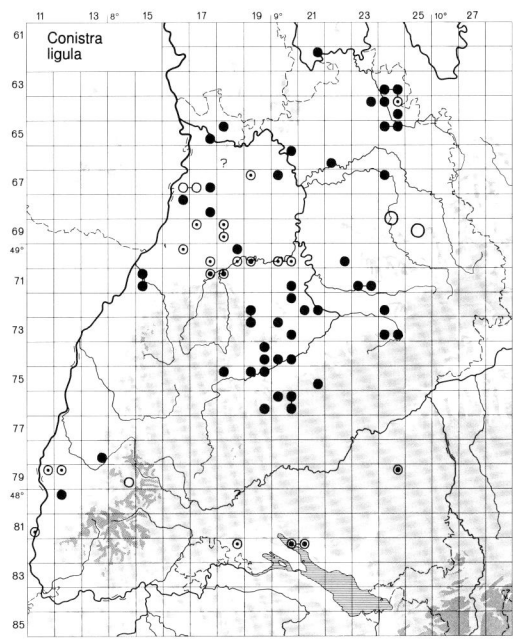

Gefährdung und Schutz

Rote Liste Bundesrepublik: –
Rote Liste Baden-Württemberg: –

Oberrheinebene: Nicht gefährdet.
Schwarzwald: Nicht gefährdet.
Neckar-Tauberland: Nicht gefährdet.
Schwäbische Alb: Nicht gefährdet.
Oberschwaben: Nicht gefährdet.

• In Baden-Württemberg nicht gefährdet!

Conistra ligula
(Esper, 1791)

Gebüsch-Wintereule

Orrhodia ligula ESP. (REUTTI 1898, LAMPERT 1907, SPULER 1908–1910, REBEL 1910, ECKSTEIN 1913–1923, HERING 1932)

Gesamtverbreitung: Von Nordwestafrika (Marokko) durch Süd- und Mitteleuropa verbreitet. Nach Norden erreicht die Art Schottland, die Beneluxstaaten, Norddeutschland, Polen und das Baltikum; in Fennoskandien fehlt sie. Nach der älteren Literatur kommt sie in Asien bis Ostsibirien vor, doch sind diese Angaben überprüfungsbedürftig, weil vermutlich öfters Verwechslungen mit *C. vaccinii* vorgekommen sind. Sichere Meldungen liegen für die Türkei vor (HACKER 1989).

Verbreitung

Regional: *Conistra ligula* kommt nach derzeitigem Kenntnisstand vor allem im Neckar-Tauberland, auf der nördlichen Schwäbischen Alb und in der Oberrheinebene (mit Ausnahme der Auengebiete) vor. Aus dem Schwarzwald liegt nur ein Nachweis in niedriger Tallage vor: Kollnau, Prozeßbühl (A. SCHNEIDER). Im Alpenvorland kennen wir nur ältere Funde: Rißegg (1955, G. BAISCH), Singen (1913, A. GREMMINGER), Überlingen (1951, E. COMMERELL, 1960, W. STAIB). Hier ist die Art wohl nur in den wärmeren Gebieten wie Hegau und Bodenseebecken bodenständig (wenn auch die aktuelle Durchforschung zu wünschen übrig läßt). Auch in den mittleren und nördlichen Landesteilen ist die Verbreitung sicher dichter als das Kartenbild zeigt. Neben den Bestimmungsschwierigkeiten (Abgrenzung gegenüber *C. vaccinii*) müssen die allgemeinen Durchforschungslücken bei Wintereulen in Betracht gezogen werden. *Conistra ligula* ist aber überall wesentlich seltener als *C. vaccinii*. Für die

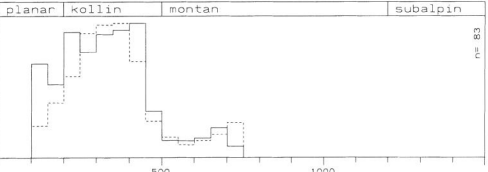

Umgebung von Überlingen bezifferte E. COMMERELL das Häufigkeitsverhältnis *vaccinii:ligula* mit 20:1 (Kartei A. GREMMINGER). Dies entspricht ungefähr auch dem Verhältnis der Gesamtindividuenzahl der aus Baden-Württemberg gemeldeten Falter beider Arten.

Vertikal: *Conistra ligula* ist überwiegend auf die Ebene und das Hügelland beschränkt. Oberhalb von 500 m liegen nur wenige Fundorte; sie reichen bis 730 m (Deggingen, Nordalb, M. MEIER).

Bestimmungshilfe: Das beste Unterscheidungsmerkmal gegenüber *C. vaccinii* ist der bei *C. ligula* stets stärker spitz ausgezogene Apex. Bei Tieren mit abgestoßenen Fransenschuppen kann dieses Merkmal kaum noch zu erkennen sein, da die Apikalfransen die ersten Schuppen sind, die der Flugaktivität zum Opfer fallen. Die übrigen in der Literatur angegebenen Merkmale, z. B. der Verlauf der Adern auf dem Vorderflügel (URBAHN & URBAHN 1939, KOCH 1958, 1984) sind wenig brauchbar. Für abgeflogene Tiere bleibt nur die Genitaluntersuchung (Merkmale siehe HEINICKE 1987).

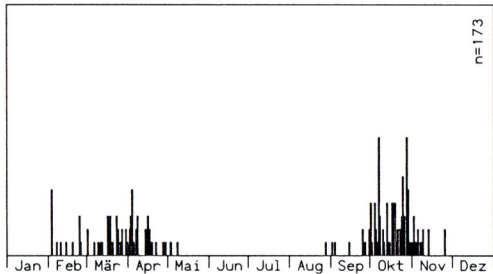

Conistra ligula ist nie so zahlreich wie *C. vaccinii*, aber dennoch weit verbreitet. Im Herbst, wenn die Falter noch frisch sind, können sie anhand des vorgezogenen und dadurch etwas zugespitzt wirkenden Vorderflügelapex gut von *C. vaccinii* unterschieden werden. Im Frühjahr, wenn die Falter Schuppen verloren haben, bereitet die Determination oft Schwierigkeiten. Die Grundfarbe ändert von dunkelgrau bis rotbraun. – Tübingen-Hirschau, Spitzberg 26.10.84 A. STEINER. S.

Phänologie

Imagines: Einzelne Falter sind schon in den letzten August- und ersten Septembertagen beobachtet worden (28.8.1985, Stuttgart-Sillenbuch, D. BARTSCH). In größerer Anzahl erscheinen die Tiere aber erst ab Mitte September (Oberrheinebene) oder Ende September (Neckar-Tauberland). Sie werden den Oktober hindurch bis in den November beobachtet. Aus dem Dezember und Januar liegen kaum Nachweise vor. In dieser Zeit legt *C. ligula* vermutlich wie *C. vaccinii* eine Winterpause ein. Genau wie *C. vaccinii* beendet sie diese Ruheperiode Anfang Februar (gut belegt nur für das Neckar-Tauberland). Dann fliegen die Falter bis Ende April (Oberrheinebene) oder Anfang Mai (Neckar-Tauberland). Der späteste Nachweis stammt vom 8.5. (1986, Lauda, F. KIRSCH).

Präimaginalstadien: Aus Baden-Württemberg wurden nur zwei datumsgenaue Raupenfunde, beide aus dem Neckar-Tauberland, gemeldet. M. MEIER fand eine Raupe am 10. Mai (1993, Ruchsen) und F. BIHLMAIER eine am 13. Juni (1994, Allmersbach im Tal). Die Raupenzeit dürfte aber bereits im April beginnen.

Ökologie

Lebensraum: *Conistra ligula* kommt, ähnlich wie *C. vaccinii*, in Laubwäldern und Gebüschen vor. Sie scheint dabei halboffene, trockene und meist warme Standorte zu bevorzugen, etwa Schlehen- und Weißdorngebüsch an Waldrändern und Binnensäumen, auf sonnigen, teils felsigen Magerrasen und in Säumen, in aufgelassenen Weinbergen, Streuobstwiesen und Gärten. Sie wurde auch schon in Flußniederungen um Weichholzbestände angetroffen, scheint aber ausgedehnte Auenbereiche wie etwa entlang des Rheins eher zu meiden. Dagegen konnte sie in der südbadischen Trockenaue um Grißheim festgestellt werden (R. HERRMANN).

Nahrung der Raupe:
Quercus spec. – Eiche
  L (GAU)
Crataegus spec. – Weißdorn
  L (GAU)
Prunus spinosa – Schlehe
  3 L (GAU, MER)

Conistra ligula lebt an verschiedenen Laubgehölzen (Bäume, Sträucher). Die Raupe wurde von GAUCKLER (1909) aus Nordbaden von Eiche, Schlehe und Weißdorn gemeldet. M. MEIER klopfte sie im Tauber-Jagst-Gebiet von Schlehe. F. BIHLMAIER fand eine fast erwachsene Raupe unter einem Reisighaufen und zog sie mit Löwenzahn auf.

Die Literatur nennt weiterhin folgende Nahrungspflanzen: *Salix caprea*, *Salix* spec., *Quercus robur*, *Clematis vitalba*, *Crataegus oxyacantha*, *Prunus insititia*, »verwilderte Pflaume«, *Prunus padus*, *Acer campestre*, *Tilia* spec. und *Lonicera periclymenum* (ALLAN 1949, HEUSER, JÖST & ROESLER 1960, BERGMANN 1954, URBAHN & URBAHN 1939). Nach MÖBIUS (1922) wurde die Raupe sogar an *Larix* gefunden und damit aufgezogen.

Habitat: Der einzige neuere Larvalnachweis stammt aus einem dem Berberidion zuzuordnenden Schlehengebüsch. Ansonsten lassen sich noch keine Aussagen machen, die über die Angaben im Kapitel Lebensraum hinausgehen.
Nahrung des Falters: Im Frühjahr finden sich die Imagines an blühenden Weidenkätzchen ein. Sie kommen auch gern an den Köder.
Verhalten: A. GREMMINGER hat die Falter »im Frühjahr vor der Schlehenblüte öfter in Copula in Schlehenhecken« angetroffen. Die Falter sind nachtaktiv und fliegen Lichtquellen an.

Gefährdung und Schutz

Rote Liste Bundesrepublik: V
Rote Liste Baden-Württemberg: –

Oberrheinebene: Nicht gefährdet.
Schwarzwald: Nicht vertreten (nur randlich vorkommend).
Neckar-Tauberland: Nicht gefährdet.
Schwäbische Alb: Nicht gefährdet.
Oberschwaben: Ausgestorben oder verschollen (Aussage nicht abgesichert).

• In Baden-Württemberg nicht gefährdet!

Wie die Erfahrungen im Neckar-Tauberland und auf der nördlichen Schwäbischen Alb zeigen, erweist sich *Conistra ligula* bei ausreichender Beobachtungstätigkeit und kompetenter Determination in vielen Gebieten als weit verbreitet, wenn auch weniger individuenstark als *C. vaccinii*. Der vermeintliche Rückgang der Art im Alpenvorland geht nur auf mangelnde Nachsuche zurück: Im Bodenseegebiet und im Hegau ist die aktuelle Durchforschung, zumal im Winterhalbjahr, sehr schwach. Hier ist die Art sicher noch präsent.

Conistra rubiginosa
(Scopoli, 1763)
Schwarzgefleckte Wintereule

Conistra vau-punctatum ESP. (WARREN in SEITZ 1909–1914, DRAUDT in SEITZ 1931–1938, SCHNEIDER 1936–1939, BERGMANN 1951–1955, KOCH 1954–1961, 1984)
Orrhodia vau-punctatum ESP. (REUTTI 1898, LAMPERT 1907, SPULER 1908–1910, REBEL 1910, ECKSTEIN 1913–1923, HERING 1932)

Gesamtverbreitung: Durch Süd- und Mitteleuropa verbreitet, nördlich bis zur Nordsee, Südnorwegen, Südschweden, Südfinnland, Litauen und Lettland. Im Osten erreicht die Art die Ukraine und die Türkei (alte Angaben aus dem Libanon beziehen sich auf *Conistra kasyi* BOURSIN, 1963).

Verbreitung

Regional: *Conistra rubiginosa* ist vermutlich mit Ausnahme der höheren Lagen der Mittelgebirge nahezu überall verbreitet. Wegen der im Winterhalbjahr nur in bestimmten Gegenden ausrei-

Die Raupe ist weniger rötlich gefärbt als die von *C. vaccinii*. Sie zeigt eine gewisse Vorliebe für Schlehen. – Freudenberg (ex ovo-Zucht) 1.5.90 A. BECHER. S.

Conistra rubiginosa ist in Zeichnung und Färbung sehr konstant. Ihr Habitus erinnert an vertrocknete Blätter mit Fraßlöchern. – Schönbuch, Eichenfirst 1.2.84 A. STEINER.

Vertikal: Die Höhenverbreitung reicht von der planaren bis in die montane Stufe. Der Schwerpunkt liegt eindeutig in der Ebene und im Hügelland. Ab 500 m nehmen die Fundorte in der Anzahl stark ab und reichen gerade noch bis über die 800-m-Linie.

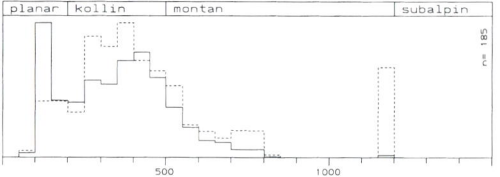

Ein Exemplar wurde in einer windigen Nacht auf dem Hornisgrinde-Gipfel in 1150–1160 m Höhe beobachtet (H. LUSSI/H.-P. GOLLNOW/A. STEINER). Dieses Tier befand sich phänologisch am äußersten Ende der Flugzeit (31.5.1994) und war höchstwahrscheinlich aus der Rheinebene verdriftet worden.

Phänologie

Imagines: Die Flugzeit beginnt in den letzten Augusttagen oder Anfang September. Um diese Zeit treten die Falter aber kaum in Erscheinung. Erst im Oktober und November werden sie (meist durch Köderfang) zahlreicher beobachtet[1]. Entweder ist die Schlüpfperiode sehr ausgedehnt oder die Tiere legen gleich nach dem frühen Schlupf eine mehrwöchige Ruhepause ein[2]. Im Dezember gehen die Nachweise wieder zurück, was wohl durch mangelnde Mitarbeiteraktivität zu erklären ist, denn die Falter sind in dieser Zeit aktiver als *C. vaccinii* und *E. transversa*. Dies gilt auch für den Januar und Februar. In diese Monate fällt die Hauptflugzeit der Art[3]! Typisch für Beobachtungen am Köder sind etwa folgende Individuenzahlen (Schönbuch bei Kirchentellinsfurt, 1984, A. STEINER):

chenden Mitarbeiteraktivität und wegen des insgesamt zu wenig betriebenen Köderfangs als Nachweismethode weist das Kartenbild allerdings noch bedeutende Durchforschungslücken auf (vgl. Bemerkung zu *Eupsilia transversa*). Eine abschließende Beurteilung der tatsächlichen regionalen Verbreitung wird erst bei besserem Kenntnisstand möglich sein.

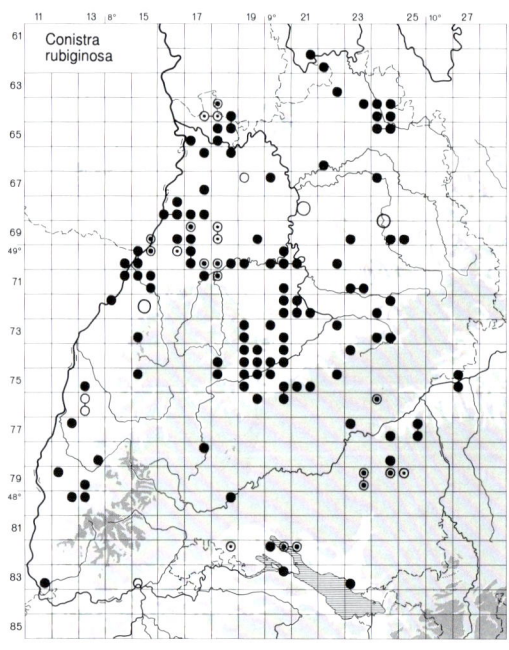

---

[1] Dies hat dazu geführt, daß manche Autoren einen Flugzeitbeginn im August insgesamt bezweifeln. HEINICKE & NAUMANN (1980–1982) nannten für Querfurt Flugbeginndaten zwischen 5. und 14.Oktober und kommentierten die Angabe Ende August bei BERGMANN (1954) und KOCH (1972) mit der Bemerkung »(ob berechtigt?)«.

[2] Nach Zuchtbeobachtungen scheint letzteres der Fall zu sein. Die Falter schlüpfen früh (August/September) und sind wenig aktiv.

[3] Zu den gleichen Ergebnissen kam RADTKE (1994a, b) bei Untersuchungen im Raum Gießen.

	2.1.	3.1.	4.1.	17.1.	31.1.	21.3.
C. rubiginosa	24	71	17	16	24	16
C. vaccinii	–	1	–	–	1	43
E. transversa	–	–	–	–	1	10

Erst wenn *C. vaccinii* und *E. transversa* wieder häufiger auftreten, wird *C. rubiginosa* langsam seltener. Das Flugzeitende ist wie der -anfang schlecht belegt. Die aus dem Neckar-Tauberland in ausreichender Zahl vorliegenden Daten lassen vermuten, daß die Flugzeit im allgemeinen schon im April, also deutlich früher als bei *C. vaccinii*, endet. Aus mehreren Naturräumen liegen aber noch einzelne Funde bis Ende Mai vor: Neckar-Tauberland: 29.5. (1980, Häfnerhaslach, F. LAIER); Schwäbische Alb: 31.5. (1991, Unterhausen, Zellertal, M. MEIER); Schwarzwald: 31.5. (siehe oben unter Verbreitung Vertikal).

Präimaginalstadien: Die wenigen Raupenfunde, die aus Baden-Württemberg bekanntgeworden sind, stammen aus dem Zeitraum zwischen Anfang Mai (9.5.1976, Bruchsal, H. HEIDEMANN) und Anfang Juni (2.6.1991, Allmersbach im Tal, F. BIHLMAIER). Das zuletzt erwähnte Tier hat sich aber erst am 22.6. zum Kokonbau eingegraben. Vor der Verpuppung liegt die Raupe wochenlang als Praepupa im Kokon.

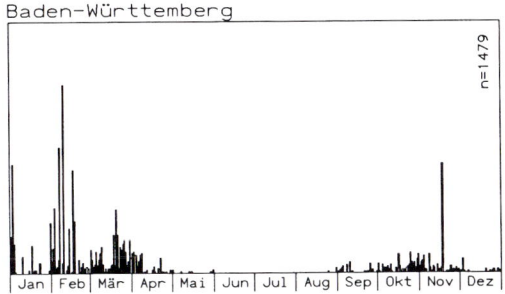

Ökologie

Lebensraum: *Conistra rubiginosa* bewohnt reich strukturierte Waldränder und Binnensäume von Laub- und Mischwäldern (Waldwege, Lichtungen), Gebüschgesellschaften und Gehölzgruppen in Waldnähe und im Offenland, Streuobstwiesen, Gärten und Parks. Zahlreich findet sie sich in verwilderten und aufgelassenen Gärten, Obstgärten, verbuschenden Weinbergen und Schlehengebüschen. Sie bevorzugt trockene bis mäßig feuchte Standorte, ist aber auch noch bis in die regelmäßig überfluteten Bereiche der Hartholzaue anzutreffen.

Nahrung der Raupe:
Syringa vulgaris – Flieder
  L (RAZ)
Malus domestica – Garten-Apfelbaum
  L (LOS)
Rosa spec. – Rose
  L (BAI)
Prunus domestica – Zwetschge
  L (BIH)
Prunus spinosa – Schlehe
  3 L (GAU, HEI, MER)
Sarothamnus scoparius – Besenginster
  L (BAR)
Calluna vulgaris – Heidekraut
  L (BAR)

Nach GAUCKLER (1909) lebt die Raupe »in der Jugend an Schlehen, später an niederen Pflanzen«. Neuere Nachweise an Schlehe gelangen H. HEIDEMANN bei Bruchsal und M. MEIER bei Ruchsen/Jagst. Verhältnismäßig zahlreich sind Nachweise aus dem Garten- und Obstgartenbereich. U. RATZEL fand die Raupe an Fliederblüten fressend, E. LOSER an Apfelblüten, F. BIHLMAIER an Zwetschge. G. BAISCH hat ein Tier von einer Gartenrose eingetragen. Die jungen Raupen leben offenbar zuerst in den Knospen, Blüten und Kätzchen, dann an den Blättern ihrer Nahrungspflanzen bzw. gehen zu einer Lebensweise in der Krautschicht über. D. BARTSCH klopfte mehrere Raupen von Besenginster und Heidekraut, mit denen sich die Tiere auch aufziehen ließen.

BERGMANN (1954) hat die Raupen in Thüringen mit den Knospen von *Acer campestre* eingetragen. Weiter erwähnt er *Prunus spinosa, P. insititia, P. padus*. HALX

Die Raupe erinnert farblich sehr an den Falter. Vom schwarzen Kopf und Nackenschild und zwei hellen Nebenrückenlinien abgesehen ist sie zeichnungslos. Sie lebt vor allem an Bäumen und Büschen, gern an Schlehe. – Lauda 20.4.91 F. KIRSCH. S.

(1956) klopfte die Raupen von fruchtenden Ulmen (*Ulmus* spec.), JÖST (nach HEUSER, JÖST & ROESLER 1960–1962) von Weidenkätzchen (*Salix* spec.). LHOMME (1923–1935) gab auch *Crataegus* spec. an. Über die am Boden lebenden Raupen ist wenig bekannt: SPEYER (1867) fand sie »unter Veilchenblättern«, KOCH (1856) nannte *Plantago lanceolata*, JÄGGI (nach WULLSCHLEGEL 1873) *Taraxacum* spec. Die älteren dieser Angaben werden auch in der Sekundärliteratur zitiert (z. B. FORSTER 1971, KOCH 1984). Insgesamt ähnelt das Nahrungsspektrum durch die Bevorzugung von *Prunus spinosa* dem von *Conistra ligula*.

Nahrung des Falters: Wie bei den verwandten Arten müssen sich die Imagines von im Winter verfügbaren Nahrungsquellen ernähren. J.-U. MEINEKE beobachtete in Kippenheim Anfang Januar bis Anfang Februar mehrfach Falter, die am ausfließenden Saft eines frisch abgesägten Eschenahorns saugten. Außerdem kommen die Falter, zuweilen in größerer Anzahl, an den Köder. G. REICH beobachtete sie in Bronnen im Herbst »an Obst im Garten«, wo Birn- und Apfelbäume standen (*Pyrus communis*, *Malus domestica*). D. BARTSCH sah Mitte Februar bei Stuttgart mehrere Falter an alten Hagebutten (*Rosa* cf. *canina*) saugen. Im Frühjahr sind sie an blühenden Weiden (*Salix* spec., *Salix caprea*) zu finden.

Angesichts der phänologischen »Einnischung« der Art auf die extremen Wintermonate Dezember und Januar wäre eine genauere Untersuchung des Nahrungsspektrums von Interesse.

Habitat: Aus unserem Gebiet sind vor allem Schlehengebüsche des Berberidion und Ginster-Heidekrautheiden als Larvalhabitat gut belegt. Die übrigen Larvalnachweise stammen alle aus dem anthropogenen Bereich, aus Streuobstwiesen und Hausgärten.

Verhalten: Die Falter sind noch bei (zumindest für den menschlichen Beobachter) sehr unwirtlicher Witterung aktiv, etwa bei beginnendem Schneegestöber oder bei lückiger Altschneedecke, die den Faltern den Ausschlupf aus ihren Verstecken ermöglicht (A. STEINER).

RADTKE (1994a, b) stellte bei Gießen für die Flugaktivität der Falter eine Mindestlufttemperatur von 4°C, in einem Fall von 2°C, fest. Schon V. REICHENAU (1905) hatte *C. rubiginosa* bei Wiesbaden »am 26. Dezember 1894 bei Frostwetter an der Rheinkaimauer frei sitzend« gefunden und ihr das Attribut »ein sehr winterharter Schmetterling« verliehen. Physiologische Untersuchungen sind an *C. rubiginosa* noch nicht durchgeführt worden, aber es wäre möglich, daß sie kälteresistenter ist als die anderen *Conistra*-Arten.

Gefährdung und Schutz

Rote Liste Bundesrepublik: –
Rote Liste Baden-Württemberg: –

Oberrheinebene: Nicht gefährdet.
Schwarzwald: Nicht gefährdet.
Neckar-Tauberland: Nicht gefährdet.
Schwäbische Alb: Nicht gefährdet.
Oberschwaben: Nicht gefährdet.

• In Baden-Württemberg nicht gefährdet!

Conistra veronicae
(Hübner, [1813])
Eintönige Wintereule

Orrhodia veronicae HBN. (REUTTI 1898, LAMPERT 1907, SPULER 1908–1910, REBEL 1910, ECKSTEIN 1913–1923, HERING 1932)

Gesamtverbreitung: Von Marokko über Südwesteuropa durch Italien (südlich bis Sizilien) und die Balkanhalbinsel bis Vorderasien, östlich bis zum Irak verbreitet. Im Norden erreicht die Art Mittelfrankreich, die Südtäler der Alpen, die südliche Slowakei, Rumänien und die Schwarzmeerküste. In den Alpen existiert ein isoliertes Areal im Wallis, nördlich der Alpen im Mittelrhein-Nahegebiet und (früher) in der Oberrheinebene. Weitere alte Angaben, etwa aus Österreich, Böhmen, Nordbayern, Nord- und Ostdeutschland sind zweifelhaft.

Verbreitung

Regional: Die ehemalige Verbreitung von *Conistra veronicae* in Baden-Württemberg beschränkte sich wahrscheinlich auf die Oberrheinebene und – vielleicht – deren Randgebiete. Bis in die zweite Hälfte des 19. Jahrhunderts unerkannt geblieben machte die Art erst durch ein häufiges Auftreten im Jahr 1886 auf sich aufmerksam. In diesem Jahr wurden im Hardtwald bei Karlsruhe im November etwa 30 Falter am Köder gefangen, davon 20 an einem Abend. 1887 war sie nur vereinzelt anzutreffen, ab 1888 wurde sie nicht mehr festgestellt (A. SPULER nach REUTTI 1898). Auf diese Funde bezog sich GAUCKLER, als er 1896 schrieb: »Früher im Oktober und November von SPULER im Wildpark am Köder gefangen.«

Nach Angaben in der Kartei A. GREMMINGER fand G. KABIS die Art dann wieder im Hardtwald im Oktober 1898 (in Anzahl) und 1899 (mehrere Stücke). Unklar bleibt die Bewertung einer Angabe von GAUCKLER (1909). Demnach soll die

Art am Turmberg bei Durlach gefunden worden sein. GREMMINGER nennt den Fundort auch in seiner Kartei, und zwar mit dem Hinweis »Turmberg 1 ♂ (GAUCKLER 1903)«. In seiner Arbeit von 1903 hatte GAUCKLER jedoch als einzige *Conistra*-Art ein Männchen von *C. rubiginosa* f. *immaculata* aufgeführt (Turmberg, November 1901, leg. C. KÖNIG). Diese Form nannte er mit dem Fundort Turmberg auch in der Arbeit von 1909, so daß es sich eigentlich nicht um eine Verwechslung handeln kann. Wurde gleichzeitig auch *C. veronicae* dort gefunden? Warum bezog sich GREMMINGER dann auf die Arbeit von 1903?

Eine weitere Notiz in GREMMINGERS Kartei, nach der K. ROTHMUND *C. veronicae* »in Anzahl« 1935 bei Freiburg gefunden haben soll, erscheint wenig glaubhaft, da die Art in diesem auch damals recht gut untersuchten Gebiet weder vorher noch später je gefunden wurde.

Als fraglich möchten wir die Angaben für Wasseralfingen und Aalen werten (19. Jh., A. HAHNE nach SCHNEIDER 1938). HAHNE war ein recht zuverlässiger Gewährsmann, aber Belege existieren nicht mehr. Unglaubwürdig erscheint die Angabe für Ulm-Obereselberg, da sie von einem sehr unsicheren Gewährsmann kommt (HEINL[1] nach SCHNEIDER 1931, 1938). Es ist durchaus möglich, daß manche Formen anderer *Conistra*-Arten[2] für *C. veronicae* gehalten wurden, da die Art früher den deutschen Entomologen wenig

Conistra veronicae ist bereits kurz nach 1900 aus Baden-Württemberg verschwunden. Diese beiden Exemplare ex coll. A. MEESS stammen vermutlich aus dem Raum Karlsruhe. Das Etikett des oberen Tiers ist verblichen, das untere wurde am 15.11.1896 in »K H« [=Karlsruhe, Hardtwald?] gesammelt.

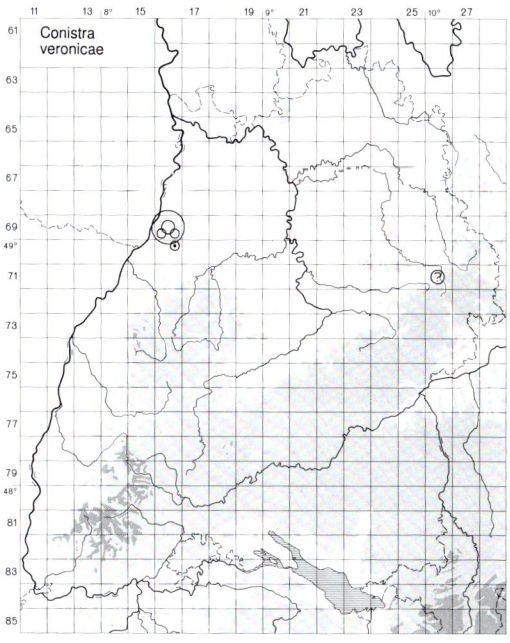

oder gar nicht bekannt war. Als zuverlässig möchten wir die Angaben von REUTTI (1898) akzeptieren[3]. Somit ergibt sich, daß *Conistra veronicae* gegen Anfang des 20. Jahrhunderts in Baden-Württemberg verschwunden ist. Es wäre nicht ausgeschlossen, daß neben der recht gut untersuchten Karlsruher Umgebung im 19. Jh. noch weitere Vorkommen in Xerothermbiotopen der nördlichen Oberrheinebene existierten, die nie bekannt wurden.

In der Pfalz ist die Art – abgesehen von Speyer – nur von der Nahe bekannt, wurde dort aber KRAUS (1993) zufolge seit 1969 nicht mehr gefunden.

Vertikal: Die als gesichert erscheinenden Fundorte liegen in der Ebene zwischen 90 und 120 m.

---

[1] Vergleiche die Erläuterungen unter *Xanthia sulphurago*.

[2] Beispielsweise die einfarbigen Formen von *C. erythrocephala* und *C. rubiginosa*, denen die Makelzeichnung fehlt.

[3] Er gab übrigens auch Speyer (Pfalz) als Fundort an, was KRAUS (1993) wohl für unglaubwürdig hielt, da er diese Angabe in seiner Fauna der Pfalz ignorierte.

Akzeptiert man den Turmberg bei Karlsruhe-Durlach als Fundort, reicht die Vertikalverbreitung bis ins untere Hügelland bei 250 m.

Phänologie

Imagines: Die ungenauen Angaben aus der Oberrheinebene beziehen sich auf die Monate Oktober und November. Wie bei den verwandten Arten leben die Falter überwinternd vom Herbst bis zum Frühjahr.
Präimaginalstadien: Keine Beobachtungen aus Baden-Württemberg. Die Raupenzeit liegt im Frühjahr und Frühsommer.

Ökologie

Lebensraum: Aus unserem Gebiet nicht sicher bekannt. Wir können nur vermuten, daß es sich bei den Fundstellen im Hartwald (Wildpark) bei Karlsruhe um warme Laubwaldformationen bzw. Waldränder und Lichtungen gehandelt haben dürfte. In Südosteuropa ist *C. veronicae* »eine Art des lichten, submediterranen Eichenmischwaldes« (HACKER 1989).
Nahrung der Raupe: Keine Beobachtungen aus Baden-Württemberg.

Nach HACKER (1989) lebt die Raupe in Südosteuropa »zunächst an *Prunus*-Arten, später an krautigen Pflanzen.«
Nahrung des Falters: Keine Beobachtungen aus Baden-Württemberg. Die Imagines wurden, manchmal in Anzahl, am Köder festgestellt.
Habitat: Siehe Lebensraum.
Verhalten: Die Falter sind nachtaktiv und kommen gelegentlich ans Licht.

Gefährdung und Schutz

Rote Liste Bundesrepublik: 1
Rote Liste Baden-Württemberg: 0

Oberrheinebene: Ausgestorben oder verschollen.
Schwarzwald: Nicht vertreten.
Neckar-Tauberland: Ausgestorben oder verschollen.
Schwäbische Alb: Nicht sicher nachgewiesen (kritischer Einzelfund).
Oberschwaben: Nicht vertreten.

- In Baden-Württemberg ausgestorben oder verschollen!
  Besonders geschützt gemäß § 20e ff. BNatSchG.

Während sich die Mittelrhein-Nahe-Populationen noch bis in die jüngste Zeit gehalten haben, sind die Populationen der Oberrheinebene anscheinend schon um die Jahrhundertwende erloschen. Wir wissen aber zu wenig über die Ökologie der Art, um über die Gründe auch nur spekulieren zu können.

Conistra rubiginea
([Denis & Schiffermüller], 1775)
Rost-Wintereule

Orrhodia rubiginea F. (REUTTI 1898, LAMPERT 1907, SPULER 1908–1910, REBEL 1910, ECKSTEIN 1913–1923, HERING 1932)
Conistra rubiginea F. (WARREN in SEITZ 1909–1914, DRAUDT in SEITZ 1931–1938, SCHNEIDER 1936–1939, BERGMANN 1951–1955, KOCH 1954–1961, 1984)
Dasycampa rubiginea SCHIFF. (FORSTER 1954–1981)

Gesamtverbreitung: In Europa vom Mittelmeer bis Mittelengland, Südnorwegen, Mittelschweden und Mittelfinnland verbreitet. Im Osten erreicht sie Kleinasien, den Kaukasus und Armenien, ältere Angaben für Ostasien beziehen sich aber auf andere Arten.

Verbreitung

Regional: *Conistra rubiginea* ist mit Ausnahme der höheren Lagen von Schwäbischer Alb und

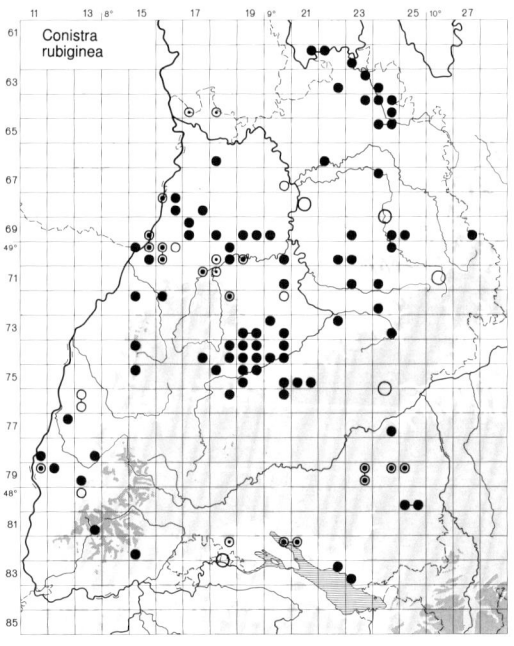

Schwarzwald in allen Landesteilen Baden-Württembergs nachgewiesen worden. Sie tritt im allgemeinen weniger individuenstark auf als *C. vaccinii* und *C. rubiginosa*. Für den Durchforschungsstand (Lücken und Schwerpunkte) gilt das bei *Eupsilia transversa* Gesagte.

Vertikal: Die Höhenverbreitung erstreckt sich von der Ebene bis ins untere Bergland. Der Schwerpunkt liegt in der planaren und kollinen Stufe. Oberhalb 600 nimmt die Anzahl der Fundorte stark ab. Die höchstgelegenen Nachweise stammen von der Schwäbischen Alb (760–770 m, Filsenberg-Hochfläche, M. MEIER/A. STEINER) und vom Nordschwarzwald (770–810 m, Bosenstein, N. HIRNEISEN/M. MEIER/A. STEINER).

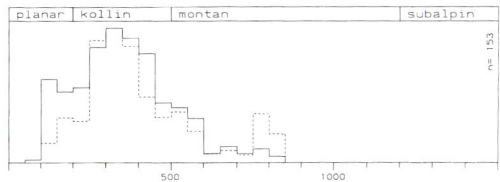

Phänologie

Imagines: Die Flugzeit beginnt in der Oberrheinebene Anfang September, im Neckar-Tauberland Mitte September. Aus den übrigen Naturräumen ist der Beginn der Flugperiode ungenügend belegt. Nach einer etwa sechswöchigen herbstlichen Aktivitätszeit (in der Oberrheinebene bis Mitte Oktober, im Neckar-Tauberland bis Anfang November) legen die Tiere eine Ruheperiode (Dia-

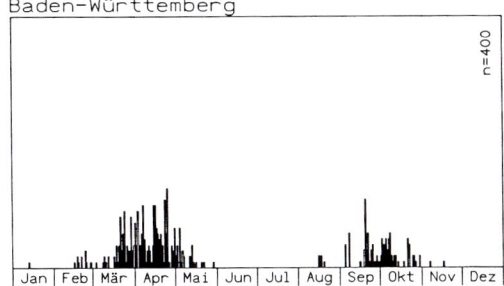

pause?) ein. Erst Mitte Februar kommen sie wieder zum Vorschein. In den Frühlingsmonaten werden sie vor allem im März und April nachgewiesen. Die spätesten Tiere sind in der Oberrheinebene bis Anfang Mai, im Schwarzwald und auf der Schwäbischen Alb bis Mitte Mai und im Neckar-Tauberland bis Ende Mai gefunden worden. Das späteste Funddatum ist der 29.5.1979 (Starzeltal bei Bietenhausen, J.-U. MEINEKE).

Die rostfarbene *Conistra rubiginea* kann aufgrund ihrer gelblichbraunen Grundfarbe und der dunklen Fleckenzeichnung mit keiner anderen (einheimischen!) *Conistra*-Art verwechselt werden. Die Variabilität ist gering; einfarbig schokoladenbraune oder weiß gezeichnete Formen, wie sie in Südeuropa auftreten, kommen in unserem Gebiet nicht vor. – Schönbuch, Müneck (ex ovo-Zucht) 15.7.85 A. STEINER. S.

Präimaginalstadien: Die einzige Angabe aus dem Untersuchungsgebiet stammt von GAUCKLER (1909), der den Mai als Raupenzeit angab. Sonst liegen nur Zuchtbeobachtungen vor. O. SCHRÖDER notierte beispielsweise: Eiablage 8.4.1923, Raupenschlupf 22.–28.4., eingegraben Mitte Juni, erste Puppen Anfang Juli, letzte Puppen Ende Juli, Falterschlupf ab 26.8.

Ökologie

Lebensraum: *Conistra rubiginea* bewohnt reich strukturierte Ränder und Binnensäume (Lichtungen, Waldwege) von trockenen bis frischen Laub- und Mischwäldern, Vorwaldstadien und Gebüsche, Streuobstwiesen, gebüschreiche Halbtrockenrasen und Saumgesellschaften, verbuschende Kiesgruben, aufgelassene Weinberge, Heckenlandschaften mit schlehenreichen Gebüschen, Gärten, Friedhöfe und Parks. Ob das Vorhan-

densein von Nestern bestimmter Ameisenarten eine Notwendigkeit für die Raupen ist oder nicht, steht noch nicht fest (siehe Nahrung der Raupe).
Nahrung der Raupe: Aus Baden-Württemberg sind keine gesicherten Freilandfunde bekannt. GAUCKLER (1909) gab an: »auf Laubholz, später an niederen Pflanzen«, doch bleibt unklar, ob er sich dabei auf eigene Freilandbeobachtungen stützte.

Als Nahrungspflanzen werden u.a. *Salix caprea, Salix* spec., *Quercus* spec., *Crataegus* spec., *Prunus spinosa, Rosa* spec., *Rubus fruticosus, Prunus insititia*, später krautige Pflanzen wie *Fragaria* spec. und *Taraxacum* spec. genannt (BERGMANN 1954, SEPPÄNEN 1970, WULLSCHLEGEL 1873). Jung leben die Tiere in Knospen und zwischen Blättern, erwachsene Raupen wurden bei Jena in Rindenrissen am Fuß von Weiden gefunden (FLÜGEL nach VÖLKER 1927–1928). Bei der Zucht erweisen sich die Raupen als äußerst polyphag. HOLIK (1930) hat sie sogar mit Brot bis zur Verpuppung gebracht.

Noch weitgehend ungeklärt ist die Beziehung der *Conistra rubiginea*-Raupen zu Ameisen. In der deutschsprachigen Literatur finden sich wiederholt Hinweise darauf, daß Raupen oder Puppen in Ameisennestern gefunden wurden. Die früheste derartige Angabe stammt von WEYMER (1865): »Vom [...] Herrn Assessor v. HAGENS wurde aber die Raupe von *Orrhodia (Cerastis) rubiginea* in Mehrzahl in den Nestern von *Formica fuliginosa* am Fusse von Buchenstämmen gefunden und die Schmetterlinge daraus erzo-

Die Raupe ist – ungewöhnlich für eine *Conistra*-Art – stark behaart. Inwieweit darin eine Abwehrmaßnahme gegen Ameisen zu sehen ist, bedarf noch eingehender Klärung. – Tauberland, Höllrain 20.5.91 F. KIRSCH.

gen.« In der Fauna von Regensburg schrieb SCHMID (1885): »sie [=die Raupe] wurde mit den Puppen schon mehrseitig im Mulm der Nester von *Formica fuliginosa* gefunden«, wobei unklar bleibt, ob es sich um eine eigene Beobachtung oder, was wahrscheinlicher ist, um ein nicht gekennzeichnetes Zitat der Angabe WEYMERs handelt. Aus Westfalen berichtete UFFELN (1908): »Die P[uppe]n. fand ich bei R[iet]b[er]g. einmal in grösserer Anzahl dicht beieinander in dem trockenen Mulm am Fusse alter Eichen, wo zugleich Ameisennester waren; ich kann deshalb die Angabe ..., dass die Art myrmekophil sei, nur unterstützen.« Nach HOBERT (1930) wurden bei Mühlhausen in Thüringen sowohl Raupen als auch Puppen »in Ameisennestern« gefunden. Aus Finnland meldete SEPPÄNEN (1970), die Raupe sei »auch in Ameisennestern (*Lasius flavus*) zu finden«.

Diese Beobachtungen wurden in der Sekundärliteratur entweder völlig ignoriert (z.B. KOCH 1958, 1984) oder angezweifelt (z.B. HELLINS in BUCKLER 1893) oder sie haben zu stark verallgemeinerten Angaben geführt: »Die Raupe soll in Ameisenhaufen leben« (SCHNEIDER 1938), »Raupe ... [lebt] in der Nähe von Ameisenhaufen, in denen die Verpuppung erfolgt« (FORSTER 1971). Die genaue Natur der vermuteten Assoziation mit Ameisen ist noch immer ungeklärt. Sicher dürfte sein, daß die dichte Behaarung der Raupe einen Schutz vor Ameisenangriffen verleiht, so daß sie sich – sei es gelegentlich oder regelmäßig – unbehelligt in der Nähe und sogar innerhalb der Nester aufhalten kann. Ob eine weitergehende Bindung und spezielle Anpassungen, etwa nach Art vieler Lycaenidae-Raupen, bestehen, wäre ein interessantes Thema für Spezialuntersuchungen.

Nahrung des Falters: G. REICH beobachtete die Falter im Herbst »an Obst« in seinem Garten, womit Birn- oder Apfelbäume gemeint waren (*Pyrus communis, Malus domestica*). Im Frühling werden die Tiere regelmäßig an Weidenkätzchen saugend gefunden (*Salix caprea, Salix* spec.). A. RADTKE und A. STEINER beobachteten einen Falter, der am Blatt eines stark mit Blattläusen befallenen Roten Hartriegels (*Cornus sanguinea*) die Blattlausausscheidungen (Honigtau) aufsaugte. Die Falter kommen auch gern an den Köder.
Habitat: Ohne Raupenfunde sind noch keine pflanzensoziologischen Angaben für Baden-Württemberg möglich.
Verhalten: Die Falter sind nachtaktiv und erscheinen gelegentlich an Lichtquellen.

Gefährdung und Schutz

Rote Liste Bundesrepublik: –
Rote Liste Baden-Württemberg: –

Oberrheinebene: Nicht gefährdet.
Schwarzwald: Nicht gefährdet.
Neckar-Tauberland: Nicht gefährdet.
Schwäbische Alb: Nicht gefährdet.
Oberschwaben: Art der Vorwarnliste.

- In Baden-Württemberg nicht gefährdet!

Conistra erythrocephala
([Denis & Schiffermüller], 1775)
Rotkopf-Wintereule

Orrhodia erythrocephala F. (REUTTI 1898, LAMPERT 1907, SPULER 1908–1910, REBEL 1910, ECKSTEIN 1913–1923, HERING 1932)
Conistra erythrocephala F. (WARREN in SEITZ 1909–1914, DRAUDT in SEITZ 1931–1938, SCHNEIDER 1936–1939, BERGMANN 1951–1955, KOCH 1954–1961, 1984)
Dasycampa erythrocephala SCHIFF. (FORSTER 1954–1981)

Gesamtverbreitung: Von Nordwestafrika (Marokko, Algerien) durch Süd- und Mitteleuropa bis Südrußland, Türkei und Kaukasus verbreitet. Im Norden erreicht die Art Südengland (1847–1880 bodenständig, danach nur Einzelfunde), Dänemark (Einzelfunde in Südnorwegen, -schweden und -finnland) und das Baltikum.

Verbreitung

Regional: *Conistra erythrocephala* hat in den vergangenen 150 Jahren in Südwestdeutschland starke Arealfluktuationen durchgemacht. Um die Mitte des 19. Jahrhunderts wurde sie sowohl von REUTTI (1853) aus Baden (Freiburg) als auch von SEYFFER (1850) und KELLER & HOFFMANN (1861) aus Württemberg (Stuttgart) angegeben, und bis zur Jahrhundertwende stieg die Zahl der Fundorte weiter an. REUTTI (1898) nannte Fundorte von der nördlichen bis zur südlichen Oberrheinebene sowie aus dem Kraichgau (Pforzheim) und SETTELE (1926a) aus dem Bodenseebecken (Konstanz). SCHNEIDER (1938) gab Fundorte im Kraichgau (Bonfeld), im Kocher-Jagst-Gebiet (Möckmühl), im Neckarbecken (Markgröningen), im mittleren und östlichen Albvorland (Göppingen, Aalen) und auf der Schwäbischen Alb (Blaubeuren) an[1]. Diese Zunahme dürfte den steigenden Erforschungsstand widerspiegeln,

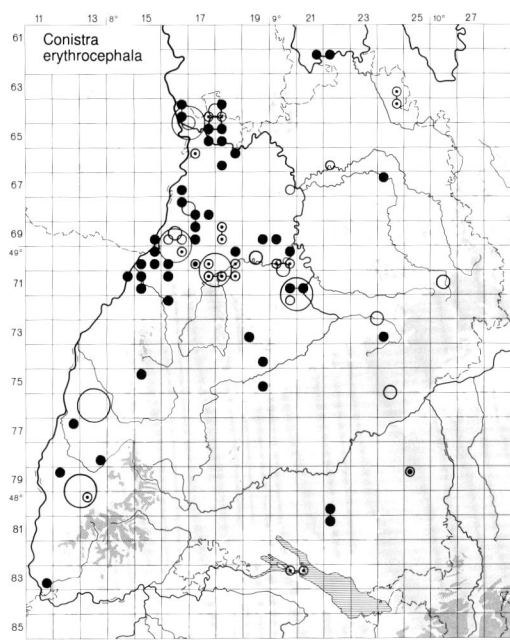

doch kann eine Expansion der Art im späten 19. Jh. immerhin nicht ausgeschlossen werden. In der ersten Hälfte des 20. Jahrhunderts sind nur Funde in der Rheinebene und im Raum Pforzheim (Kraichgau-Neckarbecken-Schwarzwald-Randplatten) gemacht worden. Spätestens in dieser Zeit muß die Art im übrigen Neckarland, auf der Schwäbischen Alb und am Bodensee ausgestorben sein. In den vierziger bis siebziger Jahren wurden fast ausschließlich einzelne Funde in der nördlichen Oberrheinebene und am Kaiserstuhl bekannt. Nur Mitte der sechziger Jahre gab es eine kurze Expansionsphase: 1964, 1965 und 1966 beobachtete G. JUNGE je einen Falter in Altenbach im Odenwald. 1964 fand G. REICH ein Tier in Oberschwaben (Dürnachtal bei Bronnen), das bis heute den einzigen Nachweis für diese Region bildet. 1966 fing M. WALLNER ein Exemplar bei Illingen. Diese Phase blieb aber ohne Konsequenzen, das heißt, es kam offenbar nirgends zu dauerhafter Ansiedlung. Erst ab Mitte der 80er Jahre wurde die Art plötzlich wieder

---

[1] Zwar nannte SCHNEIDER keine Jahreszahlen, aber einer der aufgeführten Fundorte wurde nur im 19. Jh. besammelt (Bonfeld), von den anderen liegen viele Daten aus dem 19. Jh. vor (Blaubeuren, Aalen, Göppingen, Möckmühl, Stuttgart), und lediglich in Markgröningen ist nicht vor den 1920er Jahren gesammelt worden.

Nachdem *Conistra erythrocephala* in der ersten Jahrhunderthälfte außer in der Oberrheinebene in Baden-Württemberg praktisch ausgestorben war, befindet sie sich seit den achtziger Jahren wieder in einer Expansionsphase. Sie tritt in mehreren Formen auf, von denen die hier gezeigte die dunkelste und kontrastreichste ist. – Rammert bei Dettingen 8.10.91 A. STEINER.

Die einfarbigen Formen lassen sich nur noch durch die dunklen Punkte unten in der Nierenmakel (die beim abgebildeten Tier noch dazu schwach entwickelt sind) als *Conistra erythrocephala* erkennen. – Oppenau, An der Steig (ex ovo-Zucht) 9.87 A. STEINER. S.

häufiger und expandierte: sie tauchte wieder im Neckarland und auf der Alb auf und wurde erstmals im westlichen Schwarzwald gefunden.

Dazu einige Angaben aus Lokalfaunen:
- Im Großraum Stuttgart lagen seit der Erwähnung von SCHNEIDER (1938) (der sich vielleicht nur auf die alten Funde von SEYFFER (1850) und KELLER & HOFFMANN (1861) bezog) keine Funde mehr vor. Seit 1987 beobachtet D. BARTSCH die Art bei Stuttgart-Feuerbach.
- Im sehr gut untersuchten Großraum Pforzheim wurde *C. erythrocephala* bis 1935 an mehreren Stellen vereinzelt gefunden (ALBERT, H. ROMETSCH, K. STROBEL, M. WALLNER). Seitdem blieb sie verschwunden, abgesehen von dem oben erwähnten, isolierten Einzelfund (1966, Illingen, M. WALLNER). 1991 wurden wieder Falter bei Ötisheim (V. BODEN/W. PFENNIGER/M. WALLNER) festgestellt.
- Im Raum Tübingen war die Art noch nie gemeldet und auch bei einer umfassenden Bestandsaufnahme in den 70er/80er Jahren nicht gefunden worden (MEIER & STEINER 1985). Im Herbst 1991 wurde sie (in derselben Nacht) in einer umfangreichen Köderaktion am Pfaffenberg bei Wendelsheim und im Rammert bei Dettingen festgestellt (A. RADTKE/A. STEINER) und im folgenden Frühjahr 1992 bei Herrenberg nachgewiesen (N. HIRNEISEN/A. STEINER).

Darüber hinaus liegen neue Funde aus folgenden Gegenden vor: Sandstein-Spessart (mehrere Fundorte bei Freudenberg/Main, seit 1986, A. BECHER), Sandstein-Odenwald (Neckargemünd, 1991, J. BASTIAN; Bammental, 1992, J. HALWAX), Hohenloher/Haller Ebene (Künzelsau, 1991, A. EBERHARD), Stromberg (Hohenhaslach und Gündelbach, 1991, D. BARTSCH), Neckarbecken (Besigheim, 1995, H. RENTSCH). Der einzige aktuelle Fundort auf der Schwäbischen Alb ist bislang Deggingen, Nordalb (1992, M. MEIER). Im Nördlichen Talschwarzwald liegen Funde bei Gaggenau-Hörden (seit 1985, R. HERRMANN, 1979–1984 dort nicht gefunden) und oberhalb Oppenau (1986, M. MEIER, 1987, N. HIRNEISEN/A. STEINER) sowie am Rand des Mittleren Schwarzwalds in Kollnau (seit 1985, A. SCHNEIDER) vor. Auch in der südlichen Oberrheinebene sind neue Fundorte bekanntgeworden: Kippenheim, ab 1990 (J.-U. MEINEKE); Eimeldingen, 1993 (F. NANTSCHEFF). Im Bodenseegebiet ist die Art seit den Konstanz-Funden in den 20er Jahren nicht wieder aufgetaucht, aber durchaus zu erwarten.

Die in Baden-Württemberg so gut dokumentierten Fluktuationen sind merkwürdigerweise noch in keinem anderen Gebiet beobachtet worden: Weder aus der Pfalz (KRAUS 1993) noch aus

Bayern und auch nicht aus Ostdeutschland (HEINICKE & NAUMANN 1980–1982) kennen wir vergleichbare Beobachtungen. Auch die in letzter Zeit mit zahlreichen der Arealexpansion verdächtigten Arten gefüllten Wanderfalter-Jahresberichte erwähnen die Art nicht (RENNWALD 1994, 1995).

Vertikal: Der Schwerpunkt der Höhenverbreitung bewegt sich im Bereich der Ebene und des Hügellandes. Höhen über 500 m erreicht die Art nur an wenigen Fundorten auf der Schwäbischen Alb und im Schwarzwald.

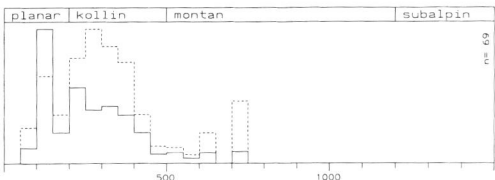

Phänologie

Imagines: Die Falter sind in der Oberrheinebene zwischen Mitte September und Ende April nachgewiesen worden (14.9.[ohne Jahr], Lahr, coll. SMNS; 27.4.1993, Bruchsal, H. BAUMGÄRTNER). Ein Spätfund wird noch Mitte Mai gemeldet (12.5.1993, Eimeldingen, F. NANTSCHEFF). Gelegentlich schlüpfen Falter bereits im August, wie aus der Angabe von REUTTI (1898) »Mitte August bis zum Frühjahr« hervorgeht. Die absolut frühesten Tiere notierten H. LIENIG bei Weinheim am 3.8.1928 und H. ROMETSCH und K. STROBEL bei Niefern am 7.8.1929. Im Neckar-Tauberland liegen die Daten zwischen Ende September und Ende April (28.9.1990, Stuttgart-Feuerbach, D. BARTSCH; 20.4.1966, Illingen, M. WALLNER), im Schwarzwald zwischen Ende September und Anfang Mai (30.9.1924, Pforzheim, K. STROBEL; 2.5.1986, Oppenau, M. MEIER). Die Lücken im Dezember–Januar sind Beobachtungslücken. Daß auch *C. erythrocephala* keine echte Winterdiapause durchmacht, beweisen die

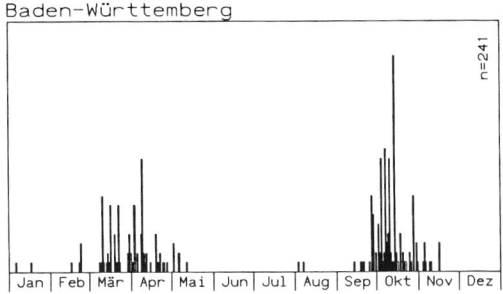

Januarfunde in der Rheinebene (6.1.1967, Kaiserstuhl, H. RIETZ; 17.1.1993, Ottersdorf, C. KÖPPEL).

Präimaginalstadien: Konkrete Daten für Freiland-Raupenfunde liegen aus dem Untersuchungsgebiet nicht vor. Die Raupenzeit dauert nach Literaturangaben von April oder Mai bis Juni (BERGMANN 1954).

Ökologie

Lebensraum: *Conistra erythrocephala* bewohnt eichenreiche Laubwälder der Ebene und des Hügellands. Die Falter sind vor allem an Waldrändern und vorgelagerten Gebüschmänteln (mit Eichenjungwuchs) und an Binnensäumen wie Waldwegen, Lichtungen, Rodungs- und Windbruchflächen zu finden. In diesen Bereichen dürften sich auch die Larvalhabitate befinden. Die permanent besiedelten Gebiete in der Oberrheinebene liegen im Bereich mittlerer Jahrestemperaturen von über 9°C. Für einen Autor der siebziger Jahre hätte *C. erythrocephala* somit den Eindruck einer xerothermophilen Art gemacht. In der gegenwärtigen Expansionsphase erreicht die Art auch Gebiete mit kühlerem Klima, bis 7°C mittlerer Jahrestemperatur.

Nahrung der Raupe:
Quercus spec. – Eiche
L (GAU)

Zwar wurde die Art mehrfach ex ovo gezüchtet, doch neuere Freilandfunde liegen nicht vor. GAUCKLER (1909) gab an, daß die Raupen »in der Jugend an Eichen, später an niederen Pflanzen« leben. Sie können in der Zucht auch bis zur Verpuppung mit Eichen ernährt werden.

Zu den Nahrungspflanzen zählte BERGMANN (1954) auch noch Hainbuche und Ulme, doch stehen die Eichen sicher an erster Stelle. An ihnen dürfte bevorzugt, wenn nicht sogar ausschließlich, die Eiablage erfolgen. Wie bei den verwandten Arten gehen die Raupen später gern in die Krautschicht über. Die Literatur nennt beispielsweise *Galium* spec., aber auch typische Fütterungspflanzen wie *Plantago* spec. und *Taraxacum* spec., die auf Gefangenschaftsbeobachtungen beruhen dürften (SPULER 1908–1910).

Nahrung des Falters: Blütenbesuch wurde an spätblühender *Buddleja davidii* gemeldet (SETTELE 1926a). Im 19. Jh. beobachtete J. HOFFMANN die Falter »bisweilen im Frühjahr an zuckerschwitzenden Birnknospen nicht selten« (KELLER & HOFFMANN 1861). Auch an blühenden Salweiden (*Salix caprea*) wurden sie gefunden (D.

Die Raupe lebt jung an Eichen und kann später auch auf Pflanzen der Krautschicht übergehen. In der Zucht läßt sie sich mit Eiche bis zur Verpuppung bringen. – Hohenhaslach (ex ovo-Zucht, leg. D. BARTSCH) 13.6.91 A. STEINER. S.

BARTSCH, GAUCKLER 1897b). G. EBERT beobachtete die Falter im Garten an Bergenienblüten (*Bergenia crassifolia*). Sowohl im Herbst als auch im Frühjahr kommen die Tiere gern an den Köder.

Habitat: Ohne aktuelle Raupenfunde noch nicht klar eingrenzbar, aber offensichtlich im Bereich von Laubwaldgesellschaften der Quercetalia und Fagetalia (eichen- und buchenreiche Laubwälder) und (bei älteren Raupen) anschließenden Stauden- und Saumgesellschaften zu suchen.

Verhalten: Die Falter sind nachtaktiv und kommen gelegentlich ans Licht. Die Paarung erfolgt erst nach der Überwinterung.

Gefährdung und Schutz

Rote Liste Bundesrepublik: –
Rote Liste Baden-Württemberg: V

Oberrheinebene: Nicht gefährdet.
Schwarzwald: noch ungeklärt.
Neckar-Tauberland: Art der Vorwarnliste.
Schwäbische Alb: noch ungeklärt.
Oberschwaben: Ausgestorben oder verschollen (Aussage nicht abgesichert).

- In Baden-Württemberg eine Art der Vorwarnliste!

Gegenwärtig befindet sich *Conistra erythrocephala* in einer Expansionsphase. Es läßt sich aber nicht abschätzen, ob diese Phase andauern wird und ob die Art die jüngst erreichten Gebiete überhaupt dauerhaft besiedeln kann. Angesichts der Regressionsphasen, in denen die Verbreitung jahrzehntelang auf Wärmegebiete beschränkt blieb, erscheint es sinnvoll, durch Einstufung in die Vorwarnliste auf die Möglichkeit eines künftigen Rückgangs in vielen Gebieten hinzuweisen. Die weitere Arealentwicklung und die Bestandssituation in den neubesiedelten Gebieten sollten genauestens verfolgt werden.

Conistra fragariae
(Vieweg, 1790)
Große Wintereule

Mecoptera fragariae ESP. (REUTTI 1898)
Orbona fragariae ESP. (WARREN in SEITZ 1909–1914, DRAUDT in SEITZ 1931–1938, SCHNEIDER 1936–1939, BERGMANN 1951–1955, KOCH 1954–1961, 1984)
Orrhodia fragariae ESP. (LAMPERT 1907, SPULER 1908–1910, REBEL 1910, ECKSTEIN 1913–1923, HERING 1932)

Gesamtverbreitung: Von den mittleren Ländern Europas über Nordasien bis Japan lokal verbreitet. In Europa wird das Areal etwa folgendermaßen umgrenzt: Südrußland, Rumänien, Ungarn, östliches Österreich, Süddeutschland, Westfrankreich (Elsaß)[1], Schweiz, Piemont, Toskana, Südostalpen, Bulgarien, Kaukasus. In den westlichsten Teilen des Areals ist die Art vielerorts im Rückgang begriffen.

Verbreitung

Regional: Im 19. Jh. war *Conistra fragariae* sowohl in der Oberrheinebene (bei Freiburg bis in die Vorbergzone des Schwarzwalds) als auch im Neckar-Tauberland weit verbreitet. Einzelne Angaben stammen aus dem Bereich der Schwäbischen Alb und aus dem Alpenvorland. Auch im angrenzenden Elsaß ist sie 1885 einmal nachgewiesen worden (vgl. Fußnote). Von GRIEBEL (1909) wurde *C. fragariae* aus der Pfalz gemeldet, wo seitdem keine weiteren Funde bekanntgeworden sind: KRAUS (1993) führte sie unter den ausgestorbenen Arten. In Baden-Württemberg dürfte ein Rückgang erstmals in den 1890er Jahren aufgefallen sein: SCHNEIDER berichtete im

---
[1] Von HOFFMANN 1885 bei Kintzheim gefunden (MAKKER & FETTIG 1885, PEYERIMHOFF & MACKER 1910). Diese Angabe ist offenbar von den französischen Lepidopterologen angezweifelt worden, denn in den Faunenlisten Frankreichs (z. B. LHOMME 1923–1935, BOURSIN 1964, LERAUT 1980) wurde die Art nie aufgeführt. Wir sehen keinen Anlaß, diesen nur wenige Kilometer von badischen Fundstellen entfernten Nachweis der gut kenntlichen Art zu bezweifeln.

Conistra fragariae ist in Baden-Württemberg ausgestorben. Diese große, auffällige Art war im 19. Jahrhundert noch weit verbreitet. – Freiburg, Schloßberg 5.3.19 leg. E. BROMBACHER.

Jahr 1938, daß die Art bei Stuttgart seit etwa 40 Jahren nicht mehr gefunden worden sei (allerdings nannte CALMBACH [1908] noch Funde aus dem Jahr 1907). Die letzten Angaben stammen sowohl in der Rheinebene als auch im Neckarland aus den 20er Jahren (Freiburg-Schloßberg, E. BROMBACHER; Tübingen-Rosenau, STOLL nach KAUFMANN & SCHMID 1966).

Oberrheinebene: Speyer (REUTTI 1898); Karlsruhe-Wildpark (GAUCKLER 1896); Karlsruhe-Durlacher Wald (GAUCKLER 1896, 1912); Turmberg bei Karlsruhe-Durlach, 10.1899 (C. KÖNIG nach GAUCKLER 1899b); Mahlberg (REUTTI 1898); Freiburg (K. KELLER nach REUTTI 1898); Freiburg-Schloßberg bis 1920 (E. BROMBACHER, L. SETTELE); Schweiz: Basel (A. LÉONHART nach PEYERIMHOFF & MACKER 1910).

Neckar-Tauberland: Bonfeld (SCHUMANN nach SCHNEIDER 1938); Pforzheim (REUTTI 1898); Stuttgart (»Die Raupe ... in manchen Jahren um Stuttgart häufig«, SEYFFER 1850; »überall, doch nur um Stuttgart zuweilen häufiger«, KELLER & HOFFMANN 1861; »öfter um Stuttgart geködert (ROTH, BERTZ, GERSTNER u.a.). Seit etwa 40 Jahren nicht mehr gefunden«, SCHNEIDER 1938; 1903 »auf der Schlotwiese« und 1907 »in der Nähe des Kapellenberges« CALMBACH 1908); Tübingen »Bis etwa 1920 zwischen Rosenau und Heuberger Tor«[2] (STOLL nach KAUFMANN & SCHMID 1966); Göppingen (ASCHENAUER nach SCHNEIDER 1938).

Schwäbische Alb: Oberamt Ehingen (GAUS nach LAMPERT 1893).

Alpenvorland: Biberach (24.4.1887 80 Raupen, ASCHENAUER nach SCHNEIDER 1938). Diese Angabe ist etwas unsicher (s. u.).

Unrichtig ist die Angabe von LITZELMANN (1966a), der in einer Artenliste vom Isteiner Klotz auch *C. fragariae* aufführte. Er hatte am 9. September eine Raupe an *Fragaria* fressend gefunden und scheint sich allein aufgrund dieser Nahrungspflanze zu dem Schluß verstiegen zu haben, es müsse sich um *Conistra fragariae* handeln. Daß das Funddatum mit der Falterflugzeit kollidierte und ihm deshalb unmöglich *C. fragariae* vorgelegen hat, scheint ihm nicht aufgefallen zu sein, obwohl er in der selben Arbeit angab, die Art früher auch als Falter gefangen zu haben.

Vertikal: Soweit die sicherlich unvollständige Dokumentation eine Einschätzung zuläßt, war *C. fragariae* bei uns von der Ebene (ab 100 m am Oberrhein) durch die Hügelstufe bis in die untere montane Stufe gegen 500 m verbreitet.

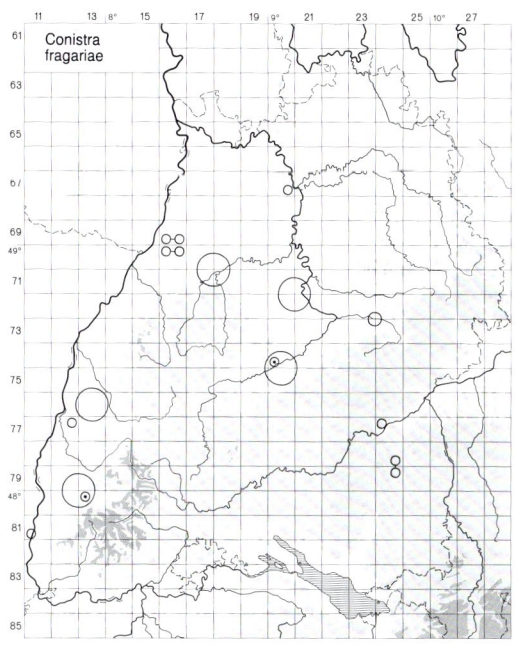

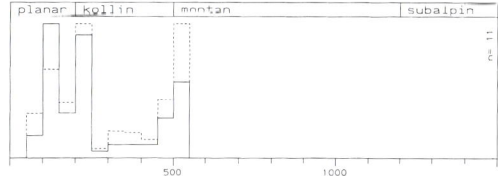

Phänologie

Imagines: Die Falter überwintern wie bei den verwandten Arten von »September bis Frühjahr« (REUTTI 1898). Aus unserem Gebiet liegen nur

---

[2] An diesem Fundort wurde in den achtziger Jahren wiederholt im Winterhalbjahr Nachsuche durch Licht- und Köderfang betrieben, ohne daß die Art wiedergefunden wurde (MEIER & STEINER 1985).

sehr wenige datumsgenaue Angaben vor: 29.10.1889 (GAUCKLER), 16.2.1920, 25.2.1920, 5.3.1919, 7.3.1919 (E. BROMBACHER), 11.4.1896, 17.4.1896 (GAUCKLER). KELLER (1862) berichtete von einem noch im Mai gefundenen, »etwas verblichenen« Falter.

Präimaginalstadien: Ein außerordentlich frühes (und deshalb nicht zweifelsfreies!) Datum meldete ASCHENAUER, der am 24.4.1887 nicht weniger als 80 Raupen bei Biberach gefunden haben will (SCHNEIDER 1938). Auch die Menge der Raupen ist ungewöhnlich, und der Fundort ist der einzige, der aus dem Alpenvorland bekanntgeworden ist. Eine Verwechslung kann also nicht ausgeschlossen werden. Plausibler ist die Angabe von KELLER (1862), wonach die Raupe im Juli gefunden wurde. Unter Zuchtbedingungen gab STEUDEL (1884) die Eidauer mit 3 Wochen und die Raupenzeit mit ca. 6 Wochen (von Anfang Mai bis Anfang Juli) an. Danach liegt die Raupe noch längere Zeit unverpuppt als Praepupa in ihrer Erdhöhle, und zwar übereinstimmend ebenfalls etwa 6 Wochen (KELLER & HOFFMANN 1861, STEUDEL 1884), also bis Ende August/Anfang September. Nach der Verpuppung setzt dann sofort die Falterentwicklung ein, so daß die Imagines im Lauf des September schlüpfen.

Der Name *fragariae* beruht nicht auf einer Nahrungspflanze! Als ESPER den Namen einführte (VIEWEG hat ihn nur übernommen) lag ihm nur ein Falter vor, den er für einen Spinner hielt. Die Raupe kannte er nicht. Er benannte die Art, in Anlehnung an *Lasiocampa quercus* und *Macrothylacia rubi*, einfach nach einer beliebigen Pflanzengattung. – Österreich, Salzburg (ex ovo-Zucht), R. KONTERMANN. S.

Ökologie

Lebensraum: Nach den spärlichen Literaturangaben dürfte *C. fragariae* bei uns wenig spezialisiert an gebüschreichen Waldrändern, in Saumgesellschaften, und vielleicht auch in offenerem Gelände, etwa auf Magerrasen mit Schlehengebüsch, in Obstwiesen, an Wegrändern und Rainen vorgekommen sein. Die einzigen genauen Angaben (siehe unten) stammen von SEYFFER (1850) und KELLER & HOFFMANN (1861). Der ehemalige Fundort bei Tübingen trägt heute extensiv genutzte Salbei-Glatthaferwiesen und alte Streuobstbestände, die an Waldmeister-Eichen-Buchenwälder mit kleinräumig eingesprengten Pfeifengras- und Fiederzwenken-Kiefernforsten angrenzen. Die Art bewohnte Gebiete mit durchschnittlichen Jahrestemperaturen von 7° bis >9°C und durchschnittlichen Jahresniederschlägen von 500 bis 900 mm.

Nahrung der Raupe:
? *Prunus spinosa* – Schlehe
   L (KEL, KEH)

SEYFFER (1850) fand die Raupe »mehrmals auf der Feuerbacher Haide an niederen Schlehenstämmchen am Rande des Waldes sitzend; sie konnte mit gewöhnlichen Salatblättern ernährt werden«. Auch KELLER (in KELLER & HOFFMANN 1861) teilte mit, daß die Raupe »am Waldsaum an Schlehenstauden im Juli ... manchmal gefunden wird; sie sitzt der Länge nach an den Stauden.« Eine sichere Fraßbeobachtung liegt von Schlehe somit also nicht vor, wenn es auch durchaus wahrscheinlich ist, daß die Raupe im Freiland (unter anderem) auch Schlehe frißt.

Über Zucht-Nahrungspflanzen schrieb STEUDEL (1884): »Die Nahrung besteht in verschiedenen zarten niederen Pflanzen, besonders aus der Familie der Papilionaceen, der Syngenesisten und der Chenopodieen. Beliebt sind besonders die Blüthen, so von der Wicke (*Vicia Sepium*), vom Goldkraut (*Senecio vulgaris*), Ampfer und Melde (*Rumex* und *Chenopodium bonus Henricus*), und ähnliche Dinge, aber auch die zarten Blätter des Salats, besonders die inneren gelben Blätter des Kopfsalates schmecken den Raupen vortrefflich.«

Die vertrackte Erdbeere, die seit der Originalbeschreibung der Art und selbst heute noch durch die Literatur geistert, ist – man kann es nicht oft genug betonen –

keine Freiland-Nahrungspflanze gewesen (s. o.)! HOFMANN (1892) und SPULER (1908–1910) gaben die Namenserklärung »*fragaria*, Erdbeere, weil die Raupe u. a. auch an Erdbeeren lebt«; bei ECKSTEIN (1920) frißt die Raupe »Erdbeere, auch Gräser«, bei PEYERIMHOFF & MACKER (1879–1880) lebt sie »sur fraisier« und bei FORSTER (1971) »an Erdbeeren und an anderen Kräutern sowie an Gräsern«! Interessanterweise spielte die Erbeere bei den Autoren, die die Art unter dem Namen *serotina* (OCHSENHEIMER, 1816) (ein jüngeres Synonym) führten, keine derartige Rolle.

Nahrung des Falters: Die Imagines sind am Köder gefunden worden. Wie die übrigen *Conistra*-Arten haben sie mutmaßlich ebenfalls Baumsäfte, Früchte und Weidenkätzchen genutzt.

Habitat: Nach den vorliegenden Informationen sind keine pflanzensoziologischen Angaben möglich. Die Hinweise von SEYFFER und KELLER deuten auf Saumgesellschaften (Trifolio-Geranietea) und Schlehengebüsche (Ligustro-Prunetum) sowie auf Binnensäume von Laubmischwaldgesellschaften hin.

Verhalten: KELLER (1862) hielt die Raupe für »eine arge Mordraupe«. STEUDEL (1884) widersprach dieser Auffassung: »Bei der Zucht aus Eiern, welche Herr Xylograph MICHAEL hier [gemeint ist: in Stuttgart] zahlreich aus einem beim Nachtfang erbeuteten und lebend mit nach Hause genommenem Weibchen der schönen Eule erhielt, und von denen er verschiedenen befreundeten Sammlern, auch dem Unterzeichneten mittheilte, hat sich nun herausgestellt, dass die Raupe der *Fragariae* ein ganz harmloses Thier ist, welches gesellschaftlich gefüttert, und mit andern dasselbe Nahrungs fressenden Raupen zusammen eingesperrt und aufgezogen werden kann, ohne dass ein einziges Mal eine räuberische Neigung zu bemerken gewesen wäre. Sowohl in der Jugend, als im erwachsenen Zustand sassen die Thiere stets harmlos beisammen, versuchten nie, wenn sie von andern Raupen berührt wurden, zu beissen, sondern krochen harmlos und ungestört durch- und übereinander, so dass jedermann, der mit den Gewohnheiten der Mord-Raupen vertraut ist, alsbald zur Ueberzeugung kommen musste, dass dieses Thier ein unschuldiges und friedliches Geschöpf sei. Diese Beobachtungen wurden in gleicher Weise von 5 Züchtern hiesigen Ortes gemacht.« Weiter heißt es: »Das ... Ei wird nach etwa 14 Tagen zuerst fleischfarben, dann hell chocoladebraun, und nach ca. 3 Wochen kriecht das hell-schmutziggrüne Räupchen ... aus dem Ei (im ersten Drittel des Mai), und kriecht mit spannerartigem Gang umher, bis es passendes Futter gefunden hat. An diesem bleibt es bei Tag meist ruhig sitzen, an hervorragenden Blattrippen, dünnen Blütenstengeln, Blattranken und dergleichen, wo es nicht leicht bemerkt wird. Doch frisst es auch bei Tage, aber immer deutlicher, je älter es wird, nimmt es die Gewohnheiten eines nächtlichen Thieres an, welches bei Tage möglichst verborgen sich hält [Die Raupe ist also in der Jugend, wie viele Noctuiden, heliophil, im Alter heliophob.] ... Anfang Juli war die letzte Raupe in dem Behälter unter der Oberfläche verschwunden. Lange bleibt die Raupe in ihrer neuen Wohnung, ohne sich einzupuppen, und zwar etwa 2 Monate lang, so dass ich am 2. September, als ich in meinen Behältern die Erde untersuchte, noch eine unverpuppte Raupe vorfand, welche aber andern Tages verpuppt war.« Nach KELLER (in KELLER & HOFFMANN 1861) waren die bei Stuttgart gefundenen erwachsenen Raupen »oft von Ichneumonen bewohnt«. Sind diese Raupen, was anzunehmen ist, bei Tag gefunden worden, dann war das abweichende Verhalten (tagsüber frei sitzend) wahrscheinlich durch die Parasitierung bedingt.

Gefährdung und Schutz

Rote Liste Bundesrepublik: 1
Rote Liste Baden-Württemberg: 0

Oberrheinebene: Ausgestorben oder verschollen.
Schwarzwald: Nicht vertreten.
Neckar-Tauberland: Ausgestorben oder verschollen.
Schwäbische Alb: Ausgestorben oder verschollen.
Oberschwaben: Ausgestorben oder verschollen.

- In Baden-Württemberg ausgestorben oder verschollen!
  Besonders geschützt gemäß § 20e ff. BNatSchG.

Conistra fragariae gehört zu den Arten, die in Mitteleuropa ihr Areal im Lauf der letzten 100 Jahre großräumig nach Osten bzw. Südosten zurückgezogen haben. Wie in den meisten derartigen Fällen sind die Gründe für diese Arealregression unbekannt. Bei den anscheinend wenig spezialisierten Habitatansprüchen ist es unwahrscheinlich, daß Biotopzerstörungen bzw. -veränderungen dafür ausschlaggebend waren. Vielleicht spielen eher allgemeinere und abiotische Faktoren wie z. B. großklimatische Veränderungen eine Rolle.

Episema glaucina
(Esper, 1789)

Graslilieneule

Derthisa trimacula SCHIFF. (WARREN in SEITZ 1909–1914, DRAUDT in SEITZ 1931–1938, BERGMANN 1951–1955, KOCH 1954–1961, 1984)
Episema trimacula SCHIFF. (HERING 1932)
Derthisia trimacula SCHIFF. (SCHNEIDER 1936–1939)

Gesamtverbreitung: Von Nordwestafrika (Marokko, ?Algerien) quer durch Süd- und Mitteleuropa lokal verbreitet, nördlich bis Belgien und etwa zum Nordrand der Mittelgebirge, zur Tatra, zur Ukraine und zum Südural vorstoßend. In Asien sind sichere Nachweise aus der Türkei, aus dem armenisch-kaukasischen Raum und West-Turkestan bekannt.

Erst 1951 klärte Boursin die bis dahin verworrene taxonomische Situation der Arten *E. glaucina* und *E. tersa* [DENIS & SCHIFFERMÜLLER], 1775. Bei allen früheren Literaturangaben aus dem südosteuropäischen Raum, wo beide Arten vorkommen, besteht daher Unklarheit bezüglich der Artzugehörigkeit. In Deutschland ist bisher nur *E. glaucina* festgestellt worden; *E. tersa* kommt bis Tschechien (Mähren) und ins östliche Österreich vor.

Die wenig bekannte *Episema glaucina* gehört zu den interessanteren Noctuiden unserer Fauna. Ihre Flugzeit ist regional sehr unterschiedlich; sie liegt zwischen August und Oktober. Die Männchen sind an den gekämmten Fühlern zu erkennen. – Lauda 2.10.93
F. KIRSCH. LF.

Verbreitung

Regional: In Südwestdeutschland kommt die Art sehr sporadisch in zum Teil weit voneinander getrennten Populationen vor, die sich vor allem phänologisch unterscheiden. In der Oberrheinebene kennen wir die Vorkommen im Kaiserstuhl und am Isteiner Klotz, darüber hinaus ist bisher nur der Fundort Friedlingen in der südlichen Markgräfler Rheinebene bekanntgeworden (1960, H. HEIDEMANN). In der Region Kraichgau/Schwarzwald-Randplatten fand W. STAIB die Art 1967 bei Birkenfeld.

Einen Verbreitungsschwerpunkt bildet die Schwäbische Alb, wo die geringe Anzahl aktueller und der größere Anteil älterer Nachweise nicht darüber hinwegtäuschen darf, daß die Art in Wirklichkeit sicherlich viel weiter verbreitet ist, als das Kartenbild zeigt.

Am mittleren Neckar wurde *E. glaucina* bisher nur am Spitzberg bei Tübingen (naturräumlich dem Schönbuch zuzuordnen) 1982–1984 (MEIER & STEINER 1985) und wieder 1991 (J.-U. MEINEKE), sowie nach einem älteren Belegstück 1895 bei Esslingen gefunden (ex coll. v. SCHULER in coll. SMNS). Aus den nördlichen Landesteilen liegen verhältnismäßig viele Beobachtungen vor: Kraichgau: bei Sinsheim 1958 (M. SCHMITT); Sandstein-Odenwald und Bauland: Walldürn 1928 (HEITZ), Hettingen 1936–1952 (A. GREMMINGER), Mosbach 1985 (U. BAUER), Dallauer Tal 1985 (W. NOWOSAD), Neckarzimmern 1948

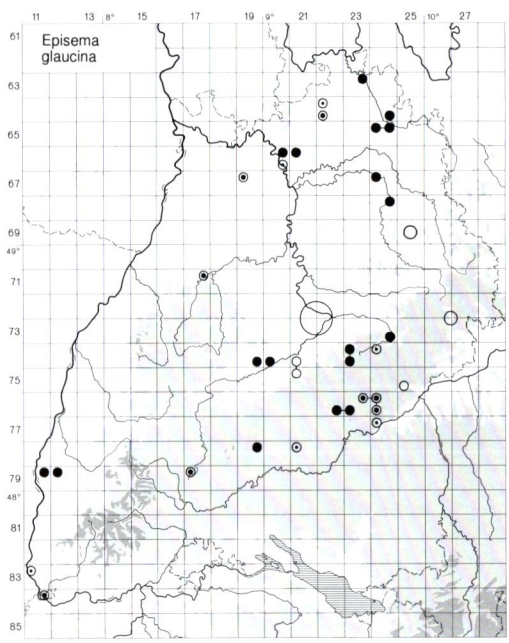

(KOENIG nach Kartei A. GREMMINGER); Tauberland: Werbach, Limbachsleiten 1987–1988 (A. BECHER, F. KIRSCH, J. STUMPF), Oberbalbach 1990 (J. STUMPF), Wolfental bei Bad Mergentheim 1985 (A. BECHER, F. KIRSCH, T. OSTERMANN); Kocher-Jagst-Ebenen: Künzelsau 1974–1991 (A. EBERHARD), Enslingen 1984 (W. SPEIDEL); Hohenloher/Haller Ebenen: Bühlertann (1981, E. LANGER).

Viele dieser Vorkommen sind erst relativ spät entdeckt worden. Selbst REUTTI (1853, 1898) kannte die Art aus Baden noch nicht; am Kaiserstuhl wurde sie erst 1926 aufgefunden (BROMBACHER 1927). In Württemberg meldete sie A. KELLER bereits 1860 aus Reutlingen (KELLER & HOFFMANN 1861), aber bis in die dreißiger Jahre waren ausschließlich Fundpunkte auf der Schwäbischen Alb bekannt (SCHNEIDER 1938). Im Muschelkalk- und Keupergebiet datieren viele Erstnachweise erst aus den sechziger bis achtziger Jahren. Die faunistische Entdeckungsgeschichte von *E. glaucina* ist also noch in vollem Gange und auch in Zukunft muß mit neuen Fundorten gerechnet werden. Der Grund hierfür liegt in der kurzen Flugzeit, der Standorttreue der Falter bei spezialisierten Habitatansprüchen, und der Nachweisbarkeit nur mit Licht[1].

Vertikal: Die Höhenverbreitung erstreckt sich von den niedrigen Lagen der Rheinebene (1 Fundort) über das Hügelland (z.B. Kaiserstuhl, Neckar-Tauberland) bis in die montane Stufe der Schwäbischen Alb, wo die höchsten Fundorte knapp unter der 1000-m-Linie liegen (Hossingen, 930–970 m).

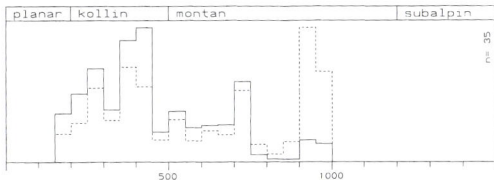

Phänologie

Imagines: Wie wenig die pauschalen Angaben in Handbüchern (z.B. KOCH 1984: M8–A10; FORSTER 1971: Ende August bis Oktober) der in Wirklichkeit meist wesentlich differenzierteren Situation gerecht werden, zeigt sich auch in Baden-Württemberg. Hier kann die Imaginalphänologie in chronologischer Abfolge folgendermaßen charakterisiert werden:

<u>Schwäbische Alb</u>: Mitte August bis Anfang September (plus zwei Einzelfunde Mitte und Ende September) mit einem schwach erkennbaren Maximum Mitte/Ende August.

<u>Neckar-Tauberland</u>: Ende August bis Anfang Oktober mit einem Maximum in der 1. Septemberhälfte.

<u>Kaiserstuhl</u>: Mitte September bis Anfang Oktober mit einem Maximum in der 2. Septemberhälfte.

Vom einzigen Fundort der Rheinebene außerhalb des Kaiserstuhls (Friedlingen) stammen zwei Exemplare vom 21.8.1960 (H. HEIDEMANN). (Als unwahrscheinlich müssen wir eine Angabe von K. F. SCHÜLLER werten, der zwei Falter im Kaiserstuhl bereits Anfang Juli gefangen haben will.)

Die Flugzeit beginnt also Mitte August in den montanen Lagen der Schwäbischen Alb und erreicht hier rasch einen Höhepunkt. Anfang September, wenn auf der Alb nur noch vereinzelt Falter festgestellt werden, beginnt die Flugzeit

Die Flügelzeichnung und -färbung ist ungemein veränderlich. Ihre größte Variabilität erreicht *Episema glaucina* zwar in Südeuropa, doch auch die einheimischen Populationen vermitteln einen Eindruck davon. Im Extremfall können die Vorderflügel völlig einfarbig sein oder nur zwei dunkle Flecke vor und hinter der Ringmakel besitzen. – Tübingen-Hirschau, Spitzberg (ex ovo-Zucht) 2.8.85 A. STEINER. S.

---

[1] Keineswegs ist die Art, wie LITZELMANN (1966b) in Bezug auf Südbaden glaubte, ein »Einwanderer aus Südeuropa«!

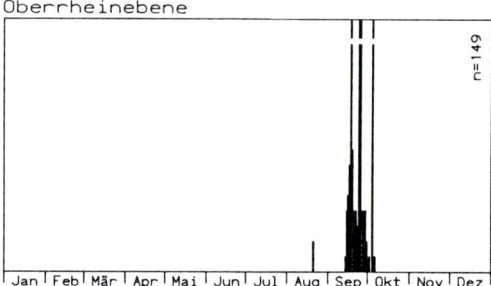
Oberrheinebene n=149

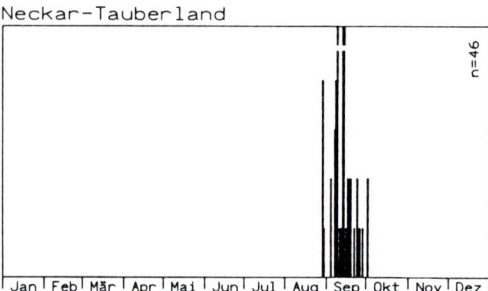
Neckar-Tauberland n=46

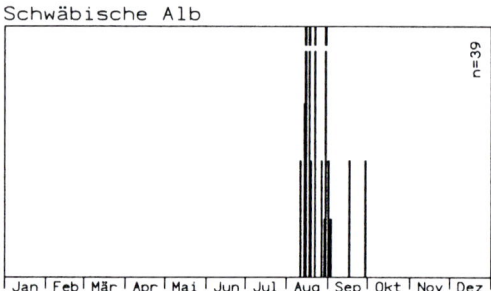
Schwäbische Alb n=39

auch im Muschelkalk- und Keuperhügelland des Neckar- und Taubergebiets. Im Kaiserstuhl, dem bei uns wärmsten Teilareal der Art, setzt die Flugzeit dagegen erst Mitte September ein, wenn sie auf der Alb schon seit einer Woche vorüber ist, und reicht, wie im Neckar-Tauberland, bis in die ersten Oktobertage. Als Beispiel seien genannt die Daten für Tauberland und Bauland (4.9.–13.9.), für die Kocher-Jagst-Ebenen (Künzelsau und Enslingen: 7.9.–2.10.) und für den Schönbuch (Spitzberg: 8.9.–28.9.). Dabei ist die Flugzeit in den einzelnen Jahren und an den einzelnen Fundstellen stets sehr kurz und dauert kaum länger als 2 Wochen.

In den angrenzenden Landesfaunen liegen langjährige phänologische Daten nur aus der Pfalz vor. Hier wird als Flugzeit im Saar-Nahe-Bergland Ende August bis Anfang Oktober angegeben (KRAUS 1993), was mit der Situation im Neckar-Tauberland übereinstimmt. Aus dem Kyffhäuser (Thüringen) haben LÖBEL & KAITER (1989) von Falterfunden zwischen Mitte und Ende September und Raupenfunden zwischen Ende Mai und Anfang Juli berichtet. Eine so stark abweichende Population wie die von Klöden/Jessen (Brandenburg) mit einer Flugzeit vom 28.6. bis 18.8. mit Maximum in der zweiten Juli-Dekade (!) (HEINICKE & NAUMANN 1982) kennen wir aus unserem Gebiet nicht.

Präimaginalstadien: Die Raupen überwintern und sind im Frühjahr mehrfach gefunden worden. Leider wurde uns dazu nur ein einziges genaues Datum von Ende Mai mitgeteilt (26.5.1985, erwachsene Raupen, Schwäbische Alb, G. BAISCH). Zu dieser Zeit sind die Raupen bereits nahezu erwachsen. Sie schlüpfen – nach Zuchtbeobachtungen zu schließen – noch im Herbst und leben den Winter über vorwiegend unterirdisch an den Wurzelknollen der Nahrungspflanzen. Analog zu der oben zitierten Larval- und Imaginalphänologie im Kyffhäuser dürfte auch in Baden-Württemberg die Raupenzeit in den Gebieten mit später Flugzeit (Kaiserstuhl, Neckar-Tauberland) länger dauern als nur bis Mai.

Die erwachsene Raupe ist sehr zeichnungsarm, da sie überwiegend unter der Erdoberfläche lebt und die Wurzelknollen von Grasnelken und Traubenhyazinthen aushöhlt. – Tübingen-Hirschau, Spitzberg (ex ovo-Zucht) 26.12.84 A. STEINER. S.

Auf frischer Tat ertappt: Die *Episema glaucina*-Raupe hat den Stengel der Traubenhyazinthe an der Basis durchgebissen. Die »Träubleswiesen« der Schwäbischen Alb sind ein typischer Lebensraum von *Episema glaucina*. An anderen Fundorten bewohnt die Art auch felsige Steilhänge mit Graslilienbeständen. – Hossingen Frühjahr 1992 A. LINGENHÖLE.

Ökologie

Lebensraum: *Episema glaucina* bewohnt Magerrasen mit größeren Beständen von Traubenhyazinthen und Graslilien. Dabei kann es sich um felsige Steilhänge und trockene Böschungen, um aufgelassene Weinberge, um Halbtrockenrasen oder um Säume am Rand lichter, wärmeliebender Eichenmischwälder handeln. Auf der Schwäbischen Alb werden gern Bergwiesen mit *Muscari*-Beständen, die sogenannten »Träubleswiesen«, besiedelt.

Daß die Art auf den verschiedensten Böden vorkommen kann, hatte schon CHAPPUIS (1944) für Ostdeutschland festgestellt; er nannte Sandstein, Rotliegendes und Kalk. In unserem Gebiet lebt sie im nördlichen Neckar-Tauberland auf Muschelkalk und auf Keuper, vermutlich auch auf Buntsandstein, am Spitzberg bei Tübingen auf Keuper, auf der Schwäbischen Alb auf Weißjura und im Kaiserstuhl auf vulkanischen Gesteinen.

Nahrung der Raupe:
Muscari botryoides – Kleine Traubenhyazinthe
  L (BAI, LIN)
Muscari spec. – Traubenhyazinthe
  L (BAI)

Wie alle Arten der Gattung *Episema* lebt auch *E. glaucina* an Liliengewächsen. In unserem Bearbeitungsgebiet wurden die Raupen bisher von G. BAISCH, A. LINGENHÖLE und A. SCHOLZ gefunden, wobei nur G. BAISCH und A. LINGENHÖLE die Nahrungspflanze angaben. Es handelte sich um die im Schwäbischen als »Baurebüble« bekannten Traubenhyazinthen und hier vermutlich in allen Fällen um die Kleine Traubenhyazinthe (*Muscari botryoides*), die auf der Schwäbischen Alb weit verbreitet ist.

Diese Beobachtungen müssen jedoch nicht unbedingt auch für andere Gebiete repräsentativ sein, denn neben *Muscari*-Arten (in der Literatur wird auch die Weinberg-Traubenhyazinthe *Muscari racemosum* genannt) sind noch drei weitere Liliengewächse als Nahrungspflanzen bekannt. Dies sind die Ästige Graslilie (*Anthericum ramosum*) und die Traubige Graslilie (*Anthericum liliago*) sowie der Dolden-Milchstern (*Ornithogalum umbellatum*) (BERGMANN 1954, LÖBEL & KAITER 1989).

Im Tauberland und in weiten Teilen des Neckarlands fehlt *Muscari botryoides*, so daß hier entweder *Muscari racemosum* oder eine der *Anthericum*-Arten als Nahrungspflanze anzunehmen ist. Am Isteiner Klotz will LITZELMANN (1966a) *Episema glaucina* an einer Stelle gefunden haben, wo im Mesobrometum »auf etwa 2 ha ein Massenbestand der Futterpflanze [sic!] *Anthericum ramosum* steht«, und wenn wir aus dieser Formulierung auch keine Raupenfunde durch LITZELMANN ableiten dürfen, so ist der *Anthericum*-Bestand an sich doch durchaus suggestiv.

Nahrung des Falters: Obwohl die Mundwerkzeuge der Imagines stark reduziert sind, gab BROMBACHER (1933–1935) an, ein ♂ am Köder nachgewiesen zu haben. In einem früheren Aufsatz, der speziell dieser Art gewidmet war, hatte er lediglich angegeben, das Tier »bei einer nächtlichen Streife« gefunden zu haben (BROMBACHER 1927). Vielleicht fand er das Tier an einem Köderfangabend in der Vegetation sitzend und erinnerte sich später nicht mehr genau. Auch BERGMANN (1954) gab an, daß die Falter selten zum Köder kommen; ob er dabei nur BROMBACHER zitierte oder auf eigene Beobachtungen zurückgreifen konnte, bleibt unklar.

Habitat: Die Falter fliegen in niedrigeren Lagen vor allem in Halbtrockenrasen-Gesellschaften (Mesobromion) und deren Versaumungsstadien (Trifolio-Geranietea sanguinei), dabei gern auch an lückigen oder felsigen Stellen, auf der Schwäbischen Alb in Mittelgebirgs-Goldhaferwiesen (Geranio-Trisetetum flavescentis) des Verbands Polygono-Trisetion. Die Larvalhabitate sind jedoch, zumal außerhalb der Schwäbischen Alb, pflanzensoziologisch nur ungenügend bekannt.

Verhalten: Über die Eiablage im Freiland scheint nichts bekannt zu sein. Umso interessanter ist deshalb, daß die Weibchen in der Gefangenschaft ihre Eier sehr schnell und problemlos (auch ohne Beigabe der Nahrungspflanze) ablegen, beispielsweise wenn sie gerade aus der Betäubung erwachen. Sie kleben sie nicht an, sondern lassen sie einfach fallen. Dies könnte ein Hinweis darauf sein, daß die Eier im Freiland im Flug fallengelassen werden. Sofern sich das Weibchen dabei innerhalb eines Bestandes der Nahrungspflanzen befindet, ist dieses Verhalten praktikabel, denn sowohl *Muscari* als auch *Anthericum* stehen in der Regel dicht genug, um der Eiraupe das Auffinden der nächsten Pflanze zu ermöglichen.

Das Fraßbild der Raupen an *Anthericum liliago* haben LÖBEL & KAITER (1989) beschrieben. Demnach leben die Tiere im lockeren Boden im Umkreis von 20 cm um die Nahrungspflanzen und befressen nachts die unterirdischen Teile der Sproßachse und die Blätter auf Erdbodenniveau. Die übriggebliebenen oberirdischen Pflanzenteile werden, falls sie noch stehen, durch den Wind umgeweht, so daß jede Spur der befressenen Pflanze in kürzester Zeit verschwindet. Ganz analog ist das Fraßverhalten, das auf der Schwäbischen Alb an *Muscari botryoides* beobachtet wurde (G. BAISCH, A. LINGENHÖLE). Hier sind die Pflanzenteile jedoch etwas kräftiger. Die abgebissenen Stengel bleiben länger liegen und ermöglichen dadurch das Auffinden der Raupen.

Die Imagines kommen innerhalb ihrer Habitate gern zum Licht. Nachts wurden sie zwischen 21 und 23 Uhr MESZ frischgeschlüpft an Grashalmen sitzend gefunden. Auch eine Copula konnte E. BROMBACHER so nachweisen.

Gefährdung und Schutz

Rote Liste Bundesrepublik: 2
Rote Liste Baden-Württemberg: 3

Oberrheinebene: Gefährdet.
Schwarzwald: Gefährdet (nur randlich vorkommend).
Neckar-Tauberland: Gefährdet.
Schwäbische Alb: Art der Vorwarnliste.
Oberschwaben: Nicht vertreten.

- In Baden-Württemberg gefährdet! Besonders geschützt gemäß § 20e ff. BNatSchG.

Begründete Aussagen zur Gefährdung in den einzelnen Landesteilen erweisen sich als schwierig. An einigen Stellen ist die Art erst in letzter Zeit neu aufgefunden worden (obwohl dort sicher seit langem bodenständig), an anderen sind nur Einzelfunde bekannt, die oft Jahrzehnte zurückliegen. Dennoch lassen sich echte Verluste schwer nachweisen. Wenn etwa einige der von SCHNEIDER (1938) für die Schwäbische Alb genannten Fundorte in neuerer Zeit nicht mehr bestätigt wurden, so ist dies in fast allen Fällen ein Zeichen für mangelnde aktuelle Durchforschung (Lichtfang während der kurzen Flugzeit und innerhalb der oft engbegrenzten Habitate) und nicht für einen tatsächlichen Rückgang. Die unmittelbare Aufgabe für die Zukunft sollte deshalb in der Überprüfung der älteren Fundorte bestehen. Mittel- und langfristig sollten möglichst viele geeignete *Muscari*- und *Anthericum*-Standorte auf ein Vorkommen von *Episema glaucina* hin untersucht werden und die Larvalbiologie sollte eingehender aufgeklärt werden, insbesondere die Frage, inwieweit und in welchen Gebieten die Art bei uns auch an *Anthericum* gebunden ist.

Die wichtigste Maßnahme für die Erhaltung der *Episema-glaucina*-Habitate ist die Offenhaltung von Halbtrockenrasen mit *Muscari*- und *Anthericum*-Beständen, am besten durch extensive Mahd. Dabei darf keinerlei Nährstoffeintrag durch Düngung oder intensive Beweidung (Koppelhaltung) erfolgen. Eine ganze Reihe der Fundorte befindet sich in bereits existierenden Naturschutzgebieten, wo Maßnahmen zur Verhinderung der Sukzession sowieso Bestandteil der Pflegepläne sind. An den anderen Standorten müssen solche Maßnahmen ergriffen werden, um das langfristige Überleben der Art zu sichern.

Brachionycha nubeculosa
(Esper, 1785)

Frühlings-Rauhhaareule

Asteroscopus nubeculosus Esp. (REUTTI 1898)
Brachionychia nubeculosa Esp. (HERING 1932)

Gesamtverbreitung: In Europa vor allem in den mittleren Teilen verbreitet, im Süden, wo sie mehr montan vorkommt, bis zum Massif Central, zu den Südtälern der Alpen, nach Slowenien, Bosnien-Herzegowina und Bulgarien. Im Norden existiert ein isoliertes Teilareal in Schottland, ansonsten geht die Art bis Mittelnorwegen, -schweden und -finnland (mit Einzelfunden weiter nördlich) und Karelien. Weiter reicht das Areal quer durch das nördliche Asien bis Sachalin und Japan.

Verbreitung

Regional: Obwohl nur lokal nachgewiesen, kommt *Brachionycha nubeculosa* ziemlich regelmäßig in den meisten Gebieten Baden-Württembergs vor. Eine Verbreitungslücke besteht im Alpenvorland, wo nur wenige Fundpunkte im Riß-Hügelland und im unteren Illertal, ferner ein älterer Nachweis aus dem Bodenseegebiet vorliegen. Im Schwarzwald ist die Art nur wenig gefunden worden, dürfte aber weiter verbreitet sein als die Karte zeigt, denn im Vorfrühling ist

Die Frühlings-Rauhhaareule (*Brachionycha nubeculosa*) ist in Laubwäldern von der Ebene bis ins Bergland weit verbreitet, wurde aber wegen ihrer Flugzeit im März/April und ihrer Aktivitätszeit am späten Abend noch nicht überall nachgewiesen. – Schönbuch, Dettenhausen 28.3.86 A. STEINER. LF.

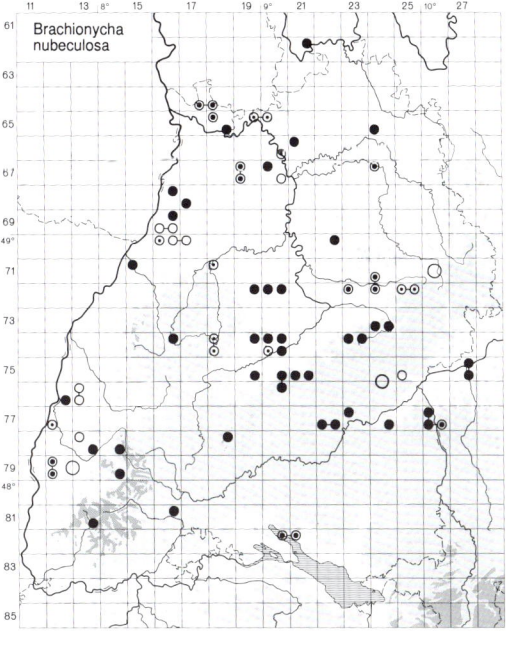

die Nachtfangaktivität in den Mittelgebirgen sehr schwach. So liegt bisher nur eine Meldung aus dem Nordschwarzwald vor (Hilpertsberg bei Igelsloch, 1985, M. MEIER). Ähnlich ist die Situation auf der Schwäbischen Alb, wo die ansässigen Mitarbeiter sowie einige Projekte mit Lichtfallenbetrieb während der ganzen Nacht für eine wenigstens regional bessere Bestandserfassung sorgten (vgl. Verbreitung Vertikal). Auch in den übrigen Gebieten, vor allem in den Laubwaldgebieten des Hügellands, darf von einer dichteren Verbreitung ausgegangen werden.

Vertikal: *Brachionycha nubeculosa* ist von der Ebene um 100 m bis ins Bergland über 800 m verbreitet. In den höheren Lagen ist die Verbreitung aber aufgrund der frühen Flugzeit sicher noch ungenügend bekannt. Darauf deutet ein Nachweis in den oberen Lagen der Schwäbischen Alb (1005 m, Wehingen, Hochberg. A. STEINER).

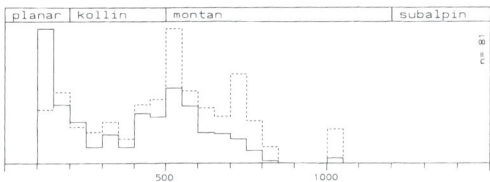

Phänologie

Imagines: Der Flugzeitbeginn richtet sich nach den jeweiligen Frühjahrstemperaturen. Vermutlich genügen nur wenige wärmere Tage, um die seit Herbst voll entwickelt in der Puppe ruhenden Falter zum Schlupf zu veranlassen. Die Hauptflugzeit fällt in allen Gebieten in den März, wobei sich Maxima in der Oberrheinebene Mitte März, im Neckar-Tauberland und auf der Schwäbischen Alb Ende März ausmachen lassen. In diesen drei am besten durch Daten abgedeckten Naturraumgruppen ziehen sich die Nachweise jeweils noch bis Mitte April hin. Ein besonders spätes Belegstück aus Oberschwaben stammt noch von Anfang Mai: 3.5.1931, Dürnachtal, G. REICH (coll. SMNS). In Jahren mit warmem bzw. früh einsetzendem Frühjahr können die ersten Falter bereits ab Mitte Februar

---

[1] Diese Bemerkung darf wahrscheinlich verallgemeinert werden: Daß HEINICKE & NAUMANN (1980–1982) aus Ostdeutschland angeben, die Mittelgebirge würden nicht besiedelt, und FORSTER (1971) behauptet, in den höheren Gebirgen fehle die Art, liegt vermutlich an der im Frühjahr geringeren Beobachtungsaktivität und an den nicht lang genug dauernden nächtlichen Lichtfängen (vgl. Kapitel Verhalten).

Neben hell- bis dunkelgrauen Tieren treten auch mehr oder weniger bräunliche Falter auf. Die Männchen besitzen gekämmte Fühler. Bei beiden Tieren sind die Klauen an der Vordertibia gut zu erkennen, deren Funktion noch unklar ist (Hilfsmittel zum Schlüpfen aus dem Kokon und beim Hochgraben?). Da ihre Mundwerkzeuge reduziert sind, können die Falter weder durch Köder- noch durch Blütenfang registriert werden. – Schönbuch, Dettenhausen 27.3.86 A. STEINER. LF.

beobachtet werden: 2.1897, Karlsruhe-Wildpark (G. KABIS nach GAUCKLER 1897b); 15.2.1949, Neckarzimmern (C. KÖNIG nach Kartei A. GREMMINGER); 23.2.1990, Schönbuch, Eichenfirst (A. STEINER); 24.2.1990, Schwäbische Alb, Filsenberg (A. STEINER); 28.2.1920 und 1922, Graben-Neudorf (A. GREMMINGER).

Präimaginalstadien: Das Überwinterungsstadium ist die Puppe, die gelegentlich überliegen kann.

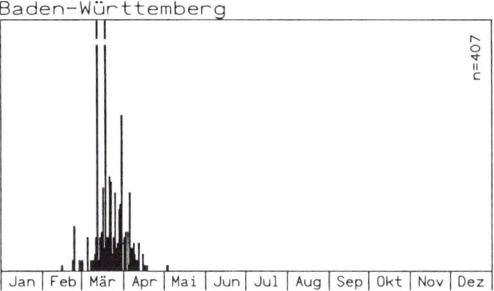

Die Raupen sind öfters ex ovo gezüchtet, aber selten im Freiland gefunden worden. Uns liegen nur zwei datumsgenaue Meldungen, beide aus dem Juni, vor: 1.6.1918 (Heidelberg A. GREMMINGER), 14.6.1994 (B. KREUSEL).

Ökologie

Lebensraum: *Brachionycha nubeculosa* ist stets an Wälder gebunden. Sie bewohnt die meisten frischen bis feuchten Laubwaldtypen von den warmen Eichenwäldern der Rheinebene über die Eichen-Hainbuchenwälder des Hügellands bis hin zu den Buchenwäldern der Mittelgebirgslagen. Auf der Schwäbischen Alb wird sie in den Hallenbuchenwäldern und Schluchtwäldern auf Weißjura, im Schwarzwald in den Buchen-Tannenwäldern gefunden. Sie kommt gern in Hanglagen vor und wird (als Falter) auch in Bachtälern und Flußniederungen festgestellt. Allerdings meidet sie regelmäßig überflutete Auwälder, zum Beispiel in der Oberrheinebene; offenbar verträgt die tief im Boden ruhende Puppe keine Überschwemmungen. Aus demselben Grund dürfte sie in den Moorrandwäldern im Alpenvorland fehlen. Innerhalb der Wälder kommt sie sowohl in lichten bis mäßig dichten älteren Beständen wie auch an Waldwegen, Schneisen, Lichtungen und an den Waldrändern vor, besonders dort wo reich strukturierte Waldmäntel mit Gebüschen ins Offenland vorstoßen. An solchen Stellen sind die Raupen auch in waldbegleitenden Schlehengebüschen gefunden worden.

Die Art toleriert ein breites Klimaspektrum von 5° bis über 9°C mittlerer Jahrestemperatur und 600 bis über 1800 mm mittleren Jahresniederschlägen.

Nahrung der Raupe:
Carpinus betulus – Hainbuche
  L (GAU)
Betula pendula – Hänge-Birke
  L (GAU, SCC)
Ulmus spec. – Ulme
  L (GAU)
Prunus spinosa – Schlehe
  L (KEL, KRE)

Über die Raupennahrung sind wir in Baden-Württemberg noch schlecht informiert. A. KELLER (in KELLER & HOFFMANN 1861) fand eine Raupe an der Botnanger Steige bei Stuttgart an Schlehe. SCHNEIDER (1938) gab für Württemberg recht pauschal an: »Die Raupe an Laubholz, gerne an Birken«. Der Formulierung nach bleibt unklar, ob dem eigene Funde oder nur aus der Literatur abgeschriebene Angaben zugrundeliegen. Ein neuerer Fund gelang B. KREUSEL 1995, ebenfalls wieder an Schlehe.

Für Baden hatte REUTTI (1898) Birke, Ulme und Buche (Rot- oder Hainbuche?) genannt; da seine Angaben – wie schon wiederholt bemerkt – nicht sicher auf Freilandbeobachtungen im Untersuchungsgebiet zurückgeführt werden können, müssen sie hier außer Acht gelassen werden. Verdächtig ähnlich klingt die Angabe von GAUCKLER (1909), dem zufolge die Raupe »an Birken und Hainbuchen, auch an Ulmen« leben soll.

Brachionycha nubeculosa zeigt offenbar auch regionale Präferenzen bei der Nahrungswahl. So werden aus dem separierten Teilareal in Schottland ausschließlich Birkenarten als Freiland-Nahrungspflanzen angegeben (obwohl in der Gefangenschaft auch viele andere Laubhölzer gefüttert werden können) (ALLAN 1949). Für Thüringen nannte Bergmann als Hauptnahrungspflanzen »Eiche und Birke, im Nordwesten noch Rotbuche«. Sonstige Angaben in der Literatur betreffen Pappel, Zitterpappel, Weide, Salweide, Erle, Birne, Apfel, Pflaume, Traubenkirsche und Linde (BERGMANN 1954, SKOU 1991). Liguster und Geißblatt wurden von FREYER (1828) angegeben, doch sind hier Zweifel angebracht, denn GLEICHAUF (1942) fand die Raupen »zwischen den gewundenen Stengeln von *Lonicera* bei Tage versteckt, und zwar fast immer an *Lonicera*-Büschen, die sich um mittelstarke Birkenstämme winden«. Demnach könnte auch schon bei FREYER eine Verwechslung von Ruheplatz und Nahrungspflanze vorgelegen haben. Dieses Beispiel zeigt wieder einmal, wie unentbehrlich in allen Fällen die genaue Beobachtung ist.

Die Raupe in ihrer typischen Ruhestellung mit zurückgebogenem Vorderkörper, die der optischen Körperauflösung dient. Sie ist leuchtendgrün mit rotbraunen Brustbeinen und gelben Seitenstreifen auf dem letzten Brust- und Hinterleibssegment. – Schönbuch, Dettenhausen (ex ovo-Zucht) 18.5.84 A. STEINER. S.

Nahrung des Falters: Die Falter sind nachts an blutenden Birken saugend gefunden worden. Über Beobachtungen am Köder liegen uns aus dem Untersuchungsgebiet noch keine Angaben vor, doch soll dies nach Literaturangaben vorkommen.

Habitat: Das Larvalhabitat kann derzeit nur durch einen Raupenfund in einem Schlehengebüsch beschrieben werden, das dem Berberidion zuzuordnen ist. Die zahlreichen Falterfunde zeigen aber, daß die meisten überschwemmungsgeschützten und nicht zu trockenen Laubwälder einschließlich ihrer Waldmantelgesellschaften besiedelt werden.

Verhalten: Die Eier werden in der Gefangenschaft einzeln an Zweigen abgelegt. Die tarnfarbig grünen Raupen sind wie die von *B. sphinx* frei an den Zweigen ihrer Nahrungspflanzen sitzend gefunden worden, doch zeigt die oben zitierte Beobachtung von GLEICHAUF, daß viele Raupen tagsüber eine Neigung zum Verstecken haben. Die Verpuppung erfolgt in einem Erdkokon, der sehr tief im Boden angelegt wird. In Zuchtbehältern graben sich die Raupen dabei bis zu 20 cm tief ein.

Die Falter sind nachtaktiv und kommen gern, manchmal in beträchtlicher Menge, ans Licht. Der tageszeitliche Höhepunkt der Aktivität liegt sehr spät, erst nach 23 Uhr MESZ. Dies ist mit ein Grund dafür, daß die Art wenig nachgewiesen wird, da viele Entomologen im Februar/März nicht bis zu so später Stunde Lichtfang betreiben. Tagsüber sind ruhende Falter an Baumstämmen, Leitungsmasten und Zaunpfählen gefunden worden.

Gefährdung und Schutz

Rote Liste Bundesrepublik: –
Rote Liste Baden-Württemberg: –

Oberrheinebene: Nicht gefährdet.
Schwarzwald: Nicht gefährdet.
Neckar-Tauberland: Nicht gefährdet.
Schwäbische Alb: Nicht gefährdet.
Oberschwaben: Nicht gefährdet
(lokal ausgestorben oder verschollen)[2].

- In Baden-Württemberg nicht gefährdet!

---

[2] Diese Einstufung kommt durch das Fehlen neuerer Nachweise im Bodenseebecken zustande. Die Art dürfte dort aber wohl noch vorkommen (aktuelle Durchforschungslücke im Vorfrühling).

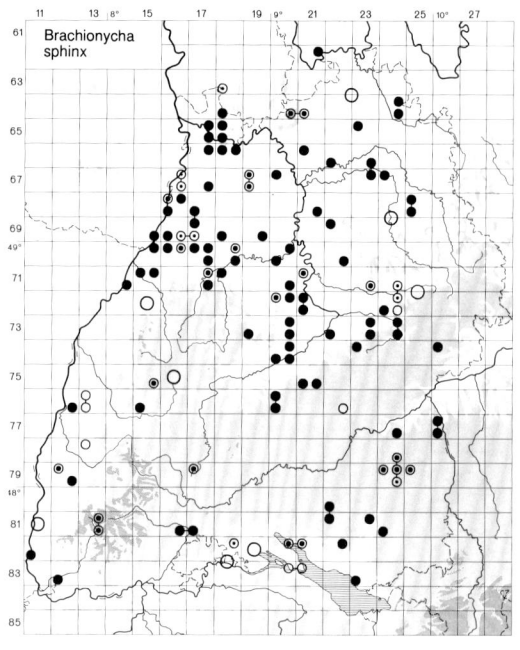

Brachionycha sphinx
(Hufnagel, 1766)
Herbst-Rauhhaareule

Asteroscopus sphinx HUFN. (REUTTI 1898)
Brachionychia sphinx HUFN. (HERING 1932)
Asteroscopus sphinx L. (RONKAY & RONKAY 1995)

Gesamtverbreitung: In Europa vor allem in den mittleren Regionen vorkommend, nördlich nur bis Nordengland, Dänemark, Südschweden, Ostpreußen (Königsberg) und Moskau verbreitet. Im Süden, wo sie vor allem montane Laubwälder bewohnt, erreicht sie Nordspanien, den Alpensüdrand, Mittelitalien und Nordgriechenland, weiter östlich kommt sie in der Türkei und im Kaukasus vor, stößt aber, soweit bisher bekannt, anscheinend nicht weiter nach Asien vor.

Verbreitung

Regional: In den meisten Naturräumen des Landes nachgewiesen, scheint *Brachionycha sphinx* nur den höheren Lagen der Mittelgebirge (Schwarzwald und Schwäbische Alb) zu fehlen.

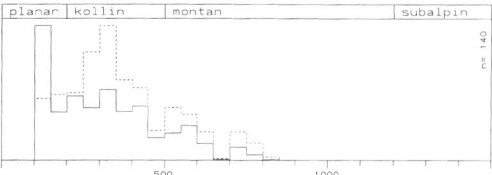

Wegen ihrer jahreszeitlich späten Flugzeit wird sie meist nur in der Nähe der Wohnorte von Entomologen nachgewiesen (z. B. an Straßenlaternen), weniger durch Lichtfang im Gelände. Die tatsächliche Verbreitung ist mit Sicherheit wesentlich dichter, als das Kartenbild zeigt.

Vertikal: Die Höhenverbreitung ist relativ gering. Ihre Schwerpunkte hat die Art in der Ebene und im Hügelland, auch in der unteren montanen Stufe kommt sie noch vor, wird aber schon ab 600 m zusehends seltener. Die höchsten Fundstellen liegen im Schwarzwald und auf der Schwäbischen Alb um 700–800 m (Schopfloch, Bad Rippoldsau, Freudenstadt). Ähnlich wie bei der Vorfrühlingsart *B. nubeculosa* ist die Höhenverbreitung in den Mittelgebirgen wegen der spätherbstlichen Flugzeit wahrscheinlich noch ungenügend bekannt.

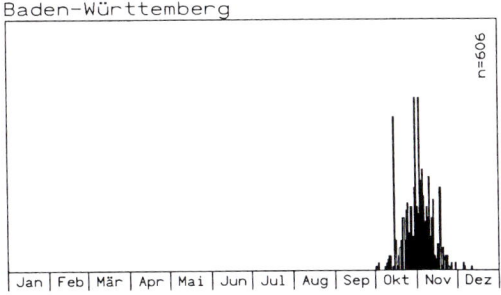

Die Herbst-Rauhhaareule (*Brachionycha sphinx*) fliegt im Oktober/November. Die Männchen können im Spätherbst oft in Anzahl an Straßenlaternen, Telefonzellen und anderen Lichtquellen beobachtet werden. Die dichte Behaarung (»Winterpelz«) weist *B. sphinx* und *B. nubeculosa* als Arten aus, die unter ungünstigen klimatischen Bedingungen aktiv sind. – Schönbuch, Dettenhausen 2.11.91. A. Steiner. LF.

Phänologie

Imagines: Die Flugzeit fällt in die Monate Oktober und November. Dabei lassen sich geringe regionale Unterschiede erkennen. Oberrheinebene: Mitte Oktober bis Ende November, Maximum in der 1. Novemberhälfte. Schwarzwald: Einzelfunde von Anfang Oktober bis Anfang November. Neckar-Tauberland: Mitte Oktober bis Mitte November (mit Einzelfunden bis Anfang Dezember), Maximum Ende Oktober/Anfang November. Schwäbische Alb: Ende Oktober bis Ende November, Maximum etwa Anfang November. Alpenvorland: Anfang Oktober bis Mitte November, Maximum in der 2. Oktoberhälfte. Aus zwei Jahren liegen späte Funde noch aus dem Dezember vor: 5.12.1985, Bad Mingolsheim (G. Schwarz), 6.12.1985, Dettenhausen (A. Steiner), 11.12.1983, Büchenau (H. Heidemann). Bei einem besonders frühen Belegstück in coll. SMNS (13.9.1955, Stuttgart-Kräherwald, F. Groschke) dürfte es sich um einen nicht gekennzeichneten Zuchtfalter oder eine Fehletikettierung handeln.

Für die Überwinterung befruchteter Weibchen oder das Auftreten von aus überwinterten Puppen geschlüpften Faltern im März/April, wie es Forster (1971) als Ausnahmefall aus Mitteleuropa beschrieb, gibt es aus unserem Gebiet bislang keinerlei Anzeichen.

Präimaginalstadien: Das Ei überwintert (A. Gremminger notierte bei einer Zucht eine Eidauer von ca. 166 Tagen). Die Raupen schlüpfen im Frühjahr; sie sind in unserem Gebiet ab Ende April nachgewiesen worden (21.4.1974, H. Feil). Zahlreiche Funde entfallen auf den Mai, und unter günstigen Bedingungen (in den Wärmegebieten oder in warmen Jahren) können die Raupen bereits Mitte dieses Monats erwachsen sein. Meist sind aber noch bis Ende Mai oder Anfang Juni erwachsene Raupen zu finden. Die spätesten Tiere wurden Mitte Juni registriert

(19.6.1977, H. HEIDEMANN). Vor der Verpuppung liegt die Raupe etwa 3 Wochen lang als Praepupa in ihrer Höhle. Die Puppe kann gelegentlich überliegen.

Ökologie

Lebensraum: *Brachionycha sphinx* besiedelt ähnliche Laub- und Mischwaldtypen wie *B. nubeculosa*, stößt aber noch weiter in den Offenlandbereich vor. Hier kommt sie, ausgehend von den Waldrändern und Vorwaldstadien, in Hecken und Gebüschen (insbesondere in solchen mit Schlehen) vor und erreicht Streuobstwiesen, Gärten, Parks und Alleen. Während ihre im Waldbereich gelegenen Lebensräume meist von schattiger Lage und mäßig trockenem bis feuchtem Mikroklima geprägt sind, kann sie im Gebüschbereich auch an ausgesprochen xerothermen Standorten auftreten.

Nahrung der Raupe:

Salix caprea – Sal-Weide
  L (BAR, RUD, SCB)
Salix spec. – Weide
  L (HEI, SCC)
Corylus avellana – Hasel
  L (STN)
Fagus sylvatica – Rotbuche
  L (RÖB, STN)
Quercus spec. – Eiche
  3 L (BAR, DIS, GRE)
Malus domestica – Garten-Apfelbaum
  L (STN)
Prunus spinosa – Schlehe
  4 L (BAR, FEI, GAU, LUS, STN)
Acer campestre – Berg-Ahorn
  L (BAR, EBE)
Tilia cordata – Winterlinde
  L (BAR)
Tilia spec. – Linde
  L (FRY, HEI)
Fraxinus excelsior – Gewöhnliche Esche
  L (BAR, CAL)
? *Ligustrum vulgare* – Liguster
  L (NAN)
Lonicera xylosteum – Rote Heckenkirsche
  L (BIH, HEI)

Das Nahrungsspektrum dieser als polyphag an Laubholz zu bezeichnenden Art dürfte mit den obigen Angaben erst unvollständig erfaßt sein. Vielfach machten die Lokalfaunisten nur allgemeine Angaben wie etwa SCHNEIDER (1938): »an vielerlei Laubholz, gerne an Weiden«. GAUCKLER

Die Raupe in der »sphinxartigen« Ruhehaltung, die auch andere Arten zeigen. Im Vergleich mit *B. nubeculosa* fehlt jede Querzeichnung. Junge Raupen werden wegen des Höckers am Hinterleibsende manchmal mit *Amphipyra pyramidea* verwechselt, der bei *B. sphinx* aber nie in eine deutliche Spitze ausläuft. – Stein, Mittelberg 23.5.95 A. STEINER.

(1909) meinte sogar kategorisch: »an allem Laubholz«. Von den genannten Pflanzen sind nur Eiche und vor allem Schlehe durch eine größere Anzahl Meldungen belegt; von den übrigen Arten liegen nur jeweils eine oder zwei Meldungen vor.

Nicht schlüssig ist der Fund einer toten Raupe an einem Ligusterast (F. NANTSCHEFF), weshalb Liguster nur mit einem Fragezeichen aufgeführt wird.

Neben den erwähnten werden noch die folgenden Nahrungspflanzen in der Literatur genannt: *Populus* spec., *P. tremula, Carpinus betulus, Betula* spec., *Ulmus* spec., *Sorbus aucuparia, Prunus insititia, Prunus avium, Rhamnus catharticus, Frangula alnus, Syringa vulgaris* (BERGMANN 1943, KOCH 1856, RÖSEL VON ROSENHOF 1755, SPEYER 1867, UFFELN 1908, URBAHN & URBAHN 1939).

Nahrung des Falters: Die Imagines haben einen stark reduzierten Rüssel und nehmen keine Nahrung auf.

Habitat: Eine Art der Laubwaldgesellschaften und -gebüsche, die wahrscheinlich die meisten Querco-Fagetea-Verbände nutzt: Raupenfunde sind bisher nachgewiesen im Berberidion, im Quercion robori-petraeae, im Alno-Ulmion, im Carpinion betuli, im Tilio platyphylli-Acerion pseudoplatani und im Fagion sylvaticae, ferner an *Salix caprea* im Sambuco-Salicion und in Streuobstwiesen.

Verhalten: Die Raupen leben frei und sitzen meist nach Art von *Amphipyra pyramidea* mit der Rückenseite nach unten an den Zweigen. Sie sind tag- und nachtaktiv. Die Verpuppung erfolgt in einem Erdkokon in mehreren Zentimetern Tiefe. Die Falter sind nachtaktiv; die Männchen kommen gern, oft in Anzahl, ans Licht und fliegen noch bis nach Mitternacht. Sie sind noch bei Temperaturen um 3°C aktiv, bevorzugen aber wärmere Nächte. Tagsüber ruhen sie in Augenhöhe an Baumstämmen. BROMBACHER (1933–1935) fand sie in Anzahl an Leimgürteln, die zur Frostspannerbekämpfung an Kirschbäumen angebracht waren. Eine Copula, die vermutlich in der vorangehenden Nacht eingegangen worden war, beobachtete CALMBACH (1918) unter Laborbedingungen vom Morgen bis zum Nachmittag.

Gefährdung und Schutz

Rote Liste Bundesrepublik: –
Rote Liste Baden-Württemberg: –

Oberrheinebene: Nicht gefährdet.
Schwarzwald: Nicht gefährdet.
Neckar-Tauberland: Nicht gefährdet.
Schwäbische Alb: Nicht gefährdet.
Oberschwaben: Nicht gefährdet.

• In Baden-Württemberg nicht gefährdet!

Dasypolia templi
(Thunberg, 1792)

Gesamtverbreitung: In Europa in einem Nordareal auf den Britischen Inseln und in ganz Skandinavien, südlich bis Dänemark und Schleswig-Holstein verbreitet (weiter östlich aus Estland und Karelien bekannt), sowie in einem stark zersplitterten Südareal, das einige Gebirge und Mittelgebirge umfaßt: Kantabrisches Gebirge, Alpen, Vogesen, Rhön, Erzgebirge, Sudeten, Tatra, Karpaten, Ost-Ukraine, Apennin, in Marokko, im Kaukasus, im Hochland von Armenien, in Mittelsibirien, im Nordiran und in Afghanistan.

Die Art ist bisher aus Baden-Württemberg nicht bekannt, weder von der Adelegg noch aus dem Schwarzwald, wo sie angesichts ihres Vorkommens in den Vogesen fast zu erwarten wäre. Eine Verbreitungsangabe bei HEINICKE & NAUMANN (1981), die zu Mißverständnissen Anlaß geben könnte, nämlich daß die Nordgrenze des Südareals durch Württemberg verlaufe, ist lediglich als Richtungsangabe aufzufassen (HEINICKE 1988 in litt.) und beruht nicht auf tatsächlichen Funden im Untersuchungsgebiet.

Brachylomia viminalis
(Fabricius, 1777)
Korbweideneule

Cleoceris viminalis F. (REUTTI 1898, FORSTER 1954–1981)
Bombycia viminalis F. (LAMPERT 1907, SPULER 1908–1910, WARREN in SEITZ 1909–1914, REBEL 1910, ECKSTEIN 1913–1923, HERING 1932, DRAUDT in SEITZ 1931–1938, SCHNEIDER 1936–1939, BERGMANN 1951–1955, KOCH 1954–1961, 1984)

Gesamtverbreitung: In Europa vor allem in den mittleren und nördlichen Ländern verbreitet, nach Süden – wo sie meist auf die Gebirge beschränkt ist – bis zu den spanischen Pyrenäen, Süditalien und Nordgriechenland bekannt. Im Norden kommt die Art bis zu den Orkneys, Mittelskandinavien (in Norwegen bis 69°30'N), zum Onegasee und zum Ural vor, weiter von den Pontischen Gebirgen und Armenien durch das mittlere und nördliche Asien bis Nordchina.
Im nordwestlichen Mitteleuropa scheint eine Verbreitungslücke zu bestehen, die Teile der Niederlande, Niedersachsens, Schleswig-Holsteins, Mecklenburg-Vorpommerns und Brandenburgs umfaßt.

Verbreitung

Regional: *Brachylomia viminalis* ist eine weit verbreitete, aber mit deutlicher Präferenz auf das Hügelland und die Mittelgebirge konzentrierte Art. In der Oberrheinebene tritt sie nur sehr

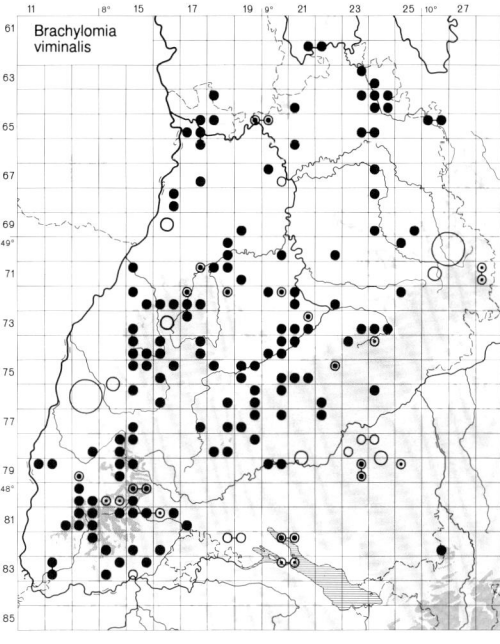

Brachylomia viminalis ist eine der charakteristischen Arten der Salweidengebüsche des Berg- und Hügellands. Die Falter sind in ihrer hellen Form grau mit mehr oder weniger verdunkeltem Mittelfeld. – Schönbuch, Eichenfirst (ex larva-Zucht) 23.6.84 A. STEINER.

Vertikal: In allen Höhenstufen von der Ebene bis in die subalpine Zone vorkommend, jedoch in unterschiedlicher Dichte. Wie das Diagramm in diesem Fall sehr anschaulich zeigt, sind zwar von 100 bis 1000 m zahlreiche Fundorte belegt (durchgezogene Linie = absolute Zahl der Fundorte), doch liegt der Schwerpunkt deutlich im montan-subalpinen Bereich (gestrichelte Linie = prozentualer Anteil der Fundorte der Art an den insgesamt gemeldeten Schmetterlings-Fundorten pro Höhenstufe).

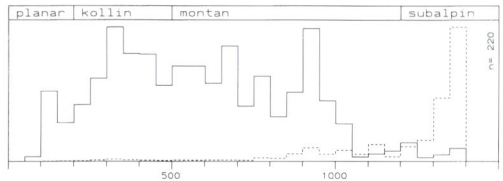

Phänologie

Imagines: Im Neckar-Tauberland fliegt die Art von Ende Juni (Einzeltiere schon ab Anfang Juni) bis Mitte August mit einem Maximum in der 2. Julihälfte. In den gleichen Zeitraum fallen die nicht sehr zahlreichen Daten für die Oberrheinebene und für das Alpenvorland. Im Schwarzwald beginnt der Falterflug erst Anfang Juli und dauert bis Ende August; das Maximum fällt auf die Monatswende Juli/August. Ein frühes Extremdatum ist der 3.6. (1950, Wutach, A. GREMMINGER); späte Einzeltiere liegen noch bis Ende

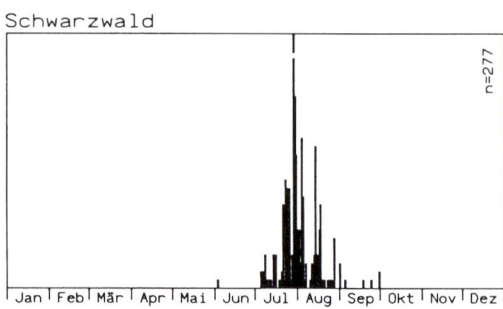

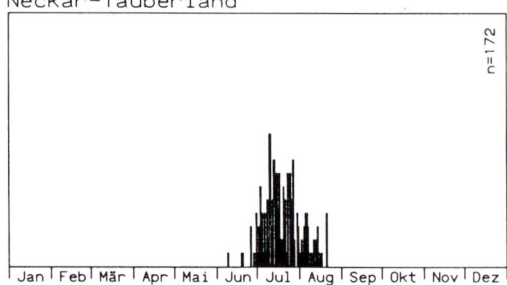

sporadisch auf; hier haben wir es an manchen Stellen vielleicht nur mit zugeflogenen Imagines zu tun. Häufig und dicht verbreitet ist sie im gesamten Schwarzwald, im Odenwald, auf der nördlichen Schwäbischen Alb (deutlich seltener in den südlichen Teilen) und im südöstlichen alpinen Zipfel des Untersuchungsgebiets, auf der Adelegg. Auch die höheren und nicht zu trockenen Gebiete des Neckar-Tauberlands sind überwiegend gut besetzt; desgleichen einige Fluß- und Bachtäler. Dagegen fehlt sie in weiten Teilen des Alpenvorlands. Aus dem nördlichen Oberschwaben und dem Bodenseegebiet sind nur ältere Nachweise bekannt. Nach G. REICH (Aufzeichnungen) war die Art zwischen 1924 und 1940 im Dürnachtal nicht selten, 1948 beobachtete er dort den letzten Falter. G. BAISCH hat noch 1964 3 Tiere im Federseemoor gefunden. Offenbar hat *Brachylomia viminalis* hier ihr Areal zur Schwäbischen Alb zurückgezogen.

September vor: (18.9.1992, Ibach: Silberbrunnen, H. Lussi/A. Steiner; 24.9.1978; Schauinsland, R. Herrmann; 30.9.1980, Todtnau-Poche, J. Asal). Auf der Schwäbischen Alb sind die Falter von Anfang Juli (ein Einzelfund Ende Juni) bis Ende August beobachtet worden.

Präimaginalstadien: Das Überwinterungsstadium ist das Ei. Die Raupen sind von Ende April bis Anfang Juni, oft in Anzahl, gefunden worden. Die meisten Nachweise liegen im Mai. Ab Ende Mai wurden erwachsene Raupen beobachtet.

Ökologie

Lebensraum: *Brachylomia viminalis* besiedelt Bestände von Salweiden und anderen Weidenarten in sonniger bis halbschattiger Lage an gebüschreichen Waldrändern, Waldwegen und Schneisen von mesophilen Laub-, Misch- und Nadelwäldern. Sie kommt in Weidengebüschen an Fluß-, Bach- und Teichufern, auf Feuchtwiesen, auf Blockfluren, in Schluchtwäldern und an Pionierstandorten wie Steinbrüchen und Kiesgruben vor und tritt auch in Siedlungen an Straßen- und Wegrändern, Böschungen und in Gärten, Friedhöfen und Parkanlagen auf. Die ausgesprochenen Wärme- und Trockengebiete meidet sie.

Die Raupen leben zwischen zusammengesponnenen Blättern von Weidenarten, die sie nur nachts zur Nahrungsaufnahme verlassen – oder wenn sie vom Fotografen dazu genötigt werden. – Schönbuch, Eichenfirst 8.6.84 A. Steiner. M.

Nahrung der Raupe:
? *Populus* spec. – Pappel
    L (Scc)
Salix caprea – Sal-Weide
    5 L(Bar, Bih, Bol, Fry, Gre, Hir, Scr, Stn, Sez)
Salix spec. – »Wollweide«
    L (Bat, KeH)
Salix spec. – »schmalblättrige Weide«
    L (Fry)
Salix spec. – Weide
    L (Scc)

Obwohl die Raupe nicht selten an Weiden zu finden ist, liegen nur wenige genauere Angaben vor. Die meisten Mitarbeiter fanden sie an Salweiden. Von G. Barth (nach Schneider 1938) und Keller & Hoffmann (1861) liegt die Angabe »Wollweiden« vor. Die übrigen Meldungen betreffen nur die Gattung. Schneider (1938) hat auch Pappeln genannt, was allerdings noch zu bestätigen wäre.

In der Literatur wird meist *Salix caprea* als Hauptnahrungspflanze genannt, außerdem *Salix fragilis, Salix aurita, Salix phylicifolia* (Bergmann 1954, Seppänen 1970). Ferner gibt es Angaben für *Populus* spec. (Vigelius 1856) und *Populus tremula* (Bergmann 1942, Vigelius 1856). Die letztere Angabe hat Bergmann in seinem Hauptwerk aber nicht mehr erwähnt. Ob es sich vielleicht um eine Verwechslung mit *Ipimorpha subtusa* gehandelt hatte? Unter diesem Vorbehalt muß auch die Angabe von Schneider betrachtet werden.

Bei der dunklen Form ist das gesamte Basal- und Mittelfeld schwärzlichgrau verdunkelt. – Todtnau, Hasenhorn 14.7.95 A. Steiner. LF.

Nahrung des Falters: Nach SETTELE (1926a) wurde die Art von H. BEYERLE in Konstanz an *Buddleja davidii* saugend beobachtet. Die Falter fliegen gelegentlich künstlichen Köder an.

Habitat: Hauptsächlich Gesellschaften des Sambuco-Salicion capreae und andere salweidenreiche Formationen.

Verhalten: Die Raupen leben von Jugend an zwischen zusammengesponnenen Blättern, zuerst vor allem in jungen Blättern der Triebspitzen. Später werden meist zwei größere Blätter flächig zusammengesponnen. Die Verpuppung erfolgt an der Erdoberfläche, meist zwischen Blättern oder Pflanzenteilen. Die Falter sind nachtaktiv und kommen ans Licht.

Gefährdung und Schutz

Rote Liste Bundesrepublik: –
Rote Liste Baden-Württemberg: –

Oberrheinebene: Nicht gefährdet.
Schwarzwald: Nicht gefährdet.
Neckar-Tauberland: Nicht gefährdet.
Schwäbische Alb: Nicht gefährdet.
Oberschwaben: Nicht gefährdet (regional ausgestorben oder verschollen).

- In Baden-Württemberg nicht gefährdet!

In den meisten Naturräumen Baden-Württembergs ist *Brachylomia viminalis* ungefährdet. Lediglich im nördlichen Alpenvorland (Donau-Iller-Lech-Platten) und im Bodenseegebiet ist sie – wohl aufgrund kleinräumiger Arealfluktuationen – heute verschwunden.

Aporophyla lutulenta
([Denis & Schiffermüller], 1775)

Braune Glattrückeneule

Aporophyla lutulenta BKH. (REUTTI 1898, LAMPERT 1907, SPULER 1908–1910, WARREN in SEITZ 1909–1914, REBEL 1910, ECKSTEIN 1913–1923, DRAUDT in SEITZ 1931–1938, HERING 1932, BERGMANN 1951–1955, KOCH 1954–1961, 1984)
Aporophila lutulenta BKH. (SCHNEIDER 1936–1939)
Aporophila lutulenta SCHIFF. (FORSTER 1954–1981, HARTIG & HEINICKE 1973)

Gesamtverbreitung: Eine atlantomediterrane Art, die in Südeuropa östlich bis zur Krim verbreitet ist und nördlich bis Schottland, Westnorwegen, Südschweden, Lettland, zur Tatra und zu den Karpaten vorkommt, allerdings sehr lokal auftritt.

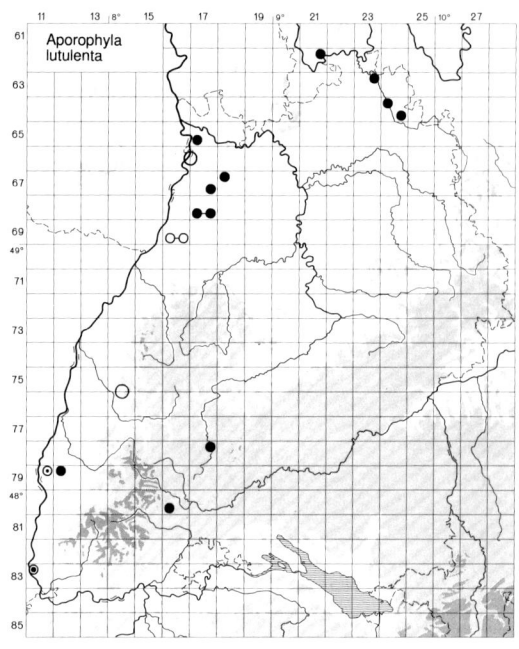

Verbreitung

Regional: *Aporophyla lutulenta* ist in Baden-Württemberg nur sehr lokal in der Oberrheinebene (einschließlich der Vorbergzone des Schwarzwalds), im Kraichgau, im Sandstein-Spessart, im Tauberland und in den Oberen Gäuen/Baar gefunden worden.

Oberrheinebene[1]: Bei Mannheim, 1977 (W. KINTZL); Ketsch, 1974, 1993 (R. BLÄSIUS); Karlsruhe (REUTTI 1853, 1898); Karlsruhe, Schloßgarten, 1874 (M. DAUB); Hardtwald bei Karlsruhe, 1914, 1916, 1925, 1930, 1936, 1938 (A. GREMMINGER, F. GUTH, H. KESENHEIMER, H. VOLLMER); Gengenbach (REUTTI 1898); Freiburg (M. KELLER nach REUTTI 1898); Kaiserstuhl, 1937 (L. SETTELE); Kaiserstuhl, Mondhalde, 1982 (R. HERRMANN); Kaiserstuhl, Vogtsburg und Badberg, 1929, 1949, 1957, 1979 (A. GREMMINGER, R. HERRMANN, L. SETTELE); Kaiserstuhl, Wasenweiler, 1920, 1921, 1931 (E. BROMBACHER); Isteiner Klotz, 1955 (E. DE BROS).
Schwarzwald: Unterbränd, 1994 (S. HAFNER).
Neckar-Tauberland: Freudenberg, 1992 (A. BECHER); Limbachsleiten bei Werbach, 1993 (A. BECHER); Lauda,

---

[1] Aus der Pfälzer Rheinebene wurde die Art von REUTTI (1898) für Speyer gemeldet. Dieser Fundort wurde in der Fauna der Pfalz (KRAUS 1993) ohne Kommentar weggelassen. Wir sehen keinen Grund dafür, die Angabe zu bezweifeln, zumal die Art noch heute auf dem direkt gegenüberliegenden badischen Rheinufer vorkommt.

1991, 1994 (F. KIRSCH); Oberbalbach, 1991 (J. STUMPF); Rottweil, Klosterbach, 1986 (S. HAFNER), »in der Baar« (REUTTI 1898).

Während die Vorkommen am Oberrhein schon seit dem 19. Jh. bekannt sind, ist *A. lutulenta* im Tauberland und im Sandstein-Odenwald (Freudenberg) erst 1991 aufgetaucht und scheint sich dort weiter auszubreiten. Vermutlich ist die Einwanderung aus dem Maingebiet erfolgt. Völlig isoliert von diesen Teilarealen liegen drei Fundorte im Bereich des oberen Neckars. Schon 1898 hatte REUTTI *A. lutulenta* aus der Baar (leider ohne näheren Fundort) gemeldet. Fast ein Jahrhundert lang blieb die Art in diesem wenig erforschten Gebiet verschollen. 1986 wurde ein Weibchen im Stadtrandgebiet von Rottweil (Obere Gäue), 1994 sogar ein Tier im Randbereich des Mittleren Schwarzwalds, bei Unterbränd, nachgewiesen, also in einem klimatisch durchaus ungünstigen Gebiet (S. HAFNER). Eine intensive Nachsuche an Xerothermstandorten des oberen Neckars dürfte vermutlich zur Entdeckung von weiteren Populationen führen. Eine ältere, fragliche Angabe für Ulm-Obereselberg (HEINL nach SCHNEIDER 1938, »Belegstück fehlt«) beruht wahrscheinlich auf Fehldetermination (vgl. Anm. zu *Xanthia sulphurago*).

Vertikal: Die Art besiedelt vor allem die Ebene und das Hügelland. Die meisten Fundorte liegen im Bereich zwischen knapp unter 100 m (Oberrheinebene) und 450 m (Kaiserstuhl). Nur die Fundorte Rottweil (um 600 m) und Unterbränd (800 m) liegen deutlich höher.

Die wärmeliebende *Aporophyla lutulenta* kommt lokal in der Oberrheinebene vor und scheint sich neuerdings im Tauberland und am oberen Neckar weiter auszubreiten. Über ihre Biologie ist aus dem Untersuchungsgebiet noch wenig bekannt. – Kaiserstuhl, Mondhalde 16.9.82 R. HERRMANN. S.

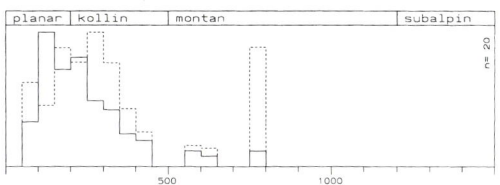

Phänologie

Imagines: Die (bisher nur spärlichen) Nachweise deuten auf eine kurze und im Laufe der Jahre kaum variierende Flugzeit von Anfang/Mitte September bis Anfang Oktober. In der Oberrheinebene liegen die Daten zwischen dem 10.9. (1936, Hardtwald bei Karlsruhe, H. KESENHEIMER) und dem 1.10. (1979, Vogtsburg, R. HERRMANN), im Neckar-Tauberland zwischen dem 1.9. (1994, Unterbränd, S. HAFNER) und dem 6.10. (1991, Oberbalbach, J. STUMPF). Dies steht im Gegensatz zu der weit ausgedehnteren Flugzeit von Mitte August bis Ende Oktober, wie sie etwa aus Ostdeutschland (HEINICKE & NAUMANN 1980–1982) angegeben wird.

Präimaginalstadien: Die Raupen überwintern. Konkrete Daten dazu liegen nicht vor. BROMBACHER (1933–1935) erwähnte zwar einen Raupenfund im Kaiserstuhl, verschwieg aber Funddatum und Nahrungspflanze.

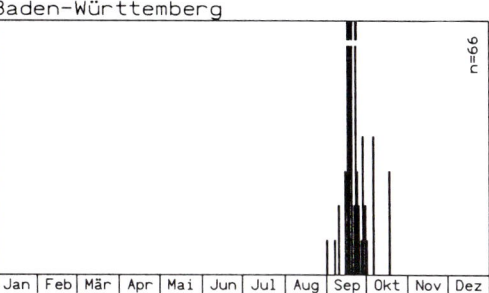

Die Raupen der meisten *Aporophyla*-Arten sind sehr variabel. Bei *Aporophyla lutulenta* dominieren Grüntöne. Dies ist eine schwach gezeichnete Raupenform. – Tauberland, Oberbalbach (ex ovo-Zucht, leg. J. STUMPF) 6.91 K. FREYTAG. S.

Ökologie

Lebensraum: Über die Biotopansprüche von *Aporophyla lutulenta* sind wir, was Baden-Württemberg betrifft, noch ungenügend informiert. Die Falter werden vielfach an warmen und trockenen Lokalitäten gefunden, beispielsweise in Halbtrockenrasen mit Säumen und angrenzenden trockenen Gebüschen im Tauberland und im Kaiserstuhl. Bei den älteren Funden im Hardtwald bei Karlsruhe hat es sich wohl um offene, ruderale oder sandrasenartige Stellen gehandelt. »Heiden« im Sinne von atlantisch geprägten Heidekrautbeständen scheint die Art in unserem Gebiet nicht zu bewohnen. An einem Standort in Nordbaden siedelt sie auf rheinnahem Wiesengelände; hier müssen die Raupen oft wochenlanges Hochwasser überstehen (R. BLÄSIUS). Sie besiedelt Sand- und Kiesböden (Oberrheinebene), Löß und vulkanisches Gestein (Kaiserstuhl), Muschelkalk (Tauberland, Rottweil) und Buntsandstein (Freudenberg), meist in Wärmegebieten mit 7° bis über 9°C mittlerer Jahrestemperatur.

Nahrung der Raupe:
Galium verum – Echtes Labkraut
  E (BLÄ)

Da BROMBACHER (1933–1935) keine Angaben zu seinem Raupenfund machte, bleibt nur die Beobachtung einer Eiablage in die Blüten von *Galium verum* (R. BLÄSIUS).

Nach Literaturangaben und Zuchterfahrungen leben die jungen Raupen vor der Überwinterung ausschließlich oder zumindest bevorzugt an Gräsern. Viele Angaben stammen offenbar von bei Tag gefundenen ruhenden Raupen und sind deshalb mit Vorsicht zu betrachten. Aus dem Frankfurter Raum nannte RIESE (nach KOCH 1856) *Rumex acetosella*, aus der Schweiz gab WULLSCHLEGEL (1873) *Stellaria* spec. und *Myosotis* spec. an. Auch BOLDT (nach BERGMANN 1954 und SCHULTZ 1962) hat die Raupen tagsüber aus *Stellaria*-Büscheln geharkt. In Heiden fand er sie bei Tag in *Molinia*-Horsten ruhend, in der Nähe von *Rumex acetosella*, *Sarothamnus scoparius*, *Genista tinctoria*, *Genista pilosa*, *Calluna vulgaris* und *Lithospermum* spec. In Ungarn fand AIGNER-ABAFI (1900a) die Raupen »im Mai an *Anthericum* und *Bursae-pastoralis* [sic]«. Mit letzterem Namen dürfte das Hirtentäschel (*Capsella bursa-pastoris*) gemeint gewesen sein. Aus Großbritannien nannte ALLAN (1949) *Poa annua*, *Deschampsia cespitosa*, *Calluna vulgaris*, *Mentha arvensis*, *Potentilla sterilis* und *Lithospermum arvense*, fügte aber hinzu, die Raupen lebten auch auf *Senecio*, *Rumex*, *Plantago*, *Stellaria media* und *Knautia arvensis*, im Frühjahr an den Knospen von *Prunus spinosa* und *Crataegus* zu finden.

Nahrung des Falters: R. BLÄSIUS fand einen Falter in der Oberrheinebene um 20 Uhr (MESZ) an Schilf (*Phragmites australis*) saugend. Die Tiere wurden auch am Köder beobachtet.
Habitat: Ohne Raupenfunde noch nicht pflanzensoziologisch einzuordnen.
Verhalten: Die Falter sind dämmerungs- und nachtaktiv und kommen ans Licht.

Gefährdung und Schutz

Rote Liste Bundesrepublik: 3
Rote Liste Baden-Württemberg: 3

Oberrheinebene: Gefährdet.
Schwarzwald: Nicht vertreten.
Neckar-Tauberland: Gefährdet (Aussage nicht abgesichert).
Schwäbische Alb: Nicht vertreten.
Oberschwaben: Nicht vertreten.

- In Baden-Württemberg gefährdet! Besonders geschützt gemäß § 20eff. BNatSchG.

Bei stärker gezeichneten Tieren treten rötliche Elemente auf dem Rücken und an den Seiten hinzu. – Tauberland, Oberbalbach (ex ovo-Zucht, leg. J. STUMPF) 6.91 K. FREYTAG. S.

Aporophyla lutulenta ist von wenigen Fundorten bekannt und auf überwiegend xerotherme Lokalitäten beschränkt. Ungeachtet der Defizite in unserer Kenntnis ihrer Ökologie muß sie aufgrund ihres seltenen Auftretens zumindest in der Oberrheinebene als gefährdet eingestuft werden. Wie sich die Bestandssituation im Tauberland entwickelt, bleibt abzuwarten. Um mehr Informationen über die Abundanzfluktuationen zu erhalten, sollten alle Populationen von *Aporophyla lutulenta* regelmäßig kontrolliert werden. Einer Beeinträchtigung ihrer Flugstellen durch Bebauung (Straßenbau, Industrie- und Wohngebiete) oder landwirtschaftliche Intensivierung (Umwandlung von »Ödland« in Ackerland oder Weinberge) ist durch Aufklärung und rechtzeitige Unterrichtung der Naturschutzbehörden entgegenzuwirken. Darüber hinaus sind Spezialuntersuchungen zu ihrer Autökologie erforderlich.

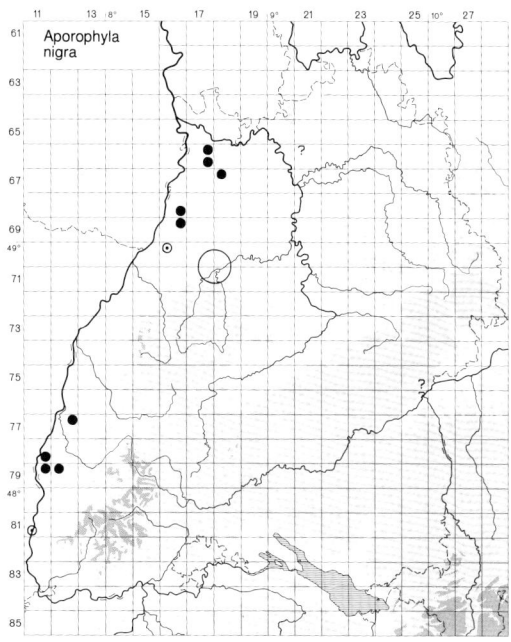

Aporophyla nigra
(Haworth, 1809)

Schwarze Glattrückeneule

Aporophila nigra HAW. (SCHNEIDER 1936–1939, FORSTER 1954–1981, HARTIG & HEINICKE 1973)

Gesamtverbreitung: Von Nordafrika (Marokko bis Ägypten) durch Süd- und Mitteleuropa und Kleinasien bis Libanon, Israel und zum Kaukasus verbreitet. Nördlich kommt die Art in Großbritannien bis Schottland vor und besitzt ein disjunktes Teilareal an der Küste West- und Südnorwegens (ähnlich wie bei *Stilbia anomala*), von wo verdriftete Falter dreimal in Dänemark festgestellt wurden. Weiterhin verläuft die Arealnordgrenze über Nord- und Ostdeutschland, Böhmen, Slowakei und ukrainische Karpaten bis zur Krim.

Verbreitung

Regional: In Baden-Württemberg kommt *Aporophyla nigra* fast nur im Bereich der wärmebegünstigten Oberrheinebene lokal vor. Lediglich der Fundort Wiesloch ist naturräumlich bereits zum Kraichgau und damit zum Neckar-Tauberland zu rechnen.

Oberrheinebene: Speyer (Pfalz) (REUTTI 1898); Sandhausen, Pflege Schönau, 1973 (R. BLÄSIUS); Oftersheim, Golfplatz, 1977 (R. BLÄSIUS); Graben-Neudorf, 1925, 1928 (A. GREMMINGER); Hochstetten, 1985, 1987 (RATZEL, U.); Karlsruhe (REUTTI 1853, 1898); Kuhbrunnen bei Karlsruhe-Scheibenhardt, 1914–1916 (F. GUTH); Kippenheim, 1989 (J.-U. MEINEKE); Kaiserstuhl, verschiedene Fundorte und Jahre (AG Freiburg; D. BARTSCH, D. HAMBORG, R. HERRMANN, H. LUSSI, L. SETTELE, A. STEINER); Freiburg (M. KELLER nach REUTTI 1853, 1898); Neuenburg, 1927 (K. ROTHMUND nach Kartei A. GREMMINGER).

Neckar-Tauberland: Wiesloch, 1967, 1971 (R. STAREY).

Ältere Angaben für Pforzheim sind fraglich. Nach H. ROMETSCH (in GAUCKLER 1909) wurde die Art »in früheren Jahren bei Pforzheim geködert; seit 6 bis 8 Jahren dort nicht mehr beobachtet«. Nach STROBEL (1968) soll 1921 ein Exemplar von HOFFMANN in Pforzheim (Lückenweg) gefunden worden sein. Als nicht authentisch betrachten wir ein Belegstück mit dem Fundort »Württemberg, Rottenacker [gemeint ist Markgröningen-Rotenacker], 15.7.1930, O. WITZ«, coll. SMNS. Das Tier befindet sich auf einer anderen Nadel und in einer anderen Spannstellung als die übrigen Falter von WITZ. Möglicher-

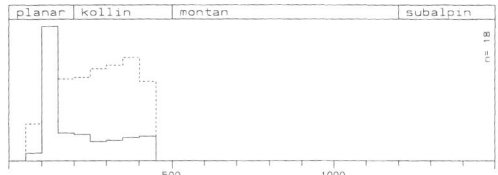

weise liegt hier eine Etikettenverwechslung vor. Eine ältere, fragliche Angabe für Ulm-Obereselberg (HEINL nach SCHNEIDER 1931, 1938, »Belegstück fehlt«) dürfte auf einer Fehldeter-

mination beruhen (vgl. Anmerkung zu *Xanthia sulphurago*).
Vertikal: Die Art kommt nur in der Ebene und in der Hügelstufe vor. Die Fundorte liegen in Höhen zwischen knapp unter 100 und 450 m.

Phänologie

Imagines: Die Flugzeit reicht von Mitte September bis Mitte Oktober. Die Randdaten sind der 16.9. (1916, F. GUTH) und der 19.10. (1990, A. SCHNEIDER). Ein Maximum zeichnet sich an der Monatswende September/Oktober ab.

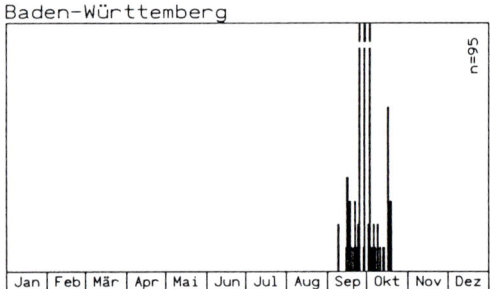

Präimaginalstadien: Die Raupen überwintern. Im Untersuchungsgebiet sind sie nur nach der Überwinterung gefunden worden. Vier genaue Daten liegen vor: Am 26. und 27. April 1993 wurden über 100 Raupen beobachtet, von denen die meisten halberwachsen waren (D. HAMBORG/R. HERRMANN/A. STEINER). Am 12. Mai 1994 registrierte D. BARTSCH im gleichen Gebiet über 150 Tiere. Eine Raupe im vorletzten Stadium fotografierte H. LUSSI am 15. Mai 1992. Alle Beobachtungen stammen aus dem Kaiserstuhl.

Ökologie

Lebensraum: *Aporophyla nigra* besiedelt trockenwarme Biotope. Im Kaiserstuhl sind es vor allem die Halbtrockenrasen und Saumgesellschaften, in denen Falter am Licht festgestellt wurden. Selbst die neu geschaffenen Böschungen der flurbereinigten Weinberge bieten der Art stellenweise günstige Lebensräume. Mehrere solcher Steilböschungen, an denen sich eine lückige, niedrige Pioniervegetation aus Arten der Mesobrometen und Säume entwickelt hatte, konnten als gut besetzte Larvalhabitate festgestellt werden (D. BARTSCH, D. HAMBORG/R. HERRMANN/A. STEINER). Hier lebt *Aporophyla nigra* zusammen mit *Ammoconia caecimacula*, *Setina irrorella*, *Rhyparia purpurata* und *Callimorpha quadripunctaria*.

»Schwarz auf schwarz« stellt sich die Zeichnung der treffend benannten *Aporophyla nigra* dar. Nur die Nierenmakel enthält einige gelbliche Schuppen. Die in Südeuropa häufige Art bevorzugt in Mitteleuropa warme und niedrige Lagen. Ein typischer Lebensraum ist unter *Brintesia circe* abgebildet. – Kaiserstuhl, Oberbergen 8.9.93 (ex larva-Zucht) A. STEINER. S.

Ziemlich häufig ist bei *Aporophyla nigra* die Raupenform mit nahezu einfarbig rotbrauner Oberseite, gelbem Seitenstreifen und weißen, schwarz eingefaßten Stigmen. Das abgebildete Tier ist auf der Rückenseite kontrastreicher gezeichnet und trägt fragmentarische schwarze Linien und grünlich bis gelblich aufgehellte Flecken oder Längsbänder. – Kaiserstuhl, Schelingen 19.5.92 H. LUSSI. S.

Grüne Raupenformen scheinen im Kaiserstuhl seltener zu sein als rote. – Kaiserstuhl, Vogtsburg (ex ovo-Zucht) 1.5.85 A. SCHNEIDER. S.

Über die Fundstellen in der nördlichen Oberrheinebene liegen nur wenige genaue Angaben vor. Es handelt bzw. handelte sich hier wohl meist um sandige, magere Rasen- und Saumgesellschaften. Konkrete Angaben aus Ginster- und *Calluna*-Heiden, die in anderen Gebieten als Lebensräume genannt werden, fehlen für Baden-Württemberg. Der Besenginster ist allerdings an den meisten nordbadischen Fundorten der Art vertreten. Alles in allem sind unsere Kenntnisse über die Lebensraumansprüche von *A. nigra* aber noch unbefriedigend. Sämtliche Fundorte liegen in Wärmegebieten mit über 9°C mittlerer Jahrestemperatur.

Nahrung der Raupe:
Poaceae – Süßgräser
  L (BAR)
Sanguisorba minor – Kleiner Wiesenknopf
  L (BAR)
Genista tinctoria – Färber-Ginster
  L (BAR, LUS)
Trifolium spec. – Klee
  L (HAM, HER, STN)
Vicia sativa – Futter-Wicke
  L (HAM, HER, STN)
Euphorbia cyparissias – Zypressen-Wolfsmilch
  L (BAR)
Origanum vulgare – Gewöhnlicher Dost
  L (BAR)

Viele Raupen wurden in der Vegetation sitzend gefunden, ohne daß eine Nahrungsaufnahme oder auch nur frische Fraßspuren in der Umgebung beobachtet werden konnten. D. BARTSCH fand die meisten Raupen an *Genista tinctoria*, an der auch H. LUSSI ein Tier beobachtete. Von den übrigen Nahrungspflanzen liegen nur Einzelbeobachtungen vor.

Das Nahrungsspektrum ist insgesamt recht umfangreich. Allerdings bleibt – vor allem bei einigen älteren Literaturangaben – unsicher, ob es sich um Freiland- oder Gefangenschaftsbeobachtungen handelte. Aus der Schweiz nannte WULLSCHLEGEL (1873) *Rumex*-Arten, VORBRODT (1911) ergänzte »*Genista*« spec. (Freiland), *Oxalis* spec. und *Cistus* spec., doch kann die letztere Angabe nicht aus der Schweiz stammen. In der Pfalz wurde eine Raupe an *Muscari comosum* gefunden (DE LATTIN nach HEUSER, JÖST & ROESLER 1960–1962). BOLDT (1933) fand die Raupen in Norddeutschland tagsüber in *Molinia*-Büscheln ruhend. Diese Angabe wurde von KOCH (1958, 1984) fälschlicherweise als Nahrungspflanze wiedergegeben. Aus Großbritannien und Irland wurden *Deschampsia cespitosa*, *Rumex pulcher*, *Rumex obtusifolius*, *Rumex acetosella*, *Stellaria media*, *Epilobium tetragonum*, *Calluna vulgaris* und *Plantago* spp. genannt (ALLAN 1949, BRETHERTON, GOATER & LORIMER 1983). Aus Südeuropa liegen Freilandbeobachtungen an *Quercus coccifera* (Sardinien, WILTSHIRE 1985), *Spartium junceum* (Italien, A. STEINER unveröff.) und *Medicago sativa* (Spanien, GÓMEZ DE AIZPÚRUA 1987) vor. Als Fütterungspflanzen in der Gefangenschaft werden u. a. *Rumex acetosa*, *Polygonum aviculare*, *Galium mollugo*, *Veronica chamaedrys*, *Genista tinctoria* (Blüten), *Prunus spinosa*, *Plantago lanceolata* und *Taraxacum officinale* aufgeführt (ALLAN 1949, BOLDT 1933, STEEGERS 1991). Die Überwinterung der jungen Raupen ist nicht leicht, Zuchten schlagen in diesem Stadium oft fehl. Möglicherweise hat dies zu der überprüfungsbedürftigen Annahme geführt, daß »some biological races will eat only their individual foodplant«, z. B. *Epilobium tetragonum* in Irland (ALLAN 1949).

Nahrung des Falters: Freilandbeobachtungen über Blütenbesuch liegen nicht vor. Die Falter besuchen den Köder.
Habitat: Siehe Lebensraum.
Verhalten: Die Raupen fressen nachts und verbergen sich tagsüber in der Krautschicht. Sie verpuppen sich in einem Erdkokon. Die Falter sind dämmerungs- und nachtaktiv und kommen ans Licht. In Großbritannien sind sie nach MILMAN (1922) im Oktober tagaktiv beobachtet worden, »taking long and rapid flights in the bright October sunshine«.

Gefährdung und Schutz

Rote Liste Bundesrepublik: 2
Rote Liste Baden-Württemberg: 2

Oberrheinebene: Stark gefährdet.
Schwarzwald: Nicht vertreten.
Neckar-Tauberland: Stark gefährdet (nur randlich vorkommend).
Schwäbische Alb: Nicht vertreten.
Oberschwaben: Nicht vertreten.

- In Baden-Württemberg stark gefährdet! Besonders geschützt gemäß § 20e ff. BNatSchG.

Aporophyla nigra kommt in Baden-Württemberg nur an sehr wenigen Fundorten vor. Die individuenreichsten Populationen liegen – sofern man die Abundanz der Raupen in den Jahren 1993 und 1994 verallgemeinern darf – im Kaiserstuhl. Von den übrigen Fundorten sind nur vereinzelte, zum Teil sogar keine neueren Nachweise mehr bekannt. Hier sind weitere Nachforschungen bzw. regelmäßige Bestandskontrollen (durch Lichtfang oder Raupensuche) dringend erforderlich. Die Situation ist mit der von *Aporophyla lutulenta* vergleichbar, nur besitzt *A. nigra* noch weniger aktuelle Standorte. An allen diesen Lokalitäten sollte sie unbedingten Schutz erfahren (keine Eingriffe in die Landschaft, soweit es sich nicht schon um Naturschutzgebiete handelt). Die genauen Habitatansprüche sind wie bei *A. lutulenta* noch zu klären.

Lithomoia solidaginis
(Hübner, [1803])

Rollflügel-Holzeule

Calocampa solidaginis HBN. (REUTTI 1898, LAMPERT 1907, SPULER 1908–1910, REBEL 1910, ECKSTEIN 1913–1923, HERING 1932)
Chloantha solidaginis HBN. (WARREN in SEITZ 1909–1914, DRAUDT in SEITZ 1931–1938, SCHNEIDER 1936–1939, BERGMANN 1951–1955, KOCH 1954–1961, 1984)

Gesamtverbreitung: In Nord- und Mitteleuropa weit verbreitet, im Norden bis über den Polarkreis hinaus vorkommend. In Südeuropa fehlt sie vielen Gebieten. Die Südgrenze des sehr zersplitterten Areals reicht von Mittelbelgien über Westfrankreich zu den südlichen Alpenausläufern, auf der Balkanhalbinsel bis Südwestbulgarien. Im Osten durch Nord- und Mittelasien bis Japan verbreitet. Die älteren Angaben für Nordamerika beziehen sich auf die früher als Subspezies, heute als eigene Art aufgefaßte *L. germana* MORRISON, 1874 (MIKKOLA, LAFONTAINE & KONONENKO 1991).

Verbreitung

Regional: In Baden-Württemberg besitzt *Lithomoia solidaginis* zwei größere Verbreitungsschwerpunkte. Der eine umfaßt die Moorgebiete des Alpenvorlands und der andere den Nord- und Südschwarzwald. In den anderen Landesteilen kommt *L. solidaginis* sehr lokal an wald-

In der Ruhestellung erweist sich die Holzmimese von *Lithomoia solidaginis* als hervorragende Tarnung. Der Falter ahmt ein vom Stamm abstehendes gerolltes Rindenstückchen nach. – Ibach, Schwarze Säge (ex larva-Zucht) 6.8.84 F. EBSER. S.

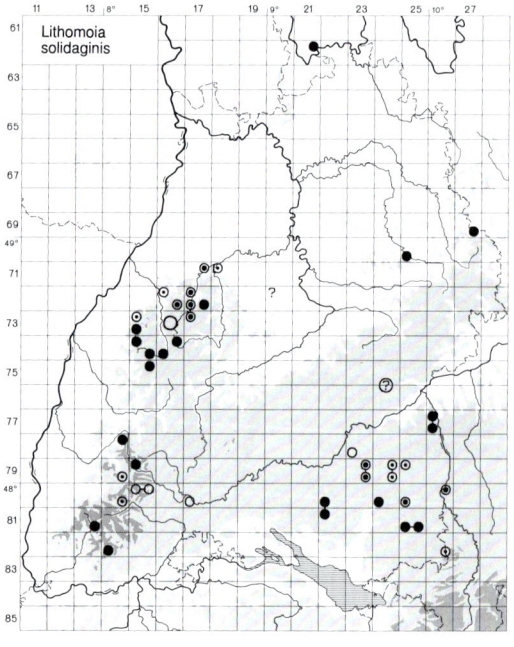

reichen Stellen der niedrigen Mittelgebirge vor. Im Sandstein-Spessart wurde sie 1987 und 1989 von A. BECHER bei Freudenberg nachgewiesen. Im Naturraum Mittelfränkisches Becken entdeckte M. MEIER sie 1991 an mehreren Fundpunkten im Weihergebiet um Wört. In den Schwäbisch-Fränkischen Waldbergen fand E. LANGER sie 1973 bei Untergröningen. Eine ältere Angabe liegt aus dem Donauried bei Donaueschingen auf der Baar vor (STÖCKHERT nach REUTTI 1898). Der Fundort Blaubeuren auf der Schwäbischen Alb (ASCHENAUER nach SCHNEIDER 1938) muß dagegen bezweifelt werden (Fundortverwechslung oder aus Oberschwaben zugeflogenes Tier).

Die geringe Anzahl der Fundorte im Südschwarzwald im Vergleich zum Nordschwarzwald beruht wahrscheinlich auf geringerer Durchforschung: Im Südschwarzwald wurde im Herbst in Moorgebieten weniger Nachtfang betrieben. Aus demselben Grund dürfte aber auch in anderen Gebieten (z. B. in den Wäldern des Keuper-Lias-Lands) mit noch unentdeckten Populationen zu rechnen sein.

Vertikal: Die Höhenverbreitung erstreckt sich von der kollinen Stufe um 160–180 m (Spessart, Freudenberg, A. BECHER) bis in die montane Zone. Der höchsten Fundorte liegen im Südschwarzwald bei 1200 m (Schauinsland, H. FEIL/ R. HERRMANN), im Nordschwarzwald bei 1150 m (Hornisgrinde, H. LUSSI/A. STEINER).

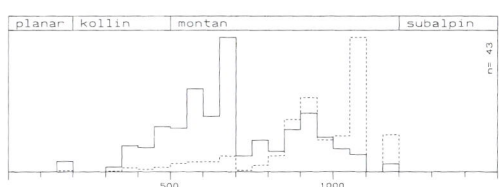

Phänologie

Imagines: Die Flugzeit dauert im Schwarzwald von Anfang August bis Ende September. Das wenig ausgeprägte Maximum liegt um die Monatswende August/September. Die Extremwerte sind der 8.8. (1937, Hinterzarten, L. SETTELE) und der 24.9. (1978, Schauinslandgipfel, H. FEIL/ R. HERRMANN). In Oberschwaben fliegt die Art von Mitte August bis Ende September mit einem Maximum in der ersten Septemberhälfte. Die Extremdaten sind gegenüber dem Schwarzwald nur um wenige Tage verschoben: 15.8. (1947, Ummendorf, G. REICH) und 26.9. (1981, Pfrunger Ried, R. SCHICK). Die wenigen Funde aus dem Neckar-Tauberland reichen von Ende August bis Mitte September.

Das von SCHNEIDER (1938) zitierte Datum 19.7.1934 (Federsee, G. REICH) ist falsch; die vorliegenden Belegstücke tragen das Datum 19.9.1934 (coll. REICH, SMNS).

Präimaginalstadien: Das Ei überwintert. Die Raupen wurden im Schwarzwald vor allem Ende Mai gefunden, wobei es sich bereits um erwachsene Tiere gehandelt hat (C. SCHNEIDER, H. RENNER, A. WÖRZ nach SCHNEIDER 1938, K. STROBEL). Das früheste taggenaue Datum ist der 20.5. (1929, Erzkopf, K. STROBEL). BOLDT (1928) beobachtete die Raupen im Hinterzartener Moor im »Juni« ohne nähere Datumsangabe. Eine erwachsene Raupe wurde bei Ibach am 13.6.1992 gefunden (S. HAFNER/E. RENNWALD/A. STEINER), eine weitere am 26.6.1984 (F. EBSER), ein Raupendia aus der Umgebung von Schönwald ist mit »Juli 1984« beschriftet (R. DISCH).

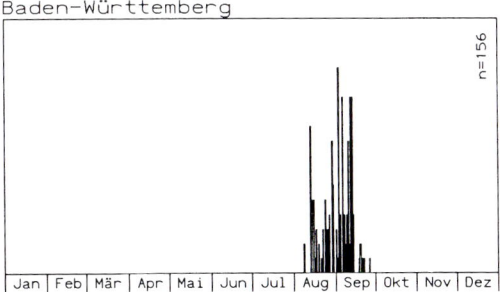

Ökologie

Lebensraum: *Lithomoia solidaginis* besiedelt Hochmoore, Heidemoore und moorige Wälder, insbesondere montane Nadel- und Mischwälder,

Die Raupen sind rotbraun mit einem gelben, oben schwarz angelegten Seitenstreifen. Sie leben hauptsächlich an *Vaccinium*-Arten. – Ibach, Schwarze Säge 26.6.84 F. EBSER.

mit Heidelbeer- und Moorbeerbeständen. Sie findet sich sowohl im offenen, sonnigen Hochmoor als auch in halbschattigen, lichten Moorwäldern und feuchten Nadelwäldern. Vermutlich kann sie im Schwarzwald auch heidelbeerreiche Ginsterheiden besiedeln. In den oberschwäbischen Verlandungsmooren besitzt sie nach MEINEKE (1982) ihren Schwerpunkt im Waldhochmoor mit ausgedehnten *Vaccinium*-Beständen und kommt außerdem im Bruchwald, im offenen Hochmoor und in Torfstichgebieten vor.

Nahrung der Raupe:
Vaccinium myrtillus – Heidelbeere
    4 L (BOL, SCC, REN, WÖR)
Vaccinium uliginosum – Moorbeere
    3 L (BOL, FAG)
Vaccinium vitis-idaea – Preiselbeere
    L (GAU)

Die Heidelbeere wurde von mehreren Autoren als Nahrungspflanze im Schwarzwald genannt. Im Hinterzartener Moor klopfte BOLDT (1928) die Raupen 1920 von *Vaccinium myrtillus* und *Vaccinium uliginosum*. F. FAGNOUL fand am 20./21.6.1925 nachts bei Hinterzarten 8 Raupen von *L. solidaginis* und *A. helvola* beim Ableuchten von *Vaccinium uliginosum* (ANONYMUS 1925). GAUCKLER (1909) gab für den Nordschwarzwald *Vaccinium vitis-idaea* an.

In unserem Gebiet sind die *Vaccinium*-Arten sicherlich die Haupt-Nahrungspflanzen. Die Literatur nennt ferner noch folgende Arten: *Myrica gale*, *Salix* spp., *Betula* spec., *Ribes uva-crispa*, *Sorbus aucuparia*, *Crataegus oxaycantha*, *Amelanchier confusa*, *Ledum palustre*, *Andromeda polifolia*, *Arctostaphylus uva-ursi*, *Calluna vulgaris*, *Pedicularis palustris* (Norddeutschland, Polen, URBAHN & URBAHN 1939, Großbritannien, ALLAN 1949, Finnland, SEPPÄNEN 1970).

Nahrung des Falters: Aus dem Untersuchungsgebiet liegen keine Beobachtungen vor. Die Falter besuchen gern künstlichen Köder.
Habitat: Heidelbeer- und Moorbeerbestände im Bereich der Oxycocco-Sphagnetea (Zwergstrauchreiche Hochmoor-Torfmoosgesellschaften) und der Piceetalia abietis (Nadelwälder und Zwergstrauch-Gesellschaften), vermutlich auch im Genistion (Subatlantische Ginsterheiden).
Verhalten: Die Raupen sind meist nachtaktiv, wurden aber einige Male auch tagsüber, zum Teil im Sonnenschein, offen an Pflanzen sitzend gefunden. Die Verpuppung erfolgt in einer Erdhöhle. Die Falter sind nachtaktiv. Sie fliegen auch bei ungünstiger Witterung und in kalten

Lithomoia solidaginis besiedelt vor allem *Vaccinium*-Bestände, teils in moorigen Wäldern, teils wie hier im offenen Hochmoor mit nur spärlichem und niedrigem *Vaccinium*-Bewuchs. An dem Grashorst im Mittelgrund wurde eine parasitierte Raupe tagsüber ruhend gefunden. – Ibach, Taubenmoos 13.6.92 A. STEINER.

Nächten und kommen ans Licht. Tagsüber sitzen sie niedrig an Nadelholzstämmen. In der Ruhestellung werden die Flügel eng um den Hinterleib gerollt und dieser vom Untergrund abgehoben, so daß eine starke Ähnlichkeit mit abblätternden Rindenröllchen oder kurzen Zweigabbruchstükken entsteht.

Gefährdung und Schutz

Rote Liste Bundesrepublik: 3
Rote Liste Baden-Württemberg: V

Oberrheinebene: Nicht vertreten.
Schwarzwald: Art der Vorwarnliste.
Neckar-Tauberland: Gefährdet.
Schwäbische Alb: Nicht sicher nachgewiesen (kritischer Einzelfund)
Oberschwaben: Art der Vorwarnliste.

- In Baden-Württemberg eine Art der Vorwarnliste!

Die Populationen von *Lithomoia solidaginis* sind an vielen Standorten im Schwarzwald und in Oberschwaben von der Erhaltung der Hochmoore und Moorwälder abhängig. Daneben besiedeln sie aber auch heidelbeerreiche Nadelwälder, die namentlich in den Mittelgebirgen noch eine weite Verbreitung besitzen. Hier ist – wenn überhaupt – nur von einer geringen Gefährdung der Biozönosen auszugehen. Allerdings besitzen solche Standorte für *Lithomoia solidaginis* eher den Charakter von Sekundärhabitaten und die wenigen Funde im Neckar-Tauberland macht eine höhere Gefährdungseinstufung notwendig.

Lithophane semibrunnea
(Haworth, 1809)

Schmalflügelige Holzeule

Xylina semibrunnea HAW. (REUTTI 1898)
Xylina semibrunnea HAW. (LAMPERT 1907, SPULER 1908–1910, REBEL 1910, ECKSTEIN 1913–1923, HERING 1932)

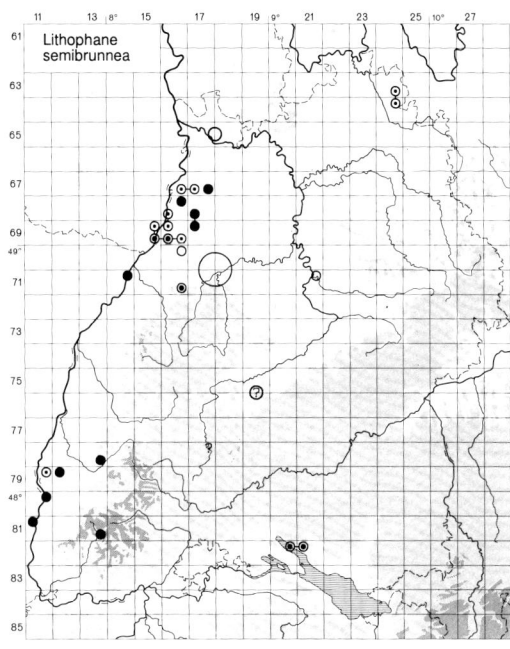

Gesamtverbreitung: Von Nordwestafrika (Marokko, Algerien) durch Süd- und Mitteleuropa und Vorderasien lokal und lückenhaft verbreitet, nördlich bis Ostengland, Dänemark, Mittelpolen, Rumänien, Krim und Kaukasus, südlich bis Türkei und Irak. In Nordafrika und Vorderasien, möglicherweise auch auf dem Balkan, fliegt ssp. *wiltshirei* BOURSIN, 1962.

Verbreitung

Regional: *Lithophane semibrunnea* besiedelt in Baden-Württemberg Teile der nördlichen und südlichen Oberrheinebene und unmittelbar angrenzende Gebiete des Kraichgaus sowie des Neckarbeckens. Auch den Schwarzwald erreicht sie zumindest in niedrigeren Randlagen: A. SCHNEIDER fand 1982 einen Falter in Kollnau (Mittlerer Schwarzwald), MEINKE 1962 ein Tier in einem Haus in Rotensol bei Bad Herrenalb (Schwarzwald-Randplatten). Eine alte Angabe für Pforzheim (REUTTI 1898) hat sich indes nicht mehr bestätigen lassen. Aus dem Neckarland meldete SEYFFER (1850) die Art mit der Angabe: »Stuttgart häufig«. Wenigstens bei der Häufigkeitsangabe hat es sich ganz sicher um einen Irrtum gehandelt, wie J. HOFFMANN (in KELLER & HOFFMANN 1861) und später SCHNEIDER (1938) bemerkten. Ein sicheres Belegstück aus Neckargröningen existiert in coll. SMNS. Es trägt kein Datum, dürfte aber aus den Jahren zwischen den Weltkriegen stammen. Den einzigen aktuellen Fund aus diesem Gebiet repräsentiert ein Falter aus dem Leudelsbachtal bei Markgröningen (1989, D. BARTSCH). Weiter neckaraufwärts meldete KLÜBER (1981) ein Weibchen aus dem Starzeltal bei Rottenburg (genauer Fundort nicht genannt) vom 15.5.1979, das durch Genitaluntersuchung bestimmt wurde. Das Belegstück lag uns nicht vor. Bei der Genitaluntersuchung von Weibchen ist das Ergebnis nicht immer eindeutig. J.-U. MEINEKE, der jahrelang im Starzeltal faunistisch tätig war, hat *L. semibrunnea* dort ebensowenig gefunden wie MEIER & STEINER (1985, 1988) im angrenzenden Tübinger Gebiet.

Das Vorkommen im Bodenseegebiet ist nur durch einen Einzelfund belegt (Überlingen, 1961, E. COMMERELL, coll. DÜRR).

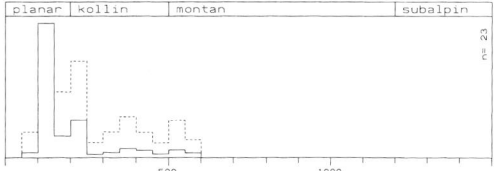

Vertikal: Der Schwerpunkt der Höhenverbreitung liegt in der Ebene und im niedrigen Hügelland, vor allem zwischen 100 und 250 m. Mit 500–600 m Höhe markiert der Falter aus Rotensol den höchsten Fundort im Untersuchungsgebiet.

Bestimmungshilfe: Vielfach wurden und werden dunkle Stücke von *Lithophane hepatica* als *L. semibrunnea* fehlbestimmt, meist von Mitarbeitern, die *L. semibrunnea* nicht kennen. Dabei ist die Unterscheidung meist nicht schwierig. *L. semibrunnea* hat einen (bis 2 mm vor dem Apex) fast völlig gerade verlaufenden Vorderrand der Vorderflügel. Die Flügel sind dadurch sehr schmal, deutlich schmaler als die von *L. hepatica*. Bei *L. hepatica* ist der Costalrand der Vorderflügel immer deutlich gerundet, besonders stark in der äußeren Hälfte. Bei *L. semibrunnea* sind nicht nur die Flügel sondern auch Thorax und Abdomen dunkelbraun bis schwarzbraun, bei *L. hepatica* bleibt der Thorax auch bei den dunkleren Formen noch mittelbraun. Im direkten Vergleich wirkt *L. semibrunnea* schlank, schmalflügelig und elegant, *L. hepatica* relativ breitflügelig und plump.

Phänologie

Imagines: Die wenigen taggenauen Daten lassen noch keine abschließende Beurteilung der Flugzeit zu. Die frühesten Daten stammen bereits aus der letzten August-Dekade (27.8.1916, Karlsruhe, Wildpark, coll. STROBEL, LNK). Die herbstliche Flugperiode ist nur bis bis Ende September belegt (26.9.1991, Grißheim, R. HERRMANN). Es folgt die Überwinterung. Im Frühjahr sind die Falter von Mitte März bis Ende April gefunden worden (10.3.1961, Überlingen, E. COMMERELL; 23.4.1986, Bad Mingolsheim, G. SCHWARZ).

Präimaginalstadien: Beobachtungen aus Baden-Württemberg fehlen. Die Raupenzeit liegt im Mai und Juni (BERGMANN 1954).

Die seltene *Lithophane semibrunnea* zeichnet sich durch sehr schmale Vorderflügel mit geradem Costalrand aus. Die Falter sind stets noch dunkler als die dunklen Formen von *Lithophane hepatica*. Eine kurz vor Redaktionsschluß eingegangene Meldung (in Text, Karte und Diagrammen nicht enthalten) wirft die Frage auf, ob die Falter zur Überwinterung ins Bergland abwandern: J. ASAL fand am 20.10.1995 gleich zwei Falter in Todtnau-Schlechtnau (630 m). Eine Falterfundstelle in den Rastatter Rheinauen ist unter *Tethea ocularis* abgebildet. – Ettlingen 16.9.1894 G. KABIS (oben); Todtnau-Schlechtnau 20.10.1995 J. ASAL (unten).

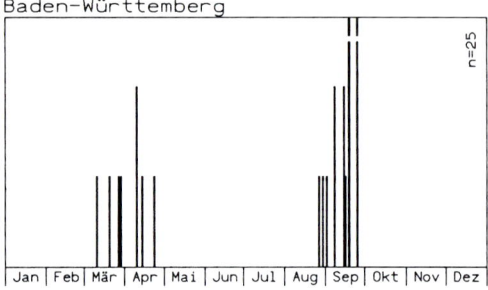

Ökologie

Lebensraum: *Lithophane semibrunnea* bewohnt warme, frische bis feuchte, eschenreiche Wälder und lichte Waldränder der Rheinniederung, insbesondere die Hartholzaue. Aus diesem Bereich stammen die meisten Falternachweise. Auch einige angrenzende Wälder der Hügelstufe werden bzw. wurden offenbar besiedelt (z.B. Turmberg bei Karlsruhe-Durlach, GAUCKLER 1898a). Dagegen fehlt *L. semibrunnea* in den eschenreichen Schluchtwäldern der Schwäbischen Alb und des Neckar-Tauberlands (Fraxino-Aceretum pseudoplatani), in denen *Athetmia centrago* weit verbreitet ist. In der Markgräfler Rheinebene kommt die Art in der »Trockenaue« vor. Die wenigen Fundmeldungen aus dem Neckar-Tauberland stammen aus Flußauen, wo wir die Art wohl wie am Rhein in Auenwäldern zu suchen haben. Im Leudelsbachtal kam ein Tier an einem Muschelkalk-Trockenhang ans Licht, dem ein Schluchtwald gegenüberliegt.

Nahrung der Raupe: Keine Angaben aus Baden-Württemberg.

Die Raupe soll im Freiland monophag an Esche (*Fraxinus excelsior*) leben. SPULER (1908–1910) gab als weitere Nahrungspflanzen *Quercus* spec. und *Prunus spinosa* an, die allerdings nie wieder bestätigt wurden. Die Nachweise in der eichen- und schlehenreichen, aber eschenarmen, südbadischen Trockenaue sollten aber Anlaß sein, diese Angabe zu überprüfen. In der Zucht kann die Raupe auch mit *Ligustrum vulgare* und *Prunus insititia* ernährt werden (ALLAN 1949).

Habitat: Ohne Raupenfunde derzeit noch nicht pflanzensoziologisch zu definieren. Die meisten Falterfundorte in der Rheinebene sind dem weiteren Umkreis des Alno-Ulmion zuzuordnen, in dem wir auch das Larvalhabitat zu suchen haben.

Nahrung des Falters: Freilandbeobachtungen aus Baden-Württemberg liegen nicht vor. Sowohl vor als auch nach der Überwinterung wurden die Falter am Köder beobachtet.

Verhalten: Die Seltenheit von Raupenfunden erklärte sich BERGMANN (1954) damit, daß die Raupen wohl meist in der Kronenschicht älterer Bäume leben – eine Vermutung, die noch zu bestätigen ist. Die Verpuppung erfolgt in einer Erdhöhle. Die Falter sind nachtaktiv und kommen, allerdings selten und meist nur in Einzelstücken, ans Licht. Ein überwintertes Exemplar wurde Anfang April im Keller eines Hauses gefunden (10.4.1962, Rotensol, MEINKE nach STROBEL 1968).

Gefährdung und Schutz

Rote Liste Bundesrepublik: 2
Rote Liste Baden-Württemberg: 3

Oberrheinebene: Gefährdet.
Schwarzwald: Gefährdet (nur randlich vorkommend).
Neckar-Tauberland: Gefährdet (regional ausgestorben oder verschollen).
Schwäbische Alb: Nicht vertreten.
Oberschwaben: Ausgestorben oder verschollen.

- In Baden-Württemberg gefährdet! Besonders geschützt gemäß § 20e ff. BNatSchG.

In der nördlichen Oberrheinebene ist die Art anscheinend stark zurückgegangen. Nur an wenigen Standorten kann dafür eine verringerte Beobachtungstätigkeit verantwortlich gemacht werden. An solchen Stellen sollte, ebenso wie im westlichen Bodenseegebiet und am Neckar, eine neuerliche Nachsuche erfolgen. Die Erhaltung der Art ist vom Bestehen eschenreicher Auenwälder abhängig. Sollten an Neckar oder Bodensee noch Populationen aufgefunden werden, muß ihren Biotopen strikter Schutz zukommen. Gleiches gilt aber auch für noch bestehende Populationen in der nördlichen Oberrheinebene. Die ökologischen Ansprüche von *L. semibrunnea*, insbesondere ihres Larvalstadiums, erfordern allerdings noch intensive Untersuchungen.

Lithophane hepatica
(Clerck, 1759)
Gelbbraune Holzeule

Xylina socia HUFN. (REUTTI 1898)
Xylina socia ROTT. (LAMPERT 1907, SPULER 1908–1910, REBEL 1910, ECKSTEIN 1913–1923, HERING 1932)
Lithophane socia ROTT. (WARREN in SEITZ 1909–1914, DRAUDT in SEITZ 1931–1938, SCHNEIDER 1936–1939, BERGMANN 1951–1955, KOCH 1954–1961, 1984)
Lithophane socia HUFN. (FORSTER 1954–1981, BOURSIN 1964, HARTIG & HEINICKE 1973, LERAUT 1980, HEINICKE & NAUMANN 1980–1982)

Nomenklatur: MIKKOLA (1985, 1993) konnte nachweisen, daß der Name *Phalaena hepatica* CLERCK, 1759 die bisher als *Lithophane socia* (HUFNAGEL, 1766) geführte Art bezeichnet. Da CLERCKs Abbildung falsch koloriert wurde (hellblau statt braun), haben spätere Autoren darin die *Polia*-Art *trimaculosa* (ESPER, 1788)

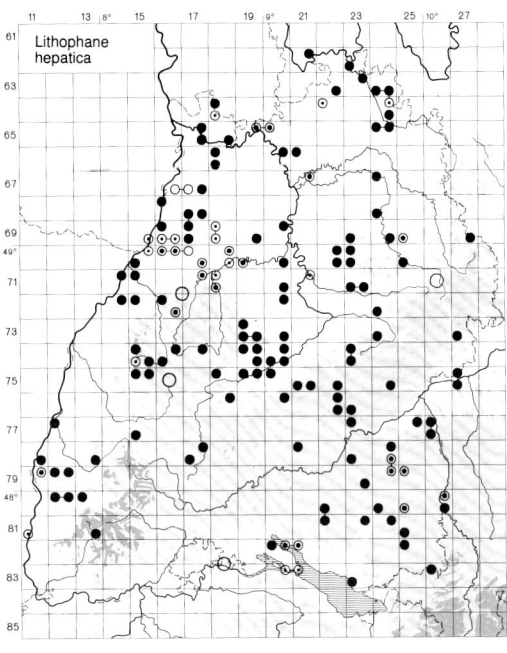

[= *tincta* (BRAHM, 1790)] zu erkennen geglaubt und sie als *Polia hepatica* (CLERCK, 1759) bezeichnet. Die Untersuchung des Typusexemplars hat bewiesen, daß es sich um die bisher als *Lithophane socia* (HUFNAGEL, 1766) bezeichnete Art handelt, die nun *Lithophane hepatica* (CLERCK, 1759) heißen muß.

Gesamtverbreitung: In Europa weit verbreitet, nördlich bis Irland und die Südhälfte von Fennoskandien, südlich bis Südspanien, Mittelitalien, Makedonien, Bulgarien, Krim und Kaukasus, im Osten durch das mittlere Asien bis Japan. Ältere Angaben für Nordamerika beziehen sich auf andere Arten.

Verbreitung

Regional: *Lithophane hepatica* ist in allen Regionen Baden-Württembergs vertreten, wird aber meist nur vereinzelt beobachtet. Wegen der ungleichmäßigen Durchforschung während des Winterhalbjahrs ist zu erwarten, daß noch manche Verbreitungslücken geschlossen werden können.

Vertikal: Die Höhenverbreitung reicht von der Ebene bis ins Bergland. *Lithophane hepatica* kommt im Schwarzwald noch bis gegen 1000 m vor (Schliffkopf, 950–1050 m, H. FEIL).

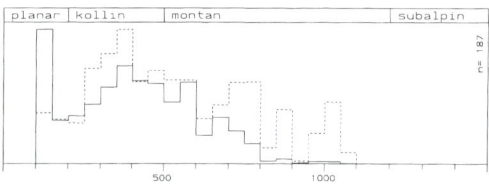

Lithophane hepatica (früher *Lithophane socia*) ist mit ihrer weißgrau-gelblichbraunen Färbung die hellste der einheimischen *Lithophane*-Arten. Charakteristisch für die Gattung sind die Haarbüschel an Thorax und Schultern. Alles zusammen ergibt eine effektive Holzmimese. – Freudenberg (ex ovo-Zucht) 9.87 A. BECHER. S.

Phänologie

Imagines: Im Vergleich mit den anderen Wintereulen legt *L. hepatica* eine fast 2 Monate längere Winterpause ein. Dafür beginnt ihre Flugzeit früher und endet später als bei den übrigen Arten. Die Falter erscheinen in der Ebene und im Hügelland in der letzten August-Dekade, in den Mittelgebirgen erst in den ersten Septembertagen. Die herbstliche Flugperiode dauert bis Anfang oder Mitte Oktober. Danach folgt die Überwinterung. Im Frühjahr wird *L. hepatica* meist erst Mitte März aktiv (nur ein Einzelfund schon im Februar). Dafür fliegen die Falter in den meisten Gebieten noch bis Ende Mai. Im Neckar-Tauberland wurden stark abgeflogene Tiere bis in die ersten Junitage festgestellt, auf der Schwäbischen Alb noch bis Mitte Juni (2.6.1991, Reusten: Kirchberg, N. HIRNEISEN/C. KUON/A. STEINER; 4.6.1980, Kirchentellinsfurt, A. STEINER; 4.6.1982, Tübingen: Steinlachtal; M. MEIER/A. STEINER; 13.6.1991, Unterhausen: Zellertal, M. MEIER).

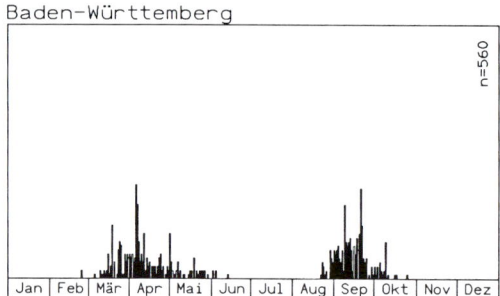

Präimaginalstadien: Die Raupen sind im Mai und Juni gefunden worden. Die mit genauem Datum gemeldeten Funde stammen aus dem Zeitraum von Ende Mai bis Mitte Juni (22.5.1990, Allmersbach im Tal, F. BIHLMAIER; 19.6.1979, Birkenfeld, v. RAMIN). In dieser Zeit fliegen auch noch die letzten Falter. In der Zucht wurde die Raupenzeit mit ca. 50 Tagen, die Puppenruhe mit 4 Wochen angegeben (GAUCKLER 1909).

Ökologie

Lebensraum: *Lithophane hepatica* bewohnt trockene bis feuchte Laub- und Mischwälder, Gebüsche und Gehölzgruppen. Sie besiedelt gern besonnte junge Bäume und Büsche im Waldrandbereich und einzeln stehende ältere Bäume, etwa in nicht zu intensiv genutzten Streuobstwiesen, in der Feldflur und in Alleen. An Binnensäumen wie Waldwegen und Straßenrändern, Lichtungen und Schneisen ist sie auch im Inneren von Wäldern anzutreffen. Mit Schlehengebüschen kommt sie am Rand von Magerrasen und in Waldmänteln vor. Im Garten- und Parkbereich dringt sie bis in die Siedlungen vor.

Nahrung der Raupe:
Salix caprea – Sal-Weide
    L (BIH)
Carpinus betulus – Hainbuche
    L (BIH)
Quercus spec. – Eiche
    L (GAU, SCC)
Tilia spec. – Linde
    L (GAU, SCC)
Pyrus communis – Garten-Birnbaum
    L (SCR)
Prunus spinosa – Schlehe
    3 L (BEC, GAU, RAM, SCC)
»Obstbäume«
    L (GAU, SCC)
Alnus incana – Grau-Erle
    L (LAD)
Frangula alnus – Faulbaum
    L (BIH)

Die meistgenannte Nahrungspflanze der Raupe ist die Schlehe. Sie ist aus dem Tauberland (A. BECHER) und dem Kraichgau/Nordschwarzwald-Gebiet (V. RAMIN) belegt, in früherer Zeit wurde sie von GAUCKLER (1909) aus Nordbaden und von SCHNEIDER (1938) aus Württemberg gemeldet. Die Angaben von SCHNEIDER müssen allerdings mit Vorsicht beurteilt werden: Er nannte genau dieselben Pflanzen wie GAUCKLER (Eiche, Linde, Schlehe, Obstbäume) und hat offenbar von diesem abgeschrieben. Die übrigen Baumarten sind nur durch einzelne Nachweise belegt und bieten einen Querschnitt durch die Baum- und Strauchflora. Mit Gartenbirne und »Obstbäumen« sind mindestens zwei Kulturpflanzen vertreten, die eine gewisse Vorliebe der Art für den Streuobst- und Gartenbereich unterstreichen.

In der Literatur finden sich außer den aus Baden-Württemberg genannten Pflanzen Angaben für *Salix myrsinifolia*, *Betula pubescens*, *Ulmus* spec., *Malus domestica*, *Sorbus aucuparia*, *Rubus idaeus*, *Rosa* spec., *Prunus padus*, *Prunus domestica*, *Tilia* spec., *Vaccinium myrtillus*, *Fraxinus excelsior*, *Ligustrum vulgare*, *Syringa vulgaris* und *Viburnum opulus* (ALLAN 1949, BERGMANN 1954, HERING 1881, SEPPÄNEN 1970).

Habitat: Die Larvalhabitate von *Lithophane hepatica* sind vor allem in verschiedenen Gesellschaften der Querco-Fagetea nachgewiesen. Vom Alno-Ulmion (Hartholzaue) bis zum Quercion robori-petraeae (Eichenmischwald) scheint sie in den Hochwaldgesellschaften keine wesentlichen Präferenzen zu haben. Ein gewisser Schwerpunkt deutet sich jedoch in Berberidion-Gebüschgesellschaften an. Sie kommt ferner im Sambuco-Salicion, in Streuobstgelände und in Gärten vor.

Nahrung des Falters: Im Herbst wurde ein Falter an *Solidago canadensis* saugend beobachtet (A. RADTKE/A. STEINER). H. BEYERLE sah die Falter auch an *Buddleja davidii* (SETTELE 1926a). Nach der Überwinterung sind die Imagines an blühenden Weidenkätzchen (*Salix caprea*, *Salix* spec.) zu finden. Die Tiere kommen an den Köder.

Die *Lithophane hepatica*-Raupe ist bläulichgrün mit breitem, weißlichgelbem Rückenstreifen, ebensolchen Punktwarzen und in Flecke unterbrochenen Nebenrückenlinien. – Freudenberg (ex ovo-Zucht) 6.87 A. BECHER. S.

Verhalten: Die Eiablage erfolgt nach O. SCHRÖDER (nach Kartei A. GREMMINGER) »in flachen Scheiben, auch in Klumpen«, mit Afterwolle des Weibchens bedeckt. Die Raupen sind überwiegend nachtaktiv, sitzen aber auch tagsüber auf den Blattunterseiten und wurden (in der Zucht) beobachtet, wie sie in dieser Position, von der Blattmitte ausgehend, Löcher in die Blätter fraßen (GAUCKLER 1909). Sie verpuppen sich in einer Erdhöhle. Die Imagines sind nachtaktiv und fliegen Lichtquellen an. Tagsüber werden sie gelegentlich an Baumstämmen, Pfosten und Bretterzäunen ruhend gefunden.

Gefährdung und Schutz

Rote Liste Bundesrepublik: –
Rote Liste Baden-Württemberg: –

Oberrheinebene: Nicht gefährdet.
Schwarzwald: Nicht gefährdet.
Neckar-Tauberland: Nicht gefährdet.
Schwäbische Alb: Nicht gefährdet.
Oberschwaben: Nicht gefährdet.

- In Baden-Württemberg nicht gefährdet! Besonders geschützt gemäß § 20e ff. BNatSchG.

Lithophane ornitopus
(Hufnagel, 1766)

Hellgraue Holzeule

Xylina ornithopus HUFN. (REUTTI 1898)
Xylina ornithopus ROTT. (LAMPERT 1907, SPULER 1908–1910, REBEL 1910, ECKSTEIN 1913–1923, HERING 1932)
Lithophane ornitopus ROTT. (WARREN in SEITZ 1909–1914, DRAUDT in SEITZ 1931–1938, KOCH 1954–1961, 1984)
Lithophane ornitopus ROTT. (SCHNEIDER 1936–1939, BERGMANN 1951–1955)

Gesamtverbreitung: Von Nordwestafrika (Marokko) durch Süd- und Mitteleuropa und Vorderasien, nördlich bis Mittelengland, Dänemark, Südschweden und Südfinnland verbreitet, in Asien östlich bis ins Amurgebiet. Angaben für Japan beziehen sich auf andere Arten.

Verbreitung

Regional: *Lithophane ornitopus* ist in ganz Baden-Württemberg mit Ausnahme des höheren Berglands weit verbreitet. Die vermeintlichen lokalen

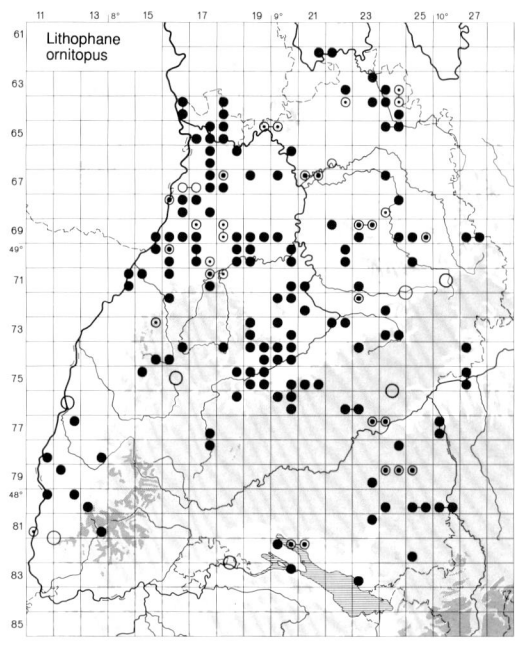

Konzentrationen, etwa im Rammert-Schönbuch-Glemswald-Gebiet, sind auf besonders gute Durchforschung dieser Gebiete während des Winterhalbjahrs zurückzuführen. In den meisten Gegenden dürfte die tatsächliche Verbreitung flächendeckend sein.

Vertikal: Die Höhenverbreitung reicht von der Ebene über die Hügelstufe, in der sich ein Schwerpunkt abzeichnet, bis in die montane Stufe. Oberhalb von 600 m nimmt die Zahl der Fundorte deutlich ab. Mit der höchsten Fundstelle erreicht die Art aber noch die 1200-m-Linie (Schauinslandgipfel, R. HERRMANN).

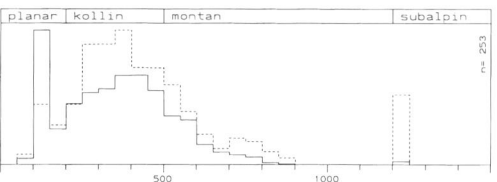

Phänologie

Imagines: Die Flugzeit beginnt in allen Naturräumen um Mitte September. In manchen Jahren treten einzelne Falter auch schon ab Anfang September auf (2.9.1946, Dietlingen, K. STROBEL). In der zweiten Septemberhälfte ist das herbstliche Maximum zu erkennen. Im Gegensatz zu *L. hepatica* und *L. furcifera*, die bereits Anfang oder

Lithophane ornitopus ist fast nur in Grautönen gezeichnet. Lediglich die Nierenmakel zeigt in der unteren Hälfte einen gelb- bis rotbraunen Anflug, der aber während der Überwinterung meist verblaßt. – Malsch-Sulzbach 20.10.80 G. EBERT.

Mitte Oktober ihre Winterquartiere aufsuchen, ist *L. ornitopus*, wenn auch einzeln, noch bis Ende November aktiv. Dann legt sie ihre Winterpause ein, die in der Ebene und im Hügelland bis Februar, im Bergland und in Oberschwaben bis März dauert. Im Frühling sind die Falter bis Mai zu finden, in der Oberrheinebene und im Neckar-Tauberland etwa bis Mitte des Monats, im Schwarzwald datiert der späteste Fund vom 22.5. (1973, Todtnau-Schlechtnau, J. ASAL).

Für einen Flugzeitbeginn bereits im August, wie GAUCKLER (1898a) aus dem Raum Karlsruhe meldete, haben wir keine Anhaltspunkte. Vielleicht hat GAUCKLER bei dieser Angabe die Schlüpfdaten von Zuchtfaltern mit einbezogen.

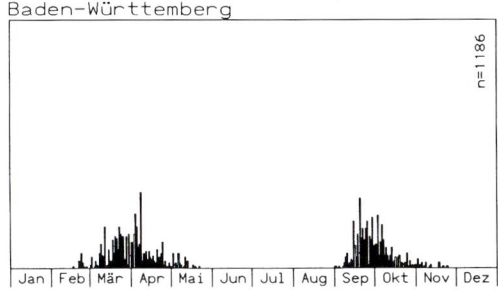

Präimaginalstadien: Es liegen nur wenige datierte Raupenfunde vor, die von Mitte Mai bis Anfang Juni reichen. Im Schwarzwald wurde eine junge Raupe noch Mitte Juni gefunden (14.6.1987, Oppenau, An der Steig, D. HAMBORG/N. HIRNEISEN/M. MEIER/A. STEINER). Vor der Verpuppung verbringen die Raupen mehrere Wochen als Praepupa im Kokon.

Ökologie

Lebensraum: *Lithophane ornitopus* besiedelt eichenreiche Laub- und Mischwälder und angrenzende Gebüsche, von den feuchten Auenwäldern der Flußniederungen über die wärmeliebenden Eichenwälder der Ebene und des Hügellands bis zu den Linden-Ahorn-, Bergahorn- und Rotbuchenwäldern der Mittelgebirge. Sie bewohnt Binnensäume (Lichtungen, Schneisen, Ränder von Waldwegen und -wiesen) und Waldmäntel mit Eichenjungwuchs, aber auch einzeln stehende ältere Eichen in Waldrandnähe. Die Falter sind sehr vagil. Sie entfernen sich oft weit aus ihren Habitaten und gelangen so in Siedlungen und Gärten.

Nahrung der Raupe:
Salix alba – Silber-Weide
   L (KÖP)
Quercus robur – Stiel-Eiche
   4 L (BAI, BAJ, HAM, HIR, MER, STN)
Quercus spec. – Eiche
   L (GAU, SCC)

Die Mehrzahl der Raupennachweise aus dem Untersuchungsgebiet stammt von Stieleichen (*Quercus robur*). Mit Sicherheit lebt *L. ornitopus* aber auch an Traubeneiche (*Quercus petraea*). In Südeuropa wurde sie an Flaumeiche (*Quercus pubescens*) und Steineiche (*Quercus* ilex) gefunden (A. STEINER).

Bei Wintersdorf beobachtete C. KÖPPEL eine Raupe an einer Silberweide (*Salix alba*) in einer Schlute im Auwald. GAUCKLER (1909) nannte für Nordbaden ganz allgemein »Laubholz, besonders an Eichen«. SCHNEIDER (1938) gab für Württemberg an: »Verbreitung, Flugzeit, Lebensweise von Falter und Raupe wie vorige [*L. hepatica*]«, woraus folgt, daß seine für *L. hepatica* genannten Nahrungspflanzen *Quercus* spec., *Tilia* spec., *Prunus spinosa* und »Obstbäume« auch auf *L. ornitopus* zu beziehen wären. Ob diese allgemeinen Auslassungen tatsächlich durch sichere Beobachtungen gestützt waren, ist jedoch sehr zu bezweifeln.

Die Literatur nennt neben Eichen auch *Salix* spec., *Prunus padus* und *Prunus spinosa* (BERGMANN 1954, HEUSER, JÖST & ROESLER 1960–1962, SEPPÄNEN 1970, VORBRODT 1911). Nach BEER (in BERGMANN 1954) soll die Raupe sogar »besonders auf Espe« (Zitterpappel, *Populus tremula*) leben.

Habitat: *Lithophane ornitopus* nutzt vermutlich alle eichenreichen Querco-Fagetea-Gesellschaften. Sichere Larvalnachweise kennen wir aus dem Quercion robori-petraeae, dem Alno-Ulmion und dem Fagion sylvaticae.

Nahrung des Falters: Im Frühjahr besuchen die Falter nachts blühende Weidenkätzchen (*Salix* spec., *Salix caprea*). Sie wurden auch schon von Zitterpappelkätzchen (*Populus tremula*) geschüttelt (N. HIRNEISEN/A. STEINER). HOFFMANN (1859) sah sie an verletzten Hainbuchenstämmen Baumsaft saugen. D. BARTSCH beobachtete ein Tier an Schlehenblüten. Die Falter kommen gern zum Köder.

Verhalten: Die Raupen bewohnen junge Büsche und niedrige Äste älterer Bäume. Sie sind nachtaktiv und sitzen bei Tag auf den Blattunterseiten. Ihre Verpuppung erfolgt in einem Erdkokon. Die Falter sind nachtaktiv und kommen ans Licht. Tagsüber wurden sie an Baumstämmen, Bretterzäunen und Hauswänden ruhend gefunden.

Die Raupe von *L. ornitopus* wirkt durch die hervortretenden, hellen Punktwarzen und Borsten »warzig«. Abgesehen von dem schmalen und unterbrochenen Rückenstreifen ähnelt sie der von *L. hepatica*. – Karlsruhe-Scheibenhardt 15.5.94 H. LUSSI.

Gefährdung und Schutz

Rote Liste Bundesrepublik: –
Rote Liste Baden-Württemberg: –

Oberrheinebene: Nicht gefährdet.
Schwarzwald: Nicht gefährdet.
Neckar-Tauberland: Nicht gefährdet.
Schwäbische Alb: Nicht gefährdet.
Oberschwaben: Nicht gefährdet.

- In Baden-Württemberg nicht gefährdet! Besonders geschützt gemäß § 20e ff. BNatSchG.

Lithophane furcifera (Hufnagel, 1766)
Braungraue Holzeule

Xylina furcifera HUFN. (REUTTI 1898, LAMPERT 1907, SPULER 1908–1910, REBEL 1910, ECKSTEIN 1913–1923, HERING 1932)

Gesamtverbreitung: In Europa vor allem in den mittleren Ländern, nördlich bis Mittelengland und ins mittlere Fennoskandien, im Süden bis Nordspanien, zum Alpensüdrand und bis Südbulgarien verbreitet, im Osten bis zum Schwarzmeergebiet, zum Kaukasus und Westsibirien.

Verbreitung

Regional: In Baden-Württemberg kommt *Lithophane furcifera* in sehr lokaler Verbreitung vor. Sie besiedelt (oder besiedelte wenigstens früher) große Teile der Oberrheinebene, vor allem im nördlichen Teil zwischen Mannheim und Rastatt. An den meisten dieser Fundstellen ist sie allerdings heute verschwunden. Ähnlich ist die Lage im südlichen und westlichen Kraichgau und im Raum Pforzheim. Einige aktuelle Funde liegen noch aus dem Nordschwarzwald vor, dagegen sind aus dem Südschwarzwald wiederum nur ältere Nachweise vorhanden. Im Alpenvorland sind die Vorkommen im nördlichen Oberschwaben (Federsee, Dürnachtal, Biberach, G. BAISCH, G. REICH) nur durch Nachweise bis in die sechziger Jahre belegt. Im Bodenseegebiet stammt von drei Nachweisen nur noch einer aus den siebziger Jahren (Mainau, 1958, H. KAUFMANN; Überlingen, 1940–1958, E. COMMERELL; Mindelsee, 1974, ZINNERT 1983). Auf der Schwäbischen Alb fehlt die Art. In den mittleren und nordöstlichen Teilen des Neckar-Tauberlands sieht die

Lithophane furcifera ist dunkel schiefergraubraun gefärbt, die Nierenmakel rotbraun ausgefüllt. Gelegentlich kommen auch kontrastreichere Tiere vor. – Kirchentellinsfurt (ex ovo-Zucht) 7.85 A. STEINER. S.

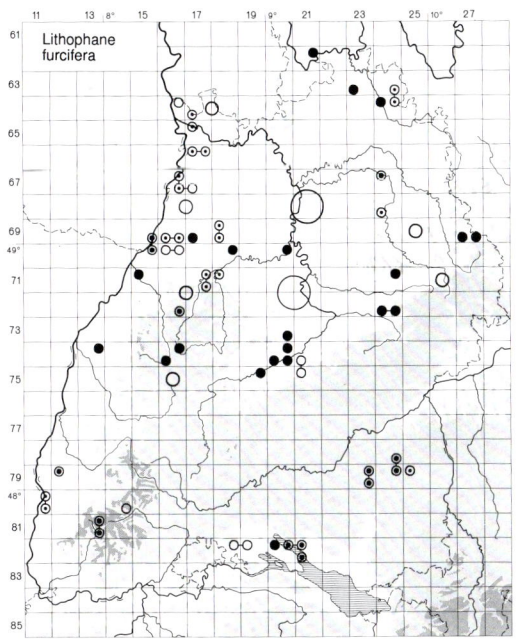

Situation für *L. furcifera* nicht so kritisch aus. Hier sind überwiegend neue Nachweise aus dem Schönbuch/Rammert/Glemswald (wo sich sogar eine lokale Häufung abzeichnet) und aus verschiedenen Gegenden der Schwäbisch-Fränkischen Keuperwaldberge bekannt. Da diese Gebiete faunistisch nicht sehr intensiv durchforscht sind, ist mit dem Bekanntwerden von weiteren Fundorten zu rechnen. In dem zu Baden-Württemberg gehörenden Teil des Sandstein-Spessarts wird *L. furcifera* regelmäßig gefunden (Freudenberg, A. BECHER). Auch im angrenzenden Tauberland liegen Nachweise aus den achtziger und neunziger Jahren vor, einer davon sogar aus einem untypischen Biotop: Haigergrund, Buschberg (A. BECHER/F. KIRSCH/J. STUMPF) (Hinweis auf Wanderung oder Expansion?).

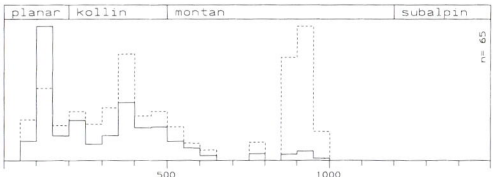

Vertikal: Die Höhenverbreitung reicht von der Ebene bis in die montane Stufe. Die höchsten Fundorte liegen im Schwarzwald (Wildseemoor, 900–980 m, K. STROBEL).

Phänologie

Imagines: Die Flugzeit setzt in allen Gebieten in der letzten August- oder ersten Septemberwoche ein. Das früheste Funddatum ist der 20.8. (1951, Aalen, H. KAUFMANN). Das herbstliche Maximum liegt in der zweiten Septemberhälfte. Bereits Mitte Oktober beginnen die Falter ihre Winterruhe. Im Frühjahr werden sie in der Oberrheinebene ab Ende Februar wieder aktiv, im Neckar-Tauberland ab Mitte März und im Schwarzwald und im Alpenvorland erst ab Ende März. Die Flugzeit dauert dann nur noch bis Mitte April.

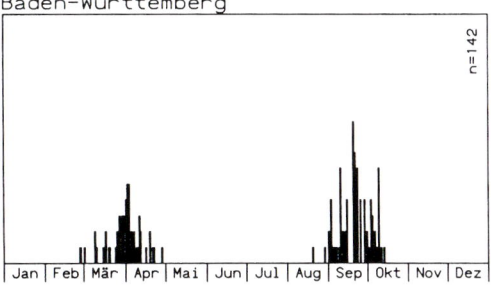

Die jüngeren Raupen sind, solange sie an bzw. zwischen zusammengesponnenen Erlenblättern leben, grün mit gelblicher Zeichnung. – Kirchentellinsfurt (ex ovo-Zucht) 12.5.85 A. STEINER. S.

Die erwachsenen Raupen ruhen tagsüber in Rindenritzen am Stamm und sind dementsprechend dunkelbraun getarnt. – Kirchentellinsfurt (ex ovo-Zucht) 12.5.85 A. STEINER. S.

Lediglich im Schwarzwald ist ein Falter noch Ende April beobachtet worden (28.4.1929, Pforzheim: Hagenschießwald, K. STROBEL).

Präimaginalstadien: Aus dem Untersuchungsgebiet kennen wir keine datumsgenauen Raupennachweise. GAUCKLER (1909) gab für Nordbaden den Mai und Juni an. G. REICH machte zu seinen Raupenfunden in Oberschwaben leider keine Angaben. In seiner Sammlung befinden sich aber zwei präparierte Raupen vom Juni und vom Juli 1946. Nach BERGMANN (1954) dauert die Raupenzeit von Ende Mai bis Anfang Juli.

Ökologie

Lebensraum: *Lithophane furcifera* besiedelt Erlen- und Birkenbestände in Bruchwäldern und Niedermooren, in Talniederungen, in der Uferzone von Flüssen, Bächen und Teichen, in und am Rande von frischen bis feuchten Laub- und Mischwäldern mit Bächen und Wassergräben. Sie kommt auch an schmalen Erlenstreifen an Bächen, manchmal an von Äckern und Feldern umgebenen Kleinstandorten, und an Gewässerufern bis in den Siedlungsbereich hinein vor.

Nahrung der Raupe:
Betula spec. – Birke
    L (GAU, SCC)
Quercus spec. – Eiche
    L (SCC)
Alnus glutinosa – Schwarz-Erle
    3 L (REI)
Alnus spec. – Erle
    L (GAU, SCC)

Nach GAUCKLER (1909) leben die Raupen in Nordbaden an Erlen und Birken, nach SCHNEIDER (1938) in Württemberg »meist an Birke und Erle, seltener an Eiche«. Bei beiden Autoren ist jedoch nicht völlig sicher, ob sie wirklich auf Freilandbeobachtungen in Baden-Württemberg zurückgreifen konnten. Im Dürnachtal (Oberschwaben) hat G. REICH (Aufzeichnungen 1910–1965) die Raupen »öfter an Erlenrinde gef.[unden]«. Dies sind die einzigen zuverlässigen Funde aus dem Untersuchungsgebiet. Die präparierten Raupen tragen den Vermerk »rot-Erle«. Hierbei hat es sich wahrscheinlich um die Schwarzerle (*Alnus glutinosa*) gehandelt.

Die meisten Autoren bestätigen Erlenarten (*Alnus glutinosa*, *A. incana*) und Birke als wichtigste Nahrungspflanzen der Raupe. Darüber hinaus erwähnte sie HERING (1881) aus Pommern »auch wohl an *Salix pentandra* und *fragil*.[*is*]« (später zitiert von URBAHN & URBAHN 1939). Nach SPULER (1908–1910) soll sie auch an *Populus* spec. und *Quercus* spec. vorkommen.

Nahrung des Falters: Im Frühling sind die Falter vereinzelt an Weidenkätzchen (*Salix* spec.) saugend beobachtet worden. Sie besuchen auch künstlichen Köder.

Habitat: Pflanzensoziologische Angaben für die Larvalhabitate liegen uns nicht vor, doch kann angenommen werden, daß sie vor allem in Alno-Ulmion-, Alnion glutinosae- und Fagion sylvaticae-Gesellschaften zu suchen sind.

Verhalten: Die erwachsenen Raupen ruhen, wie G. REICH beobachtete, tagsüber in Rindenritzen ihrer Nahrungsbäume. Die Verpuppung erfolgt in einer Erdhöhle. Die Falter sind nachtaktiv und kommen gelegentlich ans Licht.

Gefährdung und Schutz

Rote Liste Bundesrepublik: –
Rote Liste Baden-Württemberg: 3

Oberrheinebene: Gefährdet (regional ausgestorben oder verschollen).
Schwarzwald: Art der Vorwarnliste.
Neckar-Tauberland: Art der Vorwarnliste.
Schwäbische Alb: Nicht vertreten.
Oberschwaben: Stark gefährdet (regional ausgestorben oder verschollen).

- In Baden-Württemberg gefährdet! Besonders geschützt gemäß § 20e ff. BNatSchG.

Während im Neckar-Tauberland überwiegend aktuelle Nachweise vorliegen, hat die Art in der gesamten Oberrheinebene gravierende Rückgänge zu verzeichnen. Nördlich von Karlsruhe und im südlichen Teil muß sie sogar als regional ausgestorben eingestuft werden, ebenso wie im nördlichen Oberschwaben. Über die Gründe hierfür herrscht noch Unklarheit. Wir können aber auch langfristige Populationsschwankungen nicht ausschließen. Genau wie bei *L. semibrunnea* sollten alle Populationen, die sich in den zuletzt genannten Gebieten noch nachweisen lassen, unbedingt geschützt werden, das heißt ihr Lebensraum darf keinen Eingriffen wie Entwässerung, Abholzung, Straßenbau, Bau von Siedlungen und Industriegebieten ausgesetzt werden. Im Neckar-Tauberland sollte die weitere Bestandsentwicklung genau verfolgt werden.

Lithophane lamda
(Fabricius, 1787)

Xylina lamda F. (LAMPERT 1907, SPULER 1908–1910, REBEL 1910, ECKSTEIN 1913–1923, HERING 1932)

Gesamtverbreitung: Moorgebiete Europas und Asiens. In Europa nördlich bis zum Polarkreis verbreitet, westlich bis Norddeutschland und Belgien, südlich bis in die italienischen Alpen, Ober- und Niederösterreich, Polen und Weißrußland. Funde aus Südengland sind zweifelhaft. Die älteren Angaben für Nordamerika beziehen sich auf Taxa, die früher für Subspezies von *L. lamda* gehalten, heute aber als eigene Arten aufgefaßt werden.

Die erste Angabe von *Lithophane lamda* aus Württemberg findet sich bei SCHNEIDER (1930): »In der Umgebung von Stuttgart von stud. rer. nat. BARTH mehrfach gefangen. (Mittlg. im Ent. Verein Stuttgart)«. In ausführlicher Form gelangte diese Angabe in die Württemberg-Fauna: »In den Jahren 1925/26 von BARTH bei Stuttgart am Schattenwirtshaus mehrfach im IX. gefangen« (SCHNEIDER 1938)[1]. Später haben KAUFMANN & SCHMID (1966) die Art aus dem Tübinger Raum gemeldet: »Tübingen (STOLL). Sichere Funde sonst nur von Stuttgart und Aalen«. Die Nennung von Stuttgart geht sicher auf SCHNEIDER zurück, auch wenn die Autoren versäumten, korrekt zu zitieren. Aalen war der Wohnort von H. KAUFMANN, so daß anzunehmen ist, daß diese Angabe auf ihn zurückgeht.

Lithophane lamda ist eine tyrphobionte Art. Schon vom Habitat her wären Vorkommen im Neckar-Tauberland deshalb höchst unwahrscheinlich. Die Meldungen aus Baden-Württemberg beruhen wahrscheinlich auf Fehlbestimmungen von *L. furcifera* (man beachte aber den Fund von Stuttgart-Schattenwirtshaus unter *L. consocia*!). Belegstücke aus Baden-Württemberg existieren weder in coll. G. BARTH noch in coll. H. KAUFMANN (beide in coll. SMNS).

Lithophane consocia
(Borkhausen, 1792)

Graue Holzeule

Xylina ingrica H.-S. (REUTTI 1898, LAMPERT 1907, SPULER 1908–1910, REBEL 1910, ECKSTEIN 1913–1923, HERING 1932)
Lithophane ingrica H.-S. (WARREN in SEITZ 1909–1914, DRAUDT in SEITZ 1931–1938, SCHNEIDER 1936–1939, KOCH 1954–1961, 1984)

Gesamtverbreitung: Von Nord- und Mitteleuropa durch Asien bis Japan. In Europa südlich bis zum französischen Zentralmassiv, zu den Alpen, den rumänischen Karpaten und Südrußland, nördlich bis Mittelfennoskandien und ins Baltikum verbreitet, aber im südlichen Arealteil nur im Bergland vorkommend, in Deutschland im Bayerischen Wald, im Fichtelgebirge, im Alpenvorland und in den Alpen.

Verbreitung

Regional: Die Beurteilung des Verbreitungsbildes von *Lithophane consocia* wird durch zwei Umstände erschwert: Zum einen ist die Art bei uns

---

[1] Die von SCHNEIDER fälschlich unter *L. lamda* zitierte Angabe von KELLER & HOFFMANN (1861: »Manchmal nicht selten«) gehört zu »*Xylina conformis* F.«, womit nicht *L. lamda* sondern *L. furcifera* gemeint ist! Wahrscheinlich hat diese Fehlinterpretation dazu beigetragen, daß SCHNEIDER den Stuttgarter *L. lamda*-Meldungen Glauben schenkte.

offensichtlich im Verschwinden begriffen, und zum anderen sind früher nachweislich Verwechslungen mit ähnlichen Arten, vor allem mit hellen Exemplaren von *Lithophane furcifera*, vorgekommen, so daß manche der alten Meldungen als unsicher gelten müssen. Sicher belegt sind vor allem die Vorkommen im Alpenvorland, wo *L. consocia* aber nur noch einen einzigen aktuellen Standort besitzt. Für zuverlässig halten wir auch eine alte Angabe vom Unterhölzer Wald (REUTTI 1898). Die übrigen Angaben, die teils auf die Oberrheinebene, teils auf das Neckarland entfallen, sind problematisch, zumal für die meisten davon keine Belegstücke mehr ermittelt werden konnten.

Oberrheinebene: Mit Sicherheit falsch ist die Meldung von Graben-Neudorf in der Oberrheinebene (A. GREMMINGER nach GAUCKLER 1921), die später vom Finder selbst als Fehlbestimmung von *L. furcifera* widerrufen wurde (GREMMINGER 1925–1928, 1952a). Die übrigen Meldungen vom Oberrhein bleiben zumindest zweifelhaft: »Freiburg und Karlsruhe, selten« (REUTTI 1853); Durlacher Wald bei Karlsruhe (V. TÜRKHEIM nach REUTTI 1898); bei Lörrach (REUTTI 1898). Belegstücke von diesen Fundorten waren nicht auffindbar. Die Angabe Freiburg hat REUTTI in der zweiten Auflage seiner Fauna nicht wiederholt, was vielleicht auf eine erkannte und beseitigte Fehlbestimmung deutet.

Neckar-Tauberland: Von Stuttgart meldete SEYFFER (1850) die Art (unter dem Namen *Xylina oculata* GERMAR) als »häufig«, was an sich schon für eine Fehlbestimmung spricht, denn häufig ist die Art bei uns nirgends zu finden gewesen, schon gar nicht mit den Nachweismethoden des 19.Jahrhunderts. Entsprechend bemerkte J. HOFFMANN (in KELLER & HOFFMANN 1861) dazu zweifelnd: »Angeblich bei Stuttgart häufig; ich habe sie nie gefunden.« Aus späterer Zeit existiert aber ein echtes *L. consocia*-Belegstück aus dem Stuttgarter Raum: Stuttgart-Schatten, 7.9.1895, 1 Exemplar am Köder (K. GERSTNER, in coll. SMNS). Dies ist möglicherweise das von SCHNEIDER (1930, 1938) erwähnte Stück. Allerdings gab SCHNEIDER ein anderes Funddatum an (31.8.1895), so daß man annehmen sollte, daß GERSTNER mehrere Tiere gesammelt hat. Gab es also ein ehemaliges Vorkommen im Glemswald bei Stuttgart? Die Art ist bei Stuttgart nie wiedergefunden worden; weder aus dem Glemswald noch aus dem Schönbuch oder Rammert kennen wir weitere Funde. Die beiden mehrfach publizierten Meldungen von dem Gewährsmann P. MOHN aus dem xerothermen Muschelkalkgebiet von Markgröningen-Rotenacker müssen bezweifelt werden (LINDNER & SCHNEIDER 1933, 1937, SCHNEIDER 1936, 1938). *Lithophane consocia* wird dabei für den Fundort Markgröningen und das Jahr 1936 zusammen mit *L. furcifera* genannt, und eine Verwechslung mit einer kontrastreichen Form dieser Art dürfte hier vorgelegen haben. In coll. SMNS waren keine Belege auffindbar. Plausibler sind die Fundorte Spaichingen (ASCHENAUER nach SCHNEIDER 1938) und Unterhölzer Wald (REUTTI 1898). In beiden Fällen kann es sich um Feuchtgebiete gehandelt haben. Mit Unterhölzer Wald ist wahrscheinlich derselbe Fundort gemeint, wo auch *Lycaena helle* und *Plusia putnami* fliegen.

Alpenvorland: Baustetten, 1954 (BISCHOF nach Tagebuch G. REICH); Heudorf bei Riedlingen, 19.Jh. (TROLL nach SCHNEIDER 1938); Federseemoor, 1942 (G. REICH); Klosterholz bei Alberweiler, 19.Jh. (HUBER); Bronnen und Dürnachtal bei Bronnen, 1911, 1921, 1942, 1947, 1948 (G. REICH); Stein am Rhein (Kanton Schaffhausen), 1924 (R. STIERLIN nach PFÄHLER-ZIEGLER & STIERLIN 1927); Oberdorf bei Langenargen, 1973 (T. MARKTANNER).

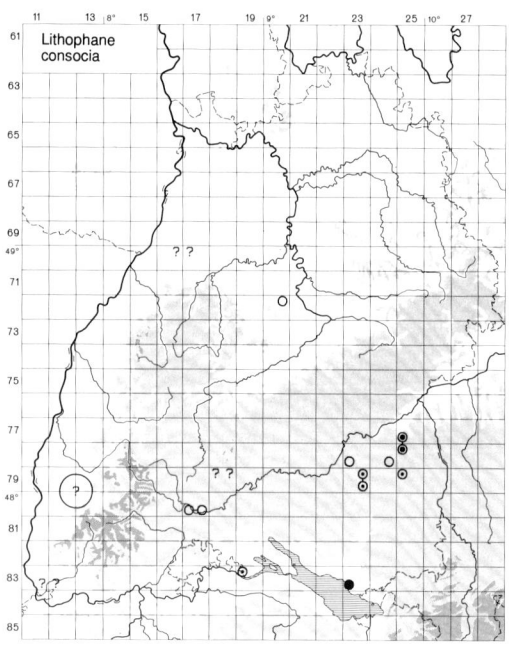

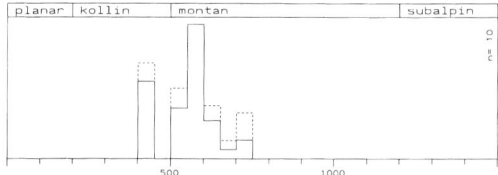

Wir können nicht völlig ausschließen, daß *L. consocia* an ihrer (relativen) Arealnordgrenze fluktuiert, von Zeit zu Zeit aus den Alpentälern ins nördliche Alpenvorland zuwandert und dort nur periodisch bodenständig wird.

Vertikal: Die Fundorte im Alpenvorland liegen in der kollinen und montanen Stufe im Höhenbereich zwischen knapp 400 und 750 m. Die zwei-

Lithophane consocia ist meist kontrastreicher gezeichnet als *L. ornitopus* und *L. furcifera*. An der Flügelbasis trägt sie gelbliche, in der Nierenmakel rötliche Schuppen. Es kommen aber auch eintönig dunkelgraue Tiere vor, die Anlaß zu Verwechslungen mit *L. furcifera* sein können. In Baden-Württemberg kam sie vor allem im Alpenvorland vor, ist aber in den letzten Jahrzehnten stark zurückgegangen. – Nordtirol, Forchach (ex ovo-Zucht) 15.7.85 A. STEINER. S.

Ökologie

Lebensraum: Genaue Angaben über die Falterfundstellen in Baden-Württemberg liegen nicht vor. Im Alpenvorland hat es sich in den meisten Fällen um Feuchtgebiete mit Erlenbrüchen und Erlenbestände in Moorwäldern gehandelt.
Nahrung der Raupe: Keine Beobachtungen aus Baden-Württemberg.

Die Raupe lebt an Erlenarten und Hasel. In Fennoskandien lebt sie nach SKOU (1991) überwiegend an *Alnus incana*. Dies ist auch die einzige Nahrungspflanze, die SEPPÄNEN (1970) aus Finnland aufführt. Aus der Schweiz werden sowohl *Alnus glutinosa* als auch *Corylus avellana* genannt (VORBRODT 1911), aus Frankreich *Alnus glutinosa* und *A. incana* (LHOMME 1923–1935).

Nahrung des Falters: Es liegen keine Blütenbesuchs-Beobachtungen aus Baden-Württemberg vor. Die Falter sind öfters am Köder gefunden worden.
Habitat: Ohne Raupenfunde pflanzensoziologisch nicht eingrenzbar, mutmaßlich Alnion glutinosae-Gesellschaften.
Verhalten: Die Falter sind nachtaktiv und kommen ans Licht. Pfarrer HUBER klopfte ein ruhendes Tier tagsüber von Birke.

felhaften Angaben aus der Oberrheinebene betreffen die planare Stufe zwischen 100 und über 200 m.

Phänologie

Imagines: Die wenigen Flugzeitdaten aus Baden-Württemberg reichen von Ende August bis Ende September und nach der Überwinterung von Ende März bis Anfang Mai (31.8.1895, Stuttgart-Schatten, K. GERSTNER nach SCHNEIDER [1930, 1938]; 10.5.1954, Baustetten, BISCHOF nach Tagebuch G. REICH).
Präimaginalstadien: Keine Angaben aus Baden-Württemberg. Die Raupenzeit dauert nach Zuchtbeobachtungen etwa von Ende April bis Mitte Juni, in der Literatur finden sich auch noch Angaben für Juli (VORBRODT 1911).

Die Raupen leben an Erlen. In Baden-Württemberg sind sie im Freiland noch nicht nachgewiesen worden. Nordtirol, Forchach (ex ovo-Zucht) 31.5.85 A. STEINER. S.

Gefährdung und Schutz

Rote Liste Bundesrepublik: 2
Rote Liste Baden-Württemberg: 1

Oberrheinebene: Nicht sicher nachgewiesen (kritische Einzelfunde).
Schwarzwald: Nicht vertreten.
Neckar-Tauberland: Ausgestorben oder verschollen (Aussage nicht abgesichert; kritische Einzelfunde).
Schwäbische Alb: Nicht vertreten.
Oberschwaben: Vom Aussterben bedroht (regional ausgestorben oder verschollen).

- In Baden-Württemberg vom Aussterben bedroht!
  Besonders geschützt gemäß § 20e ff. BNatSchG.

Über die Gründe des Aussterbens von *L. consocia* im nördlichen Oberschwaben ist nichts bekannt. Am letzten verbliebenen Standort im Bodenseegebiet sollte ihr Habitat durch erneute Nachsuche so genau wie möglich eingegrenzt und vor verändernden Maßnahmen geschützt werden. Eine intensive Untersuchung der Standortansprüche und Ökologie dieser Art im Alpenvorland ist dringend notwendig.

Xylena vetusta
(Hübner, 1813)

Braune Moderholzeule

Calocampa vetusta HBN. (REUTTI 1898, LAMPERT 1907, SPULER 1908–1910, REBEL 1910, ECKSTEIN 1913–1923)
Xylina vetusta HBN. (WARREN in SEITZ 1909–1914, DRAUDT in SEITZ 1931–1938, HERING 1932, SCHNEIDER 1936–1939, BERGMANN 1951–1955, KOCH 1954–1961, 1984)

Gesamtverbreitung: Von Nordwestafrika (Marokko) durch Europa und Asien bis Mittelsibirien verbreitet. Im Norden erreicht die Art den Polarkreis (sie wurde auch zweimal auf Island gefunden), in Südeuropa ist sie mehr lokal verbreitet. Ältere Verbreitungsangaben für Nordamerika beziehen sich auf die heute als eigene Art aufgefaßte *Xylena nupera* (LINTNER, 1874).

Verbreitung

Regional: *Xylena vetusta* ist in allen Regionen des Landes verbreitet, aber in unterschiedlicher Dichte nachgewiesen. Vermutlich aufgrund ihrer spätherbstlich-frühjährlichen Erscheinungszeit wurde sie noch nicht überall festgestellt. Sie

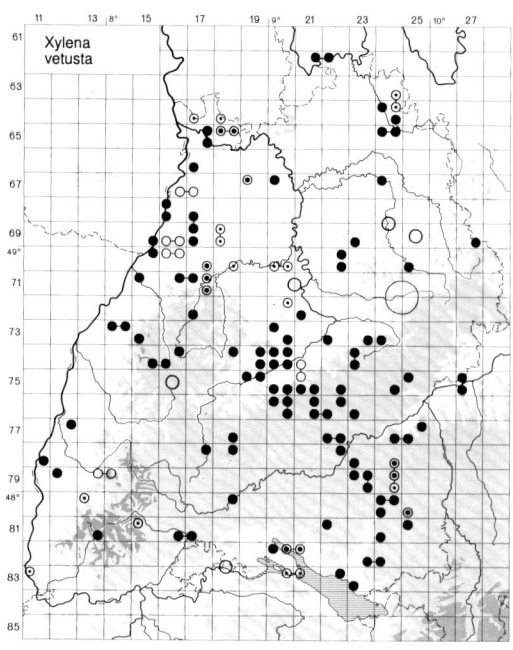

scheint jedoch in der Oberrheinebene und in den Wärmegebieten etwas schwächer vertreten zu sein als im Hügel- und Bergland. Die scheinbaren Verbreitungsschwerpunkte am Mittleren Neckar, auf der Mittleren Schwäbischen Alb und in Oberschwaben kennzeichnen lediglich den guten Durchforschungsstand dieser Gebiete. Die Falter treten meist nur einzeln auf; die Einschätzung GAUCKLERS (1909): »Sehr verbreitet, aber nicht allzuhäufig« trifft die Situation sehr gut.

Obwohl *X. vetusta* allgemein weiter verbreitet und auch individuenmäßig häufiger ist als *X. exsoleta*, wurde sie erst ein halbes Jahrhundert später als eigene Art erkannt und beschrieben. Die Literaturangaben von vor 1813, in denen von *X. exsoleta* die Rede ist, sind mit hoher Wahrscheinlichkeit ausschließlich auf *X. vetusta* zu beziehen ([ROTH V. SCHRECKENSTEIN] 1800, WERFER 1813). Erst seit LEINER (1829) werden in unserem Gebiet beide Arten getrennt.

Vertikal: Die Art besiedelt fast alle Höhenstufen von der Ebene um 100 m bis in die hochmontanen Lagen der Schwäbischen Alb (1005 m,

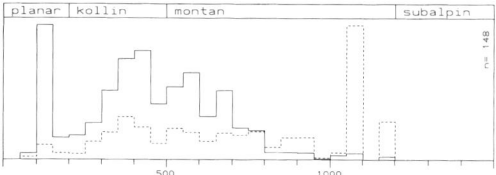

Hochberg bei Wehingen, A. STEINER) und des Schwarzwalds (1150 m, Hornisgrindegipfel, H. LUSSI/A. STEINER).

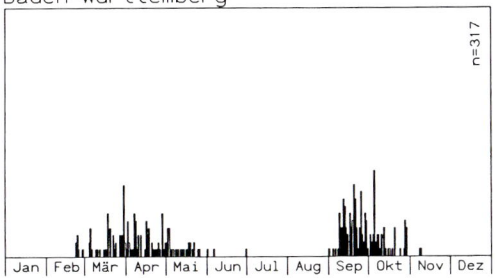

Die Braune Moderholzeule (*Xylena vetusta*) ist die häufigere unserer beiden *Xylena*-Arten. Von *X. exsoleta* unterscheidet sie sich durch die rotbraune und okkerbraune Färbung ohne Grau, durch die reduzierte Ringmakel und dadurch, daß der schwarze Pfeilfleck, der von der Wellenlinie nach innen zieht, den dunklen Fleck saumwärts der Nierenmakel meist erreicht. – Iffezheim (ex larva-Zucht) 13.9.96 A. SCHANOWSKI. S.

Phänologie

Imagines: Die Flugzeit beginnt in den meisten Naturräumen im Lauf der ersten September-Dekade. Die Falter werden im Herbst während des Septembers und Oktobers, in zwei Fällen auch noch Anfang November gefunden. Ein Maximum ist in diesem Zeitraum ungefähr in der zweiten Septemberhälfte zu erkennen. Danach verschwinden die Falter in ihre Winterquartiere, um Ende Februar, in vielen Jahren aber erst im März, wieder zu erscheinen. Sie leben dann noch mehrere Monate lang. In allen Hauptnaturräumen sind sie bis Mitte oder Ende Mai nachgewiesen worden, in zwei Fällen wurden Falter Anfang Juni beobachtet (1.6.1973, Todtnau-Schlechtnau, J. ASAL; 6.6.1978, Federsee, MEINEKE 1982). Der absolut späteste Fund datiert jedoch vom 30. Juni (1950, abgeflogenes Weibchen, Wutachgebiet bei Kappel, A. GREMMINGER; dieses Tier muß 9 bis 10 Monate im Falterstadium gelebt haben). Zu diesem Zeitpunkt ist in den meisten Gebieten die Raupenentwicklung bereits abgeschlossen! Noch mehr als bei anderen Wintereulen überschneidet sich das Ende der Falterflugzeit erheblich mit der Raupenzeit.

Präimaginalstadien: Die Eiablage erfolgt nach der Überwinterung, allerdings liegen konkrete Beobachtungen hierzu aus dem Untersuchungsgebiet nicht vor. Die Raupen sind im Untersuchungsgebiet nur im Juni, dann aber zum Teil bereits erwachsen, gefunden worden: 7.6.1975 (V. RAMIN); 14.6.1979 (erwachsen, H. HEIDEMANN); 17.6.1982 (R. BLÄSIUS); 18.6.1992 (D. BARTSCH). Merkwürdigerweise liegen viel weniger Raupenfunde vor als bei der wesentlich selteneren *X. exsoleta*. In Analogie zu dieser Art dürfen wir vermuten, daß die Raupenzeit insgesamt von Mai bis Juli dauert.

Ökologie

Lebensraum: *Xylena vetusta* besiedelt sonnig bis halbschattig gelegene, frische bis feuchte Wiesen und Weiden, Staudenfluren, Gebüsche, Säume, Waldränder und Binnensäume wie Lichtungen und Waldwege. Sie ist auch im Uferbereich von Flüssen, Altwässern, Teichen und Bächen zu finden und stößt an Ortsrändern bis in den Siedlungsbereich vor (Gärten, Äcker, Waldränder). BERGMANN (1954) bezeichnete sie für Thüringen als »Leitart von Hochstaudengesellschaften (Wiesenknöterich-Sumpfstaudenvereinen) an quelligen, grasigen Halden und Böschungen in Wiesentälern des Hügellandes und der unteren Bergstufe.« Eine Vorliebe für feuchte Habitate läßt sich auch aus unserem Gebiet bestätigen.

Nahrung der Raupe:
Rumex hydrolapathum – Teich-Ampfer
   L (BLÄ)
Centaurea spec. – Flockenblume
   L (BAR)

Neben sehr allgemeinen Angaben wie den üblichen »niederen Pflanzen« (GAUCKLER 1909, SCHNEIDER 1938) liegen aus dem Untersuchungsgebiet nur zwei sichere Meldungen vor. Sie betreffen *Rumex hydrolapathum* bei Altlußheim in der Oberrheinebene (R. BLÄSIUS) und eine *Centaurea*-Art an der Mondhalde im Kaiserstuhl (D. BARTSCH).

Mit Vorbehalt zu betrachten ist ein Raupenfund an Jakobsgreiskraut (*Senecio jacobaea*) aus Weinheim (Kartei H. LIENIG), denn der Melder

Die Raupen sind sehr variabel. Ganz helle Tiere sind grün ohne oder mit nur geringen graubraunen Zeichnungen. – Todtnau-Schlechtnau 2.7.82 F. EBSER.

Bei dunkleren Formen ist die Grundfarbe der Oberseite dunkelbraun mit weißen Punktwarzen. – Graben-Neudorf (ex ovo-Zucht) 7.79 G. EBERT. S.

notierte dazu »Herbst 1940«. Hier ist also entweder das Datum falsch (Schlüpfdatum des Falters?) oder es hat sich um eine Fehlbestimmung gehandelt. H. HEIDEMANN fand eine Raupe, allerdings nicht fressend, an einem Grashalm sitzend.

Xylena vetusta gilt als polyphage Art, für die in der Literatur allerdings oft nur pauschale Angaben gemacht werden. Mehrere Autoren stellten eine Vorliebe für Sumpfgräser fest, so HERING (1881) in Pommern (»hauptsächlich auf *Carex*«) und BERGMANN (1954) in Thüringen (»Bei der Eiablage ist er an Binsen zu finden«). Ansonsten finden sich Angaben für *Equisetum* spec., *Asparagus officinalis*, *Iris* spec., *Iris pseudacorus*, *Scirpus tabernaemontani*, *Eleocharis palustris*, *Carex vesicaria*, *Festuca rubra*, *Glyceria maxima*, *Phragmites australis*, *Agrostis stolonifera*, *Myrica gale*, *Salix* spec., *Betula pendula*, *Rumex* spec., *Polygonum bistorta*, *Beta vulgaris*, *Caltha palustris*, *Consolida regalis*, *Ranunculus acris*, *Brassica oleracea* var. *capitata*, *Ribes nigrum*, *Medicago sativa*, *Trifolium pratense*, *Lotus corniculatus*, *Pisum sativum*, *Acer platanoides*, *Tilia* spec., *Epilobium angustifolium*, *Angelica sylvestris*, *Menyanthes trifoliata*, *Galium* spec., *Solanum tuberosum*, *Cirsium* spec., *Crepis paludosa* (BERGMANN 1954, HEUSER, JÖST & ROESLER 1960, SEPPÄNEN 1970, SKOU 1991, SPEYER 1867, UFFELN 1908, URBAHN & URBAHN 1939).

Nahrung des Falters: H. BEYERLE (nach SETTELE 1926a) meldete Blütenbesuch an *Buddleja davidi*. Im Frühjahr sind die Falter regelmäßig an blühenden Weiden (*Salix caprea*, *Salix* spec.) anzutreffen. Gerne besuchen sie künstlichen Köder.

Habitat: Die Larvalhabitate sind im Untersuchungsgebiet noch nicht pflanzensoziologisch beschrieben worden.

Verhalten: Die Imagines sind nachtaktiv und fliegen Lichtquellen an.

Gefährdung und Schutz

Rote Liste Bundesrepublik: V
Rote Liste Baden-Württemberg: –

Oberrheinebene: Nicht gefährdet.
Schwarzwald: Nicht gefährdet.
Neckar-Tauberland: Nicht gefährdet.
Schwäbische Alb: Nicht gefährdet.
Oberschwaben: Nicht gefährdet.

- In Baden-Württemberg nicht gefährdet! Besonders geschützt gemäß § 20e ff. BNatSchG.

Xylena exsoleta
(Linnaeus, 1758)

Graue Moderholzeule

Calocampa exoleta L. (REUTTI 1898, LAMPERT 1907, SPULER 1908–1910, REBEL 1910, ECKSTEIN 1913–1923)
Xylina exoleta L. (WARREN in SEITZ 1909–1914, DRAUDT in SEITZ 1931–1938, HERING 1932, SCHNEIDER 1936–1939, BERGMANN 1951–1955, KOCH 1954–1961, 1984)

Gesamtverbreitung: Von den Kanarischen Inseln und Nordwestafrika (Marokko, Algerien, Tunesien) durch nahezu ganz Europa, Vorder- und Mittelasien bis zum Pazifik und Japan verbreitet. In Europa erreicht sie nördlich Nordschottland, Südnorwegen, Mittelschweden und Südfinnland. Sie wurde auch mehrfach auf Island gefunden.

Verbreitung

Regional: Im Vergleich mit ihrer Schwesterart *X. vetusta* weist *X. exsoleta* eine wesentlich lokalere Verbreitung auf. Zwar ist sie in allen Großräumen des Landes vertreten, doch mit viel geringerer Dichte. An einigen Stellen zeigen sich lokale Häufungen, die jedoch oft bearbeitungsbedingt sind (z. B. Wohnorte von Mitarbeitern). Nur der Kaiserstuhl zeichnet sich durch zahlreiche und regelmäßige Nachweise als Schwerpunktgebiet aus. Dagegen fehlt *X. exsoleta* völlig auf der Schwäbischen Alb und im Schwarzwald. Lediglich in den Nordschwarzwald dringt sie im Enztal wenige Kilometer weit ein (Engelsbrand, 1963, FLITSCH, R. HÄUSSER, K. STROBEL).

Von der Schwäbischen Alb liegt zwar eine einzige, völlig isolierte Meldung vor (Schopfloch, GATTER 1979), doch sprechen gute Gründe dafür, daß es sich hierbei um eine Verwechslung mit *X. vetusta* gehandelt haben muß: *X. vetusta* ist auf der Schwäbischen Alb verbreitet und nicht selten, während *X. exsoleta* dort noch nie gefunden wurde. GATTER (1979) führte in ihrer Lokalfauna nur ein einzelnes *Xylena*-Exemplar auf, hatte also mit Sicherheit nur eine Art und nicht etwa beide vorliegen.

Eine Reihe von Fundorten ist aktuell nicht mehr belegt, etwa die gesamte nördliche Oberrheinebene, der Kraichgau, das nördliche Oberschwaben (Biberach, Dürnachtal, Ummendorf, G. BAISCH, G. REICH) und der mittlere Neckar (Stuttgart-Geißeiche, G. BARTH; Tübingen, H. KAUFMANN). Da diese Gebiete heute noch faunistisch kartiert werden, muß hier von einem Verschwinden der Art ausgegangen werden[1]. Einige

Die Graue Moderholzeule (*Xylena exsoleta*) ist weniger verbreitet als *Xylena vetusta*. Die Falter sind im unteren Mittelfeld grau gefärbt, die Ringmakel ist deutlich ausgebildet und der schwarze Pfeilfleck endet meist vor dem dunklen Fleck neben der Nierenmakel. – Kaiserstuhl, Vogtsburg 18.9.92 R. DISCH.

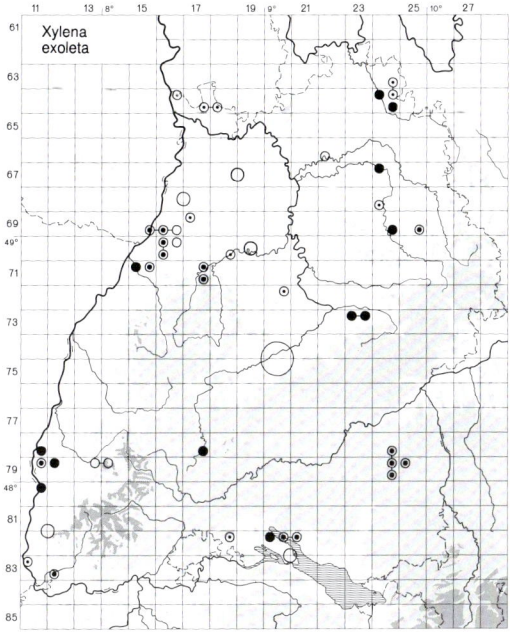

alte Meldungen, die publiziert wurden, bevor *X. exsoleta* und *X. vetusta* artlich getrennt wurden, gehören wahrscheinlich zu letzterer (siehe *X. vetusta*).

Vertikal: Die Höhenverbreitung reicht nur von der planaren Stufe (Rheinebene um 100 m) bis in die submontane Stufe. Ein Schwerpunkt zeichnet sich im Hügelland ab. Die höchsten Fundorte liegen um 600 m.

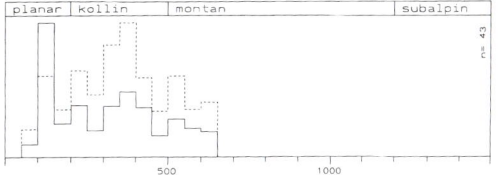

Phänologie

Imagines: Die Flugzeit ähnelt der von *X. vetusta*, ist aber wegen der geringeren Datengrundlage schlechter dokumentiert. Die ersten Falter treten

---

[1] Sicher determinierte Belegstücke aus diesen Gebieten liegen vor.

Obwohl *Xylena exsoleta* lokaler und seltener ist als *X. vetusta*, wird ihre Raupe häufiger gefunden. Dies liegt wahrscheinlich an ihrer auffälligen Färbung und freien Lebensweise. In der Jugend trägt sie ein grünes Kleid mit gelben Längslinien. – Kaiserstuhl, Schelingen 27.5.94 A. STEINER.

Karlsruhe, M. DAUB). Schon ab Ende Mai wurden erwachsene Tiere gemeldet (30.5.1993, Kaiserstuhl, M. ALBRECHT).

Ökologie

Lebensraum: *Xylena exsoleta* bewohnt sonnige, magere bis frische, meist aber trockene und warme Offenlandhabitate. Sie findet sich in Saumgesellschaften und Halbtrockenrasen, Magerwiesen, aufgelassenen Weinbergen und Brachen, an Straßen- und Wegrändern, in trockenen Ruderalfluren, an Böschungen, aber auch auf Feldern und in Gärten, wo sie an Kulturpflanzen lebt. Im Kaiserstuhl kommen auch Volltrockenrasen in Frage.

Nahrung der Raupe:
Allium cepa – Küchenzwiebel
  L (GRE, LAN)
Iris pseudacorus – Gelbe Schwertlilie
  L (SER)
Iris spec. – Schwertlilie
  L (PET)
Rumex acetosa – Wiesen-Sauer-Ampfer
  L (BAR)
Rumex spec. – Ampfer
  L (BRM)
Silene vulgaris – Aufgeblasenes Leimkraut
  L (DIS)
Consolida spec. – Rittersporn
  L (GRE)
Brassica oleracea var. *acephala* – Kohlrabi
  L (SER)
Prunus avium oder *cerasus* – »Kirsche«
  L (LIE)
Ononis repens – Kriechende Hauhechel
  L (LUS, STN)
Onobrychis viciifolia – Futter-Esparsette
  L (ALB, BAR)
Euphorbia spec. – Wolfsmilch
  L (DAU, GRE)
Verbascum spec. – Königskerze
  L (LUS)
Scrophularia canina – Hunds-Braunwurz
  L (GRE)
Anthemis spec. – Hundskamille
  L (FRY)
Chrysanthemum leucanthemum – Gewöhnliche Wucherblume
  L (WEM)

Anfang September auf, und diese Herbsttiere fliegen dann bis Anfang November. Nach der Winterruhe erscheinen sie ab Mitte Februar, zahlreicher aber im März und April, und fliegen bis Anfang Mai. Solche Mai-Daten liegen aber bislang nur aus der Oberrheinebene vor, in den übrigen Gebieten sind nur Funde bis April bekannt. Wir wissen deshalb nicht, ob die Falter (wie die von *X. vetusta*) noch bis Anfang Juni leben können.

Präimaginalstadien: Die Raupen, die nach RÖSEL V. ROSENHOF (1746) im »Brach= und Heumonat« leben, wurden im Untersuchungsgebiet von Anfang Mai bis Anfang Juli gefunden (6.5.1994, Jungraupe, Kaiserstuhl, A. STEINER; 2.7.1874,

Das beeindruckend vielfältige Nahrungsspektrum umfaßt Monocotyledonen wie Liliengewächse (*Allium*) und Schwertliliengewächse (*Iris*)

ebenso wie Knöterichgewächse (*Rumex*), Nelkengewächse (*Silene*), Hahnenfußgewächse (*Consolida*), Kreuzblütler (*Brassica*), Rosengewächse (*Prunus*), Schmetterlingsblütler (*Ononis, Onobrychis*) und reicht bis zu Wolfsmilchgewächsen (*Euphorbia*), Braunwurzgewächsen (*Verbascum, Scrophularia*) und Korbblütlern (Anthemis, *Chrysanthemum*). Während ein Teil der Nahrungspflanzen dem trockenen Offenland angehört, wurden in mehreren Fällen Raupen an Gartenpflanzen und auch tatsächlich in Gärten gefunden, so an Küchenzwiebel, Rittersporn und Kohlrabi. Nicht ganz sicher ist eine Angabe von H. LIENIG (Tagebuch), bei dem ein Falter schlüpfte, »dessen Raupe ich vermutlich im Mai bei Lützelsachsen an einem Kirschbaum gefunden habe«.

Nahrung des Falters: Im Frühjahr werden die Falter an blühenden Weidenkätzchen (*Salix* spec.) gefunden. Sie besuchen auch den Köder.

Habitat: Halbtrockenrasen (Mesobrometum und dessen Versaumungsstadien), ferner thermophile Saumgesellschaften (Origanetalia vulgaris), vermutlich auch magere Arrhenatheretalia-Gesellschaften, außerdem Kulturlandschaft (Felder, Gartenbeete).

Verhalten: Die Raupe ist bei Tag und bei Nacht aktiv und an der Nahrungspflanze zu finden. Sie verpuppt sich in einem Erdkokon. Die Imagines sind nachtaktiv und kommen ans Licht.

Gefährdung und Schutz

Rote Liste Bundesrepublik: V
Rote Liste Baden-Württemberg: V

Oberrheinebene: Gefährdet (regional ausgestorben oder verschollen).
Schwarzwald: (nur randlich vorkommend).
Neckar-Tauberland: Art der Vorwarnliste (regional ausgestorben oder verschollen).
Schwäbische Alb: Nicht vertreten.
Oberschwaben: Art der Vorwarnliste (regional ausgestorben oder verschollen)[2]

- In Baden-Württemberg eine Art der Vorwarnliste!
  Besonders geschützt gemäß § 20 e ff. BNatSchG.

---

[2] Der einzige aktuelle Fund aus Oberschwaben beruht auf einer Angabe von ZINNERT (1983, ohne Abbildung). Es ist deshalb denkbar, daß eine Fehlbestimmung vorliegt. Die Art wäre dann für ganz Oberschwaben als ausgestorben einzustufen.

Die erwachsene Raupe gehört zu den auffälligsten Erscheinungen der einheimischen Noctuidenfauna. – Kaiserstuhl, Badberg 20.6.95 H. LUSSI.

Die deutlichen Rückgänge in mehreren Gebieten Baden-Württembergs geben Anlaß zur Besorgnis. Wir haben allerdings noch keine Anhaltspunkte über die Gründe dieser Regressionen. Aus angrenzenden Gebieten und anderen Bundesländern kennen wir keine vergleichbaren Beobachtungen. Eine gewisse Analogie zu der Situation in

Die Mehrzahl der aus Baden-Württemberg bekanntgewordenen Raupenfunde stammt aus den Säumen und Halbtrockenrasen des Kaiserstuhls. – Kaiserstuhl, Badberg 8.6.94 H. LUSSI.

Südwestdeutschland findet sich jedoch auf den Britischen Inseln; hier ist *X. exsoleta* ebenfalls in ganzen Landesteilen ausgestorben (BRETHERTON, GOATER & LORIMER 1983). Die noch existenten Populationen in Baden-Württemberg sollten genauestens beobachtet werden. Weitere Grundlagenforschung zu den ökologischen Ansprüchen der Art ist erforderlich, um die Gründe für ihren Rückgang zu klären.

Xylocampa areola
(Esper, 1789)

Geißblatteule

Xylocampa areola ESP. (REUTTI 1898)
Dichonia areola ESP. (WARREN in SEITZ 1909–1914, DRAUDT in SEITZ 1931–1938, SCHNEIDER 1936–1939, BERGMANN 1951–1955, KOCH 1954–1961, 1984)
Xylocampa areola ESP. (LAMPERT 1907, REBEL 1910, HERING 1932)

Gesamtverbreitung: Eine Art mit atlantomediterranem Verbreitungsbild, die von der Iberischen Halbinsel nördlich bis Nordirland, Mittelengland, Dänemark, Südnorwegen, Süd- und Westschweden, östlich bis Mecklenburg-Vorpommern, Thüringen, Nordbayern, Österreich (Kärnten), und zur Ukraine verbreitet ist. Die früher zu *X. areola* gerechneten Populationen Nordafrikas werden heute als eigene Art *Xylocampa mustapha* (OBERTHÜR, 1910) aufgefaßt.

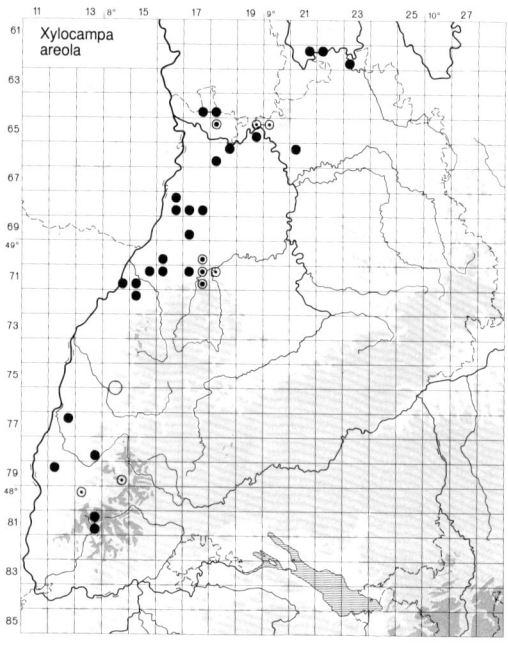

Xylocampa areola bewohnt vor allem die atlantisch geprägten Klimagebiete. Die Falter fliegen im Frühjahr, in warmen Jahren bereits ab Februar. – Linkenheim-Hochstetten 22.4.92 U. RATZEL. LF.

Verbreitung

Regional: In Baden-Württemberg ist *Xylocampa areola* auf die westlichen, klimatisch atlantisch geprägten Landesteile beschränkt. Sie besiedelt lokal die Rheinebene, jedoch nicht die Auwälder und Feuchtgebiete der Niederterrasse, sondern die trockeneren Wäldern der etwas höheren, überschwemmungsgeschützten Zonen. In der Vorbergzone kennen wir ebenfalls mehrere Fundorte, die sich bei besserer Durchforschung sicher noch vermehren lassen. Auch in den Schwarzwald dringt *X. areola* zumindest in den Tallagen ein; neben einigen älteren Funden aus Gengenbach (REUTTI 1898) und Wildgutach (1937, 1946, A. FEHRENBACH) liegen aktuelle Nachweise aus Kollnau vor (1982–1992, A. SCHNEIDER). Ein Einzelstück wurde bei Todtnau-Schlechtnau gefunden (1989, J. ASAL). Besonders hier im Mittelgebirge erschwert die frühe Flugzeit eine genauere Kenntnis der Verbreitung. In den nördlichen Landesteilen ist die Art aus der Umgebung von Pforzheim und Birkenfeld (Schwarzwaldrandlagen, Kraichgau) bekannt, wo sie an mehreren Fundorten regelmäßig bis 1966, dann aber erst wieder 1988 gefunden wurde (Dietlingen, KELLNER nach M. WALLNER). Vielleicht fluktuiert die Art hier an einer relativen Arealostgrenze. Im westlichen Kraichgau wurde sie ferner bei Bruchsal (1974–1976, H. FEIL) und in Wöschbach (1995, A. STEINER) beobachtet. Weiterhin besiedelt sie den Bereich Bergstraße/Vorderer Odenwald (Weinheim, 1949–1961, H. LIENIG; Lützelsachsen, 1943, H. LIENIG, 1972, R. TRABOLD; Altenbach, 1963–1968, G. JUNGE), den Sandstein-Odenwald (Eberbach, 1932–1936, M. CRETSCHMAR; Schönbrunn, 1973, 1975, R. BLÄSIUS; Neckargemünd, 1993, J. BASTIAN, A. STÄHLE), das Bauland (Dallau, 1976, R. BICKEL) und den Sandstein-Spessart (Freudenberg, 1988–1994, A. BECHER; Reicholzheim, 1991, A. BECHER/J. STUMPF).

Dieses Verbreitungsbild ist ansonsten typisch für Arten aus dem atlantischen Klimabereich. Man darf deshalb annehmen, daß unsere südwestdeutschen *Xylocampa areola* von den Populationen abstammen, die sich von den Glazialrefugien im Iberischen Raum her nach Norden ausgebreitet haben.

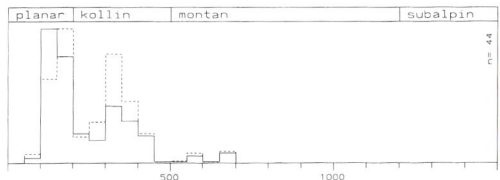

Vertikal: Die Höhenverbreitung ist gering. Die weitaus meisten Fundorte liegen in der Ebene und in der Hügelstufe. Oberhalb von 450 m sind nur noch wenige Fundorte bekannt; sie reichen bis 650 m Höhe.

Phänologie

Imagines: Beginn und Ende der Flugzeit können von Jahr zu Jahr in Abhängigkeit von der jeweiligen Frühjahrswitterung beträchtlich variieren. Das langjährige Maximum liegt in der Oberrheinebene im März, im Schwarzwald und im Neckar-Tauberland dagegen im April. Die frühesten Belege datieren um den 20. Februar; sie stammen aus Jahren mit warmem Frühjahr. Oberrhein: 18.2.1990 (Kippenheim, J.-U. MEINEKE); Neckar-Tauberland: 20.2.1995 (Wöschbach, A. STEINER); Schwarzwald: 23.2.1990 (Kollnau, A. SCHNEIDER). Die spätesten Funde liegen im Mai. Oberrhein: 2.5.1986 (Haselschacher Buck, J.-U. MEINEKE); Neckar-Tauberland: 14.5.1965 (Dietlingen, M. WALLNER); Schwarzwald: 4.5.1937 (Wildgutach, A. FEHRENBACH).

Von K. STROBEL liegt ein Belegstück aus Pforzheim mit dem Datum 7.10.1926 vor. Sofern hier nicht ein Etikettierungsfehler unterlaufen ist, muß es sich wohl um ein verfrüht (ohne Puppenüberwinterung) oder verspätet geschlüpftes Tier handeln. Ähnliche Fälle sind uns aus der Literatur bei dieser Art bisher nicht bekannt.

Präimaginalstadien: Die Raupen wurden zwar öfters gezüchtet, doch liegen nur wenige Freilandnachweise vor. Sie fallen in die Zeit zwischen Mitte Mai und Anfang Juli: 13.5.1990, 15.5.1990, 9.6.1988 (A. BECHER), 31.5.1975 (R. BLÄSIUS), 2.7.1986 (E. RENNWALD). Die Puppe überwintert.

Ökologie

Lebensraum: *Xylocampa areola* besiedelt sonnige bis halbschattige Ränder und Binnensäume (Waldwege, Lichtungen, Schläge) von trockenen bis frischen Laub- und Mischwäldern mit Beständen von Geißblattarten. Sie ist ferner in gebüschreichen Friedhöfen und Gärten zu finden.

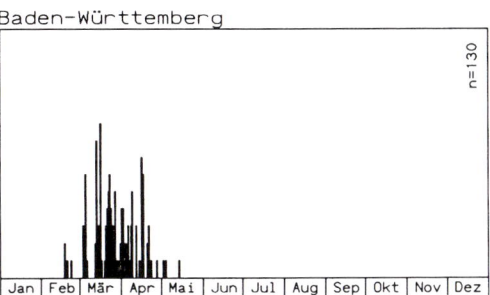

Die gut getarnte Raupe ruht eng an die Zweige ihrer Nahrungspflanze geschmiegt. Nur wenn sie, wie hier unter Zuchtbedingungen, an grünen statt an braunen Zweigen sitzen muß, versagt die Tarnung. Die Intensität der Zeichnung variiert; viele Exemplare besitzen einen schwarzen, unterschiedlich breiten Seitenstreifen. Malsch (ex ovo-Zucht) 5.92 H. LUSSI. S.

Nahrung der Raupe:
Lonicera periclymenum – Wald-Geißblatt
 L (BEC, REN)
Lonicera spec. – Heckenkirsche, Geißblatt
 L (BLÄ)

Die Raupen leben monophag an Arten der Gattung *Lonicera*. Aus unserem Gebiet ist nur das Wald-Geißblatt sicher dokumentiert (Freudenberg, A. BECHER; Forchheim, E. RENNWALD). Diese Art ist schon seit dem 19. Jh. als Nahrungspflanze gut bekannt (z. B. BOIE 1835, SPEYER 1867).

Mit Sicherheit kommen für Baden-Württemberg auch weitere Arten in Frage, etwa das Jelängerjelieber (*Lonicera caprifolium*) und die Rote Heckenkirsche (*Lonicera xylosteum*), die aus dem Rheinland und Hessen angegeben wurden (KOCH 1856, LEDERER 1950, UFFELN 1908). Wo die Art im menschlichen Siedlungsbereich vorkommt, ist anzunehmen, daß die Weibchen auch an kultivierten *Lonicera*-Formen ablegen.

Nahrung des Falters: Die Imagines saugen gern an blühenden Weidenkätzchen, einer der Hauptnahrungsquellen der Frühlings-Eulenfalter. Sie wurden auch am Köder festgestellt.

Habitat: Aus dem Untersuchungsgebiet liegen noch keine pflanzensoziologischen Angaben zum Larvalhabitat vor. Nach den Raupennahrungspflanzen zu schließen, handelt es sich wahrscheinlich meistens um Fagetalia-, Quercetalia-, Pruno-Rubion- und Berberidion-Gesellschaften.

Verhalten: Die sehr gut getarnten Raupen ruhen eng an die Zweige und Stämme ihrer Nahrungspflanzen geschmiegt. Die Jungraupen sind noch sehr aktiv, die erwachsenen werden ruhiger und rein nachtaktiv. Sie verpuppen sich in einem kräftigen Erdkokon. Die Imagines sind nachtaktiv und kommen ans Licht. Tagsüber ruhen sie an Baumstämmen, Zaunpfählen, Masten und Bretterwänden.

Gefährdung und Schutz

Rote Liste Bundesrepublik: V
Rote Liste Baden-Württemberg: –

Oberrheinebene: Nicht gefährdet.
Schwarzwald: Nicht gefährdet.
Neckar-Tauberland: Nicht gefährdet.
Schwäbische Alb: Nicht vertreten.
Oberschwaben: Nicht vertreten.

• In Baden-Württemberg nicht gefährdet!

Meganephria bimaculosa (Linnaeus, 1767)
Zweifleckige Plumpeule

Miselia bimaculosa L. (REUTTI 1898, LAMPERT 1907, SPULER 1908–1910, REBEL 1910, ECKSTEIN 1913–1923, HERING 1932)

Gesamtverbreitung: Von Süd- und Mitteleuropa bis zur Türkei verbreitet. Früher nördlich bis Mittelfrankreich und ungefähr zum Nordrand der Mittelgebirge, der Sudeten und ukrainischen Karpaten und zur Krim. Die Art ist in den nördlichen Arealteilen seit dem 19. Jh. stark zurückgegangen. In Deutschland kommt sie nur noch in Sachsen-Anhalt vor (HEINICKE 1993).

Verbreitung

Regional: Für ein ehemaliges Vorkommen von *Meganephria bimaculosa* in Baden-Württemberg liegt nur eine einzige Angabe vor: »Im Durlacherwald bei Karlsruhe aufgefunden« (REUTTI 1853). Nach REUTTIs Mitarbeiterverzeichnis sammelten damals um Karlsruhe vor allem E. LOUDET und A. HAHNE, die beide sorgfältig und zuverlässig arbeiteten. Auch von M. SEUBERT erhielt REUTTI »schätzbare Mittheilungen. ... Außerdem konn-

Das Habitat von *Xylocampa areola* sind *Lonicera*-Gebüsche, die sich meist an den Wegrändern entlangziehen. Hier sind im Mai/Juni die Raupen zu finden. – Freudenberg, Trennhof 24.4.88 A. BECHER.

Meganephria bimaculosa ist nach Angaben aus dem 19. Jahrhundert in der nördlichen Oberrheinebene vorgekommen, dort aber wohl schon lange vor 1900 ausgestorben. – Sachsen, Naumburg 1940.

ten die von Hrn. Dr. LOUDET herrührende Sammlung des naturhist. Museums und mehrere kleine Sammlungen verglichen werden.« Ausdrücklich vermerkte REUTTI: »Die Bestimmungen ... wurden durch mich besorgt.« Wir zweifeln danach nicht an der Authenzität der Angabe. In der zweiten Auflage seiner Schmetterlingsfauna von Baden berichtete REUTTI (1898) dann »... früher im Durlacher Walde bei Karlsruhe gefunden; uns[1] ist die Art seither nicht vorgekommen.«

Vertikal: Der Fundort liegt bei ca. 100 m.

Phänologie

Imagines: Keine Angaben aus Baden-Württemberg. *Meganephria bimaculosa* fliegt im Herbst. Während aus Frankreich Juli bis Oktober genannt wurde (LHOMME 1923–1935), wird für Griechenland September bis November angegeben (HACKER 1989). Aus Thüringen ist eine kurze Flugzeit von Ende September bis Anfang Oktober belegt (BERGMANN 1954, auch zitiert von KOCH 1958).

Präimaginalstadien: Keine Angaben aus dem Untersuchungsgebiet. Die Eier überwintern, die Raupen sind von April bis Mai zu finden (BERGMANN 1954, FORSTER 1971).

Ökologie

Lebensraum: Keine Angaben aus Baden-Württemberg. Der Durlacher Wald ist ein Laub- und Mischwaldgebiet auf sandigen Böden in der Oberrheinebene.

---

[1] Seit 1872 wohnte REUTTI selbst in Karlsruhe.

Nahrung der Raupe: Keine Angaben aus Baden-Württemberg.

Die Raupe lebt monophag an Ulmenarten (*Ulmus* spec.), nach BERGMANN (1954) und HACKER (1989) besonders an *Ulmus minor*. SPULER (1908–1910) nannte außerdem Schlehe (*Prunus spinosa*) und Pflaume (*Prunus domestica*), eine Angabe, die von mehreren Autoren abgeschrieben wurde (LHOMME 1923–1935, FORSTER 1971), aber zu bestätigen wäre.

Habitat: Siehe Lebensraum.
Nahrung des Falters: Keine Informationen aus Baden-Württemberg. In Südeuropa kommen die Imagines gern an den Köder.
Verhalten: Die Falter sind nachtaktiv und fliegen gelegentlich ans Licht.

Gefährdung und Schutz

Rote Liste Bundesrepublik: 1
Rote Liste Baden-Württemberg: 0

Oberrheinebene: Ausgestorben oder verschollen.
Schwarzwald: Nicht vertreten.
Neckar-Tauberland: Nicht vertreten.
Schwäbische Alb: Nicht vertreten.
Oberschwaben: Nicht vertreten.

- In Baden-Württemberg ausgestorben oder verschollen!
  Besonders geschützt gemäß § 20e ff. BNatSchG.

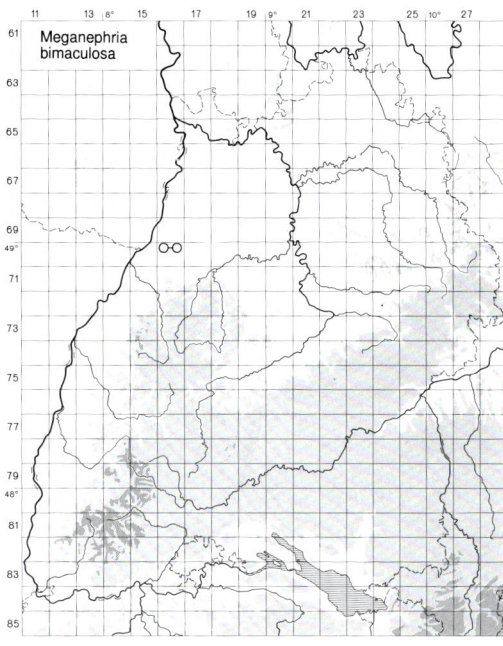

Meganephria bimaculosa ist an allen ihren Standorten in Deutschland stark zurückgegangen oder ausgestorben. Funde nach 1980 werden nur noch aus Sachsen-Anhalt gemeldet (HEINICKE 1993). Für Baden-Württemberg dürfte keine Hoffnung auf ein neuerliches Auftauchen der Art mehr bestehen.

Allophyes oxyacanthae
(Linnaeus, 1758)

Weißdorneule

Miselia oxyacanthae L. (REUTTI 1898, LAMPERT 1907, SPULER 1908–1910, REBEL 1910, ECKSTEIN 1913–1923, HERING 1932)
Meganephria oxyacanthae L. (WARREN in SEITZ 1909–1914, DRAUDT in SEITZ 1931–1938, SCHNEIDER 1936–1939, BERGMANN 1951–1955, KOCH 1954–1961, 1984)

Gesamtverbreitung: In ganz Europa, nördlich bis Mittelschottland und ins mittlere Fennoskandien verbreitet, östlich bis Vorderasien (Libanon, Kaukasus). Die bislang als eigene Arten aufgefaßten Populationen von Korsika und Sardinien (*A. protai* BOURSIN, 1966), von Süditalien und Sizilien (*A. parenzoni* DE LAEVER, 1977) und von der Iberischen Halbinsel (*A. alfaroi* AGENJO, 1951) sind nach neueren Untersuchungen durch Übergänge mit *A. oxyacanthae* verbunden und als Subspezies aufzufassen (MAZEL 1991).

Verbreitung

Regional: *Allophyes oxyacanthae* ist in fast allen Naturräumen Baden-Württembergs nachgewiesen und besonders in den Hügellandschaften der Muschelkalk- und Keuper-Lias-Gebiete sehr weit verbreitet und oft häufig. Auch die Rheinebene und die Schwäbische Alb sind gut besiedelt. We-

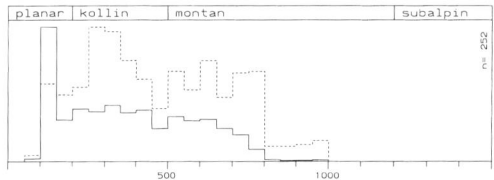

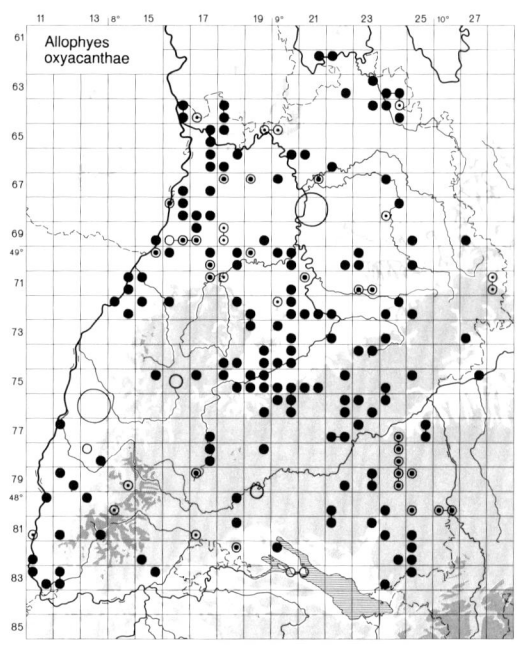

niger dicht ist die Verbreitung im oberschwäbischen Alpenvorland. Im Schwarzwald bleibt die Art auf Täler und südexponierte Hänge bis in mittlere Höhen beschränkt.

Vertikal: Die Höhenverbreitung erstreckt sich von der Ebene um 100 m bis ins Bergland. Hier gehen die Fundorte schon ab 800 m deutlich zurück; nur relativ wenige Nachweise stammen noch aus dem Bereich von 800 bis knapp unter 1000 m Höhe. Der höchstgelegene Fundort ist Hossingen (Schwäbische Alb) mit 930–970 m (G. BAISCH).

Phänologie

Imagines: Die Flugzeit dauert in allen Naturräumen von Mitte September bis Ende Oktober. Die Maxima liegen für das Neckar-Tauberland in der ersten Oktoberhälfte, für die Oberrheinebene um Mitte Oktober und für die Schwäbische Alb bereits um die Monatswende September/Oktober. 1985 wurden sowohl auf der Alb als auch im Neckar-Tauberland die ersten Falter schon in den letzten Augusttagen gefunden: 30.8., Hossingen (G. BAISCH); 31.8., Sulzbach/Kocher (F. WEBER). Das früheste Datum ist aber der 12. August 1989. An diesem Tag fanden G. EBERT, F.

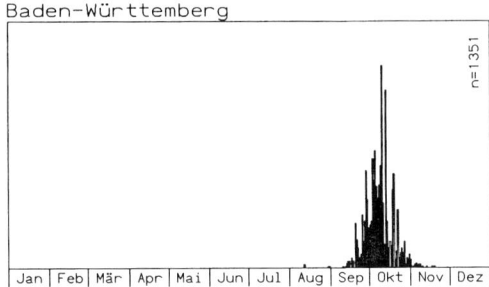

Allophyes oxyacanthae gehört zu den häufigeren Herbsteulen. Sie fliegt im September und Oktober um Schlehen- und Weißdorngebüsche und in Obstgärten. – Schönbuch, Eichenfirst 4.10.84 A. STEINER. LF.

KIRSCH und A. KOÇAK 2 Falter im Tauberland (Galgenberg bei Lauda). Mit Ausnahme der Schwäbischen Alb sind überall noch Einzelfalter bis in die erste Novemberhälfte nachgewiesen worden; der späteste Fund datiert vom 19.11.1992 (Neckargemünd, A. STÄHLE).

Dies ist noch ein sehr einheitliches Bild, denn wie bei vielen Herbstarten unterliegt die Flugzeit starken regionalen Unterschieden. So werden folgende Angaben für europäische Länder gemacht: Finnland: Ende August bis Ende September (SKOU 1993); Großbritannien: »emerges in October and may be seen throughout November« (BRETHERTON, GOATER & LORIMER 1983); Griechenland: Oktober–Dezember (HACKER 1989).

Die Raupe lebt nach dem Prinzip: »Getarnt sein ist alles«. An knorrigen, flechtenbewachsenen Ästen der Schlehen und Obstbäume hat schon die Jungraupe keine Schwierigkeiten, geeignete Ruheplätze zu finden. Bruchsal, Rotenberg 5.4.81 H. HEIDEMANN. S.

Die Eier sind hier in einer Zweiergruppe am Aststumpf einer Zwetschge abgelegt worden. In frischem Zustand gelblich, verfärben sie sich nach einigen Tagen rötlichgrau und überwintern so. – Malsch-Sulzbach 23.10.88 G. EBERT.

Präimaginalstadien: Die Eier überwintern. Schon Anfang April setzen in klimatisch günstigen Jahren die Raupenfunde ein (1.4.1981, Bruchsal, H. HEIDEMANN). Sie erstrecken sich weiter durch den ganzen April und Mai und enden in den ersten Junitagen (2.6.1979, Neuhausen/Enz, G. EBERT). Zuweilen werden die Raupen in beträchtlicher Menge gefunden; von Individuenzahlen über 100 pro Tag und Fundort berichteten H. LIENIG und D. BARTSCH. Nach dem Verfertigen des Kokons liegen die Raupen mehrere Wochen als Praepupa, bevor sie sich verpuppen.

Ökologie

Lebensraum: *Allophyes oxyacanthae* kann wahrscheinlich fast alle Schlehenhabitate nutzen. Sie findet sich in Schlehen- und Weißdornhecken und im Schlehen-Liguster-Gebüsch, vor allem dort, wo größere Bestände in der Nähe von Waldrändern oder auch im Waldmantel stehen, belegt aber auch Büsche im Inneren von lichten Wäldern, an breiten Waldwegen, Lichtungen und Schneisen. Sie kann auch noch mit reduzierten Hecken und Gebüschen in der (extensiv bewirtschafteten) Feldflur und im intensiv genutzten Kulturland zurechtkommen. Über die Obstbäume als alternative Nahrungspflanzen gelangt sie in Streuobstwiesen verschiedener Ausprägung, lebt auch an einzelnen Obstbäumen und Schlehen- oder Weißdornbüschen an Feldwegen, Straßen, in bewirtschafteten und aufgelassenen Gärten und in ländlichen Siedlungsgebieten. Sie erträgt selbst schattige Lokalitäten, findet sich aber meistens in halbschattiger und – vor allem in höheren Lagen – in sonniger Exposition. Ihre Feuchtigkeitsansprüche sind sehr variabel; sie kommt von den xerophilen Trockengebüschen der Muschelkalk- und Jurahänge bis in die luftfeuchten Hartholzauwälder der Rheinebene vor.

Nahrung der Raupe:
Prunus domestica – Zwetschge
  E (Ebe)
Prunus spinosa – Schlehe
  5 L (Asa, Bai, Bar, Bih, Blä, Ebe, Gau, Gre, Hei, Hir, Köp, Kre, Lie, Los, Lus, Mer, Mlk, Now, Raz, Scc, Scä, Sco, Spe, Sta, Stn, Wll)
Crataegus monogyna – Eingriffliger Weißdorn
  3 L (Hir, Köp, Stn)
Crataegus laevigata - Zweigriffliger Weißdorn
  3 L (Hir, Lus, Stn)
Crataegus spec. – Weißdorn
  3 L (Gau, Hei, Scc)
Pyrus spec. – »Birnen«
  L (Brm)
Malus domestica – Gartenapfel
  L (Hir, Stn)
»Obstbäume«
  L (Scc)

Allophyes oxyacanthae lebt an baum- und buschförmigen Rosaceen mit deutlicher Bevorzugung der Schlehe. Angesichts der hohen Individuenzahlen, die an Schlehen beobachtet bzw. geschätzt wurden, klingt diese Aussage aber schon fast zu generalisierend, denn von den insgesamt rund 400 gemeldeten Raupen (zahlreiche weitere Meldungen erwähnen keine Individuenzahlen) stammt nur je eine von »Obstbäumen« (Schneider 1938) bzw. von einem in einer verwilderten Streuobstwiese in der Nähe von Schlehengebüschen wachsenden Apfelbaum (N. Hirneisen/A. Steiner). Brombacher (1933–1935) hat aus dem Kaiserstuhl »Birne« angegeben, womit vermut-

Die älteren Raupen zeigen eine beträchtliche Variation in Färbung und Zeichnung. Sie sind überwiegend nachts aktiv und können dann leichter gefunden werden als bei Tag. – Murrhardt, Geisbühl 29.5.87 A. Steiner.

lich die Gartenbirne gemeint war. Etwas häufiger werden die Raupen an Weißdorn gefunden (Gauckler 1909, H. Heidemann, Schneider 1938). Soweit dazu genaue Artbestimmungen vorliegen, handelt es sich sowohl um den Eingriffligen Weißdorn (N. Hirneisen/A. Steiner, C. Köppel/A. Steiner) als auch um den Zweigriffligen Weißdorn (N. Hirneisen/A. Steiner, H. Lussi/A. Steiner). Der letztere war für den Falter namensgebend, weil Linnaeus sich bei der Beschreibung auf Rösel v. Rosenhof (1746) bezog, der die Raupen an »Spina alba, sive Mespilus dumetorum, apii foliis, spinosa, Oxyacantha quibusdam ... Weisdorn= oder Hagedorn==Strauch« gefunden hatte.

Die Literatur nennt außerdem Pflaume (*Prunus insititia*) und Zwetschge (*Prunus domestica*) (an denen die Raupen nach Wullschlegel 1873 sogar bisweilen schädlich aufgetreten sein sollen), ferner Vogelbeere (*Sorbus aucuparia*) und, was wenig wahrscheinlich ist, Hainbuche (*Carpinus betulus*) (Bergmann 1954, Koch 1856, Speyer 1867, Treitschke 1825a, Wullschlegel 1873). Allan (1949) gab aus Großbritannien außerdem Vogelkirsche (*Prunus avium*) und sogar Gewöhnliche Zwergmispel (*Cotoneaster integerrimus*) an, wobei allerdings unklar bleibt, ob es sich bei letzterer wirklich um eine Freiland-Nahrungspflanze handelte.

Nahrung des Falters: Anfang Oktober konnte ein Falter abends in einem Weinberg an einer reifen Weintraube (*Vitis vinifera*) saugend beobachtet werden (N. Hirneisen/A. Steiner). Die Imagines werden regelmäßig am Köder nachgewiesen, an dem sie meist in größerer Anzahl anfliegen als an Lichtquellen.

Habitat: Man kann *Allophyes oxyacanthae* als eine der Charakterarten der Prunetalia spinosae bzw. des Berberidion bezeichnen: Hier bewohnt sie offenbar alle schlehen- und weißdornreichen

Gesellschaften, vor allem das Pruno-Ligustretum (Liguster-Schlehenbusch). Zusammen mit Weißdorn und Schlehe dringt sie von den Waldrändern her auch in Fagetalia-Verbände ein. Dies betrifft besonders das Carpinion betuli (Eichen-Hainbuchenwälder) und das Alno-Ulmion (Hartholzaue) sowie möglicherweise noch weitere Verbände. Weiterhin sind Streuobstwiesen und Gärten zu nennen.

Verhalten: Die Raupen leben in der Jugend an den Knospen, später an den Blättern ihrer Nahrungspflanzen. In der Ruhe sitzen sie an Zweigen und Ästen, tagsüber mehr in Bodennähe. Abends und nachts erklettern sie die Büsche und fressen. Die Verpuppung erfolgt in einem festen Kokon in der Erde. Die Falter kommen ans Licht, allerdings meist nicht in so großer Individuenzahl wie an den Köder.

Gefährdung und Schutz

Rote Liste Bundesrepublik: –
Rote Liste Baden-Württemberg: –

Oberrheinebene: Nicht gefährdet.
Schwarzwald: Nicht gefährdet.
Neckar-Tauberland: Nicht gefährdet.
Schwäbische Alb: Nicht gefährdet.
Oberschwaben: Art der Vorwarnliste.

- In Baden-Württemberg nicht gefährdet!

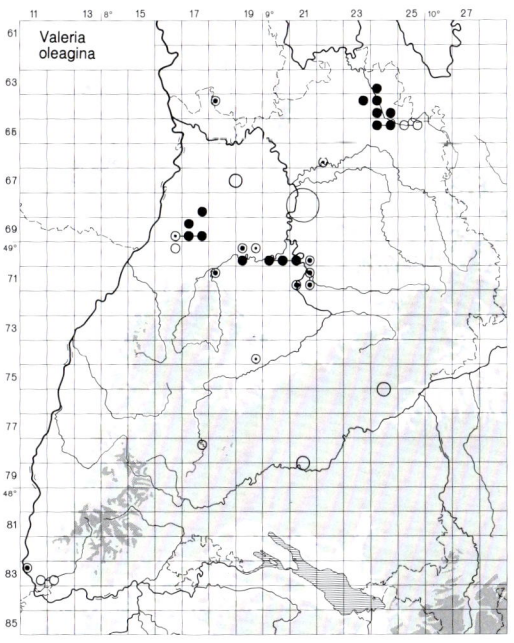

Ein Kleinod der schlehenbewachsenen Trockenrasen ist die seltene *Valeria oleagina*, die in Baden-Württemberg aktuell nur noch im nördlichen Neckar-Tauberland vorkommt. Die Falter fliegen bereits im März und April. – Lauda 21.3.91 F. KIRSCH. S.

Valeria oleagina
([Denis & Schiffermüller], 1775)
Olivgrüne Schmuckeule

Valeria oleagina F. (REUTTI 1898, LAMPERT 1907, SPULER 1908–1910, WARREN in SEITZ 1909–1914, REBEL 1910, HERING 1932, SCHNEIDER 1936–1939, BERGMANN 1951–1955, KOCH 1954–1961, 1984)
Synvaleria oleagina SCHIFF. (FORSTER 1954–1981, PRETSCHER et al. 1984, BNatSchG 1987)

Gesamtverbreitung: In Südeuropa und Vorderasien östlich bis zum Iran lokal verbreitet. Die Arealgrenze verläuft über Nordspanien durch Südfrankreich, das Rheinland (bis Ahr und Eifel), Mainfranken, Thüringen, Sachsen, und Sachsen-Anhalt, die Slowakei in die Ukraine. Alte Angaben aus Großbritannien beruhen wahrscheinlich auf Falschmeldungen (ALLAN 1943, BRETHERTON, GOATER & LORIMER 1983).

Verbreitung

Regional: Im Untersuchungsgebiet kommt *Valeria oleagina* heute nur lokal in den nördlichen Teilen der Muschelkalk- (und Keuper)gebiete des Neckar-Tauberlands vor. Sie besiedelt die Bergstraße und den Kraichgau (vor allem die Hänge am Rand der Rheinebene), den Strom- und Heuchelberg und das Neckarbecken, besonders im Bereich des Enztals.

Vereinzelte Funde sind aus dem Kocher-Jagst-Gebiet, aus dem Großraum Stuttgart (SEYFFER

1850, SCHNEIDER 1938, SCHÄFER 1980b) und aus dem Schönbuch bekannt (Tübingen, SEYFFER 1850, Spitzberg bei Tübingen, LAMPERT 1899, KAUFMANN & SCHMID 1966). Am dichtesten ist die aktuelle Verbeitung im Tauberland, wo 12 Fundpunkte bekannt sind (SCHNEIDER 1938, A. BECHER, F. KIRSCH, T. OSTERMANN, J. STUMPF). Auch im Kraichgau und Neckarbecken kommt die Art noch vor. Daß in diesen Gebieten einige Fundorte nur durch ältere Nachweise belegt sind, spiegelt vermutlich nicht nur den Rückgang der Art wider, sondern vor allem fehlende aktuelle Durchforschung (speziell durch Lichtfang) in den Frühlingsmonaten.

Am mittleren und oberen Neckar scheint *V. oleagina* ausgestorben zu sein. SCHÄFER (1980b) nannte für Stuttgart nur die Fundorte Weidachtal und Scillawäldchen bei Hofen, letzteres bezieht sich wohl auf die alte Angabe von SCHNEIDER (1938); Nachweisjahre wurden nicht angegeben. Am Spitzberg bei Tübingen stammen die letzten Funde von 1924 (STOLL nach KAUFMANN & SCHMID 1966, Beleg in coll. SMNS). Bei regelmäßigen Lichtfängen in den achtziger Jahren konnte die Art dort nicht mehr wiedergefunden werden (MEIER & STEINER 1985, 1988). Aus den Oberen Gäuen meldete SCHNEIDER (1938) den Fundort Rottweil; auch hier liegen neuere Nachweise nicht vor.

Auch die älteren Angaben von der Schwäbischen Alb (Blaubeuren, Sigmaringen, SCHNEIDER 1938) und aus der südlichen Oberrheinebene (Lörrach, REUTTI 1898, Isteiner Klotz, LITZELMANN 1966a) sind nicht wieder bestätigt worden. Da keine Belegstücke mehr auffindbar waren, möchten wir zumindest die Fundorte auf der Alb bezweifeln, weil sie von der Höhenlage und Geologie her schlecht ins Verbreitungsbild passen[1]. Dagegen gibt es sowohl bei Rottweil als auch bei Lörrach Muschelkalkvorkommen, was für ein (ehemaliges) Vorhandensein der Art sprechen könnte.

Interessanterweise fehlt *V. oleagina* im Kaiserstuhl, obwohl sie in der Hügelstufe des Elsaß verbreitet ist (auch die im Elsaß vorkommende *Valeria jaspidea* hat den »Sprung« über den Rhein nicht geschafft).

Vertikal: In Baden-Württemberg eine ausgesprochene Art des Hügellands. Die Mehrzahl der Fundorte erstreckt sich von der planaren Stufe oberhalb von 100 m bis in die mittlere kolline Stufe um 400 m. Nur der (nicht ganz sichere) Fundort Rottweil fällt schon in die untere montane Stufe (550–650 m).

Ein auffälliges larvales Merkmal ist nur zu sehen, wenn die Raupe den Kopf ausstreckt: der rote Halsring, der in der Ruhe zwischen Hautfalten verborgen bleibt. – Untergrombach, Michaelsberg (ex ovo-Zucht) 6.74 H. FEIL. S.

Phänologie

Imagines: Die Flugzeit liegt im März und April. Ein Maximum ist in der letzten März-Dekade zu erkennen. Der Beginn der Flugzeit fällt meist in die Mitte dieses Monats, doch liegen einige frühe

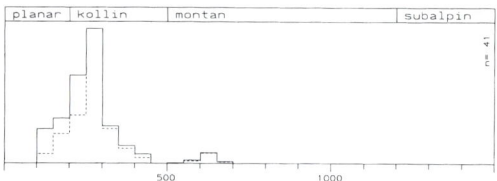

Daten schon ab der ersten Dekade vor (8.3.1966, Mühlhausen/Enz, W. DÜRR). Ab Mitte April werden die Nachweise spärlich, doch ziehen sich Einzelfunde noch bis zum Monatsende hin. Der späteste gemeldete Falter stammt sogar vom 1.Mai (1990, Eisberg bei Lauda, A. BECHER/F. KIRSCH).

Präimaginalstadien: Die jungen Raupen sind ab Anfang Mai gefunden worden, etwa ab Mitte Mai wurden halb erwachsene und ab Ende Mai

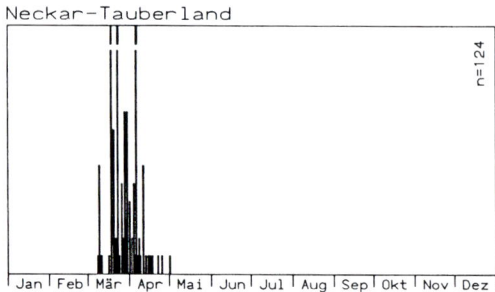

ganz erwachsene Tiere gemeldet (vor allem nach Angaben von GAUCKLER 1909, 1910 vom Michaelsberg bei Untergrombach). Die spätesten Angaben stammen aus der ersten Juni-Dekade (7.6.1924, Spitzberg bei Tübingen, STOLL nach KAUFMANN & SCHMID 1966). Den Juni ohne genaues Datum hatte auch A. GREMMINGER angegeben. Dagegen dürfte die Angabe SCHNEIDERs (1938), der die Raupenzeit mit »VI. und VII.« angab, um einen guten Monat zu spät liegen. Das Überwinterungsstadium ist die Puppe, die ein volles Dreivierteljahr, von Juni bis März, in der Erde ruht.

Ökologie

Lebensraum: Die Biotopansprüche von *Valeria oleagina* ähneln denen des Segelfalters (*Iphiclides podalirius*). Sie benötigt warme, stark besonnte Schlehengebüsche auf trockenen Magerrasen, vor

Zum Lebensraum von *Valeria oleagina* (den sie häufig mit dem Segelfalter teilt) gehören junge, sonnenexponierte Schlehenbüsche in mikroklimatisch günstiger Lage. Sowohl das ungebremste Hochwachsen als auch radikales Abholzen muß an solchen Standorten verhindert werden. Der Acker reicht hier gefährlich nahe an die Trockengebüsche heran, ohne daß eine Pufferzone mit Schlehenjungwuchs existiert. – Lauda, Galgen 1.5.97 F. KIRSCH.

Die Raupe lebt an Schlehen. Auch sie ist gut an die Zweige ihrer Nahrungspflanzen angepaßt. Auffallend sind die etwas verdickten und auch farblich abgesetzten Thorakalsegmente. – Lauda (ex ovo-Zucht) 6.87 A. BECHER. S.

allem in südexponierten Hanglagen und Bergkuppen, auf felsigem, wärmespeicherndem Untergrund. Wichtig sind vor allem niedrige Krüppelschlehen. Die Falter scheinen die Larvalhabitate ungern zu verlassen. Bevorzugt, aber nicht ausschließlich siedelt *V. oleagina* auf Muschelkalk (Tauberland, Kraichgau) und Keuper (Stromberg, Heuchelberg, Spitzberg).

Nahrung der Raupe:
Prunus spinosa – Schlehe
    5 L (Gau, Gre, Lie, Sto)

Die hauptsächliche und in den Gebieten nördlich der Alpen wohl einzige Nahrungspflanze ist die Schlehe. In Südeuropa leben die Raupen auch an anderen Arten der Gattung *Prunus* sowie an Weißdorn (*Crataegus*) (Aigner-Abafi 1900b, Lhomme 1923–1935, Hacker 1989). Auch hier erkennen wir eine Analogie zu den Ansprüchen des Segelfalters. An ihren nördlichen Arealgrenzen sind beide Arten auf Standorte mit extrem xerothermem Mikroklima angewiesen, wie sie in Deutschland vor allem die Schlehe besiedelt, während im mediterranen Klima auch höherwüchsige Büsche und Bäume in Frage kommen. H. Lienig (Tagebuch) fand die Raupen hauptsächlich auf niederen Büschen oder an den unteren Ästen älterer Schlehensträucher.
Nahrung des Falters: Im Freiland wurden die Falter beim Blütenbesuch an Weidenkätzchen beobachtet (A. Gremminger). Außerdem besuchen sie den Köder.
Habitat: Das Larvalhabitat bilden einerseits Mesobromion-Verbuschungsstadien mit Krüppelschlehen, andererseits auch Schlehengebüsche des Berberidion (Pruno-Ligustretum), hier aber nur die sonnenexponierten, niedrigen Äste auf den unbeschatteten Südseiten größerer Büsche.
Verhalten: Die kleinen Raupen sind zeitig im Mai an den dünneren Zweigen und Ästchen sitzend zu finden, die erwachsenen Raupen verbergen sich mehr im Inneren des Schlehenbusches und sitzen tagsüber an den stärkeren Ästen und am Stamm (Gauckler 1909). Die Verpuppung erfolgt zwischen Steinen oder in der oberen Erdschicht. Eigenartig ist der Bau des Kokons. In diesem Gespinst muß die Puppe sowohl die heißeste Jahreszeit (Hochsommer) als auch den folgenden Winter verbringen. Es handelt sich um einen ovalen Kokon, der eine innere und eine äußere Wand besitzt, zwischen denen in Längsrichtung mehrere Rippen verlaufen, so daß einzelne Kammern entstehen. Diese Konstruktion dient offenbar der Temperaturregulation. Bei so aufwendigen Adaptionen ist man versucht, die begrenzte Verbreitung der Art mit ihren klimatischen Toleranzen speziell im Puppenstadium in Verbindung zu bringen. Die Falter sind nachtaktiv und fliegen Lichtquellen an.

Gefährdung und Schutz

Rote Liste Bundesrepublik: 2
Rote Liste Baden-Württemberg: 2

Oberrheinebene: Ausgestorben oder verschollen (Aussage nicht abgesichert).
Schwarzwald: Nicht vertreten.
Neckar-Tauberland: Stark gefährdet (regional ausgestorben oder verschollen).
Schwäbische Alb: Nicht sicher nachgewiesen (kritische Einzelfunde).
Oberschwaben: Nicht vertreten.

- In Baden-Württemberg stark gefährdet! Besonders geschützt gemäß § 20e ff. BNatSchG.

Vor allem in den südlichen Landesteilen, also dort, wo *Valeria oleagina* bei uns eine relative Arealgrenze besitzt und die Vorkommen stets inselartig waren, sind starke Rückgänge zu verzeichnen. Für die Oberrheinebene muß die Art sogar als ausgestorben eingestuft werden. An den noch existierenden Standorten sollte unbedingt dafür gesorgt werden, daß geeignete Krüppelschlehen erhalten bleiben, aber auch nicht zu stark verbuschen (keine Beschattung). Ansonsten gelten die Maßnahmen, die schon für den Segelfalter beschrieben wurden.

Dichonia aprilina
(Linnaeus, 1758)

Grüne Eicheneule

Agriopis aprilina L. (Warren in Seitz 1909–1914, Draudt in Seitz 1931–1938, Schneider 1936–1939, Bergmann 1951–1955, Koch 1954–1961, 1984)
Griposia aprilina L. (Forster 1954–1981, Hannemann & Urbahn in Stresemann 1969, 4.5)

Gesamtverbreitung: Durch ganz Süd-, Mittel- und Nordeuropa etwa deckungsgleich mit dem Areal von *Quercus* verbreitet, nur in Südspanien und Südgriechenland fehlend. Im Osten bis Südrußland, Anatolien und zum Kaukasus. In Kleinasien und auf der Balkanhalbinsel kommt sympatrisch *Dichonia pinkeri* (Kobes, 1973) vor, die noch nicht lange von *D. aprilina* getrennt wird.

Die Grüne Eicheneule (*Dichonia aprilina*) ist in Eichenwäldern verbreitet. Sie wird auch als »Aprileule« bezeichnet, was aber irreführend ist, denn ihre Flugzeit liegt im September/Oktober. – Tübingen, Spitzberg 28.9.84 A. STEINER. LF.

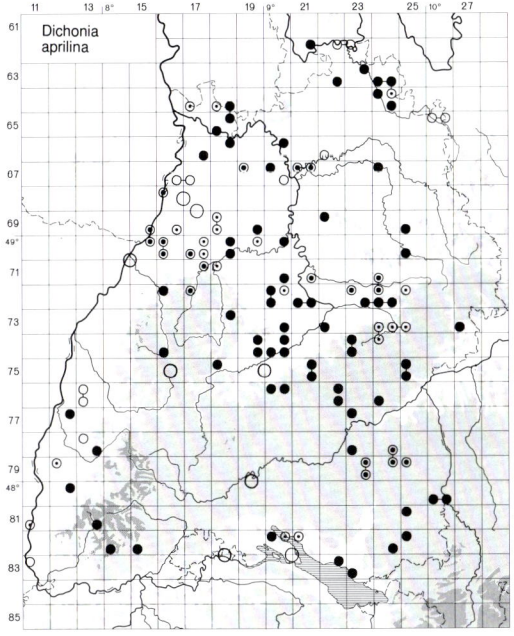

Verbreitung

Regional: Die Grüne Eicheneule bewohnt eichenreiche Wälder der Ebene und des Hügellands. Sie ist daher im Neckar-Tauberland weit verbreitet, aber auch auf der Schwäbischen Alb und in den Schwarzwaldtälern zu finden, wo sie etwa die obere Verbreitungsgrenze der Stieleiche erreicht. Im Alpenvorland bewohnt sie das nördliche Oberschwaben etwa zwischen Kanzach und Iller, fehlt im Oberschwäbischen und Westallgäuer Hügelland und kommt erst wieder im wärmeren und eichenreicheren Bodenseebecken vor. Aus der Oberrheinebene liegen zwar zahlreiche ältere, aber nur vergleichsweise wenige neuere Funde vor, was einen Rückgang der Art nahelegt.

Die auffallend schwarzgrüne, melanistische Form ist aus Baden-Württemberg nur einmal gemeldet worden (Vogtsburg, 5.10.1929, HIRTLER nach BROMBACHER 1933–1935).

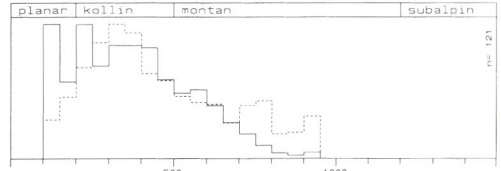

Vertikal: Die Funde erstrecken sich von der Ebene bis in die montane Stufe um 900 m. Der Schwerpunkt der Höhenverbreitung liegt dabei im Hügelland zwischen 200 und 500 m.

Phänologie

Imagines: Die Flugzeit beginnt allgemein Anfang/Mitte September und erreicht in allen Naturräumen um die Monatswende September/Oktober ein Maximum. Dann ziehen sich die Nachweise durch den Oktober mit noch zwei späten Nachweisen im November (3.11.1984, Tübingen-Sand, M. MEIER; 10.11.1985, Kollnau, A. SCHNEIDER). Ein sehr früher Flugzeitbeginn wird durch zwei Angaben vom August markiert (24.8.1978, Schwäbische Alb, Schopfloch, 5(!) Exemplare, GATTER 1979; 27.8.1954, Bronnen, G. REICH).

Präimaginalstadien: Die Eier überwintern. Im Freiland sind die Raupen erst ab Mitte April gefunden worden, der Schlupf dürfte aber schon früher erfolgen. Den ganzen Mai über liegen Fundmeldungen von Raupen vor, und sie reichen auch noch bis in die ersten Junitage (2.6.1986, D. BARTSCH; 3.6.1961, H. LIENIG; 4.6.1876, M.

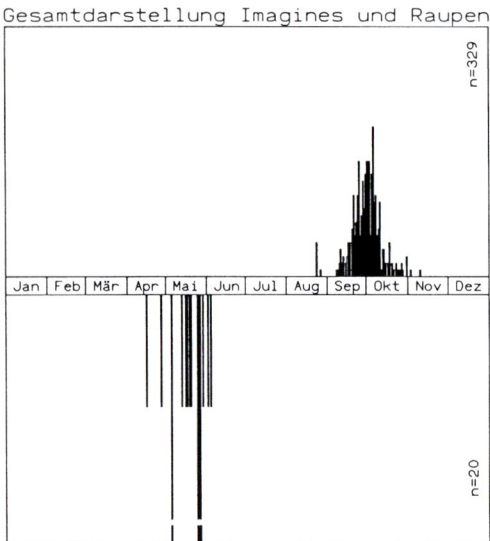

DAUB). Erwachsene Raupen wurden in der Rheinebene ab Mitte Mai gemeldet.

Ökologie

Lebensraum: *Dichonia aprilina* gehört zum typischen Artenspektrum der eichenreichen Laub- und Laubmischwälder der Ebene, des Hügellands und des unteren Berglands. In den Hartholzauwäldern der Flußniederungen ist sie nur schwach vertreten. Sie bewohnt die wärmeliebenden Eichenmischwälder trockener Lagen, die Eichen-Hainbuchenwälder der Ebene und der Hügellandschaften und ist auch in eichenreichen Rotbuchenwäldern vertreten. Zur Eiablage werden offenbar einzeln oder in lichten Beständen stehende, vom Waldrand oder Binnensaum abgesetzte, ältere Bäume bevorzugt.

Nahrung der Raupe:
Fagus sylvatica – Rotbuche
 L (SCC)
Quercus robur – Stiel-Eiche
 L (BEN, STN)
Quercus petraea – Trauben-Eiche
 L (ECK, SCB)
Quercus rubra – Rot-Eiche
 L (GRE, KES)
Quercus spec. – Eiche
 5 L (BAR, GRE, LIE, SCC, SCU, SET)
Ulmus spec. – Ulme
 L (GRE)
Tilia spec. – Linde
 L (SCC)
»Obstbäume«
 L (SCC)

Während kein Zweifel darüber besteht, daß *Dichonia aprilina* ein typisches Eichentier ist, sind wir über Präferenzen innerhalb der Gattung *Quercus* nur lückenhaft unterrichtet. Nachweise liegen sowohl an Stieleiche wie auch an Traubeneiche vor. Gewiß kommt an den Stellen ihres Vorkommens auch die Flaumeiche in Betracht. Im Hardtwald bei Karlsruhe fanden A. GREMMINGER und H. KESENHEIMER mehrfach Raupen an der amerikanischen Roteiche (»Purpureiche«). SCHNEIDER (1938) berichtete, daß die Raupen im württembergischen Landesteil »hauptsächlich an Eiche, weniger an Buche, hin und wieder an Linde und Obstbäumen« gefunden wurden. A. GREMMINGER hat sie »auch an Ulme gef.[unden]«. Neuere, gesicherte Raupennachweise von diesen Bäumen stehen allerdings aus.

In der Literatur finden sich weiterhin Angaben für Esche, Pappel, Apfel und Kirsche (SPULER 1908–1910, VORBRODT 1911). In diesen Fällen wie auch bei den oben erwähnten Einzelfunden aus Baden-Württemberg dürfte es sich höchstens um gelegentliche Nahrungspflanzen handeln.

An einem in der zweiten Märzwoche in der Oberrheinebene eingetragenen Stieleichenzweig bemerkte W. BENDER am 31.3. eine bereits ziemlich

Im April, mehr aber noch im Mai und bis in den Juni hinein sind die rindenfarbigen Raupen zu finden. Ihr Ruheversteck bei Tage sind Rindenritzen an Eichenstämmen. Die Tarnung ist perfekt. – Malsch-Sulzbach, Bergwald (leg. E. ECKERT) 6.5.96 A. STEINER. S.

erwachsene Raupe. Sie fraß die Blüten und dürfte anfangs in den Knospen gelebt haben. Der Raupenschlupf wurde hier möglicherweise durch die Verbringung in die Wärme ausgelöst. Der Fraß in den Knospen und später bevorzugt an Blüten ist auch aus anderen Gebieten belegt (z. B. BRETHERTON, GOATER & LORIMER 1983) und für viele Ei-Überwinterer an Laubhölzern typisch, besonders an den relativ spät austreibenden Eichen. Die Raupen bevorzugen nährstoffreiche Strukturteile, die rasches Wachstum gewährleisten, und gehen erst auf die Blätter über, wenn keine Knospen oder Blüten mehr zur Verfügung stehen.

Nahrung des Falters: Noch keine Freiland-Beobachtungen aus Baden-Württemberg. Aus Großbritannien wird Nahrungsaufnahme an Beeren und Efeublüten gemeldet (BRETHERTON, GOATER & LORIMER 1983). Die Imagines besuchen gern, vor allem früh am Abend, künstlichen Köder.

Habitat: *Dichonia aprilina* bewohnt vor allem Quercion robori-petraeae-, Carpinion betuli-, Tilio platyphylli-Acerion pseudoplatani- und Fagion sylvaticae-Gesellschaften, mutmaßlich auch das Quercion pubescenti-petraeae. Keine wesentliche Rolle scheint das Alno-Ulmion zu spielen.

Verhalten: Die Lebensweise der Raupen wurde schon angesprochen. Erwachsen ruhen sie tagsüber in Rindenritzen an stärkeren Ästen und am Stamm, bis fast zum Boden hinunter. So sind sie – trotz ihrer Tarnfärbung – häufig gefunden worden. Nachts erklettern sie Äste oder Stockausschläge. Die Verpuppung erfolgt in einem kräftigen Kokon im Erdboden, der im Freiland meist zwischen den Eichenwurzeln zu finden ist. Die Falter sind nachtaktiv und kommen vereinzelt ans Licht.

Gefährdung und Schutz

Rote Liste Bundesrepublik: V
Rote Liste Baden-Württemberg: V

Oberrheinebene: Art der Vorwarnliste (regional ausgestorben oder verschollen).
Schwarzwald: Nicht gefährdet.
Neckar-Tauberland: Nicht gefährdet.
Schwäbische Alb: Nicht gefährdet.
Oberschwaben: Art der Vorwarnliste.

- In Baden-Württemberg eine Art der Vorwarnliste!
  Besonders geschützt gemäß § 20e ff. BNatSchG.

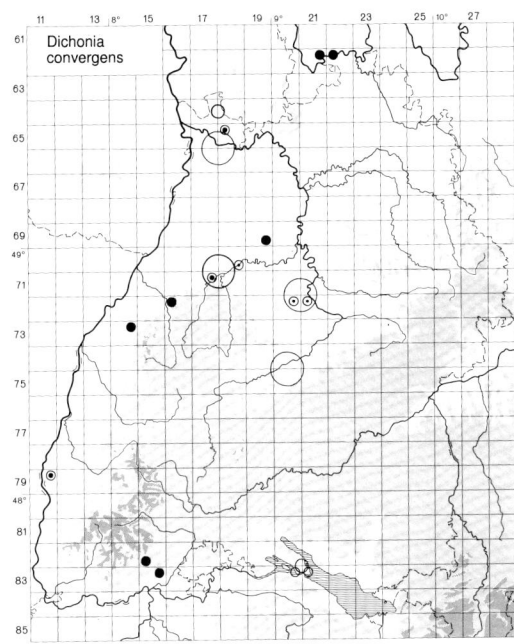

Dichonia convergens
([Denis & Schiffermüller], 1775)

Graue Eicheneule

Dichonia convergens F. (REUTTI 1898, LAMPERT 1907, SPULER 1908–1910, REBEL 1910, ECKSTEIN 1913–1923, HERING 1932)
Agriopis convergens F. (WARREN in SEITZ 1909–1914, SCHNEIDER 1936–1939, BERGMANN 1951–1955, KOCH 1954–1961, 1984)
Griposia convergens SCHIFF. (FORSTER 1954–1981, PRETSCHER et al. 1984)

Gesamtverbreitung: Südeuropa und südliches Mitteleuropa, nördlich bis Nordfrankreich, bis ungefähr zum Nordrand der Mittelgebirge, bis Polen, in die ukrainischen Karpaten und zur Krim. Außerdem in Kleinasien.

Verbreitung

Regional: *Dichonia convergens* ist in Baden-Württemberg nie sehr verbreitet gewesen. Sie hat offenbar in Teilen ihres Areals im Laufe des 19. und 20. Jahrhunderts starke Einbußen erlitten. So wird sie heute an keinem der Fundorte, die bis Mitte des 20. Jh. bekannt waren, mehr gefunden(!), während in den letzten 20 Jahren einige neue Fundpunkte im Odenwald, im Sandstein-Spessart und im Nord- und Südschwarzwald festgestellt wurden. Hier handelt es sich um bis-

Die Bestände von *Dichonia convergens* sind im Lauf des 20. Jahrhunderts stark zusammengeschrumpft. Heute ist sie nur noch von wenigen Standorten in Schwarzwaldrandlagen, im Odenwald und Spessart sowie im Stromberg bekannt. – Schwarzatal bei Berau 2.10.95 A. STEINER. LF.

her entomofaunistisch wenig bearbeitete Gebiete, so daß wir es sicher nicht mit rezenter Zuwanderung sondern mit schon seit langem bodenständigen Populationen zu tun haben.

Im Bereich der Oberrheinebene kennen wir lediglich ältere Angaben von der Bergstraße (Heidelberg, O. SCHEPP nach Kartei A. GREMMINGER; Weinheim, 1953–1964, H. LIENIG). Ein einziges Exemplar wurde aus dem Kaiserstuhl gemeldet: Oberbergen Ortsgebiet, 1966 (CLEVE 1968).

Im nördlichen Neckar-Tauberland liegen aktuelle Funde aus dem Sandstein-Spessart vor (Umg. Freudenberg, 1986–1991, A. BECHER), ältere Funde aus dem Vorderen Odenwald (Altenbach, 1963, 1966, G. JUNGE)[1]. Auch im Stromberg kommt die Art vor, wie ein neuerer Fund bei Häfnerhaslach zeigt (1988, F. LAIER). Die ehemaligen Vorkommen im Raum Pforzheim sind trotz kontinuierlicher entomofaunistischer Aktivität seit den sechziger Jahren nicht mehr belegt (Kraichgau: Enzrücken bei Niefern, 1929–1930, H. ROMETSCH/K. STROBEL, Kraichgau/Schwarzwald-Randplatten: Birkenfeld, 1953–1966, R. HÄUSSER, K. STROBEL). Das gleiche gilt für den Großraum Stuttgart, wo die Raupen im 19. Jh. »Ende Mai alljährlich von Eichen geklopft« wurden (J. HOFFMANN in KELLER & HOFFMANN 1861). SCHNEIDER (1938) gab, vielleicht geringfügig übertrieben, an: »In der Umgebung von Stuttgart in Laubwaldungen mit Eichen verbreitet und nicht selten.« Von diesen Vorkommen zeugen Belegtiere von Stuttgart-Doggenburg und Stuttgart-Geißeiche aus den Jahren 1926 und 1938 (Anonymus und G. BARTH, coll. SMNS) sowie von »Stuttgart« von 1936 und 1946 (HOLZINGER nach K. STROBEL). Auf diesen Zeitraum beziehen sich wahrscheinlich auch die ohne Jahreszahl genannten Fundorte Kräherwald und Rot- und Schwarzwildpark (SCHÄFER 1980b). Aus der Umgebung von Tübingen liegen ein Belegstück von 1932 und eine Raupenfundmeldung vom Spitzberg von 1933 vor (KAUFMANN & SCHMID 1966). Bei einer Bestandsaufnahme in den 70er/80er Jahren wurde die Art weder am Spitzberg noch an anderen Stellen des Tübinger Raums festgestellt (MEIER & STEINER 1985).

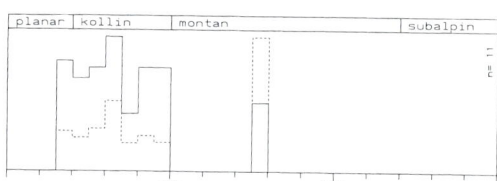

Neben Odenwald, Spessart und Stromberg beherbergt der Schwarzwald die letzten südwestdeutschen Populationen von *Dichonia convergens*. 1979 wurde sie von R. HERRMANN an einem Fundort im Murgtal oberhalb Gaggenau (Nördlicher Talschwarzwald) festgestellt und seitdem dort mehrmals bestätigt (1983, 1985). 1991 fand sie A. STEINER im Südschwarzwald im Schwarzatal bei Brenden, 1995 im Schwarzatal bei Berau. Im selben Jahr stellten A. SCHANOWSKI und A. STEINER eine Population in der Ortenau-Bühler Vorbergzone bei Neusatz fest. Angesichts der geringen Durchforschung der Schwarzwald-Randlagen in den Herbstmonaten darf demnach durchaus mit einer Anzahl noch unbekannter Fundorte gerechnet werden.

Im Alpenvorland war seit jeher nur eine Angabe von LEINER (1829) bekannt, der *D. conver-*

---

[1] Über neue Funde im nördlichen Vorderen Odenwald (Hessen) berichteten ROTH & ERNST (1996).

gens im Bodenseebecken aus der Umgebung von Konstanz gemeldet hatte (auch zitiert von REUTTI 1853, 1898). Seitdem gibt es keine neuen Angaben aus diesem Gebiet.

Vertikal: Von der planaren Stufe um 160 m (Sandstein-Spessart) bis in die montane Stufe um 760 m (Südschwarzwald) verbreitet. Die niedrigsten Lagen bleiben unbesiedelt.

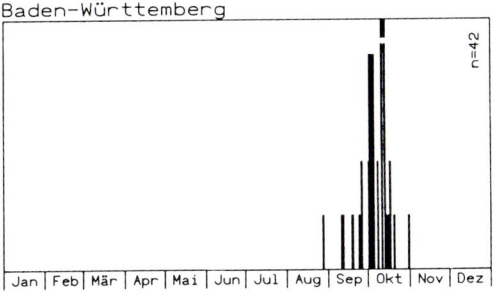

Phänologie

Imagines: Die noch relativ dürftige Datengrundlage erlaubt keine abschließende Beurteilung. Die Nachweise von der Bergstraße (Weinheim, H. LIENIG) und aus dem Odenwald (Altenbach, G. JUNGE) reichen vom 1. bis 20. Oktober. Aus dem hessischen Teil des Vorderen Odenwalds meldeten ROTH & ERNST (1996) eine außerordentlich langgedehnte Flugzeit von Anfang September bis Anfang November (2.9.–5.11.). Der Fund im Kaiserstuhl datiert vom 4.10.1966 (CLEVE 1968). Im Schwarzwald liegen die Daten zwischen 3.10. und 31.10. (beides Murgtal, M. MEIER/A. STEINER, R. HERRMANN). In beiden genannten Naturräumen darf aber wohl von einem Flugzeitbeginn bereits im September[2] ausgegangen werden, wie er aus dem Neckar-Tauberland belegt ist. Hier setzen die frühesten Funde Mitte September ein (11.9.1953, Birkenfeld, K. STROBEL; 12.9.1936, Stuttgart, HOLZINGER nach K. STROBEL). Dafür enden die Daten bereits Mitte Oktober (16.10.1938, Stuttgart-Doggenburg, coll. SMNS; 17.10.1988, frisches Tier, Häfnerhaslach, F. LAIER).

Einer sehr frühen Angabe vom 28.8.1946 (Stuttgart, HOLZINGER) stehen wir skeptisch gegenüber. Vielleicht handelt es sich um einen als Freilandtier etikettierten Zuchtfalter.

Präimaginalstadien: Das Ei überwintert. Die Raupen wurden, wie schon erwähnt, früher bei Stuttgart Ende Mai gefunden (J. HOFFMANN in KELLER & HOFFMANN 1861). Den Mai und den Juni gab SCHNEIDER (1938) als Raupenzeit an. Als einziges genaues Datum liegt die Angaben von H. KAUFMANN vor, der eine Raupe am Spitzberg bei Tübingen am 21.5.1933 fand (KAUFMANN & SCHMID 1966).

Aus Brandenburg werden Funde erwachsener Raupen von Ende Mai bis etwa Mitte Juni gemeldet (WEIDLICH & GELBRECHT 1995).

Ökologie

Lebensraum: *Dichonia convergens* besiedelt (trauben)eichenreiche Wälder und reich strukturierte, besonnte Waldränder des Hügellands. Sie scheint mäßig trockene und warme, gern süd- oder westexponierte Hanglagen zu bevorzugen. An den vier aktuellen Fundstellen im Schwarzwald überwiegt die Traubeneiche, worin wir einen Hinweis auf die Nahrungspräferenz sehen dürfen. Drei dieser Standorte wurden bereits unter *Agrochola laevis* beschrieben, die hier mit *Dichonia conver-*

Die Raupe von *Dichonia convergens* ist heller als die von *D. aprilina*, zeigt aber ganz ähnliche Verhaltensweisen. Obwohl sie auch mit Stieleiche gezüchtet werden kann, scheint sie im Freiland Traubeneichen zu bevorzugen. – Stromberg, Häfnerhaslach (e. o.-Zucht leg. F. LAIER) 6.5.88 G. EBERT. S.

---
[2] Auch REUTTI (1898) nannte als Flugzeit für das ehemalige Baden den September.

gens syntop vorkommt. Ähnliche Lebensräume werden auch für den Odenwald und für Brandenburg genannt (siehe Habitat).

Nahrung der Raupe:
Quercus spec. – Eiche
5 L (Bat, Bmg, Hfm, Hlz, Kau, Mrt)

Alle Angaben aus Baden-Württemberg nennen nur die Gattung Eiche als Raupennahrung. Die Fundstellen legen nahe, daß Traubeneichen vor Stieleichen bevorzugt werden, eine Vermutung, die noch zu überprüfen wäre. Im übrigen sind die meisten Raupen tagsüber in Rindenritzen an Stämmen und Ästen ruhend gefunden worden (z. B. Kaufmann & Schmid 1966). Nur J. Hoffmann hat ausdrücklich vermerkt, daß die Raupen »bei Stuttgart ... von Eichen geklopft« wurden (Keller & Hoffmann 1861). Leider vermerkte er nicht, ob dies nachts oder tagsüber geschah; im ersteren Fall wären die Raupen gerade beim Fressen gewesen, im letzteren Fall müßte angenommen werden, daß sie sich auch an kleineren, »klopfbaren« Ästen und Zweigen oder zwischen Blättern verstecken.

Ein Lebensraum von *Dichonia convergens* im Südschwarzwald. In der wärmespeichernden Blockschutthalde ebenso wie im angrenzenden Wald stehen alte Traubeneichen. Hier dürften im Frühjahr die Raupen zu finden sein. Eine weitere Fundstelle ist unter *Agrochola laevis* abgebildet. – Schwarzatal 23.6.95 A. Steiner.

Nahrung des Falters: Ein am Licht angeflogener Falter wurde dabei beobachtet, wie er an von Tautropfen bedeckten Zweigen und Blättern von Traubeneichen saugte (A. Steiner). Die Falter besuchen den Köder.

Habitat: Pflanzensoziologisch noch nicht klar zu definieren, in unserem Gebiet wahrscheinlich verschiedene Quercion robori-petraeae-Gesellschaften. An ihrer nördlichen Arealgrenze in Brandenburg besiedelt die Art nach Weidlich & Gelbrecht (1995) bevorzugt xerotherme Traubeneichenwälder (»Agrostio-Quercion und Cyancho-Quercion«) auf Sandböden, in einem Fall auch »Schattenblumen-Eichen-Buchenwald (Majanthemo-Fagetum silvaticae)« mit Stieleiche. Im Odenwald sind die Falterfundstellen »trockene, randständige Traubeneichenwälder, die von säureliebenden Salbeigamander-Flockenblumen-Säumen durchdrungen werden« (Roth & Ernst 1996).

Verhalten: Die Lebensweise der Raupen dürfte in groben Zügen der von *D. aprilina* entsprechen. Die Falter kommen ans Licht, und zwar innerhalb ihrer Habitate deutlich häufiger als *D. aprilina*.

Gefährdung und Schutz

Rote Liste Bundesrepublik: 3
Rote Liste Baden-Württemberg: 2

Oberrheinebene: Ausgestorben oder verschollen.
Schwarzwald: Gefährdet (Aussage nicht abgesichert).
Neckar-Tauberland: Gefährdet.
Schwäbische Alb: Nicht vertreten.
Oberschwaben: Ausgestorben oder verschollen.

• In Baden-Württemberg stark gefährdet!

Für die deutlichen Rückgänge, die zu lokalem Aussterben geführt haben, können wir keine direkten Gründe erkennen. Möglicherweise benötigt *Dichonia convergens* lichte, offene Wälder mit Mittelwaldcharakter. Dieser Vermutung sollte durch gezielte Raupensuche nachgegeangen werden. Die verbleibenden Fundstellen sollten weiter so bewirtschaftet werden wie bisher; Aufforstungen mit Nadelholz oder gar Abholzung wegen Straßenbau oder Siedlungserweiterungen müssen vermieden werden. Der Eichenwald bei Neusatz ist beispielsweise mittel- bis langfristig durch Douglasien bedroht, mit denen naheliegende Flächen aufgeforstet wurden und die sich von dort aus weiter ausbreiten.

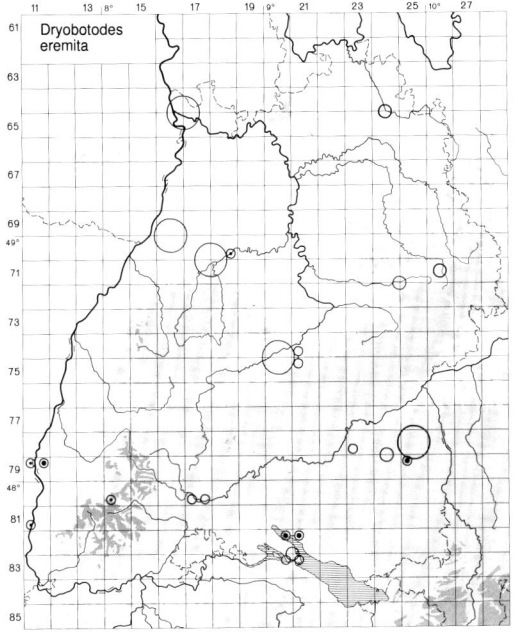

Dryobotodes eremita
(Fabricius, 1775)

Olivgrüne Eicheneule

Dryobota protea BKH. (REUTTI 1898, LAMPERT 1907, SPULER 1908–1910, REBEL 1910, ECKSTEIN 1913–1923)
Dryobotodes protea ESP. (WARREN in SEITZ 1909–1914)
Dryobota protea ESP. (HERING 1932)
Dryobotodes protea BKH. (SCHNEIDER 1936–1939, BERGMANN 1951–1955, KOCH 1954–1961, 1984)
Dryobotodes protea SCHIFF. (FORSTER 1954–1981)

Gesamtverbreitung: Von Nordafrika (Marokko, Algerien) durch Süd- und Mitteleuropa, nördlich bis Schottland, Südnorwegen, Mittelschweden und Südfinnland verbreitet. Im Osten reicht das Areal bis nach Südrußland, zum Kaukasus, in den Irak und Südwest-Iran.

Verbreitung

Regional: *Dryobotodes eremita* ist heute in Baden-Württemberg verschwunden. Auch früher scheint sie durchaus nicht so »verbreitet und meist häufig« gewesen zu sein, wie einige Handbücher behaupten (FORSTER 1971). So war etwa die Angabe für den württembergischen Landesteil »Im ganzen Gebiet mit der Eiche ... verbreitet, nicht selten« (SCHNEIDER 1938), wie die im Folgenden komplett aufgeführten Funde[1] zeigen, eine deutliche Übertreibung. Dennoch muß die Art wenigstens örtlich und jahrweise auch häufiger aufgetreten sein, und dies sowohl als Falter (»Unterhölzer Wald, zahlreich am Köder«, REUTTI 1898) wie auch als Raupe (»einmal zahlreich an den Eichen im Wildpark«, GAUCKLER 1909).

Oberrheinebene: Mannheim (REUTTI 1898); Karlsruhe (REUTTI 1853, 1898); Wildpark bei Karlsruhe (GAUCKLER 1909); Jägerhof bei Niederrotweil, 1931 (E. BROMBACHER); Achkarren, 1965 (H. RIETZ); Neuenburg, 1928, 1929 (K. ROTHMUND nach Kartei A. GREMMINGER);
Schwarzwald: Höllental, Hirschsprung, 1927 (K. ROTHMUND nach Kartei A. GREMMINGER).
Neckar-Tauberland: Bad Mergentheim, 1953 (W. LUNG, coll. SMNS); Pforzheim (REUTTI 1898), 1930 (F. GUTH), 1950 (M. WALLNER); Enzrücken bei Niefern, 1925, 1930 (H. ROMETSCH, coll. WALLNER); Schwäbisch Gmünd, 1935 (E. DANGELMAIER, coll. Museum Schwäbisch Gmünd); Aalen, 1952 (H. KAUFMANN, coll. SMNS); Tübingen (KELLER & HOFFMANN 1861, später auch zitiert von KAUFMANN & SCHMID 1966); Reutlingen (KELLER & HOFFMANN 1861); Unterhölzer Wald bei Geisingen (REUTTI 1898).
Alpenvorland: Heudorf bei Riedlingen, 19. Jh. (coll. SMNS); Alberweiler, 19. Jh. (coll. SMNS); Dürnachtal und Kaldental bei Bronnen, 1924, 1925, 1929, 1950, 1952, 1953, 1955, 1958 (G. REICH, coll. SMNS); Überlingen, 1955 (E. COMMERELL nach Kartei A. GREMMINGER), Konstanz (LEINER 1829, später zitiert von REUTTI 1853, 1898).

In den meisten Gebieten scheint die Art schon Anfang des 20. Jahrhunderts selten geworden oder ausgestorben zu sein (nördliche Oberrheinebene, mittlerer Neckar, Baar). In einigen Regionen stammen die letzten Funde aus den fünfziger Jahren (Tauberland, Raum Pforzheim, Albvorland, Oberschwaben, Bodensee), und der jüngste Nachweis aus der Rheinebene am Kaiserstuhl datiert von 1965 (H. RIETZ). Seither fehlt von der Art jede Spur[2].

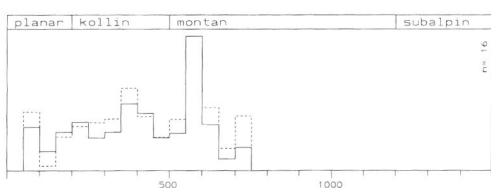

---

[1] Es ist nicht ganz ausgeschlossen, daß sich unter den älteren, nicht durch Belegstücke gestützten Meldungen auch Fehldeterminationen verbergen.
[2] Eine neuere Angabe aus dem Greutterwald bei Weilimdorf (SCHÄFER 1983) beruht vermutlich auf Fehldetermination.

Ein ähnlicher, wenn auch nicht immer so deutlicher und zur lokalen Extinktion führender Rückgang scheint auch in anderen Lokalfaunen spürbar zu sein, etwa in den östlichen Bundesländern (HEINICKE & NAUMANN 1980–1982). In der angrenzenden Pfälzer Rheinebene kommt die Art immer noch vor, wenn auch selten »an wenigen eng begrenzten Stellen« (KRAUS 1993).

Vertikal: Die Höhenverbreitung erstreckte sich bei uns von der Ebene bis in die montane Stufe über 700 m (Unterhölzer Wald).

Phänologie

Imagines: Die wenigen genauen Daten aus Baden-Württemberg fallen in den Zeitraum von Anfang September bis Ende Oktober (8.9.1928, Neuenburg, K. ROTHMUND; 22.10.1952, Dürnachtal, G. REICH). Ein noch früherer Fund wird von Ende August gemeldet (21.8.1927, Höllental, K. ROTHMUND). Dies ist auch der von SCHNEIDER (1938) angegebene Zeitraum (»E. VIII bis E. 10«) und entspricht der Pauschalangabe »E 8–E 10« von KOCH (1984).

Präimaginalstadien: Keine taggenauen Angaben aus dem Untersuchungsgebiet. Das Ei überwintert. Die Raupe schlüpft im März und ist im Juni erwachsen (SCHNEIDER 1938). Obwohl von G. REICH und H. KAUFMANN aus der Raupe gezüchtete Falter vorliegen, wurde leider kein Funddatum auf den Etiketten vermerkt.

Ökologie

Lebensraum: Aus unserem Gebiet wenig bekannt. Genaue Biotopangaben hat kein Beobachter der Art hinterlassen, so daß wir auf Vermutungen angewiesen sind. Aufgrund der Nahrungsansprüche der Raupe muß es sich um eichenreiche Wälder und/oder deren Randbereiche gehandelt haben. In der südlichen Rheinebene (bei Neuenburg) kommt die »Trockenaue« in Frage, wo relativ niedrigwüchsige, lückige Eichentrockenwälder auf sandigen bis kiesigen Böden stocken, bei Niederrotweil aber auch der Bereich der Hartholzaue. Nach HACKER (1989) ist *D. eremita* in Mitteleuropa eine Charakterart von Hartholzauwäldern auf frischen Standorten. Als feucht und mit hohem Grundwasserstand beschreibt auch D. BARTSCH einen Fundort der Art in der Pfalz.

Nahrung der Raupe:
Quercus spec. – Eiche
5 L (GAU, SCC, WLL)

Sowohl GAUCKLER (1909) als auch SCHNEIDER (1938) meldeten »Eiche« ohne Nennung der Art als Nahrungspflanze der Raupe. M. WALLNER trug 1950 in der Umgebung von Pforzheim eine Raupe mit Eiche ein. Eiche ist – wie bei den übrigen *Dryobotodes*-Arten – die wahrscheinlich einzige Nahrungspflanze von *D. eremita*. Ob alle Eichenarten gleichermaßen geeignet sind, bleibt noch zu untersuchen.

Nach HACKER (1989) wurden die Raupen in Europa meist an *Quercus robur* gefunden. Laut BEER (nach BERGMANN 1954) soll auch Feldulme (*Ulmus minor*) in Frage kommen, was allerdings unwahrscheinlich ist.

Nahrung des Falters: Keine Angaben aus dem Untersuchungsgebiet. Die Falter besuchen gern den Köder.

Habitat: Siehe Lebensraum.

Verhalten: Die Raupen schlüpfen im März, bohren sich erst in die Knospen ein und leben später einzeln in einem zwischen Eichenblättern angelegten Gespinst. Nachts wurden sie an den Blättern und auch am Stamm gefunden, und zwar nur in Höhen bis 3 m (Pfalz, D. BARTSCH). Die Verpuppung erfolgt in einem Gespinst am Boden (BRETHERTON, GOATER & LORIMER 1983, SKOU 1991). Die Falter sind nachtaktiv und kommen vereinzelt ans Licht.

Gefährdung und Schutz

Rote Liste Bundesrepublik: V
Rote Liste Baden-Württemberg: 0

Oberrheinebene: Ausgestorben oder verschollen.
Schwarzwald: Ausgestorben oder verschollen.
Neckar-Tauberland: Ausgestorben oder verschollen.
Schwäbische Alb: Nicht vertreten.
Oberschwaben: Ausgestorben oder verschollen.

- In Baden-Württemberg ausgestorben oder verschollen!

Mit dieser Einstufung scheint das Bundesland Baden-Württemberg am stärksten von der Regression der Art betroffen zu sein. In der neueren Verbreitungsübersicht von HEINICKE (1993) werden für alle Bundesländer außer Hessen und Baden-Württemberg noch Funde nach 1980 genannt[3]. Die Gründe für diesen Rückgang sind indessen völlig unklar. Eine genaue Dokumenta-

---

[3] Nur aus dem Saarland gibt es überhaupt keine Nachweise für *D. eremita*.

Dryobotodes eremita ist aus unbekannten Gründen aus der Fauna Baden-Württembergs verschwunden. In den meisten Gebieten ist die Art seit den fünfziger Jahren nicht mehr gefunden worden. Der letzte Falter wurde 1965 im Kaiserstuhl gesammelt. – Südbaden (ohne Datum) F. GUTH.

tion der Habitatansprüche und der Biologie von *D. eremita* in noch gut besiedelten Gebieten könnte vielleicht Anhaltspunkte dafür liefern.

Dryobotodes monochroma
(Esper, 1790)

Dryobota monochroma ESP. (LAMPERT 1907, SPULER 1908–1910, REBEL 1910)

Gesamtverbreitung: Von Nordwestafrika (Marokko) durch ganz Südeuropa verbreitet. Die Nordgrenze des Areals verläuft von Südfrankreich über die italienischen Südalpentäler bis ins östliche Österreich (Ober- und Niederösterreich, Wien, Burgenland, Steiermark), die Südslowakei, Südrumänien und Bessarabien bis ins Schwarzmeergebiet.

KABIS (1897) gab an, die Art im Hochschwarzwald bei Todtnauberg (um 1000 m) gefunden zu haben. Diese unglaubwürdige Meldung wurde schon von REUTTI (1898) zu Recht ignoriert. Wie bei allen anderen Meldungen der Art aus Deutschland wird auch hier eine Fehldetermination zugrundeliegen (vgl. die Beurteilungen für Niedersachsen bei MEINEKE 1984 und für Ostdeutschland bei HEINICKE & NAUMANN

---

[1] ESPER schrieb dazu: »Dem seel. GERNING wurden die hier vorgestellte [sic] Phalenen aus der Gegend von Florenz beliefert, nachgehends haben sie sich auch bey uns vorgefunden«. Die folgende Bemerkung »Sie erscheinen des Abends, bereits im Junius ...« beweist aber, daß es sich bei den fränkischen Exemplaren um eine Verwechslung mit einer im Frühsommer fliegenden Art gehandelt hat (ESPER 1796–1805: 521).

1980–1982). In der Sekundärliteratur findet sich die falsche Angabe »Deutschland« auch bei WARREN (in SEITZ 1909–1914). Angeregt wurden viele dieser Meldungen wohl schon von ESPER selbst, der in der Urbeschreibung fälschlicherweise angab, die Art käme auch in Nordbayern vor[1].

Antitype chi
(Linnaeus, 1758)
Chi-Eule

Polia chi L. (REUTTI 1898, LAMPERT 1907, SPULER 1908–1910, REBEL 1910, ECKSTEIN 1913–1923, HERING 1932)

Gesamtverbreitung: Nahezu ganz Europa mit Ausnahme von Südspanien, Südgriechenland und dem nördlichsten Fennoskandien. Nord- und Mittelasien bis zum Pazifik, aber nicht in Japan.

Verbreitung

Regional: *Antitype chi* ist zwar in weiter Verbreitung im ganzen Bundesland zu finden, zeigt aber eine Vorliebe für die Hügelstufe und die kühleren Lagen der Mittelgebirge. In der Oberrheinebene ist sie nur lokal und fast immer in Einzeltieren nachgewiesen worden. Offenbar sind diese Populationen der Ebene nicht sehr individuenstark, vielleicht ist *A. chi* auch nicht überall dauernd

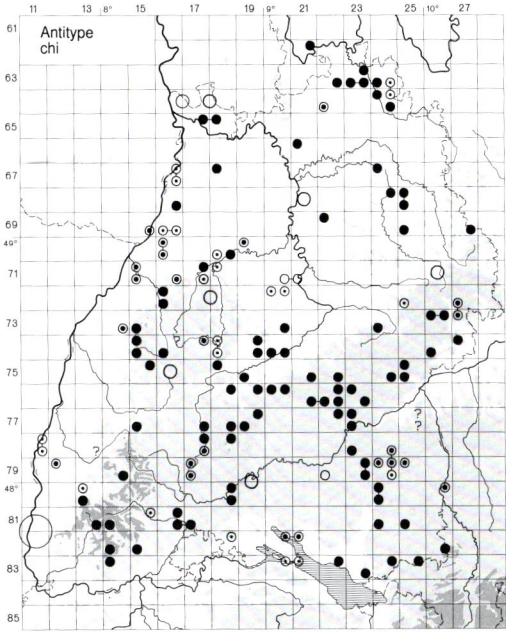

Die Chi-Eule (*Antitype chi*) trägt ihren Namen nach der kleinen balken- bis x-förmigen schwarzen Zeichnung in der Flügelmitte. Sie gehört zu den Spätsommer/Herbstarten und fliegt von August bis Oktober. – Todtnau-Schlechtnau 25.8.84 F. EBSER.

Schon im 19. Jh., als noch keine effizienten Lichtfangmethoden zur Verfügung standen, galt die Art im württembergischen Landesteil als häufig, denn die Falter waren tagsüber »fast an jedem Bretterzaun zu finden«, wie KELLER & HOFFMANN (1861) bemerkten, gleichzeitig aber hinzufügten: »manche Jahre indessen selten«.

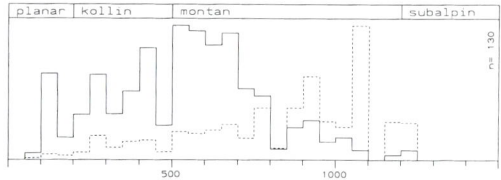

Vertikal: Die Höhenverbreitung umfaßt fast das ganze Spektrum von der planaren bis in die oberste montane Zone, wobei die Präferenzen eher im Bergland liegen. Die höchsten Fundorte erreichen knapp die subalpine Stufe: Nordschwarzwald, Hornisgrinde-Gipfelplateau, 1150–1160 m (H. LUSSI/A. STEINER); Südschwarzwald, Schauinsland-Gipfel, 1250 m (R. HERRMANN). Schon im Jahr 1853 hatte REUTTI darauf hingewiesen, daß *A. chi* »im Gebirge noch in bedeutender Höhe« vorkommt.

Phänologie

Imagines: Die Falter sind von August bis Oktober nachgewiesen worden. Im Einzelnen sieht die Flugzeit folgendermaßen aus: Oberrheinebene und Neckar-Tauberland: Mitte August bis Mitte September mit Einzelfunden bis Mitte Oktober; Schwäbische Alb: Ende August bis Ende September mit Einzelfunden Mitte August und Mitte Oktober; Schwarzwald: Anfang September bis Anfang Oktober mit Einzelfunden ab Mitte August und bis Mitte Oktober; Alpenvorland: Mitte August bis Ende September. Maxima lassen sich im Neckar-Tauberland Ende August, auf der Alb Anfang September erkennen, im Schwarzwald vermutlich um Mitte September.

bodenständig. So konnte sie bei Linkenheim-Hochstetten, wo seit den sechziger Jahren kontinuierlich Lichtfang betrieben wird, nur 1976 und 1985 je einmal beobachtet werden (K. & U. RATZEL). Aus der gut bearbeiteten Umgebung von Karlsruhe (Hardtwald, Wildpark, Rheinwald) liegen nur einzelne Funde aus den Jahren 1870, 1874, 1901, 1912, 1917, 1942 und 1968 vor (M. DAUB, A. GREMMINGER, J. PARTENSCKY). Im Raum Rastatt ist in den Jahren 1965–1985 nur einmal ein Falter registriert worden (R. HERRMANN).

Das Alpenvorland und der Schwarzwald weisen dagegen eine beträchtliche Fundortdichte auf. Im Neckar-Tauberland liegen die Fundorte vor allem in kühleren Naturräumen bzw. Biotopen, während die ausgesprochenen Wärmegebiete wie Kraichgau und Neckarbecken sowie Xerothermbiotope deutlich schwächer besiedelt sind. Am dichtesten zeigt sich die Verbreitung auf der Schwäbischen Alb. Hier wie auch im Schwarzwald werden nicht nur Täler und Randgebiete, sondern auch die Hochflächen und Gipfel bewohnt.

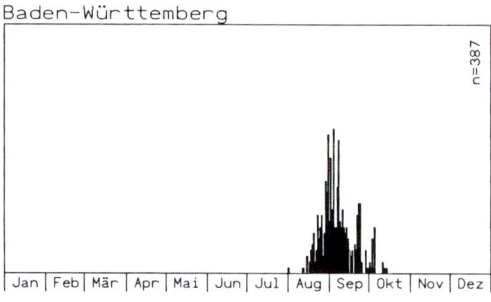

Bei der Angabe von KELLER & HOFFMANN (1861) »Vom Juli bis September nicht selten« steht zu vermuten, daß es sich bei den Juli-Tieren um seltene Ausnahmen oder aber um Fehlbestimmungen gehandelt hat.

Präimaginalstadien: Das Ei überwintert. Die aus dem Untersuchungsgebiet vorliegenden datierten Raupenfunde beginnen Ende Mai (24. 5. 1921, Eyachtal bei Pforzheim, K. STROBEL) und ziehen sich durch den Juni bis Mitte Juli hin. Dabei wurden erwachsene Raupen ab Mitte Juni gemeldet. In klimatisch ungünstigen Jahren wurden im Schwarzwald erwachsene Tiere noch Anfang und Mitte August gefunden (1. 8. 1974, Menzenschwand, H. HEIDEMANN; 11. 8. 1980, Achdorf, H. HERRMANN).

Ökologie

Lebensraum: *Antitype chi* bewohnt eine Vielzahl von Lebensräumen, die sich mikroklimatisch und vom Wasserhaushalt her sehr unterscheiden. Das eine Extrem bilden wohl die Niedermoore, Hochmoore und Moorrandwälder im Alpenvorland und im Schwarzwald, das andere die Magerrasen und Wacholderheiden der Schwäbischen Alb und des Neckar-Tauberlands. Dabei ist zu beachten, daß – soweit die bisherigen Raupenfunde eine Beurteilung zulassen – im Bereich der Mesobrometen die stark xerothermen Plätze gemieden und mehr die Säume oder durch Gebüsch und Bäume beschattete Stellen sowie angrenzende Waldränder mit deren Vorwaldstadien besiedelt werden. Innerhalb von Wäldern findet die Art sich an Binnensäumen wie Waldwegen, Lichtungen, Schlägen, Böschungen und Bachufern, wo sie Stauden- und Schlagfluren bewohnt, aber auch mitten in lichten und unterwuchsreichen Laub-, Misch- und reinen Nadelholzbeständen (z. B. im Schwarzwald).

Im Offenland tritt sie in Ginster-Heidekrautheiden und auf den Weidfeldern des Schwarzwalds, in nicht zu warmtrockenen, nährstoffreichen Ruderalfluren und in den schon erwähnten Halbtrockenrasen und Säumen auf. Die Falternachweise stammen auch aus Siedlungsgebieten, so daß anzunehmen ist, daß sich Entwicklungshabitate auch in Gärten, Friedhöfen, Parks und an Straßen- und Wegrändern finden.

Nahrung der Raupe:
Juncus effusus – Flatter-Binse
　3 L (HAF, LUS, STN)
Trichophorum cespitosum – Rasenbinse
　L (STN)
Lychnis flos-cuculi – Kuckucks-Lichtnelke
　L (HAF)
Aquilegia vulgaris – Gewöhnliche Akelei
　L (SCB)
Onobrychis viciifolia – Esparsette
　L (HAF, STN)
Epilobium spec. – Weidenröschen
　L (BLÄ)
Culluna vulgaris – Heidekraut
　L (LUS, STN)
Galium harcynicum – Sand-Labkraut
　L (HEI)
Scrophularia nodosa – Knotige Braunwurz
　L (EBE)
Senecio fuchsii – Fuchs' Greiskraut
　L (HEI)
Centaurea spec. – Flockenblume
　L (HER)
Prenanthes purpurea – Hasenlattich
　L (EBE, FAL)

Antitype chi gilt allgemein als polyphage Raupe der Krautschicht. Dies bestätigen auch die aus Baden-Württemberg vorliegenden Funde. Mehrfach sind Raupen an Binsen und Sauergräsern gefunden worden: An Flatterbinse (*Juncus effu-*

Die schlanke, grüne Raupe mit dem weißen Seitenstreifen wird von Mai bis Juli ziemlich häufig gefunden. Sie frißt an verschiedenen krautigen Pflanzen bis hin zu Gräsern. – Döggingen 12.6.92 A. STEINER.

sus) beobachteten S. HAFNER im Süd- sowie H. LUSSI und A. STEINER im Nordschwarzwald mehrere Raupen. Dabei wurde in einem Fall der Blütenstand, in zwei Fällen der Halm befressen. An der Rasenbinse (*Trichophorum cespitosum*) fand A. STEINER eine Raupe im Kniebismoor, zwei weitere befraßen nicht mehr bestimmbare Sauergräser. Diese offenbar starke Nutzung von Juncaceae und Cyperaceae ist bisher in der Literatur noch nicht erwähnt worden. Die übrigen Meldungen stammen von unterschiedlichen Dicotyledonen. Im Alb-Wutach-Gebiet fanden R. HERRMANN eine Raupe an Flockenblume und S. HAFNER/A. STEINER eine an Esparsette. Von der Schwäbischen Alb meldet A. SCHABEL die Gewöhnliche Akelei (Fraß an den Blüten), eine Art, an der schon RÖSEL V. ROSENHOF (1746) die Raupe von *A. chi* gefunden hatte, und die seitdem regelmäßig in der Literatur aufgeführt wird. Am Rand des Odenwalds beobachtete R. BLÄSIUS die Raupe an Weidenröschen. Die übrigen Angaben kommen aus dem Schwarzwald: Heidekraut (verheidetes Hochmoor, H. LUSSI/A. STEINER), Kuckucks-Lichtnelke (S. HAFNER), Sand-Labkraut und Fuchs' Greiskraut (H. HEIDEMANN) sowie Hasenlattich (G. EBERT/H. FALKNER).

Die Literatur nennt zahlreiche weitere Pflanzen, darunter *Rumex acetosella*, *Rumex acetosa*, *Silene vulgaris*, Rittersporn, *Sarothamnus scoparius*, *Epilobium montanum*, *Galium* spec., *Scrophularia aquatica*, *Veronica chamaedrys*, *Melampyrum nemorosum*, *Melampyrum* spec., *Lonicera xylosteum*, *Lonicera* spec., *Aster* spec., *Arctium lappa*, *Lactuca sativa*, *Sonchus oleraceus* und *S. arvensis* (BERGMANN 1954, HERING 1881, HUFNAGEL 1766c, KOCH 1856, RÖSEL V. ROSENHOF 1746, TREITSCHKE 1825b, URBAHN & URBAHN 1939, WULLSCHLEGEL 1873). Den Großen Sauerampfer bezeichnete BERGMANN als die Hauptnahrungspflanze in den thüringischen Mittelgebirgen.

Nahrung des Falters: Von SETTELE (1926a) wird gemeldet, daß H. BEYERLE in Konstanz Falter beim Saugen an *Buddleja davidii* beobachtete. Die Tiere besuchen auch den Köder.
Habitat: *Antitype chi* findet ihre Larvalhabitate vermutlich in den meisten mesophilen bis feuchten Offenlandgesellschaften. Durch Raupenfunde belegt sind beispielsweise: Mesobromion-Verbuschungsstadien, *Calluna*-Fazies in verheidetem montanem Hochmoor, Sphagnion magellanici, Senecionetum fuchsii (Sambuco-Salicion), ferner Nardo-Callunetea- und Molinio-Arrhenaheretea-Gesellschaften.
Verhalten: Die Raupe ist meist nachtaktiv und frißt an den Halmspitzen und anderen exponierten Teilen ihrer Nahrungspflanzen. Sie wird auch tagsüber gefunden und sitzt dann meist ruhend an der Pflanze, jedoch oft nicht tief versteckt, sondern noch gut sichtbar im oberen Bereich der Pflanze, wo sie sich wohl auf ihre grüne Tarnfärbung verläßt. Die Verpuppung erfolgt in einem stabilen Kokon im Erdboden. Die Falter sind nachtaktiv und kommen nicht selten ans Licht. Am Tag wurden sie häufig an Baumstämmen, Pfosten, Masten, Bretterzäunen und Hüttenwänden ruhend gefunden. Hier bietet die hellgraue Färbung (zumindest vor den Blicken des Menschen) so wenig Schutz, daß man sich wundert, warum überhaupt solche exponierten Ruheplätze bevorzugt werden. In der Krautschichtvegetation versteckt wären die Imagines – zumindest vor dem menschlichen Auge – besser geschützt.

Gefährdung und Schutz

Rote Liste Bundesrepublik: –
Rote Liste Baden-Württemberg: –

Oberrheinebene: Art der Vorwarnliste (regional ausgestorben oder verschollen).
Schwarzwald: Nicht gefährdet.
Neckar-Tauberland: Nicht gefährdet.
Schwäbische Alb: Nicht gefährdet.
Oberschwaben: Nicht gefährdet.

• In Baden-Württemberg nicht gefährdet!

Ammoconia caecimacula ([Denis & Schiffermüller], 1775)
Graubraune Frühherbsteule

Ammoconia caecimacula F. (REUTTI 1898, LAMPERT 1907, SPULER 1908–1910, REBEL 1910, ECKSTEIN 1913–1923)
Orthosia caecimacula SCHIFF. (WARREN in SEITZ 1909–1914, DRAUDT in SEITZ 1931–1938, SCHNEIDER 1936–1939, BERGMANN 1951–1955, KOCH 1954–1961, 1984)

Gesamtverbreitung: Durch nahezu ganz Europa verbreitet, mit Ausnahme von Südspanien, Großbritannien, Irland und der Nordhälfte von Fennoskandien. In Kleinasien und Nordasien östlich bis West-Turkestan.

Verbreitung

Regional: *Ammoconia caecimacula* kommt mit Ausnahme des Alpenvorlands ziemlich gleichmäßig in allen Regionen des Landes vor. Wenn im Kartenbild einige Fundorte nicht mehr mit neueren Nachweisen belegt sind, so deutet dies nicht auf einen Rückgang, sondern auf fehlende aktuelle Durchforschung an den betreffenden Stellen. In Wirklichkeit dürfte sich die Verbreitung dichter darstellen als das Kartenbild zeigt, denn wegen der herbstlichen Flugzeit sind sicher manche Standorte noch zu entdecken. Im Alpenvorland fehlt *A. caecimacula* weitgehend, weil sie trockene und magere (ungedüngte) Habitate benötigt. Lediglich im Bodenseebecken besiedelt sie einige wenige Standorte. In der Oberrheinebene meidet sie die feuchten Auengebiete.

Vertikal: Die Höhenverbreitung reicht ziemlich gleichmäßig von der Ebene um 100 m bis ins Bergland, wo die höchsten Fundpunkte um 920 m erreicht werden. Ein noch höherer Nachweis stammt vom Schauinslandgipfel (1250 m, H. FEIL/R. HERRMANN).

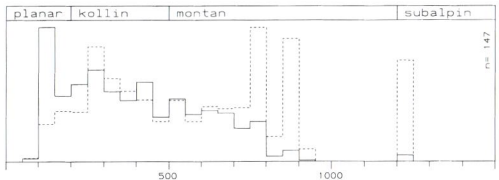

Phänologie

Imagines: Die kurze, an den meisten Fundorten nur einmonatige Flugzeit beginnt ziemlich regel-

Ammoconia caecimacula fliegt im September und Oktober auf trockenen Wiesen, Magerrasen und in Säumen, wo sie zuweilen nicht selten auftritt. Die recht großen Falter sind eintönig gefärbt und variieren kaum. – Reichenbach/Fils, Haarberg 12.9.85 A. STEINER. LF.

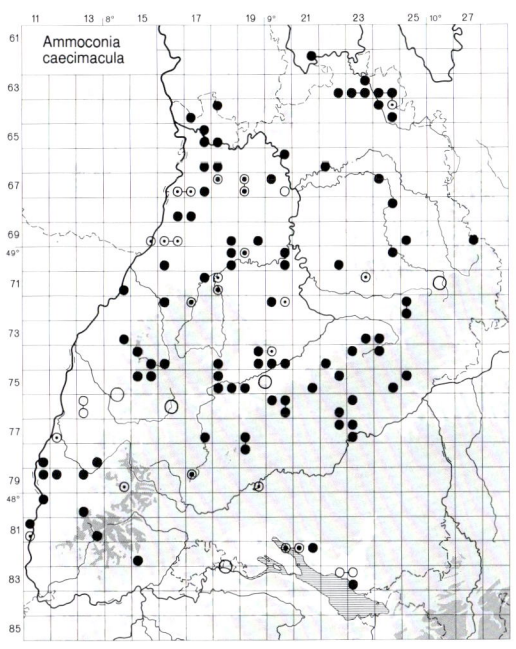

mäßig in allen Naturräumen in den ersten Septembertagen, erreicht ein Maximum um die Monatsmitte und endet in der ersten oder auch zweiten Oktober-Dekade. Nachzügler sind noch bis Ende Oktober festgestellt worden (25.10.1984, Spitzberg bei Tübingen, M. MEIER/ A. STEINER). Zu Beginn der Flugzeit wurden einzelne verfrühte Falter zwischen Ende Juli(!) und Mitte August gemeldet. Zum Teil liegen Belegstücke dafür vor, so daß an der Determination kein Zweifel besteht: 26.7.1955 (Überlingen, E.

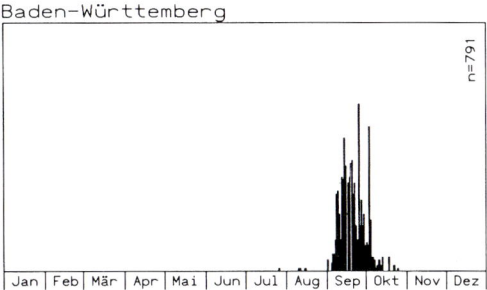

COMMERELL, Beleg in LNK), 10.8.1932 (Wiesental, F. KLINGER nach Kartei A. GREMMINGER), 11.8.1956 (Bad Mergentheim, W. LUNG, Beleg in SMNS), 15.8.1980 (Tieringen, A. LINGENHÖLE). **Präimaginalstadien**: Die Eier überwintern. Die Raupen sind im Untersuchungsgebiet von Mitte April bis Ende Juni gefunden worden (15.4.1981, Deggingen, K. FREYTAG; 26.6.1938 Fridingen, A. GREMMINGER), am zahlreichsten zwischen Mitte Mai und Anfang Juni.

Ökologie

Lebensraum: *Ammoconia caecimacula* besiedelt magere, trockene, sonnige Saumgesellschaften, vor allem in Kontakt mit Halbtrockenrasen oder mit extensiv bewirtschafteten, ungedüngten(!) Glatthaferwiesen. Geeignete Stellen finden sich auch in aufgelassenem Weinbergsgelände, an sonnigen Böschungen, Straßen- und Wegrändern, in Wacholderheiden und anderen Magerrasen, die entweder gemäht oder von Schafen beweidet werden, in felsigem Gelände, meistens in südexponierten Hanglagen, auch an mageren, sonnigen Böschungen, Straßen- und Wegrändern, auf Kies- und Sandfluren. Die Falter können vereinzelt auch außerhalb dieser Biotope angetroffen werden.

Nahrung der Raupe:
Cephanthera damasonium – Weißes Waldvöglein
  L (LUS)
Rumex acetosa – Wiesen-Sauer-Ampfer
  L (BAR)
Silene nutans – Nickendes Leimkraut
  L (REN)
Stellaria media – Vogelmiere
  L (SCC)
Arabis hirsuta – Rauhe Gänsekresse
  L (STN)
Sarothamnus scoparius – Besenginster
  L (GRE)
Genista tinctoria – Färber-Ginster
  L (BAR)
Galium glaucum – Blaugrünes Labkraut
  L (BAR)
Galium mollugo agg. – Wiesen-Labkraut
  L (BAR)
Salvia pratensis – Wiesen-Salbei
  L (HEI)
Scrophularia canina – Hunds-Braunwurz
  L (LUS, STN)
Scrophularia spec. – Braunwurz
  L (GRE)
»Disteln«
  L (SCC)
Taraxacum spec. – Löwenzahn
  L (GAU)
»Sternkraut«
  L (GAU)

Die Raupen ernähren sich polyphag von verschiedenen Kräutern und Stauden. Besonders gern fressen sie die Blüten, wie es beispielsweise an *Rumex acetosa, Silene nutans* und *Salvia pratensis* beobachtet wurde, oder auch die Früchte, wie an *Scrophularia canina* festgestellt. Eine Meldung ohne sicheren Fraßnachweis betrifft 12 Raupen, die nachts an *Lotus corniculatus* saßen, ohne daß Fraßaktivität oder frische Fraßspuren beobachtet wurden (Kaiserstuhl, D. HAMBORG/ R. HERRMANN/A. STEINER).

H. LUSSI fand mehrfach Raupen, die vermutlich zu *A. caecimacula* gehörten, im Blütenstand von Orchideen fressend, darunter *Limodorum abortivum* und *Cephalanthera damasonium*. Da nur die letztere Raupe einen Falter ergab, bleiben die übrigen Beobachtungen determinatorisch unsicher.

Die Raupe zeigt sich oft als Gourmet. Hier munden ihr die Blüten des Weißen Waldvögleins. – Kaiserstuhl, Liliental 21.5.91 H. LUSSI.

Mit zunehmendem Alter wechselt die Färbung der Raupe von grün zu braun. – Kaiserstuhl, Liliental 1.6.91 H. LUSSI. S.

Die breite Polyphagie der Art wird auch in den Literaturangaben erkennbar. Genannt werden u. a. *Himantoglossum hircinum, Viscaria vulgaris, Silene cucubalus, Silene nutans, Stellaria media, Stellaria holostea, Ranunculus auricomus, Thalictrum minus, Saxifraga granulata, Filipendula vulgaris, Prunus spinosa, Sarothamnus scoparius, Onobrychis viciifolia, Digitalis purpurea, Taraxacum* spec. (BERGMANN 1954, HALX 1956, KOCH 1856, SEPPÄNEN 1970, VORBRODT 1911, WULLSCHLEGEL 1873, WITTSTADT 1960).

Nahrung des Falters: Blütenbesuch wurde aus dem Untersuchungsgebiet noch nicht gemeldet. Die Falter kommen gern an den Köder.
Habitat: Raupenfunde liegen vor aus Mesobromion-Versaumungsstadien, aus dem Geranion sanguinei und dem Scrophularietum caninae. Außerdem dürften verschiedene Arrhenatheretalia- und wohl auch Sedo-Scleranthetea-Gesellschaften in Frage kommen.
Verhalten: Die noch grünen Jungraupen halten sich dauernd auf den Nahrungspflanzen in der Nähe der Fraßstellen auf. Die älteren, braunen Raupen sind überwiegend abends und nachts aktiv und verstecken sich bei Sonnenschein in der Krautschicht um ihre Nahrungspflanze. Halb bis ganz erwachsene Raupen sind an Schlechtwettertagen und bei bedecktem Himmel öfters auch tagsüber frei an Pflanzen sitzend gefunden worden. Die Verpuppung erfolgt in einer Erdhöhle. Die Imagines sind dämmerungs- und nachtaktiv und fliegen Lichtquellen an.

Gefährdung und Schutz

Rote Liste Bundesrepublik: –
Rote Liste Baden-Württemberg: –

Oberrheinebene: Nicht gefährdet.
Schwarzwald: Nicht gefährdet.
Neckar-Tauberland: Nicht gefährdet.
Schwäbische Alb: Nicht gefährdet.
Oberschwaben: Art der Vorwarnliste.

• In Baden-Württemberg nicht gefährdet!

Polymixis polymita
(Linnaeus, 1761)

Polia polymita L. (LAMPERT 1907, SPULER 1908–1910, REBEL 1910)
Antitype polymita L. (WARREN in SEITZ 1909–1914, DRAUDT in SEITZ 1931–1938)

Gesamtverbreitung: Sehr lokal und weiten Gebieten fehlend, vor allem in den mittleren Teilen Europas verbreitet, nördlich bis Nordfrankreich, Sylt, Dänemark, Südnorwegen, Mittelschweden, Südfinnland, St. Petersburg und Südrußland, südlich bis Südostfrankreich, Sizilien, Griechenland und in die Nordwesttürkei.

Polymixis polymita ist in Baden-Württemberg noch nie zuverlässig festgestellt worden. Die einzige Meldung aus unserem Gebiet stammt von LITZELMANN (1966a). Sie betrifft nicht einmal Falter-, sondern Raupenfunde und geht mit größter Wahrscheinlichkeit auf Fehldeterminationen zurück.

Polymixis xanthomista
(Hübner, [1819])

Blaugraue Steineule

Polia xanthomista HBN. (REUTTI 1898, LAMPERT 1907, SPULER 1908–1910, REBEL 1910, ECKSTEIN 1913–1923, HERING 1932)
Antitype xanthomista HBN. (WARREN in SEITZ 1909–1914, DRAUDT in SEITZ 1931–1938, SCHNEIDER 1936–1939, BERGMANN 1951–1955, KOCH 1954–1961, 1984)

Gesamtverbreitung: Von Nordafrika (Marokko, Algerien) über das westliche Südeuropa verbreitet. Die Arealgrenze verläuft von Westengland, Mittelfrankreich und etwa am Nordrand der Mittelgebirge zum Nordkarpatenraum (Rumänien: Siebenbürgen), Ungarn, Slowenien, Mittel- und Süditalien.

Verbreitung

Regional: *Polymixis xanthomista* bewohnt in Baden-Württemberg vor allem die felsreichen Mittelgebirge Schwarzwald und Schwäbische Alb. Wegen ihrer jahreszeitlich späten Flugzeit sind

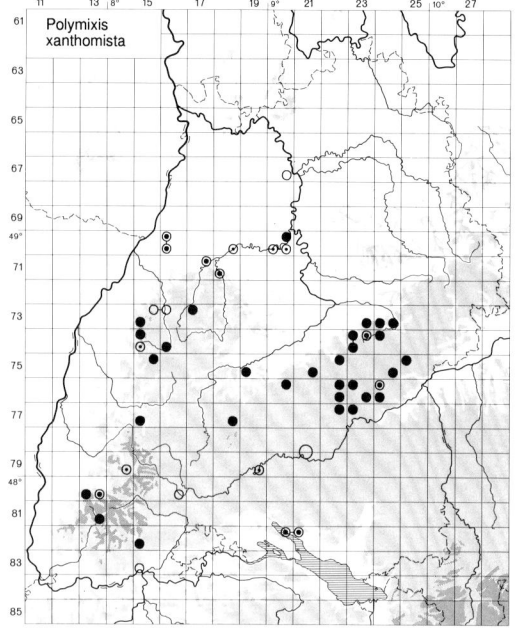

aber vermutlich viele ihrer Fundorte noch nicht bekannt. Auf der Schwäbischen Alb liegen Nachweise vor allem von der Mittleren Flächen- und Kuppenalb vor, wo die Felsen des Albtraufs und der zur Donau fließenden Flußtäler geeignete Lebensräume bieten. Die ebene Hochfläche, wo kaum Felsen zutage treten, kann sie dagegen nicht besiedeln. Im Schwarzwald wirkt die Verbreitung mehr lokal, weil hier bei vielen Herbstarten stärkere Defizite im Durchforschungsstand bestehen.

Das einzige Belegstück aus der Oberrheinebene ist ein abgeflogenes Tier, das P. PEKARSKY 1953 bei Ettlingen fing; höchstwahrscheinlich handelt es sich um ein aus den höheren Lagen des Nordschwarzwalds oder aus dem Pforzheimer Raum verdriftetes (oder verschlepptes) Stück.

Dagegen sind mehrere Fundorte im Muschelkalk-Hügelland belegt, an denen die Art sicher bodenständig ist bzw. war. Kraichgau: Bonfeld (19. Jh., SCHUMANN nach SCHNEIDER 1938), Pforzheim (1932, K. STROBEL), Niefern (1926, H. ROMETSCH), Neckarbecken: Besigheim, Wartturmsiedlung (1993, H. RENTSCH), Markgröningen-Rotenacker (1932 ff., P. MOHN, O. WITZ, SCHNEIDER 1938), Obere Gäue: Kapfhalde bei Bietenhausen (1976, J.-U. MEINEKE). Umso merkwürdiger ist ihr völliges Fehlen in den Muschelkalkgebieten des Tauberlands.

Keuperböden scheinen für *P. xanthomista* ungeeignet zu sein, denn sie fehlt im gesamten Schwäbischen Keuper-Lias-Land[1]. Sehr anschaulich wird die Verbreitungsgrenze im Raum Rottenburg/Tübingen, wo der Falter an Muschelkalkhängen im Starzeltal bei Bietenhausen fliegt (MEINEKE 1985), aber wenige Kilometer weiter an jahrelang intensiv erforschten Keupersteilhängen fehlt (Spitzberg und Schönbuchsüdrand, MEIER & STEINER 1985).

Aus der Baar (Hüfingen, 19. Jh., REUTTI 1898) und vom Hochrhein (Waldshut, 19. Jh., REUTTI 1898) liegen nur alte Angaben vor, die aber angesichts ihrer Nähe zum Südschwarzwald auch heute noch Gültigkeit haben dürften. Im Südschwarzwald ist ferner mit noch unentdeckten Standorten zu rechnen.

Der einzige Fund aus dem Alpenvorland stammt aus den fünfziger Jahren (Bodenseebecken, Überlingen, E. COMMERELL, coll. LNK).

Vertikal: Abgesehen von dem sicher nicht bodenständigen Einzeltier aus der Rheinebene liegen alle Fundorte im kollinen und montanen Bereich. Die höchstgelegenen Standorte sind der Schauinsland im Südschwarzwald (1250 m, H. FEIL/R. HERRMANN) und die Hornisgrinde im Nordschwarzwald (Ochsenstall, 1060 m, H. FEIL).

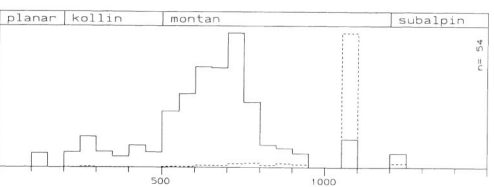

Phänologie

Imagines: Die Flugzeit fällt in den September und Oktober. In den meisten Regionen liegen die frühesten Funde in der ersten September-Dekade, so im Neckar-Tauberland (8.9.1960, Birkenfeld, W. STAIB) und auf der Schwäbischen Alb[2] (4.9.1987, Hundersingen, N. HIRNEISEN/A. STEINER). Aus dem Schwarzwald ist bereits ein Nachweis Ende August bekannt (20.8.1911, G. KABIS nach Kartei A. GREMMINGER). Ein deutliches Maximum läßt nur die relativ datenreiche Schwäbische Alb erkennen: Es liegt in der 2.

---

[1] Nach HACKER & SCHREIER (1988) soll sie allerdings im Fränkischen Keuper-Lias-Land vorkommen.
[2] Ein Belegstück von G. REICH mit der Angabe »8.1949« weist, sofern es sich nicht um einen Zuchtfalter handelt, auf einen etwas früheren Flugzeitbeginn hin.

Polymixis xanthomista ist eine Art felsiger Lebensräume. Entsprechend ist die Falterfärbung in Grautönen gehalten. Die eingestreuten gelborangen Schuppen dienen zur Tarnung auf gleichfarbigen Krustenflechten. Auf den hellen Weißjurafelsen der Schwäbischen Alb fliegen Falter mit vorwiegend weißlichgrauer Grundfarbe, im Schwarzwald dagegen Tiere wie das abgebildete mit mehr dunkelgrauer Färbung. – Hornisgrinde 30.9.83 G. EBERT. LF.

Die Weibchen sind etwas dunkler als die Männchen, besonders auf den Hinterflügeln. Dieses Tier zeichnet sich zusätzlich durch ausgedehnte Orangefärbung aus. Hayingen, Lämmerstein 16.9.89 A. STEINER. LF.

September-Dekade. Die Flugzeit dauert noch bis Anfang Oktober und schließt in den einzelnen Gebieten sehr gleichmäßig ab: Schwarzwald 5.10. (1991, Schwarzatal, A. STEINER); Neckar-Tauberland 8.10. (1966, Birkenfeld, R. HÄUSSER); Schwäbische Alb 9.10. (1965; Wiesensteig, E. LOSER). Ein spätes Tier war auch der in die Ebene verschlagene Falter aus Ettlingen (5.10.1953).

Präimaginalstadien: Das Ei überwintert. Raupenfunde im Freiland sind aus dem Untersuchungsgebiet noch nicht gemeldet worden. Sie müßten in den Zeitraum Mai bis August fallen.

Ökologie

Lebensraum: *Polymixis xanthomista* ist eine Felsbewohnerin. Sie siedelt auf flachgründigen, felsdurchsetzten sonnigen Magerrasen, auf Geröllhalden, in Felswänden, auf Blockfluren, in felsigen, lückigen Saumgesellschaften (Steppenheide), an felsigen Böschungen und Abbruchkanten und in Steinbruchgelände (sofern natürliche Felsfluren in der Umgebung liegen), im Muschelkalkbereich vor allem an den steilen Prallhängen tief eingeschnittener Bachtäler. Die Mehrzahl der Vorkommen entfällt auf die Juragebiete (Alb), weniger dicht belegt sind die Silikatgebiete (Schwarzwald) und das Muschelkalk-Hügelland. Nur je ein Fundort liegt auf Buntsandstein und auf Rotliegendem.

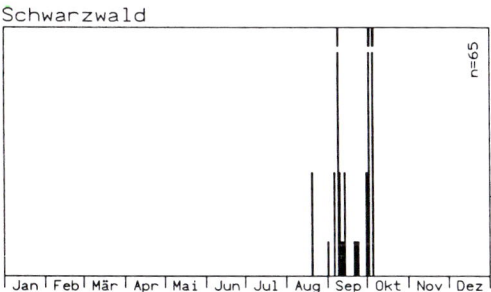

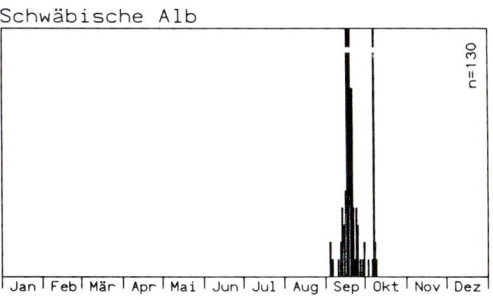

Nahrung der Raupe: Aus unserem Faunengebiet noch unbekannt.

Nach Literaturangaben leben die Raupen ziemlich polyphag an krautartigen Pflanzen, Stauden und Sträuchern, beispielsweise *Rumex acetosa, Silene maritima, Genista* spec., *Armeria maritima, Limonium vulgare, Verbascum thapsus, Plantago* spec., *Plantago maritima, Dipsacus sylvestris, Taraxacum* spec., *Lactuca* spec., *Hieracium* spec. (ALLAN 1949, BERGMANN 1954, KOCH 1856, WULLSCHLEGEL 1873).

SCHNEIDER (1938) zog die Raupen ex ovo mit *Lonicera* spec., A. GREMMINGER mit *Prunus padus*, D. BARTSCH mit *Prunus spinosa* (Blüten), *Taraxacum* spec. (Blüten) und *Lotus corniculatus*. ALLAN (1949) nennt zehn weitere Gefangenschafts-Fütterungspflanzen.
Nahrung des Falters: Keine Beobachtungen aus Baden-Württemberg.
Habitat: Eine pflanzensoziologische Einordnung der Habitate ist im Untersuchungsgebiet mangels Raupenfunden noch nicht möglich.
Verhalten: Die Falter sind nachtaktiv und kommen gern ans Licht, entfernen sich dabei aber selten weit von ihren Habitaten. Tagsüber wurden sie an Steinen und Felsen ruhend gefunden.

Gefährdung und Schutz

Rote Liste Bundesrepublik: V
Rote Liste Baden-Württemberg: V

Oberrheinebene: Nicht sicher nachgewiesen (kritischer Einzelfund).
Schwarzwald: Nicht gefährdet.
Neckar-Tauberland: Art der Vorwarnliste (regional ausgestorben oder verschollen).
Schwäbische Alb: Nicht gefährdet.
Oberschwaben: Ausgestorben oder verschollen (Aussage nicht abgesichert).

- In Baden-Württemberg eine Art der Vorwarnliste!

Die in neuerer Zeit nicht mehr bestätigten Funde im Neckarland und Schwarzwald beruhen wahrscheinlich nur auf mangelnder Durchforschung. Da die Felshabitate, die die Art bewohnt, meist für die Landwirtschaft uninteressant und wegen der Hangneigung oft auch nicht bebaubar sind, genießt sie sozusagen einen natürlichen Schutz. Flachere Hänge sind jedoch durch die Erweiterung von Siedlungsgebieten, durch die Anlage von Straßentrassen und nicht zuletzt durch Sukzession, die zu Verbuschung und Bewaldung führt, bedroht. Im letzteren Fall können Pflege-

Freilandfunde der Raupen von *Polymixis xanthomista* wurden aus Südwestdeutschland noch nicht gemeldet. Der Lebensraum ist unter *Polypogon zelleralis* und *Pericallia matronula* abgebildet. – Unterstmatt, Ochsenstall (ohne Datum) H. FEIL. S.

maßnahmen zur Offenhaltung der Habitate nötig werden, die natürlich der gesamten Fels- bzw. Magerrasenbiozönose zugute kommen.

Polymixis flavicincta
([Denis & Schiffermüller], 1775)
Gelbliche Steineule

Polia flavicincta F. (REUTTI 1898, LAMPERT 1907, SPULER 1908–1910, REBEL 1910, ECKSTEIN 1913–1923, HERING 1932)
Antitype flavicincta F. (WARREN in SEITZ 1909–1914, DRAUDT in SEITZ 1931–1938, SCHNEIDER 1936–1939, BERGMANN 1951–1955, KOCH 1954–1961, 1984)

Gesamtverbreitung: Von Nordwestafrika (Marokko, Algerien, Tunesien) durch das südliche und westliche Europa, nördlich bis Südengland verbreitet. Weiter nach Osten und Norden wird die Art sehr lokal und ist an vielen Orten nur sporadisch oder vor langer Zeit gefunden worden. Alte Nachweise (19. Jh.) liegen aus Südschweden vor, Einzelfunde von den finnischen Åland-Inseln und aus Nordengland. In Dänemark ist die Art auf Bornholm bodenständig und wurde im übrigen Dänemark vereinzelt gefunden. Weiter nach Osten wird sie von Polen, der Tatra und der ukrainischen Schwarzmeerküste gemeldet. In Südosteuropa ist die Situation wegen möglicher Fehlbestimmungen überprüfungsbedürftig: HACKER (1989) akzeptierte die Angaben für Slowenien, Südrumänien und Bulgarien. In Deutschland war die Art früher aus allen Landesteilen gemeldet, kommt aktuell aber nur noch im Mittelrhein-Mosel-Nahegebiet (Hessen, Rheinland-Pfalz) sowie in Brandenburg (GELBRECHT et al. 1993: in den 80er Jahren in der Prignitz wiedergefunden) und Mecklenburg-Vorpommern vor (HEINICKE 1993). Eine europaweite Analyse der Arealfluktuationen und der ökologischen Ansprüche der Art steht noch aus.

Verbreitung

Regional: *Polymixis flavicincta* ist heute in unserem Gebiet ausgestorben. Während sie nach den Angaben der Faunenwerke des 19. Jahrhunderts noch weit verbreitet gewesen sein muß, scheint der Rückgang bereits zu Beginn des 20. Jahrhunderts eingesetzt zu haben. SCHNEIDER (1938) kannte aus dem württembergischen Landesteil nur noch »ältere Angaben«. Die jüngsten Funde stammen – soweit überhaupt Jahresangaben vorliegen – aus der Rheinebene (1915–1916, Graben-Neudorf, A. GREMMINGER) und aus dem Tauberland (1926, Zimmern, K. A. SEITZ)[1]. Soweit Häufigkeitsangaben gemacht wurden, heißt es meist »selten« (REUTTI 1853, Gauckler 1896), »sehr selten (GAUCKLER 1909) oder «einzeln» (REUTTI 1898).

Oberrheinebene: Mannheim (REUTTI 1898, GAUCKLER 1909); Speyer (REUTTI 1898); Graben-Neudorf, 1915–1916 (GREMMINGER 1925–1928); Karlsruhe (REUTTI 1898, GAUCKLER 1909); Durlacher Wald (GAUCKLER 1896); Lahr (REUTTI 1898); Freiburg (K. KELLER nach REUTTI 1898, K. ROTHMUND nach Kartei A. GREMMINGER), Freiburger Schloßberg (REUTTI 1853); Munzingen (REUTTI 1853).
Neckar-Tauberland: Wertheim (REUTTI 1898); Zimmern, »jahrweise ziemlich häufig«, 1925 (K. A. SEITZ nach Kartei A. GREMMINGER); Bonfeld, 19.Jh. (SCHNEIDER 1938); Kochendorf, 19.Jh. (W. STEUDEL nach SCHNEIDER 1938); Pforzheim (GAUCKLER 1909); Würmtal bei Pforzheim (H. ROMETSCH); Stuttgart (SEYFFER 1850); Tübingen »nicht selten« (SEYFFER 1850); Reutlingen »nicht selten« (SEYFFER 1850); Wasseralfingen, 1885 (A. HAHNE nach SCHNEIDER 1938).
Schwäbische Alb: Blaubeuren (SCHNEIDER 1938); Herrlingen (G. HAMMER); Oberamt Ulm (LAMPERT 1897).
Alpenvorland: Heudorf bei Riedlingen, 19.Jh. (SCHNEIDER 1938).

Analog zu den Verhältnissen in Südwestdeutschland sind in den meisten Gebieten Mitteleuropas Rückgänge zu konstatieren. In der Pfalz beispielsweise wird die Art seit den sechziger Jahren nur noch an der Nahe gefunden, an allen anderen Fundstellen ist sie verschwunden (KRAUS 1993).

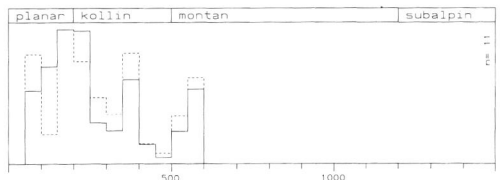

Vertikal: Die Fundorte lagen in der Ebene, im Hügelland und in der unteren montanen Stufe bis ca. 600 m Höhe. In höheren Lagen konnte die Art nicht festgestellt werden.

Phänologie

Imagines: Genaue Funddaten liegen kaum vor; sie erstrecken sich auf den Zeitraum zwischen Anfang September und Mitte Oktober (10.9.[ohne Jahr], Freiburg, K. ROTHMUND nach Kartei A. GREMMINGER; 7.10.1915, Graben-Neudorf, A. GREMMINGER). Die Tiere mit Daten vom August (K. A. SEITZ) sind offenbar gezüchtet. Ansonsten nennen die alten Faunen nur pauschal die Monate September und/oder Oktober.

Präimaginalstadien: Keine Angaben aus Baden-Württemberg. Das Ei überwintert und die Raupe lebt vom Frühjahr bis Juli (BERGMANN 1954).

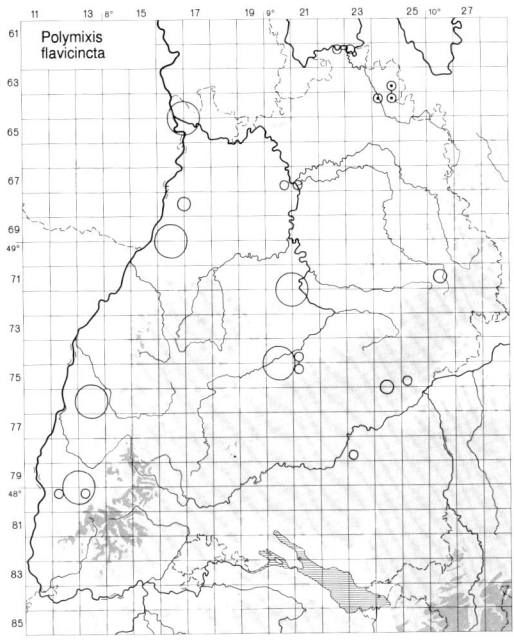

---

[1] Ein Belegstück mit dem Etikett »Stuttgart, 14.10.1942, A. SCHULTE« (in coll. SMNS) kann nicht als authentisch akzeptiert werden, denn von dem betreffenden Gewährsmann liegen mehrere mit Sicherheit falsch etikettierte Belegstücke vor. Im gut besammelten Stuttgarter Raum war die Art seit den 1850er Jahren nicht mehr gefunden worden. Die zweifelhaften Angaben von LITZELMANN (1966a), der die Art »in Südbaden« noch 1947, 1949 und 1956 gefunden haben will, müssen als wahrscheinliche Fehldeterminationen außer Betracht bleiben. Einen offensichtlich falschen Fundort trägt ein Zuchttier mit den Daten »Ravensburg, 22.8.[19]68, e. o., H. BRÄUTIGAM«.

Polymixis flavicincta ist in ganz Deutschland stark im Rückgang begriffen. In Baden-Württemberg wurde sie seit den zwanziger Jahren nicht mehr gefunden. – Belegstück: Zimmern (Tauberland) (ex ovo-Zucht, leg. K. A. SEITZ) 6.8.26 coll. A. GREMMINGER.

Ökologie

Lebensraum: Leider liegen aus Baden-Württemberg keine Angaben zu den Lebensräumen vor. Daß es sich um eine auch bei uns wenigstens mäßig xerothermophile Art gehandelt hat, läßt sich aus der Liste der Fundorte ablesen. Aber selbst in Ländern, wo die Art noch vorkommt, herrscht vielfach Unkenntnis, so in Großbritannien: »The ecology is obscure; the species is definitely local throughout its range, but is found commonly in such disparate biotopes as calcareous soils at Portland and acid soils on the Surrey heaths« (BRETHERTON, GOATER & LORIMER 1983). Im Mittelrhein-Mosel-Nahe-Gebiet bewohnt *P. flavicincta* trockenheiße Hangzonen mit Buschwald und Felsen, die den Fundstellen in Südeuropa ähneln (felsige submediterrane Eichenbuschwälder, HACKER 1989). Für Ostdeutschland bezeichnete CHAPPUIS (1944) die Art geradezu als Kulturfolger: »Sehr wärmeliebend. Auf Kalksandstein (Eifel), Lehm und Ton, auch tonigen Sanden, so in der Prignitz, stets in der wärmespendenden Nähe menschlicher Wohnungen, Falter an warmen Mauern sitzend.« Mit dem Siedlungsgebiet ist aber nur ein Teilaspekt und noch nicht die Gesamtheit der Habitatansprüche erfaßt. BERGMANN (1954) hat besonders den Ruderalaspekt betont und darauf hingewiesen, daß die Art einerseits wenig standorttreu ist, andererseits vom Nahrungsspektrum her besonders »Fels-, Mauer- und Bauschutt« bevorzugt.

Nahrung der Raupe: Keine sicheren Angaben aus Baden-Württemberg. Die von REUTTI (1898) genannten Nahrungspflanzen sind leider zu einem großen Teil der Literatur entnommen, so daß es sehr unwahrscheinlich ist, daß der Angabe »Die Raupe im Juni und Juli polyphag an niederen Pflanzen« Freilandfunde in Südwestdeutschland zugrundeliegen. Gleiches gilt für GAUCKLERS (1909) Angabe: »Die Raupe im Mai bis Juli polyphag an niederen Pflanzen«.

Auch die Angabe für das Elsaß bei PEYERIMHOFF & MACKER (1910) ist bei FREY (1880) abgeschrieben, der seinerseits kaum auf eigene Beobachtungen aufgebaut haben dürfte. VORBRODT (1911) zitierte SPULER (1908–1910), konnte aber auch eine Freilandbeobachtung aus dem Jura bringen: »GUÉDAT erhielt sie bei Tramelan in Mehrzahl durch Abklopfen von Berberitzen und Geissblatt.« WULLSCHLEGEL (1873) fand die Raupen »im Frühling auf *Rumex*-, *Senecio*-Arten, auch auf Weiden, und besonders gerne auf *Chelidonium majus*, *Ribes grossularia* [=*Ribes uva-crispa*], *Cichorium intybus*, einigen *Campanula*-Arten.« RÖSSLER (1881) gab an: »Die Raupe ... an niederen weichen Pflanzen, z.B. *Chelidonium majus*, *Campanula*, *Cichorium*, an Lack [=*Cheiranthus cheiri*] auf der Ruine Katz bei St. Goarshausen.« Letzteres ist offenbar eine echte Freilandbeobachtung, die anderen Pflanzen scheinen bei WULLSCHLEGEL abgeschrieben worden zu sein. GRIEBEL (1909) nannte aus der Pfalz »*Rumex*, *Artemisia* und andere niedere Pflanzen«. BERGMANN (1954) zitierte WULLSCHLEGELS Angaben und fügte *Salix*, *Berberis*, *Lonicera* und – nach SPULER – Mauerraute hinzu.

A. GREMMINGER führte eine Zucht mit von K. A. SEITZ aus Zimmern erhaltenem Material an *Prunus padus* durch.

Nahrung des Falters: Aus Baden-Württemberg wurden keine Beobachtungen zur Nahrungsbiologie publiziert. Nach anderen Quellen kommen die Falter gern zum Köder (BERGMANN 1954).

Habitat: Siehe Lebensraum.

Verhalten: Die Falter sind nachaktiv und kommen ans Licht. Tagsüber wurden sie an Baumstämmen, Felsen und Mauern gefunden.

Gefährdung und Schutz

Rote Liste Bundesrepublik: 2
Rote Liste Baden-Württemberg: 0

Oberrheinebene: Ausgestorben oder verschollen.
Schwarzwald: Nicht vertreten.
Neckar-Tauberland: Ausgestorben oder verschollen.
Schwäbische Alb: Ausgestorben oder verschollen.
Oberschwaben: Ausgestorben oder verschollen.

- In Baden-Württemberg ausgestorben oder verschollen!
  Besonders geschützt gemäß § 20e ff. BNatSchG.

Polymixis flavicincta ist in vielen Gebieten Mitteleuropas stark im Rückgang begriffen (vergleiche die Angaben im Kapitel Gesamtverbreitung). Die Gründe dafür sind unbekannt.

Polymixis rufocincta
(Geyer, [1828])

Polia ruficincta HBN.-GEY. (REUTTI 1898)
Polia rufocincta HBN.-GEY. (SPULER 1908–1910, REBEL 1910, HERING 1932)
Antitype rufocincta HBN. (WARREN in SEITZ 1909–1914, DRAUDT in SEITZ 1931–1938, SCHNEIDER 1936–1939)

Gesamtverbreitung: Südeuropa und Vorderasien. In Europa nördlich bis Mittelfrankreich, die Schweiz (Wallis), die Südpentäler, Österreich (Niederösterreich, Kärnten), Ungarn, Südrumänien und Südrußland, südlich bis Zentralspanien, Sizilien, Zypern und Palästina. Aus Deutschland existieren keine glaubwürdigen Belege (Fehldeterminationen und Fehletikettierungen sind mehrfach vorgekommen).

Aus Baden-Württemberg liegen drei Meldungen von *Polymixis rufocincta* vor. Nach REUTTI (1898) wurde sie »bei Freiburg 1893 einmal von SPULER gefunden« und nach SCHNEIDER (1938) »angeblich bei Tübingen am 17.VIII.1908 von HEBSACKER gefangen«. Schließlich führte auch LITZELMANN (1966a) die Art nach Raupenfunden (!) auf. Alle diese Angaben sind äußerst zweifelhaft und beruhen wahrscheinlich auf Fehldeterminationen. Wie leicht Zuchten mit ausländischem Material zu Fehletikettierungen geführt haben dürften, belegen zwei Exemplare in coll. NMF mit dem gedrucktem Etikett »Karlsruhe« aber der handschriftlichen Eintragung »e.l. [...] Klausen, Tirol«! Vgl. Fußnote zu *P. flavicincta*.

Polymixis gemmea
(Treitschke, 1825)

Bunte Waldgraseule

Hadena gemmea FR. (REUTTI 1898) (lapsus calami)
Hadena gemmea TR. (LAMPERT 1907, SPULER 1908–1910, REBEL 1910, ECKSTEIN 1913–1923, HERING 1932)
Crypsedra gemmea TR. (WARREN in SEITZ 1909–1914, SCHNEIDER 1936–1939, BERGMANN 1951–1955, KOCH 1954–1961, 1984)

Gesamtverbreitung: Mittel- und Nordeuropa. In Fennoskandien kommt die Art nördlich bis Mittelnorwegen, Nordschweden und Mittelfinnland vor, in Rußland bis Karelien und Kirov (östlichster Fundort), die weitere Verbreitung in Rußland ist unbekannt. Im Westen und Süden erreicht sie die französische Atlantikküste, Südfrankreich, Mittelitalien und Makedonien. In den Tieflandgebieten Nord- und Ostdeutschlands scheint sie erst im 20. Jh. eingewandert zu sein. Mitte des 19. Jh. war sie nur von den Alpen bis zum Harz und zur Oberlausitz bekannt (SPEYER & SPEYER 1862). Um 1890 wurde sie in Berlin, um 1900 in Brandenburg, 1903 in Mecklenburg, 1917 in Pommern festgestellt (CHAPPUIS 1942).

Verbreitung

Regional: Als eine schwerpunktmäßig in Mittelgebirgslagen verbreitete Art ist *Polymixis gemmea* im Untersuchungsgebiet fast ausschließlich auf Odenwald, Spessart, Schwarzwald und Alpenvorland beschränkt. Im Kartenbild lassen sich zwei Teilareale im nördlichen und im südlichen Schwarzwald erkennen, aber ein Fund im Naturraum Mittlerer Schwarzwald (Schenkenzell, D. DOCZKAL) deutet an, daß es sich bei der vermeintlichen Verbreitungslücke in diesem wenig durchforschten Gebiet wohl nur um eine Bearbeitungslücke handelt.

Vom Schwarzwald aus wird auch die angrenzende Baar besiedelt, von der – allerdings nur ältere – Nachweise aus dem Pfohrener Ried und dem Unterhölzer Wald vorliegen (H. VOLLMER nach Kartei A. GREMMINGER, STÖCKHERT nach REUTTI 1898).

Im Sandstein-Spessart sind mehrere Funde im Raum Freudenberg belegt (A. BECHER).

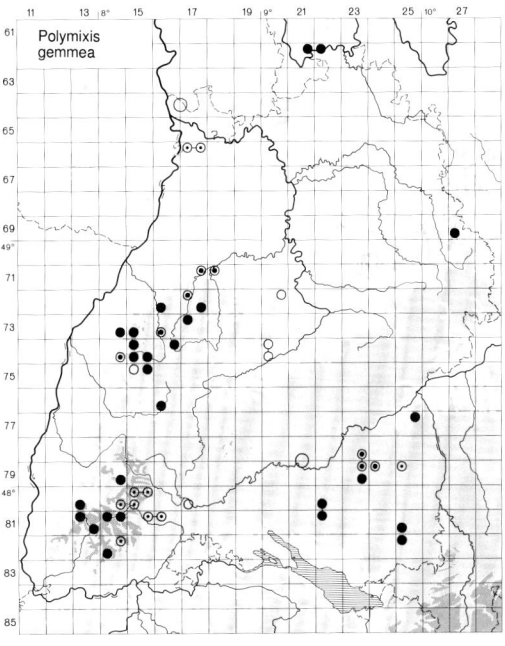

Polymixis gemmea kommt vor allem im Hügel- und Bergland vor. Die stärksten Populationen beherbergt der Schwarzwald. Die ehemaligen Vorkommen in der Rheinebene scheinen heute erloschen zu sein. – Bosenstein 4.9.91 A. STEINER. LF.

Für die nördliche Oberrheinebene existieren ältere Angaben, wonach die Art 1934 im Käfertaler Wald (HEITZ nach E. ELLINGER), im Hardtwald bei Schwetzingen (Anonymus) und auch in der Pfalz bei Speyer (REUTTI 1898) gefunden worden sein soll. Aus der Viernheimer Heide (Hessen) meldet KRISTAL (1980) die Art auch noch aus neuerer Zeit. So bleibt unklar, ob *P. gemmea* in der badischen Rheinebene erloschen ist oder nur in letzter Zeit nicht gefunden wurde.

Im Alpenvorland sind nur wenige Fundorte bekannt. F. HAUFF fing einen Falter an seinem Haus in Bihlafingen. SCHNEIDER (1938) gab die Art aus Sigmaringen an, womit sicher ein Fundort im Naturraum Donau-Ablach-Platten und nicht auf der Schwäbischen Alb gemeint war. Regelmäßig werden Nachweise im Federseegebiet erbracht (G. BAISCH, H. FALKNER, N. HIRNEISEN, J.-U. MEINEKE, G. REICH, A. STEINER). Weitere Fundorte sind Ölweiher bei Zweifelsberg (G. BAISCH), Bronnen (G. REICH), Pfrunger Ried (R. SCHICK), Rotmoos (J.-U. MEINEKE) und Kißlegg-Krebsbach (M. GOLDSCHALT). Mit Sicherheit dürfte *P. gemmea* auch im Gebiet der Adelegg noch nachzuweisen sein.

Ein potentielles Vorkommen im Bereich der Schwäbisch-Fränkischen Waldberge wird durch einen Nachweis im Weihergebiet bei Wört (M. MEIER) im unmittelbar angrenzenden Naturraum Mittelfränkisches Becken wahrscheinlich; in dieser Region sind weitere Nachforschungen erforderlich. In den ebenfalls im Neckar-Tauberland gelegenen Waldgebieten um Stuttgart und Tübingen (Schönbuch, Glemswald) ist die Art früher gefunden worden: SCHNEIDER (1938) gab sie aus dem Rotwildpark bei Stuttgart (»nicht selten«) und von Tübingen (wohl aus dem Schönbuch oder Rammert, »vereinzelt«) an. Neuere Funde aus diesen Wäldern sind nicht bekanntgeworden, eine gezielte Nachsuche wäre deshalb auch hier sehr wünschenswert.

Die Angabe »Heuberg« (SCHNEIDER 1938) bezieht sich auf den Großen Heuberg (Schwäbische Alb) bei Spaichingen und beruht wohl auf Tagebuchaufzeichnungen von ASCHENAUER; da sonst keinerlei Meldungen von der Schwäbischen Alb vorliegen, bleibt diese Angabe unsicher.

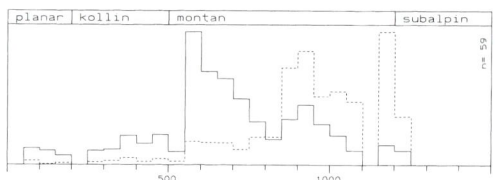

Vertikal: *Polymixis gemmea* besiedelt alle Höhenlagen von der Ebene um 100 m (nordbadische Fundorte) über die kolline bis in die montane Stufe, wo sich ein klarer Schwerpunkt abzeichnet. Die höchsten Fundorte liegen in den Gipfellagen des Schwarzwalds: Schauinslandgipfel, 1250 m, (R. HERRMANN); Feldberggebiet, Drehkopf, 1150–1197 m (G. EBERT); Hornisgrindegipfel, 1150–1160 m (G. EBERT/H. LUSSI/A. STEINER).

Phänologie

Imagines: Die Flugzeit dauert von Ende Juli bis Anfang Oktober. Ab Anfang September werden die Daten allerdings sehr spärlich, besonders im

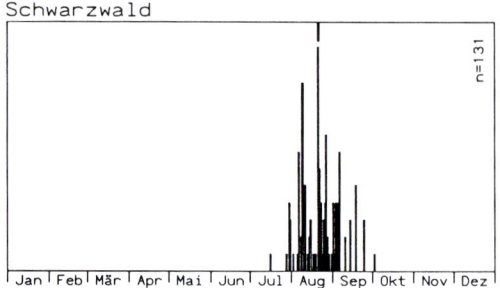

Über die Biologie von *Polymixis gemmea* ist noch wenig bekannt. Es steht aber fest, daß die Raupen an verschiedenen Gräsern leben. An diesem Ginster- und Heidelbeerheidenhang wurden die Falter am Licht festgestellt. Hier oder im angrenzenden Wald müssen die Larvalhabitate vermutet werden. – Bosenstein 2.5.89 A. STEINER.

Alpenvorland. Das Maximum zeichnet sich in der letzten August-Dekade ab. Die Hauptflugzeit liegt zwischen dem 28. Juli (1981, Schwarzwald: Schenkenzell, D. DOCZKAL) und dem 2. Oktober (1986, Sandstein-Spessart: Freudenberg, A. BECHER; 1983, Schwarzwald: Seebach, R. HERRMANN). In dem heißen Sommer 1976 beobachtete J. ASAL bei Todtnau schon am 16. Juli ein bereits abgeflogenes Tier. Schon RÜGER (1913) hatte in Sachsen bemerkt, daß in außergewöhnlich heißen Jahren die Flugzeit Mitte Juli beginnen kann. BERGMANN (1954) gab für Thüringen eine frühe Flugzeit von Anfang Juli bis Mitte September an, was von KOCH (1958, 1984) für ganz Deutschland übernommen wurde.

Präimaginalstadien: Aus dem Untersuchungsgebiet liegen keine Beobachtungen vor.

Das Ei überwintert, die Raupen sind vom Frühling (Ende März) bis Ende Juni zu finden (BERGMANN 1954, RÜGER 1913, STOLZE 1913).

Ökologie

Lebensraum: *Polymixis gemmea* besiedelt in den Mittelgebirgen und im Alpenvorland grasige Stellen in frischen bis feuchten, moorigen Wäldern, besonders in lichten Nadel- und Mischwäldern, in deren Randbereichen, an Waldwegen, auf Lichtungen und auf Schlägen. Sie kommt auch in offenen bis schattigen Heidelbeer- und Heidekrautbeständen in Hochmooren, in Torfstichgebieten mit *Calluna-Molinia*-Moorbirken-Fazies, in Kiefern-Birkenwäldern und in Spirken-Waldhochmooren vor. Im Schwarzwald wird sie ferner in felsigen Wäldern und auf nicht zu trockenen Blockfluren in luftfeuchten Lagen gefunden.

Die ehemaligen Fundorte in der Oberrheinebene dürften warme, sandige Kiefernwälder und -heiden gewesen sein. An solchen Stellen kommt *P. gemmea* auch in Hessen, Nord- und Ostdeutschland vor. Aus Baden-Württemberg sind jedoch keine aktuellen Standorte in derartigen Biotopen mehr bekannt.

Nahrung der Raupe: Aus Baden-Württemberg unbekannt.

Auch in anderen Gebieten scheinen die Raupen nur sehr selten im Freiland gefunden worden zu sein. Eine Eizucht mit Material vom Unterhölzer Wald wurde von STÖCKHERT mit Drahtschmiele

(*Deschampsia flexuosa*) durchgeführt. In der Literatur finden sich weitere Angaben über bei Zuchten gereichte Fütterungspflanzen: Einjähriges Rispengras (*Poa annua*), Wiesen-Rispengras (*Poa pratensis*), Rasen- und Drahtschmiele (*Deschampsia cespitosa* und *D. flexuosa*), Wolliges Honiggras (*Holcus lanatus*), Wiesenlieschgras (*Phleum pratense*), Wiesenfuchsschwanz (*Alopecurus pratensis*) (BERGMANN 1954, RICHTER nach BERGMANN, RÜGER 1913, STOLZE 1913, FRIEDEMANN 1938).

Nahrung des Falters: Aus dem Untersuchungsgebiet liegen keine Beobachtungen vor. Die Imagines besuchen künstlichen Köder.

Habitat: Eine pflanzensoziologische Einordnung der Habitate ist mangels Raupenfunden im Untersuchungsgebiet noch nicht möglich.

Verhalten: Die Eier werden nach RÜGER (1913), STOLZE (1913) und FRIEDEMANN (1938) in Reihen tief in die Blattscheiden von – auch vertrockneten – Gräsern abgelegt. Wie die Jungraupen im Freiland leben, ist anscheinend unbekannt. Für die Zucht wurde empfohlen, den Raupen vom Schlupf ab täglich frische, kurzgeschnittene Halme zu reichen, zwischen denen sie fressen und sich anfangs winzige, später ausgedehnte Gänge spinnen. Demnach leben sie in der Natur wahrscheinlich in der Tiefe der Grasbüschel, zusätzlich geschützt durch ihre Gespinste, was die Seltenheit von Nachweisen erklären würde.

Die Falter sind nachtaktiv und fliegen Lichtquellen an. Tagsüber wurden sie an Baumstämmen ruhend gefunden.

Gefährdung und Schutz

Rote Liste Bundesrepublik: –
Rote Liste Baden-Württemberg: V

Oberrheinebene: Ausgestorben oder verschollen.
Schwarzwald: Art der Vorwarnliste.
Neckar-Tauberland: Gefährdet (regional ausgestorben oder verschollen).
Schwäbische Alb: Nicht vertreten (kritischer Einzelfund)
Oberschwaben: Art der Vorwarnliste.

- In Baden-Württemberg eine Art der Vorwarnliste!

Blepharita satura
([Denis & Schiffermüller], 1775)
Dunkelbraune Waldrandeule

Hadena porphyrea ESP. (REUTTI 1898)
Hadena porphyrea ESP. (LAMPERT 1907, SPULER 1908–1910, REBEL 1910, ECKSTEIN 1913–1923)
Crino satura Schiff. (WARREN in SEITZ 1909–1914, DRAUDT in SEITZ 1931–1938, SCHNEIDER 1936–1939, BERGMANN 1951–1955, KOCH 1954–1961, 1984)
Hadena satura SCHIFF. (HERING 1932)

Gesamtverbreitung: In Europa vor allem in den mittleren Regionen verbreitet, nördlich bis Südskandinavien, südlich bis Nordspanien, Mittelitalien, Nordgriechenland und zum Kaukasus. Angaben für Großbritannien sind zweifelhaft. In Asien weit verbreitet, östlich die Kurilen, Korea und Japan erreichend.

Verbreitung

Regional: *Blepharita satura* ist in weiter Verbreitung im gesamten Untersuchungsgebiet vertreten und fehlt wahrscheinlich keinem Naturraum, auch wenn aus manchen Gebieten nur spärliche Nachweise vorliegen. Auwälder und Feuchtgebiete der Niederterrasse des Rheins sowie die Schwarzwald-Hochlagen bleiben unbesiedelt.

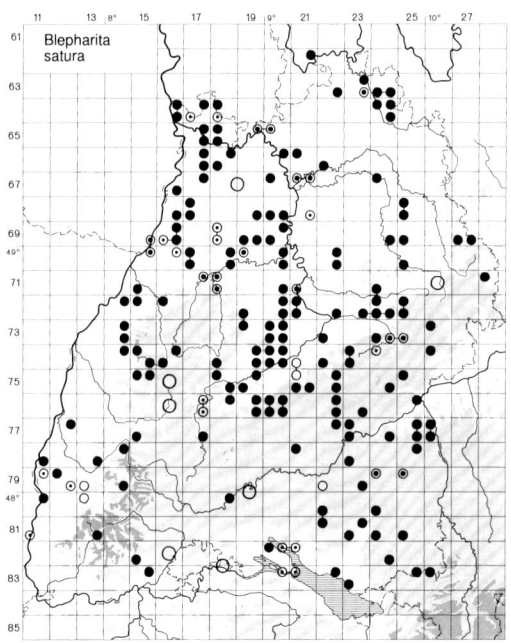

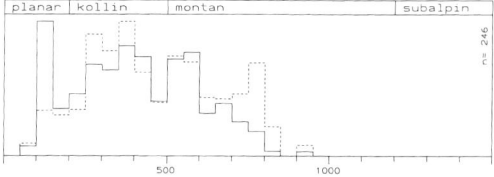

Die dunkle, breitflügelige *Blepharita satura* ist weit verbreitet, wird aber zumeist nur einzeln gefunden. Sie fliegt von Mitte August bis Ende September und besucht gern den Köder. – Neipperg 31.8.94
A. STEINER. LF.

Vertikal: Für die von der Ebene bis in die montane Stufe verbreitete Art zeichnet sich in unserem Gebiet eine schwache Bevorzugung des Hügellands ab. Die höchsten Fundstellen liegen bei 900 m (Hinterprechtal, S. FREUNDT/P. PAUSCHERT/A. SCHANOWSKI).

Phänologie

Imagines: Die relativ kurze Flugzeit beginnt in den meisten Gebieten in der zweiten August-Dekade, nur in der Oberrheinebene erst in der dritten August-Dekade. Das Maximum liegt überall in der ersten Septemberhälfte. Gegen Ende September endet die Flugzeit, doch sind in allen Gebieten in einzelnen Jahren noch bis Mitte Oktober Falter beobachtet worden. Ein besonders

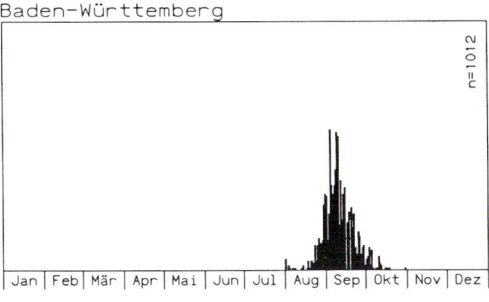

spätes Belegstück stammt vom 30.10. (1931, Markgröningen, SCHÄUFFELE, coll. SMNS).

Das von LITZELMANN (1966a) angegebene Datum »15.7.1950« dürfte auf eine Fehlbestimmung zurückgehen.

Präimaginalstadien: Das Ei überwintert. Die Raupe ist in Baden-Württemberg nur selten gefunden worden. F. BIHLMAIER meldet eine Raupe vom 23.6.1988, die sich am 6.7. zur Verpuppung eingegraben hat. Eine Eizucht wurde von O. SCHRÖDER protokolliert: Raupenschlupf 7.4.1923, 1. Häutung 16.4., 2. Häutung 25.4., 3. Häutung 2.5., Verpuppung ab 25.5., Falterschlupf ab 26.8. (Kartei A. GREMMINGER).

Ökologie

Lebensraum: *Blepharita satura* ist in der Nähe von mäßig trockenen bis feuchten Laub- und Mischwäldern und Gebüschgesellschaften zu fin-

Abgesehen von einer undeutlichen Rückenlinie trägt die Raupe nur dunkle Marmorierungen. Die Unterseite ist manchmal grünlich gefärbt. – Werbach, Limbachsleiten (ex ovo-Zucht) 15.5.88 A. BECHER. S.

den. Die Falter werden vor allem an sonnigen bis schattigen Stellen an Waldmänteln und an Binnensäumen wie Waldwegen, Lichtungen und Bachufern beobachtet. Hier dürften die Larvalhabitate in Staudenfluren und Gebüschgesellschaften zu suchen sein. Den eigentlichen Auenbereich, z.B. am Rhein, besiedelt *B. satura*, im Gegensatz zu der Angabe bei BERGMANN (1954), in unserem Gebiet nur wenig.

Nahrung der Raupe:

Scrophularia spec. – Braunwurz
 L (GRE)
Lonicera – »Geißblatt«
 L (GAU)
Cirsium arvense – Acker-Kratzdistel
 L (BIH)

Blepharita satura lebt polyphag an krautigen Pflanzen, Stauden und Sträuchern. Aus unserem Untersuchungsgebiet liegen nur drei konkrete Angaben zur Nahrungsbiologie vor. A. GREMMINGER notierte knapp, er habe die Raupe bei Graben-Neudorf »an *Scrophularia* gef.[unden]«. GAUCKLER (1909) meldete die Raupe aus Nordbaden »an *Lonicera* (Geissblatt), auch an niederen Pflanzen«. F. BIHLMAIER fand sie bei Allmersbach im Tal an einer Ackerkratzdistel. Eine weitere Angabe bezieht sich offenbar auf eine Zuchtbeobachtung: J. HOFFMANN »ernährte die Raupe mit Weidenblättern« und fügte hinzu: »sonst frisst sie gerne niedere Pflanzen aller Art« (KELLER & HOFFMANN 1861).

Ähnlich ungenaue Angaben über das Nahrungsspektrum finden sich auch verbreitet in der Sekundärliteratur (BERGMANN 1954, SEPPÄNEN 1970, WULLSCHLEGEL 1873). Dabei ist zu vermuten, daß es sich in einigen Fällen nur um Fütterungspflanzen gehandelt hat. Wie *Ammoconia caecimacula* ist auch *B. satura* auf Orchideen gefunden worden (*Listera ovata*, NADBYL 1925).

Habitat: Aus dem Untersuchungsgebiet mangels konkreter Raupennachweise noch nicht pflanzensoziologisch bestimmbar.

Nahrung des Falters: H. BEYERLE (nach SETTELE 1926a) fand die Falter an *Buddleja davidii*. Sie finden sich auch gern an künstlichem Köder ein.

Verhalten: Die Raupen sind nachtaktiv und leben versteckt. Sie verpuppen sich in einem Erdkokon.

Die Imagines sind nachtaktiv und kommen – meist nur einzeln – ans Licht.

Gefährdung und Schutz

Rote Liste Bundesrepublik: –
Rote Liste Baden-Württemberg: –

Oberrheinebene: Nicht gefährdet.
Schwarzwald: Nicht gefährdet.
Neckar-Tauberland: Nicht gefährdet.
Schwäbische Alb: Nicht gefährdet.
Oberschwaben: Nicht gefährdet.

• In Baden-Württemberg nicht gefährdet!

Mniotype adusta
(Esper, 1790)
Rotbraune Waldrandeule

Hadena adusta ESP. (REUTTI 1898, LAMPERT 1907, SPULER 1908–1910, REBEL 1910, ECKSTEIN 1913–1923, HERING 1932)
Crino adusta ESP. (WARREN in SEITZ 1909–1914, DRAUDT in SEITZ 1931–1938, SCHNEIDER 1936–1939, BERGMANN 1951–1955, KOCH 1954–1961, 1984)
Blepharita adusta ESP. (BOURSIN 1964, HARTIG & HEINICKE 1973, FORSTER 1954–1981, LERAUT 1980)

Gesamtverbreitung: In sehr weiter Nord-Süd-Ausdehnung durch fast ganz Europa und weite Teile Asiens und Nordamerikas verbreitet. Sie kommt auf Island vor, erreicht in Nordskandinavien das Eismeer und besiedelt ganz Zentralasien über West- und Ostsibirien und zur Mongolei bis Kamtschatka, zu den Kurilen und zum Amurgebiet. Im Süden, wo die Art vor allem in den Gebirgen vorkommt, verläuft die Arealgrenze von Südspanien über Sardinien, Süditalien, Griechenland und Zypern bis Kleinasien und weiter bis Iran, Afghanistan und Pakistan. In Nordamerika und Island fliegt die früher als eigene Art betrachtete ssp. *sommeri* (LEFÈBVRE, 1836). Aus Osteuropa wurde die ssp. *vulturinea* (HERRICH-SCHÄFFER, 1845) beschrieben, deren noch nicht exakt eruierte Arealgrenze durch Mecklenburg, Brandenburg und Sachsen verlaufen soll (HEINICKE & NAUMANN 1980–1982).

Verbreitung

Regional: *Mniotype adusta* kommt vorzugsweise in den kühleren Gebieten des Landes vor. Gut vertreten ist sie sowohl im Schwarzwald als auch im Alpenvorland und in Teilen der Schwäbischen Alb. In den Schwäbisch-Fränkischen Waldbergen wurde sie dagegen noch nicht festgestellt. Im übrigen Neckar-Tauberland liegen nur verein-

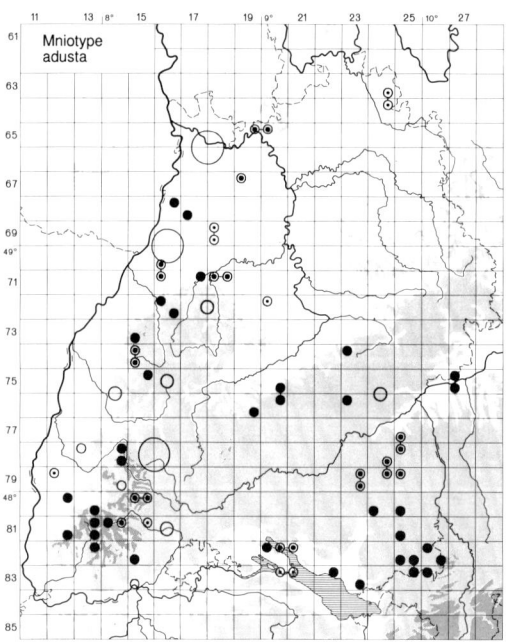

Mniotype adusta ist vor allem im Hügel- und Bergland verbreitet. Sie ist deutlich schmalflügeliger als *Blepharita satura* und fliegt von Mai bis August. – Todtnau, Hasenhorn 14.7.95 A. STEINER. LF.

zelte Nachweise vor, die meist aus waldreichen oder mikroklimatisch kühleren Gebieten stammen, z. B. aus dem Odenwald und den Randgebieten des Schwarzwalds. Aus der Oberrheinebene sind nur wenige Angaben bekannt: Graben-Neudorf (GREMMINGER 1925–1928); Büchenauer Hardt (1971, H. HEIDEMANN); Karlsruhe (REUTTI 1898); Kaiserstuhl: Vogtsburg (1933, BROMBACHER 1933–1935), Kaiserstuhl: Badberg (1937, L. SETTELE); »Freiburg« (1915, coll. Universität Freiburg); Ebringen (1979, R. HERRMANN).

Verschiedentlich sind Verwechslungen mit *Blepharita satura* vorgekommen (obwohl beide Arten habituell wie phänologisch gut trennbar sind). So lagen uns eine Reihe von August- und September-Meldungen vor, die sich – soweit überprüfbar – als Fehlbestimmungen von *Blepharita satura* herausgestellt haben. Die übrigen, wegen fehlender Belegstücke oder Unerreichbarkeit des Melders nicht mehr nachprüfbaren Herbstmeldungen bleiben sicherheitshalber unberücksichtigt.

Vertikal: Obwohl *M. adusta* von der Ebene bis ins Gebirge verbreitet ist, liegt eine klare Bevorzugung des Hügel- und Berglands vor. Die Art erreicht bei uns die höchsten Schwarzwaldgipfel (Belchen, 1300–1400 m, G. EBERT/R. HERR-

MANN/B. TRAUB, Feldberg, Todtnauer Hütte, 1350 m, J. ASAL). In den europäischen Hochgebirgen (z. B. Alpen) ist sie noch bis über 2000 m verbreitet.

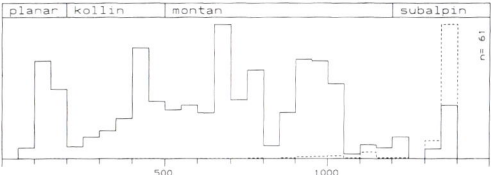

Phänologie

Imagines: Die Art bildet eine einzige Generation aus, die aber über einen langen Zeitraum fliegt. Der normale Flugzeitbeginn fällt in allen Gebieten in die letzte Mai-Dekade. Nur im Alpenvorland wurden frühe Falter bereits Anfang Mai festgestellt (8.5.1983, Isny, M. GOLDSCHALT; 13.5.1957, Überlingen, E. COMMERELL). Der weitere Verlauf der Flugzeit ist sehr uneinheitlich. In den Mittelgebirgen, insbesondere im Schwarzwald und auf der Adelegg fliegen die Tiere bis Anfang August, wobei noch bis zum Schluß frische Tiere gemeldet wurden (z. B. am 3.8.1954, Feldberg, A. FRITZ). Ein Maximum zeichnet sich im Schwarzwald ungefähr Ende Juni/Anfang Juli ab. Das späteste Tier wurde hier sogar noch am 24. August festgestellt (1965, Freudenstadt, E. KIEFER, ursprünglich als *Mamestra brassicae* fehldeterminiert, Beleg coll. LNK). Auf der Schwäbischen Alb fallen die Nachweise in die Periode Ende Mai bis Ende Juni, mit einem Einzelnachweis aus einem kühlen Jahr Anfang August (2.8.1984, Zollerhalde über Zimmern, M. MEIER). Im Neckar-Tauberland enden die Nachweise bereits mit einem Tier vom 24. Juli (1959, Ebersbach/Neckar, M. CRETSCHMAR) und in der Oberrheinebene mit einem Nachweis am 31. Juli (1979, Ebringen, R. HERRMANN).

Präimaginalstadien: Die Raupe frißt vom Juli bis zum Herbst, ist oft schon im August erwachsen

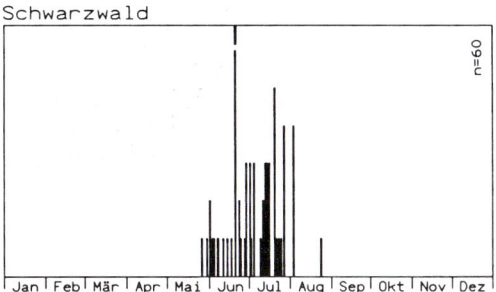

und gräbt sich in die Erde ein, wo sie ihren Kokon anlegt. Darin überwintert sie als Praepupa und verpuppt sich erst im April/Mai (BERGMANN 1954, BRETHERTON, GOATER & LORIMER 1983, SCHULTZ 1898). Aus Baden-Württemberg sind keine Raupenfunde mit genauem Datum gemeldet worden.

Ökologie

Lebensraum: *Mniotype adusta* besiedelt frische bis feuchte, zuweilen moorige, besonnte bis halbschattige Staudenfluren, Gebüsche, Heidekraut- und Heidelbeerbestände. Sie kommt in den Mittelgebirgen gern im näheren Umkreis von Wäldern vor, wo die Larvalhabitate sowohl im gebüschreichen Offenland als auch im Waldmantelbereich und im Inneren von lichten Beständen zu vermuten sind. Im Schwarzwald ist sie in kühlfeuchten, heidelbeerreichen Nadelwäldern und auch in Laubmischwäldern zu finden, auf der Adelegg wurde sie in Rotbuchen-Tannen-Fichtenwäldern festgestellt. A. GREMMINGER fand eine Puppe in einem Garten (Oberrheinebene: Graben-Neudorf).

Nahrung der Raupe: Aus Baden-Württemberg liegen keine Freiland-Beobachtungen zur Raupennahrung vor.

Die Literatur nennt eine Vielzahl von Nahrungspflanzen, vor allem Kräuter, Stauden, Hochstauden, Büsche und junge Bäume (ALLAN 1949, BERGMANN 1954, BOLDT 1925, KOCH 1856, SCHULTZ 1898, SEPPÄNEN 1970, URBAHN & URBAHN 1939, WULLSCHLEGEL 1873)

Nahrung des Falters: Keine Angaben aus dem Untersuchungsgebiet. Die Falter besuchen den Köder.

Vor allem die jungen Raupen haben oft eine intensiv rötlichbraune Oberseite. – Hornisgrinde (ex ovo-Zucht) 2.7.94 H. LUSSI. S.

Bei anderen Exemplaren ist die Färbung blasser und mehr graubraun. – Hornisgrinde (ex ovo-Zucht) 2.7.94 H. LUSSI. S.

Habitat: Ohne Larvalnachweise ist noch keine pflanzensoziologische Einordnung möglich.

Verhalten: Die Raupe ist nach SCHULTZ (1898) nachtaktiv und verbirgt sich tagsüber zwischen dürrem Laub, Moos und Grasbüscheln. Sie überwintert und verpuppt sich in einem zwischen Moos und Erde angelegten Gespinst. Die Falter sind nachtaktiv und kommen – im Bergland zuweilen in Anzahl – ans Licht.

Gefährdung und Schutz

Rote Liste Bundesrepublik: –
Rote Liste Baden-Württemberg: –

Oberrheinebene: Nicht gefährdet (nur randlich vorkommend).
Schwarzwald: Nicht gefährdet.
Neckar-Tauberland: Nicht gefährdet.
Schwäbische Alb: Nicht gefährdet.
Oberschwaben: Nicht gefährdet.

• In Baden-Württemberg nicht gefährdet!

In der Gefangenschaft wurden die Eier einzeln an Heidelbeerzweige abgelegt. – Hornisgrinde (ex ovo-Zucht) 2.7.94 H. LUSSI. S.

Mniotype solieri
(Boisduval, 1840)

Hadena solieri B. (SPULER 1908–1910, REBEL 1910)
Crino solieri B. (WARREN in SEITZ 1909–1914)
Blepharita solieri B. (FORSTER 1954–1981, BOURSIN 1964, HARTIG & HEINICKE 1973, LERAUT 1980)

Gesamtverbreitung: Im gesamten Mittelmeerraum mit Ausnahme der Iberischen Halbinsel verbreitet, nach Norden hin gerade noch die wärmsten Südtäler der französichen und italienischen Alpen erreichend. Nach HUEMER & TARMANN (1993) auch in Osttirol gefunden. Je ein Einzelfund in Dänemark und England. Im Osten ist die Art aus der Türkei und aus Israel gemeldet worden.

Ein Falter von *Mniotype solieri* (Determination abgesichert) schlüpfte am 15.9.1994 aus einer Raupe, die am 31.1.1994 von einer Besucherin im Staatlichen Museum für Naturkunde in Karlsruhe abgegeben wurde. Die Raupe war zwischen gekauften Litchipflaumen (*Litchi chinensis*) gefunden worden, die sie ausgefressen hatte (erworben im Raum Karlsruhe, Herkunftsland unbekannt). Es handelt sich also um einen klaren Fall von Einschleppung (STEINER 1996).

Mniotype solieri wurde einmal mit Früchten nach Süddeutschland eingeschleppt. – Raum Karlsruhe (ex larva-Zucht) 15.9.94. Nach Redaktionsschluß erreichte uns folgende überraschende Meldung: Anfang Oktober 1995 trug A. SCHNEIDER bei Kollnau 6 Noctuideneier an Hornklee ein. Aus den daraus resultierenden Raupen schlüpften im folgenden Mai zwei Falter von *Mniotype solieri*. Demnach muß ein befruchtetes Weibchen im Herbst 1995 eingewandert oder eingeschleppt worden sein.

Apamea monoglypha
(Hufnagel, 1766)

Große Grasbüscheleule

Hadena monoglypha HUFN. (REUTTI 1898, LAMPERT 1907, SPULER 1908–1910, REBEL 1910, ECKSTEIN 1913–1923, HERING 1932)
Parastichtis monoglypha HUFN. (WARREN in SEITZ 1909–1914, DRAUDT in SEITZ 1931–1938, SCHNEIDER 1936–1939, BERGMANN 1951–1955, KOCH 1954–1961, 1984)

Gesamtverbreitung: Nahezu europaweit verbreitet, im Norden bis Mittelskandinavien und zum Onegasee, im Süden (wo sie nur die montane und alpine Stufe besiedelt) anscheinend bis Südspanien, Süditalien, Griechenland und in die Türkei. Hier ist die Verbreitung wegen Verwechslung mit *Apamea sicula* (TURATI, 1909) (die niedrige und mittlere Lagen bewohnt) noch klärungsbedürftig. Außerdem in Klein-, Vorder- und Mittelasien, östlich bis zum Altai verbreitet.

Verbreitung

Regional: In weiter Verbreitung im gesamten Untersuchungsgebiet vertreten gehört *Apamea monoglypha* zu den häufigsten einheimischen Noctuiden. Aufgrund ihrer hohen Vagilität wird sie auch an Stellen, wo sie nicht bodenständig ist,

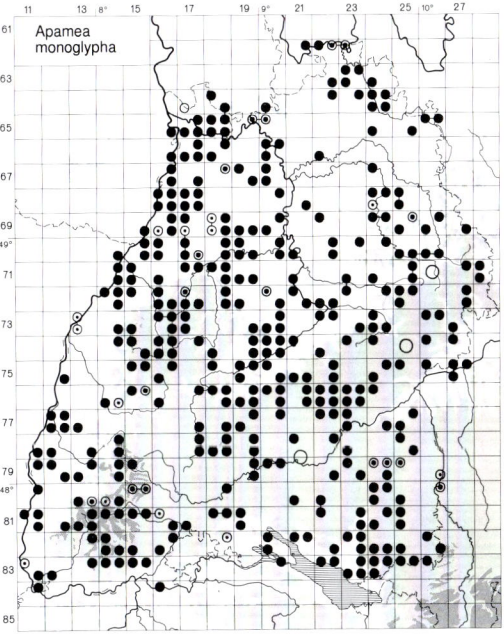

gefunden. Sie gilt als »Wanderfalter« und scheint regelmäßig die Alpen zu überfliegen (REZBANYAI-RESER 1984). Deshalb ist auch nicht klar, ob sie noch bis in die höchsten Schwarzwaldlagen bodenständig ist oder ob es sich hier nur um Zuwanderer handelt.

Vertikal: Mit Nachweisen in allen Höhenstufen von der Ebene um 100 m bis in die subalpine

Stufe gegen 1400 m (Schwarzwaldgipfel: Feldberg, Belchen) läßt das Diagramm keine Präferenzen erkennen. Die Anzahl der Fundorte (durchgezogene Linie) ist in der planaren, kollinen und unteren montanen Stufe am größten, weil hier die meisten erfaßten Schmetterlings-Fundorte liegen. Die normierte Darstellung (gestrichelte Linie: prozentualer Anteil der *A. monoglypha*-Fundorte an den erfaßten Schmetterlings-Fundorten pro Höhenstufe) zeigt ebenfalls eine sehr gleichmäßige Verteilung und insbesondere im Gebirge eine gute Präsenz der Art.

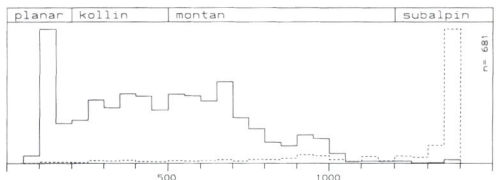

Die sehr variable *Apamea monoglypha* ist eine der häufigsten unter den größeren Noctuidenarten. Sie ist eine vagile Art, die regelmäßig auch in Städten gefunden wird. – Schönbuch, Eichenfirst 20.8.87 A. STEINER.

Phänologie

Imagines: Die sehr langgestreckte Flugzeit dauert von Juni bis September. In den meisten Jahren erscheinen die ersten Falter um Mitte Juni, in der Oberrheinebene geringfügig früher. Ein Maximum läßt sich für den Schwarzwald und das Alpenvorland um die Monatswende Juli/August erkennen, in den übrigen Naturräumen ist die Kurve flacher. Im Neckar-Tauberland, in der Oberrheinebene und im Alpenvorland sind einzelne Falter schon im Mai gemeldet worden, im Schwarzwald und Neckar-Tauberland auch noch im Oktober.

Während die meisten mitteleuropäischen Handbücher von einer einzigen Generation ausgehen, gab FORSTER (1971) für die Südalpentäler 2 Generationen im Juni/Juli und September/Oktober an. BRETHERTON, GOATER & LORIMER (1983) vermuteten selbst für Südengland eine partielle 2.Gen. von September bis November. Eine Klärung dieser Frage dürfte nur durch Zuchten möglich sein.

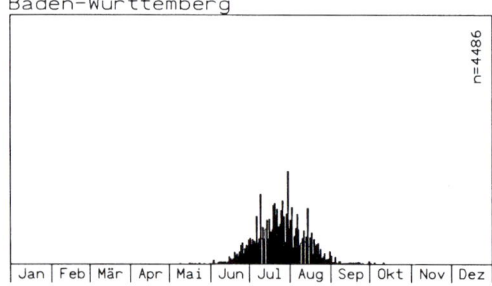

Präimaginalstadien: Die Raupe überwintert. Sie wurde vor allem im Frühjahr häufig gefunden. Die Daten – sofern überhaupt datumsgenaue Meldungen vorliegen – liegen zwischen Ende März und Mitte Juni. Erwachsene Raupen sind ab Ende April aufgetreten. Eine Raupe bei der Verpuppung fand D. FRITSCH am 14. Juni (1995, Friedlingen). Eine Eiablage wurde Mitte Juli beobachtet (17.7.1985, E. RENNWALD).

Ökologie

Lebensraum: *Apamea monoglypha* ist eine euryöke Art, die Gräser, besonders horstbildende Gräser, an einer Vielzahl unterschiedlicher Standorte besiedelt. Sie wird in Halbtrockenrasen, in mesophilen bis frischen Mähwiesen und auf Viehweiden, auf grasigen Lichtungen, Schneisen und Wegrändern in Laub- und Mischwäldern, auf Heideflächen, in Sandmagerrasen, auf Ruderalfluren, an Bahndämmen, Wegböschungen und Hochwasserdämmen gefunden. Sehr feuchte bis nasse Biotope scheint sie zu meiden, doch sind unsere Kenntnisse hierzu noch ungenügend. Funde von erwachsenen Raupen, die auf der Suche nach einem Verpuppungsplatz über Straßen, Gehwege und Gartenterrassen liefen, legen die Vermutung nahe, daß *A. monoglypha* sich auch in kleinen bis winzigen Rasenflächen (Trittrasen) etwa in Vorgärten, auf Kinderspielplätzen und in Grünanlagen entwickeln kann. D. FRITSCH fand Raupen in eingetopften Gräsern auf seinem Balkon. Die Falter sind sehr vagil und können in den verschiedensten Biotopen nachgewiesen werden.

Nahrung der Raupe:
Festuca ovina agg. – Schaf-Schwingel
   L (BAR, FOR, HAM, STN)
Brachypodium spec. (*sylvaticum*?) – (Wald-?) Zwenke
   E (REN)
Dactylis glomerata – Wiesen-Knäuelgras
   L (BAR)
Poaceae – »Gräser«, »Graswurzeln«
   L (BAR, FRT, GAU, STN)

Über das Nahrungsspektrum dieser häufigen Art sind wir, wie bei den meisten Grasfressern, noch bemerkenswert schlecht informiert. Die meisten Mitarbeiter und Autoren haben bestenfalls »Gräser« angegeben, womit in der Regel Arten der Familie Poaceae (Süßgräser) gemeint sein dürften. Auf einem Halbtrockenrasen und auf einem Felskopf der Schwäbischen Alb wurde je eine Raupe in einem befressenem *Festuca ovina*-Büschel gefunden (H. FORSTER/D. HAMBORG/A. STEINER, D. BARTSCH). In Stuttgart-Feuerbach wies D. BARTSCH eine Raupe an *Dactylis glomerata* nach. E. RENNWALD fotografierte ein Weibchen bei der Eiablage an *Brachypodium* spec. (*sylvaticum*?). Es ist anzunehmen, daß *A. monoglypha* die meisten häufigen Gräser, insbesondere horstbildende Arten, nutzen kann.

In der Literatur werden Freilandfunde an *Bromus erectus*, *Elymus repens* (BERGMANN 1954), *Deschampsia flexuosa* und *Festuca* spec. (SEPPÄNEN 1970), *Festuca ovina*, *Lolium temulentum*, *Corynephorus canescens* und *Calamagrostis* »*sylvatica*« (BOLDT nach SCHULTZ 1962) genannt. Wie alle anderen Arten der Gattung *Apamea* lebt auch *A. monoglypha* keineswegs »in Graswurzeln«, wie in der Sekundärliteratur manchmal behauptet wird.

Die Raupe wird meist in erwachsenem Zustand gefunden, wenn sie auf der Suche nach einem Verpuppungsplatz ist. Hier konnte eine jüngere Raupe auf einem bepflanzten Balkon dokumentiert werden. – Weil-Friedlingen 28.4.95 D. FRITSCH.

Vielmehr legt sie im Wurzelhalsbereich eine Wohnhöhle an, die auf oder knapp unter Erdbodenniveau liegt, in der sie ruht und von der aus sie hauptsächlich die Basis der Stengel befrißt.

Nahrung des Falters: Die Imagines sind bei der Nahrungsaufname an von Mutterkorn-Pilzen (*Claviceps* spec.) befallenen Grasblüten (*Calamagrostis epigejos*, *Molinia* spec.) beobachtet worden (A. STEINER). In Gärten fliegen sie häufig blühende *Buddleja davidii* an (H. BEYERLE nach SETTELE 1926a, G. EBERT, E. LANGER, SETTELE 1926, A. STEINER). Sie besuchen auch gern künstlichen Köder.

Habitat: Die aus unserem Gebiet noch nicht genau beschriebenen Raupenfundstellen dürften in einer Vielzahl von Rasengesellschaften zu suchen sein, vor allem in den Klassen Festuco-Arrhenatheretea, Sedo-Scleranthetea und Festuco-Brometea (ein sicherer Raupenfund im Mesobromion). *Apamea monoglypha* nutzt vermutlich sämtliche trockenen bis frischen Pflanzengesellschaften mit einem mehr oder weniger hohen Anteil an Gräsern, mit Ausnahme von dichten Wäldern und (möglicherweise) Mooren und Feuchtbiotopen.

Verhalten: Bei der Eiablage setzt sich das Weibchen an einen kräftigen Grashalm und tastet ihn mit dem Hinterleibsende ab. Sie führt den lateral abgeflachten Ovipositor in eine Blattscheide ein und legt ein oder mehrere Eier in dieser geschützten Position ab. Die jungen Räupchen leben vermutlich wie die anderer *Apamea*-Arten im Herbst noch in den Blüten- und Samenständen. Mit zunehmender Größe gehen sie zu der oben beschriebenen terrestrischen Lebensweise über. Sie verpuppen sich in einer Erdhöhle. Die Falter sind dämmerungs- und nachtaktiv und kommen gern ans Licht Selten sind sie tagsüber im Sonnenschein fliegend beobachtet worden. Sie ruhen in der Krautschicht oder an Baumstämmen, Pfosten und Zäunen.

Gefährdung und Schutz

Rote Liste Bundesrepublik: –
Rote Liste Baden-Württemberg: –

Oberrheinebene: Nicht gefährdet.
Schwarzwald: Nicht gefährdet.
Neckar-Tauberland: Nicht gefährdet.
Schwäbische Alb: Nicht gefährdet.
Oberschwaben: Nicht gefährdet.

• In Baden-Württemberg nicht gefährdet!

Apamea lithoxylaea
([Denis & Schiffermüller], 1775)
Weißlichgelbe Grasbüscheleule

Hadena lithoxylea F. (REUTTI 1898, LAMPERT 1907, SPULER 1908–1910, REBEL 1910, ECKSTEIN 1913–1923, HERING 1932)
Parastichtis lithoxylea F. (WARREN in SEITZ 1909–1914, DRAUDT in SEITZ 1931–1938, SCHNEIDER 1936–1939, BERGMANN 1951–1955, KOCH 1954–1961, 1984)
Apamea lithoxylea SCHIFF. (FORSTER 1954–1981)

Gesamtverbreitung: In Europa und Vorderasien bis Armenien weit verbreitet, nördlich bis Schottland und Süd-Fennoskandien, südlich bis Zentralspanien, Süditalien, Sizilien und Nordgriechenland.

Verbreitung

Regional: *Apamea lithoxylaea* kommt in ähnlich weiter Verbreitung wie *A. monoglypha* in allen Naturräumen vor, ist allerdings weniger zahlreich. Ein Vergleich drängt sich jedoch eher mit der habituell ähnlichen *A. sublustris* auf. Hier erweist sich *A. lithoxylaea* als weiter verbreitet (322 Fundorte gegenüber 249 bei *A. sublustris*). Auf der Schwäbischen Alb kommen beide Arten bis in die Gipfellagen vor, im Schwarzwald dagegen fehlt *A. sublustris* fast völlig, während *A. lithoxylaea* bis in mittlere Höhen vertreten ist.

Apamea lithoxylaea und *A. sublustris* wurden erst im späten 19. Jh. als verschiedene Arten erkannt, und dann auch noch längere Zeit verwechselt, in Einzelfällen war dies sogar bis heute der Fall.

Vertikal: Die Höhenverbreitung erstreckt sich von der Ebene bis ins Bergland knapp über 1000 m (Hasenhorn bei Todtnau, 1010 m, A. STEINER). Präferenzen in diesem Bereich sind kaum zu erkennen, allerdings deutet die Darstellung mit Fundortnormierung auf eine schwache Bevorzugung des kollinen Bereichs hin.

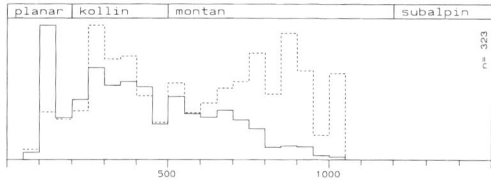

Phänologie

Imagines: Die Art tritt in einer langgestreckten Generation auf, die in der Oberrheinebene von Anfang Juni bis Anfang August dauert und etwa

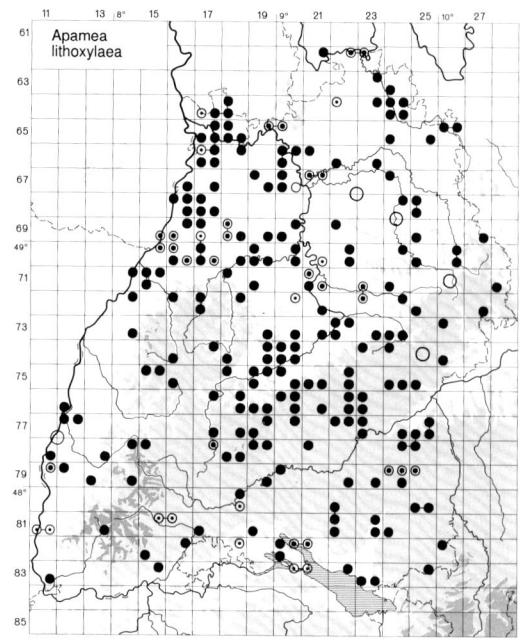

Anfang Juli ein Maximum hat. Im Neckar-Tauberland fliegt sie von Anfang/Mitte Juni bis Ende August mit einem Maximum etwa Mitte Juli. Auf der Schwäbischen Alb beginnt die Flugzeit wahrscheinlich erst Ende Juni[1] und dauert bis Ende August, mit einem undeutlichen Maximum Ende Juli. Im Alpenvorland und im Schwarzwald, wo

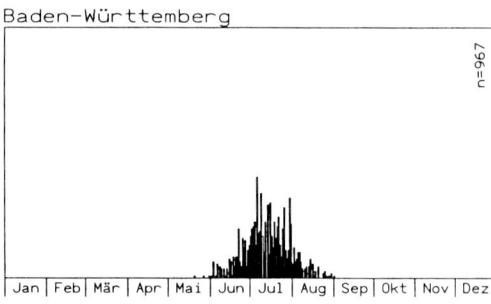

genaue Daten noch spärlich sind, liegt die Flugzeit ähnlich. Im Gegensatz zu der ähnlichen *Apamea sublustris* beginnt sie in den meisten Regionen etwa 2 Wochen, in der Rheinebene bis zu 4 Wochen später.

Präimaginalstadien: Die Raupe überwintert (nach BERGMANN 1954 von September bis Mai). Aus

---
[1] Einige Angaben von frühen Tieren ab Anfang Juni könnten auf Fehldetermination von *Apamea sublustris* beruhen.

Apamea lithoxylaea wurde früher nicht von *A. sublustris* getrennt. Sie besitzt wenigstens am Innenrand der Vorderflügel weißliche oder weißgraue Partien. Rotbraun ist sie nie. Ihre Flugzeit beginnt Anfang oder Mitte Juni und endet im August. – Eggenstein, Hardtwald 8.6.93 A. STEINER. LF.

dem Untersuchungsgebiet liegen noch keine Angaben zur Präimaginalphänologie vor.

Ökologie

Lebensraum: *Apamea lithoxylaea* besiedelt frische bis trockene Rasengesellschaften. Sie ist häufig in beweideten Halbtrockenrasen und mageren, nicht zu stark gedüngten Glatthaferwiesen anzutreffen und bewohnt, wie die regelmäßigen Falterfunde an Häusern und in Gärten nahelegen, auch grasige Stellen im Siedlungsbereich, an Wegböschungen und Straßenrändern oder auf extensiv genutzten Wiesen. Im Federseegebiet vermutete MEINEKE (1982) die Entwicklungshabitate im trockenen Molinietum. Auch grasreiche Plätze in Saumgesellschaften, in Zwergstrauchheiden, in Ruderalfluren, in Steinbrüchen, Kiesgruben und in der Feldflur (Ackerrandstreifen) dürften genutzt werden.

Nahrung der Raupe:
»Grasarten«
 L (GAU)

Die Raupe lebt an Gräsern. Genaue Angaben, die bis zur Gattung oder Art gehen, liegen aus Baden-Württemberg nicht vor und sind auch aus anderen Gebieten sehr selten. GAUCKLER (1909) erwähnte zwar allgemein »Grasarten«, doch ist nicht sicher, ob dieser Angabe Freilandfunde zugrunde lagen. Die etwas mißverständliche Angabe von REUTTI (1853) »an Pappeln« dürfte sich auf tagsüber gefundene Falter und nicht auf Raupen bezogen haben.

In der Literatur finden sich konkrete Angaben lediglich für *Poa annua* (Großbritannien, ALLAN 1949). Die Nahrungsbiologie der Art, speziell die Frage nach Präferenzen, ist demnach noch weitgehend ungeklärt.

Nahrung des Falters: SERMIN (1959) beoabachtete die Imagines »an Blüten« im Rheinwald bei Oberhausen, H. BEYERLE (nach SETTELE 1926a) in Konstanz an *Buddleja davidi*. A. STEINER sah einen Falter nachts über einer Distelflur fliegen. Die Falter besuchen auch den Köder.

Habitat: Ohne Raupenfunde für unser Gebiet derzeit noch nicht genau einzugrenzen. In Frage kommen verschiedene Gesellschaften der Arrhenatheretalia, der Brometalia erecti und der Molinietalia caeruleae.

Verhalten: Die Falter sind dämmerungs- und nachtaktiv und fliegen gern Lichtquellen an. Tagsüber ruhen sie in der Vegetation und an Baumrinde.

Gefährdung und Schutz

Rote Liste Bundesrepublik: –
Rote Liste Baden-Württemberg: –

Oberrheinebene: Nicht gefährdet.
Schwarzwald: Nicht gefährdet.
Neckar-Tauberland: Nicht gefährdet.
Schwäbische Alb: Nicht gefährdet.
Oberschwaben: Nicht gefährdet.

● In Baden-Württemberg nicht gefährdet!

Apamea sublustris
(Esper, [1788])

Rötlichgelbe Grasbüscheleule

Hadena sublustris ESP. (REUTTI 1898, LAMPERT 1907, SPULER 1908–1910, REBEL 1910, ECKSTEIN 1913–1923, HERING 1932)
Parastichtis sublustris ESP. (WARREN in SEITZ 1909–1914, DRAUDT in SEITZ 1931–1938, SCHNEIDER 1936–1939, BERGMANN 1951–1955, KOCH 1954–1961, 1984)

Gesamtverbreitung: Nur in Europa und der nördlichen und nordöstlichen Türkei verbreitet. Im Norden erreicht sie das mittlere Fennoskandien, im Süden Nordspanien und die Balkanhalbinsel mit Ausnahme von Griechenland, im Osten eine Linie Pskow-Kaluga-Krim.

Apamea sublustris besitzt eine gelbliche bis rötlichgelbe Grundfarbe ohne weiße Einmischungen. Ihre Flugzeit beginnt im Mai und dauert bis Ende Juli. – Creglingen 15.6.94 A. STEINER. LF.

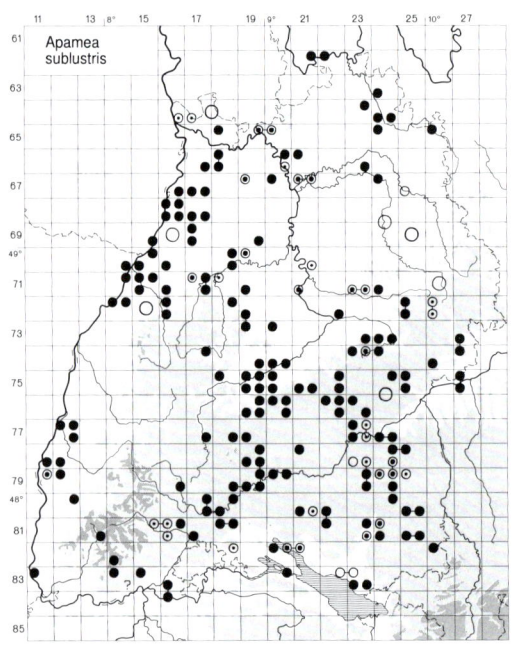

Verbreitung

Regional: *Apamea sublustris* kommt zwar in allen Regionen des Landes vor, ist aber etwas weniger weit verbreitet als *A. lithoxylaea*. Während sie auf der Schwäbischen Alb gut vertreten (und deutlich individuenstärker als *A. lithoxylaea*) ist, fehlt sie fast völlig im Schwarzwald: Hier wurde sie nur von wenigen Fundorten in niedrigen Lagen gemeldet (Umg. Todtnau, J. ASAL, Wutachgebiet, A. GREMMINGER). Auch in den Schwäbisch-Fränkischen Waldbergen ist ihre Verbreitung nicht so dicht wie die von *A. lithoxylaea*.

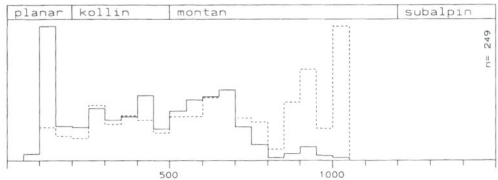

Vertikal: Ähnlich wie bei *A. lithoxylaea* reicht die Höhenverbreitung auch bei *A. sublustris* von der Ebene bis knapp unter 1000 m, nur daß hier die höchsten Fundorte ausschließlich auf die Schwäbische Alb entfallen. Wie die Darstellung mit Fundortnormierung (gestrichelte Linie) zeigt, liegt eher eine Bevorzugung der mittleren Lagen zwischen 500 und 1000 m vor.

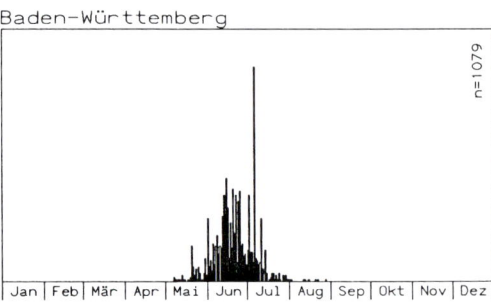

Phänologie

Imagines: Die frühesten Falter wurden in der Oberrheinebene bereits gegen Ende der ersten Mai-Dekade festgestellt (8.5.1920, Kaiserstuhl, O. SCHRÖDER nach Kartei A. GREMMINGER). Im Neckar-Tauberland und auf der Schwäbischen Alb liegt der normale Flugzeitbeginn – je nach Jahreswitterung – zwischen Mitte und Ende Mai, in Oberschwaben und im Schwarzwald meist erst Anfang Juni. Die Flugzeit beginnt somit ca. 2 Wochen (in der Rheinebene bis zu 4 Wochen) früher als bei *Apamea lithoxylaea*. Entsprechend früher endet sie auch: Bereits ab Anfang Juli werden in allen Gebieten die Nachweise spärlicher und enden meist in der letzten Juli-Dekade. Stark abgeflogene, späte Tiere liegen noch bis Mitte August vor (11.8.1991, Plettenberg bei Dotternhausen, 950 m, D. BARTSCH/R. HERRMANN/A. STEINER, Genitaluntersuchung), während einige weitere Augustmeldungen nicht nachprüfbar sind und auch auf Verwechslungen mit (um diese Zeit auch bereits abgeflogenen) Tieren von *A. lithoxylaea* zurückgeführt werden könnten.

Präimaginalstadien: Die Raupen leben überwinternd vom Spätsommer bis zum Frühjahr. Die einzigen genau datierten Funde stammen von Mitte Mai: 11.5.1977, Wurzacher Ried, erwachsen (J.-U. MEINEKE); 17.5.1986, Lochenstein bei Balingen, nahezu erwachsen (A. STEINER).

Ökologie

Lebensraum: *Apamea sublustris* besiedelt trockene bis nasse Wiesen. Im trockenen bis mesophilen Bereich kann sie mit *A. lithoxylaea* syntop vorkommen, etwa auf Glatthaferwiesen, in Streuobstgelände (ebenfalls bis in den Siedlungsbereich hinein) und in Halbtrockenrasen, etwa auf den Bergwiesen der Schwäbischen Alb, wo sie vermutlich weniger xerotherme Stellen bewohnt als *A. lithoxylaea*. In der Oberrheinebene wurden die Falter auch schon zahlreich auf Binnendünen beobachtet. Ihr Optimum findet sie anscheinend im frischen bis feuchten Bereich, wo sie in Feuchtwiesen (Pfeifengraswiesen), in Niedermooren, in offenen Hochmooren und in und am Rand von Auwäldern nachgewiesen wird. Im Wurzacher Ried fand MEINEKE (1982) die Raupe in einem stark gestörten Hochmoor-Torfstichkomplex.

Nahrung der Raupe:

Festuca ovina agg. – Schaf-Schwingel
  L (STN)
Molinia spec. – Pfeifengras
  L (MEI)
Poaceae – »Grasarten«
  L (GAU)

Mit je einem Nachweis an Schaf-Schwingel (Schwäbische Alb) und Pfeifengras (Oberschwäbische Moore) ist die Raupennahrung von *A. sublustris* immerhin besser bekannt als die von *A. lithoxylaea*. Mit Sicherheit lebt sie an verschiedenen weiteren Gräsern. In der Literatur finden sich hierzu keine klaren Aussagen.

Nahrung des Falters: A. GRABE hat die Falter bei Fridingen »an Grasblüten« saugend gefunden (SCHNEIDER 1938). Sie besuchen auch Köder.

Habitat: Im Federseegebiet fand J.-U. MEINEKE eine Raupe an *Molinia*, vermutlich in einem Molinietum. Die Raupenfunde auf der Schwäbischen Alb markieren das trockene Extrem des Habitatspektrums. Er stammt von einer etwas tiefgründigeren und frischeren Stelle in einem ansonsten felsigen und trockenen Mesobrometum, in dem an den flachgründigen Stellen *Apamea furva* und auf den Felsköpfen *Apamea platinea* lebt (A. STEINER).

Verhalten: Die Raupen leben, wie unter *A. monoglypha* beschrieben, im Wurzelhalsbereich von Gräsern. Sie verpuppen sich in einer Erdhöhle. Die Falter sind nachtaktiv und kommen, zuweilen in Anzahl, ans Licht. Tagsüber wurden sie an Baumstämmen und Pfählen ruhend gefunden.

Gefährdung und Schutz

Rote Liste Bundesrepublik: –
Rote Liste Baden-Württemberg: –

Oberrheinebene: Nicht gefährdet.
Schwarzwald: Nicht gefährdet.
Neckar-Tauberland: Nicht gefährdet.
Schwäbische Alb: Nicht gefährdet.
Oberschwaben: Nicht gefährdet.

• In Baden-Württemberg nicht gefährdet!

Apamea crenata
(Hufnagel, 1766)

Große Veränderliche Grasbüscheleule

Hadena rurea F. (REUTTI 1898, LAMPERT 1907, SPULER 1908–1910, REBEL 1910, ECKSTEIN 1913–1923, HERING 1932)
Parastichtis rurea F. (WARREN in SEITZ 1909–1914, DRAUDT in SEITZ 1931–1938, SCHNEIDER 1936–1939, BERGMANN 1951–1955, KOCH 1954–1961, 1984)

Gesamtverbreitung: Europa und Asien, östlich bis Japan. In Nordeuropa und Nordasien überschreitet die Art den Polarkreis, während sie im Mittelmeerraum nur in kühlen Lagen und in den Gebirgen vorkommt und die heißesten Gebiete meidet.

Verbreitung

Regional: *Apamea crenata* kommt wahrscheinlich in sämtlichen Naturräumen des Landes vor. Sie ist in allen »Hauptnaturräumen« vertreten, be-

Apamea crenata kommt in hellen und dunklen Formen vor. Erstere tragen oft weißliche und gelbliche Einmischungen. Bei den häufigen dunklen Formen sind die Vorderflügel nahezu einfarbig rotbraun mit gelblichbraunen Makelumrandungen. – Schopflocher Moor 14.6.90 A. STEINER. LF.

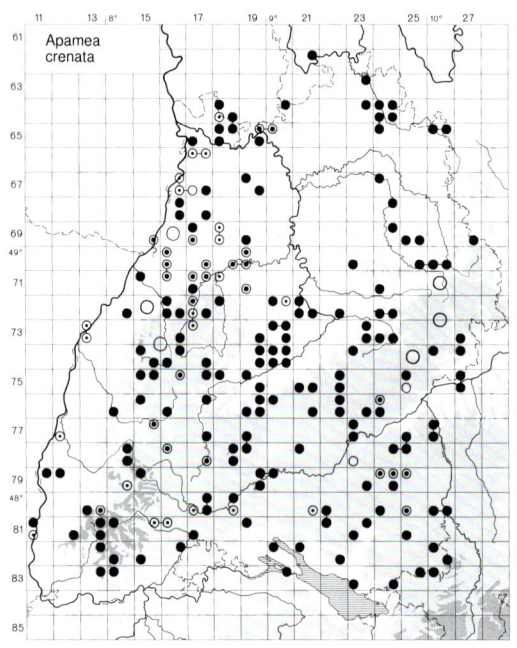

vorzugt jedoch waldreiche, kühle und feuchte Landschaften der Hügelstufe und des Berglands. Daher ist sie am zahlreichsten in den Mittelgebirgen (Odenwald, Schwarzwald, Schwäbische Alb, Adelegg, Schwäbisch-Fränkische Waldberge) und im Alpenvorland anzutreffen. In den Wärmegebieten ist sie seltener, in ausgesprochenen Trockengebieten fehlt sie. In der wärmebegünstigten Oberrheinebene etwa bewohnt sie vorzugsweise den Auwaldbereich.

Vertikal: Die Art kommt in allen Höhenstufen von der Ebene um 100 m bis in die subalpine Zone um 1400 m vor. Dabei präferiert sie das Hügel- und Bergland.

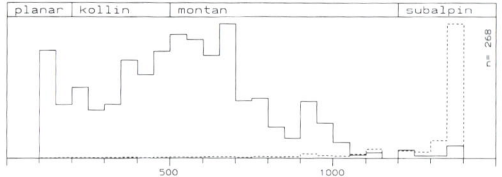

Phänologie

Imagines: Die Flugzeit beginnt bereits Mitte Mai (Oberrheinebene, Neckar-Tauberland, Schwäbische Alb) bis Ende Mai (Schwarzwald, Oberschwaben). Das Maximum ist für Neckarland und Oberschwaben etwa Mitte Juni, für Schwarzwald und Alb Ende Juni/Anfang Juli zu erkennen. In den wärmeren Gebieten endet die Flugzeit meist schon Ende Juli, in den Mittelgebirgen, in kühlen Jahren aber auch anderswo, treten späte Falter noch im August auf.

Präimaginalstadien: Die Raupe überwintert vom Spätsommer bis zum Frühjahr. Sie ist in Baden-Württemberg ab Mitte Oktober gefunden worden (16.10.1991, Böblingen, D. BARTSCH). Auch in den Wintermonaten sind die Tiere aktiv, wenn die Witterung dies zuläßt: K. FREYTAG und A. STEINER meldeten Funde im Dezember und Januar. Ab März sind erwachsene Tiere gefunden worden. Der späteste Fund (eine parasitierte

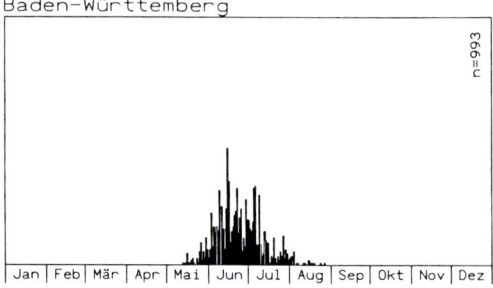

Raupe) datiert von Ende April (22.4.1990, Kniebis, Zollstockhütte (parasitiert), A. RADTKE/A. STEINER).

Ökologie

Lebensraum: *Apamea crenata* bewohnt sonnige bis halbschattige Grasfluren in lichten, mäßig trockenen bis feuchten oder nassen Laub-, Misch- und Nadelwäldern und in deren Randbereichen und Binnensäumen. Sie ist an Waldwegrändern, auf Lichtungen und Schlägen, an Bachufern sowie im gebüschreichen Offenland anzutreffen. Außerdem besiedelt sie Feuchtwiesen (Pfeifengraswiesen), Niedermoore und Hochmoore, *Calluna*- und *Vaccinium*-Heiden, feuchte und nicht zu warme, halbschattige Stellen in Kiesgruben, Steinbrüchen und Ruderalfluren, an Bahn- und Hochwasserdämmen. In Waldrandnähe gelangen die Falter oft bis in den Siedlungsbereich.

Nahrung der Raupe:

Festuca altissima – Wald-Schwingel
 L (FRY)
Molinia spec. – Pfeifengras
 4 L (BAR, HAM, MER, STN)
Deschampsia flexuosa – Draht-Schmiele
 L (RAD, STN)
Calamagrostis epigejos – Wald-Reitgras
 3 L (BAR)
Gräser, Grasarten
 L (GAU, SCC)
Rubus fruticosus agg. – Brombeere
 L (FRY)

Die Raupen leben primär an Gräsern. Aus unserem Gebiet sind bisher vier Arten belegt, weitere sind mit Sicherheit zu erwarten. Meist handelt es sich um an feuchte oder halbschattige Standorte gebundene Arten. Die kleinen Raupen sind vor der Überwinterung oft in größerer Anzahl zu finden, weil sie dann noch leicht aus den Blütenständen geschüttelt werden können.

Darüber hinaus sind die Raupen nicht abgeneigt, zuweilen auch an andern Pflanzen zu fressen. K. FREYTAG beobachtete sie »auch an Brombeere«. In der Literatur wird ebenfalls mehrfach auf dieses Verhalten hingewiesen. Schon SPEYER (1867) beobachtete: »Die Raupe nimmt in der Gefangenschaft, ausser Gras, auch angefeuchtetes Brod zur Nahrung«. Verschiedene Autoren nannten neben Gras auch »niedere Pflanzen« (z. B. UFFELN 1908). ALLAN (949) gab ausdrücklich *Primula vulgaris* und *Primula veris* an.

Neben den aus Baden-Württemberg erwähnten Nahrungspflanzen nennt die Literatur u.a. *Calamagrostis arundinacea* (BERGMANN 1954), *Lolium* spec., *Triticum* spec.[1] (VORBRODT 1911), *Phalaris arundinacea* (SEPPÄNEN 1970) und *Dactylis glomerata* (BOLDT 1925, BRETHERTON, GOATER & LORIMER 1983). Wie bei den anderen *Apamea*-Arten sind die Literaturangaben aber meist sehr unspezifisch (»Gräser«, »grasses«, »Gramineae«).

Nahrung des Falters: Die Imagines sind an *Buddleja davidi* saugend beobachtet worden (H. BEYERLE nach SETTELE 1926a). H. LIENIG und A. GREMMINGER (1925–1928) beobachteten sie an nicht näher bestimmten Grasblüten. Sie besuchen auch den Köder.

Habitat: Die Larvalhabitate gehören teils verschiedenen Molinietalia-, wohl auch Scheuchzerio-Caricetea- und Nardo-Callunetea-Gesellschaften an, teils sind sie den unterschiedlichsten Waldgesellschaften der Fagetalia oder deren Vorwaldstadien (Epilobietea angustifolii, z. B. Atropion, Sambuco-Salicion) zuzurechnen.

Verhalten: Die jungen Raupen sind im Spätsommer und Herbst in den Blüten- und Fruchtständen zu finden, wo sie Blüten und Samen fressen. Mit zunehmender Größe gehen sie dazu über, sich am Boden aufzuhalten und ernähren sich dort von den Stengeln und Blättern. Sie sind recht vagil und im Frühjahr öfters nachts auf der Wanderschaft zwischen Grashorsten anzutreffen. Zur Verpuppung klettern sie oft hoch über die Krautschicht hinaus, etwa an Baumstämmen, wo sie sich unter Rinde und Moos oder im Mulm Verpuppungshöhlen anlegen. G. BAISCH hat eine

Die Raupen sind verhältnismäßig stark gezeichnet, weil sie eine freiere Lebensweise haben als die »Horsthokker«, die ihr Grasbüschel kaum je verlassen. Ein Larvalhabitat ist unter *Apamea remissa* abgebildet. – Kniebis, Zollstockhütte 22.4.90 A. STEINER.

---

[1] Die Raupen von *A. crenata* sind leicht mit denen von *A. sordens* zu verwechseln, für die *Triticum* sicher eher in Frage kommt.

Puppe mit einem Baumpilz an einer Weide eingetragen. Die Falter sind dämmerungs- und nachtaktiv und kommen gern ans Licht. Tagsüber können sie in der Krautschichtvegetation und an Baumstämmen ruhend gefunden werden.

Gefährdung und Schutz

Rote Liste Bundesrepublik: –
Rote Liste Baden-Württemberg: –

Oberrheinebene: Nicht gefährdet.
Schwarzwald: Nicht gefährdet.
Neckar-Tauberland: Nicht gefährdet.
Schwäbische Alb: Nicht gefährdet.
Oberschwaben: Nicht gefährdet.

- In Baden-Württemberg nicht gefährdet!

Apamea characterea
([Denis & Schiffermüller], 1775)
Makelrand-Grasbüscheleule

Hadena hepatica HBN. (REUTTI 1898, LAMPERT 1907, SPULER 1908–1910, REBEL 1910, ECKSTEIN 1913–1923, HERING 1932)
Parastichtis hepatica L. (WARREN in SEITZ 1909–1914)
Parastichtis hepatica HBN. (SCHNEIDER 1936–1939, BERGMANN 1951–1955, KOCH 1954–1961, 1984)
Apamea characterea HBN. (FORSTER 1954–1981, HARTIG & HEINICKE 1973, EBERT 1978, HEINICKE & NAUMANN 1980–1982)
Apamea epomidion HAW. (LERAUT 1980)

Gesamtverbreitung: Von Europa durch Nordasien bis Ostsibirien. In Europa vorwiegend in den mittleren Ländern lückenhaft verbreitet, nördlich bis Schottland, Nordfrankreich, Ostbelgien, Norddeutschland, Dänemark, Südschweden und Litauen, südlich bis Südfrankreich, Sardinien, Süditalien, Bulgarien und Südrußland (Krim).

Verbreitung

Regional: *Apamea characterea* ist zwar in den meisten Landesteilen verbreitet, jedoch in geringerer Dichte als die habituell ähnliche *A. crenata*. Wie bei *A. crenata* wird die Oberrheinebene nur schwach besiedelt. Auch im Schwarzwald sind nur wenige Fundorte belegt. Die Schwerpunkte liegen im Odenwald, auf der Schwäbischen Alb, im Albvorland, in den Waldgebieten am mittleren Neckar (Schönbuch, Rammert, Glemswald) und in den Schwäbisch-Fränkischen Waldbergen. Die Falter treten meist nur vereinzelt auf.

Apamea characterea variiert ähnlich wie *A. crenata* und kommt häufig syntop mit ihr vor. Sie ist aber durch die an den einander zugekehrten Seiten schwarze Einfassung der Makeln immer von ihr zu unterscheiden. Dunkle Tiere sind nie so einfarbig wie dunkle *A. crenata*, sondern zeigen immer etwas Kontrast. – Granheim 6.90 W. SPERNER. S.

Vertikal: Die Art besiedelt die Ebene, die Hügelstufe und das Bergland, gelangt allerdings nicht so weit aufwärts wie *A. crenata. A. characterea* wird schon von 800 m an seltener. Die höchste Fundstelle liegt in 1010 m Höhe (Hasenhorn-

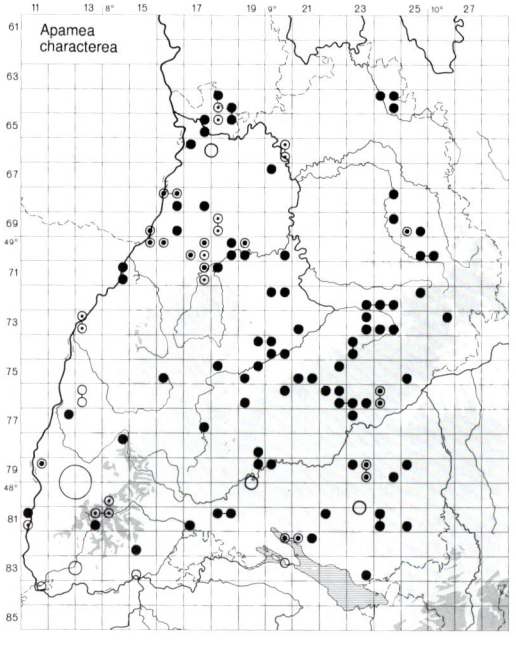

hütte bei Todtnau, A. STEINER). Eine ungenaue Angabe »Feldberg« stammt von LENZ (1908) und könnte sich auf noch größere Höhen beziehen.

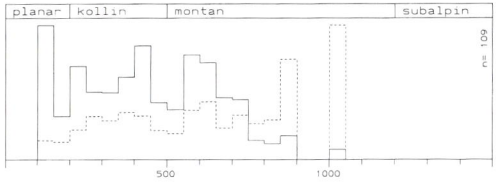

Phänologie

Imagines: Die Flugzeit beginnt im Neckar-Tauberland und in der Oberrheinebene Anfang Juni. In beiden Gebieten liegen einzelne Funde aber auch schon ab Mitte bzw. Ende Mai vor (20.5.1932, Neuenburg, K. ROTHMUND nach Kartei A. GREMMINGER; 29.5.1979, Kapfhalde bei Frommenhausen, J.-U. MEINEKE). In den Mittelgebirgen und im Alpenvorland sind frühe Einzelfunde jeweils ab Mitte Juni registriert worden, doch setzt die zusammenhängende Flugzeit hier erst Ende Juni ein. Die Hauptflugzeit liegt in der Rheinebene im Juni, im Neckar-Tauberland Ende Juni, in den übrigen Gebieten erst im Juli. Ende Juli sind in den meisten Gebieten auch die letzten Falter zu finden, lediglich auf der Schwäbischen Alb ziehen sich die Nachweise noch bis Mitte August hin, wobei die meisten aus dem kühlen Jahr 1980 stammen (11.8.1980, Wolfstal bei Lauterach, G. BAISCH).

Präimaginalstadien: Die Raupen überwintern. Sie wurden im Untersuchungsgebiet zwischen Anfang November und Mitte März gefunden (10.11.1994, Schaichtal bei Neuenhaus, D. BARTSCH; 15.3.1991, Göppingen-Jebenhausen, K. FREYTAG). Wie *A. crenata* ist auch *A. characterea* bei milden Temperaturen mitten im Winter aktiv: 23.12.1990, Göppingen, Oberholz, 14.1.1990, Göppingen-Jebenhausen, K. FREYTAG). Dagegen ist sie rund einen Monat früher erwachsen und verpuppt sich bei milder Witterung schon im Februar. Die Hauptwachstumsphase liegt bei *A. crenata* im Winter und Vorfrühling, bei *A. characterea* bereits im Herbst.

Ökologie

Lebensraum: *Apamea characterea* ist eine Wald- und Waldrandart. Sie besiedelt Bestände von Waldgräsern, anscheinend bevorzugt von *Brachypodium sylvaticum*, in sonnigen bis schattigen, manchmal mäßig trockenen, meist aber frischen bis feuchten Laub- und Laubmischwäldern. Die Raupen sind vor allem innerhalb der Bestände, sogar am Rand von Fichtenforsten, zu finden, weniger auf Lichtungen (Glemswald, Schönbuch, D. BARTSCH). Oft kommt sie syntop mit *A. crenata* vor, etwa in den Rotbuchenwäldern des Hügellands und der Mittelgebirge, wo sie ihr Optimum zu haben scheint. Auf der Schwäbischen Alb wird sie auch in felsigen Wacholderheiden gefunden, doch liegen die Lichtfangstellen hier meist in Waldnähe. Ähnliches gilt für die Nachweise in Moorgebieten in Oberschwaben. In der Oberrheinebene und vereinzelt im Neckarland ist *A. characterea* in Hartholzauenwäldern festgestellt worden. An Waldrändern in Siedlungsnähe fliegen die Falter bis in die Ortschaften zum Licht, allerdings stets spärlicher als *A. crenata*.

Nahrung der Raupe:

Festuca altissima – Wald-Schwingel
   L (FRY)
Brachypodium sylvaticum – Wald-Zwenke
   3 L (BAR)
Gräser, Grasarten
   L (GAU, MRT)
Rubus fruticosus agg. – Brombeere
   L (FRY)

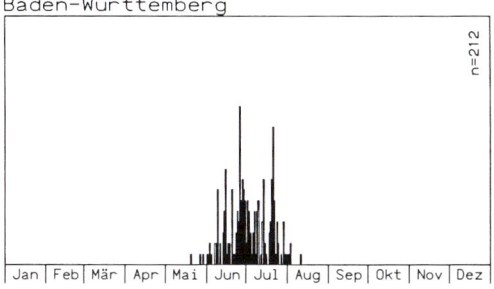

Die Raupe von *Apamea characterea* ist etwas eintöniger gefärbt als die von *Apamea crenata*. Auf dem Nackenschild ist die Mittellinie nur sehr dünn oder verloschen. – Göppingen 14.1.90 K. FREYTAG.

D. BARTSCH fand im Schönbuch und Glemswald Dutzende von Raupen an der Waldzwenke, K. FREYTAG bei Göppingen mehrfach Raupen am Waldschwingel. Andere Entomologen haben nur »Gräser« genannt (GAUCKLER 1909, MARTIN nach SCHNEIDER 1938). Daß die Raupen, genau wie die von *Apamea crenata*, auch gelegentlich an Dicotyledonen knabbern, belegt K. FREYTAG mit einer Fraßbeobachtung an Brombeerblättern.

Nach den Angaben mehrerer Autoren wird im allgemeinen *Brachypodium sylvaticum* bevorzugt (HAMBORG pers. Mitt., RANGNOW nach BERGMANN 1954, RÖSSLER 1872). Als weitere Nahrungsgräser werden genannt: »*Aira* spec.« [= *Deschampsia*?] (VÖLKER nach URBAHN & URBAHN 1939), *Dactylis glomerata*, *Deschampsia caespitosa* (ALLAN 1949), als Fütterungspflanzen in der Zucht *Poa annua*, *Elymus repens* und *Phragmites australis* (BERGMANN 1954). Außer den Gräsern finden sich Angaben für *Primula elatior* (BERGMANN 1954), *Stellaria media* und *Rumex* spp. (ALLAN 1949).

Nahrung des Falters: Im Raum Pforzheim wurden die Falter von K. STROBEL und H. ROMETSCH »an blühendem Grase« gefunden. Sie besuchen auch den Köder.

Habitat: Die Larvalhabitate wurden noch nicht pflanzensoziologisch beschrieben. Es handelt sich wohl überwiegend um Fagetalia- und Alno-Ulmion-Gesellschaften.

Verhalten: Die jungen Raupen sitzen in den Blütenständen, die älteren ruhen bei Tag am Boden und kommen nachts zum Fressen herauf. Anfang November sah D. BARTSCH im Schönbuch die Tiere am frühen Abend, an Grasstengeln sitzend. Später, gegen 23 Uhr wurden sie fast nur noch im Fruchtstand gefunden, die teilweise trockenen, vom Tau aufgeweichten Samen fressend. Dieses Verhalten zeigen auch noch die erwachsenen Raupen. H. LIENIG fand Puppen »unter Moos an *Fraxinus*-Stämmen (unmittelbar über dem Boden)«. Die Falter sind nachtaktiv und fliegen Lichtquellen an.

Gefährdung und Schutz

Rote Liste Bundesrepublik: –
Rote Liste Baden-Württemberg: –

Oberrheinebene: Nicht gefährdet.
Schwarzwald: Nicht gefährdet.
Neckar-Tauberland: Nicht gefährdet.
Schwäbische Alb: Nicht gefährdet.
Oberschwaben: Nicht gefährdet.

• In Baden-Württemberg nicht gefährdet!

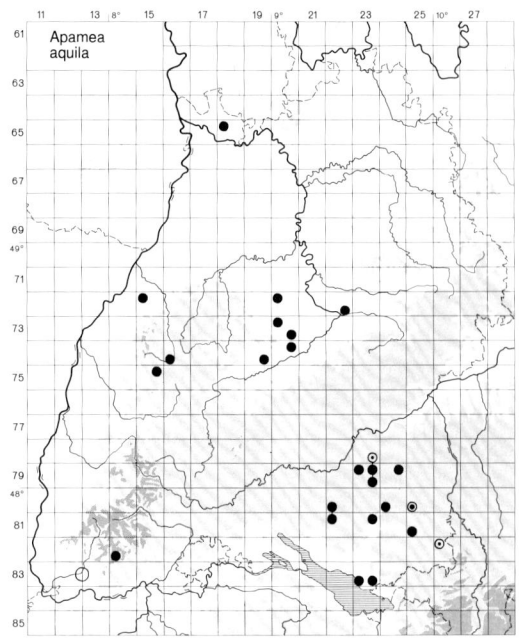

Apamea aquila
Donzel, 1837
Dunkle Pfeifengras-Grasbüscheleule

Hadena funerea HEIN. (LAMPERT 1907, SPULER 1908–1910, REBEL 1910, ECKSTEIN 1913–1923, HERING 1932)
Parastichtis funerea HEIN. (WARREN in SEITZ 1909–1914, BERGMANN 1951–1955)
Parastichtis aquila DONZ. (DRAUDT in SEITZ 1931–1938, KOCH 1954–1961, 1984)

Gesamtverbreitung: Europa bis Vorderasien und in einem disjunkten Teilareal in Ostasien (Ostsibirien, China, Korea, Japan). In Europa bewohnt die Art ein nördliches Teilareal, das Gebiete Belgiens, der Niederlande, Norddeutschlands und Dänemarks umfaßt und südlich bis zum Harz, ins Bergische Land und zum Kottenforst bei Bonn reicht. Das südliche Teilareal erstreckt sich von Nordspanien über die Pyrenäen durch die gesamten Alpen, das nördliche Alpenvorland und mehrere Mittelgebirge (Schwarzwald, Schönbuch, Schwäbisches Keuperbergland, Odenwald, Pfälzer Wald) bis Ungarn, Slowenien, Bosnien, Bulgarien und die Südkarpaten bis in die Nordtürkei[1].

---

[1] Da die Lücke zwischen Nord- und Südareal (Kottenforst-Odenwald) nur knapp 200 km beträgt und die Art in dazwischenliegenden Gebieten noch nachgewiesen werden könnte, erscheint es fraglich, ob diese Trennung von Nord- und Südareal überhaupt haltbar ist (MEIER 1989).

Subspezifischer Kontext: Erst in den 20er Jahren wurde erkannt, daß die nördliche, meist dunkelbraune *funerea* und die südliche, meist rotbraune *aquila* konspezifisch waren. Die beiden Taxa wurden zwar seither oft als Subspezies aufgefaßt, aber da sie sich habituell nicht immer trennen lassen neuerdings synonymisiert (SUGI 1982, HACKER 1989). Die Populationen Baden-Württembergs ähneln denen der Alpen.

Verbreitung

Regional: In Baden-Württemberg kommt *Apamea aquila* in einigen waldreichen Mittelgebirgen und im Alpenvorland vor (BAISCH 1970, MEIER 1989). Außerhalb des Alpenvorlands, wo sie recht verbreitet ist, wurde sie bisher im Odenwald, im Schurwald, im Glemswald und Schönbuch sowie im nördlichen und südlichen Schwarzwald gefunden.

Neckar-Tauberland: Odenwald: Schauenburg bei Dossenheim, 1987 (R. BLÄSIUS); Schurwald: Plochingen, Baltmannsberg, 1993 (M. MEIER); Glemswald: Gerlingen, Kaufwald, 1995 (D. BARTSCH); Böblingen, Truppenübungsplatz, 1988 (M. MEIER/A. STEINER), 1994 (D. BARTSCH); Schönbuch: Waldenbuch, Erdbeerbühl, 1989 (M. MEIER); Neuenhaus, Schaichtal und Betzenberg, 1993 (D. BARTSCH); Eichenfirst, 1987 (A. STEINER); Spitzberg bei Tübingen-Hirschau, 1988 (N. HIRNEISEN/A. STEINER).

Schwarzwald: Baden-Baden, 1984 (E. KIEFER); Murgtal bei Klosterreichenbach, 1985 (M. MEIER); Kniebis, Zollstockhütte, 1982 (M. MEIER); Lindauer Weidfeld, 1995 (S. HAFNER); Schopfheim, ca. 20er Jahre (EHINGER nach Kartei A. GREMMINGER). Sehr fraglich bleibt eine Angabe für Freiburg in der Kartei GREMMINGER: »Nach einer Notiz BISCHOFFS in seinem 'SPULER' hat Prof. JUST, Freiburg, dort einige Stücke gefunden«.

Alpenvorland: Federseegebiet, 1940–1973 (G. BAISCH, G. REICH); Blinder See bei Kanzach, 1988 (N. HIRNEISEN/A. STEINER); Ummendorfer Ried, ohne Jahr (G. BAISCH); Pfrunger Ried, 1992 (J.-U. MEINEKE); Steinacher Ried, 1947 (G. REICH), 1978, 1982 (G. BAISCH, G. EBERT), 1987, 1989 (G. BAISCH); Wurzacher Ried, 1964–1965 (G. BAISCH); Wegenried bei Wolpertswende, 1980 (R. SCHICK); Gründlenried, 1986 (J.-U. MEINEKE); Fetsachmoos, 1950 (G. REICH); Eriskircher Ried, 1978–1981 (T. MARKTANNER); Tettnanger Wald bei Langenargen, 1979 (T. MARKTANNER); Argenufer bei Oberdorf, 1973 (T. MARKTANNER).

Im allgemeinen wird *Apamea aquila* vereinzelt und selten beobachtet. In den alten Landesfaunen fehlt sie; fast alle Nachweise sind neueren Datums (Alpenvorland seit den 40er, Schwarzwald, Schönbuch, Schurwald, Odenwald seit den 80er Jahren). Aufgrund des lokalen Vorkommens und der Biotopbindung erscheint es aber eher unwahrscheinlich, daß die Art eine rezente Expansion durchmacht. So hatte schon A. GREMMINGER die alte Angabe aus der Umgebung von Schopfheim im Südschwarzwald bezweifelt (»angeblich von EHINGER gefangen. Belegstück fehlt«), aber 1995 konnte die Art nicht allzu weit entfernt (Lindauer Weidfeld) von S. HAFNER aufgefunden werden. Betrachtet man die Funde in angrenzenden Gebieten, dann wird deutlich, daß eine ganze Reihe von Funden in der Nordschweiz zwischen den Vorkommen im Südschwarzwald und in Oberschwaben vermittelt (BACHMANN 1965, BLÖCHLINGER 1985, VORBRODT 1911; Karte bei MEIER 1989). Im Odenwald ist ein weiterer Fundort auf hessischer Seite bekannt (6 km SÖ Waldmichelbach, KRISTAL 1987). Auch im Pfälzer Wald kommt die Art an mehreren

Apamea aquila ist seit den vierziger Jahren aus Oberschwaben bekannt (Habitatfoto s. Bd. 4, S. 311) und hat sich in den letzten Jahren als in den Mittelgebirgen ziemlich verbreitet erwiesen, während selbst in neueren Handbüchern (z. B. KOCH 1984) die Vorkommen in Süddeutschland nicht erwähnt werden. Die Falter ähneln den dunklen Formen von *Apamea crenata*, sind aber an der stets weißen statt rötlichgelben Beschuppung in der Nierenmakel und der schwarzen Umrandung der Ringmakel eindeutig von ihr zu trennen. – Tübingen-Hirschau, Spitzberg 3.7.88 A. STEINER. LF.

Stellen vor (KRAUS 1993, D. BARTSCH). Die Gründe für die in Süddeutschland noch immer lückenhaft bekannte Verbreitung von *Apamea aquila* dürften einerseits in ihrem geringen Bekanntheitsgrad, andererseits in den Verwechslungsmöglichkeiten mit dunklen Formen von *Apamea crenata* und mit kleinen Exemplaren von *A. lateritia* zu suchen sein. Selbst in den neuen Auflagen des Bestimmungsbuchs von KOCH (1984, 1991) fehlt jeder Hinweis auf die – seit 1970 publizierten – Vorkommen in Oberschwaben. Es ist zu erwarten, daß die Art an weiteren Fundorten sowohl im Schwarzwald als auch im Keuperbergland aufgefunden wird.

Vertikal: Die Höhenverbreitung umfaßt einen Bereich zwischen 170 m (westl. Schwarzwaldrand, Baden-Baden) und 950 m (Kniebis), wobei die meisten Fundorte in der oberen kollinen und unteren montanen Stufe liegen.

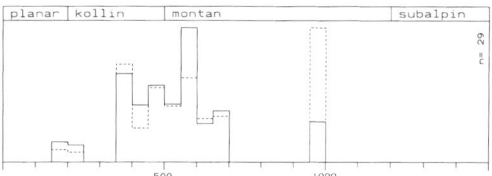

Phänologie

Imagines: In Oberschwaben, von wo die meisten Daten vorliegen, dauert die Flugzeit von Ende Juni bis Mitte August (27.6.1979, Eriskircher Ried, T. MARKTANNER; 17.8.1987, Steinacher Ried, G. BAISCH) und zeigt ein schwaches Maximum in der zweiten Julihälfte. Im Odenwald, Schönbuch/Glemswald und Schurwald sind die Falter von Anfang Juli bis Mitte August nachgewiesen worden (3.7.1988, Spitzberg bei Tübingen, N. HIRNEISEN/A. STEINER; 18.8.1993, Plochingen, Baltmannsberg, M. MEIER).

Die wenigen Funde im Schwarzwald fallen sämtlich in den August (3.8.1985, Klosterreichenbach, M. MEIER; 13.8.1982, Kniebis, M. MEIER; 18.8.1995, Lindauer Weidfeld, S. HAFNER; 26.8.1984, Baden-Baden, E. KIEFER); hier liegt die Flugzeit vermutlich später als in den niedrigeren Lagen.

Präimaginalstadien: Die Raupen überwintern. Sie wurden im Untersuchungsgebiet zwischen Mitte Oktober und Anfang Mai nachgewiesen. D. BARTSCH fand im Schönbuch und Glemswald zahlreiche Jungraupen Mitte und Ende Oktober sowie einmal ein erwachsenes Tier Anfang Mai (Eckdaten 11.10.1993 und 8.5.1992). Zu einem offenbar aus der Raupe gezüchteten Tier vom Federsee (ex larva 9.7.1941, coll. G. REICH) liegen keine weiteren Informationen vor. Die erwachsenen Raupen sind nach der Überwinterung bis Ende Mai zu finden (GILLMER 1910).

Ökologie

Lebensraum: *Apamea aquila* bewohnt Pfeifengrasbestände. Eine sehr ausführliche Besprechung der bis Ende der 80er Jahre aus Baden-Württemberg bekannten Biotope findet sich bei MEIER (1989). Demnach liegt einer der ökologischen Schwerpunkte der Art in den *Molinia*-Beständen von Hochmoorkomplexen bzw. verheideten Hochmooren, so an den meisten Standorten im Alpenvorland und an einem Fundort im Nordschwarzwald (Kniebis). Dabei läuft die Raupenentwicklung, wie es auch aus Norddeutschland belegt ist[2], wohl nicht im nassen Bereich ab, sondern nur in höher bzw. trockener gelegenen Stellen. Darauf deuten auch die Fundortbeschreibungen von T. MARKTANNER für das Eriskircher Ried: »Auwaldreste, Gebüschzonen und Großseggenried umgebende Halbtrockenrasen-Fläche mit Pfeifengrasbeständen auf der sogenannten Düne (Schwemmsandboden)« und für das Argenufer: »Den Fluß säumender, ca. 20 m breiter Wiesenstreifen mit krautigen Pflanzen, Hochstauden und Gehölzsaum. Eigentlicher Lebensraum möglicherweise eine am anderen Ufer gelegene kleine Halbtrockenrasen-Fläche mit Pfeifengrasbeständen.« Im Murgtal bei Klosterreichenbach existiert ein heute völlig verheidetes, ehemaliges Hochmoor im Talgrund. Die Funde im Schönbuch, Glemswald und Schurwald stammen aus frischen bis feuchten, lichten Laub- und Laubmischwaldgebieten. Auf dem Böblinger Truppenübungsplatz, wo *A. aquila* syntop mit *A. rubrirena* vorkommt, hat sich ein durch Störung

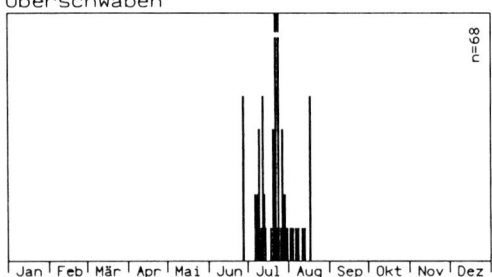

---

[2] Vgl. BOLDT (1910, 1925), KELM & WEGNER (1988), zitiert bei MEIER (1989).

(Befahrung mit Kettenfahrzeugen) offengehaltenes, kleinflächiges Mosaik aus Eichen-Buchenbeständen, Nadelholz, Bruchwald, Sumpfseggenriedern, Tümpeln, Fahrrinnen und wechselfeuchten bis trockenen Ruderalflächen entwickelt. Am Eichenfirst sind Pfeifengrasfazies entlang eines Wassergrabens und eines verlandenden Teichs reich entfaltet. Ähnlich sehen die übrigen Fundstellen dieses Gebietes aus. Die Raupen beobachtete D. BARTSCH in *Molinia*-Beständen entlang sonniger Waldwege und auf Lichtungen, hier aber mehr entlang von Buschgruppen, Bäumen und Gräben als in großen, freien Beständen. Die Mai-Raupe wurde in einem vollsonnig, warm und trocken am Wegrand stehenden Grasbüschel auf einem kleinen Haufen aus altem, überwuchertem Kalkschotter in sonst eher kühler und luftfeuchter Umgebung gefunden. Das Tier von den Spitzberg-Südhängen ist sicher von der Kuppe des Berges zugeflogen, wo feuchte Heidelbeer-Heidekraut-Pfeifengras-Kiefernwälder auf wasserspeicherndem Untergrund stocken. Im Pfälzer Wald liegt das Larvalhabitat in trockenen Kiefernwäldern mit *Calluna*- und *Vaccinium*-Uterwuchs auf stark verwittertem Buntsandstein. Begleitarten sind hier *Paradrina selini* und *Xestia agathina* (D. BARTSCH). *Apamea aquila* ist nach der Definition von SPITZER (1985) nicht zu den Tyrphobionten (MEINEKE 1982) sondern höchstens zu den Tyrphophilen 1. Ordnung zu stellen (MEIER 1989). Die Fundorte in Baden-Württemberg liegen teils auf Grundgestein und Buntsandstein (Schwarzwald), teils auf Keuper (Neckarland), teils auf den Moränen der Würmeiszeit (Alpenvorland) sowie im Bereich von 600–1800 mm mittlerer jährlicher Niederschläge und 5–9°C mittlerer Jahrestemperaturen.

Nahrung der Raupe:
Molinia spec. – Pfeifengras
  4 L (BAR)

In Baden-Württemberg wurden die Raupen nur an Pfeifengras gefunden. Wahrscheinlich lebt *Apamea aquila* ausschließlich an *Molinia*. Zumindest sind aus Europa nur an dieser Pflanze Raupenfunde bekannt geworden (BOLDT 1910, 1925, GILLMER 1910, KELM & WEGNER 1988, KINKLER et al. 1975).
Nahrung des Falters: Blütenbesuchsbeobachtungen liegen aus dem Untersuchungsgebiet nicht vor. Die Falter besuchen den Köder.
Habitat: *Molinia*-Bestände, im Alpenvorland und im Nordschwarzwald vermutlich Oxycocco-Sphagnetea- (Zwergstrauchreiche Hochmoor-

Die Raupe von *Apamea aquila* ist habituell nicht sicher von der von *Apamea crenata* zu unterscheiden. Ein Lebensraum ist unter *Notodonta torva* abgebildet. – Böblingen, Truppenübungsplatz (leg. D. BARTSCH) 19.12.95 A. STEINER. S.

Torfmoos-) Gesellschaften und besonders deren Verheidungsstadien, im Neckar-Tauberland und Odenwald, wohl auch stellenweise im Schwarzwald, in Carpinion- und Fagion-Gesellschaften mit – auch kleinflächigen – wechselfeuchten und anmoorigen Stellen. Die Raupe benötigt einen trockenen, höchstens wechselfeuchten Untergrund. In nassen Molinieten fehlt *A. aquila*.
Verhalten: Die jungen Raupen können im Herbst aus den *Molinia*-Blüten geklopft werden (D. BARTSCH). Sie wachsen viel langsamer heran als die Raupen von *Apamea crenata* und *A. remissa*, ihre Hauptwachstumsphase beginnt erst, wenn diese Arten verpuppt sind. Sie sind erwachsen, wenn bei *A. crenata* die Falter schlüpfen. Die Imagines sind nachtaktiv und fliegen Lichtquellen an. Ein im Schönbuch beobachtetes Weibchen schwärmte nachts niedrig um *Carex*- und *Molinia*-Horste (A. STEINER).

Gefährdung und Schutz

Rote Liste Bundesrepublik: 2
Rote Liste Baden-Württemberg: V

Oberrheinebene: Nicht vertreten.
Schwarzwald: Art der Vorwarnliste.
Neckar-Tauberland: Art der Vorwarnliste.
Schwäbische Alb: Nicht vertreten.
Oberschwaben: Art der Vorwarnliste.

- In Baden-Württemberg eine Art der Vorwarnliste!
  Besonders geschützt gemäß § 20e ff. BNatSchG.

Apamea aquila galt in Deutschland als vom Aussterben bedrohte Art (HEINICKE 1993, PRETSCHER 1984). Vor diesem Hintergrund erstaunt es, daß aus Baden-Württemberg fast alle Fundorte mit Daten aus jüngster Zeit belegt sind, so daß zumindest aus dem Kartenbild kein Rückgang abzulesen ist. Die geringe Anzahl der Fundorte im Schwarzwald und Neckarland dürfte, wie erläutert, bei genauerer Beobachtung sogar noch zu vermehren sein. Als potentielle Gefährdungsfaktoren sind vor allem Meliorationsmaßnahmen, die zur völligen Vernichtung der Habitate bzw. der *Molinia*-Bestände führen können, zu nennen. Die Vorkommen in Naturschutzgebieten erscheinen ausreichend gesichert. An allen übrigen Standorten sollte regelmäßig Köderfang und Raupensuche stattfinden, um die Bestände zu überwachen. Da die Art in Mooren nur relativ trockene Standorte besiedeln kann, ist bei Pflegemaßnahmen darauf zu achten, daß bedrohte oder degenerierte Moore nicht zu schnell wiedervernäßt werden, da die Präimaginalstadien dann ertrinken können (RETZLAFF 1987). Im Schönbuch/Glemswald stellt die Mahd der Waldwegränder und das »Entkrauten« von Schonungen (Entfernung des Pfeifengrases) sicherlich einen limitierenden Faktor dar.

Apamea lateritia
(Hufnagel, 1766)

Ziegelrote Grasbüscheleule

Hadena lateritia HUFN. (REUTTI 1898, LAMPERT 1907, SPULER 1908–1910, REBEL 1910, ECKSTEIN 1913–1923, HERING 1932)
Parastichtis lateritia HUFN. (WARREN in SEITZ 1909–1914, DRAUDT in SEITZ 1931–1938, SCHNEIDER 1936–1939, BERGMANN 1951–1955, KOCH 1954–1961, 1984)

Gesamtverbreitung: Europa und Asien, östlich bis Japan und zu den Kurilen. In Fennoskandien nördlich bis jenseits des Polarkreises, in Südeuropa nur in den Gebirgen, südlich bis Nordspanien, Mittelitalien und Griechenland. Einzelfunde (Zuwanderer) in Großbritannien. Früher wurde die Art als holarktisch geführt, doch nach MIKKOLA, LAFONTAINE & KONONENKO (1991) gehören die nearktischen Populationen nicht zu *A. lateritia*.

Verbreitung

Regional: *Apamea lateritia* zeigt in Baden-Württemberg ein merkwürdiges Verbreitungsbild. Sie ist im gesamten Schwarzwald von den Gipfella-

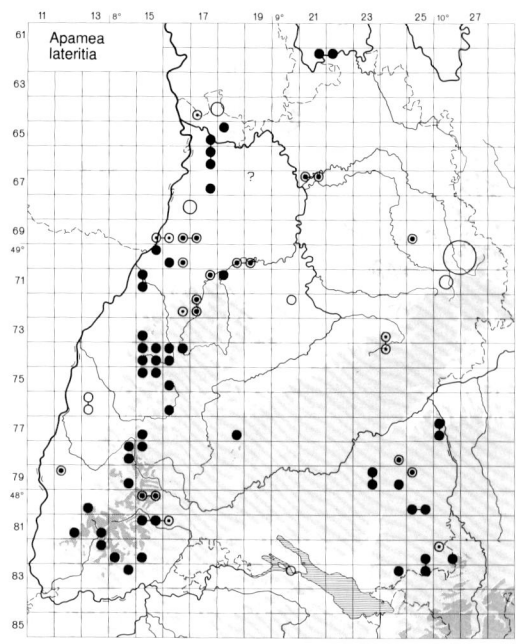

gen bis in die Täler und niedrigen Randlagen weit verbreitet. In etwas geringerer Siedlungsdichte kommt sie in den oberschwäbischen Heidemooren und auf der Adelegg vor.

Im Odenwald und im Sandstein-Spessart sind jeweils nur wenige Standorte bekannt: Umgebung von Dossenheim (1981, 1984, R. TRABOLD), Altenbach (1963–1965, G. JUNGE), Umgebung von Freudenberg (1986–1994, A. BECHER). Ähnlich vereinzelte Angaben liegen aus den Schwäbisch-Fränkischen Waldbergen und dem Albvorland vor: Bühlertann (1980, E. LANGER), Kohlwald bei Engelhofen (1970, E. LANGER), Ellwangen und Aalen (SCHNEIDER 1938).

Zwischen Odenwald und Schwarzwald wurde und wird *Apamea lateritia* an eher trockenwarmen Standorten der Rheinebene und des angrenzenden Kraichgau-Hügellands gefunden. Die Falter sind hier zwar stets einzeln, aber doch so regelmäßig nachgewiesen worden, daß es sich nicht nur um aus dem Schwarzwald zugeflogene Tiere handeln kann. Wir müssen deshalb von bodenständigen Populationen ausgehen:

Speyer (Pfalz) (REUTTI 1898); Mannheim, 1935 (VÖLKL); Weinheim (REUTTI 1898), 1912, 1932 (H. LIENIG); Viernheimer Heide, 1932 (E. ELLINGER); Eppelheim, 1979 (R. BLÄSIUS); Sandhausen, 1969 (M. WALLNER), 1992 (F. STEUERWALD); Bad Mingolsheim, 1984–1987 (G. SCHWARZ); Graben-Neudorf, 1917 (A. GREMMINGER); Karlsruhe: Hafen, 1936 (H. KESENHEI-

MER), Rheinwald, 1969 (W. WEISSIG); Grötzingen, 1955 (MEINKE); Rheinstetten-Mörsch: Pfeiferäcker, 1991 (A. SCHANOWSKI); Ettlingen, 1961, 1963 (P. PEKARSKY); Malsch, 1981 (D. DOCZKAL); Rastatt, 1972 (R. HERRMANN).

In der südlichen Oberrheinebene liegen zwei Meldungen aus dem Kaiserstuhl vor: Kaiserstuhl ohne nähere Fundstelle[1] (1938, A. GREMMINGER); Badberg (1953, R. HÄUSSER). Ob hier tatsächlich Bodenständigkeit vorliegt, läßt sich noch nicht entscheiden. Die Angaben von Lahr bzw. Lahr-Dinglingen (REUTTI 1853, 1898) beziehen sich mutmaßlich auf Schwarzwaldlagen und nicht auf die Ebene.

Eine Angabe für Stuttgart (SCHNEIDER 1938) wird durch ein Belegstück von Stuttgart-Hasenberg gestützt (1884, coll. v. SCHULER, SMNS), dessen Zuverlässigkeit uns jedoch nicht absolut gesichert erscheint. Irgendwelche aktuellen Nachweise im recht gut durchforschten Schönbuch-Glemswald-Gebiet sind jedenfalls nicht bekannt. Ohne benachbarte Funde steht auch ein Belegstück aus dem Kocher-Jagst-Gebiet (Herbolzheim/Jagst, 1967, R. ZENKER, coll. SMNS). Auf der Schwäbischen Alb wurde *A. lateritia* nur ein einziges Mal gefunden: Plettenberg bei Dotternhausen (1991, D. BARTSCH/R. HERRMANN/A. STEINER). Wir tendieren dazu, diesen Falter als ein (vom Schwarzwald her?) zugewandertes Tier zu interpretieren. *Apamea lateritia* ist eine sehr vagile Art, die in Einzelstücken immer wieder wandert (wie beispielsweise die Funde auf den Britischen Inseln belegen).

Vertikal: Die Höhenverbreitung erstreckt sich über die gesamte Spanne der in Baden-Württemberg vertretenen Höhenstufen, von der Oberrheinebene um 100 m bis in die subalpinen Hochlagen des Schwarzwalds um 1400 m (Belchengipfel, G. EBERT/R. HERMANN/B. TRAUB).

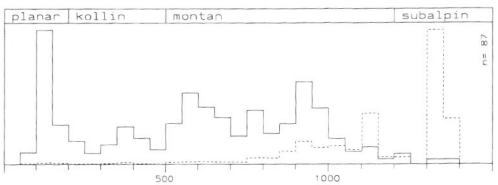

Phänologie

Imagines: In den meisten Gebieten beginnt die Flugzeit in den letzten Juni- oder den ersten Julitagen. Nur in der klimatisch begünstigten Oberrheinebene sind schon Funde ab Mitte Juni bekannt (14.6.1963, Ettlingen, P. PEKARSKY).

Apamea lateritia ist in den Mittelgebirgen und im Hügelland verbreitet, kommt aber auch – offenbar bodenständig – in der Oberrheinebene und im Kraichgau vor. – Todtnau, Hasenhorn 14.7.95 A. STEINER. LF.

Die Hauptflugzeit ist nur im Diagramm für den Schwarzwald gut zu erkennen; sie liegt in der letzten Juli-Dekade. Im Schwarzwald reicht die Flugzeit regelmäßig bis in die zweite August-Dekade, während aus den übrigen Gebieten nach Anfang August nur noch vereinzelte Funde vorliegen.

Präimaginalstadien: Keine Beobachtungen aus Baden-Württemberg.

Die Raupen leben überwinternd vom Spätsommer bis April oder Mai (BERGMANN 1954).

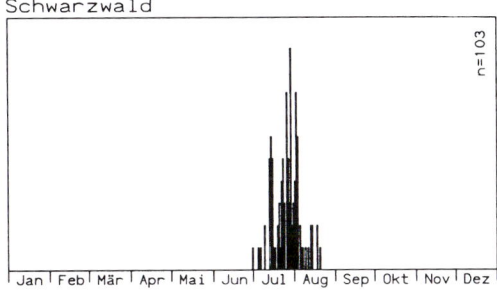

[1] STAIB (1974) hat diese Angabe zu »Badberg« präzisiert, doch GREMMINGERs Belegstück (coll. NMF) trägt nur die Angabe »Kaiserstuhl«.

Die Raupe wurde im Untersuchungsgebiet noch nicht im Freiland nachgewiesen. Sie gehört zu den horstbewohnenden Arten. – Frankreich, Col de Vence 5.79 H. FEIL. S.

Ökologie

Lebensraum: *Apamea lateritia* wurde als Falter in sonnigen bis halbschattigen Grasfluren auf trockenen bis frischen Standorten festgestellt. Im Schwarzwald handelt es sich um lichte Misch- und Nadelwälder und deren Ränder, Lichtungen, Heidelbeerheiden, verheidete Hochmoore, Wegränder, Böschungen, Blockfluren sowie die Borstgrasrasen der subalpinen Lagen. In der Oberrheinebene wurde die Art unter anderem auf den Binnendünen bei Sandhausen und sonst – soweit Angaben vorliegen – auf trockenen, kiesig-sandigen Ruderal- und Brachflächen gefunden. Für die oberschwäbischen Moore gab MEINEKE (1982) »Heidehochmoor (vermutlich *Molinia*-Rasen)« an. *Apamea lateritia* kommt in Baden-Württemberg vorwiegend auf Sand- und Silikatböden vor. Kalk und Muschelkalk meidet sie.

Nahrung der Raupe: Aus dem Untersuchungsgebiet liegen keine Angaben vor.

Für Mitteleuropa nannte BERGMANN (1954) *Festuca ovina*, *Deschampsia flexuosa* und *Deschampsia cespitosa*, für Skandinavien gab SKOU (1991) *Festuca ovina*, *Deschampsia flexuosa* und – wohl nach SEPPÄNEN (1970) – *Nardus stricta* an. Alle diese Arten kommen auch in Baden-Württemberg in Frage.

Nahrung des Falters: Blütenbesuchsbeobachtungen liegen nicht vor. Die Tiere kommen gern an den Köder.

Habitat: Das Larvalhabitat ist aus Baden-Württemberg nicht bekannt und demnach auch nicht pflanzensoziologisch beschrieben.

Verhalten: Die Lebensweise der Raupen entspricht wahrscheinlich der anderer *Apamea*-Arten. Die Falter sind nachtaktiv und fliegen Lichtquellen an.

Gefährdung und Schutz

Rote Liste Bundesrepublik: –
Rote Liste Baden-Württemberg: –

Oberrheinebene: Nicht gefährdet.
Schwarzwald: Nicht gefährdet.
Neckar-Tauberland: Nicht gefährdet.
Schwäbische Alb: Nicht bodenständig.
Oberschwaben: Nicht gefährdet.

- In Baden-Württemberg nicht gefährdet.

Apamea furva
([Denis & Schiffermüller], 1775)
Trockenrasen-Grasbüscheleule

Hadena furva HBN. (REUTTI 1898, LAMPERT 1907, SPULER 1908–1910, REBEL 1910, ECKSTEIN 1913–1923, HERING 1932)
Crymodes furva HBN. (WARREN in SEITZ 1909–1914, DRAUDT in SEITZ 1931–1938, SCHNEIDER 1936–1939, BERGMANN 1951–1955, KOCH 1954–1961, 1984)

Gesamtverbreitung: *Apamea furva* kommt in Europa und Asien vor, östlich bis China. In Europa erreicht die Art im Norden die Shetland-Inseln und das mittlere und nördliche Fennoskandien (Einzelfunde sind bis jenseits des Polarkreises getätigt worden), im Süden, wo sie vor allem in den Gebirgen vorkommt, Südspanien, Mittelitalien und Griechenland.

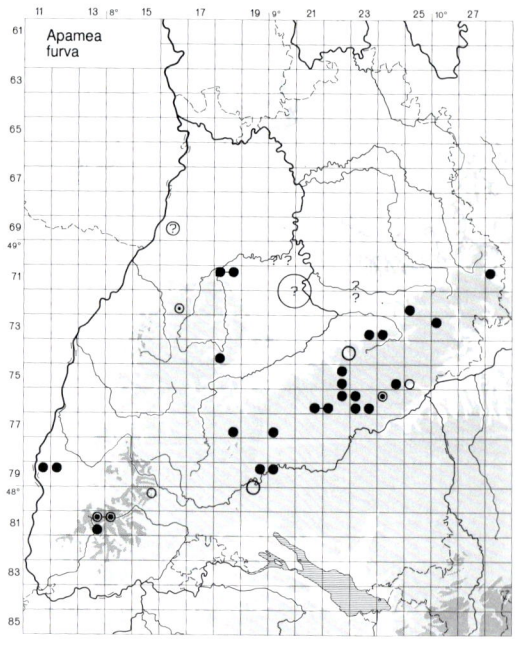

Verbreitung

Regional: In Baden-Württemberg kommt *Apamea furva* schwerpunktmäßig auf der Schwäbischen Alb vor. Hier zeigen sich lokale Häufungen in den südlichen Tälern, die jedoch auf dem gegenwärtigen Bearbeitungsstand beruhen. Es darf von einer weiteren und gleichmäßigeren Verbreitung ausgegangen werden als die Karte sie zeigt. Ein weiteres Teilareal bildet der Schwarzwald, wo *A. furva* allerdings wesentlich spärlicher auftritt:

Pforzheim, Seehaus, 1988 (W. PFENNINGER); Wildseemoor, 1910, 1925 (H. ROMETSCH); Hammereisenbach, 1858 (F. MAYER nach REUTTI 1898); Feldberg, 1964 (W. STAIB); Todtnauberg, 1900, 1908 (G. KABIS); zwischen Todtnauberg und Feldberg, 1898 (C. KÖNIG nach GAUCKLER 1899b); Todtnau-Geschwend, 1994 (J. ASAL/ A. STEINER).

Ein Fundort am östlichen Schwarzwaldrand gehört naturräumlich bereits zu den Oberen Gäuen: Wacholderheide bei Unterschwandorf, 1979 (W. STAIB/M. WALLNER).

Im Kaiserstuhl ist *Apamea furva* von den älteren Faunisten nie gefunden worden (BROMBACHER 1933–1935, GREMMINGER 1950a, 1952b, SETTELE 1972, 1973). Nun liegen zwei neuere Meldungen vor: Vogtsburg, 1979 (R. HERRMANN), Bitzenberg, 1980 (G. EBERT/B. TRAUB).

Von außerhalb der Mittelgebirge stammen noch eine Reihe weiterer Meldungen. Da jedoch in keinem Fall Belegstücke auffindbar waren, müssen diese Angaben zumindest zweifelhaft bleiben. *Apamea furva* wird nämlich gelegentlich mit *Mamestra brassicae*, *Apamea remissa* und anderen eintönig gefärbten Noctuiden verwechselt (und umgekehrt!).

Oberrheinebene: Karlsruhe, Hardtwald, 1913 (F. GUTH)[1].
Neckar-Tauberland: Markgröningen, 1929 (P. MOHN nach SCHNEIDER 1938)[2]; Stuttgart, 1913 (v. CUBE nach SCHNEIDER 1938); Schorndorf, 1957, 1958 (N. SCHMUNCK);

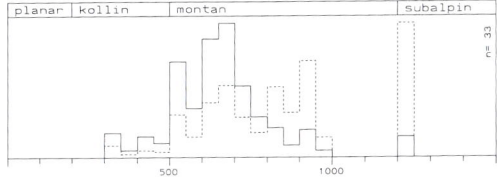

---
[1] GAUCKLER, GREMMINGER und andere Karlsruher Sammler haben die Art im Hardtwald nie gefunden.
[2] In der Markgröningen-Fauna von SCHÄFER & SÜSSNER (1977) wird die Art nicht erwähnt.

Apamea furva wird gelegentlich mit *Mamestra brassicae* verwechselt, unterscheidet sich aber in der Flügelform und in Details der Zeichnung. Ihre Verbreitung in Südwestdeutschland beschränkt sich fast ausschließlich auf den Schwarzwald und die Schwäbische Alb. – Marbach/Lauter 9.7.88 A. STEINER. S.

Vertikal: *Apamea furva* ist in Südwestdeutschland eine Art des Berglands. Ihr Schwerpunkt liegt in der montanen Stufe zwischen 500 und 1000 m. Die Fundorte reichen im Südschwarzwald allerdings noch bis 1200 m (Feldberg, W. STAIB), möglicherweise noch höher, denn die älteren Angaben »Feldberg« und »Todtnauberg« tragen keine Höhenangaben. Nur die Fundorte im Kaiserstuhl liegen im Hügelland bei 300–450 m.

Phänologie

Imagines: Die Flugzeit ist nur auf der Schwäbischen Alb gut dokumentiert. Sie beginnt je nach Jahreswitterung Ende Juni oder Anfang Juli, erreicht in der zweiten Julihälfte einen Höhepunkt und dauert noch bis Mitte August: 26.6.1989, Marbach/Lauter (M. MEIER); 11.8.1991, Plettenberg bei Dotternhausen (D. BARTSCH/H. HERRMANN/A. STEINER). Obwohl aus dem Schwarzwald viel weniger taggenau datierte Meldungen vorliegen, sind die Eckdaten nahezu identisch: 28.6.1925, Wildseemoor (H. ROMETSCH);

10.8.1858, Hammereisenbach (F. MAYER nach REUTTI 1898).

Präimaginalstadien: Die Raupen überwintern. Sie wurden im Untersuchungsgebiet nur im Frühjahr von Mitte April bis Mitte Juni gefunden (18.4.1992, Donautal bei Beuron, D. BARTSCH; 6.5.1994, Todtnau-Geschwend, Stieg, J. ASAL/A. STEINER; 15.6.1987, Hartberg bei Seeburg, D. HAMBORG/A. STEINER, erwachsene Raupen).

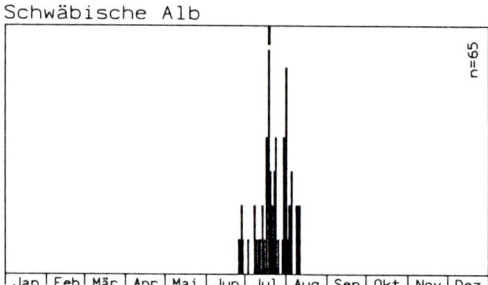

Eine jüngere Raupe im soeben geöffneten Gespinst. Neben den frischen, grünen Kotballen im Inneren erkennt man Spinnfäden und rechts unten die aus Grasteilchen zusammengesponnene Außenseite des Gespinstes. Normalerweise sind die Gespinste so in die Grasbüschel integriert, daß sie erst beim Auseinanderbiegen der Halme erkannt werden. – Todtnau-Geschwend 6.5.94 A. STEINER. M.

Ökologie

Lebensraum: Auf der Schwäbischen Alb bewohnt *Apamea furva* vor allem flachgründige, felsige, sonnige, offene Halbtrockenrasen (Wacholderheiden), wo die Raupen, genau wie die von *Apamea platinea*, in Schwingelhorsten auf Felsköpfen leben. Im Gegensatz zu *A. platinea* scheinen sie aber nicht nur diese extremen Standorte zu besiedeln, sondern sind vermutlich auch in den Magerrasen verbreitet (wegen der Suchstrategien der Entomologen und der Einfachheit des Nachweises an Stellen, wo die Grashorste einzeln stehen, liegen bisher nur Raupennachweise auf Fels vor). Ähnliches gilt für den Südschwarzwald, wo die Raupen auf einem felsigen, südexponierten Weidfeld nachgewiesen wurden. Im Nordschwarzwald, insbesondere im Wildseemoor, muß die Art aber auch Hochmoor- bzw. Heidemoorhabitate bewohnen, hier mutmaßlich die trockeneren, verheideten Stellen. An ähnlichen felsfreien Standorten kommt sie auch in Nord- und Ostdeutschland vor. Die Funde im Kaiserstuhl stammen aus Halbtrockenrasen.

Auf der Schwäbischen Alb siedelt *Apamea furva* auf Weißjurakalk, im Schwarzwald auf Urgestein und Buntsandstein (bei Unterschwandorf auf Muschelkalk). Die pauschale Angabe von KOCH (1958, 1984), nach dem die Art »vorwiegend auf Sandboden« leben soll, trifft auf Baden-Württemberg nicht zu.

Nahrung der Raupe:
Festuca ovina – Schaf-Schwingel
  L (ASA, STN)
Festuca pallens – Blasser Schwingel
  L (BAR, HAM, STN)

Diese fast erwachsene Raupe hat keinen Falter ergeben. Es handelte sich möglicherweise um *Apamea furva*. Sie wurde zusammen mit Raupen von *Apamea platinea* auf der Schwäbischen Alb in Horsten des Blassen Schwingels auf Weißjura-Felsköpfen gefunden. Seeburg 17.6.87 A. STEINER. S.

Aus Baden-Württemberg sind bisher nur Nachweise an verschiedenen Schwingelarten bekannt, was selbstverständlich nicht heißt, daß die Raupe nicht auch an anderen Gräsern lebt. Im Südschwarzwald fanden J. ASAL und A. STEINER die

Raupen in Anzahl in Schafschwingelhorsten. Auf der Schwäbischen Alb konnten zweimal je mehrere Raupen in Horsten des Blassen Schwingels registriert werden (D. BARTSCH, A. STEINER/D. HAMBORG).

Originalbeobachtungen von *Apamea furva*-Raupen sind offenbar recht selten. BERGMANN (1954) konnte aus Thüringen keine Funde verzeichnen, erwähnt aber *Corynephorus canescens* und *Deschampsia cespitosa* als Nahrungsgräser. Die erste Angabe geht auf BOIE zurück, der *Corynephorus canescens* bereits 1835 aus Norddeutschland angab (vgl. auch FREYER 1835). In der Sekundärliteratur ist diese Angabe schon zu »besonders an Silbergras« (FORSTER 1971) mutiert. Aus Großbritannien, wo die Raupen mehrfach nachgewiesen wurden, werden *Poa trivialis* und *Poa nemoralis* aus dem Freiland sowie *Poa annua* als Fütterungspflanze bei der Zucht genannt (ALLAN 1949, BRETHERTON, GOATER & LORIMER 1983). ALLAN (1949) ergänzt *Corynephorus canescens* und *Trichophorum cespitosum*. Aus Finnland nannte SEPPÄNEN (1970) *Calamagrostis neglecta*, *Deschampsia flexuosa* und *Festuca* spec., aus Fennoskandien gab SKOU (1991) *Festuca* spec., *Deschampsia* spec. und *Calamagrostis* spec. an.

Das Larvalhabitat im Südschwarzwald. *Apamea furva* besiedelt die Schafschwingelhorste auf den in das Weidfeld eingesprengten, südexponierten Felspartien. – Todtnau-Geschwend 6.5.94 A. STEINER.

Nahrung des Falters: Keine Beobachtungen aus Baden-Württemberg. Die Falter kommen an den Köder.

Habitat: Auf der Schwäbischen Alb wahrscheinlich vor allem felsdurchsetzte Mesobromion-Gesellschaften. Raupenfunde sind bisher allerdings nur aus dem den Sedo-Scleranthetea (Felsgrus- und Felsband-Gesellschaften) zugehörigen Festucion pallentis (Bleichschwingel-Felsbandfluren) bekannt. Im Südschwarzwald kommen wahrscheinlich ähnliche Standorte in Betracht. Bis jetzt sind in unserem Faunengebiet noch keine Raupennachweise in Heidemooren festgestellt worden.

Verhalten: Die Lebensweise der Raupe entspricht der von *Apamea platinea*. Die Verpuppung erfolgt wie bei den verwandten Arten außerhalb des Grasbüschels, das die Wohnhöhle enthält, in einer Erdhöhle. Die Falter sind nachtaktiv und kommen gern ans Licht.

Gefährdung und Schutz

Rote Liste Bundesrepublik: 3
Rote Liste Baden-Württemberg: V

Oberrheinebene: Noch ungeklärt.
Schwarzwald: Art der Vorwarnliste.
Neckar-Tauberland: Nicht gefährdet (nur randlich vorkommend).
Schwäbische Alb: Nicht gefährdet.
Oberschwaben: Nicht vertreten.

• In Baden-Württemberg eine Art der Vorwarnliste!

Die Bindung an felsige Standorte macht *Apamea furva* sehr empfindlich gegen Sukzession, Verbuschung und Bewaldung. Dieses Problem betrifft vor allem den Schwarzwald, wo Felsfluren in offenen Weidfeldern mittlerer Lagen durch Nutzungsaufgabe gefährdet sein können. Aus diesem Grund ist eine gezielte Nachsuche an älteren Fundstellen und in anderen, potentiell geeigneten Habitaten des Südschwarzwalds zu empfehlen, um die Verbreitung und Abundanz der Art besser kennenzulernen. Ebenso wichtig ist dies im Nordschwarzwald, wo die Population des Wildseemoors auch noch ihrer ökologischen Erforschung harrt. Auf der Schwäbischen Alb ist dagegen angesichts der weiten Verbreitung von felsigen Magerrasen noch keine Gefährdung erkennbar (obwohl die Offenlandbiotope auch hier Rückgänge zu verzeichnen haben! Vgl. RESSEL & ZIMMERER 1989).

Apamea zeta
Treitschke, 1825

Hadena zeta TR. (SPULER 1908–1910, REBEL 1910)
Crymodes zeta TR. (WARREN in SEITZ 1909–1914, DRAUDT in SEITZ 1931–1938)

Gesamtverbreitung: Eine weitverbreitete arktoalpine Art, die in der Vergangenheit vielfach mit Formen von *Apamea maillardi* (GEYER, 1834) verwechselt wurde. Erst von MIKKOLA & LAFONTAINE (1986) wurden beide Arten anhand des Vorhandenseins oder Fehlens von Coremata (und genitalmorphologischer Merkmale) sicher getrennt. *Apamea zeta* kommt demnach in mehreren beschriebenen Subspezies in den Hochgebirgen Zentral- und Vorderasiens und Europas sowie in den nördlichen Teilen Europas und Nordamerikas vor. In Süd- und Mitteleuropa ist sie von den Pyrenäen bis zum Balkan verbreitet, in Nordeuropa in Schottland, auf Shetland, Orkney, Faröer und Island, in den Gebirgen Norwegens und sehr lokal in Schweden. Außerdem in Spitzbergen, Südgrönland und Kanada (Neufundland, Labrador, Nord-Quebec).

Apamea zeta kommt in Baden-Württemberg nicht vor. Eine völlig abwegige Meldung aus dem Raum Blaubeuren (SCHNEIDER 1938a) beruhte auf einer Fehlbestimmung von *Apamea platinea* und wurde auch noch im gleichen Jahr richtiggestellt (SCHNEIDER 1938b).

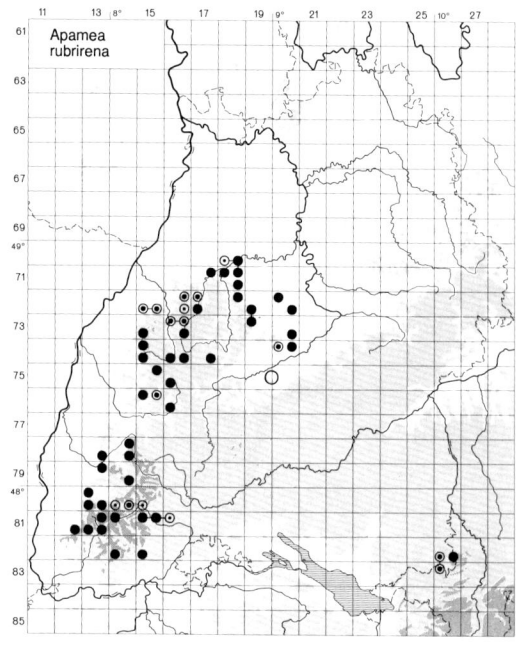

Apamea rubrirena
Treitschke, 1825

Schwarzweiße Grasbüscheleule

Hadena rubrirena TR. var. *hercyniae* STGR. (REUTTI 1898)
Hadena rubrirena TR. (LAMPERT 1907, SPULER 1908–1910, REBEL 1910, ECKSTEIN 1913–1923, HERING 1932)
Crymodes rubrirena TR. (WARREN in SEITZ 1909–1914, DRAUDT in SEITZ 1931–1938, SCHNEIDER 1936–1939, BERGMANN 1951–1955, KOCH 1954–1961, 1984)

Aus Baden-Württemberg beschriebenes Taxon:
Hadena rubrirena abnoba GUTH, 1932 (Typenfundort: nicht festgelegt, vermutlich weitere Umgebung Pforzheims).

Gesamtverbreitung: Als typische boreo-montane Art besiedelt *Apamea rubrirena* einerseits die boreale Zone Eurasiens von Norwegen, Schweden, Finnland und Karelien im Westen quer durch das nördliche Rußland (Sibirien: Ost- und Westsajan) bis zum Pazifischen Ozean (Sachalin, Kurilen, Japan). Da sie neuerdings auf den (zoogeographisch zu Nordamerika zählenden) Aleuten festgestellt wurde (MIKKOLA, LAFONTAINE & KONONENKO 1991), muß sie zum holarktischen Verbreitungstyp gerechnet werden. Dieses Nordareal dürfte relativ geschlossen sein, wenn auch aus dem asiatischen Teil, bedingt durch den mangelhaften Durchforschungsstand, nur vereinzelte Meldungen vorliegen. Das stark zersplitterte Südareal umfaßt verschiedene Gebirge Mittel-, Ost- und Südosteuropas: Alpen (mit Alpenrandgebieten), Schwarzwald, Schönbuch/Glemswald/Rammert, Harz, Thüringer Wald, Erzgebirge, Riesengebirge, Altvater, Böhmerwald, Tatra, Sudeten, Beskiden, slowenischer Karst, Nordungarn, rumänische Südkarpaten, Pirin, Witoscha, Rila, Rhodopen, Jugoslawisch-Mazedonien (Raum Bitolj), Trebevič bei Sarajevo.

Subspezifischer Kontext: Die regionale Variabilität der im Südteil des Areals zumeist geographisch separierten Populationen hat dazu geführt, daß diese mit einer ganzen Reihe von Subspeziesnamen belegt wurden:
ssp. *fennica* (GUTH, 1932) (Skandinavien),
ssp. *feisthamelii* (BOISDUVAL, 1833) (= *rhaetonorica* KOCH, 1965) (gesamte Alpen und Voralpengebiete, Slowenischer Karst),
ssp. *hercyniae* (STAUDINGER, 1871) (Harz und Harzausläufer, Thüringer Wald und dessen Vorland),
ssp. *abnoba* (GUTH, 1932) (Nordschwarzwald, im Südschwarzwald Übergänge zu *feisthamelii*, ferner Schönbuch mit Glemswald und Rammert),
ssp. *asciburgensis* (KOCH, 1965) (Oberes Erzgebirges westlich Annaberg, südliches Riesengebirge, Böhmerwald, Gebiet um Marianské Lázně (Marienbad)),
ssp. *miriquidoi* (KOCH, 1963) (östliches Erzgebirge und oberes Erzgebirge östlich Annaberg, Altvater, nördliches Riesengebirge, Hohe Tatra),
ssp. *rubrirena* TREITSCHKE, 1825 (östliche Slowakei (loc. typ.: Trnava=Tyrnau)),

ssp. *marginipicta* VARGA, 1973 (bulgarische Gebirge: Rila, Pirin, Witoscha, westliche Rhodopen),
ssp. *sylvicola* (EVERSMANN, 1843) (Ural),
ssp. *pacifica* SUGI, 1982 (japanische Gebirge).
Unterschieden wurde meist nach der Grundfarbe (schwarz oder dunkelbraun), nach dem Grad der hellen Beschuppung (Saumfeld, Querlinien, Makeln) und nach der Flügelform. Dazu ist zu sagen, daß alle diese Faktoren variieren. Grundsätzlich gibt es ganz dunkle Formen (*miriquidoi*, *rubrirena*), ziemlich dunkle Formen (*feisthamelii*, *fennica*) und stark hell gezeichnete Formen, unter denen aber auch dunkle Tiere vorkommen (*hercyniae*, *abnoba*, *marginipicta*).

Verbreitung

Regional: In Baden-Württemberg kommt *Apamea rubrirena* in zwei disjunkten Teilarealen vor. Das eine umfaßt die Adelegg im Allgäuer Voralpenland im äußersten Südosten Baden-Württembergs. Hier fliegt die dunkle, alpine Form. Das andere Teilareal umfaßt den gesamten Schwarzwald. Die Lücke im Mittleren Schwarzwald ist vielleicht nur durch mangelnde Durchforschung bedingt; hier durchschneidet zwar das Kinzigtal das Gebirge in Ost-West-Richtung, doch könnte *A. rubrirena* auch in diesen Tallagen vorkommen. Vom Nordschwarzwald aus besiedelte die Art auch die Waldgebiete von Schönbuch (einschließlich Rammert) und Glemswald.

Im Nordschwarzwald, Schönbuch und Glemswald fliegt eine deutlich weiß gezeichnete Form, die als ssp. *abnoba* beschrieben wurde und den Tieren aus dem Harz (ssp. *hercyniae*) ähnelt. Im Südschwarzwald ist dagegen ein Einfluß der alpinen Form zu spüren. Hier variiert das Ausmaß der weißen Zeichnungselemente beträchtlich. Die Tiere besitzen weniger Weißzeichnung als ssp. *abnoba*, sind jedoch nie so dunkel wie ssp. *feisthamelii*.

Apamea rubrirena wurde in Baden-Württemberg erst relativ spät entdeckt. Zwar tauchte sie in einer handschriftlichen »Uebersicht der Schmetterlinge Würtembergs« von A. KELLER auf, aus der HERING (1855) Auszüge veröffentlichte, doch ist sie nicht in der Württemberg-Fauna von KELLER & HOFFMANN (1861) enthal-

Apamea rubrirena kommt in Südwestdeutschland in mehreren Unterarten vor. Im Nordschwarzwald, Schönbuch, Glemswald und Rammert fliegt die ssp. *abnoba*, die sich durch ausgedehnte weiße Beschuppung auszeichnet (vgl. auch hinteres Umschlagbild: Falter von der Hornisgrinde). – Nordschwarzwald, Omerskopf 30.7.82 G. EBERT. LF.

Im Südschwarzwald ist die Art sehr variabel; hier treten Übergangsformen zwischen ssp. *abnoba* und der alpinen Subspezies auf. – Hochschwarzwald, Belchen 16.7.82 G. EBERT. LF.

ten. Die erste konkrete Meldung stammt von FICKERT (1889), der die »var. *Hercyniae*« um 1886 aus dem Schönbuch bei Tübingen meldete (leg. ROLL). Für den Schwarzwald wurde die Art erstmals von REUTTI (1898) genannt, ebenfalls als var. *hercyniae*. 1932 beschrieb GUTH aus dem Nordschwarzwald die ssp. *abnoba* und differenzierte sie von ssp. *hercyniae*. Die Übergangsformen im Südschwarzwald nannte er f. *intermedia*. Diese variable Form könnte entstanden sein, indem die schwarze Alpenform im Verlaufe der pleistozänen Kaltzeiten so weit nach Norden gelangte, daß sie in Kontakt mit der schwarzweißen Schwarzwaldform trat. Im Nordschwarzwald und Schönbuch/Glemswald macht sich kein Einfluß der Alpenform mehr bemerkbar. Die Vorkommen der ssp. *feisthamelii* auf der Adelegg wurden erst in den sechziger Jahren entdeckt. Zumindest dürfte ein Belegstück von 1962 mit der Fundortangabe »Isny« (coll. SCHLUSCHE) von der Adelegg stammen oder von dort ins Stadtgebiet zugeflogen sein. In der Kammregion der Adelegg fanden N. HIRNEISEN und A. STEINER 1988 eine Population dieser Subspezies. In einzelnen Jahren tritt die Art örtlich sehr zahlreich auf, etwa 1927 und 1935 bei Pforzheim.

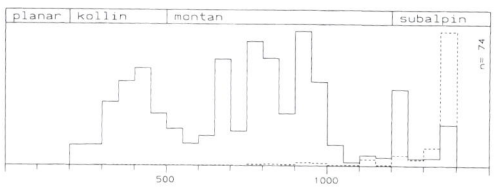

Vertikal: *Apamea rubrirena* ist eine Art des Hügellands und der Mittelgebirge. Sie kommt im Schönbuch und Glemswald schon in Höhen zwischen 250–300 und 500 m vor. Der Schwerpunkt liegt aber in der montanen und subalpinen Stufe. Im Schwarzwald erreicht sie die Gipfellagen um 1400 m (Feldberg, Belchen).

Phänologie

Imagines: Die Flugzeit ist im Schwarzwald gut bekannt. Sie dauert gewöhnlich von Anfang Juli bis Mitte August mit einem Maximum in der 2. Julihälfte. Einzelne Falter sind schon ab Mitte Juni und noch bis Anfang September nachgewiesen worden (13.6.1918, Höllental: Posthalde, K. DOLD nach Kartei von A. GREMMINGER; 5.9.1954, Schwarzwald-Hochstraße, A. ENGELHARD nach Kartei A. GREMMINGER). Die Funddaten aus dem Schönbuch und Glemswald liegen zwischen Anfang Juli und Ende August, das bisher einzige Datum aus der Adelegg ist der 30. Juli.

Präimaginalstadien: Das Überwinterungsstadium ist wie bei den verwandten Arten die junge Raupe. Im Untersuchungsgebiet wurden die Raupen erst nach der Überwinterung gefunden. Nachweise von überwiegend fast erwachsenen Raupen, darunter auch einige im Wachstum zurückgebliebene, erst halberwachsene (parasitierte?) Tiere, liegen aus dem Nordschwarzwald vom 13.6.1987 vor. Im Schönbuch wurde eine erwachsene (parasitierte) Raupe am 14.6.1987 gefunden.

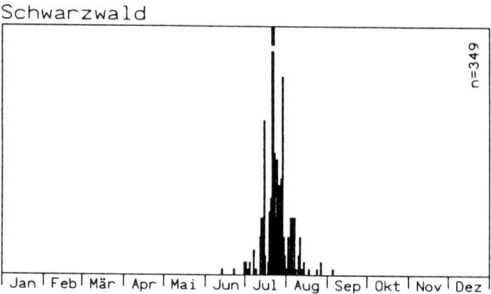

Ökologie

Lebensraum: *Apamea rubrirena* ist eine typische Waldart. Sie siedelt in den Laub-, Misch- und Nadelwäldern des Hügel- und Berglands. Hier bewohnt sie horstbildende Gräser an lichten Stellen im Waldinneren, an halbschattigen bis schattigen Stellen an Waldwegrändern und -böschun-

Die alpine ssp. *feisthamelii* ist in Baden-Württemberg nur auf der Adelegg vertreten. – Senntobel/Rohrdorfer Tobel 30.7.88 A. STEINER. LF.

Die Raupe lebt in einer Höhlung in oder neben einem Grashorst. Hier handelt es sich um *Festuca altissima* in einer Hanglage im Nordschwarzwald, wo die Höhlungen der Raupen stets hangaufwärts des Grasbüschels angelegt waren. Zum Fotografieren wurde die dünne, oberste Erd- und Nadelschicht abgehoben. – Klosterreichenbach 13.6.87 A. STEINER. M.

gen, an Lichtungen und Schneisen, meist an frischen bis mäßig feuchten, manchmal auch an oberflächlich trockenen Plätzen. Ihre Vorkommen liegen im Bereich mittlerer Jahrestemperaturen von unter 4° bis 8(9)°C und mittlerer Jahresniederschläge von 600 bis über 1800 mm, auf Buntsandstein und Grundgestein (Schwarzwald), Keuper (Glemswald, Schönbuch) und Tertiär (Adelegg: Obere Süßwassermolasse).

Nahrung der Raupe:
Festuca altissima – Wald-Schwingel
    3 L (HAM, MER, STN)
Calamagrostis arundinacea – Wald-Reitgras
    L (HAM, HIR, MER, STN)
Calamagrostis spec. – Reitgras
    L (ROM)

Die Raupe bewohnt horstbildende Gräser. Im Schwarzwald wurde sie schon in den dreißiger Jahren von H. ROMETSCH an Reitgras (*Calamagrostis* spec.) gefunden (SCHNEIDER 1938). Im Schönbuch wurde in neuerer Zeit eine Raupe am Waldreitgras (*Calamagrostis arundinacea*) nachgewiesen (D. HAMBORG/N. HIRNEISEN/M. MEIER/A. STEINER). Bei Klosterreichenbach waren die Raupen zahlreich ausschließlich am Wald-Schwingel (*Festuca altissima*) zu finden (D. HAMBORG/M. MEIER/A. STEINER). Wahrscheinlich werden im Freiland auch noch andere Arten (z. B. *Calamagrostis epigejos*) belegt.

Die Raupe lebt nicht, wie vielfach in der Literatur behauptet wird »in den Wurzeln«, sondern in einer Höhlung im Wurzelhalsbereich, also ungefähr auf Erdbodenniveau, keineswegs unter der Erde.

Nahrung des Falters: Nach PETRY (1913) wurden die Falter von SPICHARDT bei St. Blasien nachts »an blühender *Silene inflata*« gefangen. Aus Thüringen gab BERGMANN (1954) die Nektarquellen

Aus der Nähe betrachtet ist die Raupe schmutzig weißlichgrau. Die nur sehr locker mit Spinnfäden zusammengehaltene Wohnhöhle ist mit Kotballen ausgekleidet. – Klosterreichenbach 13.6.87 A. STEINER. M.

Ein Blick in das Larvalhabitat von *Apamea rubrirena abnoba* im Nordschwarzwald: Ein beschatteter, lückiger Waldschwingelbestand in einem mittelalten Nadelwald. Auf der Adelegg wurde die ssp. *feisthamelii* in Rotbuchenwäldern gefunden, die an montane Nadelwälder angrenzen, wie sie unter *Dahlica lichenella* (Bd. 3, S. 383) abgebildet sind. – Klosterreichenbach 13.6.87 A. STEINER.

Taubenkropf, Nickendes Leimkraut, Brombeere und Kohldistel an, aus Tirol Teufelskralle. Die Falter kommen vereinzelt an den Köder.
Habitat: Im Schönbuch und Glemswald Fagion-Gesellschaften, z. B. Luzulo-Fagetum (Hainsimsen-Buchenwald), im Schwarzwald ebenfalls verschiedene, teils tannenreiche Fagion-Assoziationen, auf der Adelegg alte Rotbuchenwälder in Kontakt zu Tannen- und Fichtenbeständen.
Verhalten: Die Raupen leben, wie schon erwähnt, in Höhlungen an der Basis oder innerhalb der Grashorste. Bei den Funden an *Festuca altissima* mit ihrem ziemlich kompakten Horst lagen diese Wohnhöhlen stets dicht neben der Pflanze, und zwar stets an der hangaufwärtigen Seite. Mit Hilfe eines (vorsichtig geführten) Kratzers, mit dem die oberen Millimeter der Nadelstreu entfernt werden, können die Wohnhöhlen leicht freigelegt werden. Sie sind mit Kotballen ausgekleidet, die in frischem Zustand eine saftiggrüne Farbe haben. Die Verpuppung erfolgt wahrscheinlich in einiger Entfernung von der Nahrungspflanze, denn frische oder vorjährige Puppen konnten in den Wohnhöhlen nie festgestellt werden. Die Falter sind nachtaktiv und kommen ans Licht.

Gefährdung und Schutz

Rote Liste Bundesrepublik: V
Rote Liste Baden-Württemberg: V

Oberrheinebene: Nicht vertreten.
Schwarzwald: Nicht gefährdet.
Neckar-Tauberland: Art der Vorwarnliste.
Schwäbische Alb: Nicht vertreten.
Oberschwaben: Art der Vorwarnliste.

- In Baden-Württemberg eine Art der Vorwarnliste!
  Besonders geschützt gemäß § 20e ff. BNatSchG.

Als an Waldgräsern lebende Art wird *Apamea rubrirena* höchstens durch großflächige Abholzungen und umfangreiche Baumaßnahmen, denen ganze Waldstücke zum Opfer fallen können, lokal gefährdet.

Ihre Bestandssituation im Schwarzwald gibt keinen Anlaß zur Besorgnis. Im Neckar-Tauberland kommt sie nur im Schönbuch und Glemswald, im Alpenvorland nur auf der Adelegg vor, so daß eine Einstufung in die Vorwarnliste angebracht scheint.

Die Platingraue Grasbüscheleule (*Apamea platinea*) besiedelt Felsen der Schwäbischen Alb und des Südschwarzwalds. Die Falter ruhen, durch ihre Färbung gut getarnt, tagsüber an Felsen. – Weilstetten, Lochenstein (ex larva-Zucht) 24.5.86 A. STEINER. S.

Apamea platinea
Treitschke, 1825

Platingraue Grasbüscheleule

Hadena platinea FR. (REUTTI 1898)
Hadena platinea TR. (LAMPERT 1907, SPULER 1908–1910, REBEL 1910, ECKSTEIN 1913–1923, HERING 1932)
Crymodes platinea TR. (WARREN in SEITZ 1909–1914, DRAUDT in SEITZ 1931–1938, SCHNEIDER 1936–1939, BERGMANN 1951–1955, KOCH 1954–1961, 1984)

Gesamtverbreitung: Von Nordafrika (Marokko) durch Südeuropa verbreitet, nördlich bis Südfrankreich, Schweiz, Süd- und Mitteldeutschland (Baden-Württemberg, Bayern, Thüringen, Sachsen-Anhalt), Südpolen, Karpaten und Krim. Klein- und Vorderasien bis Libanon und Iran. Im Süden in den Hochgebirgen, im nördlichen Teil des Areals in den Mittelgebirgen.

Subspezifischer Kontext: Von *Apamea platinea* sind eine Reihe von Subspezies beschrieben worden, deren Berechtigung allerdings umstritten ist. Wahrscheinlich handelt es sich um substratabhängige Formen (Falterfärbung entsprechend ihrer Ruheplätze). Das unseren Populationen nächststehende Taxon wäre die aus dem Frankenjura beschriebene ssp. *franconiae* MENHOFER, 1955.

Verbreitung

Regional: Der Verbreitungsschwerpunkt von *Apamea platinea* liegt in Baden-Württemberg auf der Schwäbischen Alb. Hier wird sie vor allem in den Gebieten mit anstehendem Fels gefunden: Am Albtrauf, in einigen der zur Donau führenden Täler (Schelklingen, Blautal) sowie im Oberen Donautal selbst. Zweifellos dürfte sie auf der Alb noch weiter verbreitet sein. Die Unzugänglichkeit ihrer Habitate erschwert aber die Beobachtung.

Ein weiteres Teilareal liegt im südlichen Schwarzwald. Hier wurde sie bei Wildgutach (1957, A. FEHRENBACH), Muggenbrunn (C. KÖNIG), Hinterzarten (1904, G. KABIS), St. Blasien (coll. A. MEESS, LNK) und Todtnauberg (1898, 1905, G. KABIS) gefunden, in neuerer Zeit aber nicht mehr festgestellt.

Außerhalb von Alb und Südschwarzwald ist *A. platinea* nur zweimal gemeldet worden. Eine Angabe stammt von (GAUCKLER 1909, 1921): »Bei Pforzheim, selten, am Köder erbeutet im Juli und August«. Hier dürfte es sich um einen Irrtum handeln, weil die Art weder im Nordschwarzwald noch in der gut durchforschten Umgebung von Pforzheim je gefunden wurde. Eine weitere Meldung betrifft den oberen Neckar, wo die Art im 19. Jh. »einmal von VÖHRINGER bei Sulz« gefunden worden sein soll (J. HOFFMANN in KELLER

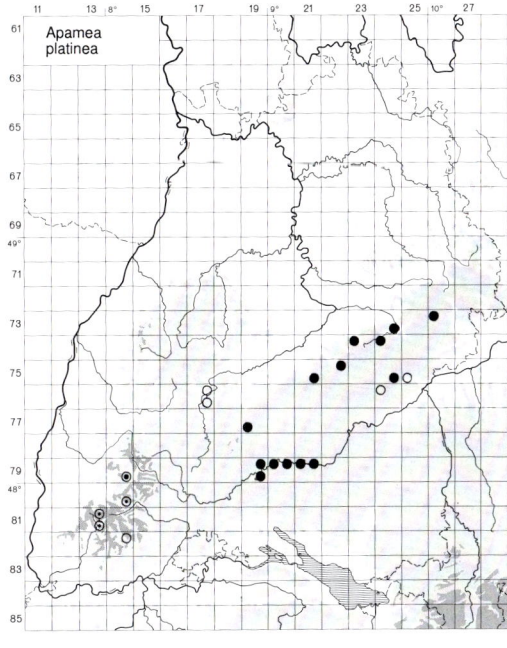

& HOFFMANN 1861). Hier müßte die Art auf Muschelkalk vorgekommen sein. Da aus dem gesamten Neckar-Tauberland keine weiteren Funde vorliegen, ziehen wir auch diese Angabe in Zweifel. Eine gezielte Nachsuche (Raupensuche) in diesem Gebiet wäre aber wünschenswert.

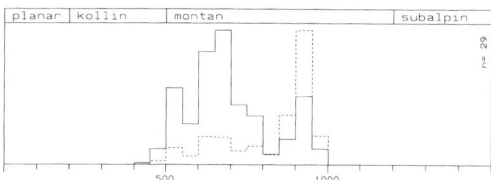

Vertikal: *Apamea platinea* ist in Baden-Württemberg nur in der oberen kollinen und in der montanen Stufe vertreten. Die Fundorte liegen zwischen 450 und 1000 m Höhe. Im Südschwarzwald wären auch noch größere Höhen denkbar, etwa bei der ungenauen Angabe »Todtnauberg«.

Phänologie

Imagines: Auf der Schwäbischen Alb sind die Falter von Mitte Juni bis Mitte August festgestellt worden (15.6.1992, Hausener Wand, bereits 5 Exemplare, M. MEIER; 15.8.1980, Tieringen, A. LINGENHÖLE). Ein Einzelfund stammt noch von Ende August (29.8.1990, Seeburg, G. BAISCH).

Aus dem Schwarzwald liegt nur eine einzige taggenaue Meldung vor (6.7.1904, Hinterzarten, G. KABIS nach Kartei A. GREMMINGER); die übrigen Angaben beziehen sich nur auf die Monate Juli und August.

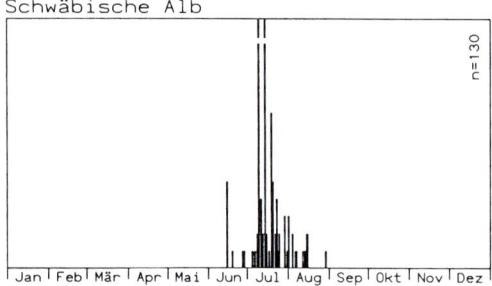

Präimaginalstadien: Die Raupen überwintern. Sie sind auf der Schwäbischen Alb im Frühling zwischen Ende März und Mitte Juni gefunden worden (25.3.1986, A. STEINER; 15.6.1987, D. HAMBORG/A. STEINER). Erwachsen sind sie ab Ende Mai. Im Juni werden nur noch wenige Tiere gefunden, dafür viele verlassene Wohnhöhlen.

Ökologie

Lebensraum: *Apamea platinea* siedelt auf schwer zugänglichen Felsbändern, -simsen, -köpfen und mit größeren Felsen durchsetzten, offenen Magerrasen in sonniger, meist mehr oder weniger südexponierter Hang-, Steilhang- oder Wandlage. Sie benötigt flachgründige Stellen, auf denen nur noch wenige, einzelne Grasbüschel Halt finden, als Larval- bzw. Eiablagehabitat. Bisher sind die Raupen nur auf anstehendem Fels, nicht auf Felsgrus oder Schotter gefunden worden. Die Falter können von Lichtquellen über kurze Entfernungen aus den Habitaten herausgelockt werden; obwohl noch keine entsprechenden Beobachtungen vorliegen, muß angenommen werden, daß sie sich zur Nahrungsaufnahme häufig an blütenreichen Stellen der angrenzenden Magerrasen und Säume aufhalten.

Die Standorte liegen auf Weißjura (Schwäbische Alb) und auf Urgestein (Schwarzwald), im Bereich mittlerer Jahrestemperaturen von 5° bis 7°C und mittlerer Jahresniederschläge von 700 bis über 1800 mm.

Die Raupe ist, von den schwarzen Punktwarzen abgesehen, praktisch zeichnungslos. Sie befrißt die Halme des Bleichen Schwingels von der Basis aus. – Seeburg 21.6.87 A. STEINER. S.

Im Frühjahr sind die von *Apamea platinea*-Raupen besetzten Grasbüschel manchmal an den abgestorbenen Halmen zu erkennen, die die Raupe im Wurzelhalsbereich durchgebissen hat. In diesem Bereich befindet sich ihre Wohnhöhle, ein mit Kotballen ausgekleidetes Gespinst, das hier zu Fotozwecken geöffnet wurde. – Weilstetten, Lochenstein 17.5.86 A. STEINER. M.

Nahrung der Raupe:
Festuca ovina agg. – Schaf-Schwingel
  4 L (BAR, STN)
Festuca pallens – Bleicher Schwingel
  4 L (HAM, MER, STN)

Die bisherigen Raupenfunde stammen alle von Kleinarten des Schafschwingels. Vermutlich handelte es sich in den meisten, wenn nicht sogar allen Fällen um den Bleichen Schwingel (*Festuca pallens*).

Nur einmal wurde ein *Apamea*-Befall im Kalkblaugras (*Sesleria albicans*) festgestellt (Lochenstein, A. STEINER). Da es sich um eine alte, vorjährige Fraßspur handelte, konnte sie leider nicht mit Sicherheit *A. platinea* zugeordnet werden, weil an dem betreffenden Fundort auch *A. furva* vorkommt.

Nahrung des Falters: Keine Beobachtungen aus Baden-Württemberg.

Bei Regensburg wurden die Falter nachts an Natternkopf (*Echium vulgare*) saugend beobachtet (SCHREIBER 1900b), in Thüringen an Flockenblumen (*Centaurea* spec.) und Taubenkropf (*Silene vulgaris*) (BERGMANN 1954).

Habitat: Die Larvalhabitate der Schwäbischen Alb sind dem Festucion pallentis (Bleichschwingel-Felsbandfluren) zuzuordnen. Die Falter sind sicher auch in Halbtrockenrasen und xerothermen Saumgesellschaften anzutreffen.

Verhalten: Die Raupen leben im Inneren der dichten Schwingelhorste. Hier legen sie eine mit Kotballen ausgepolsterte Höhlung an, in der sie sich häuten und von der aus sie fressen. Zur Verpuppung verlassen sie die Grasbüschel. D. HAMBORG und A. STEINER konnten am 15.6.1987 eine erwachsene Raupe beobachten, die ihre Höhlung gerade verlassen hatte und sich unter einem angrenzenden Moospolster hindurchgrub, um einen Verpuppungsplatz aufzusuchen. Hierfür werden offenbar humus- und vegetationsreichere Stellen benötigt als sie die nach

Ein Larvalhabitat auf der Schwäbischen Alb. Nur flachgründig auf Felsköpfen wachsende Grashorste werden von *Apamea platinea* besiedelt. In die Trockenrasen dringt sie nicht ein, während *Apamea furva* sowohl auf den Felsen als auch in den Rasen zu finden ist. Ein weiterer Lebensraum ist unter *Synansphecia affinis* abgebildet. – Weilstetten, Lochenstein 17.5.86 A. STEINER.

neunmonatiger Bewohnung meist stark ausgefressenen Grasbüschel bieten können. Der *Apamea*-Befall ist den Gräsern in den Folgejahren dann auch anzusehen: Zahlreiche verdorrte (weil an der Basis abgebissene) Halme und die mit nun gelblichen, vertrockneten Kotballen ausgelegte Höhle weisen auf die ehemalige Bewohnerin hin. Dagegen sind meist keine oder nur geringe Befallsspuren zu sehen, solange die Raupe noch im Inneren frißt.

Die Imagines kommen ans Licht, aber meist nur einzeln; sie scheinen sehr biotoptreu zu sein. Bei Tag wurde ein Falter »an der Felsenwand des Rosensteins« ruhend gefunden (A. HAHNE nach SCHNEIDER 1938).

Gefährdung und Schutz

Rote Liste Bundesrepublik: 3
Rote Liste Baden-Württemberg: V

Oberrheinebene: Nicht vertreten.
Schwarzwald: Ausgestorben oder verschollen.
Neckar-Tauberland: Nicht vertreten
Schwäbische Alb: Art der Vorwarnliste.
Oberschwaben: Nicht vertreten.

- In Baden-Württemberg eine Art der Vorwarnliste!
  Besonders geschützt gemäß § 20e ff. BNatSchG.

Auf der Schwäbischen Alb hat sich das in letzter Zeit sehr kontrovers diskutierte Sportklettern als äußerst schädlich für die Flora und Fauna von Felswänden erwiesen (KÜNKELE 1990). *Apamea platinea* ist davon mitbetroffen, weil sie exponierte Stellen, Simse und Bänder bewohnt, die beim Klettern als Halt für Hand und Fuß dienen. Auch Sukzession kann zu Habitatverlusten führen: Die Beschattung der Felsen durch aufkommendes Gebüsch und Bäume hat eine Änderung des Mikroklimas, verstärktes Aufkommen von Moosen und Humusbildung zur Folge, also Bedingungen, unter denen sich *Apamea platinea* nicht mehr entwickeln kann. Ihre Standorte müssen daher durch Beweidung offengehalten und – falls nötig – durch Pflegemaßnahmen von Gebüschen befreit werden.

Obwohl aus dem Südschwarzwald keine neueren Funde mehr vorliegen, vermuten wir, daß die Art dort noch vorkommt. Eine gezielte Nachsuche – vor allem nach den leicht nachweisbaren Raupen – sollte an geeigneten Felsstandorten unbedingt durchgeführt werden.

Apamea oblonga
(Haworth, 1809)

Hadena abjecta HBN. (REUTTI 1898, LAMPERT 1907, REBEL 1910, ECKSTEIN 1913–1923)
Hadena abiecta HBN. (SPULER 1908–1910)
Parastichtis oblonga HAW. (WARREN in SEITZ 1909–1914, DRAUDT in SEITZ 1931–1938, SCHNEIDER 1936–1939, BERGMANN 1951–1955, KOCH 1954–1961, 1984)
Hadena oblonga HAW. (HERING 1932)

Gesamtverbreitung: Von Mittel- und Nordeuropa durch Asien bis Sachalin verbreitet. In Europa nördlich bis Nordengland, Südschweden und Südfinnland, südlich bis Südfrankreich, Mittelitalien, Jugoslawisch Makedonien, Bulgarien und Kleinasien. Ältere Angaben aus Nordamerika beziehen sich auf andere Arten.

Wir kennen aus Baden-Württemberg keine sicheren Nachweise dieser Art. Zwar gibt es einige Literaturangaben, doch fehlen nach wie vor Belegstücke. Außerdem existieren an keinem einzigen der genannten Fundorte geeignete Sandbiotope, wie *Apamea oblonga* sie normalerweise bewohnt. Wir gehen deshalb davon aus, daß es sich in sämtlichen Fällen um Verwechslungen mit *Apamea monoglypha* oder anderen *Apamea*-Arten gehandelt haben muß. KELLER & HOFFMANN (1861) gaben an, *Apamea oblonga* sei »einmal bei Ulm gefangen« worden. REUTTI (1898) nannte sie vom Unterhölzer Wald und »angeblich auch bei Waldshut«. EHINGER (1925) will die Art »in 3 Stücken in Bad Boll am Köder« gefangen haben. SCHNEIDER (1938) zufolge soll ASCHENAUER sie am Heuberg [bei Spaichingen] und V. CALMBACH sie in »Suttgart selten im VIII.« gefunden haben. Auf den Aussagen von REUTTI und EHINGER basiert vermutlich die Angabe von H. HERRMANN (1976), der die Art ohne Fundortangaben nur mit dem einen Wort »vereinzelt« in einer Arbeit über die Noctuiden der Baar meldete. Diese Aussage wurde bereits von REZBANYAI-RESER (1991) mit vollem Recht angezweifelt.

Apamea remissa
(Hübner, 1809)
Kleine Veränderliche Grasbüscheleule

Hadena gemina HBN. ab. *remissa* TR. (REUTTI 1898)
Hadena gemina HBN. (REUTTI 1898, LAMPERT 1907, SPULER 1908–1910, REBEL 1910, ECKSTEIN 1913–1923)
Parastichtis obscura HAW. (WARREN in SEITZ 1909–1914, DRAUDT in SEITZ 1931–1938, SCHNEIDER 1936–1939, BERGMANN 1951–1955, KOCH 1954–1961, 1984)
Hadena obscura HAW. (HERING 1932)

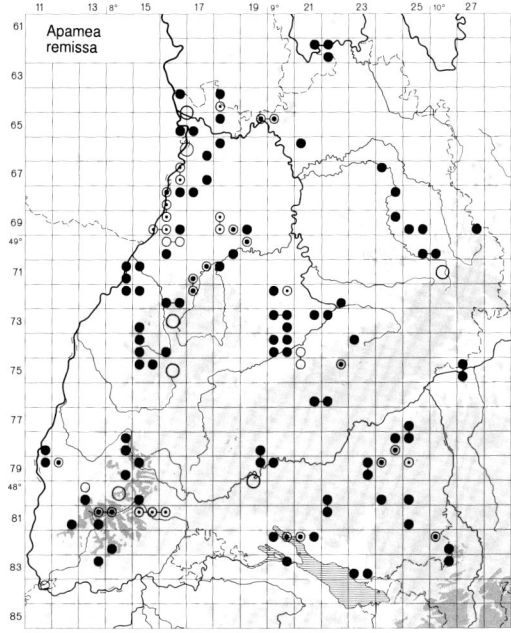

Feldberg, Belchen bis 1400 m). Schon REUTTI (1853) hatte die Art »bei Breitnau über 3000' [badische Fuß]« hoch angegeben.

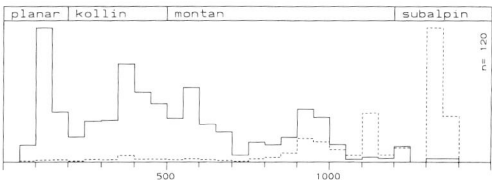

Phänologie

Imagines: Im Neckar-Tauberland und in Oberschwaben beginnt die Flugzeit in günstigen Jahren in den ersten Junitagen, im Schwarzwald erst Mitte des Monats. Aus der Oberrheinebene sind frühe Falter schon ab Ende Mai bekannt (20.5.1934, Philippsburg, H. KESENHEIMER, coll. NMF). Ein Maximum ist schwer auszumachen, am ehesten im Neckar-Tauberland um die Monatswende Juni/Juli. In allen Gebieten zieht sich die Flugzeit bis Mitte August hin, im Neckar-Tauberland bis Ende August (22.8.1992, Niefern, V. BODEN).

Präimaginalstadien: Die Raupe lebt überwinternd vom Herbst bis zum Frühjahr. In Baden-Württemberg wurde sie, meist in Anzahl, im Herbst, zwischen Ende September und Anfang November nachgewiesen (28.9.1990, Neuhausen/Fildern, E. LOSER; 4.11.1994, Gerlingen, D. BARTSCH). Im Frühjahr gelang erst ein Nachweis: Ende Februar 1993, fast erwachsene Raupe, Stuttgart-Büsnau (D. BARTSCH).

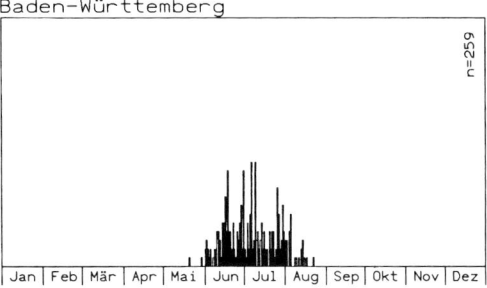

Gesamtverbreitung: Europa und Asien, östlich bis Japan. Im Norden erreicht die Art den Polarkreis, im Süden Nordspanien, Sardinien, Mittelitalien, Nordgriechenland, das Schwarze Meer und den Kaukasus.

Verbreitung

Regional: *Apamea remissa* ist in weiter Verbreitung in den waldreichen Teilen Baden-Württembergs bis in die Mittelgebirge vertreten. Vor allem im Schwarzwald, im Odenwald, auf der Adelegg, in den Moorgebieten des Alpenvorlands, in den Schwäbisch-Fränkischen Keuperwaldbergen und im Schönbuch/Glemswald ist sie stellenweise häufig. Am schwächsten tritt sie in den wärmebegünstigten Muschelkalkgebieten des Tauberlands, des oberen und mittleren Neckars und auf der Schwäbischen Alb auf.

Die sehr variable und vielfach verwechselte Art dürfte insgesamt dichter verbreitet sein als das Kartenbild vermuten läßt. Es ist auch zu bezweifeln, ob das Fehlen neuerer Nachweise in der nördlichen Oberrheinebene tatsächlich einen Rückgang repräsentiert; eher ist anzunehmen, daß es hier an aktueller Durchforschung in entsprechenden Biotopen mangelt.

Vertikal: Die Höhenverbreitung umfaßt den gesamten im Untersuchungsgebiet vertretenen Bereich von der Ebene um 100 m bis in die subalpine Stufe des Schwarzwalds (Schauinsland,

Ökologie

Lebensraum: *Apamea remissa* gehört zu den an Wälder gebundenen *Apamea*-Arten. Sie besiedelt Bestände von Waldgräsern an sonnigen bis halbschattigen, mäßig trockenen, frischen oder feuchten, zuweilen moorigen Stellen in und am Rand von Laub- und Mischwäldern. Sie findet sich

Die sehr veränderliche *Apamea remissa* tritt in verschiedenen Formen auf, die öfters mit anderen Noctuidenarten verwechselt werden. Die eintönig gezeichnete Form erinnert an dunkle Exemplare von *Apamea anceps*. Die kontrastreichen Formen ähneln manchen *Lacanobia*-Arten. Im Extrem können das Saumfeld und der untere Teil des Mittelfelds beigefarben aufgehellt sein. – Hambrücken 11.6.96 A. STEINER. LF.

meist in Anzahl nachgewiesen. Bei Böblingen klopfte D. BARTSCH einige Raupen auch von Pfeifengras (*Molinia* spec.), allerdings nur ca. 10 Exemplare gegenüber 20 an *Calamagrostis*.

Für Thüringen nannte BERGMANN (1954) *Calamagrostis arundinacea, C. villosa, C. epigejos, Dactylis glomerata, Festuca gigantea* und *Molinia caerulea*. BOLDT (1925) erwähnte Funde in *Deschampsia cespitosa*-Büscheln. Aus Finnland gab SEPPÄNEN (1970) *Calamagrostis* spec., *Deschampsia flexuosa, Festuca* spec. und *Secale cereale* an. Aus Großbritannien werden *Phalaris arundinacea* aus dem Freiland sowie *Elymus repens* und *Poa annua* als Fütterungspflanzen angegeben (ALLAN 1949, BRETHERTON, GOATER & LORIMER 1983).

Nahrung des Falters: Keine Blütenbesuchsbeobachtungen. Die Falter kommen an den Köder.
Habitat: Die Larvalhabitate sind aus dem Untersuchungsgebiet noch nicht pflanzensoziologisch beschrieben worden.
Verhalten: Die jungen Raupen leben in den Blüten- bzw. Fruchtständen der Gräser, wo sie schlauchförmige Gespinste in den Rispen anlegen. Das im Frühjahr gefundene Tier ruhte bei Tag unter niederliegenden Reitgras-Halmen; die grünen Halme der Basis zeigten deutliche Nagespuren (D. BARTSCH). Die Verpuppung erfolgt in einer Erdhöhle. Die Imagines sind nachtaktiv und fliegen Lichtquellen an.

Die Grundfarbe der Raupe ist meist grau. Dieses Tier wurde in einem schlauchförmigen Gespinst in den Rispen des Landreitgrases (*Calamagrostis epigejos*) gefunden. – Bissingen-Ochsenwang 1.10.90 K. FREYTAG.

sowohl im Inneren von lichten (Hoch-)Wäldern und Auenwäldern als auch auf Lichtungen und Schneisen, an den Rändern von Waldwiesen, Waldwegen und Bächen, an Böschungen, auf den Mittelstreifen wenig benutzter Wege und in Blockfluren. In Oberschwaben wurde sie auch in Torfstichgebieten festgestellt.

Nahrung der Raupe:
Calamagrostis epigejos – Land-Reitgras
    4 L (BAR, BEC, FRY, LOS)
Molinia spec. – Pfeifengras
    L (BAR)
Gräser, Waldgräser
    L (FRY, MRT)

Die in Baden-Württemberg mit Abstand am häufigsten belegte Nahrungspflanze für *Apamea remissa* ist das Landreitgras (*Calamagrostis epigejos*). Daran wurden die Raupen sowohl im Sandstein-Spessart (A. BECHER) als auch im Neckarland (D. BARTSCH, K. FREYTAG, E. LOSER) und auf der Schwäbischen Alb (K. FREYTAG)

Gefährdung und Schutz

Rote Liste Bundesrepublik: –
Rote Liste Baden-Württemberg: –

Oberrheinebene: Nicht gefährdet.
Schwarzwald: Nicht gefährdet.
Neckar-Tauberland: Nicht gefährdet.
Schwäbische Alb: Nicht gefährdet.
Oberschwaben: Nicht gefährdet.

• In Baden-Württemberg nicht gefährdet!

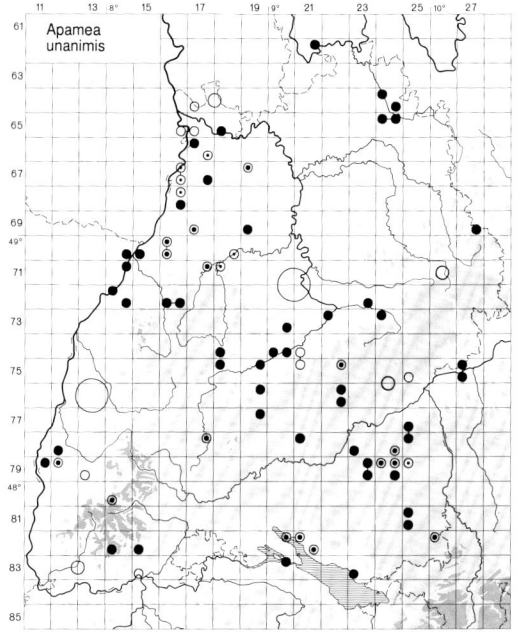

Mittelgebirge (Schwarzwald, Schwäbische Alb) werden auch besiedelt, aber nur ziemlich dünn, bevorzugt in Tallagen.

Apamea unanimis wird auch heute noch überraschend oft mit *Mesapamea*- oder anderen *Apamea*-Arten (*illyria*, kleine *remissa*) verwechselt. Auch aus diesem Grund ist von einer dichteren Verbreitung als im Kartenbild erkennbar auszugehen. Eine Reihe von Augustmeldungen, die nicht mehr überprüfbar waren, mußten dagegen wegen dringendem Verdacht auf fehlbestimmte *Mesapamea*-Exemplare gestrichen werden.

Vertikal: Die Art ist ziemlich gleichmäßig von der Ebene um 100 m bis in die mittlere montane Stufe verbreitet. Über 900 m Höhe sind keine Fundorte bekannt.

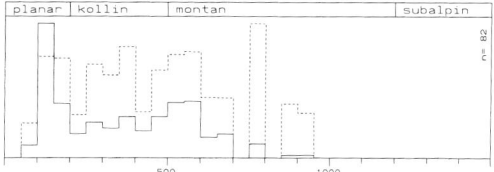

Apamea unanimis
(Hübner, 1813)

Glanzgras-Grasbüscheleule

Hadena unanimis Tr. (REUTTI 1898, LAMPERT 1907, SPULER 1908–1910, REBEL 1910, ECKSTEIN 1913–1923, HERING 1932)
Parastichtis unanimis Hbn. (WARREN in SEITZ 1909–1914, SCHNEIDER 1936–1939, BERGMANN 1951–1955)
Parastichtis unanimis Tr. (DRAUDT in SEITZ 1931–1938, KOCH 1954–1961, 1984)

Gesamtverbreitung: Europa und Asien bis zum Amur. In Europa nördlich bis Schottland, Südnorwegen und Mittelfinnland, südlich bis Südfrankreich, Norditalien, Rumänien und Bulgarien. Angaben aus südlicheren Gebieten (Spanien, Sardinien, Mittelitalien) bedürfen der Überprüfung.

Verbreitung

Regional: *Apamea unanimis* kommt zwar sehr lokal, aber doch in allen Hauptnaturräumen Baden-Württembergs vor. In Regionen mit vielen Feuchtgebieten (Oberschwaben, Oberrheinebene, Flußtäler) sind Fundorthäufungen zu erkennen. Das Verbreitungsbild wird aber auch vom Durchforschungsstand geprägt; z. B. ist die Art sicher in den wenig bearbeiteten Schwäbisch-Fränkischen Waldbergen weiter verbreitet. Die

Phänologie

Imagines: Die Flugzeit beginnt in der Oberrheinebene und (in günstigen Jahren) in Oberschwaben in den ersten Maitagen (3.5.1934, Dürnachtal, G. REICH). In beiden Gebieten baut sich um Anfang/Mitte Juni ein Maximum auf. Schon Ende Juni (Oberrhein) oder Anfang Juli (Oberschwaben) endet die Flugzeit. Ein total abgeflogener Falter wurde noch am 16. Juli registriert (Wintersdorf, C. KÖPPEL). Im Neckar-Tauberland setzt die Flugzeit erst in der letzten Mai-Dekade ein (22.5.1940, Weinheim, H. LIENIG) und dauert bis Ende Juli. Der gleiche Zeitraum ist für den Schwarzwald belegt. Die wenigen Daten von der Schwäbischen Alb liegen zwischen Mitte Juni und Anfang Juli.

Präimaginalstadien: Die Raupen überwintern. Sie sind, zum Teil in großer Zahl, von Ende Septem-

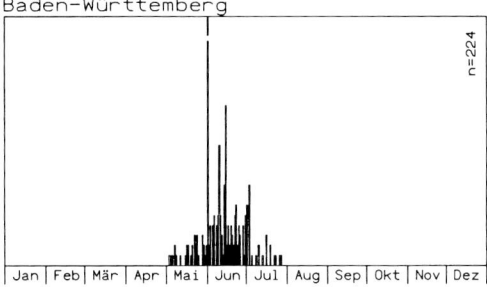

Die kleine *Apamea unanimis* ist habituell den Arten der Gattung *Mesapamea* sehr ähnlich und variiert auch in der Flügelfärbung. Sie kann am stärker gebogenen Vorderflügelrand und den schmaleren Flügeln unterschieden werden. Das beste Merkmal ist jedoch die Flugzeit, denn *Apamea unanimis* fliegt bereits ab Anfang Mai und nur bis Ende Juli. Somit ist sie längst abgeflogen, wenn die *Mesapamea*-Flugzeit beginnt. – Schwarzatal 30.6.95 A. STEINER. LF.

ber bis Anfang November (28.9.1992, Wintersdorf, C. KÖPPEL; Anf.11.1977, Eislingen/Fils, A. WALTER) und wieder von Ende Februar bis Ende März gefunden worden (27.2.1992, Steinmauern, A. SCHANOWSKI; 28.3.1930, Freiburg, Mooswald, E. BROMBACHER). Nach der Überwinterung nehmen sie keine Nahrung mehr auf. E. BROMBACHER registrierte die Raupen Ende März »unter Moos an Baumstämmen, wo die Schilfgräser wachsen« und wohin sich die Raupen zur Verpuppung zurückgezogen hatten, denn unter dem 25.3.1931 notierte er »auch Puppen«.

Ökologie

Lebensraum: Als »Feuchtgebiets-*Apamea*« besiedelt *A. unanimis* die Uferzonen von fließenden und stehenden Gewässern (Flüssen, Bächen, Seen, Teichen, Wassergräben, Schluten) in Flußtälern, in Auen-, Bruch- und Moorwäldern, in Niedermooren und nassen (rekultivierten) Kiesgruben. Hier lebt sie an sonnigen bis halbschattigen Stellen in Rohrglanzgras- und Schilfbeständen, gern in unmittelbarer Nähe der Wasseroberfläche. Im Gefolge von Fließgewässern ist sie bis in Dörfer und Städte hinein zu finden. Die Falter können auch außerhalb ihrer Habitate am Licht gefunden werden.

Nahrung der Raupe:
Phragmites australis – Schilf
    3 L (BDX, FRY)
Phalaris arundinacea – Rohr-Glanzgras
    4 L (FRY, KÖP, WAT)
Phalaris spec. – Glanzgras
    L (FRY, GAU)
»Sumpfgräser«
    L (MRT)

Die meisten Mitarbeiter fanden die Raupen am Rohrglanzgras (*Phalaris arundinacea*), an dem auch die höchsten Individuenzahlen nachgewiesen wurden. Weniger zahlreich sind die Funde (und Individuenzahlen) an Schilf (*Phragmites australis*).

Diese beiden Gräser sind in der Literatur im allgemeinen die meistgenannten Nahrungspflanzen (ALLAN 1949, BERGMANN 1938, 1942, 1954, BOLDT 1925, ROGGENBUCK 1969, SCHULTZ 1962). Ferner werden erwähnt *Phalaris canariensis* (Großbritannien, ALLAN 1949), *Glyceria maxima* (Finnland, SEPPÄNEN 1970) und als Fütterungspflanzen in der Zucht außerdem *Elymus repens* und *Deschampsia flexuosa* (ALLAN 1949)

Nahrung des Falters: A. GREMMINGER (Kartei) hat die Falter an »Blüten« beobachtet. Sie besuchen auch den Köder.

Habitat: Aus Baden-Württemberg noch nicht pflanzensoziologisch beschrieben. Vermutlich vor allem Magnocaricion- (Großseggenriede) als auch Phragmition- (Großröhrichte) und Alno-Ulmion-Gesellschaften (Hartholzaue).

Verhalten: Die Raupen ruhen tagsüber in eingerollten Blättern ihrer Nahrungsgräser und in der

Die schlanken Raupen wurden im Herbst an Rohrglanzgras (*Phalaris arundinacea*) und Schilf (*Phragmites australis*) nachgewiesen. Meist sind sie in Anzahl zu finden. – Wasserstetten 19.10.90 K. FREYTAG.

Apamea illyria
Freyer, 1852

Zweifarbige Grasbüscheleule

Hadena illyrica FRR. (REUTTI 1898)
Hadena illyria FRR. (SPULER 1908–1910, REBEL 1910)
Parastichtis illyria FRR. (WARREN in SEITZ 1909–1914, DRAUDT in SEITZ 1931–1938, SCHNEIDER 1936–1939, BERGMANN 1951–1955, KOCH 1954–1961, 1984)
Hadena illyrea FRR. (HERING 1932)

Gesamtverbreitung: Europa und Kleinasien. Im Norden kommt die Art bis Mittelfennoskandien vor, fehlt aber auf den Britischen Inseln. Im Süden bis Nordspanien, Mittelitalien und Griechenland. Weite Teile Mitteleuropas hat die Art erst im 19./20.Jh. besiedelt.

Verbreitung

Regional: Bis ins späte 19. Jh. war *Apamea illyria* aus Baden-Württemberg unbekannt. Im Winter 1883/1884 und wieder im März 1886 fand ein Sammler Puppen im Kräherwald und im Wildpark bei Stuttgart, die er als *Apamea unanimis* ansprach. Es handelt sich aber um *Apamea illyria* (leg. Anonymus, Belegfalter in coll SMNS). Die frühesten veröffentlichten Funde stammen erst aus den Jahren 1906 (Südschwarzwald, Höllental, ferner Freiburg ohne Jahresangabe; LENZ 1908) und 1912 (Nordschwarzwald, Igelsberg; ROMETSCH 1934). Ab den 20er Jahren, als viele

Ein typischer Lebensraum von *Apamea unanimis* in der Oberrheinebene. Die Raupen entwickeln sich in den Rohrglanzgrasbeständen. Ein überwinterndes Tier wurde hier in einem hohlen *Angelica*-Stengel gefunden. Sasbach 22.3.95 A. SCHANOWSKI.

Vegetation, jung auch zwischen zusammengesponnenen *Phalaris*-Blättern. Nachts erklettern sie die Gräser zur Nahrungsaufnahme. Sie weisen manchmal hohe Parasitierungsraten auf (A. WALTER). Die Verpuppung erfolgt in einem schwachen Gespinst zwischen Moos und Pflanzenteilchen, nach BERGMANN (1954) auch »in abgebrochenen hohlen Pflanzenstengeln (Bärenklau, Disteln, Klette, Schilfrohr usw.), die am Boden liegen, ferner in lockerem Schwemmsand, zwischen feuchtem Laubfall, in Torfmull und morschem Holz«, nach URBAHN & URBAHN (1939) auch »unter der Grasnarbe am Fuß von Findlingen« und »hinter loser Baumrinde«. Die Falter sind nachtaktiv und fliegen Lichtquellen an. Bei Tag wurden sie an Baumstämmen und Hüttenwänden ruhend gefunden.

Gefährdung und Schutz

Rote Liste Bundesrepublik: –
Rote Liste Baden-Württemberg: –

Oberrheinebene: Nicht gefährdet.
Schwarzwald: Nicht gefährdet.
Neckar-Tauberland: Nicht gefährdet.
Schwäbische Alb: Nicht gefährdet.
Oberschwaben: Nicht gefährdet.

• In Baden-Württemberg nicht gefährdet!

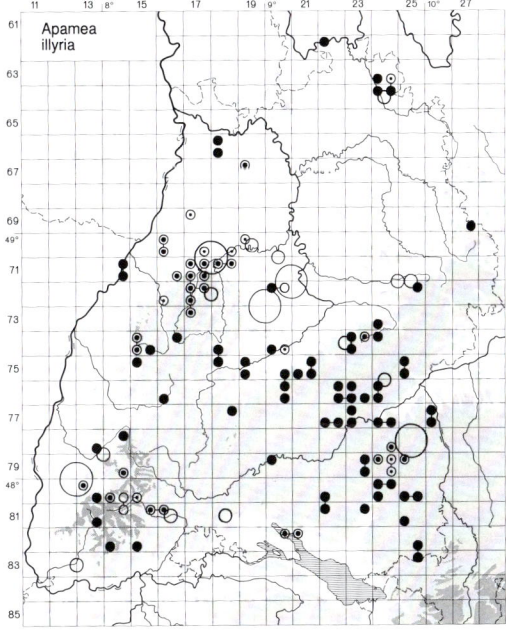

Apamea illyria ist erst Ende des 19. Jahrhunderts in Baden-Württemberg eingewandert. In manchen Gebieten ist sie erst in den letzten Jahrzehnten aufgetaucht; die Ausbreitung ist also immer noch im Gange. – Hart 19.5.90 A. STEINER. LF.

Sammler durch Veröffentlichungen auch aus anderen Teilen Deutschlands mit der Art vertraut zu werden begannen, häuften sich die Nachweise, vor allem im Hügel- und Bergland:

Federsee (Steinhauser Ried) ohne Jahr (FUNK 1920), Zimmern (Tauberland) »Raupe gefunden und Falter erzogen« ohne Jahr [ca. 1900–1920] (K. A. SEITZ nach GREMMINGER 1952a)
1922 Dürnachtal und Bronnen (Oberschwaben) (G. REICH)
1923 Pforzheim und Umgebung (ROMETSCH 1925 u. a.),
1924 Waldkirch (K. ROTHMUND nach Kartei A. GREMMINGER),
um 1924 Titisee-Neustadt (EHINGER 1925),
1925 Hohlohsee (F. GUTH),
1926 Böblingen (Raupenfunde, G. BARTH),
1927 Niefern (F. GUTH),
1928 Tübingen (H. KAUFMANN),
1933 Untergrombach, Michaelsberg (GREMMINGER 1952a)
1933 Stuttgart (VOGT nach SCHNEIDER 1938),
1934 Dietlingen und Nöttingen (K. STROBEL),
Markgröningen ohne Jahr [ca. 1920–1938] (P. MOHN nach SCHNEIDER 1938)
1939 Illingen (K. STROBEL).

Die Art hat also etwa ab 1880 das Neckarland, ab 1900 den Südschwarzwald, ab 1910 den Nordschwarzwald und spätestens ab 1920 das oberschwäbische Alpenvorland und das Tauberland besiedelt. In den 30er Jahren hatte sie im Kraichgau den Rand der Oberrheinebene erreicht. Es ist jedoch unwahrscheinlich, daß diese Nachweise die Expansion von *Apamea illyria* streng chronologisch wiedergeben. Vielmehr ist anzunehmen, daß die Ausbreitung in unser Gebiet vor 1880 begonnen hatte, in vielen Gebieten schon in den 1920er Jahren abgeschlossen war, die Art dann aber erst mit zunehmender Verbreitungsdichte öfter nachgewiesen wurde.

Das Bodenseegebiet wurde anscheinend erst in den 50er Jahren erreicht (1956 Überlingen, E. COMMERELL). Die Schwäbische Alb wurde noch später besiedelt. Zwar liegt eine einzelne Meldung vom südlichen Rand der Alb von 1949 vor (Blaubeuren, F. GUTH), doch wurde *A. illyria* erst zwei Jahrzehnte später wieder in den nördlichen und südlichen Randgebieten gefunden (1964 Schelklingen, G. BAISCH; 1968 Wiesensteig, E. LOSER). Erst seit den 70er Jahren und verstärkt in den 80er und 90er Jahren wird sie regelmäßig im gesamten Gebiet der Schwäbischen Alb beobachtet.

In der Oberrheinebene wurden bisher nur zwei Einzelfunde bekannt (Ettlingen, 1962, P. PEKARSKY; Wintersdorf, 1979, W. SPEIDEL). Ob es sich hier um bodenständige Populationen handelt, ist ungewiß.

In der Literatur wurde früher die Frage diskutiert, ob *A. illyria* in Deutschland bzw. Mitteleuropa erst in neuerer Zeit zugewandert ist oder ob sie schon lange bodenständig war und »sich nur infolge [ihres] eng begrenzten Lebensraumes bisher der Beobachtung entzogen hat« (PREISS 1933). Diese Frage ist inzwischen zugunsten der Einwanderung entschieden worden (z. B. BERGMANN 1954, HEINICKE & NAUMANN 1980–1982). Die Situation in Baden-Württemberg spricht ebenfalls klar für diese Alternative, auch wenn – wie oben erwähnt – die frühesten Nachweisjahre in den einzelnen Landesteilen nicht unbedingt die früheste Ansiedlung von *A. illyria* markieren. Nur in sehr gut erforschten Gebieten war dies der Fall. ROMETSCH (1934) hatte beispielsweise betont, daß er bei Pforzheim seit 1898 regelmäßig Lichtfang betrieb, *A. illyria* aber erst seit 1923 und von da ab jährlich feststellte[1]. Ähnliches gilt für einige andere Fundorte. Die Analogie zur Expansion von *Cucullia prenanthis* ist augenfällig.

---

[1] Eine fast bis aufs Jahr übereinstimmende Beobachtung teilte BERGMANN (1954) aus Thüringen mit: Im Ortsrandgebiet von Arnstadt, wo seit den 1880er Jahren Lichtfang betrieben wurde, kam der erste Falter 1924 ans Licht.

Vertikal: Die Höhenverbreitung erstreckt sich von der Ebene um 100 m (nur Einzelfunde) durch das Hügel- und Bergland, wo *A. illyria* ihren Schwerpunkt besitzt. Die höchsten Nachweise stammen aus dem Südschwarzwald (910–1020 m, Titisee-Neustadt).

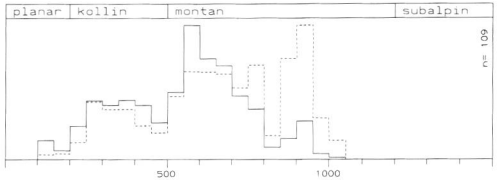

Phänologie

Imagines: Die Flugzeit beginnt im Neckar-Tauberland, auf der Schwäbischen Alb und in Oberschwaben Mitte Mai. Im Schwarzwald liegen aus diesem Zeitraum nur wenige Nachweise aus günstigen Jahren vor, hier setzt die Flugzeit meist erst im letzten Maidrittel ein. Das Maximum ist in den drei erstgenannten Gebieten etwa an der Monatswende Mai/Juni, im Schwarzwald um Mitte Juni zu erkennen. Schon ab Mitte Juni lassen die Nachweise nach und Ende Juni ist die Flugzeit in den meisten Jahren beendet. Späte, abgeflogene Tiere sind im Neckar-Tauberland und auf der Alb ganz vereinzelt noch im Juli beobachtet worden. In höheren Schwarzwaldlagen dagegen reicht die Flugperiode häufig noch in den Juli hinein. Den spätesten Nachweis in Baden-Württemberg überhaupt markiert ein Falter vom 1. August 1969 aus dem Feldberggebiet (Zastlertal, L. SETTELE).

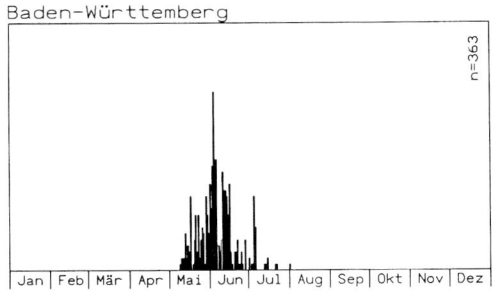

Präimaginalstadien: Eine Eiablage wurde am 2. Juni beobachtet (ROMETSCH 1934). Die Raupen wurden vor, während und nach der Überwinterung mehrfach gefunden. Die früheste Beobachtung gelang D. BARTSCH Mitte Oktober[2] (13. 10. 1995). Drei weitere Herbstfunde fallen in den Oktober und November (20. 10. 1933 und 10. 11. 1932, K. STROBEL, 4. 11. 1994, D. BARTSCH). Ein Winternachweis liegt vom 31. Januar vor (G. BARTH), und auch ROMETSCH (1934) hat die Raupen im Freiland »bis Mitte Januar« fressend gefunden. Die übrigen Nachweise liegen zwischen dem 8. März (1934, H. ROMETSCH) und dem 16. März (1988, K. FREYTAG). Weitere Angaben für den März tragen kein genaues Datum (z. B. K. A. SEITZ). Die Raupe ist bei milder Witterung auch den Winter hindurch aktiv. Bei der Zucht auf einem ungeheizten Dachboden spannen sich die ersten Raupen Anfang Februar zur Verpuppung ein (ROMETSCH 1934). Die Verpuppung erfolgt 4–5 Wochen nach dem Einspinnen, im Freiland wohl spätestens im März. Laut den Etiketten der beiden Stuttgarter Falter aus dem 19. Jh. wurden sie als Puppe gefunden, eine im »3.1886« und eine im »Winter 1883/84«, womit offenbar der Spätwinter, also Februar/März gemeint war.

In der Zucht wurde eine Eidauer von 12–14 Tagen und eine Puppenruhe von 4–5 Wochen festgestellt (ROMETSCH 1934).

Ökologie

Lebensraum: *Apamea illyria* bewohnt grasige, besonnte bis halbschattige, trockene, frische oder feuchte Stellen in lichten Laub- und Mischwäldern, auf Lichtungen, Schneisen und Waldwiesen, an den Rändern von Waldwegen, aber auch die äußeren Waldränder mit Grasfluren im Übergangsbereich zu Gebüschen, Wiesen und Magerrasen. Sie kommt zuweilen auch auf gestörtem und ruderalisiertem Gelände vor, z. B. an Holzabfuhrwegen und auf waldigen Truppenübungsplätzen. Im Schwarzwald lebt sie oft syntop mit *Apamea rubrirena*.

Nahrung der Raupe:
Dactylis glomerata – Wiesen-Knäuelgras
    L (ROM)
Calamagrostis epigejos – Land-Reitgras
    3 L (BAR, ROM)
»Waldgräser«
    L (FRY)

H. ROMETSCH fand die Raupen im Nordschwarzwald und bei Pforzheim, D. BARTSCH bei Böblingen an Landreitgras (*Calamagrostis epigejos*). K. FREYTAG hat sie bei Ochsenwang »an Wald-

---
[2] Die jungen Raupen sind schon ab Ende Juni in Grasblüten zu finden (Thüringen, BERGMANN 1954).

Die Raupe von *Apamea illyria* lebt an verschiedenen Waldgräsern. In Baden-Württemberg wurde sie vor allem am Landreitgras (*Calamagrostis epigejos*) gefunden. – Bissingen-Ochsenwang 16.3.88 K. FREYTAG. S.

gräsern« nachts geleuchtet. Nach ROMETSCH (1934) ist *Calamagrostis* bei Pforzheim die eindeutig bevorzugte Nahrungspflanze. Nur einmal hat er eine Eiablage in die Blüten von Wiesenknäuelgras (*Dactylis glomerata*) beobachtet.

Bei Jena fand VÖLKER (1933) die Raupen vor allem an *Dactylis glomerata*. Aus Thüringen liegen ferner Beobachtungen der Eiablage an *Calamagrostis epigejos* und *Calamagrostis arundinacea* vor. Bei der Angabe »Die Raupe lebt auch gern in den Büscheln des Flattergrases (*Milium effusum*)« (SCHÖNFELDER nach BERGMANN 1954) ist nicht ganz klar, ob es sich um eine Freilandbeobachtung handelt.

Nahrung des Falters: ROMETSCH (1934) sah die Imagines nachts verschiedentlich um blühende Gräser fliegen, an denen nicht nur die Eiablage, sondern auch die Nahrungsaufnahme stattfinden dürfte.

Habitat: In Wäldern ist das Landreitgras an lichten Stellen, insbesondere in Schlagflurgesellschaften (Atropetalia) zu finden. Eine genaue pflanzensoziologische Zuordnung der Larvalhabitate von *Apamea illyria* steht hier allerdings noch aus.

Verhalten: Die Eier werden tief in die Blütenrispen der Nahrungsgräser abgelegt, wobei das Weibchen immer im Schwirrflug bleibt (ROMETSCH 1934). Die Jungraupen leben zwischen zusammengesponnenen Grasblüten. Wenn sie älter werden, verbergen sie sich tagsüber am Boden in den zusammengerollten Blättern von Gräsern und anderen Pflanzen. Nachts erklettern sie die Gräser zum Fressen. Zur Häutung »spinnen sie einen Grasfaden zu einer Röhre zusammen oder verkriechen sich in hohle Blütenstengel« (ROMETSCH 1934 nach Zuchtbeobachtungen). Die Verpuppung erfolgt in einem leichten Gespinst zwischen Pflanzenteilen, in der Erde oder unter Moos. BERGMANN zufolge graben sich die Raupen bis 10 cm tief ein. Die Falter sind dämmerungs- und nachtaktiv und fliegen Lichtquellen an. Einen mittags im Sonnenschein fliegenden Falter beobachtete A. STEINER in einem Halbtrockenrasen der Schwäbischen Alb. Die Weibchen sollen zahlenmäßig häufiger sein als die Männchen und in der Zucht im Verhältnis 2:1 überwiegen (ROMETSCH 1934), was sich anhand der Gesamtdaten aus Baden-Württemberg jedoch nicht bestätigen läßt: Hier überwiegen die Männchen im Verhältnis 2:1.

Gefährdung und Schutz

Rote Liste Bundesrepublik: –
Rote Liste Baden-Württemberg: –

Oberrheinebene: Nicht gefährdet (nur randlich vorkommend).
Schwarzwald: Nicht gefährdet.
Neckar-Tauberland: Nicht gefährdet.
Schwäbische Alb: Nicht gefährdet.
Oberschwaben: Nicht gefährdet.

• In Baden-Württemberg nicht gefährdet!

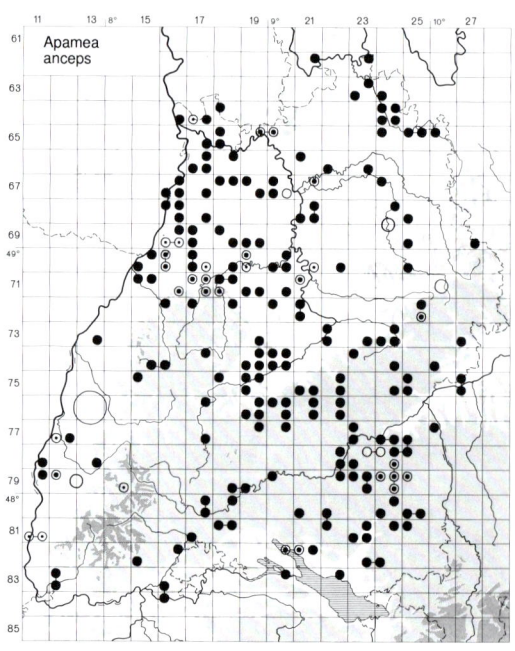

Apamea anceps bevorzugt grasreiche Offenland-Biotope, auch in der Kultursteppe. An warmen Stellen kann sie zuweilen sehr individuenstark auftreten. Die Falter sind wegen ihrer oft undeutlichen Zeichnung vor allem in abgeflogenem Zustand sehr verwechslungsträchtig. Merkwürdigerweise liegen – europaweit – kaum Raupenfunde aus dem Freiland vor, was auf eine sehr versteckte Lebensweise schließen läßt. – Wöschbach 25.5.95 A. STEINER. S.

Apamea anceps
([Denis & Schiffermüller], 1775)
Feldflur-Grasbüscheleule

Hadena sordida BKH. (REUTTI 1898, LAMPERT 1907, SPULER 1908–1910, REBEL 1910, ECKSTEIN 1913–1923, HERING 1932)
Parastichtis sordida BKH. (WARREN in SEITZ 1909–1914, DRAUDT in SEITZ 1931–1938, SCHNEIDER 1936–1939, BERGMANN 1951–1955, KOCH 1954–1961, 1984)

Gesamtverbreitung: Nordwestafrika (Marokko), Europa, Vorder- und Mittelasien. In Europa nördlich bis Schottland, Südnorwegen, Mittelschweden und Südfinnland, südlich bis Sizilien und Griechenland.

Verbreitung

Regional: *Apamea anceps* ist in weiter Verbreitung in allen Landesteilen Baden-Württembergs vertreten. Ihre größte Dichte erreicht sie in den warmen, offenen Landschaften der Oberrheinebene, des Tauberlands und des Neckarbeckens, wo sie auch noch die artenarme Kultursteppe besiedelt. In waldreichen Gebieten, insbesondere im Schwarzwald, ist sie seltener.

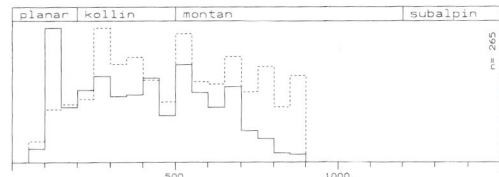

Vertikal: Die Höhenverbreitung dieser Art erstreckt sich ohne erkennbare Schwerpunkte von der Ebene um 100 m bis in die montane Stufe oberhalb von 800 m.

Phänologie

Imagines: Die Flugzeit beginnt in der Oberrheinebene und im Neckar-Tauberland ab Mitte Mai, auf der Schwäbischen Alb und in Oberschwaben erst Ende Mai. Der Höhepunkt wird in den wärmeren Gebieten Anfang/Mitte Juni, in den Mittelgebirgen und in Oberschwaben in der zweiten Junihälfte erreicht.

Am Oberrhein endet die Flugzeit von *Apamea anceps* bereits Ende Juni, nur einige Einzelfunde ziehen sich noch bis Ende Juli hin. In den übrigen Gebieten gehört der Juli noch zur regulären Flugzeit dieser Art, allerdings nehmen die Nachweise im Neckar-Tauberland nach der ersten Juli-Dekade stark ab. Auf der Schwäbischen Alb sind einzelne Falter noch aus dem August gemeldet worden.

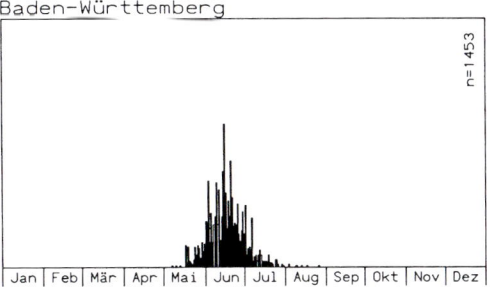

Präimaginalstadien: Aus dem Untersuchungsgebiet liegen keine Angaben vor. Daß die Raupe dennoch gelegentlich gefunden wurde, beweisen verschiedene ex-larva-Falter in Sammlungen. Die Raupe lebt überwinternd von Juli bis Anfang Mai (BERGMANN 1954).

Ökologie

Lebensraum: *Apamea anceps* siedelt bevorzugt auf sonnigen, trockenen bis frischen Grasfluren. Sie bewohnt schwach gedüngte Salbei-Glatthaferwiesen, Halbtrockenrasen verschiedenster Ausprägung, extensive Viehweiden, sandige und kiesige Ruderalfluren, Getreidefelder, Ackerraine und Wegränder in der Feldflur, Straßenböschungen, Eisenbahn- und Hochwasserdämme, Kiesgruben und Steinbrüche, Streuobstwiesen, aufgelassene Weinberge, Gärten, Brachflächen und Unkrautfluren im Ortsbereich, grasige Waldränder, breite, besonnte Waldwege, Waldwiesen und Lichtungen, Gebüschzonen, in Oberschwaben auch Niedermoorbereiche und Streuwiesen.
Nahrung der Raupe: Keine Angaben aus Baden-Württemberg.

Anscheinend wurde die Raupe in Mitteleuropa nur selten gefunden. Nach BERGMANN (1954), der sich nicht auf Eigenbeobachtungen, sondern auf R. BOLDT bezog, lebt sie besonders an *Dactylis glomerata*. BOLDT (1925) gab außerdem *Brachypodium* spec. an. In Großbritannien und Fennoskandien wurde die Raupe noch nicht im Freiland gefunden (SEPPÄNEN 1970, SKOU 1991). Als Zucht-Fütterungspflanzen sind *Poa annua*, *Dactylis glomerata* und *Elymus repens* geeignet (BRETHERTON, GOATER & LORIMER 1983). Die Nahrungsbiologie ist somit – speziell für Mitteleuropa – noch weitgehend ungeklärt! In Südrußland und Asien gilt die Art als Getreideschädling, aus Frankreich wird ferner Mais (*Zea mays*) genannt (LHOMME 1923–1935).

Nahrung des Falters: Die Falter wurden öfters an Grasblüten saugend (A. GREMMINGER) und einmal über Disteln fliegend beobachtet (A. STEINER). Sie besuchen auch den Köder.
Habitat: Ohne Raupennachweise sind keine genauen pflanzensoziologischen Angaben zum Habitat möglich.
Verhalten: Die Raupe scheint sehr versteckt zu leben. Die Imagines sind dämmerungs- und nachtaktiv und fliegen Lichtquellen an.

Gefährdung und Schutz

Rote Liste Bundesrepublik: –
Rote Liste Baden-Württemberg: –

Oberrheinebene: Nicht gefährdet.
Schwarzwald: Nicht gefährdet.
Neckar-Tauberland: Nicht gefährdet.
Schwäbische Alb: Nicht gefährdet.
Oberschwaben: Nicht gefährdet.

• In Baden-Württemberg nicht gefährdet!

Apamea sordens ist durch die etwas ruhigere Färbung der Vorderflügel und den schwarzen Basalstrich (die Art hieß früher *basilinea*) von *Apamea anceps* zu unterscheiden, mit der sie oft zusammen vorkommt. – Reusten, Kochhartgraben 2.6.91 A. STEINER. LF.

Apamea sordens (Hufnagel, 1766)
Ackerrand-Grasbüscheleule

Hadena basilinea F. (REUTTI 1898, LAMPERT 1907, SPULER 1908–1910, REBEL 1910, ECKSTEIN 1913–1923, HERING 1932)
Parastichtis basilinea F. (WARREN in SEITZ 1909–1914, DRAUDT in SEITZ 1931–1938, SCHNEIDER 1936–1939, BERGMANN 1951–1955, KOCH 1954–1961, 1984)

Gesamtverbreitung: Europa und Asien, östlich bis Japan. In Europa nördlich bis ins mittlere Fennoskandien (vereinzelt bis zum Polarkreis), südlich bis Südspanien, Süditalien und Mittelgriechenland.

Verbreitung

Regional: Die weite Verbreitung der auch als »Queckeneule« bekannten *Apamea sordens* entspricht in groben Zügen der von *Apamea anceps*. Wie diese ist sie am häufigsten in warmen Gebieten und offenen Landschaften anzutreffen. Im Schwarzwald ist sie selten. Die Schwäbische Alb und das Alpenvorland besiedelt sie in etwas geringerer Dichte als *A. anceps*.

Einige Angaben aus der Pflanzenschutzliteratur sind zu ungenau, um in der Karte Darstellung zu finden. Beispielsweise ist *Apamea sordens* im Südschwarzwald und im südlichen Neckar-

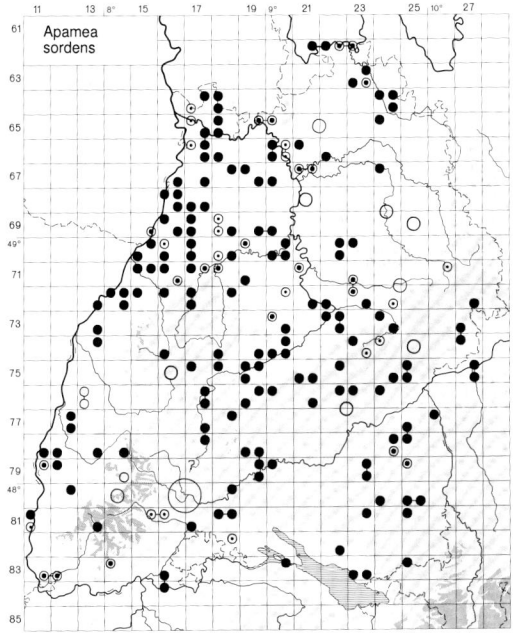

Tauberland in den Landkreisen[1] Donaueschingen, Neustadt, Säckingen, Villingen und Waldshut schädlich an Getreide aufgetreten (ENGEL 1958).

Vertikal: Die Höhenverbreitung reicht von der Ebene um 100 m bis in die montane Stufe. Mit Fundorten bis in 1010 m Höhe (Hasenhorn bei Todtnau, A. STEINER) erreicht sie im Bergland eine etwas größere Höhe als *A. anceps*.

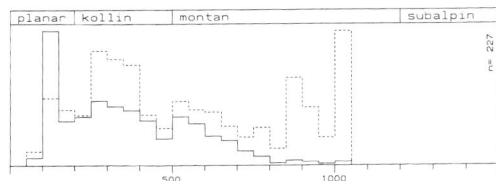

Phänologie

Imagines: Die Flugzeit von *Apamea sordens* beginnt durchschnittlich 1–2 Wochen früher als die von *Apamea anceps*. Die frühesten Falter wurden in der Oberrheinebene am 1. Mai und im Nekkar-Tauberland gegen Ende der ersten Mai-Dekade festgestellt. Erst Mitte bzw. Ende Mai setzt die Flugzeit in den Mittelgebirgen und in Oberschwaben ein, allerdings liegen auch aus diesen Gebieten Einzelfunde von Anfang und Mitte

[1] Alte Landkreise vor der Kreisreform von 1973.

Mai vor. Das Maximum wird in der Oberrheinebene etwa Ende Mai(/Anfang Juni), im Neckar-Tauberland in der ersten Juni-Dekade erreicht, in den übrigen Gebieten liegt es – wegen Datenmangels noch nicht gut erkennbar – im Juni. In der Oberrheinebene endet die Flugzeit bereits Ende Juni, in den anderen Gebieten im Lauf des Juli, wenn auch einzelne späte Falter noch bis August gemeldet wurden.

Präimaginalstadien: Eine Eiablage beobachtete J. ASAL im Kaiserstuhl Ende Mai (24.5.1995). Die Raupen dürften von Landwirten zu Tausenden gefunden worden sein. Uns liegen jedoch nur verhältnismäßig wenige datumsgenaue Meldungen vor. Sie setzen in der zweiten August-Dekade ein (19.8.1958, Gemeinde Rotzingen, ENGEL 1958) und reichen bis Ende Oktober (E.10.1976, Eislingen/Fils, A. WALTER). Bei letzterem Fund handelte es sich um eine bereits erwachsene Raupe, die (in die Wärme verbracht) nach dreiwöchiger Puppenruhe im Dezember den Falter lieferte! Meldungen überwinterter Raupen liegen von Anfang März vor: 3.3.1979 (Eislingen/Fils, A. WALTER), 4.3.1991 (Ursprung, K. FREYTAG). Die Raupen scheinen also in sehr unterschiedlichem Alter zu überwintern. Darauf deuten auch Angaben von ENGEL (1958), der in Südbaden Ende Oktober sowohl jüngere Raupen beobachtete als auch ältere Tiere fand, die ein lockeres Gespinst verfertigten, »in dem sie sich wahrscheinlich verpuppen«. Die Verpuppung dürfte im Freiland aber erst nach der Überwinterung stattfinden. Aus der Imaginalphänologie lassen sich jedenfalls keine starken zeitlichen Divergenzen in der Larvalentwicklung herleiten.

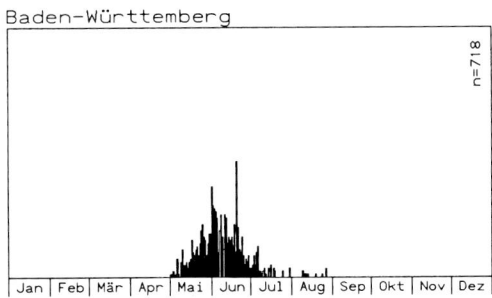

Ökologie

Lebensraum: *Apamea sordens* besiedelt Bestände hoher Gräser in trockenen bis frischen, sonnigen Glatthaferwiesen, in Halbtrockenrasen, auf Ruderalfluren und Brachflächen, in aufgelassenen Gärten und Weinbergen, an Straßen- und Wegrändern, Böschungen und Dämmen, an Ackerrainen und in der Feldflur. Als »Getreideschädling« kann sie auch die artenarme Kultursteppe der ausgeräumten Ackerlandschaften nutzen. In Südbaden wurde dabei beobachtet: »Felder in Waldnähe weisen oft eine stärkere Population auf als solche Äcker, die inmitten der Gemarkung liegen« (ENGEL 1958). Außerdem kommt sie an den Rändern und Binnensäumen (Waldwege, Lichtungen) von Wäldern, in Streuobstwiesen, in Kiesgruben, an den Uferzonen von Flüssen und Bächen, in Schilfbeständen, in Oberschwaben auch in Flachmooren, Bruchwäldern und Birkenmooren (MEINEKE 1982) vor. Insgesamt ähneln ihre Biotopansprüche denen von *Apamea anceps*.

Nahrung der Raupe:

Festuca pratensis – Wiesen-Schwingel
  E (ASA)
Dactylis spec. – Knäuelgras
  L (WAT)
Secale cereale – Roggen
  L (ENG, NÖR)
Triticum aestivum – Saat-Weizen
  L (ENG)
Hordeum spec. – Gerste
  L (ENG)
Phragmites australis – Schilfrohr
  L (FRY)
Avena sativa – Saat-Hafer
  L (ENG)
Zea mays – Mais
  L (KEL, SCC)
Gräser
  L (GAU, SCC, WAT)
Getreide
  L (GAU, SCC)

Die Raupe von *Apamea sordens* ist in früheren Jahren regional in Getreidefeldern schädlich aufgetreten. Heute wird sie nur vereinzelt gefunden. – Göppingen-Faurndau 30.8.88 K. FREYTAG. S.

Die Raupen leben an verschiedenen Gräsern, darunter an allen Getreidearten. Unter den Wildgräsern sind aus unserem Gebiet bislang nur drei Arten belegt. Am Filsufer bei Göppingen-Faurndau klopfte K. FREYTAG die Raupen Ende August aus *Phragmites australis*; eine weitere Raupe leuchtete er nach der Überwinterung im März an Schilf. Am Filsufer bei Eislingen fand A. WALTER eine Raupe an *Dactylis*. Die Eiablage beobachtete J. ASAL an *Festuca pratensis*. Über Funde bzw. Schadauftreten an Roggen, Saatweizen, Gerste und Saathafer liegen verschiedene Angaben vor (ENGEL 1958, KELLER & HOFFMANN 1861, NÖRDLINGER 1855, SCHNEIDER 1938).

Die Literatur enthält neben zahlreichen Meldungen von Getreidearten noch Angaben für *Dactylis glomerata* (BRETHERTON, GOATER & LORIMER 1983), *Phalaris arundinacea*, *Phleum pratense*, *Festuca* spec., *Elymus arenarius* (SEPPÄNEN 1970) und *Elymus repens* (BERGMANN 1954). Verschiedene Autoren erwähnen ferner »niedere Pflanzen«, konkret wird dabei aber nur UFFELN (1908), der *Sarothamnus scoparius* vermerkt.

Nahrung des Falters: BROMBACHER (1933–1935) beobachtete die Falter an blühenden Gräsern. Sie besuchen auch den Köder.

Habitat: Am besten belegt sind aus Baden-Württemberg anthropogene Habitate: Roggen-, Weizen-, Gerste-, Hafer- und Maisfelder. Die Nachweise an Schilf deuten auf Phragmition-Gesellschaften hin. Ansonsten sind die (naturnahen) Larvalhabitate noch nicht pflanzensoziologisch belegt.

Verhalten: Die Eier werden in der Dämmerung in langsamem Schwirrflug in die Blütenstände von Gräsern abgelegt, wie es J. ASAL bei Kiechlinsbergen beobachten konnte. Die jungen Raupen ernähren sich von den Blüten und Samen, wobei sie an Getreide im Hochsommer und Herbst früher zuweilen schädlich wurden. So berichtete bereits KELLER: »Fand ich einst im Herbst halberwachsen zu Hunderten in Maiskolben, wo sie bedeutenden Schaden anrichteten; sie frassen namentlich die halbreifen Körner an und füllten die Hülsen mit Unrath aus, manchmal staken 4–6 in einem Kolben.« (KELLER & HOFFMANN 1861). NÖRDLINGER (1955) beobachtete die Raupen im Herbst 1852, »vor der Ernte«, zu Hohenheim, wo sie die Roggenkörner in den Ähren befraßen. Sie waren »so zappelig und springend, dass es schwer war, sie auf der Hand zu behalten«.

Aufschlußreiche Angaben zum Auftreten in Südbaden lieferte ENGEL (1958). Demnach waren Weizen und Hafer stets stärker befallen als Gerste und Roggen (diese waren allerdings im Gebiet auch schwächer vertreten). Die auf Weizenfeldern beobachteten Raupen waren (bei der Ernte am 20.8.1958) 1 bis 10 mm größer als die am Hafer (bei der Ernte am 10.9.1958) aufgefundenen Tiere. Diese Unterschiede dürften auf das geringere Körnervolumen des Hafers zurückzuführen sein. Die jungen Raupen bevorzugen die sogenannten »milchreifen« (noch weichen) Körner. Solange diese vorhanden sind, werden reife (harte) Körner kaum befressen. Um zu dem milchreifen Korn zu gelangen fressen die Räupchen am Weizen ein rundes Loch in der Mitte der Spelze, am Hafer wird die Spelze von oben her befressen. Nach der Ernte ernähren sich die Raupen von auf dem Feld liegengebliebenen Ähren, gehen aber auch, wie sie dies im Frühjahr sowieso tun müssen, zum Fraß an Blättern über. Tagsüber ruhen sie im Inneren von Stoppeln, in die sie an den Schnittflächen oder durch ein Fraßloch gelangen und die im Lauf der Zeit mit Raupenkot ausgefüllt werden, oder in einem Gespinst zwischen Pflanzenteilen an der Stengelbasis. ENGEL (1958) hat Raupenzählungen durchgeführt, aus denen er folgerte, daß durch die Ernte mindestens 30% der auf einem Getreidefeld vorhandenen Raupen vernichtet werden. Sie gelangen mit dem Getreide in die Scheunen, wo die jüngeren Raupen an Weizen noch bis zu 6 Wochen, die älteren bis zu 4 Wochen leben können. An Hafer, der bei der Ernte mehr grüne Halme (mit weichen Körnern) enthält, wurden lebende Raupen noch nach 8 Wochen gefunden.

Die Verpuppung erfolgt in einem leichten Gespinst in der Erde. Die Falter sind dämmerungs- und nachtaktiv und fliegen Lichtquellen an.

Gefährdung und Schutz

Rote Liste Bundesrepublik: –
Rote Liste Baden-Württemberg: –

Oberrheinebene: Nicht gefährdet.
Schwarzwald: Nicht gefährdet.
Neckar-Tauberland: Nicht gefährdet.
Schwäbische Alb: Nicht gefährdet.
Oberschwaben: Nicht gefährdet.

• In Baden-Württemberg nicht gefährdet!

Apamea scolopacina
(Esper, 1788)
Bräunlichgelbe Grasbüscheleule

Hadena scolopacina ESP. (REUTTI 1898, LAMPERT 1907, SPULER 1908–1910, REBEL 1910, ECKSTEIN 1913–1923, HERING 1932)
Parastichtis scolopacina ESP. (WARREN in SEITZ 1909–1914, DRAUDT in SEITZ 1931–1938, SCHNEIDER 1936–1939, BERGMANN 1951–1955, KOCH 1954–1961, 1984)

Gesamtverbreitung: Europa und Asien bis Japan. In Europa nördlich bis Nordengland, Südnorwegen, -schweden und -finnland, südlich bis Nordspanien, Süditalien, Südkroatien, Bulgarien, zur ukrainischen Schwarzmeerküste und zum Kaukasus.

Verbreitung

Regional: *Apamea scolopacina* kommt in allen Landesteilen vor und ist vor allem in waldreichen Landschaften weit verbreitet. Sie gehört zu den häufigsten Arten der Gattung.
Vertikal: Die Höhenverbreitung reicht von der Ebene um 100 m bis in die hochmontane Stufe. Die höchsten Fundstellen erreichen die Gipfelregion des Nordschwarzwalds (1150–1160 m, Hornisgrindegipfel, H. LUSSI/A. STEINER).

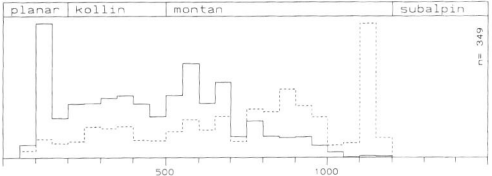

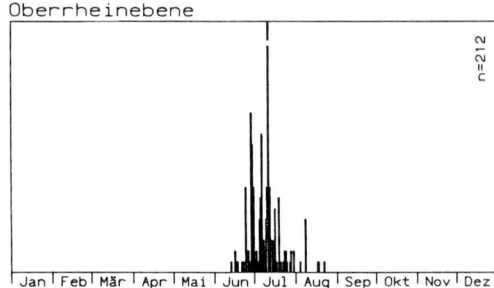

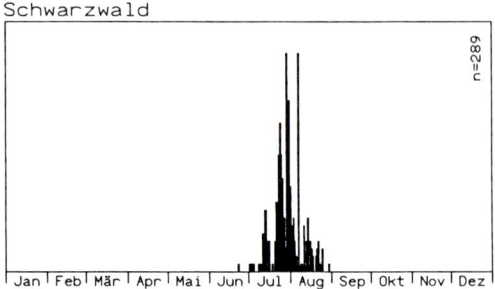

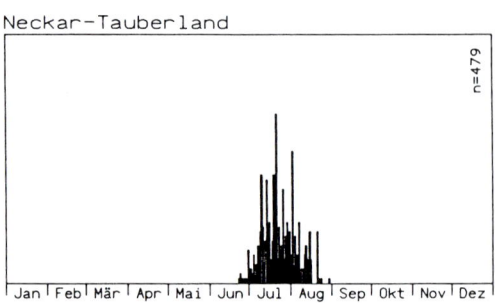

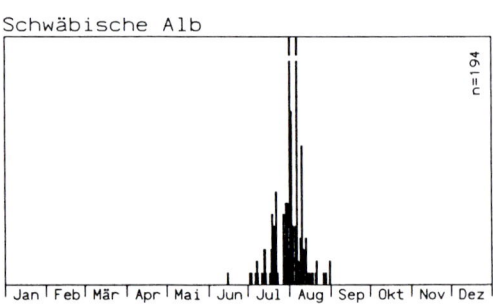

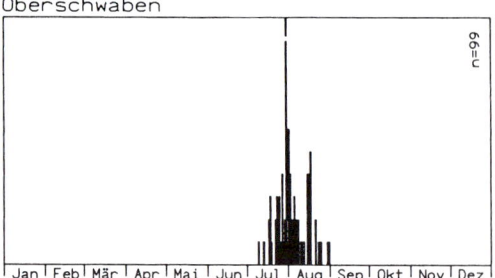

Apamea scolopacina ist eine kleine Hochsommerart. Die gelbbraunen Falter sind meist leicht zu erkennen, wenngleich auch schwarzbraun verdunkelte Formen auftreten. – Malsch-Sulzbach (ex larva-Zucht) 27.6.95 G. EBERT. S.

Phänologie

Imagines: Die Flugzeit von *Apamea scolopacina* weist deutliche regionale Unterschiede auf. In der wärmebegünstigten Oberrheinebene fliegen die Falter in manchen Jahren schon ab Mitte Juni. Ein Maximum wird in der ersten Julihälfte erreicht. Ende Juli/Anfang August endet die Flugzeit; nur wenige Einzelfunde sind noch bis Ende August bekannt. Im Neckar-Tauberland beginnt die Flugperiode Ende Juni, an ungünstigen Standorten oder in kühlen Jahren Anfang Juli. Das Maximum liegt etwa Mitte Juli, die spätesten Nachweise ziehen sich bis Ende August hin. In den Mittelgebirgen und im Alpenvorland konzentriert sich die Flugzeit auf die Monate Juli/August. Im Schwarzwald und auf der Schwäbischen Alb treten die frühesten Falter Anfang Juli, in Oberschwaben meist sogar erst Mitte Juli auf. Als besonders früh ist ein Nachweis von der Alb vom 15. Juni anzusehen (1992, Hausen/Fils, M. MEIER). Das Maximum liegt an der Monatswende Juli/August, die Falter fliegen dann noch bis Ende August.

Präimaginalstadien: Die Raupen sind sehr häufig gefunden worden, stets aber erst nach der Überwinterung, wenn sie frei leben. Die Funddaten reichen von Anfang Mai bis Mitte Juni

(9.5.1933, Mooswälder bei Freiburg, E. BROMBACHER; 11.6.1929, Umg. Pforzheim, H. ROMETSCH/K. STROBEL) mit einer Häufung in der zweiten Maihälfte.

Ökologie

Lebensraum: *Apamea scolopacina* ist eine Waldart. Sie lebt bevorzugt an grasreichen, sonnigen bis schattigen Stellen an den Außen- und Binnensäumen von mäßig trockenen bis feuchten, manchmal nassen oder moorigen Laub- und Laubmischwäldern, gelegentlich auch reinen Nadelwäldern. Sie besiedelt Lichtungen, Schneisen und Schläge, kleinere Waldwiesen, Ränder und Böschungen von Waldwegen (bei wenig befahrenen Wegen auch die Mittelstreifen), Straßengräben und Böschungen von walddurchquerenden Straßen, grasige Trampelpfade, Uferböschungen von Waldbächen, gern auch vielfältig strukturierte äußere Waldränder, die Gebüschzonen und halbschattige Grasfluren bieten. In lichten Wäldern mit gutem Grasbewuchs ist sie auch tief im Inneren der Bestände zu finden. Die Falter sind sehr vagil und werden beim Umherstreifen (oder auf Nahrungssuche?) auch in einiger Entfernung von Wäldern gefunden, so etwa im Siedlungsbereich.

Nahrung der Raupe:
Carex spicata – Dichtährige Segge
  L (STN)
Carex sylvatica – Wald-Segge
  L (STN)
Brachypodium sylvaticum – Wald-Zwenke
  L (KÖP, STN)
Glyceria notata – Gefaltetes Süßgras
  L (STN)
Poa nemoralis – Hain-Rispengras
  3 L (STN)
Poa trivialis – Gewöhnliches Rispengras
  L (RAZ)
Dactylis glomerata – Wiesen-Knäuelgras
  L (EBE, ECK, LUS, STN)
Dactylis polygama – Wald-Knäuelgras
  3 L (STN)
Elymus caninus – Hunds-Quecke
  L (STN)
Alopecurus pratensis – Wiesen-Fuchsschwanz
  3 L (HIR, STN)
Milium effusum – Flattergras
  L (LUS, STN)
»Gräser«
  L (BIH, BRM, GAU, HEG, KEL, SET)

Schon im 19. Jh. wußte A. KELLER, daß »die Raupe oft im Juni häufig an weichen Gräsern lebt« (KELLER & HOFFMANN 1861). In der Regel wurden damals aber die Grasarten nicht bestimmt. Heute sind wir über die Raupennahrung von *Apamea scolopacina* schon besser unterrichtet. Hier deuten sich vielleicht sogar bereits Präferenzen an. In der folgenden Liste werden für jede Art die Anzahl der Meldungen/Anzahl der Individuen angegeben: *Carex spicata* 1/2; *Carex sylvatica* 1/1; *Brachypodium sylvaticum* 2/2; *Glyceria notata* 1/1; *Poa nemoralis* 2/36; *Poa trivialis* 1/1; *Dactylis glomerata* 2/2; *Dactylis polygama* 2/4; *Alopecurus pratensis* 1/6; *Milium effusum* 1/1; *Elymus caninus* 1/1. Dazu kommen über 15 Meldungen ohne Bestimmung der Nahrungspflanze.

Während die Jungraupen noch in den Halmen leben, erklettern die älteren Tiere meist die Pflanzen und fressen mit Vorliebe die Blüten (und Früchte). Die Blätter werden oft erst dann gefressen, wenn an der Pflanze keine Blüten mehr zur Verfügung stehen. Nach SCHNEIDER (1938) soll E. MARTIN die Raupe »ganz vereinzelt an Graswurzeln« gefunden haben. Dabei dürfte es sich um tagsüber an der Basis der Pflanzen ruhende Raupen gehandelt haben und nicht um tatsächlich an den Wurzeln fressende Tiere (oder es lag eine Fehlbestimmung vor).

In der Literatur werden ferner die folgenden Nahrungsgräser genannt, die *A. scolopacina* als eine innerhalb der Cyperales und Poales ausgesprochen oligophage Art kennzeichnen: *Scirpus* spp., *Briza* spp. (TISCHER nach FREYER 1832), *Elymus repens*, *Luzula pilosa*, *Scirpus*

Die Raupe ist tag- und nachtaktiv. An dem rotbraunen Kopf, dem grün-schwarzen Rücken und der gelben Seitenlinie ist sie gut zu erkennen. (Vorsicht: Es gibt eine Blattwespenlarve, die exakt dieselbe Färbung aufweist, zur gleichen Zeit in denselben Lebensräumen vorkommt und ebenfalls an Gräsern lebt. Sie hat aber 7 Bauchbeinpaare.) *Apamea scolopacina* frißt gerne im Blütenstand und an den oberen Blättern. – Rust, Taubergießen 26.5.94 A. STEINER.

cespitosus, *Briza media*, *Briza minor* (ALLAN 1949), *Scirpus palustris*, *Scirpus sylvaticus* (BERGMANN 1954), *Deschampsia cespitosa* (TISCHER nach KALTENBACH 1856), *Melica uniflora* (BRETHERTON, GOATER & LORIMER 1983). Die von OSTHELDER (1925–1933) genannte Akelei ist sicher keine reguläre Nahrungspflanze.

Nahrung des Falters: Auf der Adelegg beobachteten N. HIRNEISEN und A. STEINER einen an *Sambucus ebulus* saugenden Falter. Die Tiere kommen auch gern an künstlichen Köder.

Habitat: Wahrscheinlich besiedelt *Apamea scolopacina* die meisten Laubwaldgesellschaften Mitteleuropas (Querco-Fagetea). Raupenfunde sind dokumentiert aus Gesellschaften des Alno-Ulmion, des Carpinion betuli und des Fagion sylvaticae. Daneben dürften manche Larvalhabitate auch waldnahen Saum- und Staudenflur-Gesellschaften zuzuordnen sein, etwa den Glechometalia oder den Convolvuletalia und anderen.

Verhalten: Die Eiablage erfolgt vermutlich wie bei den verwandten Arten in die Blattscheiden von Gräsern. Die jungen Raupen leben noch versteckt in den Stengeln; erst nach der Überwinterung beginnt die freilebende Phase. Die Raupen sind anfangs vor allem nachts aktiv, im letzten Stadium sitzen sie aber oft auch bei Tag frei in den Grasblüten. Die Verpuppung erfolgt in einer Erdhöhle oder einem schwachen Gespinst zwischen Pflanzenteilen. Die Imagines sind nachtaktiv und kommen ans Licht. Tagsüber wurden sie an Baumstämmen ruhend gefunden.

Gefährdung und Schutz

Rote Liste Bundesrepublik: –
Rote Liste Baden-Württemberg: –

Oberrheinebene: Nicht gefährdet.
Schwarzwald: Nicht gefährdet.
Neckar-Tauberland: Nicht gefährdet.
Schwäbische Alb: Nicht gefährdet.
Oberschwaben: Nicht gefährdet.

• In Baden-Württemberg nicht gefährdet!

Apamea ophiogramma
(Esper, 1793)
Schlangenlinien-Grasbüscheleule

Hadena ophiogramma ESP. (REUTTI 1898)
Miana ophiogramma ESP. (LAMPERT 1907, SPULER 1908–1910, REBEL 1910, ECKSTEIN 1913–1923, HERING 1932)
Parastichtis ophiogramma ESP. (WARREN in SEITZ 1909–1914, SCHNEIDER 1936–1939, BERGMANN 1951–1955, KOCH 1954–1961, 1984)

Gesamtverbreitung: Europa und Nordasien, östlich bis Japan. In Europa nördlich bis Südschottland und Süd-Fennoskandien (in Finnland in den 70er und 80er Jahren expansiv), südlich bis Nordspanien, Norditalien, Slowenien, Südkroatien, Bulgarien, zur Ukraine und zur Krim. Neuerdings hat sie sich in Nordamerika (bei Vancouver), wohl nach Einschleppung, angesiedelt (MIKKOLA, LAFONTAINE & KONONENKO 1991, TROUBRIDGE, FITZPATRICK & LAFONTAINE 1992).

Verbreitung

Regional: *Apamea ophiogramma* kommt in allen Hauptnaturräumen Baden-Württembergs vor. Die größten Fundortdichten liegen in gewässerreichen Landschaften wie der Oberrheinischen Tiefebene und dem oberschwäbischen Alpenvorland. Ansonsten ist die Art aber überall vertreten, wo Bäche und Feuchtgebiete ihr Lebens-

Apamea scolopacina gehört zu den Wald-Apameen. An halbschattigen, grasreichen Waldwegrändern findet sie optimale Habitate. – Taubergießen 26.5.94 A. STEINER.

räume bieten, einschließlich des Schwarzwalds und der Schwäbischen Alb.

Wie viele andere versteckt lebende Eulen ist die Art früher nur wenig beobachtet worden. Noch 1850 sprach SEYFFER über die »in unseren Gegenden [=im Königreich Württemberg] nicht vorkommende *Lup. Ophiogramma*«. Heute wird sie vor allem durch Lichtfang nachgewiesen und ihre Verbreitung ist besser bekannt als die der ökologisch ähnlichen *Apamea unanimis*.

Vertikal: Die Art ist von der Ebene um 100 m bis in die montane Stufe verbreitet, wo die Anzahl der Fundorte oberhalb von 800 m stark nachläßt. Der höchste Nachweis stammt aus 1000 m Höhe (Furtwangen, Furtwängle-Moor, J.-U. MEINEKE).

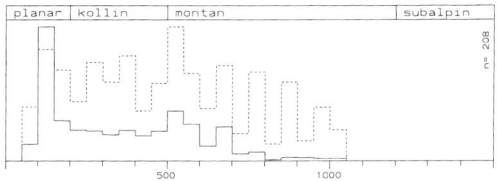

Apamea ophiogramma ist eine Feuchtgebietsart, die oft zusammen mit *A. unanimis* vorkommt. Neben der Normalform treten auch dunkelgrau verdüsterte Falter auf. – Tübingen-Hirschau, Baggerseen 16.7.85 A. STEINER. LF.

Phänologie

Imagines: Die Flugzeit dauert in der Oberrheinebene, im Neckar-Tauberland und in Oberschwaben etwa von Mitte/Ende Juni bis Ende August. Dabei treten am Oberrhein in günstigen Jahren einzelne Falter schon in der ersten Juni-Dekade auf. In den Mittelgebirgen liegen die weit weniger zahlreichen Daten überwiegend zwischen Mitte Juli und Mitte August. Nur aus niedrigen Lagen oder wärmeren Jahren sind vereinzelte Junifalter gemeldet worden. In den meisten Gebieten wurden späte Falter bis Anfang September festgestellt, die oft aus kühlen Jahren stammen. Oberrhein: 1.9.1989, Kippenheim, J.-U. MEINEKE; Schwarzwald: 7.9.1993, Herrischried, S. HAFNER; Neckar-Tauberland: 5.9.1986, Neunkirchen, T. OSTERMANN; Schwäbische Alb: 4.9.1980, Veringenstadt, A. STEINER.

Präimaginalstadien: Die Raupen überwintern. Sie wurden einzeln im Herbst gefunden (28.9.1992, C. KÖPPEL). Zahlreicher sind sie nach der Überwinterung beobachtet worden. Die Nachweise reichen von Ende April bis Ende Mai (Eislingen, K. FREYTAG, A. WALTER).

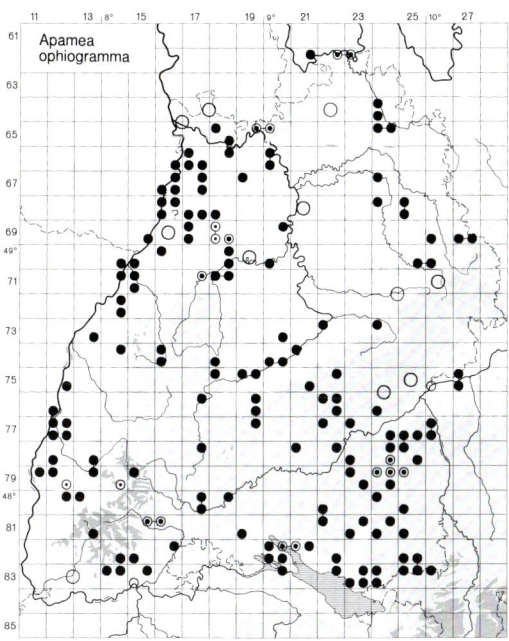

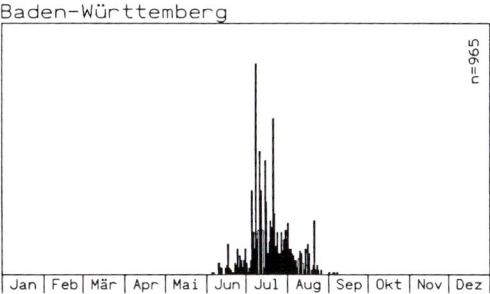

Ökologie

Lebensraum: *Apamea ophiogramma* bewohnt, oft syntop mit *A. unanimis*, sonnige bis halbschattige Rohrglanzgrasbestände im Uferbereich von Flüssen, Bächen und Gräben sowie in den Verlandungszonen von Teichen und Seen. Sie findet sich in Niedermooren, lichten Bruch- und Auenwäldern, in Feuchtwiesen der Flußniederungen, in nassen Kiesgruben und an Baggerseen. Die Falter sind, wie der moderne Lichtfang gezeigt hat, recht vagil, verlassen ihre Biotope nicht selten und erscheinen in Ortschaften oder an trockenen Standorten (z. B. an Trockenhängen über Flußtälern) am Licht.

Nahrung der Raupe:
Phalaris arundinacea – Rohr-Glanzgras
   4 L (Fry, Köp, Wat)

Das Rohrglanzgras ist bisher die einzige aus Baden-Württemberg nachgewiesene Nahrungspflanze.

Nach Literaturangaben leben die Raupen ferner an *Phalaris canariensis*, *Phragmites australis*, *Glyceria maxima* und selbst an *Iris pseudacorus* (Allan 1949, Bergmann 1954, Haggett 1961, Seppänen 1970).

Nahrung des Falters: Sermin (1959) beobachtete die Falter abends »an Blüten«. Sie besuchen auch vereinzelt künstlichen Köder.

Habitat: Die Larvalhabitate dürften meist Magnocaricion-Gesellschaften (Großseggenriedern) und hier insbesondere dem Phalaridetum arundinaceae (Rohrglanzgrasröhricht) angehören, zum Teil wohl auch dem Alno-Ulmion (Hartholzaue). Wo die Raupen an *Phragmites* leben, kommen auch andere Phragmitetalia-Gesellschaften in Frage.

Verhalten: Die Eier werden nach Scorer (1913) und Lorimer (in Bretherton, Goater & Lorimer 1983) in Reihen in vertrocknete Blätter nahe der Spitze abgelegt. Die Raupen leben in den Stengeln. Der Befall kann durch Vergilben der inneren Blätter erkannt werden. Die Verpuppung erfolgt außerhalb des Stengels in einem weichen, dichten Gespinst (A. Walter). Über eine weitere Verpuppungsweise – bei einer Zucht – hatte Schultz (1952) berichtet: Während die meisten Raupen den Stengel verließen, blieben einige im Inneren und verpuppten sich in einer

Ein Lebensraum von *Apamea ophiogramma*. Entlang einer Hochwasserrinne im Silberweiden-Auenwald haben sich ausgedehnte Bestände des Rohrglanzgrases entwickelt. – Rastatter Rheinauen 30.7.92 C. Köppel.

Höhlung, die oben und unten durch Genagsel verschlossen war und in deren oberen Teil ein Schlüpfloch vorbereitet war. Die Falter sind dämmerungs- und nachtaktiv und fliegen zum Licht.

Gefährdung und Schutz

Rote Liste Bundesrepublik: –
Rote Liste Baden-Württemberg: –

Oberrheinebene: Nicht gefährdet.
Schwarzwald: Nicht gefährdet.
Neckar-Tauberland: Nicht gefährdet.
Schwäbische Alb: Nicht gefährdet.
Oberschwaben: Nicht gefährdet.

• In Baden-Württemberg nicht gefährdet!

Pabulatrix pabulatricula
(Brahm, 1791)

Helle Pfeifengras-Grasbüscheleule

Hadena pabulatricula BRAHM (REUTTI 1898 LAMPERT 1907, SPULER 1908–1910, REBEL 1910, ECKSTEIN 1913–1923, HERING 1932)
Parastichtis pabulatricula BRAHM (WARREN in SEITZ 1909–1914, DRAUDT in SEITZ 1931–1938, BERGMANN 1951–1955, KOCH 1954–1961, 1984)

Gesamtverbreitung: Sehr lokal in den mittleren und nördlichen Gebieten Europas vertreten, im Norden bis Norddänemark, Südnorwegen (1 Fund 1969), Südschweden, Süd- und Mittelfinnland bis zum 64. Breitengrad und über Uchta zum Ural, im Westen bis zu den Britischen Inseln (etwa seit 1935 ausgestorben), Belgien (Gaume, LEGRAIN 1967), Frankreich (Massif Central, hier erst 1975 entdeckt; BEAULATON & DUFAY 1978), im Süden bis Südtirol, Südungarn, Rumänien (Siebenbürgen/Banat) und zur Westukraine, in den mittleren Ländern aus Österreich, Deutschland, Polen (NOWACKI 1991) und der ehemaligen Tschechoslowakei bekannt. In Asien aus Kasachstan und aus dem Altai gemeldet, ferner (anscheinend disjunkt) in Ostasien (Sachalin, Kurilen, Japan). In Deutschland ist die Art in den meisten Bundesländern ausgestorben; Nachweise nach 1980 werden nur aus Niedersachsen und Sachsen-Anhalt[1] gemeldet (HEINICKE 1993).

---

[1] Ein Einzelfund, bei dem es sich eventuell um ein verschlepptes Tier gehandelt haben könnte (H. WEGNER, pers. Mitt.).
[2] Die Angabe von KOCH (1958, 1984), daß die Art »in Süddeutschland« bzw. »im Süden fehlt«, ist also unrichtig, denn über die Vorkommen in Baden hat schon REUTTI (1898) berichtet.

Pabulatrix pabulatricula zählt zu den seltensten Noctuiden Europas. In Baden-Württemberg wurde sie seit 1912 nicht mehr gefunden, in der angrenzenden Viernheimer Heide (Südhessen) aber noch 1976 festgestellt. Heute sind sichere Vorkommen nur noch aus Norddeutschland bekannt. – Niedersachsen, Göhrde 24.7.85 H. WEGNER.

Verbreitung

Regional: *Pabulatrix pabulatricula* wurde bis in die Zeit um 1912 in Nordbaden um Mannheim und Karlsruhe gefunden[2]. Schon A. GREMMINGER, der ab 1915 bei Graben-Neudorf und später auch bei Karlsruhe intensiv sammelte, hat die Art nicht mehr gefunden, ebensowenig alle späteren Karlsruher Entomologen.

Oberrheinebene: »Umgebung Mannheim, lokal, jahrweise nicht selten« (SAVARY nach Kartei A. GREMMINGER); Viernheim (ELLINGER nach Kartei A. GREMMINGER); Karlsruhe, 1902 (G. KABIS nach Kartei A. GREMMINGER, GAUCKLER 1909); Karlsruhe, Wildpark, 1900, 1912 (BAUMANN nach Kartei A. GREMMINGER, GAUCKLER 1896, 1901a, 1909).

Der nächste aktuelle Fundort liegt im Lorscher Wald in Südhessen, nicht weit von der Viernheimer Heide. Hier konnte P. M. KRISTAL am 11.7.1976 ein Exemplar (das erste für Hessen) nachweisen. Es wäre also nicht völlig ausgeschlossen, daß *P. pabulatricula* im Raum Viernheim auch auf nordbadischem Gebiet noch aktuelle Standorte besitzt.

Vertikal: Alle Fundorte lagen in der Ebene in Höhen von 90 bis 120 m.

Phänologie

Imagines: Als Flugzeit wurde für unser Gebiet nur der Juli angegeben (C. BISCHOFF nach REUTTI 1898, C. BISCHOFF, G. KABIS nach GAUCKLER 1909). Die einzigen taggenauen Daten entfallen auf den 5.7.1912 (BAUMANN nach Kartei A. GREMMINGER) und den 10.7.1902 (G. KABIS nach Kartei A. GREMMINGER).

Für Pommern wurde die Flugzeit 12.7.–9.8. angegeben (URBAHN & URBAHN 1939), für Thüringen bzw. Deutschland bzw. Mitteleuropa Anfang Juli bis Mitte August (BERGMANN 1954, KOCH 1984, FORSTER 1971). In Niedersachsen fand H. WEGNER die Art vom 14.7.–28.8. Die Funddaten aus Belgien liegen im Zeitraum 13.7.–16.8. (LEGRAIN 1967). Insgesamt ergibt sich damit eine Flugzeit von (Anfang) Mitte Juli bis Ende August.

Präimaginalstadien: Keine Beobachtungen aus Baden-Württemberg. Nach der Sekundärliteratur (SPULER 1908–1910, BERGMANN 1954, KOCH 1958, 1984, FORSTER 1971) soll die Raupe überwinternd bis Mai leben, was zwar den *Apamea*-Arten entspräche, aber leider falsch ist[3]. Schon HOLWEDE (1915) hatte beobachtet, daß das Ei überwintert, wobei er sich auf Zuchtbeobachtungen unter nicht näher beschriebenen Bedingungen bezog. Er gab die Entwicklungszeit der Raupe mit 6 Wochen, die Puppenzeit mit 14 Tagen an. Neuerdings konnte H. WEGNER die Situation durch wiederholte Zuchten unter Freilandbedingungen klären. Das Ei überwintert. Die Raupen sind in Niedersachsen im Freiland zwischen Anfang und Ende Juni erwachsen (WEGNER in Vorbereitung).

Ökologie

Lebensraum: In Baden kam *P. pabulatricula* im ehemaligen großherzoglichen Wildpark bei Karlsruhe, an nicht näher bezeichneten Stellen in der Umgebung Mannheims und in der Viernheimer Heide vor. Mutmaßlich hat es sich dabei um pfeifengrasreiche Biotope in den lichten Eichen- und Eichen-Birkenwäldern auf den Sandböden der Ebene gehandelt. Offenbar waren die Falter sehr standorttreu und nur in unmittelbarer Nähe ihrer Larvalhabitate zu finden.

KRISTAL fand den Falter bei Bürstadt (Südhessen) »in einem frischen Eichenmischwald mit reichlicher Bodenvegetation«. Für Thüringen beschrieb BERGMANN (1954) den Lebensraum wie folgt: »Graskrautgesellschaften an frischen Plätzen auf Blößen in lichten flechtenreichen Eichen-Birkenwäldern, Laubmeng- und Mischwäldern an Talabhängen der unteren Berg- und Hügelstufe sowie auf Hügelwellen der Ebene. Auf Sand- und Silikatboden.« Bei Braunschweig war die Art »an trockne Orte mit Sandboden und Baumbestand gebunden« (HOLWEDE 1915), in Großbritannien bewohnte sie »grassy places in open woodland« (BRETHERTON, GOATER & LORIMER 1983). Als Habitat in Dänemark wurde von SKOU (1991) ein lichter Eichenwald auf Sandboden mit reicher Bodenvegetation aus Kräutern und Gräsern abgebildet. In Nordost-Niedersachsen leben die Raupen in relativ trocken stehenden *Molinia*-Reinbeständen auf wasserstauenden Lehm/Tonpartien in pleistozänen Schmelzwasserablagerungen der Osthannoverschen Endmoräne. Der Biotop ist hier ein parkartiger ehemaliger Hutewald mit 300jährigen Traubeneichen, wenigen anderen Laubhölzern und artenarmer Krautschicht (*Calluna vulgaris, Vaccinium myrtillus, Molinia, Deschampsia flexuosa, Pteridium aquilinum*) (H. WEGNER in Vorb.).

Nahrung der Raupe: Aus Baden-Württemberg unbekannt.

Die Raupe lebt an Gräsern, ist aber nur sehr selten im Freiland gefunden worden (z.B. 1897 in England, NEWNHAM 1908). Über die Freiland-Nahrungs- bzw. Gefangenschafts-Fütterungspflanze lagen bis vor kurzem keine über die Bezeichnung »Gräser« und »Waldgräser« hinausgehenden Angaben vor. HOLWEDE (1915) zog die Raupen ex ovo mit »Gras« und legte ihnen verschiedene (nicht näher bezeichnete) Grasarten vor, in deren Halme sich die jungen Raupen (bis 1 cm Länge) einbohrten. Größere Raupen befraßen die Stengel von außen. Da sie wenig fraßen, nahm HOLWEDE an, nicht die richtige Grasart getroffen zu haben, und reichte Salat, der »lieber angenommen [wurde] als die mir zugängigen Gräser«. H. WEGNER hat die Raupen neuerdings in Niedersachsen tagsüber aus *Molinia* geharkt und nachts daran fressend gefunden, während an der im Biotop ebenfalls häufigen *Deschampsia flexuosa* sowie einigen seltneren Grasarten keine Nachweise gelangen. Dies deutet auf eine monophage Bindung an *Molinia* hin. In der Zucht lebten die jungen Raupen endophag, die älteren exophag an *Poa annua*, stets innerhalb von geschnittenen Bündeln (angeboten wurden außerdem *Molinia* und *Deschampsia*) (WEGNER in Vorb.).

Nahrung des Falters: Blütenbesuch wurde in Baden-Württemberg nicht beobachtet, dafür wurden die Falter öfters in Anzahl am Köder gefangen. Der Streichköder wird gegenüber Köderschnüren so eindeutig bevorzugt, daß an-

---

[3] Auch die Raupenbeschreibungen, die anscheinend alle auf WILDE (1861) zurückgehen sind falsch (WEGNER in Vorbereitung).

Die schwarzbraune Raupe unterscheidet sich deutlich von denen der Gattung *Apamea*, wie ja auch die Biologie (Überwinterung als Ei) klare Verschiedenheiten zeigt. – Niedersachsen, Göhrde (ex ovo-Zucht) 5.80 H. WEGNER.

zunehmen ist, daß die Falter normalerweise primär am Saftausfluß von Eichen saugen (WEGNER in Vorb.).
Habitat: Vermutlich in *Molinia*-Beständen in Eichen-Birkenwäldern (Quercetalia robori-petraeae) oder deren Randbereichen zu suchen, aber ohne Raupennachweise für unser Gebiet nicht genauer einzugrenzen. Die Art ist offenbar an einen Komplex von *Molinia*-Fazies (Raupennahrung) und Eichenbeständen mit Saftausfluß (Falternahrung) gebunden, so daß das Verschwinden von lichten Weidewäldern (Hutewald), in denen die Bäume regelmäßig beschädigt (befressen) werden, mit ihrem Seltenerwerden zusammenhängen könnte.
Verhalten: Über die Entwicklungsstadien liegen aus dem Untersuchungsgebiet keine Informationen vor.

Eine Eiablage in der Gefangenschaft erzielte HOLWEDE (1915) »auf ein Stückchen Torf«. H. WEGNER stellte fest, daß die Eier weder an Pflanzen (auch nicht in den von *Apamea*-Arten bevorzugten Blattscheiden) noch an Substrat, sondern nur an der Papiereinlage der Behälter abgesetzt wurden. Da die Eier überwintern, legen die Weibchen im Freiland wahrscheinlich an trockene (im Winter fäulnisgeschützte) Pflanzenteile in der Nähe der Nahrungspflanzen ab. Die Raupen sind nach Beobachtungen von H. WEGNER nachtaktiv; ansonsten leben sie sehr versteckt (heliophob) in den Grashorsten. Die Verpuppung erfolgte in der Zucht in einem an der Erdoberfläche mit Sandkörnchen gesponnenem Kokon (HOLWEDE 1915).

Die Falter sind dämmerungs- und nachtaktiv. Offenbar kommen sie nicht gern ans Licht (SKOU 1991), zumindest liegen aus Baden-Württemberg keine ausdrücklich genannten Lichtfänge vor (aus anderen Gebieten Europas dagegen schon). Die Falter wurden, manchmal häufig, am frühen Abend am Köder oder tagsüber an Eichenstämmen ruhend gefunden[4].

Gefährdung und Schutz

Rote Liste Bundesrepublik: 1
Rote Liste Baden-Württemberg: 0

Oberrheinebene: Ausgestorben oder verschollen.
Schwarzwald: Nicht vertreten.
Neckar-Tauberland: Nicht vertreten.
Schwäbische Alb: Nicht vertreten.
Oberschwaben: Nicht vertreten.

- In Baden-Württemberg ausgestorben oder verschollen!
  Besonders geschützt gemäß § 20e ff. BNatSchG.

Pabulatrix pabulatricula ist in den meisten Ländern Mitteleuropas stark im Rückgang begriffen oder ausgestorben, ohne daß bisher einleuchtende Ursachen dafür benannt werden konnten. »Felling of woods or industrial pollution may have caused its extinction in some places, but can hardly have been responsible for its decline over the whole of its scattered British range« wunderten sich BRETHERTON, GOATER & LORIMER (1983). Um hier zu besseren Kenntnissen zu gelangen und die verbliebenen Populationen sinnvoll schützen zu können, ist eine genauere Kenntnis ihrer Ökologie dringend erforderlich. Der oben angeschnittenen Frage nach der Abhängigkeit von lichten Weidewäldern (Mittelwäldern) sollte nachgegangen werden. In Deutschland scheinen die Vorkommen mittlerweile auf einen Fundort in Nordost-Niedersachsen reduziert zu sein (WEGNER in Vorb.). Das sehr lokale und standorttreue Auftreten der Art und die mäßige Eignung des Lichtfangs als Nachweismethode läßt anderseits hoffen, daß z. B. im Bereich der Viernheimer Heide (Hessen/Nordbaden) doch noch aktuelle Populationen existieren könnten. Sollte die Art wiederentdeckt werden, dann wäre der Fundort unverzüglich unter Schutz zu stellen und vor jeglichen Eingriffen zu verschonen (eine eventuell gegebene extensive Nutzung könnte weitergeführt werden).

---

[4] Dies stimmt überraschend genau mit Angaben von A. E. SIMMONDS überein, der die Art als einer der letzten Entomologen in England sah: tagsüber leicht an Eichenstämmen ruhend zu finden und abends früh (noch vor Dunkelheit) am Köder anfliegend (BRETHERTON, GOATER & LORIMER 1983).

Register

Das Register enthält zunächst die wissenschaftlichen Namen der in Band 6 behandelten Nachtfalterarten, getrennt nach Familien, Unterfamilien und Gattungen sowie nach Arten, Unterarten und Formen. Die in Normalschrift wiedergegebenen Gattungs- und Artnamen sind mit denjenigen des Inhaltsverzeichnisses sowie der Checklist und Tabellen identisch. Die halbfetten Seitenzahlen verweisen auf die Stelle im Speziellen Teil, wo die betreffende Gattung bzw. Art (mit Abbildungen) erstmals ausführlich behandelt wird. Die übrigen Seitenzahlen beziehen sich auf Zitate an anderen Stellen im Speziellen und Allgemeinen Teil. Die Seitenzahlen der Bände 1–4 werden mit einem entsprechenden Hinweis zitiert.

Bei den kursiv wiedergegebenen Gattungs- und Artnamen handelt es sich um solche, unter denen die betreffende Art in der gebräuchlichen Literatur vor 1980 sowie in einigen nachher erschienenen Veröffentlichungen publiziert worden ist, das heißt also sowohl um synonymische als auch neuere Namen (vgl. Kap. 1.1 in Band 1 und 3), aber auch um Namen von Unterarten und Formen (soweit sie im Text aufgeführt werden) sowie um solche in falscher Schreibweise. Die Seitenzahlen verweisen hier auf diejenigen Stellen im Speziellen Teil, wo diese Namen erscheinen. Damit soll, insbesondere bei der Benutzung älterer Literatur, das Auffinden der gesuchten Taxa erleichtert werden.

Die deutschen Namen der in Band 6 behandelten Nachtfalterarten wurden in einem gesonderten Register zusammengefaßt. Es werden allerdings nur die im Speziellen Teil benutzten Namen aufgeführt.

Eine Checklist aller aus 15 Quellen eruierten Trivialnamen ist, ebenso wie ein ausführliches Sach- und Pflanzenregister, für den letzten Band dieser Reihe vorgesehen.

Das Register zu den Bänden 5 und 6 wurde wiederum von Frau PALME-MITTMANN erstellt.

Namen der Familien, Unterfamilien und Gattungen

Abrostola 86, **146**, 147, 150
Acosmetia **281**
Acronicta 54
Acronicta 8, **10**, 15, 24, 26, 42, 48
Acronictinae **8**
Acronycta 11, 15, 18, 21, 24, 28, 31, 35, 38, 42, 47, 50, 54
Actinotia 277, **364**
Actinotia 369
Aegle 274
Agriopis 536. 539
Agrochola 417, 420, **432**, 434, 456
Agrotis 278
Allophyes 156, **530**
Amathes 385, 432, 435, 438, 441, 443, 445, 447, 449, 451
Amephana 156
Ammoconia **548**
Amphipoea 277
Amphipyra 156, 234, **235**, 236, 241, 251, 252
Amphipyra 232
Amphipyrinae 277
Anchocelis 454
Anchoscelis 454
Antitype **545**

Antitype 551, 554, 557
Apamea 277, **565**, 567, 573, 582, 594, 595, 597, 598, 615
Apatele 11, 15, 18, 21, 24, 28, 31, 35, 38, 42, 47, 50
Aporophila 498, 501
Aporophyla **498**, 500
Archanara 321
Arsilonche 58
Asteroscopus 489, 492
Atethmia **409**
Athetis 287, 289, 290, 293, 296, 299, 301, 304, 307, 310, 313
Athetis **322**
Atypha **313**
Auchmis 277, **361**
Autographa 86, **123**
Blepharita **560**
Blepharita 562, 565
Bombycia 495
Brachionycha 156, **489**
Brachionychia 489, 492
Brachylomia **495**
Brotolomia 348
Bryoleuca 69, 73, 74, 77
Bryophila 62, 63, 66, 69, 73, 74, 77, 80, 84
Callierges 226
Calliergis 156, **226**, 277

Callopistria 278, **373**, 375
Calocampa 504, 520, 522
Calophasia 153, 156, **223**, 225, 277
Calymnia 399, 401, 403, 405
Caradrina 277, **287**, 288, 297
Caradrina 289, 290, 293, 296, 299, 301, 304, 307, 310, 313, 316, 322
Celaena 340
Cerastis 476
Chamaepora 38, 42, 47, 50
Chariclea 265, 271
Chilodes **319**, 321
Chloantha 364, 367, 504
Chloantha 369
Chloridea 253, 258, 259, 262, 263, 264, 265
Chrysaspidia 116, 120
Chrysodeixis 86, **145**
Chrysoptera 95, 99
Cirrhia 415, 418, 420, 422, 424, 427, 430
Cirrhoedia 409, 411
Cirroidea 409, 411
Cleoceris 495
Cleonymia 156
Colocasia 8. 5: 535
Conistra 278, 457, 458, 461, 463, **464**, 472, 473, 475, 476, 483
Copiphana 156

Cosmia 382, 415, 418, 420, 422, 424, 427, 430
Cosmia **399**, 407, 409
Craniophora 8, **54**, 55
Crino 560, 562, 565
Crymodes 582, 586, 591
Cryphia 8, **62**, 67, 83
Cryphiini 8
Crypsedra 557
Ctenoplusia 143, 144
Cucullia 115, 153, **156**, 157, 161, 186, 212, 218, 277. 362
Cuculliinae **156**, 277, 457
Daseochaeta 8
Dasycampa 474, 477
Dasypolia **495**
Derthisa 484
Derthisia 484
Diachrysia **104**
Dichagyris 92
Dichonia 526
Dichonia **536**
Dicycla **396**
Diloba 8, 153. 4: 392
Dilobinae 8
Diphtera 8
Diphterocome 8
Diphthera 8
Dipinacia 274
Dipterygia 328
Dryobota 543, 545
Dryobotodes **543**, 544
Dypterygia **328**
Dyschorista 385, 388
Ectolopha 274
Elaphria **278**
Elaphria 287, 289, 293, 296
Enargia **382**
Enargia 388
Epimecia 156
Episema **484**
Erastria 278
Eremodrina 277, **296**
Eriopus 373
Eucarta **376**
Euchalcia **86**
Euplexia 278, **346**
Eupsilia 278, 457, **459**
Euthales 66
Formica (Hymenoptera) 476
Gortyna 277
Griposia 536, 539
Habrostola 147, 150, 153
Habrynthis 355
Habryntis 355
Hadena 152
Hadena 557, 560, 562, 565, 568, 569, 571, 574, 576, 580, 582, 586, 591, 594, 597, 599, 603, 604, 607, 610, 613

Hapalotis 278
Harpagophana 156
Heliaca 274
Helicoverpa 252, **264**, 265
Heliothinae 157, **252**, 273, 274
Heliothis 252, **253**, 261, 270
Heliothis 253, 264, 265
Hoplodrina 288, 293, 297, **299**, 300, 301, 303, 304, 307, 309, 311, 312
Hoporina 462
Hyboma 35
Hydraecia 277
Hydrilla 322, 325
Hyppa **358**
Ipimorpha **378**, 382
Ipimorphinae **277**, 457
Jodia 457, **462**, 463
Lacanobia 596
Lamprosticta 156, **230**, 277
Lamprotes **99**
Laphygma 316
Lasius (Hymenoptera) 476
Lithocampa 226
Lithomoia 358
Lithomoia **504**
Lithophane 278, 457, **507**, 510
Lophoterges 156
Luperina 340
Macdunnoughia 86, **112**
Mania 334
Mecoptera 480
Megalodes 274
Meganephria 156, **528**
Meganephria 530
Melicleptria 253, 265
Mesapamea 277, 597, 598
Mesogona 277, **390**
Mesoligia 277
Metachrostis 62, 63, 66, 69, 73, 74, 77, 80
Metaegle 274
Metopoceras 156
Miana 610
Miselia 528, 530
Mniotype **562**
Moma **8**
Mormo **334**
Mycteroplus 274
Mythimna 390, 394
Noctua 358
Noctuidae **8**
Nonagria 319
Ochrocalama 274
Oligia 277
Omia 156
Omphalophana 156, 225
Omphaloscelis **454**
Oncocnemis 156
Operophtera 69
Oporina 462

Orbona 480
Orrhodia 464, 467, 469, 472, 474, 476, 477, 480
Orthosia 432, 435, 438, 441, 443, 445, 447, 449, 451, 457, 548
Orthosia 461
Pabulatrix **613**
Panemeria **274**
Panhemeria 274
Panthea 8. 5: 527
Pantheinae 8. 5: 527
Paradrina 277, 288, **290**, 293
Paraegle 274
Paralophata 274
Parastichtis **385**
Parastichtis 565, 568, 569, 571, 574, 576, 580, 594, 597, 599, 603, 604, 607, 610, 613
Periphanes 153, 253, **271**
Petilampa 325
Phalaena 358, 509
Pharetra 38, 42, 47, 50
Phlogophora 278, **348**, 355
Phytometra 86, 90, 105, 109, 112, 116, 120, 123, 130, 133, 137, 140, 143, 144
Plastenis 378, 380
Platyperigea 277, **289**
Plusia 86, **116**, 117, 119, 120
Plusia 86, 90, 95, 99, 105, 109, 111, 112, 123, 130, 133, 137, 140, 143, 144, 145
Plusiinae **86**, 88, 132
Polia 509
Polia 510, 545, 551, 554, 557
Polychrysia **95**
Polymixis **551**
Polyphaenis **336**, 342
Procrateria 274
Prodenia 318
Protoschinia **265**
Proxenus 322
Psilomonodes 278
Pyralidae 253, 265, 274
Pyrausta 253, 274, 275
Pyraustinae 274
Pyrois 156, **232.**, 277
Pyrrhia 252, 253, **266**
Raphia 8
Recoropha 156
Rhizogramma 361
Rhusina 331
Rusina **331**
Saturniidae 458. 4: 104
Schinia **253**, 273
Scopelosoma 459
Senta 319
Sesamia **318**
Shargacucullia 157
Sidemia 388

Simyra 8, **58**
Sphingidae 242, 458. 4: 118
Spodoptera **316**
Spudaea **457**
Stilbia **283**
Stiriinae **274**
Stygiostola 331
Subacronycta 31
Sympistis 156
Syngrapha 86, **140**
Synthymia 274
Synvaleria 533
Talpophila 340
Telesilla 376
Thalpophila **340**
Thysanoplusia 86, **143**
Tortricidae 94
Trachea 278, **343**
Trichoplusia 143
Trichoplusia 86, **144**
Trichosea 8. 5: 531
Trigonophora 348
Valeria 156, **533**
Xanthia **415**, 416, 417, 419, 420, 426, 429, 431, 436, 437
Xanthia 462
Xantholeuca 462
Xylena 457, **520**
Xylina 507, 509, 512, 514, 517, 520, 522
Xylocampa 156, **526**
Zenobia 396

Namen der Arten, Unterarten und Formen

abiecta 594
abjecta 594
abnoba 586, 587, 588
abscondita 50
absinthii 157, **158**, 162, 163, 164, 165, 166, 192, 193
absynthii 158
aceris **24**
acetosellae **390**, 395
adusta **562**
aemula **140**
affinis 203, 396, **401**, 593
agathina 284, 374, 579
agnorista 146, 153
albicans 210
albicolon 421
albivenosa 58
albovenosa **58**
alcyone 283. 2: 18
alfaroi 530
algae (Cryphia) 63, **66**, 74
algirica 409, 412
alni **11**, 17
alpherakyii 188
alpium **8**
alsines 299
alsus 369. 2: 249 (=Cupido minimus)
altriplicis 343
amasina 81
ambigua 300, 301, 304, **310**
ambusta **411**
amethystina **376**
anceps (Apamea) 596, **603**, 604, 605, 606
angarensis 258
angelicae 10. 3: 296
anomala **283**, 374, 501
anthemidis 194
aprilina 9, **536**, 541, 542
aquila **576**
aquilonaris 142. 1: 452
areola 229, **526**
argentea 159, **162**
arion 363. 2: 296
armiger 264
armigera 252, 260, 263, **264**, 318
artemisiae 157, 158, 159, 160, 161, 162, **163**, 192, 193
asciburgensis 586
asclepiades 150
asclepiadis 146, 147, **150**
asteris 157, 169, 190, **196**
atriplicis **343**
atrocaerulea 167
aurago **418**
aurea 104, 106

auricoma 10, 25, 38, 39, 40, **42**, 48
aurifera 143, 144
barbara 120, 242
basilinea 604
baton 363. 2: 271
berbera 235, 236, 237, 238, **241**
bermeja 296
biezankoi 91
bimaculosa **528**
blanda 300, **301**, 310, 311, 312
blattariae 200
blattariae 200, 201, 202, 203
blidaensis 441
bombycella 259. 3: 429
borelii 377, 378
bractea 127, **137**, 140
brassicae (Mamestra) 563, 583
brumata 408, 409
bulgarica 258
buraetica 130
c-aureum **99**
caecimacula 502, **548**, 562
calendulae 184
caliginosa **281**
campanulae 156, 157, 179, **181**, 190
caninae 157, **200**, 209, 221
cardui **253**
centrago **409**, 414, 508
centralasiae 258
chalcites 86, **145**
chalcytes 145
chamomillae 157, **184**
characterea **574**
chi **545**
chlorocharis 90
chrysitis 104, **105**, 111, 130
chryson **109**, 143, 144
cinerea 10, 49, **50**, 421
cinnammoea 232
cinnamomea 141, **232**, 249, 291, 421
circe 502. 2: 39
circellaris 429, **435**
citrago 421, **430**
clavipalpis 290, 291, 292, **293**, 296
comma (Auchmis) 361
comma (Leucania) 361
confinis 399
conformis 517
confusa (Macdunnoughia) 86, **112**, 127, 318
consocia **517**
convergens 453, **539**
crenata (Apamea) **571**, 574, 575, 576, 577, 578, 579
cretica 318
croceago **462**
cruda 408
cucullina 27. 4: 354
culta **230**

cuprea 211
cuprescens 91
cuprior 237
cuspis 10, **15**
defecta 166
delphinii **271**
detersa **361**
diffinis **399**, 402
dipsacea 253
dipsaceus 253
disjunctaurea 104, 106
divergens 140
divisa 74
domestica 70, 71, **77**, 81, 82, 83
dracunculi 166, 168, 169, 170, **194**, 199
dujardini 443
epomidion 574
eremita **543**
ereptricula 62, 68, 69, **73**
ereptricula 73
erythrago 425
erythrocephala 458, 473, **477**
esmeralda 96
esulae 50
euphorbiae (Acronicta) 10, **47**
euphorbiae (Hyles) 48. 4: 175
euphorbiae (Chamaepora) 50
euphrasiae 47
excelsa 137
exigua **316**, 318
exoleta 522
exsoleta 520, 521, **522**
fausta 247. 3: 233
feisthamelii 586, 587, 588, 589
fennica 586, 587
ferruginea 252, **331**
festata 120
festucae **116**, 120, 121, 122
festucae 120
fissipuncta 388
flavago 415
flavicincta **554**, 557
flavirena 290, 296
flavirena 296
flavus (Hymenoptera) 476
fluctuosa 227. 4:255
fragariae **480**
franconiae 591
fraterna 170
fraudatricula **63**
fraudatrix **157**, 158, 167
fuliginosa (Formica: Hymenoptera) 476
fulvago 420, 422
funerea 576, 577
furcifera 512, **514**, 517, 518, 519
furva 571, **582**, 593
fuscolivacea 86
fusconebulosa 142. 3: 128

gamma 86, 105, 113, 116, **123**, 242, 318, 355
gemina 594
gemmea **557**
generosa 105
germana 504
gilva 296
gilvago **424**, 428
glandifera 83
glaucina 453, **484**
gluteosa **322**
glyphica 373. 5: 490
gnaphali 188
gnaphalii 156, **188**
gnoma 80. 4: 337
gozmanyi 204
gracilis 120
gutta 112
hackeri 184
hartigi 184
helle 518. 2: 200
helvola **445**, 451, 506
henrici 58
hepatica 508, **509**, 512, 513, 514
hepatica 574
hercyniae 586, 587, 588
hochenwarthi **140**
humilis **447**
hyperici **369**
ibeasi 296
icteritia 420, **422**
illustris 86
illyrea 599
illyria 597, **599**
illyrica 599
immaculata 473
iners 385
intermedia (Xanthia ocellaris) 424
intermedia (Apamea rubrirena) 588
interrogationis **140**
iota 133
ipsilon (Agrotis) 242, 318
ipsilon (Enargia) 388
irrorella 502. 5: 207
iurassica 290
jaspidea 534
jota 130, 131, 132, **133**, 227
juncta 104, 105
jurassica 290
juventina **373**
kadenii **289**
kasyi 469
kinjana 130
kitti 322
kuennerti 167
lactucae 157, **170**, 174, 175, 176, 362
laevis **451**, 457, 541, 542
lamda **517**
lamii 348, 349

lampra 421
lateritia 578, **580**
leporina **28**
lichenella 590. 3: 378
ligula 466, **467**
ligustri (Craniophora) **54**
ligustri (Sphinx) 57. 4: 128
linosyridis 194, 195
literosa 421
lithoxylaea 568, 570, 571
lithoxylea 568
littoralis 264, **318**
litura (Agrochola) **449**
litura (Prodenia) 318
litura (Spodoptera) 318
livida **248**, 421
lota 389, 390, **438**, 442, 452
lucida 443
lucifuga 157, **174**, 178, 179, 182, 183
lucipara **346**
ludifica 231, 232. 5: 531
lunosa 454
lunula **223**, 269
lutea 415
lutulenta **498**, 504
lychnidis **432**, 436, 451, 455, 456
lychnitidis 210
lychnitis 157, 207, 208, **210**, 217, 218
macilenta **441**
maillardi 596
marginipicta 587
maritima (Heliothis) 255, **258**
maritima (Chilodes) 319. 1: 77
maritima (Chloridea) 258
maritimus (Chilodes) 258, **319**
maroccana 116
matronula 554. 5: 285
matura **340**
maura **334**, 389
megacephala 11, **31**
menyanthidis 10, **38**
meridionalis 449
messmeri 123
meticulosa 242, 318, **348**
mikadina 99
minimus (Cupido) 369. 2: 249
minogenica 203
miriquidoi 586, 587
mnemosyne 246. 1: 208
modesta 313
modesta 90
modestoides **90**, 132, 315
moneta 88, 89, **95**
mongolica 87
monochroma **545**
monoglypha **565**, 568, 571
monolitha 236
montivaga 47

619

morpheus 287, 293, 328
muralis 68, 77, **80**
mustapha 526
myricae 47
nadeja 105
nervosa **58**
ni 86, **144**
nigra **501**
nigrifrons 372. 5: 184
nitida **443**
noctivaga **296**
noctivaga 296
norrlandica 140
nubeculosa **489**, 493, 494
nubeculosus 489
nubigera **263**, 265
nubilalis 265
nupera 520
oblonga **594**
obscura 594
obscurior 86
obsoleta 264
obtusa 321. 5: 231
ocellaris 424, 425, 426, **427**, 436
ochsi 66
octogenaria **299**, 301, 302, 303, 310, 311, 312
ocularis 36, 411, 508. 4: 248
oculata 518
oleagina **533**
ononidis 259
ononis **259**
oo 203, **396**
ophiogramma **610**
orichalcea 86, **143**
orion 8
ornithopus 512
ornitopus **512**, 519
oxalina **394**
oxyacanthae **530**
pabulatricula **613**
pacifica 587
palaeacea 382
paleacea **382**
pallida 66
palliola 63
pallustris 323, **323**
palustris 323
parenzani 530
peltiger 262
peltigera 260, **262**, 263, 264
pepli 38
perflua **245**
perla 77
perspicua 164
petricolor 74
phrygiae 90
pinkeri 536
pistacina 432, 433
platinea 571, 584, 585, 586, **591**

podalirius 535. 1: 222
polymita **551**
polyodon **364**, 372
porphyrea 560
praecana 157, **166**
prenanthis 201, 205, 207, 218, **219**, 600
proboscidalis 155. 5: 422
protai 530
protea 543
proxima 290
psi 10, 14, 15, 16, 18, 19, 20, **21**, 55
pulchrina **130**, 134, 135, 136
pulmonaris 91, 94, 132, **313**
purpurata 502. 5: 304
purpureofasciata 373
pustulata 170
putnami 117, 118, 119, **120**, 518
putnami 120
pyralina 265, **403**
pyramidea 235, **236**, 242, 243, 244, 252, 494, 495
pyramidea 241
pyrenaica 140
quadripunctaria 502. 5: 50
quadripunctata 293
quercus (Lasiocampa) 482. 4: 46
radiosa 262, **367**, 371
radoti 18
ramosa **226**
ramosula 227
raptricula **74**, 84
ravula 62, 63, 68, **69**, 73, 74, 76, 78, 83, 84, 85
receptricula **62**, 71
rectilinea 69, **358**
reducta 228 1: 350
remissa 573, 579, 583, **594**, 597
respersa 71, 305, 306, **307**
retusa **378**, 381, 382
rhaetonorica 586
rhodopsis 399
rostralis 155. 5: 425
rubiginea **474**
rubiginosa 458, 465, **469**, 473, 475
rubrirena 578, **586**, 587, 601
ruficincta 557
rufocincta **557**
rumicis **50**, 55
rungsi 66
rurea 571
ruticella 457
ruticilla **457**
santolinae 184
santonici 157, **188**
satellitia 459
satura **560**, 563
scabriuscula **328**, 343, 345
scintillans 106
scita 348, 353, **355**

scolopacina **607**
scrophulariae 157, 201, **203**, 208, 211, 212, 213, 214, 215, 217, 218, 221, 222
scutosa **265**
scutosus 265
selini **290**, 294, 296, 579
selinoides 290
semibrunnea **507**, 517
sericata **336**, 363
sericea 462
serotina 483
sicula 565
signifera 421
similis 20. 4: 433
simulatricula 63, 64
socia 509, 510
solidaginis **504**
solieri 565
sommeri 562
sordens 573, **604**
sordida 603
sphinx 240, 408, **492**
splendida 66
stenochrysis 105
strigata 236
strigosa **35**
strigula 62
sublustris 568, **568**
subsericata 339
subtusa 379, **380**, 497
suffusa 39
sulfurago 420
sulfurea 420
sulphurago 167, 248, **420**, 473, 499, 502
superstes **304**, 307
suspecta **385**
svendseni 370
svenssoni 242
sylvicola 587
tages 369. 2: 445
tanaceti 157, 166, 183, **191**
tapsiphaga 208
taraxaci 301
telekii 290
templi **495**
tenebrata **274**
tenebrosa 331
tersa 484
tetra 252
thapsiphaga 157, **208**, 211
tiliae (Mimas) 431. 4: 138
tincta 510
togata **415**, 419, 422, 423, 424
togatualis 203. 4: 471
torva 579. 4: 308
trabea 96
trabealis 420. 5: 539
tragopoginis 249

tragopogonis 249
transversa 458, **459**, 464, 470, 471, 475
trapezina 265, 403, 404, **405**, 461
tridens (Acronicta) 10, 14, 15, **18**, 21, 23
trigemina 146, 147, 153, 155
trimacula 484
trimaculosa 509
tripartita 146, **147**, 150, 153, 154, 155, 156
triplasia 146, 147, 148, 149, 150, **153**
triplasia 146, 147, 149
tutti 104, **105**
typica 335, 389
umbra 266
umbratica 156, 157, 174, 175, 176, **178**, 182, 183, 190, 191
umbratica 331
unanimis 117, **597**, 599, 611, 612
urticae 146
urupina 130
vaccinii 294, 458, **464**, 467, 468, 469, 470, 471, 475
vandarbana 227
variabilis **86**, 91, 98, 99, 153
vau-punctatum 496
venustula **278**, 323
verbasci 157, 201, 202, 204, 205, 206, 207, 209, 210, 211, 212, 213, **214**
veronicae 421, **472**
vespertilio 203 4: 186
vetusta **520**, 523, 524
viminalis **495**
virescens 252
viridis 90
viriplaca **253**, 258, 260, 261, 262
voelkeri 123
vulpina 28
vulturinea 562
warneckei 258
wiltshirei 507
wredowi 184
xanthomista **551**
xerampelina 409
xeranthemi 156, 157, 158, **167**, 195, 196, 199, 421
ypsilon 335, 382, **388**, 440
yuennanensis 188
zea 252, 264, 265
zelleralis 73, 554. 5: 404
zeta **586**

Deutsche Namen

Achateule 348
Adlerfarneule 373
Amethysteule 376
Berberitzeneule 361
Birnbaumeule 411
Blatteule, Gelbe 382
Blatteule, Pappel- 380
Blatteule, Weiden- 378
Chi-Eule 545
Drahtschmieleneule 283
Eicheneule, Graue 539
Eicheneule, Grüne 536
Eicheneule, Olivgrüne 543
Escheneule, Ockergelbe 409
Färberscharteneule 281
Flechteneule, Bräunliche 69
Flechteneule, Braungraue 63
Flechteneule, Dunkelgrüne 66
Flechteneule, Graue 74
Flechteneule, Hellgrüne 80
Flechteneule, Weißliche 77
Frühherbsteule, Graubraune 548
Gammaeule 123
Gebüscheulchen, Marmoriertes 278
Geißblatteule 526
Gelbeule, Bleich- 422
Gelbeule, Gold- 418
Gelbeule, Linden- 430
Gelbeule, Pappel- 427
Gelbeule, Schwefel- 420
Gelbeule, Ulmen- 424
Gelbeule, Violett- 415
Glanzeule, Dreipunkt- 249
Glanzeule, Gesäumte 245
Glanzeule, Tiefschwarze 248
Glanzeule, Zimt- 232
Glattrückeneule, Braune 498
Glattrückeneule, Schwarze 501
Goldeule, Eisenhut- 95
Goldeule, Röhricht- 116
Goldeule, Silberblatt- 137
Goldeule, Wasserdost- 109
Goldeule, Wiesenrauten- 99
Goldeule, Zierliche Röhricht- 120
Grasbüscheleule, Ackerrand- 604
Grasbüscheleule, Bräunlichgelbe 607
Grasbüscheleule, Dunkle Pfeifengras- 576
Grasbüscheleule, Feldflur- 603
Grasbüscheleule, Glanzgras- 597
Grasbüscheleule, Große 565
Grasbüscheleule, Große Veränderliche 571
Grasbüscheleule, Helle Pfeifengras- 613
Grasbüscheleule, Kleine Veränderliche 594
Grasbüscheleule, Makelrand- 574
Grasbüscheleule, Platingraue 591
Grasbüscheleule, Rötlichgelbe 569
Grasbüscheleule, Schlangenlinien- 610
Grasbüscheleule, Schwarzweiße 586
Grasbüscheleule, Trockenrasen- 582
Grasbüscheleule, Weißlichgelbe 568
Grasbüscheleule, Ziegelrote 580
Grasbüscheleule, Zweifarbige 599
Graslilieneule 484
Herbsteule, Dunkelgraue 438
Herbsteule, Gelbbraune 441
Herbsteule, Graubraune 447
Herbsteule, Mondfleck- 454
Herbsteule, Ockerbraune 451
Herbsteule, Rötliche 445
Herbsteule, Rötlichgelbe 435
Herbsteule, Rotbraune 443
Herbsteule, Schwarzgefleckte 449
Herbsteule, Veränderliche 432
Höckereule, Dunkelgraue Nessel- 153
Höckereule, Eisenhut- 86
Höckereule, Lungenkraut- 90
Höckereule, Schwalbenwurz- 150
Höckereule, Silbergraue Nessel- 147
Holzeule, Braungraue 514
Holzeule, Gelbbraune 509
Holzeule, Graue 517
Holzeule, Hellgraue 512
Holzeule, Rollflügel- 504
Holzeule, Schmalflügelige 507
Johanniskrauteule, Ruderalflur- 369
Johanniskrauteule, Trockenrasen- 367
Johanniskrauteule, Vielzahn- 364
Kappeneule, Geißblatt- 226
Knöterícheule, Dunkle 328
Korbweideneule 495
Ligustereule, Bunte 336
Meldeneule 343
Messingeule 105
Messingeule, Tutts 105
Moderholzeule, Braune 520
Moderholzeule, Graue 522
Mönch, Astern- 196
Mönch, Beifuß- 158
Mönch, Braunwurz- 203
Mönch, Braunwurz-Wald- 219
Mönch, Dunkelgrauer Goldaster- 167
Mönch, Feldbeifuß- 163
Mönch, Glockenblumen- 181
Mönch, Goldruten- 188
Mönch, Hellgrauer Goldaster- 194
Mönch, Hundsbraunwurz- 200

Mönch, Kamillen- 184
Mönch, Königskerzen- 214
Mönch, Kräuter- 174
Mönch, Lattich- 170
Mönch, Rainfarn- 191
Mönch, Schatten- 178
Mönch, Später Königskerzen- 210
Mönch, Verschollener Königskerzen- 208
Möndcheneule 223
Nulleneule, Eichen- 396
Ordensband, Schwarzes 334
Pappelkätzcheneule 385
Pfeileule 21
Pfeileule, Dreizack- 18
Pfeileule, Erlen- 15
Plumpeule, Zweifleckige 528
Pyramideneule 236
Pyramideneule, Svenssons 241
Raseneule, Gelbflügel- 340
Rauhhaareule, Frühlings- 489
Rauhhaareule, Herbst- 492
Rindeneule, Ahorn- 24
Rindeneule, Ampfer- 50
Rindeneule, Erlen- 11
Rindeneule, Goldhaar- 42
Rindeneule, Großkopf- 31
Rindeneule, Heidemoor- 38
Rindeneule, Liguster- 54
Rindeneule, Striemen- 35
Rindeneule, Weiden-Pappel- 388
Rindeneule, Wolfsmilch- 47
Rindeneule, Woll- 28
Schilfeule, Schmalflügelige 319
Schmuckeule 230
Schmuckeule, Olivgrüne 533
Seladoneule 8
Silbereule, Heidelbeeren- 140
Silbereule, Jota- 133
Silbereule, Schafgarben- 112
Silbereule, Ziest- 130
Smaragdeule 355
Sonneneule, Hauhechel- 259
Sonneneule, Karden- 253
Sonneneule, Rittersporn- 271
Sonneneule, Umbra- 266
Staubeule, Gelbbraune 299
Staubeule, Gelbgraue Felsflur- 304
Staubeule, Graubraune 301
Staubeule, Graue Felsflur- 307
Staubeule, Hellbraune 310
Staubeule, Heu- 293
Staubeule, Lungenkraut- 313
Staubeule, Morpheus- 287
Staubeule, Reingraue 296
Staubeule, Sandflur- 290
Staubeule, Trockenrasen- 322
Staubeule, Wiesen- 325
Steineule, Blaugraue 551
Steineule, Gelbliche 554
Stricheule, Heidelbeer- 358
Tageulchen, Hornkraut- 274
Trapezeule 405
Ulmeneule, Rotbraune 401
Ulmeneule, Violettbraune 403
Ulmeneule, Weißflecken- 399
Waldgraseule, Bunte 557
Waldrandeule, Dunkelbraune 560
Waldrandeule, Rotbraune 562
Waldschatteneule, Dunkle 331
Waldschatteneule, Gelbfleck- 346
Weißdorneule 530
Weißstriemeneule, Ried- 58
Winkeleule, Auenwald- 394
Winkeleule, Eichenwald- 390
Wintereule, Eintönige 472
Wintereule, Gebüsch- 467
Wintereule, Große 480
Wintereule, Heidelbeer- 464
Wintereule, Rost- 474
Wintereule, Rotkopf- 477
Wintereule, Safran- 462
Wintereule, Satellit- 459
Wintereule, Schwarzgefleckte 469

Wenn Sie das Thema vertiefen wollen...

Die Vögel Baden-Württembergs. Avifauna Baden-Württembergs. Hrsg. Jochen Hölzinger.
Band 3.2: Singvögel 2. Etwa 800 Seiten, 700 Abbildungen. Ln. mit SU. ISBN 3-8001-3483-7. Erscheint II. Quartal 1997. _Zum Buch:_ Dieser Band beinhaltet den ersten Teil der Singvögel (Fliegenschnäpper bis Ammern) und beginnt mit den eingehenden Auswertungen zur Biologie der in Baden-Württemberg festgestellten Vogelarten. In insgesamt 4 Bänden, 2 Bände über Singvögel und 2 Bände über Nicht-Singvögel, werden alle in Baden-Württemberg nachgewiesenen Vogelarten systematisch und umfassend bearbeitet.
Band 4: Folienkarten. 1987. 36 Folien, Textheft: 66 Seiten, in Kassette. ISBN 3-8001-3444-6.
Band 5: Atlas der Winterverbreitung. 1995. 557 Seiten, 451 Abbildungen, 92 Tabellen. Ln. m. SU. ISBN 3-8001-3445-4. _Zum Buch:_ Erstmalig werden in diesem Band für alle 217 Vogelarten, die in Baden-Württemberg als Wintergäste nachgewiesen sind, die Verbreitung quantitativ in Verbreitungskarten zusammengefaßt und der Winterbestand insgesamt zahlenmäßig erfaßt.
Band 7.1: Bibliographie der deutschsprachigen ornithologischen Periodika in Mitteleuropa. 1990. 386 Seiten, 241 sw-Abbildungen, 4 Tabellen. Ln. m. SU ISBN 3-8001-3447-0.

Methoden der Feldornithologie. Bestandserfassung in der Praxis. C. J. Bibby, Dr. N. D. Burgess, Dr. D. A. Hill, Hrsg. Dr. E. Jedicke. Aus dem Englischen von H.-G. Bauer. 1995. 270 Seiten, 96 Zeichn., 14 Tab. Pp. ISBN 3-7402-0159-2. _Zum Buch:_ Das Buch erläutert die wichtigsten Methoden der Feldornithologie. Dabei werden ihre Vor- und Nachteile ebenso beschrieben und diskutiert wie mögliche Weiterentwicklungen der Feldmethoden in der Ornithologie. In Abweichung zur englischen Originalausgabe werden besondere Hinweise für die Arten und Artengruppen gegeben, die in unserem Raum auftreten. Eine gute Orientierungshilfe für Profis und Amateure.

Ornithologie. Einhard Bezzel, Roland Prinzinger. 2., völlig neubearbeitete und erweiterte Auflage 1990. 552 Seiten, 311 sw-Fotos und Zeichnungen. (UTB - Große Reihe). Pp. ISBN 3-8252-8051-9. _Zum Buch:_ Die Ökologie als übergeordnetes Fachgebiet ist mit den Themen eng verwoben und zieht sich als roter Faden durch das ganze Buch.

Arten- und Biotopschutz. Prof. Dr. Giselher Kaule. 2., überarbeitete und erweiterte Auflage 1991. 519 Seiten, 54 sw-Fotos, 85 Zeichn. u. Karten, 145 Tabellen. (UTB - Große Reihe). Kst. ISBN 3-8252-8028-4.

... finden Sie hier die richtige Literatur.

Farbatlas Ökosysteme der Erde. Natürliche, naturnahe und künstliche Land-Ökosysteme aus geobotanischer Sicht. Georg Grabherr. Ca. 350 Seiten, 400 Farbfotos, 11 Farbkarten. Pp. ISBN 3-8001-3489-6. *Zum Buch:* Anhand von über 400 Farbbildern werden die Großlebensräume der Erde mit ihren typischen natürlichen Ökosystemen und Kulturlandschaften dargestellt.

Die Roten Listen. Eckhard Jedicke (Hrsg.). Ca. 1100 Seiten, zahlreiche Tabellen. Pp. incl. CD-ROM. ISBN 3-8001-3353-9. *Zum Buch:* Eine Synopse sämtlicher verfügbaren Roten Listen der gefährdeten Pflanzen, Tiere, Pflanzengesellschaften und Biotoptypen Deutschlands und der Bundesländer.

Vegetation Mitteleuropas mit den Alpen – in ökologischer, dynamischer und historischer Sicht. Prof. Dr. Dr. h. c. mult. Heinz Ellenberg. 5., stark veränderte und verbesserte Auflage. 1996. 1096 Seiten, 623 Abbildungen, 170 Tabellen. (UTB - Große Reihe). Pp. ISBN 3-8252-8104-3.

Vegetation Nordeuropas. Prof. Dr. Klaus Dierßen. 1996. 840 Seiten, 96 Farbfotos auf Tafeln, 488 sw-Abbildungen und Zeichnungen, 112 Tabellen. (UTB - Große Reihe). Pp. ISBN 3-8252-8115-9.

Biotoptypen. Schützenswerte Lebensräume Deutschlands und angrenzender Regionen. Prof. Dr. Richard Pott. 1996. 448 Seiten, 872 Farbfotos, 12 Tabellen, 14 Karten und Graphiken. Ln. mit SU. ISBN 3-8001-3484-5. *Zum Buch:* Das vorliegende Werk wurde auf Basis der Roten Listen sowie der Fauna-Flora-Habitat-Richtlinie der Europäischen Union entwickelt. Es stellt erstmalig in 870 Farbfotos die gefährdeten, seltenen und schützenswerten Biotoptypen Deutschlands und angrenzender Regionen aktuell und umfassend dar. Ausgesuchte farbige Einzelbilder und kurz gehaltene Textpassagen vermitteln ganz gezielt die wichtigsten Informationen.

Farbatlas Landschaften und Biotope Deutschlands. Leonie und Dr. Eckhard Jedicke. 1992. 320 Seiten, 225 Farbfotos, 20 Zeichnungen. Kt. ISBN 3-8001-3320-2. Mit 55 Landschaften und 127 Biotopen.

Farbatlas Waldlandschaften. Ausgewählte Waldtypen und Waldgesellschaften unter dem Einfluß des Menschen. Prof. Dr. Richard Pott. 1993. 224 Seiten, 243 Farbfotos, 17 Zeichnungen. Kt. ISBN 3-8001-3469-1. *Zum Buch:* Rund 60 Waldtypen sind in ihren verschiedenartigen Lebensräumen und mit ihren jeweils typischen Pflanzenarten anschaulich dargestellt.